【城市区位】沿海和长江两大经济开发带交会处

【城市性质】新兴现代化港口城市

【土地面积】986.73 平方千米（其中陆地面积 791.05 平方千米）

【户籍人口】91.98 万人

【所辖区镇】保税区（金港镇）、经开区（杨舍镇）、冶金园（锦丰镇）、塘桥镇、乐余镇、凤凰镇、南丰镇、大新镇、常阴沙现代农业示范园区、双山岛旅游度假区

【张家港市树】香 樟

【张家港市花】菊 花

【张家港精神】团结拼搏 负重奋进 自加压力 敢于争先

【2014 年荣誉】全国文明城市、全国文化先进市、国家知识产权示范城市、全国民族团结进步创建活动示范市、全国适度普惠性儿童福利制度建设试点市、全国地质灾害防治高标准“十有县”、全国慈善七星级城市、中国小戏小品之乡

全国文明镇

魅力金塘桥

围棋之乡

塘桥新城区

塘桥镇一景

东城科技创业园

ZHANGJIAGANG **2015**
ALMANAC

中国年鉴资源全文数据库核心年鉴

張家港年鑑

张 家 港 市 人 民 政 府 主 办

中共张家港市委党史地方志办公室编

方志出版社
Publishing House of Local Records

图书在版编目（CIP）数据

张家港年鉴. 2015 / 中共张家港市委党史地方志办公室编. -- 北京 ：方志出版社，2015.8
ISBN 978-7-5144-1675-6

Ⅰ. ①张… Ⅱ. ①中… Ⅲ. ①张家港市－2015－年鉴
Ⅳ. ①Z525.33

中国版本图书馆CIP数据核字（2015）第203516号

张家港年鉴（2015）

编　　者：中共张家港市委党史地方志办公室
责任编辑：丛　珺
出 版 人：冀祥德
出 版 者：方志出版社
地址　北京市朝阳区潘家园东里9号（国家方志馆4层）
邮编　100021
网址　http://www.fzph.org
发　　行：方志出版社发行中心
电话（010）67110500
经　　销：各地新华书店
印　　刷：南京凯德印刷有限公司
开　　本：889×1194　1/16
印　　张：39
字　　数：920千字
版　　次：2015年8月第1版　2015年8月第1次印刷
印　　数：0001～2000册
ISBN 978-7-5144-1675-6　定价：210.00元

序

中共张家港市委书记

张家港年鉴编纂委员会

名誉主任　姚林荣

主　　任　朱立凡

副 主 任　高建刚　单玉珍　杨　芳　陆颂义　华　红

委　　员　（按姓氏笔画排序）

万资平　龙凤清　卢德兴　朱兴华　孙敏彪
严栋兴　应　梓　汪丽菁　沈　丹　沈　浩
张卫中　陈　稳　陈飞健　陈世海　邵建华
尚文涛　罗晓骏　季洪良　周　兵　周志虎
秦毅峰　袁　勋　袁雪祥　钱锦东　陶　平
陶彦斌　黄亚红　黄祥亮　黄惠珍　彭　炜
詹亚军　蔡彩虹　潘正云　戴建明

《张家港年鉴（2015）》

主　　审　陆颂义　应　梓

主　　编　陈飞健

副 主 编　汪丽菁　卢德兴　张　洁

编　　辑　汪丽菁　卢德兴　俞慧军　张　洁　黄宏庆
陆文琰　陆正芳　景力颖　朱永平　钱永浩
沈立平　宋佳辰

图片编辑　沈立平

装帧设计　张家港市无界广告设计中心

地图审核　苏州市地图应用开发中心

编　　务　马　俊　许建东　陆婷婷

适应新常态　谋求新作为
推动现代化建设迈上新台阶

今年是《张家港年鉴》创刊20周年。20年来，《张家港年鉴》全面、系统、准确记录了张家港的时光变迁，科学严谨刻画出城市发展的历史轨迹，以其内容翔实、资料完整、数据权威，成为社会各界了解张家港、认识张家港的权威性、综合性、资料性文献。

在全市上下聚焦聚力"810工程"、奋力冲刺"现代化建设三年行动计划"之际，2015卷（总第20卷）《张家港年鉴》付梓出版。年鉴全面客观记录和反映了2014年全市经济社会发展进程，展现了港城现代化建设取得的新成效，在收集信息、反映情况、记录成果、总结经验上，"集万卷于一册、缩一年为一瞬"，起到了很好的宣传、存史、资政、育人作用。

2014年，全市上下深入学习贯彻习近平总书记系列重要讲话精神，大力弘扬张家港精神，紧紧围绕"全面推进港城现代化建设"总目标，突出转型升级核心，紧抓"810工程"重中之重，科学务实推进张家港现代化建设。稳增长达到预期目标，转型升级取得阶段性突破，城市功能内涵不断提升，民生持续改善，社会保持稳定。同时，扎实开展党的群众路线教育实践活动，成功举办具有里程碑意义的全国县级文明城市创建工作现场会，成为唯一获得全国文明城市"四连冠"的县级市，张家港市的典型地位进一步巩固提升。

2015年，是我们收官"十二五"、谋划"十三五"的承上启下之年，更是"现代化建设三年行动计划"的决战决胜之年。全市上下要以中央"四个全面"战略布局为统领，以总书记"强富美高"新江苏建设为总方向，从严从实落实全面从严治党，与时俱进大力弘扬张家港精神，坚定信心、克难奋进、创新实干，圆满完成现代化建设三年行动计划，全力推动张家港现代化建设迈上新台阶、争当排头兵。

作为全市文化建设的一个靓丽品牌，希望《张家港年鉴》在继承弘扬中不断创新，更好地发挥"鉴往知来"的作用，为市委、市政府科学决策提供重要基础和依据，为各个条线部门工作提供信息参考，为促进城市交流、提升城市形象、鼓舞广大市民提供更多权威资料，进一步彰显地方特色，提升资政服务功能，成为记录与推动张家港改革发展不可或缺的教科书、工具书。

2015年7月

2月至10月，全市开展党的群众路线教育实践活动。图为动员大会（严子洋　摄）

3月1日，沪通铁路长江大桥开工建设。图为施工现场（庞瑞和　摄）

10月13日，全国县级文明城市创建工作现场会在张家港市召开。图为参会人员骑行考察（张家港日报社　供稿）

8月19日，江苏康得新复合材料股份有限公司总部从北京迁入张家港保税区，成为苏州市第二大市值的上市公司。图为公司外景（严子洋　摄）

10月31日，全国首个以弘扬长江文化为宗旨的国家一级社团组织——长江文化促进会在张家港市成立。图为揭牌仪式

（肖 湘 摄）

11月15日，张家港市获批国家知识产权示范城市。图为市首届"工人科技之星"座谈会 （市科技局 供稿）

11月15日，"810工程"十大服务业项目之一的曼巴特购物广场开业。图为购物广场内景 （周 骐 摄）

张家港国家再制造产业示范基地项目集中开工仪式（经开区　供稿）

中国科学院大连化学物理研究所张家港产业技术研究院签约仪式
（王　佩　摄）

张家港保税区科创园（保税区　供稿）

江苏物润船联网络股份有限公司“新三板”挂牌仪式
（保税区　供稿）

哈尔滨工业大学（张家港）智能装备及新材料技术产业化研究院
（庞瑞和　摄）

实力张家港

POWERFUL ZHANGJIAGANG

2014 年，张家港市紧扣重大项目关键节点，抓牢科技人才核心支撑，努力提升经济发展品质。全年完成地区生产总值 2180.25 亿元，按可比价计算，比上年增 6%；公共财政预算收入 162.66 亿元，比上年增 5.5%；全社会固定资产投资额 780.02 亿元，比上年增 1.2%；进出口总额 328.26 亿美元，比上年增 1.9%；社会消费品零售总额 458.32 亿元，比上年增 10.8%。实现规模以上工业总产值 4961.82 亿元，新兴产业产值占比达到 44.3%；实现服务业增加值 965.22 亿元，占地区生产总值比重达到 44.3%。

江苏化工品交易中心电子交易平台上线 （严子洋　摄）

江苏如意通动漫产业有限公司动画制作现场 （严子洋　摄）

华灿光电（苏州）有限公司生产车间 （褚珊珊　摄）

江苏新芳科技集团股份有限公司产品展示 （曹　健　摄）

页岩气新材料综合利用研发生产基地　　（严子洋　摄）

张家港保税区名贵木材交易市场　　（严子洋　摄）

易地新建的青草巷农副产品批发市场　　（市住建局　供稿）

永钢集团厂区　　（王苗苗　摄）

沙钢集团1420毫米冷轧板项目投产　（沙钢集团　供稿）

张家港保税区首届进口汽车展示会　（谢卫东　摄）

保税区（金港镇）长江村郁金香园 （何伟明　摄）

沙洲湖 （庞瑞和　摄）

大新镇双杏寺 （庞瑞和　摄）

香山梅花园 （何伟明　摄）

2014 年，张家港市坚持“完善功能、深化内涵”的建设要求，着力提升城市品质。沪通铁路、疏港高速、通洲沙西水道等重大工程进展顺利。城北科教新城、城东黄泗浦生态核心区、城南商务新城、城西拓展区建设稳步实施。金港、锦丰、凤凰等片区新城建设有序推进。国家生态文明示范区创建持续推进，三干河南延工程、沙洲湖——一干河生态工程基本完成，双山岛生态湿地、香山生态修复有序推进，凤凰湖生态工程全面竣工。

凤凰湖　　（龚晓东　摄）

环太湖国际公路自行车赛第五赛段在双山岛旅游度假区举行 （何伟明　摄）

滨江新城南横套河景观带 （严子洋　摄）

飞翔休闲农业生态园 （何伟明　摄）

省级美丽乡村建设试点示范村——塘桥镇牛桥村 （何伟明　摄）

苏州市美丽村庄示范点——南丰镇建农村 （庞瑞和　摄）

古韵双塘　　（何伟明　摄）

沙洲新城中央公园　　（陈国华　摄）

步行街“诚信驿站”　（庞瑞和　摄）

经开区（杨舍镇）梁丰社区文明驿站　（肖　湘　摄）

市后塍派出所开展“民警赶集市·警民万家亲”活动
（刘润泽　摄）

市危化品企业突发事故应急救援综合演练　（褚珊珊　摄）

保税区（金港镇）“绿山军”志愿服务队　（庞瑞和　摄）

幸福张家港

HAPPY ZHANGJIAGANG

2014年，张家港市坚持发展为了人民，扎实做好各项民生工作。城镇居民人均可支配收入和农村居民人均可支配收入分别达到4.69万元、2.37万元，比上年增8.6%和10.2%。全面促进充分就业，张家港市籍应届高校毕业生、特困家庭劳动力、被征地农民就业率保持在99%以上。新增社保参保人员5.78万人，社会保险覆盖率达到99.6%。高职园区竣工投用，公立医院改革全部启动，新市民积分管理做法在全省推广，养老服务体系不断完善，公众安全感和法治建设满意度继续保持苏州第一。承办全国县级文明城市创建工作现场会，成为唯一获得全国文明城市“四连冠”的县级市，成功举办第十一届长江文化艺术节。

首届中国（张家港）长江流域民间艺术博览会　（肖　湘　摄）

塘桥镇“铭记历史，勿忘国耻”主题教育活动　（陈　东　摄）

南丰镇永联村永合社区“合之韵”艺术团演奏群众路线之歌　（王苗苗　摄）

“环保酵素，绿色生活”活动　　（市环保局　供稿）

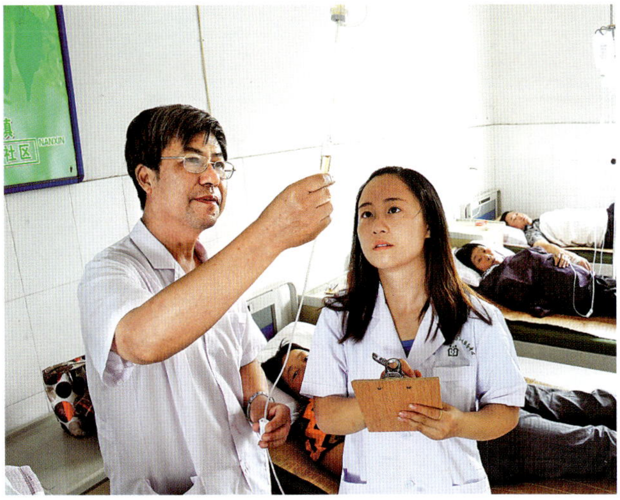

经开区（杨舍镇）南新社区卫生服务站　　（庞瑞和　摄）

市广场舞电视大赛　　（庞瑞和　摄）

“绿色瑜伽，健康生活，美丽港城”市百人户外瑜伽公益活动　　（褚珊珊　摄）

捐献22万元婚礼钱的吴欣宸、周佳怡夫妇获评2014年度“苏州市道德模范·精神文明建设十佳新人”　　（肖　湘　摄）

市民在苏州江南农耕文化园游玩　　（王苗苗　摄）

市乘航小学创意秀《小鹿吃吃吃》参加中央电视台少儿频道节目录制 （庞瑞和 摄）

“青春闪动，幸福港城”公益快闪活动 （肖 湘 摄）

凤凰桃花节暨千人迷你马拉松赛 （凤凰镇 供稿）

市土肥技术指导和农产品检测站　　（市农委　供稿）

市老年活动中心　　（市民政局　供稿）

改造后的盘墩弄　　（市住建局　供稿）

保税区（金港镇）学前小区天然气改造工程　　（市住建局　供稿）

张家港购物公园24小时图书馆驿站　　（市文广新局　供稿）

市民绿色共享活动场所之一农联路小游园　　（市园林局　供稿）

实事工程

PRACTICAL PROJECTS

2014 年，张家港市实事项目共有 11 项，分别是：市农产品质量检验测试站建设工程、完善和提升养老服务设施工程、市第二职教中心新建工程、康乐医院易地新建工程、背街小巷及路灯改造、镇（区）集中居住老住宅区天然气配套项目、文化数字化服务工程、新增市民绿色共享活动场所、农村河道综合整治工程、公交车辆清洁能源提升工程、城乡生态气象建设工程。

新能源公交车进驻　　（市交通运输局　供稿）

霾监测设备　　（市气象局　供稿）

农村河道新泗港河　　（庞瑞和　摄）

4月14日，张家港市教育局与美国威斯康星州简斯维尔学区签订战略合作协议

5月17日，法国外国记者协会采访张家港市

5月30日，“亚洲摄影家聚焦美丽中国”活动在张家港市开展

6月13日，解放军外国语学院昆山校区中外官兵参观张家港市

7月4日，德国马格德堡市商务代表团访问张家港市，并签署两市合作意向书

7月28日，张家港市与加拿大万锦市开展友好交流推介会

8月20日，市委书记姚林荣会见霍尼韦尔特性材料和技术集团总裁兼首席执行官杜瑞哲

8月28日至29日，塞尔维亚乌贝市市长达可格里希奇访问张家港市

9月28日至29日，韩国浦项市市民团访问张家港市

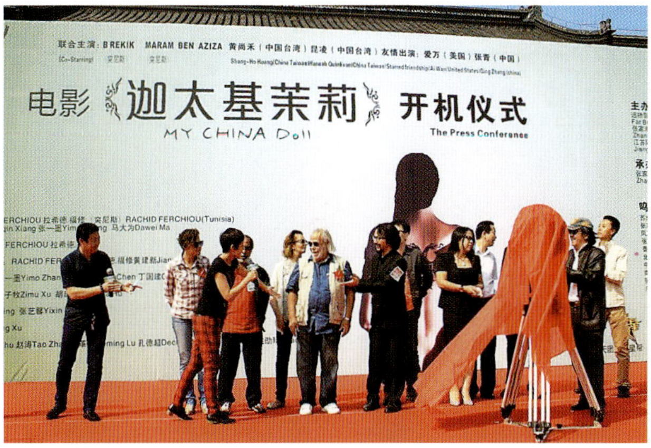

10月6日，中国、突尼斯合拍电影《迦太基茉莉》在香山景区开机

10月28日，日本日中文化交流协会访问张家港市

（市委宣传部、市外事办、保税区　供稿）

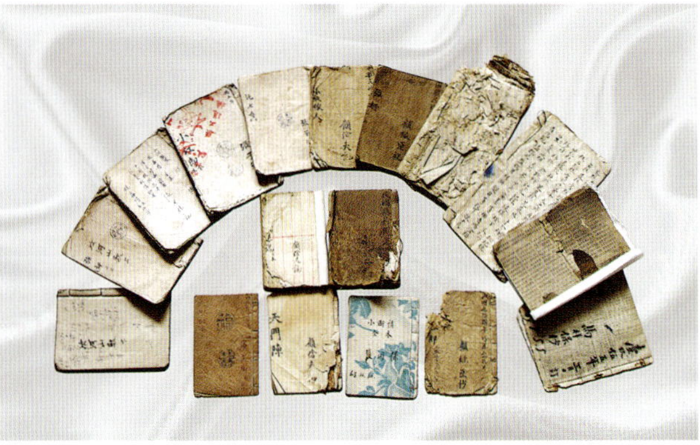

国家级非物质文化遗产——河阳山歌印册、抄本

（市文广新局　供稿）

国家级非物质文化遗产——《河阳宝卷》　（市文广新局　供稿）

国家级非物质文化遗产——金村庙会　（塘桥镇　供稿）

国家级非物质文化遗产——苏州评弹，图为评弹《兰考情》首场演出

（市文广新局　供稿）

省级非物质文化遗产——后塍竹编　（保税区　供稿）

省级非物质文化遗产——沙洲优黄酿制技艺

（张家港酿酒有限公司　供稿）

省级非物质文化遗产——沙洲哨口板式类风筝制作技艺

（庞瑞和　摄）

INTANGIBLE
CULTURAL HERITAGE

非遗传承

近年，张家港市高度重视非物质文化遗产保护传承，先后公布四批 68 个非物质文化遗产代表作名录和三批 34 个非物质文化遗产代表性传承人（单位），拥有国家级非遗项目 4 项、省级项目 3 项、苏州市级 6 项，国家级代表性传承人 1 人、省级 4 人、苏州市级 8 人，以及河阳山歌馆、乐余风筝馆、雷沟大布陈列馆等一批保护基地。2013 年起，每年举办“港城绝技”张家港市非物质文化遗产技艺传承大赛。2014 年，张家港市政府命名沙上文化生态保护区、金村文化生态保护区为首批文化生态保护区，命名欧桥（西旸）传统村落为首批传统村落。

第一届“港城绝技”张家港市非物质文化遗产技艺传承大赛开幕式
（市文广新局　供稿）

河阳山歌馆　　（蔡春林　摄）

苏州市级非物质文化遗产——雷沟大布　　（保税区　供稿）

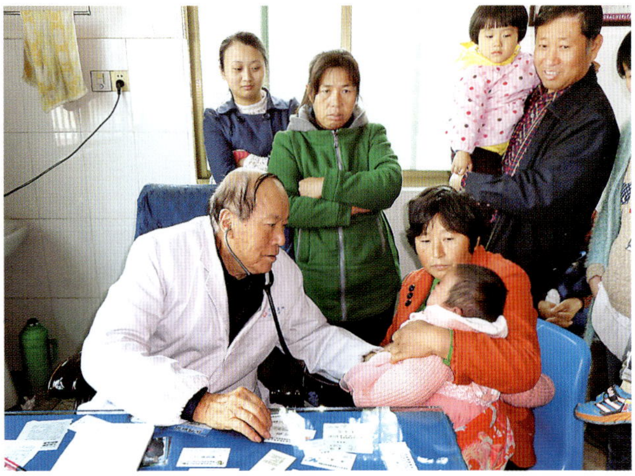

苏州市级非物质文化遗产——塘桥陆氏中医儿科　（塘桥镇　供稿）

苏州市级非物质文化遗产——舞蹈“摸壁鬼”　（乐余镇　供稿）

苏州市级非物质文化遗产——锡剧，图为锡剧《杨家碾坊》演出
（市文广新局　供稿）

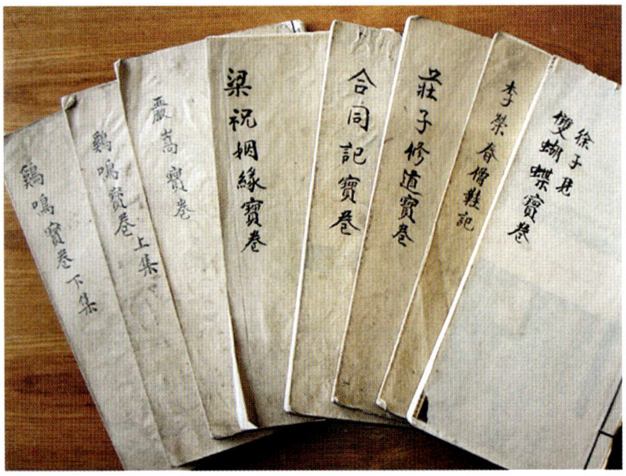

苏州市级非物质文化遗产——沙上宝卷　（市文广新局　供稿）

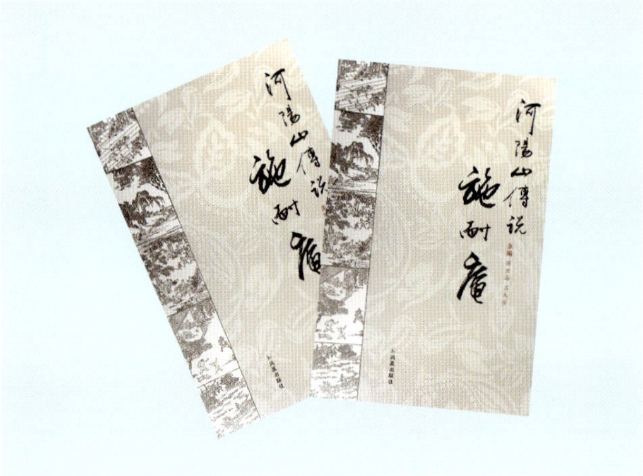

苏州市级非物质文化遗产——河阳山传说 · 施耐庵
（市文广新局　供稿）

非遗传承

INTANGIBLE
CULTURAL HERITAGE

金村文化生态保护区　　（陈　东　摄）

欧桥（西旸）传统村落　　（何伟明　摄）

省级文化生态保护实验区——沙上文化生态保护区，图为组织的“沙上风情”民俗文艺会演和编辑出版的《沙上文化丛书》　　（冶金园　供稿）

编辑说明

一、《张家港年鉴》是由中共张家港市委领导、张家港市人民政府主办、中共张家港市委党史地方志办公室负责逐年编纂的张家港市地方综合性年鉴。

二、《张家港年鉴（2015）》为第二十卷。她全面、系统、真实地记录了2014年度张家港市自然、政治、经济、文化和社会生活等方面的基本情况，为领导决策提供依据，为中外人士了解和研究张家港提供资料，也为地方史志留下宝贵史料。

三、年鉴采用条目式记事体，分类编纂。基本结构为类目、分目、条目三个层次。《张家港年鉴（2015）》共设类目37个，下设分目238个、条目985个、表格125张。

四、年鉴彩页彰显年度特色。公共彩页突出“争当现代化建设排头兵”和“实力张家港、美丽张家港、幸福张家港”建设主线。以“年度聚焦”为题，体现张家港市年度大事；以“实力张家港”为题，体现张家港市以转型升级为核心，创新经济发展路径情况；以“美丽张家港”为题，体现张家港市以城市能级为核心，创新推进城乡一体情况；以“幸福张家港”为题，体现张家港市以人文幸福为核心，创新社会建设管理情况；以“非遗传承”为题，体现张家港市高度重视非物质文化遗产保护传承情况。同时设置“实事工程”“友好往来”等体现年度重点工作的栏目。为纪念第二十卷《张家港年鉴》的出版，后环专门设置“热烈祝贺《张家港年鉴》创刊20周年”。

五、年鉴正文框架设计充分体现分类合理、主题明晰、特色鲜明的特点，与2014卷年鉴相比2015卷类目上有部分调整。一是体现2014年度重大活动，设置专文《全国县级文明城市创建工作现场会在张家港召开》《深入开展党的群众路线教育实践活动》，并与“特载”篇合并，作为全书开篇；二是为体现法治政府建设，“法治•军事”篇改为“法治•武装”篇，增设“法治政府”分目；三是取消“城乡建设”“开放型经济”等篇目的“综述”分目，以防止交叉重复，“民营经济”“农业和农村工作”“工业”篇设置“综情”分目，“科学技术”“教育”“体育”篇分别设置“科技培育”“教育事业”“体育事业”分目；四是为增加辅助性资料信息含量，“附录”篇增加“调研报告”分目。

六、《张家港年鉴（2015）》采用的稿件由全市各区镇、各部门提供，并经相关单位领导审核。文中所列数据，原则上依据《张家港统计年鉴（2014）》，统计年鉴中没有的以主管部门统计为准。有些数据因统计口径不同而有所差异，请读者在引用时加以注意。

七、《张家港年鉴（2015）》有纸型版和光盘版两种版本。光盘版内附有视频、音频资料。

八、根据行文实际需要，年鉴部分机构使用简称，机构全称与简称对照表列于目录前。文中“年初”“年内”“年末”指2014年年初、年内、年末，“上年”指2013年。

九、《张家港年鉴（2015）》卷首有总目和详细的中文目录、英文要目，卷末有按汉语拼音顺序排列的主题分析索引，各篇有该篇分目提示，文中信息可由目录、索引、书眉等获得。

十、年鉴征编工作，得到了上级部门和全市各区镇、各部门、各单位的支持和帮助，在此深表谢意！由于编辑水平有限，不足之处恳请广大读者批评指正。

张家港市部分机构简称、全称对照表

简　称	全　　称	简　称	全　　称
市委	中国共产党张家港市委员会	市人武部	张家港市人民武装部
市人大	张家港市人民代表大会	市国税局	张家港市国家税务局
市政府	张家港市人民政府	张家港地税局	苏州市张家港地方税务局
市政协	政协张家港市委员会	张家港工商局	苏州市张家港工商行政管理局
市纪委	中国共产党张家港市纪律检查委员会	张家港质监局	苏州市张家港质量技术监督局
民革市总支	中国国民党革命委员会张家港市总支委员会	张家港住房公积金中心	苏州市住房公积金管理中心张家港分中心
民盟市委	中国民主同盟张家港市委员会	市工商联	张家港市工商业联合会（总商会）
民建市基层委员会	中国民主建国会张家港市基层委员会	团市委	共青团张家港市委员会
农工党市委	中国农工民主党张家港市委员会	市妇联	张家港市妇女联合会
保税区（金港镇）	张家港保税区（金港镇）	市侨联	张家港市归国华侨联合会
经开区（杨舍镇）	张家港经济技术开发区（杨舍镇）	市文联	张家港市文学艺术界联合会
冶金园（锦丰镇）	江苏扬子江国际冶金工业园（锦丰镇）	市社科联	张家港市哲学社会科学界联合会
市委统战部	中国共产党张家港市委统一战线工作部	市科协	张家港市科学技术协会
市委农工办	中国共产党张家港市委农村工作办公室	市残联	张家港市残疾人联合会
市委史志办	中国共产党张家港市委党史地方志办公室	市关工委	张家港市关心下一代工作委员会
市发改委	张家港市发展和改革委员会	市食品药品监管局	张家港市食品药品监督管理局
市经信委	张家港市经济和信息化委员会	市政府口岸办	张家港市人民政府口岸办公室
市安监局	张家港市安全生产监督管理局	张家港边检站	张家港边防检查站
市农委	张家港市农业委员会	张家港检验检疫局	张家港出入境检验检疫局
市人口计生委	张家港市人口和计划生育委员会	张家港引航站	长江引航中心张家港引航站
市人社局	张家港市人力资源和社会保障局	沙工	沙洲职业工学院
市科技局	张家港市科学技术局	市金融办	张家港市人民政府金融工作办公室
市文广新局	张家港市文化广电新闻出版局	市人民银行	中国人民银行张家港市支行
市台办	张家港市人民政府台湾事务办公室（中国共产党张家港市委台湾工作办公室）	市银监办	中国银行业监督管理委员会苏州监管分局张家港监管办事处
市侨办	张家港市人民政府侨务办公室	市外汇管理局	国家外汇管理局张家港市支局
市外事办	张家港市人民政府外事办公室	沙钢集团	江苏沙钢集团有限公司
市国土局	张家港市国土资源局	永钢集团	江苏永钢集团有限公司
市住建局	张家港市住房和城乡建设局	国泰集团	江苏国泰国际集团有限公司
市房管中心	张家港市房产管理中心	澳洋集团	江苏澳洋实业（集团）有限公司
市园林局	张家港市园林绿化管理局	华昌集团	江苏华昌（集团）有限公司
市城管局	张家港市城市管理局	东海粮油	中粮东海粮油工业（张家港）有限公司
市环保局	张家港市环境保护局	康得新	张家港康得新光电材料有限公司
市民宗局	张家港市民族宗教事务局	富瑞特装	张家港富瑞特种装备股份有限公司

总　　目

目　　录

专文·特载

大事记

概　　况

中共张家港市委员会

张家港市人民代表大会

张家港市人民政府

政协张家港市委员会

纪检·监察

民主党派·无党派民主人士·工商联·人民团体

法治·武装

港口 · 口岸

生态文明建设

城乡建设

交通·水利

邮电·信息化

开放型经济

民营经济

农业和农村工作

工　业

建筑业·房地产业

商贸服务业·旅游业

市场·物流

财政·税务

金　融

综合管理

科学技术

教　　育

文化·新闻

卫　生

体　　育

人力资源和社会保障

社会民生

区　镇

人物·先进集体

统计资料

附　　录

索　引

宣传画页

Main Contents

Rule of Law & Armed Forces

Harbor & Port

Ecological Civilization Construction

Urban and Rural Construction

Traffic & Water Conservancy

Post and Telecommunications & Informatization

Open Economy

Private Economy

Education

Culture & News

Health

Sports

Human Resources and Social Security

People's Livelihood

Zones and Towns

Personages & Advanced Collectives

Statistics

Appendix

Index

专文·特载

Monograph & Special

湖滨新城　（何伟明　摄）

全国县级文明城市创建工作现场会在张家港召开

深入开展党的群众路线教育实践活动

张家港市荣膺全国文明城市“四连冠”

张家港市获“中国曲艺之乡”授牌

张家港市蝉联“全国慈善七星级城市”称号

张家港市蝉联“全国文化先进市”称号

张家港市获评国家知识产权示范城市

吉炳轩考察张家港市

主动适应新常态，全面落实新要求，
为圆满完成“现代化建设三年行动计划”而努力奋斗

政府工作报告

全国县级文明城市创建工作现场会在张家港召开

1995年10月，中宣部、国务院办公厅在张家港市召开全国精神文明建设经验交流会。以这次会议为重要里程碑，全市上下坚持把文明城市创建作为推动经济社会协调发展的综合平台，做到创建理念不变调、创建方法不走样、创建标准不降低、创建力度不减弱，有力促进了市民文明素质和城市文明程度持续提升，先后于2005年、2008年、2011年、2014年连续四次获“全国文明城市”称号，成为全国唯一连续四次获此荣誉的县级市。

2014年10月13日，中央文明办在张家港市召开全国县级文明城市创建工作现场会，这是继1995年全国精神文明建设经验交流会以后，在张家港召开的又一次精神文明建设重要会议。中宣部常务副部长、中央文明办主任雒树刚出席会议并讲话。省委书记罗志军到会致辞。

会议深入贯彻中共十八大和十八届三中全会精神，深入贯彻中共中央总书记习近平系列重要讲话精神，学习推广张家港经验，部署以培育和践行社会主义核心价值观为根本，以国家新型城镇化为契机，大力推动县级文明城市创建活动。会议传达学习中共中央政治局委员、中宣部部长、中央文明委副主任刘奇葆对此次会议的重要批示。会议提出，县域经济是中国经济发展的小老虎，县（市）是农村精神文明建设的领头雁，是实施新型城镇化战略的主战场，是社会和谐稳定的压舱石。抓好县（市）精神文明建设，具有重要意义。要坚持以人为本、创建为民，突出思想内涵、强化道德要求，着力抓好思想理论武装、核心价值导向、基础设施建设、环境综合整治、美丽乡村建设、文化引领乡风等六项重点工作，着力创造优美环境、优良秩序、优质服务，提高群众文明素质，营造良好社会风尚，使县级文明城市走在县域两个文明协调发展的前列。

会议强调，各地要做好统筹规划，整体设计、大力推进，形成结构均衡合理的创建格局。要落实县（市）主体责任，狠抓基层基础，确保工作举措落到实处。每年要为群众办几件好事、实事，把社会影响大、普惠性高、群众需求强烈的项目作为着力点，把群众评价作为衡量工作的最高标准，使县级文明城市创建成为惠民工程、民心工程。

罗志军在致辞中说，在推进全面小康和现代化建设的实践中，江苏始终坚持物质文明和精神文明“两手抓”，一直把精神文明建设摆上重要位置，与经济发展一同部署、协同推进，推动文化软实力和经济硬实力同步提升、精神文明建设与经济社会发展同频共振。突出思想建设这个根本，筑牢全省人民团结奋斗的共同思想基础。抓住公民道德建设这个重点，大力弘扬社会主义核心价值观。运用文明创建活动这个载体，不断提升全社会文明程度。这些年，江苏充分发挥张家港这个先进典型的示范带动作用，推动文明城市创建向县级拓展，确立了利民育民的鲜明导向，激发了广大群众的参与热情，形成了科学管用的长效机制。这次县级文明城市创建工作现场会的召开，既契合全面建成小康社会的新要求，又呼应了新型城镇化和城乡发展一体化的新部署，对于提升县级文明城市创建水平、促进全面小康社会建设，必将产生重要的影响。江苏将认真学习兄弟省（区、市）的经验，抓好这次会议精神的贯彻落实，努力把文明城市创建搞得有声有色、更富成效。

会议期间，与会代表参观张家港市文化中心、金塘社区、梁丰社区，并骑行2小时公共自行车深入大街小巷实地考察，身临其境体验张家港创建文明城市的成效，一致认为张家港的文明城市称号名副其实，不愧为全国文明城市的一面旗帜。会议学习推广了张家港“五坚持、五突出”的创建经验，这就是坚持“一把手抓两手”，突出主要领导亲自抓、负总责；坚持思想道德引领，突出塑造张家港精神；坚持创建利民惠民，突出办实事、办好事；坚持城乡统筹，突出以城带乡、同创共建；坚持建设管理并重，突出创建制度化、常态化。

中央文明办专职副主任徐令义主持会议。省委副书记、苏州市委书记石泰峰，省委常委、秘书长樊金龙，省委常委、宣传部部长王燕文出席会议。全国各省（区、市）和新疆生产建设兵团文明办主任、全国部分县和县级市党委副书记共200余人参加会议。张家港市委书记姚林荣，浙江省海宁市委书记林毅，河南省济源市委书记何雄，张家港新、老市民代表汪秀琴、梁井全分别在会上发言。（蔡　磊）

与会代表骑公共自行车考察　（张家港日报社　供稿）

深入开展党的群众路线教育实践活动

2月18日，市委印发《关于深入开展党的群众路线教育实践活动的实施意见》的通知，提出认真学习贯彻中共十八大、十八届三中全会和习近平总书记系列重要讲话精神，紧紧围绕保持和发展党的先进性和纯洁性，深入贯彻落实中央八项规定、《党政机关厉行节约反对浪费条例》、省委十项规定、苏州市委十二项规定和张家港市《关于改进工作作风、密切联系群众的实施办法》精神，突出作风建设，贯彻整风精神，坚持严的标准、严的措施、严的纪律，坚决反对形式主义、官僚主义、享乐主义和奢靡之风，着力解决人民群众反映强烈的突出问题，提高做好新形势下群众工作的能力，保持党同人民群众的血肉联系，发挥党密切联系群众的优势，与时俱进弘扬张家港精神，为争当苏南现代化示范区建设排头兵提供坚强保证。2月19日，市委召开全市党的群众路线教育实践活动（简称教育实践活动）动员大会，按照中央、省委和苏州市委部署要求，对全市教育实践活动进行全面动员部署，提出全市教育实践活动的主题是"为民、务实、清廉"。明确"照镜子、正衣冠、洗洗澡、治治病"的总要求。具体做到"四个贯穿始终"：把学习教育贯穿始终，把整风精神贯穿始终，把整改落实贯穿始终，把群众参与贯穿始终。全市教育实践活动严格落实省委"四查四治"（查宗旨意识牢不牢，治脱离实际、脱离群众之病；查工作作风实不实，治急功近利、不负责任之病；查精神状态振不振，治慵懒满散、贪图享乐之病；查廉洁自律严不严，治挥霍奢靡、铺张浪费之病）、苏州市委"四治四兴"（治脱离实际，脱离群众之病，兴为民惠民之风；治急功近利、不负责任之病，兴实干担当之风；治懈怠自满、享乐安逸之病，兴改革攻坚之风；治挥霍奢靡、铺张浪费之病，兴勤政清廉之风）的具体要求，着力解决宗旨意识、工作作风、精神状态、廉洁自律等方面存在的突出问题，建设风清气正、务实创新，具有张家港精神特质的党员干部队伍。

全市教育实践活动从2月19日起，至10月末基本结束。主要任务是：着力解决"四风"突出问题、关系群众切身利益的问题和联系服务群众"最后一公里"的问题这三大问题。活动包括"学习教育、听取意见""查摆问题、开展批评""整改落实、建章立制"三个环节。市四套班子、10个区镇、87家市级机关部门和市直属企事业单位、1431名科级以上党员领导干部、4556个基层党组织以及6.61万名党员参加了教育实践活动。活动启动后，根据上级统一部署，全市按照"规定动作高标准，自选动作有特色"的要求，坚持不等不靠，超前部署，迅速落实，推动教育实践活动有力有序开展。市委成立教育实践活动领导小组及其办公室，办公室下设组织组、秘书组、宣传组、联络组等4个职能组，具体负责活动的组织部署、综合汇报、新闻宣传、统筹协调等工作。市委常委、党员副市长建立18个联系点，各联系一个区镇（办事处）或市级机关部门，并提出"四个一"具体要求，即每位市领导要到联系点出席一次动员大会，开展一次实地调研指导，参加一次专题民主生活会，活动结束前听取一次总体情况特别是整改落实情况汇报。建立督导督察制度，抽调44人组建8个督导组，加强对各区镇、各部门、各单位教育实践活动的督促、检查和指导。各区镇、市级机关部门和市直属企事业单位也根据自身情况成立了相应的工作机构和职能部门，为活动的扎实开展提供了组织保障。到3月中旬，参加全市统一部署的10个区镇、87家市级机关部门和市直属企事业单位、152个行政村、118个社区全面完成动员部署。各非公有制经济组织、社会组织和其他基层组织也通过各种形式完成了部署工作。

第一环节是学习教育、听取意见，时间为2月下旬至5月上旬。在此环节，全市坚持把学习教育贯穿活动始终，市

全市党的群众路线教育实践活动动员大会　　（严子洋　摄）

委中心组先后开展4次集中党课学习活动，市委常委会先后召开2次学习交流会，并组织召开群众路线专题讲座、全市领导干部警示教育大会等。全市各级党组织通过中心组学习、“三会一课”、送学上门、专题交流等多种形式组织学习教育活动。3月1日，市委书记姚林荣结合对习近平总书记系列讲话精神的学习领会，结合全市工作实际，以《深入学习习近平总书记系列讲话精神，凝心聚力谱写好中国梦的港城篇章》为题，带头为全市党员领导干部上党课。注重学习身边的先进典型、传承弘扬张家港精神，先后邀请市委原书记秦振华、永联村党委书记吴栋材就践行党的群众路线、密切党群和干群关系主题作专题报告。拍摄新中国成立前老党员党性教育专题片《信念的力量》，组织党员领导干部赴沙洲县抗日民主政府纪念馆、香山烈士陵园以及淮安周恩来纪念馆接受革命传统教育。编印下发《张家港市党的群众路线教育实践活动应知应晓40问》4000余册；编辑《春风化雨——张家港市群众工作典型案例》，用身边典型教育、感染身边人；创作编排“清风颂·党旗红”专题文艺演出和《兰考情》评弹专场、巡演30余场。深化“天天听民声”“民生面对面”“三约三会”等特色做法，广泛听取普通党员、群众、服务对象、离退休老同志和党外人士等各方面的意见建议、所需所盼。市四套班子领导共开展走访调研331次、召开座谈会117次、走访群众472人，征集改进工作作风、服务经济发展、推进城乡一体、改善民生福祉、优化生态环境、加强社会管理等六大类285条意见和建议。市委常委会对意见、建议进行审议后，由市委办、市政府办明确相关责任单位，第一时间研究确定整改方案，抓紧落实处理，做到“事事有着落、件件有回音”，确保活动取得实效。

老党员参观沙洲县抗日民主政府纪念馆 （市民政局 供稿）

第二环节是查摆问题、开展批评，时间为5月中旬至8月上旬。在此环节，全市围绕“为民、务实、清廉”要求，采取群众提、自己找、上级点、互相帮、集体议等方式，查找“四风”问题具体表现。深入开展谈心、谈话，按照“四必谈”（党委或党组主要负责同志与班子成员必谈，班子成员之间必谈，班子成员与分管部门、直属单位负责同志必谈，督导组与班子成员必谈）要求，市委常委之间敞开心扉开展三轮谈心，累计谈心、谈话643人次。全市各级党组织也按“四必谈”和三轮谈心要求，广泛开展谈心、谈话，重点谈突出问题、谈深层次矛盾、谈思想障碍、谈差距不足，切实把“班子问题、本人问题、对方问题、拟在会上提出的批评意见、产生问题的原因、改进措施”谈通、谈透。市委书记主持起草市委常委会对照检查材料，各常委对照“三严三实”要求，认真撰写个人对照检查材料，常委班子及个人的对照检查材料都数易其稿。全市1431名科级以上党员干部也都各自动手撰写和修改完善个人对照检查材料，力求自我剖析“准、深、实、全”。7月22日，市委常委会专题民主生活会在市委党校召开，在中央、省委和苏州市委督导组的指导下，市委常委班子共查找出“四风”突出问题14条。班子成员对照党章、对照廉政准则、对照先进典型、对照征求到的意见和建议，对自身在党性、党风、思想、工作上存在的问题和不足进行了诚恳的自我批评，共查摆出“四风”方面的突出问题203条。班子成员之间本着对事业、对同志高度负责的态度，从有利于张家港发展、作风改进和班子团结的角度，提出了坦诚无私的批评意见156条，真正红了脸、出了汗。7月26日，召开市委常委会、市政府党组专题民主生活会情况通报会，市委书记姚林荣、市长朱立凡分别通报了市委常委班子和市政府党组班子专题民主生活会情况。至8月上旬，参加全市统一部署的10个区镇、87家市级机关部门和市直属企事业单位领导班子均按要求高标准召开了专题民主生活会。8月，按照中央、省委、苏州市委和市委的统一部署，全市各基层党组织召开专题组织生活会，开展民主评议党员工作。

第三环节是整改落实、建章立制，时间为8月中旬至10月底。在此环节，市委常委会整改方案提出八大类42项具体整改措施，每条整改措施落实到具体领导、具体单位，确保责任任落实、真抓实改。强化问题导向，由市委实践办牵头，各督导组对市委常委会征求到的285条意见中反响强烈、涉及群众切身利益较直接的49条意见办理情况进行重点督察，对已办结的、有明确反映单位或个人的意见进行了满意度测评，总体满意率100%。深入开展“八大专项治理行动”，即开展执法监管部门和窗口单位、服务行业“慵懒散、不作为、乱作为”专项治理行动；开展清理行政审批事项、简化审批程序专项治理行动；开展生态环境专项治理行动；开展公款大吃大喝、违规公务接待、公款送礼专项治理行动；开展信访积案专项治理行动；开展行政机关和事业单位超编、超职数配备及在编不在岗专项治理行动；开展减轻村（社区）负担专项治理行动；开展民生专项资金管理使用专项治理行动。制定制度建设计划，市级层面出台《张家港市委关于进一步贯彻〈中央关于完善党员干部直接联系群众制度的意见〉的实施办法》《张家港市关于健全完善领导干部民主生活会和基层组织生活会制度的意见》《张家港市委关于切实改进学风的实施意见》等14项制度性文件，确保教育实践活动取得的成效常态化、长效化。9月12日，市委常委会整改方案、专项治理行动方案和制度建设计划通过《张家港日报》向全市公示，接受社会各界和广大群众监督。

10月17日，市委召开全市党的群众路线教育实践活动总结大会，教育实践活动基本收尾。深入开展党的群众路线教育实践活动，是新形势下坚持党要管党、从严治党的重大决策，全市认真按照上级的部署要求，紧密结合现代化建设实际，切实加强组织领导，突出重点，扎实推进，活动取得阶段性成效，切实转变了作风，有效凝聚了力量，形成了一批理论成果、实践成果和制度成果。通过深入开展党的群众路线教育实践活动，党员干部的群众观念明显增强，转党风改政风取得显著成效，党内政治生活得到全面规范，党群干群关系更加紧密和谐，经济社会发展得到有力促进，广大党员干部精神面貌明显变化，干事创业氛围更加浓厚，为全市争当苏南现代化示范区建设排头兵提供了强大的思想和组织保障。（梅思楠）

张家港市荣膺全国文明城市“四连冠”

2015年2月28日，全国精神文明建设工作表彰暨学雷锋志愿服务大会在北京召开，张家港市再次被中央文明委授予全国文明城市称号，这是继2005年首次获得全国文明城市荣誉之后第四次折桂，张家港市也成为全国唯一获此殊荣的县级市。同时，锦丰镇被授予全国文明镇称号，市财政局、张家港海事局、张家港海关、市水政监察大队被授予全国文明单位称号，新增获奖单位数量居全省县级市之首。全国文明城市是国内城市综合性评比的最高褒奖，是张家港市的标志性荣誉，也是全市最靓丽的品牌。从2005年首次获评全国文明城市荣誉称号起，张家港市上下坚持与时俱进弘扬张家港精神，把深化文明城市建设作为精神文明建设的龙头工程和推动经济社会协调发展的综合平台，切实做到创建理念不变调、创建手段不走样、创建标准不降低、创建力度不减弱，连续四届高分获评。“一把手抓两手，两手抓两手硬”、创建惠民利民育民举措、城乡一体文明建设、网格化公共文化服务、书香城市建设等一批文明创建经验享誉全国，精神文明建设水平始终在全国保持领先率先。

张家港市获“中国曲艺之乡”授牌

3月27日，“中国曲艺之乡”授牌仪式暨中国曲协文艺志愿服务团送欢笑走进张家港惠民演出活动在张家港保利大剧院举行。张家港市获“中国曲艺之乡”授牌。自1994年起，中国曲艺家协会从打造曲艺品牌、活跃基层文化、服务人民群众的初衷出发，对历史悠久、底蕴深厚，传承和发展着具有深刻文化内涵的代表性曲种的地区授予“中国曲艺之乡”称号。2013年7月22日，中国曲艺家协会发文授予张家港市“中国曲艺之乡”称号。

张家港市蝉联“全国慈善七星级城市”称号

8月16日，由民政部委托“中民慈善信息中心”组织的第三届“中国城市公益慈善指数”测评结果在北京会议中心发布，张家港市再次荣获“全国慈善七星级城市”称号，这是国内公益慈善城市评选最高荣誉。在“经济贡献”指数中，张家港市是唯一进入前十名的县级市。“中国城市公益慈善指数”由民政部中民慈善捐助信息中心主办，以“城市”为研究对象，通过对城市社会捐赠、志愿服务、慈善组织、慈善经济贡献、政府支持慈善事业发展和城市慈善文化六个方面29个指标的综合计算分析，对全国294个直辖市、地级市和县级市2012年至2013年城市慈善事业发展水平进行评价和排名。此届共有32个城市获得“全国七星级慈善城市”最高等级认定。

张家港市蝉联“全国文化先进市”称号

12月18日，文化部在北京举办全国文化先进单位、全国文化系统先进集体、先进工作者和劳动模范表彰颁奖活动，张家港市成功通过全国文化先进单位评选和复查，继1993年首次荣膺后再次蝉联“全国文化先进市”称号。近年，张家港市以保障人民群众基本文化权益为宗旨，在完善公共文化服务体系、满足人民群众文化需求、增加文化选择、激发文化创造方面作出了积极探索，各项工作在原有高平台上不断实现新突破，在苏州、江苏乃至全国同级保持领先水平。2011年起首批成功创建成国家公共文化服务体系示范区，获中国曲艺之乡、中国民间文化艺术之乡（戏曲、山歌、书画）、中国小戏小品之乡和全国文物系统先进集体、全民阅读先进单位等荣誉。张家港市将文化建设纳入全市经济社会发展总体规划，并不断强化政策保障，优化文化建设发展环境；在全国率先探索实施“网格化”公共文化服务，在全国县域率先探索建立县域公共文化服务协同创新机制和文化馆总分馆体系，发布全国首个“书香城市”建设指标体系，全面提升公共文化服务水平。同时，加快推进城乡文化设施建设，全市人均公共文化设施面积0.4平方米；抓好队伍建设，文化艺术创作生产空前繁荣，获奖数量在全国、全省县（市、区）领先；文化遗产保护实现重大突破，新增3个全国重点文保单位和2个国家级非遗代表性项目；文化市场行政执法严格规范；文化产业发展创响品牌特色。

全国重点文物保护单位——杨氏宅第 （凤凰镇 供稿）

张家港市获评国家知识产权示范城市

11月15日，张家港市被国家知识产权局确定为国家知识产权示范城市，成为全国5个县级国家知识产权示范城市之一。2010年，张家港市被确定为国家知识产权示范城市创建市，全市围绕现代化建设目标和苏南自主创新示范区建设，按照“扩面增量、量质并举，企业主体、市镇联动”的工作思路，深入贯彻知识产权战略纲要，全面推进知识产权工作。2014年前10个月，全市专利申请12020件，其中发明专利申请2968件；专利授权6401件，其中发明专利授权355件。至10月末，全市每万人口有效发明专利拥有量达15件。

吉炳轩考察张家港市

6月19日，全国人大常委会副委员长吉炳轩在省人大常委会副主任刘永忠等陪同下，到张家港市调研城乡一体化、新型城镇化和粮食储备安全等方面情况。吉炳轩一行先后考察凤凰镇恬庄古街、凤凰新城、河阳山歌馆和南丰镇永联村等地。吉炳轩在考察调研时充分肯定张家港市城乡一体化、新型城镇化所取得的成绩，称赞张家港市是出经验的好地方，无论是经济社会发展，还是精神文明建设等方面都走在全国前列。他希望张家港市继续以人的城镇化为核心，勇于探索应对之策，积极破解发展难题，优化城市空间布局，提升城镇化发展内涵，走出一条具有时代特色、符合张家港实际的城乡一体化和新型城镇化建设新路子。

主动适应新常态 全面落实新要求 为圆满完成“现代化建设三年行动计划”而努力奋斗

——2014年12月29日在市委十届九次全体(扩大)会议上的讲话

姚林荣

同志们：

这次全会的主要任务是：深入贯彻中共十八大、十八届三中和四中全会、习近平总书记系列重要讲话精神，认真落实习近平总书记视察江苏重要讲话精神和中央经济工作会议、省委十二届八次和九次全会、苏州市委十一届八次全会精神，回顾总结今年工作，研究部署明年任务，动员全市各级党组织、广大党员干部，振奋精神、务实进取，确保圆满完成“现代化建设三年行动计划”，推动港城现代化建设迈上新台阶。

根据市委常委会讨论的意见，我讲四个方面的情况。

第一个方面，统筹兼顾，拼搏实干，港城现代化建设取得新成效。

今年以来，在省委和苏州市委的正确领导下，市委常委会深入学习贯彻习近平总书记系列重要讲话精神，主动适应经济发展新常态，审时度势，更加科学地组织推进港城现代化建设。在决策安排上，更加务实合理地确定年度目标、建设节奏；在重点把握上，突出转型升级核心，紧抓“810工程”重中之重，抢抓改革机遇，强化提升“四个品质”的方向要求；在重大活动上，扎实开展了党的群众路线教育实践活动，认真配合做好省委对我市的巡视工作，高水平承办好全国县级文明城市创建工作现场会。一年来，稳增长实现预期目标，转型升级取得一定突破，社会保持稳定，民生持续改善，城市形象巩固提升。着重抓了八个方面的工作。

(一)抓改革突破，发展活力不断激发

市委常委会坚持把改革作为推进现代化建设的强大动力，紧贴我市实际，抢抓改革机遇。发展平台方面，保税(港)区对接上海自贸区取得实质性进展，口岸通关试点深入推进，进口汽车三包责任险试点等政策功能实现突破。沙钢集团、国泰集团获批跨国公司外汇资金集中运营管理试点。在再制造产业基地、绿色生态发展综合改革试点、省级服务业综合改革试点等方面，积极争取，加强对接，各项工作推进有序。行政体制方面，全面清理并编制公布行政审批事项目录清单、行政事业性收费项目清单、政府及各部门行政权力清单。68项上级下放事项全部落实，市级行政审批事项取消和暂停49项。支持社会组织承接政府转移职能，市级层面购买公共服务18项。完成两批415家事业单位分类。资源配置方面，全面推行农村资源资产交易市场化，交易平台实现区镇全覆盖。深化农村社区股份合作制改革，扎实开展农村土地承包经营权确权登记颁证试点。11家企业在“新三板”挂牌。与此同时，国资、养老、医疗、住房保障、粮食等领域改革深入推进。

(二)抓项目人才，转型升级态势良好

市委常委会紧扣重大项目关键节点，抓牢科技人才核心支撑，努力提升经济发展品质。新兴产业基地加速形成。页岩气基地的先期五个项目全部建成，环氧丙烷、丙烯二期、聚丙烯二期等后续项目有序推进。再制造基地的富瑞特装5万台汽车发动机再制造一期投产。霍尼韦尔一体化基地的首个催化剂和分子筛项目试生产。康得新总部从北京搬迁至我市、成为苏州市值第二大的上市公司。LED产业基地、智能装备产业基地等加快建设。现代服务业加快推进。实现服务业增加值968亿元，占GDP比重提高到44%。化工、纺织、粮油、木材、进口汽车、消费品六大市场实现交易2400亿元，增长109%。软件动漫产业园的商务中心、如意通动漫大厦投用，LNG/再制造产业物联网创新中心等入驻。玖隆物流电商平台上线运营，完成交易1500亿元。科技人才创新能力持续增强。新增省“双创计划”人才17人、保持全省县市第一，“姑苏计划”人才31人、列苏州县市(区)之首。新增“千人计划”专家产业化项目42项、创新创业载体33万平方米、销售超亿元科技人才企业18家。成为国家知识产权示范城市。改造提升传统产业,“3333”百企培育工程深入推进。沙钢集团连续第六年入围世界500强、列第308位。“腾笼换鸟”土地340公顷。同时,高度重视稳定经济运行,积极帮助企业协调困难问题,保障企业实现总体平稳发展。全年预计完成地区生产总值2200亿元、增长6%,公共财政预算收入163亿元、增长6%左右,全社会固定资产投资780亿元、增长1.2%,进出口总额327亿美元、增长1.5%。

(三)抓城乡一体,功能内涵不断提升

市委常委会坚持“完善功能、深化内涵”的建设要求,着力提升城市品质。编制完成沪通铁路客运枢纽和货运场站、保留村庄整治等规划。沪通铁路、疏港高速、通洲沙西水道等重大工程进展顺利。申张线(金港段)航道整治按计划推进。老海坝节点综合整治一期工程开工。农村道路提档升级完成50.6千米。城北科教新城、城东黄泗浦生态核心区、城南商务新城、城西拓展区的动迁安置和工程项目建设稳步实施。农副产品批发市场竣工投用。智慧民政、智慧水利等9个信息化重点项目投入运行。金港、锦丰、凤凰等片区新城建设有序推进。香山、永联小镇建成国家AAAA级景区。新开工安置房303万平方米、竣工300万平方米,安置过渡户1.3万户。深入开展城乡大环境“十大整治”行动,全面完成十大类108个城市环境综合整治项目。

(四)抓环境整治,生态建设富有成效

市委常委会深入实施“810工程”的十大生态工程,在全国县级市率先制定镇(区)党政主要领导生态责任审计制度,扎实推进国家生态文明示范区创建。钢铁行业大烧结机脱硫、电力行业燃煤机组脱硝基本实现全覆盖。完成化工、印刷等行业治理项目32项,关停污染企业73家。淘汰黄标车6607辆。重点区域工业污水集中处理、走马塘污水管网工程按计划推进。新增城镇污水管网47.4千米、农村生活污水处理4464户。三大水循环体系建设加快推进,三干河南延工程基本完工。全面落实“河长制”管护机制,建成生态河道33公里。沙洲湖——干河生态工程基本完成,双山岛生态湿地、香山生态修复有序推进,凤凰湖生态工程全面竣工。扬子江化工园、垃圾焚烧厂等防护林带基本建成。

(五)抓民生改善,社会事业均衡发展

市委常委会坚持发展为了人民,扎实做好各项民生工作。城镇和农村居民人均可支配收入预计4.68万元、2.37万元,分别增长8.5%和10.2%。全面促进充分就业,本市籍应届高校毕业生、特困家庭劳动力、被征地农民就业率保持在99%以上。新增社保参保人员4.2万人,五大社会保险覆盖率达到99.6%。新开工保障性住房20.8万平方米,竣工12.33万平方米。高职园区竣工投用,普通高考、对口单招本科达线率继续位居苏州首位。成为全国县级公立医院综合改革第二批试点县市,7家公立医院改革全部启动。新市民积分管理做法在全省推广。养老服务体系不断完善,千名老人床位数达41.9张。扎实开展社会维稳“五大专项行动”、安全生产隐患排查整改等系列专项行动,涉赌警情下降43.5%、“两抢”案件下降49%,违法警情、刑事发案数低位压减,公众安全感和法治建设满意度继续保持苏州第一。

(六)抓文明建设,典型地位巩固提高

市委常委会坚持“为民、利民、育民”导向,深入推进文明城市建设。全国县级文明城市创建工作现场会在我市召开,这是继1995年全国精神文明建设经验交流会后又一具有里程碑意义的会议。中宣部、中央文明办概括并充分肯定了我市“五坚持、五突出”的做法,称赞张家港“不愧为全国文明城市的一面旗帜”,要求全国县级市学习推广张家港经验。会后,全国各地140余批次党政代表团来我市考察,扩大了影响,促进了工作。同时,积极培育践行社会主义核心价值观,扎实开展“讲文明、破陋习、树新风”专项行动,建成企业信用基础数据库和公共信用信息服务平台。高水平迎接全国文明城市测评。成功举办第十一届长江文化艺术节。蝉联“全国文化先进市”称号,创建成“中国小戏小品之乡”“中国曲艺之乡”。

(七)抓作风转变,群众路线深入践行

按照上级统一部署,扎实开展党的群众路线教育实践活动。市委常委会细致部署、率先垂范,以“四治四兴”为目标,以“两促进、双丰收”为要求,扎实抓好活动全过程,得到了群众的认可和上级的肯定。教育实践活动中,市委常委会先后举办4场专题学习会和2次学习交流会;认真办理征集到的六大类285条意见建议;开展“八大专项治理行动”,解决了办公用房超标、领导小组和议事机构冗杂、基层台账过多等一批问题;高标准召开专题民主生活会和组织生活会,为进一步严肃党内生活提供了示范标杆;针对事关全局、根本和长远的问题,建立了规范公务接待、强化党风廉政建设等14项制度。

(八)抓基层基础,党的建设全面加强

市委常委会推动全市各级与时俱进大力弘扬张家港精神,不断提振精气神,以求真务实的作风干事创业。注重加强思想政治工作,在带头加强学习的同时,组织广大党员干部深入学习习总书记系列重要讲话精神。广泛开展社会主义核心价值观宣传教育,开展“810成效比拼年”主题宣传。按照“好干部”标准加强干部工作,稳妥做好超职数配备干部等消化整改工作,继续推动干部双向挂职,加强中青年干部教育培训和实践锻炼。全面实行服务型党组织建设项目化推进机制,探索推广“党建引领社区治理”模式,创新推进区域工作站建设,得到省委肯定。积极配合做好省委对我市的巡视工作,认真整改反馈意见。内部绩效管理制度在党政机关中全面推广,被省委省政府列为绩效考评试点县(市)。严格落实党风廉政建设“两个责任”,制定出台惩防体系建设五年规划,坚决查处党员干部违纪违法案件。同时,市委常委会全力支持人大、政府、政协工作,人大、政府、政协的职能作用得到更好发挥。积极推动对口援建和南北挂钩,工青妇、兵役、老干部、党史、残疾人和关心下一代等工作取得新进展。

在复杂严峻的形势下,取得这样的成绩来之不易,这是全市上下凝心聚力、攻坚克难的结果。同时,我们也清醒地认识到，当前我市正处于增长速度换档期、结构调整阵痛期叠加的阶段，经济形势严峻，特别是部分企业经营困难、效益下滑较为明显，经济持续增长的动力不足，稳定经济增长、财税增收的压力很大。受产业结构的影响，能耗高、排放大，群众对生态环境的意见比较多。城乡一体化建设的功能内涵还需要进一步加强，人口集聚对教育、医疗、交通等社会事业发展形成很大压力。依法办事、依法维权的意识还不够强，社会诚信水平、城市文明程度还要进一步提高，推进社会治理现代化任重道远。部分干部思想认识、能力水平与新的形势和要求还有一定脱节，开拓创新精神还要进一步提振，责任担当意识还要进一步增强，"四风"问题仍有不同程度存在。对此，我们将在今后的工作中，以改革的精神和法治的思维，积极采取措施，认真加以解决。

第二个方面，深入学习贯彻习近平总书记系列重要讲话精神，以明确的方向、科学的态度、法治的思维、优良的作风推进港城现代化建设。

中共十八大以来，以习近平同志为总书记的党中央，对经济建设、国家治理、党的建设，作出了具有方向性、战略性、根本性的新论断新部署。12月13日至14日，习近平总书记亲临江苏视察指导工作，提出了殷切期望和最新要求。这些论断部署和期望要求，必将在较长历史时期内，对我国和我省经济社会各领域的建设，产生重大而深远的影响。全市各级务必要以高度的政治敏锐性，深入学习、潜心领悟，融会贯通、学以致用，使之成为推进港城现代化建设的行动指南和根本遵循。

（一）紧扣"建设新江苏"新定位，全面建设现代化港城

在我省视察期间，习近平总书记殷切希望江苏"紧紧围绕率先全面建成小康社会、率先基本实现现代化的光荣使命，协调推进全面建成小康社会、全面深化改革、全面推进依法治国、全面从严治党，努力建设经济强、百姓富、环境美、社会文明程度高的新江苏。"并明确提出了"在推动经济发展、现代农业建设、文化建设、民生建设、全面从严治党等五个方面迈上新台阶"的重点任务。

近年来，我市紧扣"全面推进港城现代化建设"的总目标，深入实施"六大提升行动"和"810工程"，着力提升"四大品质"，全面深化文明建设，创新加强党建工作，各个领域都取得了新成效。可以说，我市现代化建设的目标、方向、内涵，与习近平总书记对江苏的要求是高度契合的。全市各级务必要深刻理解和把握习近平总书记对江苏的新要求、新期望，结合我市的实际情况，结合"六大提升行动"和"810工程"，逐项对照、逐项分解，抓具体、抓落实，推进港城现代化建设不断迈上新台阶，在江苏"为全国发展探路"的光荣使命中做出张家港应有的、更大的贡献。

（二）主动适应经济发展新常态，全力推进转型升级

在中央经济工作会议上，习近平总书记从九个方面，系统全面地阐述了经济发展新常态。这是党中央纵观经济发展历史，作出的重要而又权威的判断。结合张家港实际来看，我市经济增长速度的变化、发展瓶颈制约的增多、产业转型升级的迫切，已经先于全国显现了经济发展新常态的特征和要求。可以说，习近平总书记的相关论述和指示，对我市而言，尤其具有现实针对性和科学指导性。全市各级务必要认识新常态、适应新常态，使经济增长保持在合理区间的同时，全力推进转型升级。

当前，我市的转型升级方向明确并已取得一定突破，新兴产业基地正在形成、现代服务业不断壮大、创新人才加快集聚、腾笼换鸟成效明显，得到了省和苏州市的充分肯定。全市各级要坚定信心、趁势而上，聚焦聚力抓好"810工程"的十大制造业基地、十大制造业项目、十大科技载体、十大服务业项目、十大专业市场，巩固扩大良好态势，尽早取得更大成效。

（三）遵循依法治国新方略，切实强化法治思维

习近平总书记多次强调："实现经济发展、政治清明、文化昌盛、社会公正、生态良好，实现我国和平发展的战略目标，必须更好发挥法治的引领和规范作用。"特别是十八届四中全会的召开，标志着党中央把依法治国和深化改革作为推动实现中华民族伟大复兴中国梦的"两个轮子"，法治已被提升到前所未有的战略高度。根据中央的精神、省委的部署，苏州市委明确提出：要加大法治苏州建设力度，让法治真正成为苏州核心竞争力的重要标志，成为苏州人生活方式的重要内容，成为苏州文化精神的重要特色，成为苏州全面深化改革的重要引领，成为苏州率先基本实现现代化的重要保障。围绕"五个成为"的目标，苏州市委强调，全面推进法治建设，要从党委自身做起、从法治政府抓起。就是要以建设法治型党组织为引领和保障，全面推进法治政府、法治市场、法治社会一体化建设。

全市各级要深刻认识法治建设的重大意义，全面落实苏州市委的部署。根据中央和省、苏州市的精神，我市制定了《全面推进法治张家港建设的实施意见》。全市各级务必要认真贯彻执行，齐心协力抓好各项任务的落实。特别要把各级党政领导干部作为法治建设的重点，自觉规范约束权力、自觉维护公平正义、自觉强化法治责任，切实把法治方式贯穿于"谋划、决策、实施、督察"全过程，把法治思维体现在"深化改革、政策制定、项目建设、资金安排、维护稳定"等各领域，为港城现代化建设稳固基石、构建经纬、筑牢防线。

（四）落实从严治党新要求，自觉严格正风肃纪

习近平总书记在党的群众路线教育实践活动总结大会上的重要讲话，是我党在新的起点上深化作风建设、坚持从严治党的纲领性文献。全市党员干部务必要认真落实从严治党的八项要求，更加牢固地树立大局意识、责任意识、自律意识，以驰而不息、久久为功的决心和毅力，把作风建设不断引向深入。一要严字当头。千万不能忘记组织原则、千万不能忘记法纪红线，必须严格遵照党章和八项规定等制度，按照"坚定理想信念，加强道德养成，规范权力行使，培育优良作风"的要求，自我约束，锤炼品质。二要干字为先。干部就要干事，干事就要担当。要习惯于在制度约束下工作，决不能因为管得严了一点，就产生"为官不易"的想法，就出现"只要不出事，宁可不干事"的消极情绪。要以"对张家港历史负责、对张家港荣誉负责、对张家港人民负责"的高度自觉，担负起推进港城现代化建设的应尽责任。三要

实字为本。一切从张家港发展所处的时段出发，不提不切实际的口号，不提超越阶段的目标，不做违背规律的事情。要以踏实的作风推进各项工作，以更加科学的考核激励转型升级。特别是"六大提升行动""810工程"等事关全局的重大任务，要以"钉钉子"的精神，坚持不懈抓好落实。

同志们：认清大势才能把握大局、走对路子、抓准重点。全市各级一定要通过深入学习贯彻习近平总书记系列重要讲话精神，自觉在思想上政治上行动上和党中央保持高度一致，从中认清所处的历史方位、明确当前的工作要求、获得强大的思想武器，以更加科学的发展理念、更加务实的工作态度、更加自觉的法治思维、更加优良的工作作风，把港城现代化建设事业不断推向前进。

第三个方面，科学务实，攻坚突破，高标准完成"现代化建设三年行动计划"的各项任务。

2015年是我市"现代化建设三年行动计划"的最后一年，也是收官"十二五"、谋划"十三五"的关键之年。做好这一年的工作，事关重大，影响未来。全市各级要落实"发展更科学、工作更务实"的要求，突出重点，集中力量，创新作为，不折不扣把市委各项决策部署落到实处。

市委常委会提出2015年工作总的思路是：贯彻落实中共十八大和十八届三中、四中全会精神、习近平总书记系列重要讲话精神，按照习近平总书记对江苏的新要求、中央经济工作会议、省委和苏州市委全会的部署，与时俱进大力弘扬张家港精神，科学务实抓牢"810工程"重中之重、体现"四个品质"内涵要求，坚持以人为本导向，突出转型升级核心，积极抢抓改革机遇，大力改善生态环境，全面加强法治建设，落实从严治党举措，确保圆满完成"现代化建设三年行动计划"，推动张家港现代化建设迈上新台阶、争当排头兵。

经济社会发展的主要预期目标是：地区生产总值增长7%左右，公共财政预算收入增长7%左右，全社会固定资产投资750亿元，实际利用外资6.5亿美元，进出口总额增长3%，全市居民人均可支配收入增长高于8%，万元GDP能耗下降率、主要污染物排放总量削减率完成上级下达任务。

重点抓好五个方面：

（一）突出落地见效，在深化改革上求突破

改革能否取得实效，关键在落实。全市上下要抓住重点、精准发力，推进各项改革不断取得实质性进展。

1.落实上级要求，把好大方向。首先，要确保改革在法治的轨道上推进。随着改革的不断深化，遇到的都是涉及利益关系和权力格局调整的"硬骨头"。这就要求我们更加注重发挥法治对于改革的"压舱石"作用，用法治思维和法治方式破解改革难题、化解改革风险，确保改革于法有据、行稳致远。其次，要对接落实上级改革部署不走样。坚持在中央确定的大框架下，尽职尽责实施好省、苏州市既定的各项改革措施。认真研究落实上级简政放权、转变政府职能的改革事项，稳妥抓好政府机构改革，统筹推进事业单位分类改革，从严控制财政供养人员总量。财税体制改革、国有资产管理等重点领域的改革，也要按照部署协调有序推进。

2.紧扣我市实际，强化实战性。坚持问题导向，盯牢关键环节，落实工作举措，切实增强目的性、操作性、实效性。要针对我市产业转型升级的瓶颈制约，顺应江苏转型升级、创新驱动的核心要求，顺应国家"建设长江经济带"战略，排出"一揽子"方案，积极争取突破。要针对自贸区可以为我所用的政策，加强对接争取，努力在期货保税交割、跨境贸易电子商务进口试点、设立江苏长江航运交易所等方面，力争及早突破。要针对再制造基地建设的关键政策，锲而不舍争取汽车零部件"旧件进口"、逆向物流企业税收扶持、行业标准及产品认证、基地企业享受"以旧换再"扶持、再制造电子商务平台等政策的先行先试。同时，在启运港政策、省级高新区设立、玖隆物流园争取省级重点物流园区等方面，也要排出重点、细化措施、紧盯不放。

3.尊重首创精神，调动积极性。对于实际情况比较复杂领域的改革，要在把握好政策方向的基础上，尊重群众首创精神，发挥全社会的改革智慧，积极稳妥推进。农村领域的改革，特别是农村土地承包经营权确权登记颁证、集体资产确权量化等方面，涉及到千家万户农民的切身利益、涉及到农村集体长远发展，一定要在确保农村稳定的前提下，充分尊重群众的意愿，因地制宜制定实施方案。金融领域的改革，重点要促进产融结合、壮大地方金融实力、规范金融秩序，提高金融支持产业转型升级的能力。市场领域的改革，要坚持市场化和法治化的取向，充分发挥企业主体的能动性，促进各类要素规范合理流动，提高资源配置效率。群众普遍关心的教育、医疗、养老、文化等领域的改革，要积极回应民生需求，充分调动社会资本参与的积极性。

（二）突出质量效益，在转型升级上求突破

全市各级要牢固确立"产业决定城市"理念，紧扣质量效益，紧抓项目人才，紧盯"810工程"重大产业基地和重点产业项目建设，不断巩固放大转型升级的良好态势。

1.保障经济平稳健康运行。各级各部门对经济形势要深入分析、理性对待，用好积极因素，解决关键问题，努力实现更加科学、更可持续的发展。要坚定发展信心。在全社会进一步营造尊重企业家、珍惜企业家、倡导企业家精神的良好氛围。主动服务企业，特别要把支持实体经济发展的政策措施落实到位，帮助更多有市场、有潜力、有社会责任感的企业渡过难关。企业也要迎难而上，自我创新，增强核心竞争力，加强内部管理和市场开拓，挖掘发展潜力。要统筹增量存量。把宝贵资源向优质项目、优质企业倾斜，创造一切条件加快新产业、新项目的产能释放，努力培育新的增长点。同时，千方百计促进现有优势产业提质增效，促进存量经济的稳定、扩张和优化，以存量促增量、保总量。要防范金融风险。高度重视企业融资问题，坚决守住融资风险底线，努力创造良好的金融生态。同时，高度重视政府债务问题，严格控制债务规模，努力压降财务成本，合理压减财政支出，基本建设规模要适度，民生事项要有序。要更加重视开源，通过科学经营土地、国资等，努力增强造血功能。

2.全力抓好重大产业项目。抓紧十大制造业基地和十大制造业项目，为转型升级夯实产业基础。页岩气基地的先期项目要尽快全线投产运营，丙烯二期、环氧丙烷项目及早开工建设，乙烯项目完成前期工作，加快落实聚丙烯二期。光学膜基地要在康得新一期产能释放的基础上，启动二期项目建设。再制造基地，要再引进一批再制造企业，把先发优势转化为规模优势。同时，进一步抓好逆向物流、公共服务平台等建设。电子电力基地，要加快全产业链发展步伐。LED产业要重点抓好封装应用项目，电子半导体产业要重点向半导体芯片设计、分析、可控硅芯片等方面拓展。智能装备产业基地，加强汽车核心零部件、机器人关键部件、精密机械制造企业的招引，推进哈工大、西北工大等创新平台参与本土企业自动化改造。霍尼韦尔一体化基地，要稳定首个催化剂和分子筛项目生产，尽快启动建设二期催化剂项目。精品钢材产业基地要重点推进沙钢与中船、永钢与宝钢的合作项目建设。此外，润英联一期要投产运营，新兴际华、中集圣达因、富瑞特装、联东U谷、PPG涂料等项目要加快推进。同时，通过兼并重组、引进战略投资等方式，创新实施"腾笼换鸟"，不断为转型升级拓展空间。

3.坚定实施人才科技战略。深入推进人才科技"三个一批"计划，为转型升级提供新动力。要进一步增强招才引智的靶向性和产业匹配度，引进领军型创新创业人才（团队）85个，引进博士180人以上、累计突破1000人，新增"姑苏计划"以上人才不少于30人、"千人计划"专家产业化项目35项以上。抓紧"十大创新载体"建设，推进产业技术研究院与人才企业、传统企业"嫁接"发展，促进科研成果就地转化和产业化。加大对科技型企业、领军型人才项目的金融和政策支持，推动国泰超威、汉酶生物、富森科技、启能新能源、斯威森等做大做强，力争新增销售超亿元科技人才企业20家左右。

4.大力推动发展服务经济。要顺应经济服务化的趋势，充分发挥我市的区位、产业优势，加快发展"大服务经济"，不断提升产业层次。发挥现有平台作用。整车口岸要放大平行进口等功能，实现进出口、改装业务放量；消费品市场要扩大贸易品种；传统市场要加强与行业领先企业合作，稳定提升交易量，推进期货保税交割等创新业务。同时，积极整合港口、码头资源，加快发展仓储物流、化工物流、整车物流、冷链物流等现代物流项目。推进制造业服务化。鼓励企业改造业务流程，加快从生产加工向自主研发、品牌营销等服务环节延伸，提供全供应链整体解决方案，提高产品与服务的附加值。建设钢铁、纺织、化工等公共研发平台，发展软件开发、动漫设计、工业设计等专业机构，带动研发与创意产业发展。积极突破新兴业态，以电子商务为抓手，加快探索线上线下、境内境外融合发展。做大长江国际电子交易平台。确保长江航运交易中心信息和交易线上平台投入运营。打造玖隆物流电商产业链。同时，要主动对接市场需求，积极发展科技服务、健康养老、金融保险等新兴服务业。

5.不断提高农业现代化水平。认真落实好"四个百万亩"任务。着力推进沙洲生态农业园、双山岛现代农业示范园、常阴沙现代农业示范园和通洲沙西水道现代农业园等四大园区建设。扎实推进国家农产品质量安全示范市创建，健全完善农产品质量安全追溯体系，努力提升农产品质量安全水平。要高度重视现代农业经营主体建设，积极培育家庭农场、专业合作社，并有序吸引社会资本进入农业领域。

（三）突出功能品质，在城乡建设上求突破

进一步强化"以人为本、提升内涵"的理念，努力为产业转型提供更强的功能支撑，为群众生活创造更好的居住环境。

1.科学规划城市空间布局。要加快实施"多规合一"，推动经济社会发展、土地利用、城乡发展、生态保护等各项规划的科学对接。要高度重视产城融合发展，不断强化以人为本意识，着力构建"产业复合、规模适当、职住平衡、服务配套"的空间结构。要科学设定城乡建设发展边界，严格控制城镇建设用地规模，进一步完善镇村规划，全面完成保留村庄建设整治规划。着力提高城镇建设用地的利用效率，科学有序实施片区新城的"退二进三"。

2.统筹抓好基本工程建设。优先保障民生工程和既定的重大基建项目，务实推进结转项目，严格控制新上项目，建出内涵、建出效用。沪通铁路要按时完成前期清障；疏港高速年底要确保顺利通车；主动做好沿江城际铁路的开工准备。福南水道-12.5米进港航道整治工程，要确保与主航道同步开工建设；抓紧落实老海坝节点、通洲沙西水道等相关整治工作；基本完成奔辉—十三圩段百年一遇江堤升级改造；完成申张线航道整治工程。建成晨丰公路东延、港丰公路东

张家港保税区国际消费品中心 （保税区　供稿）

延、五棵松路等道路。有序推进城北科教新城、城东生态文化区、城西新区、城南商务新城建设。启动20万吨深度处理水厂和沙洲东路改造等市政工程。实施好“智慧港城”的城市应急指挥系统等10个重点信息化项目。要密切关注房地产市场,正确应对,科学谋划年度经营性土地出让。

3.注重提升城乡一体内涵。针对群众需求、各地特色,科学实施配套基础设施建设,推动公共服务向农村延伸,形成“风貌有特色、生活更舒适、办事更方便、发展可持续”的镇村建设形态。抓紧安置房建设,年内新开工安置房140万平方米,竣工360万平方米。完成农村供水管网改造3万户、配套城镇天然气用户3.65万户。要注重因村制宜、群众参与、长效常态,稳步推进村庄环境整治。要完善“一村二楼宇”、联合发展等运作方式,多路径发展村级经济,年内村均可支配收入增长8%以上。

4.不断优化城市管理服务。要立足“群众生活更便捷、城市形象更优美”,进一步提高城市管理的“人性化、精细化、网格化”水平,持续提高城市美誉度。深入实施并全面完成城市环境综合整治“931”行动任务,有效解决“城市环境薄弱地段脏乱差、重点区域停车、垃圾处理、噪音扰民、违章搭建”等群众反映强烈的问题。着力推进城管信息化,加快建设城市管理大数据中心,继续建设完善“城市e管家”平台,不断提高群众参与城市管理的积极性。

(四)突出大气水质,在生态环境上求突破

生态环境问题越来越为群众所关注,不仅是经济问题、民生问题,而且是社会问题。就我市而言,煤炭消耗和机动车保有量持续增长,雾霾天气时有发生;水污染排放居高不下,污染河道治理任重道远。形势非常严峻,压力继续增大。必须以更大的决心,动真碰硬、铁腕治污。

1.严厉整治大气污染。大气污染防治,是生态环境的首要突出问题,中央有要求、群众有诉求,时不我待,刻不容缓。尤其是PM2.5,已作为衡量一个地方综合发展的标志性指标,必须高度重视,对准源头,精准发力。重点要认真实施“大气污染防治行动计划实施方案”,扎实推进“能源结构优化、产业结构调整、工业污染治理、绿色低碳交通、城市污染控制和应急预警提升”等六大工程。加快钢铁、电力、玻璃等行业提标升级改造,推进热电企业归并整合和燃煤锅炉整治。合理控制机动车保有量和使用强度,加速淘汰黄标车、年内淘汰率要达到90%以上,并进一步扩大黄标车限行区域。同时,加强对挥发性有机物污染的专项整治,加大“码头堆场、建筑工地、道路交通、农业施肥、秸秆垃圾焚烧”等重点区域、重点领域的污染防控。

2.狠抓水环境综合治理。要以“全国最严格水资源管理、省水资源管理现代化、水生态文明建设”三个试点为抓手,全面推进水环境综合治理,重点抓好工业点源、养殖污染、生活污染源的治理。要加快工业污水纳管,年内全面完成塘桥镇、凤凰镇等区域工业污水接管改造和走马塘主管网建设。深入开展畜禽养殖污染综合治理,推进畜禽场标准化建设,强化全过程监督管理。完善落实“河长制”管理机制,大力推进农村河道连片整治;加快三大水循环体系建设,全面完成三干河南延工程。加快镇村生活污水处理设施建设,力争镇区、农村生活污水处理率达到90%和60%。同时,科学安排、实施好生态修复工程,根据需要、因地制宜做好绿化工作。

3.严格环境执法监管。要以铁的纪律、铁的决心、铁的手腕,推进环境执法。坚持通过专项整治和高频率的巡查,提高环境隐患的发现能力,努力让苗头性问题在第一时间、第一地点得到妥善解决。实行环境监管网格化管理,扫除监管执法盲区,重点污染源必须全部纳入在线监控系统,对重大风险源要严防死守。要将企业污染物排放情况、治污设施运行情况等纳入企业信息公开和环保信用等级评定的范畴。突出区镇污染防治的主体责任,严格执行区镇党政主要领导生态环境责任审计制度。深化环境行政执法联动机制,保持严厉打击环境违法行为的高压态势,严格落实环境违法单位和相关行政责任人“双追究”制度,加大环境案件审判力度,提高环境违法成本和执法震慑力。

(五)突出安民惠民,在社会建设上求突破

要把可持续地改善民生与高水平的社会建设统一起来,把党政主导和社会参与结合起来,注重稳定性、连续性、累积性,锲而不舍抓好“810工程”中的十大民生工程,扎实做好保稳定、惠民生、增团结等各项工作。

1.全力维护社会稳定。严格落实安全生产“党政同责、一岗双责”和企业主体责任,完善监管体系,优化应急预案,全面排查、及时整改各类安全隐患,确保安全生产形势总体稳定。进一步完善社会稳定风险评估机制,畅通信访渠道,规范信访秩序,依法解决“征地动迁、劳资纠纷、环境保护”等领域的矛盾。加强社会治安综合治理,严厉打击赌博、侵财等犯罪行为。建立网络舆情监测处置机制,防止“负能量”在网上集聚、网下蔓延。

2.办好各项民生事业。抓好重点人群的就业服务和帮扶,全年提供就业岗位5.5万个以上,开发就业援助岗位1万个以上。开展全民参保登记,稳妥推进被征地农民安置补偿、城乡养老保险衔接,科学调整社保待遇,新增城镇参保人数6万人以上。进一步优化城乡学校布局,科学推进教育体制改革,重视发展职业教育、高等教育,年内60%的学校建成“美丽校园”。深化公立医院综合改革,深入实施医院与社区卫生服务中心(站)一体化管理,实施医疗医保联动监管。稳步推进城乡养老服务设施建设,年内新增养老床位500张。不断完善新市民积分管理办法,试点积分入住公租房。探索实施保障房社会化收储,推行经济适用住房共有产权。

3.深化文明城市建设。按照“引导文明自觉、构建和谐社会、促进全面发展”的方向要求,认真落实市委市政府《关于进一步深化文明城市建设的意见》。注重法治德治相结合,创新法治教育,增强市民法治素养和道德修养;深入推动社会主义核心价值观培育和实践,充分发挥“好人文化、乡贤文化、优秀传统文化”的引领作用;积极探索企业、个人信用报告制度,大力推进诚信建设;推动志愿服务“进基层、进社区、进家庭”,完善文明城市建设的社会参与机制,整体提升城市文明程度。完善网格化公共文化服务,深化“书香城市”建设。扎实开展优抚安置,确保全国双拥模范城市“六连冠”。

4.创新社会治理机制。强化“各方参与、共同治理”的理念,扩大居民参与。把握公共服务的社会需求,优化政府购买公共服务机制,持续提高公共服务质量和财政资金使用效益。科学实施社区网格化治理,全面推广“政社互动”试点、“三约三会”“三社联动”做法,年内确保“一委一居一站一办”覆盖率达100%。深入落实社区减负增效的举措,切实把社区工作重心转移到服务群众上。规范有序发展社会组织,深入推进社会工作专业化、项目化,实现“政府依法治理、社会自我调节、居民民主自治”的良性互动。

在全面完成2015年上述任务的同时,要深入研究、科学编制好全市“十三五”规划。结合“十三五”规划,同步研究考虑“现代化三年行动计划”完成后,现代化建设下一步的深入推进工作。

第四个方面,坚持从严治党,全面加强党建,为港城现代化建设提供坚强保障。

港城现代化建设,关键在党。近年来,我市按照党建工作与改革发展“双促进、双丰收”的思路,在党建引领社区治理、区域党建工作站建设、基层服务型党组织创建等方面不断创新,得到了苏州市委的充分肯定。同时,苏州市委希望我们进一步强化抓党建工作的责任意识,深化推进项目化机制,抓好抓实“书记项目”,实施好农村基层党组织“一把手”培育工程,加大典型选树和宣传力度,努力提供更多鲜活典型和经验。全市各级党组织和广大党员干部要深刻学习领会习近平总书记关于党要管党、从严治党的重要思想,认真落实苏州市委的指示精神,自觉把管党治党的各项要求落到实处,不断增强各级党组织的创造力、凝聚力、战斗力。

(一)坚持主业主抓,落实党建主体责任

各级党组织书记是党建工作的第一责任人,必须牢固树立抓好党建就是最大政绩的理念。要在市、镇、村三个层级,建立健全“主要领导亲自抓、一级抓一级、层层抓落实”的党建工作责任体系,把党建纳入工作总体布局,列入领导班子、领导干部目标管理。要将主体责任具体化,探索出台基层党建责任清单。建立党建工作综合评价机制,完善党建动态跟踪考核细则,全面规范基层党建“联述联评联考”制度,严格落实监督,强化工作问责。

(二)坚持思想建党,强化党的理论武装

要坚持和完善市委理论学习中心组学习制度,健全学习型党组织建设的考核评价体系。着重抓好十八大以来党中央治国理政的新理论特别是习近平总书记系列重要讲话精神的学习,推动党员干部用党的最新理论武装头脑、指导实践。广大党员干部要强化党性修养,带头践行社会主义核心价值观,带头增强法治意识,引导广大党员干部在法律和政策框架下“真正对党负责,真心为民办事”。要与时俱进大力弘扬张家港精神,推动各级党员干部做“率先争先、实干担当、为民亲民、勤政廉洁”的表率,以改革创新、求真务实的实际行动不断丰富张家港精神的内涵,为全市争当苏南现代化示范区建设排头兵集聚强大正能量。

(三)坚持制度治党,严肃党内政治生活

要严格执行教育实践活动中市委制定的14项制度和其他后续各项制度。要勇于自我批评、乐于接受批评、敢于开展批评,自觉运用批评与自我批评的武器,维护党的先进性和纯洁性。要严格执行民主集中制,在民主上,按照“集体领导、民主集中、个别酝酿、会议决定”的原则,进一步完善议事机制、健全决策程序,充分发挥班子的集体领导作用。在集中上,坚决做到“党员个人必须服从党的组织、少数必须服从多数、下级组织必须服从上级组织、全党各个组织和全体党员必须服从党的全国代表大会和中央委员会”,自觉维护党内生活的正常秩序。要巩固完善“三会一课”、谈心交心等党内生活制度,让高质量的民主生活会和组织生活会成为常态。

(四)坚持导向标准,选好管好干部队伍

要树立正确用人导向,更重品德、更重实绩,不唯票取人、唯分取人,真正把“信念坚定、为民服务、勤政务实、敢于担当、清正廉洁”的好干部选出来、用起来。重点要做好市镇两级党委换届考察工作,并完善落实“机构设置、职数配备、职务职级管理”等规定。要进一步完善党内监督机制,加强对党员干部特别是“一把手”的管理监督。要用好信息化手段,加强干部综合研判工作,探索建立“治庸、治散、治懒、治劣”机制,形成干部清正、政府清廉、政治清明的良好氛围。

(五)坚持固本强基,建设服务型党组织

完善党建服务项目化推进机制,按照群众需求和问题导向,生成、优化一批党建服务项目,抓实抓好“书记项目”,着力提高党建服务群众的精准度。推动党建工作重心前移、资源下沉,落实时间、落实责任,解决好联系服务群众“最后一公里”问题。要突出抓好两头,加强基层党组织先进典型的培育和宣传,发挥示范引领作用;同时,通过市领导挂钩联系、党建规范化建设等方式,巩固提升软弱涣散基层党组织整改成效。

(六)坚持作风立党,严格执行党的纪律

坚定不移走群众路线,以“钉钉子”的精神,深入整改落实好市级层面的六大类285条意见建议、各单位征求到的意见建议,巩固扩大教育实践活动的成果,不断把作风建设引向深入。党员干部特别是领导干部,要带头强化纪律意识,严格遵守党的章程,严格执行中央八项规定,切实把党的政治纪律、组织纪律、工作纪律转化为自身的言行规范。要坚持不懈抓好党风廉政建设,全面落实党风廉政建设党委主体责任和纪委监督责任。各级党组织“一把手”在管好自己的同时,要把带好队伍作为重要职责,切实履行好“一岗双责”。纪检监察部门要突出监督执纪问责,从节日病、吃喝病等具体事情抓起,从财务管理、制度建设等腐败源头管起,从作风问题、财经问题等群众关心的地方查起,始终保持反贪肃腐的高压态势。

同志们,全市现代化建设三年行动计划到了关键阶段。机遇与挑战并存,需要我们倍加珍惜、倍加努力!让我们紧密团结在以习近平同志为总书记的党中央周围,团结和带领广大干部群众,与时俱进大力弘扬张家港精神,适应新常态,落实新要求,拼搏实干、开拓进取,为夺取三年行动计划的全面胜利、争当现代化建设排头兵而努力奋斗!

政府工作报告

——2015年1月13日在市十三届人大四次会议上

朱立凡

各位代表：

现在，我代表市人民政府向大会报告工作，请予审议，并请市政协委员和其他列席人员提出意见。

一、2014年工作回顾

2014年，全市人民在中共张家港市委的坚强领导下，深入贯彻落实中共十八大、十八届三中和四中全会、习近平总书记系列重要讲话精神，以开展党的群众路线教育实践活动为强大动力，弘扬张家港精神，紧扣转型升级，突出"810工程"重中之重，着力提升"四个品质"，科学务实推进现代化建设各项任务，稳增长达到预期目标，转型升级取得一定突破，社会民生各项事业实现了新的进步。

全年完成地区生产总值2200亿元，增长6%；公共财政预算收入162.66亿元，增长5.5%，其中税收收入增长6.9%；全社会固定资产投资780亿元，增长1.2%；进出口总额327亿美元，增长1.5%；社会消费品零售总额460亿元，增长11.2%；城镇居民人均可支配收入4.68万元、农村居民人均可支配收入2.37万元，分别增长8.5%和10.2%。

（一）重点领域改革深入实施

一年来，市政府认真贯彻落实上级一系列改革部署，协调有序推进各项改革，主动对接上海自贸区、长江经济带等重大发展战略，抢抓机遇，结合实际，探索实践。在政府行政领域，推进简政放权，深化行政审批制度改革，承接上级下放我市行政审批事项68项，市级行政审批事项取消和暂停49项。编制公布行政审批事项目录清单、行政事业性收费项目目录清单、政府及部门行政权力清单。对18类公共服务项目实施政府集中采购。对第一批10个单位进行预算公开。实施注册资本认缴登记制度，推行工商登记"先照后证"改革。高标准组织实施第三次全国经济普查。在经济发展领域，进口汽车整车转关、外商投资性公司设立等政策功能实现突破，获批全国首家"进口汽车三包责任险"试点口岸。深入开展口岸"一次申报、一次查验、一次放行"通关改革省级试点。国泰集团、沙钢集团获批跨国公司外汇资金集中运营管理试点。国有粮食企业改革全面完成。成立市级农村资源交易服务中心，组建市农村承包土地仲裁委员会，完成农村承包土地经营权确权登记颁证试点。同时，医疗卫生、社区管理、生态建设等社会民生领域的改革创新进一步深化。

（二）产业转型升级扎实推进

经济运行稳中有进。强化经济运行监测预警，完善金融风险防控和处置机制，落实临时性困难企业帮扶措施，创新实施债权银行委员会等举措，全力维护金融稳定。搭建银企对接、产销对接、产学研合作等各类平台，加强对重点行业、骨干企业的引导服务。优化整合财政政策，创新"拨改投"形式促进企业转型升级。启动"三优三保"行动，1100公顷土地规划流量指标落地上图，腾笼换鸟面积350.73公顷。新增上市公司1家、"新三板"挂牌企业11家，上市公司再融资112亿元。实现规模以上工业总产值4960亿元，新兴产业产值占比达到41.2%；服务业增加值占地区生产总值比重达到44%；商品市场成交额3100亿元，增长21%；港口货物吞吐量2.7亿吨。8家企业入选全国服务业500强。沙钢集团连续6年入围世界500强、列第308位。

重点项目加快建设。页岩气综合利用产业基地丙烯一期等四个主体项目整体竣工；霍尼韦尔首个催化剂和分子筛项目竣工试产。光学膜产业基地康得新一期实现量产、二期完成报批；康得新总部从北京搬迁至我市。LED产业基地华灿光电96台套MOCVD投产。再制造产业基地展示中心建成投运，富瑞特装汽车发动机再制造一期竣工投产，IBM再制造物联网平台落户。沙钢1420毫米冷轧板项目全面投产。江苏化工品交易中心长江国际电子交易平台上线运行。玖隆物流园保税和出口监管库、剪切加工库竣工，电商平台投入运行。整车物流园完成进出口汽车1.6万辆，新增注册企业68家。曼巴特购物广场开业运营。完成工业投资435亿元，服务业投资345亿元，实际利用外资7.15亿美元。新建高标准农田1786.67公顷，新增设施农业面积980公顷，建成优质蔬菜基地100公顷。

创新能力继续增强。在全省率先实现建制镇省级以上科技企业孵化器全覆盖。哈工大研究院、西工大研究院、清华大学锂电研究院入驻沙洲湖科创园。与中科院大连化学物理研究所共建产业技术研究院，成为中科院系统第一家地方合作模式的产学研重大载体。经开区获批国家新型工业化产业示范基地。新增创新创业载体面积33万平方米。新增省"双创计划"人才17名、"姑苏计划"人才31名、领军型创新创业人才团队85个、博士185名，新建"千人计划"专家工作站25个。新增"千人计划"专家产业化项目42个、省级以上科技项目92个。新增高新技术企业99家、省民营科技企业182家。新增授权发明专利415件，万人拥有发明专利超过15件。获批国家知识产权示范市。

（三）生态文明建设持续深化

强化环境整治。推进环境行政执法与司法联动，依法严厉打击各类环境违法行为，立案查处142件。建立镇（区）党政主要领导生态环境责任审计制度。完善生态补偿政策，健全河道管理办法，全面实施河道管理"河长制"和区域断面水质考核。钢铁行业烧结机脱硫、电力行业燃煤机组脱硝基本实现全覆盖。淘汰黄标车6607辆。获评省级绿色建筑示范市。重点区域工业污水集中处理及走马塘污水管网工程进入全面建设阶段。建成镇区生活污水管网47.4公里，完成农村生活污水处理4464户、农村供水管网改造1.5万户。

推进保护修复。一干河生态廊道、凤凰湖生态系统工程全面完成。三干河南延工程基本完工。疏浚农村河道639条、拆坝建桥155座，建成生态河道33千米。城乡绿化统筹推进。完成3个省级美丽乡村试点示范村、1个苏州市美丽村庄示范点和10个苏州市三星级康居乡村建设任务。经开区获批开展国家生态工业示范园区建设，再制造产业基地获批国家循环化改造示范试点园区。

（四）城乡建设管理统筹推进

重点工程有序实施。沪通铁路张家港站核心区及地下空间、张家港北站配套物流园区等专项规划和78个保留村庄建设整治规划编制完成。沪通铁路长江大桥及线路工程开工建设。疏港高速路基土方完工，桥梁主体工程基本完成。沿江公路改造和市区人民路东延、东环路北延、南苑西路改造等工程竣工通车。通洲沙西水道长沙河至福山塘段工程、"百年一遇"江堤十三圩港至三干河段工程全面完工。老海坝节点综合整治一期工程启动。新开工安置房303万平方米、竣工300万平方米，安置过渡户1.3万户。

城市功能不断完善。沙洲湖科创园和西侧配套商业项目竣工交付。谷渎港—新沙河整治改造、背街小巷及沙洲中路两侧建筑立面改造全面完工。完成城镇天然气配套改造3.55万户。青草巷农副产品批发市场竣工投用。全面完成城市环境综合整治项目108项，建成省级城市管理示范社区3个、示范路1条。创新设立"城市e管家"公众交互平台。12345便民服务热线受理群众各类咨询、求助200余万件。

（五）社会民生水平不断提升

社会保障扩面提质。提供就业岗位7.66万个，开发就业援助岗位1.24万个，培养高技能人才3832人，帮助6915名就业困难人员实现就业。本市籍应届高校毕业生、特困家庭劳动力、被征地农民就业率保持在99%以上。新增城镇社保参保人数5.78万人。新开工保障性住房20.8万平方米、2786套（户），竣工12.3万平方米、2019套（户）。新增住房公积金缴存职工3万人。发放"共享阳光"慈善助学金586.95万元，惠及困难家庭学生1923人。完成残疾人家庭无障碍改造1065户。蝉联"七星级慈善城市"称号。

社会事业均衡发展。全国县级文明城市创建工作现场会在我市召开，再次确立张家港在全国文明城市创建中的样板地位。成功举办2014中国（张家港）长江文化艺术节。在全国县域率先建立文化馆总分馆体系，24小时图书馆驿站实现各镇、街道办事处全覆盖，蝉联全国文化先进市。新建养老床位500张、老年人日间照料中心18家、助餐点24家，城区老年活动中心竣工投用。"虚拟养老院"全市推广，60周岁以上老人人身意外伤害险实现全覆盖。高职园区竣工投用，完成景巷幼儿园、乐余高中等11所学校新（改）建工程，建成19个"美丽校园"示范点。普通高考、职校对口单招本科达线率继续位居苏州前列。市第一人民医院妇儿大楼竣工投用，市中医院门诊楼改造工程完成，康乐医院易地新建工程开工建设，新（改）建社区卫生服务中心（站）26家。在全省率先全面推行"先诊疗后付费"就医新模式，列入省级重点专科3个，通过"全国基层中医药工作先进单位"国家级评估。"单独两孩"计生新政平稳实施。成功举办第六届市体育运动会，承办国际男子网球巡回赛、亚欧乒乓球对抗赛等6项大型赛事。香山景区、永联小镇创建为国家AAAA景区。

社会治理有效强化。"政社互动"实现镇（区）全覆盖，新增登记社会组织数158个，每万人拥有社会组织8个，拥有持证社工15.2人，获评全国社会工作服务示范地区。1.14万名新市民子女获居民医保续保资格，新增新市民子女积分入医7000人、入学5956人。获评全国民族团结进步创建活动示范单位。公众安全感、法治建设满意度连续四年列苏州第一。食品安全"天安行动"深入推进。严格落实安全生产"全覆盖、零容忍、严执法、重实效"总要求，推进"安全到家·村村行"行动，深入开展安全生产隐患专项排查整改和打非治违"六打六治"专项治理，实施生产企业网格化安全监管，完善应急处置机制，完成52家三级政府挂牌督办单位整改任务。

与此同时，对口援建、台务侨务、宗教事务、兵役、人民防空、气象、外事、档案、地方志、妇女、儿童、关心下一代等工作都取得了新的进步。

（六）政府自身建设全面加强

深入开展党的群众路线教育实践活动，市政府党组制定落实四个方面31条整改措施，开展"六项即知即改行动"和7项专项治理行动。严格执行中央八项规定、勤俭节约等各项制度，“三公”经费得到有效压减。办复人大代表建议223件、政协委员提案347件。完善重大行政决策程序，实行重大行政决策事项目录管理制度，实施行政决策跟踪评估和后评估。落实32项财政重点专项资金全过程绩效管理。内部绩效管理制度在政府机关全面推开，被省政府列为绩效考评试点县（市）。推进行政调解，调解成功率96.6%。办理行政复议案件86件，获评全省行政复议工作规范化建设示范单位。办理各类行政审批服务事项17.8万余件，提前办结率99.6%。

各位代表，成绩来之不易，这是市委正确领导的结果，是市人大、市政协和社会各界监督支持的结果，是全市人民团结拼搏、奋进争先的结果。在此，我谨代表市人民政府，向辛勤工作在全市各条战线上的广大干部职工、企业家和全体市民，致以崇高的敬意！向给予政府工作大力支持的人大代表、政协委员，离退休老领导、老同志，各民主党派、工商联和无党派人士，各人民团体、垂直部门和涉外单位，全体驻军指战员、武警官兵、公安民警，以及所有关心、参与张家港建设发展的海内外朋友，表示衷心的感谢！

在经济新常态下，我们的发展也进入了“爬坡期”“阵痛期”，对当前面临的矛盾和困难，我们也看得更加清楚。一是实体经济下行，部分企业经营困难，效益下滑明显。传统产业升级任务艰巨，新产业支撑尚未形成，创新驱动力仍不强，稳增长、促转型的压力不断增大。二是单位能耗偏高、资源产出率较低、环境容量不足等问题更加凸显，既对质量效益提升形成制约，也亟待在统筹生态与经济社会发展机制上寻求突破。三是城乡公共服务水平与群众多元化、多层次需求相比仍有滞后，社会治理模式需要加快跟上社会发展新形势。四是对照全面深化改革和加快建设法治政府的新要求，政府职能需要加快转变，依法行政能力有待全面加强。

面对经济新常态，我们也更加清晰地认识到，我市经济发展走在前列，新常态的表现也更具先导性和典型性，有共性特征，也有个性特点。我们可以直观地看到，我市的经济增速已全面进入“换挡期”。但新常态不是简单的速度“换挡”，更重要的是结构优化。要保持经济运行在合理区间，更大力度推进转方式、调结构。我们能够深刻感受到，近年来我市转型升级方向明确、步伐坚定，成效不断显现。服务业增加值占地区生产总值比重每年提高1个百分点以上，新兴产业产值占规模以上工业总产值比重从2010年的21.8%提升到目前的41.2%，新材料、新装备、新能源等新兴产业加速培育成长，为我们适应新常态奠定了坚实基础。我们更加深切体会到，增长动力正加快从要素驱动、投资驱动转向创新驱动。拉动经济增长的投资、消费、出口“三驾马车”正发生明显变化，新的市场竞争由数量价格竞争加快转向质量品牌、经营模式的竞争，科技创新的引领作用进一步强化。我市全社会研发投入占地区生产总值比重也由2010年的2.15%提升到目前的2.6%。可以说，近年来我市所取得的成绩，都是在不断遇到新问题、不断解决新问题中实现的，我们要用发展的眼光来看待前进中的矛盾和困难，深刻认识新常态、主动适应新常态、积极引领新常态。发展新任务、改革新机遇正在为我们加快转型升级打开“新空间”。我们要在认清形势中把握大局、走对路子、抓准重点，激发新动力，体现新作为，积极破解影响发展的矛盾问题，推动现代化建设不断取得新突破。

二、2015年工作安排

2015年是我市“现代化建设三年行动计划”的最后一年，也是收官“十二五”、谋划“十三五”的关键之年。市政府将紧紧围绕市委的部署要求，适应经济新常态，增强改革新动力，落实法治新要求，坚持“发展更科学、工作更务实”，聚焦聚力，创新作为，攻坚突破，高标准完成“现代化建设三年行动计划”的各项任务。

今年政府工作的指导思想是：贯彻落实中共十八大和十八届三中、四中全会精神、习近平总书记系列重要讲话精神，按照市委十届九次全会的部署，与时俱进大力弘扬张家港精神，科学务实抓牢“810工程”重中之重、体现“四个品质”内涵要求，坚持以人为本导向，突出转型升级核心，积极抢抓改革机遇，大力改善生态环境，全面加强法治建设，确保圆满完成“现代化建设三年行动计划”，推动张家港现代化建设迈上新台阶、争当排头兵。

建议今年经济社会发展主要预期目标是：地区生产总值增长7%左右；公共财政预算收入增长7%左右；全社会固定资产投资750亿元；实际利用外资6.5亿美元；进出口总额增长3%；全市居民人均可支配收入增幅高于8%；社会消费品零售总额增长12%；单位地区生产总值能耗下降率、主要污染物排放总量削减率完成上级下达任务。

市政府将重点抓好五个方面工作：

（一）强化创新驱动核心战略，全力推进产业转型升级

坚持以提高经济质量效益为中心，全面增强创新支撑力，大力发展新产业、新业态、新技术、新模式，抓好“810工程”重大产业项目，加快形成新的增长点。

激励企业自主创新。突出企业创新主体作用，激发市场中的各类创新元素更加活跃起来，健全完善服务创新的市场体系，发挥“810工程”十大科技载体等创新平台的孵化产出和服务功能，瞄准市场化、产业化方向，推进高水平载体、高层次人才项目、高新技术企业联动发展。实施转型升级“三个一百”培育工程，做强百家规模型企业，做大百家成长型高新企业，做好百家科技人才企业。着力引导高新技术企业提升市场拓展能力，培育壮大高新企业集群。制定落实人才项目产业化推进分类支持政策，建设锂电、激光、检验检测、精密机械、电力电子集成等公共服务平台，推动产业技术研究院构建“检测、标准、研发”三位一体的产业共性技术服务平台，更大力度促进人才项目与现有企业“嫁接”发展，更大力度引导社会资本投入人才项目，加快把创新成果变成实实在在的产业和产品。引进、培育并加快构建资金、技术、人才、保险、专利等各类创新服务平台和社会机构。鼓励金融机构加强科技金融产品和服务创新，加大对科技型企业、领军型人才项目的金融支持。年内新增创新创业载体面积30万平方米、累计突破150万平方米。引进领军型创新创业人才团队85个以上、“千人计划”专家产业化项目35个以上，新增“姑苏计划”以上人才超

过30名。引进博士180人以上,累计突破1000人。提升知识产权创造、运用、保护和管理水平,万人发明专利拥有量突破18件。支持钢铁、纺织、化工等传统产业,实施装备、技术、品牌和经营模式的全面创新。引导企业依托信息化、物联网技术,加速"两化融合",推进"机器换人"。实施好沙钢综合技改、永钢转型升级项目,打造精品钢材产业基地。加大对临时性困难企业的帮扶力度,凝聚企业、金融机构等多方合力,营造良好的金融生态和政府服务环境。

加快重点项目建设。全力推进"810工程"十大制造业项目建设,推动十大制造业基地加快呈现集群发展态势。保税区要强化产业链和技术链招商,加快打造新材料产业基地。页岩气综合利用基地已竣工项目要加快投产运营,丙烯二期、环氧丙烷项目力争开工建设,乙烯、聚丙烯二期等项目开展前期工作。启动建设康得新二期、霍尼韦尔二期催化剂等重点项目。加快润英联、中集圣达因等项目建设,争取新兴际华新能源装备项目改装业务实现放量。经开区要推进国家级再制造产业示范基地建设,大力引进优质再制造项目和知名企业,加快电子商务、逆向物流、检验检测等平台建设。推进天合汽车部件、晶台LED封装等重点项目建设,培育壮大智能装备、绿色能源和照明等新兴产业集群。冶金园要推进北斗航天纯电动汽车设备、南京邮电大学张家港研究院等重点项目建设。全年计划完成工业投资390亿元,其中新兴产业投资245亿元;新兴产业产值占规模以上工业总产值比重达到43%。

大力发展服务业新兴业态。推动"810工程"十大服务业项目、十大专业市场提能升级,加快培育电子商务等新兴业态成为新的"发动机"。放大化工品交易中心线上线下交易量能,推动与郑州商品交易所合作建设期货保税交割平台。加快长江航运交易中心建设,提升大宗商品现货市场电子交易功能,鼓励纺织、木材、粮油等传统市场开展电商等创新业务。拓展进口消费品市场交易品种,推进进口整车物流园加快引进汽车经销、改装等品牌企业,不断提增运营效益。推进沙钢与中船合作,完善玖隆物流园仓储加工、融资服务、电子商务、物流配送等平台。推进软件动漫产业园全面运营,加快集聚一批高端服务业项目。鼓励生产制造企业延伸自主研发、品牌营销等服务经济价值链。全年计划完成服务业投资360亿元,其中生产经营性服务业投资150亿元;服务业增加值占地区生产总值比重达到45%。

不断提升农业现代化水平。持续落实保护和发展农业"四个百万亩",推进沙洲生态农业园、双山岛现代农业示范园、常阴沙现代农业示范园区、通洲沙西水道综合农业开发等生态农业园区建设。推进国家农产品质量安全市创建,确保农产品生产企业、合作社农产品质量追溯制度实施率达100%。支持发展农产品网络和实体配送,推进线下配送体系进社区,让市民"菜篮子"更安全、更放心、更方便。

(二)统筹生态与经济社会发展,持续改善生态环境质量

坚持排放减量化、产业替代化、经济循环化发展,打好系统性开展生态建设的"组合拳",以不懈努力,推进环境质量的持续好转。

强化资源节约集约利用。实施生态建设规划、土地利用规划、城镇规划、产业发展规划"多规合一"试点,严格落实耕地保护、开发强度、生态保护"三条红线"。深化推进"三优三保"行动,科学划定城镇、保留村庄、保留开发区、工业集中区发展边界、永久基本农田保护边界及生态保护边界,完善节约集约用地的政策保障体系。实行耕地占补平衡、新增建设用地、城乡增减挂钩等各类土地指标在市域范围内有偿使用。加快建设土地批、供、用、补、查等综合监管平台,以区镇为单位综合评价节地水平和产出效益,大力提升土地开发利用水平。继续推进淘汰落后、腾笼换鸟。深入开展万企节能低碳和能效促进行动。积极倡导市民低碳生活、绿色消费。

深化生态环境综合治理。坚持铁腕治污,深入排查整治环境隐患问题,依法严厉查处各类污染环境、破坏生态的违法行为,严格执行镇(区)党政主要领导生态环境责任审计制度,突出抓好水和大气环境整治。实施大气污染防治行动计划。加快钢铁、电力、玻璃等行业提标升级改造,推进热电企业归并整合和燃煤锅炉整治,实施挥发性有机物专项治理,加强扬尘污染防治。黄标车淘汰比例达到90%,细颗粒物(PM2.5)浓度比2013年下降7%。推进水环境综合治理三年行动计划。加大农村生活污水治理力度,因地制宜、经济适用,统筹推进重点村、特色村、近河村等重点区域的生活污水收集和处理。加快推进污水纳管和集中处理,塘桥、凤凰等区域工业污水集中处理和改道排放工程建成运行,完成走马塘主管网建设。新增镇区生活污水管网27公里。实施第一批8条市级以上、80条镇村河道综合治理。加快农村河网连片整治,疏浚各级河道940条,拆坝建桥171座。开展畜禽养殖污染综合治理,年内关停不合格养殖场165家,完成整治70家。

推进生态保护修复。扎实做好国家生态市复核工作,推进最严格水资源管理制度试点和水生态文明城市建设。完善生活垃圾、建筑垃圾及一般工业固废规范化处置终端建设。开展零星补绿、见缝插绿,推进沿河、沿路绿化。因村制宜、常态长效,稳步推进村庄环境整治。完成省、苏州市下达的美丽乡村建设任务,凤凰镇、南丰镇通过美丽城镇建设示范点验收。

(三)不断提升城乡一体建设的品质内涵,积极构建文明和谐的社会治理模式

坚持以人为本,科学有序建设"810工程"十大基础设施、十大民生工程,突出功能品质,提升社会治理水平,推进城乡基本公共服务均等化。

统筹抓好基础设施建设。坚持量力而行、民生优先、突出重点的原则,严控新建项目,重点抓好民生工程和既定重大基建项目。全面完成保留村庄建设整治规划,开展城市功能提升、沿江城际铁路线路站点等专题研究。推进沪通铁路建设,做好沿江城际铁路和锡张高速大桥连接线前期准备工作。开工建设沿江公路西段改造、沪通铁路枢纽站核心区路网等道路工程。疏港高速公路、南苑路东延、五棵松路和申张线金港段航道整治工程年内竣工。推进晨丰公

路东延、港丰公路东延工程。实施沙洲东路、蒋乘路等市政道路改造。做好福南水道-12.5米进港航道整治工程相关准备工作。基本完成老海坝节点综合整治二期、通洲沙西水道三期边滩整治及奔辉至十三圩段"百年一遇"江堤加固改造工程。

优化提升城市功能。加快安置房建设,年内新开工安置房140万平方米,竣工360万平方米。黄泗浦生态园核心区形态初显。城北科教新城加速设施配套。暨阳湖商贸休闲街正式营业。启动每日20万吨深度处理水厂改扩建工程,完成农村供水管网改造3万户,配套改造城镇天然气用户3.65万户。探索城中村改造新模式。推进公共自行车服务工程向乡镇延伸。完善"城市e管家"功能,建成首批江苏省优秀管理城市,高标准通过国家卫生城市及6个国家卫生镇复审。

加大社会保障力度。全年提供就业岗位5.5万个,开发就业援助岗位1万个,培养高技能人才3000人。本市籍应届高校毕业生、特困家庭劳动力、被征地农民就业率稳定在99%以上。开展全民参保登记工作,新增城镇参保人员6万人。加大对困难群体的救助帮扶力度,实施适度普惠型儿童福利制度建设试点。完成残疾人家庭无障碍改造1000户。推行经济适用住房共有产权制度,新开工保障性住房3.2万平方米、422套(户),竣工12.8万平方米、1980套(户)。新增住房公积金缴存职工2.2万人。

全面发展社会事业。深入实施"老有颐养"工程,新增养老床位500张、老年活动场所6处,新建老年人日间照料中心17家、助餐点34家。推进医养融合发展,养老机构护理员持证上岗率达90%以上。提升"虚拟养老院"服务功能,建立完善居家呼叫服务系统和应急救援服务网络。启动实验小学西校区、七里庙幼儿园等新建项目。突出文化功能和内涵,深化"美丽学校"建设。支持沙洲职业工学院、江苏科技大学张家港校区和苏州理工学院发展,不断提升高等教育、职业教育服务地方经济社会发展的能力。深化公立医院综合改革,社会基本医疗保险参保患者平均个人医疗费用负担控制在30%以内,药占比下降8%以上,市域内就诊率达到95%以上。优化医疗联合体运行,促进优质医疗资源纵向流动。加强高层次卫生人才引进培育,新增省级以上重点学(专)科2个。实施金港医院易地新建工程,开展医疗便民"一卡通"等惠民服务。优化公共体育设施配套,推进公共体育服务体系示范区建设。争创全国双拥模范城"六连冠"。

深化文明城市建设。积极培育和践行社会主义核心价值观,围绕"引导文明自觉、构建和谐社会、促进全面发展"的方向要求,深入推进文明城市建设。充分发挥张家港精神和好人文化、乡贤文化、优秀传统文化、法治文化在提升市民文明素养中的促进作用。完善现代公共文化服务体系,深化"书香城市"建设,推进全民阅读活动,推广24小时图书馆驿站,建成全国版权示范城市。开展"幸福港城"网格文化系列活动,创新策划举办长江文化艺术节。完善文明城市建设的社会参与机制,推动志愿服务向基层、社区、家庭延伸。推进诚信建设制度化,积极引导守信自觉。深化科普工作,提升市民科学素养。政府部门及其公务人员,要带头参与文明礼仪、文明交通、志愿服务等文明实践,依法公正高效为民办事,提升窗口单位服务形象,自觉树立文明、诚信、公正、守法的良好榜样。

维护社会安全稳定。坚决贯彻"党政同责、一岗双责"要求,严格落实企业安全生产主体责任,加大安全隐患排查整治力度,督办整改三级政府挂牌隐患,完成危化品重点县攻坚任务。构建安全监管信息化平台,提高安全监管专业化、网格化水平。加快建设应急指挥调度平台,提升应对突发事件的处置能力。调整完善食品药品安全监管机制,确保食品药品安全。深化平安法治建设,完善立体化、现代化社会治安防控体系,健全公共法律服务体系,提升社会治理法治化水平,为全体市民安居乐业打造安全稳定的社会环境。

(四)全面深化改革,注入体制机制新动力

坚持在法治的轨道上全面推进改革,正确处理政府和市场的关系,向深化改革要"红利"。

激发市场发展活力。抢抓国家长江经济带建设机遇,在绿色低碳循环发展、区域环境容量平衡体制机制等方面开展探索实践,加快形成以低碳排放、循环利用为特征的产业体系、生产方式和消费模式。抢抓上海自贸区建设"溢出效应",重点推进保税区在汽车平行进口试点、跨境贸易电子商务服务进口试点城市、跨境人民币创新业务试点、区内企业外债比例自律管理等新领域争取先行先试。依托电子口岸的良好基础,争取"信息互换、监管互认、执法互助"试点,加快建立国际贸易"单一窗口"。抢抓再制造产业基地的先发优势,在汽车零部件"旧件进口"、逆向物流税收扶持、"以旧换再"政策等方面加快突破。

完善现代市场体系建设。实行工商营业执照、组织机构代码证和税务登记证"三证合一"登记制度改革。发挥市镇两级公共资源交易市场功能,探索土地、环境、技术等资源的价格形成机制。拓展市级农村资源交易平台功能,稳妥推进农村资源产权交易、土地确权、经营分配方式等改革,探索农村承包土地经营权质押担保途径,深化落实"一村二楼宇"政策,创新推进富民强村工程。加快建设市场主体信用信息平台,建立健全守信激励和失信惩戒机制。发挥行业协会、市场专业化服务组织以及公众和舆论监督作用,促进市场自我管理、自我规范、自我净化。深化国资国企改革,加快建立健全符合现代企业制度要求的国资公司治理结构。

加快转变政府职能。进一步推进简政放权。做好下放审批事项承接和市级行政审批项目的调整工作,健全事中事后监管机制。深化财政制度改革。逐步构建由公共财政预算、政府性基金预算、国有资本经营预算和社会保险基金预算组成的全口径预算体系。积极稳妥、有序推进预决算公开,逐步扩大公开范围,年内除涉密部门外,市级预算单位部门预算和"三公"经费预算全部公开,第一批公开的10个部门同时公开部门决算和"三公"经费决算。加强政府性债务管理。控制存量、压缩增量,使政府性债务保持在合理水平。重点做好"双控双减",即从严控制债务规模和融资成本，合理压减财政开支和政府投资的基本建设规模。建立债务备案制度、报告制度、偿债准备金制度和债务风险应急处置机制。创新社会治理机制。规范有序发展社会组织，持续提高社会组织承接政府转移职能的能力。建立政府向社会组织转移职能、购买服务的动态机制，逐步扩大政府购买公共服务试点。对适宜开展政府与社会资本合作模式的项目，探索通过特许经营权、合理定价、财政补贴等事先公开的收益约定规则，鼓励社会资本参与提供公共产品、公共服务并获取合理回报。深化“政社互动”，推进社区减负增效。适应互联网时代发展，加快社会治理与信息化融合，推动信息网络技术在社会民生、城市管理等领域的广泛应用，打造“智慧城市”，展现“城市智慧”。

（五）深入推进依法行政，加快建设法治政府

坚持把政府工作全面纳入法治轨道，加快建设职能科学、权责法定、执法严明、公开公正、廉洁高效、守法诚信的法治政府，夯实社会治理基础，体现文明城市特质，努力让法治成为城市核心竞争力的重要内容和标志。

依法全面履行政府职能。坚持“法定职责必须为，法无授权不可为”，推进政府权力清单制度，进一步厘清政府权力“边界”。健全依法决策机制，严格执行重大行政决策“公众参与、专家论证、风险评估、合法性审查、集体讨论决定”等法定程序。实施“张家港市基本建成法治政府首席咨询专家”项目，建立健全以政府法制机构为主导、专家和律师参与的政府法律顾问制度。完善规范性文件制定、审查、定期清理和后评估机制。深化“六五”普法，完善公务人员学法用法制度，落实“谁执法谁普法”责任制。同时，准确把握新形势、新要求和我市发展的阶段性特征，突出改革创新，强化法治思维，紧扣全面推进现代化建设的目标定位，深入研究、科学编制我市“十三五”发展规划。

严格规范公正文明执法。深化行政执法体制改革，逐步推进综合执法试点。严格落实行政执法人员持证上岗和资格管理制度，制定行政执法人员行为准则，推进执法队伍专业化、规范化建设。全面落实行政执法责任制，健全行政裁量权基准制度，依法规范行政执法程序。推进执法信息化建设，强化对执法活动的全程监督。加强行政执法与刑事司法衔接，依法惩处各类违法行为。探索运用信息公示、信用约束等手段，提高行政监管水平。健全社会矛盾调处机制，依法及时有效化解纠纷，切实维护好人民群众的合法权益。

加强对行政权力的监督制约。自觉接受人大及其常委会的法律监督和工作监督，主动接受政协民主监督，认真听取各民主党派、工商联、无党派人士和人民团体的意见，高度重视司法、舆论和公众监督，切实增强政府的执行力和公信力。完善政府内部监督，加大行政复议纠错力度，积极做好行政诉讼应诉工作，强化行政监察和审计监督，落实重大决策终身责任追究制度及责任倒查机制。把违法决策、行政不作为、失职渎职、滥用职权和严重损害群众利益的行为作为问责重点，做到有错必纠、有责必问。全面推进政务信息公开，让市民看得见、看得懂，反映诉求有通道、有回应，保证政府各项权力在阳光下运行。

常态长效改进提升作风效能。以“钉钉子”精神抓好执行落实，突出对“810工程”和全市重大部署、重要工作实施全程跟踪、督察、问责。强化目标明确、权责明晰、奖优罚劣的绩效导向，建立健全节点督察和内部督察机制，激励政府部门及其工作人员积极作为、务实作为、创新作为。我们将以“踏石留印、抓铁有痕”的精神，抓好群众路线教育实践活动各项整改措施的落实，推进作风建设常态化、制度化、长效化。严格执行中央八项规定和各级关于改进作风密切联系群众的要求。严格落实党风廉政建设责任制，强化廉政风险防控管理，加大对财政资金使用、工程项目建设、公共资源交易等重点领域的监管和审计力度。压缩公用经费和项目经费支出，用好纳税人的每一分钱。政府及其部门要畅通建言献策渠道和批评监督渠道，自觉接受市民群众的评判“挑刺”，主动听取社会各界的意见建议，坚决纠改我们身边仍存在的“办事找关系”“说情打招呼”“信息不透明”“态度生冷硬”等不正之风。以实际行动展现新风正气，廉洁高效行政，务实为民办事。

各位代表，改革引领发展，实干成就大业！让我们在中共张家港市委的坚强领导下，紧紧依靠全市人民，大力弘扬张家港精神，主动适应新常态，全面落实新要求，坚定信心、改革攻坚、创新突破，为圆满完成“现代化建设三年行动计划”各项任务，争当现代化建设排头兵而努力奋斗！

（说明：报告中2014年数据为预计数）

名词解释

1.“四个品质”：2013年12月24日，市委十届七次全会对现代化建设提出了“四个品质”的要求。即“突出项目人才，提升产业品质；突出功能内涵，提升城市品质；突出环境整治，提升生态品质；突出群众满意，提升生活品质”。

2.“三优三保”行动：经国土资源部批复同意，根据省委、省政府《关于全面推进节约集约用地的意见》，在苏州等地推进节约集约用地工作试点。主要内容为“以优化建设用地空间布局保障发展，以优化农业用地结构布局保护耕地，以优化镇、村居住用地布局保护权益”，加快转变土地利用方式，实现节地水平和产出效益“双提升”。

3.“六打六治”：为深化安全生产领域“打非治违”工作，有效防范和坚决遏制重特大事故，根据上级统一部署，2014年8月至12月集中开展以“六打六治”为重点的专项行动。突出粉尘爆炸危险企业、危险化学品、油气管道、建筑施工、交通运输、消防等重点行业领域，集中开展打击、整治，严格落实停产整顿、关闭取缔、上限处罚、严厉追责“四个一律”执法措施，进一步规范安全生产法治秩序。

4.经济适用住房共有产权制度：为改进和规范经济适用住房建设、供应、交易和管理，自2015年2月1日起，对全市新增经济适用住房实行政府与个人共有产权制度。在可享受面积内，个人和政府按7∶3比例共同拥有房屋产权。

【编辑　朱永平　陆文琰】

大事记

Chronicle of Important Event

3月1日，沪通铁路长江大桥开工建设。图为5月21日主跨桥墩打下第一根定位桩　（庞瑞和　摄）

1月

2月

3月

4月

5月

6月

7月

8月

9月

10月

11月

12月

张家港年鉴(2015)

1月

1日 全市公立医院综合改革启动。

6日至9日 市政协十一届三次会议举行。

7日至10日 市十三届人大三次会议举行。会议选举朱立凡为市人民政府市长。

13日 在张家港市国家生态市初核通报会上，张家港市通过国家生态市初核。

15日 省政协副主席、省政府党组成员、省科技厅厅长徐南平到张家港市调研科技创新工作。

20日 江苏华盛精化工股份有限公司承担的“高性能二次电池新型电极、电解质材料与相关技术”项目获评2013年度国家技术发明奖二等奖。

21日 “张家港城市e管家”上线试运行。

24日 苏州瑞腾照明科技股份有限公司在全国中小企业股份转让系统（“新三板”）挂牌，成为张家港市首家“新三板”挂牌企业。

△ 南京航空航天大学国家技术转移中心张家港分中心签约成立。

25日 首部《江苏省区域人才竞争力报告（2013）》在张家港市发布，张家港市列县市第三。

2月

7日 2014年全市“开门红”项目集中开工活动举行，共有开工项目79项，总投资525亿元，其中90%以上涉及新兴产业和现代服务业。

12日 市人才市场新场所启用，位于华昌路3号港城大厦辅楼2楼。

14日 农业部发布公告，确定鹿苑鸡为国家级畜禽遗传资源保护品种。

19日 市委召开全市党的群众路线教育实践活动动员大会。

26日 张家港市获2013年度“全省福利彩票销售十强县（市）”称号。

△ 张家港开放大学挂牌成立。

28日 纪念“三八”国际妇女节暨全国三八红旗手（集体）表彰大会在北京举行，全国三八红旗手标兵代表、保税区（金港镇）长江村党委书记郁霞秋出席大会并发言。

3月

1日 沪通铁路长江大桥开工建设。

10日 《张家港市保留村庄布点规划》公布。

13日 张家港口岸率先启动“进口汽车三包责任险”业务。

17日至18日 省委副书记、省长李学勇就推进城乡发展一体化到张家港市调研。

25日 2014年中国机器人产业发展高峰会议在张家港市举行。

中国机器人产业发展高峰会议 （经开区 供稿）

27日 团中央书记处第一书记秦宜智到张家港市调研基层团组织服务城镇化、城乡一体化工作。

△ “中国曲艺之乡”授牌仪式暨中国曲协文艺志愿服务团送欢笑走进张家港惠民演出活动在保利大剧院举行。

4月

11日 江苏化工品交易中心长江国际电子交易平台（长江国际盘）试运行暨开盘仪式在江苏石化交易大厦举行。

14日 市教育局与美国威斯康星州简斯维尔学区签订战略合作协议。

15日至16日 民政部副部长顾朝曦到张家港市调研。

18日 张家港市被民政部确定为适度普惠型儿童福利制度建设试点市。

19日 张家港市在全国县级市首推“阅读起跑线计划”。

24日至26日 2014年全国健身秧歌及健身腰鼓比赛在张家港市举行。

28日 润英联（中国）有限公司张家港工厂奠基。

29日 经全国旅游景区质量等级评定委员会批准，香山景区获评国家AAAA级旅游景区。

5月

5日 中国国务院总理李克强在埃塞俄比亚总理海尔马里亚姆陪同下参观埃塞俄比亚东方工业园。

△ “酷车驿站”之张家港国际汽配城项目签约仪式举行。

8日至11日　2014年全国女子排球大奖赛张家港站举行。

10日至11日　由农民日报社主办,江苏省农委和苏州市委、市政府支持的“城镇化进程中的乡村治理”研讨会在南丰镇永联村召开。国务院参事室特约研究员、中国农业经济学会会长尹成杰,江苏省人大常委会副主任刘永忠等到会。

13日　由瑞士银行基金会提供资金支持,儿童乐益会(中国)和张家港市政府合作实施的为期3年的儿童保护试点项目启动。

△　道康宁(张家港)投资有限公司通过江苏省商务厅审批并完成工商登记手续,成为全市首家外商投资性公司。

13日至14日　中央文明办专职副主任徐令义到张家港市考察。

15日　全国“最美家庭”揭晓暨五好文明家庭表彰会在北京举行,凤凰镇金谷村陈利芳家庭获第九届全国五好文明家庭标兵称号。

16日　第五次全国自强模范暨助残先进表彰大会在北京举行,市申港环保设备制造有限公司董事长施玉其获全国自强模范称号。

19日　国家火炬张家港精密机械及零部件特色产业基地获批。

20日　第四届江苏省服务农民、服务基层文化建设先进集体表彰座谈会在张家港市举行。省委常委、宣传部部长王燕文到会讲话。

24日　中国(张家港)国际汽车流通高层论坛举行,张家港保税港区进口汽车物流园获授牌。

26日至29日　国家文物局文物保护法修订工作会议在张家港市召开。文化部副部长、国家文物局局长励小捷参加会议。

29日　第四届中国国际再制造峰会暨张家港再制造产业论坛在张家港市举行。其间,张家港国家再制造产业示范基地项目集中开工仪式举行。

6月

3日　省委、省政府召开全省民营经济发展表彰大会,沙钢集团、富瑞特装、长江润发集团被表彰为优秀民营企业,沙钢集团董事局主席沈文荣被表彰为优秀民营企业家。

9日　常熟农村商业银行张家港支行开业。

11日　文化部党组成员、副部长、部直属机关党委书记董伟就张家港市文化系统开展党的群众路线教育实践活动进行蹲点指导。

△　南京军区副政委吴刚到张家港市考察。

12日至13日　中央文明办在北京召开全国深化文明城市创建专题培训班,市委书记姚林荣作题为《用好“五大动力”,塑造文明品牌,不断开辟文明城市创建新境界》的经验交流发言。

16日　苏州市“加快淘汰落后、改善生态环境”现场推进会在张家港市召开。省委常委、省人大常委会副主任、苏州市委书记蒋宏坤出席会议。

19日　全国人大常委会副委员长吉炳轩到张家港市调研城乡一体化、新型城镇化和粮食储备安全等方面情况。

25日　欧璧医药包装科技(中国)有限公司在张家港经济技术开发区竣工开业。

26日至28日　中央统战部副部长,全国工商联党组书记、常务副主席全哲洙带队就非公经济发展情况到张家港市调研。

7月

1日　永联水上乐园开园,位于苏州江南农耕文化园内,总投资8000万元,占地4.2万平方米。

1日至2日　民政部副部长顾朝曦就民政系统党的群众路线教育实践活动开展情况、养老事业发展及社会组织建设情况等到张家港市调研。

3日　省委常委、副省长徐鸣到张家港市调研村级集体经济发展创新情况。

3日至6日　2014年张家港市科技活动周举行。其间,各区镇科技创新政策宣讲活动、首届“工人科技之星”座谈会、市产学研合作促进会成立暨现代高端装备制造产业发展研讨会、科技活动周开幕式暨科技创新报告会、“三新”科技成果对接洽谈暨科技合作项目签约会、科技人才项目区镇专场对接洽谈活动、“网上科技活动周”暨人才企业高新产品网上推介等活动举行。

市科技活动周开幕式　　（市科技局　供稿）

4日　德国马格德堡市副市长莱纳·尼彻率领商务代表团到张家港市访问。

5日　国家发改委党组成员,国家粮食局党组书记、局长任正晓到张家港市考察低温粮库、信息化收购系统等方面情况。

7日　美国《财富》杂志发布2014年世界500强企业名单,沙钢集团以营业收入370.95亿美元列第308位。

8日至9日　省委副书记、苏州市委书记石泰峰到张家港市调研。

10日　张家港大造气雾剂有限公司在张家港经济技术开发区开工奠基，总投资3亿美元。

11日　人力资源和社会保障部副部长王晓初到张家港市考察。

15日　江苏扬子江国际冶金工业园、锦丰镇实行“区政合一”管理体制。

△　根据江苏省旅游景区质量等级评定委员会公告，常阴沙生态农业旅游区被批准为国家AAA级旅游景区。

19日至26日　2014年国际网联男子巡回赛（张家港站）举行。

24日　经省住建厅、省财政厅批准，张家港市被确定为“江苏省绿色建筑示范城市”。

29日　市委十届八次全体（扩大）会议在市馨苑度假村召开。会议听取并讨论市委书记姚林荣代表市委常委会所作的《践行群众路线，聚力转型升级，推动“三年行动计划”取得突破性进展》报告。

31日　张家港国家再制造产业示范基地获国家发改委、财政部批准为循环化改造示范试点园区。

8月

5日　全国进境粮食指定口岸现场审定会在张家港市召开，张家港口岸通过现场审定。

8日　全国首家城市街区图书馆在张家港购物公园建成并对外开放。

16日　张家港市蝉联“全国慈善七星级城市”称号。

18日　全国工商联在北京发布2014年中国民营企业500强榜单，沙钢集团、永钢集团、丰立集团、华芳集团、澳洋集团、攀华集团6家企业上榜。

19日　江苏康得新复合材料股份有限公司在江苏省工商行政管理局领取营业执照，标志公司总部从北京迁入张家港保税区。公司注册资本9.35亿元，市值270亿元，是苏州市第二大市值的上市公司。

28日至29日　塞尔维亚乌贝市市长达可格里希奇一行到张家港市访问。

29日　广西壮族自治区党委常委、人民政府副主席唐仁健到张家港市调研。

9月

2日　江苏国泰新点软件有限公司、张家港市金陵纺织有限公司被国家版权局批准成为全国版权示范单位。

5日　张家港市第六届体育运动会、苏州市首届市民健身运动会张家港赛区、市快乐中秋大型假日体育活动联合开幕式举行。

△　阿胡斯卡尔斯油脂（张家港）有限公司奠基典礼在张家港保税区举行。

9日　庆祝第30个教师节暨全国教育系统先进集体和先进个人表彰大会在北京举行，梁丰高级中学教师任小文和张家港中等专业学校教师方琴被授予全国优秀教师称号。

10日　沙洲职业工学院新校区启用。

△　张家港市获全国民族团结进步创建活动示范市称号。

15日　平安养老保险张家港支公司开业。

18日　第九届中国钢铁流通促进大会在张家港市召开。

19日　张家港市获江苏省群众体育先进集体称号。

△　国家木材检测联盟在张家港市成立。

国家木材检测联盟成立

（张家港检验检疫局　供稿）

24日　张家港市率先在全国县域建立文化馆总分馆体系。

10月

6日　中国与突尼斯建交50周年献礼影片《迦太基茉莉》在市香山广场举行开机仪式。突尼斯驻华大使塔雷克·阿姆里出席仪式。

13日　中央文明办在张家港市召开全国县级文明城市创建工作现场会。中宣部常务副部长、中央文明办主任雒树刚，省委书记、省人大常委会主任罗志军，中央文明办专职副主任徐令义，省委副书记、苏州市委书记石泰峰，省委常委、省委秘书长樊金龙，省委常委、宣传部部长王燕文等出席会议。

14日至15日　民政部副部长顾朝曦到张家港市调研社区建设、社区社会组织以及“三社联动”工作。

15日　省人大常委会常务副主任、党组副书记蒋宏坤到张家港市调研新农村建设情况。

16日　根据江苏省旅游景区质量等级评定委员会公告，永联小镇景区批准为国家AAAA级旅游景区。

△　国内首家液化天然气/再制造产业物联网创新中心在张家港市揭牌。

17日《中小城市绿皮书：中国中小城市发展报告（2014）》

发布，张家港市获2014年度中国中小城市综合实力百强县市第二名。

△ 全市党的群众路线教育实践活动总结大会召开。

△ 霍尼韦尔特性材料和技术集团张家港生产基地一期项目在张家港保税区竣工。

18日 第一届“创业张家港”青年精英创业大赛决赛暨颁奖仪式举行。

18日至25日 市委副书记、市长朱立凡率团赴欧洲开展招商引资活动。

30日 市第一人民医院妇儿大楼启用。

31日 全国首个以弘扬长江文化为宗旨的国家一级社团组织——长江文化促进会在张家港市揭牌成立。

△ “听文物讲长江的故事——寻找长江流域有故事的珍宝”全国征集活动启动，光明日报社总编辑何东平参加仪式。

△ 首届长江流域小戏小品展演开幕式暨张家港市小戏小品专场演出举行。

△ 中新苏州工业园区开发集团股份有限公司与凤凰镇合作开发新型城镇化项目签约仪式举行。

31日至11月1日 2014年杨舍杯亚欧男子乒乓球全明星对抗赛（中国·张家港）举行。

11月

1日 2014年中国（张家港）长江文化艺术节暨第六届（张家港）长江流域戏剧艺术节开幕式、第五届“中国戏剧奖·理论评论奖”颁奖仪式举行。

中国（张家港）长江文化艺术节开幕式

（市文广新局　供稿）

3日 南京邮电大学张家港研究院签约暨揭牌仪式在南京邮电大学举行。

5日 2014年第五届环太湖国际公路自行车赛开幕式暨第五赛段张家港双山岛绕圈赛开赛。

7日 江苏省跨国技术转移大会张家港（中芬）对接会在市国贸酒店举行，芬兰国家技术创新局局长泰娅·拉赫蒂·努提拉率代表团参加。

9日 长江经济带（张家港）绿色发展研讨会举行。

11日 张家港市政府、张家港保税区管委会与中国科学院大连化学物理研究所签署三方协议，共建产业技术研究院。

△ “河阳宝卷”作为“吴地宝卷”的组成部分，及金村庙会入选第四批国家级非物质文化遗产代表性项目名录扩展项目名录。

14日至16日 2014年首届中国（张家港）长江流域民间艺术博览会举行。

15日 张家港市获批国家知识产权示范城市。

△ 曼巴特购物广场开业。

19日 省委常委、常务副省长李云峰到张家港市调研经济工作情况。

△ 张家港市被确定为全省应急广播体系建设试点县（市）。

△ 市青草巷农副产品批发市场易地新建项目竣工开市。

20日 省委常委、无锡市委书记黄莉新率党政考察团到张家港市考察转型升级情况。

26日 全国离退休干部先进集体和先进个人表彰大会在北京召开，江苏省政协原常委、苏州市人大常委会原副主任、张家港市委原书记秦振华被授予全国离退休干部先进个人称号。

12月

1日 张家港经济技术开发区获批建设国家生态工业示范园区。

9日 张家港市获评全国地质灾害防治高标准“十有县”。

15日 张家港国家节能环保装备高新技术产业化基地被科技部认定为国家高新技术产业化基地。

△ 《福布斯》中文版发布“2014中国大陆最佳县级城市30强”榜单，张家港市列第四名。

16日 “中国老年人健康生活指导管理模式”张家港市“研究实验基地”启动。

18日 张家港市蝉联全国文化先进单位（文化先进县、市、区）称号。

19日 “中国小戏小品之乡”授牌仪式暨中国戏剧家协会张家港（全国）小戏小品创作基地汇报演出在市艺术中心举行。

△ 副省长许津荣、省人大常委会原副主任柏苏宁、省政协原副主席包国新率部分省十二届人大代表到张家港市考察。

28日 农业部部长韩长赋到张家港市调研。

29日 市委十届九次全体（扩大）会议在市馨苑度假村召开。会议听取并讨论市委书记姚林荣代表市委常委会所作的《主动适应新常态，全面落实新要求，为圆满完成“现代化建设三年行动计划”而努力奋斗》报告。

【编辑　沈立平】

概况

Profile

市区一景 （市委宣传部 供稿）

地情概要

人文风情

文明张家港

经济建设

政治建设

文化建设

社会建设

生态文明建设

组织机构及其领导人

張家港年鑒(2015)

地情概要

【地理位置】 张家港市位于长江下游南岸，江苏省东南部。东、东南连常熟市，西、西南接江阴市，北、东北、西北临长江，是沿海和长江两大经济开发带交会处新兴现代化港口城市。地理坐标北纬31° 43′ 12″—32° 02′，东经120° 21′ 57″—120° 52′。东南距上海市98千米；南近太湖，分别距无锡市58千米、苏州市90千米；西距常州市55千米、南京市200千米；北隔江距南通市62千米，是长江三角洲的重要组成部分。全市总面积986.73平方千米，占全省面积的0.92%、苏州市面积的11.62%。其中，陆地面积791.06平方千米，占全市总面积的80.17%；长江水域面积195.67平方千米，占19.83%。陆地东西最大直线距离44.58千米，南北最大直线距离33.71千米。北宽南窄，呈三角形。

【地质地貌】 *地层* 张家港境内主要是第四系沉积物覆盖。第四系覆盖层的厚度为90米至240米，是全新统现代沉积。西南零星出露基岩属泥盆系茅山群的紫红色沙砾岩。第四系覆盖层的可耕层为2米至3米，耕层下面是沙质黏土、黏土层，隔水性能较好，厚度为50米至70米；在地面以下70米至150米之间，有含水性较好、透水性较强的细沙层、黏质沙层、中沙层、砾石层，但中间夹有含砾黏土层、黏土层等不透水层。在地面140米至240米以下是砂岩、灰岩、砾岩层。在第四系覆盖层下有白垩系的杂色砾岩、粉砂岩及灰岩，厚度约210米；三叠系青龙群的灰岩和钙质泥岩，厚600米；二叠系龙潭组的海陆交互相岩层、砂岩、灰岩、泥岩等，厚450余米；石炭系的砂岩、灰岩和泥岩等，厚450余米。

地震地质 江苏省主要的地震带是西北部的郯庐断裂地震带和沿长江的扬铜地震带。张家港市主要受扬铜地震带所控制，在大地构造上属扬子准地台下扬子古拗陷的东部，苏锡中台拱的北东部，北邻苏北中新凹陷，南部和东部与钱塘褶皱带相连，西部是常州中凹陷。张家港境内基本构造格架为“二隆二凹”构造形式。“二隆”是段山—张家港褶断束、顾山—铜官山褶断束；“二凹”是祝塘—锦丰凹陷、谢桥凹陷。境内有北北西向、北西向和北东向（华夏）构造发育，形成网络系统。根据可考文字和有关地震研究，张家港市历史上未见强震记载。从地震强度背景值而论，境内所在位置介于强震和弱震的过渡区域，受扬州—铜陵地震带所控制。

工程地质 根据市建筑设计院历年工程地质勘探资料，境内的地耐力一般为每平方米10吨左右。其中，南部黏土一般为每平方米20吨左右，亚黏土一般为每平方米18吨左右，轻亚黏土一般为每平方米10吨左右；北部粉黏土一般为每平方米8吨左右。

地貌 张家港市地跨长江三角洲平原的两个地貌副区，即长江南岸古代沙嘴区和靖江常阴古沙洲区。北面临江，双山沙（福姜沙）孑立江中，长江沿岸滩地绵长。古长江岸线把境内陆地分为南、北两个部分，南部属老长江三角洲的古代沙嘴区，成陆8000年以上，地势高亢，高程（吴淞零点，下同）为5米至8米，散落着大小10座山丘；北部属新长江三角洲，由数十个沙洲积涨连接而成，成陆最早的800余年，地势低平，高程为3米至5米。根据地面黄海高程，全境地貌可分为丘陵、高平田、平田、低平田和圩田。其中，南部地区主要为高平田、平田和低平田，北部地区均为圩田，丘陵主要散落在塘桥镇的妙桥地区、金港镇的南沙地区和凤凰镇的少量地区。

【沿江岸线】 张家港市境内有沿江岸线63.57千米，其中不冻不淤的深水岸线约40千米。依托优越的沿江岸线，建有国际贸易商港张家港港，并由西向东排布着江苏省张家港保税区、江苏扬子江国际冶金工业园等各具特色的专业园区。西北部有江中小岛双山岛，离南岸1千米，是张家港港天然的避风屏障。双山岛与南岸之间的航道为福南水道。双山岛距北岸3千米，之间为福中水道和福北水道。双山环岛洲堤长16.8千米，面积20平方千米，高程4米至5米。

【自然资源】 *土地资源* 据市国土资源局2014年统计发布，至2013年年末，全市实有耕地30687.06公顷、园地3524.58公顷、林地205.64公顷、城镇村及工矿用地29163.18公顷、交通运输用地5887.37公顷、水域及水利设施用地28795.35公顷、其他土地409.36公顷。

水资源 境内水资源丰富。地表水中河港蓄水量丰水年为2.36亿立方米，中等干旱年为9700万立方米。2014年全市沿江各闸共引水7.93

长江滩涂　　（何伟明　摄）

亿立方米，排水12.54亿立方米。其中，汛期沿江各节制闸共引水4.81亿立方米，排水8.31亿立方米。全年实际用水量：地表水8.49亿立方米，地下水245万立方米。全境河港纵横，土地肥沃，有大小河道9002条，总长4569.51千米。

矿产资源 境内矿产资源较多，已发现的矿产品种主要有：砂石、砖瓦黏土、矿泉水、煤炭、天然气等。其中探明的储量有：砂石约6000万吨，煤炭约2010万吨，天然气约8000万立方米，矿泉水约8000万立方米。2003年建成凤凰地热井温泉，水温45摄氏度，日产地热水624立方米。

野生动植物资源 境内共有野生动物资源13纲292个品种。其中，鱼纲类有刀鱼、河豚、鲫鱼等96种，爬行纲类有龟、鳖、蛇等21种，鸟纲类有野鸡、野鸭、鹰、雀等104种，哺乳纲类有野兔、刺猬、鼠等8种，另有野生无脊椎动物63种。野生植物资源比较丰富，有百余科近500个品种，常见的有24科80个品种，分布在田间、山丘、河边、滩地，可用于农、牧、渔业生产，手工编织及疾病治疗。另有常见绿化植物314种。

【气候】 *光照* 全年日照时数1804.4小时，比上年少297.5小时，日照百分率（相对日照）为41%。同1986年至2005年平均日照1887.2小时相比少82.8小时，日照略偏少。日照时数最多的月份是5月，为226.2小时，占月可照时数的53%；日照时数最少的月份是2月，为84.1小时，占月可照时数的27%。

气温 全年平均气温16.6摄氏度，比上年低0.3摄氏度。同1986年至2005年平均气温16摄氏度相比高0.6摄氏度，气温偏高。7月是全年最热的月份，月平均气温27.1摄氏度。年极端最高气温36.4摄氏度，出现在8月4日。全年达到35摄氏度的高温日数8天，比上年少40天。12月是全年最冷的月份，月平均气温为5.2摄氏度。年极端最低气温零下3.7摄氏度，出现在2月10日。全年低于0摄氏度的低温日数21天，比上年少19天。

降水 全年降水量1437.4毫米，比上年多524.7毫米，同1986年至2005年平均降水量1077.9毫米相比多359.5毫米，雨量明显偏多。全年降水分布不均，干湿档明显。1月和12月降水量均在20毫米以下，分别为18毫米和9.2毫米；8月雨量最为集中，月降水量380.4毫米。2月降水量153.3毫米，同1986年至2005年该月平均降水量51.9毫米相比多101.4毫米，雨量明显偏多，是有记录起的历史最大值。4月至9月汛期降水量1129毫米，与历年同期相比明显偏多。全年有6次暴雨，分别出现在6月1日和26日、7月2日和27日以及8月8日和29日，降水量分别为53.8毫米、61.2毫米、68.7毫米、72.5毫米、74.5毫米和53.8毫米。梅雨期自6月20日至7月6日，历时17天，降水总量201.7毫米，入梅略偏迟、出梅略偏早，梅雨期偏短，梅雨量偏少。

霜、雪、风及灾害性天气 2014年初霜日为11月14日，终霜日为3月21日，霜期124天。全年降雪日数8天，未出现积雪。年平均风速每秒2.2米，无8级以上大风。全年共有139个霾天气，比上年多2天。其中，霾天气出现最多的是1月，达到20天，最少的是8月，仅4天。全年有3个台风外围影响张家港市，台风总体影响程度偏轻，未出现重大灾害。

【建制沿革】 张家港市历史悠久。8000年前，南部地区就有人类活动。商末，属勾吴之地。春秋时期，属吴国延陵郡。秦代，属会稽郡。汉高祖五年（公元前202年），建毗陵县暨阳乡，为境内有据可查的最早的乡级行政建置。晋代，置暨阳县，为境内第一个县级行政建置，县治杨舍镇。南朝梁代，在暨阳之墟建梁丰县。唐代以后，分属常熟、江阴两县。清代至民国，常通港以北属南通县。抗日战争时期，中国共产党曾一度在北部沿江地区建立沙洲县，南部及常熟、江阴两县的边界地区设立虞西县。新中国成立后，东部属常熟县，西部属江阴县。1962年，常熟划出14个公社和常阴沙农场，江阴划出9个公社，建立沙洲县，隶属苏州地区。1986年9月，经国务院批准，撤销沙洲县，以天然良港——张家港港命名设立张家港市，隶属苏州市。

【行政区划】 年内，全市行政区划发生以下变化：1月15日，大新镇新增新南社区。2月26日，金港镇新增金都社区。至年末，全市有8个镇，1个常阴沙现代农业示范园区，1个双山岛旅游度假区；16个办事处，4个街道办事处；152个行政村，120个社区居委会。

2014年张家港市行政区划情况

表1

镇（区）	面　积（平方千米）	办事处（个）	街道办事处（个）	行政村（个）	社区居委会（个）
杨舍镇	153.09	5	4	29	66
塘桥镇	94.26	2	—	14	6
金港镇	111.62	3	—	26	23
锦丰镇	114.32	2	—	23	9
乐余镇	78.58	1	—	19	3
凤凰镇	78.79	2	—	15	4
南丰镇	62.47	1	—	12	4
大新镇	40.48	—	—	10	4
常阴沙现代农业示范园区	37.45	—	—	—	—
双山岛旅游度假区	20.00	—	—	4	1
合　计	791.06	16	4	152	120

说明：常阴沙现代农业示范园区不设行政村、社区居委会，设7个社区、1个居民委员会；乐余镇另设稻麦粮种场、畜禽良种场2个场

【消亡自然村】 年内，因经济开发建设、道路交通建设，以及零星宅基地归并、农民集中居住区建设等，全市消亡自然村36个。至年末，全市共有自然村2343个，其中杨舍镇387个、塘桥镇555个、金港镇256个、锦丰镇273个、乐余镇196个、凤凰镇452个、南丰镇138个、大新镇65个、常阴沙现代农业示范园区21个。

2014年张家港市消亡自然村一览

表2

镇　名	自然村名（所属行政村）	消亡原因	镇　名	自然村名（所属行政村）	消亡原因
金港镇	小住基（柏林村）	滨江新城安置房建设	锦丰镇	曹家埭（洪桥村）	青草巷农副产品批发市场预动迁
	陈家埭（柏林村）	滨江新城安置房建设		七圩埭（常家村）	沙洲新城动迁
	张家埭（柏林村）	滨江新城安置房建设	塘桥镇	林家宕（何桥村）	城东新区景观建设
	旺家湾（东山村）	香山风景区建设		瞿家宕（何桥村）	徐湾片区动迁
	新村子（东山村）	香山风景区建设		东高家（何桥村）	城东新区动迁
	石柱头（东山村）	香山风景区建设		西高家（何桥村）	城东新区动迁
	香山前湾（东山村）	香山风景区建设		徐巷桥（何桥村）	预动迁
	香山后湾（东山村）	香山风景区建设		侯家湾（花园村）	城东新区景观建设
	中巷上（港西村）	香山风景区建设、中集圣达因公司扩建		陈家洄（花园村）	城东新区景观建设
	侯家桥（港西村）	香山风景区建设、中集圣达因公司扩建		许庄（花园村）	城东新区景观建设
	青墩上（港西村）	香山风景区建设、中集圣达因公司扩建		葛家宕（花园村）	城东新区景观建设
	周家坝（封庄村）	滨江新城安置房建设		五房庄（花园村）	城东新区景观建设
	林家埭（三角滩村）	滨江新城安置房建设		西塘岸（花园村）	城东新区景观建设
杨舍镇	常地上（庆安村）	城东新区景观建设		前后宗家巷（花园村）	城东新区景观建设
	李家巷（庆安村）	城东新区景观建设		薛家堂（花园村）	城东新区景观建设
	黄家湾（庆安村）	城东新区景观建设	凤凰镇	鱼家巷（莺山村）	凤凰新城建设
	前蒋巷（庆安村）	城东新区景观建设	南丰镇	民生三圩（海坝村）	南丰镇精密机电工业园建设
	平巷里（庆安村）	城东新区景观建设		癸西东圩（南丰村）	南丰镇建设
	张家巷（城东村）	人民东路改造		癸西中圩（南丰村）	南丰镇建设
	东陈金案埭（晨新村）	国家再制造产业示范基地建设			

人文风情

【人口】 年末，张家港市户籍登记333791户，总人口919816人，分别比上年减少1600户，增加5076人。总人口中，男性451496人，女性468320人，男女性别比为96.4∶100。0至17周岁的120252人，占13.07%；18至59周岁的575579人，占62.58%；60周岁及以上的223985人，占24.35%。全市出生人口10066人，出生率为10.49‰，死亡人口6270人，死亡率为6.53‰，人口自然增长率为3.95‰。全年迁入人口3983人，迁出人口2587人，机械增长1396人。人均期望寿命82.86岁，其中男性79.92岁、女性85.36岁。平均家庭规模2.8人。外来暂住人口70.84万人，比上年增5.71万人。

【方言】 张家港方言主要有虞西话、澄东（澄要）话、老沙话、常阴沙话（崇明话）、江北话五大类。其中，虞西话、澄东（澄要）话、老沙话和常阴沙话分布地域最广、人口最多，成为境内有代表性的方言；江北话主要有南通话、如皋话和靖江话。其方言具体分区及其人口分布情况为：讲虞西话的约有20万人，占户籍人口的21.74%。分布在凤凰镇的全部；塘桥镇塘桥地区全部，鹿苑地区的绝大部分，妙桥地区的大部分；杨舍镇乘航地区全部，杨舍、塘市、东莱地区的绝大部分；南丰镇的小部分地域。讲

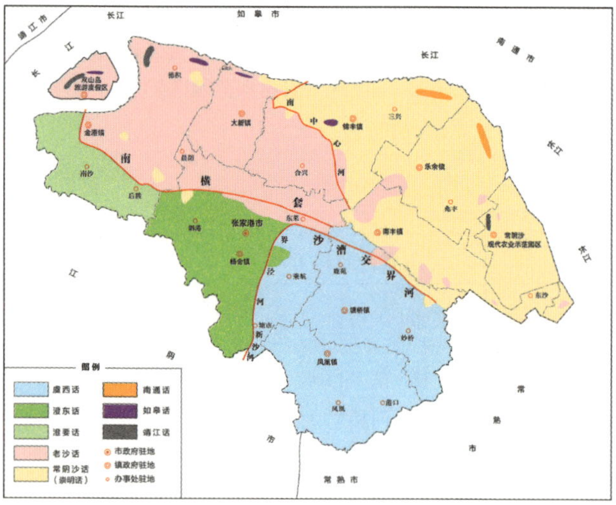

张家港方言分布　　　　　　（史志办　供稿）

澄东（澄要）话的约有21万人，占户籍人口的22.83%。分布在金港镇南沙、港区、后塍地区的绝大部分；杨舍镇泗港地区的大部分，杨舍、塘市地区的小部分地域。讲老沙话的约有24万人，占户籍人口的26.09%。分布在金港镇的德积地区、晨阳并入部分的绝大部分，港区、后塍地区的小部分；双山岛旅游度假区的绝大部分；锦丰镇合兴地区的绝大部分，锦丰地区的小部分；大新镇（含晨阳并入部分）的绝大部分；南丰镇的小部分；塘桥镇妙桥、鹿苑地区的小部分；杨舍镇泗港、东莱地区的小部分，晨阳地区的绝大部分；乐余镇和常阴沙现代农业示范园区的小部分地域。讲常阴沙话（崇明话）的约有17万人，占户籍人口的18.48%。分布在锦丰镇锦丰地区的大部分，三兴地区的绝大部分；南丰镇的部分（含东沙地区的绝大部分）；乐余镇和常阴沙现代农业示范园区的绝大部分；金港镇港区、后塍、德积地区的小部分；杨舍镇东莱、泗港地区的小部分；塘桥镇妙桥地区的小部分；大新镇的小部分地域。讲江北话的有3万余人，分布在沿江一带。

【历代名人】 据史料记载，自唐宋至清末，张家港境内共出状元、榜眼、探花等进士数百名。唐代状元陆器是苏州范围内最早的状元；章卿赵氏自宋代至清末共出37名进士；鹿苑钱氏在明代有“一门九进士”之誉；港口蒋氏在清康熙、乾隆年间出了蒋廷锡、蒋溥父子大学士。境内官至大学士、尚书、御史、总督、巡抚者代不乏人。张家港人民有着光荣的爱国斗争传统。宋代有抗金名将丘崇；明代有抗倭英烈钱泮、徐督、许蓉、朱贵等，有斗阉直臣缪昌期、黄昭。在文化艺术方面，著述宏富的经学家有北宋职方郎中陆绾、清代国子监纂修庞大坤；享誉文坛的诗人学者有号称东南文宗的钱谦益、近代诗人杨云史、南社诗人庞树柏、新文学家刘半农；史学家有主纂《江阴县志》的北宋进士郭庭坚、纂修《元史》的元末明初学士陈基、主纂《常熟县志》的清代举人钱陆灿、进士庞鸿文；书画篆刻、工艺美术名人有清代篆隶书法家杨沂孙、近代金石篆刻家赵古泥、现代工艺美术家庞熏琹；乐坛耆宿有近代民族音乐家刘天华、刘北茂，古琴学家吴景略；医药名家有明代缪希雍、清代缪柳村，近代名医周憩棠、金兰升、章成器等。在社会主义现代化建设中，张家港涌现出一大批科学家，张光斗、钱人元、曹楚南、章申、童秉纲、薛永祺、吴培亨、吴中伟等8位院士为其中的杰出代表。

【地方特产】 长江三鲜　鲥鱼、刀鱼、河豚并誉为“长江三鲜”。鲥鱼为南方水产中的珍品，《本草纲目》载，鲥鱼“夏初时有，余月则无，故名”。鲥鱼鳞可食，肥嫩清鲜。古时曾列为皇帝的“御膳”珍肴，后蜚声海外，远销新加坡、日本、美国等地。张家港境内长江水域属河口段，鲥鱼至此，体内脂肪消耗少，丰腴肥硕，肉味鲜，营养丰富。刀鱼体形狭长侧薄，颇似尖刀，银白色，肉质细嫩，但多细毛状骨刺。肉味鲜美，肥而不腻，兼有微香。宋代名士刘宰曾有诗称赞：“肩耸乍惊雷，腮红新出水，芼以姜桂椒，未熟香浮鼻。”河豚产于咸水和淡水相交处的水域里，营养丰富，腴肥鲜美且带野味，与众不同。宋《明道杂志》曾称颂它为“水族中之奇味也”。河豚有补虚去湿、舒胃、却痔疾等效用。但血液、肝脏、卵巢都有剧毒，烹煮不慎，食用后易中毒致死。河豚经处理后，可制成冻鱼片或罐头食品，还可从肝脏、卵巢中提炼出河豚素、河豚酸等名贵药品。进入21世纪，随着养殖技术的日益成熟，河豚人工养殖普遍。由于养殖河豚毒性有所降低，烹饪方法亦更多样。

长江蟹　学名中华绒螯蟹，养殖历史较久，但规模较小。进入21世纪后，在境内沿长江一带发展较快。锦丰镇、乐余镇、常阴沙现代农业示范园区等地均建有养殖基地。长江蟹营养丰富，每100克蟹肉含蛋白质14克、脂肪5.9克、碳水化合物7克，维生素A为5960国际单位，热量139千卡，为一般水产品之冠。由于其所含脂肪为不饱和脂肪，对高血压、高血脂、高血糖、血管硬化有预防作用，蟹黄中富含的卵磷脂对智力发育亦有良好的促进作用。优质的长江蟹外观表现为青背、白肚、金爪、黄毛，在肉质与口味方面表现为肥、鲜、腥、甜。长江蟹曾获首届中国“华东杯”河蟹评比大赛“最佳种质奖”和“优胜奖”。

血糯　又名“呕血糯”，或称“红莲糯”，是一种名贵的糯稻。谷粒皮壳呈浅紫色，其米殷红如鸭血，蛋白质含量高，有强身补血功效，清代列为“御米”，民间视为营养和滋补食品，是制作八宝饭的主要原料。境内塘桥镇金村、凤凰镇一带均有种植。清《常昭合志·物产志》载：“血糯，亦名红莲糯，宜粥。”金鹤翀所撰《金村小志》载：“糯米之佳者曰‘落霜青’，曰‘红莲糯’。江阴人亦来购取，云：唯产金村者为佳。”

凤凰稻　是凤凰山附近长期培育成的优良粳稻，谷粒基部有双翼（护颖），似凤凰展翅，故名凤凰稻。清代《常昭合志》中列为著名物产。凤凰稻碾成的米，色洁白如珍珠，煮饭烧粥，性黏腻，香软适口，为粳米中的上品，载誉江南。

常阴沙大米　自2009年起，常阴沙现代农业示范园区采用香港长江生命科技集团首席科学家、教授张令玉历经30余年研究创建的三安生物操作规程，在常北社区和常沙社区种植"南粳5055""南粳46"等优质水稻良种，生产有机大米。水稻生长阶段完全不用化肥和化学农药，每公顷产量稳定在6吨以上，经南京检测中心抽样检测，各项指标均达到并超过有机大米标准，达到"无化残、无药残、低重金属"要求，被誉为顶级安全优质食品。常阴沙有机米圆润洁白，煮饭烧粥，性黏腻，香软可口。2011年，在苏州绿色风"马大嫂地产大米"评比活动中，常阴沙"有机硒米""优精米"成为张家港市唯一获得"最受苏州老百姓喜爱的十大地产大米"金奖的农产品；在2012年海峡两岸（张家港）农业博览会上，经过市民投票，常阴沙"优精米"入选当地"十大最受市民欢迎的参展品牌农产品"。继获得国家地理标志证明商标、绿色食品A级认证后，2014年2月，"常阴沙"大米又获2013年度苏州名牌产品称号。

鹿苑鸡　因产于鹿苑而得名，相传已有200年的饲养历史。鹿苑鸡的毛、皮、嘴、脚均为黄色，颈羽、尾羽和翅羽间有稀疏黑毛。公鸡脚杆高壮，傲然挺立，大的体重可达到4千克以上，有"九斤王"之称。母鸡脚杆粗矮，浑重壮实，重2千克以上，年产蛋在140个至200个之间，平均蛋重54克。该鸡肉质细嫩、肥美、香鲜、味浓。民间传说，清代同治、光绪皇帝的老师翁同龢常把鹿苑鸡作为特产，带至京城赠送亲友和同僚。2014年，鹿苑鸡被确定为国家级畜禽遗传资源保护品种。

凤凰水蜜桃　在1952年引进无锡水蜜桃的基础上，经长期选育而成的优良品种。有白凤、白花、黄皮、小青等主栽品种，皮色有淡黄、乳白、微红，具有果大、肉嫩、鲜甜、多汁、果皮易剥等特点。受到苏州、南京、上海等地居民喜爱。凤凰山和鸷山山麓是主要产地。

高峰鹿液茶　产于金港镇长山一带。长山因地处长江边，江雾迷漫，空气清新，气候湿润，适合茶叶生长。所产茶叶具有气香色清的天然品质。长山高峰茶场制成的高峰鹿液茶，条索紧结，色泽嫩绿，带有清香，用水冲泡，碧色诱人，味感鲜醇，有生津止渴、解乏提神的作用。高峰鹿液茶分春、秋两季采摘，以谷雨前为最好。曾在江苏省品茶会上获第一名。

凤凰白茶　2008年，凤凰山茶园批量引进安吉白茶良种，针对其适应性要求高的特点，改革栽培技术，创新加工工艺，形成"采摘把关、重视萎凋、注重杀青、回潮揉捻、薄摊二青、扬去末子、搓条整形、足干提香"的独特工艺流程。凤凰白茶以"叶白、脉绿、香郁、味醇"独树一帜，营养丰富，药用价值高，氨基酸含量高于普通绿茶2倍至5倍，味鲜爽不苦涩，深受消费者青睐，成为张家港市茶叶新品牌。

弄里芹菜　凤凰镇金谷村朱家弄种植的水芹，品质优良，历史悠久。在上海、苏州等地享有盛名，称"弄里芹菜"。相传宋代名将韩世忠和夫人梁红玉带兵驻守庆安，被金兵围困，军中缺粮，梁红玉率部遍寻野菜，至弄里一带见有大片野芹，味清香，采食充饥。以后，人们把野芹移植家种，称为"玉芹"，并精心培育，世代栽种。芹菜品种有大青种、小青种、红种、麻栗等，具有嫩茎（俗称白头）长、叶柄青、质地脆、香味浓、存放时间较久等特点。无论是清炒，或与豆制品素炒，或与肉类混炒，都味道鲜美，各具风味；若在开水里稍烫后，浇上酱油、麻油等佐料，拌作冷菜，则香脆、鲜嫩、爽口，能去腻、舒胃。是苏州、无锡、上海一带家庭日常生活和便宴常用的菜肴。

高庄豆腐干　凤凰高庄豆腐干始于清咸丰年间，已有100余年的历史。原料选用经精心筛选的地产小黄豆，制法独特，一般要经过磨豆、滤浆、点卤等11道工序，制作精细，风味独特。清末民初，已畅销常熟、江阴、无锡等地。高庄豆腐干有厚型、薄型两种，呈绛色，质地细实，五香佐料渗透入味，闲吃或做下酒菜，均属佳品。

拖炉饼　杨舍、塘桥等地的著名传统风味小吃，已有150余年历史。制作工艺独特，烘烤时需用两个炉子，下面一个为底炉（平底），上面一个为顶炉（尖顶，呈锥状），烘烤时两只炉同时加热吻合，并以顶炉的热量将饼吊熟，大有顶炉拖底炉之势，故称拖炉饼。拖炉饼采用上等白面粉、白糖、净板油（加工过的生猪油）、荠菜、芝麻、桂花等为原辅料。口味油而不腻，甜而不黏，清香可口。集酥、甜、松、脆、香于一体，外形饱满，色泽金黄，酥层清晰。

沙洲优黄　沙洲优黄（后塍黄酒）始酿于清光绪年间，已有100余年的历史。原料选用优质大米。其制作需经过过筛、浸渍、摊冷、落缸、发酵、压榨、澄清、勾兑、煎酒等十几

拖炉饼　（市文广新局　供稿）

道工序，工艺精细。所酿黄酒具有色泽金黄、酒体协调、清亮透明、醇厚爽口等特点，不仅营养丰富，而且在文化、工艺、保健和药用等方面有重要价值。产品历经江苏张家港酿酒有限公司数十年开发，已形成“沙洲优黄”“花开富贵”等多个系列，酒龄为2年、3年、5年、6年、7年、10年、15年、20年等不同规格，深受上海、苏州等地消费者欢迎，还远销海外。“沙洲”“沙洲优黄”商标被国家工商局认定为中国驰名商标。

【名胜古迹】 张家港境内有多处新石器时代遗址。其中，金港镇南沙东山村遗址以马家浜文化和崧泽文化为主，发现了马家浜晚期和崧泽文化早中期大墓、大房址及分区埋葬现象，是长江下游最重要的史前遗址。塘桥镇境内的黄泗浦遗址是唐代鉴真大和尚第六次东渡日本并获得成功的启航地，1963年国家在鹿苑黄泗浦古址设立纪念经幢，20世纪90年代后陆续修建东渡纪念馆、碑亭和东渡禅院，2006年成为国家级AAA景区。金港镇香山景区古迹众多，有梅花堂、桃花涧、圣过潭、藏军洞、香山寺等，其中梅花堂由宋代大文豪苏东坡题写匾额，明代地理学家徐霞客曾在堂内小住并写下6首诗、2篇序文，2014年香山景区获评国家级AAAA景区。张家港南部地区的集镇大多是明清以前建成的古镇。其中，杨舍镇是古暨阳、梁丰县的县治，明代多次发生抗倭斗争，建造的杨舍堡城是当时江南5座城池中规模最大的防御倭寇工程；凤凰镇恬庄古镇保留有榜眼府、杨氏孝坊以及石板街道等古迹，已完成保护性修复；塘桥镇已修复庞氏故居嘉荫堂。凤凰镇境内的永庆寺、塘桥镇境内的永昌寺均属“南朝四百八十寺”之列，其中永庆寺所在的河阳山周围有秀峰、醴泉、读书台、红豆树等名胜古迹，且有多处名人墓葬。2011年，凤凰山景区成为国家级AAAA景区。北部的乐余镇有保存较为完整的民国时期一条街——乐余老街。

【革命传统纪念地】 张家港是一块英雄辈出、风雷激荡的红色热土。在战火纷飞的革命年代，张家港人民在中国共产党领导下，发动沙洲农民暴动起义，开展抗日救国运动，积极配合渡江作战，建立人民民主政权。境内重要的纪念设施有：双山渡江战役纪念碑、沙洲县抗日民主政府纪念馆、香山烈士陵园、巫山渡江战役登陆纪念碑、学勤广场、毋忘国耻纪念碑亭、南丰之战纪念广场等。重要革命机构旧址有：1926年中国共产党金村支部旧址、江南人民抗日救国军沙洲县办事处旧址、沙洲县抗日民主政府成立地旧址、蔡悲鸿办公旧址、重建后的沙洲县抗日民主政府活动地旧址、江南保安司令部警卫一团成立地、新四军六师十八旅后方医院第一疗养所旧址、新四军六师十八旅修械所旧址、地下情报站、交通站旧址等。重要历史事件纪念地有：农民暴动纪念地（后塍农民暴动纪念地、占文桥农民暴动纪念地、杨舍农民暴动纪念地、店岸福利垦殖公司暴动纪念地）、拦门沙江心遭遇战纪念地、常家埭地洞旧址、恬庄“千人坑”纪念地、谭震林抗战动员讲话纪念地暨年旺街小学党支部旧址、血战南横套纪念地、收缴伪军武装纪念地等。重要人物故居及纪念地有：孙逊群烈士纪念地、谢恺烈士故居、茅学勤烈士纪念地、范醒之故居、田平故居、许亚故居、孙洁人故居等。

文明张家港

【张家港精神】 伟大的事业需要崇高的精神。1992年在改革开放的进程中，张家港人培育、塑造了“团结拼搏、负重奋进、自加压力、敢于争先”的张家港精神，实现张家港的大变化、大发展。随着时代发展，张家港人又以全球的视野和开放的胸怀，赋予张家港精神“争先、创新、务实、富民”的新内涵，使之保持旺盛的生命力。进入21世纪，张家港人把弘扬张家港精神与落实科学发展观有机结合起来，以无功即过的意识抢抓科学发展机遇，以超越自我的追求提升统筹发展定位，以激励竞争的机制营造协调发展氛围，并不断丰富其“率先、创新、和谐”的新内涵，促进了张家港的大进步、大提高。张家港精神是一种艰苦奋斗的创业精神，是一种科学务实的创新精神，是一种敢争一流的创优精神。1995年5月13日，时任中共中央总书记的江泽民赴张家港考察，并为“张家港精神”亲笔题词；是年10月，全国精神文明建设经验交流会在张家港召开，从此“张家港精神”在全国迅速产生了极为广泛的影响，并被中共中央政治局常委刘云山称赞为：“张家港精神已经成为我们中华民族精神和时代精神的重要组成部分”。20年中，通过深入持久的教育和熏陶，张家港精神已经成为全市人民的自觉行动和共同追求，成为实现率先发展的强大动力，同时成为江苏“三创三先”精神的一个生动典型和苏州科学发展“三大法宝”之一。正是在张家港精神激励下，文明城市创建结出了丰硕的成果，荣膺首批全国文明城市，成为江苏省首批全面小康达标县（市）。2014年荣膺“全国文明城市”四连冠。至2014年年末，张家港市先后获187项国家级荣誉、188项省级荣誉。

【文明系列创建】 在2014年度张家港市文明村镇、社区、单位、机关评比中，南丰镇、冶金园（锦丰镇）获文明区镇标兵称号，保税区（金港镇）柏林村等10个行政村获文明村标兵称号，保税区（金港镇）德丰社区等15个社区获文明社区标兵称号，市公安局锦丰派出所等22个单位获文明单位标兵称号，市公安局鹿苑派出所等76个单位获先进文明单位称号；全市共有94个机关被评为文明机关，7个区镇被评为文明区镇，97个行政村被评为文明村，77个社区被评为文明社区，356个单位被评为文明单位。1月16日，苏州市文明办举行“2013年度苏州市道德模范·精神文明建设十佳新人”颁奖典礼，张家港市民赵秀萍获“2013年度苏州市道德模范·精神文明建设十佳新人”提名奖称号，“学雷锋·志愿服务伙伴计划”获“2013年度苏州市精神文明建设十佳新事”称号，朱秀珍等16人获评“2013年度苏州好人·百名文明市民标兵”。1

月21日，市文明办表彰张维民等20人为2013年度精神文明建设工作优秀信息员。2月18日，市委召开全市先进表彰暨全国文明城市“四连冠”创建动员会议。4月12日，市委宣传部、市文明办召开培育和践行社会主义核心价值观暨诚信建设制度化座谈会。4月25日，市文明办在南丰镇科文中心举行“道德的力量·2013年度张家港市十佳身边好人”颁奖典礼，倪永祥等10人获评“2013年度张家港市十佳身边好人”。4月至12月，市文明办开展“2014年度张家港市千场优秀电影进社区”活动。5月，市文明委部署开展“新五星，新家园，新风尚”主题活动。5月13日至14日，中央文明办专职副主任徐令义一行到张家港调研文明城市创建工作，江苏省委常委、省人大常委会副主任、苏州市委书记蒋宏坤，江苏省委常委、宣传部部长王燕文，苏州市委、张家港市委相关负责同志陪同调研。5月26日，市文明办举办“我们的节日·端午”2014张家港市关爱道德模范、身边好人红色之旅活动。5月28日，市文明办、塘桥镇共同举办“粽传经典，包蕴真心”端午纪念活动。6月，市文明办、张家港工商局等单位在步行街组织开展星级文明诚信商户评比活动。6月7日，市委召开全市承办全国县级市创建文明城市现场会暨“讲文明、破陋习、树新风”专项行动动员大会。7月31日，市委、市政府召开“同创共建·全民美城行动”动员会。9月2日，市文明办举行首届张家港市道德模范、身边好人小戏小品大赛决赛，塘桥镇锡剧小戏《两个妈妈》获一等奖。9月至10月，市文明办组织志愿者赴区镇、村、社区、军营、机关、企业、学校等基层单位广泛开展道德模范、身边好人先进事迹基层巡讲活动。9月20日，市文明办与冶金园（锦丰镇）共同举办“百姓宣讲团”成立仪式暨“身边好人”先进事迹报告会。9月30日上午，市委、市政府举行庆祝新中国成立65周年升国旗仪式、“9·30烈士纪念日”公祭活动。10月13日，中央文明办在张家港市召开全国县级文明城市创建现场会，中宣部常务副部长、中央文明办主任雒树刚，江苏省委书记罗志军，中央文明办专职副主任徐令义，省委副书记、苏州市委书记石泰峰，省委常委、秘书长樊金龙，省委常委、宣传部部长王燕文等出席会议。10月29日，市委、市政府召开深化文明城市建设工作会议，印发《关于进一步深化文明城市建设的意见》。11月1日，市文明委召开深化全国文明城市建设工作推进会。12月15日，张家港市民吴欣宸、周佳怡获评“2014年度苏州市道德模范·精神文明建设十佳新人”，“‘诚信二维码’给商户配上信用身份证”获评“2014年度苏州市精神文明建设十佳新事”。年内，杨佳怡入选“中国好人”，全市“中国好人”累计17人，徐菊香等16人获评“2014年度苏州市文明户标兵”。

【社会志愿服务】 1月8日，苏州市文明办召开苏州市网络文明传播志愿者总结表彰大会，张家港市志愿者陆志锋、张维民、黄志强被评为2013年度苏州市优秀网络文明传播志愿者。1月18日，市文明办、团市委在市电视台演播大厅联合举办“青商杯”张家港市首届志愿者才艺大赛决赛。3月2日，市文明办在南丰镇举行市志愿服务进社区集中行动暨市邻里守望志愿服务总队成立仪式。3月7日，省委宣传部副部长、省文明办主任杨志纯调研市志愿服务工作。4月29日，市文明办、市志愿者协会印发《张家港市志愿者礼遇办法（试行）》，并举行2013年度张家港市优秀志愿者嘉许典礼。4月29日，市志愿者之歌《义路有你》正式发布。4月30日，新改版的友爱港城网和张家港市志愿者手机客户端建成并上线运行。7月3日，友爱港城网个人注册志愿者超过1万人。7月16日，市文明办组织开展“快乐暑假”张家港市青少年志愿服务行动。7月25日，小城河志愿驿站建成并投入运行。8月6日，张家港市95名志愿者获得苏州市星级志愿者认证。8月20日，市志愿者协会获2013年度江苏省优秀志愿服务组织称号，王志勇获2013年度江苏省优秀志愿者称号。9月12日，市文明办印发《张家港市网络文明传播志愿者工作管理办法（暂行）》。10月25日，市文明办、市志愿者协会在体育中心举行张家港市首届志愿者运动会，683名志愿者参加。10月26日，市文明办在经开区（杨舍镇）花园社区举行“张闻明·志愿者艺术团”首场义演暨张家港市首届志愿者运动会颁奖活动。12月1日，苏州市文明委表彰2013—2014年度苏州市“志愿之星”系列先进，港城爱心社被评为“十佳团队”，钱雪英被评为“十佳个人”，冶金园（锦丰镇）书院社区志愿服务队被评为优秀志愿服务组织，李红生、陈蕾荣被评为优秀志愿者。

【未成年人思想道德建设】 2月17日，市文明办、市教育局、市文广新局在中兴小学举行“美丽校园联播网”启动仪式。2月23日，市文明办、市教育局启动2014“父母成长课堂”大型公益活动。3月25日，市文明办、市教育局在青少年社会教育实践基地举行张家港市学生道德讲堂总堂揭牌仪式。3月26日，“美丽港城我的家社会实践活动”项目获评苏州市2013年度未成年人思想道德建设创新案例一等奖，“徐玲公益书屋”项目获评二等奖。3月至5月，市文明办、市教育局编辑印发张家港市中小学生“八礼四仪”教育读本《礼约》。4月11日，市文明办印发《关于建立“文明单位未成年人开放日”制度的通知》。4月22日，市委宣传部、市文明办、市语委、市教育局、市文联、张家港日报社、市暨阳湖公司联合举办“我们的价值观”——张家港市硬笔书法网络大赛。5月13日，张家港高级中学、张家港中等专业学校、妙桥中学、第一中学、泗港小学、云盘小学、乐余中心幼儿园、南沙幼儿园获评“苏州市文明礼仪示范学校（幼儿园）”。5月27日，市文明办、市教育局、团市委、市妇联、市少工委在市实验小学南校区启动全市“学习和争做美德少年”活动。6月至7月，市文明办、市教育局举行全市未成年人文明礼仪风采大赛，实验小学、云盘小学获得小学组一等奖，市一中获得中学组一等奖，张家港高级中学获得高中组一等奖。6月25日，市文明办印

"徐玲公益书屋"赠书仪式　　（张家港日报社　供稿）

发《关于开展2014年度"七彩的夏日——未成年人暑期系列活动"的通知》。6月28日，市文明办、市教育局在少年宫启动全市"童心向党"歌咏活动。8月5日，市文明办、市教育局、团市委、市妇联发文表彰全市100名"美丽学生"、30名"美德少年"。9月26日，市文明办、市教育局在南丰小学举行全市"向国旗敬礼"主题活动启动仪式。9月30日，市文明办在德积小学举行"革命传统教育进校园"主题活动。10月，市文明办、市教育局举行张家港市中小学生"中国梦·我爱我家"公民道德实践征文大赛。12月15日，"港城青少年走进文明单位"项目获评苏州市2014年度未成年人思想道德建设创新案例一等奖，"编织'美丽校园联播网'"项目获评二等奖。（蔡　磊）

经济建设

【综合实力】2014年，全市深入学习贯彻习近平总书记系列重要讲话精神，主动适应经济发展新常态，审时度势，更加科学地组织推进现代化建设。突出转型升级核心，紧抓"810工程"重中之重，抢抓改革机遇，强化提升"四个品质"的方向要求，稳增长实现预期目标，转型升级取得一定突破，社会保持稳定，民生持续改善，城市形象巩固提升。

地区生产总值　全年全市实现地区生产总值2180.25亿元，按可比价格计算，比上年增6%。其中，第一产业增加值28.64亿元，比上年减0.2%；第二产业增加值1186.39亿元，比上年增4.9%；第三产业增加值965.22亿元，比上年增7.5%。三次产业的比重为1.3∶54.4∶44.3。按户籍人口计算，人均地区生产总值23.77万元，按汇率折3.88万美元；按常住人口计算，人均地区生产总值17.41万元，按汇率折2.85万美元。

财政收入　全年实现财政总收入409.83亿元，比上年减9.1%。其中，公共财政预算收入162.66亿元，比上年增5.5%。增值税、企业所得税、个人所得税和营业税四项主体税种入库95.3亿元，比上年增10.1%。公共财政预算内支出152.76亿元，比上年增5.3%，完成城乡基本公共服务支出14.09亿元。

固定资产投资　全年完成全社会固定资产投资额780.02亿元，比上年增1.2%。其中，完成工业投资434.83亿元，比上年减0.3%，占全社会投资额的比重为55.7%；服务业投资345.07亿元，比上年增3.3%，占全社会投资额的比重为44.2%。

【农业】全年粮食总产量25.62万吨，比上年减5.91%；油料总产量3602吨，比上年减12.68%；棉花总产量40吨，比上年减16.67%；蔬菜总产量27.54万吨，比上年增1.82%。全市实现农、林、牧、渔业总产值56.18亿元。其中，农业产值31.82亿元，林业产值6.97亿元，牧业产值4.31亿元，渔业产值5.32亿元，农、林、牧、渔服务业产值7.76亿元。实施国家农业综合开发项目4项，完成投资6642.81万元。66家农业产业化龙头企业实现销售收入337.51亿元，带动农户24.57万户。农机总投入4500万元，农机总动力31.8万千瓦，农机综合化水平92.5%。各区镇全部建立农产品质量监管站，包装标识和产地证明制度覆盖率达到80%，主要蔬菜基地全部实现产地准出，企业和合作社农产品追溯制度实施率92.4%。全市通过电子商务平台销售农产品5261万元，有13个农业生产主体在成熟的电子营销平台上开设网店销售农产品，7个主体自主建设网上销售平台。全市有休闲观光农业企业29家，总面积3200公顷，全年举办农业节庆活动20余次，接待游客80万人次，综合收入3.76亿元。凤凰水蜜桃休闲观光园、福满源休闲观光基地申报省农委休闲观光项目，常阴沙油菜花主题公园、江南农耕文化园、凤凰桃主题公园等农业休闲观光景点进一步提档升级。沙洲生态农业园完成总体规划，并建成占地约1公顷的金南港观光休闲与科技示范大棚。全市新增各级各类农业园区面积253公顷。

【工业】全年完成工业增加值1131.02亿元，比上年增4.8%。完成工业总产值5630.85元，与上年基本持平。其中，规模以上工业完成总产值4961.82亿元。冶金、纺织、机电、化工、粮油食品和建材六大行业在规模以上工业总产值中占的比重为95.4%，其中冶金占49.4%、纺织占14.4%、机电占13.2%、化工占11.5%、粮油食品占5.4%、建材占1.5%。工业产品销售收入5040.34亿元，工业利税223.2亿元，工业利润119.71亿元。工业用电量260.8亿千瓦小时，比上年增2.3%。全年销售收入超1亿元的工业企业有382家，其中超1000亿元的有1家，200亿元至1000亿元的有2家，100亿元至200亿元的有3家，

50亿元至100亿元的有3家，20亿元至50亿元的有21家，10亿元至20亿元的有28家。沙钢集团连续6年入围世界500强，列第308位。十大企业集团实现主营业务收入3114.14亿元，比上年增5.6%。规模以上工业主要产品产量：食用植物油129.63万吨，比上年增30.5%；黄酒5.49万立方米，比上年减0.9%；布22350万米，比上年增0.7%；服装19546万件，比上年增7.1%；纯碱63.66万吨，比上年增16%；化学肥料26.23万吨，比上年减12.5%；化学农药8878吨，比上年减8.1%；水泥340.25万吨，比上年增7.5%；平板玻璃2557万重箱，比上年减15.1%；成品钢材3379.51万吨，比上年减9.8%；铜材5.04万吨，比上年减2.4%。全市民营企业规模壮大，规模以上民营企业完成工业总产值3557.25亿元，5家入围中国企业500强，6家入围中国民营企业500强，11家入围中国民营企业制造业500强。新增私营企业4575家、个体工商户9786户，新增注册资本分别为122.49亿元和10.56亿元，私营企业注册资本累计突破1000亿元。全市有上市企业19家，募集资金总额242亿元，另有11家企业在“新三板”挂牌，上市总数继续保持苏州市领先。

【建筑业】 市建筑业发展逐步收紧，全年完成建筑业总产值253.55亿元，竣工产值179.81亿元，分别比上年减1.06%、3.1%；房屋施工面积1756.84万平方米，其中新开工房屋建筑面积722.46万平方米；实现利税总额34.21亿元。产值超1亿元的企业达到51家。年末，全市有建筑业资质企业356家，其中设计与施工一体化资质企业64家、施工总承包企业68家、专业承包企业177家、劳务分包企业47家，企业主、兼营（增项）涉及专业40个。7月，张家港市获评2014年度省级绿色建筑示范市，获得省级财政2500万元补助。

【服务业】 张家港市实现服务业增加值965.22亿元，比上年增7.5%，高于地区生产总值增速1.5个百分点。服务业增加值占全市地区生产总值的比重为44.3%，比上年提高1.3个百分点。服务业对地区生产总值增长的贡献率超七成。服务业入库税收108.55亿元，占全市税收总额的29.88%；服务业公共财政预算收入66.32亿元。11月15日，投资近40亿元打造的曼巴特购物广场开业；是月19日，投资6.28亿元的市青草巷农副产品批发市场易地新建项目竣工开市。

港口物流 全年口岸完成货物吞吐量2.7亿吨，比上年增3.8%，其中金属矿石7764万吨、煤炭及制品6529.6万吨、钢铁4698.8万吨、化工原料及制品1183.2万吨、矿建材料1180.7万吨、粮食505.2万吨、木材453.5万吨、化肥及农药203.8万吨、水泥160.1万吨、石油天然气及制品60.7万吨、机械设备36.8万吨。外贸运量5541.1万吨，比上年增8.8%，其中外贸进口3375.5万吨。依托汽车整车进口口岸、化工品交易中心、纺织原料市场、进口消费品市场、进口肉类指定口岸等特色载体，口岸汽车整车、液体化工品、羊毛、棉花、肉类、红酒等特色货种进口量持续位居全省同类口岸之首。集装箱运量101.2万标箱。货物吞吐量连续5年超2亿吨，保持全省领先，居全国县域口岸首位；外贸货运量继续领跑长江沿线港口；集装箱运量连续5年超100万标箱。全市物流业增加值约120亿元，物流业各项指标位列苏州市前茅。有6家物流企业年销售超过10亿元，分别是张家港玖隆钢铁贸易有限公司、张家港保税物流园区东华能源股份有限公司、华芳物流有限公司、江苏澳洋医药物流有限公司、江苏澳洋顺昌股份有限公司、张家港港务集团有限公司，年销售为604亿元、31.28亿元、16.91亿元、15.9亿元、14.2亿元和10.74亿元。

商品贸易 年内，全市实现社会消费品零售总额458.32亿元，比上年增10.8%。其中，城镇零售总额395.1亿元，农村零售总额63.22亿元，分别比上年增11.92%和9.78%。社会消费品零售总额按行业分：批发业65.83亿元，比上年增126.61%；零售业330.47亿元，比上年增0.22%；住宿业5.07亿元，比上年减28.29%；餐饮业53.71亿元，比上年增12.04%。全市有消费品市场69家，年成交额134.04亿元，其中农副产品综合市场成交额121.76亿元，工业品市场成交额12.28亿元。成交额超1亿元的有20家。市生产资料市场主要经营化工、钢材、建材、汽车、木材、纺织原料、粮油、五金、家具、小商品及国际消费品等，全年累计成交额3112.56亿元。玖隆钢铁市场、江苏化工品交易中心、张家港保税区纺织原料市场、保税区进口消费品中心、保税区粮油市场成交额分别达到1500.27亿元、753.84亿元、350.13亿元、316.24亿元、187亿元。

金融 6月，常熟农村商业银行张家港支行开业。全市银行业金融机构对公存款、储蓄存款继续保持稳步增长态势。至年末，银行业金融机构本外币各项存款余额2418.91亿元，比上年增1.49%。其中，人民币各项存款余额2323.83亿元，比上年增1.47%；外币各项存款余额15.54亿美元，比上年增1.54%。在存款余额中，城乡居民人民币储蓄余额877.06亿元，比上年增5.28%，占全年人民币存款的37.74%；外币储蓄存款7941万美元，比上年增10.13%。银行业金融机构本外币贷款余额2015.23亿元，比上年增1.73%。其中，人民币各项贷款余额1787.62亿元，比上年增6.08%；外币各项贷款余额37.2亿美元，比上年减23.31%。9月，平安养老保险股份有限公司张家港支公司开业。市保险业全年完成保费收入32.5亿元，其中财险收入14.38亿元、寿险收入18.12亿元。理赔支出10.61亿元，其中财险支出8.32亿元、寿险支出2.28亿元。

房地产 全年完成房地产开发投资145.74亿元，比上年增48.4%。商品房施工面积797.11万平方米，竣工面积130.08万平方米。全年销售商品房面积99.75万平方米，其中现房销售面积24.53万平方米、期房销售面积75.22万平方米。实现销售额94.61亿元，其中现房销售额18.41亿元、期房销售额76.2亿元。

交通运输 全市完成交通基础设施建设投资40.08亿元。沪通铁

路、张家港疏港高速公路、申张线航道(金港段)整治工程等区域大交通项目进展顺利,晨丰公路、沿江公路改造等市属交通工程按计划推进。道路养护资金投入3.2亿元,其中国省干线公路养护性投资200万元、县道养护性投资1300万元、乡村道大中修投资2.02亿元,完成乡村道拓宽改造35.8千米,整改公交不达标线路12条共20.2千米。新建农村公交候车亭105个,新建登瀛、妙景公交首末站2座,新增、更新公交车97辆。年末,全市有高速公路枢纽1处、互通立交5处,国省干线公路桥梁58座,农村公路桥梁633座,其中跨规划的六横六纵航道桥梁128座。全市营业性交通运输全年完成公路、水路客运量4262.1万人次、客运周转量145463万人千米,分别比上年下降45.2%、58.2%;完成公路、水路货运量2432万吨,比上年下降26.9%;完成货物周转量399994万吨千米,比上年增13.8%。张家港船闸全年开放闸次21805次,放行各类船舶86325艘,通过量6150.9万吨,比上年增7.9%。

旅游 年内,全市旅游业接待游客837.67万人次,比上年增9.6%,旅游总收入122.13亿元,比上年增13.6%。暨阳湖欢乐世界、江南农耕文化园、凤凰山景区3个收费景区实现门票收入2830.91万元,比上年增16.5%,景区营业收入6211.53万元,比上年增245.77%。全市有旅游星级饭店12家,其中五星级3家、四星级3家、三星级6家。全年累计接待人数33.24万人次,比上年减2.11%,其中境外游客3.55万人次,比上年增20.36%;营业收入总额53678.78万元,比上年增1.18%;客房平均出租率49.82%,比上年减3.22个百分点。全市共有旅行社34家,其中国际社2家、国内社32家,在册导游158人。全年累计组团人数16.32万人次,比上年增5.93%;地接人数8.17万人次,比上年增33.98%;营业总收入1.93亿元,比上年减20.97%。

邮电通信 全年完成邮政业务总收入1.46亿元,通信运营商业务总收入18.95亿元。其中,电信公司张家港分公司收入6.98亿元、移动公司张家港分公司收入超10亿元、联通张家港市分公司收入1.97亿元。全市有固定电话用户32.17万户,其中电信公司张家港分公司固定电话用户28.86万户;移动电话用户152.5万户,其中电信公司张家港分公司移动电话用户42.11万户、移动公司张家港分公司用户84.8万户、联通张家港市分公司用户25.59万户。有宽带用户40.98万户。

【开放型经济】 *对外及对港澳台贸易* 全市完成进出口总额328.26亿美元,其中进口总额180.16亿美元,比上年减7.1%;出口总额148.1亿美元,比上年增15.5%;贸易逆差32.06亿美元,较上年收窄33.65亿美元。一般贸易进出口占主导地位,为219.04亿美元,占全年进出口总额的66.37%,其中出口117.14亿美元,比上年增20.72%,占全市出口总额的79.08%。全市有出口实绩企业2476家。其中,自营出口企业2103家,出口78.14亿美元(海关统计数,下同),比上年增17.2%,占全市出口总额的52.76%;三资企业373家,出口39.42亿美元,比上年增10%,占全市出口总额的26.62%。

招商引资 全市新批外商及港澳台商投资项目79项,新增注册外资及港澳台资13.72亿美元,到账外资及港澳台资7.15亿美元。全年批办增资项目42项,新增注册外资及港澳台资5.1亿美元,占全市总额的37.3%;新批服务业项目47项,新增服务业注册外资及港澳台资5.9亿美元,到账外资及港澳台资3.63亿美元;新批投资总额超1000万美元项目35项,注册外资及港澳台资13.5亿美元,占全市注册外资及港澳台资总额的98.5%。新兴产业项目成为引资重点,全年新批新能源、新材料、新装备类项目22项,新增注册外资及港澳台资5.3亿美元(含增资),占全市制造业新增注册外资及港澳台资的66.3%。

对外及对港澳台经济技术合作 全年新签境外工程劳务合同额2.18亿美元,完成营业额2.59亿美元,外派劳务204人。新批对外及对港澳台投资企业(项目)32家,对外及对港澳台投资总额3.36亿美元,其中张家港投资方协议投资额3.01亿美元。新批对外及对港澳台投资500万美元以上项目20项,投资总额3.13亿美元,分别占项目总数和投资总额的62.5%和93.15%。其中,2000万美元以上项目7项,投资总额1.97亿美元;增资项目7项,投资总额1.2亿美元。

疏港高速公路施工现场 (庞瑞和 摄)

政治建设

【党的建设】 全市扎实开展党的群众路线教育实践活动,认真配合做好省委对张家港市的巡视工作,高水平承办好全国县级文明城市创建工作现场会。市委坚持党要管党、从严治党，把党建创新作为基础工程和保障工程，党的各项建设取得新进步。市委常委会创新领导工作机制，建立每月常委会和每季度常委、市长联席会议等制度，及时交流工作，会商解决问题；通过“两区一园”和五镇工作推进会议、双月板块书记工作例会和现场办公等多种方式，推进工作落实。全年市委召开常委会议17次，常委、市长联席会议3次，领导干部会议4次，各类专题会议49次。市委、市政府联合发文10份，市委发文22份。重要决策涉及开展党的群众路线教育实践活动、深入学习宣传中共十八届四中全会精神、深化文明城市建设、推进农业现代化等方面。市委组织部完成“党政领导班子和领导干部综合分析研判的模型与机制研究”“关于深入推进‘产业引才’的路径与思考”“‘党建引领社区治理’模式的实践与探索”等重点调研课题。3月，开展《党政领导干部选拔任用工作条例》学习宣传活动。5月，挑选50名中青年干部，在市级机关、垂直单位与区镇之间开展为期1年“双向挂职”。3月至9月，市委组织部对局镇级后备干部信息库进行集中调整，遴选产生局镇级后备干部326人、青年预备队人才41人。宣传部门开展弘扬践行社会主义核心价值观主题宣传，组织群众路线教育实践活动报道，加强各类先进典型、社会新风正气的宣传。市纪委、监察局受理信访举报185件，其中信件142件、电话4件、到访5件、网络举报34件。立案查处各类违纪违法案件193件，比上年增11.6%。深化领导干部接访下访活动，开展“信访举报走进开发区”活动，注重信访案件办理质量。试运行集网络举报、网上在线接访、手机短信举报等一体的“数字信访”平台，形成市、区镇、部门纪检组织三级联动的维稳督导体系。

【人大监督】　年末，有市十三届人大代表326人。市十三届人大三次会议后，市人大及其常委会突出人大工作“服务发展、依法监督、关注民生”三大重点，围绕推动经济转型升级，对全市先进制造业基地建设、外向型经济发展、“810工程”、有关项目建设情况等工作进行督察，提出意见建议，推动工作落实。组织开展以“常委会组成人员联系代表、代表联系选民，代表立足本职岗位创佳绩、立足代表职责创优秀”为主要内容的双联双创活动，加强代表与选民联系；推进和完善“一个载体、两项制度”建设，调整新建人大代表之家10家，组织代表活动212场，开展代表接待选民日活动87次，接待选民2693人次，129名市代表向选民进行述职。市人大常委会全年听取和审议“一府两院”专项工作报考49项，作出决议、决定16项，依法任免国家机关工作人员22人次。

【法治建设】　年内，张家港市坚持“法治中国”建设与当地实际相结合，以提高运用法治思维和法治方式解决问题的能力、优化社会治理体系为切入点，着力推进法治政府建设、增强司法公正公信、提升基层法治水平、落实法治惠民工程，省级测评法治建设满意度96.1%，位居苏州前列。年初，制定下发全市法治建设工作要点，明确年度工作安排和时序进度要求。2月，开展政法机关运用法治思维和法治方式推进政法工作、政法机关参与县域法治的实践两项专题调研；3月，组织开展“执法司法大家评”活动；4月，组织开展“规则与我同行”交通违法专项整治行动；5月，开展“法治建设与国家治理体系和治理能力现代化”主题征文活动，评选出10篇优秀论文予以奖励；6月，配合苏州对全市法治建设满意度进行自测，会同市人大等相关部门开展“六五”普法调研；7月至9月，开展“十个一”系列法制宣传活动。11月，在法治江苏高层论坛中就社会治理现代化的张家港实践与思考进行主旨交流。年内，市委政法委涉法涉诉信访窗口接待到访、咨询120人次，有效化解信访案件15起。庞步齐国家赔偿案入选《苏州市公正司法优秀案例集萃》。开展张家港市首届法治人物、法治事件评选活动，倪永祥、黄巧琴、张旦忠等5人入选首届“张家港市法治人物”，同时评选出预防职务犯罪建立“正廉”指数、行政复议走进社区听证、南丰镇推行村民议事新模式等5项法治事件。组织开展公正司法、依法行政优秀案例评选活动，分别选出10个公正司法优秀案例、10个依法行政优秀案例。南丰镇、金港镇、市检察院等7个区镇、部门被评为法治苏州建设先进集体，杨建钟、钱璐、张国良等7人被评为法治苏州建设先进个人。全市累计建成省级民主法治示范村（社区）83个，建成率30.5%；累计建成苏州市级民主法治村（社区）230个，建成率84.6%。

【政治协商】　年末，市十一届政协有委员327人。年内，市政协组织召开各类协商议政会议7次。其中，市政协常委会议分别就加强城市管理城乡一体化建设、推进工业企业信息化建设、平安法治建设、经济社会发展及提案办理等议题，市政协主席会议分别就公共文化设施建设与管理、民族宗教事务网格化管理、园林绿化、十大专业市场建设等议题，与市政府及有关部门进行协商，形成专题调研报告3篇，提出意见和建议70余条，专委会开展对口协商通报活动5次。市政协十一届三次会议期间，共收到提案449件，其中集体提案106件、个人提案343件。立案347件，其中集体提案103件，个人提案244件。市政协按照立案抓质量、督办抓重点、“回头看”抓成效的思路，在做好提案筛选整理、跟踪督办、答复落实等环节上下功夫，通过开展主席会议成员督办重点提案、带案调研视察、B类提案专项督察、提案办理“回头看”等活动，提高提案办理成效。至10月末，347件提案全部办结。市政协利用多种活动形式，支持各民主党派、工商联、无党派人士和各人民团体发挥作用。认真督办党派团体提出的集体提案，推荐党派团体成员担任党风政风行风监督员，支持党外人士参加全市有关经济社会发展重大问题的政治协商活动。关心少数民族群众生产生活，充分发挥华侨及港澳台胞、民族宗教界人士的积极作用。发挥文史工作的存史、资政、团结、育人作用，编纂出版《永庆寺志笺注》，征集文史资料6万余字。全年组织开展专题视察通报活动13次，提出各类合理化意见建议80余条。

文化建设

【科技创新】 2014年，市政府先后制定《张家港市科技计划项目管理办法（试行）》《张家港市领军人才企业和科技型中小企业融资担保及信贷风险补偿操作细则》《张家港市领军人才企业和科技型中小企业银行贷款贴息操作细则》《关于实施张家港市“工人科技之星”培育计划的意见》，推进科技工作。全市财政科技投入6.03亿元，比上年增加1.33亿元，增长28.3%。科技创新能力继续增强。在全省率先实现建制镇省级以上科技企业孵化器全覆盖。哈尔滨工业大学研究院、西北工业大学研究院、清华大学锂电研究院入驻沙洲湖科创园。张家港保税区与中科院大连化学物理研究所共建产业技术研究院，成为中科院系统第一家地方合作模式的产学研重大载体。张家港经济技术开发区获批国家新型工业化产业示范基地。新增创新创业载体面积33万平方米。新增省“双创计划”人才17人、“姑苏计划”人才31人、张家港市领军型创新创业人才团队85个、博士185人，新建“千人计划”专家工作站25个。新增“千人计划”专家产业化项目42项、省级以上科技项目92项。新增授权发明专利415件，万人拥有发明专利超过15件。全市新增高新技术产品413种，新增高新技术企业99家，新增省民营科技企业182家。获评苏州市级以上科学技术奖励21项，评定张家港市科技奖励56项。张家港市获批国家知识产权示范市。

【教育事业】 2014年，高职园区竣工投用，11所学校完成新（改）建工程，建成19个“美丽校园”示范点。全市教育经费总投入31.34亿元，其中预算内教育经费支出24.4亿元。年末，全市有各级各类学校135所（包括民办新市民子女学校9所），其中幼儿园45所、小学38所、初中33所、普通高中9所（含完中2所）、职业院校7所、高等院校2所、特殊教育学校1所。招收新生4.87万人，毕业生4.14万人，吸纳新市民子女7.27万人。年末，在校学生17.59万人，比上年增4700人。全市教育系统教职员工9307人，其中专任教师8874人。专任教师中，普通高中1298人，职业学校908人，初中2141人，小学3326人，幼儿园999人，特殊教育学校35人，教研室等直属单位167人。小学适龄儿童入学率、巩固率、跟踪毕业率、升学率均为100%。初中生年度巩固率、毕业率、升学率分别为100%、99%、97.5%，残疾儿童入学率近99%，适龄人口高等教育毛入学率超过70%。

【文化事业】 公共文化服务 张家港市建立健全县域公共文化服务协同创新机制。在全国县域率先建立文化馆总分馆体系，成立张家港市图书馆学会（全国首个县级图书馆学会）、群众文化学会和文博学会。全面推进“书香城市”建设。以“阅读·文明·发展——文明张家港从阅读开始”为主题，开展5大系列24项重点阅读活动。张家港“全民读书节”获评“江苏省市县双十佳全民阅读推广活动”。全年完成文明百村欢乐行“村村演”256场、优秀电影“月月映”4800余场、广场文艺“周周演”103场、文明书场“天天说”2300场。张家港市成功通过全国文化先进单位评选和复查，蝉联全国文化先进市。11月，获批国家知识产权示范市。12月，成功创成“中国小戏小品之乡”。

文化设施 年内，市文广新系统新建、改建市锡剧艺术中心、长春园书场、评弹艺术馆、凤凰广电服务中心等一批文化设施项目，金港、后塍、德积、妙桥等16家镇和办事处文化中心建成开放。文化数字化建设稳步推进，完成数字文化服务平台、数字博物馆、实体数字文化体验馆等方案设计和招投标，建成“张家港名人”“长江戏曲网”等数据库。全市建成24小时图书馆驿站24家，实现全市各镇和办事处全覆盖。全市新增公共文化设施面积2万平方米，人均公共文化设施面积0.4平方米。全市有市级公共图书馆1个、市少年儿童图书馆1个，总藏书量为图书190.73万册，电子书等82692册（件）；有镇、村公共图书馆（室）251个，藏书总量69.22万册。有5个院线8家影院，全年实现总票房收入3614.18万元，放映33061场次，观众990438人次。

文化产业 年内，全市新增文化经营单位49个。其中，音像、书报刊等出版物经营单位16个，歌舞娱乐场所3个，影演单位4个，印刷复制等其他经营单位8个。至年末，经市文广新局许可或备案登记的文化（新闻出版）经营单位1017个，其中音像、书报刊经营单位315个、印刷企业（含打字复印）363家、歌舞娱乐经营单位126个、网吧95个、游戏厅59个、影演单位58个、出版社1家。市文化市场行业协会下辖印刷、出版物、网吧、歌舞娱乐、电影演艺、版权6个分会，团体会员900余个，经营单位入会率超90%。全市新办歌舞娱乐经营单位3个，总投资1100万元。新办印刷复制经营单位5个，总投资250万元。市文化馆东方礼仪演艺中心完成各类大中型演出活动300场，礼仪活动80余次，营业收入448.41万元。市艺术中心等大型公益文艺巡演140场。大唐家纺文化衍生产品的产业化开发、金村古村文化保护和旅游开发、江南农耕文化园三期工程、张家港软件（动漫）产业园、张家港家庭信息化（智慧社区）、动漫《香菇特勤队》、香山景区历史文化展示工程等7个项目被列为苏州市文化产业重点项目。

【卫生事业】 年内，全市深化公立医院综合改革，市第一人民医院妇儿大楼竣工投用，市中医医院门诊楼改造工程完成，市康乐医院易地新建工程开工建设，新（改）建社区卫生服务中心（站）26家。在全省率先推行“先诊疗后付费”就医模式，列入省级重点专科3个，通过“全国基层中医药工作先进单位”国家级评估。“单独两孩”计生新政平稳实施。至年末，全市有医疗卫生机构409个，其中卫生单位5个、医院38所、社区卫生服务中心9个、社区卫生服务站及村卫生室220个、企事业单位卫生所60个、个体诊所75个、门诊部2个、护理院1个。有卫生技术人员8441人，其中医生3331人，卫生机构床位数8588张。医院全年门急诊总诊疗人次628.3万人次，比上年增6.8%；出院病人28.2万人次，比上年增12.4%；病床使用率92.1%；平均门诊人次费用173.2元，平均住院人次费用7754.3元，“120”急救体系全年出车27404车次，救治各类伤病员1.09万人次、危重患者1359人次。

【体育事业】 全市建有公共体育健身场地设施2741个，其中以健身路径为主的健身工程610个、全民健身活动站点801个、社区体育健身俱乐部273家。全市体育系统体育场（馆）7个，举办运动会11次。年内增加二级以上裁判员11人。在全国比赛中获金牌5枚，在省级比赛中获金牌68枚，在苏州市比赛中获金牌123枚。全市承办国际级比赛3项，国家级比赛8项，省级比赛2项，苏州市级比赛5项。

社 会 建 设

【社会保障】 全年全市新增城镇职工社保参保人员5.78万人，参保率99.4%以上。职工、居民医保大病救助水平保持全省领先。市城乡低保标准进一步提高。全年开工保障性住房20.8万平方米、2786套（户），竣工12.3万平方米、2019套（户）。新增住房公积金缴存职工3.1万人。

就业　2014年，市人社局继续完善就业服务平台，引导创业带动就业，落实就业优惠政策。全年提供就业岗位7.66万个，市劳动力新增就业2.74万人，城镇登记失业率1.92%，开发就业援助岗位12364个，开发公益性岗位2343个，帮助就业困难人员就业6915人，特困家庭劳动力就业率99.7%，被征地农村劳动力就业率99.2%。

社会福利　全市有养老机构46家，床位8950张。有五保对象549人（集中供养533人，分散供养16人），孤儿86人（机构供养孤儿76人，散居孤儿10人）。继续实行五保对象、孤儿供养标准自然增长机制，五保对象供养标准由每月938元调整为980元，儿童福利机构集中供养孤儿供养标准由每月1600元调整为1760元，社会散居孤儿供养标准由每月1000元调整为1120元。全年全市销售福利彩票40054万元，筹集市级福彩公益金3600余万元，列江苏省第三。安排4000余万元福彩公益金用于养老事业、社会救助、残疾人事业等项目。

生活质量　全市农村居民人均可支配纯收入23722元，比上年增10.2%；城镇居民人均可支配收入46852元，比上年增8.6%。居民投资更趋多元化，年末城乡居民人均储蓄存款7.04万元。居民消费支出不断增长。农村居民人均生活消费支出15430元，比上年增9.1%，恩格尔系数为27.8%。城镇居民人均生活消费支出27760元，比上年增5.6%，恩格尔系数为28.8%。据城镇抽样调查资料反映，在百户城镇居民拥有的耐用消费品中：洗衣机108台，电冰箱109台，彩色电视机214台，空调器259台，移动电话270部，热水器具111台，电脑120台，汽车79辆。据农村抽样调查资料反映，在百户农村居民拥有的耐用消费品中：洗衣机100台，电冰箱105台，彩色电视机191台，空调器191台，抽油烟机77台，移动电话245部，热水器具103台，电脑82台，汽车52辆。居住环境不断改善，年末农村居民人均住房面积69.3平方米，城镇居民人均住房面积56.7平方米。

【社会治理】 2014年是张家港市深化社会治理创新三年行动计划的第二年，全市深化改革，创新社会治理方式，以推进治理体系和治理能力现代化为目标，加快实现张家港市公正司法廉洁水平、矛盾纠纷化解水平、实有人口服务管理水平等“十大提升”，张家港市被江苏省委、省政府评为2011—2014年全省社会治安综合治理先进集体。4月，成立交通案件执法综治中心，由公、检、法、司四家单位派出办案机构常驻，对交通类案件从立案侦查、审查起诉、开庭审判、社区矫正实行一站式办理。5月，启动“智慧社区”——社会治理综合服务信息平台建设，投入800万元用于信息平台软件开发、数据集成、配套设施建设等，并相继开展社区信息化建设相关调研。6月，组织全市各区镇、市级机关干部40余人赴浙江大学社会学院参加张家港市社会治理创新能力研修班。9月，按苏州、省综治办要求开展省综治信息系统建设工作。11月，举办全市“创新社会治理，提高群众工作能力”专题讲座，市四套班子领导，市镇政法综治部门主要领导干部参加讲座。年末，

巡防队伍　（庞瑞和　摄）

落实200万元“以奖代补”专项资金对年内评选出的19个社会治理创新优秀项目和44个区镇基层基础建设优秀项目给予配套资金补助。

平安建设　年内，深入推进平安学校、平安家庭、平安医院等17项系列平安创建活动和第二轮联系点共建活动，创安覆盖面100%。表彰全市2011—2013年度平安建设先进集体30家、个人50人。1月，组织开展第十二次“万人大巡防”活动。2月，协同公安机关对市镇两级治安重点地区和突出问题进行排查，确定重点地区和突出问题22个，并制定工作方案部署整治。3月，召开全市政法工作会议；召开全市禁赌工作会议，开展禁赌专项行动；出台全市专职巡防队伍建设管理指导意见，推进网格化巡防和队伍规范化建设；会同市公安、住建、房管部门制定全市住宅小区安全技术防范系统要求暂行规定。5月，牵头组织市公安、教育、工商、城管等部门共同开展校园及周边地区突出问题整治行动。6月，开展“讲文明、破陋习、树新风”专项行动。9月，组织开展全市中小学校园安防排查。10月，开展提升公众安全感十大行动。11月，组织综治相关部门开展预防和打击非法集资集中宣传教育活动。年内，深入推进矛盾纠纷排查化解工作，落实春节、两会、青奥会重要时间节点维护社会稳定工作。全市公众安全感97.5%，连续4年保持苏州各市、区第一。9个区镇获评苏州市平安乡镇。　（秦　悦）

生态文明建设

【生态建设】 年内，张家港市生态文明建设按照“全国领先、群众得益”目标定位，遵循绿色发展、循环发展、低碳发展理念，全力实施生态文明建设“620工程”和新一轮“环保333工程”，构建以新兴产业为主导、先进制造业为主体、现代服务业为支撑、都市生态农业为基础的绿色生态产业体系。全力打造新能源、新材料、新装备、再制造四大产业，全市新兴产业产值占规模以上工业产值比重41.2%。以落实苏州市“四个百万亩”任务为抓手，年内新建高标准农田840公顷、特种果品基地33.33公顷，生态林地面积1051.33公顷。全市主要农产品中“三品”种植面积占比90%。常阴沙现代农业示范园区、双山岛、飞翔农业园、朱家宕、一干河西侧等生态农业示范区建设有序推进。深入推进省级服务业综合改革试点，服务业增加值占地区生产总值比重为44%。开展万企节能低碳行动和能效促进行动。年内实施节能和循环经济项目25项，新增循环经济示范企业5家和清洁生产审核企业50家。在大气污染防治上，电力行业燃煤机组除尘脱硫脱硝和钢铁行业大烧结机脱硫治理任务基本完成，长源热电2台12千瓦燃煤热电机组及双龙热电关停到位。年内新增天然气配套用户35530户（其中乡镇老住宅改造配套11020户），淘汰黄标车6607辆，新增、更新混合动力公交车70辆。在水环境治理上，金港镇后塍街道和塘桥镇、凤凰镇、杨舍镇塘市街道等区域工业废水集中处理和排污口归并整治工程基本完成。市域三大水循环体系建设有序推进，全年疏浚农村河道639条，拆坝建桥155座，建成生态河道33千米。在固废规范处置上，华瑞危废综合利用项目计划投产，生活垃圾焚烧发电厂二期已完成焚烧炉主体工程建设，餐厨废弃物处理厂二期工程按期推进，青草巷农副产品批发市场有机垃圾专项处置工程已投用。生活垃圾分类管理扩面工程持续开展，市区138个居民小区配有生活垃圾分类和有毒有害垃圾收集设施，并推行“绿色账户”积分奖励制度。在生态建设工程上，以实施《苏州市生态文明建设“十大工程”》和现代化建设“810工程”为重点，全力推进黄泗浦生态园、凤凰湖生态系统、双山岛生态园、一干河生态廊道、香山生态公园建设。

【节能减排】 面对经济进入新常态和全市用能结构实际，面对苏州节能工作“双控”的繁重任务，紧紧咬住年度“双控”目标，落实扎实措施，汇聚节能合力，在稳增长促转型中加快推进节能降耗工作。认真落实淘汰落后企业三年行动方案，细化工作措施，以更大力度淘汰能耗高、污染重、效益低的企业和落后设备，大力推进腾笼换鸟，腾出能耗容量优先发展新兴产业和高新技术产业，年内淘汰落后类企业153家，淘汰电动机、风机、水泵等落后高耗能生产设备2500台套，累计盘活利用存量土地350.8公顷，投入资金1.3亿元，可减少约18万吨标准煤能源消耗。2014年规模以上工业企业综合能耗为2092.3万吨标准煤，比上年增1.92%，全市工业主要产品单耗稳定下降率达到70.6%。全年实施沙钢集团新增135兆瓦富余煤气发电机组、永钢集团内燃机发电、华昌集团原料结构调整等26个节能及循环经济项目，总投资24.97亿元，2014年完成投资15.3亿元，形成年节能能力35万吨标准煤。完成2家新增年综合能耗5000吨标准煤以上重点用能企业能源审计。沙钢集团高炉烟气余热回收、永钢集团综合节能技改等8个项目获得省节能专项资金600万元，为宇新羊毛公司获得国家清洁生产奖励资金650万元。全年认定省资源综合利用企业28家，华尔润集团的2台机组被认定为资源综合利用电厂（机组）。2014年沙钢集团、长源热电公司获“中国能效之星”四星级企业称号，沙钢集团被评为江苏省节能工作先进集体。张家港欣欣高纤股份有限公司被评为苏州市“能效之星”四星级企业，张家港富瑞特种装备股份有限公司、张家港市金邦铝业有限公司、张家港市俊锋玻璃制品有限公司、张家港爱丽塑料有限公司、江苏欧桥精纺有限公司、新能（张家港）能源有限公司等6家企业被评为苏州市“能效之星”三星级企业。

（陈　玲）

【城乡建设】 2014年，城乡建设管理统筹推进，重大基础设施建设加快，重点工程有序实施，城市功能不断完善。中心城区和片区新城开发有序推进，镇区和办事处功能形象优化，城乡发展规划、产业布局、基础建设、公共服务和就业社保“五个一体化”全面提升。全市市镇建成区面积

171.41平方千米，城市化率63%，农民集中居住率61%。全市计划实施房屋征收搬迁5456户，完成协议签订6129户，占计划的112.34%；全市安置房计划新开工303.36万平方米，竣工301.04万平方米，实际完成安置房新开工359.13万平方米，竣工321.93万平方米，分别占计划的118.38%和106.94%。至年末，全市在建安置房总面积745.62万平方米、46058套。各区镇累计设置临时安置点111个、11716套，解决1.98万过渡户的临时安置问题。全年累计安置在外过渡户12016户。

【城乡绿化】年内，全市共投入建设资金约3.6亿元，开工建设绿化工程36个，竣工30个，建成村庄绿化示范点9个。新建改建公园9个，沙洲湖、农联路小游园、一干河休闲生态公园、环城河带状公园全面建成，城北新城景观初具规模。沙工新校园景观建成。建成杨锦路、人民路东延、南苑西路、塘桥西环路等17条市级道路绿化及梁丰河、南庄河、谷渎港、新丰河等6条市级河道绿化；完成东沙垃圾填埋场、鹿苑垃圾焚烧发电厂隔离林带、晨丰公路防护林带等生态绿地工程；重点推进疏港高速绿化工程。新增各类林地、绿地1051.33公顷。其中，道路绿化146.6公顷、村庄绿化18.4公顷、河道绿化115.53公顷、高效林果经济林121.67公顷、成片生态林430公顷、城镇绿化219.53公顷，比苏州市下达533.33公顷任务翻了近一番。城市建成区绿地面积2740公顷、公园绿地面积570公顷，绿地率39.75%，绿化覆盖率43.84%，人均公园绿地14.07平方米，全市林木覆盖率19.26%。

【景观建设】年内，张家港市列入苏州市政府旅游考核的景观项目有5项，分别为双山岛旅游度假区旅游项目及基础设施建设、凤凰湖工程、香山湖景观工程、江南农耕文化园三期、飞翔休闲农业园。计划投资5.6亿元，实际投资5.45亿元。双山岛旅游度假区围绕打造“长江慢岛、沙上绿洲”总体目标，加快基础建设工作，投资1.85亿元完成南码头绿化配套、灯光亮化、停车场、高尔夫接待大厅、南北码头钢引桥油漆工程、码头智能化改造工程、双山老街引水、展示中心及咨询服务中心等项目建设。凤凰山景区投资8000万元完成凤凰湖生态湿地公园游客中心、停车场、旅游公厕、景区道路、恬庄古建筑恢复等项目建设。香山景区投资1亿元，完成湖体开挖、宕口修复、土方造型、市政管网、道路、桥梁、绿化景观等设施建设。江南农耕文化园三期建设投资8000万元完成拓展训练区、农耕长廊延伸工程、瓜果长廊、卡丁车赛场农耕园次入口扩建、水世界等项目。凤凰飞翔休闲农业园投资1亿元完成土地整理、游客服务中心、农产品展示馆、名贵苗木园、乡村俱乐部、叠水景观、主入口、渠道、道路等项目建设。4月，香山景区被批准为国家AAAA级旅游景区。7月，常阴沙生态农业旅游区被批准为国家AAA级旅游景区。10月，永联小镇景区被批准为国家AAAA级旅游景区。全市有国家AAAA级旅游景区3个（凤凰山景区、香山景区、永联小镇景区）、AAA级旅游景区3个（东渡苑景区、常阴沙生态农业旅游区、梁丰生态园）、AA级旅游景区1个（张家港公园）。

组织机构及其领导人

市级领导机构

中共张家港市第十届委员会

书　记　姚林荣
副书记　朱立凡　王亚方
常　委　徐仲高　杨　芳（女）
　　　　卞东方　张　伟　张　玮
　　　　蔡炳锋　李军强　黄　尧
委　员　（按姓氏笔画为序）
　　　　王永康　王松石　石锡贤
　　　　许剑波　应　梓　沈　彬
　　　　张　平　陆颂义　陈世海
　　　　邵军民　邵建华　季洪良
　　　　周　兵　赵志凯　赵金龙
　　　　赵建明　黄　镇　黄祥亮
　　　　常　征　葛晓明　戴建明
候补委员　（按得票多少为序）
　　　　陈亚光　孙敏彪　朱瑞栋
　　　　蔡彩虹（女）

张家港市第十三届人民代表大会常务委员会

主　任　高建刚
副主任　郭炳荣　顾　放　徐根法
　　　　陆颂义
委　员　（按姓氏笔画为序）
　　　　丁一红（女）　王永康
　　　　王连生　王艳辉（女）
　　　　许京海　孙朝枫　何　剑
　　　　沈学如　宋达华　张　颖
　　　　张满兴　季祖元　周　勇
　　　　周志虎　赵建军　施菊平
　　　　闻桂才　姚金泉
　　　　秦　浩（12月免）　秦毅峰
　　　　格桑曲宗（女，藏族）
　　　　徐　敏（女）　徐卫袁
　　　　陶建明　黄清芬（女）
　　　　蔡彩虹（女）　缪维成
　　　　瞿刘华

张家港市人民政府

市　长　朱立凡
副市长　徐仲高　丁学东　黄雪元
　　　　黄亚平　石锡贤　邵军民
　　　　赵建明　华　红（女）
　　　　赵金龙　王松石（援疆）
　　　　陈　磊（挂职）
　　　　陈进华（挂职）

政协张家港市第十一届委员会

主　席　单玉珍（女）
副主席　李汉忠　刘会荪　徐平观
　　　　景惠新
秘书长　陶　平
常务委员　（按姓氏笔画为序）
　　　　王正华　王苏嘉　王国楷
　　　　王景才　卢惠兴
　　　　包惠红（女）　刘　俭
　　　　刘品贤（女）　许　峰
　　　　许细访　杜思梅（女）
　　　　李爱平　吴　平
　　　　吴惠英（女）　邹承慧
　　　　陆爱清　陆翠珍（女）
　　　　陈志芳（12月免）　陈奉德
　　　　陈国华　陈鹤忠　范义东
　　　　林振球　何　俊（1月任）
　　　　张卫中（1月任）　周卫君
　　　　周庆龙　周春峰　周萃阶
　　　　周新华　法　禅　孟伟言

赵志刚　侯蔚枫(女)
姜　嵘(女,1月任)
姜志芳(女)　秦国平
钱　伟　钱建国(12月免)
钱惠清(7月撤销)
徐卫东　徐建龙　徐锦章
高卫平　郭宏杰(女)
唐　锋　唐红英(女)
黄刻松　曹永章
梁一红(女)　蒋丽华(女)
焦　实　蓬　元　褚建新
翟二生　缪建林

保税区、经开区、冶金园工作机构

中共张家港保税区工作委员会

书　记　姚林荣
副书记　朱立凡　卞东方　许剑波
委　员　王惠忠　张建平　张　雷
季　冬　黄　镇　顾秋雁
翁羽人(女)

张家港保税区管理委员会

主　任　朱立凡(7月任)
副主任　卞东方　许剑波　王惠忠
张　雷　季　冬　黄　镇
顾秋雁　翁羽人(女)
主任助理　季　峰(兼,12月免)
支振荣(12月免)
赵耀新(12月免)
唐　勇(12月免)

张家港保税区党工委、管委会办公室(宣传文明办公室)

主　任　潘正云
副主任　奚卫明
孙惠芳(女,兼,12月免)
龚锦乾(12月免)　巫　刚
王俊峰　张惠锋(12月免)

张家港保税区外事办公室

主　任　奚卫明

张家港保税区组织人事局

局　长　虞维君
副局长　马建华
卢向群(女,12月免)
仇治君

张家港保税区财政局

局　长　夏　琼(女,12月免)
赵耀新(12月任)
副局长　徐　旻(女)　李春洪
丁　琪

张家港保税区规划建设局

局　长　陈　健
副局长　闻桂才(兼)
沙学胜(4月免)　陈　剑
吴　强(兼)　徐　群(兼)

张家港保税区发展改革局(重大项目办公室)

局　长　刘忠华
副局长　赵　旭　陆大革　包金华
陆炜炜(女)

张家港保税区招商局

局　长　张卫星
副局长　章海铭　卞　震　卞春生
张奎军

张家港保税区科技人才局

局　长　黄菊芳(女)
副局长　卞春生(兼)　王　刚
吴仲文

张家港保税区安全环保局

局　长　曹　东
副局长　杨忠其　王卫东(兼)

张家港保税区企业服务管理局(张家港保税区投资服务中心)

局　长(主任)　沈建荣
副局长(副主任)　王惠忠　邹文彪
瞿　锋

张家港保税区物流贸易局(张家港保税物流园区管委会办公室、服务业办公室)

局　长　彭　烨
副局长　朱宁新　许汉阳　廖祚根
缪　飞

张家港保税区社会事业局

局　长　季　峰(兼)
副局长　季　健(兼)
杨凤娟(女,兼)
周士华(兼)

张家港保税区农村工作局

局　长　支振荣(兼,12月免)
刘一平(12月任)
副局长　徐锦芬(女,兼,12月免)
朱建兴(12月任)
陆　剑(兼)

张家港保税区政法和社会管理办公室

主　任　陈群燕(女)
副主任　闻玉林(兼)　吴建新

张家港保税区行政服务中心

主　任　刘一平(兼,12月免)
何　萍(女,12月任)
副主任　龚锦乾(兼,12月免)

张家港保税区纪律检查工作委员会

书　记　张建平
副书记　刘一平(12月免)
夏　琼(女,12月任)

张家港保税区监察室

主　任　陈国平(12月免)
夏　琼(女,12月任)
副主任　蒋中柱(兼)

张家港保税区(金港镇)机关党委

书　记　虞维君(兼)
副书记　卢向群(女,兼)

张家港保税区(金港镇)非公企业党工委

书　记　卢向群(兼)

张家港保税区金港资产经营有限公司

董事长、总经理　赵耀新(兼,2月免)

市国土资源局张家港保税区分局

局　长　季佩欣

张家港保税区国税局

局　长　徐　伟

张家港保税区地税局

局　长　赵庆明

张家港保税区工商局

局　长　顾维平

中共张家港经济技术开发区工作委员会

书　记　张　伟
副书记　葛晓明　谢　刚
委　员　陶惠兴　李　良　庞立新
张　跃　常　征

张家港经济技术开发区管理委员会

主　任　葛晓明
副主任　谢　刚　陶惠兴　李　良
张　跃　常　征
赵志凯(援疆)
主任助理　陈建新(12月免)
袁驾云(12月免)
顾卫彬(12月免)

张家港经济技术开发区党政办公室(宣传文明办公室)

主　任　詹亚军
副主任　黄　明
叶丽娜(女,兼,12月免)
沈海峰(12月任)

张家港经济技术开发区招商局

局　长　庞建阳(12月免)
顾卫彬(12月任)
副局长　张海军　陈晓娴(女)
徐　宏(兼,12月免)
周敏华(6月免)

张家港经济技术开发区商贸局

局　长　钱晓锋

副局长　吴建江　崔立华

张家港经济技术开发区发展改革局

局　长　顾卫彬（兼，12月免）

马学锋（女，12月任）

副局长　杨立清　施伟民　季军学

杨浩东　张　浩

张家港经济技术开发区科技人才局

局　长　杨　岷（女）

副局长　庞建东　秦建岳

张家港经济技术开发区经济服务局（安全环保局）

局　长　徐伯尧

副局长　汤文军　黄　蓉（女）

邱树立（兼）

魏　立（兼，12月任）

张家港经济技术开发区建设局

局　长　蒋新峰

副局长　顾一峰（12月免）　陈俊彪

陈　光　钱　斌

张家港经济技术开发区财政局

局　长　陈耀明（12月免）

副局长　顾汉平　徐溪椿

张家港经济技术开发区组织人事局

局　长　张建华

副局长　徐建耀　陈国珍（女）

张家港经济技术开发区社会事业局

局　长　褚奕峰（9月免）

凌　洁（女，12月任）

副局长　顾国平（兼）　张耀军

贾雪珍（女，兼）

郭广益（兼，12月免）

张家港经济技术开发区农村工作局

局　长　苏　江

副局长　石丽华（女）　施亚忠

汪明如（兼，12月逝）

张家港经济技术开发区政法和社会管理办公室

主　任　陈国庆（12月任）

副主任　张玉琪（兼）

魏　立（兼，12月免）

顾一峰（12月任）

张家港经济技术开发区行政服务中心（招投标中心）

主　任　陈宣东

副主任　吴　敏（女）　柯欣荣

张家港经济技术开发区纪律检查工作委员会

书　记　庞立新

副书记　徐卫杰

张家港经济技术开发区监察室

主　任　庞立新（兼，12月免）

袁驾云（12月任）

副主任　陆卫东（兼）

张家港经济技术开发区（杨舍镇）机关党委

书　记　张建华（兼）

副书记　詹亚军（兼）

中共江苏扬子江国际冶金工业园工作委员会

书　记　赵建明

副书记　杜永飞　马春青　宓子平

委　员　唐晓东（6月任）

江苏扬子江国际冶金工业园管理委员会

主　任　杜永飞

江苏扬子江国际冶金工业园党政办公室

副主任　许海峰　丁正红　褚　辉

江苏扬子江国际冶金工业园经济发展局

局　长　宓子平

副局长　王晓春　丁亚军　赵学刚

朱国生　陈　波

江苏扬子江国际冶金工业园规划建设局

局　长　张国华

副局长　钱秀华（女）　冯　春

江苏扬子江国际冶金工业园综合管理局（安全环保局）

局　长　蒋卫军（3月任）

副局长　余耀明　黄冰青（女）

6月，冶金工业园、锦丰镇实行“区政合一”管理体制设“七局二室”

江苏扬子江国际冶金工业园党政办公室（宣传文明办公室）

副主任　倪惠芬（女）　许海峰

褚　辉

江苏扬子江国际冶金工业园组织人事局

副局长　许海峰　丁正红

江苏扬子江国际冶金工业园发展改革局

局　长　宓子平

副局长　丁亚军　赵学刚

赵　瑜（女）

江苏扬子江国际冶金工业园经济服务局（安全环保局、科技人才局）

局　长　蒋卫军

副局长　余耀明　陈　波（9月免）

徐　锋（9月任）

江苏扬子江国际冶金工业园物流贸易局

局　长　唐晓东

副局长　王晓春　朱国生

江苏扬子江国际冶金工业园规划建设局

局　长　张国华

副局长　钱秀华（女）　冯　春

江苏扬子江国际冶金工业园财政和资产管理局

副局长　黄冰青（女）　赵向东

江苏扬子江国际冶金工业园社会事业局（农村工作局）

局　长　田文华

副局长　陈建明（兼）　宓武忠

江苏扬子江国际冶金工业园政法和社会管理办公室

主　任　谢建华（兼）

副主任　施正良（兼）　刘　平

各镇（区）领导机构

杨舍镇

中共杨舍镇委员会

党委书记　张　伟

副书记　葛晓明　谢　刚　苏　江

张建华　褚奕峰（9月免）

陈国庆（兼）

许瑞兴（12月任）

委　员　徐建耀　陆卫东　张玉琪

叶丽娜（女）

黄玉琪（12月免）

郭广益（12月任）

张莉莎（女，12月任）

金　鑫

纪委书记　张建华

杨舍镇人民代表大会

主　席　陶惠兴

副主席　李达明　倪炳华

杨舍镇人民政府

镇　长　葛晓明

副镇长　顾国平　黄玉琪（12月任）

邱树立　贾雪珍（女）

郭广益（12月免）　魏　立

汪明如（12月逝）

杨舍镇经济服务中心（招商服务中心）

主　任　谢　刚

市政协杨舍镇工作委员会

主　任　张建华(兼)
副主任　叶丽娜(女,兼,12月免)
　　　　范惠琴(女)
　　　　张莉莎(女,兼,12月任)

塘桥镇

中共塘桥镇委员会

党委书记　王文伟
副书记　徐华东　张　毅(9月免)
　　　　凌　洁(女,12月免)
　　　　沈晓波　朱卫兵(12月任)
委　员　朱栋裕　卢建刚　庞卫刚
　　　　陈晓英(女)　薛祖民
　　　　黄治平　曹　健　潘晓忠
　　　　陆　斌(兼)
纪委书记　凌　洁(女,12月免)

塘桥镇人民代表大会

主　席　赵正良
副主席　周建兰

塘桥镇人民政府

镇　长　徐华东
副镇长　张　毅　朱卫兵(12月免)
　　　　张　溢　许建东　李　刚

塘桥镇经济服务中心（招商服务中心）

主　任　张　毅(9月免)
副主任　周爱军　朱　新　朱俊峰

市政协塘桥镇工作委员会

主　任　凌　洁(女,兼,12月免)
副主任　朱栋裕

金港镇

中共金港镇委员会

党委书记　卞东方
副书记　季　峰　虞维君
　　　　刘一平(12月免)
　　　　徐锦芬(女)　沈建荣
　　　　陈群燕(女,兼)
　　　　何　萍(女,12月免)
委　员　朱建兴(12月免)
　　　　孙惠芳(女)　季　健
　　　　蒋中柱　马建华(12月免)
　　　　孙永华
　　　　卢向群(女,12月任)
　　　　龚锦乾(12月任)
　　　　张惠锋(12月任)　陈　磊
纪委书记　刘一平(12月免)

金港镇人民代表大会

主　席　闻桂才
副主席　张卫良　赵建平

金港镇人民政府

镇　长　季　峰
副镇长　杨凤娟(女)　周士华
　　　　闻玉林　吴　强
　　　　王卫东　陆　剑
　　　　徐　群

市政协金港镇工作委员会

主　任　刘一平(兼,12月免)
　　　　徐锦芬(女,12月任)
副主任　孙惠芳(女,兼,12月免)
　　　　刘金坤
　　　　张惠锋(兼,12月任)

锦丰镇

中共锦丰镇委员会

党委书记　赵建明
副书记　马春青　田文华(6月免)
　　　　倪惠芬(女)　谢建华(兼)
　　　　周勇敏　许海峰
委　员　丁正红　孙天明　施正良
　　　　赵　瑜(女,6月免)
　　　　陈　英(女,6月任)
纪委书记　田文华(6月免)
　　　　　倪惠芬(女,6月任)

锦丰镇人民代表大会

主　席　黄清芬(女)
副主席　徐建民　赵友明

锦丰镇人民政府

镇　长　马春青
副镇长　陈卫菊(女)
　　　　刘　平(6月免)　李卫忠
　　　　钱　军　蒋亚东
　　　　黄　宏(女)
　　　　赵　瑜(女,6月任)

市政协锦丰镇工作委员会

主　任　倪惠芬(女,兼)
副主任　朱建芬(女,兼)
　　　　陈　英(女,兼,6月任)

乐余镇

中共乐余镇委员会

党委书记　陈卫兵
副书记　张　平　陆晓平　杨建钟
　　　　钱梁斌　张耀清
委　员　杜秀萍(女)　苏　滨
　　　　高建明　徐松林　吴永兵
　　　　钱　斌　赵剑锋(兼)
　　　　薛盘芳
纪委书记　张耀清

乐余镇人民代表大会

主　席　吴伟明
副主席　胡建州

乐余镇人民政府

镇　长　张　平
副镇长　高建明　陆惠民　沈洪源
　　　　许文生　李　彬　王　忠

乐余镇经济服务中心（招商服务中心）

主　任　陆晓平
副主任　徐松林　季　忠　仇建华

市政协乐余镇工作委员会

主　任　杨建钟(兼)
副主任　吴永兵(兼)

凤凰镇

中共凤凰镇委员会

党委书记　卢懂平
副书记　季洪良　曹鹰飞
　　　　徐婉琴(女)　吴文军
　　　　叶　新　赵国锋
委　员　李　新　赵文中
　　　　邓　敏(女)
　　　　黄旭东　刘恒然
　　　　匡　勇(6月免)
　　　　张连祥(兼)　庞晓畅
纪委书记　吴文军

凤凰镇人民代表大会

主　席　缪维成
副主席　郭其胜　钱国平

凤凰镇人民政府

镇　长　季洪良
副镇长　马宏鹏　朱春秋　何正岳
　　　　李剑龙　顾竹江
　　　　钱晓波(6月任)

凤凰镇经济服务中心（招商服务中心）

主　任　曹鹰飞
副主任　周晓成

市政协凤凰镇工作委员会

主　任　徐婉琴(女,兼)
副主任　匡　勇(兼,6月免)
　　　　庞晓畅(兼,6月任)

南丰镇

中共南丰镇委员会

党委书记　常　征
副书记　沈　丹(女)　袁政国
　　　　王静娟(女)
　　　　高　翔(援疆)

委　员　钱兴华（女）
倪玉祥（9月免）
王卫星（女）　陆明程
金俊龙（9月任）
朱建明　顾　博
纪委书记　王静娟（女）

南丰镇人民代表大会

主　席　陆一珉
副主席　钱秀玉（女）

南丰镇人民政府

镇　长　沈　丹（女）
副镇长　陆明程　李伟星
倪玉祥（9月任）
徐　锋（9月免）　朱子平
金俊龙（9月免）
陈　立（9月任）

南丰镇经济服务中心（招商服务中心）

主　任　袁政国
副主任　陈　兰（女）　邹　江
陈　立（9月免）
陈　波（9月任）　戴　俭

市政协南丰镇工作委员会

主　任　王静娟（女，兼）
副主任　顾　博（兼，10月任）

大新镇

中共大新镇委员会

党委书记　陆忠理
副书记　严亚明　沙立平　朱志斌
委　员　周国忠　顾　芳（女）
黄建兴　丁国秋　闵振宇
朱浩锋
纪委书记　朱志斌

大新镇人民代表大会

主　席　袁剑秋
副主席　陈云鹤　张小平

大新镇人民政府

镇　长　严亚明
副镇长　董雪明　张　平
丁　军（5月免）　张爱华
丁　德　俞鹏科（12月任）

大新镇经济服务中心（招商服务中心）

主　任　沙立平
副主任　丁国秋　赵兰芬（女）
陈　勇

市政协大新镇工作委员会

主　任　朱志斌（兼）
副主任　顾　芳（女，兼，6月免）
闵振宇（兼，6月任）

常阴沙现代农业示范园区

中共常阴沙现代农业示范园区工作委员会

党工委书记　徐凤琪
副书记　陈飞健
史建军（7月免）
委　员　张惠文　高　明　耿兴忠
李　刚
纪工委书记　陈飞健

常阴沙现代农业示范园区管委会

副主任　史建军（9月免）
顾彩萍（女）　马海兵
朱红专

市政协常阴沙现代农业示范园区工作委员会

主　任　陈飞健（兼）
副主任　李　刚（兼）

市人大常阴沙现代农业示范园区工作委员会

副主任　耿兴忠（兼）

双山岛旅游度假区

中共双山岛旅游度假区工作委员会

书　记　夏立新
副书记　蔡建林（兼）　张　晖
戴　艳（女）　李新华
委　员　沈安邦　李群慧
纪工委书记　戴　艳（女）

双山岛旅游度假区管委会

主　任　夏立新
副主任　蔡建林（兼）　张　晖
戴　艳（女）　李新华
许燕忠（12月任）

市纪委（监察局）

中共张家港市第十届纪律检查委员会

书　记　张　玮
副书记　尚文涛　茅哲峰
常　委　徐莉萍（女）　陈春明
施忠华（12月逝）
委　员　（按姓氏笔画为序）
田文华　许京海　张建平
张耀明　陈飞健　庞立新
赵剑锋　赵煜斌　秦毅峰

市监察局

局　长　尚文涛
副局长　周卫君　张成兵　江建胜

市纪委非公有制经济工作委员会

书　记　陈春明（兼）
副书记　张　婷（女，兼）

市人武部、法院、检察院

市人民武装部

部　长　李军强
政　委　保仁贵
副部长　傅衍顺（6月任）

市人民法院

党组书记、院长　徐建东
副院长　赵剑锋　钱　平
余爱华（女）　顾海斌
党组副书记　赵剑锋
党组成员　钱　平　赵艳洁（女）
赵　晖　张　达
顾海斌
纪检组组长　张　达

市人民检察院

党组书记、检察长　蔡　蔚
副检察长　董启海　李维兵　丁建勤
陆鹏程
党组副书记　董启海
党组成员　李维兵　丁建勤　马建新
张　勇
纪检组组长　马建新

市委工作机构

市委办公室

主　任　陆颂义
副主任　陈　刚　黄晓伟
尹　洁（女，兼）　樊建兵
陶彦斌　张毓鸿　陶　惠
糜　正

市委机要局（在市委办挂牌）

局　长　樊建兵（兼）
副局长　程　阳　姜　中

市委保密委员会办公室（市国家保密局，在市委办挂牌）

主　任（局长）　陈　刚（兼）
副主任（副局长）　龙大华

市委研究室

主　任　黄祥亮
副主任　施建彬　李笑梅（女）

市委组织部

部　长　蔡炳锋

副部长　秦毅峰　黄亚红(女,兼)
　　　　刘　俭

市委非公有制经济工作委员会

(与市委组织部合署办公)

书　记　杨志刚
副书记　卢惠兴(兼,12月免)
　　　　成家武　沙卫军
　　　　周　颖(女,12月任)

市委党的建设工作领导小组办公室

主　任　刘　俭(兼)

市人才工作领导小组办公室

主　任　于年中

市委老干部局

局　长　庞赞平
副局长　袁小明　朱纯敏(女)

市委宣传部

部　长　杨　芳(女)
副部长　陈世海(兼)　袁　勋
　　　　屈荣杰　龙凤清(兼)
　　　　何　俊

市精神文明建设委员会办公室

(在市委宣传部挂牌)

主　任　何　俊
副主任　黄卫琼(女)　谭德宝

市委对外宣传办公室

(市政府新闻办公室,
在市委宣传部挂牌)

主　任　屈荣杰(兼)

市委统一战线工作部

部　长　景惠新(兼)
副部长　张卫中　卢惠兴(兼)
　　　　谢正国　赵志刚(兼)

市政府侨务办公室

主　任　陆翊农
副主任　蒋卫忠(6月任)

市民族宗教事务局

党组书记、局长　赵志刚
副局长　吴　一(女)
党组成员　陈国良　吴　一(女)
纪检组组长　陈国良

市委政法委员会

书　记　王亚方(兼)
副书记　蔡　蔚(兼)　徐建东(兼)
　　　　赵金龙(兼)　周春峰
　　　　郁洪兴
委　员　万学刚(兼,6月任)

市社会管理综合治理委员会办公室

(在市委政法委员会挂牌)

主　任　周春峰(兼)
副主任　徐昀宇　周文英(女)
　　　　徐　健

市国家安全领导小组办公室

主　任　郁洪兴
副主任　张国良(12月任)

市委农村工作办公室

(挂市政府农村集体资产管理
办公室牌子)

主　任　孙敏彪
副主任　张　毅(9月任)
　　　　顾永福　张金静(女)

市机构编制委员会办公室

主　任　黄亚红(女,兼)
副主任　许　健　陶晓峰(12月任)

市委防范和处理邪教问题办公室

主　任　陈菊新
副主任　陆志祥　刘　军
　　　　王庭槐(2月免)

市委台湾工作办公室

(市政府台湾事务办公室)

主　任　周　军(6月免)
副主任　展玉明

市委市级机关工作委员会

书　记　马狄武
副书记　黄浩明　任和平　何正贤
纪工委书记　任和平

市人大市级机关工作委员会

主　任　黄浩明(兼)

市人大、政协机关

市人大常委会办公室

主　任　周志虎
副主任　许京海　姚金泉　孙朝枫

市人大常委会研究室

主　任　许京海(兼)

市人大常委会人事代表联络工作委员会

主　任　徐　敏(女)
副主任　张亚华　王新法

市人大常委会内务司法工作委员会

主　任　陶建明
副主任　许　娟(女)

市人大常委会财政经济工作委员会

主　任　张　颖
副主任　秦　浩(12月免)

市人大常委会城建环保工作委员会

主　任　周　勇
副主任　朱保明

市人大常委会教科文卫工作委员会

主　任　季祖元
副主任　苏花兰(女)　赵　敢

市人大常委会外事民宗侨台工作委员会

主　任　格桑曲宗(女,藏族)
副主任　蔡　杰(12月免)

市政协

秘书长　陶　平
副秘书长　周新华　刘品贤(女)

市政协办公室

主　任　周新华
副主任　陈　丽(女)　周小军

市政协提案委员会

主　任　李爱平
副主任　刘品贤(女)　朱文焰
　　　　黄晓伟(兼)
　　　　马正阳(兼)

市政协经济科技委员会

主　任　陈奉德
副主任　张燕清(12月免)　陈国平
　　　　张金静(女,兼)
　　　　卢惠兴(兼)　邹利明(兼)
　　　　钱建国(兼,7月免)
　　　　马学锋(女,兼,12月免)
　　　　潘　琦(兼)
　　　　孙利婵(女,兼,12月任)
　　　　庞建阳(兼,12月任)

市政协社会事业委员会

主　任　陈志芳(12月免)
副主任　朱育才　周春峰(兼)
　　　　王建东(兼)
　　　　季春郁(女,兼,12月免)
　　　　陈永泽(兼)
　　　　何　俊(兼)
　　　　施剑杰(兼,12月任)

市政协城乡建设委员会

主　任　王正华
副主任　张永全　张　曲
　　　　秦国平(兼)
　　　　王春松(兼,12月免)
　　　　李建华(兼,12月任)

市政协港澳台侨(民族宗教)委员会

主　任　梁一红(女)
副主任　张亚萍(女)　陆翊农(兼)
　　　　赵志刚(兼)　刘　俭(兼)
　　　　周　军(兼,7月免)
　　　　张卫中(兼)
　　　　姜　嵘(女,兼)

市政协文史委员会

主　任　许　峰
副主任　钱新棣　高卫平(兼)
　　　　汪丽菁(女,兼)

市政府工作部门

市政府办公室

党组书记、主任　应　梓
副主任　曹跃飞　王永良
　　陈　刚(兼)　刘东兴
　　陈雪明　毛建锋　黄晓东
　　马正阳　汤卫华　郭文谦
　　黄建浩
党组成员　曹跃飞　陈　刚　刘东兴
　　陈雪明　毛建锋　黄晓东
　　马正阳　汤卫华　郭文谦
　　黄建浩　陈剑浩
纪检组组长　陈剑浩

市政府研究室

主　任　陈剑浩(12月免)

市政府法制办公室

主　任　范一明
副主任　高　攀　周炳芳

市政府外事办公室

(在市政府办公室挂牌)
主　任　曹跃飞
副主任　徐丽花(女)　吴彦飞

市发展和改革委员会

党组书记、主任　戴建明
副主任　陈亚光　张明国　刘　佾
　　周国强(12月任)　曹　阳
　　陈　刚
党组成员　陈亚光　张明国
　　王振芬(女,12月免)
　　顾　青　周国强　曹　阳
　　陈　刚
纪检组组长　王振芬(女,12月免)

市经济协作办公室

(在市发展和改革委员会挂牌)
主　任　陈亚光(兼)
副主任　周国强(兼)

市企业上市工作办公室

(在市发展和改革委员会挂牌)
主　任　顾　青
副主任　严建忠

市政府金融工作办公室

(在市发展和改革委员会挂牌)
副主任　顾　青(兼)
　　唐爱云(女)

市服务业发展办公室

(在市发展和改革委员会挂牌)
主　任　戴建明(兼)
副主任　严　忠　宋国华

市重大项目推进办公室

(在市发展和改革委员会挂牌)
主　任　刘　佾(兼)
副主任　朱品香(援疆)

市经济和信息化委员会

党委书记、主任　钱锦东
副主任　邹利明　穆　军　徐　松
　　夏燕良　丁建华
　　蒋忠明(兼)
党委副书记　邹利明　瞿医蕾(女)
党委委员　穆　军　徐　松　夏燕良
　　丁建华
纪委书记　瞿医蕾(女)

市中小企业局

(在市经济和信息化委员会挂牌)
局　长　邹利明(兼)
副局长　何启明　袁　俊　侯　忠

市教育局

教育工委书记、局长　邵建华
副局长　钱洁雅(女)　王建东
　　陈国华(12月免)　马丽忠
　　朱瑞春(12月任)
教育工委副书记　陈　跃(兼)
　　王世芳(女)
教育工委委员　章　骏
　　钱洁雅(女)
　　王建东　马丽忠
　　朱瑞春(12月任)
纪工委书记　王世芳(女)

市科学技术局

(挂市知识产权局牌子)
党组书记、局长　万资平
副局长　吴彦刚　董建刚　赵建华
　　李秋菊(女)　王国楷
党组副书记　吴彦刚
党组成员　董建刚　赵建华
　　李秋菊(女)
纪检组组长　李秋菊(女,12月免)

市公安局

党委书记、局长、督察长　赵金龙
政　委　赵煜斌
副局长　陈菊新　闻振平　汤建平
　　章仁兴　王文良
　　陈群燕(女)　邬海安
　　徐向前(兼)　刘　斌
党委副书记　赵煜斌　陈菊新
党委委员　闻振平　汤建平　章仁兴
　　王文良　陈群燕(女)
　　张　航　邬海安　徐向前
　　唐冬青　刘　斌　谢建华
　　徐晓忠　陈国庆
副政委　张　航
纪委书记　唐冬青
政治处主任　张　航(兼)

市民政局

(挂市老龄工作委员会办公室牌子)
党委书记、局长　张小伟
副局长　瞿彩娟(女,12月免)
　　刘振渊　孙　海　徐志斌
党委副书记　徐　丹
党委委员　瞿彩娟(女,12月免)
　　刘振渊　孙　海　徐志斌
纪委书记　徐　丹

市司法局

党委书记、局长　万学刚
副局长　孙　晔　龚　俊　陶广成
党委委员　孙　晔　龚　俊　陶广成
　　陈　丽(女)
纪委书记　陈　丽(女)

市财政局

党组书记、局长　周　兵
党组副书记　瞿永昌
副局长　瞿永昌　许啸文(女)
　　陈耀明(12月任)　吉鲁平
　　李　刚　许　佳(女)
党组成员　许啸文(女)
　　陈耀明(12月任)
　　吉鲁平　李　刚

市人力资源和社会保障局

党委书记　黄亚红(女,6月任)
局　长　黄亚红(女)
党委副书记　潘雪平
副局长　郁　池　丁　峰　周晓宏
　　张艳丽(女)　陈晓烽
党委委员　郁　池　丁　峰　周晓宏
　　张艳丽(女)　陈晓烽
纪委书记　潘雪平

市国土资源局

党组书记、局长　季　宗
副局长　季佩欣(兼)　施文军
　　孙建华　杨惠亚(女)
党组成员　季佩欣(兼)　施　飞
　　施文军　孙建华
　　杨惠亚(女)
纪检组组长　施　飞

市住房和城乡建设局

党委书记、局长　袁雪祥
党委副书记　彭　炜　王春松
副局长　彭　炜　丁一中　曹　峥
　　许瑞兴(12月免)　李建华

党委委员　丁一中　曹　峥
　　许瑞兴(12月免)
　　祝风红(女)
纪委书记　王春松
总工程师　祝风红(女)

市地震局

(在市住房和城乡建设局挂牌)

副局长　管长兴

市房产管理中心

(为市住房和城乡建设局下属正科级单位)

主　任　彭　炜(兼)
副主任　张新红　郁　军
　　郭宏杰(女)

市规划局

党组书记、局长　王觉方
副局长　蒋新峰(兼,9月免)
　　徐晓立
　　陈　健(兼,9月免)
　　张宇洲　孟伟言
党组成员　徐晓立
　　陈　健(兼,9月免)
　　张宇洲　顾敬贤
纪检组组长　顾敬贤
总规划师　文清泽

市城市管理局

(挂市城市管理行政执法局牌子)

党委书记、局长　徐向前
党委副书记　钱燕秋
副局长　林志宏　张　辉　陈洪明
党委委员　林志宏　张　辉　陈洪明
纪委书记　钱燕秋

市交通运输局

党委书记、局长　陈　军
党委副书记　陆新玉(女)
副局长　徐平观(兼)　沈正华
　　沈竹义　李　星　叶德元
　　王晓冬
党委委员　沈正华　沈竹义　李　星
　　叶德元　王晓冬
纪委书记　陆新玉(女)

市水利局

(挂市水务局牌子)

局　长　严栋兴
党委书记　陈　飞
党委副书记　严栋兴　钱德华
　　张秋亚
副局长　陈　飞　钱德华　张海峰
　　翟二生　陈杏明
党委委员　张海峰　陈杏明
纪委书记　张秋亚

市农业委员会

主　任　徐　江
党委书记　李　刚
党委副书记　陈永兵
副主任　李　刚　陈永兵　陆　军
　　宋向洪
党委委员　陆　军　顾　新　宋向洪
纪委书记　顾　新
总农艺师　孟凡珍(女)

市商务局

党委书记、局长　薛　平
党委副书记　马学锋(女,12月免)
副局长　马学锋(女,12月免)
　　庞建阳(12月任)
　　黄　炜　陈　瑞(女)
　　蒋忠明　陈　龙
党委委员　庞建阳(12月任)
　　黄　炜　陈　瑞(女)
　　蒋忠明　陈　龙
　　朱晓敏(女)
纪委书记　朱晓敏(女)

市文化广电新闻出版局

(挂市版权局、市文物局牌子)

党委书记、局长　陈世海
党委副书记　解志荣　侯寿松
副局长　解志荣
　　陈彩芬(女,12月免)
　　周国柱(2月任)
　　陈永泽(2月任)　孙建忠
　　王韶杰
党委委员　陈彩芬(女,12月免)
　　周国柱(2月任)
　　陈永泽(2月任)　孙建忠
纪委书记　侯寿松

市广播电视总台(市广播电视台)

党委书记、总台长(台长)
　　陈世海(兼)
党委副书记　周国柱(兼)
　　陈永泽(兼)
总编辑　陈永泽(兼)
副总台长(副台长)　周国柱(兼)
　　陈永泽(兼)
　　陈红霞(女)
　　俞　刚(6月任)
党委委员　陈红霞(女)
　　俞　刚(6月任)

市卫生局

党委书记、局长　朱兴华
党委副书记　徐国兴(兼)　王卫国
　　季春郁(女)
副局长　徐国兴　王卫国　施剑杰
　　王建春　曹于中　於海良
　　朱　贤　王树生
党委委员　施剑杰　曹于中　於海良
　　陈新峰　朱　贤　王树生
纪委书记　季春郁(女)

市食品药品监督管理局

(与市卫生局合署办公)

局　长　徐国兴
副局长　曹于中　陈新峰

市城乡环境卫生指导中心

(为市卫生局下属事业单位)

主　任　王卫国(兼)
副主任　钱凤娟(女)
　　戴建忠(6月免)

市体育局

党组书记、局长　孟　波
副局长　张　莉(女,12月免)
　　邹　铜　金　涌　李　峰
党组成员　张　莉(女,12月免)
　　邹　铜　金　涌
纪检组组长　张　莉(女,12月免)

市环境保护局

党组书记、局长　黄　镇
副局长　黄永舫　秦国平　徐建龙
　　孙　力
党组成员　黄永舫　张建平(6月免)
　　徐建龙　孙　力
　　夏　良(6月任)
纪检组组长　张建平(6月免)
　　夏　良(6月任)

市旅游局

党组书记、局长　沈　浩
副局长　张　舟
　　瞿彩娟(女,12月任)
　　周建江(6月任)
党组成员　张　舟
　　瞿彩娟(女,12月任)
　　刘国华　周建江(6月任)
纪检组组长　刘国华

市园林绿化管理局

(挂市林业局牌子)

党组书记、局长　侯虎珍(女)
副局长　陈金发(12月免)　唐金洪
　　黄和元　胡　燕(12月免)
党组成员　陈金发(12月免)
　　邹建忠　唐金洪　黄和元
　　胡　燕(12月免)
纪检组组长　邹建忠

总工程师　钱　耿

市人口和计划生育委员会

党组书记、主任　秦真智（女）
副主任　查敏智（女）　陈红卫
党组成员　查敏智（女）　曹　平
　　陈红卫
纪检组组长　曹　平

市审计局

党组书记、局长　张耀明
副局长　陆小玲（女）　翟爱保
　　陆　嶙（女）
党组成员　陆小玲（女）　丁建平
　　陆　嶙（女）
纪检组组长　丁建平

市安全生产监督管理局

党组书记、局长　沈　琳
副局长　王彦文　钟　桐（女）
　　匡雄华　周建江（6月免）
　　徐志斌（6月任）
党组成员　王彦文　钟　桐（女）
　　金　炯　匡雄华
　　周建江（6月免）
　　徐志斌（6月任）
纪检组组长　金　炯

市统计局

党组书记、局长　罗晓骏
副局长　施向东　陈建康
党组成员　施向东　吴美兰（女）
　　陈建康　孙浩龙
纪检组组长　孙浩龙

市物价局

党组书记、局长　张　璇（女）
副局长　沈一平　倪雷兴　沈　斌
党组成员　沈一平　倪雷兴　吴永生
　　沈　斌
纪检组组长　吴永生

市粮食局

党组书记、局长　邵建芳
副局长　蔡惠良　徐锦章　陈卫南
　　葛云芳（女）
党组成员　蔡惠良　陈卫南
　　葛云芳（女）　杨文杰
纪检组组长　杨文杰

市信访局

党组书记、局长　王永良
副局长　周　钧　邵继东　黄耀平
党组成员　周　钧　邵继东　黄耀平

市社会调解服务中心

（挂市人民政府接访中心牌子）

主　任　王永良（兼）
副主任　周　钧（兼）　邵继东（兼）
　　孙　晔（兼）　黄耀平（兼）

市民防局

（挂市人民防空办公室牌子）

党组书记、局长　毛永林
党组副书记　许进华
副局长　许进华　王　强　杨　枫
　　曹永华（兼，9月免）
　　刘中平
党组成员　穆利中　王　强　杨　枫
　　曹永华（兼，9月免）
　　刘中平
纪检组组长　穆利中

市政府派出机构

市行政服务中心

主　任　徐敏娟（女）
党组书记　刘东兴（兼）
党组副书记　徐敏娟（女）
副主任　徐忠袁　赵继杰　顾一武
党组成员　徐忠袁　赵继杰
　　徐凤娟（女）　顾一武
纪检组组长　徐凤娟（女）

市政府口岸办公室

（挂市港口管理局牌子）

主　任　朱立凡（兼）
党组书记、常务副主任（局长）
　　陆惠忠
副主任　周月明　陆　斌　李立峰
　　朱鹤鸣　张愫阳
党组成员　周月明　陆　斌
　　李立峰　朱鹤鸣
　　张愫阳
纪检组组长　陆　斌（12月免）

市人民政府驻深圳办事处

副主任　徐　宏

市人民政府驻南京办事处

主　任　赵　晖

民主党派、社会团体

中国国民党革命委员会张家港市总支委员会

主　委　焦　实
副主委　张满兴　蔡克荣

中国民主同盟张家港市委员会

主　委　丁学东
副主委　徐卫袁　陈国华
　　姜　嵘（女）

中国民主建国会张家港市基层委员会

主　委　刘会荪
副主委　徐建龙　葛庆贤（6月任）

中国农工民主党张家港市委员会

主　委　顾　放
副主委　施菊平　王国楷
　　刘品贤（女）

九三学社张家港市基层委员会

主　委　徐平观
副主委　秦国平　郭宏杰（女）
　　严红艳（女，11月任）

市无党派人士联谊会

会　长　蒋新峰
副会长　徐　江　徐锦章　蓬　元

市工商业联合会（总商会）

党组书记　卢惠兴
主席（会长）　徐卫袁
副主席（副会长）　卢惠兴　叶　锋
　　陈志勇
　　沈文明（兼）
　　吴耀芳（兼）
　　吴少清（兼）
　　沈学如（兼）
　　陈玉忠（兼）
　　施建刚（兼）
　　杨培兴（兼）
　　黄庭明（兼）
　　吴建明（兼）
副会长　李兴华（兼）　严加彬（兼）
　　邹承慧（兼）　张明良（兼）
　　陈　松（兼）　金双龙（兼）
　　钱惠清（兼，4月免）
　　徐卫明（兼）　唐利刚（兼）
　　黄刻松（兼）　黄和芳（兼）
　　缪向阳（兼）
党组成员　叶　锋　陈志勇
　　许海萍（女）
　　王舒凤（女，兼）

市总工会

主席、党组书记　王永康
副主席　陈建明（6月免）　景国荣
　　姜志芳（女）
　　张燕清（12月任）
　　孙卫忠（12月任）
党组成员　陈建明（6月免）　景国荣
　　姜志芳（女）
　　张燕清（12月任）
　　孙卫忠（12月任）

共青团张家港市委员会

书记、党组书记　何　剑

副书记、党组成员　王苏嘉

市青年联合会

主　席　何　剑(兼)
副主席　钱洁雅(女,兼)
　　　　黄　蓉(女,兼)
　　　　曹鹰飞(兼)　王苏嘉(兼)

市妇女联合会

主席、党组书记　蔡彩虹(女)
副主席、党组成员　唐红英(女)
　　　　　　　　陈　霞(女)
　　　　　　　　曹丽华(女)

市文学艺术界联合会

主　席　庞　曦(9月免)
党组副书记　庞　曦(9月免)
副主席　支坤兴　陈忠海　高卫平
　　　　董　红(女)
党组成员　支坤兴　陈忠海
　　　　　董　红(女)

市科学技术协会

主席、党组书记　王连生
副主席、党组成员　钱建国(6月免)
　　　　　　　　陈　玮(女,12月免)
　　　　　　　　周秋涛
　　　　　　　　孙利婵(女,12月任)

市归国华侨联合会

副主席　姜　嵘(女)
　　　　蒋卫忠(6月免)　唐　宏
　　　　陈　刚(兼)

市残疾人联合会

理事长、党组书记　石国毅
副理事长、党组成员　陈光辉(2月免)
　　　　　　　　　陆　洲
　　　　　　　　　瞿秋霞(女)

市哲学社会科学界联合会

主　席　袁　勋(兼,6月免)
　　　　周　军(6月任,11月逝)
副主席　俞鞠敏　钱晓东

市红十字会

专职副会长　蔡　贤

中国国际贸易促进委员会张家港支会

会　长　薛　平(兼)

直属事业单位

中共张家港市委党校

(挂张家港市行政学校牌子)

校　长　姚林荣(兼)
常务副校长　唐晓东(6月免)
副校长　金善开　魏　欣(12月任)
　　　　周国新

市行政学校

(在中共张家港市委党校挂牌)

校　长　姚林荣(兼)
副校长　唐晓东(6月免)
　　　　黄亚红(女,兼,9月免)
　　　　金善开　魏　欣(12月任)
　　　　周国新

市委党校校务委员会

委　员　唐晓东(6月免)　金善开
　　　　魏　欣(12月任)　周国新
　　　　陈慧瑛(女,6月免)

市委党史地方志办公室

主　任　陈　稳
副主任　汪丽菁(女)　卢德兴

市档案局(馆)

党组书记、局(馆)长　黄惠珍(女)
副局(馆)长、党组成员　施亦涛
　　　　　　　　　　　孙　静(女)

市委接待办公室

主　任　尹　洁(女)
副主任　顾雪峰　邵　浒

张家港日报社

党组书记、总编　龙凤清
副总编　周礼清　郭晓红(女)
　　　　魏　欣(12月免)
　　　　钱　萍(女)　陈　红(女)
党组成员　周礼清　郭晓红(女)
　　　　　魏　欣(12月免)
　　　　　张立新　钱　萍(女)
　　　　　陈　红(女)
纪检组组长　张立新

市文化中心管委会办公室

主　任　解志荣(兼)
副主任　归　俊(6月免)
　　　　蓬　元

市级机关事务管理中心

党委书记、主任　朱丙华
党委副书记　张新建
副主任、党委委员　毛　冀
　　　　　　　　　陈　平(6月免)
　　　　　　　　　徐一中
　　　　　　　　　归　俊(6月任)
纪委书记　张新建

市土地储备中心

主任、党组副书记　王卫民
副主任　秦洪祥　王云良
　　　　许晓明(12月任)
党组成员　秦洪祥　王云良　黄利忠
　　　　　许晓明(12月任)
纪检组组长　黄利忠

市新市民事务中心

主　任　闻振平
副主任　郁　池(兼,9月免)
　　　　查敏智(兼,9月免)
　　　　惠　红(女)　徐伟民
　　　　徐　伟(女)　张松祥

市便民服务中心

主　任　江建胜
副主任　董和平(女,2月免)
　　　　孙屹东

市城市建设基金管理办公室

主　任　朱瑞栋(兼)
副主任　张满兴　李仲平　宋华东
　　　　孙国兵　陈建忠

市国有资产管理办公室

主　任　瞿永昌(兼)
副主任　李　刚　王利刚

市供销合作总社

党委书记、主任　唐雷刚
副主任　钱　剑　戴德荣
　　　　郑建龙　张　建
党委委员　钱　剑　戴德荣　陈　浩
　　　　　郑建龙　张　建
纪委书记　陈　浩

沙洲职业工学院

党委书记　王亚方
院　长　钱东东
党委副书记　钱东东(3月任)
　　　　　　邵建华
副院长、党委委员　伍建国
　　　　　　　　　陈　跃
纪委书记　陈　跃
纪委副书记　王春林(12月任)
机关党委书记　钱东东(兼,12月任)
机关党委副书记　易顺明(12月任)
　　　　　　　　黄中浩(12月任)

张家港开放大学

校　长　王建东
党委书记　章　骏
党委副书记　王建东
　　　　　　朱瑞春(12月免)
副校长　章　骏　沈利民
　　　　陆　昱(2月免)　孙伟宏
党委委员　沈利民　陆　昱(2月免)
　　　　　孙伟宏
纪委书记　朱瑞春(12月免)

江苏省梁丰高级中学

党委书记、校长　王柳军

市属企业

市城市投资发展（集团）有限公司

党委书记、董事长、总经理　朱瑞栋
副总经理　张满兴　李仲平　宋华东
　　孙国兵　陈建忠
党委副书记、纪委书记　陈维清
监事会主席　瞿永昌（兼，2月免）

市金茂投资发展有限公司

董事长　钱锦东（兼）
副董事长　陈建兴
党委书记、总经理　陈建兴
副总经理　姚　辉　王建平
党委委员　姚　辉　徐德华　王建平
　　邱月花（女）
纪委书记　徐德华
监事会主席　李　刚（兼，2月免）

市金港投资担保有限公司

董事长　陈建兴（兼）
监事会主席　周　兵（兼，2月免）
总经理　姚　辉（兼）

市金城投资发展有限公司

党委书记、董事长、总经理　蔡建林
副总经理　景建祥（6月免）
　　宋一兵　王向军
党委委员　杨建华（2月免）
　　景建祥（6月免）
　　宋一兵　王向军　张永华
纪委书记　杨建华（2月免）
监事会主席　瞿永昌（兼，2月免）

市暨阳湖开发发展有限公司

总经理　陆江山
副总经理　张满兴（兼）

江苏沙钢集团有限公司

党委书记　沈　彬
党委副书记　龚　盛　陈晓东
　　杨石林
党委常委　沈文荣　季永新
　　刘　俭　何春生
　　雷学民
纪委书记　季永新

江苏国泰国际集团有限公司

党委书记、董事长　张子燕
总　裁　陈晓东
党委副书记　陈晓东　谭秋斌（女）
　　才东升
常务副总裁　才东升
副总裁　杨　革（回族）　邹　云
　　沈卫彬　常仁丰　唐朱发
　　张　斌
纪委书记　谭秋斌（女，兼）
总经济师　韩　伟

江苏华昌（集团）有限公司

党委书记　路　江
董事长　胡　波
副董事长、总经理　张光耀
党委副书记　胡　波　张光耀
副总经理　曹凌云　谭　旋
纪委书记　陈饶忠

张家港沙洲电力有限公司

党委书记　眭　斌
总经理　巩家富
党委副书记　巩家富　张铨平
副总经理　鲁玉强　李东辉　赵　祥
　　朱世春
纪委书记　顾成琪

条线管理部门、涉外单位

市国家税务局

局　长　徐福友
副局长　陈卫东　肖维贤　俞　羚
纪检组组长　徐　喆（女）

苏州市张家港地方税务局

党组书记、局长　周　健
副局长　吴才丰　潘　德
　　周　玲（女）
党组成员　吴才丰　潘　德
　　陆宇坤　周　玲（女）
纪检组组长　陆宇坤

苏州市张家港工商行政管理局

党组书记、局长　谷晓晖
党组副书记　刘辉明
副局长　刘辉明　施广建　孙跃忠
　　徐　平
党组成员　施广建　孙跃忠
　　徐　平
纪检组组长　刘辉明

苏州市张家港质量技术监督局

局　长　孔玉林（1月任）
副局长　周　枫　陈荷凤（女）
　　谭　伟
纪检组组长　周　枫

市邮政局

党委副书记、副局长　郁云桥（主持工作）
副局长、纪委书记　王　俊

中国电信股份有限公司张家港分公司

党委书记、总经理　王少波
副总经理、纪委书记　常健栋
副总经理　陆　杰　邓汉清

中国移动通信集团江苏有限公司张家港分公司

总经理　徐若海
副总经理　朱洪斌　潘江峰

中国联合网络通信有限公司张家港市分公司

总经理　贺正红（女，5月免）
　　王　纲（5月任）
副总经理　练红芬　李　华

市气象局

副局长　王建明（主持工作）
　　孟祥飞

市盐务管理局

局　长　章炳保（2月免）
　　杨　勇（2月任）
副局长　侯　军

市烟草专卖局

局　长　石冬萍（女）
副局长　陶惠忠　荆　辉

苏州市住房公积金管理中心张家港分中心

主　任　陈文斋（女）
副主任　张新华　顾　斌

中国人民银行张家港市支行

党组书记、行长　潘　琦
副行长、党组成员　童　琳（女）
　　周利兴
纪检组组长　周利兴

中国工商银行股份有限公司张家港分行

行　长　朱晨辉
副行长　邵　健　徐　军（7月免）
　　陆群一
　　陈　敏（女，9月任）
纪委书记　许　雷

中国农业银行股份有限公司张家港分行

行　长　费　兴（1月免）
　　李　颖（女，1月任）
副行长　陈向东　陆　锋
　　李　颖（女，1月免）
　　张宏岗　徐　峰
　　戴建军（9月免）
　　陈一意（8月任）

中国农业发展银行张家港市支行

行　长　陈晓宇

副行长　孙晓东

江苏张家港农村商业银行股份有限公司

党委书记、董事长　王自忠
监事长　朱建新(5月任)
行　长　季　颖
党委副书记　季　颖
　方建华(5月免)
　高进生(6月任)
副行长　朱建新(5月免)
　陈步杨(2月任)
　高进生(6月任)
　顾晓菲(女,4月任)
　孙　瑜(女,4月任)
　陆亚明(5月任)
纪委书记　方建华(5月免)
　朱建新(5月任)
董事会秘书　陈步杨(2月免)
　张　平(2月任)

中国建设银行股份有限公司张家港分行

行　长　万海敏
副行长　刘晓戎(女)
　刘艳琴(女)
　王　维　任　凯

中国建设银行股份有限公司张家港港城支行

行　长　张轶民(2月免)
　盛景新(女,5月任)

中国银行股份有限公司张家港分行

行　长　钱海刚
副行长　卢伟明(10月免)
　倪卫红(女)
　吴贤芳(女)
　尚秀胜
纪委书记　尚秀胜

交通银行股份有限公司张家港分行

行　长　秦晓红(女)
副行长　陈小茹(女)　李　仁
　杜艳营

中国邮政储蓄银行张家港市支行

行　长　陈　军
副行长　刘　学　汪恃风(7月免)
　郭海斌(7月任)

江苏银行股份有限公司张家港支行

行　长　刘志强(3月免)
　李小虎(3月任)
副行长　何　伟

中信银行股份有限公司张家港支行

行　长　陈　晔

中信银行股份有限公司张家港金港支行

行　长　郑红霞

中国民生银行股份有限公司张家港支行

行　长　谢　江

上海浦东发展银行股份有限公司张家港支行

行　长　戴　超(3月免)
　徐　晨(3月任)
副行长　张晓红(女)

招商银行股份有限公司张家港支行

行　长　潘　杰

中国光大银行股份有限公司张家港支行

行　长　倪江峰
副行长　张建岚(女)

江苏张家港渝农商村镇银行股份有限公司

行　长　王江涛
副行长　倪　峰

华夏银行股份有限公司张家港支行

行　长　黄少杰
副行长　周　红(女)

苏州银行股份有限公司张家港支行

行　长　黄　波
副行长　童　炜

兴业银行股份有限公司张家港支行

行　长　黄　雄(11月免)
　潘肇明(11月任)

市供电公司

总经理、党委副书记　陆立民
党委书记、副总经理　管建明
副总经理　孙晓辉　顾马荣　钱祖建
　邱　峰
纪委书记　钱建兵

中国人民财产保险股份有限公司张家港中心支公司

总经理　季　力
副总经理　钱　伟　俞晓英(女)
　吴金虎

中国人寿保险股份有限公司张家港支公司

总经理　杨正清
副总经理　徐国强　陈　莹(女)

中国太平洋财产保险股份有限公司张家港中心支公司

党组书记　龚　雁
总经理　许兴达
副总经理　赵文敏(女)
　张建华(女)

中国太平洋人寿保险股份有限公司张家港中心支公司

总经理　何　芬(女)

紫金财产保险股份有限公司张家港支公司

总经理　唐　伟
副总经理　赵　晖　曹志宏

中国石化销售有限公司江苏苏州张家港石油分公司

经　理　朱　林

张家港海关

关　长　胡克宏
副关长　夏汉民(11月免)　糜国清
　钱春森　林　骏(11月任)

张家港保税港区海关

关　长　华毅洪
副关长　顾泳洪　郭学文

长江航运公安局苏州分局

党委书记、局长　孙国华
纪委书记、政委　李永华

张家港出入境检验检疫局

局　长　韦　锋
副局长　樊惠良　倪慎新　杜国兴
　殷厚德
纪检组组长　孙洪生

张家港海事局

党组书记、局长　沈贵平
政委、党组副书记、纪检组组长
　王燕辰
副局长　黄　梅(女)　苏　健
　彭树林

张家港引航站

站　长　金继南
党支部书记　费鹤良

张家港边防检查站

站　长　孙　勤(4月免)
　包笑望(4月任)
政　委　吴　千(4月免)
　徐向阳(4月任)
副站长　高　明(4月免)
　叶林军(4月免)
　傅柏青(4月任)
　王永军(4月任)
　刘建勇(4月任)
副政委　郑大勇(4月免)
　顾从华(4月任)

【编辑　张　洁　黄宏庆】

中共张家港市委员会

Zhangjiagang Municipal Committee of the CPC

市委十届九次全体（扩大）会议　（肖　湘　摄）

市委全会

重要决策

重大活动

调查研究

组　　织

宣　　传

统　　战

机构编制管理

市级机关工委

老干部工作

党　　校

史　　志

档　　案

公务接待

保密工作

市委全会

【市委十届八次全体(扩大)会议】 7月29日在市馨苑度假村会议中心召开。会议听取并讨论市委书记姚林荣代表市委常委会所作的《践行群众路线,聚力转型升级,推动"三年行动计划"取得突破性进展》的报告,审议通过《中国共产党张家港市第十届委员会第八次全体(扩大)会议决议》。明确要以党的群众路线教育实践活动为动力,以推进"现代化建设三年行动计划"为主线,以实施"810工程"为重中之重,一着不让稳增长促转型,坚持不懈抓改革促发展,尽心竭力惠民生促和谐,不断把张家港市现代化建设事业推向前进。强调要认清形势,坚定信心,抢抓机遇,破难奋进,更加扎实地推进以"810工程"为最重要抓手的现代化建设,加快推动"四个品质"的不断提升,重点抓好七项工作:拼抢机遇抓改革突破,激发经济社会发展活力;精心服务抓企业运行,保障经济稳定增长;乘势而上抓项目人才,增强转型升级后劲;一步不松抓城乡建设,提升城市功能内涵;坚定不移抓生态建设,全面优化人居环境;科学稳步抓民生改善,提升群众幸福指数;坚持不懈抓基层基础,促进社会和谐稳定。

【市委十届九次全体(扩大)会议】 12月29日在市馨苑度假村会议中心召开。会议听取并讨论市委书记姚林荣代表市委常委会所作的《主动适应新常态,全面落实新要求,为圆满完成"现代化建设三年行动计划"而努力奋斗》的报告,审议通过《中共张家港市委贯彻落实中共十八届四中全会决定和省委、苏州市委意见,全面推进法治张家港建设的实施意见(讨论稿)》。肯定全市一年中的各项工作,明确2015年全市工作总的思路和主要预期目标,要求贯彻落实中共十八大和十八届三中、四中全会精神,习近平系列重要讲话精神,按照习近平对江苏的新要求、中央经济工作会议、省委和苏州市委全会的部署,科学务实抓牢"810工程"重中之重、体现"四个品质"内涵要求,坚持以人为本导向,突出转型升级核心,积极抢抓改革机遇,大力改善生态环境,全面加强法治建设,落实从严治党举措,确保圆满完成"现代化建设三年行动计划",推动张家港现代化建设迈上新台阶、争当排头兵。重点抓好五个方面工作:突出落地见效,在深化改革上求突破;突出质量效益,在转型升级上求突破;突出功能品质,在城乡建设上求突破;突出大气水质,在生态环境上求突破;突出安民惠民,在社会建设上求突破。号召全市上下紧密团结在以习近平为总书记的党中央周围,团结和带领广大干部群众,与时俱进大力弘扬张家港精神,适应新常态,落实新要求,拼搏实干、开拓进取,为夺取三年行动计划的全面胜利、争当现代化建设排头兵而努力奋斗。

(张　赟)

重要决策

【概况】 全年市委召开常委会议17次,常委、市长联席会议3次,领导干部会议4次,各类专题会议49次。市委、市政府联合发文10份,市委发文22份。重要决策涉及开展党的群众路线教育实践活动、深入学习宣传中共十八届四中全会精神、深化文明城市建设、推进农业现代化等方面。

【学习宣传中共十八届四中全会精神】 11月11日,市委下发《关于深入学习宣传中共十八届四中全会精神的通知》,要求全市各级党组织和广大党员干部,迅速兴起学习宣传中共十八届四中全会精神的热潮,深刻领会和准确把握十八届四中全会精神实质,切实加强对学习宣传十八届四中全会精神的组织领导。强调以学习贯彻十八届四中全会精神为动力,进一步传承弘扬张家港精神,着力攻坚,奋力冲刺,确保完成和超额完成全年目标任务,为2015年工作打下坚实的基础。要切实强化法治理念、树立法治思维,自觉运用法治方式推动全市各项事业发展,把中共十八届四中全会提出的一系列新思想、新任务、新要求真正落实到推动张家港科学发展、跨越发展的具体实践中,不断把现代化建设事业推向前进。

【深化文明城市建设】 10月29日,市委、市政府联合印发《关于进一步深化文明城市建设的意见》的通知,提出围绕"引导文明自觉、构建和谐社会、促进全面发展"的总目标、总方向,以全国县级文明城市创建工作现场会为新起点,突出文明城市建设"六个深化"的工作重点,进一步健全完善文明城市建设长效机制,实现文明城市建设科学化、制度化、常态化,不断提升市民的荣誉感、幸福感、认可度和满意度,确保在实现全国文明城市"四连冠"的基础上,2017年高标准实现全国文明城市"五连冠",不断开辟文明城市建设新境界。具体做到"六个深化":深化核心价值观培育践行,进一步营造凝心聚力、自信向上的社会氛围;深化公民思想道德教育,进一步夯实文明自觉、崇德向善的人文基础;深化城市功能品质提升,进一步打造洁美有序、自然生态的宜居环境;深化创建惠民利民举措,进一步创造幸福美好、方便快捷的群众生活;深化社会治理创新,进一步营造公平公正、和谐稳定的法治环境;深化城乡一体文明建设,进一步形成城乡联动、全域覆盖的共建格局。

【推进农业现代化】 3月20日,市委、市政府联合印发《关于深化农村改革加快推进农业现代化的意见》的通知,提出围绕"争当苏南现代化示范区建设排头兵"的总目标,以"810成效比拼年"为主题,以富民强村为核心,全面深化农村改革,加快农业现代化建设,努力实现农业持续增效、农民持续增收、农村持续发展。主要任务是突出"优质、高效",提升现代农业发展水平;突出"多元、专业",构建新型农业经营体系;突出"赋权、增力",推动农村改革持续深化;突出"转型、升级",促进村级经济加快发展;突出"优美、宜居",塑造农村环境整体形象;突出"科学、有序",完善乡村治理机制。(张　赟)

重大活动

【干部学习培训活动】 全年先后举办领导干部菜单式讲座12期，参训5500余人次。内容涉及党的群众路线在新形势下的坚持和发展、经济转型升级的基本路径、生态文明与绿色发展、两岸形势和对台经济、新型城镇化趋势与城镇发展战略、党风廉政建设、创新行政管理方式、城乡一体形势下的新社区管理与建设、宏观经济金融形势与政策解析、国防形势教育、创新社会管理提高群众工作能力、政府危机管理与媒体应对等。举办主体班35期，14649人次参加。4月，组织45名副科职以上干部开展为期7天的第四期领导干部中央党校研修班；10月至11月，组织46名副科职级干部和中层正职干部，举办为期40天的第十八期中青年干部培训班；4月至11月，继续推进“百名经济服务型干部培养工程”，分招商引资、企业服务、科技人才三个小班，每月开展经济实务现场教学和专题培训。

（陶叶萍）

【党政领导考察活动】 5月17日，市委书记姚林荣，市委副书记、市长朱立凡率党政代表团赴吴中区、吴江区，学习考察两地生态文明建设和新型城镇化建设的先进经验。10月18日至25日，市委副书记、市长朱立凡率团赴欧洲开展为期8天的招商考察活动。其间，考察团先后拜访俄罗斯海狮—维亚基马洗涤机械公司、萨马拉轴承厂、西港创新公司、斯蒂瓦纳托集团等公司，结识一批重点产业和领域的新客户。

【项目签约、奠基、竣工、开业等活动】 年内，全市共举办重大项目签约、奠基、竣工、开业等活动近20次。项目签约活动主要有日本株式会社大造公司与张家港经济技术开发区在华总部项目签约仪式、张家港市·宿豫区合作协议签字仪式、苏州大学张家港工业技术研究院与贝内克—长顺汽车内饰材料（张家港）有限公司签约仪式、双山岛佛禅文化园项目战略合作框架协议签约仪式、中新苏州工业园区开发集团股份有限公司与张家港市凤凰镇合作开发新型城镇化项目签约仪式以及市政府、张家港保税区管委会与中科院大连化学物理研究所三方签署“中科院大连化学物理研究所张家港产业技术研究院”协议等。开工奠基仪式主要有“开门红”集中开工、润英联（中国）有限公司张家港工厂奠基、张家港迪爱生化工有限公司二期项目投产、张家港大造气雾剂有限公司开工建设等。竣工揭牌开业活动主要有液化空气中国电子材料中心二期项目落成、中船圣汇装备有限公司揭牌、江苏长顺高分子材料研究院技术创新中心揭牌、江苏国泰慧贸通企业服务有限公司开业典礼等。

【重大文化、教育、科技、体育活动】 2014年，全市共举办重大文化、教育、科技、体育活动20余次。其中，文化活动主要有春节电视文艺晚会、首届新春读书汇、第三届全国中青年中国画邀请展、庆“七一”专场文艺演出、长江文化促进会成立、中国（张家港）长江文化艺术节等。教育活动主要有全国小学国学经典教育课程规划暨教学观摩培训活动。科技活动主要有中国机器人产业发展高峰会议、科技活动周、江苏省跨国技术转移大会张家港（中芬）对接会、首届“创业张家港”青年精英创业大赛。体育活动主要有市第三届全民健身大联赛、2014年国际网联男子巡回赛等。

（张 赟）

张家港大造气雾剂有限公司奠基典礼 （经开区 供稿）

调查研究

【概况】 年内，市委研究室起草市委十届八次、九次全体（扩大）会议，党的群众路线教育实践活动等各类重要文稿材料150余篇，近70万字。全年就深化改革、推进经济转型、优化社会管理、发挥党建引领等重大课题组织调研200余人次，形成系列调研报告、内参等，为市委科学决策提供参考。

【农村改革专题调研】 围绕农村改革中土地承包经营权的确权登记、农村生产力发展水平、农村土地流转和规模经营、农民财产权利、城乡关系处理等重点问题，市委研究室调研走访市委农工办、市农委、市国土局、市规划局、市人社局、市教育局、市卫生局、市环保局以及5个镇、7个村、5个种植大户、2个农业企业、10个农户，发现并指出“证地不符”、农村劳动力和专业服务力量不足、外地种植大户过多、土地流转规模过大、部分土地经营性质发生变化、土地流转中村集体经营风险有所增加以及城乡养老水平存在明显差距、镇村的社区卫生服务偏弱、农村环境设施跟不上需求等问题，提出科学把握“再确权”操作方式，加强农村的“生产建设、技术服务和组织管理”三支队伍的力量，鼓励当地种植大户发展，重新审视村为经营主体的土地股份合作形式，科学确定规模经营的“适度”问题，健全土地流转和规模经营的体制机制，及以“发展可持续”为前提正确处理城乡在社会保障、公共服务、环境建设等方面关系等建议。

【城乡一体发展专题调研】 围绕“以人为本推进城乡一体化”专题，市委研究室调研走访市规划局、住建局、国土局、人社局、教育局、卫生局、民政局、体育局、环保局、房管中心、城乡环卫指导中心、新市民事务中心、计生委、文明办以及4个区镇。从城乡一体化发展动力、人的素质提升、公共服务优化、城镇建设用地的效率提升、农村环境整治五个方面研究探讨，提出以项目建设推动集聚发展、以产业优化和管理完善推动素质提升、尽力而为量力而行优化公共服务、划定城市开发边界、改进环境整治方法等相关意见、建议，为“十三五”规划的相关内容做好前期研究。

【高等职业教育发展专题调研】 针对沙洲职业工学院在发展中遭遇的现实困境，通过研究沙洲职业工学院曲折发展的历程，结合高职教育成功模式、当地产业转型现实需求、周边全省乃至全国同类院校经验，市委研究室从改革创新、社会心理、产城发展、地方办学四个维度，提出给予沙工更多的改革试验机会、更强的社会认同、更足够的宣传展示，支持沙工整合更多的办学资源，从而使沙工回归县办大学本质，做出地方特色，为全市经济社会发展再立新功的建议。

（石建军）

组　织

【概况】 2014年，全市新成立党委4个（善港村党委，福前村党委，魏庄村党委，沙洲职业工学院机关党委）。新成立党总支3个，撤销3个；新成立党支部118个。至年末，共有基层党组织4774个，其中党委123个、党总支268个、党支部4383个，另有党工委36个。新发展党员878人，转入2151人，减少1979人。至年末，有中共党员68568人。有副主任科员（副镇级）以上干部1477人。其中，女干部231人，占15.64%；非中共党员58人，占3.93%；大专以上学历1435人，占97.16%。年内，市委组织部完成“党政领导班子和领导干部综合分析研判的模型与机制研究”“关于深入推进‘产业引才’的路径与思考”“‘党建引领社区治理’模式的实践与探索”等重点调研课题。向上级组织部门和市委办报送组工信息103篇，出刊《张家港组工信息》16期、《人才工作信息》15期，在《张家港日报》刊出《今日党建》12期。推进产业引才、海外引才、平台引才，全年征集各类人才项目信息900余条。全市新增国家“千人计划”人才2人；省“双创计划”人才17人，居全省县市前列；新增苏州“姑苏计划”人才31人，居苏州县市之首。

领导班子和干部队伍建设　全年市委共召开5次常委会研究干部调配工作，调整干部155人次，其中提拔20人，正科职干部调整25人。在提拔的20人中，有女干部5人、35岁以下干部5人、大学学历以上干部18人。13个党外干部必配部门中有11个部门配备党外干部，11个优先配备女干部的部门中有10个部门配备女干部。1月和7月，分2批选派8名新任职市管干部赴信访部门开展为期半年的挂职锻炼。3月，开展《党政领导干部选拔任用工作条例》学习宣传活动，向各区镇、各部门印发学习手册。5月，挑选50名中青年干部，在市级机关、垂直单位与区镇之间开展为期1年“双向挂职”。3月至9月，市委组织部对局镇级后备干部信息库进行集中调整，遴选产生局镇级后备干部326人、青年预备队人才41人，并分经济服务类、专业技术类、行政文秘类、社会管理类四个类别和“比较成熟、近期可进班子”“潜质较好、强化培养锻炼”两个层面，建立后备干部信息库。年内，根据中组部《关于进一步规范党政领导干部在企业兼职（任职）问题的意见》，对全市党政领导干部在企业兼（任）职情况进行调查摸底，制定清理工作方案，并专题召开市委常委会，推进党政领导干部在市属企业兼职的清理工作。根据中组部、中央编办、国家公务员局《关于严禁超职数配备干部的通知》要求，对超出核定职数配备干部、以“低职高配”形式超机构规格提拔干部、设置领导“助理”配备干部、突破比例限额和超出规定范围配备干部以及自行提高干部职级待遇等情况进行梳理分析，落实超职数配备干部整改消化工作。根据中组部《关于规范退（离）休领导干部在社会团体兼职问题的通知》和省委、苏州市委有关政策规定，制定完善《关于规范市人大、政协社会团体管理工作的意见》，对相关社会团体组织机构、活动经费、任职条件、日常管理等进行规范。出台《张家港市领导干部报告个人有关事项实施办法》《关于报告严格落实组织工作重要事项请示汇报制度》，规范干部日常监督。对大新镇、市政府口岸办、市委党校、张家港日报社、市供销合作总社原任或在任主要领导实施“三责联审”。对塘桥镇经济服务中心领导实施离任经济责任审计。全年审查领导干部因公出国（境）68批186人次，审批因私出国（境）90批94人次。

基层党组织和党员队伍建设　年内，市委组织部深化区域共建工作，建立“在职党员统一活动日”，组织在职党员定时到社区开展服务；建立“精细化服务团队”，合理配置专门网格员，定人推进服务落实；建立“开放式服务驿站”，定点保障服务运作。抓好党员服务中心阵地建设，对20个动迁社区新建党员服务中心累计资助40万元。加强农村党建工作，排摸确定14个村（社区）软弱涣散党组织，建立市领导挂钩联系软弱村（社区）制度，分类制定整改措施，划拨专项经费42万元，解决整改问题65个，群众关心的重点、难点问题269个。10月，市委下发《关于进一步激励村（社区）干部创业争先的意见》，加大农村基层干部退休待遇保障力度。11月，在市委党校举办为期7天的“村党组织书记科学发展能力培训班”。年末，开展市“建设社会主义新农村带头人”评选，18名农村党组织书记获评。深化非公党建工作，推进12个实体型区域工作站建设，打造外企“同心圆”、商贸“党建圈”、红色“联谊会”、致富“常阴沙”四个特色站点。推进非公薄弱领域党建工作，会同张家港工商局打造通运路、江南商贸建材城和杨舍老街3个“光彩先锋”非公党建指导站；会同张家港检验检疫局加强“仓储先锋”党建服务阵地建设；依托司法、卫生、教育等行业系统主管部门，加强律师行业、民办医院、民办学校、专业合作社等社会组织党建工作，形成“法律服务惠民生”“党建心连心、健康手牵手”和“五同”关爱新市民子女等新一批党建服务项目。制定出台非公党务干部岗位津贴、荣誉津贴制度以及岗位资格认证管理等规范性文件，首批90名非公党务干部完成“初级党建员”岗位资格认证。规范党员教育管理，开发“党员发展流程管理系统”，对党员发展实行网控管理。根据中组部6月下发的《中国共产党发展党员工作新细则》，市委组织部举办发展党员专题业务培训，对各党(工)委及所有村(社区)党组织负责人进行业务轮训。6月，推进发展党员履职资格认证考试，组织551名党务工作者参加培训考试。是月，建立党员教育“先锋师资库”，市委党校和教育系统骨干教师、党政机关专家型干部、企业家等14人加入“先锋师资库”。在保税区(金港镇)、南丰镇等地试点推行党员分类管理、积分考核，实行积分入网。召开“流动党员集中活动月”，办好流动党员“短信党课”，资助流动党组织活动经费11.28万元，涉及党组织34个党员1241人。创新建设新型远程教育站点，试点推广智慧党建综合服务信息平台。开展党员关爱基金集中募捐和慰问救助活动，共惠及党员群众13119人次，发放党员关爱基金962.28万元。

【基层服务型党组织建设】 年内，市委组织部在基层服务型党组织建设中全面实行项目化推进机制，从市级、各党工委和基层党组织三个层面，分别确立40个A类示范项目、150个B类特色项目和4800余个C类基础项目，建立“分类申报、逐级审核、本级实施”推动机制，并对所有项目实行“年初公开承诺、年中推进实施、年底绩效考评”工作机制，配套建立党建服务项目绩效评估机制，整合原有的创新项目奖、各类示范点争创评选活动。通过“专项督察、日常跟踪、重点督导”等方式，及时掌握各类党建服务项目动态，市级层面先后组织3次专项督察，特别是针对A类项目建立月报季考制度，并定人定时跟踪指导、督促走访，提升项目组织化程度。在《张家港日报》开设“党建引领、服务惠民”专栏，跟踪报道“争创A类党建服务项目”推进情况和工作实效。7月，《张家港市：党建服务项目化特色彰显》入选省委研究室《调查与研究》刊发的《全省打通联系服务群众“最后一公里”创新案例》，得到省委书记批示肯定。年内，《新华日报》《党的生活》《苏州日报》对张家港市服务型党组织建设经验进行宣传报道。

【党政领导班子和领导干部综合研判机制形成】 年内，市委组织部研究出台《张家港市党政领导班子和领导干部综合研判暂行办法》，开发“市党政领导班子和领导干部综合研判信息系统”，并制定《张家港市党政领导班子和领导干部综合研判信息系统管理办法(试行)》，形成“一系统两办法”的综合研判工作架构。综合研判对象主要是市委管理的领导班子和班子成员，一般每3年对所有对象至少研判一次。信息系统数据库包括领导班子和领导干部基本信息、奖惩评议、组织掌握情况、考核考评、信访处分、教育培训、后备干部以及研判情况等模块，通过组织部门日常调研(考察)、所在单位提供情况、执纪执法部门和绩效办、信访局等部门信息共享等渠道采集汇总，由研判小组通过定期、专项、任前、即时研判等方式进行定量分析和定性分析，形成研判结果。综合研判实行动态监测预警机制，根据领导班子和领导干部存在或潜在问题严重程度，标志“黄灯”和“红灯”预警信号，相应采取诫勉谈话或组织调整等措施。开发“党政领导班子和领导干部网络民主测评系统”，保障参与人员真实意愿的表达，提高测评结果的准确性和科学性。

【中青年干部培训模式创新】 10月至11月，市委组织部组织46名副科职级干部和中层正职干部，参加为期40天的第十八期中青年干部培训班。培训班首次通过井冈山干部学院、复旦大学、市委党校、基层调研等多个阶段立体式推进，以“先定课题后参学”的问题导向有针对性安排培训锻炼。在井冈山干部学院，学员凭吊革命烈士陵园，重走朱毛红军挑粮小道，围绕“新时期好干部标准是什么”“年轻干部成长靠什么”等主题进行互动讨论。在基层一线，全体学员分成9个组开展调查研究，走访农户、企业和学校100余家，撰写调研报告46篇。在复旦大学知识素养高端培训和市委党校实务能力提升集中培训中，学员课程和活动丰富，有领导授课、现场教学、案例教学、学员讲坛等。

【“党建引领社区治理”模式试点】 年内，针对城乡一体快速推进过程中动迁安置社区治理问题，市委组织部会同市委政法委、市民政局等部门在大新镇新东社区开展“党建引领社区治理”模式试点工作，解决动迁社区面临的治理难题，为全市社区治理提供样本。通过理顺党员组织关系，优化“一委一居一站一办”(党总支部委员会、居民委员会、社区管理服务站、社区综治办)管理架构，创设《新东社区党建引领社区服务工作清单》《新东社区群众自治组织协助政府工作事项》《新东社区群众自治组织履行职责事项》三份清单，理顺社区工作职能，形成架构清晰、功能明确的工作格局。指导新东社区通过需求采集、立项公示等流程整合形成一大批党建“服务项目”，设立“一站式”民生服务超市，开出“公共服务优化类”“党员志愿服务类”等五大类“服务菜单”，引导机关事业单位党员干部到社区开展各类志愿服务。实施“接待受理、立项承担、交办办理、办结上报、回访调查、评估改善”六环节工作法处理

大新镇新东社区民生服务超市　　（庞瑞和　摄）

居民意见建议，建立各职能部门与居民党员群众共同评议社区工作的双向考核评价体系，在民主管理、法治平安、文明建设、党员先锋、诚信和谐、公益慈善等6个方面探索社区居民积分管理，形成科学有序、绩效分明的制度保障。9月，市委组织部举办全市"党建引领社区治理"专题培训班，向全市社区推广"党建引领社区治理"模式。11月，《人民日报》"党建周刊"刊登文章，推广张家港"党建引领社区治理"工作经验。　（陶叶萍）

宣　传

【概况】年内，全市宣传思想文化战线围绕中心、服务大局，把深入开展党的群众路线教育实践活动与加强宣传思想文化工作、精神文明建设相结合，迎难而上勇争先，创新有为求发展，各项工作继续在苏州、江苏乃至全国同级保持领先水平，为推进全市现代化建设、谱写"中国梦"张家港篇章提供强大的精神动力和有力的思想保证。

理论武装　学习贯彻习近平系列重要讲话精神，用讲话精神武装头脑，指导实践，推动工作。1月，组织开展"争当苏南现代化示范区建设排头兵"主题征文活动，为全市现代化建设提供有力的社科理论支撑。成立市思想政治工作研究会，围绕12个方面组织开展应用理论研究。张家港市委获评"苏州市年度学习型领导班子建设工作先进集体"称号。张家港市荣获2013—2014年度全省基层党员冬训工作示范县（市、区）。2月，组织2013—2014年度基层党员干部冬训工作。3月，邀请中央党校党建部副主任张志明作《新形势下党的群众路线与党群关系》专题报告。4月，制定下发全市党委（党组）中心组专题学习计划，组织各级（党组）党委中心组带头学习。组织开展2014年度市哲学社会科学应用研究课题申报工作，确立10项重点课题和45项立项课题，至11月结题。5月，打造"张家港民生讲堂"宣讲品牌，从部分涉及民生的重点改革部门，选拔28名理论宣讲志愿者，分赴全市镇、村（社区）36个基层点位开展宣讲50余场，听众近1万人次。"沧江市民大讲堂"获评江苏省优秀讲坛。在市广播电视台开设大型广播访谈节目《听见》（社科时间），促进社科研究成果的社会化推广，获评2014年度全省社科普及宣传资助项目。6月，"区域文明建设对现代化发展的推动力研究——以张家港为例"被确定2014年度"省社科应用研究精品工程"重点立项课题，年末结题。组织全市县处级领导干部专题读书调研活动。7月，制定《张家港市讲坛讲座定级评估标准（试行）》，启动2014年度市讲坛讲座定级申报工作。8月，邀请国家行政学院原副院长周文彰作《树立正确的世界观、权力观、事业观》专题讲座。组织开展2014年度张家港市思想政治工作调研和征文活动，评选出优秀理论调研文章28篇。10月，对全市首批28家讲坛讲座试行定级分类管理，其中一级讲坛讲座3家、二级讲坛讲座5家、三级讲坛讲座20家。11月，《书香城市指标体系解析》一书获评苏州市第12次哲学社会科学优秀成果。

舆论引导　坚持团结鼓劲、正面宣传为主的方针，围绕"现代化建设三年行动计划""810工程""六大提升行动"、贯彻落实中共十八届三中、四中全会精神等主题，组织张家港日报社、市广播电视台及新闻网站开设全年专题专栏，共刊（播）发稿件2000余篇，对上对外刊（播）发稿件700余篇。开展弘扬践行社会主义核心价值观主题宣传，组织群众路线教育实践活动报道，加强各类先进典型、社会新风正气的宣传，3月，获得全国三八红旗手标兵的长江村党委书记郁霞秋被中央主流媒体集中宣传报道；5月，中央、省市19家媒体对苏州市重大先进典型——张家港市人民检察院开展集中采访活动；6月，推出《行走·文明城里好风景》大型新闻行动，以生动的事例在全社会传递道德正能量；7月，永联村党委书记吴栋材作为全国先进典型参加中国共产党新闻网在线访谈；11月，市电台主持人单炜炜作为"时代先锋"苏州市重大先进典型被集中宣传报道。抓住全国县级文明城市创建工作现场会在张家港市召开的契机，集中宣传张家港文明创建创新实践，《人民日报》、新华社、《光明日报》等主流媒体刊播《20年不变的追求——张家港市文明城市建设剪影》《争当践行社会主义核心价值观的排头兵——全国文明城市"三连冠"张家港的探索与实践》等重点报道。组织开展"法国外国记者协会张家港采风""亚洲摄影家聚焦美丽张家港"等活动，提升张家港的境外影响力和美誉度。网络阵地不断巩固，各新闻网站、官方微博推出"党的群众路线教育实践活动在港城""践行社会主义核心价值观""记忆中的家风家训"等专题，开展"我为社会主义核心价值观代言”微话题、“身边的感动”微讨论等。践行“网信精神”，集中开展以净化网络内容为重点的网上舆论引导专项行动，对全市辖区内的网站、论坛、微博等平台全面清查，有效净化全市网络空间。以年度网络文化活动为抓手，打造网络文化品牌，开展“美时美刻”文明随手拍、核心价值观网络书法大赛等12项特色活动，吸引网民参与超1万人次，相关网页总点击量10万余次。

媒体宣传　年内，不断加强全国文明城市创建宣传，先后刊发《争当践行社会主义核心价值观的排头兵——全国文明城市“三连冠”张家港的探索与实践》（8月26日《光明日报》），《张家港：文明之花常年绽放》（10月11日《人民日报》头版），《20年不变的追求——张家港市文明城市建设剪影》（10月11日《人民日报》），《张家港：文明之帆领航科学发展》（10月11日《苏州日报》头版头条），《中央文明办在张家港市召开全国县级文明城市创建现场会》（10月14日《新华日报》头版），《“张家港经验”引领文明新实践——全国县级文明城市创建现场会侧记》（10月14日《新华日报》），《骑车走街串巷看文明》（10月14日《苏州日报》）。围绕经济转型和现代化建设，先后刊发《钢铁巨擘彰显“绿色竞争力”》（3月26日《苏州日报》头版头条），《四大国家级基地引领转型，张家港经开区新兴产业投入同比增五成》（4月20日《苏州日报》头版头条），《“老先进”不懈创新20年》（5月19日《苏州日报》头版头条），《“弘扬张家港精神，推进现代化建设”系列报道》（10月12日至14日《现代快报》），《张家港打造转型升级新样本》（10月28日《新华日报》头版），《全球“膜”巨头总部乔迁张家港——张家港保税区打造全产业链光学膜生产基地》（11月2日《苏州日报》头版），《高管时评：转型升级呼唤新思维》（12月8日《江苏领导参考》），《张家港转型升级的路径与作为》（新华社《智库分析报告》）。围绕加强社会文化建设，先后刊发《张家港举办新市民“百家宴”》（1月26日《新华日报》），《“文化课”晒出优秀成绩单——张家港市文化建设亮点扫描》（2月16日《苏州日报》头版头条），《“张家港精神”竖起群众路线标杆》（3月31日《新华日报》），《江苏张家港出台〈志愿者礼遇办法〉》（5月6日《光明日报》），《“国字号”金牌这样炼成——张家港市人民检察院团队风采速写》（5月20日《苏州日报》头版），《张家港星级评选助推文明经营》（8月1日《新华日报》），《张家港24小时自助图书馆——一座文明城市的精神投影》（8月11日《中国文化报》头版头条），《“听文物讲长江的故事”征集活动启动》（11月1日《光明日报》头版），《江苏张家港探索党建引领社区治理——社区大家建，支部总调度》（11月18日《人民日报》），《新市民参与社区治理的张家港实践》（《群众》杂志第9期），《张家港构建“全民阅读”长效机制——让“书香溢满全城”的启示》（新华社《智库分析报告》）。

文化事业　年内，开展“幸福港城”2014年市网格文化活动，共五大主题17项主题活动，丰富市民文化生活，网格文化员持证上岗率98%。继续开展“文化志愿服务基层行”活动，持续打造“村村演”“月月映”“周周唱”“天天说”等文化民生品牌活动，全年累计开展文化志愿服务活动65项973次，19万群众受益。全市新增文化志愿服务团队23个，总数44个，文化志愿者1743人。3月，市“中国曲艺之乡”授牌仪式暨中国曲协文艺志愿服务团送欢笑走进张家港惠民演出在保利大剧院举行。全市首个国家一级社团——长江文化促进会成立。7月，制定出台《张家港市公共文化设施标准化运行管理办法》。“书香之县（市、区）测评指标”项目入选新闻出版改革发展项目库2014年度入库项目。11月，创新举办首届长江流域民间艺术博览会、“听文物讲长江的故事”——寻找长江流域有故事的珍宝活动等8项活动。12月，建立健全县域公共文化服务协同创新机制，整合市、镇（办事处）、村（社区）各级文化馆（站）和文化网格资源，促进公共文化服务标准化、均等化。推进文化体制改革，成立江苏省广电有线信息网络张家港分公司。“构建立体化现代公共阅读服务体系”获苏州市宣传思想文化工作创新成果奖，“率先建立县域文化馆总分馆体系”获评苏州市宣传思想文化工作创新成果提名奖。张家港市被授予“中国小戏小品之乡”称号，通过复查继续荣膺“全国文化先进市”称号。“河阳宝卷”作为“吴地宝卷”的组成部分与金村庙会入选第四批国家级非物质文化遗产代表性项目名录扩展项目名录。年内，市艺术中心、长春园书场、评弹艺术馆完成建设，市报业大厦、少儿图书馆等加快建设，各镇、镇办事处文化中心建设有序推进，全市人均公共文化设施面积0.4平方米。24小时图书馆驿站建成24家，实现镇、镇办事处全覆盖。“群文大讲堂”全年举办公益培训120次，培训群众文艺团队200余支。全市新增群众文艺团队30支，总数510支。

【市新闻发言人培训班】 11月24日至27日在中国传媒大学举办，市委宣传部主办。全市党政部门、区镇的47位新闻发言人参加4天的系统学习和实践演练，市委常委、宣传部部长杨芳作开班动员。邀请中国传媒大学、北京市政府新闻办、新华社、中央电视台、人民网专家学者进行专题授课和指导。采用“讲座+模拟演练”的方式进行，听取全媒体时代媒体沟通、战略传播与引导舆论等专题授课，安排4场“一对一、一对二”电视专题采访、4场新闻发布会等模拟实训课程，加深学员对互联网环境下新闻发布工作的认识，增强学员的媒介素养和引导舆论的能力。

【省“双服务”建设先进集体表彰会】 5月20日，第四届江苏省服务农民、服务基层文化（简称“双服务”）建设先进集体表彰座谈会在张家港市召开。省委常委、宣传部部长王燕文，苏州市委常委、宣传部部长蔡丽新等出席。会议表彰16家获第四、五届全国“双服务”先进集体单位和44家获第四届省“双服务”先进集体单位。总结全省10余年实施文化惠民工程，以及服务农民、服务基层的先进经验，并对加快公共文化服务体系建设

省“双服务”建设先进集体表彰会　　（市委宣传部　供稿）

做出新的部署。市委书记姚林荣介绍张家港市“双服务”的先进经验和做法。会后，举行“欢歌送万家”2014年江苏省流动舞台车、广场音响赠送仪式，省委宣传部向包括张家港市文化馆在内的11家基层文艺院团赠送价值700万元的流动舞台车金钥匙。

（丁洪斌）

统　战

【概况】 年内，全市统一战线工作围绕全面推进现代化建设目标，紧扣“810成效比拼年”总体要求，发挥统一战线优势作用，加强与民主党派、民族宗教，以及统战其他各领域的沟通、协调，服务经济、政治、文化、社会和生态文明建设。2月17日，市委统战部召集各民主党派相关负责人召开座谈会，研究部署2014年全市民主党派工作。2月22日，市委统战部举行中共十八届三中全会精神解读专题讲座，统战条线500余人参加。3月、6月、9月、11月，市委分别就人口计生、保税区开发建设、民防、公安等工作情况召开各民主党派、工商联和无党派人士座谈会4次，参会人员180余人次，征求到意见和建议120余条。9月16日，市委统战部与重庆市石柱县委统战部签订友好合作协议，内容包括建立联谊互访机制、搭建合作交流平台、推进资源信息共享以及推动两地全面合作等。至年末，全市副科级以上党外领导干部55人，其中区镇6人。协助民主党派加强自身建设，8月23日，协助民建市基层委员会召开全体会员大会，会议决定把下属支部由3个增设为5个，增补1名副主委。协助九三学社市基层委员会开展换届工作，11月上旬前，九三学社市基层委员会各支社陆续完成换届工作；11月28日，九三学社市基层委员会召开全体社员大会。至年末，全市有民革市总支、民盟市委、民建市基层委员会、农工党市委和九三学社市基层委员会5个民主党派组织和1个市无党派人士联谊会。年内新发展民革党员8人、民盟盟员15人、民建会员9人、农工党党员13人、九三学社社员6人、无党派人士联谊会会员5人。至年末，全市民主党派和无党派人士联谊会共有成员704人，其中民革71人、民盟209人、民建70人、农工党197人、九三学社94人、无党派人士联谊会63人。

【第八期党外干部培训班】 6月3日至8日在浙江大学举办，市委统战部、组织部主办。50名中青年党外干部参加为期一周的集中培训。学员是全市机关、部门和企事业单位的党外中层和业务骨干，以及部分非公有制经济等新社会阶层人士。首次采用赴浙江大学封闭强化培训方式，邀请浙江大学、浙江省委党校等院校专家学者讲课，课程设置“习近平的国际战略思想与外交风采分析”“新时期新阶段党的统一战线理论与实践”“网络时代危机管理与舆情监控”等七个方面专题，并组织学员参观阿里巴巴集团中国总部。　　（周卫国）

机构编制管理

【概况】 年内，市机构编制委员会办公室（简称市编委办）围绕全市经济发展大局，全力推进政府行政机构改革。年末，研究拟定的《张家港市人民政府职能转变和机构改革实施意见》，获得苏州批准同意实施。深化行政审批制度改革，集中清理行政审批事项，公布行政审批事项目目录清单，实现“目录以外无审批”。加强机构编制管理，年内召开4次编委会，同意新设立5家事业单位，整合撤销5家事业单位，否决事项8项，回收事业编制1名，编制只减不增。年末，全市共有党政群机关77个，事业单位431个。强化机构编制监督检查，7月，市编委办会同市委组织部、市审计局开展领导干部“三责联审”工作，对张家港日报社、市供销总社、市委党校、市政府口岸办、大新镇的主要领导分别实施机构编制责任审核。规范事业单位登记管理，办理事业单位设立登记7家，变更登记53家，证书补领2家，注销登记2家；年度检验407家，年检率及合格率均为100%。

【行政体制改革】 根据省委、省政府《关于进一步简政放权加快转变政府职能的实施意见》精神，8月，市行政体制改革领导小组成立，领导小组办公室设在市编委办，统筹推进以“5张清单、1个平台、7项相关改革措施”为基本架构的行政体制改革工作。“5张清单”分别为继续精简行政审批事项，建立行政审批事项目录清单；全面梳理政府职权，建立政府行政权力清单；深化投资审批制度改革，建立投资审批“负面清单”；清理项目资金，建立政府部门专项资金管理清单；减少收费项目，建立行政事业性收费目录清单。“1个平台”是完善政务服务体系，打造阳光便捷的服务平台。“7项配套改革”分别为强化事中事后监管，推进监管执法体制改革，促进社会组织健康发展，推行政府购买服务制度，全面推行政府绩效管理制度，健全责任追究机制，深化地方政府机构改革。是月，印发《张家港市行政体制改革领导小组、办公室和成员单位工作职责》，明确成员单位责任分工。依据分工，市编委办负责行政审批事项目录清单。年内，结合上级政府取消、下放审批事项的目录，对全市各单位上报的行政审批事项进行全面梳理，对应上级政府取消与暂停49项（含15个子项），承接上级政府下放的事项68项。根据江苏省政府《关于不再保留非行政许可审批事项和取消下放转移一批行政审批项目的通知》精神，12月31日，市政府印发《关于公布张家港市行政审批事项目录清单的通知》，清单不再保留“非行政许可审批”类别。明确全市保留行政审批事项279项（含市级部门230项，垂直部门49项），与公布的张家港市2014年行政审批事项目录434项相比，减少155项，缩减35.7%，完成上级政府提出的行政审批项目减少三分之一的目标任务。

【政府机构改革方案获批】 根据省委办公厅、省政府办公厅《关于印发〈江苏省市县政府职能转变和机构改革的意见〉的通知》、苏州市委、市政府《关于印发〈苏州市人民政府职能转变和机构改革实施意见〉的通知》精神，拟定《张家港市人民政府职能转变和机构改革方案》，经市机构编制委员会会议、市委常委会审议通过后，以市委、市政府名义上报苏州市委、市政府。12月27日，苏州市委办公室、市政府办公室下发《关于印发〈张家港市人民政府职能转变和机构改革方案〉的通知》，批复同意张家港市政府职能转变和机构改革方案。改革的重点，一是简政放权，加快政府职能转变，具体推进“5张清单、1个平台、7项相关改革措施”；二是稳步推进大部门制，深化政府机构改革，整合工商、质监、食药监部门职责组建市市场监管局，整合卫生、计生部门职责组建市卫生和计划生育委员会，整合住建部门职责和园林绿化管理职责重新组建市住房和城乡建设局，市农业委员会增挂市林业局牌子，不再保留市园林绿化管理局，市教育局增挂市政府教育督导室牌子，市民族宗教事务局列政府工作部门。改革后，市政府工作部门共设置32个。

【事业单位分类工作完成】 按照上级统一部署，在市分类推进事业单位改革工作领导小组的指导下，市编委办坚持以政事分开、事企分开为原则，以社会功能定位为依据，合理划分事业单位类别，完成张家港市事业单位分类工作。纳入分类的事业单位共415家，其中暂列公益一类的事业单位7家、公益一类的事业单位311家、公益二类的事业单位97家。事业单位类别的划分，为下一步分类推进事业单位改革工作奠定基础。

（徐　铭）

市级机关工委

【概况】 年内，市编委办党支部由市人社局党委划归市级机关工委管辖。全年市级机关新发展党员55人，其中35周岁以下的31人、占56%，女性23人、占42%；批准预备党员转正59人。至年末，市级机关工委下辖党委5个，党总支25个，党支部209个（其中直属党支部46个），党员3795人（其中在职党员2944人）；下辖工会组织83个，团组织28个，妇女组织73个。评出市级机关先进党组织41个、优秀共产党员153人。年内，张家港市机关党建工作经验在全省市、县（市区）机关工委书记座谈会和培训班上代表苏州市作交流发言。张家港市委市级机关工委第四次获评苏州市机关党建信息工作优秀单位。全年编印《张家港机关建设》内刊4期。

机关党建　3月至10月，市级机关工委开展党的群众路线教育实践活动，编印《市级机关先进典型服务格言选编》《市级机关群众工作典型案例选编》学习资料下发至各基层党组织，重点建立《新任党务分管领导工作交流谈话制度》等8项制度，修订完善《机关作风效能建设监督机制》等30项制度。3月至5月，在市级机关开展“我为‘810工程’献一计”微建言征集活动，征集微建言202条，评出一等奖1条、二等奖3条、三等奖21条、优秀奖75条。4月18日，联合市行政服务中心在万红社区广场开展“改进作风走在前，服务群众我先行”公开承诺暨机关服务“面对面”活动，10余个部门为居民群众提供服务。4月29日，开展“共建党员志愿者林，美化绿化生态港城”活动，组织市级机关176名党员和入党积极分子定期对农联路游园的绿化进行管护。4月至11月，开展“争做智慧型干部·服务‘810’工程”主题读书活动，收到读书征文和体会文章230篇，评出一等奖5个、二等奖8个、三等奖10个。5月5日，联合市委组织部印发《关于建立机关服务基层常态化工作机制的意见》，推动机关干部下基层实践锻炼持续覆盖。5月26日，印发《张家港市市级机关基层党建工作综合考核实施细则》。5月30日，组织开展机关进企业“走访送”——走进常阴沙现代农业示范园区商会活动。5月至7月，会同市委宣传部开展“张家港民生讲堂”理论巡讲活动。8月8日，召开机关基层党组织专题组织生活会和民主评议党员工作部署会议。10月至12月，举办市级机关“锤炼党性、清廉干事、依法行政”综合知识竞赛，84个机关部门和单位的5500余名党员干部参与，活动评出优秀组织奖8个，抽取一等奖10人、二等奖30人、三等奖60人、鼓励奖100人。11月7日，在张家港海事局召开市级机关廉洁文化建设推进会。

机关人大　在市十三届人大三次会议上，市级机关人大代表提出代表建议47条。3月至12月，市级机关人大代表围绕选民关心的消费者权益保护、企业转型升级、住房公积金政策、教育均衡化、城市文明建设等热点议题，分赴国泰集团、华昌集团、市住房公积金中心、沙洲职业工学院等专题调研9次，收集意见、建议38条。4月25日，部分机关人大代表赴杨舍镇东城第二联合区域党委开展“进区域搞共建听民生”活动。8月、9月，先后在张家港地税局、市级机关人大代表之家举行代表述职和集中接待选民活动。10月，市级机关10名苏州市人大代表在市级机关人大代表之家开展集中接待选民活动，听取30余个部门单位32位机关选民的意见、建议。11月10日，举办机关人大代表履职交流暨业务培训活动，4位代表进行履职交流，并做“如何做一名合格的机关人大代表”履职辅导。

机关群团 2月，在市级机关组建市法院关爱“小候鸟”，市安监局“巾帼安监在行动”，市人口计生委“女性生殖健康保健教育”，市国税局、地税局“税花携手进百企”，市文化中心“金话筒”，市司法局“法律援助”等10支巾帼志愿服务团队，吸纳100名巾帼志愿者。3月，联合市妇联组织开展“服务送温暖·携手创平安”“三八”维权志愿服务活动，邀请上海师范大学教授吴双为市级机关180余名妇女干部作“塑造阳光心态，追求幸福人生”专题讲座。5月4日，联合张家港海关举办“学历史、知荣辱、展风采”主题报告会，邀请离休援藏干部、市政协原主席顾秉钧为机关团员青年代表作事迹报告。是月，新成立华景会计师事务所团支部。6月，组织200余名机关党员干部参加江苏省第九届“沿江体育带”全民健身大联动活动主会场张家港市健步行活动。是月，会同市卫生局开展“践行群众路线，服务干部职工”健康教育进机关活动。7月，联合市司法局开展市级机关青少年“法制夏令营”活动，市级机关干部家庭的20余名未成年人参加。8月11日至15日，联合市卫生局、红十字会开展应急救护知识培训，近600名机关干部参训。

【机关干部教育培训】 全年组织各类教育培训11期，参训人员近2500人次。3月27日，结合党的群众路线教育实践活动，组织机关400名党员干部集中观看电影《周恩来的四个昼夜》。4月17日至19日，举办市级机关第28期入党积极分子培训班，48个部门和单位的185名入党积极分子参加。4月30日，举办入党对象党务基础知识培训，53名入党对象参加培训。5月7日，举办党员发展流程管理系统业务培训，所属80个党组织的近100名机关党务干部参加。5月30日，开展市级机关新党员“深入一线淬火，锤炼坚强党性”复训活动，59名新发展党员分组参加“当一天农民（交警、城管、环卫工人）”主题实践活动。6月12日，组织56名2013年度新发展党员观看长春园书场评弹专场《兰考情》。6月24日，组织市级机关近300名中层干部听取警示教育专题报告。9月18日至19日，以“提升群众工作能力”为主题，在市委党校举办第三期机关干部行政管理能力培训班，市级机关85个部门和单位的140名机关干部参训。11月19日，举办市级机关《中国共产党发展党员工作细则》专题培训班，直属党组织职能科室负责人和部分二级党支部党务干部约180人参加培训。12月23日至26日，结合全市党员冬训工作，在市委党校启动市级机关首批党员轮训活动，首批轮训分两期进行，每期两天时间，近600名市级机关中层及以下党员参加。全年依托港城大厦联群党建服务联盟组织“七一”党课、网络安全、健康知识讲座等3次教育培训活动。

【党建服务项目“ABC管理法”】 年初，市级机关工委对征集的78个党建服务项目，根据服务内容、综合效益、覆盖范围、受益人群和新颖指数等，评审确定为A、B、C三个级别，实行分类管理。除3个全市重点党建服务项目外，其余75个项目由市级机关工委分类管理，确定A类项目15个、B类项目25个、C类项目35个，编发项目手册，建立工委领导联系项目、绩效管理季报等制度，纳入年度党建工作责任书考核。通过实施党建服务项目，机关各级党组织深入企业296家次，协调解决发展问题485个，赴村（社区）开展主题教育202场、宣传咨询82次，收集社情民意277条，解决各类问题2595件。“‘ABC管理法’促进党建服务项目绩效落地”获评苏州市机关党建创新创优项目二等奖。

【市级机关入党对象参与社会志愿服务活动制度】 1月1日起，市级机关正式实行入党对象参加社会志愿服务活动制度。将志愿服务作为入党积极分子的培养制度之一，列为入党考察条件，确立机关党员从优秀志愿者中发展的原则。根据《关于建立市级机关入党对象参加社会志愿服务活动制度（试行）》，要求市级机关入党积极分子和预备党员申请成为注册志愿者，并在市志愿服务指导中心、市志愿者协会的指导下参加志愿服务活动，将参加社会志愿服务活动年满20小时或6次，作为入党及转正之前的一项重要考察内容。年内市级机关共有114名入党对象注册成为志愿者，

市级机关入党对象参与社会志愿服务 （市委市级机关工委 供稿）

开展志愿服务累计719次1785小时。（钱艳虹）

老干部工作

【概况】 年末，全市有离休干部156人，比上年减10人；享受县处级以上待遇的退休干部62人，比上年增2人。离休干部中，除易地安置张家港市的13人和部省属单位的17人外，享受地市级待遇的3人，享受县处级待遇的46人，享受乡科级待遇的74人。年内，市委老干部局制定出台《市委老干部局固定资产和物资管理规定》，完善《市委老干部局公务接待管理规定》，通过省节水型机关考核验收。

老干部政治待遇　年内，市委老干部局为全市离休干部和市级老领导订阅《银潮》《中国老年报》，免费赠阅《张家港日报》和《秋韵》内刊，发放学习材料，落实文件阅读、听报告、参加重要会议和重大活动制度。宣传老干部先进典型，全年刊发老干部宣传信息230篇。1月，组织市级老领导40余人，列席市政协十一届三次会议和市十三届人大三次会议。是月，举行市级老领导情况通报会，市委书记姚林荣向49名市级老领导通报全市2013年经济社会发展情况和2014年工作打算。3月，组织居住在市区的副局级以上妇女老干部20余人赴无锡参观。5月，举办全市老干部党支部书记培训班，80余人参加。7月，举行老干部情况通报会，市委副书记、市长朱立凡向58名县处级以上离退休干部通报全市上半年经济社会发展情况和下半年主要工作安排。3月、6月、9月、12月，组织市级老领导赴南丰镇、大新镇、常阴沙现代农业示范园区和青草巷农副产品批发市场新址参观考察。

老干部生活待遇　市委老干部局落实老干部"五必访"制度，在春节、夏季高温和中秋节，分片组走访慰问全市离休干部、市级老领导及离休干部遗属，送去慰问信和慰问金，先后看望生病住院离退休干部100余人次。加大对困难遗属帮困力度，全年发放困难补助8万元。建立离休干部服务联系制度，做到服务"全天候"和"零距离"。1月，市党政主要领导分别走访慰问市（县）原四套班子老领导。5月，市委老干部局组织34名市级老领导赴扬州、镇江进行为期7天的保健疗养。8月，组织全市四套班子老领导、离休干部共200余人在市中医医院健康体检，邀请12名专家为市级老领导进行体检报告解读、健康咨询等活动。

【老干部活动】 年内，市委老干部局结合元旦、春节、重阳等节日，组织老干部开展各类文体活动50余次；并组织11个老干部兴趣团队（协会）开展文体活动，5000人次参与。1月，组织召开老干部兴趣团队负责人座谈会；举办市老干部迎新年摄影展，展出摄影作品142幅。2月，举办市老干部"银龄闹元宵，共筑百岁梦"文艺会演，包括舞蹈、独唱、乐器演奏、诗朗诵、锡剧表演等12个节目，全市28个机关单位和2个社区的300余名老干部参加。3月，开展象棋"残局周"破解活动；开展全市老干部"书香伴夕阳"征文活动，共收到作品45篇。4月，承办苏州市老干部象棋友谊赛，10支老干部象棋队参赛；开展"迎五一，乐夕阳"老干部文体周活动，组织市老干部乒乓球队、桥牌队、象棋队开展比赛。5月，在全市老干部中开展"夕阳映港城，晚霞更生辉"书画摄影作品征集活动，共收到书法、绘画和摄影作品225件。6月，开展老干部迎"七一"棋牌球比赛，100余名老干部参与；开展"五分钟有氧健身操"推广活动。9月，举办"夕阳映港城，晚霞更生辉"全市老干部文艺会演，包括时装舞蹈、越剧、锡剧、表演唱、小品、腰鼓舞、戏曲联唱等形式，全市300余名离退休干部观看；组织老干部书画爱好者开展"盛世颂华诞，翰墨献祝福"书画互动祝福墙活动，100余人参加。10月，开展"敬老月"老干部棋牌赛，全市38家单位200余名老干部参加。市老干部活动中心组织老干部兴趣团队（协会）与常州市、吴中区、江阴市、太仓市、昆山市老干部兴趣团队（协会）开展乒乓球、书画、棋类、桥牌对口交流；全年播放电影24场；开展"晚霞生辉——老干部乡村行"系列活动8次。（施翠萍）

党　校

【概况】 2014年，市委党校共举办第十八期中青年干部培训班、百名经济服务型干部培训班、市级机关中层干部轮训班、全市村党组织书记科学发展能力培训班等主体班和各类短训班89期，培训轮训2.3万人次；开展中共十八届三中、四中全会精神，"中国梦"、党的群众路线、"民生讲堂"等主题宣讲130余场。根据全市党员干部教育需求，深入挖掘全市经济社会发展特色亮点，开发出党性教育类、经济发展类、科技创新类、城乡一体化建设类、社区建设类、基层组织建设类等6大类14个现场教学点。其中，永联村获批省党员干部党性教育现场教学基地。组织教师申报立项省委党校课题1项、苏州市社科联课题2项、张家港市社科联课题5项，完成调研报告等各类文章46篇。其中，《张家港精神与党的群众路线》在《苏州日报》发表，《把作风建设纳入到制度建设之中》入选省群众路线教育实践活动论文集，《关于张家港市人才工作队伍专业化建设的调查与思考》在苏州市科技镇长团优秀调研报告评比中获一等奖。教师集体编撰的《现代化进程中的美丽张家港建设研究》一书获张家港市哲学社会科学优秀成果奖二等奖，《张家港市城乡发展一体化进程中的政府角色定位问题研究》获苏州市和江苏省哲学社会科学界学术大会二等奖。

【基层党校建设】 全市有基层党校13家，其中镇党校8家，常阴沙现代农业示范园区党校1家，市级机关工委党校1家，沙钢集团、华昌集团及沙洲职业工学院党校各1家。年内，各基层党校以党的基本理论、方针政策、法律法规、经济社会发展等为培训内容，开展党员轮训、入党积极分子培训及各类专业技术培训。编发《学习十八大解读中国梦》《学习十八届三中全会精神解读——全面深化改革的行动纲领》《社会主义核心价值观》等宣讲材料。各基层党校通过集中辅导、讨论交流、"十八届三中、四中全会热点解析"专题报告会、党课教案和微型党课演讲竞赛、党的群众路线基层巡讲等多种方式，组织广大基层党员干部学习十八届三中、四中全会精神和习近平系列重要讲话精神，把握中国特色社会主义的理论精髓、实践成就和发展要求。全年共举办集中辅导230余场，巡讲、座谈交流1300余场，超过10万人次参加。创新培训途径，通过网络、手机等移动媒介，运用远程教育、网上党校、网上新社区、张家港市全民学习网、短信党课、微信、微博等新型培训方式，将企业党员、流动党员纳入培训范围，扩大受教育人群覆盖面。加强理论宣讲骨干培训，5月29日至30日，在市委党校举办全市基层党教暨理论宣讲骨干培训班，开展《社会主义核心价值观与现代化建设》《统一思想，推进工作的行动指南和根本遵循——学习习近平总书记系列重要讲话》专题辅导报告。

【党的群众路线专题宣讲】 年内，市委党校配合全市党的群众路线教育实践活动，开展理论宣讲。3月1日，市委书记兼市委党校校长姚林荣在党校报告厅作题为《深入学习习近平总书记系列讲话精神，凝心聚力谱写好中国梦的港城篇章》的群众路线教育实践活动专题党课。围绕习近平系列重要讲话精神、中国特色社会主义理论体系、党的群众路线、中共十八届三中全会精神等专题，市委党校完成"为民、务实、清廉——做好新形势下的群众工作""牢记党的宗旨，毫不动摇地坚持和发展党的群众路线""开启'中国梦'新征程""'中国梦'解读""为谱写'中国梦'的张家港篇章努力奋斗""深入学习习近平总书记重要讲话精神""中共十八届三中全会精神解读"等宣讲课题20余个。在此基础上，面向全市各基层党组织发放宣讲需求征集函，根据反馈信息，主动对接，送教上门，先后为市安监局、市财政局、张家港检验检疫局等49家机关单位，沙钢集团、华昌集团等9家企业，城北街道、城东街道、泗港办事处、东莱办事处、长江村、闸上村、邵巷社区等26个街道、村（社区）党组织提供宣讲服务，共89场。其中，3月27日，副校长金善开走进市电台，与电台《听见》栏目主持人共话党的群众路线。

【报送《市情研究参考》100期】 2014年，市委党校坚持"科研兴校、科研强校"方针，实施"科研本土化"战略，围绕"书香城市建设""社会组织发展""跨境电子商务""政社互动""服务型政府建设""政府购买服务""行业协会作用发挥""养老服务产业化发展"等专题开展调查研究，先后向市委、市政府报送《市情研究参考》13期。其中，《关于我市非物质文化遗产保护工作的调查与思考》一文被市委书记批转。至年末，市委党校累计报送《市情研究参考》100期，其中前瞻探索类19期、经验总结类9期、问题剖析类19期、决策咨询类53期，获市委、市政府领导批示30期，发挥党校的"思想库"和"智库"作用。

（丁志宏　余亦维）

史　志

【概况】 2014年，市委党史地方志办公室（简称市委史志办）实施"四大提升计划"（史志主业提升计划、服务中心提升计划、服务基层提升计划、信息化建设提升计划），做好史志编纂、史志宣传、史志研究等工作。完成《中华人民共和国年鉴》《江苏年鉴》《苏州纪事2014》《画说苏州》《苏州寺院志》中张家港市相关内容的编写工作。

党史　推进党史三卷本专题编写工作。年初，市委史志办针对专题编写任务，制定详细的编写计划和时序安排表，对编辑人员合理分工，责任到人。4月，制定下发专题编写指导意见，明确专题的写作要求和方法。年内组织10余次专题写作研讨会，交流研讨专题写作方法、写作内容等业务问题。定期对撰稿单位进行调研，上门了解情况，指导写作；每月统计编写进度，督促各单位按时交稿。至年末，全市131个专题中，完成并上交初稿的50篇，撰写初稿的48篇。3月，启动《张家港改革开放执政纪事（1978—2013）》编纂工作，至年末完成初稿约13万字。完成《张家港精神的生成与发扬》《在全面建设小康社会中争先领先率先》两个党史重点专题的撰写工作。年内，参加市新四军研究会会议和活动6次。

地方志　年内，完成《张家港市志（1986—2005）》印刷任务1万套，向各区镇、机关赠送《张家港市志》2500余套，完成互换交流100余套。10月，组织开展"图说港城"摄影展活动和读志用志征文活动，征集反映全市现代化建设的新成果照片100余张，选出85张参加省地方志办举办的"图片纪事"摄影展，收到征文20余篇。推进镇村志、部门志、专业志编纂，《德积镇志》《包基村志》《崇实初中志》出版，《妙桥镇志》《大新镇志》通过终审验收进入出版程序，《杨舍镇志》完成终审，《张家港市人民法院志》编纂启动，《张家港市统战志》《张家港市宗教志》《永联村志》《李巷村志》等志书加速编纂。

史志宣传　年内，市委史志办组织"学党史·知地情"志愿者宣讲团，深入机关、企业、学校、乡镇、村、社区、军营开展地情文化宣讲。6月，与团市委联合举办"学党史·知团情·党团在心中"宣讲活动，在共青团系统反响强烈。全年举办宣讲8场，受教育2000人次。搭建教化育人的载体，把中共金村支部旧址修复工程列入市政府建设项目，由市镇两级共同出资，进行抢救性保护重建。4月，1926年中共金村支部旧址纪念馆建成开馆。继续办好《张家港史志》刊物，扩大征稿范围，每季度一刊，全年发行3200册。

【《张家港年鉴》2014卷创新】 年内，市委史志办对《张家港年鉴》2014卷进行创新，从培训方式、装帧设计、框架设计、条目编写等方面作创新。在培训方式上，除按往年惯例，召开全市性年鉴编纂会议动员外，各责任编辑针对自己分工的篇目，分片召开12次培训会议，邀请200余个单位的撰稿员参加。年鉴正文框架设计，与2013年相比类目上有较大调整。设置专文《全力争当苏南现代化示范区建设排头兵》，放在“特载·特辑”中，作为全书开篇。为体现“文明张家港”特色，改版概况篇，专门设置文明张家港分目，并将组织机构及其领导人内容移入，大量增加当年大事要事的信息，让其真正成为具有年度特色的可反映2013张家港市全貌的概览。为突出2013年社会经济发展新特色，展现城乡一体化及社会民生发展的新特点，调整设置“法治·军事”“生态环境建设”“农业和农村工作”“商贸服务业·旅游业”“市场·物流”“人力资源和社会保障”“社会民生”篇，并将开放型经济和民营经济置于经济类目之首。在书末选择书香城市建设和全国各大媒体集中宣传报道的全国道德模范两件大事设专记反映年度闪光点。9月，《张家港年鉴》2014卷由方志出版社出版。全书共设类目38个，下设分目239个、条目996个、表格124张。至年末，向各区镇、机关赠送1500余册。

【史志文化研究生工作站】 年内，市委史志办与江苏省社会科学院合作，建立“江苏省社会科学院—张家港市史志文化研究生工作站”，启动“张家港市古街、古村落的保护和开发利用”课题研究。5月，召开研究生工作站启动仪式工作会议。7月至10月，驻站研究生开展课题调研，采取“一听、二看、三调查”的形式举行。一听，主要是听取市文广新局、规划局、旅游局、民宗局、城乡环境卫生指导中心、塘桥镇、凤凰镇、乐余镇就物质文化遗产、非物质文化遗产保护，古镇、古街保护规划，旅游产业规划，美丽乡村建设，宗教场所建设等方面情况介绍。二看，主要是实地查看塘桥镇金村、凤凰镇恬庄、乐余镇民国一条街的建设和规划情况。三调查，主要是对沿街店铺、游客、村民等进行社会调查。共下发回收调研问卷300余份，采访分管领导、老领导、老居民10余人。11月，对课题纲目进行研讨。至年末，课题初稿完成。

【名人（人才）信息库一期项目】 年内，市委史志办发挥地方志的资源优势，与市人才办合作开发“海内外张家港籍名人（人才）信息库”项目，信息库的信息向全市进行匹配式输出，重点是服务全市招商引智工作，同时为地方志工作储备资源。4月，启动工作会议召开。5月，信息库软件部分完成并调试成功。至年末，通过各镇上报、上门收集等方式，收集到各类有效信息700余条，并录入数据库。

【张家港数字地情项目】 年内，市委史志办通过改版“张家港史志”网站，推进数字地情建设。张家港数字地情分地情网站和微信平台两部分。数字地情网站方面，对原来的张家港史志网进行全面改版升级，主要包括五大模块：“港城一点通”介绍张家港的地情，包括地情概貌、地方特产、文化遗产、古镇古村、名门望族等12个栏目；“港城党史”介绍张家港的党史文化，包括党史大事记、党史研究、党史人物、红色遗迹等8个栏目；“史志鉴之窗”反映全市的史志工作，包括动态信息、领导讲话、志鉴研究、学党史·知地情等17个栏目；数字史志馆将已有的史志书籍全部实施电子化处理，以电子书的形式展示；“影像港城”是宣传张家港地情文化的视频。微信平台方面，利用已有资源开通“张家港史志”微信公众号，设置微信扫描二维码。利用微信推送平台每周向关注的群体推送地情文化和工作动态。2月，市政府将数字地情项目纳入市智慧城市建设，落实建设资金13.1万元。3月，市委史志办确定软件承编单位，完成软件设计方案。4月，初步完成网页及软件设计，不断充实网页内容。至年末，对整个架构进行修改，完善网页内容，电子化处理书籍70余部，并上网试运行。

（史　志）

档　案

【概况】 年末，全市有综合档案馆1个，馆藏档案249293卷、293455件，资料13700册；有城建档案馆1个，馆藏档案97562卷，资料5602册；有区镇级档案馆1个，馆藏档案17519卷、159990件，资料1173册；有村级档案馆1个，馆藏档案89268卷、104586件，底图档案6536套80058张，资料668册；有政务公开信息查阅中心1个，保存94个单位的纸质政务公开信息32588件；有图片中心1个，存贮图片档案189603张；音视频档案中心1个，存贮音视频档案9214件。全市有586个单位档案工作达到省星级规范标准，其中省五星级22个、省四星级1个、省三星级146个、省二星级268个、省一星级149个。全市有档案研究馆员1人、副研究馆员9人、馆员58人。

档案宣传教育　4月，市档案局在凤凰镇凤凰村，塘桥镇金村村，杨舍镇万红社区、城西街道、城东社区开展“档案服务进社区”活动。6月，市档案局、人社局、城建档案馆等10家单位联合组织开展“走进档案——‘6·9’国际档案日”宣传活动，举行民生档案、馆藏名人档案流动展，共发放宣传资料1万余份。全年开展档案基础业务技能培训12次，受训人员1176人，组织4000余人参加苏州市档案法制知识网络竞赛活动。5月，市档案学会举行档案学术研讨会，交流论文31篇，其中中国档案学会录用4篇、省档案学会录用8篇。全市上报各类档案宣传稿件127篇，省级以上刊物录用9篇。年内，市档案局开展“名人励我志，扬帆中国梦”“小记者夏令营”“万名学生走进档案馆”等中小学生档案教育实践活动，累计接待参观学生7000余人。

档案保管利用　6月，市委办、市政府办转发《张家港市档案馆收集档案范围实施细则》。年内，市档案馆共接收全市118家进馆单位2002年至2006年档案76051卷、244491件，照片档案8669张，光盘档案265张，资料125册，实物7件。接收65个机关形成的政务公开信息纸质文件1761件。2月至6月，开展馆藏档案普查工作，修复档案121卷、3151件、4573页，更新馆藏档案资料统计台账和存址记录。5月，向社会开放1984年至1985年形成的文书档案5128卷、专门档案612卷，开放率77.9%。按照档案保护“八防”要求，落实各项安保措施，年内开展消防培训、消防演练各1次，新增22个馆库视频监控点，确保档案实体安全。开展“查档之星”评比活动，建立“查档工作群众评价”机制，通过现场查阅、信函、电话、网上查档等多种服务方式，共为社会各界提供档案利用14975人次、15930卷（件）次，提供资料152册，为市民在办理社保、户口迁移、房屋动迁等过程中出具各类档案证明万件，群众满意率99.98%。

档案征集编研　7月，市政府出台《张家港市名人档案管理办法》。市档案馆年内累计征集钱昌照、朱松山、袁毅平等10位张家港籍名人档案资料1091件，馆藏名人档案资料达到6705件。全年收集、整理、上传各类图片档案5.1万张、提供图片档案服务487张；征集、在线采集音视频档案4876件，提供音视频档案服务15件；征集家谱12部109册、重大活动档案931件、民间史料10册。首次获得国家、省档案局珍贵档案抢救与保护专项经费10万元，修复馆藏珍贵档案81件、重要史料3部，音视频档案数字化转换214盒，装裱馆藏书画档案102件。年内，举办专题展览2期，分别是“光漾心影——张家港市档案馆馆藏殷广德摄影作品展”“落纸云烟——张家港市档案馆馆藏著名书法家陈肯先生作品展”。全年编纂出版档案编研成果1部，编写《张家港大事记》12期，编发《张家港报刊文摘》24期。

档案监督指导　4月，市人大常委会执法检查组开展为期2天的档案法实施情况专项检查。6月，市档案局出台《档案行政处罚自由裁量权指导标准》。9月，市政协调研全市档案事业发展情况。11月，全省档案事业综合发展推进会160余名与会代表考察永联村档案馆。年内，市档案局完成74个全市重大建设项目档案的登记备案工作，江苏苏化集团张家港有限公司硫酸低温热回收利用节能技改项目和苏州海陆重工股份有限公司基夫赛特法有色冶炼余热锅炉技术改造项目档案通过专项验收。市国资办、档案局联合召开国家档案局《企业文件材料归档范围和档案保管期限规定》宣传贯彻会议，粮食、交通系统5家国有企业档案管理达到省星级标准。年内，全市有115个单位通过省星级测评、41个单位通过省星级复查，其中张家港国税局、海事局、工商局通过档案工作省五星级规范测评。全市首个机关档案中心——人力资源和社会保障档案中心建成。

档案信息化建设　全年新安装档案管理软件21家，累计740家。市档案局提供档案信息化技术指导服务430余次。推进民生档案远程共享平台建设，年内，新增林权、知青、工商登记、土地证存根、退伍士兵5种专门档案，档案信息共享数据总量达到114.7万条，增设13家档案信息共享服务窗口，实现民生档案查阅的市、镇、村三级覆盖。馆藏档案数字化二期项目结项，累计建立案卷级目录24.6万条、文件级目录582万条。完成重要档案数据异地异质备份工作。张家港档案信息网新增栏目1项，更新内容651条，网站访问量累计244991人次。市电子文件中心累计上载电子文件137441件，其中完全公开81873件、局部公开11543件。全年查询电子文件9673人次，累计86911人次。市电子文件中心是张家港政务公开信息网“文件库”栏目数据的主要来源。

【“港城影像记忆工程”】 2013年8月，市档案局在冶金园（锦丰镇）开展“港城影像记忆工程”试点工作，至2014年3月，共拍摄历史遗迹、村镇建设、工商企业、民俗风情等九大类图片20282张。4月，市档案局召开“港城影像记忆工程”现场推进会，印发“港城影像记忆工程”建设标准，纳入区镇档案工作年度绩效考核重要内容。至年末，全市各区镇全面完成“港城影像记忆工程”建设，共拍摄照片159831张，收集历史照片2136张。7月，市档案局启动“影像记忆丛书”编纂出版工作。年末，由中国文联出版社出版丛书第一册——《锦丰影像》。《锦丰影像》通过403幅历史照片展示锦丰地区近百年的历史变迁和所取得的巨大成就。

【档案服务“810工程”】 3月，市档案局围绕市委“810工程”建设，启动“服务810，档案在行动”专项活动。4月，分类、分层次组织开展“810工程”档案业务培训，参训学员255人，并组建“810工程”主管部门档案工作组织网络。5月至10月，培育张家港扬子江石化有限公司、康得新光电材料有限公司、神园葡萄科技有限公司等10个“810工程”项目档案管理示范企业。11月，市档案局举行“810工程”档案服务大派送活动，向全市78家“810工程”建设单位赠送建设项目档案整理教学光盘200张及2610件档案用品。至年末，完成34个“810工程”项目档案的登记备案工作。“服务810，档案在行动”获得市“关爱民生法治行”活动优秀项目。

【“智慧档案馆”项目启动】 3月，“智慧档案馆”建设项目列入全市信息化重点项目建设计划。“智慧档案馆”项目采用物联传感、RFID射频识别、短距离无线通信、楼宇节能微排等先进技术，实现档案整理、保管、利用等环节的智能化管理。6月，项目列入国家档案局科技项目计划。10月，“智慧档案馆”一期建设项目启动，投入资金162万元。11月，国家、省档案局专家调研“智慧档案馆”开展情况。年内，完成档案智能管理软件、档案信息存贮等设施设备的招标工作，建立流媒体档案综合服务平台，档案全文扫描量2000万页。“智慧档案馆”是市智慧城市建设的重要组成部分，计划5年内完成整个项目的建设工作。（陶忠华）

公务接待

【概况】 市委接待办公室全年接待宾客609批13743人次。接待全国人大常委会副委员长吉炳轩，农业部部长韩长赋，中宣部常务副部长、中央文明办主任雒树刚，团中央书记处第一书记秦宜智，中央统战部副部长、全国工商联党组书记、常务副主席全哲洙，国家文物局局长励小捷，人社部副部长王晓初，文化部党组成员、副部长、机关党委书记董伟，民政部副部长顾朝曦，中央文明办专职副主任徐令义，国家粮食局局长、党组书记任正晓，国家体育总局副局长、亚乒联主席蔡振华，农业部总农艺师、实验办主任孙中华，光明日报社总编辑何东平，全国政协常委、中国侨联顾问、中国侨商联合会常务副会长王永乐，中国生态文明研究与促进会常务副会长祝光耀，全国政协委员、军事科学院世界军事研究部副部长、少将罗援，国务院参事、科技部党组原成员、原秘书长石定寰，交通运输部原总工程师蒋千以及罗志军、李学勇、石泰峰、李云峰、黄莉新、蒋宏坤、樊金龙、王燕文、徐鸣、许仲梓、刘永忠、史和平、许津荣、罗一民、柏苏宁、张九汉、包国新等省（部）级领导考察指导68批。接待32个省、市、自治区党政考察团225批，条线调研和会议215批，各地领导干部培训班70批，保障全市性活动25批。为2014年全国县级文明城市创建工作现场会、2014年中国（张家港）长江文化艺术节暨第六届长江流域戏剧艺术节、中国“三农”发展（永联）研讨会、第三届创业中华—侨资侨智对接交流会、长江经济带（张家港）绿色发展研讨会，张台绿色产业合作交流会、全省社区矫正工作会议、市科技活动周及其他重要活动提供接待服务。先后2次配合市委办公室赴宿豫、吴中、吴江等地，为全市重大对外交流政务活动做好前站联络和随团服务工作。全年编发《接待简报》12期，累计168期，为市领导及有关部门提供相关信息。

【公务接待厉行节约】 年内，根据中央“八项规定”、省委“十项规定”、苏州市委“十二项规定”和《中共张家港市委关于改进工作作风、密切联系群众的实施办法》对接待工作提出的明确要求，市委接待办配合市委办公室和市政府办公室，起草出台《张家港市市级机关会议费管理办法》，对会议规模、人数及经费标准进行明确规定；并起草出台《张家港市党政机关公务接待管理规定》，对全市党政机关公务接待管理各环节进行统一规范。全市党政机关通过健全规章制度，加强日常管理，切实做到厉行节约，降低公务接待费用。（李可懿）

保密工作

【概况】 2014年，全市保密工作以保密工作标准化管理为抓手，保密宣传教育、规范管理、技术防范、队伍建设等工作全面推进。年初，市保密部门联合市经信委、市委机要局，召开全市信息安全与保密工作专题会议，通过有关案例通报，组织开展保密警示教育。全年编发《保密之窗》简报6期。推进保密标准化管理，调整充实市委保密委成员，重新审核确认各机关单位113名保密主官，组织开展专项培训，指导各机关单位建立健全保密工作标准化管理体系。并对区镇和市直重点涉密单位，试行保密分色指导管理。加强保密要害部门、部位的规范管理，对全市5个单位新建的保密要害部位进行指导和服务。与教育、公安等部门合作，加强国家级统一考试和国家级资质考试中的保密管理，并为全国县级文明城市创建工作现场会提供保密服务。加强对党政机关保密管理工作的督促指导，4月，组织开展涉密中央文件保密管理专项检查，对全市能收到涉密中央文件的单位进行普查，配合苏州联合检查组对张家港市委办进行专项检查。6月，依据中共中央保密委员会办公室（国家保密局）《关于组织开展非涉密网络保密管理专项检查的通知》要求，在全市开展网络核查分类和涉密网络自查工作，专项检查非涉密网络保密管理法规制度的贯彻落实情况，对各单位计算机使用登记情况进行重新摸底，对单位33个非涉密网络使用情况进行核查。8月，开展保密技术专项检查，对全市24个机关单位涉密计算机违规外联监管系统和USB移动存储介质管理系统情况，以及涉密网络安全防护和管理情况开展专项检查，并接受苏州市保密局对市纪委、民防局、外事办的保密专项抽查。9月，下发《关于进一步做好门户网站信息发布中保密管理工作的通知》，对全市机关单位门户网站、政务微博等进行排查，督促各单位落实信息公开保密审查制度。做好USB移动存储介质管理系统、违规外联监管系统的维护服务工作，全年上门服务维修75台次。继续做好保密载体的回收销毁工作，全年上交销毁文件绝密1份，机密320份，秘密401份，回收集中销毁纸质载体62吨，废旧计算机500余台，手机和办公自动化设备（复印件、打印机、传真机、扫描仪、录像机）350台。指导2家企业申报国家秘密载体印制资质，并上门服务申请企业按照《国家秘密载体印制资质管理办法》及配套文件的标准，建立完善保密管理体系；帮助3家企业申请办理军工产品生产资质证书。帮助有关部门进行信息审查，完成《张家港年鉴（2014）》及市人大代表批评意见、市政协委员提案处理意见上网公开前的保密审查工作。

【保密宣传教育】 3月1日，《中华人民共和国保守国家秘密法实施条例》正式施行。是月，全市开展保密法实施条例宣传月活动，在市区109个、乡镇121个宣传电子显示屏上，巡回播放保密宣传视频，张贴保密宣传画150张。是月末，组织全市公务人员参加保密知识竞赛，共5800人参赛，评出特等奖1人、一等奖10人、二等奖20人、三等奖60人、优秀奖100人。按照中央保密委员会工作部署要求，10月，举办全市保密专题党课活动，124人参加。根据中共中央办公厅、国务院办公厅和中组部有关文件精神，会同组织部门，落实将保密教育纳入党校主体班培训内容，集中安排保密知识讲座，由市保密局领导为全体学员授课，同时为每位主体班学员发放保密知识参考读本，供学员自习，并为新录用公务员暨事业单位工作人员初任培训班作保密法知识讲座。全年受教育1500人。

（龙大华）

【编辑　沈立平】

张家港市人民代表大会

Zhangjiagang Municipal People's Congress

市十三届人大三次会议　（市人大办　供稿）

人大会议

依法监督

审议与任免

执法检查

调查视察

人大会议

【市十三届人民代表大会第三次会议】1月7日至10日召开。应到代表331人，因事因病请假10人，实到321人。会议听取和审议市人大常委会工作报告、市人民政府工作报告、市人民法院工作报告、市人民检察院工作报告，审议张家港市2013年国民经济和社会发展计划执行情况与2014年国民经济和社会发展计划草案的报告，审议市2013年财政预算执行情况和2014年财政预算草案的报告。选举朱立凡为市人民政府市长。通过《关于政府工作报告的决议》《关于张家港市2013年国民经济和社会发展计划执行情况与2014年国民经济和社会发展计划的决议》《关于张家港市2013年财政预算执行情况和2014年财政预算的决议》《关于张家港市人民代表大会常务委员会工作报告的决议》《关于张家港市人民法院工作报告的决议》《关于张家港市人民检察院工作报告的决议》，收到代表建议、批评和意见224件。

【市十三届人大常委会会议】年内，市十三届人大常委会召开常委会会议7次。

第十八次会议 1月23日召开。审议通过市人大常委会2014年度工作要点和工作安排。

第十九次会议 3月20日召开。审议通过有关人事任免事项。听取和审议市人民政府关于贯彻实施《中华人民共和国土地管理法》情况的报告，听取和审议市人民政府关于贯彻实施《中华人民共和国归侨侨眷权益保护法》情况的报告。审议通过2014年工作评议方案。

第二十次会议 5月30日召开。听取市规划局、交通运输局、文广新局、审计局4个部门工作情况报告，进行工作评议，通过评议意见。听取和审议市人民法院、市未成年人保护委员会办公室关于《中华人民共和国未成年人保护法》贯彻实施情况的报告。

市十三届人大常委会第二十二次会议 （市人大办 供稿）

第二十一次会议 7月31日召开。听取和审议市人民政府关于代表建议办结情况的报告，听取和审议市人民政府关于贯彻实施《中华人民共和国环境保护法》情况的报告，听取和审议市人民政府关于2013年度财政决算的报告，听取市人民政府关于2014年上半年财政预算执行情况的报告，听取和审议市人民政府关于2013年度财政预算执行及其他财政收支审计情况的报告，听取和审议市人民政府关于贯彻实施《中华人民共和国档案法》情况的报告。

第二十二次会议 9月26日召开。听取市规划局、交通运输局、文广新局、审计局4个部门工作评议整改落实情况报告，进行工作评议二次审议。审议通过市人民法院有关人事任免事项。

第二十三次会议 11月28日召开。听取和审议市人民政府关于代表议案办理情况的报告，听取和审议市人民政府关于代表建议办结情况的报告，听取和审议市人民政府关于实事工程实施情况的报告。对2014年度优秀代表建议和先进承办单位进行表彰。

第二十四次会议 12月30日召开。审议通过接受有关辞呈决定和有关人事任免事项。听取市人民政府关于2014年国民经济和社会发展计划执行情况与2015年国民经济和社会发展计划草案的报告，听取市人民政府关于2014年财政预算执行情况和预算调整及2015年财政预算草案的报告、关于2014年地方政府债券预算安排的报告。通过《关于批准张家港市2014年财政预算收支调整方案的决议》以及《关于批准张家港市2014年地方政府债券预算安排的决议》。听取和审议市人大常委会工作报告（草案）和市人民法院工作报告（草案）、市人民检察院工作报告（草案），审议市人民政府工作报告（草案）。听取市十三届人大四次会议筹备工作情况汇报，审议通过市十三届人大四次会议的有关事项。决定市十三届人大四次会议于2015年1月13日至16日举行。

【市十三届人大常委会主任会议】年内，市十三届人大召开主任会议7次。

第二十三次主任会议 1月20日召开。讨论市人大常委会2014年度工作要点和工作安排，听取人代联工委关于市十三届人大三次会议代表建议、批评、意见情况的汇报，研究部署市十三届人大常委会第十八次会议的准备工作。

第二十四次主任会议 2月27日召开。听取市人民政府关于市十三届人大三次会议代表建议办理打算的汇报，确定2014年工作评议部门，研究部署市人大常委会第十九次会议准备工作。传达市委教育实践活动动员大会主要精神。

第二十五次主任会议 5月15日召开。确定市人大常委会2014年度重点督办建议，研究工作评议调查报告，讨论工作评议意见，研究部署市十三届人大常委会第二十次会议准备工作。进行人大机关党的群众路线教育实践活动第二次学习交流。

第二十六次主任会议　6月27日召开。听取市人民政府关于2013年度财政决算情况的报告，听取市人民政府关于2013年度财政预算执行及其他财政收支审计情况的报告，讨论和确定市人大常委会专题调研课题，研究部署市十三届人大常委会第二十一次会议准备工作。

第二十七次主任会议　7月21日召开。听取市人民政府关于贯彻实施《张家港市"六五"普法工作规划》情况的报告，听取市人民政府关于外事工作情况的报告。

第二十八次主任会议　9月11日召开。听取市人民政府关于人口与计划生育工作情况的报告，听取市人民政府关于全市外向型经济工作情况的报告，研究部署市十三届人大常委会第二十二次会议准备工作。

第二十九次主任会议　12月19日召开。听取市人民政府关于2014年国民经济和社会发展计划执行情况与2015年国民经济和社会发展计划草案的报告，听取市人民政府关于2014年财政预算执行情况和2015年财政预算草案的报告，讨论市人大常委会工作报告（草案），讨论市十三届人大四次会议有关事项，研究和部署市十三届人大常委会第二十四次会议准备工作。

依法监督

【概况】 2014年年初，全市有十三届人大代表331人。年内，调离张家港市行政区域代表3人，接受代表辞去职务3人，补选市人大代表1人。至年末，有市十三届人大代表326人。市十三届人大三次会议后，市人大及其常委会突出人大工作"服务发展、依法监督、关注民生"三大重点，围绕推动经济转型升级，对全市先进制造业基地建设、外向型经济发展、"810工程"有关项目建设情况等工作进行督察，提出意见建议，推动工作落实。组织开展以"常委会组成人员联系代表、代表联系选民，代表立足本职岗位创佳绩、立足代表职责创优秀"为主要内容的双联双创活动，加强代表与选民联系；扎实推进和完善"一个载体、两项制度"建设，全市调整新建人大代表之家10家，组织开展代表活动212场，开展代表接待选民日活动87次，接待选民2693人次，129名市代表向选民进行述职。开展以"为民务实清廉"为主要内容的党的群众路线教育实践活动，提出进一步改进工作作风6个方面16项具体整改措施，推进问题整改。重视宣传研讨，年内编发市人大常委会会报2期、《张家港人大信息》9期，以纪念人民代表大会制度建立60周年为契机，宣传人民代表大会制度、人大及其常委会工作成效和代表履职先进典型。

【监督财政运行】 6月，市十三届人大常委会第二十六次主任会议听取市政府关于市2013年度财政决算情况的报告和2013年度财政预算执行及其他财政收支审计情况的报告。7月，常委会听取和审议市政府关于2013年度财政决算的报告，听取关于2014年上半年财政预算执行情况的报告，听取和审议关于2013年度财政预算执行及其他财政收支情况的审计工作报告。要求市政府进一步提高预算编制的科学性、准确性和完整性，增强预算执行的权威性和严肃性，不断优化财政支出结构，切实加大对科技、教育、卫生、环境保护、社会保障等民生领域的投入，加大对重点领域、重点部门、重点项目的审计力度，确保经济平稳发展，财政健康运行。

【监督外事工作】 7月，市十三届人大常委会第二十七次主任会议听取市人民政府关于外事工作情况的报告。针对存在的对外事工作重要性认识不足，人才比较缺乏，搭建服务平台不够宽广，资源整合与共享机制尚未完全建立等问题，要求：市政府及有关职能部门要加强外事知识宣传培训和对外宣传工作力度，加快对外开放信息港建设，巩固和发展国际友城关系，拓宽交流合作领域；加强外事工作队伍建设，优化服务方式，建立健全部门互动、上下联动、协调运转的外事工作机制；加快全市外事网络信息化建设，尽快实现外事信息资源共享，努力为企业和社会各界提供有效的外事信息服务，提高外事工作服务全局的水平；完善因公出国（境）会审机制，不断提升服务质量和效率，促进全市国际交流合作和外事工作再上新台阶。

【监督计划生育工作】 9月，市十三届人大常委会第二十八次主任会议听取市政府关于人口与计划生育工作情况的报告。针对调研中发现的依法行政缺乏有效抓手，流动人口计生工作管理难，部门协调配合不到位，"两非"现象仍有发生，计生失独家庭养老问题日益突出等矛盾和问题，要求：市政府及有关职能部门要加强政策宣传，建立人口监测和预警机制，加强相关政策衔接，加大失独家庭的保障工作力度，充分发挥计生政策的利益导向作用；坚持依法行政，依法查处违反计划生育法律法规的各类案件，维护法律的权威性和严肃性；强化相关部门之间的协调配合，形成计生工作的强大合力；整合优化资源，及时发现和解决卫生计生机构改革中出现的各类矛盾，进一步拓宽计生工作服务领域，真正实现"1+1>2"的正效应，着力提高群众对计生工作的满意度。

【监督外向型经济发展】 9月，市十三届人大常委会第二十八次主任会议听取市政府关于全市外向型经济工作情况的报告。会议认为，市政府及相关职能部门积极适应国内外经济形势变化，进一步拓宽对外开放领域，外资、外贸、外经工作总体呈现健康发展的良好态势，对外开放水平得到进一步提升。会议指出全市外向型经济工作还存在引进外资龙头型、旗舰型项目不多，提升外资项目能级不快，出口领域和利用外资渠道不宽等问题，要求：市政府及相关职能部门要强化部门间的沟通协调，形成发展合力；继续探索和创新促进外向型经济发展的政策和办法，切实降低企业的商务成本，不断挖掘各类市场主体参与国际竞争的潜力；加强政策引导，加大扶持力度，完善服务保障平台，推进本土企业国际化；招商选资，坚持引资与引智相结合，通过引资提高自主创新能力，推进传统优势产业向高新产品、高端产品发展；强化服务，进一步提高外向型经济发展的承载能力，不断优化人才环境，积极引进高端人才，为外向型经济发展提供人才保证。

【监督实事工程建设】 11月，市十三届人大常委会第二十三次会议听取和审议市政府关于实事工程实施情况的报告。会议要求：市政府及职能部门要坚持以民为本的原则，继续加大民生实事项目投入力度，促进民生不断改善；加强协调配合，突出抓好民生实事项目建设质量和进度，确保按期完成年度目标任务，真正把实事工程打造成经得起时间考验，经得起人民检验的优质工程、阳光工程和民心工程；及早谋划第二年民生实事项目，抓紧开展前期准备工作，面向社会各界广泛征求意见建议，切实将人民群众所需、所求、所盼列入民生实事项目。

【工作评议】 市人大常委会组织对市规划局、交通运输局、文广新局、审计局4个部门进行工作评议，深入推进依法行政。评议组深入区镇、村（社区）和企业，通过召开座谈会、明察暗访、查阅资料、民主测评、开展问卷调查等形式，从依法行政、围绕中心履职、落实人大及其常委会决议决定和办理代表议案建议、维护民生、行政效能和廉政建设等方面，广泛听取人大代表、基层群众和服务对象的意见。在市十三届人大常委会第二十次会议上，组成人员对4个部门工作形成客观公正的评议意见。被评议各部门按照评议意见，制定整改措施，抓好整改落实。在市十三届人大常委会常委会第二十二次会议上，组织工作评议二次审议，进行整改落实情况的满意度测评，将被评议部门整改落实情况作为评议的着力点，推动被评议部门依法行政、积极履职和作风的转变。

【监督代表建议办理情况】 7月，市十三届人大常委会第二十一次会议听取和审议市政府关于市十三届人大三次会议代表建议办理情况的报告。针对少数承办单位对代表建议办理工作重视程度不够，办理工作缺乏连续性，“重答复、轻落实”的现象尚未完全克服等问题，要求：市政府及相关承办部门要增强办理建议的责任心和主动性，把代表建议办理工作作为开展党的群众路线教育实践活动的重要抓手，提高代表建议办理的质量和效率；推进建议答复的落实工作，在提高代表建议的“办成率”上下功夫、见实效；建立健全建议办理的长效机制，尤其对一些需要连续多年办理的难度较大的代表建议，要注重问题的实际解决和成果的真正转化，力求取得“解决一个问题，推动一个方面工作”的效果，以实实在在的办理成效，让代表和群众满意。年内，市政府办公室、市住建局、市民政局、市农委、市交通运输局、市卫生局、市公安局、市规划局、市财政局、市委农工办10个单位被评为承办代表建议先进单位。

市人大监督代表建议办理情况 （市人大办 供稿）

2014年张家港市优秀人大代表建议一览

表3

建议号	建议人	建 议 事 项
8	孙跃忠	关于加强住宅小区商业配套设施前期规划及管理的建议
10	陶建明	关于加快节能型城市建设的建议
16	陈建明	关于进一步规范和标注我市道路路名、路牌、路标的建议
49	袁达新	关于加强我市农村自来水管网建设的建议
55	朱长明	关于加强养老护理队伍建设的建议
74	姜 嵘	关于进一步做好我市农产品质量检测的建议
80	王晓东	关于完善社区卫生服务的建议
98	王丽亚	关于加强农村教育资源配置的建议
115	卫 臻	关于有效改善港城大道与人民路、张杨公路交叉道口交通严重阻塞的建议
147	季洪良	关于对一般工业垃圾实行规范化处理的建议
148	郭其胜	关于加大农业养殖场环境污染监管治理的建议
170	黄浩明	关于加大对我市小微企业扶持力度的建议
173	张小飞	关于加大村级经济发展力度的建议
202	张亚忠	关于严厉打击赌博歪风的建议
214	许京海	关于加强对住宅小区电梯维护保养和安全监督的建议

张家港市十三届人大三次会议重点督办建议一览

表4

建议号	建 议 名 称	承办单位	建议人
49	关于加强我市农村自来水管网建设的建议	住建局	袁达新
55	关于加强养老护理队伍建设的建议	民政局	朱长明
80	关于完善社区卫生服务的建议	卫生局	王晓东
115	关于有效改善港城大道与人民路、张杨公路交叉道口交通严重阻塞的建议	交通局	卫 臻
148	关于加大农业养殖场环境污染监管治理的建议	农 委	郭其胜
170	关于加大对我市小微企业扶持力度的建议	经信委	黄浩明
173	关于加大村级经济发展力度的建议	农工办	张小飞
202	关于严厉打击赌博歪风的建议	公安局	张亚忠
214	关于加强对住宅小区电梯维护保养和安全监督的建议	质监局	许京海

审议与任免

【审议工作】 2014年，市人大常委会听取和审议“一府两院”专项工作报告49项，作出决议、决定16项。主要有：3月20日，听取和审议市政府关于贯彻实施《中华人民共和国土地管理法》情况的报告，关于贯彻实施《中华人民共和国归侨侨眷权益保护法》情况的报告；5月30日，听取和审议市人民法院、市未成年人保护委员会办公室关于《中华人民共和国未成年人保护法》贯彻实施情况的报告；7月31日，听取和审议市政府关于贯彻实施《中华人民共和国环境保护法》情况的报告和关于2013年度财政决算的报告，并决定批准2013年度财政决算，听取和审议市政府关于贯彻实施《中华人民共和国档案法》情况的报告；11月25日，听取和审议市政府关于代表议案办理情况的报告和关于实事工程实施情况的报告；12月30日，通过《关于批准张家港市2014年财政预算收支调整方案的决议》以及《关于批准张家港市2014年地方政府债券预算安排的决议》，通过市十三届人大四次会议的有关事项。

【人事任免】 全市坚持党管干部和人大依法任免相统一的原则，进一步规范人事任免程序，促使被任命干部强化人大意识、法治意识和责任意识，增强人大人事任免的规范性和严肃性。全年依法任免国家机关工作人员22人次，人民陪审员137人，接受辞去人大常委会委员职务1人、代表职务3人，补选市人大代表1人。

2014年市人大常委会任免“一府两院”及人大机关人员情况

表5

时 间	会 议	任 免 情 况
3月20日	市十三届人大常委会第十九次会议	任命倪炳华、陈云鹤、丁建军、陆艳、陶小贤、张亚芳、钟加龙、李娟、季芳平、陈健、曹峰、赵小江、徐琴芬、任建刚、唐亚芳、马卫锋、钱腾冰、朱建江、陆静娟、钱益、黄秀娟、袁达新、闻娟、瞿刘华、蒋建龙、李彩萍、陈燕、王巧芬、唐青华、高小华、黄清芬、徐姚祥、陆杰、吴广勤、陆静、茅卫萍、张兴祥、周峰、顾军箭、许洁、徐卫、姚玉芝、钱耀瑜、陈保英、陈海燕、张亚忠、陈艳红、秦燕军、陈玉芳、申春凤、徐军、许进华、朱长明、丁新忠、严勇、吴平、侯蔚枫、缪健明、谢虹、严飞、冷莉、刘亚芬、杜思梅、陈建强、高锦萍、朱培福、姚敏芳、蒋锋、徐晓明、朱茂华、缪闻鼎、韦红、唐利刚、许海萍、林洪才、吴惠英、孙浩元、李剑刚、焦实、陆翠珍、吴岳兴、张雅红、孙溟、钱建伟、葛建东、叶丙才、褚建新、徐瑛、郭龙、侯亚珍、周庆龙、陆爱清、付建国、邵萍萍、王耀华、李欣欣、何永生、钱亚红、秦建明、李祖生、孙振才、陈正元、缪祖兴、陆福元、钱旻、徐聚才、李振飞、朱正芳、肖惠娟、吴积芬、夏伯兴、汤四龙、黄志华、叶江峰、陈卫东、黄玲、潘凡、苏磊、余刚、刘晶、茅卫萍、胡凯琳、刘亚忠、许燕萍、姜慧、王文华、陈艳、姚佳、袁利娟、陈礼霞、周菊花、孙龙海、黄栋成、冯春法、黄舟全、刘国华、周清等137人为市人民法院人民陪审员；免去洪春市人民法院民事审判第一庭副庭长职务，免去王钰华市人民法院审判员职务
9月26日	市十三届人大常委会第二十二次会议	任命徐笑非为市人民法院审判监督庭庭长，任命孙婷婷、宋志成、宋会谱、赵霞、吴丹、许跃、任洪国、陈振振为市人民法院审判员；免去潘忠华市人民法院审判委员会委员、审判监督庭庭长、审判员职务（辞职），免去季芳洁市人民法院审判员职务（辞职）
11月28日	市十三届人大常委会第二十三次会议	审议通过关于接受褚奕峰、徐品云、陈永兴辞去张家港市十三届人大代表职务请求的决定
12月30日	市十三届人大常委会第二十四次会议	任命闫振东、张兰兰、陈绪强为市人民检察院检察员；免去袁培龙、刘正刚、喻葵英、郑歧市人民检察院检察员职务，免去秦浩市人大常委会财政经济工作委员会副主任职务，免去蔡杰市人大常委会外事民宗侨台工作委员会副主任职务；决定接受秦浩辞去张家港市第十三届人民代表大会常务委员会委员职务的请求，并报张家港市第十三届人民代表大会第四次会议备案

（孙朝枫）

市人大依法人事任免　　　　（市人大办　供稿）

执法检查

【概况】 年内，市人大常委会把监督法律法规的实施作为改善法治环境、服务经济社会发展的重要举措，推进“一府两院”依法行政、公正司法。全年组织对《中华人民共和国土地管理法》《中华人民共和国归侨侨眷权益保护法》《中华人民共和国未成年人保护法》《中华人民共和国环境保护法》和《中华人民共和国档案法》5部法律贯彻实施情况进行执法检查。

【土地管理法执法检查】 2月至3月，市人大常委会就全市贯彻实施《中华人民共和国土地管理法》情况进行执法检查。针对贯彻实施土地管理法存在的宣传教育、集约用地、执法监察等方面的问题，要求：市政府及相关职能部门突出重点，加强土地法规宣传，增强依法用地意识，努力在全社会营造学法、知法、守法的浓厚氛围；进一步完善耕地保护措施，严格落实耕地保护和基本农田保护目标责任制，严守耕地保护红线；建立健全节约集约用地的长效管理机制，着力盘活存量建设用地，提高土地利用率，保障经济社会发展；全面掌握全市被征地农民安置情况，制定符合全市实际的相关政策措施，切实维护群众利益；健全完善“横向到边、纵向到底、上下联动、部门协调、全面覆盖、全程监管”的土地执法监察体系，进一步加大执法监察力度，坚决查处违法用地，切实维护法律法规的严肃性。

【归侨侨眷权益保护法执法检查】 2月至3月，市人大常委会就全市贯彻实施《中华人民共和国归侨侨眷权益保护法》情况进行执法检查。针对贯彻归侨侨眷权益保护法存在的知晓率不高、侨情资源分散、“华侨活动中心”需要择址另设等问题，要求：市政府及其相关职能部门，深入开展涉侨法律法规和政策宣传，加强对侨务工作的统筹协调，促进涉侨部门和单位优势互补、资源共享，形成工作合力；用好用足资源，扩大张家港在海外的影响力，及时了解掌握侨商投资意向信息，进一步拓展在全市投资创业的海外高层次人才与本土企业家的交流渠道，不断提升侨务招才引资引智水平；认真落实涉侨法律法规和各项政策措施，坚持依法护侨，帮助解决归侨侨眷实际困难；结合机关办公用房调整，加强基础建设，保障侨务部门顺利开展各项涉侨活动，推动全市侨务工作创新发展。

【未成年人保护法执法检查】 3月至5月，市人大常委会就全市贯彻实施《中华人民共和国未成年人保护法》情况进行执法检查。针对贯彻未成年人保护法存在的工作制度不够健全、工作机制有待完善、未成年人活动场所与实际需求存在差距、校园周边环境的整治监管仍存在薄弱环节、对特殊未成年人群体关爱扶助还缺少有效办法等问题，要求：市政府及相关职能部门要强化政府主导，抓紧调整成员单位，明确工作职责，健全工作机制，形成工作合力；深化宣传教育，强化相关群体的法律意识和责任意识，营造有利于未成年人健康成长的社会环境；结合现有资源，突出重点抓好未成年人活动场所的规划建设，积极发挥作用；加强重点区域的日常监管，严厉打击各类侵害未成年人人身权利的违法犯罪活动；加强对五类重点青少年群体的服务管理工作，加大对弱势未成年人的物质帮扶和精神关怀，不断提高未成年人保护工作的整体水平。

【环境保护法执法检查】 4月至7月，市人大常委会就全市贯彻实施《中华人民共和国环境保护法》情况进行执法检查。针对贯彻环境保护法存在的环境质量、监管力度、环保基础设施等方面的问题，要求：市政府及相关职能部门要加强法律宣传，不断增强全社会的环保意识、守法意识、责任意识。强化综合治理，坚持“一票否决”，把好项目审批关；加大执法力度，加强对重点区域、重点行业和危化品运输车辆的监管，依法查处各类环境违法行为；推进生态文明建设，优化产业结构，加快转型升级；制定水污染防治计划，大力推进镇村生活污水纳管工作，加强农村环境综合整治，突出污染防治重点，完善环保基础设施，解决群众反映强烈的环境问题；强化队伍建设，提高执法监督能力，提升执法监督水平，建成一支敢于执法、善于执法、精于执法的高素质环保队伍。

【档案法执法检查】 5月至7月，市人大常委会就全市贯彻实施《中华人民共和国档案法》情况进行执法检查。针对贯彻档案法存在的工作不平衡、行政执法力度偏弱、队伍不稳定等问题，要求：市政府及相关职能部门要一步加强档案法制宣传，依法加大行政执法力度，扩大档案工作的影响力，增强全民的档案意识，加大依法治档力度；强化档案基础业务，依法加大对档案资源的收集、整理、监管和保护力度，推进档案资源的开发利用，实现档案资源利用效益的最大化；加快“智慧档案馆”建设，加快推进档案资源数字化、信息管理标准化、信息服务网络化、数据存储安全化，实现档案管理现代化；重视和加强对档案工作的领导，根据档案现代化建设的要求，加强档案干部队伍建设，提升档案队伍的综合素质和业务能力。

市人大调研转型升级　　（市人大办　供稿）

调查视察

【概况】 年内，市人大常委会就金融生态环境、交通重点工程、城市规划、防汛排涝、议案办理等进行调查和视察30次，撰写调研报告31篇。关注民生改善，围绕医疗卫生人才队伍建设、城市规划执行、养老事业发展以及农村自来水管网建设等社会关注热点、难点、民生工作开展调研、视察6次，提出建议、意见6件，督促整改落实，推进社会事业发展和社会管理创新，促进发展成果普惠于民。

【调研金融生态环境】 市人大常委会将防范化解金融风险、促进经济稳定发展作为2014年度集体调研课题，7月中旬，组成3个调研组，先后采取听取汇报、座谈讨论、实地调查等形式开展深入调研。针对企业普遍反映的融资难、融资贵，资金链、担保链风险叠加，企业运行日趋困难，经济下行压力加大等突出问题，提出强化风险预警机制、防控金融风险发生，搭建政银企沟通平台、深化合作交流，建立健全信用体系、构建良好信用环境，加大执法力度、严厉打击金融违法违规行为，加强监管和服务、支持实体经济发展等建议，为优化全市金融环境发挥积极的促进作用。

【视察交通重点工程】 9月10日，市人大常委会领导带领部分组成人员，视察全市2014年交通重点工程建设情况。视察组实地视察沪通铁路大桥、港丰公路快速化改造疏港高速互通节点、申张线江海大桥、疏港高速公路等交通重点工程项目建设情况，听取市交通局关于2014年交通重点工程建设情况的汇报。视察组肯定市政府及相关职能部门围绕“构建综合大交通”目标，抢抓发展机遇，依法履行职能，为提升张家港的区位优势，促进地方经济发展等方面做的大量有效工作。针对交通运输工作中面临的困难和问题，视察组希望：市政府及相关职能部门要立足建设具备现代交通体系港口城市的目标，加大对现有重点工程项目建设力度，超前谋划各类运输方式对未来发展的支撑，主动与国家大交通规划、区域大交通规划对接，完善张家港交通体系规划，推动交通运输业全面协调发展；严格贯彻执行交通运输行业管理的各项法律法规，依法加强对交通建设市场全方位的监督管理，健全反腐倡廉和行风建设的长效机制，把每一项交通工程建设成为阳光工程、廉洁工程；在科学谋划和推进交通运输发展中，进一步畅通民意表达的渠道，了解广大市民群众的利益诉求，及时吸纳人大代表的合理建议，探索深入推进全市交通运输事业发展的新思路、新理念、新措施。

【视察城市规划执行情况】 10月31日，市人大常委会组织视察城市总体规划执行情况，并听取相关情况汇报。针对规划执行过程中存在的问题和不足，要求：市政府及相关职能部门开展新总体规划内容的学习以及规划的权威性和执行的严肃性的宣传，增强各级干部的科学规划理念和带头执行规划的意识，提高公众对规划的知晓率和关注度，形成全社会关心规划、自觉执行规划的良好氛围；围绕“全面推进港城现代化建设”总目标，充分发挥规划的龙头和先导作用，抓紧完善城市控制性详细规划和各项专业规划编制；坚持民本理念，使城市规划建设更加符合民生实际，缓解规划控制和当前需求的矛盾；不断完善规划的决策、管理、监督、检查体制，提高规划决策的公开性和科学性；严格依法行政，加大执法处罚力度，切实维护规划的法定权威；加强社会监督，充分发挥社会舆论对城市规划实施的监督作用，全力保障城市总体规划科学有序实施。

（孙朝枫）

【编辑　宋佳辰】

张家港市人民政府

Zhangjiagang Municipal People's Government

市行政服务中心内景　（市行政服务中心　供稿）

重大会议

【概况】 全年市政府召开全体(扩大)会议1次、常务会议6次。召开全市性会议61次,主要会议有党的群众路线教育实践活动专题会议7次、全国两会精神专题报告会1次、领导干部会议2次、中心组(扩大)学习会2次、市委常委会和市政府党组专题民主生活会情况通报会1次、收听收看上级电视电话会议10次、党风廉政建设专题会议3次、深化文明城市创建会议2次。市委、市政府联合召开的专题性会议主题包括城市建设、"铁腕治污"、农业农村工作、防汛防旱夏收夏种、社会治安综合整治和矛盾纠纷排查化解、"爱满港城"慈善盛典等。

【市政府全体(扩大)会议】 2月28日,市十三届政府召开第三次全体(扩大)会议。会议目的是深入贯彻落实市委十届七次全会精神,做好《政府工作报告》明确的各项工作,以群众路线教育实践活动为强大动力,紧扣"810工程"重中之重,保证全面完成全年目标任务,为全面推进现代化建设打下坚实基础。市委副书记、市长朱立凡主持并讲话,市委常委、副市长徐仲高,副市长丁学东、黄雪元、黄亚平、石锡贤、邵军民、华红、赵金龙、陈进华等参加会议。

【市政府常务会议】 1月21日,市十三届政府第17次常务会议审议《关于政府及部门和单位领导成员安全生产工作"一岗双责"的暂行规定》《张家港市安全生产委员会工作规则》《关于进一步推进城乡社区建设管理工作的实施意见》《关于推进政府购买公共服务的实施意见》《张家港市村庄规划建设实施意见(试行)》《关于海外专场、产业节点专场已落户项目及第六批市领军人才项目资助方案》《关于张家港市科技保险保费补贴资金管理办法》,听取关于2014年政府挂牌督办重大隐患整改工作的汇报。

3月17日,市十三届政府第18次常务会议审议《关于深化农村改革加快推进农业现代化的意见》《2014年市政府规范性文件制订工作计划》《关于加快全市内河水运发展的实施意见》《关于2013年"港城英才计划"的资助建议方案》《张家港市促进电子商务和服务外包产业发展扶持办法》《关于张家港市重大行政决策程序规定》。

7月9日,市十三届政府第19次常务会议审议《关于张家港市社会信用体系建设实施意见》《张家港市企业信用信息管理办法(试行)》《关于张家港市工业转型扶持资金管理暂行办法》《关于2014年第一批市领军人才项目及2013年专场已落户项目的资助建议方案》《张家港市名人档案管理办法》。

9月16日,市十三届政府第20次常务会议审议《"810工程"四大产业类工程有关项目调整报告》《关于促进和扶持动漫产业发展的若干意见》《张家港市河道管理实施办法》《张家港市小型农田水利工程设施管理办法》《关于加强教育人才队伍建设的意见》。

11月29日,市十三届政府第21次常务会议审议《张家港市大气污染防治行动计划实施方案》《张家港市镇(区)党政主要领导生态环境责任审计办法(试行)》《张家港市镇(区)党政主要领导生态环境责任审计等次综合评定细则》《关于调整完善生态补偿政策的意见》《关于开展"三优三保"行动促进节约集约用地的实施意见》《关于2015年政府挂牌督办重大隐患整改工作的汇报》《张家港市共有产权经济适用住房管理办法》《关于2014年第二批市领军人才项目及"先评审后落户"专场已落户项目的资助建议方案》。

12月18日,市十三届政府第22次常务会议审议《政府工作报告(送审稿)》《关于建立健全政府法律顾问制度的意见》《关于公布张家港市行政审批事项目录清单的通知》《关于2015年度基本建设项目计划及资金安排》《关于2015年民生实事预选项目》《张家港市水环境综合治理三年行动计划(2015—2017年)》《张家港市市区机动车停车场管理办法》。

(朱甲波)

政府施政

【概况】 2014年是张家港市实施现代化建设三年行动计划的关键一年。全市紧扣转型升级,突出"810工程"重中之重,深入实施重点领域改革。在政府行政方面,推进简政放权,深化行政审批制度改革,编制公布行政审批事项目录清单、行政事业性收费项目目录清单、政府及部门行政权力清单。高标准组织实施第三次全国经济普查。在经济发展方面,国有粮食企业改革完成。强化经济运行监测预警,完善金融风险防控和处置机制,落实临时性困难企业帮扶措施,创新实施债权银行委员会等举措,维护金融稳定,经济运行稳中有进。在生态文明建设方面,推进环境行政执法与司法联动,依法严厉打击各类环境违法行为,建立区镇党政主要领导生态环境责任审计制度。完善生态补偿政策,健全河道管理办法,实施河道管理"河长制"和区域断面水质考核。在民生社会事业方面,"政社互动"实现区镇全覆盖,食品安全"天安行动"加快推进。落实安全生产"全覆盖、零容忍、严执法、重实效"总要求,推进"安全到家·村村行"行动,开展安全生产隐患专项排查整改和打非治违"六打六治"专项治理,实施生产企业网格化安全监管,完善应急处置机制。年内,市政府组织实施人大议案1件,办复人大代表建议223件、政协委员提案347件。办理满意率和基本满意率100%。全年张家港市完成地区生产总值2180.25亿元,比上年增6%;公共财政预算收入162.66亿元,比上年增5.5%;全社会固定资产投资780.02亿元,比上年增1.2%,其中工业投资434.83亿元,服务业投资345.07亿元;实际利用外资7.15亿美元。实现规模以上工业总产值4961.82亿元,新兴产业产值占比达到41.2%;服务业增加值占地区生产总值比重达到44%;商品市场成交额3246.61亿元,比上年增16.7%;进出口总额328.26

亿美元，比上年增1.9%；港口货物吞吐量2.7亿吨。社会消费品零售总额458.32亿元，比上年增10.8%；城镇居民人均可支配收入46852元、农村居民人均可支配收入23722元，分别比上年增8.6%和10.2%。

【扶持电子商务和服务外包产业发展办法出台】 3月，市政府出台《张家港市促进电子商务和服务外包产业发展扶持办法》。对注册管理及税务征管关系均在张家港市的电子商务（应用、经营、服务）企业、电子商务人才培训机构、电子商务载体（集聚区）和电子商务平台，以及服务外包企业、服务外包人才培训机构、服务外包载体和公共平台等进行鼓励性扶持，包括电子商务扶持政策、服务外包扶持政策、鼓励专业人才引进和培养政策。自2014年5月1日起施行，有效期2年。

【社会信用体系建设意见出台】 7月，市政府出台《张家港市社会信用体系建设实施意见》。以打造"诚信张家港"为目标，以信用制度建设为核心，以政府、企业、个人三大信用主体为重点，坚持"政府主导、市场参与，统筹规划、分步实施，健全制度、强化监管，整合资源、协同推进"的原则，有序推进社会信用体系建设。主要任务包括制订社会信用体系建设工作方案、加快信用信息系统建设、建立健全信用制度规范、加强信用信息征集等七个方面。到2016年，基本建立适应全市经济社会发展要求的社会信用体系，信用信息系统基本建成。

【工业企业生产安全网格化监管意见出台】 8月，市政府出台《张家港市工业企业生产安全网格化监管实施意见》。通过科学划分工业企业生产安全监管网格，建立网格化监管平台，落实区镇、职能部门和企业责任，完善监管工作机制和制度，着力构建责任到人、职能到位、全面覆盖的网格化监管体系，形成机构健全、责任明晰、目标明确、配合协调、措施落实、管理到位的安全监管工作格局，全面提升安全生产事故防控能力，坚决预防和遏制重特大事故的发生。

【市外事侨台领导小组成立】 4月17日，市政府下发《关于成立张家港市外事侨台工作领导小组的通知》，市外事侨台领导小组成立。市委副书记、市长朱立凡任组长，副市长邵军民任副组长，市政府办、外事办、台办、侨办、侨联等18个工作部门的主要领导或分管领导为小组成员。小组下设办公室。市外事侨台领导小组及办公室具体协调统筹全市外事侨台工作，全面推进全市外事、侨务、台湾事务的开展。

【市政府驻南京、深圳办事处撤销】 市政府驻南京办事处、驻深圳办事处分别于1987年12月和1988年2月设立，正局级建制。驻南京办事处以政务接待、对上争取为主，至2014年年末累计接待江苏省、南京市、苏州市和张家港市各级领导3700余批8000余人次。驻深圳办事处以开展多种形式的经贸促销、招商引资为主，至2014年年末累计接待参观考察及招商学习7200人次，编写《南风窗》98期。年末，因机构调整，两驻外办事处正式撤销。

【实事工程】 2014年确定的全市11个实事工程项目顺利实施。其中，市农产品质量检验测试站建设、完善和提升养老服务设施、背街小巷及路灯改造、区镇集中居住老住宅区天然气配套、农村河道综合整治、公交车辆清洁能源提升、城乡生态气象建设等项目全面完成。7个往年结转项目中，公共租赁住房、市第一人民医院扩建妇儿大楼、农副产品批发市场易地新建、城西拓展区菜场建设等工程年内完成。增设社区卫生服务中心、住宅小区防盗设施建设、新建3所学校（其中景巷幼儿园8月竣工、南苑幼儿园12月竣工、市二中北校区计划2015年6月完成）结转至2015年。

（朱甲波　李　杰
毛爱维　承晓茗）

2014年张家港市实事工程完成情况

表6

项目名称	项目内容	投资额（万元）	完成情况
市农产品质量检验测试站建设工程	原金厦房产办公楼改造为现代标准化实验室	889	12月末完成
完善和提升养老服务设施工程	包括三项内容：一是建设老年活动场所，二是改建市老年大学，三是新增居家养老服务设施	10300	12月末完成
市第二职教中心新建工程	在杨锦公路以东、晨丰公路以南新建第二职教中心，占地13.67公顷，建筑面积7.4万平方米	36450	年内进行场地平整
康乐医院易地新建工程	位于长安南路北侧，疏港高速西侧，占地面积5.33公顷，规划床位800张，分两期实施，一期规划建设500张床位及配套设施和用房，建筑面积3.6万平方米	21000	年内进场施工
背街小巷及路灯改造	包括两项内容：一是背街小巷和里弄改造工程，二是住宅小区路灯增补安装工程	2300	12月末完成

续表6

项目名称	项目内容	投资额（万元）	完成情况
镇（区）集中居住老住宅区天然气配套项目	完成老城区天然气改造1.1万户	3300	12月末完成
文化数字化服务工程	包括三项内容：一是建设24小时自助图书馆，二是建设数字文化馆，三是建设数字博物馆	2701	购物公园、凤凰镇凤凰花苑24小时图书馆对外开放，大新镇等区镇24小时图书馆建设中。第二批24小时自助图书馆进入招投标工作，数字文化馆、数字博物馆建设项目进行招标文件制作
新增市民绿色共享活动场所	新建、扩建、改建公园9个	41870	除运动公园外，其他项目完成
农村河道综合整治工程	疏浚镇级河道46条，全长106千米；疏浚村组河道402条，全长211千米；拆坝155条，建桥涵155座；建设生态河道26条，河道长度32千米，建设生态护岸43千米	11754	12月末完成
公交车辆清洁能源提升工程	新增、更新清洁能源公交车97辆	5219	12月末完成
城乡生态气象建设工程	建设风廓线仪、激光雷达、云高探测仪和太阳辐射仪各1套，升级霾监测设备；建设人工影响天气作业指挥系统；添置10台高清气象预警显示屏	574	12月末完成

（朱甲波）

行 政 服 务

【概况】 年内，市行政服务中心共办理各类行政审批服务事项21.96万件，提前办结率99.63%，群众满意率99.9%。完成工程招标和政府集中采购项目1082项，交易金额51.71亿元，比预算价（标底价）节减7.94亿元，节减率13.32%。5月，苏州首家“绿色通道”一码通软件启用。10月13日至14日，全国县级文明城市创建工作现场会在张家港市召开，市行政服务中心作为推荐参观点位之一，接待各地参观团50余个。10月，开设企业设立登记联办专窗。年内，深化落实中央简政放权要求，对审批目录实行动态化管理，全年承接上级下放市行政审批事项68项，取消暂停事项49项，累计向凤凰镇下放市级行政管理权限682项，明确全市行政审批事项279项。12月31日，《2015年张家港市行政审批事项目录清单》公布，进一步明确规范全市行政许可审批服务，确保目录之外无审批。

【企业设立登记联办专窗开设】 10月，审批权限在张家港工商局范围内的有限责任公司等7类新设企业可在市行政服务中心企业设立登记联办专窗一次性领取“一照两证一章”（工商营业执照、组织机构代码证和国地税税务登记证、公章备案章），在苏州首创企业设立登记全过程网上流转。企业申办信息实现各部门全程共享，申报资料从原来的30份缩减至12份，审批时限从法定的31个工作日缩减至5个工作日，实现“一窗咨询、一窗告知、一窗受理、一窗录入、一窗收费、一窗发证”的“六个一”服务模式。至年末，专窗共办结84家新设企业。

【苏州首家“绿色通道”一码通软件启用】 5月6日，苏州首家“绿色通道”一码通软件在市行政服务中心正式启用。该系统将原有的人工流转模式创新为电子流转模式，采用短信联动及审批时限预设定等方式，固化审批流程，确保所涉窗口在审批时限内完成审批，并实现申办者对审批信息的实时获知，进一步规范自由裁量权。年内，21个绿色通道项目在线运行，3个项目完成办结，实现审批再提速15%。 （刘瑛超）

信 访

【概况】 2014年，市信访局落实省信访局开展的“基层基础建设提升年”活动，按照信访干部“五有五能”（有人能干事、有权能管事、有钱能办事、有阵地能议事、有机制能理事）的标准强化信访干部队伍建设，8月，在沈阳大学举办信访干部专项培训班。全年受理信访2721件（其中网上市长信箱816件），比上年增9.7%。其中城乡建设类1034件、劳动保障类355件、“三农”类318件、涉法涉诉类177件、环保类139件、其他问题类698件。

【“天天听民声”工作制度化】 2月26日，市委办下发《2014年张家港市党政领导“天天听民声”工作实施方案》，市信访局根据方案要求安排专人和市委办公室、市政府办公室按时对接，保证市党政领导“听民声”顺利开展。按照规范有序、方便群众、解决问题的原则，解决群众反映强烈的土地征用、房屋动迁、劳动社保、环境保护等方面的突出问题，重点抓好接访、包案、落实等关键环节，在继续坚持定点接访、重点约访的基础上，推进专题接访、带案下访。年内，市级党政领导共接访、下访75人次，接待群众168批420人次。

（李　磊）

2014年张家港市信访情况

表7

信访总量（批、件）	信件（件）		上　访									
			批数	人次	其　中							
	纸质	市长信箱			到市集访		赴苏州集访		赴省上访		赴京上访	
					批数	人次	批数	人次	批数	人次	批数	人次
2721	850	816	1055	4921	213	3565	5	62	59	97	30	35

2014年张家港市群众信访处理情况

表8

上送	上级交办		转办		未结案	信访总结案率（%）	市领导批阅信件（件）	占信件总数比例（%）	市领导接访数		市领导主持会办信访案件（件）
摘报及汇报（件）	信件（件）	到访（批）	信件（件）	到访（批）	信件（件）				批数	人次	
12	170	86	1610	46	0	100	211	12.7	168	420	125

港澳侨台事务

【概况】 2014年，全市有归国华侨13人，海外华侨华人、侨眷、归国留学生近6000人，侨资企业300余家。侨界有市人大代表2人，市政协委员18人（其中政协常委1人）。市侨办接待华侨华人60余人，接待处理华侨华人、港澳同胞、归侨侨眷信访21件，涉及房屋动迁、工作就业、出入境待遇、投资洽谈等多个方面，结案率100%，无涉侨上访事件发生。在中秋节、春节等传统节日期间，走访慰问华侨华人、困难归侨侨眷、侨界重点人士等69户。年内，搜集高层次华侨人才、项目等信息300余条，分类提供给市人才办、科技局、两区一园等部门，为招商引资工作提供参考信息。2月至3月，市人大对贯彻实施《中华人民共和国归侨侨眷权益保护法》情况进行全面检查。3月20日，市十三届人大常委会第十九次会议审议通过市侨办关于贯彻实施《中华人民共和国归侨侨眷权益保护法》情况报告。5月24日，市侨办与市侨联联合举办市"荣昌涤纶杯"第三届侨界运动会，全市13个代表队136名运动员参加。9月24日，苏州市侨办副主任王哲莉和张家港市颐华律师事务所主任黄建新为侨界人士举办专场法律知识讲座，约70位侨资企业代表、回国创新创业人员、重点侨界人士、归侨侨眷和社区侨务工作者参加。11月27日，促成海外华文媒体《中文导报》以"张家港：文明之城，黄金口岸"为题，专版宣传报道张家港市经济社会建设成就和良好的投资创业环境。年内，杨舍镇城西街道被国侨办授予"2014年度全国侨法宣传角"称号。

全市新批台资企业2家，注册台资575万美元。至年末，累计建办台资企业860家，注册台资31.39亿美元。年内，全市有24批67人因公赴台考察、交流和培训，其中教育、卫生、农业方面的交流团组4批21人。2月28日，市台办和台资企业协会举办2014年台商新春联谊会，副市长、各区镇分管领导、市台湾同胞投资权益保障协调委员会成员、市台胞台属联谊会代表和250余名台商参加活动。7月19日，江苏省台办副巡视员居新为全市领导干部作"深化经济合作、厚植共同利益"专题讲座。10月16日至19日，市16家企业赴苏州电子博览会参展。11月7日至9日，2014年海峡两岸（张家港）农业博览会在市体育馆举行。其间，台湾财团法人环境永续发展基金会董事长陈龙吉带队的台湾绿色环保工商考察团11人到市参观考察投资环境和部分企业，并参加"张台绿色产业合作交流会"。

【《张家港之窗》市情月报电子期刊发布】 8月8日，市侨办第一期市情月报电子期刊——《张家港之窗》编制完成，成为张家港与海外华侨华人社团及海外高层次人才等架设联络沟通的新渠道。期刊内容包括张家港经济发展情况、社会民生、历史文化、风土人情、创业投资环境、人才政策、引资引智政策。利用侨务信息平台向海外专业协会、侨领（华侨华人社团领导人）等重点人士发送，并通过市外事办、市台办相关信息平台向友好城市、台湾相关协会、侨联非张家港籍海外顾问发送。该电子期刊每月编制一期，年内编制6期。

【台商和台资企业服务】 市台办结合党的群众路线教育实践活动，分别在4月开展台资企业调研月和在6月开展台资企业服务月活动，深入所有区镇召开台商座谈会5次，走访台企近30余家，向台商、台属及相关部门发放调查问卷170余份。围绕规范台资企业用工制度、提高台商消防安全管理意识、应对新环保法实施带来的机遇与挑战主题，市台办、市台资企业协会先后邀请两岸相关专家和市人社局、市公安消防大队领导举办3次台资企业经营管理及政策、法律讲座。年内，市台办协调协助有关单位为台资企业解决土地、动迁、交通、工伤、劳资等矛盾纠纷和实际问题17余件，协助台商（含部分外商）办理居留许可及居留签注、停留延期以及更换台胞证、就业证、驾驶证等100余份。

（张燕红　徐　明）

外事工作

【概况】 2014年，张家港市因公出国（境）164人次，赴国际友城交流4批13人次；申办APEC商务旅行卡45张，累计申办292张。市外事办代理因私签证85批146人次，代发外籍人员邀请函112批154人次，代理认证253批641人次；受理并处置涉外事（案）件1起；组织2批2所学校60名学生分赴韩国、德国友城住家交流；接待外宾17批375人次，其中党宾级1批4人、使领馆3批15人、友城代表3批86人、其他10批270人。

【与德国马格德堡市签署合作意向书】 7月4日，德国马格德堡市副市长莱纳·尼彻率领商务代表团到访。市委常委、张家港保税区管委会副主任卞东方、副市长邵军民会见代表团一行。副市长邵军民代表市政府与莱纳·尼彻签署两市合作意向书，约定两市定期互访，开展城市建设、体育文化、道路交通、垃圾处理、生物能源、医疗养老、教育科研、绿色技术等方面的交流与合作。

【张家港市·万锦市友好交流推介会】 7月28日，副市长黄雪元率团市委、市商务局、市人才办工作人员及青商会部分企业家访问加拿大万锦市，并举办"张家港市·万锦市友好交流推介会"。万锦市市长薛家平，安大略省议员、移民厅厅长陈国治，中国驻多伦多领事馆领事何江川，万锦市区域议员李国贤及万锦市政府官员、企业家代表共50余人参加推介会。推介会上播放张家港宣传片《走在时间前面的城市》，并介绍张家港市基本情况以及投资兴业的良好环境和优惠政策。会后，加拿大尼亚加拉酒业集团、部分大宗商品贸易商以及人才科技项目与张家港市进行洽谈对接。加拿大最有影响的网络媒体《51周刊》及《名人名商》杂志、中央电视台指定的加拿大华语电视媒体WOWTV进行报道。

（李　杰）

对口帮扶

【概况】 2014年，张家港市继续对口帮扶江苏省宿迁市宿豫区、陕西省子洲县、重庆市云阳县、贵州省沿河土家族自治县，对口支援西藏自治区林周县、新疆维吾尔自治区巩留县，与江苏省丰县、湖北省秭归县、陕西省汉阴县、四川省白玉县和马边彝族自治县保持友好合作关系。全年对上述地区实施对口帮扶项目19项，提供援助资金1584万元（市财政出资1121万元，各区镇、机关、企事业单位和个人对口援助463万元）。其中，援助宿迁市宿豫区999万元、子洲县160万元、云阳县30万元、林周县36万元、巩留县183万元、沿河县100万元，其他地区76万元。捐赠办公用品、教学设备、体育器材、学习用品、书籍等物资价值21.37万元。

【交流培训活动】 年内，张家港市与对口地区开展形式多样的交流活动。其中，张家港市领导出访的有：4月2日至3日，市委书记姚林荣率党政代表团访问宿迁市宿豫区，市委副书记、市长朱立凡和宿豫区委副书记、区长刘士武分别代表双方政府签订"2014年度南北挂钩合作协议"；5月20日至23日，市委常委、常务副市长徐仲高率团赴巩留县参加新一轮援疆项目开工仪式并实地考察援疆工作，慰问援疆干部、教师和医务人员；5月下旬，副市长邵军民赴宿迁市宿豫区考察张家港宿豫工业园区建设情况；8月25日至31日，市人大常委会副主任郭炳荣率企业家赴铜仁市沿河县考察，进行产业合作和文化交流对接。对口地区领导到访的有：4月15日至17日，巩留县委书记张耀华率党政代表团到市考察工业经济、旅游业和现代服务业发展情况，与张家港市共商对口支援及经济合作事宜；6月17日至18日，宿迁市宿豫区委常委郜学东，副区长叶兴成率宿豫区部分经济薄弱村负责人到市开展"村村合作"交流对接；10月17日，林周县县长次仁顿珠率党政代表团到市考察经济社会发展情况；11月2日至5日，巩留县委副书记、人大常委会党组书记杨新平率党政代表团到市进行经贸洽谈，参加第三届巩留县（张家港市）活动周和巩留旅游推介会；12月21日至22日，沿河县委常委、常务副县长黄勇率考察团到市考察开发区和城市建设情况。张家港市全年接待对口地区领导、专业技术人员到访38批478人次。年内，张家港市和对口地区互派干部进行挂职交流：张家港市选派孙济刚挂任宿豫区委副书记，陈亚光、赵敢分别挂任宿豫区区长助理、宿豫经济开发区管委会副主任，马春青挂任沿河县副县长；宿豫区选派陈磊、陈敏分别挂任张家港市副市长、张家港市经信委主任助理，铜仁市选派张凯挂任张家港经济技术开发区管委会副主任。9月至12月，巩留县选派4名干部、宿豫区选派3名干部到张家港经济技术开发区、市经信委、市商务局挂职学习。3月5日至10日，宿豫区组织84名青年干部到市委党校培训学习，学习管理经验，提高履职能力。市委组织部、市委党校、市教育局、市卫生局、市农委、市援疆办等单位为对口地区举办各类培训班16期，培训干部人才353人次。

【张家港（宿豫）工业园区建设】 2014年，张家港（宿豫）工业园区新增固定资产投资1.53亿元。其中，百威英博（宿迁）啤酒有限公司完成固定资产投资5000万元，张家港大厦完成投资6500万元，江苏雅捷生物科技有限公司完成投资3800万元。全年实现规模以上工业企业增加值1.31亿元，进出口总额1750万美元，实现业

张家港（宿豫）工业园　　（市委宣传部　供稿）

务总收入13.2亿元，财政总收入2473万元，公共财政预算收入1420万元。新引进建筑工程机械制造和江苏三辰智能科技有限公司2个亿元以上工业项目，完成江苏雅捷生物科技有限公司1个亿元以上竣工工业项目。百威大道、乐余路、金港路和杨舍路延伸段基本完成亮化、绿化工程。百威供电开闭所土建完工，供电设备基本安装完毕。在省苏北办对全省39个共建园区的年度考核评比中，张家港（宿豫）工业园区列第4名，获省政府1000万元资金奖励。

【援藏援疆】 年内，塘桥镇支援西藏林周县边角林乡建设资金30万元，市人民检察院支援林周县人民检察院业务经费6万元，双方开展多层次部门干部交流。根据新一轮援疆工作总体要求，2014年，张家港市选派21名干部、教师、医生和农林科技人员赴新疆巩留县工作。其中，副市长王松石、张家港经济开发区管委会副主任赵志凯分别担任巩留县委副书记和巩留县委常委、副县长，全面负责援疆工作。年初，由援疆工作组负责实施的总投资1.58亿元（其中省财政统筹援疆资金6765万元）的9个援疆项目建设全面开工。至年末，总投资50万元的农村安全饮水入户工程、总投资400万元的村级卫生室标准化改造项目、总投资1000万元的安居富民工程、总投资100万元的基层劳动就业社会保障服务平台项目全面完工；总投资6200万元的巩留县中医医院易地新建和老年康复中心建设项目，完成土建工程量的80%；总投资6000万元的巩留县第二小学易地新建项目，完成土建工程量的75%；总投资2800万元的公共卫生中心建设项目、总投资400万元的农村双语幼儿园项目开工建设。产业援疆方面：总投资1.2亿元的嘉格森硅业扩能项目落地见效，总投资15亿元的太阳能光伏项目进展顺利。年内，张家港市各部门援助183万元支援巩留县社会事业发展，市环保局、市公共资源交易服务中心等单位援助执法仪器、电脑等物资价值13万元。两地共有30余个部门互访交流，巩留县派出8名干部、医务人员到张家港市机关、医院挂职学习，14批249名干部、教师、医务人员到张家港市培训，双方在业务、人才、项目、技术等方面开展全方位合作。

（赵　敢）

机关事务管理

【概况】 2014年，机关事务管理中心履行后勤服务保障职能，为市级机关创造良好的办公条件和工作环境。先后完成国庆65周年升国旗仪式、“9·30烈士纪念日”公祭活动，全国县级文明城市创建工作现场会、2014年中国（张家港）长江文化艺术节等各类活动、会议的会务和后勤保障。全年提供会议服务1121次（包括电视电话会议65次），用车服务安全行驶50万千米。集中组织公开拍租房产3000余平方米，年租金收益近86万元。统筹做好市农委、市供销合作总社、市科技局等单位办公用房调配改造。按照规定组织开展党政机关办公用房清理工作，全市腾退办公用房6700平方米。加强节能监督考核，将市公共机构节能工作列入年度市级机关（单位）绩效考评指标体系，纳入市年度先进单位、先进个人评选表彰项目。扎实推进节能示范单位和节水型单位建设，成功创建省级节能示范单位5个，节水型单位创建率超过50%。继续配合市纪委开展党政机关公务用车专项治理工作。

【规范公务用车管理】 年内，按照苏州市《关于开展党政机关公务用车问题专项治理工作的实施方案》要求，对公车私用、违规借用等问题开展常态督察。进一步规范苏EF0000至苏EF0150党政机关公务车辆专用号牌管理，卫生监督和环境监察执法车辆喷涂标识管理和离退休老干部用车管理。采集汇总市公安局、检察院和法院等106个机关单位（含参照管理单位）的一般公务用车及执法执勤车辆的车型、排量、行驶里程等30项数据，为下一步深化公车改革提供翔实依据。机关车队运行有序规范，严格执行定点保险、定点维修和定点加油制度，车辆运行数据形成一车一档，较好完成市四套班子各类政务活动的用车保障。（汤　惠）

【编辑　景力颖】

政协张家港市委员会

Zhangjiagang Municipal Committee of the CPPCC

市政协十一届三次会议 （市政协办 供稿）

政协会议

协商议政

民主监督

政协会议

【市政协十一届三次会议】 1月6日至9日在市馨苑度假村会议中心举行。应出席委员330人，实到321人。会议审议通过市政协主席单玉珍代表常务委员会所作的常委会工作报告和副主席李汉忠代表常务委员会所作的关于十一届二次会议后提案工作情况的报告。与会委员列席市十三届人大三次会议，听取并讨论市政府工作报告和其他报告。增补选举产生政协常委3人。会议收到提案449件，立案347件。

市政协召开党的群众路线教育实践活动总结大会 （市政协办 供稿）

【市十一届政协常委会议】 2014年，市十一届政协举行7次常委会议。

第十一次会议 1月7日召开。听取市政协十一届三次会议各讨论组讨论市委书记姚林荣在大会开幕式上的讲话和审议市政协常委会两个报告的情况汇报，审议市政协十一届三次会议选举办法（草案），提出增补市政协常务委员候选人建议名单和选举工作人员建议名单，审议《中国人民政治协商会议江苏省张家港市第十一届委员会第三次会议决议（草案）》。

第十二次会议 1月8日召开。审议通过《中国人民政治协商会议江苏省张家港市第十一届委员会第三次会议选举办法（草案）》，审议通过市政协常务委员候选人建议名单和选举工作人员建议名单，审议通过《中国人民政治协商会议江苏省张家港市第十一届委员会第三次会议决议（草案）》。

第十三次会议 2月19日召开。表彰市政协十一届二次会议优秀提案和提案承办先进单位，审议通过《政协张家港市第十一届委员会2014年度工作要点》。

第十四次会议 5月16日召开。协商全市城市管理城乡一体化工作。

第十五次会议 7月31日召开。审议通过市政协有关人事任免事项，传达贯彻市委十届八次全体（扩大）会议精神，听取市政府关于全市上半年经济社会发展及政协提案办理工作的情况通报，协商全市工业企业信息化工作。

第十六次会议 10月28日召开。审议通过市政协有关人事任免事项，协商全市平安法治建设工作。

第十七次会议 12月26日召开。听取市政府关于全市经济社会发展及政协提案办理的情况通报，审议通过市政协有关人事任免事项，审议通过市政协常委会工作报告（草案）、提案工作报告（草案），作出关于召开市政协十一届四次会议的决定，审议通过市政协十一届四次会议的有关事项。

张家港市政协十一届三次会议优秀提案一览

表9

提案单位／人	案　　由	承办单位
政协凤凰镇工委	关于进一步推进“美丽镇村”建设，落实长效机制，巩固创建成效的建议	市城乡环境卫生指导中心、市住建局
民盟市委	关于大力发展我市特色庄园经济的建议	市农委、市旅游局
市工商联	关于进一步扶持我市特色行业做大做强的建议	市经信委
政协金港镇工委	关于打造香山生态旅游精品，提升我市人文历史内涵的建议	保税区（金港镇）、市旅游局
民革市总支	关于加强大气污染监测、发布和治理执法力度的建议	市环保局
农工党市委	关于改变我市安置小区“人户分离”现象的建议	市公安局
九三学社市基层委员会	关于进一步提升我市动迁安置小区物业管理的建议	市房管中心
政协杨舍镇工委	关于加快河道水环境整治的建议	市水利局、市环保局、市城乡环境卫生指导中心

续表9

提案单位/人	案　　由	承办单位
政协南丰镇工委	关于进一步改善农村水环境质量的建议	市水利局、市环保局、市城乡环境卫生指导中心
民建基层委员会	关于加强社区医生队伍建设的建议	市卫生局
市无党派人士联谊会	关于发展创意农业，拓展生态休闲功能的建议	市农委
政协锦丰镇工委	关于加大城乡一体化融资扶持力度的建议	市财政局
政协塘桥镇工委	关于在乡镇推进垃圾分类收集处理的建议	市城管局
政协乐余镇工委	关于落实长效工作机制，加强和改善农村卫生环境的建议	市城乡环境卫生指导中心
政协大新镇工委	关于加快推进双杏寺风景开发建设的建议	大新镇、市旅游局
政协常阴沙现代农业示范园区工委	关于现代农业助推生态旅游的建议	市旅游局、市农委
苏　勇	关于推动机动车“礼让斑马线”活动的建议	市公安局
丁向阳	关于发展定制公交缓解道路交通拥堵的建议	市交通运输局
苏国兴	关于在我市因地制宜增设休闲健身慢道的建议	市体育局
郭宏杰	关于建立我市电梯应急、救援指挥中心的建议	张家港质监局、市房管中心

【市十一届政协主席会议】2014年，市十一届政协举行主席会议11次。

第二十次会议　2月10日召开。审议通过《政协张家港市第十一届委员会2014年度工作要点（草案）》，听取市政协十一届三次会议提案审查情况通报，审议通过市政协十一届十三次常委（扩大）会议议程（草案）。

第二十一次会议　3月4日召开。研究讨论市政协深入开展党的群众路线教育实践活动的实施方案，研究讨论市政协主席分工督办重点提案等事项，协商全市商贸服务业发展工作。

第二十二次会议　4月21日召开。协商全市公共文化设施建设与管理工作。

第二十三次会议　5月9日召开。协商讨论《关于加强城市管理城乡一体化建设的调研报告》，审议通过市政协十一届十四次常委（扩大）会议议程（草案）。

第二十四次会议　6月5日召开。协商全市民族宗教事务网格化管理工作，研究部署市政协教育实践活动第二环节工作。

第二十五次会议　7月21日召开。协商讨论《关于全市工业企业信息化建设情况的调研报告》，审议通过市政协十一届十五次常委（扩大）会议议程（草案）。

第二十六次会议　8月8日召开。协商全市人居绿化环境管理工作，研究讨论民主评议市科技局工作方案。

第二十七次会议　9月10日召开。研究讨论《关于对市科技局的民主评议意见》。

第二十八次会议　10月17日召开。协商全市十大专业市场建设工作，研究讨论《关于我市平安法治建设工作的调研报告》，研究市政协十一届四次会议筹备方案，审议通过市政协十一届十六次常委（扩大）会议议程（草案）。

第二十九次会议　11月12日召开。听取市政协一室六委关于2014年主要工作以及2015年工作计划的汇报，研究讨论市政协十一届四次会议的相关事项。

第三十次会议　12月16日召开。听取各筹备工作组关于市政协十一届四次会议筹备工作情况汇报，审议市政协常委会工作报告（讨论稿）和提案工作报告（讨论稿），审议通过市政协十一届四次会议议程（草案）、日程（草案）及有关事项，审议通过《关于评选表彰2014年度优秀提案和提案承办先进单位的建议方案》，审议通过市政协十一届十七次常委（扩大）会议议程（草案）。

市政协组织开展委员集体培训活动　（市政协办　供稿）

2014年张家港市政协人事任免情况

表10

时间	会议	任免情况
7月31日	市政协十一届十五常委会议	任命陈英兼任市政协锦丰镇工作委员会副主任，庞晓畅兼任市政协凤凰镇工作委员会副主任，闵振宇兼任市政协大新镇工作委员会副主任；免去周军兼任的市政协港澳台侨（民族宗教）委员会副主任职务，免去钱建国兼任的市政协经济科技委员会副主任职务，免去匡勇兼任的市政协凤凰镇工作委员会副主任职务，免去顾芳兼任的市政协大新镇工作委员会副主任职务
10月28日	市政协十一届十六次常委会	任命顾博兼任市政协南丰镇工作委员会副主任
12月26日	市政协十一届十七次常委会议	任命施剑杰兼任市政协社会事业委员会副主任，庞建阳、孙利婵兼任市政协经济科技委员会副主任，李建华兼任市政协城乡建设委员会副主任，张莉莎兼任市政协杨舍镇工作委员会副主任，徐锦芬兼任市政协金港镇工作委员会主任；免去陈志芳市政协社会事业委员会主任职务，免去季春郁兼任的市政协社会事业委员会副主任职务，免去张燕清市政协经济科技委员会副主任职务，免去马学锋兼任的市政协经济科技委员会副主任职务，免去王春松兼任的市政协城乡建设委员会副主任职务，免去叶丽娜兼任的市政协杨舍镇工作委员会副主任职务，免去刘一平兼任的市政协金港镇工作委员会主任职务，免去孙惠芳兼任的市政协金港镇工作委员会副主任职务，免去凌洁兼任的市政协塘桥镇工作委员会主任职务

协商议政

【概况】 2014年年初，市十一届政协有委员330人。年内，有19人由于工作变动等原因，不再担任该届政协委员。根据《中国人民政治协商会议章程》规定，经市政协十一届十五次、十六次、十七次常委（扩大）会议审议通过，调整增补政协委员16人。至年末，有委员327人。其中界别分布为中共17人、民盟12人、农工党12人、工商联16人、无党派人士8人、总工会7人、共青团（青联）6人、妇联9人、科协8人、文艺新闻界7人、科技界16人、经济界45人、农业和农村界15人、教育界20人、体育界5人、医卫界23人、侨联界13人、民族宗教界8人、社会福利和社会保障界13人、社会科学界12人、特邀人士55人。年内，市政协组织召开各类协商议政会议7次。其中，市政协常委会议分别就加强城市管理城乡一体化建设、推进工业企业信息化建设、平安法治建设、经济社会发展及提案办理等议题，市政协主席会议分别就公共文化设施建设与管理、民族宗教事务网格化管理、园林绿化、十大专业市场建设等议题，与市政府及有关部门进行协商，形成专题调研报告3篇，提出意见和建议70余条，专委会开展对口协商通报活动5次。

市政协视察市宗教场所管理工作　　（市政协办　供稿）

【协商城市管理城乡一体化建设】 5月，市政协召开常委会议，就加快推进城市管理城乡一体化建设进行协商，提出要主动适应城乡一体化快速推进的新形势，用城乡一体的理念谋划和定位城市管理；围绕社会关注、群众关心的热点难点问题，创新体制机制，提高队伍素质，提升城管水平；统筹城乡规划，加快形成与全市城乡一体化建设相匹配的"大城管"新格局等建议，进一步促进全市城管工作的改善。

【协商"两化融合"发展】 7月，市政协召开常委会议，就加快工业企业信息化建设认真协商讨论，提出要切实将工业化、信息化融合摆上转型升级的重要位置，加紧研究出台相关实施意见，从完善政策、措施入手，加大支持保障力度；加强协调配合，加快实施一批重点项目；以企业信息化需求为导向，加快人才引进与培养，强化"两化融合"的人才支撑等建议，为促进全市工业企业信息化建设提供重要决策参考。

【协商十大专业市场建设】 10月，市政协召开主席会议，就新形势下如何

市政协视察市实事工程建设情况

（市政协办　供稿）

高标准建设好专业市场进行研究协商。针对存在问题，提出要突出前瞻性，加快制定全市专业市场发展总体规划；突出全市产业和区位优势，加快特色专业市场建设，提升电子商务和现代物流应用水平；创新服务手段，为做大做强专业市场提供优质的发展环境等建议，得到政府相关职能部门的重视和采纳。

【协商平安法治建设工作】 10月，市政协召开常委会议，协商平安法治建设工作。针对经济社会转型中遇到的新情况、新问题，提出要主动适应社会治理的新要求，完善落实平安法治“第一责任”机制；坚持源头治理，化解矛盾纠纷，进一步维护社会稳定；有针对性地破解难点问题，切实提升基层群众的满意度；强化部门协同，夯实社会治理基础等建议，得到市委、市政府的肯定和采纳。

民主监督

【概况】 市政协十一届三次会议期间，共收到提案449件，其中集体提案106件，个人提案343件。经审查，立案347件，其中集体提案103件，个人提案244件。市政协按照立案抓质量、督办抓重点、“回头看”抓成效的思路，在做好提案筛选整理、跟踪督办、答复落实等环节上下功夫，通过开展主席会议成员督办重点提案、带案调研视察、B类提案专项督察、提案办理“回头看”等活动，提高提案办理成效。至10月末，347件提案全部办结。市政协利用多种活动形式，支持各民主党派、工商联、无党派人士和各人民团体发挥作用。认真督办党派团体提出的集体提案，推荐党派团体成员担任党风政风行风监督员，支持党外人士参加全市有关经济社会发展重大问题的政治协商活动。关心少数民族群众生产生活，充分发挥华侨及港澳台胞、民族宗教界人士的积极作用。发挥文史工作的存史、资政、团结、育人作用，编纂出版《永庆寺志笺注》，征集文史资料6万余字。全年组织开展专题视察通报活动13次，提出各类合理化意见建议80余条，对相关部门更好地开展职能工作，起到一定的助推作用。

【民主评议科技工作】 8月中旬至9月中旬，市政协组织开展对市科技局的民主评议活动。先后召开座谈会10个，发放调查问卷130余份，广泛听取社会各界对科技工作的意见建议，形成专题调查报告5份。市政协主席会议对调查评议情况进行专题协商，充分肯定科技部门近年的工作成绩，针对存在问题，提出要切实发挥政府投入的导向作用，建立以企业为主体的多元化创新投入体系；加快张家港高新区建设，打造重大战略性发展平台，更好地承接国家高新技术产业政策落地；围绕产业需求整合科技资源，建设一批高水准、专业化公共服务平台；推进知识产权创造运用和保护，完善科技金融服务体系，改进科技服务方式，提升科技对转型升级的贡献率等意见。市科技局高度重视政协民主评议意见，逐条深入剖析，制定整改方案，落实整改措施，推动部门工作。

【收集社情民意信息153条】 市政协主席会议成员带队深入基层，采取走访委员与座谈协商相结合的方式，广泛收集社情民意信息。结合开展党的群众路线教育实践活动，征集社情民意信息153条，经过筛选，向市委、市政府报送27条社会高度关注的社情民意，内容涉及“二手车”市场监管、城区黑臭河道治理、农贸市场环境整治、农村道路安全设施增设、食药品行业卫生监管、金融机构窗口服务改善等多个方面。对市政协反映的社情民意，市委主要领导十分重视，专门批示办理。市政府和各相关部门逐一研究落实，并将办理情况书面通报市政协，使群众关注的一些热点问题得到妥善解决。　（周小军）

市政协对市科技局开展民主评议

（市政协办　供稿）

【编辑　宋佳辰】

纪检·监察

Discipline Inspection & Supervision

"清风颂·党旗红"庆"七一"专场文艺演出　（市纪委　供稿）

党风廉政制度建设

廉政宣传教育

正风肃纪

行政监察

党风廉政制度建设

【概况】 市纪委与市监察局合署办公，市纪委非公经济工委作为市纪委派出机构，与市纪委合署办公。全市共设区镇纪（工）委10个、系统纪（工）委20个、派驻纪检组（监察室）24个、市直属企业纪委8个、条线管理单位纪委（纪检组）11个和基层纪检监察工作室4个，另设有非公企业纪（监）委43个及纪律监督小组1052个。2月，市纪委撤销党风廉政建设室、纠正行业不正之风室、执法监察室、绩效管理监察室等4个内设机构，设立党风政风监督室、执法和绩效监察室、干部管理室、案件监督管理室，减少职能交叉。4月，梳理出纪检监察部门成立或参与的各类议事协调机构79个，取消或不再参与63个，保留或继续参与16个。11月，完成38名市直机关派驻和内设纪检组长（纪委书记）的兼职和业务分工调整工作。年内，全市推进办案工作“五化”（案件线索来源多元化、办案资源一体化、办案流程规范化、办案技术信息化、办案队伍专业化）建设，开展党的群众路线教育实践活动，积极构建与全市现代化建设相适应的廉洁政治。2月，召开中国共产党张家港市第十届纪律检查委员会第三次全体（扩大）会议，市委常委、市纪委书记张玮代表市纪委常委会向大会作题为《突出主业主责，聚焦中心任务，在新的起点上奋力开创反腐倡廉建设新局面》的工作报告，会议审议通过工作报告和《中国共产党张家港市第十届纪律检查委员会第三次全体（扩大）会议决议》。是月，召开部门党的群众路线教育实践活动动员大会。7月，相继召开委、局半年度工作交流会和全市纪检监察系统半年度工作总结交流会，部署下阶段纪检监察工作。年内，市纪委被苏州市委、市政府评为2011—2013年度平安苏州建设先进集体。市纪委、监察局被苏州市纪委、监察局评为2014年度苏州市纪检监察工作目标管理综合考评先进集体。

【党风廉政建设责任制落实】 1月，市委、市政府组织2014年党风廉政建设责任书签订仪式，修订完善市领导、市直机关、区镇和市直属公司（企业）等4个版本的党风廉政建设责任书，根据市委常委和市政府领导分工，市委主要领导与21名市其他领导、市分管领导与117个单位主要领导分别签订年度责任书。各单位也与下属单位签订党风廉政建设责任书，逐级分解。3月，市委、市政府对全年党风廉政建设和反腐败各项工作任务进行细化分解，把五个方面55项反腐倡廉重点任务，分解到15个主办单位和30余个配合单位，明确工作重点，细化工作任务。以“张家港市党风廉政建设责任制考核平台”为依托，加强对各单位落实党风廉政建设责任制的日常监管，《中国纪检监察报》《新华日报》《苏州日报》以及“清风扬帆网”“江苏省委新闻网”等多家媒体作了长篇报道。年末，对全市年度落实党风廉政建设责任制情况进行检查考核，由市委常委、党员副市长和市纪委常委、党员副局长分别带队，对10个区镇、60个机关部门、5家市属企业、3个街道办事处进行重点检查，将检查考核与领导干部述职、述廉、述法、述党建相结合，并邀请人大代表、政协委员、党风廉政监督员列席检查汇报会，听取汇报、参与测评。制定下发《张家港市党风廉政建设监督检查和责任追究实施细则（试行）》，实施“一案双查”，做到有责必问、有错必究，在全市层面形成党风廉政建设齐抓共管大格局，全年倒查追究党纪责任2起。

【领导干部廉洁自律】 5月20日，市纪委对2013年6月后新任党政主要负责人和新提拔副镇（局）级领导干部进行集体廉政教育，组织全体人员赴宜兴监狱进行警示教育，开展廉政知识测试，发放《作风新规口袋书》《腐败泯灭亲情——新时期党员干部家庭警示教育丛书》等廉政书籍。市委常委、市纪委书记张玮作集体廉政谈话。领导干部均现场签订廉洁自律承诺书。认真抓好领导干部重大事项报告工作，有214名领导干部报告个人购房、购车、婚丧嫁娶等重大事项。严格禁止领导干部违规收受礼金礼券，市廉政办及“510”廉政账户共收到领导干部主动上缴礼金、礼券折合共计135万元。扎实做好廉政公积金管理，全年累计审核办理廉政公积金514人次。

【惩防体系建设】 4月，市纪委制定下发《关于贯彻落实中央〈建立健全惩治和预防腐败体系2013—2017年工作规划〉的实施意见》，以制约和规范权力运行为核心，完善惩防体系基本框架。在建立健全惩治腐败工作机制的基础上，将工作成果拓展到反

新提拔领导干部廉政教育 （市纪委 供稿）

腐倡廉教育、权力监控、源头治理、纠风治乱等领域。依托“网上村委会”平台，加强“网上新社区”“网络问政平台”等网络载体建设，构建新形势下密切党群干群关系的有效形式，全年“网上村委会”点击量达到1929万余人次，“网络问政平台”累计发帖6万条。

廉政宣传教育

【概况】 年内，市纪委在全市各机关、单位、学校组织开展反腐倡廉教育、预防职务犯罪等专题讲座35场，覆盖党员干部、社区群众、学生等1.04万人次。会同市检察院分9批组织35个单位1600余名党员干部赴宜兴监狱等地开展警示教育活动。组织大新镇、南丰镇等25个单位400余名党员干部旁听大新镇原副镇长丁某、张家港保税区规划建设局原副局长沙某、市粮食局原副局长陈某等职务犯罪案件庭审。全年在省级以上主流媒体刊发各类反腐倡廉新闻宣传稿件146篇，全方位报道全市反腐倡廉工作动态以及党风廉政建设的经验做法。《听真实声音，办实在事情——张家港市开展“民生面对面”活动纪实》一文被省纪委清风扬帆网评为“十佳作品”，《“三资”安好，便是阳光》一文获《苏州日报》“廉石专版”优秀稿件，调研报告《张家港率先基本实现现代化进程中的廉洁政治建设研究》获张家港市第六届哲学社会科学优秀成果奖（决策咨询奖）。在《张家港日报》、张家港廉政网开设“落实党委主体责任和纪委监督责任”专栏，邀请部分党组织“一把手”和纪委（纪检组）负责人笔谈落实“两个责任”思想认识和工作举措。至年末，参与“勤廉天天问”网上答题285213人次，总答题75万余人次。张家港廉政网点击率168611人次。“张家港纪检”微博支持者数2163人，发布信息594条。上半年，首次以微博直播的形式，对市纪委十届三次全会进行报道。5月，开展“520”（我爱廉）廉政宣传教育月活动，是月20日，在保税区（金港镇）柏林村开展“践行群众路线，崇尚廉洁文化”主题展览。6月14日，协助市委召开全市警示教育大会，摄制播放警示教育片《自毁的人生》。7月3日，组织观看廉政教育舞台剧《黄粱梦》。7月12日，邀请《求是》杂志研究员黄苇町为全市党员干部作《推进党风廉政建设，永葆清廉本色》专题报告。9月11日至12日，举办“勤廉大讲堂”——全市纪检监察干部专题业务培训，培训主要包括案件检查、信访举报、党风廉政建设、案件审理等方面的基本内容，全市130余名纪检监察干部参加。9月17日，组织收听收看全省领导干部警示教育大会。12月12日至13日，举行全市纪检监察系统干部学习会，邀请苏州大学王健法学院教授作专题讲座，提升纪检监察干部依纪依法履职能力。

廉政评弹专场《兰考情》首演　　（市纪委　供稿）

【廉洁文化】 年内，市纪委持续开展廉洁文化示范点创建活动，重点培育大新镇“新华廉政工作室”等一批活动载体，形成张家港海事局“船说廉政”等一批廉洁文化品牌，培育创建保税区（金港镇）柏林村等25家市级廉洁文化建设示范点。完成市反腐倡廉警示教育基地初步方案设计、工程招标，确定廉政文化主题公园方案设计。1月18日，市纪委在经开区（杨舍镇）城西街道万红社区举办“美好家园，廉洁是福”廉洁文化社区行活动。6月12日，在市长春园书场举行廉政评弹专场《兰考情》首场演出，包括小组唱《情系兰考》、短篇弹词《雪中送炭》《焦门家风》、短篇评话《红脸出汗》、开篇《故道夜思》、表演唱《焦桐传世》6个篇章，在各区镇开展巡演16场。6月30日，在保利大剧院举办“清风颂·党旗红”庆“七一”专场文艺演出，创作表演《沙上烽火》《惠民书记吴栋材》《小村故事》等廉政文艺作品。开展廉政微电影《一线之间》、廉政微动漫《为官正道》等优秀廉政电影（动漫）进社区活动，全年放映优秀电影4000余场。指导基层开展“颂身边典型、展干部风采”“青春正能量·廉洁在岗位”“讲述我身边的勤廉故事”等主题活动，发掘身边感人事迹，宣传身边勤廉典型，传递正能量。指导张家港海事局拍摄制作廉政微电影《心灵阻击》，获评苏州市“预防职务犯罪，弘扬社会主义廉政文化”微电影大赛二等奖，并被选送参加全国预防职务犯罪微电影大赛。组队参加苏州市“廉石之光·碧水琴川”勤政廉政主题辩论赛。组织参加苏州市“廉石之韵·鹿城清风”勤廉歌词歌曲创作征集活动，创作选送的《这是你和我的舞台》获“十佳勤廉歌词”。组织参加中纪委、监察部网站开展的首届“清廉中国”新闻摄影、公益广告、漫画征集活动，有2幅漫画作品在该网站上刊出。编印出版《红盾杯小小说、微剧本作品选》，收录2013年度“红盾杯”港城清韵廉政·法治文化作品创作征集到的优秀小小说、微剧本作品50篇。

【苏州市青少年廉洁文化主题实践活动现场会】 11月20日，苏州市纪委在张家港市青少年社会实践基地召开“诚信润我心，廉俭伴成长”青少年廉洁文化主题实践活动现场会。苏州市纪委副书记缪红梅，苏州市所辖市（区）、苏州工业园区、苏州高新区纪（工）委及苏州市教育局纪委书记等80余人参加现场会。与会人员参观张家港市教育系统“廉洁文化进学校”活动成果展，观摩张家港市青少年“敬廉崇洁”主题教育活动。张家港市教育局、太仓市沙溪中学等5个单位在会上交流廉洁文化进学校工作经验。会议对在廉政微电影（微动漫）影评活动中获“优秀组织奖”的学校和影评作品获奖学生进行表彰，命名张家港市青少年社会实践基地为“苏州市廉政教育基地”并授牌。

案例剖析会 （市纪委 供稿）

正风肃纪

【概况】 年内，全市建立党委、政府、纪委联动大督察机制，持续开展“清风行动”和节假日专项督察行动，紧盯“四风”问题，累计派出督察组、暗访组65个，集中力量查处公款吃喝、公款赠送节日礼品、公款旅游、公车私用和利用婚丧喜庆敛财等问题，组织开展各类专项督察27次，下发专项通报2次、整改建议书15份，责令35个单位对相关财务支出情况作出具体说明，先后查处违反八项规定问题9件，处理党员干部12人。

【执纪查案】 年内，市纪委、监察局受理信访举报185件。其中，信件142件，电话4件，到访5件，网络举报34件；检举控告类143件，业务范围外42件。深化领导干部接访、下访活动，开展信访举报“走进开发区”活动，注重信访案件办理质量。试运行集网络举报、网上在线接访、手机短信举报等于一体的“数字信访”平台，形成市、区镇、部门纪检组织三级联动的维稳督导体系，实现全国两会期间越级信访“零登记”。共立案查处各类违纪违法案件193件，比上年增11.6%。其中，贪污贿赂类案件24件，比上年增14.3%；乡科级以上11件，比上年增10%；移送司法机关22件，比上年增22%。严肃查处褚某、沙某、丁某、陈某、徐某等一批有影响力的案件，为国家和集体挽回经济损失1800余万元。全面贯彻落实省纪委“三审一评”工作要求，实行机关企业案件联合审理，规范简易程序适用。对纪检监察机关查处“四风”案件适用条规、定性量纪有关问题进行分类研究，在苏州市纪委审理室指导下，完成“常见‘四风’案件定性量纪问题研究”课题调研工作，并上报省纪委审理室。

【专项治理】 年内，市纪委开展公务用车专项治理及“会所中的歪风”、收“红包”及购物卡整治等工作，有效制止违规违纪问题发生。深化党政机关因公出国（境）专项治理工作，严格执行会审票决制度。全年参与因公出国、出境会审9次，共计审核因公出国、出境59批136人次。会同机关事务管理中心、财政等部门，开展四套班子领导（含离退休）公务用车情况专项检查，对离退休老领导的服务保障用车提出规范性建议。

【基层台账规范清理】 年内，市纪委牵头组织开展全市基层台账规范清理工作，经过全面清理规范，基层台账从262套压减到31套。在此基础上，会同相关部门依托“网上村委会”平台，开发建设基层电子台账系统并投入运行。会同市民政局、市委农工办等部门，帮助村（社区）清理超范围、超职权的证明事项，规范相应工作流程，共取消7个单位部门共计31个证明事项，减轻基层负担。

行政监察

【概况】 年内，市各级监察组织对“腾笼换鸟”、科技创新载体和人才项目落地、全市重大产业项目和“开门红”产业项目、安置房建设、生态文明建设及养老、医疗卫生、教育、文化等民生工程进行专题督察，分别形成10个专题督察报告上报市委、市政府，均得到市主要领导批示。围绕市委、市政府“建设苏南现代化示范区”任务部署，加强对重大决策部署的监督检查，加大对重大民生问题、转变经济发展方式的督办力度，以执法监察助推发展。深入开展政风行风评议和评议“回头看”活动，加强清理和规范庆典、研讨会、论坛活动。

【执法监察】 市纪委全面落实上级纪委“转职能、转方式、转作风”的部署要求，重点推进公共资源交易平台机构建设，督促市公管办抓好公共资源交易法规制度落实，完善内部操作流程，加强对各交易项目的流程监管。开展“行政执法责任追究”专项行动。结合信访举报、媒体曝光事件、行政复议纠错和行政诉讼败诉案件，分析查找存在问题，开展责任追究，查处行政执法中的违法违纪案件，推动行政执法机关严格规范、工作人员公正文明执法。开展对政府重点工作实施情况的监督检查。围绕转型升级、科技创新、城乡一体发展、生态文明建设、增进民生福祉等重点工作强化督察，保证政令畅通，推动任务落实。先后参与全市公务员、教师和医护人员招考的现场监察，确保人事录用过程公开、公平、公正；参与生态安全、食品安全、安全生产等各类会办、督办、督察50余次。开展举报投诉调处工作，受理市经信委市民网页项目、经开区再制造展示中心项目、市第一人民院医疗家具采购项目等投诉举报共22起。

【效能监察】 年内，市纪委全力打造独具特色的绩效管理新模式。完善全市指标目标和责任分解。制定下发《关于印发2014年全市主要指标目标和责任分解的通知》，2014年全市主要指标共涉及经济发展、科技创新、生态文明、城乡一体四大方面50项，其中分解到区镇的指标有46项；落实部门个性指标目标及责任分解，下发《关于印发2014年度市级机关（单位）个性指标的通知》，2014年度市级机关（单位）共梳理确定个性指标目标333项，其中市下达指标125项，自定指标208项。优化绩效考评办法及监测细则。修订完善市镇两级绩效考评实施办法，下发《张家港市2014年度市级机关（单位）绩效考评工作实施办法》《张家港市2014年度区镇绩效考核工作实施办法》《各区镇重大工作2014年度目标与推进计划》，明确考核指标监测细则，组织相关职能部门制订2014年市级机关（单位）共性指标、区镇保障性工作指标以及扣分项目监测细则、考核内容。2014年考核指标监测细则共涉及市级机关（单位）共性指标12项、扣分项目2项，区镇保障性工作指标11项、扣分项目9项。强化绩效督察及过程监督。下发《关于开展“810工程”项目推进工作内部督察的建议方案》，组织市规划局、城乡环境卫生指导中心、住建局等重点承办单位分别牵头组织对一干河生态廊道推进情况、美丽乡村建设推进情况、保障房扩面工程推进情况进行内部督察，并形成情况汇报上报市委、市政府。6月起，每月对全市“810工程”项目重要节点形象进度计划达成情况进行跟踪，并在《绩效比拼动态》上予以通报。此外，发布绩效评估报告10期，编发《绩效比拼动态》28期。完成绩效试点衔接工作。4月，增补市编办1名副主任为市绩效办副主任，并将市委组织部、市编办以及市法制办增补为市绩效管理委员会成员单位。6月，组织召开全市党政机关内部绩效管理工作推进会。7月，从科技、财政、机构编制管理、统计、环保等部门抽调5名骨干人员集中办公，加快推进全市党政机关内部绩效管理工作。8月，对全市党政机关和垂直条线部门内部绩效管理开展情况进行检查核验。组织开展三大绩效考核。组织开展对区镇1月至6月以及1月至9月新兴产业投资、生产经营性服务业投资、工业开票销售收入等8项关键指标推进情况考核，形成推进度考核结果上报市委、市政府。12月，根据市委常委会审定的2014年度绩效考核实施办法，组织对区镇、区镇重大工作及市级机关（单位）等“三大绩效考核”工作，形成绩效考核结果上报市委、市政府。牵头组织各项指标监测数据的提供部门对2014年全市主要指标推进情况进行监测统计，形成2014年度全市绩效评估报告。

政风行风热线　　（市纪委　供稿）

【政风行风热线】 市纪委认真组织“12345·政风行风热线”日常直播工作，利用网络视频直播模式，进一步扩大政风行风热线受众，拓宽热线节目与广大听众的沟通渠道。年内，“12345·政风行风热线”共直播节目79期，其中部门上线直播46期，受理群众咨询投诉839件，办结821件。同时，对省政风行风热线交办的投诉件组织处理。全年受理省政风行风热线转办投诉54件，均已办结答复并通过系统平台上报结果。

（汤栋梁　王　辉　柳　燕
黄　岑　倪建鑫　石　磊
刘　丹　殷　石　王修亮）

【编辑　卢德兴】

民主党派·无党派民主人士·工商联·人民团体

Democratic Parties & Non-Party Personages & Association of Industry and Commerce & People's Groups

在“劳模颂”专场文艺演出中受表彰先进代表合影　（市总工会　供稿）

中国国民党革命委员会张家港市总支委员会
中国民主同盟张家港市委员会
中国民主建国会张家港市基层委员会
中国农工民主党张家港市委员会
九三学社张家港市基层委员会
张家港市无党派人士联谊会
张家港市工商业联合会（总商会）
张家港市总工会
中国共产主义青年团张家港市委员会
张家港市妇女联合会
张家港市归国华侨联合会

中国国民党革命委员会张家港市总支委员会

【概况】 2014年，中国国民党革命委员会张家港市总支委员会（简称民革市总支）下属支部5个，有党员72人，平均年龄40岁，其中在职党员70人，占总数的97.22%。党员中，具有高级职称的15人、中级职称21人，分别占20.83%和29.17%；有苏州市人大代表1人、苏州市政协委员1人、张家港市人大代表1人、张家港市政协委员17人。全年召开主委办公会议6次，总支中心组成员会议4次，各支部组织活动30余次。年内，组织5个支部分别赴上海宋庆龄故居、云南玉龙石鼓红军渡口纪念馆、常熟沙家浜革命纪念馆等开展“红色之旅”主题教育活动，组织一支部赴中国台湾开展“重温历史”教育实践活动。编印《张家港民革》杂志2期，20万字。有40余条信息被《苏州民革》杂志、《江苏民革》杂志、民革江苏省委网站、《团结报》等录用。其中，苏州市级录用18条，省级录用7条，《团结报》录用2条。

【参政议政】 在市政协十一届三次会议上，民革市总支提交集体提案12件、个人提案41件。在市十三届人大三次会议上，提交建议1件。其中，集体提案《关于加强大气污染监测、发布和治理执法力度的建议》被评为优秀提案。年内，组织党员赴保税区（金港镇）、乐余镇、凤凰镇、塘桥镇等区镇开展保留村庄、职业教育、科技、金融等情况调研，征集社情信息50余条。开展转制民营医院第三方调查，历时4个月，回收调查问卷680余份，完成《张家港市19家转制民营医院社会满意度调查报告》，民营医院平均社会满意度在85%以上。

【社会服务】 年内，民革市总支以送爱心、送帮扶、送健康、送文化、送法律等为主题，开展系列社会服务活动。3月，组织卫生、计生等行业党员赴冶金园（锦丰镇）、凤凰镇开展志愿服务活动。5月，对口援助“民渝合作”项目基地——重庆市石柱土家族自治县三河镇红明村村委会综合项目竣工。4月，组织党员赴东渡实验学校开展“高雅艺术进校园”活动。6月，组织部分党员赴白鹿幼儿园举办儿童意外伤害急救知识培训。是月，组织律师党员赴市高级技工学校开展“法律服务进校园”活动。7月，组织党员为全市22个宗教活动场所130余名宗教界人士开展现场急救知识培训。9月，组织部分党员赴市老年公寓举办中秋敬老文艺演出专场。通过扶贫帮困、捐资助学、敬老爱老等活动，民革市总支全年捐资36万元。 （蔡克荣）

中国民主同盟张家港市委员会

【概况】 2014年，中国民主同盟张家港市委员会（简称民盟市委）下属支部10个，盟员209人，平均年龄50.1岁。其中，教育界99人，科技界45人，文化界18人，医卫界24人，法律界5人，非公经济界15人，金融界3人。盟员中，具有高级职称的118人、中级职称的72人，分别占56.46%和34.45%；有苏州市人大代表2人、苏州市政协委员1人、张家港市人大代表7人、张家港市政协委员30人。全年召开民盟市委全会1次、扩大会议3次，各支部组织学习活动40余次。近160人次参加各类培训班、扶贫考察和座谈交流活动。年内，民盟市委开展“投身810，岗位比贡献”主题实践活动，引导广大盟员立足本职，爱岗敬业，建言献策。开展“投身810，岗位比贡献”征文活动，有9篇文章获奖。年末，通过民主评议，评出10位“投身810，岗位比贡献”先进盟员。年内，盟员近50人次获张家港市级以上各类奖项，在各级刊物发表论文30余篇，举办张家港市级以上讲座、公开课20余场，有80余幅书画、摄影作品分别在国家级、省级、苏州市级等各类展览中展出。全年民盟市委机关编印《张家港盟讯》4期；在各级统战条线媒体和《张家港日报》上发表文章和简讯182篇次。年内，在苏州民盟组织的“我的民盟、我的梦”演讲比赛中，1人获一等奖，1人获二等奖；在苏州民盟“民盟特色基层创建活动”中，暨阳支部获先进集体称号，1人获先进个人称号。民盟张家港市委获江苏民盟2013年度宣传工作先进集体二等奖、苏州民盟社情民意信息工作优秀组织奖。

【参政议政】 在市政协十一届三次会议上，民盟市委提交集体提案11件，个人提案52件。集体提案《关于大力发展我市特色庄园经济的建议》、个人提案《关于加大治霾力度的建议》列为主席督办提案，个人提案《关于优化保障房供应结构的建议》列入市政协调研、视察、通报协商活动提案。集体提案《关于大力发展我市特色庄园经济的建议》被评为市政协优秀提案。集体提案《关于缓解新型农业经营主体融资担保难的建议》被转化为民盟苏州市委和民盟江苏省委集体提案。在市十三届人大三次会议上，个人建议《关于进一步做好我市农产品质量检测的建议》《关于加强养老护理队伍的建设的建议》获人大优秀代表建议奖。年内，完成民盟苏州市委、中共张家港市委统战部合作调研课题“加快多元发展，全面推进我市学前教育提档升级”，提出科学规划布局，加大保障措施；拓宽投资渠道，优化发展机制；设立专项资金，加大财政投入；优化队伍建设，提高师资力量；创新管理机制，提升质量工程等建议。组织调研组，赴市教育局、人口计生委、水利局、环保局、民防局、保税区（金港镇）、塘桥镇、扬中市教育局等单位，就全市学前教育现状、0至3岁科学育儿工作、农村黑臭河道污染整治、人防工程使用维护管理、保税区（金港镇）开发建设等经济社会发展过程中的热点、难点问题，进行深入调研；并与广东中山民盟、南通民盟、苏州民盟等外地和上级民盟组织，联动开展调研活动。在民盟苏州市委和张家港市政协征集社情民意信息活动中，民盟市委分别提交社情民意35条和18条，信息《迫切解决计生特扶家庭的收养等实际困难》被民盟中央录用。

【社会服务】 年内，民盟市委坚持“五民工程”品牌活动，全年组织“书画亲民”“送医利民”“信息惠民”“爱心济民”“法律助民”社会服务活动21次。1月，民盟市委文教服务队和中共市委统战部联合开展“送春联进社区”活动，为经开区（杨舍镇）锦绣社区居民送去春联200余幅。4月，法律服务队为中信银行股份有限公司张家港支行作有关贷款业务的法律风险培训讲座。6月，法律服务队受邀先后为江苏红人实业股份有限公司、中国电信股份有限公司张家港分公司、江苏欧邦塑胶有限公司等3家企业举办“提高证据意识，化解法律风险”法律主题讲座；文教服务队联合江苏省梁丰高级中学举办高考招生咨询会，数十所高校招生负责人及近3000名家长、高考考生参加活动。8月，医疗服务队到保税区（金港镇）社区卫生服务中心送医下乡，义务诊疗100余人次，开出处方20余张，为近100人免费检测血压，发放宣传资料100份；响应民盟苏州市委倡议，民盟张家港市委组织张家港市广大在职盟员参与民盟苏州市委“我为毕节学生捐本书”活动，筹得善款6970元。9月，与市政协联合组织盟员医疗专家，深入凤凰镇湖滨社区开展送医送药进社区活动，义务诊疗近100余人次，开出处方20余张，发放宣传资料近100份，发放价值近1000元药品；张高支部部分盟员到经开区（杨舍镇）馨港社区慰问困难党员、空巢老人、大病重病人员；民盟市委、市侨联联合举办“侨资企业法律风险控制”讲座，为近70位侨资企业代表、归国创新创业人员、重点侨界人士、归侨侨眷和社区侨务工作者答疑解惑；民盟市委与冶金园（锦丰镇）滨江社区联合开展“益网情深”公益环保主题活动，全市盟员捐赠旧衣200余件、旧书100余本、旧玩具20余件。11月，医疗服务队参加市委统战部志愿服务进社区活动，送医进经开区（杨舍镇）锦绣社区。3月至12月，文教服务队在新疆维吾尔自治区巩留县，江苏省江阴市、盐城市等地开展送教下乡活动7次。 （周慧敏）

中国民主建国会张家港市基层委员会

【概况】 年末，中国民主建国会张家港市基层委员会（简称民建市基层委员会）下属支部由3个增设为5个，有会员70人，平均年龄40.2岁。会员中，有苏州市人大代表2人、苏州市政协委员1人、张家港市政协委员17人、张家港市人大常委1人。全年召开全体会员大会2次、班子扩大会议3次，各支部组织学习活动20余次。近40人次参加各类培训班、扶贫考察和座谈交流活动。年内，在民建江苏省级组织成立60周年纪念座谈会上，民建市基层委员会获江苏省先进基层组织称号；在民建苏州市委成立60周年大会上，4名会员获苏州市民建优秀会员称号。

【参政议政】 在市政协十一届三次会议上，民建市基层委员会共提交集体提案10件、个人提案12件。其中，集体提案《关于进一步加强社区医生队伍建设的建议》被评为优秀提案。年内，完成“关于我市大气污染防治”“抓住智慧城市发展机遇，加快推进张家港市物联网应用示范基地建设”“关于我市中小型实体企业负担的调查研究”等调研课题，承办民建苏州市委“生态农业和城市生态建设”课题调研活动。其中，关于《我市中小型实体企业负担的调查研究》调研报告提出着力缓解企业反映的税（价）费负担较重的问题，加强对各类协会、中介机构收费及服务行为的引导和规范，建立服务企业促发展的价格互动平台等建议，得到市委书记、市长批示，相关信息被省委办公厅录用。

【社会服务】 年内，民建市基层委员会以送爱心、送帮扶、送文化等为主题，开展系列社会服务活动。3月，组织女会员与结对扶贫对象共同庆祝“三八”妇女节，并送上慰问金5000元。4月，与市工商联、市中小企业局联合举办高端企业管理讲座；联合市民政局、市残联共同举办千名残疾人走进市文化中心“关注关爱，携手同行”主题活动；邀请民建江苏省委副主委郝星辰赴江苏爱康太阳能科技有限公司，为会员企业江苏乐华实业有限公司和江苏爱康太阳能科技有限公司合作项目牵线搭桥。5月，组织十余名企业家会员赴江西省新干县进行考察，与当地政府就合作助学达成初步意向。6月，邀请苏州大学教授朱学新到会员企业张家港金麦穗生态农庄考察调研。 （张　萍）

中国农工民主党张家港市委员会

【概况】 年末，中国农工民主党张家港市委员会（简称农工党市委）有下属支部11个。其中，医卫界6个，教育界3个，经济、科技界各1个。有农工党员197人，其中医卫界101人、文教界46人、科技界24人、经济界26人。在职党员147人，退休党员50人。党员中具有高级职称的103人，中级职称的84人，分别占52.28%和42.64%。党员中，苏州市人大代表2人，苏州市政协委员2人，张家港市人大代表2人，张家港市政协委员30人。2014年是农工党中央坚持和发展中国特色社会主义学习实践活动的开启之年，也是农工党市委“教育实践年”。围绕“教育实践年”主题，农工党市委组织党员专题学习中共十八届三中、四中全会精神，观看《中国农工民主党与福建事变》资料片等。举办张家港市“中国梦·农工情”征文及演讲比赛，收到征文22篇，6篇征文分别被评为一、二、三等奖。11名农工党员参加演讲比赛，前3名选手被选送到农工党苏州市委参赛，并分获苏州市二等奖、三等奖和优秀奖。开办摄影培训班，邀请农工党党员、江苏省摄影家协会会员缪一喜为党员授课。开展“支部创新活动大比拼”，医卫五支部开展“爱心牵手，你我有份”志愿者活动，教育一支部开展“网上微课堂”，医卫四支部开展“医院开放日，我来献一计”活动，科技支部开展“流动花朵，共沐暖阳助学活动"等。加强对外学习交流，医卫五支部分别与九三学社复旦大学附属肿瘤医院支社和苏州市吴中区支部开展交流活动。年内，发展新党员13人，平均年龄35岁，均为大学及以上学历，其中研究生5人。选派36名骨干党员参加农工党苏州市委、张家港市委统战部及市政协组织的学习培训活动。全年获各级各类表彰的农工党员近60人次，其中有8人次获省级以上荣誉，有12人次获苏州市级荣誉。党员在苏州市级以上刊物发表论文30余篇。农工党市委机关编印《张家港农工》4期，全年在各级农工党、统战条线媒体和《张家港日报》上发表文章50余篇。

【参政议政】 在市政协十一届三次会议上，农工党市委作《强化污水收集处理，提升市区水环境质量》大会发言，提交《推进我市退休人员社会化管理服务的建议》书面发言材料，提交集体提案9件、个人提案65件。集体提案《关于改变我市安置小区"人户分离"现象的建议》和个人提案《关于发展定制公交，缓解道路交通拥堵的建议》《关于在我市因地制宜增设休闲健身慢道的建议》被评为优秀提案。集体提案《关于加大科技创新力度，做大做强我市医疗器械产业的建议》《关于改变我市安置小区"人户分离"现象的建议》和个人提案《关于建立雾霾天气预警制度的建议》列为主席督办提案。集体提案《关于"盘活"我市住房维修基金的建议》和4件个人提案列为政协调研、视察、通报协商活动提案。年内，围绕民防、人口计生、保税区发展和公安工作开展调研，完成"我市转制民营医院发展情况""加强公立医院重点专科建设""我市城乡水污染综合治理""进一步加强全市生活垃圾处理"调研课题，其中"加强公立医院重点专科建设"课题提出加强重点专科顶层设计、调动医务人员积极性、加大人才引进培养力度、提高医疗卫生科研水平等建议。上报社情民意信息38篇，其中省委统战部录用2篇、中共张家港市委录用1篇、农工党江苏省委录用5篇、农工党苏州市委录用24篇。

【社会服务】 年内，农工党市委继续开展"健康讲座进机关"活动，启动"健康讲座进校园"活动。3月，在暨阳高级中学为女教师举办"关爱女性健康"主题讲座；5月，在城北小学为六年级学生举办"拥抱青春"健康知识讲座；11月，在环保局举办"远离腰腿病的困扰""高血压病的防治"健康讲座。6月，医卫六支部到江苏康宁化学有限公司，为企业员工开展安全生产培训和健康咨询服务。9月，医卫二支部到冶金园（锦丰镇）书院社区，提供义诊咨询服务。10月，农工党市委组织党内部分专家到大新镇新东社区，举办健康知识讲座，提供义诊咨询服务，发放健康宣传材料。10月，开展"同心·爱心助学"捐赠活动，全市农工党员捐资2.3万元，资助大新小学46名品学兼优、家境困难的学生。科技支部继续开展"流动花朵"助学项目，为12名新市民子女募集学费3.6万元。

（顾鸣旦）

九三学社张家港市基层委员会

【概况】 年末，九三学社张家港市基层委员会下属支社6个，有社员94人。其中，在职社员78人，退休社员16人，分别占社员总数的82.98%和17.02%。社员中，具有高级职称的65人、中级职称的19人，分别占社员总数的69.15%、20.21%；有苏州市人大代表1人、苏州市政协委员1人、张家港市人大代表2人、张家港市政协委员14人。年内，有2篇论文录入《江苏九三论坛》论文集，4篇文章被九三学社江苏省委网站录用，1篇被九三学社苏州市委网站录用，15篇被九三学社《苏州社讯》录用。九三学社张家港市基层委员会被九三学社省委评为参政议政工作先进集体，被九三学社苏州市委评为组织建设工作先进集体，所属一支社被九三学社苏州市委评为宣传工作先进集体。3人分获九三学社省委组织工作、宣传工作和社会服务工作先进个人称号。

【参政议政】 在苏州市十五届人大三次会议上，九三学社张家港市基层委员会提交建议3件；在政协苏州市十三届三次会议上，提交提案7件。在张家港市十三届人大三次会议上，提交建议2件；在政协张家港市十一届三次会议上，提交集体提案10件、个人提案49件。集体提案《关于进一步提升我市动迁小区物业管理的建议》、个人提案《关于建立我市电梯应急救援指挥中心的建议》《关于推动机动车礼让"斑马线"活动的建议》被评为优秀提案。年内围绕消防、安全、城建、养老、交通、教育、物业管理、城乡一体化、环境保护等主题，先后组织社员到市民政局、交通运输局、住建局、公安消防大队、经开区（杨舍镇）、南丰镇开展调研。完成"加强生态保护的科技创新力度""深化农业社会化服务体系改革"九三学社苏州市委中标课题。完成《加强我市领军人才及项目建设的评估和研究，提高政府资助绩效和科研成果转化水平》调研报告，提出建立和完善追踪问效机制；制定管理体系和制度，健全组织机构；加强宣传，建立绩效评估激励约束机制；提高项目承担单位执行项目的责任感和信用意识；规范化、科学化管理，提高财政资金的使用效率等建议。

【社会服务】 5月、9月、10月，九三学社市基层委员会与市卫生局开展联合行动，分别组织所属医护人员赴大新镇社会福利服务中心、江苏申洲毛纺有限公司、经开区（杨舍镇）闸上村开展义诊活动。5月，为市塘桥小学学生作"中华民族伟大复兴的中国梦"专题辅导。年内，与10名贫困学生开展结对帮扶，捐资近2万元。

【九三学社市基层委员会社员大会】 年内，九三学社市基层委员会经报请上级组织批准，将下属的5个支社扩建为6个支社。同时，6个支社相继于11月上旬分别召开所属支社社员大会，进行换届选举。11月28日，九三学社市基层委员会第二届社员大会召开，听取并审议徐平观代表九三学社市第一届基层委员会所作的工作报告，选举产生九三学社市第二届基层委员会，徐平观任主委，秦国平、郭宏杰、严红艳任副主委，林艺、周萃阶、王景才任委员。

（沈德祥）

张家港市无党派人士联谊会

【概况】 年末，张家港市无党派人士联谊会下设办公室和5个专门委员会，有会员63人，设理事11人、会长1人、副会长3人、秘书长1人、副秘书长2人。会员中，具有高级职称的15人，具有硕士学位的13人、博士学位的1人；有苏州市人大代表2人、苏州市政协委员1人、张家港市人大代表4人、张家港市政协委员17人。

【参政议政与社会服务】 在市政协十一届三次会议上，市无党派人士联谊会提交集体提案件8件、个人提案7件。其中，集体提案《关于发展创意农业，拓展生态休闲功能的建议》被评为优秀提案。完成《关于新形势下美丽张家港建设的几点思考》调研报告，提出做优做强中心城区，打造高品质文明宜居城市新形象；提升区镇规划建设标准，提高城镇综合承载能力；加强保留村庄规划建设，因地制宜推进村庄环境整治等建议。年内，市无党派人士联谊会结对帮扶贫困学生10人，资助每人1000元。

（朱茂华）

张家港市工商业联合会（总商会）

【概况】 年末，全市共建有商会43家，其中区镇商会9家、街道商会15家、行业商会14家、异地商会5家。有工商联会员单位3781个，其中企业会员3628个、团体会员48个、个人会员105个。9月，市工商联与内蒙古察右前旗工商联缔结友好商会。年内，以建设“有活力的会员队伍、有凝聚力的商会组织”为目标，学干相长，推进“五好”工商联建设。乐余镇商会、凤凰镇商会和3家异地商会完成民政登记。各商会发展会员单位250个，新增常务执委单位52个。各商会围绕当地产业结构，形成各自办会特色，打造品牌商会。经开区（杨舍镇）商会注重文化立会，成立香樟文化产业联盟；乐余镇商会根据行业特点，组建汽车配套件、离心机、塑饮机、轻纺服装和清洁船舶5个行业分会；市塑饮机商会开展行业企业原辅材料集中采购工作，为会员企业降本节支；市色织商会牵手杭州服装设计协会开展2015年春夏服装面料流行趋势研讨，与福建省晋江市纺织协会实施面料企业与服装生产企业的上下游配套协作。各商会拓宽服务领域，开展涉企政策宣讲、银企对接、对外交流、投资参展、健康保健等活动。凤凰镇商会举办企业家交流分享会，分享企业管理创新做法；乐余镇商会举办的“创新2014——企业新增长模式”讲座；大新镇商会组织企业参观学习企业文化和管理模式；浙江、安徽、莆田三家异地商会加强与相关部门的沟通协商，解决外省籍在市企业家子女上学难题30余人次；市分离机商会举办“中小企业成功突破的六大策略”专题讲座和轴承安装技术专题培训活动；市五金商会组织企业赴安徽黄山、舒城考察，拓宽市场。

【参政议政】 年内，市工商联开展上规模民营企业调研和民营企业履行社会责任调研，为41家企业申报全国工商联上规模民营企业排名，6家企业入围全国民营企业500强，入围数居苏州市首位。加强重点调研，以严峻经济下行趋势下企业的困境及对策为调研方向，确定“加快培育发展我市特色产业问题研究”“我市‘民企二代’成长对策研究”两项课题，均获市级社科研究课题立项。其中“加快培育发展我市特色产业问题研究”被列为市重点研究课题，提出加强科学规划，优化产业布局；加强分类指导，完善多元体系；加强产学研合作，完善服务平台支撑；加大政策扶持，推动持续发展；实施品牌战略，打造自主品牌；加强行业组织建设，助推产业基地健康发展等建议。在市政协十一届三次会议上，市工商联提交《关于建立骨干企业危机救助机制的建议》《关于进一步扶持我市特色行业做大做强的建议》《关于进一步推进行业组织承接政府职能的建议》等集体提案6篇，其中1篇被列为政协重点督办提案。企业家政协委员提交个人提案39篇，内容涉及经济、科技、城乡建设、社会事业等多个方面。

【会员服务】 年内，市工商联推进会员企业在产业链上团结互助，形成“铁链”，抱团发展，全年分批次、分行业组织开展上下游产品对接活动9场，促成飞驰机械制造公司与新精工轴承机电公司、惠龙玻镁防火板公司与展望文化传媒公司等20余家会员企业实施原材料和产品的对接交易。全力优化“红色联盟”平台，坚持将非公企业党建活动寓于区域企业生产经营活动之中，全市各“红色企业联盟”不定期组织开展学习培训、考察交流、商贸合作、文化联谊、扶贫济困等联盟活动。构架对外合作平台，组织企业家赴云南、贵州、山东、福建投资考察，与当地政府部门交流政策投资条件和行业发展优势。组织企业家参加甘肃武威市、江苏如皋市、中国光彩事业南疆行招商团、内蒙古察右前旗等外地到市的宣传招商活动。创立企业文化交流平台，每月举办两次企业家周末沙龙活动，内容涉及传统文化、艺术品鉴、教育咨询、财经资讯、慈善拍卖捐赠等方面，组织“全市非公企业文化建设专题研讨”活动和“企业文化成功实践巡回演讲”，引领企业家学习新知识、新理念、提升发展新动力。深化法企共建，联合市法院在商会会刊每月刊登全市企业真实案例，引导企业依法治企，开展法律咨询和援助，服务涉诉商会企业。推荐9名会员企业家担任市法院人民陪审员，参加审判业务培训，提高非公经济人士司法维权和调解能力。深化质企互联，建立市工商联、张家港质监局、江苏科技大学三方协调工作机制，成立行业质量效益服务中心，中心开展2次活动，促进企业产品质量提高。深化税企交流，开展3场“纳税人之家”活动，宣传税收政策。推动市级机关“走访送”活动与商会企业的有效对接，邀请市发改委、经信委、财政局等经济职能部门走进基层商会，宣讲各类涉企扶持政策。

【“四信”教育】 年内，市工商联深入开展以提升对中国特色社会主义的信念、对党和政府的信任、对企业发展的信心、对社会的信誉为主题的非公经济人士理想信念教育（简称“四信教育”）活动。9月5日，举办全市非公有制经济人士理想信念教育实践活动报告会，邀请永钢集团党委书记吴栋材、张家港酿酒集团董事长黄庭明、爱康集团董事长邹承慧代表老、中、青三代企业家，讲创业、谈理想、话改革，吸引400余名企业家参与。以企业家自我教育形式，邀请3名成长型、特色型优秀企业家组成演讲团，分片区在基层商会举办民营企业先进事迹巡回演讲5场，1500余名非公经济人士参加。组织50余位年轻企业家赴苏州科灵电子公司、常熟仕德伟集团、江苏伟杰集团参观，推荐13名青年企业家参加浙江大学高级工商管理总裁研修班，组织12场“企业传承、二代教育”沙龙活动，引导青年企业家和新生代企业接班人在坚定信念中把握方向，在增进信任中与党同心，在树立信心中科学发展，在不断提高中走向成熟。开展以“追寻红色足迹、传承先辈精神”为主题的红色教育体验活动，带领新生代企业家走进常熟沙家浜。8月15日，组织“情系云南地震灾区书画义拍活动”，筹得善款10万余元，江苏申洲毛纺有限公司爱心捐献价值18万元冬季服装。年内，向全市非公企业发出“企业诚信经营倡议书”，在各商会建立企业诚信联盟，引导会员企业恪守诚信美德。组织开展“传播正能量，践行中国梦”非公经济人士“四信”签名活动，在全市非公企业中营造“四信”的良好氛围。全年发行会刊《港城企业家》10期5万余份，走访宣传企业家30余人。吴耀芳、黄庭明、金双龙、郁霞秋、徐卫明、邹承慧等一批企业家典型不断涌现。

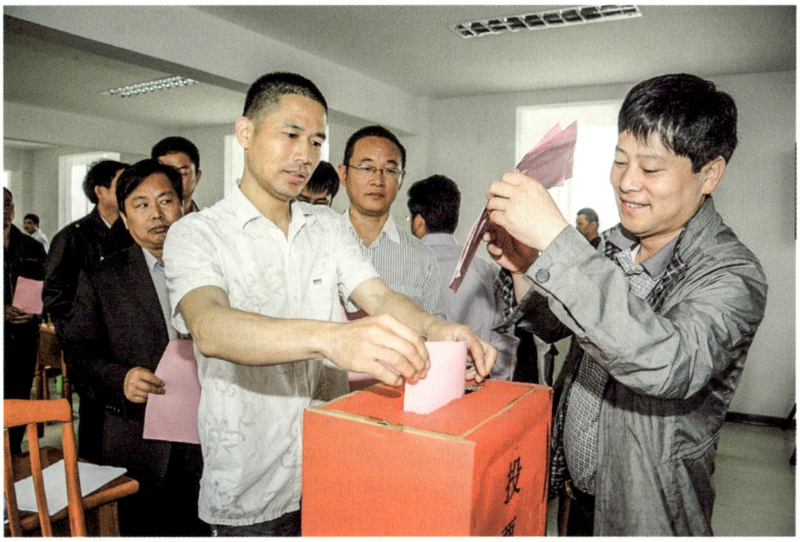

农义村商会成立 （庞瑞和 摄）

【人才（项目）超市】 年内，市工商联不断加强“人才（项目）超市”建设。拓展超市平台信息量，发布各类人才项目信息30条，企业需求信息432条。组织以校企合作、上下游对接、领军人才与当地企业对话为主要内容的对接直通服务。全年共组织领军人才与当地企业专场对接洽活动4场，中央企业与当地企业对接活动7场，开展一对一的小型对接活动20余次，对接企业92家，促成沙钢玖隆物流与中船集团、上海德汇公司与莱赛电车公司、金帆电源公司与赛威电子公司、盛弘光电公司与澳洋集团等8对企业与人才项目达成合作。市工商联推进产学研合作，组织会员企业参加江苏科技大学专场招聘会3场，提高企业求贤和学生求职针对性。举办央企对接张家港地方企业创新培训班2期，策划中央企业与地方企业对接交流暨张家港市领军人才科技项目推介会1场，帮助8家企业展示高新科技项目。

【农义村商会成立】 5月18日，全市首家村级商会——张家港经济技术开发区（杨舍镇）农义村商会成立大会暨首届会员大会在农义村村委举行，32家驻村企业参加，市工商联、民政局、杨舍镇商会领导应邀出席。会议选举产生农义村商会理事，农义村委书记、市中亚特种变压器有限公司董事长周正星当选会长。农义村商会的成立，为在农义村创业的企业提供一个互助沟通、交流合作的平台。

（彭 嫣）

张家港市总工会

【概况】 年末，市总工会下辖9个区镇工会、11个系统工会。全市工会组织覆盖法人单位21955家，其中单独基层工会2870家。累计发展会员668103人。年内，市总工会以全国总工会数据库企业数据为基础，以企业集中的开发区等为重点区域，推动规模较大、职工众多的非公企业单独建立工会，全年新增建会企业1453家，其中单独建会企业134家，覆盖建会企业1319家。欧璧医药包装科技（中国）有限公司等世界500强企业完成建会。加强行业、楼宇、市场等工会组建工作，建成凤凰镇程墩村机械行业工会。

【职工宣教】 4月29日，市总工会举行庆祝“五一”国际劳动节暨“劳模颂”专场文艺演出。年内，开展“贯彻十八大精神，劳动成就梦想”职工主题教育活动、“娘家人·暖心事——工会在身边”职工微博大赛，收到职工微博130余条。开展“学习道德模范、争当文明示范职工”活动，选树5位苏州市“百佳文明职工”、6个苏州市“五一文明岗”。联合张家港日报社、张家港广播电视台启动“寻找最美劳动者”活动，评出100名行业典型。深化“111工程”，推出10个学习型组织、99名知识型职工和1002名文明示范职工。开展全国、省、苏州市级职工读书站示范点和苏州市、张家港市级“十佳书香企业”评选，新建“五有”标准职工读书站65家，全国、省职工书屋各1家，书香企业12家，配送图书10.8万册，推荐沙钢集团申报“全国职工教育培训示范点”。面向基层职工开展丰富的文体活动，在全市推出一批企业文化、职工文化的示范单位、优秀团队和活动品牌，永钢集团职工文化周周演、沙钢集团安全文化小品展演等活动广受好评。加强与新闻媒体合作，全年在张家港广播电视台播出专栏节目70余期，在各类报刊发表文章80余篇。

【劳动竞赛】 4月至6月，市总工会联合市人社局举办第二届“行行出状元”职业技能竞赛，设置职工组11个工种、学生组5个项目，1000余名职工参赛，275人进入决赛。推动“工人先锋号”创建向窗口服务行业及中小型企业、新型社会组织拓展，组织各类竞赛19场，涉及项目56项，参赛职工近2000人，评出江苏永钢集团有限公司炼钢二厂炼钢丙班等11个苏州市级工人先锋号和张家港市宏基铝业有限公司扁管车间等20个张家港市级工人先锋号。以发展清洁低碳经济和节煤、节油、节电为重点，宣传普及职工节能减排知识，开展“我为节能减排献一计”活动，推广先进经验和技术成果，收到各类合理化建议500余条。

【厂务公开民主管理】 3月，市协调劳动关系三方小组成员单位对照市劳动关系和谐企业评价标准，分组对全市73家2013年度张家港市“劳动关系和谐企业”进行评审，通过召开座谈会、听取企业创建情况汇报、查看台账等方式，确定达标企业，最终评选表彰64家张家港市劳动关系和谐企业，由市政府下发表彰决定，并划拨专项经费进行奖励。组织2个区镇参加国家级、省级开发区推进企业民主管理工作座谈会，经开区（杨舍镇）在会上交流经验。做好协商民主典型企业培养工作，在张家港浦项不锈钢有限公司、江苏东渡纺织集团有限公司试点，探索建立协商民主的具体方式，规范协商程序和内容，推进协商成果的效力与转化应用。

【职工维权帮扶】 年内，市总工会落实《张家港市工资集体协商工作“提质增效”三年推进计划（2013—2015年）》，3月出台《工资集体协商考核激励办法》并设立专项奖励经费。全市累计签订工资专项集体合同1850份，合同签订率95%以上；签订区域性集体合同186份，覆盖中小企业12080家。完善劳动争议调解组织网络，在全市建立劳动争议调解组织2499个，全年受理案件1006件，涉及职工1976人次，成功调解816件，调解率96%。加强劳动法律监督工作，在全市建立工会劳动法律监督组织2343家，拥有监督员1.2万余人。市劳动人事争议仲裁委员会市总工会分庭共受理案件240件，涉及标的796.6万元。优化职工服务工作，按照AAA、AAAA和AAAAA三个建设等级，在全市建成AAA级以上企业职工服务中心（站、点）45个。市职工服务中心全年受理信访案件122起，涉及职工186人次。市总工会建立企业用工信息季度统计制度，窗口职业介绍提供岗位数9548个；联合相关部门开展庆“三八”女性人才专场招聘会、庆“五一”劳务市场招聘会等4场招聘会，200余家单位进场，提供近1300个就业岗位，达成意向1000余人次。元旦、春节期间，走访慰问困难职工和劳模1300余人，发放慰问金200余万元。以“一声问候语、一份助学金、一本励志书”为主要内容，为154名大学生送去助学金49.3万元。免费向特困职工赠送包含每月50元套餐及每季250元爱心补贴的“关爱手机”，发放爱心卡80份，价值2万元，手机话费4000元，发布帮扶信息2596条。开展“急报急送、月报季送、年报年送”19起，慰问金6万元。组织“送清凉、送安全、送法律”夏季三送活动，设置10个清凉驿站，全市各级工会发放防暑降温物品累计近600万元，其中市总工会直接发放31.73万元。

【职工纠纷人民调解委员会成立】 针对职工纠纷呈现出数量与种类增多、对抗程度激烈、处置难度增大的趋势，10月23日，全省首家职工纠纷人民调解委员会在市总工会成立，同时在各区镇成立职工纠纷人民调解工作室，在每个企业成立人民调解委员会，形成“市、区镇、企业”三级人民调解网络，聘任33名工会及司法工作人员担任职工纠纷人民调解员。通过将人民调解的工作方式充实到工会法律服务工作中，建立社会公认的“第三方”调处机制，解决行政调解公信力不足、司法调解成本过高、周期过长等问题，使职工矛盾纠纷的调处实现制度化、专业化、常态化。自成立起，委员会已成功调解职工工伤待遇、病假工资等多起案件。

【在职病困职工家庭救助】 为进一步完善困难职工的长效帮扶机制，发挥工会组织在社会保障体系中的作用，帮助解决在职困难职工家庭因病致贫、返贫等困难，市总工会制定下发《关于救助在职病困职工家庭的实施意见（试行）》，向符合条件的病困职工发放张家港市病困职工家庭救助证，并按照“一户一卡、一卡多用、全市统一”的原则，采取定向补助、定期补助、定额补助的“三定补助”形式，发放医疗定补和生活定补。年内共为153户病困职工家庭发放医疗定补47.52万元，生活定补27.1万元。

【“安全动画进企业”活动】 为加强安全生产宣传教育工作，市总工会开展“安全动画进企业”活动，设计制作家庭篇、交通篇、企业篇三个篇章的安全动画片，时长120分钟，通过对安全生产案例进行动画演示，对职工工作生产中的注意事项、上下班途中的交通规则、家庭生活中的安全防范等内容进行趣味性、知识性演示和形象化、立体化展现。首批制作的5000份安全动画片免费发放至全市各区镇、大中型企业，并在张家港电视台循环播出。（吴　吉）

中国共产主义青年团张家港市委员会

【概况】 年末，全市有团（工）委141个、团总支197个、团支部1452个，团员79724人。新建非公企业团组织200个。有各级少先队组织12906个，少先队员8.3万人，少先队辅导员1915人。全年发展团员5112人，推优入党366人。1月，团市委召开共青团市委十四届三次全体（扩大）会议。7月，举办全市非公企业团建“活力提升计划”推进会。各区镇团委对已建非公团组织进行分类管理，并各选择一个发展较快、经济效益较好、青年较密集的非公企业作为试点，由区镇团委书记蹲点联系，加大工作指导力度。9月，举办全市优秀青年人才培训班，35名优秀基层团干部、大学生村官代表，赴上海青年干部教育管理学院集中培训。12月，12家直属团组织的30名新任职团干部参加团干部任职资格考试；开展“十佳精品团课”评比活动，16名直属团组织负责人上台讲授团课；召开共青团工作“创新创优成果奖”评审会议，设立4个评审分会场，共有42个申报项目进行集中展示。年内，江苏沙钢集团有限公司团委获“全国五四红旗团委”称号；南丰镇团委获“江苏省五四红旗团委”称号；中国移动张家港分公司团总支获“江苏省五四红旗团支部”称号。团市委获省希望工程“圆梦行动”10周年最佳组织奖，蝉联苏州市共青团工作先进单位标兵。拓展“青春家园计划”工作阵地和内容，新增金港中央广场志愿V站、“小莱宝”青少年服务站、滨江社区公益坊、好邻里服务中心青春手工坊等青少年服务项目20个。冶金园（锦丰镇）团委“‘双社互动’开辟基层团建新思路”项目获全省共青团工作创新创优成果奖二等奖。团市委“青年创客‘天使计划’”项目获苏州共青团工作创新奖。

【青少年教育】 2014年，各级团组织开展“奋斗的青春最美丽”主题系列活动，举办社会主义核心价值观主题教育、百名美德好少年评比活动。团市委推出分享80后、90后创业故事的“我的青春我做主”毕业季节目。5月，召开学习贯彻习近平总书记给大学生村官张广秀复信精神座谈会。5月4日，开展“追忆红色之旅·践行青春誓言”主题团日活动，全市各乡镇、企业、机关以及社会青年代表90人参加。6月，与市委史志办联合举办“学党史·知团情·党团在心中”党团史讲座，各区镇机关、村（社区）以及企事业单位团员青年代表300人参加。6月至11月，联合市教育局、市少工委开展“践行社会主义核心价值观”少先队活动课展评系列活动，全市41所小学的44名大队及中队辅导员老师进入市级比赛，3人获一等奖。12月，举办“青春港城，精彩有我”首届青年文明号风采大赛决赛，国际购物中心、市园林局、市中医医院门诊收费处等10家青年文明号代表全市各行业青年文明号集体进行风采展示，以自编自演的情景剧等节目演绎日常工作和优质服务。至年末，全市拥有全国级青年文明号22家，省级青年文明号40家，苏州市级青年文明号125家，张家港市级青年文明号463家。是月，承办全国少先队辅导员培训班（张家港专场），100余名少先队工作者参与。

【青少年服务】 2014年，团市委继续做大“希望之光”助学品牌，全年累计发放助学金78万元，资助贫困学子761人次。1月，面向弱势青少年群体征集“微心愿”，向受“希望之光”资助的青少年寄送心愿卡，动员社会各界认领并完成200余个“微心愿”。4月，举办张家港金融系统优秀单身青年联谊会。5月，在张家港购物公园举办“团青面对面”服务广场和“团青之夜青春嘉年华”活动。服务广场分为共青团展示区、青年文明号单位服务区、青少年维权岗现场咨询区、共青团“12355”服务区以及青年社会组织展示和青年志愿者服务区等6个区域。6月，开展全市重点青少年群体排查摸底专项行动，实施预防青少年违法犯罪重点人群分析调研，召开全市预防青少年违法犯罪暨重点青少年群体服务管理推进会。7月，举办“创业、励志、成才”首届张家港市青年创业夏令营。全市各高校、职业学校的60名青年学生，接受为期8天的创业教育。8月，联合市总工会、市妇联举办“缘分天空·情定港城”优秀单身男女交友会，86家企事业单位近400名单身青年参加。12月，省青年联合会工业界别、省金融青年联合会“青春新视野——委员思想分享会”在沙钢集团举行，以“资源整合与转型发展中的企业”为主题，邀请30名行业精英及省青联委员代表互动交流，交流在经济发展新常态下江苏工业企业的资源整合举措与转型升级路径。年内，市青商会组织开展“对话青商”走进张家港海关、地税局、市环保局、市教育局、塘桥镇和张

“团青面对面”服务广场活动 （团市委 供稿）

家港农村商业银行等活动，在全市新市民学校中建立9个“希望之光”青商爱心书屋。

【青年志愿者行动】 2014年，团市委继续深化“青年志愿者行动”。1月，联合市文明办举办“青商杯”市首届志愿者才艺大赛决赛，13组志愿者展示才艺特长。是月，联合市文明办开展2014年“暖冬行动”寒假返乡大学生志愿服务活动，65名大学生参加为期1个月的便民服务、春运导乘、办事引导、图书借阅、导医导诊、导游导览、秩序维护等工作。3月，联合市文明办、民政局举办“上海银行杯”张家港市青年公益组织博览会，18个公益组织通过34个精彩节目向市民传递公益理念。是月，开展“保护母亲河”系列公益活动之植树造林活动，180个家庭的500余人参加。暑假期间，实施“快乐暑假”青少年志愿服务行动，208名青少年参与城乡57个志愿点位的服务工作。活动结束后，举办行动总结会暨“希望之光”青商奖学金发放仪式，53名大学生志愿者获“圆梦行动”青商助学金。12月，举行市青少年公益项目认购会暨青商爱心书屋捐赠仪式，21个项目由企业出资50万元冠名认购。文明创建期间，团市委继续组织交通文明志愿者上路执勤，累计1万余人次参与交通劝导志愿服务。

【市少先队第六次代表大会】 10月11日，中国少年先锋队市第六次代表大会在馨苑度假村会议中心召开，全市各小学和初中的287名少先队员及辅导员代表参加。大会以“红领巾相约中国梦”专场汇报演出的形式回顾总结之前5年全市少先队工作的突出成绩和基本经验，确定以后5年少先队事业的主要任务和工作目标，选举产生中国少年先锋队张家港市第六届工作委员会，邱晶嘉任主任。表彰第六届张家港市十佳少先队员、十佳少先队辅导员和优秀少先队大队，聘请匡慧娟为全市少先队总辅导员。

【青年精英创业大赛】 围绕做好青年人才服务、助力产业转型升级，团市委联合市人才办、科技局、人社局、科协等单位，组织开展首届“创业张家港”青年精英创业大赛，经宣传发动、项目报名、初审、区镇对接、半决赛、决赛等环节，发掘一批具有较强实体孵化能力的青年创业团队和项目。3月在大赛启动阶段，收到国内外102家高校、科研院所和企业的519个项目报名参赛。5月至6月，依据技术来源、在校生临毕业情况、产业结合度、区镇推荐、当地注册情况、落地意向等6个标准，最终确定61个项目进入初审网评。根据网评情况，结合市科技局专家评审结果和市人社局项目对接进展，确定最终入围决赛的40个项目。10月，10个已实现落地发展的参赛项目进入决赛，通过路演形式，评委进行点评打分，决出一等奖1名、二等奖3名、三等奖6名。其中，6个项目获得社会资本投资1110万元，3个项目获评“市领军人才项目”。

【全省青少年微信植树活动启动】 3月27日，“共享蓝天，绿动指尖”全省青少年微信植树活动在沙洲新城启动。活动由团省委和省环保厅、省农村青年创业协会联合举办。团中央书记处第一书记秦宜智、共青团江苏省委书记万闻华、苏州市委副书记陈振一等出席启动仪式。3月12日至5月30日期间，全省青少年关注“江苏共青团”官方微信后，登录微信平台，点击“青互动”菜单，回复“共享蓝天，绿动指尖”，就能参与微信植树活动。成功回复后，省农村青年创业协会捐赠0.1元，用于种植青年林，并在2014年“青春助力生态江苏”全省青少年生态环保行动启动仪式上，组织各界青少年代表共同开展种植青年林活动，营造人人关注环保、人人参与环保的良好氛围。 （邵　帅）

张家港市妇女联合会

【概况】 年末，全市有区镇妇联8个，常阴沙现代农业示范园区妇工委1个，双山岛旅游度假区妇工委1个，直属机关妇工委1个，部门机关妇联、妇工委、妇委会23个，行政村妇联、妇代会152个，社区妇联120个，新经济组织中的妇女组织186个，新社会组织中的妇女组织10个。4月，江苏永钢集团妇联成立。6月，市妇联联合市委组织部举办妇联干部妇女社会工作（深圳）专题培训班，24名妇联干部和妇女社会组织负责人参加5天培训。7月，双山岛旅游度假区妇工委成立。8月，市妇联开展“公益玫瑰”市首届妇女儿童家庭公益服务项目微创投活动，协幼成长、巧妇帮等17个公益项目获选。是月，开展村（社区）“妇女儿童之家”建设专项督察，推动村（社区）“妇女儿童之家”提档升级。9月，联合市委组织部举办2014年市女干部培训班，49名后备女干部在复旦大学参加5天培训。是月，在张家港在线网建设网络“妇女儿童之家”。年内，在经开区（杨舍镇）、保税区（金港镇）、冶金园（锦丰镇）、南丰镇相继指导成立区镇级妇女社会组织服务指导中心，培育发展德福康女性健康指导中心、绚彩童年家庭阅读指导站、协幼社会工作服务社、知心红娘婚姻家庭服务中心等女性社会组织，至年末，共培养联系女性社会组织21家。市妇联被评为省妇女儿童工作先进集体、省“平安家庭”创建先进集体。

【妇女维权】 3月，市妇联开展“平安进我家”法制宣传月活动，相继组织“服务送温暖，携手创平安”市“三八”维权周志愿服务、“和谐家庭乡村（社区）行”等法制宣传活动50余场，发放宣传资料5000余份，接受群众咨询300余人次。是月，联合市总工会、市人社局开展女职工劳动保护专项检查，督促企业保护女职工合法权益。5月，启动“两癌”（乳腺癌和宫颈癌）患病妇女排摸工作，共排摸到180余名符合要求的对象，并为3名患病妇女争取到全国妇联“贫困母亲两癌救助专项基金”救助资金3万元。6月，召开市政策文件性别平等咨询评估委员会会议，明确评估工作职责、范围、流程和机制，推动性别平等主流化理念纳入政策文件制定和实施的全过程。是月，联合市文明办、市邮政局、大港城网启动“小包裹，大爱心，圆梦2014”爱心捐赠活动，全年为贫困学生捐赠爱心包裹3650个、母亲邮包394个、四季平安盒8650个，总额近132万元。9月，召开预防和制止家庭暴力座谈会，与市公安局、便民服务中心等部门商讨预防和制止家庭暴力的对策建议。是月，启动市妇女儿童活动中心装修工程。10月，指导市女司法工作者协会召开第四次会员大会，选举产生第四届理事会成员及领导班子。11月，推动市政府召开妇女儿童工作委员会全体（扩大）会议，总结交流"十二五"期间全市妇女儿童发展情况，研究部署"十二五"规划终期评估工作。是月，联合市法院、市司法局召开婚姻家庭纠纷人民调解委员会诉调对接工作推进会，在大新镇试点设立徐阿姨工作站，搭建基层婚调对接平台。年内，落实退职离岗村妇代会主任生活补助工作，为73名退职离岗村妇代会主任发放补助款6.77万元。在塘桥镇韩山社区、南丰镇永合社区实施单亲困难母亲成长项目，惠及50人。全年开具《家庭暴力告诫书》29份，从性别平等视角对2份政策文件进行评估。市妇联接待到信、到访、到电96件次，"12345"综合受诉平台接待电话98个，办结率100%。

【妇女服务】 2月，市妇联联合市人社局、市总工会举办"'三八'架金桥，春风送岗位"市女性劳动力就业专场招聘会，100余家单位进场，提供1000余个工作岗位，初步达成就业意向100余人。是月，举办巾帼文明岗与村（社区）牵手走基层主题活动，组织张家港地税局第二分局等10个巾帼文明岗走进塘桥镇滩里社区等10个结对村（社区），为妇女和家庭提供服务。3月，联合市人社局、市总工会举办市第十五届女性人才专场招聘会，48个单位进场，提供近1000个工作岗位，初步达成就业意向545人。3月至11月，开展巾帼文明岗"互学互比"活动，组织全市各级"巾帼文明岗"学典型、学经验、学特色，比技能、比品牌、比服务，公交18路等25个岗位制作创建PPT参与网上展评，5万名网民参与网上投票。6月，开展市女企业家联谊会三届四次理事会活动，组织理事与江阴女企业家交流学习。7月，举行市女企业家联谊会系列行之五"走进金麦穗"活动，组织30余名女企业家参观金麦穗生态农庄。9月，开展寻找市首届"最美庭院"活动，组织56个"最美庭院"进行网络集中展示；成立市农村创业致富女能手协会，为农村女性发展现代高效农业搭建服务平台；联合市人社局举办2014年女性毕业生招聘专场，100个单位进场，提供1632个岗位，初步达成意向393人。11月至12月，联合市教育局举办农村妇女"网上行"基础技能培训，共培训妇女80余人。年内，全市城乡联动累计组织各类女性职业技能、创业技能培训班27期，培训妇女1625人次。发放妇女小额贷款23笔396万元。命名市级巾帼文明岗79个，表彰巾帼建功先进个人63人。

【妇儿思想道德建设】 3月，市妇联配合人民日报社、新华社、光明日报社等媒体开展全国三八红旗手标兵郁霞秋先进事迹集中宣传报道。4月，与市总工会、市体育局联合举办市第七届女子羽毛球比赛，全市28个单位的126名女性参赛。4月至5月，与市文明办、市教育局联合开展"畅享同一片蓝天"青少年优秀诗文征集演讲活动，征集到近500篇诗文，20篇诗文进行演讲。8月至12月，开展"践行核心价值观·大家一起来行动"主题活动，包括"说说我心中的核心价值观"短文征集、"拍拍我身边的践行美身影"图片征集和"讲讲我眼中的好人她故事"视频征集活动，共征集到短文71篇、图片184张、视频16个。

【和谐文明家庭文化培育】 3月至10月，市妇联开展寻找"最美家庭"系列活动，推出寻找港城"最美家庭"、"最美瞬间"家庭影像展示、"文明家训家规，优秀家风故事"征集、"我爱我家"网络传亲情等活动，共推荐自荐"最美家庭"80余户，征集优秀家规家训100余条、家风故事100余篇、家庭最美瞬间近100幅，"最美家庭"专题网页在中央文明网上进行展播。凤凰镇陈利芳家庭被评为江苏省"最美家庭"、全国"最美家庭"提名奖，成为全市首个全国"五好文明家庭"标兵。5月，市妇联与市城乡环境卫生指导中心、市体育局联合举办市第二届健康家庭趣味运动会，全市180个家庭参与5个项目比赛。7月，举办2014年"缘分天空，情定港城"高端人才单身男女交友会专场，100余名单身男女参加活动，5对男女牵手成功。9月至11月，开展"和谐港城，幸福生活"市第三届"我爱我家"巧媳妇厨艺大赛，145名妇女参赛。年内，实施"悦读圈"家庭阅读社工项目，通过溜吧、读吧、说吧、写吧、乐吧等载体，开展图书漂流、故事会等读书活动300余次，惠及群众3500余人次。

【巾帼志愿服务活动】 3月，市妇联创作发布"暨阳玫瑰"巾帼志愿者之歌《我的梦为你而飞》。年内，开展"暨阳玫瑰，绽放港城"千名巾帼走基层志愿服务行动，招募3767名巾帼志愿者组成116个巾帼志愿服务团队，开展"我的七彩梦想""税花携手进百企"等志愿服务3000余次，服务群众数万人次。开展"暨阳玫瑰，伸出你的手""社会妈妈"公益活动，对全市品学兼优的困境儿童进行调查摸底，制作爱心网页，发动社会爱心人士参与圆梦结对活动，160个微心愿被全部认领，38名困境儿童与"社会妈妈"长期结对。实施"暨阳玫瑰，守护幸福"婚姻家庭指导服务项目，建立由11名情感疏导志愿者、11名专业法律志愿者和6名心理咨询师志愿者组成的婚姻家庭纠纷调解队伍，先后开展婚姻家庭及法律知识讲座19场，提供心理咨询服务24人次、法律咨询服务32人次，为376对夫妻提供婚姻辅导，成功劝和209对。实施"暨阳玫瑰，心系未来"科学家教推广项目，招募13名科学家教志愿者，进村（社区）开展科学家教普及活动30余场，惠及群众2000余人次。

【"港城玫瑰苑"网络妇联运行】 4月，市妇联在大港城网建设运行"港城玫瑰苑"网络妇联频道，实现妇联实体组织与网络虚拟社会的对接。5月12日，召开"港城玫瑰苑"网络妇联第一次妇女代表大会，指导产生网络妇联组织机构。9月，在网络妇联

“港城玫瑰苑”网络妇联第一次妇女代表大会　　（市妇联　供稿）

频道开通“暨阳玫瑰”家庭服务专家网络咨询平台，汇集全市法律、心理、教育界8位专家，采用网上在线问答方式，全年为全市妇女儿童和家庭提供咨询服务205人次。

【陈利芳家庭获评全国五好文明家庭标兵】 5月，凤凰镇金谷村陈利芳家庭获评全国五好文明家庭标兵，同时获评全国“最美家庭”提名奖。1989年，23岁的陈利芳与25岁的木匠吴永清结婚。婚后，生活平静幸福，是年生育女儿。1994年，陈利芳被确诊为“视网膜色素变性”并发青光眼，双眼彻底失明。在吴永清精心照料下，陈利芳渐渐适应黑暗的生活。2005年，吴永清遭遇车祸成为植物人。为照顾丈夫，双目失明的陈利芳学会鼻饲喂养术和推拿按摩，每夜至少起床3次给丈夫敲背捶腰，早晨起床后先帮丈夫翻身、按摩，白天每隔两三个小时给丈夫拍背按摩，9年坚持不变。陈利芳说：“只要我活一天，永清就能活一天。”这对夫妻以“大爱”撑起各自生活，以行动诠释着“患难与共、相濡以沫”的真正内涵。（刘　兰）

张家港市归国华侨联合会

【概况】 年末，全市有“侨之家”2个、“侨务工作站”1个，张家港市侨界人大代表2人、政协委员16人，侨联委员21人，海外顾问9人。市侨联全年先后接待海外侨胞9批32人次到市参观考察。在春节、端午、中秋等传统节日对全市40余户归侨及困难侨眷进行走访慰问，发放慰问金和物资3万余元。1月11日，市侨联推动的“博士讲堂”公益活动在市崇真中学启动，全年有9位博士参加授课，内容涉及生物技术、绿色能源、激光工程、绿色建材、电磁传感、3D打印等前沿科技领域。1月17日，举办张家港市新侨代表迎新春座谈会，全市回国创业人才、侨资企业代表等30余人参加。2月21日，配合市人大开展贯彻执行《中华人民共和国归侨侨眷权益保护法》情况实地调研。3月5日，市侨联组建的侨界志愿者队伍，深入经开区（杨舍镇）城西街道邵巷社区开展首次志愿服务活动。5月24日，组织全市13个代表队的150余名侨界运动员参与“荣昌涤纶杯”第三届侨界运动会。6月28日，召开市侨联五届三次全委会议，组织侨联委员参观沙洲抗日民主政府纪念馆。7月，邀请花旗银行美国私人银行部高级副总裁张达红为东渡实验学校作励志公益讲座。8月，开展高温慰问活动，走访看望老归侨侨眷15户。9月29日，举行老归侨及侨联老同志重阳节座谈会。10月24日，联合市人社局、市留学人才协会举办新侨创业交流活动，近50名海归人才参加。12月10日，在市侨联推动下，江苏和昊激光科技有限公司与沙洲职业工学院搭建产学研合作平台，达成初步合作协议。全年重点对经开区、保税区的新侨企业进行调研，走访企业11家。年内，千人计划（张家港）集成光电研发团队获“中国侨界贡献奖——创新团队奖”。

【两人当选省“侨界之星”】 7月，江苏省侨联评选出10位“十佳侨界之星”、82位“侨界之星”和29位“为侨服务之星”，沈斌、闫勇义当选为省“侨界之星”。闫勇义是澳大利亚籍华人，江苏斯威森生物医药工程研究中心有限公司董事长。2010年，他从澳大利亚归国，带领由8位生物医药领域博士组成的团队，在张家港保税区创建江苏斯威森生物医药工程研究中心，研发生产治疗疟疾的特效药物青蒿素衍生物系列和治疗脑中风原料药长春西汀系列，成为世界卫生组织抗疟疾药供应商。沈彬是留学归国硕士，任沙钢集团董事局常务执行董事、常务副总裁、党委书记、总会计师职务。他高瞻远瞩做好企业战略规划，开展管理和科技创新，加强企业人、财、物、产、供、销整合，优化资源配置，增强企业内生动力，提高企业效益，增强品牌竞争力。沙钢集团成为中国特大型工业企业、全国最大的民营钢铁企业。

【创业中华——2014侨资侨智对接交流会】 4月17日在张家港市举行，由中国侨商联合会、江苏省侨联、省侨商总会、省侨界专家委员会联合主办。全国政协常委、中国侨联原副主席王永乐，省侨联副主席镇翔率美国、加拿大、新加坡等16个国家及中国香港地区的82名重点侨领、侨商、海外高层次人才参加。副市长邵军民在开幕式暨说明会上作张家港投资环境和产业推介。侨领、侨商、海外高层次人才了解张家港市的创业投资环境和引资引智政策，并与各区镇创新创业载体代表以及商务、人才等部门，进行互动交流、项目对接洽谈，共有22项人才、项目信息达成初步合作意向。（李进达）

【编辑　沈立平】

法治·武装

Rule of Law & Armed Forces

大型商业综合体灭火疏散演练　（肖　湘　摄）

张家港年鉴(2015)

法治政府

法　院

检　察

公　安

司法行政

人民武装

武　警

消　防

民　防

法治政府

【概况】2014年，全市围绕建成法治政府目标，印发《张家港市2014年度推进依法行政建设法治政府工作要点》《关于建立健全政府法律顾问的意见》等文件，开展基层行政执法机构执法监督、行政执法案卷评查、群众最关心的行政执法领域疑难问题排查整治以及依法行政考核调研等活动，推行行政权力清单制度，规范行政处罚自由裁量权，建立行政执法与刑事司法衔接工作制度，落实法治惠民工程，省级测评法治建设满意度96.1%。10月，张家港市被省政府法制办评为全省行政复议工作规范化建设示范单位。11月，被省全面推进依法行政工作领导小组确认为省级依法行政示范点。南丰镇、金港镇、市检察院等7个区镇、部门被评为法治苏州建设先进集体。全市累计建成省级民主法治示范村（社区）83个、苏州市级230个。

重大行政决策　3月，市政府印发《张家港市重大行政决策程序规定》，健全公众参与、专家论证、风险评估、合法性审查、廉洁性评估、集体讨论决定等决策程序，全面规范决策事项提出、确定、调整、公布、备案等关键环节，加强决策跟踪反馈和责任。市政府将"规范和加强市区机动车停车管理""建立经济适用住房共有产权制度"纳入重大行政决策事项目录。6月，由市政府法制办牵头，按照《张家港市重大行政决策程序规定》，组织市城管局、市房管中心等决策承办单位严格履行决策程序，分别提交《张家港市市区机动车停车场管理办法（草案）》《张家港市共有产权经济适用住房管理办法（草案）》，并于12月末经市政府常务会议讨论通过。此外，加强对重大行政决策的跟踪反馈，市水利局对《张家港市加快实施最严格水资源管理制度试点方案》组织中期评估，从试点任务、措施落实、指标完成方面进行分析测算，评价方案实施成效及存在问题，并通过水利部水资源管理中心、中国水利水电科学研究院等单位专家质询和论证。市住建局聘请专业评估中介机构评估全市管道燃气特许经营和运行情况，强化特许经营监管，保障社会公共利益和公共安全。市财政局对32项专项资金开展绩效评价，其中民生类资金16项、经济类资金12项、"三农"类资金4项，并重点从专项资金投向是否正确、政策是否科学、执行是否到位等方面开展评价，为政策整合、优化预算提供参考依据。

政府规范性文件管理　年内，市政府计划制定规范性文件22件，侧重产业发展、社会保障、节能环保、文化教育、基础设施建设等方面。市政府法制办全年审核政府文件草案65件，审核通过并经市政府印发《张家港市科技保险保费补贴资金管理办法》《张家港市村庄规划建设实施意见（试行）》《张家港市工业转型扶持资金管理暂行办法》《张家港市企业信用信息管理办法（试行）》等规范性文件10件，规范性文件均按规定向市人大常委会和苏州市政府备案，备案及时率、规范率100%。5月，市政府法制办将《张家港市老年护理院管理办法》《关于加强就业援助岗位开发管理的意见》《张家港市建筑垃圾（工程渣土）管理办法》《张家港市技术改造专项（贴息）资金管理办法》等7个重要规范性文件纳入政府重点后评估项目，将20个实施满两周年的规范性文件纳入部门后评估项目，11月末完成所有评估工作，并形成后评估报告。

行政执法监督　3月，市政府法制办制定行政执法监督工作计划，部署安排全市行政执法监督工作。4月，调研督察基层行政执法机构队伍建设、执法效能和执法保障工作。5月，要求具有行政处罚职权的法定行政机关和法律、法规授权组织，结合法定职责调整和法律、法规、规章的立、改、废，经济社会发展变化以及行政处罚实践中的问题，按照合法、合理、可操作性原则，对单位行政处罚自由裁量权相关实施办法和裁量基准进行新一轮梳理。6月至10月，开展"排查整治群众最关心的行政执法领域疑难问题"活动，以行政执法机关自查和征求群众意见为主要途径，把群众反映强烈的突出执法问题作为重点整治对象。活动中，共征集涉及卫生、公安、水利等部门执法疑难问题40个，其中17个问题得到整改落实。8月至9月，采用部门自查、集中互评、案卷复查相结合，对24个重点执法单位的83件行政处罚案卷和35件行政许可案卷进行评查，评选优秀案卷12卷，提出整改意见24份，发现各类问题351个。11月，市政府法制办与市人民检察院联合签发《开展行政执法与刑事司法衔接工作实施意见》，建立健全行政执法与刑事司法衔接工作机制，从案件移送、线索受理、移送复议和检察监督等方面对衔接程序进行规定，建立办案情况通报、案件咨询等制度。是月，市政府印发《关于建立行政执法与刑事司法衔接工作联席会议制度的通知》，建立全市"两法衔接"工作联席会议，统一领导行政执法与刑事司法衔接工作。市卫生局、张家港质量技术监督局、市国家税务局等单位先后制定《关于涉嫌非法行医犯罪案件移送工作的实施意见》《关于生产、销售伪劣产品案件移送工作的实施意见》《关于涉税犯罪案件移送工作的实施意见》等文件，规范涉嫌犯罪案件移送程序。年内，行政执法机关共移送涉嫌犯罪案件54件，立案38件。新增行政执法证115张，注销行政执法证272张，注销行政执法监督证4张。审核各区镇、部门报送的18件规范性文件，未发现与上位法相违背的情况，均予以备案。

行政复议　2013年12月11日至2014年12月10日，市政府法制办办理行政复议案件101件（包括上年结转案件8件），收件数比上年增66%，案件主要集中在工伤认定、房屋动迁、交通违章和信息公开等领域。其中受理82件，不予受理15件，受理前撤回3件，转信访1件。受理案件中，审结69件，其中维持50件，驳回复议申请4件，申请人撤回行政复议申请作终止决定12件，撤销、责令履行、确认违法各1件。对于行政复议过程中发现的执法瑕疵，下发行政复议建议书3件。所有重大复杂行政复议案件统一由行政复议委员会审理，组织行政复议委员会案审会10次，听证会9次，行政案件办理基本做到"定纷止争，案结事了"。4月，创新行政复议审理方式，开展"行政复议进社区"活动，就申请人复议市民政局最低生活保障不予批准一案到南丰镇永联村民议事厅召开听证会，行政复议委员会外部委员、社区居委会工作人员以及村民代表列席旁听并发表意见。该活动项目被市依法治市领导小组办公室评为2014年度"关爱民生法治行"活动优秀项目。

行政调解　市政府法制办加强对劳资纠纷、治安管理、交通事故、消费纠纷等重点领域矛盾的分析研判，每月统计全市行政调解情况数据，撰写半年度和全年分析报告。年内，全市各级行政调解主体受理行政调解案件10887件，涉及人数12820人，其中办结10881件，未办结6件。在办结案件中，达成协议并履行的10484件，占96.4%；未达成协议的397件，占3.6%。在受理的行政调解案件中，行政类案件2615件，占24%；民事类案件8272件，占76%。

【行政权力清单制度推行】 9月，市政府法制办启动行政权力清单梳理工作，围绕"职权法定、简政放权、便民高效、权责一致、公开透明"原则，开展行政权力清单梳理工作。全面清理政府工作部门、派出机构，列入党委工作机构序列、依法承担行政职能的部门(单位)，具有行政主体资格、依法承担行政职能的事业单位等三类对象所行使职权，并于年末通过政府法制网站等平台向社会公布权力清单。公布清单共6594项，其中行政处罚类权力5505项、行政强制类权力229项、行政征收类权力93项、行政给付类权力45项、行政裁决类权力9项、行政确认类权力107项、行政奖励类权力67项、行政征用类权力2项、其他行政权力537项。

【《法治与文明同行》出版】 7月，由市政府法制办与知名青年行政法教授章志远研究团队合作编写的《法治与文明同行——张家港市践行国务院〈全面推进依法行政实施纲要〉十周年巡礼》一书，由苏州大学出版社出版发行，中国行政法学会副会长、江苏省行政法学会会长、教授杨海坤撰写序言。该书从领导干部运用法治思维和法治方式能力的锤炼，行政决策的科学化、民主化和法制化，综合行政执法体制的探索，行政执法模式的创新，市场监管与服务行政的并重，行政争议多元化解决机制的构建，社会组织自治功能的激活以及社会文明提升的法治环境优化等8个方面，全面客观总结张家港市践行国务院《全面推进依法行政实施纲要》的创新成果和有益经验，并为下一阶段该市加快法治政府建设指明方向。

(赵　洁)

法　　院

【概况】 2014年，市法院按照"努力让人民群众在每一个司法案件中都感受到公平正义"的要求，制定出台《关于服务保障全市"810成效比拼年"的实施意见》，围绕强化服务保障职能、积极履行审判职责、强化民生权益保护、加强法院队伍建设等四个方面，明确15项服务保障措施，助推全市现代化建设各项工作。全年受理各类案件20895件，审、执结18222件，通过审判、执行解决争议标的金额82.88亿元，分别比上年增11.62%、13.16%和34.02%，再创历史新高。市法院荣立全省法院集体二等功，获评全国青少年维权岗。

刑事审判　市法院受理刑事案件1628件，审结1583件，判处被告人2029人，其中审结危害公共安全罪488件488人，破坏社会主义市场经济秩序罪101件180人，侵犯公民人身权利、民主权利罪160件192人，侵犯财产罪531件740人，妨害社会管理秩序罪280件406人，贪污渎职犯罪23件23人。生效判决中被判处10年以上有期徒刑的罪犯33人，被判处5年以上10年以下有期徒刑的60人，被判处5年以下有期徒刑的457人，拘役的559人，缓刑的786人，单处附加刑的107人。

民商事审判　市法院受理民商事案件14159件，审结12003件，涉案标的56.29亿元。全年审结劳资纠纷2170件、交通事故纠纷1632件、婚姻家庭纠纷1623件、民间借贷纠纷1528件、物业服务纠纷441件，占民事案件的80%，其他民事纠纷1837件。化解买卖合同纠纷1292件、金融借款纠纷647件、承揽合同纠纷456件、担保类纠纷114件、保险合同纠纷111件以及其他商事纠纷152件。

执行工作　市法院受理执行案件4829件，执结4023件，其中执结刑事案件8件、民事案件3567件、行政非诉审查与执行案件4件、仲裁444件，执结率83.34%，执行标的到位率51.6%，执行标的金额27.59亿元。

立案信访　市法院对刑事、民商事、行政、执行等各类案件立案18897件。处理人民信函153件，接待到访360余人次。

审判监督和行政审判　市法院受理再审案件12件，审结9件。受理行政案件120件，审结113件，其中判决驳回诉讼请求51件、裁定驳回起诉14件、移送2件、原告撤诉42件、判决行政机关败诉4件。

【"零佣金"淘宝司法网拍实施】 自1月起，市法院对所有需要拍卖的被执行财产一律实行网上拍卖，通过淘宝网司法拍卖平台，公开、透明处置被执行财产，并实行零佣金制度，减轻当事人负担。1月27日，首次完成司法网络拍卖，成功交易奔驰汽车1辆，为当事人节省佣金2万元。年内，共上传网络拍品176件，完成拍卖155件，总成交金额1.18亿元，节省佣金592万元。

【院、庭长办案制推行】 年内，市法院全面实施院、庭长带头办理案件制度，明确规定院、庭长必须担任案件承办人，带头审理疑难、复杂、重大案件和新类型案件，带头开示范庭，未完成办案指标的院、庭长，一律不得参加评先评优，晋职晋级，出现错案的，同样按错案责任追究制度进行追责。年内，院领导共审理案件33件，正、副庭长办结案件6817件，占全院结案总数的37%。

【"1+1+1"审判新模式试行】 1月，市法院出台《关于审判组合模式试运行的规定》，试行"1+1+1"审判组合模式，即一名主审法官搭配一名法官助理、一名书记员。按照"先行试点、合理推进"的原则，先期确定9个组合作为试点。新审判模式由主审法官专注于案件裁判和重大案件调解，由法官助理负责证据交换、庭前调查、简易案件调解等审判辅助性工作，由书记员担任记录、送达、文书校对等工作，主审法官对所有案件有权定案并承担责任。该模式的试行，可以帮助主审法官从烦琐的辅助性事务中解脱出来，专心审理案件，从而保证案件的质量和效率。年内，9个审判组合共审结案件3024件。

【审判机制改革探索】 年内，市法院出台民事案件审判权运行机制改革意见，明确主审法官、合议庭的权限与职责，辅助于法官会议、审判委员会和案件监督制度，突出法官的主体地位，实现"让审理者裁判、由裁判者负责"。先行试点的民一庭、民二庭的法官工作效率明显提高，案件审理数比上年增10.79%。10月，研究制订人民法庭审判权运行机制改革实施方案，选择案件最多的金港法庭进行试点，进一步完善定案把关、案件研判和质量监督机制，严把案件的实体关和程序关，金港法庭主审法官平均审理案件282件，居全院之首。 （何 藏）

检 察

【概况】 2014年，市检察院抓住"践行群众路线"主线和"规范执法建设年"主题，突出法律监督、改革创新、作风建设，努力维护社会公平正义。年内，市检察院被评为苏州市检察机关先进检察院，被苏州市委、市政府授予2011—2013年度平安建设先进集体称号，被苏州市委确定为首个重大先进典型集体。经市编办同意，增设检察为民服务中心，畅通检察机关联系和服务群众渠道。

反贪污贿赂和反渎职侵权 市检察院全年立案侦查贪污贿赂犯罪案件17件17人，其中受贿案件13件13人、行贿案件3件3人、贪污案件1件1人。立案侦查渎职侵权犯罪案件6件6人。通过办案追缴赃款赃物和挽回其他经济损失1410余万元。

刑事检察 市检察院全年受理公安机关提请批准逮捕各类刑事犯罪案件555件659人，经审查批准逮捕497人，不批准逮捕160人；受理移送审查起诉1501件1927人，经审查提起公诉1472件1857人，对犯罪情节轻微的59人依法作出不起诉决定，报送苏州市检察院审查起诉13件18人，依法提出刑事抗诉1件5人。

民事行政检察 市检察院全年受理民事行政检察监督案件39件，立案审查39件，向法院提出再审检察建议4件，跟进监督建议2件，执行监督类检察建议8件，作出不支持监督申请决定并息诉5件，发出督促履行职责类建议书3份，提出督促起诉检察建议9件，挽回国有财产损失6万余元，提出支持起诉建议3件。

监所检察 市检察院全年检察收押入所人员2387人次、出所人员2384人次。对8名没有继续羁押必要的在押人员依法建议变更强制措施，对12名违反社区矫正管理规定的社区矫正对象建议收监执行。监督指定居所监视居住3件，开展精神病强制医疗检察3人次，财产刑执行监督19件。开展减刑、假释、暂予监外执行专项检察活动，监督收监执行2人。

控告申诉检察 市检察院全年受理群众信访185件，开展检调对接95件，办理司法救助案件7件，立案复查刑事申诉案件5件，建议法院再审1件得到法院采纳并纠正。

职务犯罪预防 市检察院全年发出检察建议10份，开展犯罪分析26次，预防调查3次，推动建立健全制度4项，受理行贿犯罪档案查询8375批次，组织党员干部接受警示教育55批12819人次。

【检务公开】 市检察院按照"公开是原则，不公开是例外"的要求，以案件信息公开为重点，依法加强检务公开工作。年内，编制检务公开流程规则，系统梳理出22个节点以及73项公开内容，明确对象、时限、方式等要求，提升规范公开水平。依托人民检察院案件信息公开网、微博、微信等载体，及时公开生效判决案件起诉书、不起诉决定书等法律文书1080份；公开在办案件的案由、办案期限、办案进度、强制措施、审结处理结果等程序性信息3256条；发布损害民生民利、有较大社会影响的重要案件信息49件；接受案件信息查询1463次，均予以及时、全面答复。建立定制式模块化"检察开放日"制度，向9个区镇的人大代表、政协委员、群众代表等308人介绍、展示检察工作；组织开展"检察宣讲百村行"活动，结合典型案例宣传检察职能，加大公开力度，提升检察机关影响力。

【行政执法检察监督】 市检察院探索开展行政执法检察监督工作，依法促进法治政府建设。与市政府法制部门联合会签在行政执法监督工作中加强协作配合的规范性文件，明确开展行政执法检察监督的范围、途径、方法，畅通信息交流、意见通报等合作渠道。通过参与行政复议案件审议、参加行政执法案件评查和规范性文件起草论证等工作，提出检察机关的意见、建议。以市深化行政管理体制改革试点单位凤凰镇为重点工作对象，针对该镇承接下放的涉及28个部门682项行政管理权限的状况，专门制定服务凤凰镇社会治理创新工作规则，通过专题调研、法制培训、案件会商等形式，帮助规范执法程序、预防行政争议，撰写的《新型城镇化改革中部分行政管理权限下放脱节问题亟待解决》的报告引起省委副书记、苏州市委书记石泰峰的高度关注，并成功推动安监、环保等权限下放工作的不断完善。对发现的行政机关履行职责不到位现象发出检察建议3件，针对国有资产损失督促相关单位提起民事诉讼9件。 （陈丹蕾）

公 安

【概况】 2014年，全市新增民警24人，年末有民警1643人，其中见习民警16人、三级警司192人、二级警司290人、一级警司320人、三级警督392人、二级警督386人、一级警督47人。市公众安全感满意度连续四年居苏州各县(市、区)第一。市公安局创新身份证就近办理、"电子港澳通行证"业务,推进网上办事服务和网上公安建设,开展户口登记管理专项清理整顿,办理人大建议、政协提案73件,民主党派意见24件。持续推进"走千家,访万户,送安全"三年行动,延伸走访对象、紧抓重点家庭、推动问题解决,年内走访家庭(单位)15万余户(个),赠送安全大礼包3万余份,社区民警知晓率、群众满意度连续三年上升。深入开展新一轮执法规范化建设,全面启用涉案财物、未破刑事案件卷宗管理中心、电子证据管理系统,在全省率先推行案件单轨制审批、行政处罚法律文书网上公开,公安部民警基本级、中级、高级执法资格考试通过数、通过率全省领先,新增10名民警、累计52名民警通过国家司法考试,实现全省唯一执法质量考评17年连优。市公安局获全国公安机关执法示范单位"四连冠",连续五年获苏州市公安局"五度"(人民群众满意度、社会治安掌控度、警营和谐度、资源整合和能力提升度、党委政府和上级公安机关认可度)绩效考核一等奖,被张家港市委、市政府授予"特别贡献奖"。

打防犯罪　年内,市公安局着力加强防控体系,健全面上巡防、空中技防、卡口堵防、宣传助防机制,加强市、镇、村三级巡防专业队伍建设,推进住宅小区防盗设施建设,营造防范电信网络诈骗氛围,市违法犯罪警情、刑事发案数连续6年稳中有降,盗窃民宅、盗窃电动车案件分别比上年下降5.6%、12.1%,"两抢"(抢劫、抢夺)发案数连续3年下降,至历史最低水平,通过巡防、卡口检查直接查获嫌疑人3675人。着力加强刑侦工作,探索试点警署刑事执法办案中心,推进DNA实验室专业化建设,持续开展缉枪治爆、禁毒会战和打击"两盗一骗"(盗窃电动自行车、入室盗窃和电信网络诈骗)、涉娼涉赌、假冒伪劣等专项行动,严打各类违法犯罪,共抓获刑事作案人员2694人,网上在逃人员373人,破获刑事案件3905起,其中"八类"(放火、爆炸、劫持、杀人、伤害、强奸、绑架、抢劫)案件162起,当年度现行命案全部快速告破,刑事案件破案率、"八类"案件破案率连续6年全省领先,破获涉毒刑事案件77起,缴获毒品5389克;破获经济案件216起,挽回经济损失2.7亿元。

治安管理　年内,市公安局查处各类治安案件19727起,查获违法人员14257人。加大赌博违法犯罪打击力度,查处涉赌刑事案件78起、治安案件585起,捣毁地下赌场、聚众赌博场所101个,采取刑事强制措施208人,治安处罚1428人。会同市文广新局、张家港工商局等单位开展无证电子游戏机房、无证网吧及文化出版市场的清理整顿,依法取缔无证网吧62家次、无证游戏厅18家次,查缴电脑347台、非法音像制品6.3万件、非法出版物3000余册。加强养犬管理,至年末,全市为7354只犬办理证照,其中新办证935只、延续6419只。完成对全市242个危险物品从业单位、592家旅馆、219家娱乐场所的治安等级评定工作。开展治爆缉枪专项整治,办理涉枪、涉爆案件5起,收缴各类枪支14支、弹药260余发、管制刀具160把、非法储存的假冒伪劣烟花爆竹350箱。

交通管理　年内,全市发生交通事故6445起,其中一般以上交通事故493起,死亡87人,伤449人,直接经济损失325万元。市公安局围绕全国文明城市创建工作现场会、文明城市测评,加强市区交通管理整治和文明交通宣传,严格查处突出交通违法行为。全年查处各类交通违法行为82万余起,暂扣驾驶证351本,行政拘留518人,醉酒驾驶追究刑事责任396人,并对555名记满12分的驾驶员组织理论考试。办理汽车注册登记38882辆,"五小"车辆上牌照465副,考核"五小"车辆驾驶员315人,核发车辆检验合格标志14.6万辆。安装交通信号灯13套,漆画交通标线4.14万平方米,增设交通标志牌1413套、隔离护栏2800米、减速块6000米,开展交通安全宣传400余场,累计受教育群众35万余人次。

"110"接处警工作　年内,市公安局指挥中心受理报警126.39万起。其中,违法犯罪警情2.9万起,火灾警情1133起,交通警情20.09万起,纠纷警情4.92万起,群众求助警情16.84万起,其他警情81.39万起。通过快速指挥调度,直接抓获违法犯罪嫌疑人201人。

【市区武装巡逻实现常态化】　年内,市公安局依托轮值轮训打造常态化、实战化武装巡逻队伍,在每月安排80名民警加强枪械使用、摩托车驾驶、应急处置等实战培训的基础上,每天抽调40名民警,携带武器装备,骑电动车在市区开展网格化武装巡逻,并在学校上、放学期间担任护学岗,加强对车站、商业区、医院等人员密集场所的守护,提升快速反应和反恐处突能力。

【涉危交通事故"零死亡"实现】　年内,全市在危化品从业单位较为集中的金港地区专门设立由公安、安监、交通、环保等10部门组成的危化品运输综合管理办公室。同时设立3处危化品运输车辆备案登记工作点,开辟"两纵两横"(横向为338省道、港丰公路,纵向为香山路、港华路)危化品车辆专用通道,建设专用停车场;依托道路运输监管信息系统、GPS定位系统,对危化品运输车辆实时监控,保障运输安全。全年涉危交通事故"零死亡",实现10年中的首次突破。

【交通执法综治中心成立】　年内,交通案件执法综治中心在市公安局交巡警大队成立,市公安局、法院、检察院、司法局驻点办公,整合人民调解、行政调解和司法调解三大调解资源,突出快侦快审、矛盾化解、服务群众三大工作职能,实行联勤联动、一体运作,提高醉酒案件办理、因交通事故引发的矛盾纠纷化解效率和质量,平均每起案件办理审结时间由原来的4个月缩短至55天。全年调解因交通事故引发的矛盾纠纷695起,化解率99.42%。中心加强与驾校的沟通协作,把组织学员旁听庭审作为驾驶技能培训的重要内容，推动代驾服务体系规范和完善，促进从源头上预防违反交通管理法规行为。同时，利用电视台、官方微博、微信等载体，定期向社会发布交通类案件发案动态、典型案件等，传播文明驾驶新风。

【民意警务中心成立】 年内，综合民意征集、分析、流转、督办、反馈等功能为一体的市公安局民意警务中心成立，配备5名专职人员。依托自主研发的民意回访系统、民意汇聚系统，通过规范统一的问卷内容、数据样本和访评过程，突出收集民意、落实整改、结果反馈等工作环节，每天电话回访群众320余人次，收集群众意见，改进警务工作。全年电话回访群众2.8万人次，收集群众意见、建议473条。 （史 雷）

司法行政

【概况】 年末，市司法局有司法行政工作人员48人。全市有律师172人，有公证员10人，有法律服务工作者85人。年内，市司法局围绕全市"810成效比拼年"主题要求，推进司法行政"四个全覆盖"（矛盾纠纷排查调处全覆盖、法制宣传教育全覆盖、特殊人群教育管理全覆盖、公共法律服务体系全覆盖）体系建设，打造人民满意的服务型司法行政机关。市司法局被苏州市委、市政府评为2011—2013年度平安建设先进集体。

法制宣传　年内，推进"六五"普法，强化各类重点对象的学法用法，做好非人大任命领导干部任前法律知识考试，为全市86所中小学和36所幼儿园配备兼职法制副校长，开展"法在身边"主题征文、法制夏令营、新市民法制教育大讲堂和"法律进社区、进工地"等活动，编发《人生法迹》普法教育读本。打造"普法365"公众微信等新媒体普法平台，制作《张家港市法治文化地图》，在《张家港日报》开设"小张说法"专栏。推进法治文化建设，组织开展中共十八届四中全会精神宣讲、法治文化夜市、第四届"法治文化月"等活动，承办"张家港杯"法治主题传统民间艺术品创作大赛。全年开展法制宣传教育培训1114场，培训人员51.12万人次，举办各类普法活动1158场，发放法制宣传资料52.24万册。

人民调解　年内，强化排查调处，建立社会矛盾纠纷分析研判、疑难复杂纠纷应急处置"两项制度"，抓好人民调解、行政调解、司法调解对接工作，开展庭所共建，加强专调连接机制建设。注重人民调解工作载体建设，在区镇开展便民服务点建设试点工作，推广个人调解工作室，全市50%的镇建立个人调解工作室。77个村（社区）人民调解委员会被评为苏州市规范化村（社区）人民调解委员会。开展"法润江苏·护航青奥""解劳资矛盾·促企业发展"劳动争议纠纷、邻里纠纷和物业纠纷等专题排查治理活动。强化人民调解工作队伍建设，调整人民调解工作专家库，至年末，共有10个纠纷调解小组50名成员。推行邀请"两代表一委员"参与人民调解工作模式，全市聘请特邀人民调解员党员代表38人、人大代表31人、政协委员24人。全年受理、调解矛盾纠纷11087件，调解成功11068件，调解率100%，调解成功率99.8%。

社区矫正和安置帮教　年末，全市在册社区服刑人员581人，五年内刑满释放人员累计1825人。年内，市司法局规范工作流程，做好调查评估，以信息化监管实现科学有效管控，全年矫正社区服刑人员938人。强化惩处，全年累计给予违反监督管理规定的社区服刑人员152人次警告处分，6名社区服刑人员被撤销缓刑，收监执行，1名被撤销假释，收监执行。创新矫正方式，强化心理矫治，南丰镇联合市检察院监所科成立心理辅导室。落实"必接必送"，抓好刑满释放人员无缝衔接。春晓社会服务社纳入市首批具备承接政府转移职能和购买服务资质的社会组织目录。开展"送岗位进高墙"就业帮扶，完善"两类特殊人员"（社区服刑人员、刑满释放人员）特困应急救助机制，做好家庭困难人员未成年子女关爱帮扶工作，帮困扶贫资助款、物合计3.34万元。6月，市社区矫正管理教育服务中心被列为全省社区矫正工作会议现场参观点，工作经验在全省推广。30日，省司法厅厅长柳玉祥、省综治办副主任李三顺带领省司法厅部分处室主要负责人，南京、苏州、徐州等市综治办主任、司法局局长等近40人组成的代表组先后参观中心心理咨询室、宣告训诫室、集中教育室、党员活动室以及社区服刑人员就业培训基地，对中心的建设和运行模式给予肯定。

法律服务　年内，推进公共法律服务体系建设，打造公共法律服务核心产品。按照"114"（一块牌子、一个窗口、四个阵地）模式，推进公共法律服务"两中心一站点"建设，组建公共法律服务志愿团队，开

民意警务中心 （庞瑞和 摄）

通“12348”司法行政公共服务声讯平台。全市9个区镇公共法律服务中心和259个村(社区)公共法律服务站运行规范。推行政府法律顾问工作,加强公证办公信息化系统建设,开展“公证法律服务标准化”建设活动,创建司法鉴定联络站。引导各律师事务所开展特色服务培育,创设公益性法律服务平台,推进“律师说法”等活动开展。强化行业监管和律师队伍建设,组织律师赴中国人民大学等高校进行培训。组织法律工作者参加公益活动,开展捐资助学,基层法律工作者共为14名家庭困难的学子提供资助款2.2万元。全市律师和基层法律工作者全年办理案件9474件,担任企业法律顾问1638家,避免和挽回经济损失16.74亿元;市公证处办理各类公证案件13692件;市中医医院司法鉴定所出具司法鉴定文书2386件。市法律援助中心建立法律援助“律师名录”,拓展“半小时服务圈”,选派资深志愿者驻守村(居)服务点,完善合适成年人制度。扩大刑事法律援助覆盖面,建立看守所法律援助站。开展法律援助村村行、“青春护航”青少年学法、“法律援助温暖夕阳红”老年人维权和“法律援助进工地”农民工专项维权活动,提升法律援助社会知晓度。全年接待到访和电话咨询3204人次,受理法律援助案件1359件。

【三级公共法律服务中心(站)全覆盖】 年内,市司法局加快推进公共法律服务体系建设步伐,打造“一个大门进来,一个窗口接待,一揽子解决问题”综合性公共法律服务平台,及时满足群众法律服务需求。7月,市公共法律服务中心启动运行,并在市劳动争议仲裁委员会设立分中心。在全市9个区镇建立区镇公共法律服务中心,在146个村和113个社区建立村(社区)公共法律服务站,覆盖率100%。市公共法律服务中心全年接待当事人500余人,提供法律咨询472次。各区镇公共法律服务中心共提供接待咨询2156次,开展普法宣传196场,协助人民调解251件,开展法律援助354件,进行公证、司法鉴定101件,服务对象对公共法律服务平台的满意度100%。

【《律师说法》节目解惑答疑惠民生】 1月1日,由市司法局、市律师协会与市人民广播电台联合打造的法律服务类节目《律师说法》在张家港交通广播台(频率FM102)开播。播出时间为每天14时至15时。节目结合群众在生活和工作中遇见的法律问题,以案例剖析、在线访谈、电话咨询等灵活多样的形式,讲解法律法规,服务民生需求,引导公众学法、遵法、守法、用法。全年播出节目147期,56名律师走进栏目为广大市民解答法律疑难,普及法律知识。节目还开通咨询QQ群、微信公众平台、新浪微博、咨询热线,多途径满足听众法律需求,搭建司法行政与基层群众的沟通桥梁。 (陈新林)

人民武装

【概况】 2014年,市人武部坚持以学习贯彻中央军委主席习近平系列讲话精神为首要政治任务,始终聚集强军目标,紧贴使命任务,坚持抓教育固根本,抓准备谋打赢,抓作风正风气,抓基层打基础,人武部全面建设和国防后备力量建设得到有力提升。

战备训练　着眼围绕能打胜仗的核心要求,狠抓战备工作落实。3月,全市开展民兵整组工作,调整优化基干民兵,其中党、团员占79.2%,专业对口率60%,经训率80%,在位率100%。5月,集中组织全市120名民兵干部和新任职专武干部训练考核,围绕培养懂业务、会组训、能指挥的民兵骨干队伍,通过学规定、练技能、教方法,进一步提高业务水平和遂行多样化任务的能力。参训人员优秀率达到95%,良好以上达到100%。是月,完成江苏省军区潜力调查数据会审,张家港市是全省唯一受省军区通报表彰的单位。12月,市人武部全体干部参加苏州军分区组织的干部年度军事考核,考核成绩列全区总分第一,其中2人排名前三,市人武部被苏州军分区表彰为军事训练先进单位。

国防教育　2月、6月,市人武部机关分别集中6天时间,组织开展“牢记强军目标、献身强军实践”和“讲党性、守党纪、严党规”主题教育活动。4月,在机关党员干部中围绕群众路线教育,开展“军队要像军队的样子”和“战斗力标准”专题教育大讨论。8月12日,市委举行国防形势教育报告会,邀请著名军事专家,全国政协委员,中国人民解放军军事科学院研究员、博士生导师、少将罗援,围绕东海、南海、中国台湾等周边安全形势,结合国内外安全形势,作国防形势报告。市委、市政府主要领导、各部门党政领导干部、驻军官兵、民兵代表500余人参加报告会。9月下旬,在天津召开的国防后备力量建设现场会上,市人武部作为全国订刊用刊先进代表进行交流发言。年内,人武工作先进典型事迹等41篇文章先后被《解放军画报》《中国国防报》《中国民兵》等7家省级以上媒体刊登报道。《解放军画报》第9期以“三个‘全程’燃旺参军热潮”为题,大篇幅报道张家港市多管齐下抓征兵工作的先进事迹,被军、地多家媒体相互转载。年末,市人武部被苏州军分区表彰为“新闻报道一等奖”先进单位。

兵役工作　针对当前“征兵难、当兵冷”的大形势,市人武部早动员、早部署,做到一季征兵,三季准备。为鼓励适龄青年入伍的积极性,3月,率先在江苏科技大学和沙洲职业工学院开展征兵宣传和预征工作,讲解大学生入伍优惠政策,和大学生一起算阅历账、经济账和发展账。同时市人武部结合征兵、军校和国防生招生,走进市职教中心校、沙洲中学等校园开展征兵咨询活动,现场发放征兵宣传手册,解答学生关心的兵役政策。与此同时,在《张家港日报》等新闻媒体开设征兵公益广告,在步行街、购物公园、世纪广场等繁华地段悬挂征兵宣传横幅,通过电子屏播放征兵公益广告等。5月,市委、市政府出台《关于做好退役大学生士兵就业工作的意见》,要求市组织人事部门每年在招聘公务员、事业编制人员中预留不少于10%的岗位,优先录用大学生退伍军人。年内，在全市被批准入伍的适龄青年中，具有大专以上学历的占57.8%，兵员整体质量较上年大幅提升。

【南京军区“一老一少一基层”慰问活动落实】 按照南京军区党委关爱“一老一少一基层”即军队离退休老干部、作战部队营（连）主官和基层连队的指示精神，“八一”节和春节前夕，市人武部主要领导联合民政部门有关负责人专门对所属辖区内杨舍镇、金港镇、锦丰镇、大新镇的9名基层部队主官连长（指导员）家庭登门慰问，送上慰问金和慰问品，使其家人倍感光荣和自豪，支持子女在部队安心服役。 （陈 航）

武 警

【概况】 市武警中队主要担负市看守所外围看守任务。中队依据《军队基层建设纲要》，以四项经常性工作为基点，确保以执勤、处突、反恐为中心的各项任务的完成。年内，完成临时性押解勤务72起，出动执勤兵力173人次，押送罪犯451人，行程约3.2万千米；出动兵力10人次，参加南京青奥会维稳任务；承担暨阳高级中学、沙洲职业工学院、市城管局等单位和民兵预备役的军训任务。有1名军官立二等功，2名官兵立三等功，12名战士被评为优秀士兵。中队连续15年被江苏武警总队评为基层单位建设标兵中队，中队党支部连续14年被江苏武警总队党委评为先进党支部。11月22日，武警江苏总队副司令员袁斌到中队检查指导工作，听取关于老兵复退期间各项工作的汇报，并向即将退伍的战士为部队建设做出的贡献表示感谢。

【武警官兵到市老年公寓慰问】 6月20日，市武警中队官兵10人和市义工协会义工联合到市老年公寓，看望慰问老人。武警官兵给3位困难户老人送去大米、油及学习用品，共计价值3000元。武警官兵与孤寡老人拉家常，详细询问生活情况和身体状况，倾听他们的心声，帮助打扫卫生，为老人演唱歌曲、表演舞蹈和擒拿格斗。年内，市武警中队官兵坚持每月1次到老年公寓或养老院、敬老院看望帮助老人，累计资助困难户9户。

（唐铁山）

消 防

【概况】 市公安消防大队坚持“以防为主、防消结合”方针，积极提升社会消防安全管理水平。全年市消防部队接警出动2481起，出动车辆7467辆次、警力14934人次，扑救各类火灾事故795起，其中扑救有影响的火灾67起。火灾造成1人受伤，直接财产损失686万元。全市未发生较大以上火灾事故。参与抢险救援和社会救助752起，共抢救被困人员300余人。年内，市公安消防大队被江苏省公安消防总队评为全省消防监督执法示范单位，被苏州市消防支队评为全市消防监督执法示范大队。大队党委被公安部党委评为公安消防部队先进基层党委，被江苏省消防总队党委评为“十佳基层单位”，被苏州市消防支队党委评为大队级“好班子”。

设施建设 大队及特勤站营房整体渗水修缮工程完工并于年末投入使用。城北消防站于11月投用，南丰消防站于12月投入执勤，乐余新建消防站基本完工。大队与市安监局共同推进城西安全技能培训教育实践基地工程稳步进行。与经开区（杨舍镇）共同建成消防主题宣传广场。争取资金1000万元用于购置3辆泡沫消防车辆以及3624件个人防护、常规及通信器材，进一步优化消防部队装备结构。

执勤备战 大队始终严格按照执勤岗位练兵方案要求，依据训练计划，认真开展月度基础体能月竞赛、地下建筑火灾实战化真火训练、多层建筑火灾实战化训练、梯次进攻操等训练以及实战化业务竞赛。通过训练和考核，全体官兵体能、技能进一步提高，攻坚克难能力进一步增强。根据部队上级总体部署，稳步推进“防消结合”工作，夯实工作基础，提升工作质态。在“防消结合”工作平台中开展建设工程消防验收68次，制作演练预案1062份，开展灭火作战与战评1045份，完成“六熟悉”（熟悉责任区交通道路水源情况，熟悉责任区重点单位分类、数量及分布情况，熟悉责任区主要灾害事故处置对策及程序，熟悉重点单位建筑物使用及重点部位情况，熟悉重点单位内部消防设施情况，熟悉重点单位消防组织及其灭火救援任务分工情况）巡防1375家，提升灭火救援工作的针对性。

消防宣传 结合元旦、春节、清明、端午等重大节日，充分借助社区民警、专职消防民警、消防文员、消防志愿者等力量，通过消防宣传车、电视广播、电子显示屏、QQ群、微信、宣传单等多种形式开展常态化消防宣传，营造全民消防宣传氛围。全年开展各类社会化宣传活动1100余次，参与群众6万余人次。拓展消防宣传阵地，在《张家港日报》开设《港城消防》专版，每月1期，设有新闻动态、直击现场、曝光台等多个栏目，普及消防知识，提高市民、机关、企事业单位人员的消防安全意识，促进“平安港城”建设。至年末，专版开办10期。

执法服务 在组建“消防技术服务队”的基础上，针对全市“810工程”项目，指定专人收集整理全年重点工程明细，开辟重大项目消防审批绿色通道；提出整改意见和建议，开展现场检查指导，全程跟踪项目进度，积极做好消防技术指导服务工作，确保各重点工程顺利通过消防验收。在窗口审批服务方面，实行公开消防服务承诺、首问负责制、一次性告知制度、网上服务、说理执法制度、督察回访制等便民服务措施，累计受理消防设计备案项目678项、竣工验收备案项目462项、公众聚集场所营业前消防行政许可项目156项。根据上级部署并结合实际，组织开展2014冬春第二次“清剿火患”战役，开展“迎青奥、保平安”及“六打六治”（打击有粉尘爆炸危险企业的违规建造厂房、布设生产线、除尘设施和在居民区内从事粉尘爆炸危险作业的行为，整治存在涉氨和受限空间作业企业、冶金企业及其他存在粉尘等严重职业危害作业企业中不落实除尘、防爆措施，不执行培训和劳动防护规定等主体责任不落实的企业；打击危险化学品生产、存储、经营等从业单位无证无照、超范围从业等行为，整治危化品从业单位安全管理主体责任不落实、隐患整改投入不到位，各类特种设备违规安装、使用等行为，打击破坏损害天然气长输管线行为，整治管道周边乱建乱挖乱钻乱占、管道产权单位和有关燃气企业安全管理责任不落实、隐患排查不全面、安全宣传不到位的问题；打击无资质施工和各类非法建设与施工、违法分包行为，整治各类建设施工、动迁工程、安装工程的层层转包和施工过程中的野蛮施工、深基坑、高支模、塔吊、建筑领域特种作业等高危作业的现场监管不落实问题；打击交通领域的客运货运、客船货船的非法营运行为，重点整治各类客运货运车船、校车、旅游车、危化品车辆等无证经营、超范围经营、挂靠经营；打击“三合一”“多合一”场所违法生产经营行为，整治各类人员密集场所、校舍和“九小场所”、群租房等违规住人、消防设施缺失损坏、安全出口疏散通道堵塞封闭、各类商场超市周边乱搭乱建等问题）打非治违专项行动。年末，根据国家和省、苏州市的统一部署，开展冬春火灾防控和劳动密集型企业、人员密集场所等消防安全专项治理工作。年内，市公安机关及消防部门共监督检查单位39749个，发现并整改火灾隐患21209处，下发责令改正通知书7191份、处罚决定书1143份、临时查封决定书48份，罚款总额184.76万元，责令36个单位“三停”（停产、停业、停止使用），行政拘留16人。

【消防安全三级监管机制建立】 年内，张家港市在各区镇成立消防安全委员会，下设消防办，与安监办合署办公，在各村（社区）成立消防管理工作站。选派1名专职消防民警任安监办（消防办）副主任，杨舍、金港、塘桥地区配备1名至2名专职民警，27个公安派出所均明确1名专职消防民警，配备1名至2名消防文职雇员。消防大队监督员、消防办专职消防民警、派出所消防专职民警和村（社区）民警三级监管机制建立，提升了监督执法效能。

【危化品车辆侧翻事故处置】 5月4日7时36分，市公安消防大队“119”指挥中心接到报警：锡张高速鹿苑出口处有一辆危化品车侧翻，该车载有20吨丙烯腈。“119”指挥中心随即调动特勤六中队、锦丰中队、塘桥中队共10辆车70人赶赴现场处置。同时通知出动车辆停靠在上风方向，车头对准撤离方向，防止发生紧急事故，方便撤离。中队到达现场后，将现场情况用3G单兵图传送至“119”指挥中心接处警台，同时大队值班领导赶赴现场进行指挥。经现场勘察，命令特勤六中队成立攻坚组对侧翻危化品车进行侦检，查看是否泄漏。随后各个应急处置联动单位相继到场，指挥、协调救援工作。14时30分，最终确定救援方案。经过消防官兵的艰苦奋战，救援工作于5日凌晨1时结束。

（常　妍）

民　防

【概况】 年内，市民防局着眼有效履行战时防空、应急支援、平时服务的使命任务，“保民安·惠民生”服务品牌个性优势继续发挥，强化精品意识，修编、落实《民防工程竣工验收面积测绘实施细则》和《较大规模项目编制人防工程修建性详细规划》两项特色制度，推进人防工程标准化管理，防空防灾综合能力不断提升。全市人防工程新立项19项、开工13项、竣工6项，竣工面积3.2万平方米，累计完成工程养护面积10.6万平方米，各项指标均超额完成年度目标任务。至年末，全市人防工程总量、人均面积在全省县级市保持领先，工程布局、结构更趋完善。

民防融合发展　推行民防窗口“一站式”服务，全年办结工程审批、备案事项437项。持续抓好基层民防建设，各区镇民防办公室、社区（村）民防工作室全部建成，实现常态化运转，全市“战时区域防空、灾时联动救援”网格化民防体系全面建成。推进“一镇一馆、一馆一品”民防教育工程，年内，建成金港镇、南丰镇民防教育体验馆，并依托场馆组织举办居民群众防空防灾知识技能培训。4月，开展第15个民防宣传月专题活动，在《张家港日报》组织民防知识竞赛，制作播出《港城民防》系列宣传片，举办市民防系统防空防灾综合业务培训。结合防空警报试鸣、防灾减灾日等时机，在社区和大学城开办民防知识及应急救护技能巡回讲座20余场。

指挥通信建设　年内，着力实施国家人民防空办公室赋予的重要经济目标防护试训任务，组织编写训练教案和课件，培养一批人防训练骨干。投入20余万元，启动智慧民防信息平台建设，完成配套软件研发与基础信息采集工作。在区镇逐步推开新型防空防灾警报系统建设，南丰镇和凤凰镇新增2台多媒体警报器，在“4·22”沙洲解放日统一进行防空警报试鸣，全市警报报知网鸣响率和音响覆盖率保持100%。5月，开展人民防空专业队整组工作，进一步选优配强各级骨干。7月，市民防志愿者组队参加省“民防杯”业余无线电应急通信比赛，获团体第一名。

【人民防空综合演习】 4月22日，结合沙洲解放日警报试鸣，在省、苏州市民防部门和张家港市政府分管副市长的领导、指挥下，张家港市民防局组织“张防—2014”人民防空行动综合演习。演习围绕一级战备转进、防突袭行动筹划、组织防突袭行动三个训练问题，重点演练平战转换、紧急疏散、重要目标防护等5个课目，旨在检验军事斗争人防准备实效，规范战时人防指挥流程，探索重要目标防护方法。此次演习采取一网多地、同步联动，实兵演示与流程推演相结合的方式进行，市人防委10个成员单位和江苏沙钢集团、市梁丰初级中学、经开区（杨舍镇）清水湾社区2000余人参演。省、苏州市及其他县（市、区）民防局相关领导观摩指导，并给予高度评价。　（郭燕波）

【编辑　卢德兴】

政协张家港市委员会

争当现代化建设排头兵

2014年，市政协常委会在市委的正确领导下，紧紧围绕全市改革发展大局，牢牢把握团结和民主主题，广泛调动全体委员积极性，认真履行政协职能，扎实开展工作，为促进全市经济社会发展做出了积极贡献。一是以加快转型升级为重点，选择推进“两化融合”发展、加快专业市场建设、提升城市管理城乡一体化水平、加强平安法治建设等课题，开展重点调研和协商议政活动，积极为加快“810工程”建设建言献策。二是以增进民生福祉为目标，充分运用政协提案、社情民意、民主评议、视察通报等多种形式，加强民主监督，维护群众利益，全力助推幸福张家港建设。三是以团结民主为主题，支持各党派团体发挥作用，努力为各党派团体和社会各界人士参政议政营造良好的政治环境，广泛汇聚加快发展的强大合力。四是以发挥委员主体作用为抓手，组织委员开展集体培训，优化委员服务联络工作，进一步激发委员的履职热情。五是以加强自身建设为保障，扎实开展教育实践活动，努力改进工作作风，完善工作制度，不断提升政协工作的规范化、制度化建设水平，为政协常委会履职提供有力保障。

1 市政协十一届四次会议会场

2 市委书记姚林荣在市政协全会上作重要讲话

3 市政协主席单玉珍在市政协全会上作工作报告

4 市政协视察全市实事工程建设情况

5 市政协召开党的群众路线教育实践活动总结大会

中共张家港市纪律检查委员会、张家港市监察局

1

2014年，在上级纪委和市委的正确领导下，全市纪检监察组织认真贯彻中共十八大精神，根据上级纪委决策部署和市纪委十届三次全会具体工作安排，聚焦主业，真抓实干，主动作为，在革故鼎新中持续积聚事业发展新动力，在攻坚克难中全力打开事业发展新局面，全市反腐倡廉建设新常态已初步显现，构建与现代化建设相适应的廉洁政治建设取得扎实进展，中央级媒体32篇次、省级媒体114篇次对张家港市相关工作进行了报道，张家港市纪委、监察局再次被苏州市纪委评为先进集体。

1 省委巡视组巡视张家港市工作动员会
2 省委第五巡视组巡视工作情况通报会
3 市纪委向省委巡视组汇报党风廉政建设情况
4 市纪委十届三次全体（扩大）会议
5 全市领导干部警示教育大会
6 “勤廉大讲堂”——全市纪检监察干部业务培训
7 “科技创新提速行动”专题督察
8 “清风行动”检查各单位“八项规定”落实情况
9 “颂身边典型，展红盾风采”青年干部演讲比赛
10 大型廉政舞台剧《黄梁梦》演出
11 廉政微电影《心灵阻击》首映式
12 开展“廉香书签润童心”活动

2

3

4

5

6

7

8

9

10

11

12

市人民检察院

2014年，市检察院紧紧围绕全市推进现代化建设工作大局，与时俱进弘扬张家港精神，牢牢抓住“践行群众路线”工作主线和“规范执法建设年”工作主题，突出法律监督、改革创新、作风建设，努力维护社会公平正义，检察工作继续保持了平稳发展的良好态势。年内，张家港市检察院被评为苏州市检察机关先进检察院，被苏州市委、市政府授予2011—2013年度全市平安建设先进集体称号，被苏州市委确定为首个重大先进典型集体。

1 市检察院作为苏州市级重大先进典型集体被媒体集中采访报道
2 市检察院党的群众路线教育实践活动动员大会
3 检察长下访巡访
4 院领导带头办理疑难复杂案件
5 开展“检察开放日”活动
6 深入基层倾听民声
7 在基层设置“一键通”式检察服务热线
8 干警赴学校开展法制宣传
9 组织重点行业人员接受预防警示教育
10 职业导师传授工作经验

5

6

7

8

9

10

市人民法院

2014年，市法院在市委领导，市人大及其常委会监督，上级法院的指导，市政府、市政协和社会各界的关心支持下，紧紧围绕市委的决策部署，按照“努力让人民群众在每一个司法案件中都感受到公平正义”的要求，严格履行宪法和法律赋予的职责，积极发挥审判职能，为全市现代化建设提供优质高效的司法服务和司法保障。全年共受理各类案件20895件，审执结18222件，通过审判、执行解决争议标的金额82.88亿元，分别比上年增11.62%、13.16%和34.02%。市法院荣立全省法院集体二等功，获评“全国青少年维权岗”。

1 院长徐建东带领法官深入基层与群众座谈

2 院领导担任审判长开庭审理案件

3 举办青年法官主题演讲比赛

4 “社区法庭现在开庭”将典型案件庭审至社区

5 邀请学生参加“法院开放日”活动

6 向当事人随案发放廉政监督卡

市委宣传部

2014年，全市宣传思想文化战线围绕市委统一部署，各项工作在更高平台上不断取得新突破，继续在苏州、江苏乃至全国同级保持领先水平。**一是理论武装取得新突破。**坚持把学习贯彻习近平系列讲话精神作为长期重要政治任务抓，成立张家港市思想政治工作研究会，获2013—2014年度全省基层党员冬训工作示范县（市、区）称号，“沧江市民大讲堂”获评江苏省优秀讲坛。**二是舆论引导取得新突破。**以“810工程”为重点，推出《科技的力量》等重点系列报道。开展弘扬践行社会主义核心价值观主题宣传，组织群众路线教育实践活动报道，大力宣传张家港市人民检察院、郁霞秋、单炜炜等先进典型。在主流媒体集中报道张家港文明创建创新实践，组织“法国外国记者协会张家港采风”“亚洲摄影家聚焦美丽张家港”等活动。**三是文明城市创建取得新突破。**开展“同创共建•全民美城”行动，承办全国县级文明城市创建工作现场会，高标准通过全国文明城市测评，成为全国县级市中率先实现全国文明城市“四连冠”的城市。**四是文化建设取得新突破。**制定出台《张家港市公共文化设施标准化运行管理办法》，推出2014年“幸福港城”网格文化五大主题17项活动。继续荣膺全国文化先进市称号，成功创建“中国小戏小品之乡”和“中国曲艺之乡”。成立全市首个国家一级社团——长江文化促进会，创新举办首届长江流域民间艺术博览会、“听文物讲长江的故事”——寻找长江流域有故事的珍宝等10项活动，实现长江文化艺术节的创新和转型。

1 10月13日，中宣部常务副部长、中央文明办主任雒树刚考察张家港市综合展示馆

2 10月13日，中央文明办专职副主任徐令义考察经开区（杨舍镇）梁丰社区文明驿站

3 3月7日，省委宣传部副部长、省文明办主任杨志纯调研张家港市志愿服务工作

4 张家港市新闻发言人培训班在中国传媒大学开班

5 10月31日，中央文史研究馆馆员、长江文化促进会会长、江苏省民间文艺家协会主席陶思炎和市委书记姚林荣共同为长江文化促进会揭牌

市委市级机关工作委员会

2014年，市委市级机关工委紧扣全市“810成效比拼年”主题，切实强化“贴紧大局、服务发展、建设队伍、优化作风”的工作思路，坚持融入中心工作、融入重点任务、融入党员群众的工作方法，扎实开展党的群众路线教育实践活动，全力打造机关服务型党组织，不断提增机关党建工作的服务绩效和科学化水平。11月，省委省级机关工委书记王立平专题调研张家港市机关党建工作。机关党建工作经验先后在全省市、县（市、区）机关工委书记座谈会和培训班上代表苏州市作交流发言。机关党建信息工作在苏州市机关工委系统继续领跑，获“四连冠”，“ABC管理法”促进党建服务项目绩效落地项目获评苏州市机关党建创新创优项目二等奖。在市级机关全面推行入党对象参加社会志愿服务制度，受到市委肯定，作为市委常委班子群众路线教育实践活动建章立制重点之一推向全市，并获评2014年度张家港市综治委社会管理创新奖。

1 11月20日，省委省级机关工委书记王立平调研张家港市机关党建工作

2 5月15日，承办苏州市第46次市（区）机关党建工作交流会

3 5月至8月，举办“张家港民生讲堂”理论巡讲活动

4 12月23日至26日，开展市级机关党员轮训活动

5 4月18日，开展“改进作风走在前，服务群众我先行”公开承诺暨机关服务“面对面”活动

6 市级机关入党对象参与社会志愿服务活动

市委党校

中共张家港市委党校（张家港市行政学校）是张家港市培训轮训党员领导干部、后备干部和基层党员干部的重要阵地。新校区于2011年9月落成启用，位于城北科教新城，占地面积2.67公顷，建筑面积1.25万平方米，可同时容纳750人培训、400人餐饮、170人住宿，是一所办学设施基本现代化的县级党校。

近年，市委党校围绕市委、市政府中心工作，以打造全市“干部培训主渠道、市情研究新阵地、形象展示新窗口”为目标，开展干部教育培训、调查研究和理论宣讲工作。2011年，“中央党校党建教学科研联系点”在市委党校挂牌。2012年，市委党校获评苏州市和江苏省优秀县级党校。

荣誉证书

中共张家港市委党校：

在2009～2011年度县级党校评估中被评为优秀县级党校，特发此证，以资鼓励。

1 市委书记姚林荣作党的群众路线教育实践活动专题党课

2 市委书记姚林荣主持全市村党组织书记座谈会

3 市委书记姚林荣参加市中青年干部培训班结业仪式

4 市委党校外景

5 市委党校部分科研成果

市档案局

1

2

3

2014年，市档案局紧紧围绕市委、市政府中心工作，以档案资源建设、信息化建设、安全体系建设为主线，进一步提升档案工作服务中心、服务民生、服务社会的能力和水平。**一是围绕中心大局，扎实推进“810工程”档案建设。**全年举办“810工程”档案业务培训班2期，制作建设项目档案管理教学视频光盘200张，培育“810工程”建档示范企业10家，完成34个“810工程”建设项目的登记备案工作，“810工程”档案建设全面提速。**二是围绕资源建设，全方位加强档案征集、接收工作。**全年征集各类档案史料2141件（册）、图片5.1万张、音视频4876件。依法接收到期档案76051卷、244491件。全面完成“港城影像记忆工程”建设，拍摄、收集各类图片161967张。**三是围绕民生服务，着力提升服务质量。**继续加强民生档案远程共享平台建设，实现民生档案查阅的市、镇、村三级覆盖。启动“智慧档案馆”建设，开展“查档之星”评比活动，建立查档工作群众评价机制，全年提供档案服务14975人次、15930卷（件）次，电子文件服务9673人次，群众满意率99.98%。**四是围绕科学管理，夯实基层档案管理基础。**年内共有115个单位通过省档案管理星级测评，全市星级达标单位累计达到899个。全市国有企业建档工作实现新突破，5家国企达到省星级档案管理标准。全市首个机关档案中心——人社档案中心顺利建成。五是围绕文化强档，努力提升档案文化内涵。着力加强书法、摄影等文化档案的收集工作，年内先后举办“光漾心影——张家港市档案馆馆藏殷广德摄影作品展”“落纸云烟——张家港市档案馆馆藏著名书法家陈肯先生作品展”等展览，出版《港城影像记忆丛书——锦丰影像》，组织7000余名中小学生走进档案馆，充分感受档案文化内涵。

4

5

1 11月12日，省档案局局长谢波（右二）率全省档案事业综合发展改革推进会160余名代表参观永联村档案馆

2 12月20日，省档案局副局长项瑞荃带队对张家港海事局进行档案管理五星级测评

3 11月25日，苏州市档案局局长肖芃参加“落纸云烟——张家港市档案馆馆藏著名书法家陈肯先生作品展”开展仪式

4 5月14日，市人大档案法执法检查组听取冶金园（锦丰镇）关于档案事业发展情况的汇报

5 4月10日，市档案局主办的“光漾心影——张家港市档案馆馆藏殷广德摄影作品展”开幕

6 5月15日，市档案局征集人员赴西安征集张家港籍将军朱松山档案资料

7 11月21日，市档案局举行“810工程”档案服务大派送活动

8 6月9日，市档案局举行“6•9”国际档案日宣传活动

9 12月，《港城影像记忆丛书——锦丰影像》由中国文联出版社公开出版

10 4月9日至11日，市档案局开展“名人励我志，扬帆中国梦”活动

市总工会

2014年，市总工会以“三个服务”“三个满意”为工作目标，以扎实开展党的群众路线教育实践活动为强大动力，以团结动员广大职工推动经济科学发展为首要任务，以维护职工合法权益与劳动关系和谐稳定为履职重点，务实进取，稳健创新，圆满完成各项目标任务，工会工作整体水平跃上新的台阶。

突出中心任务，深化职工技能竞赛和创新创效活动，大力弘扬新时代劳模精神，扎实推进职工素质提升工程，服务经济发展有更大作为。依法维护权益，强化劳动争议调处工作，加大工资集体协商力度，提升企业民主管理水平，做好工会劳动保护工作，和谐劳动关系有新的发展。完善服务机制，健全服务网络，提升帮扶实效，创新救急载体，关爱职工群众取得新的成效。加强自身建设，进一步扩大工会组织覆盖面，进一步提升工会干部队伍素质，进一步巩固教育实践活动成果，工会组织活力有新的提升。

1 江苏省总工会主席邢春宁参观永钢集团职工书屋
2 苏州市总工会主席温祥华慰问张家港市困难劳模
3 张家港市委常委、组织部部长蔡炳锋为全国五一劳动奖章获得者颁奖
4 市总工会劳动争议仲裁观摩庭
5 单身职工交友活动
6 “关爱公交女司机”活动
7 与留守职工同吃年夜饭
8 收获锦旗
9 “清凉驿站”为环卫工人、交警、城管队员送清凉
10 “行行出状元”职业技能大赛
11 庆祝“五一”国际劳动节暨“劳模颂”专场文艺演出

张家港单身职工交友沙龙
25

5

6

7

为民解困
人民公仆

8

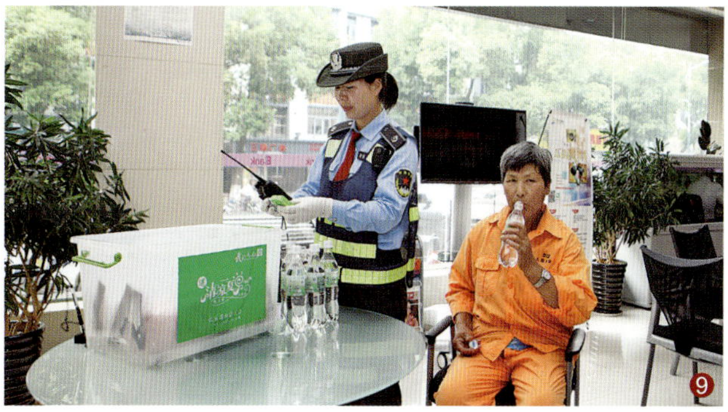
9

10

张家港市庆祝"五一"国际劳动节
暨"劳模颂"专场文艺演出
张家港市总工会

11

共青团张家港市委

2014年，全市共青团贯彻落实第二批党的群众路线教育实践活动要求，围绕服务大局、凝聚青年、活跃基层三项任务，团结带领全市各级团组织和青年为全市现代化建设贡献青春力量。3月27日，团中央、团省委、苏州市及张家港市主要领导共植共青林，全省“共享蓝天•绿动指尖”青少年微信植树活动在张家港市启动。团市委举办首届“创业张家港”青年精英创业大赛，共519个国内外项目报名参赛，10个决赛项目落户张家港市，获得社会资本投资1110万元，其中3个项目入选市“领军人才计划”。推进“青春家园计划”，新增金港中央广场志愿V站、“小莱宝”青少年服务站、滨江社区公益坊等青少年服务项目20项。开展“暖冬行动”和“快乐暑假”大学生志愿者服务行动。召开市第六次少代会，举办“红领巾相约中国梦”专场汇报演出。深化“希望之光”品牌工作，全年资助贫困学生761人次，金额78万元。开展市重点青少年群体排查摸底专项行动，实施预防青少年违法犯罪重点人群分析调研，牵头召开全市预防青少年违法犯罪暨重点青少年群体服务管理推进会。举办社区青少年公益项目认购会，搭建项目执行方（青年社会组织）、出资方（青商会企业）、受益方（社区群众及青少年）三方对接平台，21个项目由企业出资50万元冠名认购。举办优秀青年人才培训班、优秀青少年社工（深圳）研修班、党团史知识讲座和少先队辅导员培训班。举办全市青年公益组织博览会，展示青年组织风采，传递公益服务理念。

1 3月27日，团中央书记处第一书记秦宜智调研张家港市共青团工作

2 市青年公益组织博览会展台

3 中国少年先锋队张家港市第六次代表大会

4 全市预防青少年违法犯罪暨重点青少年群体服务管理推进会

5 第一届“创业张家港”青年精英创业大赛决赛暨颁奖仪式

市工商业联合会（总商会）

2014年，市工商联以《中共中央国务院关于加强和改进新形势下工商联工作的意见》为指导，以建设“五好”工商联为目标，充分发挥全国县级工商联联系点所具有的“试验田”作用，努力创设组织工作新思路，打造服务发展新平台，谋划服务发展新举措，全力开创工商联工作新局面，为促进全市非公有制经济的健康发展和非公有制经济人士的健康成长做出新贡献，获评江苏省县级工商联先进集体。

围绕“三建三化四提升”工作思路，市工商联建好人才（项目）超市、产学研合作、上下游产品对接服务平台，优化服务企业职能；搭建“红色企业联盟”、企业家俱乐部、对外合作、企业文化交流平台，强化会员凝心聚力作用；搭建法企共建、质企互联、税企交流平台，深化政企联动机制；夯实组织基础，建成全市首家村级商会——经开区（杨舍镇）农义村商会。深入开展非公有制经济人士理想信念教育活动，办专题报告，拓教育内涵，搞座谈交流，强思想共识，重延伸拓展，创诚信企业，注重正面引领，强化正能量提升，全年塑树各类典型企业家30余人。

1 6月26日至28日，中共中央统战部副部长，全国工商联党组书记、常务副主席全哲洙调研张家港市商会建设

2 全市非公有制经济人士理想信念教育实践活动报告会

3 2014年市工商联新任常执委见面会

4 全市首家村级商会——农义村商会成立

5 商会企业上下游产品对接交流会

市归国华侨联合会

2014年，市侨联围绕市委、市政府“现代化建设三年行动计划”和以“810工程”为重点的工作目标，结合侨务工作实际，将服务张家港经济社会发展大局与服务海外侨胞和归侨侨眷相结合，努力拓展海外工作和新侨工作，树品牌、抓亮点、展特色，在助推全市现代化建设中发挥侨力。积极开展侨务引智工作，举行“创业中华——2014侨资侨智对接张家港”活动，邀请80余位海外高层次人才及侨领、侨商参加项目对接洽谈会，共有20余项人才、项目信息达成初步合作意向。邀请40余名海外高层次人才，参观考察经开区科创园、智能电力研究院等创新创业载体。深化侨界特色品牌建设，打造“侨界运动会”品牌，全市有13个侨界代表队、150余名参赛选手参加第三届侨界运动会。组织“博士课堂”在市崇真中学开讲，吸引全市近百名海外留学人员和创新创业领军人才参与，内容涉及生物技术、绿色能源、激光工程等多个领域。邀请新侨子女共同参与省侨联举办的“亲情中华•汉语桥”夏令营活动，增进华裔新生代对乡土的认识和体验。选树和培育侨界典型，凤凰科创园千人计划（张家港）集成光电研究院朱忻团队获评中国侨界贡献奖——创新团队奖，省“双创计划”人才、江苏斯威森生物医药工程有限公司董事长闫勇义等获评江苏省“侨界之星”。

1

2

3

4

5

6

1 “创业中华、创新江苏”2014年侨资侨智对接张家港交流会
2 侨资侨智项目对接洽谈会
3 海外高层次人才考察团参观张家港
4 第三届侨界运动会举办
5 新侨代表迎新春座谈会
6 “亲情中华・汉语桥”夏令营活动举行

市残疾人联合会

2014年，市残联狠抓残疾人机构康复，着重培育残疾人文艺骨干，打造精品艺术作品和创业技能能手，努力营造浓厚的扶残助残的社会氛围。康复服务规范运作。完成白内障复明手术1110例，孤独症儿童康复中心在训儿童22人，听力言语康复机构在训听障儿童102人，市儿童康复基地收训肢体功能障碍（脑瘫）儿童78人。成人肢体等功能障碍患者在市肢体康复中心接受康复治疗与训练105人，1065户残疾人家庭居家无障碍改造工程全部完成。文体技能亮点纷呈。5月至7月，组织残疾人运动员298人次参加市六运会残疾人组田径、游泳、乒乓球、羽毛球、举重等五大类150余小项的比赛。8月至9月，3名残疾人运动员参加江苏省第九届残疾人运动员，朱国富获男子F57标枪第一名，金响梅获女子乒乓球第二名。微电影作品《逆光》在全省残疾人微电影公益广告和歌曲比赛评选中获“最佳作品奖”“优秀编剧奖”“最佳美术奖”和“最佳制片及出品人奖”。在全省残疾人职业比赛中，周胜宇、虞国荣分获水彩画第一名、摄影第三名。在第三届苏州市残疾人书画作品展中，蒋义达、郭健分获书法作品特等奖和二等奖。残疾人企业家施玉其获评“全国自强模范”，得到习近平等党和国家领导人的接见。扶残助残氛围浓厚。春节走访慰问残疾人家庭578户，发放慰问金97.5万元。开展“学雷锋志愿服务伙伴计划”活动，为残疾人提供家政服务、心理关爱、参观游览等活动，共组织3批225名残疾人游览张家港，开展6期“我是你的眼”——盲人看电影活动，106名盲人观“看”电影，“3+1暖心行动”为20名贫困残疾人提供结对帮扶，“爱之翼”残疾人西点培训，“关爱他人”系列活动共惠及残疾人500余人，近千人次助残志愿者参与活动。

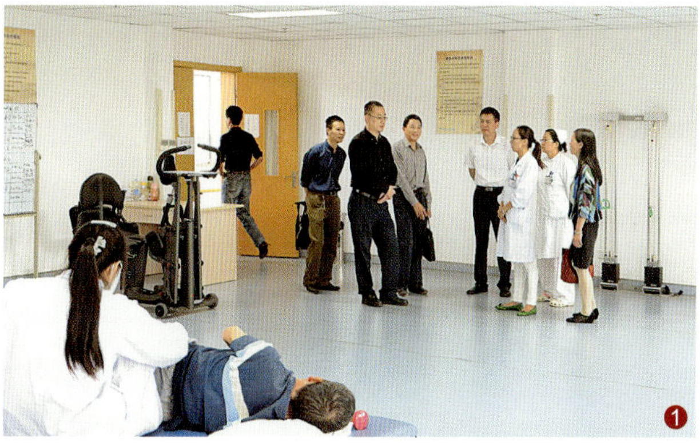

1 中国残联康复部副主任冯力到市调研残疾人康复工作

2 省残联副理事长肖敏到市调研残疾人工作

3 组织参加残疾人羽毛球比赛

4 举办残疾人西点培训

5 开展“我是你的眼”——盲人看电影活动

市经济和信息化委员会

2014年，市经信委突出转型升级核心，紧紧围绕现代化建设三年行动计划，牢牢把握“810成效比拼年”主基调，创新举措谋发展，优化服务促转型，全力推动工业经济平稳增长、提质增效。全市实现工业总产值5630.85亿元；工业增加值1131亿元，比上年增4%；完成新兴产业产值2045亿元，占规模以上企业产值的比重达到41.2%。百家规模企业经济总量占全市工业的比重超过三分之二，入库税收超5000万元工业企业达到48家。6家企业入选“中国民营企业500强”，11家企业入围“中国民营企业制造业500强”。沙钢集团连续6年入围世界500强、列第308位。完成工业投资435亿元；新兴产业投资244亿元，比上年增17.4%；技改投资323亿元，比上年增3%。推进淘汰落后企业三年推进计划，腾笼换鸟土地面积350.73公顷，关停回购比例76%，淘汰落后企业153家，在苏州市年度考核中排名第一。首次组织开展全市制造业百企采购经理指数（PMI）的编制工作，为提高运行监测的前瞻性提供有效手段。实施万企节能和能效促进行动，万元GDP能耗比上年减5.12%，顺利通过国家节能考核抽查。加快推进智慧港城建设，加速推进公共信用信息服务平台、“智慧社区”综合服务信息平台、数字张家港地理空间框架项目等11个政府信息化重点项目，9个项目上线运行。对上争取各类专项资金4200万元。兑现落实工业经济转型升级专项资金2.9亿元。对欧邦塑胶等12家科技含量高、发展前景好、产品竞争力强的优质中小企业投入工业转型扶持基金6800万元。培训企业主管3900人次。市经信委在市级机关绩效考核中获“综合贡献奖”，获市信息工作、金融合作、提案承办先进集体等荣誉称号，党委被评为先进基层党组织。

1 工信部产业政策司领导考察淘汰落后产能工作
2 省经信委领导调研企业
3 中纺协领导在省国际服装节上巡视张家港特装馆
4 市纺织行业发展与展望转型升级报告会
5 全市“淘汰落后、腾笼换凤”现场推进会
6 “810 工程”十大制造业基地项目现场推进会
7 国家发展和改革委员会能源研究所副所长戴彦德作专题报告
8 企业家培训专题讲座
9 市经信委开展党的群众路线教育实践活动

全市“淘汰落后、腾笼换凤”
现场推进会
5

6

能源供需形势与节能
2014年工业企业
7

张家港企业家专题培训——《传统企业电子商务之路》
8

9

市政府法制办公室

2014年，市政府法制办围绕基本建成法治政府总体目标，积极推进全市依法行政工作。健全重大行政决策机制，制定《张家港市重大行政决策程序规定》，牵头组织完成“规范和加强市区机动车停车场管理”“建立经济适用住房共有产权制度”等市政府重大行政决策事项。建立政府法律顾问制度。加强政府规范性文件管理，审核政府文件65件，对《张家港市老年护理院管理办法》等26个规范性文件组织后评估。加强行政执法规范化建设，开展“排查整治群众最关心的行政执法疑难问题”活动，建立行政权力清单制度和行政执法与刑事司法衔接工作机制。开展“行政复议进社区”活动，全面推进行政调解工作，全年办理行政复议申请101件，受理行政调解申请10887件，调解成功率96.4%。传播法治理念，出版《法治与文明同行——张家港市践行国务院〈全面推进依法行政实施纲要〉十周年巡礼》一书。张家港市被省政府法制办评为全省行政复议工作规范化建设示范单位，被省全面推进依法行政工作领导小组确认为省级依法行政示范点。

1 6月20日，国务院法制办行政复议司调研组到张家港市调研行政复议体制改革工作情况

2 6月20日，国务院法制办行政复议司司长丁锋率调研组人员考察张家港市行政复议受理中心

3 省政府法制办处长苏建清到张家港市作“审批制度改革与政府职能转变”专题讲座

4 行政复议进社区

5 《法治与文明同行——张家港市践行国务院〈全面推进依法行政实施纲要〉十周年巡礼》出版

市公安局

2014年，市公安机关和全体公安民警在市委、市政府和上级公安机关的坚强领导下，积极融入全市“全力推进港城现代化建设”发展大局，牢牢把握“维护社会大局稳定、促进社会公平正义、保障人民安居乐业”的使命担当，履职尽责、锐意进取，大力实施服务发展优化工程、平安建设深化工程、群众工作创新工程、职业警队建设工程等“四项工程”，在更高水平上推进平安建设、法治建设、过硬队伍建设“三大建设”，实现了公安工作和队伍建设的持续健康发展，进一步形成了社会更稳定、治安更安宁、群众更满意的“升级版平安张家港”。张家港市公众安全感满意度连续4年居苏州各县（市、区）第一。年内，市公安局蝉联全国公安机关执法示范单位“四连冠”，连续5年荣获苏州市公安局“五度”（人民群众满意度、社会治安掌控度、警营和谐度、资源整合和能力提升度、党委政府和上级公安机关认可度）绩效考核一等奖，在张家港市市级机关绩效考核中获“特别贡献奖”。

1 市委书记姚林荣和市委副书记、市长朱立凡慰问基层公安民警
2 副市长、市公安局局长赵金龙实地检查市区武装巡逻工作
3 深入开展“走访送”活动
4 在市区开展巡逻
5 加强 DNA 实验室建设
6 交通案件执法综治中心

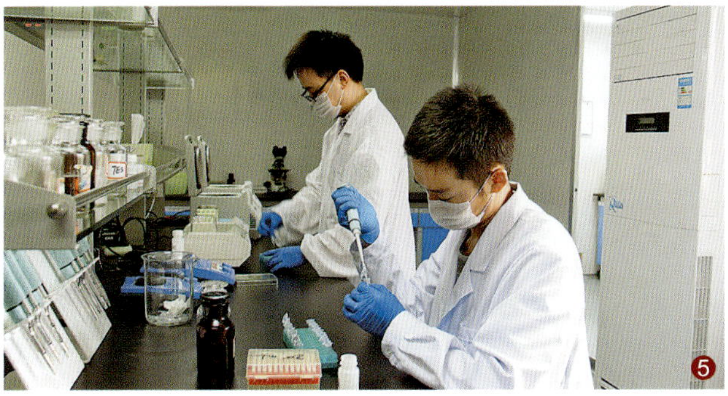

市司法局

2014年，市司法局深入开展党的群众路线教育实践活动，围绕“810成效比拼年”主题要求，弘扬张家港精神，服务转型升级，切实推进司法行政“四个全覆盖”体系建设，努力打造人民满意的服务型司法行政机关，为全面建设现代化城市提供优质高效的法律服务保障。推进“六五”普法，强化各类重点对象的学法用法，市法制宣传教育办公室获全省“六五”普法中期考核先进单位。推进人民调解组织和队伍建设，全市50%的镇建立个人调解工作室，77个村（社区）人民调解委员会被评为苏州市规范化村（社区）人民调解委员会。规范开展社区矫正和安置帮教工作，市社区矫正管理教育服务中心被作为全省社区矫正工作会议现场参观点，获省司法厅厅长柳玉祥肯定。推进公共法律服务体系建设，市公共法律服务中心启动运行，在市劳动争议仲裁委员会设立市公共法律服务中心分中心。全市9个区镇公共法律服务中心和259个村（社区）公共法律服务站规范运行。降低法律援助门槛，扩大覆盖面，建立法律援助“律师名录”,设立看守所法律援助工作站。市司法局被苏州市委、市政府评为平安建设先进集体。

1 省司法厅厅长柳玉祥在市委副书记、市长朱立凡陪同下调研市社区矫正管理教育服务中心

2 司法部法制宣传司副司长李志路调研市“六五”普法工作

3 市第四届“法治文化月”启动

4 “法治文化夜市”广场咨询活动

5 村（社区）公共法律服务站开设，推进全市公共法律服务体系建设

市园林绿化管理局

2014年，围绕张家港市现代化建设强势推进“810工程”之生态绿地工程、“市民绿色共享活动场所”实事工程、生态文明建设项目，市园林局投入建设资金3.6亿元，开工建设绿化工程36个，竣工30个，建成9个村庄绿化示范点。新建、改建公园9个，沙洲湖、农联路小游园、一干河休闲生态公园、环城河带状公园全面建成，城北新城景观初具规模，气势恢宏的沙工校园成为城市新地标。建成杨锦路、人民路东延、南苑西路和塘桥西环路等17条市级道路绿化及梁丰河、南庄河、谷渎港、新丰河等6条市级河道绿化；完成东沙垃圾填埋场、鹿苑垃圾焚烧发电厂隔离林带和晨丰公路防护林带等生态绿地工程；重点推进疏港高速绿化工程。新增各类林地、绿地1051.33公顷，其中道路绿化146.6公顷、河道绿化115.53公顷、城镇绿化219.53公顷、村庄绿化18.4公顷、高效林果经济林121.67公顷、成片生态林430公顷，比苏州市下达533.33公顷任务翻了将近一番。城市建成区绿地面积2740公顷，公园绿地面积580公顷，绿地率39.75%，绿化覆盖率43.84%，人均公园绿地14.32平方米，全市林木覆盖率19.26%。

1 新改建的谷渎港滨水景观
2 新建的农联路游园
3 新建的梁丰河带状公园（西段）
4 组织市民在百桥路游园开展大型植树活动
5 开展绿美志愿服务进校园活动，图为走进暨阳幼儿园

市住房和城乡建设局

2014年，市住房和城乡建设局以开展党的群众路线教育实践活动为强大动力，大力弘扬张家港精神，紧扣“810工程”，稳中求进，攻坚克难，各项工作呈现新气象、取得新成效。全年指导完成全市房屋搬迁6129户，安置房新开工359万平方米、竣工322万平方米，安置动迁过渡户12016户。立足高起点、坚持高标准，扎实推进苏州市美丽城镇第二阶段各项建设和长效管理工作。精心组织，承办全省城市建设工作会议。全年承担43个代建项目，市第一人民医院妇儿大楼、青草巷农副产品批发市场、景巷幼儿园等15个项目竣工交付。界泾河整治、背街小巷改造、沙洲中路建筑立面改造、谷渎港—新沙河综合治理工程顺利完成，启动实施并加快推进农村供水改造工程，有效提升城乡基础设施功能。深化“虹筑之家”建筑行业党建服务品牌内涵，强化市场和现场“两场联动”机制，加大行政执法力度，全年立案查处违法建设124起。健全质量安全标准化管理，提升文明施工水平，创省级和苏州市级标准化示范工地112个，加快推进全市绿色建筑发展工作。加大市政设施管护与整治力度，全年维修路面9500平方米、人行道2.3万平方米，优化城区防汛指挥管理系统，提高预警能力和应急指挥水平。完成供水1.62亿立方米，全面推进生活污水收集系统建设，城镇生活污水处理率92.3%。加快推进天然气利用工程，新增居民配套用户3万余户。节水工作不断拓展，高职园区中水回用、青草巷农副产品批发市场雨水利用工程完成。

1 市委书记姚林荣，市委副书记、市长朱立凡考察自来水保供工作

2 市政协主席单玉珍考察市老年大学建设情况

3 局长袁雪祥为全省城市建设工作会议与会代表介绍小城河综合改造工程情况

4 市住建局代建的青草巷农副产品批发市场

5 南丰广场

6 全市首个绿色建筑示范工程——市职业技能实训基地

7 凤凰镇凤恬路

8 沙洲中路立面改造

9 城区防汛监控与应急指挥中心

10 情暖“虹筑之家”

市交通运输局

2014年，市交通运输局紧紧围绕“810成效比拼年”的部署要求，以党的群众路线教育实践活动为主线，坚持“建管并重”，全年共完成交通建设投资40.08亿元。重点突出沪通铁路、疏港高速、申张线航道整治“三大工程”，项目建设有序推进，初步构建起张家港市现代综合交通运输体系。突出交通发展规划、安全生产监管、民生实事工程建设“三项基础”，全面夯实行业发展基础。突出服务品牌建设、乡镇交通管理综合执法改革、交通信息化建设 “三个亮点”，大力提升服务保障能力。市交通运输局连续3年在市级机关绩效考核中获“综合贡献奖”，局机关党支部被江苏省交通运输厅党组评为“基层战斗堡垒党支部”，“港城车大夫”被省文明委评为江苏省优质服务品牌。

1 9月22日，苏州市委常委周向群调研“港城车大夫”品牌建设
2 5月28日，市委书记姚林荣，市委副书记、市长朱立凡调研沪通大桥建设
3 11月28日，市交通安全文明教育基地暨市交通警察大队车辆管理所理论考试中心建设项目启动
4 “港城车大夫”汽修纠纷调解工作室成立
5 沪通铁路大桥29号沉井现场

市水利局

2014年，市水利局以保障水安全、改善水环境为重点，更新治水理念，坚持改革创新，水利现代化和水生态文明建设成效显著。先后组织实施江堤加高加固、六干河闸改建、三干河江边枢纽等一批防洪工程建设，防洪减灾能力显著增强。稳步推进国家级最严格水资源管理制度试点，确立水资源开发利用控制、用水效率控制和水功能区限制纳污控制“三条红线”，水资源保障能力不断提升。骨干引清工程三干河南延工程、一干河拓浚工程基本完工，疏浚河道642条，建设农村生态河网示范区11个，水生态环境不断改善。市水利局获2014年度市级机关绩效考核“综合贡献奖”，水利系统所有事业单位实现文明单位创建“满堂红”，市水政监察大队获全国文明单位称号。

1 一干河新貌
2 凤凰水利风景区
3 塘桥镇生态河道建设现场
4 常阴沙现代农业示范园区生态河道
5 奇妙的水体验
6 中小河流治理

市国土资源局

2014年，市国土资源局以法律法规为准绳，以改革创新为动力，认真履行职责、严格依法行政、强化服务职能，全面落实“保资源、保发展、保权益”任务，较好完成各项目标任务，在市级机关绩效考核中获综合贡献奖。

全员参与，深入开展党的群众路线教育实践活动。紧扣“照镜子、正衣冠、洗洗澡、治治病”总要求，按照“三严三实”标准，聚焦反对“四风”，践行“八个率先”承诺。通过调研走访、发放问卷、网络征询等途径，对征求到的意见即知即改，大力推进作风建设常态化、长效化。群策群力，积极应对土地专项审计，共完成2000余份资料准备、调查核实工作，对审计出的48个问题制订并落实专项整改方案。

锐意改革，创新步伐走在苏州乃至全省前列。完成农村土地承包经营权确权登记发证试点工作。出台《关于开展“三优三保”行动促进节约集约用地的实施意见》，依托西水道综合整治工程，率先开展耕作层剥离再利用工作，全年累计剥离12公顷耕地2.6万立方米土方。“多规合一”初步成果形成，通过《生态环境责任审计办法》，首次将单位建设用地GDP增长率列为各区镇党政“一把手”的评价内容。

1 苏州市委常委、常务副市长周伟强到张家港市调研“三优三保”工作

2 市人大开展《中华人民共和国土地管理法》执法检查

3 举办吴栋材先进事迹专题报告会

4 汇报党风廉政建设责任落实情况

5 走进社区发放土地证

市城市管理局

2014年，市城管局紧扣现代化建设特别是“810工程”等全市中心工作，按照打造“全省最洁美品质家园”的目标定位，开拓创新，务实苦干，各项工作有序推进。打造了“一大亮点”：全国县级市首创“城市e管家”公众交互系统，创新做法在省委、苏州市委信息专报刊载，并在《人民日报》《光明日报》等国家级媒体宣传推广。取得了“两项突破”：“城管进社区”“环卫一体化保洁”实现城区全覆盖，突破社区管理、环卫保洁制约瓶颈。实现了“三方面领先”：城市环境综合整治及示范创建、生活垃圾分类、环卫文化建设三个方面，实现全省领先，荣获全国环卫文化建设先进单位称号。张家港城市管理的社会影响力不断扩大，群众满意度不断提升，为全市经济社会发展提供了强有力的市容环境支撑。

1 苏州市委副书记、市长周乃翔考察城管工作
2 市委副书记、市长朱立凡调研垃圾处理工作
3 通过江苏省优秀管理城市考核验收
4 市城管局与苏州大学共建研究生工作站揭牌
5 市城市管理志愿者协会成立
6 开展城市管理进社区活动

市文化广电新闻出版局

2014年，市文广新系统继续在苏州、江苏乃至全国同级保持领先水平。张家港市蝉联全国文化先进市，创成中国小戏小品之乡，获省“无小耳朵社区”创建工作标兵市、省“扫黄打非”工作先进地区、省农家书屋提升工程示范市等称号。凤凰镇创成中国民间文化艺术之乡（山歌）。市“扫黄打非”办公室获全国“扫黄打非”先进集体。市文广新局获评国家版权局全国查处侵权盗版案件有功单位一等奖、全国文化市场重大案件办案单位、省新闻出版（版权）依法行政先进单位等。市文化行政综合执法大队获全国文化市场重大案件办案单位称号，破获的两起案件分别被评为2014年度全国文化市场重大案件、省“2013年度打击侵权盗版十大案件”。市图书馆获评文化部“2014最美基层图书馆”（全国10家）、中国书业年度图书馆（全国2家、江苏首家）、全民阅读示范基地，并作为全国“双服务”先进集体单位获第四届江苏省服务农民、服务基层文化建设先进集体荣誉奖。市艺术中心、市文化行政综合执法大队获评第四届江苏省服务农民、服务基层文化建设先进集体。 广播传媒中心获评向省台发稿优秀单位、省青少年维权岗。电视传媒中心获全省广播电视新闻报道先进单位称号，并连续22年获江苏电视新闻荧屏繁荣奖。

市文广新局“‘书香之县（市、区）’测评指标”项目入选国家新闻出版广电总局新闻出版改革发展项目库2014年度入库项目。“河阳宝卷”作为“吴地宝卷”的组成部分和金村庙会双双入选第四批国家级非物质文化遗产代表性项目名录扩展项目名录（苏州仅3项）。沙上文化生态保护实验区入选第三批省级文化生态保护实验区（共3家）。“全民读书节”获评“省市县双十佳全民阅读推广活动”。“24小时自助借阅图书馆”项目获全省第六届公共图书馆优秀服务成果评选一等奖。“沧江市民大讲堂”获评省委宣传部“江苏优秀讲坛”（全省获评的唯一县级单位）。在第十一届江苏省“五星工程奖”评比中，张家港市摘得7金2银4铜，获奖数量居全省县（市、区）首位。张家港市在“中国梦”全国优秀曲艺作品征集活动、“中国梦•我心中的梦”江苏省优秀曲艺作品征集活动、第四届中国校园戏剧节、第十二届华东六省一市戏剧小品大赛、省第九届精神文明建设“五个一”工程奖、第21届中国国际广告节黄河奖、第二届华东六省一市暨全国部分省市微视频（微电影）作品大赛、第30届江苏省电视“金凤凰”奖等赛事评比中均获佳绩。锡剧《杨家碾坊》入选2014年度省文化厅舞台艺术“重点投入剧目”。长篇弹词《张学良与赵四小姐》获第八届中国曲艺牡丹奖创作奖提名奖。张家港书城获评江苏省“最美书店”（全省10家）。江苏国泰新点软件有限公司获评“2014年中国版权最具影响力企业”，与张家港市金陵纺织有限公司共同获评“全国版权示范单位”。

1. 10月13日，中宣部常务副部长、中央文明办主任雒树刚在江苏省委副书记、苏州市委书记石泰峰，江苏省委常委、宣传部部长王燕文等陪同下到市考察文化建设情况
2. 文化部党组成员、副部长，国家文物局局长励小捷到市考察文物保护工作
3. 文化部党组成员、副部长董伟到市调研，并对全市文化系统开展第二批党的群众路线教育实践活动进行蹲点指导
4. 中央文明办专职副主任徐令义到市考察文化建设情况
5. 国家新闻出版广电总局（国家版权局）版权管理司司长于慈珂到市考察，并指导全国版权示范城市创建工作
6. 3月27日，中国曲协主席、中国文艺志愿者协会主席姜昆，中国曲协分党组书记、驻会副主席、秘书长董耀鹏代表中国曲协授予张家港市“中国曲艺之乡”牌匾
7. 12月19日，中国剧协分党组成员、副秘书长崔伟代表中国剧协授予张家港市“中国小戏小品之乡”牌匾
8. 在2014年中国（张家港）长江文化艺术节期间，江苏省文化厅党组书记、厅长徐耀新考察全市文化工作
9. 江苏省文物局局长刘谨胜到市考察黄泗浦遗址、东渡苑景区和恬庄古街
10. 11月20日，江苏省广电局党组书记、局长张建康到市调研应急广播体系建设

市委党史地方志办公室

2014年，张家港市委史志办主动服务市委、市政府中心工作，充分发挥“存史、资政、育人”职能作用，靠前站位，创新方法，突出项目引领，注重实际实效，努力提升史志工作的特色和成效。**强主业，编史修志攀新高**。大力推进党史专题、镇志、部门志、村志编纂。对2014卷年鉴进行创新，《张家港年鉴（2014）》获中国出版协会第五届全国年鉴编纂出版质量评比综合特等奖，以及框架设计、条目编写和装帧设计3个单项奖的特等奖。**引外智，资政服务开新篇**。与省社会科学院合作，建立“江苏省社会科学院—张家港市史志文化研究生工作站”，完成“张家港市古街、古村落的保护和开发利用”课题。与张家港市人才办合作开展“海内外张家港籍名人（人才）信息库”项目，服务全市招商引智工作。**重实效，教化育人拓新径**。探索新方法，组织“学党史•知地情”志愿者宣讲团，开展分层次、分类别宣讲，深入基层（机关、企业、学校、区镇、村、社区、军营等）增强史志文化宣讲的吸引力。拓展新空间，与市图书馆合作，建成张家港市史志馆，让史志书籍走进群众。创设新载体，创办《张家港史志》刊物，搭建史志业务交流新平台。开通张家港数字地情网站和“张家港史志”微信公众号，使史志文化传播更接地气。年末，市委史志办获市级机关绩效考核“优胜贡献奖”。

1 省委党史工办主任崔广怀到办调研并参观市综合展示馆
2 市史志馆开馆仪式
3 中国名镇志、张家港市名村志编纂工作推进会召开
4 苏州市地方志办公室主任陈兴南到张家港市调研
5 全市首部名村志——《永联村志》发行暨读志赠书活动

港口·口岸

Harbor & Port

盛泰码头 （黄智强 摄）

张家港港

口岸与港口管理

海　　关

检验检疫

海　　事

边防检查

长江引航

长航公安

口岸服务

张家港港

【概况】 张家港港东距上海吴淞口146.5千米，西离南京港219.4千米，南与杭嘉湖地区相连，北通苏北各港。港口面江、傍河、通海，具有水水中转优势，可承接钢材、木材、化工品、粮油、煤炭、集装箱、件杂货等不同货种的中转储运。港口岸线西起长山（与江阴交界），东至东沙（与常熟接界），全长80.4千米，其中主江岸线63.57千米，包括深水岸线约40千米。岸线顺通，10米以下深水贴岸，不冻不淤，并有江心福姜沙作天然屏障，是得天独厚的避风良港。口岸年平均气温15.2摄氏度，相对湿度76%，每秒风力3.8米，属亚热带海洋性气候。作为苏州、无锡、常州地区对外开放的重要门户，港口拥有富庶的经济腹地和区港一体的自然条件，是长江内河流域最早对外开放的国家一类口岸。

【港口码头】 年内，港口公共支持系统（执法基地）工程港池部分及陆域公共部分道路和绿化完成交工验收，陆域部分各单位业务用房主体工程基本完工；东沙作业区盛泰通用码头工程完成竣工初步验收；段山港作业区重型装备制造基地码头工程完成交工，并开展试运行；奔辉码头改造工程（2个5万吨级泊位）、过产业重机扩建工程（1个1万吨级泊位）完成交工。辖区内开展码头结构加固改造工程建设的13个码头单位共35个泊位中，31个泊位完工验收，3个泊位施工中，1个泊位做开工前准备。6月，张家港盛泰码头有限公司盛泰通用码头3个泊位经省政府批准正式对外开放；10月，张家港永嘉集装箱码头有限公司16号泊位通过对外开放预验收；11月，张家港锦隆重件码头有限公司锦隆重件码头通过对外开放预验收。至年末，张家港港有大新专用航道、东沙公用航道及张家港海轮锚地、8号锚地、危险品锚地、福中锚地4个锚地。张家港口岸有26个码头单位共132个泊位，其中开放泊位77个；万吨级以上泊位69个，万吨级开放泊位65个。

【货物吞吐】 全年口岸完成货物吞吐量2.7亿吨，比上年增3.8%，其中金属矿石7764万吨、煤炭及制品6529.6万吨、钢铁4698.8万吨、化工原料及制品1183.2万吨、矿建材料1180.7万吨、粮食505.2万吨、木材453.5万吨、化肥及农药203.8万吨、水泥160.1万吨、石油天然气及制品60.7万吨、机械设备36.8万吨。外贸运量5541.1万吨，比上年增8.8%，其中外贸进口3375.5万吨。依托汽车整车进口口岸、化工品交易中心、纺织原料市场、进口消费品市场、进口肉类指定口岸等特色载体，口岸汽车整车、液体化工品、羊毛、棉花、肉类、红酒等特色货种进口量持续位居全省同类口岸之首。集装箱运量101.2万标箱。货物吞吐量连续5年超2亿吨，保持全省领先，居全国县域口岸首位；外贸货运量继续领跑长江沿线港口；集装箱运量连续5年超100万标箱。

（余佳红）

【港务集团获评国家AAAAA级物流企业】 张家港港务集团有限公司（简称港务集团）是苏州城市建设投资发展有限公司控股子公司，有员工近3000人。公司经营范围包括进出口货物的装卸、仓储、中转、驳运，保税物流业务，国际配送，国际中转，货物理货，货物配载，船舶、货运代理，船舶拖带服务，木材交易、木材加工，港口机械制造维修、电气设备维修安装，港湾疏浚、船舶供应，港口工程开发建设、混凝土连锁块制造，疏港车辆停放，物业管理以及港口信息业、租赁业务（国家有专业规定的办理审批手续后经营）。集团拥有万吨级泊位16个（含永嘉、保税港务码头），江心浮筒12个，内河港池1座，起重、输送、航运等大型专用装卸设备470余台，库场面积155万平方米，化工储罐48个计14万立方米，可同时停靠万吨级船舶26艘，年吞吐能力6000万吨。2014年，完成货物吞吐量4990万吨，其中外贸吞吐量1365万吨；集装箱完成95.8万标箱。全年货物装卸自然吨1982万吨，其中木材自然吨345万立方米、煤炭自然吨990万吨、PTA（对苯二甲酸）自然吨22万吨、金属矿石自然吨447万吨、水泥自然吨45.5万吨、钢材自然吨84.2万吨。年内，8号、9号泊位通过结构加固改造工程竣工验收，泊位等级由2万吨级提升至7万吨级；4号、5号泊位启动码头结构加固改造工程。2月，获得国家AAAAA级物流企业资质认定，成为全市首家AAAAA级物流企业。年内，获全国交通运输企业文化建设卓越单位、全国交通企（事）业法治工作先进单位、江苏省文明口岸先进单位、苏州市AA级劳动保障信誉等级单位、张家港口岸监管示范单位和口岸规范化管理优秀单位称号。

（许咏梅）

【江海粮油码头改造项目】 江苏省江海粮油贸易公司张家港储运部（简称江海粮油）创建于1984年，1988年开港运作。经过30余年建设和发展，已建成为全国粮食系统最大的多功能码头之一。依托码头形成的粮油产业基地初具规模，码头占地66.67公顷，拥有长江深水岸线830余米，建成万吨级泊位4个，有露天堆场20万平方米，中转库、储备库容30万吨，储油罐容30万吨，港口装卸设备设施配套齐全。码头依托港口功能优势，发展现代粮油物流业，一直担负着国家粮油专项储备职能，进口食用油脂接运量连续多年名列全国第一，先后填补长江流域中转进口小麦、大豆、大麦、毛豆油、牛羊油等多项空白，被国家发改委和江苏省政府列为国家和全省“十二五”粮食物流规划的重要节点。年内，码头投资5.8亿元提升基础设施建设，3号泊位结构补充修复工程通过竣工验收，完成1号至3号泊位平台下方泥面削坡清淤工作，1号、2号泊位沉桩困难问题基本解决。2万吨散粕库及配套物流设施项目封顶。散粮输送线改造项目发粮线设备安装结束，进粮线土建基础结束。4.5万吨钢板仓工程项目及9.9万立方米食用油罐工程项目继续推进。2014年，码头累计接卸外轮189艘次，完成货物吞吐量564万吨，其中外贸吞吐量

236万吨，被江苏省粮食局授予“粮食流通企业信用等级A级”称号。

（屈佳利）

【海力码头提高物流管理水平】 张家港海力码头有限公司（简称海力码头）拥有万吨级码头11座，1000吨至3000吨级岸壁式码头7座，千吨级港池码头4座，其中对外开放码头10座，泊位20个。码头设施配备有16吨至60吨门座式起重机15台，桥式卸船机30台，45吨、75吨桥式装船机4台，25吨至45吨卡尔玛及海斯特进口大型叉车14台，50吨至100吨移动吊7台，装载机35台，8吨至10吨叉车22台，码头实际吞吐能力7300万吨。有员工1100余人，从事钢铁等件杂货运输仓储、原辅材料装卸仓储以及各类设备等超大件、超重货物的装卸运输业务，其中中厚板、设备等装卸运输能力水平达到较高水准。海力码头卸废钢最高单船班产6000吨，卸17万吨大轮日作业量突破5万吨、8.5万吨矿粉仅用40小时就完成卸货任务，卸煤炭日产达到24050吨，装线材单机最高班产1729吨，出口线材单船最高日产8253吨，卷钢单机最高班产4365吨，出口卷钢单船最高日产11744吨，成品钢材装船最高日产37319吨，散货、件杂货单船作业水平达到国内领先水平。年内，开放部分劳务外包、运输外包等业务，利用社会物流基础设施，加强社会闲散物流基础设施的运行效率，带动沙钢集团周边整个物流系统的效率、服务水平以及管理能力提升。完成货物吞吐量7315万吨，其中矿粉2488万吨、球矿749万吨、煤1179万吨、焦炭332万吨、废钢7万吨、石块551万吨、钢坯70万吨、棒材和线材538万吨、卷钢355万吨、钢板223万吨。外贸吞吐量1199万吨，其中进口790万吨。

（杜海荣）

【东沙作业区货物吞吐量突破2000万吨】 东沙作业区由永泰、宏泰、盛泰3个码头组成。永泰码头于2005年投产，拥有万吨级以上散货泊位2个，最大可靠泊能力5万吨级。码头平台长356米，引桥1座，长1163米、宽15米，设计年吞吐能力440万吨。拥有卸船、输送、起重等大型专用装卸设备48余台。堆场面积30万平方米。宏泰码头于2009年投产，拥有2个3.5万吨级（水工兼顾5万吨级）的通用泊位，最大靠泊能力7万吨级。设计年吞吐量300万吨，其中进口110万吨、出口190万吨。引桥1座，长1124.63米，宽15米，占用岸线464米。拥有装卸、输送、起重等大型专用装卸设备60余台，库场面积10万平方米。盛泰码头于2012年10月完工，总投资13.8亿元，建成5万吨级散货和散杂泊位各1个，4万吨级件杂泊位1个。码头结构兼顾10万吨级散货船，设计年吞吐量884万吨，其中散货705万吨、件杂货179万吨。占用长江岸线808米，由一座长1085米，宽27米的引桥与后方陆域相连。有装卸、输送、起重等大型专用装卸设备52台。库场面积8.5万平方米。1月，盛泰码头通过档案验收。3月，盛泰码头通过省级对外开放验收，并于6月取得省政府对外开放的批复，9月通过竣工初步验收。2014年，东沙作业区3个码头共实现货物吞吐总量2328.35万吨，其中外贸吞吐量821.46万吨。实现营业收入2.86亿元。为缓解张家港港区货物吞吐压力，提升张家港东部地区物流竞争力，促进张家港市东部临港经济发展奠定良好的发展基础。（周成新）

【保税港务启动进口汽车整车转关】 张家港保税港区港务有限公司（简称保税港务）成立于2007年1月，由张家港保税区金港资产经营有限公司、张家港港务集团有限公司共同控股，分别持有公司56%和44%的股权，有职工240人。公司拥有万吨级泊位2个，泊位总长432米，最大可停靠5万吨级的船舶。陆域面积55万平方米，其中堆场面积25万平方米，仓库面积7.5万平方米。业务范围涵盖整车进出口、集装箱、散杂货、油脂及港内拆装箱、保税仓储、“一日游”报关代理等。公司拥有完备的集装箱、散杂货装卸堆存机械，其中40.5吨和61吨集装箱岸桥3台，40.5吨轨道吊5台，16吨和25吨门机3台，各类叉车20余台。1月27日，公司完成“哈德逊领袖”轮4265辆奇瑞汽车出口作业，为滚装船业务开展起装载数量最多的一个航次。3月11日，“恒隆8号”首单整车口岸间汽车转关业务运作，标志上海口岸转运至张家港保税港区的整车流程开始运转。6月12日，公司完成“亚细亚”轮5977辆进口转关汽车卸船作业。全年公司完成整车进出口2.8万辆，完成集装箱吞吐量16万标箱，其中完成外贸集装箱2.8万标箱，累计完成散杂货自然吨120万吨。

（胡陈希）

【长江国际获中国仓储服务金牌企业称号】 张家港保税区长江国际港务有限公司（简称长江国际）是张家港保税科技股份有限公司控股子公司，下辖张家港保税区长江国际扬州石化仓储有限公司和张家港保税物流园区扬子江化学品运输有限公司两个子公司。公司成立于2001年4月，注册资金5.94亿元，建有3万吨级、5万吨级2个液体散化专用码头。公司专业从事乙二醇、二甘醇、甲苯、二甲苯、二辛酯、甲醇等散装液体化工产品的码头接卸、保税仓储和分拨转运服务，同时为区内仓储、生产企业提供码头中转和管道物流配送服务。年初，1号罐区改扩建工程投产，公司自营罐容扩大至63.97万立方米。年内，公司通过ISO 9001质量管理体系、ISO 14001环境管理体系、OHSAS 18001职业健康安全管理体系三标一体化体系监督审核，启动CDI-T体系认证并通过现场审核，成为国际化学品分拨协会会员单位，自主研发集网上下单、费用结算、代收代付等功能于一体的网上仓储服务平台，并取得国家知识产权局颁发的专利申请受理通知书，平台于年末上线运行。2014年，码头全年累计接卸船舶506艘次，接卸货物总量297.08万吨。其中，自营接卸乙二醇235.92万吨，占全国乙二醇进口量的27.8%。完成码头吞吐量333.22万吨，实现营业收入4.05亿元，比上年增20.4%。12月，公司被中国仓储协会评为中国仓储服务金牌企业。

（包　悦）

2014年年末张家港口岸码头泊位一览

表11

作业区	码头单位	码头泊位名称	泊位个数	主要用途	前沿水深（米）		码头长度（米）	靠泊能力（吨级）	投产时间	对外开放时间
					设计水深	实际水深				
长山作业区	张家港市久盛船业有限公司	久盛码头	2	船修	-8.50	-8.00	300.00	1个30000 1个50000	2008年12月	2009年9月
	上海振华重工（集团）张家港港机有限公司	港机厂码头	1	港机发运	-7.00	-7.50—-9.00	84.00	10000	1997年12月	1998年5月
	张家港锦隆重件码头有限公司	锦隆重件码头	4	件杂货	-6.90—-9.00	-6.90—-9.00	540.00	2个5000 1个1000 1个8000	2011年8月	—
张家港作业区	张家港港务集团有限公司	1号泊位	1	件杂货	-11.00	-11.00	185.00	13000	1994年7月	1983年5月
		2号泊位	1	件杂货	-11.00	-11.00	185.00	13000	1994年7月	1983年5月
		4、5号泊位	2	件杂货	-11.85	-11.85	581.00	2个50000	2001年8月	1983年5月
		6号泊位	1	件杂货	-10.50	-10.50	180.00	10000	1985年12月	1985年12月
		7号泊位	1	件杂货	-10.50	-10.50	180.00	10000	1985年12月	1985年12月
		8号泊位	1	木材	-11.62	-11.62	203.00	25000	1993年8月	1994年12月
		9号泊位	1	散货	-11.62	-11.62	185.00	20000	1993年8月	1994年12月
		10号泊位	1	液体化工	-11.62	-11.62	196.00	25000	1993年8月	1994年12月
		13号泊位	1	件杂货	-11.68	-11.68	180.00	10000	2002年6月	1988年12月
		14号泊位	1	件杂货	-11.62	-11.62	195.00	13000	1992年10月	1992年12月
		15号泊位	1	集装箱	-11.62	-11.62	255.00	25000	1992年10月	1992年12月
		16号泊位	1	集装箱	-11.62	-11.62	250.00	25000	1997年10月	—
		17号泊位	1	件杂货	-11.90	-11.90	217.00	30000	2006年10月	—
	江苏省江海粮油贸易公司张家港储运部	1号泊位	1	粮油	-10.50	-9.80	180.00	10000	1987年10月	1987年12月
		2号泊位	1	粮油	-11.00	-10.00	220.00	10000	1991年11月	1991年11月
		3号泊位	1	粮油	-11.00	-10.00	210.00	35000	1996年9月	1996年9月
		4号泊位	1	件杂货	-11.40	-13.10	200.00	30000	2006年12月	2007年1月
	张家港保税港区港务有限公司	保税港务码头	2	集装箱 件杂货	-13.00	-13.00	432.00	1个30000 1个10000	2007年1月	2007年7月
化学工业园作业区	张家港保税区长江国际港务有限公司	长江国际1号泊位	1	化工	-14.45	-13.00	170.00	10000（20000）	1993年4月	1993年7月
		长江国际2号泊位	1	化工	-14.45	-13.00	280.00	30000（50000）	2002年9月	2002年9月
		长江国际3号泊位	1	化工	-13.45	-13.00	40.40	3000（5000）	2006年2月	2006年8月
	中粮东海粮油工业（张家港）有限公司	东海粮油1号	1	粮油	-11.20	-11.00	284.00	35000	1996年12月	1995年7月
		东海粮油2号	1	粮油	-11.20	-11.00	96.00	5000	1998年	1995年7月
		东海粮油5万吨级扩建码头	1	粮油	-11.20	-11.00	290.00	50000（100000）	2004年2月	2004年9月
		东海粮油3号泊位	1	粮油	-6.50	-7.50	120.00	3000（10000）	2005年1月	—
	陶氏化学（张家港）有限公司	陶氏化学	1	化工	-11.50	-14.00	244.25	25000	2002年7月	2002年6月
	张家港孚宝仓储有限公司	孚宝码头	2	液体化工	-12.50	-12.50	461.00	1个10000 1个30000（50000）	2007年6月	2008年1月
		内港池	2	液体化工	-4.00	—	195.40	2个1000	2010年12月	—

续表11-1

作业区	码头单位	码头泊位名称	泊位个数	主要用途	前沿水深（米） 设计水深	实际水深	码头长度（米）	靠泊能力（吨级）	投产时间	对外开放时间
化学工业园作业区	张家港东华能源有限公司	东华能源1号码头	1	液化气	-12.35	-11.00—-14.00	280.00	54000	1999年11月	1999年11月
		东华能源2号码头	1	液化气	-11.00—-14.00	-11.00—-14.00	217.50	20000	2010年12月	2011年11月
	双狮（张家港）物流有限公司	双狮物流液体化工泊位	1	液体化工	-14.80	-14.90	312.00	50000	2005年2月	2005年6月
		双狮物流散货泊位	1	散化	-14.78	-15.20	275.00	50000	2005年2月	2005年6月
		内港池	5	液体化工	-4.05	-4.05	403.60	5个500	2005年2月	—
段山港作业区	张家港港新重装码头港务有限公司	段山港重件码头	5	件杂货	-9.84	-9.84	898.00	3个8000 2个5000	2013年	—
		内港池泊位	5	件杂货	-4.2	-4.2	455	5个2000	2014年	—
	张家港华达码头有限公司	华达码头	5	件杂货	-10.50	-10.50	908.00	3个20000 2个10000	2007年11月	2008年7月
	江苏省中油泰富石油集团有限公司	公用油品码头（1号码头）	1	成品油	-9.00	-12.50	195.00	10000	2007年1月	2007年12月
		2号码头	1	成品油	-9.00	-12.50	72.00	20000	1994年10月	1995年2月
	张家港永恒码头有限公司	永恒码头	2	散货	-10.30	-11.50	307.00	2个5000	2003年7月	2003年12月
	辻产业重机（江苏）有限公司	辻产业码头	1	件杂货	-10.30	—	115.00	3000	2003年12月	2004年5月
		辻产业2号码头	1	原材料	-7.90	-7.90	46.00	3000	2005年11月	2006年2月
	张家港海螺水泥有限公司	海螺1号码头	1	散货	-6.30	-6.30	137.00	5000	2002年7月	—
		海螺2号码头	1	散货	-11.00	-14.50	274.00	5000 （20000）	2005年10月	2005年10月
冶金工业园作业区	张家港浦项码头有限公司	浦项码头	3	废钢和成品钢	-14.00	-14.50	546.00	1个35000 2个10000	2006年9月	2006年12月
	沙钢集团（张家港海力码头有限公司）	浦沙码头	1	件杂货	-10.00	-11.50	144.50	5000	1998年7月	1998年7月
		海力0号码头	1	散货	-12.00	-12.50	289.00	50000	2007年	2009年10月
		海力1号码头	1	件杂货	-11.00	-14.20	234.00	50000	2003年4月	2003年12月
		海力2号码头	3	件杂货	-11.00	-11.20	237.00	1个5000 1个30000	1998年1月	1998年11月
							237.00	1个50000	2012年7月	2013年9月
		海力3号码头	1	钢铁辅料	-12.00	-12.00	238.00	30000	2003年	—
		海力4号码头	2	件杂货	-12.10	-12.00	450.00	1个30000 1个50000	1999年 2001年	2000年8月 2001年11月
		海力5号码头	2	钢板原料散货	-12.10	-12.00	388.00	1个50000 1个5000	2004年10月	2005年6月
		海力6号码头	2	散货	-11.00	-11.00	453.50	1个50000 1个5000	1995年7月	2006年2月
		海力7号码头	2	散货	-12.00	-11.00	313.50	1个5000 1个10000	2003年4月	2004年8月
		海力8号码头	2	煤炭辅料	-12.00	-12.00	398.00	1个5000 1个50000	2005年5月	2009年10月
		海力9号码头	2	散货	-12.00	-13.00	640.00	2个40000	2006年12月	2007年
		宏源1号浮码头	2	重油	-5.00	-5.50	80.00	2个3000	1997年3月	—

续表11-2

作业区	码头单位	码头泊位名称	泊位个数	主要用途	前沿水深（米）		码头长度（米）	靠泊能力（吨级）	投产时间	对外开放时间
					设计水深	实际水深				
冶金工业园作业区	沙钢集团（张家港海力码头有限公司）	宏源2号浮码头	2	钢铁	–5.00	–5.50	96.00	2个3000	2000年4月	—
		宏源3号浮码头	2	钢铁	–5.00	–5.50	97.00	2个1000	2001年1月	—
		润忠三线码头	5	件杂货	–3.45	–3.45	258.00	5个1000	2001年2月	—
		海力九龙港池码头	14	散货	–2.50	–2.70	1600.00	14个1000	2001年	—
		奔辉码头	1	成品油	–12.50	–22.00	110.00	35000	1997年1月	2000年1月
	张家港沙洲电力有限公司	重件码头	1	件杂货	—	—	97.00	3000	—	—
		煤炭码头	1	煤炭	–13.50	–15.00	275.00	30000（50000）	2005年12月	—
	张家港中东石化实业有限公司	中东石化码头	1	化工品	–11.20	–11.00	96.00	5000（20000）	2003年2月	2003年8月
	张家港越洋实业有限公司	越洋A码头	1	石化	–18.00	–18.00	90.00	35000	1999年6月	1999年4月
		越洋B码头	1	石化	–14.00	–14.00	90.00	10000	1999年6月	1999年4月
		越洋C码头	1	石化	–9.00	–9.00	23.00	300	1999年6月	—
东沙作业区	张家港永泰码头有限公司	永泰码头	2	钢铁	–12.00	–13.00	356.00	1个10000 1个10000	2005年10月	2006年8月
	张家港宏泰码头有限公司	宏泰通用码头	2	散货	–13.10	–13.60	464.00	1个35000 1个35000	2009年1月	2009年9月
	张家港盛泰码头有限公司	盛泰通用码头	3	散杂货	–13.00	–13.00	808.00	1个40000 1个50000 1个50000	2012年10月	2014年6月

说明：对外开放时间为对外籍船舶开放时间，投产时间比对外开放时间晚的是重新改建的码头泊位，靠泊吨级带括号的为兼容级别。久盛码头建设时按2个泊位报批，开放时按3个泊位计算（3万吨泊位两边靠船）

口岸与港口管理

【概况】 年内，市政府口岸办（港口管理局）协同口岸各查验单位加强开放码头规范化管理，通过业务指导、年中回访和年末考核，促进开放码头提高涉外管理水平。口岸、港口互助协作实现常态化，水上执法联勤联动合作机制进一步完善，通过资源、信息等方面优势互补，提升执法效能。港口重大项目推进取得实效，就福南水道12.5米深进港航道建设事宜进行跟踪对接，配合做好工程可行性研究及其他相关前期准备工作。推进港口资源整合和功能调整，实施港口危化品码头、仓储企业综合整治。推进绿色低碳港口建设，落实港口扬尘污染防治和节能减排措施推广应用。3月，张家港港务集团有限公司绿色循环低碳港口主题性项目实施方案通过省交通运输厅评审，列为“江苏省绿色循环低碳港口主题性项目建设示范港口”。7月，张家港港务集团有限公司煤炭码头流程多级筛分工艺节能改造项目入选全国交通绿色示范项目。推进口岸大通关建设，开展关检合作“三个一”试点工作，推进“三个一”联合申报平台和集中查验中心建设。1月，2014年张家港口岸工作会议召开。4月，市政府口岸办赴无锡召开口岸业务推介会。12月，市政府口岸办开展2014年度开放码头规范化管理检查考核。越洋实业、宏泰物流、东海粮油、长江国际、保税港务、孚宝仓储、港务集团、永嘉码头等8个码头单位获评2014年度张家港口岸规范化管理工作优秀单位。

【港口规建】 年内，市港口管理局加强岸线资源管理和保护，推进港口资源整合和功能调整，提升港口岸线利用效率。根据交通运输部和省政府联合下发的《关于苏州港总体规划（2013—2030年）的批复》，张家港港区规划港口岸线为40千米，已开发利用26.7千米，剩余13.3千米。5月，长江江苏段8号锚地由南通移交张家港使用管理，缓解因沪通铁路长江大桥建设造成的锚泊紧张问题。7月，交通运输部《沿海码头靠泊能力管理规定》实施，组织辖区内符合条件的码头单位参加宣传培训活动并指导其开展码头靠泊能力核定相关准备工作。严格履行港口建设管理程序，加强港口在建工程安全监管和履约考核工作，年内未发生违反港口建设程序的情况及重大港口工程质量安全事故。

【港政管理】 年内，市港口管理局落实港口经营管理规定，严把港口经营市场准入关，通过巡查、年检等方式加强港口经营活动日常监管，维护港口经营市场秩序。新办港口经营许可证2份，变更港口经营许可证8份，换发港口经营许可证7份，完成港口危险货物作业附证年检14份。至年末，全市有各类港口经营企业83家。建立动态巡查与远程监控相结合的巡查监管模式，执法人员定期开展港口巡查，同时利用港口视频监控系统，关注港口动态，加强源头监管，共出动230余人次对辖区内所有码头企业、岸线进行巡查检查，排查各类隐患110条。完善水上执法联勤联动合作机制，每周一次定期开展联合巡查执法活动。根据全市《“六打六治”打非治违专项行动方案》要求，联合张家港海事局、张家港边检站、长江航运公安局苏州分局、市水上派出所等单位开展长江“六小船”(小渔船、小吸沙船、小住宿电焊船、小废油船、小交通船、小砂石运输船)专项整治，打击威胁长江水上交通运输安全的违法违章行为，消除港口安全隐患，共出动检查组57组163人次，排查及整改各类安全隐患109条。

【港口安监】 年内，市港口管理局推进“平安港口”建设，推进危化品码头、仓储企业综合整治工作，对调低危化品作业品种危险等级进行任务细化分解，年内实现港口危化品经营许可品种数量压缩至2013年年末的80%的阶段性目标。推进港口安全标准化考评，4月，苏州港口张家港港务有限公司、陶氏化学(张家港)有限公司、东华能源股份有限公司、张家港中东石化实业有限公司4家石化码头企业通过江苏省交通运输厅港口局组织的二级达标考评，至此，辖区内10家石化码头全部完成省二级达标考核目标。做好港口设施保安工作，组织86人参加交通运输部举办的港口设施保安人员培训和复训，审批码头保安训练方案100余次，换发港口设施保安符合证书19份。1月，联合张家港保税区安环局、张家港质监局、市安监局对26家港口企业进行2013年度安全考核，评定长江国际、越洋实业、永嘉码头、东海粮油、宏泰码头5家企业达到优秀，其余21家企业达到合格。安全检查、隐患排查工作常态化、制度化，做好重大节日、两会、青奥会、国家公祭日等特殊时段的安全保障工作，多次开展安全大检查，共发现一般安全隐患451条，对突出的安全隐患严抓整改，隐患整改率95%以上。完成“江苏省港口重特大事故应急救援体系研究”课题任务；修订完善张家港港口事故应急预案，完善港口应急管理体系。7月，会同公安、消防、医疗等部门在张家港宁兴液化储运有限公司开展反恐、防污染、防泄漏综合演练。推进港口安全生产文化建设，开展“安全生产月”等系列活动，全年港口开展各类安全竞赛活动25次，安全报告会20余次，投入宣传、隐患整改资金70余万元。全年未发生等级以上的港口安全责任事故和有影响的港口设施保安事件，未发生有重大影响的港口污染事件。

【口岸共建】 年内，市政府口岸办与口岸相关单位签订《张家港口岸文明共建工作责任状》，下发《张家港市共建“文明口岸”活动计划》，坚持口岸查验单位“一把手”、业务科长、口岸系统办公室主任三项例会制度。4月，在全省文明口岸评比中，张家港口岸获江苏省文明口岸称号，市政府口岸办获2013年度省文明口岸先进组织者称号，张家港海关、张家港出入境检验检疫局、张家港海事局、张家港边检站、张家港引航站、港务集团、长江国际、张家港中外运等单位获省文明口岸先进单位称号。10月，张家港口岸“保税科技杯”体育运动会举行，口岸系统34支代表队600余名运动员参加羽毛球、乒乓球、篮球、拔河、自行车慢骑、扑克等6个项目的比赛。

【“金岸服务党建联盟”成立】 4月，由市港口管理局、张家港检验检疫局、海事局、引航站、中联理货5个口岸单位共同参与的张家港口岸“金岸服务党建联盟”共建项目实施。项目以建设“学习型、服务型、创新型、能力型”党组织为目标，以“共建、共优、共赢”为准则，在深化共建中实现资源共享、优势互补、共同提高，为推动港口经济发展、提升口岸形象提供组织保障。联盟建立联席会议制度、活动轮值制度、联述联评制度三项制度，落实组织联建互商机制、人才联培互促机制、文化联乐互融机制、信息联享互通机制、服务联手互助机制五项机制。先后组织开展“道德大讲堂”“金岸企业行”“金岸联盟进校园”和电子口岸系统使用心得交流会等活动，提升口岸链式服务效能。

(余佳红)

海　关

【概况】 2014年，张家港海关、张家港保税港区海关推进通关业务改革措施，强化审价、归类等关税技术应用，深化重点税源企业专人联系制度，不断提升税收量、质、效。征收入库税收209.83亿元，连续4年突破200亿元。其中，关税35.7亿元，比上年增0.69%；代征进口环节税174.13亿元，比上年减4.22%。实现审价补税1亿元，归类补税95万元。审批特定减免税289笔，审批金额4131万美元，减免税收3084万美元。备案加工贸易合同3659份，合同金额19.33亿美元；核销加工贸易合同2833份，核销补税2.44亿元。全年监管进出境货运量5816.53万吨，比上年减0.19%。其中进口4605.12万吨，比上年减2.71%；出口1211.41万吨，比上年增10.74%。货值296.18亿美元，比上年增1.1%。监管进出境运输工具7420艘次，验放进出境人员13.89万人次，监管进出境集装箱37.49万标箱，审结报关单23.45万份。查处各类走私违规案件420起，其中违规案件409起，走私犯罪案件11起，总案值5.79亿元；入库罚没收入346.31万元。全年稽查、核查企业110家。张家港海关获全国文明单位称号。

【海关统计】 2014年，围绕地方外贸和口岸经济发展的热点、难点，张家港海关加强统计预警监测，全年报送统计监测预警信息330篇，其中总署《海关要情》录用104篇，省委、省政府录用9篇，中央领导批示6篇。围绕开放型经济发展热点、难点，开展深度分析研究，数据服务重点区镇和企业。全年报送《统计快讯》12期，《海关工作专报》和《关贸专报》24篇，其中16篇次得到地方党政主要领导批示。

【通关作业改革】 年内，张家港海关全力推进无纸化通关、分类通关、分类查验、“两单一审”、担保验放、区域通关等通关业务改革措施，提升通关效率。全年累计办理担保验放414笔，涉税10亿元。推进长江经济带区域通关一体化改革，办理长江经济带区域通关一体化业务116笔。完成新舱单系统切换，优化调整原有作业流程和管理模式，妥善处理新老舱单数据。深化化工品价格平台建设，在商品品种上扩大纺织品和粮油价格资料，研究建立口岸常见商品归类指引。稳步推进集中查验中心建设，向上级海关部门争取到新的H986大型集装箱检查设备。帮助企业获得通关便利，累计为11家企业争取到海关AA类管理资格。复制推广上海自由贸易区监管服务制度，重点做好“批次进出、集中报关”“区内自行运输”“智能化卡口验放”“简化无纸通关随附单证”等4项制度的复制推广。“批次进出、集中报关”平均每家节约报关费用2万元，通关时间由原来的2天缩短至10分钟，“区内自行运输”使企业运输成本降低一半，“智能化卡口验放”使过卡时间从每车次3至5分钟缩短到每车次7至10秒，无纸化通关上传电子单证由原来的5项减为1项。持续推进海关和检验检疫部门合作“三个一”（“一次申报、一次查验、一次放行”）试点工作，试点范围为一般贸易进口的固体废物、铁矿石、煤炭。5月23日，张家港口岸“三个一”试点工作现场评估会召开，试点工作获相关参与部门一致认可。年内实现每票货物节省单证录入时间30%，节省查验时间50%，固体废物进口平均通关时间节省3至4天，平均每个集装箱节省20元。

【加工贸易进口棉花走私系列大案查处】 5月，根据海关总署、南京海关“绿风”专项行动要求和南京海关缉私局棉花专项行动的统一部署，张家港海关对张家港口岸加工贸易进口棉花进行风险分析和抽样核查，先后发现3起涉嫌伪报贸易性质走私棉花案件并立案侦查，案值3920万元，涉嫌偷逃应缴税款1440万元。查处的走私棉花系列案件被批准为海关总署缉私局一级挂牌督办案件。至年末，共侦办立案刑事案件7起，涉案棉花1.3万吨，案值2.38亿元，涉税8800万元，对30名犯罪嫌疑人采取刑事拘留强制措施。

【海关服务重点项目】 年内，张家港海关党组公开“坚持政治坚定，遵守党的纪律”等10项承诺，深入基层调研、跟班作业20余天，走进60余家企业现场办公。加强与港务部门的关港协作，双方围绕重点市场未来发展、港口空间与功能拓展、码头业务规范管理等问题开展研究，提出集疏运模式再优化、监管场地资源利用最大化、区港联动一体化、重点市场电子商务化、查验平台建设系统化发展思路。加强与商务部门及区镇经服中心的关贸协作，就加工贸易管理简政放权、联网监管等问题开展研究，推动加工贸易转型升级。加强与台商协会、青商会等行业协会的关社协作，通过召开座谈会，组织开展“对话青商、走进海关”活动等方式加强海关和社会行业组织之间的协作。加强与进出口企业的关企协作，召开各类政策宣讲会和座谈会，宣讲海关政策，推进海关服务水平和通关环境提升。加强与地方法院的关院协作，在2009年签订《海关监管与法院司法协作实施办法》基础上，双方再次签订《海关、法院联系协作办法》，加强对经营异常企业处置的协作配合。加强与张家港保税区管委会的关区协作，就张家港保税物流业发展开展研究，共同推动整车进口口岸发展，推进特殊监管区域转型升级。打通整车转关通道，全年共进口整车1728辆，货值9507万美元；出口整车569辆，货值411万美元。 （魏 曦）

张家港海关、检验检疫局联合查验进口废纸

（张家港检验检疫局 供稿）

检验检疫

【概况】 2014年，张家港出入境检验检疫局（简称张家港检验检疫局）检验检疫出入境货物3.7万批，货值112.5亿美元，分别比上年减43.08%和8.91%。检疫出入境船舶4105艘次、出入境人员7.5万人次，完成传染病监测1998人次，查验出入境集装箱29万标箱；截获动物疫情96种1839种次，分别比上年增5.49%和14.65%，其中检疫性疫情6种229种次。截获植物疫情752种40112种次，分别比上年减2.59%和增6.7%，其中检疫性疫情71种4840种次，分别比上年增10.94%和5.84%。新截获植物疫情9种，其中国内首次截获5种天牛；截获医学媒介生物6种1993

批。检验进口矿产品1394万吨，比上年增33.49%；检验进口危化品232.4万吨，比上年增49%；检验进口大豆273.8万吨，比上年增37.66%；检验进口木材355.3万立方米，比上年增15.62%；检验进口羊毛16.5万吨，比上年增7.14%；检验进口棉花32.3万吨，比上年减31.13%；检验进口油脂138.4万吨，比上年减21.54%；检验进口葡萄酒3611.7吨，比上年增141.91%。根据国家对出口商品法检目录的调整，加强对相关出口商品的监管。检验出口羊毛价值3.5亿美元，比上年减38.6%；检验出口饼粕饲料价值1亿美元，比上年增905.5%；检验出口竹木草制品价值4918.4万美元，比上年增4.1%；检验出口机电产品价值1520万美元，比上年减93.09%；检验出口汽车价值301.8万美元，比上年减60.18%。签发各类优惠原产地证书2万份，签证金额19亿美元，为企业争取进口国关税减免5.9亿元，帮助企业对外索赔1.4亿元。张家港口岸海运木材、油脂等商品进口量列全国同类口岸第一，羊毛、棉花、大豆、化工品等商品进口量列江苏省口岸第一。深化"检港同行"主题服务活动，张家港毛纺产业集聚监管示范区成为全国羊毛条出口基地；江苏骏马农林科技股份有限公司创成江苏省首家出口花卉示范基地。张家港检验检疫局通过全国文明单位现场复评，获江苏检验检疫系统文明单位标兵称号。

【国家木材检测联盟成立】 联盟由张家港检验检疫局国家材种鉴定与木材检疫重点实验室牵头组建，拥有28个成员单位，出自十余个省市，涵盖林业、质监、检验检疫、科研院所、高校、行业协会等多个领域。联盟致力于开展木材理论研究、物种鉴定技术、国际标准制订、产业集聚发展、国际技术交流以及消费者维权等工作。9月21日，成立仪式在张家港检验检疫局举行。国家质检总局、国家林业局、江苏检验检疫局、张家港市人民政府以及国内高校和科研院所的权威木材专家等100余人出席。中国检验检疫科学研究院、张家港检验检疫局签署合作协议，现场启动联盟微平台、网站、研究中心和数字博物馆。中国明清家具材质研究专家、中国文物学会文物修复专业委员会常务理事周默，广西大学木材科学与工程专业首席教授、广西大学林学院木材科学与工程研究所所长徐峰，分别作紫檀简史和东盟红木鉴定专题讲座。第一届理事会同时举行，并开展技术研讨和国标宣传贯彻等活动。

【质检科普基地】 12月3日，经中国计量科学研究院、中国标准化研究院、中国检验检疫科学研究院、北京市质监局等专家的现场评审，张家港检验检疫局质检科普基地通过验收。质检科普基地涵盖国家材种鉴定与木材检疫重点实验室、国家食用植物油检测重点实验室和江苏葡萄酒检测专业实验室。其中，木材科普馆馆藏3000余种10万余个世界各国木材标本，馆藏量居全国之首；植物油科普馆全面展示进口橄榄油等商品的使用方法；葡萄酒科普馆联合地方政府开发"张保真"溯源管理系统，将葡萄酒品鉴知识传播给广大消费者。形成"显微镜下的木世界、让我给你讲故事（一个有害生物标本就是一个故事）""食品安全你我他""葡萄酒品鉴小知识"等特色科普亮点。

【中国和加拿大在张家港开展油菜籽技术交流】 10月27日至28日，中国、加拿大各自派出代表团，就输入中国油菜籽杂质的定义、风险评估、限量值，以及油菜茎基溃疡病风险分析模型等内容，在张家港进行技术交流和研讨。双方共同回顾总结前期合作研究的成果与进展，明确下一步合作研究方向与计划。在确保安全贸易的前提下，双方致力推进《中加关于油菜茎基溃疡病菌风险降低的合作计划》，加快输入中国油菜籽从过渡期向常态化管理方向迈进。加拿大代表团对中粮东海粮油工业（张家港）有限公司试验性进口加拿大油菜籽的卸货、储存、压榨、下脚料处理，以及周边农作物种植等情况进行全面了解。全年企业试验性进口加拿大油菜籽34万吨，货值2亿美元，成为全国油菜主产区唯一一家可以进口加拿大油菜籽的企业。

【埃博拉疫情防控】 2月，埃博拉疫情开始肆虐西非，波及十余个非洲国家，并向中东国家蔓延。为守好国门第一道防线，张家港检验检疫局开展口岸检验检疫核心能力建设，采取五项举措强化卫生检疫等各项防控工作，确保张家港口岸公共卫生安全。强化组织保障，专门成立疫情防控工作领导小组，细化口岸突发公共卫生安全事件应急预案，每天实行零报告制和24小时值班制度。强化物资储备，配齐各项防护设备，并进行个人防护培训，先后对7批550立方米出自利比里亚、刚果金等非洲国家的原木进行防疫处理。强化联防联控，主动与公安、边防、卫生、商务、教育等部门加强沟通，共同应对疫情。强化疫情监测，及时跟踪、收集和分析疫情动态信息，加强口岸出入境人员的体温监测、医学巡查等工作，先后把8例从疫区归国人员的信息及时反馈给卫生监管部门。强化宣传教育，通过政务大厅显示屏、信息公告栏等载体，宣传疫情相关知识，并向埃塞俄比亚东方工业园中国公司、口岸船舶代理单位等发放300余份埃博拉出血热知识宣传册。全年张家港口岸未发生疫情。（施向军）

海　事

【概况】 2014年，张家港海事局全力支持口岸开发开放，服务"大船大港大物流"战略，推进海事"革命化、正规化、现代化"建设，实行简政放权，实施船舶签证便利措施，公开海事收费项目5类15项，梳理上报权力清单10类224项。助力锦隆重件码头、永嘉集装箱码头16号泊位通过开放预验收，保税港务码头通过开放确认。力促张家港港成为全省首个电子口岸无缝对接港口，基本实现海事业务"外网申报、内网受理、一次办结"。维护沪通长江大桥、12.5米深水航道、通洲沙西水道等国家级、省市级重点工程建设，保障51项涉水工程的施工、通航、生产“三不误三促进”。发布航行通告66期。征缴船舶港务费8221万元、港口建设费2.88亿元，比上年增6.1%和15.2%。全年办理船舶签证24.64万艘次，审批国际航行船舶进出口岸6852艘次，审批超大型船舶1941艘次。办理各类船舶登记115艘次，载重吨位10.48万吨。坚持安全监管科学化、巡航搜救一体化、应急处置常态化，持续推进“安全畅通文明”航区与“平安文明”渡线创建，开展“六打六治”、水上交通安全大检查等专项活动。自4月起，实施《长江江苏段船舶定线制规定（2013）》。初步建立智能巡航体系，全年累计巡航1.6万小时，巡航里程19.8万海里，有效纠正船舶违法行为10141次；接收船舶报告153478万艘次，实施船舶跟踪158739艘次，船舶交通组织47578艘次，避免险情92次。试点实施船员现场监管，评估上报水上安全风险源，排查安全隐患62项，隐患整改率95.52%。全年安全渡运137183航次，保障592.4万人次、240万车次安全渡江。张家港海事局高分通过省档案管理五星级测评，获评全国交通运输系统先进集体，创建成全国文明单位，社会满意度与职工满意度均保持90%以上，受到中央电视台等中央级媒体报道7次。

【水上搜救】 年内，张家港海事局执行带班值班、24小时待命等制度，健全搜救区域联动机制。6月9日，组建张家港市水上搜救志愿者队伍，首批64名志愿者出自气象、港口、港航企业等多家单位。完善涉水企业和搜救成员的两类灾害性天气预警信息发布机制，实施水上临时交通管制29次205小时，成功防抗台风“凤凰”、寒潮大风、雾霾等灾害性天气39次。有效实施交通组织4.8万次、应急处置108起，科学协调18个搜救成员单位的各类船艇109艘次、人员1000余人次参加救助，高效处置险情108起，救助遇险船舶35艘、人员452人。全年辖区发生一般等级以上水上交通事故2起，死亡2人，人命救助成功率99.56%，连续4年超过99%。张家港市水上搜救中心获江苏省2013—2014年搜救突出贡献奖。

【散化船安全监管示范区创建】 2014年，张家港海事局开展散化船安全监管示范区创建，推进危化品码头作业品种“减类减量”，年内作业品种减至49种（不包括液化气）。推动市主要饮用水源地加装防护设施，完成船舶溢油应急设备库建设竣工验收准备。推广应用码头选船、船岸作业界面管理等工作机制，办理船载危险货物申报13639份，严格监管散装固体危险货物8014万吨、散装液体危险货物1323万吨、包装危化品69万吨运输安全。规范船舶污染物接收处理，防止二次污染发生，对18家污染物接收单位、11家供油单位开展资质备案与检查核查，辖区完成废钢船拆解10艘，有效监管1.75万吨船舶污染物无害处置、189万吨船舶压载水无害排放。持续完善与环保、港口、给排水等有关单位的合作共建机制，联合签订《环境风险联合防控合作框架协议书》，举办全市水污染防治协作专题会，开展危化品泄漏应急救援暨港口保安演习。年内未发生船舶污染事故，水源地保护率100%。

【张家港港大型船舶进出量蝉联长江沿线第一】 2014年，张家港海事局坚持“大船大港大物流”服务战略，审批、维护大型船舶安全进出1941艘次，继续位列长江沿线各港口之首。大型船舶是保持港口与临港企业核心竞争优势的重要依托。张家港海事局积极协调，争取政策，节约企业成本，缩短物流周期，助力临港产业经济发展。进出大型船舶艘次只占港口进出船舶艘次的0.8%，但全年运输7317.4万吨货物，占港口吞吐量的35%，且90%以上为矿、煤炭等大宗货物，外贸吞吐量1967.1万吨占港口外贸吞吐量的40%。其中，沙钢集团、永钢集团等重点企业码头接靠大型船舶1187艘次，占61.15%，增创经济效益近24亿元。

【沪通大桥办事处成立】 4月18日，张家港海事局沪通大桥办事处在十三圩河口上游的“苏海事趸502”船上揭牌成立，正式投入运行。沪通大桥建设工期约5年半，施工水域日均船流约3000艘次，加之众多的施工船舶，水域呈现船舶密布、人员集聚的复杂局面。大桥施工工艺复杂，不同施工阶段采取封航、限航等措施。为更好维护大桥施工、长江通航和港口生产，张家港海事局成立沪通大桥办事处，管辖范围为十三圩至四干河之间的陆域岸线和桥区施工水域，实行24小时运行模式和领导带班值班制度，就近开展沪通长江大桥施工水域的水上安全监管、应急处置和海事公共服务工作。（蒋奇立）

边防检查

【概况】 2014年，张家港边防检查站（简称张家港边检站）检查出入境（港）船舶6779艘次，人员132548人次，各类登轮登陆人员40余万人次。办理登轮许可证25606份，临时入境许可14747份，搭靠证757份。先后开通“绿色通道”16次，为企业批量换证51次，服务求助对象50余次，救助重症船员和遇险群众10人。全年查处违反边防法律法规案件47起50人次，其中外轮擅自出入境案1起。与18名贫困学生结对助学，与18名空巢老人结对帮扶，义务献血4万毫升。张家港边检站连续7年被公安部评为提高边检服务水平成绩突出单位，执勤业务一科获省口岸工作先进集体称号。

【“V通关”边检微信平台上线运行】 10月15日，张家港边检站举办“V通关”边检微信平台推介活动，标志平台上线运行。平台以微信公众号为依托，除具有政策法规发布、在线咨询回复、投诉建议受理等信息推送、互动基础服务功能外，还能为诚信优质用户提供边检手续实时申报、证件实时办理等业务增值服务，方便码头群众。至年末，共为4000余名服务对象提供便利服务。

【青奥会边防安保工作】 4月1日至9月1日南京青年奥林匹克运动会（简称“青奥会”）边防安保战役期间，张家港边检站精心部署、全警投入、连

边检空中巡查器系统首航执法演练　　（杨振华　摄）

续奋战，完成以青奥会安保为中心的各项边检工作。其间，共出动警力7900余人次，检查出入境（港）船舶2554艘次、人员48489人次，办理各类证件16370份。与公安、海事、检验检疫等单位开展江面巡查、“货郎船”整治和埃博拉病毒防控演练20余次，开展各类警情处置演练34次，出动警力1540人次，未发生重大事故案件，整体口岸环境安定和谐，出入境秩序安全有序。

【边检空中巡查器系统首航执法演练】 9月26日，张家港边检站举行新型锚地监管模式边检空中巡查器系统首航执法演练。针对锚地水域面积大、配套监管方式单一的实际，边检站量身研发定制专用无人巡查器。巡查器具有操作性好、机动性强、成本低廉等优点，可以实现对锚地的实时管控、对口岸限定区域的空中巡视、对违法犯罪行为的轨迹追踪、对违法过程现场的证据固定、对处置突发事件的空中指挥等功能。该系统的研发使用在江苏边检系统属首家，专业功能配套在全国边检系统处于领先行列。

（卢　成）

长江引航

【概况】 2014年，张家港引航站按照“服务优先，安全第一”的工作思路，履行引航服务八项承诺，全面落实“阳光引航”工作举措。全年共引领中外籍船舶11221艘次，引航总吨位15589万吨，净吨8444万吨，载重吨25892.6万吨，引航里程136万千米。其中，引领国际航行船舶9922艘次，总吨位14503万吨，净吨位7842万吨；引领国内航行船舶1299艘次，总吨位1086万吨，净吨位603万吨。引领夜航船舶4884艘次，特种船舶1112艘次。没有发生压船压港，引航申请受理率100%，按时开航率100%。

【“大船大港”战略推进】 2014年，张家港引航站继续推进“大船大港”战略，提升港口综合竞争实力，助推地方经济发展。8月15日，协调长江航道、公安部门召开张家港港11.5米深吃水船舶进江协调推进会，制定11.5米深吃水船舶进靠张家港港的具体方案和推进时间表，为下一步12.5米深吃水船舶进靠张家港港奠定基础。9月1日，引领船长292米，吃水11.2米，装载87651吨矿砂的巴拿马籍“太阳微光”轮靠泊沙钢集团海力码头6号泊位，再次刷新张家港港接靠的最大船舶吃水纪录。克服永钢航道水浅狭窄的困难，采用非常规办法为企业破解生产难题，减少高昂的过驳费用，全年为永钢码头引领开普敦型船舶41艘。支持张家港汽车整车进出口项目，6月6日，引领船长228.8米，水面以上最大高度37米，装载5977辆汽车的韩国籍滚装船“亚细亚”轮靠泊保税港务码头，创造进出长江最长营运滚装船纪录和进入福南水道调头靠涨水最长船舶纪录。12月15日，创造一日进出三条滚装船的纪录。全年共引领滚装船26艘次。

（陈玉海）

长航公安

【概况】 长江航运公安局苏州分局下设政治处、纪检监察科（警务督察队）、办公室（指挥中心）、装备财务科、法制科等5个机关职能科室和国内安全保卫支队（出入境管理科）、治安管理支队（水上巡逻警察支队）、刑事侦查支队（经济犯罪侦查支队）、水上消防支队（消防监督科）等4个实战单位及张家港派出所、江阴派出所、常熟派出所、太仓派出所等4个基层派出机构，行使长江苏州、江阴段（上至江阴长山、下至太仓浏河）全长175千米水域公安管理事权，有民警94人。

打击犯罪　年内，长江航运公安局苏州分局分别建立网安警务合作机制和常态化警企联系机制，继续发挥技侦长江联勤大队作用，持续开展“江安”专项行动，严厉打击各类违法犯罪。共侦破刑事案件88起，涉案总价值400余万元，摧毁犯罪团伙4个，打击处理各类犯罪嫌疑人46人，抓获网上逃犯8人，追缴赃款50余万元，赃物63吨，挽回经济损失130万元。处置未知名尸体2具，查明身份2具。

公安管理　年内，长江航运公安局苏州分局把上海亚信会议安保、南京青奥会安保和亚太经济合作组织会议安保等重大安保作为中心工作，结合“三保一创”“打非治违”“利剑”“六打六治”、第二次“清剿火患”等专项行动，完善水陆一体化的治安防控体系建设，加大辖区管控力度和广度。共查破各类行政案件2609起，查处违法人员2603人，处罚单位3个，其中查破治安案件294起，行政拘留7人。确定消防安全重点单位23个，检查陆域重点单位134个次，检查各类船舶1210艘次，发现并督促整改火灾隐患941起，建设工程消防设计审核和备案抽查工程7起，消防验收和备案抽查工程8起，办理消防行政案件57起。全年扑救、处理火灾事故1起。

【服务沪通铁路大桥水域工程建设】2014年，长江航运公安局苏州分局深化服务地方、服务发展理念，加强沪通铁路大桥水域工程周边的治安防控体系建设。先后打造治安防控义务巡逻船、水上流动服务队、水上警务室等治安载体，年内开展水上巡逻500余次，扶危救困36人次，走访相关部门20余次，收集各类意见和建议27条，群众满意度测评满意率97.6%。深化突发事件应急处置机制，由特警队及派出所应急分队组成的快速反应梯队，在水域开展8次大规模清查行动，化解不安定因素20起，处置群体性事件4起；与海事、水利、渔政、边检和地方公安机关等单位深化联合执法工作，签订联勤联动工作协议，开展联合执法30余次，打击非法采砂船22条，捣毁非法采砂设备39套，整改违规捕捞6起。（王晋浩）

口岸服务

【概况】 年末，张家港口岸有各类口岸、港口服务企业80余家，包括船舶代理、货运代理企业30余家，理货企业2家，船舶港口服务企业50余家。代理企业主要有中国外运长江有限公司张家港分公司、中国张家港外轮代理有限公司、张家港保税区海捷国际船务代理有限公司、张家港联合国际船舶代理有限公司、张家港保税区中海船务代理有限公司、张家港远东国际船舶代理有限公司、江苏远东物流有限公司张家港分公司等。2家理货企业分别为张家港中理外轮理货有限公司和张家港中联理货有限公司。船舶物料、生活品、淡水供应企业主要有市上源外轮船用物资供应有限公司、江苏省外轮供应公司张家港公司、张家港国际海员俱乐部、张家港保税区鼎胜贸易有限公司等。船舶油料供应企业主要有江苏省中油泰富船舶燃料有限公司、江苏中燃油品储运有限公司张家港分公司等。围油栏供应企业主要有江苏海宇航务工程有限公司张家港分公司等。提供船舶污染物接收服务的企业主要有张家港沿江港务服务有限公司、市通江船舶服务有限公司等。经营港口拖轮业务的企业主要有张家港港务集团有限公司船务分公司、张家港保税区港鑫船务有限公司等。船舶航修企业主要有江阴澄西船舶航修有限公司张家港分公司、市龙鑫达船舶维修有限公司等。（余佳红）

【电子口岸推进电子通关】 张家港电子口岸有限公司成立于2007年，承担“张家港电子口岸”的建设、维护和运营任务，注册资金600万元，有职工60余人，设有市场部、综合管理部、开发部、系统网络部、运维工程部、客户服务部及中国电子口岸事业部。年内，以关检合作“三个一”试点工作为契机，建立可复制推广的海关、检验检疫、港务协作平台和数据交换中心，平台共审批报关单通关单近20万份，进出港国际航行船舶6000余艘，供船业务7000余票，验放车辆30余万辆。承建海关三级指挥中心建设，对沿江各码头数字高清化监控改造，并构建标准建设和运维体系。创意宣传推广企业品牌，官方微信由口岸发布向口岸服务转变，新增多项业务查询功能，微信、微博共拥有粉丝4100人。优化口岸整车业务，完成保税展示功能设计，年内累计进口整车673票1410辆，利用RFID技术将检验检疫局车辆检测环节的数据采集时间从5分钟缩短到3秒钟，每辆车的海关出证时间从3分钟压缩到15秒。4月29日，由电子口岸全面技术支撑的“张保真”进口消费品防伪溯源平台开通。7月18日，标志电子口岸由单一通关服务向综合外贸服务转型的江苏国泰慧贸通企业服务有限公司开通，并被江苏省商务局认定为5家外贸服务平台之一，12月初，慧贸通综合外贸服务平台上线，在5家试点外贸服务平台中首家完成平台建设。打造华东木商网，完成木材门户、木材商城平台、一站式会员服务平台、交易撮合平台、产品中心、采购中心、会员商铺的综合服务平台设计和建设，尝试口岸大宗商品的BTB网上商城，为张家港口岸大宗商品电子商务一站式服务奠定基础。中标虎门通关平台项目，实现电子口岸走出江苏省的目标。至年末，公司在线运行项目30余项，其中23项获得软件产品著作权登记证书，13项通过软件产品认定。公司会员单位4200个，门户日访问量突破5500次，累计申报数据330万条。客服中心优化服务机制，完善平台应急处置，全年累计受理咨询8200余次，比上年增30%。公司获得省级服务业综合改革试点单位、江苏省科技型中小企业等荣誉，重点产品船舶管理系统获江苏省优秀软件产品奖。（张春雨）

【张家港中外运打造综合物流经营平台】 中国外运长江有限公司张家港分公司（简称张家港中外运）是中国外运长航集团在张家港的分支机构。下辖张家港船务代理有限公司、张家港保税物流园区中外运物流有限公司、常熟中外运船务代理有限公司3家子公司。拥有营销中心、操作中心、物流中心、船务代理部、物流快运部、物流项目部、保税区业务部等17个部门。有员工287人，其中报关员34人，报检员30人，中高级物流师42人。公司拥有先进的海运、仓储、物流信息、GPS车辆调度系统、OA办公管理系统；拥有卡尔玛大型设备、多台集装箱拖车和各种吨位的叉车、吊车；拥有1万平方米仓库和1.5万平方米集装箱堆场。2014年，公司打造“供应链物流一体化服务”的综合物流经营平台，开展徐州伟天公司项目、骏马集团海外收货人项目。水路货代方面，公司依托驳船洋山线、自营日本、韩国航线和内贸航线，全年代理集装箱108453标箱，首次突破10万标箱；海运散杂货代理147.19万吨。张家港至洋山线是中国外运长江有限公司和张家港保税港务有限公司开启的首条洋山直达航线，是保税港务码头唯一一条集装箱班轮，完成公司全年报关票数的10%，达到3106票。全年通过自营日本、韩国航线的进出口集装箱近2万标箱；内贸航线"阳光速航"，拥有多条自有和租赁的集装箱船舶，运输网络逐步覆盖国内沿海主要港口，并延深至长江黄金水道、珠江水系以及青岛、天津等港口，全年内贸箱量1.9万标箱。仓储业务方面，完成装拆箱8056标箱，完成吞吐量42.49万吨。运输业务方面，完成货运量8.42万吨，行驶里程37.12万千米，周转量535.97万吨千米。空运业务，公司航空快件业务与DHL、UPS、OCS、TNT等多家快件公司合作开展进出口快递业务，并于2005年开通国内快递业务——E速，全年代理空运快件77417票，代理普货532.33吨。船代业务，自揽船艘次497条，自揽船净吨422.7万吨，自揽船货吨226.5万吨。公司还开发微信公众号，283名有效用户关注；进一步改进业务系统，加强电子数据传输，减少手工查询输入耗费时间，提高数据准确度。（郭　娇）

【张家港外代拓展物流业务】 中国张家港外轮代理有限公司（简称张家港外代）隶属于中国远洋物流有限公司，是中国远洋运输（集团）总公司的下属企业。经营范围包括代理从事国际客、货运输和科学考察、水上工程各类船舶在中国港口及有关水域的服务业务（含对船、货、集装箱、船员的服务），承揽进出口货物，办理订舱、租船、储运、代运、报关、旅游（专指船员）、海陆空国际多式联运和门到门运输业务，与180余个国家和地区的5000余家航运、商贸、金融、保险企业建有业务联系。公司还从事产品物流、工程物流、质押监管、化工仓储及灌装等业务。下属张家港外代报关行有限公司从事接收进出口货物经营单位和运输工具负责人以及其代理人的委托，办理进出口货物和进出境运输工具的报关、纳税等事宜。公司下设9个部门，有员工180余人，拥有3400平方米办公大楼、3300平方米海关监管仓库、8000平方米集装箱堆场及配套的机械设备等硬件设施。2014年，公司各项传统业务稳步推进，全年共代理船舶2928艘次，代理散杂货货运量超1000万吨，代理集装箱3.7万标箱，代理进出口报关报检2.76万票。公司推进转型升级，拓展物流业务。苏州中远化工物流基地在核心客户陶氏化学公司总体业务量不变的情况下，通过保税库、TDI（甲苯二异氰酸酯）剧毒品仓库等资质，新增一批优质客户，并在原有灌装服务基础上，扩增为报关、运输、灌装和成品配送的一条龙服务。年内新增20升至50升多规格方形小桶灌装线；与张家港检验检疫局签署进口危化品集中查验协议，成为张家港检验检疫局唯一的危化品集中查验场地。苏州中远化工物流基地全年累计完成货物吞吐量11.9万吨，灌装量3.8万吨，装拆箱量2399标箱，分别比上年增22%、19%和36%。（郭逸洲）

【中理理货理货总量超1500万吨】 张家港中理外轮理货有限公司（简称中理理货）主要经营国际、国内航线船舶货物及集装箱的理货、理箱，集装箱装、拆箱理货，货物计量、丈量，船舶水尺计量，监装、监卸，货损、箱损检验与鉴定，出具理货单证及理货报告，理货信息咨询等相关业务。公司下设8个部门、1个分公司及6个办事处，有员工180余人，办公大楼2200余平方米。公司通过ISO 9001:2008质量管理体系认证，有较先进的件杂货和集装箱业务管理信息系统，并与张家港电子口岸、南京海关物流监管平台联网。2014年，公司为口岸物流提供优质理货服务，全力支持张家港口岸经济发展，服务港务集团、保税港务、海力、宏泰、江海粮油、华达等码头，共受理船舶3942艘次，完成理货总量1515.08万吨。（黄春华）

【中联理货推进转型发展】 张家港中联理货有限公司（简称中联理货）由中联理货有限公司控股、张家港港务集团参股组建成立。公司推动口岸服务环境改善，全力支持地方经济发展，努力提升理货科技含量。2014年，公司在完成理货信息系统升级，实现现场无纸化理货，与海关、检验检疫、电子口岸等单位实现信息数据互联共享的基础上，积极推进系统发展。8月，江苏中联检验有限公司张家港办事处成立，并正式开展检验业务，公司逐步实施由传统理货业务向第三方物流公证机构的转型。公司全年受理船舶11675艘次，受理集装箱94万标箱。（王　军）

【海员俱乐部年接待海员超1.1万人次】 张家港国际海员俱乐部（简称海员俱乐部）成立于1983年，内设餐厅、酒吧、商店、桑拿浴室和宾馆等娱乐服务设施，有在职职工7人。做到有外轮必登，通过登轮访问、座谈、赠送《中国日报》《中国海员》等方式，及时了解海员动态，每月编写《国际海员活动简报》。12月30日，俱乐部在二楼餐厅举办迎新年招待会，邀请海员共庆新年，新加坡籍佘瑞莎金牛轮、泰国籍海龙轮、利比里亚籍波斯托伊纳轮的船员代表以及俱乐部工作人员30余人出席招待会。2014年全年登轮1300余次，共接待中外海员1.1万余人次，免费为海员邮寄汇款160余次，送医送药90余次，购物娱乐用车220余次，为外轮供应伙食物料86艘次。（苏　静）

【上源外供年营业额超3500万元】 张家港市上源外轮船用物资供应有限公司（简称上源外供）成立于2000年，有在职人员20人，占地2500余平方米，办公面积300平方米，仓库1000平方米，其中修理场所面积300平方米。公司有冷藏柜2台，食品专用车1辆。公司多年为到港的中、外籍国际航行船舶提供物料、伙食供应及航修作业，每年承修国轮及中外国际航行船舶近百艘次。公司获得国家质检总局颁发的出入境口岸食品生产经营单位分级管理A级单位证书。近年，公司依据ISO 9001:2000标准，为确保服务及过程符合相关法律法规和顾客要求，制订相关作业规程。2014年，公司送船605次，其中伙食供应355次，物料供应168次，航修82次，营业额3500余万元。（周　婷）

【编辑　沈立平】

生态文明建设

Ecological Civilization Construction

梁丰生态园 （庞瑞和 摄）

生态建设

环境保护

城乡绿化

景观建设

生态建设

【概况】 年内，张家港市优化发展生态农业，新建高标准农田840公顷，特种果品基地33.33公顷，生态林地面积1051.33公顷。全力打造新能源、新材料、新装备、再制造产业，提升发展现代服务业。新增循环经济示范企业5家和清洁生产审核企业50家，完成“腾笼换鸟”土地面积350.73公顷。电力行业燃煤机组除尘脱硫脱硝和钢铁行业大烧结机脱硫治理任务基本完成，新增天然气配套用户35530户（其中乡镇老住宅区改造配套11020户），淘汰黄标车6607辆，新增、更新混合动力公交车70辆。新增城镇生活污水管网47.4千米，新增农村生活污水治理覆盖农户4464户。市域三大水循环体系建设有序推进，全年疏浚农村河道639条，拆坝建桥155座，建成生态河道33千米。江苏扬子江化学工业园、冶金工业园、飞翔化工园防护林带建设基本完工，杨舍城区（包括晨丰公路、疏港高速）环城林带建设完成。15个村获评苏州市长效管理示范村。全市完成3个省级美丽乡村试点示范村、1个苏州市美丽村庄示范点和10个苏州市三星级康居乡村建设任务。新增苏州市级以上生态村14个，累计132个，占村总数的83%；106个社区建成苏州市级以上绿色社区，建成率81.5%；省级以上绿色学校（幼儿园）建成率38.6%，苏州市级以上建成率93%。全市有3个生态循环农业工程被列入太湖流域水环境治理项目，共争取资金230万元，新建一系列畜禽粪便钢架堆棚1800平方米、沼液贮存池2500立方米、生态屏障3处，实现农业废弃物有效处理，农业生产环境改善。开展农业生态文明建设项目三年规划，明确“810工程”“生态循环农业示范市建设”等多项生态农业工程规划。落实苏州市农业“四个百万亩”保护建设任务53.8万公顷，其中水稻生产基地1.6万公顷、特色水产生产基地3200公顷、高效园艺9333.33公顷、生态林地7333.33公顷。加快测土配方施肥、化学农药减量使用技术的推广，全市稻麦测土配方施肥推广应用面积3.81万公顷，推广配方肥5399吨（折纯），推广率97%，种植绿肥面积733.33公顷，推广商品有机肥8500吨，化肥使用强度每公顷204.6千克，控制在每公顷215千克的低水平指标以下。至年末，全市组建经工商、民政部门注册的植保专业服务组织150家，粮食生产统防统治面积比例95%，专业化统防统治比例55%；经工商部门注册的农机专业合作社87家，锦丰植保服务合作社被评为全国植保专业化服务先进组织。全市零差价集中配送农药品种170余种579吨，价值3728万元。农药使用强度控制在每公顷2.8千克以下。实施畜禽规模养殖场养殖污染整治工作，推广发酵床养殖技术，引导分散型养殖向规模化转移。畜禽养殖污染治理企业33家，自愿关停151家，其中养猪户150户、养禽户1户，整治33家。新建发酵床1467平方米，沼气池3050立方米，沼液集中池2268立方米，堆粪棚1361平方米，沉尸井1082立方米，规模养殖场畜禽粪便综合利用率96.8%。

【生态责任审计】 12月，市委、市政府出台《张家港市镇（区）党政主要领导生态环境责任审计办法（试行）》（简称《办法》）。《办法》中的生态环境责任审计，是指市委、市政府授权相关职能部门和人员依据相关法律、法规对区镇党政主要领导干部生态环境保护和建设的责任履行情况进行审查、监督、评价和鉴证的行为。审计对象包括各镇的党委书记、镇长和区党工委书记、管委会主任，采取任中审计、离任审计相结合的方式，问责区镇党政主要领导履行生态环境责任过程中存在问题所应当承担的直接责任、领导责任，并区别不同情况作出责任界定。审计内容主要有：区镇党政主要领导推进辖区内自然资源开发和利用情况，对环境造成的损害及保护环境、修复生态所采取的各项措施和实际成效；对辖区内生态环境领域的财政投入力度，以及做好相关资金的筹集、管理、分配、使用情况；贯彻执行上级党委、政府重大生态环境政策，研究制定辖区环境保护与生态文明建设规划、年度工作计划，以及具体保护措施实施情况等。《办法》明确规定纪检、监察、审计、财政、环保、水利、国土等职能部门组成联合审计，定期或不定期组织实施监督检查。通过问责区镇党政主要领导对生态环境保护的重视程度和工作绩效，实现与领导干部选拔任用相挂钩、与所在区镇评先创优相挂钩，促进生态环境责任审计与党政领导干部“三责联审”（选人用人责任审查、机构编制责任审核、任期经济责任审计）多方同步联动。

【绿肥推广】 种植绿肥作物是现代农业改善土壤综合肥力的有效手段，自2009年起，张家港市已连续6年推广绿肥项目。经过开展科普宣传工作以及鼓励农户种植，绿肥提升农产品品质、节肥增效等重要意义已深入人心，不少农户主动种植。2014年，为进一步做好推广工作，助力全市生态农业建设，市土肥站严格把关种子质量，公开招标采购。全年共采购蚕豆1.4万千克，黄花苜蓿2.49万千克，按时发放至各区镇。同时，跟踪绿肥种植情况，监督项目保质开展。积极争取获得项目补贴资金50万元，推广666.67公顷种植面积，并不定期检查，确保项目优质高效进行。

（钱秋松　刘琰灵）

环境保护

【概况】 2014年，市环保局组织开展“环保执法规范年”“铁腕治污”和党的群众路线教育实践活动三大行动，倡导绿色发展理念，开展污染减排、执法监管，解决人民群众反映强烈的环境热点、难点问题。全年完成7个省控断面、10个全面建成小康社会和基本现代化考核断面、13个苏州河长制断面、6个城市考核断面、2个重点流域水质断面及10余条市域主要河流共计47个监测断面的例行监测；完成7个点位的功能区环境噪声、164个点位的区域环境噪声和36个点位的道路交通噪声监测工作。做好全市7个水质自动站和9个空气自动子站运行维护工作。获得手工监测数据3.35万个、自动监测数据63.24万个。

【环境质量】 年内，环境空气质量按《环境空气质量标准》评价考核二氧化硫、二氧化氮、可吸入颗粒物、细颗粒物、一氧化碳、臭氧6项指标，环境空气质量良好以上天数占比67.1%。饮用水源地、备用水源地110项指标年均值均达到《地表水环境质量标准》相应要求，7条主要河流水质综合污染指数为3.95，4条城区河道水质综合污染指数为3.16。

【污染减排】 年内，环保部门全面实施《张家港市环保“三三三”工程行动方案(2013—2015)》，完成减排重点工程18项。钢铁行业大烧结机脱硫和火电行业脱硝基本全覆盖，沙钢集团完成2台大烧结机的脱硫，全部烧结机的脱硫改造完成；永钢集团拆除3台小烧结机，450平方米大烧结机配套脱硫除尘建成投运；沙洲电力等5家企业完成脱硫、脱硝及布袋除尘改造，骏马热电厂、苏化集团的烟气提标改造基本完工。高污染燃料锅(窑)炉清洁能源改造启动实施，85家100台燃煤锅炉使用单位的限期整治工作完成。全年全市关停化工、印染、电镀等高污染企业43家，其中关停葆杨印染、金凤毛纺织染、青年织染等5家印染企业。推进污水管网建设，全市新增农村生活污水处理农户4464户，其中保留村庄1969户。全年新增化学需氧量、氨氮、二氧化硫、氮氧化物四项主要污染物减排能力1568吨、224吨、9194吨、2985吨。

【环境执法】 环保部门全年审批环境影响报告书73个，报告表448个，登记表191个。完成687厂次重点企业固废申报登记表(月报)审批工作，完成危险固物转移事项审批363批。完成403个建设项目的“三同时”(建设项目中防治污染和其他公害的设施，必须与主体工程同时设计、同时施工、同时投产使用)验收。围绕“整治违法排污企业，保障群众健康”主题，组织开展异味(VOC)、化工、电镀、危废等专项整治行动，全年组织污染源现场监察8781厂次，发出整改通知书1686份，行政处罚94件，实施司法联动10余次，司法调查20余人次，刑拘3人，实现刑拘尚属首次。结合南京青奥会大气管控方案和第四季度大气污染防治强化措施，对重点废气排放企业实施限产、停产，加强油气、扬尘污染管控，对重点区域、重点行业、重点企业强化环保执法检查。对全市涉重企业、集中式工业污水处理厂和生活污水处理厂、工业废气排放企业、被行政处罚的企业等开展项目执法检查。对全市30家国控企业及425家市控企业开展企业环保信用等级评价，构建环保信用体系。全年共受理环境信访3327件，妥善解决10件重点环境信访问题的领导挂牌督办任务。12件人大建议和8件政协提案全部办结，人大代表、政协委员满意、基本满意率100%。

【固废与辐射源管理】 年内，对全市危险废物产生及经营单位、进口废物(含进口废汽车压件)单位进行执法检查，共检查企业397厂次，处置固废信访纠纷41起，出具整改通知40份。开展涉废桶企业专项执法检查和危险废物经营单位专项整治。联合公安、安监、卫生部门每季度组织全市放射源使用单位执法检查，累计检查企业80家次。帮助相关企业转让、处置21枚闲置放射源。完成11枚废旧、闲置放射源和5批计500千克放射性废物的收贮工作，全年未发生放射源被盗、遗失等安全事故。

【“铁腕治污”行动】 2月，市委、市政府组织召开全市“铁腕治污”行动推进会，要求以“钉钉子”“啃硬骨头”的作风全力推进“铁腕治污”，努力优化环境质量。全年出动检查人员135人次，对全市143家重点源污染企业进行突击检查，并对11家企业的环境违法行为进行查处。与市公安局、检察院、法院建立行政执法联动协作机制，并加强与电力、工商、质监、海事等部门的协作配合，联合打击环境违法行为。取缔无证照黑色氧化处理、电镀、废桶处置及废电瓶处置作坊7家，关停3条擅自建办并投产的电镀生产线。对现场执法和处理意见，组织市电视台、电台和张家港日报社，全程跟踪采访，全面曝光。

【重点区域工业废水集中处理改道排放工程】 通过调查摸底，塘桥镇、凤凰镇、金港镇、杨舍镇四镇单独设立污水排放口的企业共有18家，日排放污水3.8万吨。根据《张家港市工业园区(集中区)环境保护三年(2012—2014年)行动计划》工作部署，污水集中处理方面，塘桥镇鹿苑街道7家企业、凤凰镇5家企业废水接入凤凰镇清泉污水处理厂；凤凰镇吴氏组织印染公司预处理后废水接入塘桥片区生活污水管网；金港镇后塍街道3家企业废水接入保税区胜科水务公司，张家港酿酒集团接管至金港生活污水处理厂。改道排放方面，清泉污水处理厂、塘市污水处理厂排放口改道至走马塘，排污口削减至5个，改善出口断面水质，每天减少向张家港河排放废水1万吨以上、减少向新沙河排放废水8000吨左右，减轻二干河水环境压力，并保障沿线企业健康发展。至年末，金港镇后塍街道张家港酿酒集团等4家企业的接管工程全部完工并投入使用，塘桥镇鹿苑街道接管工程完成85%以上，凤凰镇接管工程完成60%以上，杨舍镇接管工程完成60%，走马塘工业废水总管线完成工程量的20%。 (钱秋松)

城乡绿化

【概况】 年内，市园林绿化部门围绕全市现代化建设，推进“810工程”之生态绿地工程、“市民绿色共享活动场所”实事工程、生态文明建设项目，共投入建设资金3.6亿元，开工建设绿化工程36个，竣工30个，建成村庄绿化示范点9个。新建、改建公园9个，沙洲湖、农联路小游园、一干河休闲生态公园、环城河带状公园全面建成，城北新城景观初具规模。沙工新校园景观建成。全市建成杨锦路、人民路东延、南苑西路、塘桥镇西环路等17条市级道路绿化及完成梁丰河、南庄河、谷渎港、新丰河等6条市级河道绿化；完成东沙垃圾填埋场、鹿苑垃圾焚烧发电厂隔离林带、晨丰公路防护林带等生态绿地工程；重点推进疏港高速绿化工程。新增各类林地、绿地1051.33公顷。其中，道路绿化146.6公顷、村庄绿化18.4公顷、河道绿化115.53公顷、高效林果经济林121.67公顷、成片生态林430公顷、城镇绿化219.53公顷，比苏州市下达的533.33公顷任务翻了将近一番。城市建成区绿地面积2740公顷、公园绿地面积580公顷，绿地率39.75%，绿化覆盖率43.84%，人均公园绿地14.32平方米，全市林木覆盖率19.26%。

【城区绿化】 年内，全市建成农联路游园、环城河带状公园（东横河—长安南路）、梁丰河滨河带状公园、南庄河带状公园，建成中油泰富、人民西路与西二环转角绿地、交运时代广场景观提升、景巷幼儿园外围绿化等景点，沙洲湖景区全面建成，城北新区景观初步呈现，东环路北延（人民路—张杨路）、湖东花园东侧（暨阳湖大道—馨苑路）、中兴路西段（一干河西路—长安北路）、北庄路（暨阳湖大道—馨苑路）道路绿化完成，海关路（振兴路—长兴路）绿化隔离带、谷渎港—新沙河（南环路—南苑路）整治改造、南苑西路绿化改造工程完成。市园林局投入110万元，对3个公园进行设施维修保养。梁丰生态园气象观测站外围绿化工程完成，公园北侧区域绿化景观恢复。全市建成中昊檀宫、君临新城、缇香世家、湖东花苑、城东花苑、锦绣花园三期、江帆花苑北区、农联家园、章卿小区等13家新建居住单位绿化，新增居住绿地30.1公顷。投入专项资金620万元对50.2公顷无物管小区绿化进行修补提升，累计修补绿化5.6万平方米，其中万红一村、花园一村实施绿化整体改造。城市四季草花景观效果始终保持较好状态，在品种选择、种植密度、图案搭配、花期管理等方面更趋科学，国泰路、港城大道、人民路、长安路等主要干道沿线呈现四季花香的优美景观。元旦、春节期间，在张家港公园、步行街、世纪广场摆放三色堇、羽叶甘蓝、红叶甜菜19.5万盆。

【集镇绿化】 年内，全市大力推进市民绿色共享活动场所实事工程建设，香山湖公园、运动公园、梅花公园、农博园、一干河生态廊道带状公园5个乡镇公园建成。各区镇高标准建设镇级公园、居住单位绿地。杨舍镇建成七里庙小区、旺西花苑二期和三期、港新花苑、新民花园、西溪花园、蒋巷花园、庆桥花园、新乘北苑、塘市花园二期等小区绿化，完成塘市老街东延绿化。金港镇建成崇真中学入口绿地、香山景区环路绿化及金都花苑一期和二期、金成小区二期、德丰小区三期居住绿地。锦丰镇投入3.2亿元重点建设占地96公顷的一干河生态景观廊道，成为沙洲新城的特色亮点，建成湖滨水岸、悦来花园居住绿地和合兴小学绿地，完成合兴广场提升、景阳河公园配套、沙钢集团厂区和玖隆物流园绿化工程，其中沙钢集团厂区、玖隆物流园增绿28公顷，投入资金2900万元。塘桥镇建成花园小区、鹿东小区、新城小区、韩山小区、妙景小区、碧桂园居住区绿化，增绿10.2公顷，完成南京路绿化改造、西环路道路绿化。凤凰镇建成双龙花园、凤凰花园、双龙花园西区、安庆花园绿化。南丰镇建成南丰大道、丰园路镇区道路绿化，实施永联小镇西扩工程，建成泗兴佳苑居住绿化。大新镇新增绿化11.33公顷。常阴沙现代农业示范园区完成污水处理厂绿化。

【农村绿化】 年内，全市建成锦丰镇光明村金南港生态园、福利村示范点，乐余镇扶海村、红星村，大新镇新海坝村庆安二圩埭、龙潭村蒋家五圩埭、朝南圩埭、新套埭，南丰镇建农村4组9个村庄绿化示范点。经济林得到有效发展，常阴沙现代农业示范园区在7个社区种植油桃、水蜜桃、山核桃、猕猴桃等各种果树40公顷，常兴社区与澳洋集团合作建成11.2公顷的薄壳山核桃基地。大新镇建成新凯村、龙潭村优质苗木基地30公顷，中山村樱桃园3.33公顷。凤凰镇在飞翔农业园扩种桃树等果树36.67公顷。乐余镇新扩永利村梨树6.67公顷，在向群村、乐西村、闸西村、红星村、红闸村、东兴村、庆丰村、稻麦良种场增扩香樟、桂花等苗木基地52.33公顷。双山岛旅游度假区新种枇杷15.33公顷。杨舍镇增扩塘市澳洋苗圃、东莱苗圃、章卿苗圃苗木24.8公顷。南丰镇新扩东港村枇杷基地1.67公顷。全市建成一批生态片林防护林，完成鹿苑垃圾焚烧发电厂南侧防护林增绿13.33公顷、江苏扬子江化学工业园防护林增绿25公顷。新建生态片林430公顷。其中较大规模的有：杨舍镇旺家庄垃圾填埋场北侧树林4.9公顷；金港镇晨阳村乌桕、黄山栾树林22.67公顷，长江村香樟13.47公顷；双山岛旅游度假区香樟1.33公顷；南丰镇东沙办事处香樟12.8公顷，东沙垃圾填埋场香樟21.73公顷，海坝村香樟、银杏、樱花12.53公顷，东风村香樟、朴树、合欢10公顷，永丰村黄山栾树、广玉兰6.33公顷；锦丰镇横山路南侧13.33公顷；塘桥镇滩里村桂花、香樟69.33公顷；凤凰镇高庄走马塘杨树2.67公顷。

【道路河道绿化】 年内，全市建成杨锦路、人民路东延、南苑西路、塘桥镇西环路、新丰河等道路河道绿化，完成晨丰公路防护林带生态绿地工程。扎实推进新泾路绿化，增绿15.87公顷；重点推进疏港高速沿线绿化工程，全长20.7千米，两侧绿带各宽50米，基本完成土方、地形等前期工程。杨舍镇完成农鹿路北延、汤联路南延、新丰中路（老沙锡路—华塘路）、国兴路、福锦路（福新路—晨丰路）、福新路（华昌路—杨锦路）、英才路（汤联路—新泾路）、一干河东路和华塘河、朱家浜、彩虹西河道路及河道绿化。金港镇完成严子港、南横套（金港路—中港路）、直港河道绿化，其中南横套生态廊道两侧绿带宽度70米，增绿10公顷；完成东华路、东新路、勤政路（兰凤路—晨丰路）、兴港路（兰凤路—晨丰路）、老张杨路隔离带、晨丰路（金桥路—中华路）、镇山路（金港路—中华路）道路绿化，增绿22.47公顷。锦丰镇完成合兴横套两侧、环新北路、常兴路、清源路延伸、悦来路、南港路、雁鸿北路、阿里山路、创业路、锦阳河东路东侧、水厂路、光明村工业区道路河道绿化，增绿18.33公顷。塘桥镇完成三干河镇区段绿化。凤凰镇完成凤恬路绿化，增绿25公顷，完成飞翔防护林、新西河河道绿化，增绿20.33公顷。大新镇完成港丰路和港城大道大新段绿化提升，完成国泰路大新段、新湖中路和北路、海坝路延伸、新丰港道路及河道绿化。

【绿化管理】 9月，《张家港市园林绿化管理局园林绿化建设工程管理流程（试行）》出台，依据《张家港市关于建立工程建设不良行为记录制度的实施意见》对绿化企业不良行为的记录作补充规定。全年对杨锦公路西侧及中分带、环城河（泗杨路—白鹿路）、农联路小游园、南庄河滨河绿地等42个项目实行公开招投标，标的1.7亿元，节约资金1735万元，其中工程招标34个、监理招标3个、设计招标3个，政府采购营养土及有机肥节约资金260万元。受理其他部门绿化工程招标备案42项，办理招标绿化工程施工合同备案50件，协助部分绿化企业申报苏州预选承包商；完成与市公共资源交易服务中心的对接，初步建成绿化工程网上交易平台。受理审核230名绿化工程项目负责人申报并分两批公示；办理绿化施工企业资质审核上报5家，其中晋升1家、延续4家。办理人大建议、政协提案13件（其中主办11件、协办2件），办理占用绿地、移伐树木行政许可审批136件（其中占用绿地78件、移伐树木58件），办理绿地率和绿化方案审核16件、土地出让会审17次、项目选址65处，办理满意率均为100%。办结“12345”便民服务中心转办信访事项537件、数字化城管转办事项2026件，其中绿化“110”联动队直接修剪搬移树木263处、处理市民求助78次，市民回访满意率和数字化城管综合评价均居全市前列。根据国家、省要求，对林地“一张图”数据库进行更新。张家港市2009年林地保护利用规划面积为5454.73公顷，依据2013年高精度航拍片及林地保护利用规划，按照林地变更技术规程对可保存和需更新的斑块进行变更。通过调查变更掌握全市林地、绿地的具体属性和每块林地的可保存情况，为林地资源数字化管理提供依据。市亨通花木有限公司的金港大道（沿江高速南段）绿地、市园林苗圃的国泰路（长安路—西湖苑路）绿地、苏州工业园区景观绿化工程有限公司的世纪广场、市华新园艺工程有限公司的东方明珠游园、苏州菁园景观有限公司的青草巷东北角绿地5个项目获评2014年度张家港市园林绿化优质养护项目。

【绿化养护】 年内，市园林局直接负责管护的绿地2475.3公顷（其中市区569.8公顷、乡镇属地管理1893公顷、在建工程续管12.5公顷），管理四季草花3.1公顷、行道树24339棵、景观造型树273棵、花箱1601个、花镜8500平方米。管理考核9个区镇、15家绿化养护企业。完善绿地养护考核机制，对公共绿地进行分级管理考核，增加行道树和花镜管理的考核，根据绿地性质的不同核定养护人员及养护面积，明确每6万平方米绿地有一名男性壮劳力。对考核成绩每高于或低于基准分1分，相应奖励或扣除月度养护经费的3%。将末位淘汰的考核评定期由原来的10个月改为22个月。坚持考核月度通报和每月管护例会制度，改进农村绿化养护现场会的形式，由原来的每月1次增加到2次，全年举办绿化现场会21次（市区7次、乡镇14次），组织相邻乡镇进行现场观摩比较。将线路整治、种菜复绿、空缺修补、绿化遮挡、苗圃培育等作为管护考核的重要内容，并在绿化现场会进行讲评，对新204国道、张杨路、港丰路、苏虞张公路等重点公共绿地进行专门路段整治，整治绿地255公顷、绿化死角185处，清理垃圾208车，累计增种大乔木1750株，小乔木、花灌木1.8万株，补缺灌木6.85万株，补缺地被草坪9.4万平方米，扦插夹竹桃、红叶石楠2.1万株。将在建工程养护统一纳入绿化科管护考核，共计70项工程108个标段414.67公顷，通过落实竣工复验、养护扣款、不良行为记录、与招投标挂钩等措施，强化养护动态巡查考核，努力实现在建工程养护的精细化。按照属地管理、长效管理的要求，加强2013年后新建林地的抚育，确保种一片、活一片、成一片，重点提高林地的保存率和成活率。开展森林防火消防技能演练，提高实战应急处置能力，9月在苏州市森林防火比武竞赛活动中取得半专业组理论考核总分第一、团体总分第二的好成绩；建成森林防火通信系统，确保凤凰山、香山林区的通信畅通，完成凤凰山引水上山和监控系统项目建设；坚持日巡日报制度，重点做好国庆、春节、清明等重要时期的森林防火，确保全年森林防火零隐患。强化苗木检验检疫和绿化病虫害防治，对工程用苗进行严格的检疫检验把关，开具检疫要求书7份。完成野生动植物行政许可申请的资料审核10件。做好有害生物预测预报，在金港镇、杨舍镇设立固定监测点并委托香山管理处、市亨通花木有限公司进行日常监测。对新建工程从疫区调运的易感树种进行定期监测，4月至10月每周监测1次，每月末汇总上报苏州。对美国白蛾、刺蛾、樟巢螟、蚧壳虫、夜蛾、锦斑蛾等主要害虫的发生期、发生量进行有效监测并提出防治意见，下发病虫情报18期，推广“甲维吡虫啉”“噻虫啉”“球孢白僵菌”等新农药6种9吨。加强野生动物保护，坚持野生动物疫源疫病每日监测上报。4月16日至6月30日开展代号为“2014天网行动”的打击野生动物资源违法犯罪专项行动，处理市民野生动物案件举报或求助30余次，收缴围网2张，收治放生动物30余只。配合南京师范大学全省第二次陆生野生动物资源普查的冬夏外业调查，于9月至10月完成张家港市野生动植物人工种群调查，共调查3个野生动物驯养繁殖场、25个苗木种植园。

【湿地保护】 年内，张家港市完成苏州市级重要湿地范围的核实工作及湿地管理系统相关资料的建立完善，包括湿地公园、保护小区、湿地管理部门等，并与国土部门衔接。完成暨阳湖湿地公园、长江湿地保护小区的现场勘察，安装湿地边界桩。邀请南京林业大学教授胡海波编制暨阳湖湿地公园总体规划，省林业局副局长卢兆庆、省湿地站站长徐惠强到市作湿地考查指导。暨阳湖湿地公园申报省级湿地公园，于10月17日通过专家评审。

【“同植生态林，共圆希望梦”市民爱绿活动】 年内，市园林局采取系列措施推进市民爱绿护绿活动，会同市总工会、团市委、市妇联、市教育局联合发出开展“同植生态林，共圆希望梦”市民爱绿活动倡议。3月开始，市园林局绿美志愿服务队先后走进暨阳幼儿园、梁丰幼儿园等学校，给学生送去绿色盆景，教导他们植绿护绿，手把手传授养花知识。3月8日，慧众教育培训中心、梁丰幼儿园举办植树科普知识竞赛并植香橼、桂花。3月12日，市委书记姚林荣，市委副书记、市长朱立凡率市四套班子领导、市直机关主要负责人160余人在农联路游园进行义务植树，植树600余棵。3月16日，全市180余个家庭的500余人在百桥路游园以家庭为单位进行植树，并将心愿牌挂在树上，每一棵树苗代表一个孩子的憧憬、一个家庭的愿望。3月31日，市文化中心、东风悦达起亚张家港4S店、鹿苑小学、乐余高中、张家港住房公积金中心等单位的100余人前往市垃圾焚烧发电厂绿化隔离带工地植树200余棵。据不完全统计，全市3月开展有组织的植树活动13次，参加1990人，植树8302棵，植树面积50.13公顷。4月2日，市级机关工委、市园林局联合下发通知，决定在机关工委直属党组织中开展“共建党员志愿者林、美化绿化生态港城”活动，并将新建的农联路游园作为全市首个党员志愿林。为确保活动开展，市级机关工委建立考核考勤制度，实行分队志愿管护责任制；市园林局落实管护驻点人员，加强对志愿管护的指导服务。66个部门、单位的177名党员报名成为志愿者。4月29日，举行启动仪式暨管护义务劳动，随后各个志愿分队定期进行护绿劳动。4月22日，张家港海事局30余名干部到长途车站西侧的中油泰富游园在建工地进行植树，形成单位投入资金建绿并冠名的先进典型。

滨江公园银杏林 （市园林局 供稿）

【一干河生态廊道带状公园建成】 一干河是张家港的清水走廊，位于市域南北中轴线上，北通长江，南接市区北二环路，全长10.6千米。为方便市民欣赏长江美景、提供休闲娱乐慢生活场所、打造宜居滨江港口城市，从2012年开始以一干河为核心打造全市首条生态廊道，至2014年年末建成。一干河生态廊道总体定位是“滨河活力轴，通江生态廊”。生态廊道分为中丹生态园、体育公园、沙洲新城、生态控制区、滨江公园5个区段。整个工程包括道路桥梁、绿化景观、配套设施、河道拓浚、村庄整治、房屋动迁六大工程，工程概算11亿元。道路工程包括一干河东路、一干河西路、沿江公路滨江公园段黑色化改造及桥梁建设。配套设施工程包括4座驿站、6个公交亭、多个公共自行车租赁点、游客商业设施。绿化景观工程包括竹林听风、乡野情缘、滨江公园3个景观节点和近100万平方米的景观绿化。 （黄伟华）

景观建设

【概况】 年内，张家港市列入苏州市政府旅游考核的景观项目有5项，分别为双山岛旅游度假区旅游项目及基础设施建设、凤凰湖工程、香山湖景观工程、江南农耕文化园三期、飞翔休闲农业园。计划投资5.6亿元，实际投资5.45亿元。双山岛旅游度假区围绕打造“长江慢岛、沙上绿洲”总体目标，加快基础建设工作，投资1.85亿元完成南码头绿化配套、灯光亮化、停车场、高尔夫接待大厅、南北码头钢引桥油漆工程、码头智能化改造工程、双山老街引水、展示中心及咨询服务中心等项目建设。凤凰山景区投资8000万元完成凤凰湖生态湿地公园游客中心、停车场、旅游公厕、景区道路、恬庄古建筑恢复等项目建设。香山景区投资1亿元，完成湖体开挖、宕口修复、土方造型、市政管网、道路、桥梁、绿化景观等设施建设。江南农耕文化园三期建设投资8000万元完成拓展训练区、农耕长廊延伸工程、瓜果长廊、卡丁车赛场农耕园次入口扩建、水世界等项目。凤凰飞翔休闲农业园投资1亿元完成土地整理、游客服务中心、农产品展示馆、名贵苗木园、乡村俱乐部、叠水景观、主入口、渠道、道路等项目建设。4月，香山景区被批准为国家AAAA级旅游景区。7月，常阴沙生态农业旅游区被批准为国家AAA级旅游景区。10月，永联小镇景区被批准为国家AAAA级旅游景区。全市有国家AAAA级旅游景区3个（凤凰山景区、香山景区、永联小镇景区）、AAA级旅游景区3个(东渡苑景区、常阴沙生态农业旅游区、梁丰生态园)、AA级旅游景区1个(张家港公园)。

【凤凰山景区】 凤凰镇围绕“四季河阳,美丽凤凰”旅游品牌,稳抓旅游标准化建设,夯实旅游创建基础,强化旅游宣传力度,举办特色旅游活动,全镇旅游产业发展水平再上新台阶。年内,加大资金投入力度,基本完成恬庄古街商业体、玉带河配套工程、继缘道院遗址公园、停车场建设;基本完成永庆寺禅修院、大雄宝殿、文昌阁建设并对外开放。举办迎春祈福会、凤凰桃花节·河阳山歌节、凤凰水蜜桃缤纷采摘季等特色旅游活动,提升景区知名度。凤凰山景区通过国家AAAA级景区复核,凤凰旅游知名度日趋放大,年接待各类游客77.5万人次。

【香山景区】 年内,香山风景区开发初显成效。景区正式获批为国家AAAA级旅游景区,并成立香山旅游文化发展有限公司,逐步进入市场化运作阶段。景区周边地区综合整治工程稳步推进,“一湖两路三园”、香山余脉植被恢复、南沙老街改造等重点工程基本完成,香山南侧旅游形态已初步凸显。香山景区全年接待游客50.04万人次,承办“新市民子女游香山”“网民游香山”和首届市民健身运动会、广场舞大赛及“重阳千名老人登高游香山”“我们的节日——重阳”“我们的节日——中秋”等大型活动,并举办第十二届香山文化旅游节。

【暨阳湖生态园】 年内,暨阳湖商业街项目顺利推进。完成12个单体建筑、总建筑面积60575平方米的主体施工和幕墙、外墙安装,启动智能化、室外配套等项目建设。完成省级湿地公园创建,暨阳湖湿地公园成为张家港市首家省级湿地公园。完成AAAA景区规划方案编制、上报,并按标准要求完成主入口改造、游客服务中心改造等工作。市暨阳湖开发公司整合资源,组织“暨阳湖赏花季”、第二期“欢乐世界啤酒节”等大型活动,欢乐世界全年实现营业收入1154万元,暨阳湖大酒店实现营业收入2670万元,暨阳湖茶楼实现营业收入437万元。加强国有资产管理。完成东湖苑菜场3800平方米的招租及改造工作;完成东湖苑、西湖苑36套5500平方米门面房的招租。实施西湖苑、大菜巷人防工程改造,实施东湖苑、西湖苑、大菜巷的雨污水管道、窨井疏通清理、绿化改造,并对东湖苑、西湖苑进行车位改造、安防设施改造,新建8个门卫,铺设200米道路等。完成东湖苑、西湖苑、大菜巷、蓝波湾4个小区总建筑面积近61万平方米的移交工作。结束暨阳湖公司对安置小区的服务管理。

暨阳湖湿地　　(何伟明　摄)

【梁丰生态园】 年内,梁丰生态园引资近300万元改建了约500平方米的东城湿地公园茶楼,在室外增设300平方米休闲平台,打造风景优美的大众化餐饮服务区域。修缮更新60条电动游船,更换救生衣、救生圈等设备,为游客提供安全舒心的游船服务。投入80万元改造200米长近2000平方米的石材园路,修复园内滨河休闲景观,解决木栈道长期失修破损的问题。投入近30万元修缮更新各类基础设施,亮化南门管理岛,完成零星维修项目和安全隐患的整改。投入40万元实施气象观测站外围绿化工程,恢复生态园北侧区域绿化景观。2月,按照“文化育人、园林引人、服务惠人”的理念,联合市田径协会举办首届梁丰生态园迎新年长跑节,约300名长跑爱好者参加活动。4月25日至5月18日,与市文广新局、市电视台、南京大洋文化传媒有限公司联合举办2014年张家港首届儿童嘉年华暨恐龙主题乐园活动,内容包括恐龙归来、大型气模、亲子游艺、收费互动、魔幻3D、考古专家、爱心城堡、人偶互动等众多项目,全市数千名儿童参加活动。发挥科普娱乐教育功能,为市白鹿小学、城北小学、第二职业中学等单位的游园活动提供帮助;引入专业机构开设蒙特梭利早教中心,为少年儿童提供优质、安全的教学活动场所。实施新的卫生保洁管理办法,通过政府采购引入二级资质保洁公司负责环境保洁,促进厕所、园路、水面卫生保洁水平的提高。实行绿地养护的项目化、网格化、精细化管理,公园绿化特别是草坪景观得到明显改善。实施“密切党群关系,打造优质景区”党建服务项目,项目被列为市级机关2014年度特色党建服务项目之一。将以前关闭的西门开放,从而方便市民游园;实行春季16.5小时、夏季17.5小时超长时间开园。免费提供急救药品、借伞、茶水、针线包、晨练接电等服务。全年生态园共接待游客61.17万人次。

(戴志钊　黄伟华　朱亚玲)

【编辑　张　洁】

城乡建设

Urban and Rural Construction

沙洲新城中央公园　（冶金园　供稿）

城乡规划

城区建设

镇村建设

公用事业

城乡管理

城乡规划

【概况】 2014年,市规划局以“城区控规全覆盖”为目标,编制完成《城北科教生态城(1、2、5号地块)控制性详细规划》《杨舍城区城西2号地块控制性详细规划》《杨舍城区城东3号地块控制性详细规划》,明确片区功能,梳理道路交通,完善设施配套,塑造片区特色。编制完成《杨舍城区社区服务设施规划》,实现民生优先,社区各类设施配置科学合理。编制完成《沙洲生态农业示范工程规划》《南横套生态廊道概念规划》,满足生态建设三年行动计划要求和实现近期农业转型升级的目标。编制完成《大桥公园规划》,梳理沪通公铁两用大桥进出通道和游览线路,规划市民参观、休闲设施,并对近期滨江景观进行规划整理提升。根据保留村庄规划及实施意见的要求,开展保留村庄建设整治规划编制,按照二星级、三星级标准完成46个长期保留村庄建设整治规划。年内,市规划局在市级机关绩效考核中获“突出贡献奖”,被评为市文明机关。

【规划管理】 年内,市规划局贯彻落实《中华人民共和国城乡规划法》和《江苏省城乡规划条例》,严格执行“一书两证”制度、规划委员会制度、规划公示制度、技术论证制度等。全年核发规划选址意见书383件、建设用地规划许可证193件、建设工程规划许可证191件。做好规划批中批后管理,完成规划验线46个、规划核实60个。全年共发现和处理违法违章建设案件10起,实施行政处罚累计1279.8万元,出具规划认定书124份。加强重点领域不定期检查,对全市32个在建房地产项目开展专项检查,发现规划手续不齐、未按图施工、样板房不合规范共三大类15项违规问题,明确处理意见并督促整改,有效规范全市开发建设行为。

【规划服务】 年内,市规划局深入基层一线,服务民生,进一步深化“智绘港城、塑造未来”服务品牌建设。围绕产业转型升级的要求,为企业发展提供一流的规划服务和技术指导,制定重点项目选址方案;定期深入重点骨干企业了解发展需求,研究确定对策建议。开展第三届市民规划师、七彩党建服务联盟以及规划惠民生活动。走进“12345”政风行风直播室倾听市民声音,服务群众需求。及时办理群众信件、电话咨询,答复“12345”热线咨询137件、市长信箱15件、到信10件,回复网站咨询280条。开设“规划问答”栏目6期。全年主办人大建议和政协提案6件,满意率100%。

【城市测量】 年内,市规划局按照“学习先进,精测精量绘蓝图;优质服务,技术争先创一流”的要求,开展城市测量。完成澳洋医药物流、晨丰公路等215个建设项目地段的地形图修测和新测以及阳光怡庭、湖滨世家小区等236个项目的竣工总平面、建筑面积和正负零验线测量,为美辰壹号、观唐逸墅小区等150个项目进行建设工程坐标放样,重点加强对地下管线项目的跟踪监督测量,完成89个地下管线项目的规划监督测量,并将数据及时更新入库,保证管线数据的现势性。

【公共基础地理信息系统】 年内,市规划局完成公共基础地理信息系统二期项目建设,包括全市域正射影像图更新入库、控规成果入库软件开发、三维地理信息系统开发、街景影像管理系统开发、三维模型数据采集建库和2.5D地图入库、街景影像采集入库等6项工作。重点开展数字张家港地理空间框架省级试点工作,按照试点要求对政务版共享平台进行改造,对全市大比例尺地形数据、影像数据进行完善优化,对地名地址数据进行重新现场核实和整理,完成公众版地理信息公共平台“天地图·张家港”网站的设计和开发,实现“天地图·张家港”网站上线发布,移动版地理信息公共平台进入试运行。12月15日,“张家港市公共基础地理信息系统”一期子项目“张家港市规划局地下管线探测工程(B标段)”获2014年度江苏省优秀测绘地理信息工程项目一等奖,二期子项目“张家港市空间定位基准项目”和“2013年张家港市全市域正射影像图更新入库工程(A标段)”获二等奖。

【保留村庄规划建设】 年内,市规划局根据保留村庄规划及实施意见,开展保留村庄建设整治规划编制。深入基层了解情况,与区镇充分对接,明确编制任务、成果和进度要求,突出整治重点,挖掘地方特色,切实提高规划的科学性和可操作性。全年共指导完成109个保留村庄建设整治规划,比年初制定的目标任务超额完成31个。同时,督促金港镇、锦丰镇、塘桥镇等9个区镇出台农房建设管理办

规划建设整治后的保留村庄 (市规划局 供稿)

法，明确农房建设标准和管理要求，稳妥推进保留村庄建设。举办“我喜爱的农房”方案设计竞赛，面向优秀设计单位征集建设方案23个，为建房者提供方案参考。

【城区六地块的控制性详规完成】 市规划局以绿为介，突出“三化一体”城市安全格局，以水为媒，完善城市生态基础设施建设，围绕“水、绿”特色打造“智慧型生态城市”标杆，编制完成《城北科教生态城（1、2、5号地块）控制性详细规划》，规划范围为东至杨锦公路，西至长安路，南至张杨公路，北至晨丰公路，规划面积11.3平方千米。坚持“整体城市，做优中心，一核一带，核心引领”，按照“现代化滨江港口城市，高品质文明宜居城市”的整体定位，把中心城区定位为以新兴产业和综合服务业为主的都市型产业聚集核心区、高品质生活宜居区，编制完成《杨舍城区城西2号地块控制性详细规划》和《杨舍城区城东3号地块控制性详细规划》。其中杨舍城西地块作为中心城区的重要组成部分以居住为主，重点优化提升生活居住的综合配套，规划范围为东至港城大道，西至西二环路，南至暨阳路，北至张杨公路，用地面积3.06平方千米。城东地块以居住、文化功能为主，重点引导城市向东拓展。结合城市轨道交通站点以及梁丰生态园的优良环境，与黄泗浦地区的公共设施实现空间上的联系。地块范围为北至张杨公路，南至南苑路，西至东二环路，东至二干河，规划面积为3.37平方千米。

【城区社区服务设施规划完成】 市规划局落实《张家港市城市总体规划（2011—2030）》的相关要求，与各专项规划、详细规划相衔接，加强社区管理，推动社区建设，编制完成《张家港市杨舍城区社区服务设施规划》。编制范围为杨舍城区建设用地范围，北至兴南路—长安路—晨丰公路，西至疏港高速，南至沿江高速，东至双鹿路—新泾路—蒋乘路，用地面积115平方千米。规划重点范围为北至北环路，西至西二环路，南至南二环路，东至东二环路，用地面积43平方千米。规划结合现状设施及社区空间资源情况，与城市控制性详细规划相衔接，构建符合杨舍城区实际情况的社区服务设施体系，突出土地使用与规划控制，确保规划的可实施性，从定位和定量两个方面落实办公用房、社区用房、健身设施、社区卫生设施、社区商业设施等五类社区服务设施的空间布局。

【数字张家港地理空间框架项目建设】 6月，在市公共基础地理信息系统一、二期成果的基础上，市规划局开展数字张家港地理空间框架项目建设。该项目是江苏省县级数字城市地理空间框架建设试点项目。7月，项目确定开发单位、监理单位和硬件供应商，财政核准预算570万元，通过政府采购合同总价是564.68万元。8月末，项目开发单位和监理单位入场实施，确定任务计划表。至年末，完成大比例尺地形数据、影像数据的处理，地名地址数据整理和现场核实，初步完成公众版地理信息公共平台——“天地图·张家港”网站的设计和开发，初步完成政务版地理信息公共平台的改造和移动版地理信息公共平台的开发，以及7个示范应用的开发对接。“天地图·张家港”网站完成上线发布，政务版和移动版投入试运行。

（黄　庆）

城区建设

【概况】 2014年，中心城区建设共完成投资119亿元，其中市城投集团公司完成城建项目投资67亿元。城北科教新城、城西新区、城东新区建设加快推进，城南中央商务新城、中丹生态城、沙洲湖景区建设初具形态。城区实施房屋搬迁662户（含非住宅124户），搬迁面积49.34万平方米。全年安置房在建项目共14项，总建筑面积214.15万平方米。年内，章卿小区（原七里庙小区三、四期）、仓基花苑、港新花苑二期、江帆花苑北区二期4个小区竣工，前溪锦苑、范庄花苑2个小区部分竣工，竣工总面积56.74万平方米，3792套房。章卿小区和港新花苑一、二期分房工作完成，总面积25.54万平方米，1480套房。市建筑工务处代建的政府投资的公共建筑项目28项，建筑面积89万平方米，总投资52亿元。年内竣工交付景巷幼儿园、市第一人民医院妇儿大楼、市职业技能实训基地等工程项目7项，建筑面积33.15万平方米。南苑幼儿园、市第二中学北校区、市第二职业高级中学等实事工程顺利推进。

2014年张家港市城区部分重点工程建设情况

表12

项目名称	工　程　概　况	进展情况
金茂大厦新建工程	占地1.33公顷，投资概算5亿元，建筑面积8.8万平方米，建筑高度148.2米，地上33层，地下2层	土建完成，进行消防验收
金城大厦新建工程	占地1公顷，投资概算4.3亿元，建筑面积6万平方米	土建、幕墙完成，进行市政施工
市职业技能实训基地（市高等职业教育园区）新建工程	占地26.67公顷，投资概算11.7亿元，建筑面积23.61万平方米	8月竣工
市第一人民医院妇儿大楼扩建工程	投资概算1.96亿元，建筑面积4.04万平方米，建筑高度74.2米，地上17层，地下1层	6月竣工

续表12

项目名称	工程概况	进展情况
景巷幼儿园新建工程	占地0.6公顷,投资概算2666万元(含征地搬迁费用333万元),建筑面积5500平方米	8月竣工
南苑幼儿园新建工程	占地1公顷,投资概算5631万元(含征地搬迁费用2800万元),建筑面积6500平方米	土建基本完成
市第二中学北校区新建工程	占地3.47公顷,投资概算1.08亿元(含征地搬迁费用1612万元),建筑面积2.5万平方米	土建基本完成
市第二职业高级中学新建工程	占地13.67公顷,投资概算3.65亿元(含征地搬迁费用9030万元、建设经费2.44亿元、设备经费3000万元),建筑面积7.4万平方米	场地平整单位进场
老年大学改建工程	投资概算3000万元,建筑面积5200平方米	土建基本完成,内装完成20%

【城东新区建设】 城东新区在完成黄泗浦生态园概念性景观方案及深化设计方案的基础上,以生态核心区建设为重点,年内完成河道清淤工程、黄泗浦大塘拓宽工程以及生态核心区内部分筑山工程,已动迁区域清表清障和交通路网建设工程招投标工作结束。黄泗浦生态核心区涉拆民宅920户,企业83家,其中民宅完成签约910户、企业全部完成签约。城东新区内涉拆的4个安置小区中,新乘北苑二期(11户民宅、11家企业)、新乘北苑三期(11户民宅)及新航花苑(114户民宅、8家企业)动迁签约工作全部完成,丽新花苑二期涉拆64户民宅已签约57户,3家企业完成丈量评估。

【城西新区建设】 城西新区全面加快基础设施和公共服务设施建设。实事工程七里庙菜场完工交付。泗港老镇区涉拆民宅2703户,已签订协议2411户;涉拆企业72家,已签订协议56家。城西新区内5条道路(人民路西延工程、南庄路南延工程、沙洲西路南侧支路工程、泗港路南延工程、滨河路新建工程)年内累计完成投资1.19亿元。

【城北科教新城建设】 城北科教新城围绕工程项目建设和生态环境提升两大主要内容进行,年内全面完成沙洲湖科创园项目,16幢多层建筑全部具备交付使用条件,完成投资3.15亿元。沙洲湖湖西商业配套主体工程基本完成,完成投资9000万元,其中5500平方米确认招商意向。沙洲湖酒店竣工并开业,完成投资3.5亿元。城北生态环境提升工作以环境整治和绿化覆盖为重点,在主要项目周边共设立主题围挡5500平方米,围墙修补及粉刷1600米,新砌围挡1200米,清理清运土方2.5万立方米,地块美化5万平方米,绿化覆盖90万平方米,土方平整面积100公顷,相关整治资金投入1080万元。一干河生态廊道(沙洲湖片区)二阶段工程全面完工,完成绿道建设360米,绿化种植6.23万平方米,完成投资1350万元。

(龚健飞　黄　庆　韩　露)

镇村建设

【概况】 年内,各区镇共投入镇村建设资金106.13亿元,比上年减22.83%,新建各类建筑面积79.56万平方米,新建沥青道路37.95万平方米,铺设供水管道50.85万米,铺设排水管道49.75万米,新安装路灯4437盏,整治桥梁85座。全市完成拆(搬)迁农户协议签订2419户计46万平方米,建设安置房284.42万平方米,竣工212.83万平方米,农民集中居住率61%。

【金港镇建设】 金港镇有集镇5个,建成区面积21.97平方千米,其中中心镇区面积7.2平方千米。年内,科文中心、消费品大楼、金科地产等总投资50亿元的一批重点工程有序推进,在建和投用高层建筑107栋,新城小学、幼儿园启动建设。新开工安置房130.46万平方米,竣工35.53万平方米、2143套,建设工程主要有:投资1.2亿元的德丰小区南扩一期安置房工程,投资4.35亿元的新塍路西侧、袁塍路南侧地块工程,投资4.3亿元的文昌三期东侧地块工程,投资3.8亿元的镇山二期北侧、邱家港路西侧地块工程,投资2.3亿元的兴港路西侧、金都花苑一期东侧地块工程,投资4.9亿元的江海路西侧、镇山一期东侧地块工程,投资4.9亿元的晨港路北侧、金港路西侧地块工程,投资12.5亿元的中港路西侧、镇山路南侧地块工程,投资9.2亿元的金成三期安置房工程,投资7.4亿元的新塍二村二期工程。商业用房主要有:投资3220万元的德丰南区沿街商业配套服务用房,投资2140万元的镇山二期沿街商业配套服务用房,投资3703万元的金成一期商业用房。老住宅小区改造工程主要有:投资22.59万元的中圩社区4栋房屋整体改造工程,投资117万元的安定社区5栋屋面改造工程和1栋房屋整体改造工程,投资105万元的安定社区6栋屋面改造工程,投资89万元的中兴社区4栋房屋改造工程。城镇基础设施建设工程主要有:投资1500万元的朝东圩港路工程,投资1322万元的镇山路工程,投资2477万元的金田路工程,投资2400万元的长山路工程,投资2000万元的上耀路工程,投资600万元的

香山大街　（严子洋　摄）

华山路新建工程，投资6000万元的北京路改造工程，投资1000万元的黄泗浦桥西延工程，投资950万元的邱家港路北段新建工程，投资150万元的后塍四柏线（老袁塍路）道路改造工程，投资220万元的后塍四后线（双朱路）改造工程，投资722万元的天台路改造工程，投资3498万元的长江北路、南海路综合管架工程，投资3200万元的香山大街街景改造工程，投资6000万元的香山景区环道工程，投资8000万元的香南西路改造工程，投资3287万元的金港路、中港路、镇山路路灯改造工程。投资7979万元的金港污水支管网建设工程，投资9635万元的集中住宅小区雨污分流工程。投资5751.24万元改造供水管道5.95万米，新建供水管道5500米。投资220万元完成镇村河道疏浚29条，其中镇级河道7条、村级河道22条；投资300万元，拆坝14条，建桥涵14座；投资2240万元，建设生态河道4条，新建生态挡墙10.73千米；投资200万元完成市级河道坡岸坍塌整治工程；投资490万元建设排涝站2座；投资100万元建设农桥3座。拆除违建面积1.08万平方米，查处违规车辆维修清洗点50余个。金桥、中德、中港、中南等社区疏通下水道10079米，清理窨井874个，清理化粪池227个，共投资65.1万元。29家企业燃煤锅炉完成改造，新增污水支管网35千米、污水纳管88千米，村庄、小区改造生活污水接管8189户，完成农村供水管网改造工程1229户。10个网点、176辆公共自行车启用。至年末，全镇完成公共建筑面积2.35万平方米，累计55.4万平方米；完成生产性建筑面积10.92万平方米，累计319.2万平方米。生活用燃气普及率100%，有线电视入户率100%，自来水普及率100%，排水管道覆盖率100%，污水处理率85%，垃圾无害化处理率100%。（邱亚峰）

【锦丰镇建设】 锦丰镇有集镇7个，建成区总面积29.39平方千米，其中中心镇区面积15平方千米。新城区规划建设面积12.46平方千米，建成区总面积4.95平方千米。年内，全镇投入镇村建设资金21.6亿元。全年共有沪通铁路、兴南路建设、六星汽车城等动迁项目24个，签订动迁协议农户701户，建筑面积13.67万平方米，签订动迁企业22家，建筑面积1.5万平方米。年内竣工并交付使用安置房49.67万平方米，结转及新开工安置房约120万平方米。投资2.1亿元、占地面积7.66万平方米、建筑面积7万平方米的大南六村，投资6亿元、占地面积10.8万平方米、建筑面积17.4万平方米的悦来五村，投资5.6亿元、占地面积11.13万平方米、建筑面积16.5万平方米的悦来六村等安置房开工建设，大南三村、大南五村基本竣工，书院六村仍在建设中。湖滨水岸别墅和高层商业住房项目竣工，占地面积6.33万平方米、建筑面积11.6万平方米的郦景澜湾，占地面积6.73万平方米、建筑面积16万平方米的龙庭华府，占地面积6.53万平方米，建筑面积15万平方米的风景世家和占地面积12.2万平方米、建筑面积28万平方米的金新城湖滨世家等商品房开发项目开工建设。锦丰公共租赁房、耕余村公租房、永盛商务楼、书院五村商业用房交付使用。青草巷农副产品批发市场易地新建及配套项目竣工并投入使用。合兴小学扩建工程、锦丰中心小学改扩建工程一期竣工。社会福利中心、商务中心大楼、合兴医院、一干河客运站和投资3.9亿元、占地面积5.2万平方米、建筑面积5.2万平方米的大南水街等工程按时序推进。永新路、创业路、锦店路、南港路改造和水厂路、清源北路、雁鸿北路、悦来路、一干河东侧景观工程和全长132米、宽6米的华山路步行桥竣工，长575米、宽37米的沙洲河大桥加紧推进。投入77.9万元，加固十三圩港桥、人民桥等桥梁6座，修补道路3600平方米、桥梁栏杆73米，新增候车亭4个，全镇乡村道路良好率86.26%。投入96万元完善环卫设施，购买3辆外运车辆、308个垃圾桶、48个果壳箱。投资290万元疏浚河道60条，长39.3千米，完成土方31.5万立方米；投资237万元，拆坝建桥21座，新建农桥4座；投资395万元，改建交通、锦丰小学和南港排涝站3座，新建沙洲新城圩口闸2座。投资49万元整治二干河坍塌岸坡220米。投资187万元建设南中心河整治及沿线截污管工程，清淤河道污泥8000立方米，建设木桩护岸600米，铺埋排污管道580米。投资235万元建设合兴横套生态河道整治工程，共整理岸坡土方1800立方米，建设木桩护岸3100米，并配套绿化。投入500万元推进康居乡村建设，福利村三星级点位和耕余村、南港村、店岸村3个二星级点位通过验收。处理违章建筑297户，拆除面积9407.8平方米。至年末，全镇有公共建筑面积50.18万平方米，生产性建筑面积469.4万平方米。自来水普及率100%，生活用燃气普及率100%，有线电视入户率100%。镇区道路铺设总面积215.8万平方米，排水管道覆盖率100%，污水处理率90%，垃圾无害化处理率100%。

（徐　平）

【塘桥镇建设】 塘桥镇有集镇7个，建成区面积21平方千米，其中中心镇区面积10平方千米。年内，依托市新一轮城市总体规划框架，完善老镇区建设规划，启动黄泗浦生态区东区控制性详规及村镇布局规划，修订全镇预动迁、农民建房等实施办法，全镇投入镇村建设资金3.25亿元。以黄泗浦生态区、三干河南延工程、城镇综合开发为重点，全力推进动迁工作，全年完成拆（搬）迁农户850户；推进安居工程，完成馨塘小区、韩山小区二期、胡同小区六期、沁园小区等安置房建设37.7万平方米，新开工沁园二期、何桥五期、黄金湾三期等安置房建设41万平方米。全年实施分房1290套，安置过渡户795户，完成1200套安置房权属办证工作。全年复垦土地31.6公顷，做到土地占补平衡。投入1.47亿元优先发展教育事业，完成塘桥初中综合楼、妙桥小学教学综合用房建设工程，塘桥中心小学、鹿苑幼儿园、妙桥中学实验楼和塘桥、妙桥、鹿苑3个片区文化中心等建设工程推进。投入300万元对10个村约2万平方米的村组道路进行改造，东渡路、新风河路等改建工程竣工。投入800万元完成张杨公路东延段路灯亮化工程。实施金村古街保护二期工程，妙金塘生态廊道全部竣工。完成何桥、馨塘、黄金湾等小区天然气管道铺设，刘村、牛桥等村自来水管道改造工程竣工。牛桥村创建成省级美丽乡村示范点，4个星级康居乡村通过市级验收。全面落实生态文明建设三年行动计划，投入4000万元完成工业废水集中处理改造工程；投入2000万元实施镇村生活污水管网纳管工程，新增城镇生活污水管网2.1千米；鹿苑张家河、牛桥保留村庄等5处动力地埋式生活污水处理站投入使用。开展铁腕治污专项整治，关停6家化工电镀企业，塘桥、鹿苑片区河道保洁推行“河长制”。投入440万元建设生态河道5条，总长5.2千米；疏浚镇村河道34条，总长10.6千米；新建电灌站6座，完成危桥改造5座；新增林地、绿地116公顷。加大大气污染防治力度，完成泊洋织布等企业集中供热管网设计，巨桥毛纺、欧桥精纺、振江带钢等企业改用生物燃料等清洁能源。以迎接全国文明镇复查为契机，投入450万元完善环卫基础设施建设，新增各类环卫保洁车25辆，新购果壳箱80个，改建公厕12座，改建垃圾收集房200座。开展城乡环境综合整治，城管数字化分中心建设有序推进。至年末，全镇新增公共建筑面积5.5万平方米，累计108.27万平方米；新增生产性建筑面积7.7万平方米，累计825.39万平方米；新铺道路面积1.45万平方米，累计329.93万平方米。自来水普及率100%，生活用燃气普及率100%，有线电视入户率100%，排水管道覆盖率100%，污水处理率86%，垃圾无害化处理率100%。（唐林康）

【乐余镇建设】 乐余镇有集镇2个，建成区总面积8平方千米，其中中心镇区建成区面积5.8平方千米。年内，全镇共投入镇村建设资金12亿元，完成建筑面积10万平方米。其中，乐余集镇建设投入资金8亿元，全年竣工安置房6.84万平方米，新开工7万平方米，安置动迁户358户532套，全年共拆除各类违章建筑6000平方米。开工建设扶海花苑二期、市场新村三期；结转项目乐江花苑三期（一标段）和扶海花苑一期全部竣工，共20万平方米；总投资4600余万元实施乐中路南延、乐园路南延、扶桑路、乐丰路（兆丰段）大修、妙丰公路乐红路匝道建设，投入3000万元改造农村次差级道路85千米，投资5500万元建设乐坤路并竣工通车；投资105万元完成兆丰办事处兆丰工业开发区、育才路、玉兰路42个消防栓建设；投资150万元，完成路口道口亮化项目，安装路灯300盏、广场灯12盏；投资400万元在齐心公墓内新建2100余平方米的现代化服务中心大楼，投入400万元在联丰村范围内建设公墓1处（8000穴）；投资280万元完成350户农村生活污水处理工程，投资100万元完成乐余垃圾中转站污水处理工程；投资350万元完成乐余中心幼儿园外立面改造、水电管道改造、交通分流工程；投资2400万元在向群村乐江花苑三期范围内建设总建筑面积8200平方米的乐余第二幼儿园，预计2015年交付使用。投入350万元完成兆丰幼儿园梦想舞台、绿色小农庄、文化长廊、家长阅读区和水景工程建设，兆丰学校的科技梦想雕塑及绿色文化布置，崇实初中的文化墙、校史陈列室、育英桥和后花园绿化建设，乐余小学的国际象棋模型、紫藤书香长廊等建设，全镇各校基本完成“美丽校园”建设任务。投入6000万元在乐丰路北侧、乐园路西侧区域内新建乐余镇文化中心，年末文化中心的主体工程封顶，剧院网架完成安装，预计2015年9月投入使用。投资50万元建成平安法治公园；投入450万元在乐江小区一期、二期和乐富小区、常丰花苑中，乐坤路与204国道交界处、乐兴南路口、202县道路口、乐园路与乐红路交界处安装信号灯、电子警察；投资330万元疏浚镇村河道51条，长37.2千米，土方26立方米；投资200万元拆坝22条、建桥22座、建排涝站1座；投资250万元完成生态河道建设，投资280万元完成长1.4千米市级河道岸坡整治工程，投资600万元新开乐港河1.5千米，河道两侧新建生态护岸；投资1000万元完成乐坤路绿化景观建设工程；20条镇级河道、7条村组河道的保洁实现市场化运作。投入1655万元完成1个三星级、5个二星级、10个一星级康居乡村建设。至年末，全镇新增公共建筑面积1.5万平方米，累计19.3万平方米；完成生产性建筑面积10万平方米，累计149.58万平方米；新铺道路39万平方米，累计277.17万平方米。新铺排水管道4千米、供水管道20.8千米，新装路灯300盏；自来水普及率100%，生活用燃气普及率99%，有线电视入户率100%，镇区排水管道覆盖率95%，垃圾无害化处理率100%。

（秦　香）

【凤凰镇建设】 凤凰镇有集镇6个，建成区总面积16.6平方千米，其中中心镇区面积7.37平方千米。年内，全镇共投入建设资金4.08亿元。完成居民动迁117户，动迁面积3.06万平方米，其中沪通铁路动迁85户，动迁面积2.2万平方米。完成盛亚电子等2家企业动迁，动迁面积2749平方米。全年共建安置房59幢，1868套，建筑面积30.5万平方米。其中49幢、1454套、24.1万平方米竣工并交付使用。凤凰花园10幢小高层414套、6.4万平方米封顶。安置动迁户792户，1203套，14.23万平方米。凤凰花园、恬庄花园社区服务用房各3000平方米，凤凰社区1、2号配套用房1.5万平方米及凤凰湖旅游配套房1100平方米交付使用。凤凰科文中心、体育中心、凤凰小学、凤凰幼儿园项目完成主体结构及内外粉刷。恬庄古街兴隆路南侧古建筑风貌恢复工程、恬庄西街门面房竣工。凤凰工商分局装饰工程完成工程量的50%。新增道路2.3千米、3.45万平方米，改造道路16.5千米、16万平方米。完成凤恬路交通设施建设和零星修复及凤南路、程墩路路面修补，朱周路、张杏路提档升级，映山路西延、望湖西路沥青路面铺设，三干河东南204国道景观工程、凤棉段景观工程。完成望湖路、映山西路天然气和自来水管道工程，凤凰大道南侧弱电管道、电力管线等管网铺设，凤凰街道黄泥塘生活污水管网改造，港口菜场室外排水工程，嘉泰路主管道一期工程，华泰路、港程路污水管网工程，共铺设管道15千米。恢复老204国道太平至程墩段路灯，完成凤凰新城凤北路、汉江路、凤凰大道东延道路和安置小区路灯的安装，新增路灯368杆。完成凤凰湖小湖区停车场建设和绿化、亮化工程，凤凰湖大桥拦水坝建成。奚浦塘石驳岸及景观工程、恬庄西街南侧立面改造结束，恬庄西街门面房、停车位交付使用。恬庄古街五期工程竣工，玉带河南端石驳岸、桥梁、行车道、停车场、雨污水道等配套设施完成。新建桥梁4座(科文中心一号桥、二号桥，恬庄玉带河桥2座)，改造桥梁1座。全年新增公共建筑面积5.22万平方米，新增生产性建筑面积5万平方米。生活用燃气普及率98%，有线电视入户率100%，镇区排水管道覆盖率100%，垃圾无害化处理率100%。 (王正元)

【南丰镇建设】 南丰镇有集镇6个，建成区总面积9.95平方千米，其中中心镇区面积7.8平方千米。年内，全镇镇村建设投入资金11.2亿元，其中中心镇区投入8.1亿元。动迁居民房634户，建筑面积12.52万平方米，其中南丰集镇动迁100户、建筑面积1.98万平方米，永联村动迁280户、建筑面积5.04万平方米，沪通铁路沿线动迁175户、建筑面积3.68万平方米，晨丰公路动迁49户、建筑面积1.13万平方米，港丰公路延伸动迁30户、建筑面积7000平方米。动迁企业22家，建筑面积3.66万平方米，动迁公共建筑1家，建筑面积1100平方米。全年建房(含结转)137.48万平方米，其中安置房6569套、建筑面积101.9万平方米。主要建设工程有：民丰小区五期工程建房16幢540套，建筑面积8.2万平方米；年丰新村一期工程建房32幢1714套，建筑面积26.73万平方米；泗兴佳苑四期工程建房4幢88套，建筑面积1.2万平方米；新联花苑工程建房40幢1563套，建筑面积23万平方米；聚成苑工程建房27幢1186套，建筑面积17万平方米；永联小镇钢村嘉园西扩工程三期建房7幢886套，建筑面积15万平方米；年丰新村二期工程建房30幢592套，建筑面积10.78万平方米。全年建商品房14.59万平方米，其中联峰雅园8.54万平方米、联峰雅园别墅6.05万平方米。投资2001.2万元开展美丽村庄建设，配套服务完善、村庄风貌提升的新德村被评为江苏省最美乡村、苏州市美丽村庄示范点。建农村被评为苏州市农村大环境长效管理示范村。投资2700万元完成镇区振兴路南延、新民西路、体育北路、泗兴路等道路建设，铺设路面6.7万平方米，长2.42千米。全年新安装路灯、景观灯420盏。全镇累计有路灯、景观灯3400盏。投资5000万元新建11万千伏永河变电所1座，10千伏出线4条。投资1117万元进行农村低压线路及用户接户线改造工程45个。投资122万元新增配电变压器11个，配电变压器增容21个。投资3500万元，完成绿化面积64.5公顷。投资1700万元，新建东滨排涝站，改造东风排涝站，各配套电机功率630千瓦的轴流泵7台。投资400万元拆坝建桥24座。投资120万元，新建、改造圩口闸4座。投资1300余万元对泗兴港、三兴支港、镇区所有河道及145条村组河道进行疏浚清淤，总长92.64千米，完成土方70.25万立方米。投资280万元在新德村铺设农村生活污水管网4500米，惠及农户300户。投资242万元铺设供水管道10.24千米，投资143万元改造供水管道3.3千米。新建农村公交

恬庄古街 (何伟明 摄)

候车亭14座。交警中队、派出所、消防站全部竣工投入使用。全年完成公共建筑面积8200平方米，累计63.04万平方米。新增生产性建筑面积1.24万平方米，累计55.56万平方米。全镇自来水普及率100%，生活用燃气普及率99%，镇区排水管道覆盖率100%，垃圾无害化处理率100%。

（张爱华）

【大新镇建设】 大新镇有集镇3个，建成区总面积7.2平方千米，其中中心镇区建成区面积6.7平方千米。年内，全镇投入镇村建设资金3.3亿元。全镇动迁民房117户，动迁企业2家。新开工新南小区三期C区5.01万平方米安置房；竣工安置房面积8.99万平方米，完成年度目标的180%。城镇建设各项工程有序推进。投资2200万元的新湖南路及投资893万元的新湖北路建设加快；投资230万元的新茂花园综合改造工程于8月开工，12月竣工；投资770万元的海坝路北段改造工程于9月开工；投资210万元的海坝路等5条道路的路灯新建和改造工程于11月开工建设，共安装路灯357杆。桥头村美丽村庄立面改造、道路管线改造、便民中心新建工程完成。投资700万元的工业园区污水管网工程、投资530万元的科创园北侧道路工程于9月竣工；大新医院北楼改造基本完成，有效改善医疗条件；大新派出所综合楼工程土建完工。大新学校小学部教学楼和中学部教学楼、综合楼进入主体施工阶段，风雨操场、食堂完成打桩。疏浚三级河道26条，新增桥涵7座，新增垃圾箱144个。全年全镇新增生产性建筑面积1.76万平方米，累计136万平方米。自来水普及率100%，生活用燃气普及率100%，排水管道覆盖率100%，污水处理率88%，垃圾无害化处理率100%。 （王 林）

【常阴沙现代农业示范园区建设】 常阴沙现代农业示范园区有集镇1个，建成区总面积2.2平方千米。年内，园区共投入建设资金1.27亿元。动迁房屋29户6960平方米，新建房屋76套1.82万平方米。集镇建设完成建筑面积2.97万平方米。主要工程有：投资570余万元建成常兴油菜花海，完成景观湖、土坡造型、道路拱桥、景观节点、木栈道、小木屋、停车场、瞭望塔、清水平台及游船码头等工程建设；投资350万元完成游客集散中心二期小木屋景观工程建设；投资17.3万元完成常南葡萄园景观工程建设，建成农场河沿亲水平台、景观工程和葡萄园入口节点景观等；投资650余万元建成常北社区8组、9组三星级康居乡村，重点完成121户居民的房屋建筑立面改造、河道疏浚和岸坡整治；投资40.3万元建成常北、常沙社区一站式服务大厅。完成相关乡村道路的提档升级，重点对常沙社区4110平方米和常北社区5544平方米混凝土路进行加宽，常红社区新建道路3960平方米。根据“美丽村庄”建设原则，完成7个社区18个规划保留点村庄的整体设计与规划。至年末，全区新增生产性建筑面积2.86万平方米，累计49.74万平方米。新增公共建筑面积1.07万平方米，累计8.3万平方米。新增排水管道3.2千米，总长度37.77千米，供水管道总长度48千米。新建柏油路1万平方米，新建水泥路1.68万平方米，镇区道路铺设总面积9.8万平方米。整治桥梁5座。年度污水处理总量70吨，生活垃圾处理总量1094吨。自来水普及率100%，生活用燃气普及率100%，有线电视入户率98%。 （陆锦法）

常兴油菜花海 （徐 威 摄）

【双山岛旅游度假区建设】 双山岛旅游度假区有集镇1个，建成区面积0.3平方千米。年内，全区共投入建设资金2亿元，主要建设工程有：投资500万元，新建临时过渡房120间；投资1200万元，加快沙洲河体育公园项目建设，练习场完工，接待用房封顶；投资70万元，完成双山南码头绿化配套工程；投资125万元，完成双山南码头钢引桥油漆工程；投资50万元，启动双山卫生院装饰工程，计划2015年3月完成；投资1000万元，启动南横港以南环岛河水系疏浚及拓宽项目工程，计划2015年4月完成。启动总投资1500万元的大伯墩烧烤园、总投资4.2亿元的岛内安置房建设工程。全区自来水普及率100%，生活用燃气普及率100%，排水管道覆盖率100%，垃圾无害化处理率100%。

（施 恩）

【两镇获苏州市美丽城镇建设示范镇称号】 2月18日，凤凰镇和南丰镇高标准通过苏州市美城办的第一阶段现场验收，获苏州市美丽城镇建设示范镇称号。在此基础上，两镇按照“基础设施提升、特色风貌塑造和长效管理落实”要求，推进第二阶段各项建设和长效管理工作。进一步完善规划编制体系，科学排定时序进度，围绕“规划引领、产业发展、基础设施、园林绿化、公共服务、建设整治、建设管理、环境卫生、节能减排、风貌特色、长效机制”等11个方面保障项目推进。凤凰镇立足“三镇五区”,通过明确产业布局、提升城镇功能、增强文化内涵等举措,加快建设江南美凤凰。南丰镇立足“三个一”布局,即“1个城市客厅、1个乡村主题公园、1条精品风景线”,通过规划引领、生态建设、文化渗透、风貌提升等举措,着力打造精致小城镇。凤凰镇和南丰镇分别完成投资4.1亿元和5.94亿元,实施建设整治项目27项和43项,全年建设整治任务顺利完成。

(龚健飞)

公用事业

【概况】 2014年,全市继续推进以供电、供水、供气、污水处理等基础设施建设。张家港电网完成220千伏港区变扩建,110千伏泗港变改造,永河、思贤智能变新建,沙洲变出口110千伏线路改造和35千伏电网优化等工程。220千伏欣隆变新建工程稳步推进,计划2015年4月投运。新增35千伏及以上变电容量15.45万千伏安,35千伏及以上输电线路11.9千米。全年完成各类电网项目投资6.59亿元。完成新建和改造自来水管网190千米。新增天然气管道200千米。

【供电】 年内,全市全社会用电量283.05亿千瓦小时,比上年增1.68%;日最高网供电量8400万千瓦小时(8月6日),比上年日最高网供电量增加200万千瓦小时;最高用电负荷407.69万千瓦(7月21日13时20分),比上年最高用电负荷增加0.66万千瓦。年平均负荷率91.37%,比上年下降0.08个百分点;线损率1.79%,比上年降低1.21个百分点,城网、农网电压合格率分别为100%、99.99%,城市、农村供电可靠率分别为100%、99.99%。全市平均电价为每千千瓦小时725.54元,比上年下降1.71元,回收各类电费166.17亿元。全年完成业扩报装户数55721户,增加容量245.07万千伏安。至年末,全市拥有220千伏变电站14座,主变33台,容量654万千伏安;110千伏变电站38座,主变65台,容量351.75万千伏安;35千伏变电站14座,主变28台,容量51万千伏安。35千伏及以上线路212条,长度计1506千米。其中,220千伏线路52条,回路长度542.96千米,电缆长度0.77千米;110千伏线路84条,回路长度525.22千米,电缆长度47.54千米;35千伏线路76条,回路长度337.05千米,电缆长度52.5千米。10千伏变压器8109台,变电容量313.52万千伏安,线路631条,回路长度4966.08千米,电缆长度1444.7千米;20千伏线路11条,回路长度48.75千米,电缆长度18.35千米;380伏线路5526.96千米,电缆长度1634.73千米;220伏线路37.01千米,电缆长度5.67千米。

【供水】 市给排水公司全年完成供水量1.62亿立方米,最高日供水量为53万立方米,供水水质综合合格率100%,水费回收率99.85%,自来水漏耗率5.1%。加快推进农村供水管网改造工作,共完成改造1.5万户。全年完成25个小区,共45套设备的勘察设计、安装调试工作,对107个居民住宅小区二次供水泵房和供水设施实现联网、实时监控。

【供气】 全市有大型液化石油气中转站1家,管道燃气公司1家,民用液化石油气储罐场8家,工业液化石油气储罐场5家,工业和民用液化石油气瓶组站1家,汽车液化石油气加气站1家,LNG汽车加气站3家,工业用液化天然气站4家,瓶装液化石油气供应站点27家。全年新增天然气管道200千米,新增投资1.98亿元,累计天然气管网长度1100千米;新增天然气工商用户106户,居民配套用户3万余户,全市累计配套用户16万余户。全年天然气供应总量4.29亿立方米,比上年增加5400万立方米。全市天然气日均用气量117.6万立方米,日高峰用气量达到125.2万立方米。

【污水处理】 全市有生活污水处理厂10家,日污水处理能力22.7万立方米。其中,市区4座,日污水处理能力为13.5万立方米,分别为第一污水处理厂、第二污水处理厂、第三污水处理厂和城南污水处理厂;镇区6座,日污水处理能力为9.2万立方米,分别为锦丰片区污水处理厂、金港片区污水处理厂、塘桥片区污水处理厂、乐余片区污水处理厂、常阴沙污水处理厂和双山岛污水处理厂。全年新增污水管道66千米,处理生活污水4531万立方米,城镇生活污水集中处理率为92.3%。

【市容保洁】 市市容管理处有各类清扫、清运、洒水、冲洗车195辆,打捞船9艘,快艇2艘,压缩式垃圾中转站9座,职工773人。年内,市城管局完成《张家港垃圾处置三年计划》编制工作,生活垃圾焚烧发电厂二期项目调试运行,提前研究增加垃圾处置能力工作,推进建筑渣土消纳场所建设,餐厨废弃物收运工作向乡镇延伸。扎实推进凤凰、塘桥、乘航垃圾填埋场搬迁工程。推广生活垃圾分类管理,创新“绿色积分制”模式,逐步建立有毒有害垃圾、废旧衣物收运体系,张家港市被省住建厅推荐申报“国家生活垃圾分类示范城市”,成为全省唯一获申报的县级市。全市全年累计处理生活垃圾34.33万吨,餐厨废弃物1万余吨,安全处置废旧灯管灯泡1万余根,生活垃圾无害化处理率保持100%。在沙洲湖、步行街等区域,及市第一农贸市场等地段,深化服务外包试点,引入物业管理,实现资源利用最大、环境效益最佳。

【市政道路建设】 全年在建市政与结转道路工程项目共20项。其中,新开工项目15项,当年竣工7项(南苑西路改造、东环路北延、人民东路东延、北庄路、湖东花苑东侧道路、人保用房周边道路、仓基花苑西侧道路);结转项目5项,当年竣工3项(塘桥西环路南段改造、职中路北延、泗港路新建)。全年完成市政道路建造面积79.11万平方米,里程23.2千米,完成投资3.06亿元。

【路灯管理】 年内,市路灯管理所对港城大道等6条道路、湾士岸等19个小区进行路灯增补及节能改造,增补路灯389杆、578盏，节能改造更换灯具603杆、762盏，方便市民安全出行。试点LED路灯及合同能源管理模式，加强路灯设施管护，路灯亮灯率、设施完好率分别保持99%、90%以上。至年末，全市路灯总数为15554杆、28357盏。乌农路、苏虞张张家港段照明工程获苏州市优质工程奖，S338省道鹿苑至江阴段获苏州市优质养护片称号。

【市政养护和管理】 年内，市公用事业管理处共修复混凝土路面3000平方米，沥青路面6500平方米，人行道板1.8万平方米，大理石人行道板5000平方米，砌筑及加高窨井330座，城市道路完好率99%。办结占道挖掘申请170件、道口开设30件、管道接入179件、城市顶管17件。加强城市排水管理，全年共发放排水许可证6份。全年养护工程资金投入2200万元。组织实施小城河—谷渎港连接工程，盘龙路、东墩头周边道路、云盘路、育才路、盘墩弄、花园浜菜场北侧道路共6条背街小巷改造工程，沙洲中路两侧部分建筑立面改造工程，界泾河治理工程，谷渎港—新沙河整治改造工程。

【第14座220千伏变电站投运】 1月9日，220千伏鹿民变电站顺利投入运行。220千伏鹿民变电站是张家港市供电公司第14座220千伏公用变电站，该变电站位于塘桥镇，总投资25954万元。当期220千伏鹿民输变电站工程共投运240兆伏安主变2台，220千伏线路4回，110千伏出线间隔12回，10千伏出线间隔24回。

【首座110千伏智能变电站建成】 5月23日，全市首座110千伏智能变电站永河变电站成功投运，标志着张家港电网迈入智能时代。智能变电站与常规变电站相比，具有占地少、造价省、可靠性高、运行维护简单方便等诸多优势。该工程位于南丰镇，于2013年5月开工建设，当期建设1台31.5兆伏安主变，建设110千伏出线1回、10千伏出线12回，工程动态总投资4000余万元。

【18个村建成新农村电气化村】 年内，大新镇长丰村、龙潭村、中山村，凤凰镇程墩村、金谷村、西参村、杏市村，锦丰镇常家村、福利村、交通村、乐杨村、南港村、西港村，乐余镇东兴村、扶海村、齐心村、永乐村、闸西村、长丰村等18个村严格按照国家电网公司、江苏省电力公司新农村电气化建设“统一规范、可靠适用、节能环保、维护方便”的要求，积极运用非晶合金型节能变压器节能型供电方式，遵循中压近户，小容量、密布点的原则，低压采用三相和单相混合供电模式。通过新农村电气化村的创建，民宅通电率100%。

【农村供水改造工程启动】 7月，由市给排水公司负责实施的农村供水改造工程开工，计划用两年时间完成，解决农村自来水供水管网年久失修、老化漏水等问题。该工程主要涉及全市规划保留村庄（含阶段性保留村庄）213个，改造63818户（其中金港镇5786户、锦丰镇19318户、塘桥镇7085户、乐余镇12368户、凤凰镇4163户、南丰镇7007户、大新镇2581户、常阴沙现代农业示范园区5510户），结合供水规划，统一进行“一户一表，水表出户，计量到户”改造。改造后的村庄供水管理由市给排水公司负责，进行统一的抄表、收费、维护和其他供水服务。该工程预算2.4亿元（不含前期清障及后期道路修补等），由市给排水公司承担30%，市级经济一般村由市财政补贴20%、区镇村承担50%，非经济一般村由市财政补贴10%、区镇村承担60%。同时，区镇村承担改造区域内青苗补偿、绿化迁移、道路开挖后修补等费用。对非保留村庄，由各村根据实际提出改造申请，经市、镇两级同意后参照保留村庄改造方式实施。至年末，共完成农村供水改造1.5万户。

（龚健飞　徐　霜　李明轩）

城乡管理

【概况】 2014年，市城管局按照打造“全省最洁美品质家园”的目标定位，开拓创新，有序推进各项工作。打造“一大亮点”，即全国县级市首创“城市e管家”公众交互系统；取得“两项突破”，即“城管进社区”“环卫一体化保洁”实现城区全覆盖，突破社区管理、环卫保洁制约瓶颈；实现“三方面领先”，即城市环境综合整治及示范创建、生活垃圾分类、环卫文化建设三个方面实现全省领先。市城管局获全国环卫文化建设先进单位称号，张家港城市管理的社会影响力扩大，群众满意度提升。

【城镇管理】 年内，市城管局对照全国文明城市指标，对城区市容、市政、环卫等，以及基础设施“三不管”问题，全面排查，逐项整改，限期办结。设立300万元专项资金，用于设施应急维护，全年共整改问题4000余个。科学制定流动摊点、建设工地、车辆停放等管理标准，细化量化工作要求，精雕细琢城市容貌，为“全国文明城市四连冠”创建和成功举办全国县级文明城市创建工作现场会提供保障。瞄准首批“江苏省优秀管理城市”目标，专门下发工作方案和考评办法，突出城中村、老旧小区、背街小巷、城市河道、农贸市场等重点区域，开展“931行动”，全面完成105个整治项目，综合整治、示范创建经验在全省得到交流推广，10个项目入选苏州示范名录，再创1条省级示范路（河东路）和2个省级示范社区（馨港社区、清水湾社区）。以水和大气环境、市镇容貌、农村环境等为重点，开展全市城乡大环境“十大整治”，逐步消除城乡环境薄弱环节。牵头开展节假日景区环境秩序保障行动，改善景区周边交通、环境秩序状况。出台《关于进一步加强城市管理工作的实施意见》，将城乡大环境综合整治、数字化城管绩效考核监测细则，纳入全市绩效考核指标体系，健全城市管理长效机制。下延城市管理重心，城区恢复“城管进社区”，在50个社区配备城管专管员，切实解决社区管理问题，在保税区（金港镇）三个街道办事处、双山岛旅游度假区分别设立城管执法中队，推动城市管理工作城乡统筹发展。

【城管执法】 年内,市城管局坚持依法行政和规范管理结合,秉承“严格、规范、文明、理性”的理念,加快城市管理执法专业化建设步伐。加强执法攻坚,优化城警联动执法模式,联合执法办公室与机动中队资源整合,一体办公,分区包干,快速打击“三小车”违章、流动设摊、车辆违停、渣土运输等共性难题,着力查处大案、要案。成立违法建设中队,会同市“两违办”攻坚违建顽症,全年纠处违法建设219起、流动设摊1500余起、乱倒垃圾和违规收运渣土1200余起。加强法制研究,制定建设工地、停车管理、信访回复等执法管理标准,加强流动摊贩管理的指导意见,规划早餐网点、流动擦鞋摊点布点。探索科学管理模式,深化与苏州大学合作,成立苏州地区首家“城管研究生工作站”,开办全省首个“城市管理本科班”,全面促进城市管理理论研究和队伍能力提升。加强装备保障,为一线人员统一配备“科技三小件”,利用执法记录仪携带方便、取证快捷的优势,规范城管执法。“城管通”新增现场开单等功能,提升管理效率;置换POC智能对讲手机,联动能力提高。增配车辆,市区中队平均配备2辆执法皮卡车、7辆四轮电动巡逻车,保证多方同时快速出警。在每个执法中队设置了接待、办案、调解等功能区域,专区专用,录音录像,保障执法规范。加强法制宣传,搭载报纸、电台、电视台、网络媒体等载体,大力宣传城管文明“十不准”等;利用工地围墙、户外广告等设施,加大城市管理公益广告投放力度,提升市民文明意识;开展“城管体验之旅”活动,邀请网民代表、教师代表走进城管局,宣传城市管理法律法规,提升市民对城市管理工作的知晓率和支持率。

【“城市e管家”上线】 1月,张家港市“城市e管家”手机端APP软件上线运行,通过这个软件,市民只要拍张照片,城市管理中出现的各类问题就可以快速反映给相关部门。“城市e管家”手机端软件在安卓市场、91手机助手、苹果App Store、豌豆荚市场上架,市民可以通过任一种渠道进行一键式下载和快速安装,在张家港市成功开创由政府主导开发软件在苹果和安卓两大系统手机软件市场上架的先河。“城市e管家”公众交互平台分为手机端APP软件及统一的交互系统前、后端两部分。其中,作为前端应用的APP软件供市民免费下载;后端的交互系统包括门户网站、短信和呼叫中心,可以统一受理、处置和反馈通过手机APP发送上来的各类城市问题。市民通过“城市e管家”软件拍摄的城市问题发送至平台,平台通过智能分拣和人工分拣相结合的方式,交由数字化城管、便民服务中心和“110”指挥中心3个中心,分门别类将上报的问题派发至各相关部门,由各部门办理后回复至平台,然后再由平台统一反馈给市民。市民如果发现各类城市管理的相关问题,可以打开“城市e管家”进行拍照并简要描述后上传,终端软件便会自动记录拍照时间和地点。市民上报所用流量由政府买单,月度按排名奖励话费。以上报问题质量、数量为主开展年度百名“城市好管家”评比,前10名授予“十佳城市好管家”称号,后90名授予“优秀城市好管家”称号。至年末,系统注册用户3.03万人,受理市民举报4万余起,办结率90%以上。

【城市管理“同创共建”行动】 年内,市城管局、市文明办、经开区(杨舍镇)联合组织开展“同创共建·全民美城”行动,把城区划分为50个网格,每个网格配备相应城管队员作为联络员,发动机关、单位、村(社区)和市民,走上街头,深入社区,全面督促履行市容环卫责任制。行动期间,市城管局数字化城管共接收各类问题近1万起,均得到及时妥善处置,结案率100%,切实提高了城市环境面貌。组建全省首家城市管理志愿者协会,招募会员单位90个,志愿者1050人,开展环境整治、执勤宣传等活动,以志愿者自身的言行影响和带动身边的人,充分发挥“1+7”的示范带动效应,不断提升市民素质和城市品质。

【城区“环卫一体化保洁”】 全市城区环卫“多头保洁”的传统模式已延续多年,影响了保洁的效率和效果。其中,主次干道归市城管局负责,开放式小区、城中村等地归杨舍镇负责,同一区域内的道路、绿化、河道的保洁责任分属不同单位。6月,全市城区启动“环卫一体化”保洁模式,取代“多头保洁”的传统模式,将开放式小区、城中村、背街小巷及存在管理空白的区域,共计122万平方米道路、67万平方米绿化、76万平方米河道,纳入市场化运作范畴,全部由市城管局负责,作业标准、频率、要求“三统一”,实现城区保洁“零死角”,提升城区环卫保洁整体质量。

(徐　霜)

“同创共建·全民美城”行动　　(市城管局　供稿)

【编辑　钱永浩】

交通·水利

Traffic & Water Conservancy

走马塘江边枢纽　（市水利局　供稿）

交通建设

交通运输

交通管理

水利建设

水利管理

交通建设

【概况】 2014年，全市完成交通基础设施建设投资40.08亿元。沪通铁路、张家港疏港高速公路、申张线航道（金港段）整治工程等区域大交通项目进展顺利，晨丰公路、沿江公路改造等市属交通工程按计划推进。市交通运输局配合上级交通主管部门，会同市规划部门实施市域内综合交通发展规划，相继开展“沪通铁路枢纽站区及线路敷设方式深入研究”“张家港站核心区地下空间设计”，制定《张家港北站公铁水联运配套物流园区规划》《张家港市通用机场规划》《张家港市内河港口总体规划》《张家港市公共交通发展规划》，以及省市干线公路升级调整等工作，搭建起综合交通运输规划体系。

公路建设 年内，完成张家港疏港高速公路项目的征地、动迁清表和供土等工作，桥梁桩基和下部结构施工，完成桥梁上部结构80%，路基土方90%，累计完成投资21.8亿元。沿江公路改造、乘航振兴路桥改造、三干河南延新泾路、塘桥西环路桥、北二环桥改造、一干河东路等工程建成通车，港丰公路疏港高速节点、晨德节点改造和五棵松路等工程推进顺利，累计完成投资2.9亿元。全年完成道路养护资金投入3.2亿元，其中国省干线公路养护性投资200万元、县道养护性投资1300万元、乡村道路大中修投资2.02亿元，完成乡村道路拓宽改造35.8千米，整改公交不达标线路12条共20.2千米。国省干线公路MQI（路况综合指数）为95.6，优良路率达100%。县道MQI为94.1，优良路率为98.3%。乡村道路平均好路率为85.7%，比上年提高0.7%。全年整改乡村道路四类桥梁4座，改造加固三类桥梁10座。至年末，境内公路总里程1521.7千米，其中国省干线公路169.6千米、县级公路209.8千米、乡镇公路615.8千米、村级公路526.5千米，公路密度每平方千米1.96千米。按技术等级分，公路总里程中，高速公路36.14千米、一级公路228.15千米、二级公路646.84千米、三级公路135.67千米、四级公路474.9千米。另有村组道路3732千米。

铁路建设 3月1日，沪通铁路长江大桥开工建设。8月，线路段进场施工。至年末，张家港市境内的长江大桥主跨28号墩、29号墩沉井浮运就位；完成引桥钻孔灌注桩1414根，占总量的98.6%；完成承台25个，占总量的36.7%；完成墩身6个，占总量的8.8%。线路段施工驻地、生产场地和设施基本建成，便道贯通7.9千米。完成钻孔灌注桩502根，占总量的2.8%；完成软基管桩4.5万延米，占总量的18.3%；完成水泥搅拌桩2.7万延米，占总量的4%；完成砂井2000延米，占总量的0.6%。完成民房动迁签约778户，占总动迁量的91.5%，其中交房和拆除560户；完成非住宅丈量评估完成，签约38%。

航道建设 年内，申张线航道（金港段）整治工程完成项目动迁171户，约91%，其中沿线码头吊机全部拆除。项目施工完成护岸6.6千米，南沙大桥和江海大桥主桥，以及袁家桥下部结构施工，累计完成工程投资1.3亿元。实施并完成澄杨线航道疏浚工程和船闸中修工程。年末，全市57条航道总里程425.61千米，其中等级航道7条111.1千米，含五级航道2条（申张线、锡十一圩线）、六级航道3条（澄杨线、老锡十一圩线、六干河）、七级航道2条（虞十一圩线、四干河），其余50条均为等外级航道。有通航船闸1座（张家港复线船闸）。

场站枢纽建设 年内，新建农村公交候车亭105个，新建登瀛、妙景公交首末站2座，新增、更新公交车97辆。年末，全市有高速公路枢纽1处、互通立交5处，国省干线公路桥梁58座，农村公路桥梁633座，其中跨规划的六横六纵航道桥梁128座。有一级客运站1家（张家港汽车站），二级客运站1家（港城汽车站），公交场站50个（含租借用场站5个），公交候车亭1220个、公交站牌2344个。

【沪通铁路开工建设】 沪通铁路平东至安亭段是国家沿海铁路大通道的重要组成部分，起点为南通市境内的宁启铁路平东站，终点为上海市境内的京沪铁路安亭站，途经张家港、常熟、太仓、昆山，总长度137.28千米，设计时速每小时200千米，客货两用，建设工期5年6个月，总投资361亿元，由中铁总公司、上海市、江苏省共同投资建设。沪通铁路长江大桥位于长江下游澄通河段南通水道进口段，全长约11千米，总投资150亿元，为公路、铁路两用桥，上层为六车道高速公路，下层为四线铁路，大桥主跨1092米。沪通铁路跨长江后，经张家港市锦丰、乐余、南丰、塘桥和凤凰五镇，接常熟市。张家港市境内长30.3千米，在南丰镇设张家港北站（货运站），在塘桥镇设张家港站（客运站）。3月1日，沪通铁路长江大桥开工建设。8月，线路段开工建设。沪通铁路的建成将进一步促进长三角区域一体化发展，完善路网布局，提升过江通道运输能力，推动江苏沿江两岸产业联动发展，完善上海综合交通体系。

【港丰公路快速化疏港高速公路互通节点改造】 港丰公路快速化疏港高速公路互通节点改造工程位于张家港保税区，为疏港高速互通范围2千米，共分上、中、下3层，地面下穿层为港丰公路，中间层为港华路，最上层为疏港高速。其中，疏港高速设计时速120千米、双向6车道，中间层港华路和下穿层港丰公路都按照一级公路双向6车道标准设计，设计行车时速均为80千米。工程概算投资1.34亿元，于2013年7月开工，计划于2015年10月竣工。该项目由江苏港通路桥集团施工，被评为2014年度江苏省公路水运工程“平安工地”建设活动省级示范工程。作为全市首座三层互通式立交，建成后将成为张家港市交通新地标。

【《张家港市内河港口总体规划》实施】 年内，为更好地发挥水运在综合交通运输的作用，形成“港城联动、布局合理、功能完善、适度集约”的港口体系，市交通运输局开展《张家港市内河港口总体规划》编制工作。2月编制工作启动，5月形成初稿，7月通过专家审查，10月上报市政府审批，

11月市政府批准实施。该规划以申张线、锡十一圩线、六干河等五级以上高等级规划航道的综合开发为主，结合各区镇总体规划、运输要求、经济发展和产业布局，规划8个公共作业区，包含南沙、南丰、凤凰3个主要作业区，保税区、锦丰、塘市、乐余、东沙5个一般作业区的总体格局，共占用岸线4.9千米，形成300吨至1000吨泊位101个，内河货物吞吐能力达到1710万吨。（吴孙华）

交通运输

【概况】 2014年，全市营业性交通运输完成公路、水路客运量4262.1万人次、客运周转量145463万人千米，分别比上年下降45.2%、58.2%；完成公路、水路货运量2432万吨，比上年下降26.9%；完成货运周转量399994万吨千米，比上年增13.8%。张家港船闸全年开放闸次21805次，放行各类船舶86325艘，通过量6150.9万吨，比上年增7.9%。

客运　年内，全市新增、更新客运车辆170辆。至年末，有客运车辆1740辆，其中公交车709辆（含学生公交专线车106辆）、出租车557辆、长途班车179辆、旅游客车295辆；有客运船舶7艘。有客运企业16家，其中公交企业1家、长途客运企业2家、出租客运企业5家、水路客运企业2家。开通长途客运省际班线82条、市际班线84条、县际班线14条。开通公交线路61条（均为无人售票线路），日发班次4904班，日接送旅客18.4万人次。

货运　年内，全市新增、更新货运车辆1554辆，其中危化品运输车辆114辆。至年末，有各类货运车辆16777辆，其中集装箱车762辆、危险品运输车辆1388辆。有船舶39艘，载重吨位42690吨，其中液货运输船舶10艘，载重吨位1180吨。有道路货物运输业户（企业）7367户（家），其中个体运输业户5430户、专业运输企业495家（含集装箱运输企业130家、道路危险品运输企业46家）。有道路运输服务（含代理、装卸、仓储等服务）业户222户（家）。有水路货物运输企业6家、水路运输服务业户6户（家）、内河港口码头企业94家。

机动车维修及驾驶员培训　年末，全市有机动车维修企业849家，其中一类维修企业38家（含品牌4S店23家、客车维修企业2家、危险品车辆维修企业4家）、二类维修企业147家（含品牌4S店12家）、三类维修业户674家，其中“江苏快修”企业7家、“绿色汽修”企业2家。全行业全年维修100万辆次，实现产值50亿元。全市有驾校3家，有教练车363辆，教练员463人，全年培训机动车驾驶员29025人。港城汽运集团机驾人员培训中心被交通运输部评为AAA驾校。

2014年张家港市全行业营业性客货运输量一览

表13

项　目	单　位	实　绩
客运量	万人次	4262.10
其中：水运	万人次	126.00
公路	万人次	4136.10
旅客周转量	万人千米	145463.00
其中：水运	万人千米	1162.50
公路	万人千米	144300.50
货运量	万吨	2432.00
其中：水运	万吨	289.80
公路	万吨	2142.20
货物周转量	万吨千米	399994.00
其中：水运	万吨千米	113762.60
公路	万吨千米	286231.40

【《张家港市公共交通发展规划》通过评审】 年内，为深化和完善城市与区域交通，推动公交优先发展，更好的服务城乡居民安全、便捷出行，市交通运输局联合东南大学启动《张家港市公共交通发展规划（2015—2030）》编制工作。规划分别从城市公共交通发展现状、公共交通需求、公共交通线网规划、城市公交运力发展规划及实施保障措施等方面进行全面分析、规划设计，按照“骨架路线加基本路线”的发展模式，建立高效、便捷、畅达、安全的城市公共交通网络。10月30日，市人民政府召开《张家港市公共交通发展规划（2015—2030）》评审会。评审会邀请合肥工业大学教授张卫华等5名专家组成专家评委组，对规划进行评审。评审意见指出，规划是在应对张家港市城市化、机动化快速发展的大背景下编制的，是十分必要和及时的，规划基础资料较为翔实，规划目标明确，规划理念先进，技术线路正确，内容全面丰富，规划重点突出，规划方案较为合理，符合相关编制规范的要求，具有前瞻性和较好的可操作性。专家组一致同意通过评审。评审结束后，市交通运输局在加强公交信息化、优化客流集散点布局等方面对规划进行了补充完善。

【新增插电式气电混合公交车70辆】 年内，全市新增新型公交车97辆，其中插电式气电混合动力公交车（国V标准）70辆、友谊柴油公交车（国IV标准）27辆。由金龙联合汽车工业（苏州）有限公司生产的插电式气电混合动力公交车，具有安全、节能、环保的优势，有利于提高市民的生活质量，是公交车发展的方向。这种公交车行驶过程中，当车速低于每小时20千米时，车辆使用电力作为驱动，实现零排放；当车速高于每小时20千米时，车辆使用混合动力作为驱动，并将刹车制动等操作所产生的多余能量储存在电瓶中，作为低速时的驱动能量，实现节能环保。公交车操作简单，采用无级变速电机，无须踩离合器及频繁换挡，降低了驾驶员的劳动强度。这次引进插电式气电混合公交车，既是2014年市政府实事工程之一，也是国家新能源车辆推广计划之一。插电式气电混合动力公交车，与同类型的LNG（液化天然气）车辆相比节能40%以上。70辆新能源公交车12月中旬全部投入运营，并陆续投放到228路、201路、202路、221路等二级公交线路。这标志着张家港市新能源公交车从一级（市区）线路向二级（乡镇）线路延伸。至年末，全市有各类在线营运公交车603辆，其中新能源公交车230辆，占38%。

（吴孙华）

交通管理

【概况】 年末，市交通运输局机关设科室8个，下辖公路管理处等事业单位18个。年内，市交通管理部门共办理各类交通行政许可1319件，比上年减少13.3%。办理道路运输经营户的经营许可证、营运车辆的道路运输证审验13039件。继续实行交通行政执法网上公开透明运行，共查处和纠正各类交通运输违法违章行为4.67万起。在试点基础上，成立"港城车大夫"汽修纠纷调解工作室，开展交通行政调解工作，全面推进说理式执法文书工作。张家港市交通运输局被苏州市建设法治政府工作领导小组评为2013—2014年度苏州市依法行政示范单位。对10个重点工程和区镇46个项目开展质量安全监管。全年共开展质量专题检查4次，工地实验室和工地施工检查6次，发出通报28份，其中要求整改的16份。实施安全督察14次，下发督察通报9份，发现并当场指出各类安全隐患211处。全年召开19个新开工项目质量监督交底会议，经现场评审核发工地试验室备案6个，在质量管理中实行定人、定点、定线的"三定"管理，监督覆盖率达到100%。继续深化乡镇交通运输综合执法管理改革工作，自主开发乡镇交通运输综合执法网上处理系统，市交通综合管理所被交通运输部评为2014年度交通运输行政执法评议考核优秀基层执法站所。

运政管理 市交通运输管理部门全年办理道路运输许可1207件，其中机动车维修许可88件。全年查处道路运输违法行为1733起，其中非法运营行为（黑车）183起，客运违法行为465起（含出租车违规行为19起）、货运违法行为1085起。查处一、二类维修企业违法经营案件17起，查处三类维修业户无证、超范围经营案件11起，营运车辆二级维护检测超期案件254起，检测营运车辆39240辆次，安全性能检测52621辆次。继续推进市场主体结构调整，发展甩挂运输，专业化车辆载重吨位比上年提高6%，占运营车辆总吨位的17%。发展"机动车绿色维修"，培育机动车维修连锁经营，连锁维修经营业户达到22家。深化运输市场诚信体系建设，至年末，全市信誉维修企业占一、二类维修企业总数的40%。

"港城车大夫"现场检测诊断车辆故障 （市交通运输局 供稿）

路政管理 市公路管理部门全年办理国省道路行政许可6件，县乡道路行政许可66件。全年开展专项检查60次，下发整改通知书6份，清除障碍物420立方米，清除非标悬挂物341块，清除摊点735处；查处超限运输车辆532辆，卸驳载货物9800吨。全面加强公路路域环境综合治理，完成国省干线公路管理养护工作，实施绿色通道和安保工程，深化和巩固文明样板路创建工作，国省干线公路全部建成部省级文明样板路，县道全部建成市级文明样本路。强化农村公路养护管理考核，南丰镇创建为省级乡村公路管养及安保工程示范镇，大新镇创建为苏州市级乡村公路管养及安保工程示范镇。

内河航政管理 市航道管理部门全年办理航道类许可40件，全年巡航里程1.5万千米，现场维护航标89座次，查处破坏航道、船舶违章2起，收取航道赔（补）偿费151万元，干线航道清障扫床153千米，疏浚土方6.4万立方米，干线航道通航保证率100%。船闸管理处开展船舶计费基数丈量复核活动，重点治理船证不符或大船小证等现象，过闸船舶入网准确率100%。

内河港政管理 市内河港口管理部门全年办理内河岸线使用许可1件，经营许可3件，内河码头工程施工图设计审批2件；颁发内河港口经营许可证3份，核发港口危险货物作业附证6份，颁发港口工程竣工验收证书1份；组织港口专项整治1次；征收内河港口货物港务费312.3万元；实施内河码头规范化管理，内河码头持证率89.36%。落实安全监管责任，全年未发生责任安全事故，内河码头规范化管理规范有序。

内河水上交通安全管理 年内，市地方海事管理部门将行业监管和便民服务相统一，出台上门签证、上门安检、上门检验"三合一"上门服务模式,实行“365全天候”服务制和“白加黑”工作制。投资500余万元,建成江苏省首个内河水上搜救中心,建设17个全球眼视频监控系统,改变传统巡航、搜救模式。全市共实施交通管制11起,发布航行通告10次。全年上航1701艇次、6309人次,巡航时间4595.9小时,巡航里程3.8万千米,检查船舶5.76万艘次,查处各类船舶违章运输行为4.41万起,办理船舶签证7.16万艘次。实施“110”处警及船舶报警82次,救助船舶15艘,救助船员2人,挽回各类经济损失400余万元,内河水上搜救成功率提升至98.2%。

【“港城车大夫”被评为江苏省优质服务品牌】 12月30日,“港城车大夫”被江苏省文明办评为江苏省优质服务品牌。2010年,市交通运输局在全国率先推出“港城车大夫”公益品牌,免费向社会提供汽修咨询、技术答疑、车辆故障检测诊断和汽修纠纷调解服务。2014年3月,“港城车大夫”服务中心搬迁改造,新的服务中心位于市华昌路1号(交通大厦南侧),有注册志愿服务专家38人,实行365天“无节假日”服务制。全年免费解答汽修方面的咨询、普及汽修常识1.5万人次,检测诊断故障车辆1万辆次,调解汽修纠纷17起,取得了良好的社会效应。

【交通安全文明教育基地建成】 年内,江苏港城汽车运输集团投资580万元建设张家港市交通安全文明教育基地。基地位于交运时代广场港城驾校总部二楼(市华昌路5号),4月筹建,10月落成,11月正式免费对外开放。基地占地面积约1500平方米,分为序厅、认知教育厅、警示教育厅、体验教育厅、交通知识长廊、感悟宣誓厅六大主题区域。各区域紧密相连,层层递进,利用声、光、电一体的表现形式向公众展示交通法律法规、交通安全知识、交通事故案例、交通违法行为等内容,开展有针对性、系统性、专业性的交通安全文明宣传教育。年内接待参观学习考察团队55批次,普及安全文明驾驶知识1310人次。这是全市首个交通安全文明教育基地。基地的建成,为广大市民尤其是机动车驾驶人员提供了一个学习交通安全常识、体验交通安全科技成果、养成文明出行习惯的场所,对构建和谐、平安、文明、便捷的交通环境具有积极推动意义。

(吴孙华)

水利建设

【概况】 2014年,市水利局围绕水利现代化和水生态文明建设年度目标任务,推进百年一遇江堤加高加固、沿江口门枢纽升级改造、城乡水环境综合治理等重点水利工程建设,全市防洪除涝能力大幅提升,水环境面貌持续改善。

防洪治涝工程 年内,市水利局先后组织实施通洲沙西水道综合整治三期工程、十三圩港至三干河段2.4千米江堤改造、老海坝节点综合整治一期、五节桥港泵闸工程以及防汛岁修等防洪工程建设项目。通洲沙西水道综合整治三期工程的长沙河至福山塘边滩整治主体工程基本完工,新增高标准堤防10.6千米,新增土地资源562公顷,总投资9.8亿元。十三圩港至三干河段2.4千米江堤改造项目完成堤防填筑46万立方米,总投资4000万元。老海坝节点综合整治工程一期工程7月正式开工,至年末完成工程量50%。五节桥港泵闸工程包括1座12米宽的节制闸和1座流量为每秒45立方米的引排双向泵站,10月完成水下工程验收,11月通水,总投资8500万元。加强农村圩区综合治理,新建和改建排涝站12座、圩口闸21座,建设圩堤达标管理示范区21个,设置圩堤管理标牌设施390处。对二干河、华妙河等8条市级河道的坍塌岸坡进行治理,共整治3.55千米。至年末,全市有长江堤防103.69千米,其中主江堤87.52千米(含双山岛洲堤16.11千米)、闸外港堤16.17千米;有沿江节制闸23座、出江(港)涵洞24座;有内河水闸37座,其中内河套闸8座、节制闸18座、泵站11座。全市圩区有排涝站267座,排涝流量每秒564.5立方米,装机总容量2.69万千瓦,有圩口涵闸362座。

农村水利建设 年内,各区镇结合美丽镇村建设,以河道疏浚、拆坝建桥、水系沟通、生态河道建设为主要内容,大力实施城乡河道连片整治工程,全面推进农村水生态环境改善。全市共疏浚市镇村组四级河道642条,总长404千米,完成疏浚土方392万立方米,拆除农村河道阻水坝头115条,建桥115座,建设生态河道33条,建生态护岸33千米。年末,全市有各类河道9002条,其中市级及以上河道27条、镇级河道263条、村组

三干河南延工程施工现场 (市水利局 供稿)

河道8712条，总长4569.51千米。

水循环体系建设　年内，三千河南延工程、一干河拓浚工程等重点水利工程建设加快推进，北新丰河整治工程一期、新西河整治工程、寿兴横套整治工程等二级河网整治工程稳步实施，城乡水循环体系进一步构建完善。北新丰河整治工程，一期整治范围西至华昌路，东至东二环路，全长1.33千米，开挖河道土方16万立方米，生态格宾挡墙1.33千米，总投资982万元。新西河整治工程，全长8.3千米，新建、改建桥梁4座、闸桥1座、闸站1座，总投资约6200万元。寿兴横套整治工程，开挖河道2千米，建设排涝闸站1座，总投资约2200万元。

【三干河南延工程】 三干河南延工程是市域东部水循环体系重要的引清河道，是改善塘桥、凤凰片区水环境的一项重要工程。2008年11月24日，市政府举行三干河南延工程开工仪式，2012年10月正式开工。工程北起南横套，南至张家港塘，全长16.2千米，其中新开河道12.4千米，拓浚老河道3.8千米，建设三干河江边枢纽1座，新建沙漕交界的黄泗浦节制闸和出张家港塘的凤凰节制闸，建设跨河桥梁21座，总投资10.08亿元。其中，三干河江边枢纽由泵站和节制闸组成。泵站设计流量每秒40立方米，装机容量2400千瓦。节制闸净宽32米，闸门为升卧式平板钢闸门，采用卧式液压启闭机启闭。工程于2012年7月15日开工，2014年5月30日通过验收，总投资约6900万元。至2014年年末，三干河南延工程河道土方开挖及配套主体工程基本完成，实现局部河段通水目标。

【六干河节制闸重建】 六干河节制闸位于六干河与长江交汇口，是张家港市沿江重要控制性口门。2013年4月，为提高区域防洪排涝能力，满足通航运输需求，六干河节制闸实施重建。2014年1月，通过水下验收，9月12日正式运行。重建后的节制闸为3孔、总净宽28米，中孔16米孔径与走马塘江边枢纽通航条件相匹配，总投资3700万元。至年末，六干河节制闸累计引水495小时42分，引排水量1.25亿立方米，排水49小时20分，通过船舶592艘次。

【中央财政高标准农田重点县建设】 2013年，为提升县级农田水利的建设和管理水平，国务院在全国实施第五批中央财政小型农田水利重点县建设。通过竞争立项，张家港市被列入2013—2015年中央财政标准化农田重点县名单。项目分三年实施，总投资1.61亿元，计划对全市9个区镇的小型灌排区、6400公顷区域范围内的水利设施进行改造升级，主要建设任务包括小型水源工程、渠系工程、小型排水工程、高效节水灌溉工程等，计划新建小型灌排泵站151座，硬化渠道204千米，整治沟道42千米，新建渠系建筑物1034处、涵闸23处，建设圩区信息化工程7处。2014年，第一批实施经开区（杨舍镇）、南丰镇和常阴沙现代农业示范园区3个项目区，项目区总面积3245公顷，改善排涝面积2931公顷、灌溉面积1727公顷，建设高效节水灌溉面积218.6公顷，总投资5382万元。3个项目区共建设电灌站31座，整治引水沟道1.4千米，清理引水沟道5.5千米，建设渠系建筑物259座，建设排涝站4座，建设排水涵闸4座，整治排水沟道6922米，清理排水沟道4.35千米，实施信息化工程3项，建设高效节水电灌站14座，新建输水管道28.74千米、排水明沟672米，建设渠系建筑物13座。至2014年年末，第一批建设任务全部完成。　（陈　超）

水利管理

【概况】 2014年，市水利局坚持建管并重、量质并举的原则，抓好长江堤防管理养护、长江河道水文勘测、城乡河道长效管护、水资源监测管理、水政巡查执法等工作，不断提高标准质量，规范程序方法。市水政监察大队被中央精神文明建设指导委员会授予第四届全国文明单位称号，成为全省水利系统第二家获此荣誉的单位，也是全国水利系统唯一一家获此荣誉的基层单位。

设施管理　年内，市水利部门推进水利闸站“管养分离”，对小城河、小河坝、花园浜、梁丰河、范港等5座内河泵站实行物业化管理试点。加强对长江险工段、沿江水闸以及35家沿江企业码头的水下地形监测，完成沙洲电厂至九五圩段30千米堤防、沿江十八座水闸变形观测及河床断面观测，对沿江走马塘江边枢纽、十一圩套闸、十字港闸进行水下摄像探摸，完成五期沙钢码头变形监测，朝东圩—环城河涵闸布点及监测、走马塘涵闸布点及监测、永钢集团码头沉降观测、中油泰富码头变形监测、过产业码头控制测量以及长江国际储罐、码头首次变形观测等工作，累计完成监测点3500个。开展通洲沙西水道三期水下地形测量，完成断面测线1100条，地形测线2000条，测量面积约150平方千米，提交测绘资料10套。加强河道长效管理，所有市、镇级河道及60%村组河道的日常保洁实现市场化运作。全市投入河道长效管理经费2556万元，聘用河道保洁员174人，在朝东圩港、奚浦塘等市级河道设立16个保洁员工作站。

水资源管理　继续推进全国最严格水资源管理制度试点、省级水资源管理现代化试点，确立水资源开发利用控制、用水效率控制、水功能区限制纳污的“三条红线”，完善用水总量控制制度、用水效率控制制度、水功能区限制纳污制度、水资源管理责任和考核制度，基本建立起最严格水资源框架体系，8月通过水利部中期评估。推进节水载体建设，组织开展1家（南丰小学）省级节水型学校创建、10家苏州市节水型学校创建、3家（港城大厦、塘桥镇人民政府、张家港出入境检验检疫局）省级节水型机关创建，对5家企业开展水平衡测试。强化年度用水管理，审验取水许可证166份，占发证总数100%，其中地表水107份、浅层水59份，吊销14份，办理取水许可申请19户，并全部开展水资源论证。开展水质监测工作，年内对92个入河排污口定期开展水质监测，并对部分重点排污口和群众举报排污口进行12次水质监测，对全市集中式饮用水源地水质进行动态监测，每月发布水源地水质监测月报。全年实际用水量地表水63483万立方米，浅层地下水188万立方米。2014年，全市万元GDP（地区生产总值）用水量41立方米，比上年下降21%；工业万元增加值用水量13.8立方米，比上年下降5.2%。年内，凤凰镇金谷村朱家弄自然村、南丰镇建农村、杨舍镇善港村船坞里自然村、杨舍镇闸上村柴头湾自然村、锦丰镇光明村、乐余镇永利村永利自然村、乐余镇扶海村扶海自然村、乐余镇稻麦良种场、乐余镇畜禽良种场等9个村庄成功创建为全省首批“水美乡村”。

水政执法　加强水法宣传，利用水法宣传周和法治文化月，开展网上水法规知识竞赛、电视系列片《人·水·法》第六部社区展播、保护母亲河行动启动仪式、“维护河道健康”志愿者行动等16项活动，并通过电台、电视台、市政府政务微博、报纸等新闻媒体广泛宣传，增强群众爱河护河意识。加强水政执法，年内，组织日常水事巡查1830人次，查处违法案件8件，其中涉河违章案件2件、水资源案件1件、非法采砂案件5件，上缴罚没款近98万元。建立与长航公安的联合执法运行机制，组织打击非法采砂集中整治行动21次，查处涉砂案件5起，查处非法采砂船只6艘，拆除非法采砂船只1艘，捣毁采砂设备12台套。制止长江江堤违章行为14起，下发限期整改（停工）通知书4份，铲除违章种植260平方米，拆除违章网2处，清理违章占用堆放23平方米，清理违章建筑30平方米。发现和制止涉河违章行为23起，送达水事巡查警示书17份，呈报水政案件13起，对走马塘、沙洲湖、泗兴港等河道进行集中清障活动，累计清除地笼66口，对朝东圩港河坡进行清垦，整治河坡垦种面积约9000平方米。梳理水行政权力事项目录，做好“清权、减权、控权”工作，对62项水行政权力梳理确认，确定128项行政权力事项，重新建立72项行政处罚自由裁量基准。全年办理行政许可审批21件。全年征收河道占用工程补偿费487万元，水资源费2378.55万元，水利工程水费986.9万元，南水北调基金1185.61万元。

【防汛防旱】 年内，全市共组建防汛抢险队伍220支5230人，长江堤防、沿江涵闸及圩区排涝闸站全部落实责任单位和责任人员。设立35个防汛物资储备点，储备土工布袋50万个、防汛木材829立方米、土工布14万平方米、块石27460吨，以及柴油、救生衣、电缆等其他防汛抢险物资，落实挖掘机、装载机78台套，准备运输车辆166辆。5月19日，市政府召开全市防汛防旱工作会议。修订完善《张家港市重大水旱灾害应急预案》《张家港市防御台风应急预案》和《张家港市城市防洪应急预案》。汛期总降雨量975毫米，梅雨期17天，降雨量201.7毫米。全年台风影响较少，仅受10号台风“麦德姆”、12号台风“娜基莉”、16号台风“凤凰”的外围影响，没有造成大的损失。汛期，沿江各节制闸共向长江排水20.79亿立方米，引水10.09亿立方米。

【河道管理实行“河长制”】 3月，为加强河道管理与保护，维护河道健康生命，市委、市政府出台《张家港市全面推行河道管理“河长制”工作实施意见》，建立完善组织领导体系和考核评价体系，形成“河长牵头、部门负责、属地管理、社会参与”的河道立体化工作机制。4月4日，市政府组织召开全市河道管理“河长制”工作推进会，明确由“河长”对河道的水体岸坡建设、污染防治、日常保洁、岸线开发利用负第一责任，确保河道水体活、水质好、水面清、岸坡美。全市28条市级以上骨干河道由市长和市委、市政府分管领导担任“河长”，263条区镇级河道由所在区镇政府（管委会）主要负责人担任“河长”，所有村组河道由村（社区）主要负责人担任“河长”。4月，市、镇两级“河长制”工作领导小组及办公室全部运作，市级以上骨干河道“河长”、镇级河道“河长”、村组级河道“河长”全部责任到人，河道管理责任层层落实、大小“河长”层层负责的管理体系形成。

【凤凰水利风景区获评省级水利风景区】 年内，为推进凤凰镇水生态文明建设，促进凤凰水利风景资源的合理开发与保护，提升凤凰旅游品牌的影响力，凤凰镇根据省水利厅的有关要求，积极开展凤凰水利风景区创建工作。凤凰水利风景区位于张家港市凤凰镇，占地面积9.07平方千米，是集水利工程、休闲观光、商务度假、会议展览等于一体的多功能风景区。景区依托凤凰湖、三干河、奚浦塘、新西河四大水利工程为载体，主要由凤凰湖水生态景区、奚浦塘水文化景区、凤凰山自然风景区、河阳山歌人文历史景区、朱家弄美丽村庄和凤凰桃园水乡等主要景点组成，将生态、景观、人文、工程融为一体，构建起人与自然和谐共生的水生态天堂。11月7日，通过省水利厅组织的专家现场考察评价。12月30日正式获评江苏省级水利风景区。

【小型农田水利工程设施管理办法出台】 9月，为加强全市小型农田水利工程设施管理，建立长效管护机制，确保小型农田水利工程设施长期正常运行，市政府下发《张家港市小型农田水利工程设施管理办法》。小型农田水利工程设施，是指控制灌溉面积666.67公顷以下的农田工程设施，包括灌溉泵站、衬砌渠道及配套建筑物、低压输水管道、过河涵洞、机耕桥和喷灌、微喷灌设施首部及其输水干管等（简称“农田灌溉工程设施”），以及除涝面积2000公顷以下的圩区工程设施，包括排涝泵站、防洪圩堤及配套涵闸等（简称农田除涝工程设施）。管理办法明确农田灌溉工程设施和农田除涝工程设施的管护范围和标准，落实管理经费的筹集渠道，细化各区镇政府（管委会）、市水利局、工程设施产权人、各区镇水利站分别作为小型农田水利工程设施管理的责任主体、行业主管部门、管理主体、技术指导的具体责任。管理办法还对考核主体、频次、内容和奖惩提出要求。管理办法自11月1日起施行。

（陈　超）

【编辑　陆正芳】

邮电·信息化

Post and Telecommunications & Informatization

中国移动总经理接待日　（移动公司张家港分公司　供稿）

邮　　政

电　　信

信息设施建设

信息技术应用

信息化管理

邮 政

【概况】 市邮政局下设5个部室，6个专业公司，24个邮政支局（所）、32个金融网点，从业人员554人。全市设有信筒（信箱）125处，其中城区36处、农村89处，信报箱48530个，报刊亭48个。有邮运汽车11辆，邮路12条，日均行驶里程1018千米，投递段道139条，投递总里程6327千米，其中农村里程5710千米。全年完成邮政业务总收入1.46亿元。年内，市邮政局累计组织党的群众路线等主题教育、培训活动32次，收集涉及业务发展、服务质量、员工生活等五大项39类建议，逐条落实整改，在苏州市质量协会用户评价中心组织的用户满意度调查中，满意度指数89.83分。提高管理质量，出台员工考评办法、员工奖惩管理实施细则，管理流程进一步规范化。建设服务平台，投入300余万元，完成港口邮政、城北、西门等6个网点改造工程；投入200余万元，完成兆丰、三兴、晨阳、后塍、德积等7个支局投递网改造和职工小家建设。开展社区邮政共建活动，结对城乡社区32个，先后组织开展晚会、摆摊设点咨询、上门服务空巢老人等活动8次。抓好企业党建和精神文明工作，组织2次道德讲堂，提升员工道德素养。开展建党93周年系列活动，邀请专家上专题大党课。在“百岗助百人”活动基础上抓好“亲情邮路”创建工作，发动投递员立足岗位，帮扶社会弱势群体，“爱心包裹”项目保持捐赠额列苏州地区第一，全省前茅。8月，万红储汇处被中国质量协会授予全国五星级现场称号。

【首批全功能社区邮政便民服务站成立】 为满足城乡居民公共服务需求，市邮政局在南丰镇永合社区、振兴社区和杨舍镇江帆社区建成全市首批社区邮政便民服务站。8月11日，揭牌仪式在南丰镇永合社区举行。社区邮政便民服务站基本服务项目包括水电等公用事业费的缴存、票务销售、包裹代提，并特别增设邮件报刊代投功能。首批成立的3个社区邮政便民服务站，服务居民户数13179户、服务人口约4万人。邮政部门计划继续建设3家至5家社区邮政便民服务站，增加邮政储蓄功能，有条件的地方逐步建设一些自动取款机、自动缴费机等，并在部分小区建设智能包裹箱，初步形成“10分钟便民服务圈”。

【《长江》特种邮票首发】 9月13日，仪式在市长江博物馆举行，包含《长江》特种邮票首发式、“长江流域集邮文化”为主题的专题座谈会、“中国梦・长江情”主题邮展等系列文化活动，是长江文化艺术节系列活动之一。发行的《长江》特种邮票1套9枚，内容分别为大江东去、山水重庆、三峡奇观、楚湘临江、庐山水韵、黄山独秀、金陵春晓、江畔水乡、东流入海。《长江》特种邮票以袁运甫的国画长卷《长江万里图》为蓝本，以九图连印形式相衔展现长江万里奔腾的雄姿和气概，一版一套的全景式印刷方式，使长江全貌及美景尽收眼底。“中国梦・长江情”——江苏省专题类获奖邮集展览展出的专题邮集为近两年在国际、国内邮展上获镀金奖以上的优秀作品，其中包括杨桂松的《驾驶汽车》、沈国良的《烟草》、代双节的《羽毛》、李静波的《自行车运动》、梅军的《踢足球》等世界邮展金奖作品6部以及多种市场热点、稀缺的集邮文化藏品和热门金银藏品。座谈会特邀中央电视台特约著名鉴宝专家汪沼诠释收藏文化，对部分珍贵邮品进行现场竞买。活动吸引全市200余名投资收藏爱好者，成交额60万元。活动设立临时邮局，提供邮品销售、主题信箱、纪念戳等服务。该邮展是继江苏第二届专题邮展和长沙第十六届全国邮展之后专题集邮成果的又一次大检阅、大展示，代表江苏专题集邮的最高水平。

【“爱心包裹”捐赠公益活动】 7月10日，市文明办、邮政局、妇联举行“爱心包裹”活动捐赠仪式，并组织现场捐赠。“爱心包裹”延续推出“四季平安包”“学生包裹”“母亲邮包”三种类型。其中，“四季平安包”主要针对全市流动儿童和贫困学生，以安全教育资料及学习用品为主。“学生包裹”包括“学生型美术包”和“学生型温暖包”两个系列，主要针对贫困地区小学生，其中“学生型美术包”以基础文具和美术用品为主，“学生型温暖包”以保暖御寒物品为主。“母亲邮包”包括“母亲贴心包”“母亲暖心包”“母亲家庭包”3个系列，主要针对贫困地区母亲，以日常生活用品为主。3种类型的包裹价格在100元至300元不等。活动中，与会人员观看了爱心包裹宣传片，市委宣传部副部长、文明办主任何俊点亮大港城网“点亮孩子们的笑脸”专题网页，开通捐赠区域，吸引更多爱心人士参与到“爱心包裹”项目。商家代表以及妇联系统23个单位80余人现场认领“爱心包裹”。仪式上，共收到社会各界捐赠的“爱心包裹”435个，价值4.35万元。（孙　俊）

电 信

【概况】 年内，各通信运营商完成业务总量18.95亿元。主要经营范围包括移动通信业务、固话业务、宽带业务、互联网专线、数据通信等综合电信业务。至年末，全市有固定电话用户32.17万户，移动电话用户152.5万户，宽带用户40.98万户。

中国电信股份有限公司张家港分公司 公司下设办公室、销售部、政企客户部、渠道运营中心、维护安装部及17个支局，员工总数399人。2014年，公司围绕“发展与改革”主题，把握“增收、转型、创新”工作主线，实现企业价值和客户价值共同增长。年末，有固定电话用户28.86万户，移动电话用户42.11万户，宽带用户26.2万户，全年电信业务总收入6.98亿元。年内，公司获得张家港市2013年度文明机关称号，被评为苏州市2012—2013年度A级纳税信用等级。

中国移动通信集团江苏有限公司张家港分公司 公司下设综合部、销售服务部、重要客户部和技术业务支撑中心4个部门及城北、金港、塘桥、锦丰、城南、乐余6个分局，有员工314人，营业网点超100个，缴费网点超500个。公司秉承“正德厚生、臻于至善”的企业文化，推出五大类20条服务举措，严格执行“八项服务承诺”，通过“一线流程穿越”“阳光走访”“总经理接待日”等活动，优化服务流程。重点围绕政府信息化、企业信息化、智能楼宇三个方面打造优质信息化项目，推进公安治安监控、GPS车辆定位等项目，提升相关单位信息化水平。年末，移动电话用户84.8万户，有线宽带上网用户近12万户，全年运营收入超10亿元，实现用户数和运营收入稳定增长。公司获全国用户满意服务明星班组、苏州市消费者满意单位、苏州市青年文明号、苏州市优秀志愿服务组织、张家港市文明单位等称号，成为市廉洁文化示范点。

中国联合网络通信有限公司张家港市分公司　公司下设综合部、市场部、集团客户部、客户服务部、建设与维护中心5个部门和市区分局、金港分局、锦丰分局和塘桥分局4个分局，有员工150人，营业服务网点89个。年末，联通移动电话用户25.59万户，其中包含3G用户13万户、4G用户1.2万户，宽带用户15287户。全年实现综合业务收入1.97亿元。

【联通张家港市分公司乔迁】 7月，中国联合网络通信有限公司张家港市分公司办公场所从市沙洲中路的租赁办公楼乔迁至市人民东路自建通信综合大楼，标志着公司的发展迈向新的里程碑。新的通信综合楼位于市人民东路30号，占地面积约4500平方米，共八层，集办公场所、通信机房、通信展厅、营业厅于一体，可为客户提供更优质的软硬件服务。

信息基础设施建设

【概况】 2014年，全市投入信息化基础设施建设资金4亿余元，新增光缆4700皮长千米，累计4.42万皮长千米。新建各类基站1179个。

电信网建设　中国电信股份有限公司张家港分公司全年完成基础通信建设投资9000余万元，敷设光缆线路3000皮长千米，累计2.95万皮长千米。新铺管道120千米，累计1622千米。新建LTE基站425个，WLAN热点90处，有效保障天翼手机、宽带、固话通信需求，支撑新兴业务的推广，惠及广大用户。至年末，全市固定电话交换机总容量46.3万门，宽带端口46.7万个，互联网出口带宽780千兆。

移动网建设　年内，中国移动通信集团江苏有限公司张家港分公司总投资2.3亿元，加速高新技术应用，全年新建GSM、TD-SCDMA（3G）、TD-LTE（4G）基站共330个，累计700个；新建通信管道140沟千米，累计1100沟千米；新敷设光缆1200皮长千米，累计6400皮长千米；新建PTN站点80个，新建WLAN热点30个，有效提升全业务网络容量，完成市委、市政府下达的各项任务，实现张家港4G信号全区覆盖，重点核心城区深度覆盖。

联通网建设　年内，中国联合网络通信有限公司张家港市分公司投资7000万元，新开通4G基站372个，累计4G基站372个，理论下载速率每秒能达到150兆，基本实现市区和乡镇的4G覆盖；新建基站52个，累计开通WCDMA（3G）基站543个。积极推进新建小区红线以内驻地网建设由开发商投入的专项工作，为全市人民提供选择运营商的机会。新建光缆500皮长千米，累计5900皮长千米，新建管道30孔千米，累计875孔千米。总投资约2000万元、总建筑面积8000平方米的人民东路核心机房正式投入运行。

广电网建设　年内，传输中心、塘桥（妙桥）、杨舍（泗港）均自购业务用房，设立营业厅、传输机房，进一步提高营业网点及机房布局的合理性。新建设户外信息屏40块，全市累计266块。实施农村地区治安监控系统项目二期工程，完成3000余个监控点位的安装调试，并全部通过市公安局的竣工验收。电视传媒中心硬盘播出系统改造通过省级专家终验。投入400余万元的高清虚拟演播室建成并开始试运行。完成全市有线电视接入网7000余光点的二次升级改造。其中城区采用C-CMTS技术对原CMTS系统和EPON系统进行升级改造，改造后每光节点带宽200兆，比原有的带宽增加4倍。区镇将原有的SPC200设备全部替换升级为MSE500设备。该设备的规模运用在省内尚属首次。改造后每光节点带宽增加6.25倍、达到250兆，并且速率更快、抗干扰能力更强，广电网络的业务承载能力得到质的提升，拓宽广电业务“多元化”发展高速公路。7月14日，投资400余万元、建筑面积3200平方米的凤凰广电服务中心投入使用。进一步加快实施城乡一体有线网络双向化改造和优化工程。新增光缆799缆千米、23166芯千米，新建地埋管道200千米、516孔千米，新建自立杆路27.5千米、610根。全市新增移动广电宽带用户1.78万户，新增广电有线宽带用户6000户；新增数字电视个人用户1.83万户，集团用户2745个终端，发展高清互动电视用户2.8万户。年末，累计有移动广电宽带用户3.49万户，广电有线宽带用户1.25万户，数字电视用户37.33万户。

【应急广播体系建设】 年内，张家港广电部门继续纵深推进户外应急广播建设，杨舍、南丰、大新等镇结合新农村建设和商品房开发，新安装调频音柱、草坪音箱370余个。7月开展户外应急广播的通响专项核查，对线路上所有的应急终端进行巡查和加固，联系音箱生产厂家现场修理，共修理调频音箱、调频收扩机400余个。配合国家新闻出版广电总局、江苏省新闻出版广电局做好户外应急广播系统调研工作。张家港市成为江苏省应急广播体系建设试点城市，并按照上级部门的要求，开展以广电有线网络、广播调频、地面数字单频网、中波为传输分发体系，以户外喇叭及社区显示屏为终端的户外应急广播体系技术方案的规划工作，初步确定技术方案和试点内容。

【中波发射台整体搬迁】 9月19日，江苏张家港中波发射台举行揭牌仪式，正式投入使用。该台位于塘桥镇鹿苑办事处滩里村，共投资1000余万元，总建筑面积1000平方米，其中机房500平方米，辅助用房500平方米，用地约7公顷，其中征用1公顷，0.5公顷用于机房及其他辅助用房建设。架设90米和76米自立塔各一座，塔下各征用0.26公顷用于调配房建设和作为重点保护区，其余5.9公顷用于地网建设，地网铺设的长度为半径80米。5月13日，经江苏省新闻出版广电局批复同意，中波发射台开始试播。该台采用全自动化播出，设备数字化率大幅提高，一步跨越成为全省同级领先发射台站。

（卢 莹 唐力媛 李海美 袁丽红）

信息技术应用

【概况】 张家港政务网注册人数9173人次，点击率1130万次，公务邮件收发419.89万份，公文交换收11466份、发15601份，发布新闻信息99243条，视频新闻11322期，政务内刊140期。会议分票系统发送会议票58场。张家港人才网为千余家企业发布招聘岗位68872个，网上人才市场访问量3233.63万人次，新增网上会员单位514个，累计3682个。全市金融系统新增取款机32台，累计501台；新增存取款一体机69台，累计748台；自助终端累计269台。各商业银行年内发放银行卡69.84万张，累计277.3万张。市便民服务网点击率1507191万次，网上咨询、求助6989件。全市首家“智慧医院”平台在市第一人民医院妇儿楼建成。张家港移动公司配合市人社局推出医疗便民服务自动语音系统项目，为市民提供便捷化的服务。张家港联通公司与市卫生局签订“120”急救车音视频信息传输项目，为“120”急救系统提供高品质的互联网宽带、APN无线网卡、合约租机及一信通等业务，通过这些功能，实现将需进行抢救病人的数据提前上传至抢救室，使医生提前了解病人情况，争取宝贵的抢救时间，保障“120”急救系统顺畅运行。张家港联通公司与市旅游局签约景区远程视频监控项目，提供高质量电路服务，在各旅游景区游客集中区域布置监控摄像头，景区和市旅游局管理人员可通过客户端软件随时随地远程调看视频资料，实现对东渡苑、凤凰山风景区、苏州江南农耕文化园、香山风景区治安环境和游客流量的高效监管。张家港联通公司签约沙钢集团玖隆物流园仓储区PDA扫描数据卡业务。将3G无线上网卡作为其仓储手持扫描终端的数据传输载体。

【公安定位调度系统建设启动】 9月，张家港电信公司助力市公安局建立“警用车辆智能指挥调度系统”，全面覆盖全市500余辆警用摩托（电瓶）车及1000余名辅警的定位、200余辆警用汽车的定位调度以及70余辆警车的无线视频。整体平台采用自建方式，通过在鸿信标准平台的基础上进行二次定制开发，实现公安“110”指挥中心对车辆和人员的智能指挥调度。公安定位调度系统的建成，将有效提升公安出警的响应速度及救援效率，提高执法力度，体现阳光执法，最大限度保护普通群众及警察的合法权益。至年末，完成499辆电瓶车、摩托车和71辆警车的安装，平台公网上线。

【黄泗浦生态园信息化建设】 年内，由市东城综合开发有限公司和张家港电信公司共同合作的黄泗浦生态园工程外围监控项目开工。黄泗浦生态园工程是张家港市“810工程”中十大生态工程之一，苏州市“十二五”期间十大重点生态工程。用地10公顷，将打造成集遗址保护、生态休闲、商业居住于一体的信息化城市综合功能区。出于管理需要，东城开发区需安装工地外围监控。监控项目主要安装在土建工地的外围，防尘需重点考虑，摄像头需要面对无电源、无线路等困难，由于工地施工挖掘，大型车辆来往频繁，电源、传输线布设根本无法实现，而且时间长达三年。经过多次论证结合实际情况，最终决定采用太阳能和风能组合供电的4G无线传输监控技术。黄泗浦生态园工程外围监控项目不仅是苏州地区首个采用风光供电的4G无线监控项目，也是黄泗浦生态园的首个智能化项目。

【电信翼支付打造便民平台】 为顺应电子商务的快速发展，张家港电信公司着力推进翼支付服务，陆续接入汽车票、火车票、电影票购买，手机、加油卡充值，水电费缴纳等12项移动支付应用，向用户提供方便、快捷、全方位的移动支付服务。为方便客户，张家港电信公司先后通过和中石化加油站、百信超市、港中旅旅行社、大学城超市等特约商户签订协议，铺设“翼支付”POS机。市民去这些商家购物消费，只需报出自己的手机号并输入“翼支付”密码，即可直接付费，省去带钱包和找零的麻烦，还能享受电信和商家合作推出的优惠。

【车务通平台提升沙钢集团车辆管理效率】 年内，张家港移动公司为沙钢集团统筹建设车务通平台并配备车载GPS终端，对车辆进行全天24小时的卫星定位跟踪，解决沙钢集团车辆管理平台较多、设备不统一的问题，提升统筹管理效率。车务通系统支持汉显屏、语音播报、车载电话等多种调度途径，出现车辆超速或超出规定行车范围时，系统将自动报警，工作人员可查询记录报表进行核实；车辆出现异常情况时，中心可下发锁车指令，情况恢复正常后可远程解锁。系统还可提供矢量地图、卫星地图等地图服务，定位测速、轨迹回放、离线统计等功能服务以及统计查询、数据分析等平台服务，充分满足监控管理平台的多种需求。

【“班班通”教育信息化平台】 该平台是中国联通依托云服务平台，将丰富优质的教学资源和多样的教学应用引入教学课堂，带动“宽带网络校校通”，实现“优质资源班班通”，推动“网络学习空间人人通”。该平台的推广应用是张家港市教育信息化重点建设项目。6月，张家港联通公司与张家港市中兴小学签署战略合作，就市中兴小学校区全覆盖班班通教育信息化平台建设达成一致协议，合作建设

31套班班通硬件设施、资源平台及配套通信服务。通过该平台,市中兴小学告别传统的黑板教学方式,全面实现电子白板教学,丰富教学课堂。同时,学校与教师第一时间享受到信息化教学所带来的最全面的教学应用、最优质的教学资源、最便捷的应用体验,丰富教师教学手段,提高教学效率,实现教师、学生、家长三方立体互动。

【"互动宝宝"幼教信息化服务平台】 该平台是中国联通为实现幼儿园信息化管理,构建幼儿园与家长沟通互动桥梁,记录宝宝成长瞬间等多重功能而研发的应用平台,是实现幼儿园与家庭家园共育的好帮手。该平台在市童星幼儿园、市童乐幼托等幼教机构推广运用,为学校、教师、家长提供教学管理、教学跟踪、生活记录、家校互动等多方面的信息化教学手段。"互动宝宝"这套方案能够系统解决家园共育、互动问题,让幼儿园获得海量优质教学资源,让老师通过简单易操作的终端增强与家长的沟通,让家长利用碎片时间及时了解孩子在园情况等,最终让幼儿得到全面健康的成长。12月,"互动宝宝"幼教信息化服务平台在市童星幼儿园小班、中班、大班共18个班级上线,覆盖学生820人。

【审计信息化工作实施意见出台】 4月,《张家港市审计信息化工作实施意见》出台。该意见将信息系统审计和专项审计调查有机结合,通过实施2011—2013年度医保定点零售药店"进销存"监管系统和低保及低保边缘资金两个专项审计项目,不仅发现资金管理使用方面存在的问题,而且查找出信息系统在监管功能等方面存在的漏洞。此外,基建审核中心开发工程管理软件,于7月末投入试运行。借助工程管理软件,规范工作流程控制,提高工程审核质量,加强对委托中介审核项目的管理。

【防伪溯源平台"张保真"上线】 4月29日,"张保真"防伪溯源平台上线。近年,作为省级进口食品综合监管样板区的张家港保税区,以加快推进进口消费品品质溯源综合服务体系建设为支撑,全力打造千亿级进口消费品集散中心。"张保真"防伪溯源平台是一个有公信力的、第三方独立平台,配合海关、国检、电子口岸专业技术团队、进口消费品市场权威管理机构,串联进口消费品通关、检验检疫、仓储、流通等环节,实现进口消费品从进口到终端销售全程信息可追溯,保障全市进口消费品的品质。该平台的建立,为政府监管部门提供智能监管信息系统,实现进口消费品流通环节的有效监督;为企业提供产品溯源管理服务,不但可以防止市场"窜货",还可以提升企业管理水平,有效管理市场。全年共贴标签58万张。

(卢 莹 唐力媛 李海美)

信息化管理

【概况】 年内,市信息化建设围绕《张家港市国民经济和社会发展信息化"十二五"规划及三年行动计划(2011—2013)》及《工业经济转型升级"3333"百企培育工程实施意见(2013—2015)》部署,以助推转型升级为目标加快建设。3月,市政府下发《关于印发2014年度政府信息化重点项目建设计划的通知》,明确11个信息化项目的建设计划及资金安排。8月,组织全市政府机关电子政务信息安全培训。9月,组织全市党政机关信息安全大检查。11月,组织全市规模以上企业信息安全培训。全年处理上级通报的信息安全事件11件。推进企业"两化融合"(信息化和工业化的高层次深度结合)工作,年内新增省"两化融合"试点企业12家,苏州市"两化融合"示范企业1家、试点企业3家。累计创建国家"两化融合"示范企业1家,省"两化融合"示范区1个,省"两化融合"示范企业5家、试点企业44家,苏州市"两化融合"示范企业6家、试点企业28家。新增"双软认定"(软件企业认定和软件产品登记)企业6家,累计20家,软件产业全年实现产值8亿元。对上争取省级工业和信息产业转型升级专项引导资金项目11项,获奖励资金540万元。

【"诚信张家港"网站改版上线】 6月,新版"诚信张家港"上线。网站归集全市40582家企业的信用信息45万余条,突出信用信息查询、信用红黑榜、曝光台和信用信息评定等信用信息公示功能。通过信用信息查询,能快速获取企业信用状况信息;通过信用红黑榜,将企业和重点人群的荣誉表彰信息和失信信息进行直观展示;通过曝光台,依法将企业欠税、违约等行为以及"老赖"名单进行公示、公开;通过信用信息评定,将各职能部门在各行业中所产生的信用等级评定信息进行公开,方便公众查阅,接受公众监督。新版"诚信张家港"网站逐步实现将企业和个人的守信失信行为通过统一、权威的渠道向社会公开发布,激励守信,曝光失信。至年末,点击量5928次。

【云计算中心启用】 7月,张家港云计算中心项目完成建设,并上线试运行。该项目总投资2800万元,机房占地面积300平方米,按照国家B级标准建设,可实现机房基础设施资源冗余保障。中心综合利用云计算的"虚拟化"和"池化管理"技术,按照"统筹规划、统一标准、统一管理、统一服务"的建设运营理念,实现全市信息资源体系的共享共用和集约化建设。中心面向党政机关、人民团体、企事业单位提供计算、存储、网络、机房空间和通用软件等基础资源,实施统一运行维护和保障,是完善全市信息基础设施建设的重要环节。至年末,中心已承载"市民网页""肉菜追溯""公共信用信息服务平台""智慧民政"等政务应用,完成"张家港市公共基础地理信息系统"迁移部署工作,实施"数字张家港地理空间框架""公共资源交易网上平台"资源使用分配工作。"智慧档案""智慧社区""智慧水利"等项目也计划由云计算中心提供资源支撑。

(陈 玲)

【编辑 张 洁】

开放型经济

Open Economy

张家港保税区进出口汽车口岸 （谢卫东 摄）

对外及对港澳台贸易

利用外资及港澳台资

对外及对港澳台经济技术合作

江苏国泰国际集团

对外及对港澳台贸易

【概况】 2014年，全市完成进出口总额328.26亿美元，其中进口总额180.16亿美元，比上年减7.1%；出口总额148.1亿美元，比上年增15.5%；贸易逆差32.06亿美元，较上年收窄33.65亿美元。一般贸易进出口仍占主导地位，为219.04亿美元，占全年进出口总额的66.37%，其中出口117.14亿美元，比上年增20.72%，占全市出口总额的79.08%。全市有出口实绩企业2476家。其中，自营出口企业2103家，合计出口78.14亿美元（海关统计数，下同），比上年增17.2%，占全市出口总额的52.76%；三资企业373家，合计出口39.42亿美元，比上年增10%，占全市出口总额的26.62%。规模企业和园区带动效应明显，江苏国泰国际集团出口额30.54亿美元，比上年增12.6%，占全市出口总额的20.62%；张家港保税区、张家港经济技术开发区、扬子江国际冶金工业园出口额分别为27.35亿美元、58.91亿美元和27.89亿美元。

2014年张家港市十大出口企业出口情况

表14

企业名称	主要出口产品	出口总额（万美元）	比上年增长率（%）
江苏国泰国际集团有限公司	纺织、机电、化工产品等	305413	12.60
江苏沙钢集团有限公司	钢材	182711	42.15
永钢集团有限公司	钢材	107250	14.25
张家港浦项不锈钢有限公司	钢材	34411	1191.71
罗地亚飞翔精细化工有限公司	化工产品	21687	8.79
南港（张家港保税区）橡胶工业有限公司	橡胶轮胎	20744	-7.73
澳洋集团有限公司	纺织品、金属、医药	18239	2.40
张家港新东旭纺织印染有限公司	纺织品	17323	24.86
江苏七洲绿色化工股份有限公司	化工产品	15519	16.87
骏马集团有限公司	化纤	15290	-14.18

【外经贸扶持资金创新高】 年内，市商务局积极组织企业申报各类外经贸扶持资金。至年末，共争取扶持资金5689.45万元。其中，兑现2014年外贸稳增长资金399.13万元，拨付2013年出口信用保险扶持资金1310.77万元，拨付中小企业国际市场开拓资金333.5万元，拨付省级开拓市场资金232.68万元，拨付省级和国家级进口贴息资金2970.51万元，拨付省级改革试点项目资金300万元，拨付省级首次引进重大装备资金142.42万元。

（袁瑜婷）

利用外资及港澳台资

【概况】 年内，全市新批外商及港澳台商投资项目79项，新增注册外资及港澳台资13.72亿美元，到账外资及港澳台资7.15亿美元。全年批办增资项目42项，新增注册外资及港澳台资5.1亿美元，占全市总额的37.3%；新批服务业项目47项，新增服务业注册外资及港澳台资5.9亿美元，到账外资及港澳台资3.63亿美元；新批投资总额超1000万美元项目35项，注册外资及港澳台资13.5亿美元，占全市注册外资及港澳台资总额的98.5%。新兴产业项目成为引资重点，全年新批新能源、新材料、新装备类项目22项，新增注册外资及港澳台资5.3亿美元（含增资），占全市制造业新增注册外资及港澳台资的66.3%。至年末，全市共有开业三资企业1049家，其中世界500强投资企业54家。

【开发区招商引资】 年内，张家港保税区（含工业配套区江苏扬子江国际化学工业园）、张家港经济技术开发区、扬子江国际冶金工业园共完成注册外资及港澳台资10亿美元，到账外资及港澳台资5.82亿美元。张家港保税区全年新批外资及港澳台资项目28项，完成注册外资及港澳台资4.72亿美元，到账外资及港澳台资2.7亿美元，分别占全市的34.4%和37.8%。其中新批投资总额超1000万美元项目9项，新增注册外资及港澳台资4.76亿美元。全年增资项目19项，新增注册外资及港澳台资2.93亿美元，中集圣达因、霍尼韦尔、道康宁有机硅、泰柯棕化等世界知名企业增资扩股。阿胡斯卡尔斯油脂、易高生物化工等重大项目落户保税区。张家港经济技术开发区全年新批外资及港澳台资项目22项，完成注册外资及港澳台资2.44亿美元，到账外资及港澳台资2.04亿美元。其中批办投资总额超1000万美元项目9项，新增注册外资及港澳台资2.42亿美元。全年增资项目12项，新增注册外资及港澳台资1.02亿美元。天合汽车安全技术、锐捷光电、大造气雾剂、小谷精密锻造

南港（张家港保税区）橡胶工业有限公司

（保税区 供稿）

阿胡斯卡尔斯油脂(张家港)有限公司奠基仪式　　　　(保税区　供稿)

等项目落户经开区。扬子江国际冶金工业园全年新批外资及港澳台资项目8项,完成注册外资及港澳台资2.88亿美元,到账外资及港澳台资1.08亿美元。新批投资总额超1000万美元项目6项,新增注册外资及港澳台资2.85亿美元。全年增资项目2项,新增注册外资及港澳台资1465.4万美元。欣荣商务、嘉富国际贸易等项目落户。

【镇(区)招商引资】 年内,塘桥镇、乐余镇、凤凰镇、南丰镇、大新镇、常阴沙现代农业示范园区共完成注册外资及港澳台资3.67亿美元,到账外资及港澳台资1.34亿美元。其中,塘桥镇新批外资及港澳台资企业3家,注册外资及港澳台资6340万美元,到账外资及港澳台资6104万美元;乐余镇新批外资及港澳台资企业1家,注册外资及港澳台资2000万美元,实际利用外资及港澳台资575万美元;凤凰镇新批外资及港澳台资企业9家,注册外资及港澳台资1.91亿美元,到账外资及港澳台资4276万美元;南丰镇新批外资及港澳台资企业6家,注册外资及港澳台资8180万美元,到账外资及港澳台资1322万美元;大新镇新批外资及港澳台资企业1家,注册外资及港澳台资800万美元,到账外资及港澳台资1030万美元;常阴沙现代农业示范园区新批外资及港澳台资企业1家,注册外资及港澳台资284万美元,到账外资及港澳台资46万美元。

【张台绿色产业合作交流会】 11月9日,张家港·台湾绿色产业合作交流会举行,海峡两岸近40位企业家深入探讨绿色产业发展的空间和机遇,共同谋划未来产业发展的科学路径,推动张家港·中国台湾绿色产业交流合作。中国台湾财团法人环境永续发展基金会董事长陈龙吉表示,张家港给他留下深刻而美好的印象,他希望能够介绍更多的台湾企业家到访张家港,也希望张家港市民能更深入了解台湾,促进双方进一步交流与合作。张家港·台湾绿色产业合作交流会是第十一届中国(张家港)长江文化艺术节系列经贸活动之一。

【新公司法实施后首家外资企业设立】 3月4日,日本株式会社大造总投资1亿美元(其中一期总投资4950万美元,注册资金1650万美元)的张家港大造气雾剂有限公司领取外商投资企业批准证书,这是自3月1日新的《中华人民共和国公司法》实施后全市首家登记成立的外资企业。根据新《中华人民共和国公司法》《注册资本登记制度改革方案》《国务院关于废止和修改部分行政法规的决定》等相关法律及文件规定,公司注册登记改实缴登记制为认缴登记制,取消公司注册资本最低限额,取消公司设立时股东(发起人)的首次出资比例以及货币出资比例。据此,办理外资企业设立审批也适用注册资本认缴登记制。对认缴出资额、出资方式、出资期限除法律法规另有规定之外,由外商投资企业投资方在章程中自行约定即可。

【招商引资实务研修班】 4月21日至25日,市商务局和市人社局联合组织各区镇及有关部门的近30名招商业务骨干赴清华大学进行电子商务产业招商引资培训。培训内容包括电子商务招商指引、电子商务全产业链分析及案例分析、区域经济发展和产业转型等。11月16日至21日,市商务局会同市人社局联合组织30名招商骨干赴华中科技大学进行精密机械装备产业招商引资培训,培训内容包括国内外高端装备产业发展现状与潜力、数控技术发展与创新、智能装备产业发展现状及应用前景等。

(袁瑜婷)

2014年张家港市主要新批(含增资)外资及港澳台资项目情况

表15　　　　单位:万美元

行业	项目(企业)名称	投资方	投资总额	注册资本	注册外资及港澳台资	外资及港澳台资比例	批准时间
装备	张家港中集圣达因低温装备有限公司(增资)	中国香港	23994.88	10606.70	10606.70	100.00%	12月
化工	索尔维(张家港)精细化工有限公司(增资)	新加坡	14721.98	4907.33	4907.33	100.00%	2月

续表15

行业	项目（企业）名称	投资方	投资总额	注册资本	注册外资及港澳台资	外资及港澳台资比例	批准时间
化工	易高生物化工科技（张家港）有限公司	中国香港	9903.00	3333.00	3333.00	100.00%	10月
新能源	瑞峰（张家港）光伏科技有限公司（增资）	中国香港	9836.00	3279.00	3279.00	100.00%	12月
汽车零部件	天合汽车安全技术（张家港）有限公司	美国	9827.34	3496.90	3496.90	100.00%	3月
化工	道康宁（张家港）有机硅有限公司（增资）	美国	9800.00	3300.00	3300.00	100.00%	11月
服务业	嘉富（张家港）国际贸易有限公司	中国香港	9500.00	5000.00	5000.00	100.00%	5月
服务业	阿胡斯卡尔斯油脂（张家港）有限公司	瑞典	8914.23	2971.41	2971.41	100.00%	3月
新能源	锐捷光电科技（江苏）有限公司	中国香港	6000.00	2000.00	2000.00	100.00%	3月
服务业	苏州创蓝新材料有限公司	中国香港	5000.00	2500.00	2500.00	100.00%	10月
服务业	苏州中康电力开发有限公司（增资）	中国香港	5000.00	5528.46	5528.46	83.30%	9月
化工	张家港大造气雾剂有限公司	日本	4950.00	1650.00	1650.00	100.00%	3月
钢铁制造	联峰钢铁（张家港）有限公司（增资）	中国香港	4800.00	4800.00	1200.00	25.00%	6月
机械	小谷（张家港）精密锻造有限公司	日本	4500.00	1500.00	1395.00	93.00%	1月
医药	爱森斯（江苏）生物科技有限公司	中国香港	4500.00	1500.00	1500.00	100.00%	4月
汽配	张家港百夫长专用汽车有限公司	中国香港	4000.00	2000.00	2000.00	100.00%	5月
服务业	张家港碧桂园房地产开发有限公司（增资）	中国香港	3900.00	3000.00	3000.00	100.00%	5月
服务业	张家港思多而特集装罐物流有限公司	荷兰	3800.00	2000.00	2000.00	100.00%	1月
新材料	庄信万丰（张家港）贵金属材料科技有限公司	英国	3600.00	2000.00	2000.00	100.00%	9月
服务业	市欣荣商务服务有限公司（并购溢价）	中国香港	111.12	77.86	9868.50	100.00%	9月

对外及对港澳台经济技术合作

【概况】 全年新签境外工程劳务合同额2.18亿美元，完成营业额2.59亿美元，外派劳务204人。新批对外及对港澳台投资企业（项目）32家，对外及对港澳台投资总额3.36亿美元，其中张家港投资方协议投资额3.01亿美元。新批对外及对港澳台投资500万美元以上项目20项，投资总额3.13亿美元，分别占项目总数和投资总额的62.5%和93.15%。其中，2000万美元以上项目7项，投资总额1.97亿美元；增资项目7项，投资总额1.2亿美元。至年末，埃塞俄比亚东方工业园共完成投资8753万美元，完成基础设施投资8497万美元，取得土地4平方千米，开发完成2.33平方千米基础设施建设。园区入区企业23家，协议投资19236万美元，实际投资额15925万美元，入园企业总产值12087万美元，上缴东道国税费总额1815万美元。园区从业人员5365人，其中为东道国解决就业4975人。

2014年张家港市批设对外及对港澳台投资企业（项目）情况

表16 单位：万美元

投资企业（项目）	投资目的地	投资总额	张家港投资方出资	投资行业	投资主体
邦德农林科技有限公司	缅甸	798.00	798.00	森林开发及木材加工销售	张家港市邦德苏杨快育专业合作社
香港兴岳集团有限公司（增资）	中国香港	2002.00	2002.00	铝型材进出口	江苏协铝铝业有限公司
瑞士拉西卡投资有限公司（并购）	瑞士	1287.10	656.42	企业股权收购、管理	苏州海陆重工股份有限公司
辰佳有限公司（增资）	美国	3000.00	3000.00	报废汽车拆解及金属回收	张家港保税区辰龙房地产开发有限公司
辰龙有限公司	美国	300.00	300.00	报废汽车拆解及金属回收	张家港保税区辰龙房地产开发有限公司

续表16

投资企业（项目）	投资目的地	投资总额	张家港投资方出资	投资行业	投资主体
辰龙有限公司（增资）	美国	2700.00	2700.00	报废汽车拆解及金属回收	张家港保税区辰龙房地产开发有限公司
香港智多芯电子科技有限公司	中国香港	400.00	400.00	移动通信和多媒体产品和技术	江苏智多芯电子科技有限公司
香港智多芯电子科技有限公司（增资）	中国香港	300.00 800.00	300.00 800.00	移动通信和多媒体产品和技术	江苏智多芯电子科技有限公司
香港富瑞实业投资有限公司（增资）	中国香港	210.00	210.00	液化天然气等装备研发、应用	张家港富瑞特种装备股份有限公司
亿科银河科技服务有限公司	澳大利亚	203.70	102.90	智能电表、太阳能相关设备	江苏银河电子股份有限公司
绿丰企业私人有限公司	新加坡	900.00	900.00	棕榈油和食用油	江苏昊洲集团有限公司
埃塞回收塑料生产有限公司	埃塞俄比亚	100.00	100.00	回收、利用废旧塑料	张家港市元豪贸易有限公司
万蓬木业有限公司	赤道几内亚	3000.00	2400.00	森林开发	张家港万蓬木业有限公司
鹿港科技（越南）有限公司	越南	950.00	950.00	纺织品生产销售	江苏鹿港科技股份有限公司
博佩有限责任公司	法国	395.00	135.00	葡萄酒	江苏国泰国华实业有限公司
杰克和朱蒂房地产有限公司（增资）	澳大利亚	3000.00	3000.00	酒店式公寓开发	张家港市华建房地产开发有限公司
刚果烨华公司	刚果（金）	50.00	20.00	矿产、木材、农产品、机械产品	江苏国泰国华实业有限公司
国泰恒立（香港）有限公司	中国香港	50.00	50.00	钢材、铁矿、镍矿	江苏国泰国际集团恒立进出口有限公司
嘉扬国际贸易发展有限公司	中国香港	650.00	650.00	食品、纺织、化工、五金交电、矿产等	江苏国泰华博进出口有限公司
丰立集团（美国）股份有限公司	美国	999.00	999.00	钢铁原料进出口	丰立集团有限公司
辰堡股份公司	卢森堡	980.00	980.00	报废汽车拆解及金属回收	张家港保税区辰龙锦绣国际贸易有限公司
滨海港湾环保科技股份有限公司	美国	3000.00	1200.00	废塑料回收、利用	张家港联冠环保科技有限公司
永信科技材料（香港）有限公司	中国香港	999.00	999.00	化工品、光学材料	江苏太辰国际物流有限公司
智得国际企业有限公司	中国香港	990.00	990.00	预涂膜和光学膜	张家港保税区康德菲尔实业有限公司
加蓬香江木材工业有限公司（并购）	加蓬	500.00	500.00	森林开发、木材加工	苏州海达林国际贸易有限公司
唐氏进出口有限公司	孟加拉	100.00	100.00	纺织品、电动车摩托车、日化品	张家港唐氏进出口有限公司
国泰日本有限公司	日本	800.00	800.00	纺织服装、面料及杂货	江苏国泰力天实业有限公司
香港融意德投资有限公司	中国香港	3000.00	3000.00	物流、港口码头	张家港安远物流装备有限公司
英国纽斓国际有限公司	英国	900.00	900.00	金属、农产品、化工医药、纺织服装、燃料油等	江苏国泰国际集团华泰进出口有限公司
水星汽车有限公司	美国	200.00	200.00	汽车整车及配件进出口	张家港保税区长江骏业国际贸易有限公司
江苏国泰力天实业有限公司驻土库曼斯坦分公司	土库曼斯坦	—	—	国外贸易、工程业务开拓	江苏国泰力天实业有限公司

埃塞俄比亚东方工业园 （市商务局 供稿）

【李克强考察埃塞俄比亚东方工业园】 5月5日，国务院总理李克强一行在埃塞俄比亚总理海尔马里亚姆等的陪同下考察东方工业园。李克强听取了东方工业园整体规划、基础设施建设、招商引资、投资优势、安全防范等情况的汇报，参观了华坚国际鞋城（埃塞俄比亚）有限公司和东方钢铁有限公司两家入园企业。他还慰问了工作在第一线的员工，并高度赞赏东方工业园取得的成绩，希望工业园一如既往按照科学发展观的要求，力争早日建成国家级示范园区。

【外经企业出境人员意外伤害保险首单出单】 7月，江苏国泰国际集团国贸股份有限公司为其在境外劳务外派人员投保的出境人员意外伤害保险出单，这是全市外经企业出境人员意外伤害保险的第一单。该保单协议记载投保人员3人，保费949.56元，实际缴费仅189.91元。至年末，全市境外工作人员有1200余人。由于境外发包方和工程地基本位于第三世界国家，战争、意外事故等突发事件时有发生，给境外工作人员人身安全带来一些不确定因素，一旦出险，便会使外经企业承受较大的赔付压力，为此，省商务厅、省财政厅联合下发《关于做好江苏省出国外派境外工作人员人身意外伤害保险项目有关工作的通知》。通知明确，出境人员意外伤害保险的保费80%由省财政统一补贴，20%由投保企业承担。此次保险项目收费标准为每人每年316.52元，最高保险金额78万元。 （袁瑜婷）

江苏国泰国际集团

【概况】 2014年，江苏国泰国际集团有限公司（简称国泰集团）实现销售收入420亿元，比上年增13.2%；上缴各项税费4.69亿元，海关关税和增值税8.54亿元，总计13.23亿元。在2014年公布的中国企业500强中，位列311位；在中国服务业企业500强中，位列第104位。年内，集团获江苏服务业名牌等荣誉。

【外贸主业】 国泰集团下辖专业进出口公司全年完成进出口总额36.88亿美元，比上年增8.6%，其中出口30.54亿美元，比上年增12.6%，进口6.34亿美元。据中国纺织品进出口商会统计，集团下属国贸股份公司、华盛公司、国华公司、汉帛公司、力天公司、亿达公司等6家公司进入2014年中国纺织品服装出口企业百强，分别列第7、13、27、34、63、69位。

【投资产业】 房地产方面，国泰润园通过验收，交房工作顺利。朗诗国泰城总建筑面积16.2万平方米，一期总建筑面积9.1万平方米，住宅6.5万平方米，4月开盘，至年末完成销售300余套，回笼资金6亿元。吴江朗诗国泰·太湖绿郡项目规划总建筑面积34.4万平方米，2016套住宅，第一期168套科技洋房完成签售80%，拟于2015年5月推出第二期228套洋房。重大平台项目方面，国泰金融广场项目建筑面积15.5万平方米，为2栋25层和1栋10层写字楼，至年末基本完成，处于收尾验收阶段。保税区国际消费品中心大厦项目总建筑面积8.6万平方米，为1栋25层写字楼和1栋4层展示大厅，完成地下室工程、B楼封顶。位于苏州市区的国泰国际贸易中心项目建筑面积5.6万平方米，为1栋23层写字楼，完成前期方案手续报批，建成地下室。内贸和电子商务方面，年内，国泰集团着力打造的绿尚服饰公司NEWLOCKER品牌在张家港市新增曼巴特店，在苏州新增观前大洋百货店、木渎天虹百货店，苏州门店累计5家；在上海新增巴黎春天和曹杨商城2家店铺，逐步拓展在上海的形象布点；在大连新增亿合城店，后续还有2家门店陆续开出。此外，国贸股份、亿达等公司组建了电商团队。国贸股份公司的“左右易购”年内通过电商平台共销售各类女装2.6万件，销售金额860万元。酒店宾馆业方面，国贸酒店不断转型升级，调整经营策略，深化社区型酒店建设，全面对接市民市场，创新餐饮模式，推出平价海鲜、老苏州大课堂等特色服务，实现营业收入1.33亿元，比上年增8.1%，其中客房收入4448万元，餐饮收入8177万元，餐饮收入居全市之首。苏州南园宾馆实现营业收入8580万元，比上年增11.7%，其中客房收入4200.9万元、餐饮收入3702万元、其他收入677.1万元。新兴产业方面，新点软件电子政务、电子招投标等传统业务继续处于全国领先地位，税后利润、销售额、合同额、人员规模等主要经济指标年增长率继续保持40%以上。华荣化工在锂电、硅烷领域积极实施大客户战略，完成电解液销售6344吨，比上年增24.34%，销售收入比上年增6.5%。盱眙、盐城2家污水处理公司，合计日污水处理能力超过2万吨，年内实际到账污水处理费1062

万元。金融投资方面，国泰财务公司实现营业收入3151万元（已扣减利息支出991万元），其中贷款利息收入1751万元。4月，国家外汇管理局批准集团开展跨国公司总部外汇资金集中运营管理试点。

2014年江苏国泰国际集团主要下属专业外贸子公司经营情况

表17　　　　单位：万美元

公司名称	法人代表	出口额	进口额
江苏国泰国际集团国贸股份有限公司	谭秋斌	71000	6950
江苏国泰力天实业有限公司	沈卫彬	45700	12210
江苏国泰华盛实业有限公司	常仁丰	53589	9254
江苏国泰亿达实业有限公司	才东升	24494	1247
江苏国泰国际集团华泰进出口有限公司	杨　革	25135	13531
江苏国泰汉帛贸易有限公司	唐朱发	36701	1195
江苏国泰国华实业有限公司	张子燕	33789	5211
江苏国泰国际集团东方进出口有限公司	才东升	—	1007
江苏国泰国际集团华诚进出口有限公司	李伟胜	6559	679
江苏国泰华博进出口有限公司	才东升	—	11907
江苏国泰国际集团上海进出口有限公司	陈晓东	1200	—

【国泰慧贸通开业】 7月18日，江苏国泰慧贸通企业服务有限公司开业。该公司是由国泰集团和张家港电子口岸公司共同出资打造的一站式外贸综合服务平台，充分发挥国泰集团在对外贸易领域的丰富经验以及供应链管理上的专业优势，并与张家港电子口岸实现数据对接，优势互补。在张家港海关支持下，慧贸通公司接入和海关直联的QP系统（海关从简化手续方便企业的角度出发以加工贸易手册为管理对象，在手册备案通关核销等环节采用电子手册+自动核算的运作模式），实现企业自主报关。通过公司SMART平台与海关QP系统的对接，可以更方便快捷地向长三角经济带通关一体化的12个关区进行报关、转关运输申报单的录入和EDI申报，查询海关回执，并可以进行其他相关数据查询和业务统计。足不出户，就能实现“一次录入、一次申报、一次放行”，让中小外贸企业客户享受到长江经济带海关区域通关一体化改革的红利。8月12日，慧贸通公司被批准成为江苏省外贸综合服务企业试点单位。该公司全年完成进出口744万美元，其中出口578万美元，进口166万美元，至年末，签约客户100个，操作客户56个。客户出口货源地来源张家港的占12.8%，江苏其他地方的占52.5%，其他省市的占34.7%。

【国泰集团走出去战略】 2014年，国泰集团从宏观层面加大情报收集力度，同时通过参加中澳农业贸易和投资论坛、第八届中国—拉美企业家高峰会、第四届中国国际商贸发展大会等对外投资贸易会议，研究投资意向国家和地区的政治、经济、法律等事务。4月，先后考察埃塞俄比亚、刚果（金）以及肯尼亚三国的贸易投资环境。5月，集团下属国华公司收购位于法国波尔多右岸的杜龙酒庄，这是国泰集团首次全资收购境外资产。8月，考察蒙古、俄罗斯贸易投资环境，获取两国政治经济、自然资源、外汇管理、生产资料成本、仓储物流等方面的第一手数据，与相关企业和协会建立了良好关系。11月，集团驻埃塞俄比亚贸易投资代表处成立，并有相关人员常驻。

【“希望之光”爱心助学额度提高】 1月上旬，“希望之光”国泰奖学金募集善款，国泰员工共捐款近35万元。9月27日，年度“希望之光”国泰奖学金发放仪式举行，集团加大专项奖学金扶持力度，从原来每年19万元的额度一次性提高至32.3万元，全市19所大中小学的114名家境贫寒、学习优秀的学生获奖。“希望之光”国泰专项奖学金作为国泰助学工程的项目之一，自2008年9月启动实施，连续7年累计发放奖学金143.5万元，资助张家港籍贫困学子768人，资金全部出自国泰员工的自愿捐款。（施　宇）

刚果烨华公司揭牌成立　　（国泰集团　供稿）

【编辑　朱永平】

民营经济

Private Economy

长江润发集团一景　（长江润发集团　供稿）

综　　情

私营企业

个体工商户

利用外地资本

上市公司

综　情

【概况】 2014年，全市民营企业围绕《苏州市人民政府关于促进民营企业创新发展的工作意见》，积极应对国际、国内严峻复杂的经济环境，全力以赴破解发展瓶颈，民营经济保持平稳增长的发展态势。全市新增私营企业4575家、个体工商户9786户，新增注册资本分别为122.49亿元和10.56亿元，私营个体企业注册资本累计突破1000亿元。瑞腾科技、玉成精机、佳成科技等11家企业先后成功挂牌"新三板"，"新三板"挂牌企业增量位列苏州市第一。全市累计上市企业19家，总市值约1090亿元，募集资金242亿元。全市规模以上民营企业完成工业总产值3557.25亿元，占全市规模以上工业总产值的72%。沙钢集团实现营业收入2280亿元，连续六年入围世界500强，列第308位。5家企业入围由中国企业联合会、中国企业家协会评出的中国企业500强榜单，沙钢集团排名第54位，玖隆钢铁物流有限公司排名第187位，丰立集团有限公司排名第420位，张家港保税区旭江贸易有限公司排名第429位，华芳集团有限公司排名第452位。6家企业入围中国民营企业500强，入围数继续居苏州市首位。沙钢集团排名第6位，永钢集团排名第82位，丰立集团有限公司排名第127位，华芳集团有限公司排名第143位，澳洋集团有限公司排名第176位，攀华集团有限公司排名第216位。11家企业入围中国民营企业制造业500强，入围数继续居苏州市首位。沙钢集团排名第5位，永钢集团排名第54位，丰立集团有限公司排名第87位，华芳集团有限公司排名第97位，澳洋集团有限公司排名第118位，攀华集团有限公司排名第143位，江苏骏马集团有限公司排名第309位，江苏东渡纺织集团有限公司排名第310位，江苏华机集团排名第345位，华尔润玻璃产业股份有限公司排名第433位，江苏苏化集团有限公司排名第440位。全市民营企业完成入库税收182亿元，占全市总量的67%。6月3日，省委、省政府召开全省民营经济发展表彰大会，张家港市沙钢集团、富瑞特装公司、长江润发公司3家企业获省优秀民营企业称号，沙钢集团董事长沈文荣获省优秀民营企业家称号。全市新增省高新技术企业99家、省民营科技企业182家。新增省管理创新示范企业1家。全年申报专利13232件，其中发明专利3593件，全年授权专利10086件，其中授权发明专利427件。新增中国驰名商标2件、江苏省著名商标13件、苏州市知名商标23件。节能减排效益明显，新增清洁生产验收企业48家次，新增苏州市"三星级"以上"能效之星"企业7家，累计50家。新增苏州循环经济示范企业4家。

2014年，市中小企业局、市个私协会以提升经济发展质效为核心，加强调查研究，及时发现经济运行过程中出现的各类问题并加以分类整理，第一时间帮助企业协调解决问题。组织50余家企业参加国内外各种展销会10余次，帮助民营企业拓市场争订单。整合社会资源，成立张家港市中小企业发展与服务联盟，为全市中小企业提供专业性服务。培育中小企业创业载体，引导中小企业集聚发展。支持中小企业开拓国内外市场，主动组织中小企业参加国内外各种展会，开拓国内其他省市市场，为全市中小企业提供有效帮助，协助参加其他省市的政府采购招标。线上线下融资对接活动同步进行，"金桥之桥"成为小微企业融资服务站。市中小企业局研究国家、省、市相关产业政策，捕捉各类资金信息，准确把握中央、省资金投向，积极谋划筛选上报项目，寻找争取支持的切入点。金帆电源、海狮机械、华伟薄板公司等获得省级工业和信息产业转型升级专项引导资金240万元，市佳钰企业管理咨询有限公司获工信部专项扶持资金120万元。金帆电源公司获省"科技小巨人"称号，海狮机械公司的隧道式连续大型洗涤机组获省"专精特新"产品称号，全市累计有4家企业的产品获此称号。市高新技术创业服务中心获省五星级公共服务平台称号，实现张家港市省五星平台零的突破。张家港出入境检验检疫局检验检疫中心、江苏化工品交易有限公司获省三星级公共服务平台称号。

【企业培训】 年内，市中小企业局组织开展"张家港市企业家队伍专题培训""中小企业经营管理领军人才培训"等17类27期培训班，完成培训3897人次。8月，市中小企业发展与服务联盟成立，整合大专院校、企业管理咨询公司、法律事务所、知识产权代理、财税事务所等社会资源，组织师资力量为中小企业提供信息化、税务知识、专利申请与保护、项目管

张家港市首次企业集中挂牌仪式　　（市上市办　供稿）

理等各类培训，培训人数800余次。市个私协会搭建学习交流平台。1月，组织举办实施商标战略助推企业转型发展座谈会，江苏其元集团、江苏梁丰集团、大唐纺织公司3家企业就商标品牌战略对企业发展的重要性在会上作交流发言。2月，为全市女企业家开展"智慧美丽女性"专题讲座。7月4日和10月28日，2次组织举办民营企业重合同、守信用学习推进会，宣传信用企业成长经验。8月，举办制造业研发产品数据管理快速应用培训会，全市的机械装备企业、新能源企业、五金医疗器械企业、汽配企业负责人、总工程师或研发设计部负责人等110余人参会。年内，组织开展"百家民企培达行"活动，介绍培达塑料公司经验。组织20余家劳动密集型会员企业负责人，参加宿豫区（张家港）投资环境说明会，拓展会员企业的外向发展。

【惠商服务】 年内，市中小企业局完善中小企业网，增添经济运行、融资担保、发展与服务联盟等板块，及时、快捷、全面地为中小企业提供政策咨询，引导企业了解政策，为中小企业提供多种有效信息，实现资源共享，搭建中小企业与政府部门、中小企业与中介服务机构、中小企业与中小企业之间的信息沟通平台。至年末，网站点击率突破2万次。市个私协会服务企业用工招聘。年初，制作2014年张家港市私营企业协会会员企业用工需求表1.3万份，下发到全市会员企业；开通就业服务"爱心短信"平台，年内发送就业创业信息3663条。印发《最新工商法律法规》2万册，帮助大学生在第一时间获取就业创业信息。6月，组织全市328家民营企业在张家港大学城体育馆开展民营企业招聘大学生就业专场活动，3700余名大学生进场查看、咨询，与企业达成聘用意向近千人。9月，组织98家会员企业在市人才市场开展专项招聘活动。年内，先后组织会员企业2333家（次）开展设摊招聘，先后提供岗位1.63万个，有3822人次与企业达成就业意向。市个私协会开展惠商帮扶行动。2月，筹措资金5万余元，利用4天时间，对2013年身患重病或遭遇重大事故的全市100名特殊困难会员进行上门走访慰问。8月，昆山中荣金属制品有限公司爆炸事故发生后，市个私协会组织相关人员分组对使用铝镁原料、木制品加工以及其他有可能产生粉尘污染的高危企业开展有针对性的现场检查，并对全市44家会员企业高温作业一线员工开展送清凉活动，向一线作业员工送去价值5万余元的清凉饮料和夏令用品。年内，对全市新开业的5795名个体会员进行惠商险保险办理工作，对发生意外伤害的6名会员及时做好理培服务工作，理培金额17830元，对6家遭受特殊困难的会员及时上门慰问帮扶。市个私协会开展融资助推行动。5月，与宁波银行合作开展走园区进企业融资服务对接活动，先后到金港、大新、杨舍、塘桥镇等地举办融资服务对接洽谈会。7月，与张家港农村商业银行联合开展"阳光信贷—易贷通"联合推广项目。10月，联合张家港工商局、苏州银行张家港支行开展全市"重合同、守信用"会员企业"诚信贷"融资恳谈会，全市100余家有融资意向的各级重合同、守信用会员企业负责人参加融资洽谈。年内，全市有464家会员企业通过股权出质、动产抵押、商标质押、诚信贷等多种途径累计融资68.5亿余元，其中，市个私协会为各级"重合同、守信用"会员企业成功融资2.16亿元，商标质押9700万元。

2014年张家港市特色产业基地情况

表18

类　型	基地名称	公布时间
国家级新型工业化产业示范基地	张家港经济技术开发区现代装备制造业（石化）产业基地	2014年
省级新型工业化产业示范基地	张家港保税港区环保新材料产业园	2010年
	江苏·钢铁（精品钢材）产业基地	2012年
	张家港经济技术开发区现代装备制造业（石化）产业基地	2013年
苏州市级特色产业基地	苏州市食品（张家港）特色产业基地	2006年
	苏州市汽车及零部件（乐余）特色产业基地	2006年
	苏州市纺织品毛衫（塘桥）特色产业基地	2006年
	苏州市五金（大新）特色产业基地	2006年
	苏州市氨纶纱（金港）特色产业基地	2006年
	苏州市毛纺织（杨舍）特色产业基地	2006年
	苏州市五金机械（锦丰）特色产业基地	2006年
	苏州市机械（南丰）特色产业基地	2007年
	苏州市装备制造（金港镇）特色产业基地	2009年
	苏州市汽车精密配件（凤凰镇）特色产业基地	2009年
	苏州市塑（饮）机（张家港）特色产业基地	2009年
	苏州市压力容器（张家港）特色产业基地	2009年
	苏州市锂电（张家港）特色产业基地	2011年
	苏州精密机械及锻造（凤凰）特色产业基地	2011年
	苏州新能源材料（张家港经济技术开发区）特色产业基地	2011年

【融资担保服务】 年内，市中小企业局组织融资性担保公司参加经营许可证年检，除1家未提交年检资料外，其他5家担保公司全部通过，注册资本累计9.51亿元。根据《张家港市融资性担保公司风险补偿办法》，经自愿申报，市中小企业局及市财政局联合审核并报经市政府批准，金港担保、农业担保、信源诚泰、金茂机械4家担保公司获得市风险补偿金674万元。组织推荐担保公司申报国家级、省级促进金融业创新发展专项扶持资金，金茂机械、金港担保、农业担保、信源诚泰4家公司获853万元扶持资金，金港担保、农业担保、金茂机械、信源诚泰、东顺5家公司获417万元省中小企业发展专项涉农担保扶持资金。

【产业集聚】 年内，市中小企业局根据各区镇的产业特色，推动关联中小企业向特色产业基地集中。定期跟踪锦丰冶金产业集群、塘桥毛纺织产业集群和凤凰汽车零部件产业集群3个省重点产业集群的运行情况。张家港科技创业园、南丰镇小企业创业基地获省小企业创业示范基地称号，张家港沙洲湖科创园获省小企业创业基地重点培育单位称号。锦丰镇工业园获省中小企业产业集聚示范区称号。做好对经济一般村的厂房建设帮扶工作，严格规范市集体标准型厂房建设。全市区镇、村两级集体建造的标准型厂房总面积446万平方米，出租率96%，提高村级经济收入和财力，为中小企业发展提供良好的载体平台。 （糜岚岚 何建平）

私营企业

【概况】 年内，全市新注册登记私营企业4575家，比上年增32.53%。新增注册资本122.49亿元，比上年增19.83%；户均注册资本267.7万元。原有私营企业新增注册资本72.53亿元，合计新增注册资本195.02亿元，比上年增33.9%。累计注册私营企业28563家，累计注册资本1041.36亿元。全市经张家港工商局登记的私营企业有23649家，注册资本760.33亿元。按照企业性质分类，有独资企业2421家，注册资本15.94亿元；合伙企业243家，注册资本1.37亿元，有限责任公司20969家，注册资本743.02亿元；股份有限公司16家。按行业分类，从事农、林、牧、渔业141家，注册资本2.96亿元；从事采矿业2家，注册资本700万元；从事制造业10865家，注册资本292.49亿元；从事电力、热力、燃气及水生产和供应业29家，注册资本4.03亿元；从事建筑业1062家，注册资本41.15亿元；从事批发和零售业7080家，注册资本136.79亿元；从事交通运输、仓储和邮政业764家，注册资本72.1亿元；从事住宿和餐饮业81家，注册资本1.65亿元；从事信息传输、软件和信息技术服务业296家，注册资本2.7亿元；从事金融业47家，注册资本29.74亿元；从事房地产业239家，注册资本42.71亿元；从事租赁和商务服务业1123家，注册资本59.47亿元；从事科学研究和技术服务业1307家、注册资本65.62亿元；从事水利、环境和公共设施管理业65家，注册资本1.24亿元；从事居民服务、修理和其他服务业431家，注册资本5.02亿元；从事教育13家，注册资本1458.01万元；从事卫生和社会工作40家，注册资本1.75亿元；从事文化、体育和娱乐业64家，注册资本6724万元。

澳洋集团总部大厦封顶仪式 （澳洋集团 供稿）

【澳洋集团总部大厦封顶】 7月6日，澳洋集团举行澳洋总部大厦封顶仪式。澳洋总部大厦是澳洋国际广场项目主体建筑之一。澳洋国际广场项目总投资8亿元，占地面积6.14公顷，总建筑面积约18.8万平方米，总部大厦包括两幢19层现代化办公楼，总建筑面积为7.7万平方米，大厦计划在2015年下半年落成启用，启用的总部大厦将成为汇聚澳洋集团金融中心、培训中心、研发中心及行政中心为一体的综合性办公大楼。年内，集团七大核心产业发展稳定，整体业绩良好。从事粘胶短纤和棉浆粕的生产经营的澳洋科技完成年销售58.6亿元，从事金属配送的澳洋顺昌完成年销售17.64亿元，从事医疗服务的澳洋健投完成年销售19.97亿元，从事房产置业和养老服务的优居壹佰完成年销售4.2亿元，从事园林建筑和生态种植的澳洋绿地完成年销售5.3亿元，从事动漫创作和软件开发的如意通动漫完成销售371.43万元，实现盈亏平衡。2014年集团实现销售收入209亿元，利税5.7亿元。

【长江润发集团转型升级】 2014年，长江润发集团在长江润发机械股份有限公司、长江润发（张家港）浦钢有限公司等骨干企业的带动下，各产业齐头并进。4月，下属企业长江润发（张家港）重工有限公司船台改造升级完成。7月，长江润发机械股份有限公司二期3条高精度导轨生产线投产运行。9月,下属企业市长江大酒店有限公司新主楼营业,引进专业餐饮团队,打响品牌知名度。10月,长江润发机械股份有限公司扶梯导轨弯圆设备成功研发,实现弯圆设备国产化。是月,长江润发(张家港)浦钢有限公司二期650轧制线项目开工,11月开发桥梁用方钢并批量生产。年内,下属企业张家港鑫宏铝业开发有限公司、宿迁市鑫宏铝业开发有限公司生产设备全面配套,满足承接各类型材需要。下属企业长江润发(江苏)薄板镀层有限公司实现生产新突破。下属企业长江润发(张家港)房地产有限公司、长江润发(宿迁)房地产有限公司、江苏开源润发置业有限公司房源销售势头良好。下属企业张家港长江农村小额贷款有限公司、宿迁市半边天科技小额贷款有限公司实现两地金融服务全覆盖。下属企业无锡太湖新城医院项目进展有序,深化方案设计;下属企业无锡商业医院项目签约,按需进行改造。集团全年实现销售45亿元,利税1.38亿元,分别比上年增7%、25%,获江苏省优秀民营企业称号,蝉联中国民营制造业企业500强。

【缪培峰当选"百名诚信之星"】 9月,张家港市政协委员、江苏培达塑料公司董事长缪培峰被江苏省精神文明建设指导委员会、江苏省经济和信息化委员会、江苏省私营个体经济协会等6部门联合表彰为第二届江苏省"百名诚信之星"。1992年,他白手起家,创办一家作坊式的小塑料厂,生产装潢用塑料扣板,靠着自己所学专业和不懈努力,使自己的产品从"塑料扣板"向"塑料套管"进军,并开发建筑用排水管材、管件,绝缘电工套管、管件,大口径排污管等一系列新产品。企业生产的"培达"牌UPVC建筑用排水管材、管件、UPVC建筑用绝缘电工套管、通信电缆保护套管等,先后被建设部、江苏省建设厅推荐为"新技术推广产品""国家小康住宅建设推荐产品",有一种系列产品获得国家专利。培达塑料公司成为苏南地区最大的塑料制管生产企业之一。该企业及缪培峰,连续被张家港市委、市政府评为先进民营企业和个私经济先进个人。缪培峰2003年被苏州市委、市政府授予苏州市民营企业创业能手称号,2004年被评为首届"张家港市杰出青年创业先锋",2005年被国家工商总局、中国个协授予"全国光彩之星"称号,2013年被苏州市总工会授予苏州市五一劳动奖章。

(糜岚岚　何建平)

个体工商户

【概况】 年内,全市新注册个体工商户9786户,比上年增5.7%,新增注册资本10.56亿元,比上年增17.3%。至年末,累计注册个体工商户58687户,累计注册资本42.74亿元。全市经张家港工商局登记的个体工商户57738户,注册资本42.66亿元。按行业分类,从事农、林、牧、渔业281户,注册资本7204万元;从事采矿业2户,注册资本10万元;从事制造业8438户,注册资本9.51亿元;从事电力、热力、燃气及水生产和供应业10户,注册资本61万元;从事建筑业304户,注册资本5236.57万元;从事批发和零售业31883户,注册资本18.3亿元;从事交通运输、仓储和邮政业3900户,注册资本1.66亿元;从事住宿和餐饮业5465户,注册资本5.86亿元;从事信息传输、软件和信息技术服务业201家,注册资本1083.5万元;从事房地产业57户,注册资本260.1万元;从事租赁和商务服务业807户,注册资本5498.42万元;从事科学研究和技术服务业192户,注册资本1407.3万元;从事水利、环境和公共设施管理业15户,注册资本143万元;从事居民服务、修理和其他服务业5825户,注册资本4.36亿元;从事教育49户,注册资本533万元;从事卫生和社会工作52户,注册资本415万元;从事文化、体育和娱乐业257户,注册资本7666.8万元。

【个体工商户年报指导】 8月,张家港个私协会向全市个体工商户发放《给全市个体工商户的一封信》,采取"三个结合"措施,指导个体工商户会员做好年报工作。协会指导与工商辅导相结合。加强基层个私协分会与工商分局的沟通,对推进个体工商户年报工作的重要性和工作难度进行探讨交流,明确各自分工;分局工商干部负责对各村辖区内的个体工商户年报工作进行指导,个私协分会理事负责对镇区街道个体工商户发动宣传并开展初步指导,遇到问题由工商干部进行再指导,确保个体工商户首次年报保质、高效、稳步推进。个协宣传与工商培训相结合。由工商分局和个私协分会联合组织个体工商户召开年报及信息公示制度宣传会议,将信息公示及年报新制度的重要性进行宣传发动。在此基础上,对个私协会分会理事进行专门培训,确保人人懂年报、人人会操作,并借助个私协分会力量广泛宣传指导年报工作。流动辅导与定点辅导相结合。针对街面个体经营户多数符合网上申报的硬件条件,组织基层分会理事走上街头实地指导经营户网上申报填写。专门购置笔记本电脑26台,对无条件的会员,由个私协分会携带笔记本电脑上门现场完成申报。同时,在各分局和个私协分会办公室设立个体工商户会员年报辅导点,方便对有困难和到访个体经营户的申报指导。(糜岚岚　何建平)

利用外地资本

【概况】 年内,全市新建利用外地资本项目1201项,总投资108亿元,其中外地资本投资96亿元。注册资金84亿元,其中外地注册资本78亿元。到账外地资本96亿元,完成投入工作量101亿元。其中,一产项目3项、二产项目210项、三产项目988项。注册资本5000万元以上项目有40项,总投资44亿元,其中外地资本投资43亿元,注册外地资本37亿元,占总额的39%。至年末,外地资本逐年累计完成投入工作量931亿元。

【嘉凯城房地产公司设立】 3月,张家港嘉凯城房地产开发有限公司设立,注册资本4亿元。其中,嘉凯城集团股份有限公司全资子公司嘉凯城集团(浙江)有限公司出资3亿元,持股75%;华芳集团有限公司出资6000万元,持股15%;上海中凯房地产开发管理有限公司出资4000万元,持股10%。公司拟投资建设张家港中凯城市之光商业住宅房地产开发项目,项目地处张家港经济技术开发区,位于港城大道西,跃进河东,张杨公路北,振兴路南侧,总用地面积191795平方米,用地性质为住宅、商业用地。主要建筑类型为高层住宅、临街商业用房、办公用房及配套社区用房、物业管理和幼儿园等,总建筑面积632196.39平方米,其中地上建筑面积469896.39平方米、地下建筑面积16.23万平方米,容积率为2.45。

(谢 兵)

2014年张家港市引进外地资本注册超1亿元项目情况

表19

项目名称	企业名称	来源地	主营业务	注册资本(亿元)
环保设备、机电设备购销项目	江苏悦洲贸易有限公司	江苏淮安	环保材料、环保设备、电子产品、机电设备、金属制品的批发,自营和代理各类商品及技术的进出口业务	1
房地产开发项目	张家港嘉凯城房地产开发有限公司	上海	房地产开发和经营	4
产业地产项目	张家港市联东金德投资有限公司	北京	产业园投资与资产管理	1
金属制品制造项目	江苏盛世蓝光实业有限公司	陕西西安	金属制品制造、加工、销售;对商业、实业的投资、管理;信息咨询服务;钢材、金属材料及制品、煤炭、焦炭、燃料油、润滑油、纺织原料及产品、橡胶制品、橡塑制品、五金交电、矿产品、机械设备及零部件、化工原料及产品、建筑材料、汽车零部件、计算机软硬件的购销;自营和代理各类商品及技术的进出口业务	1
汽车及零配件等的销售	江苏鑫美德投资有限公司	江苏南京	项目投资、实业投资,汽车及零配件的销售,自营和代理各类商品及技术的进出口业务,矿产品、金属材料、炼钢辅料、橡塑制品、五金交电、机械产品、建材、纺织原料、纺织产品的购销	1

上市公司

【概况】 2014年,全市新增江苏康得新复合材料股份有限公司上市企业1家;6家上市公司澳洋顺昌、长城影视(原江苏宏宝)、东华能源、银河电子、保税科技、鹿港科技完成再融资,合计募集资金57亿元,另有2家上市公司富瑞特装、天沃科技(原张化机)上报再融资申请材料;1家上市企业华芳纺织股份有限公司迁出张家港市。至年末,全市上市企业19家,募集资金总额242亿元。其中,保税区(金港镇)6家:保税科技、东华能源、华昌化工、长江润发、天沃科技、康得新;经开区(杨舍镇)7家:骏马化纤、沙钢股份、江苏国泰、澳洋科技、澳洋顺昌、海陆重工、富瑞特装;冶金园(锦丰镇)1家:格兰奇;塘桥镇2家:银河电子、鹿港科技;乐余镇1家:牡丹汽车;凤凰镇1家:盛隆光电;大新镇1家:长城影视。年内,全市新增“新三板”挂牌企业11家。其中,保税区(金港镇)3家:物润船联、江苏科幸、汉龙科技;经开区(杨舍镇)2家:威孚热能、天乐橡塑;塘桥镇3家:佳成科技、薪泽奇、索尔科技;乐余镇1家:玉成精机;凤凰镇2家:瑞腾科技、和乔科技。江苏欧邦塑胶有限公司被列为省金融办备案拟上市企业。

【市上市办推动企业上市、挂牌】 年内,市上市办推进企业“新三板”挂牌。“新三板”即全国中小企业股份转让系统,是面向高成长的科技型、创新型非上市股份公司进行股权转让和定向增发融资的交易平台,具有门槛低、成本小、规范化等特点,也是中小板和创业板市场的蓄水池。市上市办会同各区镇建立110家“新三板”后备企业库,召开20余次见面会、协调会,了解企业进展情况,商讨

天沃科技公司生产车间

(肖 湘 摄)

挂牌细节，为企业解决房产和土地证补办、迁址、历史沿革等难题，全面协调企业挂牌推进工作。5月，举办“新三板”拟挂牌企业税务培训班，对60余家企业财务负责人进行系统培训。推进企业首发上市，及时跟踪与会企业审核进度，主动加强与审核部门的沟通和联系，详细介绍被审企业具体情况，增加被审企业可信度。8月，在复旦大学举办资本运作培训班，各区镇企业上市工作分管领导及联络员、相关综合经济管理部门业务科长、部分国有企业分管领导、有关重点后备企业负责人共49人参加。推动企业债券发行，出台《关于进一步做好全市企业债券发行管理工作的意见》，完成市金城投资发展有限公司二期12亿元企业债发行。兑现各项财政补贴，会同市财政兑现补贴资金合计4566万元，其中阶段性奖励1210万元，企业所得税补贴1927万元，其他税费补贴393万元，再融资奖励340万元，上市公司迁入奖励150万元，限售股减持奖励546万元。

2014年张家港市企业在国内上市情况

表20

上市公司	证券代码	主行业归属	主营构成	上市时间	累计募资总额（亿元）	总股本（万股）	流通股（万股）	12月31日股价（元）	市值（亿元）
保税科技	600794	交通运输、仓储业	码头仓储、化工品贸易与运输	1997年3月	14.79	54162.46	46055.19	14.27	77.29
长城影视	002071	广播、电视、电影和影视录音制作业	电视剧的投资、制作与发行及其衍生业务	2006年10月	20.89	52542.99	17915.72	19.38	101.83
沙钢股份	002075	黑色金属冶炼及压延加工业	黑色金属产品的开发、冶炼、加工及销售	2006年10月	24.84	157626.56	157626.48	4.80	75.66
江苏国泰	002091	商业经纪与代理业	贸易行业、化工行业	2006年12月	2.56	36000.00	34734.66	14.47	52.09
澳洋科技	002172	合成纤维制造业	粘胶短纤、蒸汽	2007年9月	9.30	55934.90	53754.97	6.82	38.15
东华能源	002221	能源批发业	液化石油气销售、再生能源贸易	2008年3月	22.16	69234.62	44718.83	16.49	114.17
澳洋顺昌	002245	社会服务业	电镀锌钢板、热镀锌钢板、冷轧钢板、铝合金板	2008年6月	7.49	44171.67	33546.45	9.96	43.99
海陆重工	002255	通用设备制造业	余热锅炉及相关、容器产品	2008年6月	7.60	25820.00	19860.33	13.51	34.88
华昌化工	002274	化学肥料制造业	纯碱、肥料系列产品、精甲醇	2008年9月	9.71	49990.98	49063.28	6.56	32.79
长江润发	002435	专用设备制造业	扶梯导轨、实心导轨、配件及汽车型材、导轨毛坯	2010年6月	5.12	19800.00	17897.34	9.53	18.87
康得新	002450	橡胶和塑料制品业	预涂膜和预涂膜覆膜机的研发、生产和销售	2010年7月	21.99	95188.60	94750.38	28.97	275.76
银河电子	002519	广播电视设备制造业	数字机顶盒、信息电子设备结构件	2010年12月	14.64	27728.05	9954.06	18.61	51.60
天沃科技	002564	石化及其他工业专用设备制造业	换热器、蒸发器、过滤器等	2011年3月	27.10	73971.20	48357.53	7.41	54.81
鹿港科技	601599	毛纺织业	精纺纱线、半精纺纱以及呢绒面料	2011年5月	13.85	37742.71	31800.00	9.33	35.21
富瑞特装	300228	专用设备制造业	金属压力容器的设计、生产和销售	2011年6月	4.25	13524.80	10593.76	48.80	66.00

康得新公司 （保税区 供稿）

【康得新总部入驻】 8月19日，江苏康得新复合材料股份有限公司在省工商局登记窗口领取新的营业执照，这标志着康得新总部正式从北京迁到张家港保税区。该公司注册资本9.35亿元，市值约270亿元，是苏州市第二大市值的上市公司。公司成立于2001年8月，是一家从事高分子复合膜材料研发、生产和销售的高科技上市公司。公司拥有北京、张家港、泗水、杭州、南通5大生产基地和9家子公司（含美国和中国台湾子公司），已形成跨地域、全产业链、集约化经营的预涂膜产业群，覆盖基材、预涂膜、覆膜机等产业环节，拥有10条预涂膜现代化生产线，年产能4.4万吨，可生产薄膜、聚对苯二甲酸乙二醇酯PET、尼龙、特种四大系列66种预涂膜产品，销往70余个国家和地区，是全球预涂膜产业的领导企业、中国光学膜的龙头企业。2005年10月，康得新投资7.8亿元在保税区成立张家港保税区康得菲尔实业有限公司，建设年产4000万平方米的光学膜示范线。2012年4月，投资45亿元建设占地38.27公顷、建筑面积22万平方米的2亿平方米光学膜产业集群，其中包括2亿平方米光学膜及为之配套的年产2.5万吨光学膜基材PET、1万吨保护膜和6100吨UV固化树脂项目。项目于2013年11月19日投产，并呈快速放量增长的发展态势。2014年全面达产，成为全球产业链最全、集中度最高、竞争力最强的光学膜生产基地。基于整体布局和发展战略的考虑，是年初，康得新与张家港保税区达成总部迁址投资协议，并更名为江苏康得新复合材料股份有限公司。未来，公司将进一步加大在预涂膜和光学膜的显示、窗膜、装饰膜、3D产业五大领域的市场开拓，为保税区（金港镇）乃至全市产业转型升级发挥作用。

【六公司再融资】 澳洋顺昌2008年6月5日在深交所挂牌上市，首次公开发行1520万股（每股16.38元），募集资金2.49亿元。2014年3月，该公司以每股7.5元的价格成功实施定向增发6666.67万股，募集资金5亿元，所募资金主要用于LED外延片及芯片产业化一期项目和补充流动资金。长城影视（原江苏宏宝）2006年10月在深交所挂牌上市，首次公开发行5000万股（每股3.88元），募集资金1.94亿元。2014年4月，江苏宏宝以全部资产和负债（3.96亿元）与长城影视100%股权（22.9亿元）等值部分进行置换，置入资产作价超出置出资产作价差额部分（18.94亿元），由江苏宏宝向长城影视股东发行3.4万股股份（每股5.55元）购买，再融资总额19亿元。2014年6月，江苏宏宝更名为长城影视，主营业务变为电视剧的投资、制作与发行及其衍生业务。东华能源2008年3月在深交所挂牌上市，首次公开发行5600万股（每股5.69元），募集资金3.19亿元。2014年7月，该公司以每股11.48元的价格成功实施定向增发1.06亿股，募集资金12.17亿元，所募资金主要用于投资宁波丙烷资源综合利用一期项目和补充流动资金。银河电子2010年12月在深交所挂牌上市，首次公开发行1760万股（每股36.8元），募集资金6.48亿元。2014年9月，该公司以每股13.04元的价格成功实施定向增发6256.8万股，募集资金8.16亿元，所募资金主要用于购买同智机电100%股权。保税科技前身大理造纸1997年3月在上交所挂牌上市。1999年，大理造纸向张家港保税区金港资产经营公司等定向增发1156.6万股（每股13.8元），募集资金1.6亿元，并更名为保税科技，成为张家港市首家上市公司。2014年9月，该公司以每股11元的价格成功实施定向增发6727.27万股，募集资金7.4亿元，所募资金主要用于收购仪征国华100%股权、收购中油泰富9万立方米化工罐区资产、31.58万立方米液体化工储罐建设项目以及补充流动资金。鹿港科技2011年5月在上交所挂牌上市，首次公开发行5300万股（每股10元），募集资金5.3亿元。2014年11月5日，该公司以每股7.12元价格成功实施定向增发4290.73万股，募集资金3.05亿元，所募资金主要用于购买世纪长龙影视公司100%股权，2014年11月21日，该公司以9.08元股的价格成功实施定向增发1651.98万股，募集配套资金1.5亿元，再融资总额4.55亿元。

【华芳纺织公司注册地迁出】 9月，华芳纺织公司以拥有的全部资产和负债作为置出资产（预估值8.5亿元），与嘉化集团等96方拥有的嘉化能源100%股权（预估值58.1亿元）的等值部分进行置换。同时，置入资产作价超过置出资产作价的差额部分，由公司以每股5.32元发行9.32亿股，募集49.6亿元购买。在此基础上，华芳纺织以每股4.79元的价格成功实施定向增发1.04亿股，募集资金5亿元，所募资金主要用于嘉华能源拟投资建设的热电联产机组扩建项目。12月，公司名称由“华芳纺织股份有限公司”变更为“浙江嘉化能源化工股份有限公司”，股票“华芳纺织”更名为“嘉化能源”，并将注册地由张家港市迁至浙江省嘉兴市。

【11家企业在“新三板”挂牌】 1月24日，苏州瑞腾照明科技股份有限公司在“新三板”成功挂牌，拉开了张家港企业在“新三板”挂牌的序幕。至年末，玉成精机、佳成科技、物润船联、和乔科技、汉龙科技等10家企业先后在“新三板”挂牌，增量位列苏州市第一。11家企业都是成长型的高科技民营企业，其中从事先进装备制造的企业6家、从事节能产品制造的企业1家、从事物联网建设的企业1家、从事新能源制造和装备制造的企业2家、从事新材料制造的企业1家，全年合计实现主营业务收入5.68亿元。

江苏物润船联网络股份有限公司在“新三板”挂牌 （物润船联 供稿）

2014年张家港市“新三板”挂牌企业情况

表21

公司名称	证券简称	证券代码	主营业务	挂牌时间	总股本（万元）	年主营业务收入（万元）
苏州瑞腾照明科技股份有限公司	瑞腾科技	430404	LED照明产品的研发、生产和销售	1月24日	500.00	2300
张家港玉成精机股份有限公司	玉成精机	830895	五金手工具专用机床设计、生产和销售以及机械加工零部件销售	7月25日	1000.00	2906
江苏佳成科技股份有限公司	佳成科技	830957	电线电缆专用生产机械的研发、生产与销售	8月12日	3266.67	7540
江苏物润船联网络股份有限公司	物润船联	831096	信息服务、在线船舶视频监控服务、撮合交易服务	8月21日	1145.50	380
江苏和乔科技股份有限公司	和乔科技	831279	金融POS终端的设计、研发及各类POS终端的研发、生产和销售	11月4日	1000.00	3272
江苏薪泽奇机械股份有限公司	薪泽奇	831424	金属加工机械和纺织机械的研发、制造和销售	12月8日	500.00	6392
江苏索尔新能源科技股份有限公司	索尔科技	831486	锂电池组件及管理系统的研发、生产和销售	12月9日	1350.00	1291
江苏科幸新材料股份有限公司	江苏科幸	831473	特种硅氧烷、有机硅密封胶以及相关催化剂、助剂和特种原料的研发、生产和销售，提供有机硅行业相关技术和服务	12月12日	4350.00	4500
张家港汉龙新能源科技股份有限公司	汉龙科技	831521	太阳能铝合金边框的研发、生产和销售	12月16日	1000.00	20100
张家港威孚热能股份有限公司	威孚热能	831561	中小型锅炉的生产、销售	12月18日	1600.00	2120
张家港天乐橡塑科技股份有限公司	天乐橡塑	831555	汽车用橡胶、塑料产品的开发、生产和销售	12月19日	1200.00	5953

（陈珊珊）

【编辑 黄宏庆】

农业和农村工作

Agriculture and Rural Work

常阴沙现代农业示范园区高标准农田　（张家港日报社　供稿）

综　　情

种植业

养殖业

农业服务

农业产业化

农村经营管理

综　　情

【概况】 2014年，全市完成农、林、牧、渔业总产值56.18亿元，比上年增4.74%；实现农、林、牧、渔业增加值32.06亿元，占地区生产总值的1.47%。农、林、牧、渔业总产值中，农业产值31.82亿元，林业产值6.97亿元，牧业产值4.31亿元，渔业产值5.32亿元，农、林、牧、渔服务业产值7.76亿元。

农副产品供给 年内，全市粮食总产量25.62万吨。新建优质蔬菜基地100公顷，提前两年完成市委“810工程”提出的“三年完成200公顷”的总任务。新(改、扩)建标准鱼池116.87公顷，新增设施渔业73.73公顷。农产品配送覆盖率不断提高，金麦穗配送中心、常阴沙联农配送中心、“天天鲜”物流配送中心、沙洲绿配送中心等单位的配送规模和种类不断扩大，依托优质蔬菜基地生产的蔬菜有50%以上用于配送。其中，配送企事业单位食堂210家，比上年增17.6%；家庭宅配350余户，比上年增16.7%。配送蔬菜、肉、蛋、鱼、副食品等1.3万吨，比上年增25.8%。

农业发展形态 全市新增各级各类农业园区面积253公顷。以市委“810工程”为抓手，启动沙洲生态农业园建设。实施国家农业综合开发项目4项，完成投资6642.81万元。66家农业产业化龙头企业实现销售收入337.51亿元，带动农户24.57万户。农机总投入4500万元，农机总动力31.8万千瓦，农机综合化水平92.5%。各区镇全部建立农产品质量监管站，包装标识和产地证明制度覆盖率达到80%，主要蔬菜基地实现100%产地准出，企业和合作社农产品追溯制度实施率92.4%。全市通过电子商务平台销售农产品总额5261万元，有13个农业生产主体在成熟的电子营销平台上开设网店销售农产品，7个主体自主建设网上销售平台。

农业生态环境 全市有休闲观光农业企业29家，总面积3200公顷，全年举办农业节庆活动20余次，接待游客80万人次，综合收入3.76亿元。凤凰水蜜桃休闲观光园、福满源休闲观光基地申报省农委休闲观光项目，常阴沙油菜花主题公园、永联江南农耕文化园、凤凰桃主题公园等农业休闲观光景点进一步提档升级。沙洲生态农业园完成总体规划，并建成占地约1公顷的金南港观光休闲与科技示范大棚。开展全市生猪养殖场(户)污染治理调查，制定《张家港市畜禽养殖污染治理三年行动计划(2015—2017)》，对36家规模畜禽养殖场实施污染治理。

农村综合改革 推行农村资源资产交易市场化，交易平台实现区镇全覆盖。开展农村土地承包经营权确权登记颁证试点，3个试点村2988户520.53公顷的确权登记颁证工作基本完成。年末，全市有农村专业合作经济组织828家。其中，专业合作社482家；以村为经营主体的土地股份合作社158家，入股土地1.5万公顷；社区股份合作社188家，入社农户20.8万户。全市有经工商登记的农民专业合作经济组织634家。136家农村社区股份合作社开展分红，比上年增加14家，实现各类分红12147万元，其中股金分红2871万元、福利分配9276万元。推进省农民合作社金融改革试点，搭建农民专业合作社与涉农金融机构合作平台，实现“银社对接”，全市合作社贷款总额2450万元。

【农业园区建设】 2014年，市农委将农业园区建设作为全市现代农业建设的重要载体和平台，从基础设施、规划布局、科技推广以及产销对接等方面加强扶持和引导。全市新增各级各类农业园区面积253公顷。乐余农业产业园和凤凰水蜜桃科技示范园被评为苏州市级农业园区。沙洲生态农业园建设项目启动。沙洲生态农业园位于市城区北部，东至一干河，西至港城大道，北至港丰公路，南至晨丰公路，规划面积12.1平方千米，计划总投资3.5亿元。园区建设以“都市生态农业”为核心，结合一干河生态廊道建设，从服务城市发展和当地居民的需求出发，打造城郊都市农业典范。以农业转型升级为目标，与双山岛发展生态旅游以及常阴沙现代农业示范园发展现代农业进行差异化定位，实现区域功能互补，共同打造张家港农业发展集群。至年末，沙洲生态农业园完成总体规划，建成占地约1公顷的金南港观光休闲与科技示范大棚。常阴沙现代农业示范园和双山岛现代农业示范园的建设内容和档次得到完善和提升。

【国家农业综合开发项目】 2014年，张家港市立项实施的国家农业综合开发项目有4项，其中土地治理项目1项、产业化经营项目3项，分别是常阴沙现代农业示范园区高标准农

金南港观光休闲与科技示范大棚　　（陈国华　摄）

田建设项目、江苏梁丰食品集团有限公司9000平方米饲喂挤奶中心改扩建项目、金港镇封庄苗木专业合作社7.33公顷果品种植基地新建项目、市粮食购销总公司590吨粮食原料烘干加工改建贴息项目。常阴沙现代农业示范园区高标准农田建设项目位于常阴沙常东、常兴、常北3个社区，总投资715.57万元，其中财政补助650万元、园区自筹资金65.57万元。至年末，建成排灌站1座、预制板渠道12.84千米、板涵6座、生态护坡2.52千米、水泥道路1.63千米。江苏梁丰食品集团有限公司9000平方米饲喂挤奶中心改扩建项目，总投资757.18万元，其中财政补助240万元、企业自筹517.18万元，改建散栏牛舍6栋，新建挤奶中心1座，购置设备1135台。至年末，完成总投资的80%。金港镇封庄苗木专业合作社7.33公顷果品种植基地新建项目，新建连栋大棚6600平方米，钢管大棚2000平方米，铁丝护栏网1440米，引进果树6400棵。至年末，超计划完成各项工程，总投资170.06万元，其中财政补助100万元、合作社自筹70.06万元。项目直接带动农户200余户，新增就业15人。市粮食购销总公司590吨粮食原料烘干加工改建贴息项目，获中央财政贷款贴息资金178万元，主要用于粮食原料烘干设备及设施建设的固定资产投入。该项目是张家港市第一个获国家农业综合开发产业化经营财政贴息的固定资产贷款项目。项目总投资5000万元，其中固定资产贷款4076万元、自筹资金924万元。年末，项目全部完成，并通过张家港市级验收。

（刘琰灵　朱伟新）

种 植 业

【概况】 2014年，全市实现种植业产值38.79亿元，比上年增加2.05亿元，占农、林、牧、渔业总产值的69.05%，所占比重比上年增加13.13个百分点。

粮食作物　全年粮食作物播种面积3.61万公顷，比上年减少0.25万公顷，减6.48%；总产量25.62万吨，比上年减少1.61万吨，减5.91%。水稻播种面积1.7万公顷，比上年减少1100公顷，减6.08%；总产量15.25万吨，比上年减少1.07万吨，减6.56%；每公顷产量8985千克，比上年减少19.5千克，减0.22%。小麦播种面积1.77万公顷，比上年减少1300公顷，减6.84%；总产量9.86万吨，比上年减少5300吨，减5.1%；每公顷产量5586千克，比上年增加121.5千克，增2.22%。全市累计有无公害粮油产地15个，面积21368公顷，无公害粮食产品20种。

经济作物　全年棉花播种面积42.53公顷，比上年减少5.8公顷，减12%；总产量40吨，比上年减少8吨，减16.67%；每公顷产量940.5千克，比上年减少52.5千克，减5.29%；油菜播种面积1372.2公顷，比上年减少206.73公顷，减13.09%；总产量3602吨，比上年减少523吨，减12.68%；每公顷产量2625千克，比上年增加12千克，增0.46%；蔬菜种植面积1.02万公顷，与上年持平；总产量27.54万吨，比上年增加4914吨，增1.82%。瓜果种植面积1539.87公顷，总产量5.59万吨。新增无公害蔬菜产地2个，新增无公害蔬菜品种3种，面积78公顷。全市累计有无公害蔬菜产地11个，无公害蔬菜品种74种，面积856公顷；无公害茶叶产地3个，无公害茶叶品种3种，面积113公顷。

水稻露地集中育秧　（市农委　供稿）

【水稻育秧“三改一提高”工程】 2014年，为确保水稻高产优质，市农委启动水稻机插秧育秧“三改一提高”工程。“三改”即改软盘为硬盘、改营养土为基质、改人工播种为机械流水线播种，“一提高”即提高秧苗质量。这是水稻育秧技术和组织管理方式的创新，是按照规范化、标准化原则建立适度规模集中育秧基地，根据壮秧培育技术要求进行统一育秧的集约化水稻育秧方式与技术。通过统一种植品种、统一育秧物资、统一播种作业、统一秧田管理、统一秧苗供应，有效解决“家家育秧、户户管理，难以育好秧、育壮秧”的问题，不仅有利于培育标准化壮秧、降低育秧成本、提高育秧效率，而且还利于加快推进水稻生产机械化、规模化、标准化、专业化发展，促进水稻持续增产、农业持续增效、农民持续增收。全市有工厂化育秧点9个、露地集中育秧点25个，集中育秧供秧比例达到20%。

（刘琰灵）

【“阳光玫瑰”葡萄获省评比特等奖】 8月5日，在江苏灌南县由中国农学会葡萄分会、中国南方葡萄产业发展联盟、江苏省葡萄协会联合举办的2014中国南方“中山杯”葡萄评比活动现场，市七彩明珠农业科技专业合作社选送的“阳光玫瑰”葡萄获特等奖，“夏黑”葡萄获金奖。该合作社占地3.33公顷，从上海引进优质葡萄种苗，采用先进的限根优质省力栽培技术开展生产，同时引进国际最先进的“H”型双杆整枝新技术，严格控制成穗数、穗粒数及穗形，严格执行绿色食品种植规程，实行“从土地到舌尖”的全程质量监管。在生产过程中采用最先进的疏花疏果及整枝技术，将公顷产量严格控制在9000千克至11250千克之间，精心培育每颗葡萄。葡萄品种主要有“夏黑”“阳光玫瑰”“黄玉”等10余种。7月，基地正式成为上海交通大学葡萄新技术张家港示范基地。除供应当地市场外，产品成功入驻“天猫”商城，直销苏州、上海及南京等地，基地年产值达到185万元，年利润达到90万元。

（王正元）

养殖业

【概况】 2014年，全市实现养殖业总产值9.63亿元，比上年减少700万元，占农业总产值的17.14%，比上年下降0.95个百分点。其中畜牧业产值4.31亿元，比上年减少3013万元，占农、林、牧、渔业总产值的7.67%，比上年下降0.92个百分点；渔业产值5.32亿元，比上年增加2290万元，占农、林、牧、渔业总产值的9.47%，比上年下降0.02个百分点。

畜牧业　全年生猪出栏12.7万头，年末存栏9.58万头；羊出栏1.66万只，年末存栏1.32万只；家禽上市130.16万羽，年末存栏79.55万羽；奶牛存栏4284头。新增无公害畜禽产地2个，认证产品4种，数量1万只。至年末，全市累计有无公害畜禽产地20个，无公害畜禽产品22种。市章卿养鸭专业合作社和金港镇双丰蛋鸡养殖场创建成省级生态健康养殖示范场2家，养殖品种分别为蛋鸭和蛋鸡。凤凰华杰牧场通过省畜牧生态健康养殖示范场复检，养殖品种为奶牛。

渔业　全年水产养殖面积2800公顷，比上年减少133公顷，减4.53%；水产品总产量1.66万吨，比上年减少950吨，减5.41%；每公顷产量5.93吨，比上年减少0.04吨，减0.67%。新增无公害水产基地1个，面积6.67公顷。至年末，全市累计有无公害水产基地12个，有无公害水产品24种，养殖总面积1051.67公顷。

【鹿苑鸡列入国家级畜禽遗传资源保护名录】 国家级畜禽遗传资源保护名录是农业部为对原产中国的珍贵、稀有、濒危的畜禽遗传资源实行重点保护而制定并公布的畜禽品种名录。结合第二次全国畜禽遗传资源调查结果，2月14日，农业部发布公告对国家级畜禽遗传资源保护名录进行修订，确定159种畜禽品种为国家级畜禽遗传资源保护品种。在新名录中，鸡的品种有28种，张家港市地方品种鹿苑鸡榜上有名。鹿苑鸡是张家港市地方重点种源保护品种，偏于肉用型，具有“四黄”（鸡毛、皮、嘴、脚为黄色）特征，肉质肥美鲜嫩，产蛋性能较好，在清代就作为贡品供皇室享用。20世纪八九十年代，由于高产专业化鸡种的发展，引进品种的增多，地方鸡种受到排挤和杂交，使本来为数不多的鹿苑鸡受到巨大冲击，濒临灭绝。鹿苑鸡主要保存于市畜禽有限公司。公司建有鹿苑鸡原种场，共有1.5万套种鸡，每套有1只公鸡配10只母鸡。此次入选，将更好地促进鹿苑鸡的遗传资源保护工作，对全市畜牧业经济发展起到积极推动作用。

（刘琰灵）

农业服务

【概况】 2014年，全市实现农、林、牧、渔业服务业产值7.76亿元，比上年增加5670万元，占农、林、牧、渔业总产值的13.81%，比上年增加0.4个百分点。

农资供应　全市水稻统一供种面积1.63万公顷，供种总量971.9吨。其中，常规粳稻1.61万公顷，供种968吨；杂交粳稻173.33公顷，供种3.9吨。全市小麦统一供种面积1.64万公顷，供种总量2460吨。落实水稻直补面积1.69万公顷，粮油良种补贴面积3.27万公顷，农资综合补贴2.73万公顷，累计核发各类涉农补贴资金2.07亿元。全年完成农业总保费2997.31万元（不含农机具保险），比上年增加24.2万元。其中，高效农业保费1623.65万元，比上年增加108.13万元，占农业总保费的54.17%，比上年提高3.63个百分点。1月，市农委根据省和苏州市农委主推农药品种的要求，将经省、苏州市专家审核的171种主推农药向全社会公布。全市零差价集中配送农药170余种579吨，价值3728万元，为农民节省农药成本762万元。鼓励和引导农户利用秧田、果园等秋冬季休闲期种植黄花苜蓿、蚕豆、紫云英等绿肥。通过市采购中心公开招标，统一购买黄花苜蓿种子24.9吨、蚕豆种子14吨、紫云英种子200千克，由各区镇免费提供给农民种植。

农机服务　全年农机总投入4700万元，其中市级以上财政投入2121.88万元，镇、村级财政投入600万元，私人投入1978.21万元，私人投入占42.09%。农机总动力28.72万千瓦，农机原值6.09亿元，农机净值4.32亿元。全年新增各类农机具580余台套，其中大中型拖拉机51台，高速插秧机111台，粮食烘干机25台，育秧播种机组21套，秸秆还田机62台，旋耕机99台，开沟机24台，联合收割机63台（含半喂入式收割机35台），增氧机和投饲机57台，自走喷杆式高效植保机17台，其他机具50余台套。年末，全市累计有大中型拖拉机876台，大中拖配套机具3264台，配套比为1∶3.73；水稻播种机械1172台，其中插秧机982台；有各类联合收割机628台，谷物烘干机172套，手扶拖拉机268台；有植保机5348台，静电微型喷雾机13667台，鱼塘增氧机和投饵机2637台。全市水稻机插秧面积1.54万公顷，机插比例为91.5%，夏季秸秆机械化还田1.66万公顷，还田率97.2%。按照“六统一”（统一规划布局、统一建筑设计、统一硬件标准、统一功能定位、统一软件要求、统一标识编号）的要求，建成标准化农机场库15个。按照“技术推广、配件供应、维修服务、教育培训、安全监理、政策宣传和信息服务”一体化建设的要求，建成农机综合维修服务中心3家。全市有经工商部门登记的农机专业合作社100家。农业综合机械化水平92.8%,主要作物农机化水平96%,高效设施农业机械化水平82%。全年有448台次农机开展跨区作业,总作业面积5.12万公顷,其中收割小麦2.6万公顷、水稻2.52万公顷。

【农业技术推广】 全市推广、应用农业新技术170项,重点推广设施内水旱轮作治理连作障碍新技术、水稻机械移栽与化学除草一体化技术和稻麦测土配方施肥技术等生产技术,引进、推广优质水稻新品种"武运粳30"和优质水稻新品系"武0175",推广面积2067公顷。首届扬州大学农学院张家港班39名学生毕业,全部被分配到行政村和涉农社区工作。继续开展农业技术培训,全年完成农民培训1130人次,发放教材1500余份。其中,基层农技推广人员培训1期80人,农业职业技能培训4期400人,农民创业培训1期150人,省级新型职业农民培训1期100人,张家港市新型职业农民培训4期400人。开展中级蔬菜园艺工的技能鉴定,100人参加,通过率80%。这是全市首次中级技能鉴定。在培训模式上,采取分类分段式培训方法,结合农时季节,错开农忙时间,通过阶段式培训,让农民由浅入深地接受农业新技术新知识,提高培训成效。

【农业行政执法】 年内,全市开展农药、肥料、种子、食用菌、转基因生物标识以及渔业生产等专项整治活动,确保不发生重大农产品质量安全事件,确保不发生区域性重大动植物疫情。开展农资打假护农活动,全年出动执法人员572人次,检查生产、经营场所865家次,开展各类专项整治活动6次,与工商、质监、公安等开展联合执法行动2次,抽检农药样品32批次、肥料样品31批次、农产品139批次,立案处理各类违法、违规案件7起,调解农民各类投诉案件7起,罚款及没收违法所得合计4.3万元。9月1日起,在全市范围内启动为期30天的植物检疫宣传月活动,与种子生产单位、种子经销单位签订植物检疫承诺书。设立塘桥、大新、杨舍、金港、常阴沙5个外来有害生物监测点,对外来有害生物进行阻截。年内,监测点对黄瓜绿斑驳花叶病毒病、橘小实蝇、稻水象甲等10种外来有害生物进行248期次的调查,未发现监测对象。开展加拿大一枝黄花春季清剿,免费提供药剂1.77吨价值10.6万元,药剂防治面积达到19.6公顷。打击违法捕捞行为,全年共签发渔业捕捞生产许可证64本,开展各项检查活动131天,出动船艇50艘次、车辆177辆次,查处各类违规案件227起,其中立案查处19起,处罚金额4.45万元,没收电捕器具184件套,调处渔业水域污染事故33起。开展重大动物疫病防控,全年防疫牛口蹄疫1.71万头次、羊口蹄疫1.89万只次、猪口蹄疫22.26万头次、猪瘟16.22万头次、链球菌6.19万头次、高致病性蓝耳病14.64万头次、禽流感147.21万羽次、狂犬病2.35万头次。检测血清学样品15508份,其中高致病性禽流感7354份、新城疫1126份、口蹄疫4768份、猪瘟1135份、蓝耳病1125份,抗体总体合格率达到农业部要求。开展H7N9禽流感监测,全年对农贸市场、家禽养殖场监测血清学样品1949份,棉拭子1949份,检测结果均为阴性。开展羊小反刍兽疫防控,排查羊养殖场(户)208个,羊10090只,未发现异常情况。

机械化收割苜蓿　　（市农委　供稿）

【农产品质量检测站易地改造】 3月,市农产品质量检验测试站易地改造项目启动。该项目是2014年张家港市实事工程之一,将原金厦房产办公楼改造为现代化标准实验室,实现农产品、畜牧水产品、农业环境定量检测的全面综合配套。检测站位于龙潭路111号,占地面积1146.67平方米,建筑面积1557平方米,总投资889万元。项目参照国家"县级农产品检测机构建设标准"要求,结合产业发展需求,配备三重四级杆液质联用仪、气质联用仪、液相色谱、气相色谱、原子吸收、原子荧光等现代先进微恒量检测设备,实现农产品快速检测、农产品定量检测、畜水产品定量检测、农业环境(农业投入品)定量检测的全面综合配套。检测站有工作人员14人,其中高级职称7人。年末,正式投入使用。

【兽、渔药集中配送】 2014年,为规范兽、渔药市场,惠及更多养殖户,根据市绿化、卫生消毒和兽、渔用药集中配送实施办法,市农委对全市常用兽、渔药实施集中统一配送。市畜牧兽医站、水产站通过调研确定20种常用兽药主推品种和12种常用渔药主推品种,在8个镇动物防疫站设19个兽药供应点,在市畜牧兽医站设立1个渔药供应点,并于9月1日起全面开展常用兽、渔药集中配送零差价销售。全市有规模养殖户535户，全年销售兽、渔药11.6万元。

（刘琰灵）

农业产业化

【概况】年末，全市有各级农业产业化龙头企业66家，其中国家级龙头企业1家、省级龙头企业7家、苏州市级龙头企业16家、张家港市级龙头企业42家，全年销售收入337.51亿元，实现利税11.52亿元，完成创汇2.99亿美元，带动农户24.57万户。全市全年农产品出口总额1.87亿美元，比上年增77.7%，占苏州市农产品出口总额的30%，列苏州各县市第一、全省第二。其中，东海粮油工业（张家港）有限公司全年出口1.13亿美元，比上年增1040.6%，列全省第一。9月26日至28日，市农委组织江苏张家港酿酒有限公司、东海粮油工业（张家港）有限公司、江苏梁丰食品集团有限公司、张家港科灵灵芝专业合作社等11家企业与合作社参加在盐城市举行的第十六届（2014）江苏农业国际合作洽谈会暨国际农业装备展览会，展示农产品六大类18个品种。全市全年组织申报各类农业项目38项，获市级以上项目补助资金4111.79万元。江苏骏马农林科技股份有限公司的"江苏骏马农林切花菊出口示范基地"申报成为江苏省出口农产品示范基地，获得苏州市奖励资金3万元。

【骏马农林获批省出口农产品示范基地】5月，省农委、省出入境检验检疫局、省海洋渔业局联合发文，公布江苏省第六批出口农产品示范基地。江苏骏马农林科技股份有限公司榜上有名，成为该批次全省唯一一家出口花卉企业。江苏骏马农林科技股份有限公司成立于2008年6月，注册资本5000万元。2011年，公司投资200余万元创建企业研发中心，并成功申报创建苏州市花卉改良工程技术研究中心及江苏省企业研究生工作站。先后成功申报国家、省、苏州市、张家港市级各类科研项目12项，申请各项专利11件，授权专利2件，科研成果获江苏省科技进步一等奖1项、苏州市科技进步三等奖1项、张家港市科技进步三等奖2项，申报《切花菊标准化生产技术规程》等企业标准6项。2014年年末，企业拥有基地面积18.67公顷，主要出口切花菊2种。全年出口花卉300万枝，创汇80万美元。（刘琰灵）

【金麦穗获国家级良好农业规范认证证书】3月12日，张家港金麦穗生态农业研发有限公司（生态农庄）通过中国质量认证中心认证，获国家级良好农业规范认证证书。公司位于经开区（杨舍镇）李巷村生态农业示范研发区，是江苏省农业产业化龙头企业——苏州金麦穗食品有限公司的下属企业，成立于2010年8月。企业是以生态种植和农产品深加工为主的集休闲观光为一体的现代生态农业种植基地，占地20公顷，总投资500万元。主要配套设施有种植放心果蔬的百亩连栋大棚，千吨级高低温库、垂钓中心、KTV、自助烧烤、自助式QQ农场试验田、学生实践基地、1500平方米生态食府等创意农业项目。配有果蔬低温运输车6辆，保障配菜网和金麦穗菜篮各营销点货源供应的安全性和持续性。生态农庄先后被评为江苏省乡村旅游四星级景区、国家千吨级农产品冷链物流加工配送基地、苏州市巾帼就业创业实践基地、苏州市菜篮子工程直供基地、张家港市现代农业先进单位、张家港市现代高效农业"三八"示范基地等。良好农业规范（GAP）是国家针对初级农产品生产的种植业和养殖业的一种操作规范。通过GAP认证，有利于提升农业生产的标准化水平，生产出优质、安全的农产品，解除消费者饮食方面的后顾之忧。为提升企业品牌效应和市场综合竞争力，金麦穗公司对照GAP认证标准，推行标准化、规范化生产，实施"配送中心+公司+专业合作组织+基地+农户"的一体化经营机制，充分发挥农业增效、农民增收的龙头作用。至年末，该企业蔬菜辐射带动基地达到200公顷，市场前景广阔。（戴玉兴）

农村经营管理

【概况】2014年，全市农民人均纯收入23722元，比上年增10.2%。村级集体可支配收入136894万元，比上年增加15374万元，增12.6%；村均集体可支配收入810万元，比上年增12.6%。

农村集体资产管理 4月至8月，全市组织开展以2013年12月31日为基准日的第三轮农村集体资产清产核资工作。清查范围包括镇级、村级农村集体资产，包括所属的全资集体企业。市委农工办对全市187个村级集体经济组织所有的生产经营性资产、非生产经营性资产和资源性资产进行清理，核销应收款呆账，调整收入挂账，评估入账资产，剔除合并内部关联交易，摸清全市农村集体资产家底，维护集体资产的安全完整。经过清查，全市农村集体资产总额258.84亿元，负债总计152.96亿元，净资产总计105.88亿元。其中，镇级集体资产总额108.39亿元，净资产30.22亿元；村级集体资产总额130.98亿元，净资产58.02亿元。村级阳光综合审计工作实现常态化，共完成审计项目351项，完成审计金额29亿元，提出审计建议392条，被采纳392条，发出整改意见书126份，被审计单位制定整改措施317项。深化农村集体"三资"管理信息系统，通过九大预警功能提高监管能力。

农村财务管理 年内，市委农工办进一步完善和改进村组财务公开内容和版面设计，网上公开进一步深化，全市村组财务公开率100%。全年开展村组财务公开情况检查4次，共抽查79个村，网上抽查320个村次。各村的村组财务管理均能做到公布及时、程序规范、内容真实、资料完整。完善惠民台账信息系统，加强对惠民政策落实情况的监督管理。

农村土地承包管理 年内，全市加大财政扶持力度，加强土地适度规模经营管理。全年市、镇两级财政共补贴资金11379万元，其中生态补偿

资金9812万元、蔬果等流转补贴资金1567万元。开展农村承包土地确权登记颁证试点工作，成立市级农村土地承包经营权确权登记工作领导小组，出台实施方案、操作流程和工作规范，编写确权颁证政策问答，研发颁证软件。完成市农村承包土地仲裁庭的办公用房建设，建立全套的仲裁工作制度和规范。锦丰镇交通村、洪桥村、乐杨村3个试点村的确权登记颁证工作基本完成。

农民增收工作　年内，全市大力发展村级集体经济，增强对农民增收致富的带动作用，不断提高村集体对村民福利性补贴的范围和总量。村集体支出各类惠民补贴增长10%以上。规范完善合作经济，提高农民利益联结机制。全市实质运作的16家社区股份合作社共有入社社员51628个、股金总额49470.47万元。7家富民合作社入社农户3406户，股金总额30863万元。全年投资15381万元建设农贸市场、标准型厂房、蓝白领公寓等项目。村集体直接经营的土地股份合作社共45家，直接经营面积1598.07公顷。7家富民合作社股金分红比例、45家村集体直接经营的土地股份合作社保底分红额分别达到7%和1800万元。推行农村资源资产交易市场化，完成市级农村资源交易服务中心和8个镇级资源交易平台的建设工作，成功开展市级平台首次交易试运行，交易价格最高增长43%。申报省、苏州农民专业合作社示范社项目扶持资金340万元、省土地规模经营流转补贴资金55.82万元、省家庭农场示范社项目扶持资金18万元、村级公益事业一事一议建设资金828万元，对村集体经济组织经营性收入纳税补助2746.99万元。

【村级集体经济】　年内，全市新增村级集体经营性项目151项，总投资35.84亿元，其中三产服务业项目65项，总投资31.43亿元，占87.7%。推进村级经济转型升级，重点抓好12个投资超5000万元的村级载体项目，总投资21.76亿元。12个项目全部开工建设，其中2个项目建成营业。搭建村级集体经济联合发展平台，协调建立塘桥镇联鑫投资发展有限公司，收购2538万元企业资产，拨付财政补助750万元。市委农工办会同市国土局开展“一村二楼宇”政策落实，指导各区镇盘活村级存量建设用地，促进村级集体经济发展壮大。加大财政转移支付力度，对53个可支配收入上台阶的村奖励1060万元。完善村级经济惠民增长机制，提高村级集体经济对农民增收的带动能力。南丰镇成为“村村分红”示范镇。全市村级集体可支配收入810万元（不含涉农社区），比上年增12.6%，村级经济惠民增幅在10%以上。

全市农村土地承包经营权确权登记颁证工作推进会

（市委农工办　供稿）

【农村土地承包经营权确权登记颁证试点】　根据中央、江苏省、苏州市的统一部署，市委农工办在冶金园（锦丰镇）试点开展农村土地承包经营权确权登记颁证工作。9月，冶金园（锦丰镇）成立确权登记颁证工作领导小组，制订工作方案，选择交通村、洪桥村、乐杨村为试点村。10月10日，锦丰镇召开农村土地承包经营权确权登记颁证试点工作推进会，苏州市委农工办副主任陈建荣、张家港市委农工办主任孙敏彪分别传达上级农村土地承包经营权确权登记颁证工作推进会精神。会后，冶金园（锦丰镇）下发农村土地承包经营权确权登记颁证工作实施意见、告农户书及相关政策问答。在工作中，结合苏南地区农地股份化、农业现代化的特征，坚持“确土地份额、确土地权益”原则，创设“一为主、一补充”确权方式，即以“确权确利不确地”为主、“确权确地”为补充，形成操作性强、群众普遍认可、推进进程顺利的农地确权实践，为张家港市乃至苏州市提供经验借鉴。12月26日，省委研究室在《动态研究与决策建议》第50期上刊登张家港市副市长、冶金工业园党工委书记、锦丰镇党委书记赵建明的文章《农地确权的“锦丰实践”》。至年末，3个试点村2988户520.53公顷的确权登记颁证试点工作基本完成。

【农村资源交易平台建成】　年内，全市加快推进农村资源交易平台建设，推行农村资源资产交易市场化市级农村资源交易服务中心和8个镇级资源交易平台全部建成。10月25日，市级平台首次开展交易试运行，标志着区镇资产交易平台建设、财政补贴适度规模经营承包土地通过平台流转、农村集体资产大额产权交易与新增经营性资产通过平台交易实现“三个全覆盖”。至年末，全市对农用地、门面房、标准型厂房等共645宗农村集体资产进行了招拍租，交易成交额近1亿元。其中，土地流转593起，交易面积8333.33公顷，成交金额9766万元。

（朱伟新　徐　平）

【编辑　陆正芳】

工 业

Industry

张家港富瑞特种装备股份有限公司　（经开区　供稿）

综　情

【概况】2014年,全市工业突出转型升级核心,以培育优质企业、增加有效投入、发展新兴产业、实施腾笼换鸟、推进节能减排、加速"两化融合"为重点,全力提升发展质效,工业经济平稳运行。全年完成工业总产值5630.85亿元,与上年基本持平。按轻重工业分,轻工业产值1341.34亿元,重工业产值4289.51亿元;按企业规模分,大型企业产值3514.45亿元,中型企业产值802.73亿元,小型企业产值1294.68亿元,微型企业产值18.99亿元。规模以上企业1300家完成工业产值4961.82亿元,比上年增0.81%,主营业务收入5040.34亿元,完成利税223.2亿元。规模以上工业企业按轻重工业分,轻工业企业520家,产值1156.67亿元;重工业企业652家,产值3805.15亿元。按企业规模分,大型企业38家,产值3224.94亿元;中型企业137家,产值628.46亿元;小型企业987家,产值1103.87亿元;微型企业10家,产值4.56亿元。按经济类型分,国有企业2家,完成产值5.1亿元;集体企业3家,完成产值3.02亿元;股份合作制企业8家,完成产值8.72亿元;有限责任公司101家,完成产值2757.66亿元;股份有限公司20家,完成产值143.67亿元;私营企业747家,完成产值845.25亿元;港澳台投资企业86家,完成产值200.27亿元;外商投资企业194家,完成产值983.99亿元;其他企业10家,完成产值6.94亿元。全市工业用电量262.8亿千瓦小时,比上年增2.3%。工业经济总量居苏州市前列。张家港市列第十四届县域经济基本竞争力百强县(市)第二名。

2014年张家港市八大工业集团一览

表22

企业名称	所在地	企业名称	所在地
江苏沙钢集团有限公司	冶金园	华芳集团有限公司	塘桥镇
江苏永钢集团有限公司	南丰镇	张家港康得新光电材料有限公司	保税区
中粮东海粮油工业(张家港)有限公司	保税区	张家港浦项不锈钢有限公司	冶金园
澳洋集团有限公司	经开区	江苏华昌(集团)有限公司	保税区

2014年张家港市70家重点工业企业一览

表23

企业名称	所在地	企业名称	所在地
道康宁(张家港)有限公司	保税区	张家港保税区麦福生物制品有限公司	保税区
张家港沙洲电力有限公司	冶金园	张家港华夏帽业有限公司	经开区
佐敦涂料(张家港)有限公司	保税区	江苏华盛精化工股份有限公司	保税区
张家港富瑞特种装备股份有限公司	经开区	张家港恩斯克精密机械有限公司	经开区
张家港化工机械股份有限公司	保税区	江苏艾迪尔医疗科技股份有限公司	冶金园
江苏现代威亚有限公司	凤凰镇	张家港保税区新乐毛纺织造有限公司	保税区
张家港中集圣达因低温装备有限公司	保税区	苏州龙杰特种纤维股份有限公司	经开区
苏州海陆重工股份有限公司	经开区	京瓷显示器(张家港)有限公司	保税区
江苏骏马集团有限责任公司	经开区	江苏金陵体育器材股份有限公司	南丰镇
江苏华尔润集团有限公司	冶金园	张家港欣欣高纤股份有限公司	保税区
江苏金帆电气集团有限公司	经开区	江苏沙印集团有限公司	冶金园
张家港华兴电力有限公司	经开区	张家港伸兴机电有限公司	经开区
江苏张家港酿酒有限公司	保税区	江苏东渡纺织集团有限公司	经开区
张家港保税区长源热电有限公司	保税区	江苏华程工业制管股份有限公司	塘桥镇
江苏飞翔化工股份有限公司	凤凰镇	张家港统清食品有限公司	保税区
液化空气(张家港)工业气体有限公司	冶金园	华奇(张家港)化工有限公司	保税区
东熙汽车配件(张家港)有限公司	经开区	江苏新美星包装机械股份有限公司	经开区
索尔维(张家港)精细化工有限公司	凤凰镇	马尼托瓦克起重设备(中国)有限公司	经开区
苏州金鸿顺汽车部件有限公司	经开区	日触化工(张家港)有限公司	保税区
丰田合成(张家港)科技有限公司	保税区	江苏华大离心机股份有限公司	经开区

续表23

企业名称	所在地	企业名称	所在地
张家港爱丽塑料有限公司	冶金园	双狮（张家港）精细化工有限公司	保税区
张家港市易华塑料有限公司	经开区	华灿光电（苏州）有限公司	经开区
江苏长顺集团有限公司	保税区	江苏海狮机械集团有限公司	乐余镇
斯泰隆丁苯胶乳（张家港）有限公司	保税区	安固（张家港）橡胶工业有限公司	凤凰镇
天宇羊毛工业（张家港保税区）有限公司	保税区	顺德工业（江苏）有限公司	保税区
陶氏化学（张家港）有限公司（含尤尼维讯公司）	保税区	江苏华机集团有限公司	经开区
江苏梁丰食品集团有限公司	经开区	江苏新中环保股份有限公司	经开区
长江润发集团有限公司	保税区	江苏新芳科技集团股份有限公司	大新镇
江苏银河电子股份有限公司	塘桥镇	江苏宏宝集团有限公司	大新镇
南港（张家港保税区）橡胶工业有限公司	保税区	东马棕榈工业（张家港）有限公司	保税区
瓦克化学（张家港）有限公司	保税区	江苏久盛重工集团有限公司	保税区
张家港圣汇气体化工装备有限公司	保税区	张家港市海星集装箱制造有限公司	经开区
泰柯棕化（张家港）有限公司	保税区	张家港联合铜业有限公司	冶金园
张家港市广大机械锻造有限公司	凤凰镇	江苏鹿港科技股份有限公司	塘桥镇
攀华集团有限公司	保税区	江苏爱康集团有限公司	经开区

【工业投入】 2014年，张家港市工业投入总量继续保持苏州各县（市、区）第一，完成工业投入工作量434.83亿元，比上年减0.3%。其中，传统产业完成投入工作量190.49亿元，占全市工业投入总量的43.8%；新兴产业完成投入工作量244.34亿元，占全市工业投入总量的56.2%。在建1亿元以上项目86项，完成投入工作量249.23亿元，占全市工业投入总量的57.3%；5亿元以上项目34项，完成投入工作量175.03亿元，占全市工业投入总量的40.3%。内资项目726项，完成投入工作量370.98亿元，占全市工业投入总量的85.3%；外资项目71项，完成投入工作量63.85亿元，占全市工业投入总量的14.7%。张家港保税区、张家港经济技术开发区和江苏扬子江国际冶金工业园在建项目407项，完成投入工作量319.4亿元，占全市工业投入总量的73.5%；其他镇在建项目319项，完成投入工作量115.4亿元，占全市工业投入总量的26.5%。全年竣工项目729项，累计完成投入工作量437.4亿元，其中当年完成投入工作量308.87亿元。投资趋向不断优化，全市工业实施技术改造542项，完成投入工作量322.69亿元，占全市工业投入总量的74.2%。

【转型升级】 年内，市政府办公室出台《张家港市2014年创新驱动促进工业经济转型升级的政策意见》和《张家港市工业转型扶持资金管理暂行办法》，全市加快发展新兴产业，新材料、现代装备、新能源等新兴产业投入占全市工业投入的56.2%。4月，市政府综合考虑2013年度全市企业销售收入、利税总额、入库税收等主要经济指标完成实绩，结合企业创新能力、发展后劲、节能环保等情况，确定2014年度百家骨干企业及科技成长型人才企业名单。年内全市百家骨干企业中的78家工业企业销售收入占全市规模以上工业销售收入的69.1%，8家重点骨干工业企业销售收入占78家骨干工业企业销售收入的68.8%。全市预认定苏州市总部企业3家，累计9家。加快"两化融合"步伐，全年新增江苏省"两化融合"试点企业16家。江苏省"双软"（软件企业和软件产品）认定企业6家。推

江苏宏宝集团产品展示　　（庞瑞和　摄）

进淘汰落后产能，全年实施沙钢集团新增135兆瓦富余煤气发电机组、永钢集团内燃机发电、华昌集团原料结构调整等26个节能及循环经济项目，完成节能投入15.3亿元；淘汰电动机、风机、水泵等落后高耗能生产设备2500台套；全年完成清洁生产审核企业48家。推进腾笼换鸟，累计关停落后企业153家，盘活利用存量土地350.73公顷。（陈　洋）

冶金工业

【概况】 2014年，全市规模以上（全部国有及年主营业务收入500万元以上非国有工业企业，下同）冶金工业企业完成工业总产值2450.13亿元，占全市规模以上工业总产值的49.4%，比上年增0.4%。其中，黑色金属冶炼及压延加工企业47家，完成工业总产值2334.08亿元；有色金属冶炼及压延加工企业26家，完成工业总产值116.05亿元。有4家企业（含浦项）年销售收入超100亿元。沙钢集团（本部）全年完成销售收入1332.35亿元，比上年减15.28%；实现利税51.08亿元，比上年增35.44%。永钢集团全年完成销售收入316.2亿元，比上年减11.02%；实现利税18.06亿元，比上年增22.59%。张家港浦项不锈钢有限公司完成销售收入176.85亿元，比上年增7.27%；实现利税3.65亿元，比上年减7.93%。张家港联合铜业有限公司完成销售收入112.3亿元，比上年减17.1%。全行业累计完成投资89.5亿元。投入3000万元、500万美元以上的项目29项，总投资218亿元。其中，竣工项目22项，总投资874.5亿元，当年完成工作量30.9亿元。

2014年张家港市规模以上冶金企业主要产品产量情况

表24

产品名称	年产量（万吨）	比上年增长率（%）
钢材	3379.51	-9.76
其中：钢筋	827.99	-9.53
线材	705.84	-14.79
热轧薄宽钢带	403.74	-11.37
中厚宽钢带	409.22	-39.86
精炼铜（电解铜）	18.41	-0.86
铜材	5.04	-2.51
铝材	8.09	5.61

2014年张家港市冶金企业投入1亿元以上竣工项目情况

表25

企业名称	项目内容	项目类别	总投资（万元）	竣工时间
张家港扬子江冷轧板有限公司	建设两条1420毫米冷轧板生产线项目	内资	710000	4月
江苏沙钢集团有限公司	宽厚板二车间新增温矫机	内资	16000	10月

【攀华集团获省地标型企业称号】 7月18日，攀华集团有限公司重庆攀华金属材料剪切配送中心开工奠基及集团商户入驻重庆攀宝钢材市场签约仪式举行。在仪式现场，攀华集团与攀钢集团、包钢集团、重钢集团等大型钢铁生产企业以及中铁物资、港九集团、中国银行、中国工商银行等签订合作协议。重庆攀宝钢材市场分三期建成。一期工程重庆攀宝钢材交易中心已投入使用，二期工程重庆攀华金属材料剪切配送中心，主要承接金属材料加工、销售、仓储、配送等业务。三期工程攀华电子商务中心计划2015年开建。重庆攀宝钢材交易市场总投资15亿元，可容纳1000余家企业或商户，建成后能实现年市场商品交易额800亿元。11月23日，攀华集团董事长李兴华在南京举办的2014年苏商大会暨苏商10周年庆典活动中获“苏商十年（2004—2014）功勋企业家”称号，攀华集团首批获“2014年度江苏省地标型企业”称号。攀华集团针对钢铁行业发展不景气的情况，坚持“走出去”的发展策略，目标是做世界“彩钢之王”。

（丁卫刚　黄伟城　何增丁）

【永钢集团联峰重工装备二期项目开工】 作为永钢集团实施“百亿项目、千亿企业”战略的重点工程之一，联峰重工装备二期项目总投资15亿元，占地20公顷，在一期的基础上新建钢包精炼炉LF及真空脱气VD精炼装置，并配套电渣重熔设备，4兆牛顿、80兆牛顿快锻油压机，1800吨精锻机，大型机加工和热处理生产线，主要生产精密锻材、高端大型模具、海工锻件、石化及电站锻件等，应用于机械、汽车、石油、化工、船舶等行业。2月，联峰重工装备二期项目开工奠基。项目计划2015年12月竣工投产。投产后，与集团公司旗下苏州昆仑重型装备制造有限公司实现联动，形成模锻与自由锻产品的系列化，进一步优化企业的产品结构、产品品种，可实现年销售收入超60亿元、利税总额5亿元。永钢集团联峰重工装备一期项目已拥有一条年产100万吨的炼钢精炼连铸生产线和一条年产80万吨的大棒材生产线，以及配套的220千伏变电站，主要产品为大型铸造钢锭、大断面圆坯、高端石油钻杆等高端精品棒材。（宋立娟）

【联合铜业公司被首批确定为能效促进项目示范企业】 12月18日，联合铜业公司被工信部首批确定为“中国工业企业能效促进项目”示范企业。工信部与世界银行共同实施“中国工业企业能效促进项目（CEEPI）”，拟加强中国工业企业能效管理能力建设，从管理和技术两个方面促进中国重点工业企业合理用能，推动能效提升和温室气体减排。工信部批准江苏省节能监察检测中心为长三角地区开展项目活动的示范基地。此次首批确定的示范企业全国有20家，其中江苏省5家。2014年，公司采取“以新带老”措施，结合废杂铜再生综合利用年产24万吨阳极铜及10万吨阴极铜项目一期工程建设，加大节能技改升级力度，对老系统阳极炉改用富氧燃烧和掺氮气还原新技术，完成两台阳极炉全氧重油燃烧改造，改造后平均重油单耗为每吨40.6千克，下降幅度为41%。4台阳极炉通过改造后，老系统烟气排放量减少50%至60%。公司推行清洁能源技术，导入循环经济发展理念，废除4台燃煤锅炉，将生产供热系统改由沙洲电力公司余热供汽。同时，新项目建有2台每小时15吨余热锅炉产蒸汽内部使用。仅此项全年可减少二氧化硫排放36.96吨，减少烟(粉)尘排放8.8吨，减少氮氧化物排放64.68吨。公司新建倾动炉采用清洁能源天然气替代重油，并采用富氧燃烧和掺氮气还原新技术，在行业内处于先进工艺水平。公司结合新老厂区建设，对排水系统统一改造，雨污和清污彻底分流，浊水处理后回用，生活污水生化处理后返用于绿化和生产水补充，全厂无废水外排。全年公司削减二氧化硫41.73吨、烟尘6.88吨及氮氧化物136.44吨的排放量。烟(粉)尘比上年减28.11%，二氧化硫比上年减67.24%，氮氧化物比上年减63.38%，铅及其化合物比上年减6.97%，硫酸雾比上年减36%。　（杨学文）

纺 织 工 业

【概况】 2014年，全市规模以上纺织工业企业完成工业总产值712.45亿元，比上年减5%，占全市规模以上工业总量的14.4%。其中，棉纺织、毛纺织、丝织、印染等纺织企业251家，完成工业总产值397.2亿元；纺织服装、鞋、帽制造企业75家，完成工业总产值68.77亿元；化学纤维制造企业40家，完成工业总产值246.48亿元。全年有10家企业销售收入超10亿元。其中，华芳集团超100亿元，全年完成销售收入137.82亿元，居榜首；其次为骏马集团82.09亿元，澳洋集团81.65亿元，张家港欣欣高纤股份有限公司34.02亿元，江苏东渡纺织集团21.52亿元，江苏鹿港科技股份有限公司19.17亿元，沙印集团17.83亿元，张家港保税区天宇毛纺有限公司15.9亿元，张家港新东旭纺织印染有限公司14.7亿元，市龙杰特种化纤有限公司13.12亿元。全年纺织工业完成投资42.2亿元。投资3000万元、500万美元以上的项目36项，总投资48.6亿元，当年完成工作量35.3亿元。其中，竣工项目31项，当年完成工作量27.3亿元。

2014年张家港市规模以上纺织企业主要产品产量情况

表26

产品名称	单　位	年产量	比上年增长率(%)
化学纤维	万吨	74.95	-3.84
纱	万吨	49.69	-7.86
布	万米	22350.06	0.71
印染布	万米	38225.94	10.95
帘子布	万吨	11.44	-4.67
呢绒	万米	8865.88	-2.59
服装	万件	19546.10	7.07

2014年张家港市纺织企业投入1亿元以上竣工项目情况

表27

企业名称	项目内容	项目类别	总投资(万元)	竣工时间
江苏澳洋纺织有限公司	精纺厂改造扩建项目	内资	20000	3月
江苏骏马集团有限责任公司	高模低缩涤纶帘子布项目	内资	15000	5月
张家港市龙杰特种化纤股份有限公司	年产8万吨差别化聚酯纤维项目	内资	37500	6月
张家港华福日新染业有限公司	改建年产3600吨高档针织面料等项目	内资	25800	12月
张家港市华鹿毛纺有限公司	高档针织服饰技改项目	内资	10500	12月

【纺织行业十大自主品牌培育】 6月，全市召开纺织行业转型升级报告会和纺织行业转型升级规划暨品牌建设研讨会，聘请中国纺织工业联合会副会长张延恺，中国纺织工业联合会会长助理、中国针织协会会长杨世滨，中国家用纺织品行业协会会长杨兆华，江苏省纺织工业协会会长谢明4位专家为张家港市工业经济转型升级专家顾问，为全市纺织工业发展出谋划策。4位专家分别为全市企业家作《赢在“变”局》《稳增长、调结构，加快转型发展》《坚持纺织主业、提升核心竞争、实现跨越发展》《乘势飞扬，挑战未来》的报告，要求企业不管是自行进行品牌建设还是为品牌企业配套服务，都要根据自己的特色，走最适合自己的发展道路。年内，市经信委对纺织服装自主品牌建设情况进行梳理，确定18家服装家纺品牌企业作为重点跟踪培育企业，加强培育指导，注重研究和收集企业反映的各类问题，协调相关部门推动相关政策落实。利用各类专项政策和各种展会，支持企业提高品牌能力建设和以品牌服务为主的公共服务平台建设，指导企业做好商业模式和销售渠道创新，帮助企业开拓市场，大力宣传和推广自主品牌，同时指导企业重视和加强人才培育，依托各种专业机构和组织开展各类品牌专业培训。年末，经企业自愿申报和市纺织行业协会反复筛选，全市推出纺织行业十大自主品牌：东渡纺织集团的“伊思贝得”品牌童装、大唐纺织公司的“大唐公主”品牌床上用品、澳洋集团的“澳洋世

家”品牌男装、绿尚服饰公司的“绿尚”系列品牌时装、联宏纺织公司的“雪兰”品牌系列羊绒衫、草原春公司的“草原春”品牌羊绒衫、鹿港科技公司的“朗帕”品牌职业装系列、如伴服饰公司的“如伴衣家”系列品牌男装、华夏帽业公司的“雅狮顿”品牌系列帽子、千里马袜业公司的“舒跑”品牌系列袜子。

【东渡纺织集团技术改造项目竣工】 12月，江苏东渡纺织集团有限公司年产1.08万吨的高档织物面料技术改造项目竣工投产。该项目引进进口改良式起毛机、高速梳毛机、剪毛机等关键设备，配套购置蓝光圆网制网机、平网喷墨制网机、定型机吹风、冷却装置等国产设备，对厂房、水电等公用工程进行适应性改造，采用天然纤维面料的荧光染色工艺等具有自主知识产权的新技术、新工艺，项目建成后形成年产万吨的生产能力。年末，公司实现销售收入21.52亿元，在全市纺织行业中排名第5位。

【华芳集团获全国纺织行业实施卓越绩效模式先进企业称号】 年内，华芳集团被中国纺织工业联合会授予全国纺织行业实施卓越绩效模式先进企业称号。1月，华芳集团对纺织传统设备全部实现升级换代。金田纺织有限公司投资1.4亿元实施的紧密纺、自络筒等技改项目竣工，提高装备档次和生产自动化水平。10月，“华芳”牌纯棉精梳Ne50、纯棉精梳Ne40荣获中国棉纺织行业用户满意色织用纱优秀奖。公司调整产业结构，设立蚌埠华芳典当有限公司等三产企业，集团金融服务类企业达到6家。华芳集团全年完成营业收入225亿元，利税15.65亿元，自营出口额2.47亿美元。集团列中国企业500强第452位、中国制造业企业500强第229位、中国民营企业500强第143位。在2014年中国棉纺织行业主要经济效益指标排名中，华芳集团棉纺有限公司主营业务收入居第2位、出口交货值居第6位。

【金陵纺织公司出口免验资格续延】 4月，国家质量监督检验检疫总局指派江苏出入境检验检疫局组成出口免验审查组，对市金陵纺织有限公司出口棉及棉混纺色织布免验进行续延审查。审查组审查后评定，该公司符合《进出口商品免验办法》规定的审查条件，顺利通过出口免验续延现场审查。市金陵纺织有限公司是一家集研发、生产、贸易于一体的中高档色织面料企业，2006年11月获国家出口免验资格。自成为出口免验企业后，公司除享受检验检疫优惠政策，加快通关速度，降低出口成本外，还提升企业知名度，出口产品质量有了最高信誉保证，取得经济效益和社会效益的双丰收。

（丁卫刚　黄伟城　何增丁）

【骏马集团帘子布扩产项目投产】 年内，骏马集团总投资1.5亿元，年产1.5万吨的高模低缩涤纶帘子布扩产项目竣工投产，涤纶帘子布年产能3万吨。钢帘线四期项目完成6条电镀线的安装、调试和试生产，钢帘线年产能18万吨。同时，集团启动市第一污水处理厂尾水再生利用工程，总投资3800万元，日处理尾水2.11万吨；推进脱硫脱硝环保改造项目，总投资6000万元。全年申报各项专利128件，获授权专利39件，其中发明专利4件，实用新型专利35件。集团生产锦纶丝8.36万吨、钢帘线11.74万吨、高模低缩涤纶丝2.61万吨，实现销售收入82.09亿元，利税1.6亿元，外贸出口16746万美元。

（黄江红）

粮油食品工业

【概况】 2014年，全市规模以上粮油食品工业企业完成销售收入286.6亿元，比上年增10.9%，占全市规模以上工业销售收入的5.7%；实现利税8.23亿元，利润4.08亿元，比上年分别减46.8%和45.6%。其中，有规模以上农副食品加工企业8家，完成销售收入265.98亿元；食品制造企业4家，完成销售收入15亿元；饮料制造企业2家，完成销售收入5.62亿元。全市食品行业中，销售收入超亿元企业9家，其中4家企业的销售收入超过10亿元，中粮东海粮油工业（张家港）有限公司销售收入超过230亿元，路易达孚（霸州）饲料蛋白有限公司张家港分公司销售收入超过27亿元，益江（张家港）粮油工业公司销售收入超过17亿元，梁丰食品集团有限公司销售收入超过12亿元。

2014年张家港市规模以上粮油食品企业主要产品产量情况

表28

产品名称	单位	年产量	比上年增长率（%）
精制食用植物油	万吨	129.63	30.48
小麦粉	万吨	28.92	-5.77
饲料	万吨	14.61	-12.46
乳制品	万吨	4.31	-0.69
糖果	吨	4248.00	-1.96
饮料酒	万立方米	5.49	-0.90

【沙洲优黄实施网上营销】 2013年6月，张家港酿酒有限公司成立商超部，负责电子商务及商超运营。2014年10月，公司在天猫网上开设“沙洲优黄”天猫旗舰店，随后又在京东商城、1号店及善融网等平台展开业务，电子商务成为企业业务拓展的重要组成部分。至年末，公司实现网上销售收入150万元。

【梁丰集团项目列入国家农业成果转化资金项目】 江苏梁丰食品集团有限公司是以乳制品深加工为主的农业产业化经营龙头企业，掌握有乳酸菌代谢物、抗菌物和风味物质调控合成的关键技术。年内，公司申报的“高活性益生发酵示范”项目列入科技部2014年度国家农业成果转化资金项目。该项目旨在开发乳品发酵基料加工调控新技术，以改善发酵乳质地特性、风味和感官特性，减少稳定剂和香精的用量。通过建立利用乳酸菌代谢产物生产高活性益生发酵乳制品的规模化生产线，开发具有自主知识产权的乳酸菌菌种和发酵剂生产技术和产品，从而填补该领域的空白，打破国外的技术壁垒和产品的垄断。

（赵晓菲）

机电工业

【概况】 2014年，全市规模以上机电工业企业完成工业总产值655.51亿元，比上年增2.8%，占全市规模以上工业总量的13.21%。行业中主要涉及化工压力容器制造、锅炉及锅炉附件制造、汽车及零部件、输变电设备、机床及精密机械制造、建筑机械、吊装机械、环保机械、洗涤及分离机械制造、纺织机械、医疗机械、电子类等众多门类。通过多年发展，全市机电行业已形成明显的集群特色，主要有以保税区（金港镇）和经开区（杨舍镇）为中心的高端机械制造工业园，以乐余镇为中心的汽车及汽车零配件生产集群地，以锦丰镇三兴办事处为主的塑机、饮机生产集群地，以大新镇为中心的五金工具生产集群地和以塘桥镇为中心的纺机生产等特色较为明显的产品和企业集群。全年有11家企业销售收入超10亿元，其中江苏长江润发集团有限公司33.68亿元、张家港富瑞特种装备股份有限公司21.1亿元、张家港化工机械股份有限公司22.15亿元、威亚汽车配件（张家港）有限公司19.99亿元、张家港中集圣达因低温装备有限公司18.83亿元、江苏爱康实业集团有限公司41.12亿元、苏州海陆重工股份有限公司15.73亿元、江苏华机集团有限公司12.73亿元、东熙汽配（张家港）有限公司13.81亿元、江苏银河电子股份有限公司10.42亿元、广大锻造14.34亿元。全行业累计完成投资165.9亿元。投入3000万元、500万美元以上的项目145项，总投资1447亿元。其中，竣工项目103项，总投资151亿元，当年完成工作量109亿元。

2014年张家港市规模以上机电企业主要产品产量情况

表29

产品名称	单位	年产量	比上年增长率（%）	产品名称	单位	年产量	比上年增长率（%）
改装汽车	辆	2800	-45.25	塑料机械	台	10429	3.94
电力电缆	千米	22622	-18.71	起重机	吨	10240	-73.78
滚动轴承	套	14485	-68.20	模具	套	12500	-3.85

2014年张家港市机电企业投入1亿元以上竣工项目情况

表30

企业名称	项目内容	项目类别	总投资（万元）	竣工时间
维克罗（中国）搭扣系统有限公司	建设工程用搭扣带钩生产项目	外资	15000	3月
江苏省电力公司建设分公司	220千伏欣隆输变电工程项目	内资	21573	3月
江苏富澜特环保科技公司	年产30万台套空气净化机制造项目	外资	16000	5月
凯比（张家港）制动系统有限公司	汽车制动装置及材料项目	内资	12100	5月
江苏启能新能源材料有限公司	年产10万吨相变储能材料和8万台先进及热式无水箱太阳能热水器项目	外资	27000	6月
现代威亚数控机床有限公司	高精密数控机床生产项目	内资	20300	6月
华灿光电（苏州）有限公司	LED芯片、外延片一期项目	内资	269800	6月
张家港市澳洋顺昌光电有限公司	LED封装项目	内资	20000	6月
张家港南源光电科技有限公司	太阳能光伏电缆项目	内资	75500	6月
江苏麦得斯重工科技有限公司	金属零部件、钣金件制造加工项目	外资	15000	7月
江苏王牌重工装备有限公司	环保设备、压力容器生产项目	内资	15000	8月
张家港华夏再制造产业投资发展有限公司	再制造产业园一期项目	内资	55000	10月
苏州金鸿顺汽车部件股份有限公司	扩建汽车冲压件30万套、大中型模具200套项目	外资	37140	10月
韩华机械（苏州）有限公司	智能装备制造项目	外资	15000	10月

续表30

企业名称	项目内容	项目类别	总投资（万元）	竣工时间
苏州海陆重工股份有限公司	第三代核电核级容器研发与产业化项目	内资	10000	10月
苏州海陆重工股份有限公司	LNG船用装备制造项目	内资	10000	10月
张家港信浓精密部件有限公司	汽车精密部件项目	外资	10000	10月
华灿光电（苏州）有限公司	LED红黄光项目	内资	35000	10月
苏州同冠微电子有限公司	低能耗功率半导体器件项目	内资	65300	10月
江苏协昌电子科技有限公司	年产8000万套集成电路功率器件项目	内资	20600	10月
爱姆希（中国）机械制造有限公司	年产2000台各类型精密机械机床项目	外资	47000	12月
江苏庆丰农机科技有限公司	年产20万台微型农耕机等项目	内资	25000	12月
张家港富瑞特种装备股份有限公司	汽车发动机再制造项目	内资	50520	12月
张家港乐嘉新能源科技有限公司	太阳能电池边框及铝型材项目	外资	10000	12月
江苏多维科技有限公司	磁传感产业基地扩建项目	内资	68000	12月
江苏中科晶元信息材料有限公司	砷化镓单晶片项目	内资	100000	12月
江苏晶元光电材料有限公司	蓝宝石衬底晶片和晶体一期项目	内资	15000	12月

【张化机公司推广SGT清洁气化技术】 2月，张家港化工机械股份有限公司与美国综合能源系统公司（SES）共同投资的张化机综能中美清洁能源技术有限公司签约成立，这标志着中美两家上市企业实行强强联手，合力推广国际领先并具有自主知识产权的SGT清洁气化技术。SES作为一家专注于国际领先气化技术开发的全球性能源技术公司，拥有SGT清洁气化技术，SGT技术具有应用领域广、对燃料要求低、运行成本低、投资价值高、投资见效快等优点，并能大大减少一般燃煤厂的有害排放，符合国家节能减排政策，有利于推动国家生态型循环经济的发展。张化机综能中美清洁能源技术有限公司主要致力于全球清洁能源开发、资源循环利用，为新能源、清洁能源、运输燃料等行业提供相关的技术工程咨询、技术许可销售、专有设备设计、制造和销售及工程总承包服务（EPC），努力打造成为一家科技型、国际型的清洁能源技术服务商。

【新美星公司入围中国包装机械十强】 9月，2014年中国包装机械十强榜单发布，江苏新美星包装机械股份有限公司榜上有名。作为中国高端液体（饮料）包装机械专家与领导者，新美星公司拥有两大研发、制造工厂，占地面积超过15万平方米，是中国最大的液体（饮料）包装机械研发与制造基地。公司业务涵盖饮料、酒类、调味品和日化用品四大领域，已成功为国内外著名液体（饮料）工厂提供优质的设备和完善的服务，产品销往欧洲、东南亚、中东、美洲、非洲等70余个国家和地区。

【星A机械“首台（套）”项目接受省考】 7月，省经信委组织相关专家，对江苏星A包装机械集团“首台（套）”示范应用项目进行现场考核。作为苏州市此次唯一进行现场考核的“首台（套）”示范应用项目，项目被评为省重点扶持项目。星A机械此次申报的“首台（套）”示范应用项目为“超洁净中温液态食品包装设备”，是集空瓶输送系统、空瓶杀菌系统、空瓶冲洗系统、自动灌装系统、自动封盖系统为一体的全自动超洁净中温液态食品包装设备，具有自主品牌和自主知识产权，获得授权专利6件，其中发明专利2件、实用新型专利4件，是中国首台适用于低酸性饮料（如果汁、乳制品、功能性饮料等）的高精度高速定量灌装设备，填补了中国空白。

【海陆重工公司创造两项唯一】 9月26日，苏州海陆重工股份有限公司与上海外高桥造船有限公司，在张家港市国贸酒店举行合作签约暨自升式钻井平台桩腿开工仪式。参与此次签约仪式的张家港润通海洋科技工程有限公司（简称“润通海工”）是苏州海陆重工股份有限公司旗下控股子公司，公司成立于2013年，落户张家港保税区，注册资金2000万元，厂区面积3万平方米，是一家集设计、建造、安装为一体的科技型海洋工程装备企业。公司主导产品桩腿需要承载海洋平台数万吨的重量，是自升式海洋钻井平台结构中最为关键的部件之一，具有较高的质量要求及技术难度。“润通海工”在短时间内，从生产设备选型、工装模具设计、齿条切割工艺攻关、半圆管压制到桩腿组装焊接关键技术的突破，产品质量得到ABS船级社认可，完成外高桥H1349-JU2000E型桩腿试制任务并迎来销售第一单，标志着“润通海工”已具备齿条切割、半圆管制造、桩腿组装焊接三个单元的生产能力，是中国唯一具有此能力的企业。10月8日，苏州海陆重工股份有限公司制作的神华宁煤每年400万吨煤炭间接液化项目首台气化炉完工出厂。该气化炉由神华宁煤与五环工程联合开发设计，采用干粉进料，煤种适应性强，氧耗量低、烧嘴使用寿命长，其结构新颖，采用水冷壁结构，系宁煤集团具有唯一自主知识产权的“宁煤炉”。

（丁卫刚　黄伟城　何增丁）

化学工业

【概况】2014年，全市规模以上化工工业企业完成工业总产值571.32亿元，比上年增9.5%，占全市规模以上工业总量的11.5%。其中：石油加工、炼焦企业2家，完成工业总产值1.51亿元；化学原料及化学制品制造企业116家，完成工业总产值472.6亿元；橡胶和塑料制造企业70家，完成工业总产值93.93亿元。全年有13家企业销售收入超10亿元，其中华昌集团70.42亿元、道康宁（张家港）有限公司32.43亿元、东华能源股份有限公司30.7亿元、斯泰隆丁苯胶乳（张家港）有限公司26.24亿元、索尔维（张家港）精细化工有限公司23.65亿元、佐敦涂料（张家港）有限公司22.97亿元、陶氏化学（张家港）有限公司18.21亿元、江苏长顺集团有限公司18.08亿元、南港（张家港保税区）橡胶工业有限公司14亿元、道康宁（张家港）有机硅有限公司13.87亿元、瓦克化学（张家港）有限公司13.68亿元、江苏丽天新材料有限公司12.36亿元、泰柯棕化（张家港）有限公司12.03亿元。全行业累计完成投资82亿元。投入3000万元、500万美元以上的项目42项，总投资137.6亿元。其中，竣工项目33项，总投资51.9亿元，当年完成工作量45.9亿元。

2014年张家港市规模以上化工企业主要产品产量情况

表31

产品名称	单　位	年产量	比上年增长率（%）	产品名称	单　位	年产量	比上年增长率（%）
硫酸	万吨	145.38	-21.41	化学农药	吨	8878.82	-8.08
碳酸钠（纯碱）	万吨	636597	16.00	化学试剂	万吨	2.41	-12.36
合成氨（无水氨）	万吨	455998	-4.50	橡胶轮胎	万条	573.04	2.20
化肥（折纯）	万吨	262264	-12.51	塑料制品	万吨	37.65	7.39

2014年张家港市化工企业投入1亿元以上竣工项目情况

表32

企业名称	项目内容	项目类别	总投资（万元）	竣工时间
液化空气电子材料（张家港）有限公司	电子特气扩建项目	外资	16650	3月
双狮（张家港）精细化工有限公司	淡盐水浓缩、电解槽零级距改造、烟气脱硫等综合技改项目	内资	15500	3月
斯泰隆丁苯胶乳（张家港）有限公司	年产3.6万吨丁苯胶乳、1.4万吨苯丙乳胶扩建项目	外资	17000	6月
张家港保税区康得菲尔实业有限公司	年产4000万平方米光学膜和30万平方米ITO膜项目	内资	22500	6月
张家港市飞航科技有限公司	年产2万吨精细化工系列产品、3万吨聚醚项目	内资	23500	6月
江苏华昌化工股份有限公司	原料结构调整技术改造项目	内资	111000	9月
苏州翰普高分子材料有限公司	年产1万吨尼龙二期项目	外资	31700	9月
佐敦涂料（张家港）有限公司	年产10万吨高性能涂料技改项目	外资	12000	11月
霍尼韦尔特性材料与技术（中国）有限公司	年产2000吨催化剂一期项目	外资	63500	12月
凯凌化工（张家港）有限公司	年产30万吨醋酸异丙酯及丙烯衍生产品二期项目	外资	62000	12月

【天鹏电源公司锂离子电池生产系统技术改造项目竣工】12月，江苏天鹏电源有限公司锂离子电池生产系统技术改造项目竣工。该项目引进米亚基晶体管式焊接电源MDA-4000B、MDA-8000B等设备16台套，配套国产涂布机、除湿机及碾压机等设备2235台套，对锂电池生产环节进行技术改造，形成年产锂电池容量2500万安时。江苏天鹏电源有限公司生产的动力型圆柱锂离子电池具有体积小、重量轻、比能量高、比功率高、一致性好、电压高、无污染及抗低温等优点。高功率放电可达到20倍率放电，在短路、过充、过放、针刺、挤压、过热等各种条件下电池安全性能良好。产品广泛用于矿灯、电动工具、电动自行车、电动摩托车、电动汽车、大功率电台以及通信、储能设备等领域。

（丁卫刚　黄伟城　何增丁）

【华昌集团转型升级重大项目基本建成】 2014年，江苏华昌（集团）有限公司“十二五”期间发展规划确定的转型升级重大项目基本建成。下属华瑞公司年处理8000吨危险废物综合利用项目和年处理9000吨危险固废焚烧二期项目，是张家港市应急工程项目和苏州市人民政府“十二五”期间生态文明建设项目。综合利用项目于1月13日开工建设，至7月末基建完工，项目验收和项目所需手续审批完毕，取得市环保局、安监局试生产批复。二期焚烧项目自4月22日打桩开工至基建基本完工和设备进场安装，建设周期历时8个月，完成全部建设内容并烘炉结束，取得苏州市环保局试生产批复。7月，下属艾克沃公司研制的七洲超临界水氧化项目完成主体设备安装，进行单体调试、冷态联动调试、点火热态调试。10月，下属核心企业华昌化工总投资12亿元的原料结构调整技术改造项目和总投资8亿元的年产25万吨的多元醇项目设备安装全部结束，进入装置吹扫、试压、预试车及催化剂装填等工作。和东华能源、飞翔化工共同投资40亿元、年产120万吨的丙烯一期项目历经2年建设，完成土建及设备安装。下属恒盛药业总投资3.5亿元年产300吨多功能医药活性成分生产装置项目完成设备安装调试，SSP（小规模生产设施）试生产的首批个人用API产品（ST–030）完成第一批验证生产。下属苏州和鑫电气澧湖新厂区举行奠基仪式，澧湖厂区总投资2亿元，占地3.67公顷，计划投建世界一流的电机电控自动化生产线。

（陈饶忠）

建材工业

【概况】 2014年，全市规模以上建材工业企业完成工业总产值72.52亿元，比上年减9.2%，占全市规模以上工业总量的1.5%。江苏华尔润集团有限公司年产玻璃2556.84万重量箱，比上年减15.1%；销售收入22.13亿元，比上年减35.05%。张家港海螺水泥有限公司年产水泥340.25万吨，比上年增7.5%；销售收入7.12亿元，比上年减14.82%。全年完成投资4.8亿元。投入3000万元、500万美元以上的项目7项，总投资11.4亿元，当年完成工作量2.4亿元。其中，竣工项目5项，总投资7.5亿元，当年完成工作量2亿元。

2014年张家港市规模以上建材企业主要产品产量情况

表33

产品名称	单　位	年产量	比上年增长率（%）	产品名称	单　位	年产量	比上年增长率（%）
平板玻璃	万重量箱	2556.84	–15.12	水泥混凝土电杆	根	11450	204.76
钢化玻璃	万平方米	432.92	–5.03	预应力混凝土桩	万米	155.26	–17.52
普通硅酸盐水泥	万吨	340.25	7.50	新墙材（非黏土质）	亿标块	4.54	–1.73
商品混凝土	万立方米	426.56	9.27	其他墙材	亿标块	0.33	–44.07

【新型墙材生产】 2014年，全市有新型墙体材料生产企业24家，主要有：市华诚新型建筑材料有限公司、张家港恒乐新型建材有限公司、江苏亿大新型墙体材料有限公司、张家港恒安轻质墙体材料厂、市富丽康建材科技有限公司、市新乘建材制造有限公司等。墙体材料年生产能力17.17亿标准块，实际产量4.87亿标准块，其中新型墙体材料产量4.54亿标准块，占墙材总量的93.2%。生产新型墙体材料与传统的生产烧结黏土砖相比，相当于节约土地53.5公顷，节约能源3.05万吨标准煤，减少二氧化硫排放671.5吨，减少二氧化碳排放7.63万吨。全年生产新型墙体材料共利用工业固体废渣58.04万吨。全年城镇房屋使用新型墙体材料建筑竣工面积324.7万平方米，新墙材建筑比例为92.1%。

【恒安科技公司参与制订国标】 年内，张家港恒安科技有限公司负责起草并参与制订《地面辐射供暖绝热层用泡沫混凝土》国家建材行业标准。公司是专门从事节能保温建材和新型墙体材料研制生产、设备制造、技术转让、专业施工的科技型企业，专业研究开发泡沫混凝土系列产品，负责起草并参与制订《屋面保温隔热用泡沫混凝土（JC/T2125–2012）》《泡沫混凝土砌块（JC/T1062–2007）》国家建材行业标准，制订了《Q/320582HAQ1–2010》企业标准。主要产品有外墙外保温胶粉聚苯颗粒浆料及配套产品、外墙内保温无机保温砂浆、层面保温砂浆、石膏基内保温砂浆、粉刷砂浆、砌筑砂浆、屋面保温隔热用发泡混凝土、轻质条板（水泥基、石膏基）、多功能发泡混凝土外加剂等。（丁卫刚　黄伟城　何增丁）

电力工业

【概况】 1月，张家港鼎晟新能源投资有限公司10.94兆瓦分布式光伏发电电站并网发电。4月18日，张家港保税区长源热电有限公司的制水系统改造项目竣工投运。5月21日，张家港市大裕橡胶制品有限公司热电厂停止发电供热，整厂关停。6月30日，江苏华昌化工股份有限公司热电厂5台锅炉脱硝改造工程建成投运。9月8日，张家港浩波热电有限公司2台锅炉的除尘、脱硫、脱硝改造工程建成投运。12月31日，张家港永兴热电有限公司3台锅炉的除尘、脱硫、脱硝改造工程通过张家港市环保局组织的现场核查验收，正式投运。至年末，全市共有省调电力企业2家，地方（热）电生产企业17家,太阳能光伏发电企业3家。2家省调电力生产企业中,张家港沙洲电力有限公司两台630兆瓦机组完成发电量71.54亿千瓦小时,上网电量68.16亿千瓦小时,供电标煤耗为每千瓦小时312.13克,实现营业收入24.99亿元,营业成本20.86亿元,税前利润4.05亿元,入库税金2.82亿元;张家港华兴电力有限公司两台390兆瓦燃气蒸汽联合循环发电机组共耗用天然气3.65亿立方米,完成发电量24.38亿千瓦小时,上网电量23.75亿千瓦小时,实现售电收入12.31亿元,利润0.59亿元,入库税金1.14亿元。3家光伏发电企业,17家地方(热)电力生产企业(含)完成年度发电量56.36亿千瓦小时,比上年减0.18%。其中上网电量6.52亿千瓦小时,比上年减12.72%,自发自用电量43.42亿千瓦小时,比上年增1.61%,厂用电量6.42亿千瓦小时,比上年增2.56%。

2014年张家港市电力企业基本情况

表34

电厂名称	发电机组			锅炉		
	单机功率(兆瓦)	台数	合计(兆瓦)	额定蒸发量(吨/时)	台数	合计(吨/时)
张家港沙洲电力有限公司	630.00	2	1260.00	1913.00	2	3826.00
张家港华兴电力有限公司	390.00	2	780.00	280.00	2	560.00
张家港保税区长源热电有限公司	12.00 35.00	2 2	94.00	130.00 220.00	3 2	830.00
江苏金柳江南热电有限公司	6.00 3.00	2 1	15.00	35.00 45.00	2 2	160.00
张家港永兴热电有限公司	15.00	2	30.00	100.00	3	300.00
江苏沙印集团(合兴热电厂)	6.00	2	12.00	50.00 65.00	1 2	180.00
江苏沙钢集团资源综合利用热电厂	50.00 30.00 20.00	4 4 4	400.00	220.00 78.00	4 4	1192.00
江苏中鼎化学有限公司	0.75	1	0.75	20.00	1	20.00
华芳张家港热电有限公司	6.00	1	6.00	35.00 75.00	2 1	145.00
江苏飞翔化工股份有限公司	4.50	1	4.50	75.00	2	150.00
张家港浩波热电有限公司	6.00	1	6.00	35.00	2	70.00
张家港骏马涤纶制品有限公司热电厂	15.00	2	30.00	130.00 150.00	2 1	410.00
双狮(张家港)精细化工有限公司	50.00 3.00	2 1	103.00	165.00 26.00	2 1	356.00
张家港市华兴纸业有限公司	3.00	1	3.00	35.00 75.00	2 1	145.00
张家港市大新热电有限公司	6.00	1	6.00	35.00	2	70.00
江苏苏化集团张家港有限公司热电厂	6.00 12.00	1 3	42.00	75.00	4	300.00
华尔润玻璃产业股份有限公司余热电站	3.00 7.50	1 1	10.50	12.30 8.90 13.60 10.00	2 1 1 1	57.10

续表34

电厂名称	发电机组			锅　炉		
	单机功率（兆瓦）	台数	合计（兆瓦）	额定蒸发量（吨/时）	台数	合计（吨/时）
江苏华昌化工股份有限公司热电厂	12.00	2	49.00	75.00	3	485.00
	25.00	1		130.00	2	
张家港金州再生能源有限公司	6.00	2	12.00	24.00	2	48.00
江苏宏宝集团光伏电站	1.03	1	2.54	—	—	—
	1.51	1				
苏州中康电力开发公司	0.20/4.50	6	11.07	—	—	—
张家港鼎晟新能源投资有限公司	0.25/0.50	6	10.94	—	—	—

【浩波热电公司锅炉环保改造】 2012年3月1日，张家港浩波热电有限公司投入976万元，对6兆瓦机组1号、2号锅炉进行环保改造。其中，脱硝工程投资279万元，除尘改造投资547万元，脱硫工程投资150万元。2013年11月26日，2号布袋除尘器，1号、2号脱硫，1号、2号脱硝同时进行调试运行。2014年9月8日，1号炉除尘器投入试生产，并通过市环境监测站的现场监测。该项目每年减少氮氧化物排放量70.56吨，减少烟尘排放量110.5吨，减少二氧化硫排放量192吨。

【华昌化工公司锅炉脱硝改造】 2012年12月，江苏华昌化工股份有限公司热电厂对2台12兆瓦和1台25兆瓦机组配套的5台（3台每小时75吨、2台每小时130吨）循环流化床锅炉进行脱硝改造，总投资435万元，采用非选择性催化还原脱硝技术（简称SNCR）加氨法脱硫进行联合脱硝，在锅炉旋风分离器入口布置SNCR反应器，在氨法脱硫界区布置氨区。烟气由循环流化床炉膛出口进入SNCR反应器，同时氨水由喷射器同时注入入口烟道，两者在烟道内充分混合后进入旋风分离器再次混合反应，氮氧化物与氨反应生成氮气，经氨法脱硫湿法系统脱除部分氮氧化物，从而进一步降低氮氧化物浓度。锅炉出口氮氧化物浓度控制在每立方米100毫克以下。2014年6月30日该工程完工，10月19日分别通过168小时试运行。

【长源热电公司除盐水系统改造】 1月，张家港保税区长源热电有限公司投资3000万元，对原有水系统进行彻底改造。原除盐水制水系统采用阴阳离子交换器加混合离子交换器的传统工艺，采用反渗透制水工艺进行改造。长源热电公司结合水力加速澄清池配无阀滤池的预处理工艺以及高温高压锅炉水质要求，采用“多介质过滤器+反渗透+混床处理”的系统配置。建设5台每小时200吨反渗透装置，并选用陶氏BW30-365RO膜，制水能力达到每小时1000吨。经过几个月的运行监督和水汽分析，水质指标完全满足高温高压锅炉要求，节能效果明显。按月供汽量30万吨计算，传统制水工艺平均月酸耗量为326吨，碱耗量为282吨；改造后月酸耗量为45.9吨，碱耗量为45.6吨，分别下降85.9%和83.8%，酸碱费用下降84.6%。混床再生周期明显延长，产生的酸碱废水减少86%，年节约资金553.8万元。

【永兴热电公司锅炉脱硫脱硝改造】 张家港永兴热电有限公司投资500万元于2013年3月15日启动3台锅炉除尘改造工程，2013年11月1日完成各项安装和调试工作。该公司锅炉除尘改造工程，采用布袋除尘方式，设计除尘投用率不低于99%，布袋除尘器出口烟尘浓度控制在每立方米20毫克以下。2013年9月2日，公司投资1980万元对3台锅炉实施脱硝改造工程，至2014年12月9日，3台锅炉脱硝改造依次调试完成，完成168小时运行。该工程采用选择性催化还原脱硝技术（简称SCR），设计脱硝投用率不低于98%，SCR反应器出口氮氧化合物浓度控制在每立方米100毫克以下。2014年3月25日，该公司投资3785万元对3台锅炉实施脱硫改造工程，至12月9日，3台锅炉脱硫改造依次调试完成，完成168小时运行。该工程采用“石灰石—石膏湿法脱硫”，设计脱硫投用率不低于98%，烟囱出口二氧化硫浓度控制在每立方米50毫克以下。12月31日，张家港永兴热电有限公司3台锅炉尾部烟气的脱硫脱硝除尘改造工程，通过市环保局组织的烟气脱硝改造、除尘改造、脱硫改造项目专项验收现场核查。

【鼎晟新能源有限公司光伏电站并网发电】 张家港鼎晟新能源投资有限公司分别利用张家港化工机械有限公司临江基地厂房屋顶4万平方米，建成4兆瓦分布式太阳能光伏电站。利用江苏宏宝集团有限公司子公司江苏宏宝五金有限公司、江苏宏宝锻造有限公司厂房屋顶3万平方米，建成2.54兆瓦分布式太阳能光伏电站，利用江苏普格机械有限公司3万平方米屋顶建成2兆瓦分布式太阳能光伏电站，利用江苏申港锅炉有限公司3万平方米屋顶建成2.05兆瓦分布式太阳能光伏电站，利用江苏骏马化纤股份有限公司2万平方米水泥屋顶建成1兆瓦分布式太阳能光伏电站。张家港鼎晟新能源投资有限公司累计建设分布式太阳能光伏电站6座，总容量10.94兆瓦，总投资额9845万元，项目2014年初并网发电。

【市双龙热电厂整厂关停】 市双龙热电厂位于凤凰镇双龙村，为自备热电厂，装机规模为一台1500千瓦背压发电机组，配套2台每小时10吨蒸汽锅炉，占地面积1.34公顷，锅炉发电机组1995年5月建成投产。2014年5月21日，市双龙热电厂整厂停止发电供热生产。10月1日完成富余员工安置，锅炉设备计划2015年6月1日前完成拆除工作。 （李明轩）

其他工业

【概况】 2014年，全市工业除上述行业外，还有其他行业类别的规模型企业（包括电力工业）95家，全年完成工业总产值499.89亿元，占全市规模以上工业总量的10.1%。其中，有造纸及纸制品企业13家，完成工业总产值12.84亿元；皮革、毛皮、毛（绒）及其制品企业4家，完成工业总产值1.85亿元；家具制造企业4家，完成工业总产值2.47亿元；文教体育用品制造企业26家，完成工业总产值55.6亿元；印刷业和记录媒介的复制企业12家，完成工业总产值10.64亿元；废弃资源综合利用企业9家，完成工业总产值49.76亿元；电热生产和供应企业6家，完成工业总产值47.32亿元；燃气生产和供应企业2家，完成工业总产值43.58亿元；水的生产和供应企业2家，完成工业总产值5.23亿元。年内，投入3000万元、500万美元以上项目53项，总投资119亿元，当年完成工作量37.8亿元。其中，竣工项目47项，总投资35.5亿元，当年完成工作量31亿元。

2014年张家港市其他工业企业投入1亿元以上竣工项目情况

表35

企业名称	项目内容	项目类别	总投资（万元）	竣工时间
江苏绿伟锂能有限公司	年产945万套新型储能动力锂电池模组项目	外资	15600	4月
江苏长顺高分子材料研究院有限公司	长顺高分子材料工程技术研发中心项目	内资	22000	7月
盛安新材料（江苏）有限公司	超微硅粉一期项目	外资	10000	10月
苏州恒嘉晶体材料有限公司	蓝宝石长晶、精加工及相关设备制造项目	外资	47100	12月
张家港市港华燃气有限公司	天然气管网改造项目	内资	10000	12月

【恒嘉晶体材料公司大尺寸蓝宝石晶体项目竣工】 苏州恒嘉晶体材料有限公司位于张家港市经济开发区晨丰公路以北、国泰北路以东地段。由香港科瑞斯特科技有限公司投资，总投资13950万美元，注册资本4650万美元，其中一期总投资7950万美元，注册资本2650万美元，年产260吨大尺寸蓝宝石晶体材料，占地面积3公顷。2014年5月，基建项目开工。至年末，新建生产厂房与配套设施，总建筑面积15037.6平方米。公司购置蓝宝石晶体生长炉、蓝宝石切片机、冷却水系统等生产、测试和辅助设备302台。本项目蓝宝石晶棒长晶工艺采用泡生法和热交换法两种工艺技术。计划2015年3月建成投产，项目达产后预计年销售7.5亿元。

【金陵体育器材服务青奥会】 在8月16日至28日于南京举行的第二届夏季青奥会上，江苏金陵体育器材股份有限公司一共中标19类大项目、总价值约5000万元的体育器材，包括跳水、游泳、田径、羽毛球、三人篮球、击剑、足球、高尔夫、手球、柔道、橄榄球、射击、壁球、乒乓球、网球、举重、自行车、现代五项，是唯一一家入选的县级市体育器材企业。比赛期间，金陵体育公司提供120名技术人员进行现场器材维护。江苏金陵体育器材股份有限公司创立于1985年，产品畅销国内，远销日本、美国等80余个国家和地区，是业内出口量较大、规格最全、品种最多的综合性体育器材企业。从首届东亚运动会、农运会、城运会、全运会，到2008年北京奥运会、2009年世界杯手球赛、2009年全运会、2010年布鲁塞尔国际田径钻石联赛和广州亚运会，以及世界大学生运动会等世界顶级赛事上，都留有金陵体育的“身影”。2014年，公司销售27116.6万元，利税2026.66万元。

（丁卫刚　黄伟城　何增丁）

新兴产业

【概况】 2014年，全市规模以上新兴产业企业实现工业产值2045亿元，比上年增4.1%，占全市规模以上工业总产值的41.2%，比上年提高1.4个百分点。2014年，全市339个在建新兴产业项目总投资526.46亿元，全年完成投资244.34亿元，比上年增17.4%，占工业总投资的56.2%，比2013年提高8.9个百分点，占全社会投资的31.3%，比2013年提高4.3个百分点，拉动全社会投资增长4.6个百分点。保税区（金港镇）依托现有产业基础，打造页岩气新材料综合利用、光学膜产业、有机硅产业、新能源锂电、临港装备等产业基地。光学膜产业的领军企业康得新公司预涂膜及光学膜两大主业稳步增长，其中预涂膜产能4.4万吨，已成为全球产能最大的预涂膜产品供应商。光学膜产品定位高端，已涵盖显示用膜、装饰膜、车窗膜和3D膜领域。公司2014年实现销售收入43.3亿元，比上年增85%，实现利税16亿元，比上年增110%。经开区（杨舍镇）重点打造智能装备、再制造、LED等产业基地。重点企业华灿光电公司LED外延芯片项目投产，公司2014年实现销售4.6亿元，实现利税9300万元。冶金园依托冶金、医疗器械等产业集群优势，发展精品钢材、新医药产业等基地。苏州欣荣博尔特医疗器械有限公司是张家港市医疗器械的骨干企业，在国内外市场占有率10%。企业2014年实现销售1.4亿元，比上年增39%，实现利税7330万元，比上年增25%。

2014年张家港市新兴产业分行业产值完成情况

表36

产业分类	企业数	产值（亿元）	绝对值比上年增长率（%）
新材料	154	1352.96	4.30
新能源	47	199.36	21.60
新装备	159	326.91	2.70
智能电网及再生利用	42	148.24	-12.40
新医药及其他	16	17.54	11.70

【欧璧医药包装（中国）公司开业】2012年11月19日，世界高端医疗包装行业的领军企业意大利斯蒂瓦纳托集团在张家港设立亚洲第一家全资子公司——欧璧医药包装科技（中国）有限公司。2014年6月25日，欧璧医药包装科技（中国）有限公司在张家港经济技术开发区举行开业典礼。斯蒂瓦纳托集团作为世界最大的医药包装自动化设备制造商之一，是胰岛素卡式瓶和药用玻璃容器领域的领先制造商，在世界高端医疗包装行业占据着举足轻重的地位。该项目总投资1亿欧元，其中一期投资5000万欧元，引进5条世界最先进的自动化生产线，生产高标准无菌医药包装材料。计划至2017年年末，工厂将具备生产4.5亿支玻璃西林瓶和卡式瓶的能力，可全面满足本地及跨国医药公司的需求。该公司的投产，使中国需求的同类产品将不再依赖进口，价格会大幅度下降。

【新美星“智能”项目获扶持资金】3月12日，江苏新美星包装机械股份有限公司向国家发改委提交的高效节能型PET瓶液态奶无菌包装数字化车间的“智能”项目获得审批，被列入国家战略性新兴产业发展专项资金计划，并获国家扶持资金1600万元。该“智能”项目主要是在2年内研制面向液态奶安全的高效节能型PET瓶液态奶无菌包装数字化车间成套设备，提高液态奶在预处理及包装过程中的无菌、安全和可靠性，以满足乳品生产企业对于高速无菌包装数字化成套装备的需求。项目研制成功后，将在系统性能指标、系统智能化功能和关键核心智能装置方面得到提升。在系统性能方面，整线产能将达到每小时3.6万瓶，各单机生产效率将达到95%以上，关键设备数控化率将达到100%，成品合格率99.8%以上。在系统智能化功能方面，可以进行远程监控、故障诊断、性能参数分析和预警、无菌区的智能监控和预警。整套系统实现网络化控制、全方位生产过程检测，可以根据多规格和多品种生产要求进行自动韧性化切换、全过程关键节点的实时视觉检测和自动剔除、全自动机器人装箱及码垛。　（朱力夫）

江苏沙钢集团

【概况】江苏沙钢集团拥有总资产1500余亿元，职工3万余人，年生产能力炼铁3190万吨、炼钢3920万吨、轧材3720万吨，为江苏省重点企业集团、国家特大型工业企业、国家创新型企业、全国最大的民营钢铁企业。主导产品有宽厚板、热轧卷板、不锈钢热轧和冷轧卷板、高速线材、大盘卷线材、带肋钢筋、特钢大棒材等60余个系列和737个品种2100个规格，其中高速线材、带肋钢筋等产品荣获“实物质量达到国际先进水平金杯奖”“全国用户满意产品”等称号。带肋钢筋获得CARES认证，优质高线获“中国名牌”产品和“出口免验”商品称号，产品远销至东亚、南亚、中东、西欧、南美、非洲的40余个国家和地区，总出口量连续多年名列全国同行前茅，并获江苏省出口企业优质奖。热轧板卷通过欧盟CE认证，船板钢通过九国船级社认证。沙钢集团拥有江苏沙钢集团有限公司、江苏沙钢集团淮钢特钢股份有限公司、沙钢集团安阳永兴钢铁有限公司、江苏沙钢集团鑫瑞特钢有限公司、江苏沙钢集团锡兴特钢有限公司、沙钢国际贸易有限公司、沙钢物资贸易有限公司、玖隆钢铁物流有限公司、沙钢财务有限公司、沙钢农村小额贷款公司等子公司。7月7日，美国《财富》杂志公布2014年世界500强企业排名，沙钢集团以营业收入370.95亿美元、利润1.73亿美元位居世界500强企业第308位，比上年318位上升10位，连续6年成功入围世界500强企业。全年沙钢集团完成铁产量3251万吨、钢产量3533万吨、材产量3389万吨，比上年分别增2.58%、0.72%和0.13%；实现销售收入2485亿元、利税80.35亿元，比上年分别增8.99%和38.97%；实现出口创汇22.9亿美元。在世界钢动态公司（WSD）公布最新的“世界级钢铁企业最具竞争力”排名中，沙钢集团名列第27位，位居入围中国钢铁企业第2位。在2014年中国制造业500强以及中国民营企业500强排名中，沙钢集团分别名列第19位和第6位。在中国企业500强排名中，沙钢集团列第54位。在2014年中国民营外贸500强企业排名中，沙钢国际贸易有限公司位居第2位。2014年（第十一届）“中国500最具价值品牌”评价结果中，沙钢集团公司位列第113位，这是继2008年起“沙钢”连续第6次进入世界级品牌第一方阵。“沙钢牌”获“2014—2016年度江苏省重点培育和发展国际知名品牌”“2014年亚洲品牌500强”等荣誉称号。

【沙钢集团自主研发新品】 年内，沙钢集团推进产品升级换代，共开发ER80S-1CM、SJ-1CM、XC535A、XC592A、H08A-1等合金焊丝钢、汽车悬架簧用弹簧钢55SiCr、E690/E690Z35特厚钢板、高强度桥梁钢板Q500qE等新品49种。其中，多种合金焊丝钢产品广泛应用于锅炉压力容器制造和核电工程建设，成功替代进口产品，打破以往该产品依赖进口的局面；自主研发的制造汽车悬架簧用弹簧钢，各项性能指标均达到国外先进钢铁企业水平，产品质量得到日本汽车制造商东风日产的认可；X80管线钢在应用于国内西气东输三线项目的同时抢占国际市场，成功中标俄罗斯、墨西哥等国家的管线工程；高强度桥梁钢板成功应用于沪通铁路大桥；研发的厚规格超高强度海洋工程钢板源源不断地输送至国内外海洋工程项目，沙钢海洋平台高强度齿轮钢研发成功入围2014年江苏省级科技支撑计划项目。2014年，沙钢集团新产品销售收入为163亿元，占全年销售总额的6.56%。

【技术创新项目通过省级验收】 9月，由沙钢集团组织申报的“国家认定企业技术中心创新能力建设”项目通过江苏省经信委组织的专家验收。该项目自2012年实施起，完成投资4784.55万元，其中国家划拨资金500万元。通过该项目，沙钢集团建成超大型高炉模拟实验室、冷轧工艺技术研发实验室等研发平台，有效提升企业的技术创新能力，优化现行的高炉布料方案，实现高炉生产的高效低耗，年降本超亿元；研究开发冷轧系列产品，累计销售16.98万吨，实现销售收入超7亿元。项目建设期间，形成两个专业人才团队共计28人，其中博士4人、硕士16人、外籍专家1人，申请发明专利11件，其中授权发明专利1件，形成具有核心技术的商业秘密4项，发表专业论文15篇。

【沙钢集团推进节能减排】 年内，沙钢集团投资1亿元完成1号、2号烧结、球团烟气脱硫减排工程，年减排粉尘1100吨，减排二氧化硫4000吨。投资1.6亿元新建6号矿渣微粉生产线，年消化高炉水渣154万吨，生产矿渣微粉140万吨。投资1亿元，新建3条钢渣热焖渣生产线，进一步提高钢渣回收利用率，销售钢渣副产品近200万吨。投资3亿元实施转底炉节能减排技改项目，年处理含铁污泥、除尘灰等冶金固废30万吨，生产18万吨金属化球团，并回收氧化锌6000吨、蒸汽10万立方米。投资3100万元新建5号烧结机烟气余热回收工程，年新增回蒸汽30万立方米，年节标准煤3万吨。至年末，沙钢累计完成节能量145万吨标准煤，提前一年完成江苏省下达的“十二五”期间节能量144万吨标准煤的任务指标。1月27日，沙钢集团获“中国能效之星”四星级企业称号，为江苏省唯一一家钢铁制造企业。10月13日，沙钢集团获2013年度省节能先进单位荣誉称号。

【外汇资金集中运营管理】 年内，沙钢集团开展外汇资金集中运营管理业务，进一步降低融资成本，提升资本效益。2月，沙钢集团财务有限公司获江苏省发改委批准，成为江苏省现代服务业“十百千行动计划”重点培育企业库第二批入库企业。5月，在中国银行、中国农业银行的支持下，沙钢财务有限公司成功申办跨国公司外汇资金集中运营管理业务并获批准。12月23日，沙钢集团财务有限公司通过中国银行苏州分行全球现金管理平台搭建的跨境双向人民币资金池，成功从境外子公司沙钢南亚（香港）贸易有限公司向境内总部跨境调拨资金1238.58万元，实现集团境内外人民币资金的双向互通。年末，沙钢集团获得市财政局《关于促进外包产业发展的若干政策》规定的奖励资金56.43万元。

【沙钢集团企业文化建设】 年内，沙钢集团坚持以人为本，大力实施企业文化提升工程。5月至10月，分4批次组织148名优秀员工赴南京汤山疗养院或韩国进行为期一周的疗休养。6月至7月，组织开展管理人员“战高温、下一线、服务生产、服务职工”主题活动，19个科室的120名管理人员深入一线有针对性地开展服务工作。7月20日，以中国钢铁工业为题材、以沙钢为原型的电影《钢铁，是这样炼成的》在沙钢集团举行开机仪式。该影片由北京玖玖盛放影视文化有限公司与江苏沙钢集团有限公司联合摄制，讲述一个民营钢铁企业在改革开放历史大潮中抓住机遇，奋力前行，最终成为世界500强企业的传奇故事，展现钢铁铸造者和企业家在市场经济大潮中勇于挑战、执着无畏的创业精神。该影片被列为中宣部“中国梦”系列重点影片。（顾彩红）

沙钢集团出口线材　　（沙钢集团　供稿）

【编辑　黄宏庆】

建筑业·房地产业

Architecture & Real Estate

绿色建筑——市职业技能实训基地　（市住建局　供稿）

建　筑
装　潢
房地产

张家港年鉴(2015)

建　筑

【概况】 年内，受全国经济增速回落及房地产宏观调控影响，全市建筑业发展逐步收紧，完成建筑业总产值253.55亿元，竣工产值179.81亿元，分别比上年减1.06%、3.1%；房屋施工面积1756.84万平方米，其中新开工房屋建筑面积722.46万平方米；实现利税总额34.21亿元。产值超1亿元的企业达到51家。江苏德丰建设集团有限公司获评江苏省建筑业竞争力百强企业，江苏兴港建设集团有限公司、江苏金厦建设集团有限公司、江苏兴安建设集团有限公司获评江苏省建筑业成长型百强企业。

建筑行业企业大力晋升资质等级，全年累计资质增项、升级10批71家次。其中，市鹿苑建筑工程有限公司、市兆丰城建有限公司、市创佳装饰有限公司、江苏华洲工业设备安装有限公司、市鑫鑫地基基础工程有限公司晋升甲级资质，晋升数量为历年最多。至年末，全市建筑业资质企业总数356家，其中设计与施工一体化资质企业64家、施工总承包企业68家、专业承包企业177家、劳务分包企业47家，企业主、兼营（增项）涉及专业40个。全市有建设工程勘察甲级资质企业1家；有建筑设计资质企业3家，其中甲级2家、乙级1家；有工程监理企业10家、包含甲级6家、乙级3家、丙级1家；有工程造价咨询企业9家、包含甲级3家、乙级6家；有招标代理企业6家，包含甲级1家、乙级3家、暂定级2家。建筑业企业从业人员5.86万人，其中技术经济人员11569人。有国家一级注册建造师664人、国家二级注册建造师3188人，有国家注册监理工程师218人、省注册监理工程师380人，有国家注册造价工程师180人、造价员998人，有国家一级注册结构师17人、一级注册建筑师10人、注册岩土工程师3人、注册设备工程师12人，具备招标代理上岗证的86人。

【建筑市场管理】 年内，市建设主管部门实施科室人员轮岗交流制度，监管服务力量向项目一线倾斜，班子成员每月下工地至少1次，深入调研基层情况，帮助解决企业发展遇到的问题。普通工作人员每年2个月、新进人员不少于6个月进工地现场检查服务，更好地管理和服务行业企业。审批服务窗口进一步优化办事环节，压缩办理时间，方便群众办事，全年受理各类行政服务事项2044项，办结率和满意率均为100%；累计核发施工许可证296项，建筑面积348.77万平方米，合同造价92.59亿元。推进招投标工作信息化，对招投标数字化监管平台进行升级扩容，完成和省信用管理平台对接，实现业务监管系统数据库与省数据库互联互通，招标公告、最高限价公示、未入围公示、中标候选人公示、项目经理变更、直接发包各项信息和省建设工程招标网实时对接，并新增中标通知书二维码打印功能，利用科技手段，进一步提高监管效率，最大限度遏制串、围标行为。保持对违法违规行为查处的高压态势，对涉嫌串、围标的4家企业进行诫勉谈话，列入黑名单，一定时限内禁止进入张家港市招投标市场。对1家企业的不良投标行为，给予网上公告，公告期间建议国有投资工程招标人不接受其投标。全年共完成发包468个标段，建筑面积441.12万平方米，合同金额为85亿元。工程造价管理进一步强化。咨询机构全年共编制清单、标底及结算审核项目466项，投资额约60亿元，其中结算审核项目100项，造价17亿元，核减额1.4亿元，核减率8.23%。开展工程造价咨询服务，及时发布建材价格信息，组织编印2014年度造价估算指标，为各级提供决策参考，防范价格风险。在加强日常市场行为检查、巡查和综合考评基础上，8月起，组织开展全市建筑施工领域内"打非治违"专项行动，重点打击建设工程违反法定基本建设程序、转包、违法分包、挂靠以及企业或个人无资质施工等建筑施工违法建设行为，促进企业、项目负责人、关键岗位和关键人员责任落实，强化安全隐患排查整治，杜绝施工现场"三违"现象。全年累计检查考评施工监理项目共394个，累计开具整改通知书40份，诫勉谈话企业8家。累计考核项目经理326人次，职责履行不力扣分达到一定标准的62名项目经理被暂停执业资格。累计黑名单采集入库企业6家、项目经理152人次，解除黑名单企业2家、项目经理65人次，不良行为记录企业5家、人员3人次。实行每月巡查制度，及时掌握违建动态，着力遏制违法违规建设行为。共开具违法（章）建设工程停工通知书64份，立案查处违法违规建设行为124起。认真抓好清欠工作，实施欠薪"黑名单"制度，印发《关于进一步规范建筑施工企业劳动用工管理工作的通知》，严格劳动合同签订及职工名册、考勤表、工资登记表填报，完善企业用工管理，维护农民工的合法权益。

【工程建设管理】 10月，市住建局组织企业收看全国工程质量治理两年行动电视电话会议，贯彻落实住建部、省住建厅和苏州市住建局关于工程质量治理两年行动会议精神，组织召开张家港市工程质量治理两年行动推进会，部署张家港市工程质量治理工作。加强勘察设计管理，以综合考评为抓手，规范市场秩序，提高设计质量，全年受理施工图审查项目461项，面积918.6万平方米，累计查纠违反强制性标准4536条、查纠违反强制性条文1332条。深化质量监督，提高质量监督效能，完成质监信息系统2014版监督档案模块的调整，提升管理信息系统的信息采集和动态监管作用。突出监督重点，加强施工现场进场材料质量、建筑节能施工质量、质量责任主体质量行为和工程实体质量的监管，增加对质量信誉较差的施工单位的检查频次，强化动迁安置房的质量监督。5月10日起，组织开展为期2个月的主体在建动迁安置房拉网式检查，检查项目225项，建筑面积201万平方米。全年累计对425个动迁安置房工程主体质量开展巡查及专项检查，受查面积332.5万平方米。全年完成原材料检测171677组，合格数量170365组，合格率99.24%。开展工程创优活动，共创张家港市优质结构工程239项；

创苏州市“姑苏杯”工程27项,推荐申报江苏省“扬子杯”工程3项。全年质量监督2145项、面积960万平方米。全市获省工程建设质量QC小组活动三等奖4个、优秀奖2个;获苏州市工程建设质量QC小组活动二等奖2个、三等奖50个。引导混凝土企业向绿色生产、绿色施工方向发展,有6家混凝土企业达到绿色生产要求。坚持“安全第一、预防为主、综合治理”方针,严格安全监管,完善安全生产防控体系,深入开展施工安全专项整治,以“严执法、除隐患、压事故”为目标,开展“打非治违”专项行动,有效控制建筑施工伤亡事故的发生。全年受监工程355个,建筑面积706万平方米,工程造价129亿元。深入开展专项整治,强化危险性较大分部分项工程的监管。加强起重机械监督管理,办理建筑起重机械使用登记769台,报废塔吊38台。按照“全覆盖、零容忍、严执法、重实效”的总要求,全面排查安全隐患,共检查发现安全事故隐患475条,提出整改意见890条,签发建设工程施工安全隐患整改通知书116份,局部停工整改通知书53份。推进建筑施工安全标准化工作,49个工地被评为苏州市建筑施工标准化文明示范工地,28个项目被评为省级建筑施工标准化文明示范工地项目,起到示范引领作用。全年创省级文明工地44个、苏州市级文明工地90个。建工技校共组织开办各类建筑业岗位培训、继续教育58班次,培训各类人员9175人。创新教育培训方式,6月4日,市建筑业协会与沙洲职业工学院签定战略合作协议,成立沙洲职业工学院建筑工程专业教育理事会,市建筑业协会及骨干企业向沙工捐赠奖教助学金50万元,成立沙洲职业工学院“江苏德丰班”;组织开展“安全月”“工程创优”等活动,5月承办“行行出状元”第二届职业技能竞赛,营造浓厚的质量安全氛围。

【“新点杯”工程计价知识竞赛】10月25日,市“新点杯”工程计价知识竞赛在建设大厦举行。相关造价咨询企业、施工单位及政府审计部门等22个单位共104名造价从业人员参加。竞赛旨在进一步做好张家港市新版工程量清单规范以及相关新定额和规范的宣传贯彻,检验造价从业人员的学习成效,推动工程造价行业的教育培训,提高造价人员的从业水平。竞赛主要内容为《建设工程工程量清单计价规范》《江苏省建筑与装饰工程计价定额》《江苏省建设工程费用定额》及工程造价管理相关法规等。竞赛分个人赛和团体赛两部分。个人赛采用闭卷答题方式,团体赛采用现场抢答的方式。经过两轮激烈角逐,中国建设银行股份有限公司张家港分行夺得团体一等奖,中国建设银行股份有限公司张家港分行王艳获得个人一等奖。

【张家港市获评省绿色建筑示范市】7月,张家港市获评2014年度省级绿色建筑示范市,获得省级财政2500万元补助。未来三年内,全市计划建成绿色建筑300万平方米。绿色建筑指在建筑的全寿命周期内,最大限度节约资源,节能、节地、节水、节材、保护环境和减少污染,提供健康适用、高效使用,与自然和谐共生的建筑。为推进绿色建筑示范县(市)计划实施,8月,张家港市重新调整印发《张家港市建筑节能和绿色建筑专项引导资金管理暂行办法》,将建筑节能专项资金额度由每年300万元提高至500万元,在原补助范围基础上,增加绿色建筑示范项目、建筑能耗分项计量装置安装项目与合同能源管理项目的补助。年内,市职业技能实训基地项目、朗泰绿色家园一期项目等4个工程获评二星级以上绿色建筑设计标识,建筑面积27.34万平方米。

2014年张家港市建筑工程获奖情况

表37

奖　项	工程名称	承建(参建、监理)单位	项目经理
中国安装工程优质奖“中国安装之星”	重庆国汇中心机电工程	江苏兴安建设集团有限公司 重庆敬业建设监理有限公司	钱卫洪
苏州市“姑苏杯”优质工程奖	工程材料检测业务用房建安工程	张家港市双山建筑工程有限公司 江苏金厦建设集团有限公司 江苏众信投资项目管理咨询有限公司	张官付
	江帆幼儿园	张家港市锦丰建筑安装工程有限公司 江苏顺力工业设备安装有限公司 江苏华通工程管理有限公司	陆卫军
	江帆小学教学楼、食堂	张家港市锦丰建筑安装工程有限公司 江苏顺力工业设备安装有限公司 江苏华通工程管理有限公司	陆卫军
	江帆小学报告厅、行政综合楼	张家港市锦丰建筑安装工程有限公司 江苏顺力工业设备安装有限公司 江苏华通工程管理有限公司	陆卫军
	锦丰污水处理厂	江苏金厦建设集团有限公司 江苏兴安建设集团有限公司	郭俊龙

续表37

奖　　项	工程名称	承建（参建、监理）单位	项目经理
苏州市"姑苏杯"优质工程奖	华芳国际大厦	江苏金厦建设集团有限公司 江苏众信投资项目管理咨询有限公司	常卫洪
	置地广场北楼	江苏德丰建设集团有限公司 江苏金厦建设集团有限公司 江苏华通工程管理有限公司	施洪刚
	张家港澳洋医院有限公司医疗用房二期工程	张家港市后塍建筑安装工程有限公司 江苏兴安建设集团有限公司 江苏华通工程管理有限公司	蒋　平
	后塍高级中学易地新建项目3标段教学楼工程	张家港市后塍建筑安装工程有限公司 江苏华通工程管理有限公司	孙红林
	后塍高级中学易地新建项目3标段报告厅、行政楼工程	张家港市后塍建筑安装工程有限公司 江苏华通工程管理有限公司	孙红林
	后塍高级中学易地新建项目2标段图书馆及实验楼工程	张家港市后塍建筑安装工程有限公司 江苏华通工程管理有限公司	孙红林
	书院四村安置房一标段25号房	张家港市建业建筑安装工程有限公司 江苏华通工程管理有限公司	李志刚
	书院四村安置房一标段21号房	张家港市建业建筑安装工程有限公司 江苏华通工程管理有限公司	李志刚
	书院四村安置房一标段17号房	张家港市建业建筑安装工程有限公司 江苏华通工程管理有限公司	李志刚
	旺西安置小区（三标段）2号房	张家港兴华建筑安装工程有限公司 江苏众信工程投资项目管理咨询有限公司	陆　建
	阳光里程一期16号房	张家港市双山建筑工程有限公司 江苏兴安建设集团有限公司 江苏华通工程管理有限公司	赵晓忠
	阳光里程一期20号房	张家港市双山建筑工程有限公司 江苏兴安建设集团有限公司 江苏华通工程管理有限公司	赵晓忠
	小菜巷安置房8号房	张家港市锦丰建筑安装工程有限公司 江苏顺力工业设备安装有限公司 江苏众信工程投资项目管理咨询有限公司	蒋志春
	缇香世家C4	江苏金厦建设集团有限公司 江苏众信工程投资项目管理咨询有限公司	钱文华
	张家港高立金属制品有限公司综合楼B工程	张家港市兆丰城建有限公司	黄建忠
	张家港高立金属制品有限公司综合楼A工程	张家港市兆丰城建有限公司	黄建忠
	新东社区1号房	江苏德丰建设集团有限公司 江苏华通工程管理有限公司	王天燕
	新东社区16号房	江苏德丰建设集团有限公司 江苏华通工程管理有限公司	王天燕
	紫金花园4号房	江苏德丰建设集团有限公司	孙礼将
	航杨新村5号房	江苏兴港建设集团有限公司 江苏华通工程管理有限公司	朱正平
	香蜜湖高层区2号房	张家港市后塍建筑安装工程有限公司 江苏华通工程管理有限公司	张晓敏
	后塍高级中学易地新建项目2标段体育馆工程	张家港市后塍建筑安装工程有限公司 江苏华通工程管理有限公司	孙红林

（徐荣华）

装　潢

【概况】2014年年末，全市在工商部门登记注册的装潢企业320家，其中，建筑装饰企业64家，全市完成装饰施工产值25亿元。市装修装饰行业协会（商会）共有会员120个，其中企业会员119家、个人会员1人。企业会员中，装饰企业80家（公装49家、家装31家），装饰材料生产与经销商25家，室内环境检测单位2个，媒体及有关管理部门13家。本土会员施工企业中具有国家施工资质的36家，其中具有一级施工资质的3家、二级施工资质18家、三级施工资质的15家。据不完全统计，全年62家会员施工企业（外地企业未统计）共完成装饰装修产值8.1亿元，其中公装5.6亿元、家装2.5亿元。装饰材料生产、经销会员企业全年开票销售额约12亿元。4月，协会组织张家港市第九届“梁丰杯”装饰优质工程评比活动。26家企业申报项目44个，其中31个项目获2013年度张家港市“梁丰杯”装饰优质工程奖（其中公装13个、幕墙4个、家装14个）。协会将17个项目（公装7个、幕墙3个、家装7个）推荐苏州市“天堂杯”评选。6位装饰设计师获中国建筑装饰协会主办的第五届筑巢奖（中国国际空间环境艺术设计大赛），其中沈健是江苏省唯一的金奖获得者。4月15日，民政部副部长顾朝曦到装饰协会（商会）视察指导工作，对市装饰行业协会的工作以及协会获得民政部AAAAA级社会团体组织称号给予充分肯定，认为在县市级行业中能获AAAAA级的称号是很不容易的，对协会能围绕装饰企业人才职称申报等工作主动做好服务给予积极评价。

【海峡两岸室内设计师高峰论坛】4月28日，市装饰协会设计专业委员会和材料专业委员会主任单位张家港保意建材城有限公司在沙洲职业工学院大礼堂举办“张家港市海峡两岸室内设计师高峰论坛”。由中国台湾“豪宅王”美誉的设计师杜康生及设计师唐忠汉、谢宇书、房元凯分别围绕设计概念、谈单技巧以及当代中国室内设计如何走向世界作了深刻的阐述，使与会的张家港市装饰行业200余位设计师受益匪浅，提升了全市装饰设计师的设计理念和水平。

2014年张家港市装修装饰工程获奖情况

表38

奖　项	承建单位	项目名称
苏州市“天堂杯”优质工程奖	深圳远鹏装饰集团有限公司	港城大厦辅楼1层至4层
		江苏扬子江国际冶金工业园商务用房
	江苏佑典建设工程有限公司	中昊檀宫46号、47号房
苏州市第十九届家庭装饰示范工程奖	张家港市同济建筑装饰工程有限公司	南湖湾7号B1
	张家港市大拇指装饰装潢有限公司	华府天坛A1701、1702
		中联皇冠24幢501室
	攀杰特装饰工程有限公司	江阴华士龙东湖108号
	张家港天成文业装饰设计有限公司	香蜜湖公馆29-02号
	苏州奥维建筑装饰设计有限公司	无锡红豆广场别墅蒋云馆
	张家港由申甲装饰工程有限公司	暨阳湖一号2138号

（邹永高）

房地产

【概况】2014年，市房管中心把握“810成效比拼年”主基调，注重抓关键，进一步塑树“住有所居、居有所安”房管品牌。保障性住房建设提前超额完成，房屋权属登记服务成效凸显，物业管理水平进一步提升，老住宅区整治不断深入，房地产市场平稳运行，队伍建设全面加强，机关行政效能不断提升。中心先后获江苏省住房保障先进单位、苏州市“四大整治、四大提升”先进集体等多项荣誉，省住房保障体系建设试点通过省级验收。至年末，全市共有房地产开发企业69家，其中一级资质企业2家、二级资质企业12家、三级资质企业5家、暂定资质企业50家。全年完成房地产开发投资145.74亿元，比上年增48.4%。商品房施工面积797.11万平方米，竣工面积130.08万平方米。全年销售商品房面积99.75万平方米，其中现房销售面积24.53万平方米、期房销售面积75.22万平方米。实现销售额94.61亿元，其中现房销售额18.41亿元、期房销售额76.2亿元。新核准预售商品房12809套，面积214.92万平方米，比上年减0.93%。市区预销售面积79.77万平方米，比上年减3.47%。新建商品房成交7586套，面积123.51万平方米，比上年减2.74%；二手住房成交4992套，面积55.9万平方米，比上年减39.58%。全市新建商品房成交均价每平方米8677元。其中市区成交均价每平方米10258元，比上年减10.25%。

2014年张家港市主要竣工楼盘情况

表39

楼　　盘	所在镇	开发公司	竣工日期
华建大厦	杨舍镇	张家港市华建房地产开发有限公司	1月2日
湖滨水岸1幢至17幢住宅及地下车位	锦丰镇	金新城置业集团有限公司	1月6日
金港湾23幢、25幢住宅楼及D区地下汽车位	金港镇	长江润发（张家港）房地产有限公司	2月27日
檀宫庄园21幢至78幢、南苑东路99号及B区至D区地下汽车位	杨舍镇	张家港市中昊房地产有限公司	3月27日
樟河苑21幢商住楼	杨舍镇	张家港市中昊房地产有限公司	3月27日
缇香世家1幢至24幢住宅楼及地下汽车位	杨舍镇	张家港新东方置业有限公司	4月1日
阳光绿城39幢、40幢住宅楼	金港镇	张家港市金厦房地产开发公司	4月4日
向阳三村1幢至5幢住宅楼	锦丰镇	张家港玖隆房地产开发有限公司	4月24日
新闸路53号商住楼	杨舍镇	张家港市悦丰投资开发建设有限公司	5月9日
七里庙小区19幢至75幢商住楼及1号至6号汽车位	杨舍镇	张家港市城市投资发展集团有限公司	5月13日
妙桥钻石广场2幢	塘桥镇	张家港市新世界置业有限公司	5月21日
君临新城1幢至9幢、东苑路1号至9号、北水渠路1号至109号及地下汽车位	杨舍镇	金新城置业集团有限公司	5月29日
高兴达钢贸中心商务楼（A号、B号）	锦丰镇	张家港高兴达置业有限公司	6月27日
东海华庭10幢至34幢、36幢	塘桥镇	张家港东海置业有限公司	6月30日
金田大厦	杨舍镇	张家港市馨田房地产有限公司	7月3日
湖滨水岸三期B1号至B7号房	锦丰镇	金新城置业集团有限公司	7月23日
联峰雅园1号至3号	南丰镇	张家港市联峰房地产开发有限公司	7月28日
润园1号至3号、5号至12号、15号至23号、25号至33号、35号至39号、50号至53号、65号至69号住宅	杨舍镇	江苏国泰江南置业有限公司	8月21日
君悦花园3号商业、1号、2号、4号住宅	杨舍镇	张家港中联置业有限公司	8月22日
幸福里7号至10号商住楼	杨舍镇	江苏澳洋置业有限公司	8月26日
幸福里3号、5号、6号商住楼	杨舍镇	江苏澳洋置业有限公司	9月10日
锦江大厦1幢、2幢商住楼	锦丰镇	张家港市锦丰城镇投资建设有限公司	9月17日
七里庙小区三期1幢至14幢商住楼	杨舍镇	张家港城投置业有限公司	10月31日
港新花苑16幢至28幢	杨舍镇	张家港城投置业有限公司	12月4日
阳光怡庭1幢至12幢、15幢至23幢、25幢至33幢、35幢至39幢、50幢至53幢、55幢至58幢住宅及1号至15号地下汽车位	杨舍镇	张家港市金厦房地产开发公司	12月10日
廊桥雅苑1幢至15幢住宅楼	金港镇	张家港保税区金科瑞丰房地产开发有限公司	12月26日
福德庄园37号、38号、40号、41号（不含地下室）	乐余镇	张家港福运置业有限公司	12月29日
温泉逸墅50幢、52幢至59幢、63幢商住楼	凤凰镇	苏州金宾士房地产开发有限公司	12月30日
九洲国际广场1号综合楼、3号至9号楼	杨舍镇	张家港九星房地产开发有限公司	12月31日

【房政管理】 年内，市房产交易产权登记中心完成各类房产权属登记发证32765处、面积1392.65万平方米，分别比上年减13.04%和7.43%。办理增量房交易登记19507处、建筑面积226.35万平方米、成交金额120.96亿元，分别比上年减1%、7.94%和增20.12%（其中，商品房住宅交易登记6085套、建筑面积84.96万平方米、成交金额87亿元，分别比上年增35.7%、36.11%、50.79%；动迁安置房登记7972套、建筑面积96.76万平方米、成交金额14.55亿元，分别比上年减25.56%、21.91%、12.36%；经济适用房登记30套、面积3300平方米、成交金额1363万元，分别比上年减93.67%、94.14%、94.36%）；办理存量房交易登记5955处、建筑面积132.97万平方米、成交金额45.26亿元，分别比上年减42.03%、14.86%、38.33%（二手房住宅交易4962套、建筑面积55.45万平方米、成交金额31.81亿元，分别比上年减39.90%、40.93%、40.87%）；办理变更登记1729处、建筑面积357.96万平方米；遗失补证和换发新证共204本、建筑面积4.68万平方米；办理继承264处、建筑面积3.32万平方米；析产登记974处、建筑面积11.88万平方米；财产分割655处、建筑面积8.82万平方米；赠予登

记115处、建筑面积1.65万平方米。办理各类新建房屋初始登记3027处、建筑面积631.6万平方米,分别比上年减13.54%、4.73%。完成房产抵押登记17930处,比上年减10.55%,建筑面积1552.72万平方米,担保金额329.5亿元。其中,流动资金贷款抵押8403处,比上年减14.2%,建筑面积1335.17万平方米,担保债权金额257.99亿元;消费贷款抵押1375处,建筑面积24.74万平方米,担保债权金额11.25亿元;购房贷款抵押8119处,比上年减9.44%,建筑面积112.56万平方米,担保债权金额47.64亿元。办理他项权利注销登记12963处,建筑面积1362.3万平方米。

【物业管理】 市房管部门年内新核准14家物业企业。至年末,全市共有物业企业101家,其中一级资质3家、二级16家、三级(含三级暂定)82家。新增物业服务项目23项,面积260.8万平方米。全年指导新成立和换届业主委员会15个。明晰新建物业用房产权25个,面积22871平方米,均达到7‰以上的规定比例。实施新建房屋白蚁防治面积220万平方米,灭治面积2600平方米。归集住宅专项维修资金2.21亿元,受理162起房屋维修申报,核准使用维修资金442万元。举办上岗(继续教育)、项目经理培训、质量体系认证等培训班,累计培训400余人次。加强前期物业服务项目监管,开展2010—2011年度前期物业服务项目专项督察。与市公安消防大队联合开展高层、小高层消防安全大检查,对90个小区进行拉网式检查,排查消防安全隐患。指导小菜巷、华建大厦、国泰新世纪广场、阳光里程小区物业创建成苏州市优秀物业管理项目。开展动迁安置小区专项调研,重点对属地管理、物业用房、维修资金缴存标准、考核机制等方面提出参考建议。与质监部门拟定《张家港市电梯维保和物业管理行业自律公约》,规范电梯维护保养和使用管理行为。根据全市"同创共建·全民美城行动"要求,开展以"卫生、绿化、秩序、共用部位共用设施设备维修"为主要内容的小区环境整治行动,继续开展停车泊位改造,并结合车位改造对小区绿化进行调整和补种。

【经济适用房制度新调整】 市房管中心突出住房保障体系建设,调整经济适用住房准入标准。扩大供应范围,市区范围由原来的杨舍规划控制区扩大到整个杨舍镇行政辖区。增设户籍年限要求,由原来的只要户口在市区调整为户口在市区满一年。经济适用房申请人还必须同时满足:已婚的年满25周岁,单身或单亲家庭的年满28周岁;家庭年收入和家庭财产符合中低收入家庭标准;要有住房困难,即一人户家庭在张家港市住房不足30平方米,二人及二人以上户家庭在张家港市住房建筑面积不足60平方米。《张家港市共有产权经济适用住房管理办法》计划于2015年2月1日实施,在这之后申请购买的经济适用房,实行个人和政府共有产权制。可享受面积内,按个人出资份额与政府出资份额的比例关系确定产权份额。个人出资份额为申购家庭按基准价购买可享受面积的价款总额,政府出资份额为共有产权房建设用地市场价与实际取得价的价差、免收的行政事业性收费和政府性基金等。按照政府适度让利要求,可享受面积内产权份额比例确定为7∶3,即个人占70%产权,政府占30%产权。可享受面积以外的部分以及自行车库、汽车库(位)、阁楼等的产权全部归个人。

【房屋权属登记系统平台完成整合】 年内,市房管中心内部产权登记系统、商品房网签系统、预售证发放系统三大业务系统平台的整合工作基本完成。推广金融企业风险防范系统应用,农行、中行、农商行等16家银行与市房管中心联网,通过系统应用为银行免费提供有条件的房产证验证、抵押、产权限制状况查询服务。将房产信息应用延伸至相关职能部门,住房公积金中心、税务部门通过联网共享房屋登记受理信息,实现房产登记信息跨行业使用。升级机房硬件和网络架构,中心添置新的数据服务器,对房屋登记信息核心数据库及电子登记簿通过容灾软件进行实时全服务器复制保护,做到系统应用及数据整机容灾和异地备份,保障数据准确性和安全性。系统平台整合解决了商品房网签与产权登记系统数据不统一,无法有效形成互连互通、相互协作的工作机制问题。

【存量房买卖网上管理完善】 1月,市房管中心全面改版登记申请书,改变原申请书存在种类多、填写烦琐不直观、关联性内容较分散等问题。整合改版后的申请书,不但帮助客户清晰、准确地了解相关事项,更加便于填写,而且也保证受理窗口依职权迅速、全面地收集房产登记信息。为杜绝以往因网签合同虚假备案引起的中介纠纷,市房管中心同时下发《关于规范我市存量房买卖和房产经纪行为的通知》,进一步完善二手房自行交易业务受理范围,买卖双方填写《张家港市存量房自行挂牌成交网签合同备案申请书》后,中心可以为未委托经纪机构买卖房屋的申请人提供网签服务,规范房地产经纪行为,维护公平、公开、安全、透明的存量房交易秩序。

【房管中心测绘管理科学化】 年内,市房管中心进一步加强测绘成果应用管理,规范房产测绘成果审核和归档工作。严格按照测量规范对房产测绘成果报告认真审核,保证房产登记测绘成果的准确性。按照上年重新划分的图形库房产分区范围,制定计划安排专人逐步以分区、片为单位对已登记房屋进行详细的产籍调查及修补测量,调整和修改原图形库中遗漏或错误的信息。综合利用ArcGIS(地理信息系统)、OA(办公自动化)和大型数据库管理系统,形成集房屋管理、房产测绘、成果管理、图形信息管理、信息发布、检索查询等房产登记一体化管理模式。对2001年前无测绘数据、状况不明确或有测绘图纸无电子数据的已登记房屋测绘成果进行完善,通过纸质图形矢量化的方式,结合实地调查整理,进行分层分户图补录工作,调整和修改二环路内28平方千米图形库。 (戴高乐)

【编辑 张 洁】

商贸服务业·旅游业

Commerce and Service Trade & Tourism

香山梅花园　（谢卫东　摄）

服务业综情

商　　业

供　　销

粮　　食

专营专卖

旅　　游

服务业综情

【概况】 2014年,全市服务业工作按照市委、市政府现代化建设的战略部署,落实省、苏州市加快发展服务业的总体要求,强化组织领导,突出改革创新,优化部门服务,服务业实现健康较快发展。全市实现服务业增加值965.22亿元,比上年增7.5%,高于地区生产总值增速1.5个百分点。服务业增加值占全市地区生产总值的比重为44.3%,比上年提高1.3个百分点。服务业对地区生产总值增长的贡献率超七成。服务业入库税收108.55亿元,占全市税收总额的29.88%;服务业公共财政预算收入66.32亿元。年内,全市实现社会消费品零售总额458.32亿元,比上年增10.76%。其中,城镇零售总额395.1亿元,农村零售总额63.22亿元,分别比上年增11.92%和9.78%。社会消费品零售总额按行业分:批发业65.83亿元,比上年增126.61%;零售业330.47亿元,比上年增0.22%;住宿业5.07亿元,比上年减28.29%;餐饮业53.71亿元,比上年增12.04%。

【行业发展】 全市服务业各种分行业发展状况良好,继续呈现健康、规范、有序的发展态势。其中:交通运输、仓储、邮政业年末有在册企业(含个体工商户)5113家,比上年增7.14%;注册资金136.63亿元,比上年增11.43%;从业人员22238人,实现利税7.18亿元。信息传输、计算机服务业年末有在册企业(含个体工商户)657家,比上年减17.11%;注册资金5.45亿元,比上年增15.47%;从业人员3453人,实现利税9288万元。批发和零售业年末有在册企业(含个体工商户)44527家,比上年增11.51%;注册资金406.3亿元,比上年增20.94%;从业人员141189人,实现利税31.87亿元。住宿和餐饮业年末有在册企业(含个体工商户)5555家,比上年增16.6%;注册资金13.48亿元,比上年增21.99%;从业人员17461人,实现利税1.35亿元。金融保险业年末有在册企业(含个体工商户)492家,比上年增9.58%;注册资金115.39亿元,比上年增11.43%;从业人员2018人,实现利税19.55亿元。房地产业年末有在册企业(含个体工商户)414家,比上年增8.66%;注册资金130.01亿元,比上年增19.71%;从业人员5991人,实现利税31.73亿元。租赁和商务服务业年末有在册企业(含个体工商户)2330家,比上年增21.23%;注册资金393.57亿元,比上年增21.74%;从业人员17826人,实现利税7.49亿元。其他服务业年末有企业(含个体工商户)8721家,比上年增21.45%;注册资金152.65亿元,比上年增32.32%;从业人员49319人,实现利税8.45亿元。

【服务业投资】 年内,全市服务业投资345亿元,比上年增4.55%。服务业投资占全社会固定资产投资的比重44.23%,比上年提高1.23个百分点。其中生产性服务业投资140亿元,比上年增7.59%。新批外资及港澳台资服务业企业项目47项,新增服务业注册外资及港澳台资5.9亿美元,到账外资及港澳台资3.63亿美元,分别占全市总额的43%和50.77%。推进"810工程"十大服务业项目、十大专业市场建设发展,加快规划建设玖隆物流园、进口整车物流园等十大服务业载体,全力推进10个全市生产性服务业重大项目和30个生产性服务业重点项目建设。"810工程"十大服务业项目完成投资140亿元。至年末,苏州市级以上现代服务业集聚区有8个,在苏州各县市名列前茅。

【重点行业态势】 现代物流增长迅速,全年实现物流业增加值126.25亿元,占服务业总量的13.13%。累计有全国AAA级以上物流企业33家,居全省县级市前列。其中港务集团为苏州各县市首家全国AAAAA级物流企业。张家港口岸完成货物吞吐量2.7亿吨、集装箱吞吐量101万标箱,分别比上年增3.8%和12%。专业市场成交稳定,全市商品市场成交额3246.61亿元,其中生产资料市场成交额3112.56亿元,分别比上年增16.7%和17.3%。成交额超100亿元专业市场有5家,其中玖隆钢铁市场1500.27亿元、江苏化工品交易中心753.84亿元、保税区纺织原料市场350.13亿元、保税区进口消费品中心316.24亿元、保税区粮油市场187亿元。全市金融业完成增加值104亿元;服务业外包接包合同额3.03亿美元,离岸执行额1.14亿美元;文化产业原创动画片产量居苏州各县市前列。

【8家企业列中国服务业企业500强】 9月,由中国企业联合会、中国企业家协会按国际通行方式,经专家委员会审定后排出的2014年中国服务业企业500强公布,全市有8家服务业企业入选,超过全省入选企业数的四分之一,位居全省县级市首位。分别为:玖隆钢铁物流有限公司(第70位)、江苏国泰国际集团有限公司(第104位)、丰立集团有限公司(第138位)、张家港保税区旭江贸易有限公司(第144位)、张家港百维物贸有限公司(第211位)、东华能源股份有限公司(第247位)、张家港保税区荣德贸易有限公司(第309位)、张家港福洛瑞物贸有限公司(第428位)。

(魏春兵)

商　业

【概况】 2014年,各级政府积极落实扩大内需、促进增长各项政策,推动城乡商贸繁荣发展。全市实现社会消费品零售总额458.32亿元,比上年增11.92%。其中,城镇零售总额395.1亿元,比上年增10.6%;农村零售总额63.22亿元,比上年增9.78%。杨舍镇向阳社区和聚龙社区创建成苏州市商业示范社区。9月19日,市电子商务协会成立,选举产生第一届理事会。协会成立仪式上,沙洲职业工学院与淘宝大学签订合作协议。镇域商贸经济活跃,商贸业呈现整体稳步发展态势,全年15家市重点商贸企业实现零售额48.73亿元,比上年减2.6%。15家重点监测市场成交额3239亿元,比上年增34%。市第一人民商场有限责任公司(包括市新百信超市连锁经营有限公司)、市凯丽百货有限公司、市国际购物中心有限责任公司、市商业大厦有限责任公司四大骨干商场及青岛润泰事业有限公司张家港分公司(大润发大卖场)实现销售27.5亿元,比上年减6%。其中,四大骨干商场及其连锁店实现销售22.3亿元,比上年减3.5%;大润发大卖场实现销售5.2亿元,比上年减16%。11月20日,长江三角洲城市市场信息协作网第十四次联席会议暨2014年长三角城市商业发展论坛在浙江省杭州市召开,张家港市入选"2014年长三角县域商业十强县(市)",这是张家港市连续第六次获得该项荣誉。

【生猪定点屠宰监管】 2014年,市商务局围绕"确保全市人民吃上放心肉"目标,狠抓制度建设和肉品整治,严格执行生猪进场验收制度、屠宰同步检疫检验制度、出场审核制度、无害化处理制度等生猪屠宰操作规程,会同市农委、公安、工商等部门开展严厉打击食品非法添加和滥用食品添加剂专项整治行动,确保猪肉产品质量安全。年初,与9家生猪屠宰场签订责任书,每月召开屠宰工作例会,组织外出参观学习,组织专项培训3场次,培训45人次,组织宣传报道8篇次。加强生猪屠宰执法检查,会同有关部门组织执法检查142次,出动执法人员516人次,检查单位142户次。全市生猪屠宰经营行为和肉品流通秩序得到进一步规范。狠抓猪肉储备,提升市场保供能力,共落实活体储备8000头,确保全市猪肉供应不断档、不脱销。年内,全市各生猪定点屠宰场屠宰生猪55万头,较上年增9%,无害化处理生猪及生猪产品1017头,无害化处理率100%。

【张家港长江鲜美食系列活动】 4月2日,2014年张家港长江鲜美食系列活动在南丰镇永联村开幕,活动由市商务局、南丰镇人民政府主办,市烹饪技术协会、南丰镇永联村承办。"天下江鲜第一锅"再燃灶火,并烹煮1000余条河豚,给广大市民呈上精彩的视觉和美食盛宴。美食系列活动从4月2日起持续至5月5日,突出品江鲜、倡环保、传文化主题,先后举办"创意菜"厨艺赛、"江鲜寿司一起来"和"长江·渔"摄影展等活动,并由张家港人民广播电台《跟着美食跑》节目全程跟踪报道,让市民能更深入了解和享受本土美食餐饮文化。

【肉菜流通追溯体系建设】 2014年,肉菜流通追溯体系建设进入稳步推进阶段,根据《张家港市肉菜流通追溯体系建设方案》和1月市政府肉菜流通追溯体系建设推进会的总体要求,依据注重实效、逐步推进原则,有序推进项目建设,初出成效,系统各环节打通并上线试运行。项目实际建设完成范围包括9家生猪屠宰场、16家农贸市场(青草巷农副产品批发市场、第一集贸市场、东莱场及南苑、万红、城北、花园浜、云盘、东湖苑、百桥、暨阳、新华昌、金厦、田垛里、华怡、新斜桥农贸市场)、2家产销对接企业(双汇、众品张家港销售点)、6家超市(百信超市皇家首座店、大润发大卖场市区店和欧尚、麦德龙、沃尔玛、苏果超市)、103家团体消费单位(主要为市区二环路内的中小学校和大型餐饮企业)。肉菜流通追溯体系建设2015年进入验收环节。

【两家餐饮企业获评江苏餐饮名店】 11月10日,景海宾馆、沙上人家酒店通过"江苏餐饮名店"评审。"江苏餐饮名店"评审由省餐饮协会主办,参评企业经营时间必须5年以上,年营业收入超1000万元,在社会上有一定知名度、信誉度,行业影响力、经济效益处于同业领先地位,同时经营的菜品菜系要有明显个性特色,如获得"中华名小吃"称号,或者获得省、市级政府主管部门颁发的名菜、名点、名小吃等称号。景海宾馆和沙上人家酒店均有多年经营本土菜经验,以差异化策略赢得较好的市场份额和声誉。两家企业通过不断地实践和尝试,弘扬江鲜风味、传承饮食文化的做法,受到评审专家组的好评。同时,宣爱国、赵爱东被授予江苏烹饪大师称号,贝新铁、卞勤良被授予江苏烹饪名师称号。至此,全市累计有"江苏餐饮名店"12家,有江苏烹饪大师8人。

【曼巴特购物广场开业】 11月15日,由江阴海澜集团投资近40亿元打造的曼巴特购物广场开业。该购物广场不仅是海澜集团跨界打造城市商业综合体的首站,也是张家港市首座大型商业综合体,成为全市新地标。曼巴特购物广场位于市中心河西路与朱港巷路交汇处,基地北面是全市最繁华的沙洲中路商业步行街,区域内整体商业氛围浓郁。项目总用地面积34452平方米,小城河穿基地而过,将其分为东西两块,其中A地块用地面积28980平方米、B地块5472平方米。B地块北侧设有城市街心公园。曼巴特购物广场以7层商业中心为建筑主体,内含百货店、品牌店、影城、超市、高档餐厅、水疗及健身中心等多种商业形式,并在南侧规划出甲级写字楼(21层)和SOHO办公楼(22层),项目总面积26万平方米。同时建筑外部设有城市市民步行广场、滨水空间和融入自然的室外屋顶露台,将城市绿地水景与商业设施相整合,形成新的都市生态景观。 (袁瑜婷)

供 销

【概况】 市供销合作总社下辖18个基层单位,其中公司7家、工厂2家、学校1所、基层供销社8个,有在职职工352人(包括已转制企业职工)。2014年,完成工商企业销售收入86亿元,消费品零售额25亿元,工商企业入库税费2918.65万元,市场成交额50.59亿元。利用、发挥系统资产资源,维持市金港投资担保公司托管资产的托管权,确保资产收益延续。全系统实现资产租赁收入691.37万元,比上年增8.8%。利用市青草巷农副产品批发市场品牌优势,开展广告业务综合开发项目,新增效益6万元。与江苏吉君能源有限公司共同投资1700万元建设太阳能光伏电站,年内一期项目完成并实现发电,每年可为市青草巷农副产品批发市场提供200万千瓦小时的绿色电能。青草巷市场实现交易额50.59亿元,比上年增0.82%。其中,当地农产品市场交易额10.92亿元,比上年增5.1%。实现利润775万元，比上年增63.85%。市供销合作总社在苏州市供销系统2014年度目标考核中获评优胜单位，市青草巷农副产品批发市场被评为张家港市先进文明单位，4个基层单位被评为市文明单位。

【为农服务】 市供销合作总社坚持服务“三农”宗旨，不断提高为农服务的能力和水平。2014年，参办农民专业合作社6家、农民专业合作联社1家、家庭农场1家，创建为农服务示范点1家，从基础管理、服务水平、诚信经营、门店形象等方面发挥示范引导作用。对2002年后创建的部分牌子老化、功能弱化服务社进行重点改造提升，使服务功能得到恢复和拓展。全年共完成改造服务社8家，新建服务社1家，二星社提档升级1家。

【农药集中配送】 2014年，在粮油、果蔬作物农药集中配送基础上，市供销合作总社积极试行园林绿化用药集中配送。全年完成农药集中配送销售3788.86万元，其中粮食作物农药2945.11万元、果蔬作物农药766.11万元、园林绿化用药77.64万元。发挥电子信息平台作用，及时调整核准种植信息，使农药集中配送有据可依。完善配送体系，推进园林绿化农药、兽（渔）药配送工作，上半年启动的园林绿化用药集中配送和9月开始运行的兽（渔）药集中配送，为全国首推，全市农药集中配送基本实现全覆盖。市农资协会制定百分考核办法，实施奖惩制度，规范配送经营行为。3月，市供销合作总社联合农业、工商、质监等涉农部门对全市农资经营部门开展执法检查，打击农资领域违法行为，倡导守法经营和安全使用农资商品。

【青草巷市场易地新建】 11月19日，市青草巷农副产品批发市场易地新建项目竣工开市。青草巷市场易地新建项目位于冶金园（锦丰镇）洪桥村，是全市“菜篮子”工程、为民实事工程和“810工程”十大专业市场之一。新市场建设总投资6.28亿元，建筑面积约15万平方米，有水产、蔬菜、家禽、鲜肉等交易区，商铺（商位）超过1000家，配套有农副产品检测中心、安全监控中心、电子结算中心、商业街等。新市场一大特点是绿色生态。市场投资近400万元建设有机垃圾处理系统，年处理能力超过7000吨，垃圾减量70%；投资150万元建设雨水回用系统，经过沉淀、消毒等处理后的雨水，可用于绿化浇灌、场地清洗等；投资2500万元建设屋顶太阳能光伏电站，年发电量预计320万千瓦小时，全部自用，降低市场运营成本；投资150万元用于绿化工程，市场绿化率15%。同时，新建市场检测中心面积扩大到1000平方米，可以检测农药残留、重金属含量、亚硝酸盐等常规项目20余项，检测范围覆盖市场内的各大类商品。市青草巷农副产品批发市场实现整体搬迁后，新市场交易功能进一步放大，服务带动能力进一步增强，预计年可实现农副产品成交量70万吨、成交额60亿元。

【青草巷市场加强检测监管】 市青草巷农副产品批发市场是全市农副产品重要集散地，承载全市70%的农副产品流通业务。年内，市场加大农产品质量检测监管力度，完成仪器检测50699批，合格率99.92%，销毁不合格农产品1971千克。做好市场检测中心省级实验室资质认证复审各项工作，5月通过资质认证评审。加强食品安全宣传工作，开展“迎新春，放心购年货，餐桌保安全”“迎五一，加强农产品质量监管，保障人民群众健康消费”主题宣传活动，开展“巾帼心系食品安全，服务情系港城人民”主题志愿服务活动。发放《中华人民共和国农产品质量安全法》《中华人民共和国食品安全法》《苏州市集贸市场管理条例》《农副产品安全知识100问》等宣传册3000余份，免费检测果蔬500余批。开展专项整治活动，为解决毒豆芽屡禁不止顽症，对市场豆芽菜生产的重点环节、重点部位、突出问题进行明察暗访，5月集中开展为期一周的停业整治活动，并出台相关监管措施和制裁办法。开展中秋节水果质量安全专项监督检查，对市场水果交易区进行为期5天的专项检查，随机抽取14家经营户，抽取苹果、橘子、葡萄等水果品种23种，检测水果样品98批，合格率100%。

（张　健）

粮　食

【概况】 年末，全市粮食系统有独立核算单位17个，在岗职工193人，其中市粮食局机关有干部职工25人，下设办公室、监察审计科、购销调控科、监督检查科。年内，市粮食部门推进粮食行业粮源保障、龙头带动、基础设施、安全粮油、科技兴粮“五大工程”，筑牢粮食安全防线。《张家港市粮食物流储备仓库规划》制订完成，创建放心粮油店31家。在对国有粮食企业资产进行全面清理的基础上，完成全市49宗国有粮食企业“划拨转出让”性质转换，并对全市国有粮食企业土地进行变更登记和房产转让，上缴的土地补出让净收益以注资的形式全部到账，完成国有粮食企业改革的资产重组任务。全市粮油工业列入统计的企业共13家，主要为东海粮油工业（张家港）有限公司、路易达孚（霸州）饲料蛋白有限公司张家港分公司、益江（张家港）粮油工业有限公司、市粮食购销总公司、市面粉食品有限公司、市恒泰面粉制品有限公司、市华丰油脂有限公司等。其中，省级龙头企业2家、外商投资企业1家、苏州市级龙头企业5家。全市粮油工业完成总产值222.9亿元，完成产品销售收入266.7亿元，完成利税总额9600万元，全年食用植物油总产量123.8万吨、小麦粉总产量28.1万吨、大米总产量3.7万吨、饲料总产量12.4万吨。在苏州市粮食系统目标管理考核中，张家港市粮食局名列首位，系统内4个单位被评为张家港市文明单位；市粮食购销总公司获评第四届中国粮油榜“百佳粮油企业”“十佳粮油创新引领企业”，并被评为江苏省粮食系统先进集体。

【粮食收购】 2014年，市粮食局全面落实国家和地方粮食收购政策，发挥国有粮食企业主渠道作用，采取扎口收购、委托收购措施，凝聚全市粮食收购合力。全年收购粮食数量达到超历年纪录的16万吨，其中小麦7.3万吨、粳稻8.7万吨，列苏州各县市（区）第一。为保护粮农利益，开展小麦托市收购，托市收购7818吨；首次启动稻谷托市收购，托市收购25945吨。继续落实好小麦、稻谷收购价外补贴政策，价外补贴小麦57292吨、稻谷83938吨。

【粮食储备】 市粮食局以两季粮食收购为基础，组织好地方储备粮吸储和轮换工作，保证储备库存数量真实、质量良好。提前落实"丰产增储"行动计划，将地方储备规模扩大到5.6万吨，其中粳稻3.92万吨。同时，按照《苏州市地方储备粮管理办法》要求，指导地方储备粮承储企业规范运作，保障粮食调控需求。2月，周家桥危仓老库维修改造项目启动，项目总投资408万元，改造仓容9500吨。10月中旬，项目通过省级验收组验收。

【沙洲中心粮库信息化项目投用】 5月，全市重点信息化项目之一的沙洲中心粮库信息化项目投入试运行。该项目总投资796万元，由收购业务信息化系统、生产安防监控系统、粮情检测与低温储粮智能控制系统、低温烘干与码头粮食物流控制系统，及配套的辅助信息化系统等五大系统组成。通过对软件的不断完善提高，在两季收购和粮食库存保管中发挥了较好作用，既提高粮食入库速度，又降低人员劳动强度，创造了每日5100吨的全市单库单日收购量新纪录。

（严景阳　孙　颖）

专营专卖

【烟草经营】 2014年，市烟草专卖局（苏州市烟草公司张家港分公司）围绕"规范、创新、发展"工作主线，深入实践"与客户共创成功"服务理念，在营销服务、市场监管、内部管理等方面取得较好成绩，获评市文明机关、服务地方奖等荣誉。全年实现卷烟销售5.4万箱，实现销售收入14.88亿元，分别比上年增2.28%和3.22%；实现利税4.34亿元，利润3.5亿元，分别比上年增4.25%和3.84%。严厉打击卷烟贩假售假行为，强化与市公安局、检察院、法院的联合打假力度，查处各类案件327起，查获违法卷烟488.78万支，总案值528.07万元，比上年减23.54%，罚没款共62.48万元。查获并查证5万元以上案件15起，50万元以上案件1起，其中"9·19"案件查获并查证21个牌号的假烟共16869条，标值214万余元。全年移送公安机关案件9起，被司法机关判刑4人、拘留9人、逮捕5人、取保候审2人。2013年查处的"1·13"特大假烟网络案件结案，6名案犯全部被判刑。全年受理新办卷烟零售许可证申请653份（其中准予许可555份、不予许可98份）、延续475份、变更61份、停歇业276份、恢复35份、注销443份。证件室复查新办证37起。全市正常持证零售户5236户，无一起行政许可撤销或败诉。（封晓庆）

【盐业经营】 2014年，江苏省苏盐连锁有限公司张家港分公司（市盐务管理局）切实做好市场营销、食盐流通现代化建设等工作，较好完成各项经济指标，被评为市文明单位。全年实现盐销量25432吨，实现销售收入6598万元。先后联合公安、工商、食药监、卫生等部门开展19次专项联合执法行动，出动执法人员1497人次，查处涉盐违法案件134件，查获盐业违法产品66.37吨，没收违法盐产品17.27吨，罚款12.62万元。加大盐业法规和食盐安全知识宣传力度，形成媒体宣传、节日宣传、日常宣传和走访宣传立体宣传网，利用"3·15"消费者权益保护日和"5·15"碘缺乏病防治日等节点，做好消费者的释疑解惑工作，普及碘缺乏病防治和食盐安全知识。编印发放《真假食盐鉴别手册》《低钠盐》宣传册和《防治碘缺乏病》彩色宣传画册等宣传资料2万余份。优化放心消费环境，巩固放心消费创建成果，加强"食盐放心消费店"日常管理，严把食盐经营主体准入关，实行"放心店"推出机制。推进市场监管信息化，做好各经营网点库存、流通、零售等相关环节的数据采集、归纳及利用，实现"日常规范监管一条线"。（张　磊）

【石油经营】 江苏省中油泰富石油集团有限公司年末有加油站20家，全年实现张家港地区油品销售10.81万吨，其中加油站零售7.61万吨，批发3.55万吨（包括南通区域），实现非油品收入5.52万元。中国石油天然气股份有限公司江苏苏州张家港分公司年末有加油站12家，全年实现油品销售2.61万吨，实现非油品收入230万元。根据国务院改革要求，中国石化公司启动混合所有制改革，7月，中国石油化工股份有限公司更名为中国石化销售有限公司，原中国石油化工股份有限公司江苏苏州张家港石油分公司同步更名为中国石化销售有限公司江苏苏州张家港石油分公司。全年实现成品油销售27.98万吨，比上年增5.05%。其中，加油站零售量23.56万吨（自管站38897吨、统管站66213吨、合资站130555吨），比上年增5.84%；直分销4.2万吨（汽油5200吨、柴油36812吨），比上年增1.45%；润滑油2200吨，比上年减8.33%。实现非油品收入3303万元，比上年增24.78%。年内完成17座加油站油气回收改造，累计改造30座。与江苏港城汽运集团再度牵手，落实山北加油站的租赁签约，5月完成改造并开业。6月，对低效小站袁桥加油站予以退租，优化区域网络布局。至年末，中石化张家港石油分公司共有加油站31家。（王　辉　陆思睿）

旅　游

【概况】 2014年，全市旅游业接待游客837.67万人次，比上年增3.86%，旅游总收入122.13亿元，比上年增7.22%。暨阳湖欢乐世界、江南农耕文化园、凤凰山景区3个收费景区实现门票收入2830.91万元，比上年增16.5%；景区营业收入6211.53万元，比上年增245.77%。全市在建涉旅项目15项，完成投资30.19亿元。香山景区、永联小镇景区创建成国家

AAAA级景区,常阴沙生态农业旅游区创建成国家AAA级景区,震宇生态园、飞翔休闲农业园被评定为省四星级乡村旅游点,福满源生态农庄被批准为省三星级乡村旅游点,永钢集团有限公司、江苏大唐纺织科技有限公司被评定为省级工业旅游示范点。永联村获评江苏省特色景观旅游名村。交通大酒店(常阴沙震宇生态园)、雅农生态园被批准为省五星级农家乐饭店。大秦珠宝公司等单位积极创建省级工业旅游示范区,加速旅游业与相关产业的融合。推进旅行社品牌培育,创建3家省三星级旅行社。加大对旅游整体形象的宣传力度,创新春、夏、秋三季的产品开发与营销思路,举办春游张家港、"清凉一夏游港城"和张家港秋游季节庆活动,张家港旅游影响力进一步扩大。

【旅游饭店建设】 年末,全市有旅游星级饭店12家,其中五星级3家、四星级3家、三星级6家。全年累计接待人数33.24万人次,比上年减2.11%,其中境外游客3.55万人次,比上年增20.36%;营业收入总额53678.78万元,比上年增1.18%;客房平均出租率49.82%,比上年减3.22个百分点。年内,市旅游局联合市人社局、市总工会举办"行行出状元"旅游饭店服务技能比赛,17家饭店、73名选手参赛,国贸酒店、馨苑度假村、华芳金陵国际酒店、沙洲宾馆、长江大酒店、中联粤海大酒店获最佳组织奖,馨苑度假村选手王芬获个人赛一等奖。

2014年张家港市星级旅游饭店一览

表40

单位名称	类 别	总经理	地 址	电 话
国贸酒店	五星级	孙岩纹	杨舍镇人民中路42号	58817788
馨苑度假村		金建亚	杨舍镇长安南路279号	58818888
华芳金陵国际酒店		张 燕	杨舍镇长安路388号	58811888
沙洲宾馆	四星级	王义东	杨舍镇暨阳中路170号	58810888
江南花园酒店		毛惠成	金港镇长江中路132号	58709999
长江大酒店		陈秋霞	金港镇长江西路99号	56908588
兴塍苑宾馆	三星级	顾建忠	金港镇后塍文星路2号	58771688
华芳园大酒店		顾永明	塘桥镇人民南路1号	58438186
景海宾馆		陈仁昌	杨舍镇海关路2号	58695777
凯悦大酒店		李 新	金港镇江海北路5号	58336688
锦港宾馆		范青生	杨舍镇长安中路218-1号	56968788
机关宾馆		张瞻鹰	杨舍镇杨舍西街165号	58233877

【旅行社建设】 年内,全市新开华辰旅行社有限公司1家旅行社,天之缘旅行社有限公司注销。永安旅游有限公司、亚博国内旅行社和观光世界旅行社被评为省三星级旅行社。至年末,全市共有旅行社34家,其中国际社2家、国内社32家,在册导游158人。拥有省四星级旅行社2家、省三星级旅行社8家,星级旅行社总数和质量均排在苏州县级市前列。全年累计组团人数16.32万人次,比上年增5.93%;地接人数8.17万人次,比上年增33.98%;营业总收入1.93亿元,比上年减20.97%。3月至5月,市旅游局举办导游员年审培训班,组织开展2013年度全市金、银牌导游评选活动,评选出金、银牌导游各5人。组织参加苏州市"苏式旅游"导游员(讲解员)风采展示大赛,国泰旅行社导游员卢珅伟获二等奖。

2014年张家港市旅行社一览

表41

旅行社名称	法定代表人	地 址	电 话
张家港国泰国际旅行社有限公司	邱 敏	杨舍镇人民中路国泰时代广场	58796855
张家港市金港旅行社有限公司	孙 健	金港镇黄泗浦东路158号	58339850
张家港观光世界旅行社有限公司	钱 胜	杨舍镇龙潭路259号	58234062
张家港市山水假日国内旅行社有限公司	袁志军	杨舍镇城北路178号华芳大厦7楼	58181820
张家港永安旅游有限公司	季德元	杨舍镇长安路382号(新世汇酒店内)	58231100
张家港市风光国内旅行社有限公司	陈浩荣	杨舍镇龙潭路241号	58225613
张家港华泰旅行社有限公司	张德华	杨舍镇人民中路50号恒隆大厦	58683999
张家港天天旅游集散旅行社有限公司			

续表41

旅行社名称	法定代表人	地　　址	电　话
张家港市亚博国内旅行社有限公司	卢亚娟	杨舍镇湾士岸一村1幢4号门面	58283665
张家港市汇友国内旅行社有限公司	施建新	杨舍镇人民中路国贸酒店内	58152260
张家港市新华国内旅行社有限公司	刘亚芹	杨舍镇暨阳东路131号	58156720
张家港市东方国内旅行社有限公司	陆彩芹	杨舍镇通运新村59幢4号门面	58911186
张家港市康辉国内旅行社有限公司	朱敏华	杨舍镇南环路115号	58159511
张家港市康泰旅行社有限公司	余　健	杨舍镇暨阳中路13号	58156366
张家港中青旅旅行社有限公司	许梦华	杨舍镇长安中路290号	58177581
张家港华夏旅行社有限公司	陈叶华	杨舍镇环城南路18号	58179960
张家港市沙洲旅行社有限公司	蔡丽娜	杨舍镇暨阳东路205号	58791622
张家港市梁丰旅行社有限公司	王　娜	杨舍镇东环路127号百信超市内	58231111
张家港中航假日旅行社有限公司	徐　伟	杨舍镇步行街36号	56303060
张家港市江南旅行社有限责任公司	张　炜	杨舍镇新农路131号	58792558
张家港市阳光假日会务旅行社有限公司	邱洁萍	杨舍镇玉兰路186号	56356801
长江润发(张家港)旅行社有限公司	郁小芳	金港镇长江西路98号	58318515
张家港市永联旅行社有限公司	张广密	南丰镇永联小镇	58906586
张家港市园林旅行社有限公司	陈建红	杨舍镇公园路160号	58177200
张家港东渡旅行社有限公司	黄建强	杨舍镇华昌南路3号	56901668
张家港市港城旅行社有限公司	徐　刚	杨舍镇河西南路18号	58261950
张家港光大旅行社有限公司	陆　锋	杨舍镇南环路128号	58118680
张家港环宇旅行社有限公司	刘碧云	杨舍镇港城大道150号	35007577
张家港市春秋旅行社有限公司	孔正华	大新镇府前路51至53号	35005288
张家港港中旅旅行社有限公司	李　君	杨舍镇游泳馆底楼东侧	58233133
张家港国贸旅行社有限公司	孙岩纹	杨舍镇人民中路国贸酒店2幢	58817788
张家港万豪旅行社有限公司	姚娟芬	杨舍镇暨阳中路328号	58911853
张家港海天旅行社有限公司	柳新江	杨舍镇锦绣阳光公寓3幢、4幢商铺	58125885
张家港华辰旅行社有限公司	张　敏	杨舍镇永安路994至996号	58981096

【景区活动】 年内，全市景区创新春、夏、秋三季旅游活动。春季，整合常阴沙油菜花节、凤凰桃花节、永联江鲜美食节、暨阳湖烧烤赏花季等活动，推出春游张家港旅游产品。常阴沙生态农业旅游区以“相约常阴沙，共浴花海潮”为主题举办第二届油菜花节，推出迷宫探宝、随手涂鸦、有奖问答、稻草人制作等系列活动，吸引全市及长三角地区游客10万余人。凤凰山景区打造“四季河阳，美丽凤凰”旅游品牌，桃花节期间先后举办“春到桃花源，万人游凤凰”、千人迷你马拉松赛、“爱在凤凰”新市民婚纱摄影活动、“我眼中的美丽凤凰”百万拍客手机摄影大赛、农历三月二十二日河阳民俗风情文化展等旅游活动。永联小镇景区在春季承办2014年张家港长江鲜美食系列活动，开展环保放生骑行、教您放心食用河豚、江鲜陆上码头、厨艺大赛等活动。活动期间，农耕园入园77577人次，其中五一节期间最高日接待量1万人次。夏季，整合农耕园水世界娱乐项目、暨阳湖欢乐世界水上项目、常阴沙滨江旅游、凤凰水蜜桃采摘、香山避暑等资源，打造“清凉一夏游港城”旅游概念。总投资近8000万元，占地4.2万平方米的全市首家水上乐园永联水上乐园开园，并举办永联夏夜狂欢节、啤酒节等活动。暨阳湖景区先后举办暨阳湖赏花季、“宝贝去哪儿、端午‘六一’一起过”、“欢乐啤酒节，畅享暨阳湖”、暨阳湖红色之旅等活动，给市民带去不同体验。凤凰山景区在采摘节期间先后组织“最强吃货”手机拍客大赛、凤凰水蜜桃团购会、甜蜜亲子采摘之旅等互动体验性活动。秋季，整合永联乡村游乐节、凤凰温泉美食节、常阴沙金秋欢乐游、香山文化旅游节等活动，打造以“感受长江文化、体验欢乐乡村”为主题的张家港秋游季。永联村以寻宝赢长线游活动和品蟹会为主要内容举办永联乡村游乐节。香山景区举办保税区(金港镇)第十二届香山文化旅游节，推出文化艺术巡演、水墨香山书画赛、武韵香山武术舞蹈大赛等系列主题活动，承办中国与突尼斯首部合拍电影《迦太基茉莉》开机仪式，全年接待游客突破50万人次，创旅游接待新高。国庆节期间，常阴沙生态农业旅游区以“金秋田园游，风情常阴沙”为主题，以橘子采摘、自助烧烤、怀旧文化体验为载体，举办第三届金秋乡村欢乐游活动。　　（戴志钊）

【编辑　朱永平】

市场·物流

Markets & Logistics

玖隆物流园　（冶金园　供稿）

市　场

物　流

市　场

【概况】2014年年末，全市有经张家港工商局核准登记的各类市场87家，其中消费品市场69家、生产资料市场14家、生产要素市场4家。全年成交额192.33亿元。各类市场中，有国家级农村文明集市（市场）1家，为塘桥综合市场；有省级文明诚信集市（市场）4家，分别为塘桥综合市场、江南建材商贸城有限公司、市人才市场、市市场服务中心有限公司城北菜场；有苏州市级文明诚信集市（市场）20家。青草巷农副产品批发市场由杨舍镇农联村搬迁至锦丰镇洪桥村。年内，张家港工商局举办市场负责人培训4场。培育发展经纪人654人，其中农民经纪人450人，一般经纪人204人。开展市场专项整治4次。

消费品市场　全市有消费品市场69家。占地总面积45万平方米，建筑总面积41万平方米，经营户6003户。全年成交额134.04亿元，其中农副产品综合市场成交额121.76亿元，工业品市场成交额12.28亿元。成交额超1亿元的有20家，与上年持平。

生产资料市场　市生产资料市场主要经营化工、钢材、建材、汽车、木材、纺织原料、粮油、五金、家具、小商品及国际消费品等。全年累计成交额3112.56亿元，其中在张家港工商局登记的14家市场成交额58.29亿元。

生产要素市场　市生产要素市场分别为市人才市场、市技术市场、市人力资源市场和市房地产市场。其中，市人才市场全年举办固定人才集市67期，进场设摊单位4753个，提供就业岗位105887个，平均每场提供就业岗位1580个。进场求职48356人次，达成应聘意向63742人次（含1人达成多个意向）。全年接收人事档案7371份，新增人事代理单位191个，新增人事代理2807人，为206人提供学历认证服务。为106家企业派遣各类专业技术人才2359人。“张家港人才网”新增网上会员单位2486个，累计10907个，发布招聘岗位144588个，平均每天流量10万余人次，网站年流量3700万人次。市技术市场全年新批办企业技贸机构18家，累计231家，签订技术贸易合同130个，技术贸易合同额2.75亿元，比上年增2.23%。市人力资源市场全年登记用人单位991个，提供岗位73400个，求职登记14567人，推荐介绍14774人次，成功就业11960人次。年内举办“劳动力交流洽谈会”93期，组织3604个单位进场招聘，为求职者提供岗位74746个，进场求职34627人，达成意向19804人。张家港公共就业服务网站有单位会员4330个，访问量突破48万人次，多媒体自助求职系统点击率37万人次，自助求职5064人。市房地产市场全年完成各类房产权属登记发证32765处、面积1392.65万平方米，分别比上年减13.04%、7.43%。办理增量房交易登记19507处、建筑面积226.35万平方米、成交金额120.96亿元，分别比上年减1%、减7.94%、增20.12%。办理存量房交易登记5955处、建筑面积132.97万平方米、成交金额45.26亿元，分别比上年减42.03%、14.86%、38.33%。完成各类房产抵押登记17930处、建筑面积1552.72万平方米、担保金额329.5亿元，登记数比上年减10.55%。办理房屋租赁登记备案3979户、出租房屋面积36.12万平方米、房屋租金9870.54万元，户数比上年减11.91%、面积减6.25%。

2014年张家港市成交额超1亿元消费品市场一览

表42

市场名称	主办者	营业地址	建办时间（年）	投资额（万元）	固定经营户（户）	年成交额（亿元）
第一集贸市场	张家港市第一集贸市场有限公司	杨舍镇梁丰路270号	1979	3600	334	19.90
金港农贸市场	葛顶峰	金港镇双龙南路	1983	480	217	3.01
后塍综合市场	季叶清、周　清	金港镇后塍西墩路	1985	800	160	1.24
塘桥综合市场	塘桥镇资产经营公司	塘桥镇镇中路5至7号	1985	480	385	4.88
张家港市青草巷农副产品批发市场	张家港市土产果品总公司	锦丰镇洪桥村	1995	8000	289	50.50
塘桥镇妙桥综合市场	塘桥镇资产经营公司	塘桥镇妙桥办事处市场街	2005	380	110	1.93
西张农副产品综合市场	凤凰镇资产经营公司	凤凰镇金谷小区	2005	500	65	1.89
凤凰农副产品综合市场	凤凰镇资产经营公司	凤凰镇凤凰办事处	2005	420	45	1.55
元丰菜场	个人独资	金港镇德积办事处	2005	3000	169	2.36
东莱农贸市场	杨舍镇农贸市场有限公司	杨舍镇电厂路	2005	180	98	1.45
乐余农贸商城	乐余镇资产经营公司	乐余镇乐富路	2005	1300	130	1.27
塘市农贸市场	杨舍镇资产经营公司	杨舍镇塘市办事处镇中路	2005	300	118	1.02
三兴农贸市场	锦丰镇资产经营公司	锦丰镇三兴办事处	2005	138	65	1.30
南丰集贸市场	南丰镇资产经营公司	南丰镇	2005	110	150	1.35

续表42

市场名称	主办者	营业地址	建办时间（年）	投资额（万元）	固定经营户（户）	年成交额（亿元）
南丰永联农贸市场	南丰镇资产经营公司	南丰镇永联村	2005	100	139	1.55
合兴集贸市场	锦丰镇资产经营公司	锦丰镇合兴办事处	2005	500	105	1.03
中兴农贸市场	张家港保税区金港资产经营有限公司	金港镇中兴办事处	2005	300	78	1.30
鹿苑综合市场	塘桥镇资产经营公司	塘桥镇鹿苑办事处人民北路	2005	800	58	1.93
港口农副产品综合市场	凤凰镇资产经营公司	凤凰镇港口办事处	2006	360	64	1.58
张家港市新天地市场	华建房地产开发有限公司	锦丰镇锦店路新天地2幢	2007	3000	308	4.13

2014年在张家港工商局登记的张家港市生产资料市场一览

表43

市场名称	主办者	营业地址	建办时间（年）	投资额（万元）	年成交额（亿元）
张家港市木材市场	金沙村经济合作社	杨舍镇晨阳新村	1997	19.00	0.70
张家港市化工原料交易市场	张家港保税区金港资产经营有限公司	金港镇香山北侧	2001	598.90	753.84
张家港市盐铁塘钢材交易市场	张家港市恒泰港务有限责任公司	杨舍镇东二环路	2002	541.20	—
张家港市新世纪建筑装饰材料批发市场	张家港市金泰建筑装饰材料贸易有限公司	凤凰镇恬庄村	2002	1280.00	0.94
张家港九洲家居装饰城市场	九洲家居装饰城（市场）有限公司	杨舍镇金港大道	2003	2030.00	4.22
江南建材商贸城	滩上村工贸实业总公司、金港镇滩上村村民委员会	金港镇袁家桥村	2005	8500.00	8.17
鑫香山金属材料市场	江苏丰立集团有限公司、江苏鑫香山金属材料有限公司	金港镇南沙办事处	2006	5000.00	21.78
张家港市安吉旧机动车交易市场	袁卫民、袁卫华、袁向华	杨舍镇范港村交警大队内	2007	200.00	2.97
张家港市金源世纪家居市场	陈礼水、林光贤、顾瑜洁、陈　超	杨舍镇金港大道633号	2008	500.00	1.23
梁丰五金机电城	江苏梁丰集团置业发展有限公司	杨舍镇南二环路西路口	2008	7000.00	3.51
绿园置业有限公司新红星家具建材市场	云南东成投资发展有限公司、江苏澳洋置业有限公司、张家港市新城置业有限公司、上海红星美凯龙企业管理有限公司、张家港宝利威金属材料有限公司	杨舍镇南二环路南侧	2010	350000.00	7.60
张家港隆胜宏钢材市场	陈基垒、何传强	锦丰镇锦绣路3号	2010	2000.00	1.37
地方义乌小商品市场（香港城）	—	杨舍镇乘航西路北侧	2010	1000.00	8.53
张家港市富城小商品市场	周　铁、周立新	锦丰镇锦中路	2010	65.00	0.04

说明：保税区与金港镇实施区镇合一体制后，市化工原料交易市场成为江苏化工品交易中心的分区，表格中的年成交额为中心总成交额

【江苏化工品交易中心启用电子商务平台】 4月11日，江苏化工品交易中心长江国际电子交易平台（长江国际盘）上线，同时标志化工品电子商务平台投入使用。经过推介，长江国际电子交易平台吸纳235家交易商，打造集线下撮合、线上电子交易、信息服务、金融服务为一体的综合服务平台。客户下载化工品交易系统后，在电脑上就可以根据平台提供的货种信息和价格信息，进行远程报价、远程下单。通过这个平台，能保证交易双方顺利履约，实现顺利交收、现货交收，防止赖单、不履约、信用不好的客户。江苏化工品交易中心依托张家港保税区独特的政策功能和区位优势，成为全国乃至亚太地区最重要的液体散化集聚区和分拨中心，成为国内外具备较大影响力的综合性化工品专业市场，除提供现货化工品贸易平台外，在电子商务、指数发布、在线金融、物流配送等方面提供配套服务。2014年新入驻客户146家，累计入驻客户1759家，完成注册资本6.09

亿元，现货成交额753.84亿元，比上年增14%，入库税收2.7亿元，比上年增9%。年交易量占全国散化市场交易总量的六成以上。首个交易日，化工品交易中心电子商务平台乙二醇、二甘醇、精对苯二甲酸3个交易品种运行平稳。当日所有合约总成交量61402吨，总订货量10528吨，成交总额4.6亿元。

【纺织原料市场电子商务建设】 年内，张家港保税区纺织原料市场转型升级，加快发展电子商务建设。通过一年的筹备，仓储前端的基础数据采集设备已经到位，委托电子口岸建设的数据库门户网站于年末建成运营，新的棉花实验室HVI设备输入功能也调试完成。1月13日，张家港保税区棉花商会在华芳金陵国际酒店举办2014年棉花产业高峰论坛，棉纺界人士共同探讨棉花产业的形势和未来发展趋势。10月29日，举办“2014中国棉花（张家港）论坛”，会议邀请中国纺织工业联合会、全国棉花交易市场等行业权威，路易达孚、百德瑞思等知名外商，华芳集团等国内大型纺织企业，万达期货、招商期货、鲁证期货等期货公司以及国内外棉花经销商。会后成功搭建中国棉花（张家港）论坛微信群。微信群除了传统的消息联通功能外，每天发布最新的行业内咨讯和一手的行情消息，实现资源共享，消息沟通。保税区纺织原料市场全年新增加入驻客户147家，成交额350.13亿元，比上年增10%；税收收入2.1亿元，比上年增26%。

【粮油市场专业电商平台打造】 张家港保税区粮油市场以大客户为招商重点，结合获取信息锁定招商对象。全年市场共引入注册资本超1000万元的企业19家，超5000万元的4家。其中由山东港信集团投资的江苏润之源、广东盟星投资的江苏庆丰余、江苏广垦等实现销售额超1亿元。市场通过数次主办、协办及参加全国大型粮油论坛、研讨会等，已取得一定的知名度，成为大型粮油企业落户华东地区的首选地。年内，市场开始拓展新的业务范围，引入粮食、饲料等类型贸易商入驻，如华南市场最大的杂粮经销商广东盟星。市场与博恩大宗在线和全国唯一的粮食交易所——天津粮油商品交易所确定合作关系，拟为客户提供与国际同步的粮油交易价格和信息，共同打造集粮油电子交易、在线贸易融资等于一体的专业电商平台。创新金融服务平台，市场可协助客户开展进口开证代理、货物质押、物流监管等金融服务，客户将货物存放在指定监管仓库、储罐，并委托第三方监管，即可向银行申请质押贷款，从而提高资金周转效率。同时市场积极协助银企对接，帮助入驻客户与银行接洽，快速获取授信。市场年成交额达到187亿元。

【国际消费品中心市场】 年内，张家港保税区国际消费品中心市场累计入驻客户182家。市场销售额316.24亿元，比上年增43%；实现税收32118万元，比上年增17%。其中葡萄酒市场实现销售额4.7亿元，比上年增30%；税收490万元，比上年增45%。钻石珠宝实现销售额40.7亿元，比上年增9%；税收10877万元，比上年增1%。总投资4亿元的消费品营运中心大楼——国泰国际大厦开工建设，预计2015年6月竣工。大楼将为消费品市场发展提供集展示、交易、办公、贸易结算等功能于一体化的综合性平台。普洛斯物流园项目基本完成建设，主要面对国内外知名消费品企业进行招商，招商情况良好。“张保真”防伪溯源平台建设完成，为进口葡萄酒提供防伪溯源试运行。葡萄酒进口基地形成，完成葡萄酒三期4800平方米恒温仓库的改造，年内投入使用。全年累计进口葡萄酒3600立方米，张家港口岸成为江苏进口量第二大口岸。葡萄酒基地与世界最大的葡萄酒物流企业海蓝德进行全面合作，引进国内进口前十强的葡萄酒进口商，做大葡萄酒市场规模。母婴产品基地初具形态，已有3家企业从事日本花王、大王尿不湿的进口，年进口120个集装箱。同时，中心针对贝亲、康贝、保宁、乐高、孩之宝、爱婴岛、玩具反斗城等知名母婴品牌以及连锁企业进行专门招商，将中心打造成为进口母婴用品集散地。冷冻品进口具备良好基础，年进口量在10万吨以上，吸引无锡天鹏、苏州高昌、河南双汇、南京雨润、爱尔兰KEPAK等企业，同时引进冷冻海鲜等新品种。市场接待郑明、荣庆、普菲斯、众品等冷链物流企业，并对规划建设冷链物流产业园的可行性进行探讨。已经确定并完成冷链物流园一期8公顷的选址，预计2015年上半年完成建设并投入使用。同时保税区内保税港务码头也充分发挥口岸功能积极打造冷链项目，已确定地块建设2万吨库容的冷库。

【农贸市场肉菜流通系统建设】 年内，张家港工商局抓好“培训、指导、督察”三个环节，进一步做好农贸市场肉菜流通追溯系统建设。组织相关农贸市场负责人到苏州、昆山等地的肉菜流通追溯系统试点农贸市场进行现场学习，对肉菜流通追溯系统进行全面了解，为追溯系统建设做好前期准备工作。突出系统运行的维护管理，明确专人负责，加大对试点单位进行现场协调和指导力度，明确市场主办方、施工方各自责任，确保系统启动、对接、试运行等各个环节的工作效果。要求负责各试点农贸市场的基层工商分局定期开展市场巡查，市局业务科室每月开展督察，及时与施工方和市场管理方协调沟通，确保系统的顺畅运行。

（柳一虹　朱海婷　郝红亮
戴高乐　薛冠愚　邱亚峰）

物　流

【概况】 2014年年末，全市共有A级以上物流企业33家，其中有张家港港务集团有限公司1家AAAAA级物流企业，有江苏高兴达物流有限公司、张家港保税区金港物流中心有限公司、江苏欧宇物流仓储有限公司、江苏澳洋医药物流有限公司、张家港市金港物流中心有限公司、张家港众益物流有限公司、张家港沿江国际物流有限公司等21家AAAA级物流企业，有大正信（张家港）物流有限公司、张家港保税区沿江运输有限公司、张家港捷通中石化工物流有限公司、张家港沿江国际物流有限公司、张家港保税区安平运输有限公司、市虎翼车业服务有限公司等AAA级企业11家。有省级企业物流技术中心3家，分别为江苏澳洋医药物流有限公司技术中心、江苏正大富通汽配连锁有限公司技术中心、张家港港务集团有限公司技术中心；有苏州市级企业物流技术中心3家，分别为市虎翼车业服务有限公司技术中心、苏州市特种守押保安服务有限公司张家港分公司技术中心、张家港电子口岸有限公司技术中心；有省重点物流企业11家。有在苏州市邮政管理局登记备案的快递企业21家，其中登记法人企业15家、备案分支机构6个。其中，江苏省邮政速递物流有限公司张家港市分公司（EMS）和苏州工业园区顺丰速运有限公司业务量最大，两者快递业务总额约占全市总量的50%。其中，顺丰速运张家港地区有从业人员1063人、运营车辆477辆、计算机361台、手持终端750台，全年业务量345万件，实现业务收入9600万元。EMS有从业人员229人，其中一线员工191人，大专以上学历117人，具备公司职业技能鉴定初级以上的员工190人，一线员工持证上岗率100%；有运营车辆119辆，其中汽车84辆、邮政速递专用电瓶车35辆；全年揽收邮件227.11万件、投递邮件197.59万件，实现业务收入7039万元。仅次于EMS和顺丰速运的是市申通快递有限公司，有从业人员195人、车辆99辆、计算机68台、手持终端143个，全年业务量248.6万件，营业额2404.57万元。全市物流业增加值126.25亿元，物流业各项指标位列苏州市前茅。有6家物流企业年销售超过10亿元，其中有1家超100亿元，分别是张家港玖隆钢铁贸易有限公司、张家港保税物流园区东华能源股份有限公司和华芳物流有限公司、江苏澳洋医药物流有限公司、江苏澳洋顺昌股份有限公司、张家港港务集团有限公司，年销售为604亿元、31.28亿元、16.91亿元、15.9亿元、14.2亿元和10.74亿元。

2014年张家港市省重点物流企业一览

表44

企业名称	营业地址	建办时间（年）	营业收入（万元）	比上年增长率（%）
张家港港务集团有限公司	金港镇长江中路252号	1968	107356	-1.30
江苏省江海粮油港务有限公司	金港镇宝岛路1号	1990	10699	8.56
张家港保税区长江国际港务有限公司	张家港保税物流园区西区南京路	2001	40535	20.40
张家港市金港物流中心有限公司	杨舍镇东二环路1号	2002	26685.34	15.00
江苏澳洋顺昌股份有限公司	杨舍镇新泾中路10号	2002	158985.24	6.30
苏州市特种守押保安服务有限公司张家港分公司	张家港经济技术开发区	2004	4675	20.30
张家港市百信超市物流配送有限公司	张家港经济技术开发区东区大道东侧	2005	33187	-60.00
江苏正大富通汽配连锁有限公司	张家港经济技术开发区长兴西路2号	2006	43800	-3.00
张家港电子口岸有限公司	张家港保税区长乐大厦	2007	1180.83	1.39
江苏澳洋医药物流有限公司	凤凰镇凤凰大道19号	2008	142000	25.42
张家港保税区金港物流中心有限公司	金港镇江海中路森源大厦	2008	18494	44.00

2014年在苏州市邮政管理局登记备案的张家港市快递企业一览

表45

类　别	企业名称	经营品牌	通信地址
持证企业	苏州工业园区顺丰速运有限公司	顺丰	苏州工业园区星港街283号中园大厦7楼
持证企业	张家港市申通快递有限公司	申通	张家港经济技术开发区中兴路5-1号
持证企业	张家港圆通速递有限公司	圆通	张家港经济技术开发区中房路2号
持证企业	张家港市明俊中通速递服务有限公司	中通	杨舍镇长泾东路城东工业城
持证企业	张家港市永成速递服务有限公司	百世汇通	杨舍镇振兴路梁丰机械园Ⅰ幢
持证企业	张家港市常氏物流有限公司	百世汇通	杨舍镇乘航办事处蒋乘路
持证企业	张家港市好韵达快件有限公司	韵达	杨舍镇范港村
持证企业	张家港市希伊艾斯贸易有限公司	国通	杨舍镇长兴路19号
持证企业	张家港市宇通航空货运代理有限公司	速尔	张家港经济技术开发区中兴路19-2号
持证企业	张家港优速货运有限公司	优速物流	张家港经济技术开发区中兴路1号

续表45

类 别	企业名称	经营品牌	通信地址
持证企业	张家港市快捷快速递有限公司	快捷	杨舍镇西门新村59号
持证企业	张家港市宏峰速递有限公司	港中能达	张家港经济技术开发区长兴路17号B座
持证企业	张家港全运通快递有限公司	全一	杨舍镇长泾路261至263号
持证企业	张家港市鑫飞鸿速递服务有限公司	其他	杨舍镇明日嘉园1幢A6至A8室
持证企业	张家港顺捷国际货运代理有限公司	其他	杨舍镇华昌路148号
备案分支机构	江苏省邮政速递物流有限公司张家港市分公司	EMS	杨舍镇东二环路
备案分支机构	中外运—敦豪国际航空快件有限公司张家港分公司	DHL Express	杨舍镇新泾西路5号
备案分支机构	嘉里大通物流有限公司张家港分公司	嘉里大通	金港镇晨港路99号
备案分支机构	上海宅急送物流有限公司张家港分公司	宅急送	杨舍镇沙钢立交桥旁
备案分支机构	中外运空运发展股份有限公司张家港分公司	中外运速递	金港镇长江中路45号
备案分支机构	中国外运长江有限公司张家港分公司	其他	金港镇长江中路45路

说明：顺丰速运在张家港无独立分支机构，业务归属苏州工业园区顺丰速运有限公司统一管理

【进口汽车物流园十大项目开工】 2月7日，张家港保税区进口汽车物流园举行总投资37.9亿元的十大项目集中开工活动。新开工的进口汽车物流园十大项目主要涉及三大类：展示销售类项目3项，分别为总投资5亿元的保税区汽车展示交易大楼、总投资9800万美元的国际汽车城和总投资1.2亿元的宝马4S店项目，投入运营后预计营业收入超60亿元、税收1.3亿元；改装类项目5项，总投资21.2亿元，涉及哈曼、奔驰、路虎、GMC、卡拉森等知名品牌的豪华房车、商务车改装业务，相关项目计划于2015年中期达产，达产后预计销售超183亿元、税收4.7亿元；配套服务类项目2项，分别是总投资3.75亿元的长久物流基地项目，可形成年汽车物流15万辆规模，并建设华东地区乃至全国的汽车零部件分销中心；总投资8000万元由国家汽车质量监督检验中心（襄阳）设立的达安检测中心项目。7月9日，2014年张家港保税区首届进口汽车展示会开幕，展示时间为7月9日至13日。车展由张家港保税区国际汽车城有限公司主办，中国人保、中国平安、万高（上海）投资咨询公司友情赞助。展示会上，凯迪拉克、玛莎拉蒂、路虎、特斯拉、保时捷、奔驰、宝马、奥迪等十余个豪华品牌、100余辆进口豪华车（非中规车）亮相，参观访客人流量近5000人，现场成交23台，总价值2300万元。

【金港物流新址基建完工】 市金港物流中心有限公司原址位于市东二环路与苏虞张一级公路连接处，于2003年3月18日开业。建有信息综合楼3700平方米，标准化库房4200平方米，配载交易用房8080平方米，大型堆场3万平方米，有基于国际互联网的公共信息平台以及自行开发设计的物流管理系统。经过多年的发展，金港物流中心逐渐成为张家港市公路物流对外衔接的重要节点和载体。公司通过整合“物流服务（中小物流企业）、物流设施设备（社会车辆）和物流需求（货源信息）”三大资源，推动物流行业社会化、标准化和信息化的服务水平，并形成“物流园区服务于中小物流企业群，中小物流企业群和社会车辆服务于工商企业群”的产业服务链，服务全市及周边城市具有一定规模的制造企业和商贸企业2000余家，降低物流成本近35%，实现多方共赢。2013年，根据市委、市政府的统一规划，在张家港经济技术开发区（沿江高速北侧，西塘公路南侧）建设金港物流中心新址。至2014年年末，新址基建工程基本完工，计划进入整体搬迁阶段。公司先后被认定为江苏省重点物流企业、国家AAAA级物流企业，中心成为中国物流实验基地、江苏物流企业50强、苏州市重点物流企业、苏州市服务业发展集聚区。2014年，金港物流中心完成营业收入19.05亿元，实现利税1.95亿元。

【玖隆电子商务一期项目投运】 3月，玖隆电子商务平台试运营，9月正式上线。年内，电子商务平台共注册会员9007家，在线交易钢材132万吨，成交额40.9亿元。2013年7月，玖隆物流园投资8000万元，建设电商平台。其中一期项目包括在线交易、在线招标采购、在线融资、门户网站。二期项目包括仓储、物流的在线集成、在线查询。三期项目包括园区服务、保税仓库、剪切加工等。办公面积400平方米，主要设备有刀片服务器9台、服务器机箱2台、磁盘阵列2台、交换机3台、磁盘备份设备1台、SSL服务器证书1套、CA认证U盾2000个等。

【玖隆保税物流及剪切加工中心项目开工】 该项目2月7日奠基。玖隆保税物流及剪切加工中心项目是玖隆物流园一期工程建设的重要组成部分，包括保税物流及剪切加工两个子项目。保税物流项目占地13.33公

顷，总投资4亿元，建筑面积5.5万平方米，包括保税仓库及出口监管库，年存储量140万吨。剪切加工项目计划总投资13亿元，包括剪切加工库及标准仓库。其中剪切加工库投资7亿元，建筑面积4.2万平方米，该项目引入热卷、冷卷剪切开平生产线20余条，船板预处理、金属加工、金属包装生产线10余条，年加工能力超过600万吨；标准库项目计划投资6亿元，建设占地30公顷的高标准仓库4个，存放钢材及钢材加工制成品。保税物流项目和剪切加工项目分别于6月、8月竣工。该项目投运后将进一步增强沙钢集团钢材生产加工能力，完善玖隆物流园平台功能，大幅增加国际贸易量、钢材加工量，为玖隆物流园成为配套功能最全、物流成本最低、现代化程度最高的物流园区奠定坚实基础。

【玖隆物流与中油泰富签订战略合作协议】 6月3日，玖隆钢铁物流有限公司与江苏省中油泰富石油集团有限公司战略合作签约仪式在张家港中油泰富酒店举行。张家港市副市长赵建明、沙钢集团董事局主席沈文荣、中油泰富董事长胡玉兴等出席签约仪式。沙钢集团每年陆路运输、水路运输量近1亿吨，有数千辆汽车、船舶为物流运输配套服务。玖隆物流园重点培育运输配送板块，成立“玖隆运输管理中心”。该中心通过整合围绕沙钢开展运输业务的物流运输企业及社会车辆，在冶金工业园规划土地13.33公顷，分步实施建设包括车辆维修、加油加气、保险代理、汽配件轮胎销售、机驾人员生活服务等多种功能的大型运输管理中心，形成一个既可满足物流园运输需求，兼向社会各界提供运输服务，集成各种运输后勤保障功能的综合性物流运输市场。中油泰富计划在玖隆物流运输管理中心设立加油站点，为物流园运输车辆提供相关服务。双方在油品供应等方面展开全面合作，进一步完善玖隆物流园区的服务功能，提升园区的服务水平，同时借助玖隆物流园这一规模型物流平台，进一步推进中油泰富的油品业务发展，以实现商业角度的共进双赢，规范周边地区物流企业的用油市场。

【东沙物流园启动建设】 东沙物流园位于南丰镇东沙区域。5月19日，市发改委组织召开《张家港市东沙物流园内河通用码头工程可行性研究报告》审核会，准备建设东沙物流园内河通用码头工程，工程总投资1700万元。设计开挖长500米、宽70米的港池，新建300吨级散货泊位7个及配套相关设施。之后，内河码头工程项目取得发改委立项批复、选址意见书、环评批复、地质灾害危险性评估批文、工程初步设计批复、准予港口岸线许可决定书、施工图纸批复、航政许可等相关文件并获得江苏省政府独立选址正式用地批文。8月8日，南丰镇经济服务中心组织召开“东沙物流园概念性规划与设计”调研座谈会，为科学合理完成物流园概念性规划与设计工作夯实基础。是月，永泰、宏泰码头结构加固改造工程通过通航验收，完成编制竣工验收资料并报省港口局。9月25日，内河码头工程项目土地耕作层剥离施工工作启动，项目属江苏省率先在施工前实行耕作剥离再利用的项目，将剥离出优质耕作土壤1万余平方米。这标志着位于南丰镇东联村、占地6.33公顷的东沙物流园内河码头一期工程开工。10月，完成园内东滨河与永泰河河道主体拓宽、排涝站建设与验收。10月30日，南丰镇召开“东沙物流园概念性规划与设计”中期成果汇报会，东沙物流园初步设计方案出炉。规划涵盖园区的定位、需求、战略方向、功能系统、空间布局、交通组织、发展模式等方面的研究、科学规划与设计。至年末，完成所有动迁工作。

【邮政速递提升“次日递”等服务项目】 江苏省邮政速递物流有限公司张家港市分公司内设综合办公室、财务部、市场经营部、网络运行质量监控部4个职能部门。其中，市场经营部下设5个营业部、10个揽投分部、5个业务部（政企客户部、代收货款业务部、国际业务部、物流业务部、客服中心），网络运行质量监控部下设邮件处理中心。公司面向IT、医药、快速消费品、汽配等制造和流通行业，主推标准快递及合同物流业务。持续扩大宣传长三角区域、江苏省内承诺、73个重点城市“次日递”、18个邮航直达路向、微信电子渠道等优惠业务，公司根据客户需求，提供从订单处理到定制仓储、运输、配送，以及库存管理、流通加工、信息服务、退货处理、代收货款等一体化、全环节物流解决方案，帮助企业降低物流成本，增强企业产品竞争力。重点城市互寄标准特快次日递服务，发至北京、上海、广州、深圳等国内大中城市的EMS快件实现“今寄明达”。公司做好“双11”“双12”等网购狂欢节、新春佳节等重要节日的运营保障。“双11”期间，邮件进口量比上年增58%，特别是11月14日至20日期间，进口邮件日均量9080件，最高峰突破1万件。

【邮政速递组建跨境电商孵化基地】 年内，江苏省邮政速递物流有限公司张家港市分公司响应市委、市政府创建国家电子商务示范城市的号召，携手沙洲职业工学院、潘朵电子商务有限公司联合创办张家港“跨境电商孵化基地”，并开办创新实验班，累计培训50人次。校企双方在人才培养、实习实训、就业创业等方面开展深度合作，突出培养应用型、实战型的跨境电商人才，为进一步优化全市跨境电子商务发展环境发挥示范引领作用。公司持续推行网商“仓储+理货+配送”的运营模式，通过盘活重组，专门划出楼层区域，引进业务量较大的优质客户，开设“网商创（产）业园”，已引进优质客户4家，年累计发货量30万件，并且定期组织召开电商客户座谈会，建立全市电商客户的QQ群，方便各商家交流运作技巧、共同分享经营心得，全力打造产业集群集聚、发展特色鲜明、竞争优势明显的区域性电子商务示范基地。

（王　辉　魏春兵　徐　璐
邱亚峰　吴孙华　徐　健
徐　平　季友德）

【编辑　钱永浩】

财政·税务

Public Finance & Taxation

张家港地税局深入企业宣传税法　（张家港地税局　供稿）

财政

国税

地税

财 政

【概况】 2014年,全市完成全口径财政收入409.83亿元、公共财政预算收入162.66亿元,分别比上年减9.1%、增5.5%,税收所占比重为82.2%。市财政局制定预算公开实施方案,公开教育、科技、财政(国资)、司法、环保、卫生、水利、人社、国土等10个试点部门的预、决算和"三公"经费使用情况,接受社会监督,强化预算执行的透明度和约束力。对市康乐医院易地新建、公安指挥中心升级改造、老年大学改造、高职园区弱电系统等66个项目的投资或专项经费进行审核,全年核减项目投资3.71亿元,平均核减率18%;对职业技能实训基地工程智能化项目、市公安局应急指挥中心升级改造项目、数字张家港地理空间框架建设、智慧档案馆、智慧教育等7个智能化项目实行第三方专业机构评审,核减3000万元,核减率27%。市财政局被评为全国文明单位,在市级机关年度绩效考评中获评"特别贡献奖"。

2014年张家港市公共财政预算收入情况

表46

项 目	实绩(万元)	比上年增长额(万元)	增长率(%)	项 目	实绩(万元)	比上年增长额(万元)	增长率(%)
国税	489035	24882	5.36	财政	289875	-1772	-0.61
其中:保税区	118813	335	0.28	其中:保税区	24236	-1049	-4.15
地税	847708	61680	7.85	合计	1626618	84790	5.50
其中:保税区	91216	8367	10.10	其中:保税区	234265	7653	3.38

2014年张家港市公共财政预算支出情况

表47

项 目	实绩(万元)	比上年增长额(万元)	增长率(%)	项 目	实绩(万元)	比上年增长额(万元)	增长率(%)
一、基本公共服务	140874	-17645	-11.13	八、环境保护	51056	475	0.94
二、公共安全	80624	1160	1.46	九、城乡社区事务	377427	46307	13.98
三、教育	244244	15512	6.78	十、农林水事务	152457	81	0.05
四、科学技术	81387	3517	4.52	十一、交通运输	76634	5262	7.37
五、文化、体育与传媒	22780	-2792	-10.92	十二、工业、商业、金融等事务	106843	13390	14.33
六、社会保障与就业	99504	-496	-0.49	十三、其他支出	334	-4130	-92.52
七、医疗卫生	93462	16745	21.83	合 计	1527626	77386	5.34

【会计管理】 市财政部门加强会计从业资格管理和会计中介机构的监督,全年办理会计从业证1997张。推行网络化会计继续教育,全市参加继续教育2万余人。拓展会计培训模式,开办市建设系统特色培训班,参训51人。鼓励会计人员参加专业技术资格考试,组织全国会计人员中级和初级职称考试1179人和2271人,通过2000余人。至年末,全市登记拥有会计从业证的人员30133人。

【政府购买公共服务】 市政府大力推进政府购买公共服务项目,出台《市政府印发关于推进购买公共服务实施意见》,明确政府购买公共服务的购买主体、承接主体、购买范围、购买方式、购买程序、资金管理等六方面内容,公布2014年市级政府购买公共服务项目表(第一批),类别有18项,主要涉及园林、水利、城管、民政、教育、公安、住建、人社、交通、规划等职能部门。实际操作中,安监局《张家港市化工行业安全发展规划》及安全检查服务外包、园林局园林规划、文广局文化数字信息化、民政局养老院布点规划、土地储备规划、国土局农村地籍情况调查等10个项目新增纳入政府采购范围。抓好政府购买公共服务的评委库建设。把部门登记的评委充实到市政府采购评委库,新增评委50人,市级评委库人员达到230人。全年采购金额7742万元。其中,河道保洁1290万元,政府网站建设及维护392万元,试点区域城市综合管理服务外包1885万元,城市公共卫生保洁60万元,规划编制、项目设计1340万元,公共绿化养护237万元,公共电子设施、设备维护215万元,政府投资项目造价咨询、审计、招标代理172万元,民生类保险714万元,其他1437万元。

【财政惠民】 市财政部门全面落实惠农强农政策,2014年发放农资综合补贴、粮食直补等涉农补贴8854万元。加大对就业困难群体的扶持,安排社会保险补贴5504万元。支持公立医院综合改革,推进医疗服务价格调整、财政投入政策、医保支付方式改革等措施落实,安排公共卫生服务项目经费4290万元。拓展公共卫生服务项目,稳步提高居民基本医疗保障水平,加强社区卫生服务体系建设管理,落实民营医院扶持资金1798万元。进一步提高职业教育办学质量,提供3000万元启动经费鼓励江苏科技大学在市设立研究院。全面落实文化产业扶持政策，加大公共文化服务体系建设投入，安排专项资金1899万元推进“文化数字化服务”“文化育民”实事项目。落实扶持企业政策，全年兑现市级各项扶持资金4.46亿元。

【财政政策整合】 年内，在总结2013年度财政扶持政策清理整合工作成效的基础上，市财政局针对存在的问题和薄弱环节，细化梳理扶持政策体系，整合电子商务及服务外包政策，优化工业经济和信息化产业专项资金扶持政策，调整外贸扶持政策，促进外贸稳定增长。对38项政策进行优化整合，其中33项政策优化整合成5项，调整扶持内容和标准的7项，节约资金2.29亿元。

【资金全过程预算绩效管理量质并举】 市财政局抓好“绩效目标”“绩效跟踪”和“绩效评价”，将绩效理念与结果应用贯穿于预算管理中，开展全过程预算绩效管理。2014年工作实现两大突破：一是全过程绩效管理专项资金数量取得新突破，38项专项资金实现“绩效目标”与预算同步编制、同步审核、同步下达，“绩效跟踪”结果及时报送业务科室并作为预算资金拨付依据，绩效自评价全覆盖，其中32项资金开展重点评价，重点评价的资金数量创历年新高；二是全过程绩效管理质量取得新突破，打破往年单个项目重点评价模式，印发32项资金绩效评价总报告，对经济类、民生类和三农类三大类资金开展共性问题分析与总结，提出进一步完善专项资金管理的对策建议。 （黄 超）

国 税

【概况】 2014年，市国税部门组织国税收入164.31亿元，比上年增1.48%。其中完成中央级收入115.15亿元、地方公共财政预算收入48.9亿元，比上年增5.34%。落实税收优惠政策，全年累计办理减免退税78.15亿元，比上年增6.79%，促进科技创新、转型升级和民生改善。年内，市国税局获江苏省五星级档案创建先进集体、苏州市五一劳动奖状和张家港市服务地方奖、市文明机关、市预防职务犯罪先进单位等称号，124人次受表彰。

2014年张家港市国税收入情况

表48

税 种	金额(万元)	比上年增长率(%)
增值税	1189921	-2.86
消费税	3086	-3.95
企业所得税	392625	16.39
个人所得税(利息税)	5	-87.80
车辆购置税	57432	7.40
合 计	1643069	1.48

【国税征管】 市国税部门强化税收执法专业化管理，健全风险分析联席会议制度和内部风险防控指标体系，在简化审批，减少和取消巡查、核查、调查等事前监管措施的基础上，强化事中、事后风险控制和风险分级、分类管理。全面实施信息化、流程化管理，以数据情报综合管理平台、数据仓库为支撑，加强涉税风险数据采集、加工和情报应用，开发日常风险管理案源库，设计20个风险防控指标。制定《纳税评估质量管理办法》《税收数据情报管理工作规程》《风险管理集体审议办法》等执法工作机制，形成“因事设岗、以岗定责、流程优化、标准明确”的管理模式，提高税收征管水平。全年全系统实施风险应对1070户，直接成效25833.36万元，总成效41497.69万元；户均直接成效24.14万元，户均总成效38.78万元，分别比上年提高65.57%和75.4%。

【国税稽查】 全年累计对182家企业开展各类税收检查工作，其中立案检查148家，合计查补税款、滞纳金及罚款总额3689万元。立案查处案件中，有5起查处税款超过100万元，查补收入2300万余元。同时，开展出口退税、装饰装潢、房地产、银行、江苏省国税局重点税源户专项检查，累计查补税收729万元。抓举报案件管理，加大要案、大案的查处力度，受理税收违法检举案件53件，立案查处50件，查补入库1173万元，查补收入比上年增451%。推行说理式稽查执法，密切税警协作，加大执行力度，加大对发票“买方市场”的打击力度，全年查处上海“4·12”、南京“4·28”、贵州“5·30”等发票违法案件69件，查获违法发票413份，查补入库税款971万元，抓获发票犯罪嫌疑人73人，移送检察机关起诉58人。

【国税征收服务】 年内，市国税部门创新推进网上办税、移动办税、特服电话办税、邮递办税、自助办税和语音自助催报等服务方式，采取多种措施提高线上、远程、集约等非接触式服务比例，网上申报、线上报税、线上认证的比例分别达到99.05%、93.83%和86.65%。全市纳税人网上税务局注册用户3.7万户，企业纳税人网上申报开通面100%。围绕“便民办税春风行动”主题组织宣传，加强办税服务厅导税服务工作和服务区域日常巡查，落实专职值班长制度，坚持每周一例会和每日晨会制度；持续推行导税服务、预约服务、提醒服务、延时服务等举措，提升服务质量、融洽征纳关系，在第三方开展的纳税服务满意度调查中，整体满意率97.43%。

【税收管理改革】 年内，市国税系统通过重组机构职能、转变管理方式、完善岗责体系、规范操作规程，形成税收服务与执法新格局。全面落实江苏省国税局《纳税服务工作任务管理办法》《税收检查任务管理办法》和《税收职责清单》，将755个涉税事项和流程简化为426项，归并为执法和服务两大系列，实施职责清单化管理，将管理重心从前置调查审批转变为事中、事后监管。调整后系统全年减少各类调查8800余户次、巡查

6000余户次，涉税事项审批办结时限提速超过30%。推进纳税服务“一体化”管理，整合资源组建专业服务机构，实现服务事项一个部门受理、一个口径答复、一个平台管理，调查辅导一次到位。成立“96888740”特服号团队，统一提供涉税咨询服务，全年累计受理咨询16989次，接通率85%以上。做专“一条龙”风险管理，强化事后风险防控，按照“先整合后发布，先案头后实地，先审批后到户”原则开展风险应对，减少对纳税人不必要的到户检查和干扰。完善风险管理工作机制，健全运行流程和制度规范，提升管理质效。

【纳税服务规范（1.0版）推行】 10月1日起，由国家税务总局制定的《全国县级税务机关纳税服务规范》（简称纳税服务规范（1.0版））在全国范围内施行。结合纳税服务规范（1.0版）内容和江苏省国税局税收职责清单、业务规程，市国税局对税务登记、税务认定、发票办理、申报纳税、优惠办理、证明办理、宣传咨询、权益维护和文明服务九大类72项212个服务事项1120条纳税服务规范进行明确，整合工作流程，为仪表仪容、工作纪律、服务态度、环境建设等多方面制订新标准，为国税部门对外开展纳税服务提供操作规范。同时，通过办税服务厅大屏和宣传栏、QQ群税企交流平台、手机短信、征纳互动平台等载体以及新闻媒体等渠道加大宣传，邀请纳税人参与并监督，确保纳税服务规范（1.0版）推行到位。

【小微企业和“营改增”行业受惠】 年内，市国税部门全面落实小型微利企业税收优惠政策，全市符合条件的7413家小微企业实现优惠全覆盖，共享受税收减免2501.29万元。同时，市国税部门顺利实施铁路运输、邮政和电信业“营改增”工作，做好“营改增”企业财政扶持资金清算和税收风险应对工作，至年末，4917户“营改增”纳税人累计入库改征后的增值税5.25亿元，超过96.5%的纳税人实现税负下降，促进了相关行业的健康发展。 （戴昌龙）

地　　税

【概况】 2014年，市地税系统按照“稳中求进、改革创新”主基调，围绕“科学、规范、高效、廉明”组织愿景依法治税，累计组织各项收入174.16亿元，比上年增11.7%。其中，税收收入124.02亿元，比上年增12.36%；非税收入50.14亿元，比上年增10.09%。实现公共财政预算收入84.77亿元，比上年增7.85%，占全市总量的52.11%（数据含保税区地税局）。年内，张家港地税局蝉联市委、市政府表彰的“服务地方奖”，第一税务分局获评“江苏省五一巾帼标兵岗”。

2014年张家港市地方税（费）收入情况

表49

项　目	金额（万元）	比上年增长率（%）
收入合计	1741608	11.70
一、地方税收收入	1240204	12.36
1.省级	87143	7.94
2.市（县）级	1153061	12.71
其中：营业税	260553	6.85
企业所得税	187243	29.99
个人所得税	321392	28.22
城市维护建设税	83388	0.69
契税	63262	-20.46
耕地占用税	20202	20.95
其他各税	217021	5.62
二、非税收入	501404	10.09
1.社会保险费	385533	13.00
2.教育费附加	46198	1.27
3.地方教育费附加	30820	1.21
4.其他基金（费）	38853	1.67

【地税基础管理】 市地税系统对基础管理事项实行集约化处理，由基础管理分局负责特定事项的核实管理、注销税务登记核查、催报催缴的后续管理、个体税收管理等职能。开展企业所得税汇缴、土地增值税清算和国际税收管理等专项挖潜增收工作，全年通过管理促收14.55亿元，比上年增59.07%。4657户企业所得税地税管户，通过汇算清缴企业所得税4.81亿元，比上年增0.14%，在税源受宏观经济不景气和税收优惠力度加大的叠加影响下，补税金额与上年基本持平。加强土地增值税管理，通过引进中介、集体讨论等协助机制，入库土地增值税6.38亿元。面对全市3.3万户个体户，推行“营业税大户自行申报、共管户国地税一体化、其他户个私办社会化”模式，抓住定期定额管理和自行申报扩面两大重点提高征管质效。加强集中注销工作，通过公开招标引入2家事务所参与审核，完成519户纳税人的注销清算，组织入库税费609.93万元。落实“税费同征、同管、同查”要求，与市人社局配合启动社保费强制执行程序，首次对某欠费企业依法实施社保费强制执行。“社保费三方联网平台”项目在苏州市率先上线，社保费收入增长13%。

【地税风险管理】 市地税系统发挥风险管理挖潜堵漏增收的功能，为组织收入提供支撑。完善税收风险分析员制度，加强涉税情报收集，实行“全员收集、科学确认”的情报处理机制，通过分析员自主提交风险企业229家，经风险应对补缴税款5762万元。创新税收风险应对方式，参与苏州市地税局《新流程设想及流程改造建议》编写，提出增加纳税人自查网报功能和自查辅导功能业务需求，建立“建筑业项目营业税时间性差异风险识别模型”与“国际货代行业风险识别模型”，被江苏省地税局省级大集中风险平台采纳。巩固税源专业化管理，全年推送应对中等风险2061户，补税及加收滞纳金3.29亿元，中等风险应对贡献率3.23%；推送应对自然人股权转让1322户，入库地方各税7264.02万元；推送政府建设工程项目2000余项，挖掘建筑业营业税税源1亿余元。

【地税纳税服务】 市地税系统全面落实《全国县级税务机关纳税服务规范》，对报送资料、基本流程和办理时限等服务规范予以明确，确保打通服务纳税人的“最后一公里”。发挥好纳税人学校、税企沙龙等平台作用，提供常态化、精准化的纳税辅导。针对广泛存在的网上办税操作、新办企业办税入门等问题，编印发放各类税法宣传资料9.3万册；在办税大厅自助办税区新设“随到随学”课堂，共服务办税人员2304人次；制作11个专题课件，举办纳税人学校专题班72场，培训纳税人13092人次。依托“纳税人之家”等平台，举办“房地产业选案通报”等活动，给予纳税人充分的话语权、知情权。依托税企沙龙平台和涉税提醒函等媒介，主动提醒纳税人享受税收优惠政策，全年为1704户纳税人减免地方各税4.43亿元，其中56家企业享受高新技术企业税收优惠9922万元、1587家小微企业享受税收减免2677万元。

【地税稽查】 市地税系统深化稽查专业化改革，深入开展税收专项检查和专业市场调研式稽查，发挥“以查促收，以查促管”的职能作用。全年稽查部门对5个行业57家企业深入开展税收专项检查，自查补税8076.15万元，检查补税944.9万元，滞纳金479.11万元，罚款281.47万元。开展专业市场调研式稽查，规范专业市场纳税行为，纳税人全年累计自查补税2060.49万元，缴纳滞纳金4.75万元。组织对建筑、房地产和餐饮等3个行业的发票检查工作，全年处理发票违章26户，罚款金额8300元；对材料用票等进行核查，共剔除虚增分包结算额2213.41万元。举报中心受理查结举报案件12件，查补税费12.62万元。派出稽查干部参加江苏省地税局区域检查，查补企业所得税和个人所得税3377万元，滞纳金707万元，罚款5066万元。

【探索督察内审工作新模式】 在深化征管改革的背景下，张家港地税局紧扣“查错纠弊、促进管理、防范风险、服务大局”的职能定位，整合督察内审职能，单设督察内审机构，探索实践县级税务机关督察内审工作新模式。以风险应对复审和执法督察为突破口，分析排查风险应对工作中容易产生问题的环节和事项，列举出应对内容、应对程序、事实认定、证据运用、法律适应等5类重点督察事项，在实施督察中明确应对流程、文书案卷制作、风险点核实反馈、实地核查各税统评“四个必查”，通过全面、合法、合理和准确的审核，强化对风险应对质量和绩效的监督和评价。全年对建筑业开票、集中注销税务登记管理、土地增值税管理等事项进行执法督察，发现问题25项，补征税款593万元，编写执法督察报告3份，提出整改意见和建议42条，并通知有关部门整改落实。风险应对复审取得成效，共复审户数68户，督促分局补征税款1065.46万元，调减亏损额508.81万元，编写风险复审报告3份，归纳存在问题15项，提出管理建议8项，强化了内控管理。

【单笔跨境股权转让个人所得税1.2亿元入库】 近年，随着市资本市场发展，上市公司和“新三板”拟挂牌企业数量增长，部门行业的并购重组引起国际国内投资资本的关注，大笔收购股权行为日益增多，带动非劳动所得个人所得税增长。张家港地税局结合税源专业化管理模式下的职责分工，建立第三方数据交换共享、机关实体化运作、复杂业务团队化应对、“沙龙”式纳税辅导等股权转让征管制度，推动股权转让的税收征管制度化、常态化。9月，一笔高达120767947.5元的跨境股权转让个人所得税在张家港地税局成功入库，成为苏州市入库的单笔金额最大的跨境自然人股权转让缴纳的个人所得税。张家港地税局在税源监控分析中发现辖区内某公司发生重大股权转让行为，香港某公司出资收购张家港市某公司股东股份。为此，第一时间与企业取得联系，详细了解此项股权转让的起因、经过和交易人员、方式、金额等详细情况，主动对接纳税人的涉税需求，积极介入该笔交易的整个过程，通过数据查询分析、部门信息交换和实地核查，面对面地向纳税人讲解、辅导申报纳税流程，确保该笔税款顺利入库。

【便民办税春风行动】 张家港地税局为缓解办税压力，在办税大厅增设硬件配置，增加弹性服务岗位，根据业务量大小调整弹性窗口服务职能，并针对不同操作流程，实行简单业务直接办理、一般业务导税员审核再办理、复杂业务咨询辅导岗复核后办理，通过进一步理顺业务流程，提升办税效能。组建声讯中心，每月定期为纳税人提供申报提醒、低度风险快速提示应对等标准化、专业化、快速化的语音提醒服务，纳税准期申报率、入库率月平均分别达到99.55%、99.3%。推出“税收优惠政策提醒函”，对应享受优惠政策的单位进行针对性提醒，公开优惠享受条件、办理程序，提醒报送资料、办理期限、办理地点等事项，实现“点对点”友情提醒，全年发送各类优惠事项提醒函1130份。依托实体办税厅和网上审批两个平台，实现绝大部分的涉税审批事项当场办结，提高审批效能，同时强化后续管理，完善内控体系建设，实现涉税行政审批的闭环运作。年内该局共受理涉税审批事项967件，当场办结841件，当场办结率86.97%。推行“联合+集中”注销登记模式，纳税人在行政服务中心国、地税任何一个窗口均可申请办理注销业务，实现“四个一次性服务”（一次性受理申请，一次性提交资料，一次性进行清算，一次性送达文书），解决纳税人“多头跑、多次找”的问题，减轻纳税人负担。 （施海军）

【编辑　汪丽菁】

金融

Finance

苏州银行张家港支行营业部团队　（苏州银行张家港支行　供稿）

金融监管

银　　行

保　　险

证券·期货

其他金融机构

金融监管

【概况】 全市有市政府金融工作办公室（简称市金融办）、中国人民银行张家港市支行（简称市人民银行）、中国银行业监督管理委员会苏州监管分局张家港监管办事处（简称市银监办）、国家外汇管理局张家港市支局（简称市外汇管理局）等4家金融监管机构，有从业人员56人，其中市金融办12人、市人民银行38人（含市外汇管理局）、市银监办6人。

市金融办　2014年，在推进信贷投放方面，会同市人民银行、市银监办完善全市金融系统绩效考核机制，出台《2014年度张家港市金融系统绩效考核办法》。全市银行业融资总金额3257.91亿元。在金融机构引进方面，引进银行业金融机构1家；新增小贷公司2家，实现区镇全覆盖；新增保险公司1家；新增商业保理公司2家，实现零的突破；新增证券营业部6家，新增期货营业部1家。在统筹协作方面，在金融风险防控中建立和强化“三个制度”，即建立全市金融机构信息交流联席会议制度、强化属地原则和区镇联络员制度、健全金融重大事项报送制度。在小贷监管方面，通过非现场监管、现场走访、专项检查相结合的方式强化监督检查，全年出具非现场监管报告48份，专项审计小贷公司10家，组织税收、财务等培训8次。在保险服务方面，出台《张家港市科技保险保费补贴资金管理办法》，将政策性科技保险保费补贴工作由试点转入常态，放开承保机构准入条件，多家保险公司成为承保机构，扩大科技企业的选择范围。全年发放保费补贴217万元，涉及总保额142.22亿元，为科技型中小企业加大研发投入、降低科技创新风险提供支持。农业保险新增淡水鱼保险和旱生蔬菜险，养老机构责任险、电梯责任险等创新险种也陆续实施，推动社会管理创新，服务民生。

市人民银行　2014年，执行国家稳健货币政策，在经济下行压力下把握信贷投放节奏，实现货币信贷总量适度增长。完成中央银行会计核算数据集中系统（ACS系统）上线运行。做好国库、会计核算工作，全年办理会计业务1398笔；处理票据业务115.16万笔，资金流量6848.52亿元；办理国库业务276.16万笔；完成三级预算收入545.68亿元；办理财政支拨业务265.73亿元；办理退库业务119.05亿元。全年办理贷款卡864张，为5923家企业办理贷款卡年审手续。查询个人信用报告15515份，企业信用报告1191份。受理并处置金融消费投诉33起，客户满意率100%。完成常熟农商行张家港支行的开业受理审批工作。开展辖内担保贷款专项调查，向市政府提交《当前风险防控的几点建议》，建立金融稳定形势分析例会制度，维护金融稳定发展。与市公安局建立反假货币合作机制，全年为公安部门进行鉴定假币业务18笔，鉴定特殊残损币11笔；举办反假货币培训班17期，培训、考试270人次；收缴、上解人民银行苏州市中心支行假人民币12.87万张，计90.82万元。市人民银行获市文明机关、市服务地方奖等荣誉。

市银监办　2014年，面对国内外纷繁复杂的经济与金融形势，要求辖内银行业金融机构强化风险防控，守住不发生区域性系统性金融风险底线。客观分析金融形势，要求辖内银行业从大局出发，对涉险企业区别对待、分类处理，不搞一刀切；动态监测辖内银行业资产质量变动情况；在政府主导下，推动大额授信风险处置工作，成立债权银行委员会，签订稳定框架协议，稳妥处置辖内大额授信风险事件；落实不良贷款“双控”工作。开展不规范经营专项整治“回头看”工作，督促辖内银行业金融机构严格执行“三公”要求以及“两禁两限”要求，做到合规收费，以质定价，公开透明，减费让利，改善和提高金融服务水平。加强窗口指导，增加有效信贷投放，各类金融机构新增本外币贷款34.35亿元，优先支持小微企业、“三农”融资需求，支持实体经济发展。继续做好案件防控工作，防范民间借贷风险向银行蔓延，督促各银行始终保持案件防控的高压态势。全年辖内银行业未发生案件。组织辖内银行业金融机构开展排查清理涉嫌非法集资广告资讯信息活动、第二次预防和打击非法集资集中宣传教育活动、开展第三届小微企业金融服务宣传月活动和开展“送金融知识下乡”主题活动，普及金融知识。履行监管职责，完善银行业金融机构体系，提高银行业服务水平。妥善处理群众投诉18起，维护银行业消费者合法权益。

市外汇管理局　2014年，依法开展各类行政许可工作，重点加强经常项目主体监测和资本项目事后核查，强化跨境外汇收支监测分析，推动开展跨国公司总部外汇资金集中运营管

市人民银行开展金融知识宣传　　（市人民银行　供稿）

理试点业务、跨国集团企业跨境人民币资金集中运营业务，率先推广海关特殊监管区域外汇监测服务系统在张家港保税区全面上线，积极争取外债比例自律管理工作在张家港保税区先行先试。全年办理外汇登记67笔、外汇变更登记91笔、外汇注销登记9笔、接收境内再投资1笔，境外投资外汇登记18笔、变更登记3笔、注销1笔，外债登记66笔、外债变更登记78笔、注销登记53笔，权益确认160笔、确认金额70150.95万美元，核准支付担保费12笔、72.47万美元，外汇年检915家，完成特殊机构赋码业务28笔、金融机构代码3笔、申领金融机构标识码6笔，受理并完成辖内6家银行即期结售汇准入（变更）事宜，办理银行对客户远期结售汇业务备案2笔、人民币对外汇期权业务备案1笔，办理企业收付汇名录新增652笔、修改115笔、注销300笔，办理贸易信贷报告新增5177笔、修改4066笔、删除190笔，办理差额报告新增564笔，办理转口贸易先收后支时间差报告2笔，办理登记业务53笔，办理出口收汇数据主体变更25笔，办理贸易主体不一致报告79笔，修正报关单错误数据106笔。针对重点监测企业开展非现场监测和现场核查工作。发现一起企业假借货物贸易收汇为他人从境外非法借款的违规案例，移交局检查部门立案查处，收缴罚没款5万元。完成进出口企业现场核查300家，现场核查率100%；确定B类企业65家；做好B类企业到期综合评估44家、C类企业到期评估3家，评估后恢复A类43家，延长监管期一年1家；因现场核查无法联系而注销名录企业7家。随着资本项目简政放权，市外汇管理局稳步推进资本项目的事后监管，核查发现违规企业1家，违规金额196万美元，报送典型案例10个。承接国家外汇管理局江苏省分局在张家港组织的转口贸易专项检查，其中天津、四川、安徽三家异地分局转口贸易单证164笔，并由市外汇局代为核验，省内单证545笔，涉及南通、无锡、南京、苏州等地。推动跨国公司外汇资金集中运营管理试点业务，帮助前期意向企业国泰集团和沙钢集团准备申请材料，两家集团公司先后于5月和9月获试点资格。至年末，两家集团公司累计归集资金22.91亿美元。推动跨国企业集团开展跨境人民币资金集中运营业务，经向省人行备案，沙钢集团、永钢集团及丰立集团获集中运营业务资格，3家公司的境外子公司累计归集资金5.97亿元人民币，率先在江苏省实现跨国企业集团跨境人民币资金集中运营业务的正式落地。10月31日，海关特殊监管区域外汇监测服务系统在张家港上线，标志着该系统在苏州市全辖推广工作迈出第一步。对保税区内中资企业发放境外借款需求调查问卷，对张家港保税港区企业借用外债实行比例自律管理政策需求开展初步调研，协助市政府完成张家港保税港区内企业借用外债实行比例自律管理政策试点的申请报告、张家港保税港区内企业借用外债实行比例自律管理方案、外债比例自律管理方案的说明。（赵宇光 施宛廷 赵 静 徐 伟）

银 行

【概况】 全市累计有银行28个（含市人民银行）。26个商业银行机构中，设有二级分行5家，比上年增1家；一级支行85家，比上年增1家，为6月9日开业的常熟农村商业银行张家港支行；二级支行113家，比上年增4家；分理处80家，比上年减1家；储蓄机构25家，比上年增4家。新增从业人员526人，累计4964人。全市银行业金融机构实现利润63.83亿元，比上年减13.94%。

存贷业务 全市银行业金融机构对公存款、储蓄存款继续保持稳步增长态势。至年末，银行业金融机构本外币各项存款余额2418.91亿元，比上年增1.49%。其中，人民币各项存款余额2323.83亿元，比上年增1.47%；外币各项存款余额15.54亿美元，比上年增1.54%。在存款余额中，城乡居民人民币储蓄余额877.06亿元，比上年增5.28%，占全年人民币存款的37.74%；外币储蓄存款7941万美元，比上年增10.13%。银行业金融机构本外币贷款余额2015.23亿元，比上年增1.73%。其中，人民币各项贷款余额1787.62亿元，比上年增6.08%；外币各项贷款余额37.2亿美元，比上年减23.31%。

货币投放 全市现金收支轧差112.55亿元，呈净投放态势，货币投放保持正常状态。全市现金投放210.44亿元，比上年增1.01%；回笼现金110.3亿元，比上年增15.15%。

2014年年末张家港市银行机构网点一览

表50

单位 \ 类别	二级分行（家）	一级支行（家）	二级支行（家）	分理处（家）	储蓄机构（家）	合计（家）	从业人员（人）
工商银行	1	—	26	—	—	27	455
农业银行	1	—	29（含营业部）	13	—	43	683
中国银行	1	26	—	—	—	27	528
建设银行	1	—	16	11	1	29	495
交通银行	1	—	9	—	—	10	149
张家港农商行	—	38	—	56	—	94	1555
农业发展银行	—	1	—	—	—	1	19
江苏银行	—	1	3	—	—	4	58

续表50

单位＼类别	二级分行（家）	一级支行（家）	二级支行（家）	分理处（家）	储蓄机构（家）	合计（家）	从业人员（人）
中信银行	—	2	—	—	—	2	63
招商银行	—	1	1	—	—	2	50
民生银行	—	2	—	—	—	2	79
浦发银行	—	1	1	—	1	3	57
华夏银行	—	1	1	—	—	2	33
光大银行	—	1	1	—	3	5	45
邮政储蓄银行	—	1	18	—	20	39	305
渝农商村镇银行	—	1（一级法人机构）	—	—	—	1	44
苏州银行	—	1	6	—	—	7	99
兴业银行	—	1	—	—	—	1	25
友利银行	—	1	—	—	—	1	14
汇丰银行	—	—	1	—	—	1	7
恒丰银行	—	1	—	—	—	1	41
南京银行	—	1	—	—	—	1	25
上海银行	—	1	—	—	—	1	23
浙江泰隆商业银行	—	1	1	—	—	2	47
宁波银行	—	1	—	—	—	1	40
常熟农商行	—	1	—	—	—	1	25
小　计	5	85	113	80	25	308	4964

2014年年末张家港市银行机构本外币存贷款和经营利润情况

表51

项目		工行市分行	农行市分行	中行市分行	建行张家港分行	建行港城支行	交行市分行	张家港农商行	农发行市支行	江苏银行市支行	中信银行张家港支行
人民币业务（万元）	各项存款余额	1798115.81	5618148.00	2116508.00	1361972.00	622827.00	1112976.00	5137913.20	24484.18	458502.00	419199.00
	比上年增长（%）	-16.46	0.16	-14.68	4.96	-21.42	-15.94	3.89	8.53	10.88	10.47
	其中：储蓄存款	782711.68	2510537.00	950872.00	578887.00	290213.00	336978.00	2506070.53	—	54699.00	54558.00
	比上年增长（%）	9.25	0.37	1.52	4.87	6.07	5.49	7.61	—	21.24	25.23
	各项贷款余额	1963349.36	3972780.00	2323726.00	979012.00	735230.00	940873.00	3615998.15	74404.41	390126.00	442222.00
	比上年增长（%）	-5.32	2.25	0.68	14.83	1.56	6.46	5.41	-31.44	13.30	11.40
	其中：短期贷款	968523.72	1960413.00	1257826.00	282510.00	404387.00	532440.00	2504925.17	46304.41	287793.00	270732.00
	中长期贷款	994825.63	1789841.00	1065900.00	696502.00	330843.00	379609.00	786515.23	28100.00	98836.00	171491.00
外币业务（万美元）	各项存款余额	10326.47	31912.00	32630.00	18112.00	12113.00	5039.00	6659.65	—	1639.00	2926.00
	比上年增长（%）	70.84	-21.91	-19.18	66.32	12.31	-25.26	14.20	—	-55.80	-46.00
	其中：储蓄存款	817.16	904.00	4749.00	467.00	99.00	583.00	400.76	—	18.00	79.00
	比上年增长（%）	16.18	5.85	4.74	68.49	62.30	23.52	20.09	—	-0.09	29.50
	各项贷款余额	16110.48	146992.00	75150.00	20017.00	15972.00	22753.00	9855.61	—	4859.00	4380.00
	比上年增长（%）	-56.71	3.89	-45.95	-2.40	-60.22	-1.28	13.49	—	-60	-80.00
总计（万元）	各项本外币存款余额	1862181.26	5813417.00	2316171.00	1474360.00	689988.00	1144344.00	5178663.58	24484.18	468662.00	437102.00
	比上年增长（%）	-14.93	0.77	-15.06	8.13	-18.60	-16.10	3.97	8.53	7.50	5.96
	其中：储蓄存款	787781.33	2516071.00	979931.00	581782.00	290829.00	340591.00	2508522.75	—	54810.00	55039.00
	比上年增长（%）	9.31	0.38	1.62	5.08	6.17	5.68	7.62	—	21.20	-24.95
	各项本外币贷款余额	2063298.77	4872225.00	2783569.00	1103220.00	834334.00	1081900.00	3676304.65	74404.41	420251.00	469022.00
	比上年增长（%）	-10.26	2.62	-11.79	12.98	-13.70	0.30	5.53	-31.44	0.53	-11.59
	全年经营利润	71091.00	127437.00	68230.00	38888.00	30044.50	36928.00	85022.73	1485.73	134075.00	13811.00

续表51

项目		中信银行金港支行	招商银行市支行	民生银行市支行	浦发银行市支行	华夏银行市支行	光大银行市支行	邮储银行市支行	渝农商村镇银行	苏州银行市支行	兴业银行市支行
人民币业务(万元)	各项存款余额	52465.00	334261.00	550682.00	566993.00	365788.00	287672.1	745366.00	41178.00	436822.00	220944.00
	比上年增长(%)	-45.60	-8.00	21.64	7.28	43.58	6.74	13.94	-4.74	21.19	-1.70
	其中:储蓄存款	37553.00	43927.00	77674.00	40025.00	48867.00	80654.88	633793.00	3444.00	51000.00	15912.00
	比上年增长(%)	-46.39	13.00	2.51	-15.11	54.07	11.43	6.18	-46.82	65.92	-59.28
	各项贷款余额	126467.00	317545.00	361310.00	409248.00	219717.00	248093.95	92822.00	108427.00	390200.00	169415.00
	比上年增长(%)	36.38	-19.00	13.22	-0.06	23.97	58.71	70.86	3.79	55.13	167.79
	其中:短期贷款	94785.00	289330.00	255502.00	265120.00	192113.00	102230.00	38665.00	101492.32	351600.00	109419.00
	中长期贷款	31682.00	28215.00	104915.00	140546.00	118743.00	44200.00	54157.00	6954.82	31000.00	59996.00
外币业务(万美元)	各项存款余额	767.00	3940.00	160.00	6942.00	644.00	105.34	606.00	—	—	4.00
	比上年增长(%)	230.60	-40.00	18.52	-32.00	-85.04	-55.38	-19.32	—	—	—
	其中:储蓄存款	431.00	79.00	39.96	—	28.00	83.96	21.50	—	—	4.00
	比上年增长(%)	278.07	46.00	24.53	—	180.00	76.39	119.39	—	—	—
	各项贷款余额	1112.00	2995.00	—	8619.00	14862.00	1537.16	100.00	—	—	7254.00
	比上年增长(%)	—	-63.00	—	-44.91	59.22	-69.71	-97.50	—	—	—
总计(万元)	各项本外币存款	57160.00	358690.00	551510.00	609471.00	369782.00	288323	749124.00	41178.00	436822.00	220972.00
	比上年增长(%)	-41.59	-11.00	21.56	3.16	31.45	6.42	12.76	-4.74	21.19	-1.69
	其中:储蓄存款	40139.00	44416.00	77921.00	40025.00	49037.00	81176	633926.00	3444.00	51000.00	15936.00
	比上年增长(%)	-43.18	13.00	2.57	-15.11	51.91	11.75	5.42	-46.82	65.92	-59.22
	各项本外币贷款余额	133273.00	336111.00	361310.00	461988.00	311856.00	257634	93422.00	108427.00	390200.00	213802.00
	比上年增长(%)	43.73.00	-23.00	13.22	-8.49	33.42	37.74	19.27	3.79	55.13	237.95
	全年经营利润	3156.00	9623.00	11777.00	12833.00	10589.00	10650.15	3866.00	-6537.55	6457.00	5606.00

项目		友利银行市支行	汇丰银行市支行	恒丰银行市支行	南京银行市支行	上海银行市支行	泰隆银行市支行	宁波银行市支行	常熟农商行市支行
人民币业务(万元)	各项存款余额	30450.81	21963.17	123101.00	215298.00	116477.44	17550.55	60971.00	15760.00
	比上年增长(%)	49.90	15.65	-39.87	58.27	4.11	120.73	777.81	—
	其中:储蓄存款	6964.92	—	33446	14054.00	4594.10	12593.71	7804.00	1560.00
	比上年增长(%)	58.90	—	-8.46	47.33	119.24	96.40	1510.25	—
	各项贷款余额	5078.79	83097.16	115010	138580.00	145596.00	14840.71	59221.00	16600.00
	比上年增长(%)	-34.50	-5.70	19.39	86.65	47.98	939.14	—	—
	其中:短期贷款	200.15	46000.00	82000.00	99381.00	105560.00	14853.95	31221.00	16600.00
	中长期贷款	111.00	—	28000.00	39199.00	40040.00	121.75	28000.00	—
外币业务(万美元)	各项存款余额	1512.72	691.61	48.00	—	353.83	—	10953.00	—
	比上年增长(%)	6462.80	94.65	—	—	54335.00	—	—	—
	其中:储蓄存款	3.27	—	1.00	—	1.35	—	0.30	—
	比上年增长(%)	2872.80	—	—	—	321.88	—	—	—
	各项贷款余额	12.27	5632.22	27.00	—	—	—	10785.00	—
	比上年增长(%)	-92.70	59.86	—	—	—	—	—	—
总计(万元)	各项本外币存款余额	39707.12	26195.14	123395.00	215298.00	118680.00	17550.55	128899.00	15760.00
	比上年增长(%)	94.20	23.81	-39.72	58.27	6.07	120.73	1755.77	—
	其中:储蓄存款	6984.94	—	33452.00	14054.00	8.40	12593.71	7806.00	1560.00
	比上年增长(%)	59.30	—	-8.45	47.33	322.11	96.40	1510.63	—
	各项本外币贷款余额	5153.87	117560.75	115175.00	138580.00	145596.00	14840.71	126110.00	16600.00
	比上年增长(%)	-41.20	7.26	19.56	86.65	47.98	939.14	—	—
	全年经营利润	46.86	1751.73	3886.00	3711.00	6184.09	-332.76	-2346.75	-1331.00

说明:因人民银行统计口径与各条线统计口径不一,故表中数据与文中数据有所不同

【中国农业发展银行张家港市支行】2014年，该行按照“至诚服务、有效发展、以人为本、构建和谐”的核心理念，履行农业政策性银行职责，主动对接苏州“三优三保”行动计划，保障粮食收购、储备安全，支持农业产业化经营与农业生产基础项目，推进城乡一体化与水利项目建设。至年末，企业存款余额24484万元，比上年增8.5%。贷款余额74404万元，比上年减31%。年度投放支农贷款10.9亿元，其中农业流通项目贷款8000万元，贷款总额7.44亿元。全年国际结算量50373万美元，比上年增127%。实现中间业务收入21.7万元，比上年减61%。全年实现利润1486万元，比上年减29%。年内，该行在省农发行国际业务考评中列第一名。

（侯新亚）

【中国工商银行股份有限公司张家港分行】3月，中国工商银行股份有限公司张家港支行升格为分行。4月，迁至市区沙洲西路121号。年内，该行围绕全市“810工程”项目提供金融保障，为制造业基地建设、科技载体建设、服务业相关领域及专业市场建设提供资金支持，其中为张家港康得新光电材料有限公司“年产2亿平方米光学薄膜项目”等6个项目共计提供12亿余元的信贷资金，有效促进相关项目的启动建设，为全市实体经济发展及产业结构升级提供金融助力。至年末，本外币各项存款余额186.22亿元，比上年减14.95%。本外币各项贷款余额206.33亿元，比上年减10.47%。全年国际结算量94.66亿美元，比上年减21.31%。外汇交易量19.19亿美元，比上年减38.68%。年内新增自动存取款机8台、累计100台，新增自动取款机5台、累计40台，新增自助终端4台、累计60台。发放各类银行卡105111张。代理保险销售1.34亿元、基金销售31.47亿元。全年实现中间业务收入26221万元，比上年减16.24%。全年实现拨备前利润83944万元，比上年减6.13%。

（庞玉娟）

【中国农业银行股份有限公司张家港分行】2014年，该行主动对接市“810工程”，加大对上争取力度，提高融资效率，年内项目批准金额85.76亿元，比上年增37.6亿元。积极扶持中小企业和践行“服务三农”使命，中小企业贷款余额354.81亿元、农户贷款余额1.28亿元。在做好常规信贷业务的基础上，创新表外和投行业务，帮助企业拓宽融资渠道，降低融资成本，成功办理全国农行首笔跨国公司总部外汇资金集中运营管理试点业务、全国农行首笔双期权组合业务、全省农行首笔跨境人民币双向资金池业务。至年末，本外币各项存款余额581.34亿元，比上年减6.58%。本外币各项贷款余额487.22亿元，比上年增2.62%。全年国际结算量231亿美元，比上年增11.24%。外汇交易量55.97亿美元，比上年增20.52%。年内新增自动存取款机6台、累计167台，拥有自动取款机93台，自助终端减少7台、累计72台。发放各类银行卡5.83万张，累计发放144.26万张。代理保险销售1.97亿元、基金销售14亿元。实现中间业务收入4.77亿元，比上年减16.9%。全年实现利润16.33亿元，比上年减4.79%。年内，该行成为全市金融同业唯一连续三届的全国文明单位，被中国农业银行总行评为运营基础管理先进单位、“三农”业务先进集体，被中国农业银行江苏省分行评委2012—2013年度纪检监察工作先进集体。（汪少波）

【中国银行股份有限公司张家港分行】2014年，该行聚焦“810工程”，聚焦民生、消费领域，加大有效投入。年内，第一人民商场供应链项目被评选为2014年陶朱奖最佳供应链重点推荐奖；成功联动纽约分行发行2亿美元商业票据，实现民营企业进入国际货币资本市场全国首单。至年末，本外币各项存款余额231.62亿元，比上年减15.06%。本外币各项贷款余额278.36亿元，比上年减11.79%。全年国际结算量138亿美元，比上年增1.94%。年内新增自动存取款机1台、累计54台，新增自动取款机4台、累计71台，有自助终端43台。发放各类银行卡94592张，累计发放299707张。代理保险销售10400万元、基金销售139737万元。实现中间业务收入5.07亿元，比上年增21.01%。全年实现利润8.29亿元，比上年减7.25%。该行通过全国文明单位复评，“百年中行·百岁老人”系列活动被中国文明网等媒体转载报道。（李蓉蓉）

【中国建设银行股份有限公司张家港分行】2014年，该行继续加强银政合作力度。9月，与市政府共同举办“综合金融服务助推张家港市经济暨‘银政企’对接签约活动”，在当地重

农行张家港分行举办首届职工文化艺术节　（农行张家港分行　供稿）

大民生项目、创新债券融资工具、“两区两园”建设、城镇化建设、支持中小企业等领域拟合作项目总金额220亿元。开展银校合作项目，与全市多所院校合作启动校园一卡通项目，为学校提供金融IC卡综合服务，便利广大师生生活。加强银企联系，以网点为单位开展转账电话、POS机、实物金、聚财通、代发工资、信用卡循环分期等项目制活动，提升基础客户数量。发行地区首张名镇卡——凤凰名镇卡，联合港城公交售票系统设计港城公交“好运卡”服务驾校学员。结合建设银行成立60周年、张家港建行成立30周年，举办“风雨路，建行情”张家港建行成立30周年主题活动，展示“携手共进、筑梦超越”的文化理念。至年末，本外币各项存款余额147.32亿元，比上年增8.06%。本外币各项贷款余额110.32亿元，比上年增12.98%。全年国际结算量24.43亿美元，比上年增19.07%。年内新增自动存取款机10台、累计79台。发放各类银行卡5.8万张，累计发放43万张。代理基金销售6亿元、保险期缴2500万元。实现中间业务收入1.75亿元，比上年增6.56%。全年实现利润3.89亿元，比上年增7.36%。

（丁　凡）

【中国建设银行股份有限公司张家港港城支行】 2014年，该行坚持“稳中求进、好中求快、改革创新”导向，围绕全市“810工程”，参与市重点项目投资建设，实现金港镇、锦丰镇、大新镇政府类贷款全覆盖。支持东华能源股份有限公司、张家港康得新光电材料有限公司、江苏沙钢集团有限公司、天沃科技股份有限公司、张家港沙洲电力有限公司等项目工程超20亿元。3月，与张家港保税区管委会签署战略合作协议，全面支持保税区打造“江苏外高桥”。一季度，为金港资产公司在银行间市场注册发行5年期中期票据5亿元，成为苏州市县级平台中中期票据发行首例。加大城乡一体化建设支持力度，支持锦丰城乡开发投资有限公司开发的锦丰镇悦来村、常家村、洪福村城乡一体化动迁安置项目以及悦来花苑东区安置房项目，市金港城市投资发展有限公司开发的金港镇城乡一体化动迁安置项目，大新镇村镇建设综合开发服务公司开发的大新镇城乡一体化动迁安置房建设项目，市滨江新城投资发展有限公司开发的香山周边地区生态环境综合整治项目二期，共计4.5亿元。至年末，本外币各项存款余额68.99亿元，比上年减36.73%。本外币各项贷款余额83.43亿元，比上年减6.84%。全年国际结算量43.35亿美元，比上年增6.14%。外汇交易量15.44亿美元，比上年减3.38%。年内新增自动存取款机2台、累计22台，新增自动取款机1台、累计24台，新增自助终端2台、累计18台。发放各类银行卡26873张，累计发放224201张。代理保险销售6637万元、基金销售5900万元。全年实现中间业务收入1.24亿元，比上年减35.76%。全年实现利润3亿元，比上年增10.3%。

（周思远）

【交通银行股份有限公司张家港分行】 2014年，交通银行苏州分行与张家港保税区签署全面合作备忘录，交通银行股份有限公司张家港分行计划在未来三年内给予张家港保税区重点民生工程、基础设施、支柱产业建设等在建项目提供不超过180亿元的意向性额度，用以支持张家港保税区各项重大项目建设，优先提供全方位金融服务，全力支持保税区二次经济发展。至年末，本外币各项存款余额114.43亿元，比上年减16.14%。本外币各项贷款余额108.19亿元，比上年增0.29%。全年国际结算量42.99亿美元，比上年减1.5%。外汇交易量15.3亿美元，比上年增26.66%。新增自动存取款机2台、累计23台，新增自动取款机4台、累计44台，新增自助终端11台、累计30台。发放各类银行卡1.5万张，累计发放27.28万张。代理销售贵金属、理财产品、国债、保险、基金32.3亿元。实现中间业务收入12432万元，比上年增28.91%。全年实现利润3.69亿元，比上年增4.2%。

（陆红燕）

【江苏张家港农村商业银行股份有限公司】 2014年，该行下辖1家营业部、37家支行（其中在江苏省和山东省共开设9家异地支行）、56家分理处，机构网点总数94家，员工1555人。年内，为全市101户科技型企业授信15.1亿元；为135户村级集体和农业龙头企业、333户农户提供“强村富民”系列贷款服务，年末授信总额19.93亿元，贷款余额14.11亿元。至年末，本外币各项存款余额517.87亿元，比上年增3.97%。本外币各项贷款余额367.63亿元，比上年增5.53%。其中小微型企业贷款余额200.81亿元，比上年增13.25%。全年国际结算量19.07亿美元，比上年减2%。外汇交易量14.02亿美元，比上年增17.22%。新增自动设备34台，

张家港农商行召开董事会　　（张家港农商行　供稿）

累计243台，其中自动取款机111台（含离行式57台）、自动存取款机132台（含离行式20台）。发放各类银行卡15.59万张，累计发放89.74万张。代理人寿保险、基金销售2.17亿元。实现中间业务收入6929.72万元，比上年减31.79%。全年实现利润11.43亿元，其中税后利润7.32亿元，比上年减25.84%。年内，该行“金智方”系列科技金融产品和“强村富民”系列贷款获2014年江苏省银行业服务小微企业和三农“双二十佳金融产品”称号。该行被中国人民银行南京分行评为2011—2013年江苏省平安金融示范单位。在英国《银行家》杂志发布的全球商业银行1000强中，该行排名第655位，比上年提升42位。（沈　阳）

【江苏银行股份有限公司张家港支行】2014年，该行加大对全市城乡一体化建设的扶持力度，全年投放贷款42.03亿元，批量操作小微企业贷款投放3笔，涉及小微企业28家，累计投放金额1.28亿元，促进小微企业发展。发展个人业务，加大对个人消费信贷的投放力度，借助新推出的“卡易贷”产品，全年累计完成个人消费授信366笔，授信总额9150万元，授信启用金额6274万元。至年末，本外币各项存款余额46.86亿元，比上年增7.5%。本外币各项贷款余额42.03亿元，比上年增0.5%。全年国际结算量7.37亿美元，比上年减13.79%。外汇交易量2.76亿美元，比上年增56.8%。拥有自动存取款机5台、自动取款机4台、自助终端3台。发放各类银行卡5665张，累计发放2.4万张。代理保险、基金销售175.8万元。实现中间业务收入1379万元，比上年减25.76%。全年实现税后净利润1.03亿元，比上年减7.2%。（姜　辉）

【中信银行股份有限公司张家港支行】2014年，该行继续加大对政府平台的信贷支持，完成张家港直属公有资产公司的20亿元平安保险资金投资县级政府债权计划的业务，与中信证券联合完成金城投资公司12亿元企业债的发行；支持现代服务业优质项目，为澳洋医院和市中医医院累计发放贷款1.9亿元；支持市政府“810工程”重点建设项目，先后完成扬子江石化和康得新薄膜等一批新建企业和项目的贷款审批。至年末，本外币各项存款余额43.71亿元，比上年增5.96%。本外币各项贷款余额46.9亿元，比上年减11.59%。全年国际结算量6.34亿美元，比上年增8.74%。新增自动存取款机2台、累计6台，新增自动取款机1台、累计9台。发放各类银行卡1861张。代理保险、基金销售8950万元，比上年增25.7%。实现中间业务收入4402万元，比上年增12.87%。全年实现利润13811万元，比上年减15.05%。（王　斐）

【中信银行股份有限公司张家港金港支行】2014年，该行将把控风险底线放在业务发展首位，定期走访企业，加强与企业的沟通联系，实地了解企业经营情况及行业发展状况。严格执行“三查”制度，针对行业风险、担保圈风险等问题进行风险排摸，发现预警企业17户。自8月起，主动退出压缩公司类授信客户3户，涉及金额5500万元；退出小企业及个人经营贷款客户6户，涉及金额2350万元；强化担保措施3户，涉及金额3300万元。结合市场热点，主动营销内保外贷、保付加签、利率掉期、换汇宝等业务，同时围绕保税区进出口企业转口贸易较多的特点，主推低风险的福费廷业务与风险资本占用较少的开证业务，将企业的收付业务集中到该行办理，提高国际业务的收付汇量及中间业务收入。至年末，本外币各项存款余额5.72亿元，比上年减41.58%。本外币各项贷款余额13.33亿元，比上年增43.72%。全年国际业务结算量2.79亿美元，比上年增104%。新增自动存取款机3台、累计5台，新增自动取款机1台、累计2台，有自助终端1台。实现中间业务收入713万元，比上年增62.41%。全年实现利润2367万元，比上年增4.57%。（纪博南）

【中国民生银行股份有限公司张家港支行】2014年，该行加大对地方经济的支持。一方面创新渠道为政府融资，发行金融债券，另一方面通过集团授信，加大对地方实体经济的服务和支持。同时，通过联保、组合贷等方式，继续向小微企业提供融资方案，助力小微企业发展。加大社区金融服务力度，在居民集中区域增设自助网点。至年末，本外币各项存款余额55.15亿元，比上年增21.56%。本外币各项贷款余额36.13亿元，比上年增13.22%。全年国际结算量32106.82万美元，比上年增47.17%。外汇交易量406笔，比上年减19.28%。新增自动存取款机5台，累计22台。发放各类银行卡16477张，累计发放64483张。代理保险、基金销售31184万元。全年实现利润11777万元，比上年增30.8%。（戚飞燕）

【上海浦东发展银行股份有限公司张家港支行】2014年，该行成功发行大额低利率短期融资券。5月，为市直属公有资产管理有限公司融资20亿元，发行利率5.49%，达到同时期AAA级企业的发行利率，这也是年内苏州

浦发银行张家港支行新址
（浦发银行张家港支行　供稿）

地区发行利率最低的债务融资工具业务，为企业节约近1000万元的财务成本。7月，迁至人民西路君悦大厦。10月16日，浦发银行杨舍小微支行开业，该行是浦发银行苏州分行辖内首家小微支行。11月24日，张家港支行成功操作总行全系统内首单滚动式增利型远期产品（2年期）创新业务，合计发生额7200万美元（3笔期权业务的组合），分24期交割，每期100万美元。至年末，本外币各项存款余额64.98亿元，比上年增6.54%。本外币各项贷款余额46.2亿元，比上年减8.49%。全年国际结算量11.05亿美元，比上年减5.07%。新增自动存取款机4台、累计13台，新增自动取款机2台、累计8台。发放各类银行卡2732张，累计发放18311张。代理保险、基金、信托、黄金销售1.66亿元。实现中间业务收入5037元，比上年增60.82%。全年实现利润12833万元，比上年减7.91%。（齐　静）

【中国邮政储蓄银行江苏省张家港市支行】2014年，该行多渠道加大对全市经济的支撑力度。增加对“三农”业务投入，实现农业专业合作社贷款投放300万元，村镇农贷通投放2.1亿元。加大对中小企业贷款投放，实现小企业贷款结余净增1.6亿元，增幅129%。参与助力科技型企业项目工程，新增产品科技贷并实现首笔投放500万元。参与整车进出口物流园的银团项目，认定5亿元银团额度。开发新业务财贷惠100万美元，福费廷业务8.8亿元。至年末，本外币各项存款余额74.91亿元，比上年增13.94%。本外币各项贷款余额9.34亿元，比上年增19.27%。全年国际结算量10371.37万美元，比上年增31.96%。外汇交易量1625.82万美元，比上年增291.5%。年内新增自动存取款机15台、累计33台，新增自动取款机7台、累计47台，新增自助终端7台、累计10台。发放各类银行卡67534张，累计发放599997张。代理保险、基金销售65034万元。实现中间业务收入1798万元，比上年增8%。全年实现利润6106万元，比上年增127%。（夏　云）

【招商银行股份有限公司张家港支行】2014年，该行夯实内部管理基础，保障支行业务快速发展；开展合规教育活动，防范各类风险；拓展金葵花、钻石、私人银行等高价值客户，提升价值客户综合贡献度；发展代发业务，拓展基础客户群；联合苏州市民卡中心，5月成功发行张家港市民M+卡。该卡集省钱、赚钱、安全快捷、一卡多用、企业专享等功能，通过宣传推广，得到代发企业和市民的肯定。至年末，本外币各项存款余额358690万元，比上年减11%。本外币各项贷款余额336111万元，比上年减23%。全年国际结算量84262万美元，比上年减21.28%。外汇交易量19403.08万美元，比上年增19.54%。拥有自动存取款机8台，自动取款机4台，自助终端1台。发放各类银行卡17623张，累计发放56594张。代理保险销售970万元、基金销售1.14亿元、黄金销售143万元。实现中间业务收入7411万元，比上年增349%。全年实现利润9623万元，比上年减34%。

（周　华）

【中国光大银行股份有限公司张家港支行】2014年，该行针对市政府“810工程”开展营销，分别与永钢集团、华昌集团、华灿光电、汉酶生物、华盛化学、富瑞特装等企业接洽，与沙洲湖科创园、凤凰科技创业园、大新科技创业园、扬子江冶金工业园等密切联系，了解新进驻企业的融资需求。至年末，本外币各项存款余额28.83亿元，比上年增6%。本外币各项贷款余额25.76亿元，比上年增27.37%。全年国际结算量2.1亿美元，比上年减60.53%。外汇交易量1.95亿美元，比上年减51%。年内新增自动存取款机5台、累计12台，新增自动取款机1台、累计4台。发放各类银行卡7628张，累计发放31037张。代理保险销售60.48万元、基金销售2.35亿元。全年实现利润10650.15万元，比上年增50%。（郭震威）

【江苏张家港渝农商村镇银行股份有限公司】2014年，该行根据“强内控、优结构、促发展、求创新”的指导方针，以风险控制为主线，创建良好内控环境，完善规章制度，形成覆盖所有经营管理和风险防控的制度体系。年内，持续加快电子渠道建设。自3月开展金融IC卡申报工作后，与苏州中心支行配合沟通，于6月通过中国人民银行南京分行批复。至10月末，IC卡发行前期工作均已完成，进入测试阶段；成功接入市人民银行账户管理系统，在账户备案工作方面取得正式备案资格，缩短备案时间，提高账户备案效率；做好接入征信系统的准备，已获取个人征信机构代码。创新推动微信营销。经前台营销、后台程序搭建及测试等一系列工作，9月，以“微生活、惠生活”为主题的微信平台活动正式上线，平台陆续推出生活消费类优惠活动，吸引手机银行客户，提升银行卡在当地的竞争力和影响力。至年末，本外币各项存款余额41178万元，比上年减16.2%。本外币各项贷款余额108427万元，比上年增3.79%。发放银行卡4539张。实现中间业务收入59.62万元，比上年减43.22%。（刘禹娟）

【华夏银行股份有限公司张家港支行】2014年，该行本外币各项存款余额36.98亿元，比上年增35.26%。本外币各项贷款余额31.19亿元，比上年增33.46%。全年国际结算量12.11亿美元，比上年增10.29%。结售汇2.95亿美元，比上年增3.87%。年内新增自动存取款机2台、累计6台，新增自动取款机2台、累计6台。发放各类银行卡8052张，累计发放21485张。实现中间业务收入2900万元，比上年增20.33%。全年实现利润1.06亿元，比上年增40.78%。1月10日，该行资金支付管理系统和玖隆钢铁物流有限公司间联上线获得成功。4月11日，江苏化工品交易市场资金支付管理系统上线，在线融资于6月19日发放首笔贷款。年内，该行被华夏银行总行评为2013年度电子银行业务营销先进支行、国际业务明星经营单位二等奖，被总行个人业务部评为2014年度“百家亿元工程”先进支行、2014年度“龙盈理财”先进支行。

（赵晓娟）

【苏州银行股份有限公司张家港支行】2014年,该行立足服务经济发展,专注于服务中小企业、服务“三农”、服务市民,全面打造中小企业银行、零售银行品牌。年内,加强“供应链”营销,建立批量客户拓展模式。与沙钢集团合作,包含针对供应商的商票合作模式、针对玖隆物流监管模式下的经销商合作方案及沙钢货款回笼归集业务等。该项目启动后,带动日均存款增长超6000万元。加强公积金业务推广工作,获准在全市开展公积金归集及贷款业务,安排1名员工驻点张家港住房公积金中心,推广该行公积金业务。发展校园一卡通项目,与市中等专业学校合作建立校园一卡通和翼校通代扣业务项目,共开卡5000余张。加快渠道建设,新设立两家二级支行。11月,经开区支行开业。12月,乐余支行开业。至年末,本外币各项存款余额43.68亿元,比上年增21.2%。本外币各项贷款余额39.02亿元,比上年增55.15%。全年国际结算量6.77亿美元,比上年减34%。年内新增自动存取款机3台、累计12台,新增自动取款机3台、累计20台,新增自助终端1台。发放各类银行卡9787张,累计发放31779张。代理保险、基金、信托、贵金属销售1.34亿元。实现中间业务收入3301万元,比上年增23.08%。全年实现利润6457万元,比上年增1%。　（王　坤）

【兴业银行股份有限公司张家港支行】2014年,该行加快金融创新步伐,灵活运用传统信贷、直接融资等多种方式,主动对接城市投资、土地储备等政府融资平台,加大信贷投放力度,促进地方经济发展。年内实现政府平台贷款投放22亿元,并发行10亿元私募债。至年末,本外币各项存款余额22.1亿元,比上年减1.69%。本外币各项贷款余额21.38亿元,比上年增237.76%。全年国际结算量1655万美元,比上年增29.6%。年内新增自动取款机1台、累计5台,拥有自动存取款机3台、自助终端1台。发放各类银行卡2136张,累计发放8643张。实现中间业务收入3185万元,比上年增320.74%。全年实现利润5606万元,比上年增81.13%。

（徐　岑）

【友利银行(中国)有限公司张家港支行】2014年,该行主要经营吸收公众存款,发放短期、中期和长期贷款,主推个人住房贷款和易精英贷款,办理票据承兑与贴现。从事人民币业务、进出口业务,结售汇业务,理财业务,同业拆借,银行卡业务。提供保管服务。对公客户主要以韩资企业为主,涵盖钢铁制造、汽车零部件生产、造纸、化学原料和化学品制造等行业。主要客户有张家港浦项不锈钢有限公司、江苏现代威亚有限公司、国一制纸(张家港)有限公司等。对私客户主要以在华韩国个人及中国居民为主。3月,为给客户提供高质量的访韩生活服务,推出访韩优惠卡,持该卡的客户及其家庭成员均可享受五年内往返韩国签证以及在韩期间的生活服务类优惠等。至年末,本外币各项存款余额39707.12万元,比上年增94.2%。本外币各项贷款余额5153.87万元,比上年减41.2%。全年国际结算量9371万美元,比上年增293%。外汇交易量4818万美元,比上年增127%。拥有自动存取款机2台。发放各类银行卡894张,累计发放3157张。实现中间业务收入133.5万元,比上年增144.4%。全年实现利润46.86万元,比上年增759.1%。

（金　香）

渝农商村镇银行开展消费者权益宣传活动　（渝农商村镇银行　供稿）

【汇丰银行(中国)有限公司张家港支行】2014年,该行稳健发展,继续为客户提供包括企业存贷款、商业融资、贸易及融资业务管理等多方面的人民币和外币服务,赢得一批较为稳定可靠的客户群。至年末,本外币各项存款余额2.43亿元,比上年增16.27%;本外币各项贷款余额11.33亿元,比上年减14.01%。实现中间业务收入217.64万元,比上年减26.61%。全年实现利润1751.74万元,比上年增8.6%。　（史辰可）

【恒丰银行(中国)有限公司张家港支行】2014年,该行一方面以稳增规模为目标,通过加大对区镇平台综合授信,全面覆盖全市各区镇,累计授信3.05亿元,落实保证金存款收益2.09亿元;另一方面,以投行业务为突破口,通过国内证福费廷业务拓宽中收渠道,稳增国际结算量收入,增加利润来源。内控方面,受经营环境及担保圈等因素影响,调整信贷结构,大力投放地方政府平台客户和类信贷客户,将企业第一还款来源作为授信额度控制和贷款风险管理的首要条件,优化存量客户担保方式,严格控制企业间互保、联保、循环保贷款规模,注重从源头上防范多头授信、连环互保风险。为保障区域经济稳定发展,对风险客户不盲目抽贷、压贷、缓贷，通过重新评估贷款期限、增加有效抵质押物等方式，帮助企业渡过难关，同时最大限度地保全银行债权。至年末，支行本外币各项存款余额12.14亿元，比上年减40.66%。本外币各项贷款余额11亿元，比上年增25%。拥有自动存取款机1台、自动取款机1台、自助终端1台。年内发放各类银行卡10300张、累计发放12418张，理财销售17亿元。全年实现账面利润3886万元。

（杨　阳）

【上海银行股份有限公司张家港支行】 2014年，该行保持信贷投放的适度增长，为光学膜产业基地康得新量产、富瑞特装汽车发动机再制造投产、沙钢新项目投产等全市重点项目分别给予3000万美元、7000万元人民币及9亿元人民币集团授信，支持地方重点项目建设。以领军人才和科技型中小企业合作业务、“金桥之桥”小微企业融资服务业务为抓手，利用便捷贷、信用贷、透支贷等基础类小企业金融产品支持全市科技型小企业发展。全年有小企业授信客户29户，授信余额32094万元。发放房地产企业项目贷款2亿元，支持城建企业发展。至年末，本外币各项存款余额11.87亿元，比上年增6.07%。本外币各项贷款余额14.56亿元，比上年增47.98%。全年国际结算量1.3亿美元，比上年增154.86%。拥有自动存取款机2台、自动取款机2台。累计发放各类银行卡1349张。代理保险销售85万元。实现中间业务收入1550万元，比上年增71%。全年实现账面利润6184万元，比上年增296.92%。（张品芳）

【南京银行股份有限公司张家港支行】 2014年，该行进一步加大资产、负债营销。对公负债方面，对政府类和以房地产为核心的项目持续营销。零售业务方面，稳步推进纯个人储蓄存款增长。通过公私联动、代发工资、理财销售、社区营销等途径实现零售储蓄和管理资产同步增长；加强对农业合作社的授信，年内对大新镇大新村、中山村、新海坝村、朝东圩港村4个村的经济合作社各投放500万元贷款用于其苗木采购等用途。发展结构化融资业务，通过给企业直接融资，产品金额基本控制在2亿元到3亿元，限期2年至3年，满足部分企业需求。至年末，本外币各项存款余额21.53亿元，比上年增58.27%。本外币各项贷款余额13.86亿元，比上年增86.66%。拥有自动存取款机1台、自动取款机2台。累计发放各类银行卡2383张。代理保险销售（趸交）911.9万元、基金销售3186.6万元、理财产品销售20684万元、贵金属销售6911克。全年实现利润3711万元，比上年增360.42%。

（郭儒超）

【浙江泰隆商业银行股份有限公司张家港支行】 2014年，该行确立“小微企业成长伙伴”的市场定位，以小微企业为服务对象，年内帮扶小微企业解决融资缺口1.4亿元，发放贷款约1030笔，贷款金额在500万元（含）以下的贷款户数占比100%，帮助全市超过600家小微企业、个体工商户解决融资难问题。在产品设置上，推出“多人担保”“辅助担保”“道义担保”和“信用担保”的保证担保贷款，可借助家人、朋友随时监督借款人，降低道德风险，同时解决小企业贷款无抵押物的难题。年内无抵押贷款余额及笔数占比均达到95%以上。在服务方式上，针对小微企业客户对贷款调查、审查、审批等服务效率的需求，将“三品”“三表”和“三查询五核实”等纳入信贷调查的标准范畴，在以流程促效率的同时，达到以标准控风险的目的，实现规范化、标准化、批量化的流水线作业。同时，在风险可控前提下充分下放贷款审批权，在审贷分离原则下简化操作流程，确保90%的业务在一线完成。至年末，本外币各项存款余额1.76亿元，比上年增120.73%。本外币各项贷款余额1.48亿元，比上年增939.14%。拥有自动存取款机1台、自动取款机1台、自助终端1台。发放各类银行卡2091张，累计发放5493张。实现中间业务收入12.09万元。（朱晓波）

【宁波银行股份有限公司张家港支行】 该行是全市唯一与市科技局、财政局合作开发“科创贷”的银行，也是中国出口信用保险指定合作银行之一。2014年，该行公司条线结合行业特点，推出跨境盈、利汇盈等业务产品，与江苏化工品交易中心、市塑机协会、市建筑行业协会开展专场推介会，积累客户群。零售条线开展“分期融”产品专场推介会，走进杨舍、大新等镇，参与中信保客户宣传活动，拓宽区镇营销渠道；借助小型推介会，从各区镇作坊式企业入手，推荐“分期融”“捷算卡”等产品，取得良好效果。个人条线针对全市公务员和事业编制员工推荐“白领通”卡，

浙江泰隆商业银行张家港支行办公楼　（泰隆银行张家港支行　供稿）

该卡提供20万元至50万元纯信用贷款，年内成功办卡2000余张。至年末，实现本外币存款余额12.8亿元，贷款余额17.52亿元。（陈　虹）

【全国农行首笔跨国公司总部外汇资金集中运营业务成功办理】 7月，市农行成功将江苏国泰集团外汇资金归集到江苏国泰财务有限公司开立的跨国公司经常项目主账户。该笔业务是全国农行首笔为财务公司办理的跨国公司外汇资金集中运营业务，标志着市农行在为财务公司提供全球资金集中运营管理方面迈出重要一步。江苏国泰财务有限公司是苏州范围内实施跨国公司总部外汇资金集中运营管理业务的3家试点企业之一，依托试点政策，市农行与上级行联合为其设计业务方案，为企业新开国内外汇资金主账户和国际外汇资金主账户，分别归集境内成员公司外汇资金和境外成员公司外汇资金，并通过两个主账户在外债和对外放款限额内为集团内部实现资金的双向互通，进而借助农行的现金管理平台为企业办理经常项下集中收付汇和货物贸易轧差净额结算业务。此项业务的成功办理使国泰集团实现境内外外汇资金统一集中运营管理，达到控制资金风险、降低集团资金池总体额度、降低营运成本、提高资金使用效益以及实时监控成员公司的外汇资金收支状况的总体效果。

【联动中行纽约分行发行2亿美元商业票据】 商业票据是美国货币资本市场上大型优质企业常采用的低成本短期融资产品。在美国市场发行商业票据，要求企业有较高的信用评级。经中行张家港分行与江苏沙钢集团多次商谈和协调，集团决定将发债定位到美国市场，一方面取得低成本融资，另一方面拓宽沙钢集团的影响力，促进集团走出去战略的实施。1月，由中行张家港分行、苏州分行、纽约分行联动并由纽约分行承销的沙钢集团2亿美元商业票据项目成功发行，该项目为沙钢集团原材料采购提供稳定的融资支持，拓宽企业的美元融资渠道、优化财务结构、降低综合财务成本。该项目也是中国民营企业首次进入国际货币资本市场，是中行首笔民营企业海外发债。该项目在苏州市金融学会、苏州市银行业协会等主办的“2014财富苏州”金融品牌年度价值榜评选中获“金融创新奖”。

【第一人民商场供应链项目获评“陶朱奖”】 2013年年末，中行张家港分行针对第一人民商场新百信超市上游小型供应商在融资方面存在的困难，结合百货公司日常结算模式设计出相对应的供应链融资方案。2014年1月，成功为第一人民商场新百信超市连锁经营有限公司叙做首笔围绕百货类供应商提供的供应链融资，实现投放660万元，涉及新百信公司上游的联华贸易、开泰贸易、亿家乐贸易、升源商贸和一举贸易等5家企业，为小型商户融资难提供新的解决方式。9月，在北京举行的年度“陶朱奖”评选活动中，该项目被评选为2014年最佳供应链金融重点推荐奖。“陶朱奖”由全球有关现金、财资及风险管理的培训及研究机构《欧洲金融》主办，由国际性会计师组织ACCA（特许公认会计师公会）协办，旨在表彰中国内地集团企业公司在财资管理领域的最佳实践与最优创新，设有“最佳现金管理方案”“最佳融资解决方案”“最佳供应链金融”等多个奖项，代表国内金融创新产品最高水平。该获奖项目是中行全国范围内5个获奖奖项之一，也是苏州分行范围内唯一获评奖项。（汪少波　李蓉蓉）

保　险

【概况】 2014年，新增保险公司1家，为9月10日成立的平安养老保险股份有限公司张家港支公司，全市累计有保险公司41家，有保险经纪公司1家、保险代理公司1家，分别为中元保险经纪有限公司苏州分公司、江苏新润保险代理有限公司张家港分公司。全年完成保费收入32.5亿元，其中财险收入14.38亿元、寿险收入18.12亿元。全年理赔支出10.61亿元，其中财险支出8.32亿元、寿险支出2.28亿元。

2014年张家港市主要保险机构经营情况

表52

公司＼项目	保费收入（万元）	比上年增长（%）	理赔支出（万元）	比上年增长（%）
中国人民保险公司	61950.00	12.33	36337	10.13
太平洋财产保险公司	42750.00	21.57	26185.43	36.24
平安财产保险公司	27758.00	14.87	15030.00	0.67
太平财产保险公司	1829.00	63.89	750.00	72.59
紫金财产保险公司	4975.00	6.23	1289.23	6.69
中华联合保险公司	2408.00	-5.46	1525.00	10.47
中国人寿财产保险公司	3273.00	9.62	2404.00	41.53
中国人民人寿保险公司	1797.00	-68.47	634.00	673.17
中国人寿保险公司	57400.00	-17.89	1917.44	2.57
平安人寿保险公司	43462.00	4.50	7590.00	34.86
太平人寿保险公司	35132.00	47.38	—	—
太平洋人寿保险公司	45383.00	7.3	1159.00	35.68
新华人寿保险公司	6460.00	12.62	534.00	-57.14
美国友邦保险公司	1723.00	41.35	135.00	32.35
浙商财产保险公司	1183.00	28.03	354.00	215.40
信达财产保险公司	1077.00	—	92.00	—
生命人寿保险公司	2624.00	-45.31	34.00	-24.44

【中国人民财产保险股份有限公司张家港中心支公司】 2014年，公司迁至国泰中路9号。公司下设综合部、销管部等5个职能部门，中介部、重客部等4个专业销售部门及乐余、锦丰、塘桥等10个综合销售部门，下辖26个营销服务部。有从业人员502人，比上年减28人。共设险种10类200余个。全年完成保费收入61950万元，比上年增12.33%。其中车险收入46182万元、非车险收入14283万元、农险收入1485万元。保费收入中，车险占74.55%。全年累计处理赔案70498件，理赔支出36337万元，综合赔付率73.33%，其中车险理赔支出28491万元、非车险理赔支出7408万元、农险理赔支出438万元。理赔支出中，车险占比最大，为78.4%。全年实现利润3476万元，比上年减28.83%。（陈　科）

【中国人寿保险股份有限公司张家港支公司】 2014年，公司下设综合部、客户服务中心、个险销售部、团体业务部及银行保险部，下辖塘桥、乐余、金港、杨舍等4个营业部和7个营销服务部。有从业人员602人，比上年增204人。年内新增险种6个，分别为国寿鑫如意年金保险、国寿防癌疾病保险、国寿附加防癌两全保险、张家港市幸福港城惠老保险（60岁以上老年人综合意外伤害保险）、国寿鑫易宝年金保险、国寿鑫年金保险。累计设险种两大类326种。全年完成保费收入5.74亿元，比上年减17.89%。处理赔案6160件，比上年增50.53%。理赔支出1917.44万元。（聂民荣）

【中国太平洋财产保险股份有限公司张家港中心支公司】 2014年，中国太平洋财产保险股份有限公司张家港支公司正式升格为中心支公司，下设总经理室、综管部、财务部、销管部、客服部、业务部等部门，下辖8个营销服务部。有从业人员305人，比上年增43人。全年完成保费收入4.28亿元，比上年增21.57%。其中非车险收入10458.96万元、机动车辆险收入32291.39万元、水险收入908.26万元、意外健康险收入2087.99万元。保费收入中，机动车辆险占75.47%。累计处理赔案56343件，比上年增10.37%。理赔支出26185.43万元，比上年增36.24%，赔付率61.25%。其中，非水险支出3162.81万元、机动车辆险支出19311.87万元、水险支出2524.99万元，意外健康险支出1185.76万元。理赔支出中，机动车辆险占73.75%。实现利润1460万元，比上年减57.79%。公司市场占有率27.74%。（许　静）

【中国太平洋人寿保险股份有限公司张家港中心支公司】 2014年，公司下设个人业务部、法人渠道业务部、营运部、财务会计部及行政人事部，下辖市区营业部和金港、塘桥、凤凰、乐余、锦丰、杨舍等6个营销服务部。有从业人员669人，比上年增56人。年内新增险种3个，分别为安行宝两全保险、银发安康恶性肿瘤疾病保险A款、安泰宝两全保险，累计共设险种五类109个。全年完成保费收入45383万元，比上年增7.3%。其中个险期缴7973万元、意外险1553万元、银邮期缴704万元、银邮趸缴7858万元、续期23501万元。保费收入中，续期占51.78%。全年累计处理赔案4565件，理赔支出1159万元，赔付率36.33%，其中意外险理赔支出196万元、健康险理赔支出726万元、传统寿险理赔支出237万元。理赔支出中，健康险理赔占63%。年内，公司设计报批的“独生子女健康保险”险种被列入政府实事工程在全市推广。（魏　娟）

【中国平安财产保险股份有限公司张家港支公司】 2014年，公司设总经理室、综合管理部、业务管理部、客服理赔部等部门，有从业人员126人。公司严格执行“快、易、免”承诺服务，先赔付，再修车；1万元以下赔案从报案到赔付3天到账，并上门代收索赔资料；人伤案件在线服务、省心调解服务；免费提供24小时百公里道路救援服务。全年完成保费收入27758万元，比上年增14.87%。全年理赔支出15030万元，比上年增0.67%，其中车险支出14242万元、财产险支出622万元、意健险支出166万元。（陆凯萍）

【紫金财产保险股份有限公司张家港支公司】 2014年，公司设总经理室、综合管理部、业管部、客服部、3个业务部以及车行业务部。有从业人员47人，比上年减2人。全年完成保费收入4975万元，其中车险收入2629万元、财产险收入1762万元、意健险（意外险、健康险）收入584万元。保费收入中，车险占52.8%。全年累计处理赔案2640件，理赔支出1289.23万元。全年道路救助基金共垫付费用92笔，垫付金额281.9万元。（邵丽君）

中国人民财产保险张家港中心支公司迁入新址　（人保财险　供稿）

证券·期货

【概况】 2014年，全市新增证券营业部6家、新增期货营业部1家，分别为中信建投证券张家港营业部、华创证券张家港暨阳中路证券营业部、招商证券股份有限公司张家港证券营业部、海通证券张家港营业部、齐鲁证券张家港营业部、中信证券张家港人民中路营业部、创元期货股份有限公司张家港营业部。全市累计有证券营业部16家，期货营业部6家。

【东吴证券股份有限公司张家港分公司】 2014年，公司下设总经理室、综合部、财务部、信息技术部、业务管理部、财富管理中心等6个部门，下辖杨舍、金港、锦丰、塘桥、杨舍长安中路5个证券营业部。该公司及营业部有从业人员62人，提供IPO、中小企业私募债、财务顾问、新三板等综合金融业务。各营业部开设沪深A股、B股、权证、期权、港股、期货、国债、企业债券、国债回购、封闭式基金等交易品种，提供融资融券、股票质押回购、小贷宝等融资服务，提供现场交易、电话委托交易、网上交易、手机炒股等交易方式，并与中国银行、农业银行、工商银行、建设银行、交通银行等多家银行建立客户保证金三方存管业务。营业部客服中心实行客户经理制，为客户提供一对一服务，并提供电话咨询、在线咨询、短信、盘中提醒等多种咨询服务，帮助投资者把握投资方向。全年完成交易额794.77亿元，实现利润5829.67万元。

（肖　贝）

【华泰证券股份有限公司张家港杨舍东街证券营业部】 2014年，营业部有员工26人。开设A股、B股、债券、基金、权证、三板、H股、融资融券、IB业务等交易品种，提供网上交易、电话委托、磁卡委托、手机炒股、网上页面委托等交易方式，与工商银行、农业银行、中国银行、建设银行、交通银行、浦发银行、招商银行、中信银行、农商行等多家银行建立三方存管业务。依托公司的研究平台，营业部在“涨乐理财”服务体系的基础上推出升级版“涨乐财富通”等综合理财服务，并逐渐成为客户所接受的移动随身理财工具。营业部在张家港地区率先实现网上自助开户，并逐渐开发升级手机自助开户远程办理业务功能。年内，股基证券共开户2257户，其中有效户1736户；融资融券共开户1425户，其中有效户533户。全年实现交易额656.35亿元，比上年增116.5%，累计实现开放式基金销售37787.12万元，比上年增1663.69%。全年实现利润4891.7万元，比上年增80.17%。

（夏良亮）

华泰证券张家港营业部 （华泰证券　供稿）

【南京证券股份有限公司张家港步行街证券营业部】 2014年，营业部设有散户区、中户区、大户区及贵宾区，从业人员9人。营业部开设A股、B股、债券、基金、权证、新三板等传统通道业务以及期货IB、融资融券、股票质押式回购融资、各类金融产品代销、个股期权等业务。提供现场开户、视频开户、见证开户、网上开户、手机开户多种开户方式，提供现场交易、电话委托交易、网上交易，手机委托交易等交易方式，设有期货交易专区，与工商银行、农业银行、中国银行、建设银行、交通银行、招商银行、民生银行、浦发银行、光大银行、华夏银行等先后建立三方存管转账业务。营业部依托公司“快乐阳光”客户服务平台提供优质服务。全年完成交易额300.73亿元，比上年增74%，其中手续费收入1512.34万元，比上年增30%。实现利润992.51万元，比上年增32%。

（钱文娟）

【江苏东华期货有限公司张家港营业部】 2014年，营业部设有经理室、技术信息部、业务部、交易部、财务部等部门，有从业人员8人，均持有期货从业资格证书。公司配备文华、博易大师、掌上财富、博易五档、深度行情、文华高速行情5套行情系统，金仕达、CTP主用交易系统及多项个性化下单系统，交易方式采用网上交易、电话报单、临柜书面委托、手机下单、程序化交易、第三方API接入等多种形式。至年末，拥有固定客户835人。成交额1101亿元，实现客户保证金收入2.1亿元。

（陆丽华）

其他金融机构

【概况】 全市有小额贷款公司12家，分别为张家港昌盛农村小额贷款公司、市华芳农村小额贷款公司、张家港保税区锦泰农村小额贷款公司、市国泰农村小额贷款公司、市广大农村小额贷款公司、市沙钢农村小额贷款公司、市南丰农村小额贷款公司、市亚泰农村小额贷款公司、市中昊农村小额贷款公司、市金生科技小额贷款公司、市长江农村小额贷款公司、市金城泰农村小额贷款公司。各项贷款余额41.26亿元。年内累计发放贷款2993笔，金额81.62亿元，融资余额4.7亿元。有融资性担保机构8家（含3家分公司），注册资本9.51亿元，全年为869户企业提供1030笔担保业务，担保金额55.72亿元，年末在保余额47.35亿元。担保平均放大倍数4.18倍。有典当机构12家，分别为市锦泰典当有限公司、苏州广聚源典当有限公司、市鸿笙典当有限公司、市金生典当有限公司、张家港保税区宝盛典当有限公司、市盈祥典当行有限公司、苏州鼎丰典当有限公司、苏州东鑫典当有限公司、市永盛典当有限公司、市铭达典当有限公司、苏州亿通典当有限公司、苏州华富典当有限公司，年末累计典当余额32166.7万元，净资产33939万元。有主要拍卖机构7家，其中正常开展业务的有苏州天润拍卖有限公司、江苏广聚源拍卖有限公司、苏州市富城拍卖有限公司，3家公司年内共举办拍卖会84场，成交额4.11亿元。新增商业保理公司2家，分别为江苏金茂商业保理有限公司和江苏华程商业保理有限公司。

（赵宇光　糜岚岚　袁瑜婷　柳一虹）

张家港昌盛农村小额贷款公司

（昌盛小贷公司　供稿）

【市金港投资担保有限公司】 公司成立于2002年7月，是由市政府组建的国有全资融资性担保机构，注册资本4.5亿元。公司为全市中小工业生产企业提供短期流动资金贷款、银行承兑汇票、银行保函、开立信用证及进出口业务项下贸易融资等业务的担保，开辟有农业种植结构调整贷款和个人创业贷款两个特色项目。2014年，公司秉承"服务至上、规范管理、稳健经营、讲究实效"的经营方针，致力于拓宽服务广度和减轻企业负担。在担保费率方面，公司帮助企业在银行融资的基础上，担保费率按1.2‰计算，让利于企业；在担保业务方面，坚持为全市中小型工业生产企业服务，全年担保536笔，累计担保余额307154万元；在服务方式方面，扩大服务渠道，提高工作效率，提升服务档次和客户满意度。另外，公司还承担弱势群体就业和再就业担保贷款以及妇女创业贷款的任务，配备专人逐户上门调查，核定担保额度，解决他们在创业中的困难，全年发放小额担保贷款46笔781万元。

（赵继兵）

【江苏广聚源典当有限公司】 公司是商务部批准设立的特殊工商企业，是中国典当协会委员单位，江苏省典当协会委员单位，江苏省典当协会常务理事单位，苏州市典当拍卖投资常务理事单位，江苏省典当协会评定的10家"江苏省典当诚信经营示范企业"之一。2014年，公司拥有员工15人，其中中国贵金属首饰鉴定师、中国宝玉石鉴定师、中国钻石鉴定师各2人，中国注册旧机动车高级鉴定估价师2人，中国注册房地产估价师3人，经济师2人，会计师1人。公司主要经营质押典当业务、房地产抵押典当业务、限额内绝当物品的变卖、鉴定评估及咨询服务和商务部依法批准的其他业务。全年办理典当业务7897笔，典当总额17917.09万元，比上年减0.45%。营业收入266.25万元，比上年减10.93%。

（王国星）

【苏州市富城拍卖有限公司】 公司是中国拍卖行业协会会员单位、中国拍卖AA级企业、江苏省拍卖行业协会理事单位、江苏省拍卖行业诚信经营示范单位、苏州市工商联典当投资与拍卖业商会理事单位、张家港市青商会会员单位、张家港市总商会会员单位。2014年，公司有员工10人，其中国家注册拍卖师4人，注册土地评估师2人（兼职），中级职称8人。公司提供法律咨询、营销策划、信息发布、对外招商等系列服务，主要经营国家法律法规和政策允许的物品拍卖、拍租业务，全年举办拍卖会38场，成交额2.64亿元。

（徐　芳）

【新增小额贷款公司2家】 年内，全市新增小额贷款公司2家。9月10日，市长江农村小额贷款公司成立，注册资本1.2亿元，位于大新镇海坝路南延与新湖中路交界处。10月21日，市金城泰农村小额贷款公司开业，注册资本3亿元，位于扬子江冶金工业园华山路和杨锦公路交界处。至年末，全市共有小额贷款公司12家。

（赵宇光）

【首家商业保理公司落户保税区】 2月8日，全市首家商业保理公司——江苏金茂商业保理有限公司在张家港保税区工商局完成设立登记，这是苏州市第二家内资商业保理企业。商业保理是一种新兴贸易融资工具，是指由商业保理公司基于企业交易过程中订立的货物销售或服务合同所产生的应收账款，为企业提供贸易融资、销售分户账管理、应收账款催收、信用风险控制与坏账担保等综合性信用服务，是中小企业拓宽融资渠道的又一种新选择。金茂商业保理有限公司的设立，是保税区推进金融创新的重要成果，有利于保税区发展转型。至年末，公司办理保理业务12笔，预交保理款2.87亿元，销售收入612万元，利润总额262万元。

（邱亚峰）

【编辑　陆文琰】

综合管理

Comprehensive Administration

“安全到家·村村行”打通安全监管“最后一公里” （市安监局 供稿）

宏观经济管理

国有资产经营管理

国土资源管理

工商行政管理

物价管理

审　计

统　计

质量技术监督

安全生产监管

住房公积金管理

宏观经济管理

【概况】2014年，市发改委紧扣现代化建设三年行动计划主线和“810成效比拼年”主题，统筹推进稳增长、调结构、促改革、重生态、惠民生各项工作。全市全年完成地区生产总值2180.25亿元，按可比价计算比上年增6%。全社会固定资产投资780.02亿元，其中服务业投资345.07亿元，占全社会投资额的比重为44.2%，继续居苏州县市前列。完成服务业增加值965.22亿元，占地区生产总值比重达到44.3%。完成新兴产业产值2045.03亿元，占规模以上工业产值的41.2%。完成社会消费品零售总额458.32亿元。全社会用电量283.05亿千瓦小时。市发改委获市级机关绩效考核“突出贡献奖”。

政策编订及落实　针对金融风险呈高发态势并沿着担保链、互保圈蔓延现象，市发改委出台《关于涉企金融风险预警及处置工作的指导意见》，完善金融风险预警和处置机制，可释放全市担保链、互保圈担保贷款100亿元；出台《关于房屋余额抵押等相关事宜的政策》，帮助银行和企业释放出大量保证贷款。通过推行“牵头行”制度（完成华尔润集团和丰立集团债务重整）、建立临时性困难企业帮扶机制（帮扶困难企业15家，涉及债务总额260亿元），以及重大事项报送制度（涉及金融风险事件30条），有效处置各类金融风险事件，维护地方金融秩序。围绕服务企业发展，出台《张家港市科技保险保费补贴资金管理办法》，将政策性科技保险保费补贴工作由试点转入常态，放开承保机构准入，扩大科技企业选择范围，审核发放217.08万元保费补贴资金，涉及总保费758.92万元；出台《鼓励和扶持企业上市的补充意见》，为上市企业解决注册地和再融资问题提供明确依据；出台《关于进一步做好全市企业债券发行管理工作的意见》，确保企业债券借好、用好、还好。围绕打造“特色鲜明、产业链完整的县域现代服务业产业体系”目标，突出现代物流和专业市场，深入推进服务业改革试点。在研究明确2014年试点任务、试点单位和考核办法的基础上，确定十大试点项目、十大试点市场和十大试点企业。8家企业入选2014年度全国服务业500强，位居全省县级市首位。完成物流业增加值130亿元，比上年增10%。新增AAA级以上物流企业3家，累计30家，港务集团成为苏州县市首家全国AAAAA级物流企业。新增省服务业“十百千”重点培育企业6家，累计9家；正大富通公司入选江苏省服务业创新示范企业，累计3家。新增苏州市级现代服务业集聚区1家，累计8家。完成商品市场成交额3246亿元，比上年增16.7%，其中生产资料市场成交额3112亿元，比上年增17.3%。成交额超100亿元专业市场有5家。全年在促进服务业发展及企业上市等方面共落实兑现市级引导资金、补贴资金5000余万元。

项目推进与储备　6个省级重点项目完成投资113亿元，其中页岩气新材料综合基地项目、玖隆物流中心一期、康得新二期等5项推进正常。22个苏州市级重点项目全年完成投入210亿元。通洲沙西水道综合整治、玖隆物流中心、软件动漫园等17个项目完成时序进度。50个张家港市级重大产业项目完成投资300亿元，占全市固定资产投资的38.5%。28个在建结转项目中，25项进展顺利，其中康得新光学薄膜一期、金鸿顺汽车冲压件一期、中科晶元一期等5个项目竣工。13个年内计划新开工项目中，润英联润滑油添加剂、PPG涂料、海陆重工LNG船用装备项目等8个项目顺利开工。9个前期在谈项目中，道康宁有机硅下游新型产品、页岩气综合利用、中集圣达因低温装备等7个项目进入报批阶段。年末，市发改委组织9个产业项目申报2015年度省级重点项目，项目总投资1288亿元，年度计划投资162.2亿元，上报年度投资总额和项目数均位列全省县级市第一。申报2015年度苏州市级重大项目23项，总投资1608.7亿元，年度计划投资108.6亿元，上报项目年度计划投资总额位列

道康宁（张家港）有限公司　　（保税区　供稿）

苏州各县市第一。继续规划2015年张家港市级重大项目50项，总投资2302亿元，年度完成投资目标323亿元，包括在建结转项目28项、年内新开工项目13项（确保开工项目7个，争取开工项目6个）、前期项目6项、在谈项目3项。其中，工业项目34项，规划总投资1424亿元，汇总年度计划投资168亿元；服务业项目16项，规划总投资851亿元，汇总年度计划投资149亿元。

资金与指标争取　年内，市发改委突出全市层面涉及项目审批、土地供应、资金申报、政策扶持以及综改试点等方面重大事项，包括列入省级以上的重大项目、重点工程和重大规划等，梳理汇总向省级层面以上争取事项47项，其中国家层面18项，提交市委、市政府组织争取。专项资金争取方面，及时关注并经常与上级部门保持沟通，第一时间指导并推荐企业申报各类资金补助专项，全年对上争取项目数、资金量继续名列全省前列。市发改委全年共争取获得省级以上资金扶持33536.37万元。牵头以政府购买服务形式，完成第八期太湖流域水环境综合整治专项切块资金8027万元审核发放，涉及8个项目。老海坝节点综合整治工程获国家及省补助资金8000万元，朝东圩港治理工程获国家及省补助资金812万元。联合铜业、富祥新材料公司和经开区再制造基地分别获中央循环经济发展专项资金支持1000万元、1000万元、9100万元，冶金园获省级园区循环化改造示范试点第二批补助资金666万元，华盛精化工公司获江苏省战略性新兴产业专项支持1000万元，国泰新点软件公司获国家产业技术研究与开发资金高技术产业发展专项支持400万元。进口商品集采分销中心、青草巷农副产品批发市场、金港物流中心等6个项目获省服务业专项资金扶持1080万元，长峰电力公司、永钢集团、润忠钢铁公司等8个项目获国家电力需求侧管理专项资金扶持2371.37万元。根据国家发改委《农产品关税配额管理暂行办法》，年内共为39家企业申请农产品进口配额79.63万吨。先后为28家企业争取到农产品进口配额81982吨，其中棉花配额66482吨、小麦4000吨、玉米1万吨、长粒米1500吨。

【规划实施与研究】　年内，市发改委以“十二五”宏观规划为指引，推动实施以“810工程”为重点的现代化三年行动计划。“810工程”四大产业类项目推进顺利，其中十大制造业基地和十大制造业、十大服务业项目共完成投资460亿元，占全社会固定资产投资的58.97%；十大专业市场完成成交额3427亿元。全市产业集聚效应明显增强。牵头执行2014年国民经济和社会发展计划，规划推进50项重大产业项目、11项实事工程项目和20项重点领域改革任务，全市经济社会保持平稳发展的良好态势。突出重点领域，着力提高重大专题的研究质量。围绕深化改革，系统提出并分解“健全完善现代市场体系”重点任务，推动相关清单及专题的对上衔接、研究落实工作。围绕转型升级，牵头推进土地利用、城市规划、产业发展和生态建设“多规合一”试点，以及“依托长江黄金水道率先绿色低碳循环发展”综合改革试点研究，统筹优化资源配置，着力引导产业发展、土地利用、生态保护等空间布局优化，积极争取设立省转型升级综合实验区。围绕生态文明，对照国家五大类51项指标要求，编制完成实施方案和重点支撑项目规划，组织开展生态文明先行示范区申报。推进企业“新三板”挂牌三年行动计划（2014—2016），11家企业成功挂牌。针对沙钢、永钢集团专门研究制订资源综合利用发电规划，集中开展对高炉、焦炉等煤气（废气）综合利用的研究，2家钢厂废气利用率达到95%以上。9月12日，全市“十三五”规划编制启动暨前期研究工作部署会议召开。会议召开前，成立由市长担任组长的规划编制工作领导小组，以政府办名义下发《张家港市“十三五”规划编制工作方案》，明确前期重大研究课题和专项规划计划各18个，突出“更优质量推进转型升级路径、更快速度适应发展新常态、更高水平强化功能内涵、更高标准发展民生事业、更高水平提升大气水质”的总体思路，内容涵盖改革创新、转型升级、城乡一体、生态建设、民生福祉等方面。规划时限与国家“十三五”规划指导意见提出的要求一致，原则上规划任务以“十三五”时期为重点，对于主要目标初步设想将展望至2030年。规划衔接上，突出在空间布局上与编制“多规合一”规划相统一；突出与苏州市整体同步，作为苏州规划的一部分，与其他县市区的规划紧密对接。集中梳理拟纳入国家和省“十三五”规划的重大项目、重大工程和重大政策，其中重大项目19项，总投资超2000亿元。

【项目报批与审核】　年内，在对上报批方面，沙洲电厂二期项目报呈省发改委向环保部上报煤炭等量替代方案及环评报告。华兴电力二期项目取得省能源局下发的路条，市发改委积极争取与中石油签订天然气供气承诺函，落实每年10亿立方米的发电用气量指标。沙钢“1×135兆瓦煤气综合利用发电工程项目”获省发改委核准并投运。市发改委协调做好扬子江冷轧板、康得新光电、华灿光电首批3家企业参与“直购电”试点并通过省经信委审查。推进电力需求侧管理，至年末全市接入电能服务平台企业19家，完成永久性降低和转移负荷4.69万千瓦。双山过江隧道规划列入国务院审批的“长江干线新建过江通道规划重点项目”。保税区进口汽车口岸码头打包项目前期报批按计划推进，完成水利、海事、航道、安全预评价等前置报批手续。2个页岩气化工码头前期报批准备工作完成。沙钢海力码头6号泊位改造工程（20万吨级）前期报批推进顺利，水利、海事、航道的前置报批手续完成。完成大新重型装备制造基地内港池码头工程核准的争取工作。张家港天驰真空溅镀科技有限公司真空溅镀项目、北斗航天（苏州）能源科技有限公司纯电动汽车动力设备项目报省发改委核备，取得备案通知项目。万蓬木业公司赴赤道几内亚新设木材采运加工项目完成境外投资项目备案。市发改委组织向国家发改委申请进口设备免税3批，向省发改委申请进口设备免税1批，共涉及用汇额8551万美元。对内审核方面，全年市发改委窗口共备案项目1061项，总投资额337.68亿元；审批项目455项，总投资额402.88亿元，其中土地储备199项，总投资额102.46亿元。核准内资项目37项，总投资额137.93亿元。核准外资项目64项，总投资额87.72亿元。所有项目在市行政服务中心平台运行，提前率、办结率均为100%。全年完成25个重大固定资产投资项目的稳评工作。昆山中荣公司“8·2”特大事故后，组织核查近三年中核备的化工、机械装备、纺织、电子信息、新能源等16个行业297个工业、高技项目，梳理上报问题项目30项。

【长江经济带（张家港）绿色发展研讨会】 11月9日，作为2014年中国（张家港）长江文化艺术节经贸类活动之一，由省宏观经济研究院和张家港市发展计划研究会联合举办的长江经济带（张家港）绿色发展研讨会在暨阳湖酒店举行。研讨会响应国家长江经济带发展战略，围绕张家港依托黄金水道推进绿色发展主题，国家发改委、南京大学等各界专家学者进行了交流探讨。市委副书记、市长朱立凡作主题报告。报告从完善绿色发展体制机制、构建绿色发展产业体系、提升辐射带动能力三个层面，提出张家港打造现代亿吨强港、推进产业转型升级、构建循环发展模式、生态文明内涵发展、资源节约集约、提升发展生态农业六大任务。国家发改委副秘书长王一鸣系统解读长江经济带发展战略，交通运输部原总工程师蒋千、南京大学教授钱志新以及中国（上海）自由贸易试验区海关工作组副组长张炳政分别作专题报告。各区镇、各部门负责人及百家骨干企业负责人共150人参加研讨会。

（邓立新）

国有资产经营管理

【概况】 2014年，市国有资产管理办公室着力推进国资公司公务员身份脱钩事项，规范国资管理。规范清理国资公司党政领导干部任职、兼职情况，起草国企公务员脱钩后的国资管理工作建议方案，进一步加强国资公司组织架构建设。积极对接国资公司项目投资、项目贷款、发行金融资券，盘活存量资产助力国企发展，为国资公司发展注入活力，推动国有企业和国有经济平稳健康发展。加强资源优化整合力度，推动市粮食购销总公司重组工作，组建新的政府投融资平台。加强机关事业单位资产管理工作，提升资产利用效率和管理水平。加大国资公司考核力度，结合市属国资公司“十二五”规划，细化市属国资公司年度重点工作目标任务。落实薪酬考核管理办法，完善激励考核机制，激发市属国资公司员工干事创业热情。至年末，全市有一级国资公司14家、二级国资公司29家，总资产852.95亿元，注册资本71.33亿元。全年市国资公司总营业收入380.73亿元，实现利润（不含所得税）8.8亿元，完成净利润6.69亿元。

（黄　超）

【城投集团完成城建总投资52亿元】 2014年，市城市投资发展集团有限公司（简称市城投集团）发挥城建事业主力军作用，落实国有资产保值增值和资产经营责任，年内新增融资27.8亿元，完成城建项目总投资52.1亿元，其中新城区建设6亿元、前期费用21.8亿元、安置房建设17.6亿元、市政道路基础设施建设6.7亿元。新城区开发方面，城东新区在完成黄泗浦生态园概念性景观方案及深化设计方案基础上，以生态核心区建设为重点，完成河道清淤工程、黄泗浦大塘拓宽工程以及生态核心区内筑山工程，完成已动迁区域清表清障和交通路网建设工程招投标工作。黄泗浦生态核心区涉拆民宅920户、企业83家，其中民宅完成签约910户、企业签约率100%。城东新区内涉拆的4个安置小区中，新乘北苑二期（11户民宅、11家企业）、新乘北苑三期（11户民宅）及新航花苑（114户民宅、8家企业）动迁签约工作全部完成，丽新花苑二期涉拆64户民宅签约57户，3家企业完成丈量评估。城北科教新城围绕工程项目建设和生态环境提升两大内容进行，年内全面完成沙洲湖科创园项目，16幢多层均具备交付使用条件，其中8幢移交科创园发展公司，启用5幢，共完成投资3.15亿元。湖西商业配套3幢主体工程基本完成，完成投资9000万元，其中5500平方米确认招商意向。沙洲湖酒店竣工开业，完成投资3.5亿元。生态环境提升工作以环境整治和绿化覆盖为重点，在主要项目周边共设立主题围挡5500平方米，围墙修补及粉刷1600米，新砌围挡1200米，清理清运土方2.5万立方米，地块美化5万平方米，绿化覆盖90万平方米，土方平整面积约15公顷，相关整

沙洲湖　　（朱德明　摄）

治资金投入1080万元。一干河生态廊道（沙洲湖片区）第二阶段工程全面完工，完成绿道建设360米，绿化种植6.23万平方米，完成投资1350万元。年内安置房在建项目14项，总建筑面积214.15万平方米。竣工章卿小区（原七里庙三、四期）、仓基花苑、港新花苑二期、江帆北区二期4个小区，及前溪锦苑、范庄花苑2个小区部分幢号，竣工总面积56.74万平方米，3792套房。章卿小区、港新花苑一、二期分房工作完成，总面积25.54万平方米，1480套房。全年在建市政与结转道路工程项目20项，其中新开工项目15项，南苑西路改造、东环路北延、人民东路东延、北庄路、湖东花苑东侧道路、人保用房周边道路、仓基花苑西侧道路等7项竣工；结转项目5项，塘桥西环路南段改造、职中路北延、泗港路新建等3个项目竣工。全年共完成市政道路建造面积79.11万平方米，里程23.2千米，完成投资3.06亿元。（顾汝斌）

【金茂公司构建区域金融平台】 年内，市金茂投资发展有限公司（简称市金茂公司）围绕“国有资产保值增值”目标任务，加快构建区域金融平台，深入拓展新兴业务领域，严控重点行业风险，实施企业项目化管理，公司本部实现经营收入1.97亿元，系统上缴入库税收6922万元，实现利润1.8亿元。至年末，公司总资产33.8亿元，净资产13.37亿元。区域金融平台建设成效明显。公司下属金茂创投、金科创投累计投资项目21项，总金额22280万元。其中，自主投资项目3项，金额3300万元；上市公司定向增发项目3项，金额11480万元，分别为澳洋顺昌5000万元、黔轮胎4480万元、鹿港科技2000万元。至年末，公司创投、风投累计在投项目38项，投资总金额57934万元，其中金茂创投48484万元、金科创投9450万元。全年实施工业转型升级扶持基金项目12项，金额6800万元；天使基金人才项目4项，金额700万元。全面铺开与张家港农村商业银行合作办理股权质押担保业务，办理股权质押担保业务19笔，担保合同总额6813万元。做好风险管控，准金融服务逆势上扬。公司建立风控联席工作制度，融资、保理、创源三大板块全年实现业务近20亿元，利润约5000万元。下属金港、农业、机械3家担保公司发生担保额51.7亿元，在保户数650户，累计实现对外担保总额328亿元。融资租赁势头良好，全年投放融资租赁业务58笔，实现营业收入1.82亿元。商业保理稳妥起步，投放保理业务10笔，金额2.14亿元，保理余值1.5亿元。创源贸易开局良好，取得银行授信1.9亿元，业务范畴涉及进口开证、转口贸易套利、代理采购、代理销售，实现销售收入10.1亿元、利润737万元。楼宇经济渐显成效，金茂大厦建设加快扫尾。年内金茂大厦投入9600万元，累计投入4.3亿元，完成主楼一半以上的入驻率，辅房、裙楼全部出租，售楼回笼资金1.23亿元。沙洲湖大楼有序推进，投入资金8300万元，完成土地竞买、环评报告、建设用地规划许可证。此外，配合法院做好牡丹股份公司资产重组工作，牡丹股份公司破产处置基本结束。配合法院做好盛隆光电公司的破产清算工作，该公司破产清算进入资产评估阶段。（邱月花）

【金城公司新增股权投资5.8亿元】 2014年，市金城投资发展有限公司（简称市金城公司）新增股权投资5.8亿元，实现股权收益1.007亿元，上缴国有资本收益1390万元。至年末，公司总资产148亿元，比上年增29.82%，净资产56亿元，比上年增27.27%。股权投资优势持续放大。按市场化规范运作，完成北京三吉利能源股份有限公司25%股权共2.4亿股挂牌转让，竞拍价格69920万元。出资15220万元购买沙洲电力公司10%股权，占股比例由原10%增至20%。出资2705.7万元完成常州戚墅堰电厂增资，出资263万元收购沙电煤炭公司30%股权，出资2240万元参与黔轮胎定向增发，出资1700万元参股张家港威胜医药。作为主发起人完成组建金城泰农业小贷公司工作，出资1.05亿元，占股35%。成立金城融创创业投资公司，注册资本1亿元。出资400万元参股江苏物润船联股份有限公司，出资2995.86万元认购鹿港科技非公开发行股份，出资3000万元参股保税区科技小贷公司，出资4000万元参股市金宏资产管理有限公司，出资5000万元参股金港担保公司。融资保障创新突破。以同期较低利率成功发行七年期12亿元企业债券，启动并推进融资债券、永续债券等前期工作，全力落实市财政融资担保任务，至年末，公司贷款余额29.35亿元，担保余额109.26亿元。重点工程建设成效显著。人民路金城商务楼土建及室外工程基本完成；沙洲湖金城大厦按计划开工，年内完成大底板浇筑；原金城（地税）大厦积极开展营销工作；“810”十大民生工程之一的各镇天然气配套项目年度计划3.55万户全面完成。天然气应用工程全年新建管道138千米，累计1194千米。新增民用配套用户29096户，累计16.7万户；新增民用点火客户20707户，累计97414户；新增工商业用户142户，累计652户。全年实现供气4.26亿立方米，累计实现供气23亿立方米。双山岛开发投资取得阶段性成果。资金保障全力到位，双山综合开发公司全年完成各项融资及担保任务2.7亿元，完成还本付息2.88亿元，支付金港镇动迁安置等费用1.74亿元、各类工程款6705万元、管委会各类款项1.14亿元。双山综合开发公司成立三年中，累计实现投入22.6亿元。产权关系进一步理顺，配合双山岛旅游度假区管委会建立开发建设一体化管理模式，推进管委会所属双山岛投资开发有限公司的资产整合，推动双山综合开发公司运营管理模式调整。（吴瑕瑕）

国土资源管理

【概况】 2014年，市国土管理部门坚持保护、节约集约利用国土资源，主动适应国土管理新常态，全力配合土地出让金和耕地保护专项审计，不断提升耕地保护、依法管地、基础支撑等各种能力。年内，市国土资源局获市级机关绩效考核“综合贡献奖”。

耕地保护　持续开展国土资源管理考核工作，签订耕地保护责任书，逐级分解落实保护责任，明确耕地保护考核目标。建立占补平衡指标价格动态调整机制，将2014年度的占补平衡指标使用费提高到每公顷90万元。完成基本农田划定工作，实际划定保护面积3.19万公顷。完善基本农田界桩及标志的设立，更新基本农田保护标志牌110块。积极稳妥开展田、水、路、林、村的综合整治，稳步推进农村建设用地整理，全年完成增减挂钩复垦79公顷。市常阴沙现代农业示范园区土地整理项目竣工并通过省国土资源厅验收。依托西水道综合整治工程，率先开展耕作层剥离再利用工作，全年共剥离12公顷耕地2.6万立方米土方。

地块供应　按照突出重点、统筹兼顾、优化布局的原则，将1100公顷流量指标分解落实到各区镇、各载体，并反复修改完善流量指标上图方案和规划修改方案，促进用地布局优化，拓展发展空间。坚持有保有压原则，优先保障重点工程、民生工程以及产业政策好、投入产出高的项目用地，适量放大城市综合体、纯商业、文化类等用途地块供应。全年完成年度计划批次5个、独立选址批次7个、增减挂钩批次2个，报批总面积378公顷。落实供地237宗760公顷，收缴出让金55.87亿元。

集约用地　围绕节约集约用地双提升，12月，出台《关于开展“三优三保”行动促进节约集约用地的实施意见》，形成节约集约用地制度总框架。强化土地批后监管，全年办理开工申报96宗，竣工验收311宗；办理延期开竣工83宗312公顷，未按期开竣工征缴违约金5宗22.02万元；下发开工提醒函、违约责任告知函18份，企业按时开竣工意识得到强化。通过用地回购、鼓励流转、企业退低进高等举措，全年盘活优化低效用地353.67公顷。适度提高工业用地基准价，提高幅度7%至10%，并在工业用地出让挂牌价格上进行了衔接。

土地执法　根据2014年卫片工作的新变化、新要求，提前谋划部署，强化部门联动。坚持卫片检查与遥感监测工作同步开展，实行整改进展周报制度，加强对整改情况的督察，市政府办、市监察局等部门联合督察进展。全年查处违法用地46宗129.87公顷，处罚款484.4万元，到位318.6万元；处拆除面积7214平方米，处没收面积9.38万平方米。健全巡查网络，完善土地执法巡查制度、报告制度、约谈制度和执法监管共同责任制度，保证执法巡查工作到位、重大违法事项报告到位。周密部署“4·22地球日”“6·25土地日”和“8·29测绘法宣传日”等主题日宣传活动，营造良好的用地管地氛围。

权益维护　积极建言献策，合理保障“一村二楼宇”用地。通过下放安置房（商品房）初始登记权，清理归并行政许可事项，接通民生档案共享平台，进一步打通服务群众“最后一公里”；为进一步规范土地补偿费结算和管理使用工作，开展专项清理活动，组级土地补偿费统一实行组有、村代管、区镇监管的管理模式，保障安置费及时发放，全年共办理土地补出让、转让、流转、年租制审批事项156宗149.67公顷，发生金额7.65亿元。指导各村的宅基地申报、填写和收集材料等相关事宜，审批宅基地226户，其中原地翻建183户、新建（含扩建、出宅）43户。

地政地籍管理　健全土地登记制度，提高土地登记规范化水平，切实提升地籍管理水平，维护土地登记的公信力。全年办理土地补出让、转让、流转、年租制审批事项156宗149.67公顷，发生金额7.65亿元；发放土地使用证3.43万本；办理房产开发商分割宗地631宗，打印分割转让许可证书4.58万本，比上年增8.4%；协助法院查封、解封486宗地；办理抵押登记928宗1660公顷，抵押金额106.49亿元。组织开展第一次地理信息国情普查工作，第一阶段成果完成上报待验收。累计投入352万元，开展村庄地籍调查，完成农村土地承包经营权确权登记发证试点工作。

2014年张家港市一级类土地利用详细构成情况

表53　　单位：公顷

土地类别	年初面积	年末面积	变化情况	
			净增面积	净减面积
耕地	30526.08	30687.06	160.98	—
园地	3558.99	3524.58	—	34.41
林地	206.27	205.64	—	0.63
城镇村及工矿用地	28903.43	29163.18	259.75	—
交通运输用地	5682.96	5887.37	204.41	—
水域及水利设施用地	29391.47	28795.35	—	596.12
其他土地	403.34	409.36	6.02	—
总面积	98672.54	98672.54	613.16	613.16

说明：全市一级类土地利用构成情况为隔年确认数据

【土地储备交易】　市土地储备中心紧扣经营城市主线，科学推进土地储备、动迁安置、土地交易等各项工作开展。全年储备经营性用地66宗，总面积173.21公顷，按收储区域划分：市区储备19宗，面积44.89公顷；镇区储备47宗，面积128.32公顷。全年出让经营性用地31宗，总面积64.07公顷，成交总价27.98亿元，规划总建筑面积149万平方米。其中，市区出让11宗，面积26.26公顷，成交价12.93亿元，规划总建筑面积74万平方米；镇区出让20宗，面积37.81公顷，成交价15.05亿元，规划总建筑面积75万平方米。另通过公开挂牌、拍卖的方式出让工业用地115宗，面积439.07公顷，成交总价16.03亿元。全年共委托代建范庄花苑、前溪锦苑等4个安置房项目，建筑总面积87.65万平方米。其中，前溪锦苑709套安置房完成分房到户，465户涉拆群众得到安置。年内，市土地储备中心通过举办张家港市经营性用地推介会、开展点对点推介等多种方式，大力度开展经营性用地推介，提升张家港市城市影响力和市场辐射度。位列中国房地产上市企业综合实力前十强的碧桂园集团竞得塘桥镇大润发西侧3宗地块，规划总建筑面积39万平方米，拟开发建设小高层、高层住宅，主打全精装修楼盘项目，这是苏州区域碧桂园集团的首个开发项目。浙江上市房企嘉凯城集团竞得开发区3宗地块，规划总建筑面积47万平方米，拟建造高层住宅项目。

【工业用地新政出台】 12月10日，《关于开展“三优三保”行动促进节约集约用地的实施意见》下发，针对部分工业用地利用率低、供后监管难、产业生命周期较短等问题，明确规定实行工业用地弹性出让和开竣工履约保证金两项制度。意见指出，新增工业、仓储用地出让年限原则上按照30年设定，采取“6+24”分阶段方式出让，首期出让年期为6年。到期验收达到出让合同和监管协议要求的，转为24年续出让。达不到约定要求，将追究违约责任、限期整改直至终止出让。对用地有特殊要求的市级重点产业项目，经市政府批准后出让年期可为30年至50年。出让挂牌价格按照最高出让年限进行修正。在签订土地出让合同时，土地使用权人要按照土地出让金总额的10%缴纳开竣工保证金。按期开工的返还50%，按时竣工的返还全部剩余保证金。除不可抗力或政府原因外未按时开竣工的，严格按合同追究违约责任，违约金直接从履约保证金中抵扣，不足抵扣的由使用权人予以补缴。

【耕作层剥离再利用实施】 为加强对耕地资源的保护，减少优质土壤的浪费，缩短新增土地的肥力培育期，全面提升补充耕地质量，4月起，全市范围内所有非农建设项目占用耕地的，均应进行耕作层剥离再利用。耕作层剥离深度在30厘米至50厘米，对于遭受污染不能再利用的耕地，可以不再剥离利用，具体由农业部门进行核定。部分建设项目规划有绿化用地的，可以预留不超过10%的耕作层土壤用于内部绿化种植。耕作层剥离的土壤必须全部用于高标准基本农田建设。各区镇政府是实施耕作层剥离的责任主体，在建设项目申报阶段，均应向国土部门提出申请。经验收合格之后，市政府对涉及的区镇给予一定的财政补助。对未按要求实施剥离再利用的建设项目，国土部门将不办交地手续。全年全市共剥离耕作层土壤2.6万立方米，回填平整西水道整治工程46.67公顷新增耕地，其中26.67公顷完成耕作层土壤覆盖。

【张家港市获评全国地质灾害防治高标准“十有县”】 12月9日，国土资源部公布全国第一批地质灾害防治高标准“十有县”名单，张家港市名列其中。“十有县”是指在地质灾害防治方面，县（市）必须“有制度、有机构、有经费、有监测、有预警、有评估、有避让、有宣传、有演练、有效果”，且达到国家级高标准指标体系。张家港市始终高度重视地质灾害防治工作，将其作为“生命线”工程做实做牢。不仅动态掌握隐患点变化情况，还不断完善巡查机制，构建立体化防控预警体系。同时，通过散发宣传单、刷写标语、设置警示牌、发送短信、应急演练等方式，提高隐患点周边群众的防范意识和自救能力。全市连续10年地质灾害零伤亡、零事故。 （黄　喆　王翠翠）

工商行政管理

【概况】 2014年，张家港工商局改革登记促宽松准入，强化监管促公平竞争，主动维权促放心消费，综合考评列苏州市工商系统第一，被评为县区级依法行政示范单位。

企业登记管理　年内，全市登记各类新设市场主体13556户。其中，新登记内资企业235户，注册资本36.44亿元；新登记私营企业3665户，注册资本82.4亿元；新登记个体工商户9574户，资金数额10.48亿元；新登记农民专业合作社34户，资金数额6200万元。新登记外资投资企业48户，投资总额86362.99万美元，注册资本46433.03万美元，其中外方认缴35949.27万美元。24家外资企业办理增资手续，增加投资25003.1万美元，注册资本16092.36万美元，其中外方认缴8270.81万美元。11家外商投资企业办理注销登记手续。至年末，全市登记有内资企业2305家，注册资本609.09亿元；私营企业23717家，注册资本813.12亿元；个体工商户57030户，资金数额42.2亿元；农民专业合作社641家，资金总额11.92亿元。外商投资企业850家，投资总额110.44亿美元，注册资本55.73亿美元，其中外方认缴41.1亿美元。稳妥推进工商登记制度改革，推动注册资本认缴、年检改年报、“先照后证”、全程电子化登记等改革措施落地生根。创新性开展“先照后证”信息联动平台、“一口受理、一口办理”等探索性工作，推动市场准入更加高效便捷。3月1日改革实施起，社会创业热情被有效激发，公司登记数量比上年同期增53.29%。全市产业结构进一步优化，新登记第一产业市场主体比上年减31.58%，第二产业、第三产业分别比上年增31.13%和58.29%，第三产业市场主体新设数量及同比增幅明显占优。

合同管理　年内，张家港工商局办理动产抵押登记520件，帮助企业融资81.98亿元。累计建立农村合同帮农指导站148个。组织各类合同培训6场，培训企业658家。解决合同争议12件，解决争议金额26.77万元。现场监管拍卖行为17场次，拍卖成交5292万元。办理合同案件113件。落实合同格式条款行业1个。新发展苏州市级重合同、守信用企业13家，新命名张家港市级重合同、守信用企业1086家。

商标和广告管理 加大商标注册、运用、管理、保护工作力度，年内新增中国驰名商标2件、省著名商标13件、苏州市知名商标23件，全市累计拥有中国驰名商标16件、省著名商标139件、苏州市知名商标126件，位居全省前列。新增商标申请量1600余件，核准注册商标1000余件，累计有效注册商标19716件，国际（境外）注册商标109件，基本达到"一企一标"目标。主动承接经济转型升级过程中企业品牌发展需求，在各区镇挂牌成立商标战略实施指导站，实现商标基层指导网络全覆盖。积极拓宽商标运用渠道，指导2家企业获得商标质押融资5886万元。全年立案查处侵权和假冒伪劣商品案件36件，案值156.8万元。加大对媒体广告的监测和后续监管力度，共监测媒体广告155919条次，发现涉嫌违法广告3047条次，监测违法率1.95%，查处虚假违法广告案件97件，检查网络广告5393条次，发放行政指导书79份。以规范指导为出发点，提升违法广告整治力度，重点开展互联网重点领域广告专项行动和房地产广告专项整治行动。组织广告经营单位参加公益广告宣传，传播文明正能量，弘扬社会新风尚。《我们留给未来什么》获"国酒茅台"中国公益广告黄河奖银奖，《致童年系列》和《尊崇自然，敬畏生命》获"国酒茅台"中国公益广告黄河优秀奖；《致童年系列跳房子篇、折纸篇》《我们留给未来什么》《逆光》《酒驾猛于虎》4部作品分别获江苏省第二十届广告节优秀广告评比金奖、银奖、铜奖和优秀奖。

执法和维权 优化执法办案机制，组织基层经检中队长进行阶段性集中办案，提升执法队伍合力，全年办理各类案件409件，涉案金额2.19亿元。深化三方联动协作机制，在合作框架下办理商业贿赂、无照经营、商标侵权等案件14件，移送司法机关3件，该项工作在苏州市三方联动协作会议上作为典型经验进行交流。扎实开展房地产市场专项整治行动，查处案件71件，涉案金额1.4亿元。与公安、综治等部门密切联系，查获1起涉案金额近1000万元、涉案人员1000余人的"藏联虫草"传销案，及时遏制蔓延势头。指导分局结合辖区实际，以与群众日常消费安全相关行业、人群聚集行业、城乡接合部、校园周边、集贸市场等事故多发、易发的行业区域为重点，进行密集巡查及集中治理，规范相关行业经营行为，共疏导办照1200余户，依法取缔、限期自行关闭120余户，查办无照经营案件66件。组织开展幽香苑茶叶清查、坚果炒货类食品、豆制品、酸奶酪制品等30项专项整治清理行动，办结食品类案件89件。发挥快速检测优势和法检手段，加强对重要节点、重点地区、重点品种和重点经营者的食品质量检测力度，完成快检2500批，合格率99.9%；法检167批，合格率95.8%。网络交易监管机制更趋完善，推进网站身份公示，全市2675个网站完成真实身份公示，其中2595个网站悬挂电子标识，挂标率97%。加大对网络违法广告、虚假宣传、商标侵权、无照经营等违法行为的查处力度，实地检查网站经营者178次，删除违法商品信息17条，责令整改网站25个，查处违法案件21起。认真处理"12315"平台投诉举报信息，受理投诉、举报292件，法定期限内有效消费申诉举报办结率100%，为消费者挽回经济损失58.67万元。

【工商档案通过省五星级测评】 年内，张家港工商局在档案工作省三星级标准基础上，着手开展省五星级档案创建工作。新增库房196平方米，密集架36列，重新整理业务档案7.19万份，建设陈列室，最终以高分通过江苏省档案工作五星级单位测评。张家港工商局对档案资料进行分析和深加工，编纂《组织沿革》《大事记》《为民服务纪实》《创新成果集锦》和《案例汇编》等编研材料。至年末，张家港工商局有库藏文书档案92卷、6347件，工商专业档案166859卷，会计档案2825卷，基建档案37卷，照片档案4册134张，光盘档案38张，实物档案289件，所有企业档案均通过远程档案扫描一体化系统，实现电子文件和企业登记纸质档案同步归档。

【商标基层指导网络全覆盖】 2014年，张家港工商局将推进区镇商标战略指导站建设作为商标指导工作的主抓手，从4月初至6月，各区镇均挂牌成立商标战略实施指导站，商标基层指导网络实现全覆盖。强化工作保障，以健全商标监督管理服务网络，优化基层商标服务环境为出发点和立足点，各区镇做到商标战略实施指导站机构、人员、制度、经费"四落实"。明确工作职责，张家港工商局结合区域经济特点和商标现状，明确商标战略实施指导站商标宣教、商标注册指导、"三名"商标培育、助企商标维权、助企实施商标战略、制定区镇商标发展规划、开展商标调研等职责。站点特色突出，冶金园（锦丰镇）依托工商远程登记窗口优势，将工商远程登记窗口与商标战略实施指导站合二为一，从指导企业商标字号一体化开始，全程关注企业商标发展；经开区（杨舍镇）整合东城、西城、开发区3个工商分局资源优势，设置专门办公室，实行专人专职指导；保税区（金港镇）、凤凰镇等区镇，将站点与区镇经济发展局、企业管理局等部门合署办公，依托其招商引资、密切联系企业等优势，全力推进商标指导工作开展。

【4万家市场主体年报公示】 8月1日起，江苏省在全国率先启动企业、个体工商户年度报告公示工作。为提升各类市场主体对年报工作的认知度与执行度，引导市场主体提升责任意识，履行好年报公示的法定义务，张家港工商局多措并举，全方位推进年报宣传工作。借力媒体，在《张家港日报》刊登《关于2013年度企业、个体工商户年度报告的公告》，在张家港市电视台两个频道发布流动字幕，连

续刊登、发布一周。同时接受电视台采访，就年报时间、主体、方式、意义等进行宣传解释。8月，集中开展宣传活动：制作企业年报须知、个体工商户年报须知宣传易拉宝，发放到局机关大厅、行政服务中心、分局本部及每个工商组；在市电视台、区镇有线电视台高频播放流动字幕，提醒市场主体年报工作开始；在市区户外大型LED显示屏不定时播放和宣传年报公示内容，扩大年报公示影响度。做好解释答疑等具体指导工作，依托张家港在线网络平台发布年报公告、年报须知、操作设置、常见问题等内容，印制并发放《企业年报操作手册》《给企业的一封信》，帮助市场主体准确高效开展年报工作。至年末，全市有40086家市场主体进行了年报公示。

（柳一虹）

物价管理

【概况】 2014年，按照年初市政府下达的3.5%左右的消费价格涨幅调控目标，市物价局实行政府领导下的价格调控目标责任制，加强部门协调联动，形成价格调控工作整体合力。26家农产品平价商店共销售蔬菜321.36万千克，销售金额1155.6万元，为市民节约开支198.2万元。完善价格调节基金制度，在生猪冻肉储备等方面使用价格调节基金397.28万元。落实稳价安民措施，完善社会救助和保障标准与物价上涨挂钩的联动机制，共发放物价补贴397.3万元。全年居民消费价格指数累计比101.8，完成价格调控任务。年内，市物价局创设的“打通最后一公里，价格服务零距离——平价蔬菜直通车进社区”活动被评为2014年度全省价格系统创新创优成果奖。

价格管理　年内，《张家港市物业服务收费管理实施办法（试行）》修改完善，在广泛征求相关部门和群众意见建议，以及法制办审核基础上，拟于2015年2月1日起施行。稳妥实施非居民天然气调价政策，贯彻《省物价局转发国家发展改革委关于调整非居民用存量天然气价格的通知》，在调查经营企业财务数据和听取企业用户意见的基础上，制定调价方案。经市政府同意，将全市非居民用天然气销售价格调整幅度确定为每立方米0.35元，具体为非居民生活用气最高销售价格每立方米3.973元，其他（公用事业）用气最高销售价格每立方米3.793元，调整后的销售价格自2014年10月15日起执行。严格执行煤热联动政策，逐月采集对比热电企业煤炭采购均价，及时调整蒸汽价格。年内两次调低蒸汽销售价格，由每吨187.5元调至每吨172.5元。根据国家发改委、住建部《关于加快建立完善城镇居民用水阶梯价格制度的指导意见》，有序推行居民生活用水阶梯式水价。在充分调查全市居民实际用水量和周边县市阶梯式水价情况的基础上，科学测算全市第一阶梯水量标准，为制定居民生活用水阶梯式水价方案做好准备。严格执行商品房销售“一价清”和明码标价制度，完善普通商品住房价格备案制度。全年备案商品房（不含别墅）价格26件，备案面积117.45万平方米。其中，市区77.64万平方米，平均备案销售价格每平方米12915元；区镇备案面积39.81万平方米，平均备案销售价格每平方米7207元。核定前期物业公共服务费20件。

收费管理　对全市322个持有收费许可证的行政事业单位开展年审工作，年审率100%。落实国家、省清费减负政策，免收行政事业性收费2项，全年减轻企业负担750余万元。按国家收费动态监管系统要求，及时将186个收费单位基本情况、收费许可证信息以及收费年审数据录入全国收费动态监管系统。编制《张家港市行政事业性收费项目目录（截至2014年7月）》《各部门、单位比照执行的收费项目目录》，全面公布行政事业性收费目录清单。开展全市物价员工作台账考核和物价员证年审工作，逐一指导全市行政事业性收费单位建设规范收费示范单位。在对出租车行业运营、收费情况调研基础上，结合出租车司机代表意见，参照周边县市做法，9月1日起，出租车运价实行低速时距并计方式计费。推进医疗服务价格改革，指导市第一人民医院等7家参与改革的公立医院做好医药收费系统调整、收费公示变更等工作；及时统计医药服务项目工作量、收入等数据，定期对公立医院医药改革情况进行评估，为分析医改情况、调整完善方案打好基础。

成本监审　完善成本监审工作制度，开展成本监审、调查12项。其中，成本监审3项，上报成本12731.87万元，审核成本10286.23万元，核减2445.64万元，核减率19.21%。落实农产品成本调查信息公开发布制度和服务农调户工作制度，开展农户种植意向、农户存售粮情况、小麦成本收益等专项调查，针对农民节本稳价增收提出对策建议。

价格检查　开展节日市场、社会停车场停车收费公示、餐饮行业明码实价、商业银行服务价格、汽车销售、维修行业明码标价、涉车收费、宾馆酒店业明码标价、涉企收费、医药卫生服务价格专项检查等9项专项检查。立案查处违法案件14件，没收违法所得27.31万元，罚款5.4万元。下发《关于进一步加强和改进价格举报办理工作的意见》，进一步明确价格举报办理流程，年内受理价格举报咨询投诉287件，办结276件，退还消费者7.23万元。

价格服务　打造“阳光价格”品牌，开展政策宣传月活动，利用门户网站、“价格视窗”等平台发布信息，解读政策，回应群众诉求，公布各类价格信息20余万条。价格认证中心首次参与上市公司资产重组和涉案侵权商品等价格认定工作，全年完成价格认定、鉴证、认证4652件，共计18.65亿元。其中，贯彻中央加强反腐倡廉建设的精神，做好涉纪财物价格认定工作，完成涉纪价格认定8件，认定金额34万元。启动省涉税存量房3.0版本评估系统工作，完成存量房交易涉税价格认定417件，认定金额12.9亿元。推进价格争议调解处理，确立价格部门在社会纠纷大调解中涉及价格问题的调解主导地位。5月，会同公安部门成功调解一起损毁树木损失赔偿价格争议，调解金额1.4万元。

2014年度张家港市居民消费价格指数一览

表54

月份	居民消费价格指数	月份	居民消费价格指数
1月	102.08	8月	101.85
2月	101.85	9月	101.65
3月	101.97	10月	101.46
4月	101.65	11月	101.27
5月	102.38	12月	101.36
6月	101.97	全年累计比	101.79
7月	101.95		

【平价蔬菜直通车】 年内，市物价局以区域共建为契机，依托已经设立的农产品平价直销网点，在全市20余个社区开展平价蔬菜直通车活动，定时定点销售平价蔬菜、粮油等农副产品，为种菜种粮大户、社区居民之间搭建平台，减少流通环节，减轻群众菜篮子负担。全年销售蔬菜22.68万千克，销售金额69.32万元。

【价格诚信体系建设】 年内，为配合市文明办开展步行街星级诚信文明商户评比活动，市物价局拟定《星级诚信文明商户评比标准（物价）》，在步行街试行评定星级诚信文明商户，引导商家诚信经营。对2011—2012年获得江苏省价格诚信单位称号的39个单位进行复查；对申报2013—2014年省级价格诚信单位的企业进行指导初审，配合省物价局考核小组进行复审；保意电器公司等8个单位获2014年度江苏省价格诚信单位称号。指导各区镇明码标价一条街、收费公示等工作实现常态化运作。开展价格服务进万家等专题活动，提升全社会的价格诚信意识。在购物公园开展“阳光价格惠商利民”行动，培育2家苏州市明码实价示范店。5月26日，“张家港相知价格”微信公众平台开通，标志着“张家港相知价格”服务品牌进入微时代。市民通过微信，即可每日接收由市物价局推送的最新价费政策、今日菜篮子价格、民生商品比价等价格信息，享受便携式的价格资讯服务。年内共推送微信148条。

（张亚蓉）

审　计

【概况】 2014年，市审计局完成经济责任审计项目13项，财政审计项目12项，专项审计调查1个。完成基建工程项目定案数406个，送审14.6亿元，核减1.33亿元，核减率9.11%。跟踪审计送审8.74亿元，核减1.62亿元，核减率18.54%。审计发现问题79个，出具审计决定书7份，查出管理不规范资金12.6亿元，查补税金143.8万元、违规金额1037万元，提出审计建议79条，审计报告及相关专题材料得到市领导批示12篇次，移送线索1条。年内，市审计局获全省审计系统先进集体和市级机关绩效考核“综合贡献奖”等荣誉。

财政审计　2014年，财政审计注重把财政资金投入与项目进展、事业发展以及政策目标实现统筹考虑，把问绩、问效贯穿始终。根据审计意见，市财政局对2013年结转的本级公共财政预算支出指标明细进行统计分析，要求相关业务科室逐条梳理，提出处理意见并整改到位。关注财政的可持续性，特别是防控政府性债务风险，对一个中心镇政府性债务作专项调查，摸清三年中债务形成、现有债务规模、结构和存量土地情况，主要以数据指标具体分析该镇债务管控中存在的各类问题和风险，提出合理确定刚性、必需的项目建设，严格控制建设强度，切实减缓债务增加等建议。市审计局以企业负担的公平性、均衡性为关注重点，以计算机审计为主要手段，充分利用财政、税务、工商、国土、土地储备中心和房管等相关部门的业务数据，通过与企业（重点解剖建筑业和供电行业下属三产企业）缴纳税费（基金）信息进行比对，查找漏洞。促使地税部门在全市范围进行一次拉网式清查，既防止一线人员自由裁量权放大，又促进税费负担全面公平公正。

经济责任审计　进一步加大对中央“八项规定”落实情况审计力度，重点检查三公经费和会议费管理使用情况。既反映相关规定出台前的年度底数，又体现出台前后的增减幅度。助推市财政部门出台多项规范性管理制度，市审计局提出建议研究出台有关公用经费支出管理的操作细则，既方便各单位实际操作，也可为各类监督提供相关依据。财政部门根据审计建议，相继出台《张家港市市级机关会议费管理办法》和《党政机关公务接待的管理规定》等规范公务支出和公款消费的制度。

工程审计　除继续对通洲沙西水道、新泾路、晨丰公路、援疆工程等工程实施跟踪审计外，年内新增张皋路新建工程、六干河闸扩建工程、老海坝节点工程等跟踪审计项目。对工程造价审核人员的业绩薪酬考核办法进行调整、充实，2月出台《2014年度市基建审核中心聘用工程审核人员年度薪酬考核办法》，既考评工作总量，更突出审核质量、水平，考核办法操作性强、导向作用明显。4月，《审计信息化工作实施意见》出台，基建审核中心开发的工程管理软件，于7月末投入试运行。借助工程管理软件，进一步规范工作流程控制，提高工程审核质量，加强对委托中介审核项目的管理。

【两项审计管理办法调整出台】 年内，市审计局对区镇经济责任审计中的关注指标进行全面梳理后作出适当调整，使之更贴近市委、市政府工作重心，准确体现新要求，及时反映新情况，重点关注新问题。4月17日，《关于调整、完善区、镇党政领导干部任期经济责任审计评价内容》出台，增加了生态环境保护和建设、城乡一体推进建设、区镇腾龙换鸟情况、"810工程"项目推进情况等内容。9月9日，结合审计工作实际，市审计局出台《张家港市审计现场管理办法(试行)》。该办法共36条，从审计业务、质量、纪律、经费、责任追究等方面提出明确要求，对审计组的现场审计活动作出具体规定，为审计现场的科学化、规范化管理提供了制度保障。

(陆　维)

统　计

【概况】 2014年，市统计部门以搞好第三次全国经济普查和提升统计公信力为重点，在统计调查、统计监测、统计法制、统计基层基础建设等方面都有新作为。市统计局获评第三次全国经济普查省级先进集体，苏州市统计系统综合考评第三名，被张家港市委、市政府授予金融合作先进集体和节能工作先进集体等称号，获市级机关绩效考核"优秀贡献奖"。

统计调查　学习贯彻国家统计方法制度改革要求，加强对基本单位名录、三次产业主要经济指标及社会科技进步等方面的统计资料收集，执行联网直报各项规定，按时上报、如期公布各项统计资料。依据党委、政府决策需求和百姓关注热点问题，及时开展"人民群众对检察工作的满意度""张家港市预防职务犯罪工作满意度""粮油市场供应及品牌情况""城市园林绿化满意度""省级机关绩效管理社会公众满意度"等十余项专项调查。工业统计方面，开展重点行业调研，研判未来走势，提出政策建议。能源统计方面，做好重点耗能企业监测，及时跟踪预警。投资统计方面，深入基层，了解"810工程"项目情况。

统计监测　围绕"810成效比拼年"主题，着力做好现代化、转型升级、腾笼换鸟、节能减排、高新产业、文化产业、生态文明、金融风险等统计监测评价工作，关注周边城市动态，年内撰写各类统计分析报告50余篇，统计信息、动态320余条。其中，《张家港市大中型企业科技竞争力研究》获全市第六届哲学社会科学优秀成果二等奖，《张家港市"GDP含金量"及关联指标分析》获苏州市2014年度市(区)优秀统计分析报告二等奖，《看到"稳中有进"，认清"进中有忧"》等文引起市委主要领导重视并作出批示。

普查员使用掌上电脑进行经济普查上门登记　　(市统计局　供稿)

统计法制宣传和执法　在《张家港服务业月报》刊载《江苏省统计条例》等学习材料，在张杨公路上设置"认真执行统计法律，坚持实行依法统计"的大型户外法制宣传广告牌，在《张家港日报》开设专栏，利用各种会议发放宣传资料5000余份，在沙洲职业工学院、江苏城市职业学院(张家港办班点)等院校进行《中华人民共和国统计法》等统计法律法规宣传。成立张家港市《江苏省统计条例》宣讲分团领导小组，分赴各区镇和相关单位宣讲。对全市近3000家"四上"企业(指规模以上工业企业、资质等级建筑业企业、限额以上批发零售业和住宿餐饮业、限额以上服务业企业)进行自查自纠和抽查，对超5000万元的投资项目均进行实地检查；重点对大新镇12家企业及其他56个单位进行执法检查，立案查处12家企业，并对企业违法行为进行曝光。

统计基层基础　年初制定《2014年全市统计基层基础建设工作方案》《2014年张家港市部门统计基础建设工作计划》。围绕全市"四位一体、整体推进"工作目标，推进区镇、联网直报企业、相关部门和村(社区)的统计基层基础建设。一方面继续以规范指导、分工辅导、示范引导、总结督导各项措施为工作抓手，规范全市近3000家"四上"企业统计工作；另一方面按照"分类指导、分批实施"的原则，着力建立部门统计基础长效机制。

【第三次全国经济普查】 年内，通过全市各级普查机构和普查员5个余月工作，对全市28889个法人单位，2651个产业活动单位(各类分支机构)的基本属性、组织结构、从业人员及工资总额、财务状况、生产经营情况、能源和水消费情况、科技和信息化情况七类30张普查表进行普查登记和数据处理，对52567户个体工商户资料使用掌上电脑进行上门登记。经汇总，普查各项主要指标与全市经济发展实际基本吻合。根据普查结果，印发第三次经济普查信息三期，刊载各类成果信息10余条。

(陈　莉)

质量技术监督

【概况】 2014年，苏州市张家港质量技术监督局(简称张家港质监局)坚持"抓质量，保安全，促发展，强质检"工作方针，全力打造"质企互联"服务品牌。

质量监督　质量载体建设有力推进，国家化工设备质量监督检验中心加快建设，HIC、SSC项目检测成为全省首家具备该检测资质的机构，为全市特种设备制造企业赢得上亿元产品订单。联合市水利局搭建水利工程质量保障平台，填补张家港及周边地区无专业水利检测机构的空白。联合市工商联、江苏科技大学在全省首家成立行业质量效益服务中心。成功申报“冶金及化工设备制造行业公共检测服务平台建设”科技服务项目，成为全市首个获科技部专项扶持资金的单位，扶持资金100万元。张家港质检所获市科技局立项的“基于磁性分子印迹的呋喃类抗生素的快速检测”科技发展项目通过市科技局及验收组专家验收。食品质量安全保障有力。开展24家食用油、调味品、肉制品、酒类、饮料中小企业提档升级活动。巩固桶装水惠民实事项目成果，对7家桶装水企业进行两轮监督检查和一轮抽样检测，产品全部合格。开展食品生产单位日常检查和小作坊特别是豆制品小作坊、肉制品、食用油、食品添加剂、乳制品及含乳食品专项整治，抽样137批次，合格率99.27%。完成产品质量检验23160批次。联合市卫生局在苏州率先试点开展产品伤害监测工作。全年立案查处案件76起，假冒伪劣产品货值722.98万元，捣毁生产假冒伪劣产品黑窝点4个。与武进质监局联办的江苏亚飞电缆案获评质检总局“质检利剑”十大典型案件，承办的安徽天康电缆案入选省质监局专项执法行动优秀典型案例。

质量管理　以质量强市为目标，服务全市转型发展。实施《张家港市推进质量强市建设三年行动计划（2013—2015）》，国泰国际集团、江苏海狮集团2家企业获得第二届张家港市长质量奖。23种产品被评为江苏省名牌产品，55种产品被评为苏州市名牌产品。2014年市级以上品牌企业销售收入占规模以上企业销售收入比重比上年提高0.95个百分点，自主品牌企业增加值占国民生产总值比重为28.5%。冶金工业园精品钢材产业集群第一批获评2014年江苏省优质产品生产示范区。7月，《科技部、财政部关于2014年度中小企业发展专项资金科技创新、科技服务和引导基金项目立项的通知》下发，张家港质监局申报的“冶金及化工设备制造行业公共检测服务平台建设”科技服务项目通过审查批准立项，并获扶持资金100万元，成为全市首个获得业务奖励项目立项的单位。该科技服务项目的成功立项，是张家港质监局下属市质检所首次获得的国家级科技项目。

标准化工作　市政府对2013年实施技术标准战略的103家优秀企业奖励620万元。全年共为企业办理代码证14831份、IC卡10823张。全市企业主导或参与制订、修订国家及行业和地方标准50项，采标55项，标准制定工作组落户2家。神园葡萄的鲜食葡萄品种小辣椒生产技术规程获得省级地方标准立项。玖隆钢铁物流标准化试点和永钢碳排放循环经济标准化试点项目分别获得省服务业、省循环经济标准化试点立项。沙钢煤浆用输送管道和盛港玻镁平板2项国标获得省级新兴战略项目立项，澳洋医药物流通过省服务业标准化试点验收。

计量工作　年内，张家港质监局免费检定全市54家农贸市场2782台电子计价秤和185家村级卫生室、社会福利机构、计生指导站的344台血压计、48台B超仪。全年检定计量器具25万台件，减免检定费约23万元。联合市物价局、市住建局转发苏州质监局《关于规范瓶装液化石油气计量行为的通知》，规范瓶装液化石油气充装计量行为。率先在全省范围对LNG加气机开展计量校准，为企业产品出厂检验提供把关服务。

特种设备安全监察　全年培训特种设备作业人员8710人次，特种设备定期检验19082台，压力管道定期检验40.49千米。开展电梯维保单位星级评定考核，电梯维保单位维保过程监控软件试运行。会同市发改委、市安监局、市供电公司等部门对19家热电厂进行特种设备专项安全检查，联合住建、安监、消防等部门对全市液化石油气充装检验单位进行大检查。完善气瓶“一瓶一码”管理。推广RBI（基于风险的检验）及城市天然气埋地管道检验，保障全市首条埋地高压燃气管线顺利开通。年内，全市未发生重特大特种设备安全事故。

2014年度张家港市企业创江苏省名牌产品情况

表55

企业名称	商标	产品（产业）名称
市新港星科技有限公司	港星	冷轧电镀锡薄钢板
攀华集团有限公司	攀华	镀锌板
		彩涂板
		冷轧板
江苏沙钢集团有限公司	沙钢	船体用结构钢板
		石油天然气输送管用热轧板/带
		热轧低碳钢带
		无扭控冷热轧盘条
		钢筋混凝土用热轧钢筋

续表55

企业名称	商标	产品（产业）名称
江苏永钢集团有限公司	联峰	优质碳素钢热轧盘条
		冷镦用热轧盘条
		热轧带肋钢筋
江苏大唐纺织科技有限公司	大唐公主	配套床上用品
江苏鹿港科技股份有限公司	鹿港	精纺呢绒
市巨桥毛纺织染有限公司	巨桥	精纺呢绒
华芳集团有限公司	华芳	高支高密纯棉坯布
苏州龙杰特种纤维股份有限公司	龙杰	FDY涤纶长丝
江苏新美星包装机械股份有限公司	新美星	吹灌旋一体化生产线
市青草巷农副产品批发市场	青草巷	专业批发市场
市第一人民商场有限责任公司	第一人民商场	百货零售
江苏国泰新点软件有限公司	新点（Epoint）	软件
江苏澳洋纺织实业有限公司	澳洋	服装
		精纺呢绒

【质企互联服务品牌打造】 年内，张家港质监局深入实施《张家港质监局服务810工程十条举措》，组织召开服务810工程网格化对接座谈会。联合中集圣达因公司助推俄罗斯首台LNG加液车问世，得到江苏省委和国家质检总局领导肯定。协助张家港中集圣达因低温装备有限公司“应变强化低温容器产业化”项目获得两项国家级荣誉。深化“沙钢模式”服务，为沙钢、永钢、骏马集团、华昌化工等10余家重点企业的原辅材料以及市政工程设备材料进行质量把关，上门服务56次，涉及轴承、电缆、工业原料、大米等10余种产品，为企业挽回经济损失400余万元。严格履行“工作零差错，服务零拒绝”服务承诺，实施机关工作廉洁标准化工作，完善纪检交叉办案制度，倡导“莲心立质监，节己生质量”廉洁文化理念，促进制度标准化、工作正规化、运作高效化。

【省内首个质检机构HIC、SSC项目通过实验室资质认定】 5月28日至29日，市质检所新上的HIC、SSC项目（HIC是抗硫化氢腐蚀检验，SSC是在HIC基础上做的应力试验，这两个项目均为石化设备及零部件出厂必检项目）通过省质监局专家组现场资质认定审核，成为该项目在全省质检系统唯一一家具备检验资质的机构。评审组专家按照评审规范要求，对市质检所申请扩项的金属材料氢致开裂、应力腐蚀试验共9个检验参数进行认真细致的考核评审，先后考察试验设备和环境条件，查阅管理体系文件和体系运行记录，抽查人员技术档案、仪器设备档案、检定证书、检验原始记录等资料，还通过询问和现场测试等方式对市质检所的检测能力进行现场考核评审。通过审核，评审组认为市质检所的质量体系运行情况和技术能力满足《实验室资质认定评审准则》的要求，能够保证检验数据的公正性、独立性，最终一致同意该所通过现场评审。

【质监部门助推俄罗斯首台LNG加液车问世】 2月，在张家港质监局的参与指导下，张家港中集圣达因低温装备有限公司与中集智能的工程师团队前往俄罗斯最大汽车厂商KAMAZ集团总部，在KAMAZ集团工程师协助下，历时10天，于3月1日顺利完成中集圣达因LNG加液车罐体与KAMAZ底盘的安装与加液整车调试。作为俄罗斯首台LNG加液车，它不仅是KAMAZ集团LNG整车、公交车的加液设备与运营保障设备，更将为俄罗斯起草LNG加液车的国家标准提供确实的参考依据。张家港质监局为此专门成立质量检验帮扶小组，发挥职能和技术优势，为全市特种设备制造业走向国际市场保驾护航。（李　昊）

安全生产监管

【概况】 2014年，市安全生产监督管理部门扎实推进安全生产各项工作，着力提升基础管理水平，从根本上预防和减少安全生产事故，全市安全生产形势持续稳定向好。年内，市安监局获评省安全生产新闻宣传先进单位、省冶金等工贸行业安全生产先进集体、市文明单位等称号，获市级机关绩效考核“突出贡献奖”。

安全监察　年内，市安监局依托安全生产告知承诺专项行动，发放告知书7324份，企业承诺书签订率100%，并全部实现ABC分类监管。与社保部门加强信息共享，对389家工伤事故企业开展集中检查，发现并整改隐患920条，集中约谈事故企业法人代表18批次。强化日常安全执法检查，扎实开展夜查、抽查以及“四不两直”（即不发通知、不打招呼、不听汇报、不用陪同接待，直奔基层、直插现场）暗察暗访行动等，全年检查企业10676家次，排查整改隐患11152条，实施事前处罚270起，采取行政强制措施65起，查处群众举报194起。完善优化隐患排查信息系统，5483家企业注册使用信息系统，及时上报并整改各类隐患14969条。52个三级政府挂牌督办重大隐患按期完成整改，累计投入整改资金1.35亿元。有序推进危化品重点县（市）攻坚工作，督促88家涉及“两重点一重大”（安监部门重点监管的危险化工工艺、重点监管的危险化学品和重大危险源）和危化品输送管道的企业，按规定完成自动控制升级改造。鼓励企业提档升级安全标准化水平，全市共有一级安全标准化企业4家、二级35家、三级1427家。强化职业卫生监管，确定228家职业病危害重点监管企业，并对其中120家职业病危害突出企业进行重点整治。组织专业机构对100家职业危害重点企业作业场所实施监督检测，对38个新、改、扩建项目进行职业病危害立项前审核，组织10家示范企业参与中日职业卫生管理课题改善计划，以点带面，强化职业危害源头防控。

应急救援　优化完善网络，督促各镇（街道）、村（社区）和企业落实安全生产应急管理职责，对全市50支安全生产应急处置队伍进行二轮实地检查，现场指导企业队伍建设训练。组织考察先进地区应急管理先进经验，为应急队伍添置110万元专业装备，加强技术训练，优化全市应急处置队伍建设工作，建立健全应急救援网络。统筹协调强化演练，深化部门间协作联动，协调质监、卫生、公安、消防、住建、燃气公司等应急联动部门，举行居民社区突发事件、校园突发事件、危化品道路事故、人员密集场所火灾等4次市级综合演练。督促指导各区镇、企业开展应急演练773家次。成功处置突发事件，5月4日，一辆装载22吨剧毒危险化学品丙烯腈的危化品槽罐车，在沿江高速与锡张高速枢纽处发生侧翻，成功排除险情。9月15日，成功处置一起长江废弃液氯钢瓶泄漏事故。

宣传教育　全年组织安全生产专业培训240期，完成法定培训22509人；深入企业、社区开展安全辅导91次，9.5万人受益。加强与新闻媒体合作联系，围绕节后复产复工、典型事故分析、夏季安全生产等主题，制作播出《安全到家》电视专题节目12期；围绕专项检查、安全热点、预警排查等专题，制作播出《安全整改看落实》系列节目；结合各阶段安全形势，在《张家港日报》刊发专版12期，并新开辟安全知识小栏目，增强可读性和实用性。打造新媒体平台，推出张家港市首款安全主题手机客户端软件“安全到家”，为市民群众生产生活提供贴心、便捷的安全服务，该软件获得苏州市“新媒体普法”优秀创意案例三等奖。通过微信、微博、互联网等新媒体，组织“安全隐患随手拍”、安全知识竞赛等系列社会化宣传活动。以“安全生产月”为抓手，坚持贴近基层，走进政风行风热线直播间，与市民听众零距离交流，继续优化安全文艺演出、安全文化下基层、安全咨询日、安全生产专题讲座等活动，共组织安全文艺进社区、进企业巡回演出18场，电影巡回放映83场，全面营造关注安全、关爱生命的社会氛围。

【村级企业安全监管】 年内，为做到重心下移、关口前移，切实解决中小微型企业安全生产薄弱的突出问题，市安监局启动“安全到家·村村行”活动。活动以村（社区）为基本单位展开，通过全面检查、集中通报、警示培训、跟踪整改和信息反馈等五个环节，对全市180个行政村（社区）7509家企业进行拉网式检查，发现并督促整改隐患3596项，召开通报会和警示教育82场次，5338人接受专业培训。通过活动，市安监部门宣传安全生产各类政策规定，推广优秀企业监管经验，初步建立中小微企业安全管理长效机制，较好解决了安全监管“最后一公里”问题。

【“六打六治”专项行动立体推进】 根据国务院、省、苏州市政府相关决策部署，6月中旬，在全市范围开展安全生产检查整改专项行动；8月中旬，启动“六打六治”打非治违专项行动（即打击矿山企业无证开采、超越批准的矿区范围采矿行为，整治图纸造假、图实不符问题；打击破坏损害油气管道行为，整治管道周边乱建乱挖乱钻问题；打击危化品非法运输行为，整治无证经营、充装、运输，非法改装、认证，违法挂靠、外包，违规装载等问题；打击无资质施工行为，整治层层转包、违法分包问题；打击客车客船非法营运行为，整治无证经营、超范围经营、挂靠经营及超速、超员、疲劳驾驶和长途客车夜间违规行驶等问题；打击“三合一”“多合一”场所违法生产经营行为，整治违规住人、消防设施缺失损坏、安全出口疏散通道堵塞封闭等问题）。为确保活动取得实效，将“六打六治”与检查整改行动有机整合、协同推进。特别加大对易爆粉尘企业、燃气管道和城镇燃气、

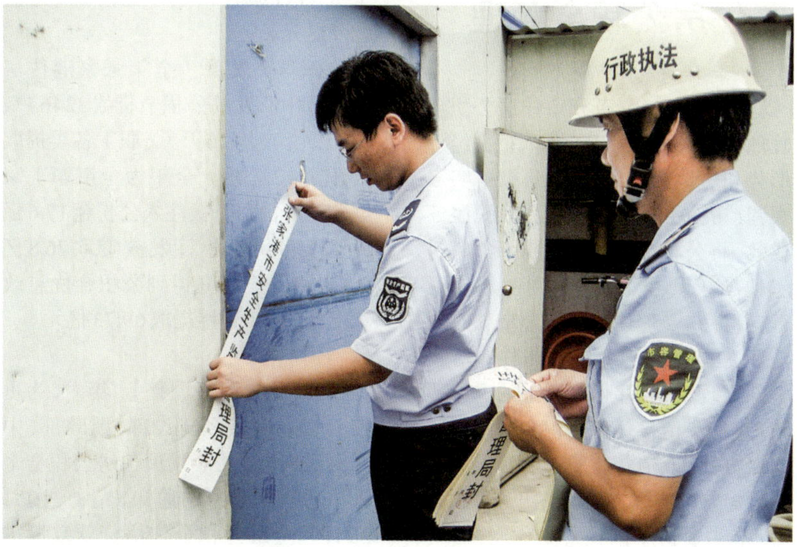

“六打六治”查处化工生产黑窝点　（市安监局　供稿）

交通运输、建筑施工、消防及九小场所等六个领域的打非治违力度。市主要领导深入一线开展安全检查，市委各常委对接一个区镇，市政府各副市长检查分管条线，督促落实上级关于安全生产的一系列部署，切实解决重点难点问题。各区镇、各条线对重点行业、重点单位和关键环节组织开展专项监督检查，共检查企业10391家次，出动检查人员13906人次，排查隐患7486条，行政处罚2200起，立案查处“三非”企业和人员32起。

【安全生产网格化监管】 为贯彻落实上级关于安全生产工作的重要部署，健全事故隐患排查治理体系和安全预防控制体系，8月，《张家港市工业企业生产安全网格化监管实施意见》发布，努力构建“三纵三横”的安全生产监管工作责任体系，落实监管部门的直接监管责任和地方政府的属地监管责任，以生产经营单位为基本网格单元，构建网格化监管平台。立足全市实际，以行政村（社区）为单位，将9个板块划分为218个监管网格，对网格内企业实行A、B、C分层分级管理，企业安全生产网格化监管格局初步形成。在此基础上，组织全体网格监管员进行专题培训，增强人员业务能力。同时，配备必要装备，进一步提升全市安全网格化监管的科学化、规范化水平。 （丁　玲）

住房公积金管理

【概况】 2014年，苏州市住房公积金管理中心张家港分中心深入把握经济形势和房地产市场变化，贯彻落实宏观调控决策部署。提高惠民利民服务成效，将公积金贷款每笔80元的“房屋他项权利登记费”协调由放贷银行支付，在受理住房公积金贷款时取消职工提供购房合同复印件。落实三部委政策，有序做好职工的退保费清理，稳步衔接住房公积金贷款保证担保方式，取消贷款职工的担保服务费。完善延伸服务和现场服务方式方法，落实窗口午间正常工作制，做大做优“企业公积金服务快车”，建立完善“五个一”单位服务长效机制（一个服务包、一张联系卡、一次回访、一场培训会、一月一送卡），实现缴存企业与公积金中心沟通零障碍、服务零距离。推广应用公积金云服务平台，打造功能完备、业务规范、信息透明的阳光便捷政务服务平台。会同上市办对全市70余家拟上市企业和新三板拟挂牌企业进行专题业务培训，增强企业法人依法履行缴存义务的责任意识，制作一部公积金政策题材的动漫微电影，通过幽默风趣的艺术表现方式，直观宣传公积金政策，实现宣传能力和效果的新提升。按照窗口服务标准和业务网点管理要求，加强窗口服务常态管理，在公积金服务大厅及6个业务网点启动“找差距、抓整改、快达标”服务提升活动，通过每月五星示范岗、每双月服务网点流动红旗评比，在服务一线营造争先创优工作氛围，推动窗口规范化、精细化服务形成常态。优化服务大厅环境，调整整体布局，以信息化引领服务创新升级，在苏州同系统内首家上线运行智能化优质服务评测系统，较好提升了智能服务和科学管理水平。

公积金归集　全市新增缴存公积金开户职工31326人，净增缴存职工6263人，年末缴存人数22万人。全年实现归集住房公积金22.2亿元，比上年增2.8亿元，增幅14.14%。历年累计归集130.3亿元，归集余额60.4亿元。年均归集率100.67%，职工人均月缴存858.16元，月归集额1.89亿元。

公积金发放　全年张家港住房公积金中心发放公积金贷款3246户、8.3亿元，户均26万元，职工各类提取公积金12亿元。全年为全市职工家庭购建房消费直接注入公积金17.6亿元。全市历年累计发放贷款76.8亿元，3.68万户家庭得到公积金优惠政策支持；历年累计提取69.73亿元。

【住房公积金政策调整】 年内，为贯彻落实住房城乡建设部、财政部、中国人民银行《关于发展住房公积金个人住房贷款业务的通知》精神，10月28日起全市公积金住房贷款政策进行调整。借款申请人在申请之月前连续按期足额缴存公积金的期限，由之前的十二个月调整为六个月以上；第二次办理住房公积金个人住房贷款的，首付款比例从不低于住房总价的50%调整为不低于住房总价的30%。为继续加大对职工家庭解决基本住房需求的支持力度，11月28日起，恢复执行中小套型住房公积金个人住房贷款的有关规定，职工家庭首次使用住房公积金个人住房贷款，购买套型建筑面积90平方米（含90平方米）以内的普通住房，且住房总价不超过110万元的，新建住房贷款最高限额可计算到住房总价的80%，存量成套住房（二手房）贷款最高限额可计算到住房总价的70%。为进一步体现公积金制度的互助性和公平性，3月1日起，个人公积金账户设立五年以上且未办理过公积金贷款、未发生过公积金提取行为的，将获得奖励。奖励金额按照职工个人住房公积金账户销户时的账户余额乘以奖励比例进行计算。奖励比例根据职工未使用住房公积金的年限分为两个档次：未使用年限在五年以上（含五年）至十年的，补贴比例为五年期定期存款基准利率与三个月定期存款基准利率之差；未使用年限在十年以上（含十年）的，补贴比例为五年期定期存款基准利率上浮20%后与三个月定期存款基准利率之差。7月上旬，全市住房公积金缴存基数调整和单位年检工作启动，2014年度缴存基数从7月起执行。缴存基数的调整按职工本人2013年度月平均工资收入（工资总额）按实核定，缴存基数最高不得超过1.73万元，职工月平均工资高于最高限额的按最高限额计算，不到最高限额的按实计算；职工月平均工资低于本市社保最低缴费基数1794元的，原则上按1794元计算。企业缴存比例仍为单位和职工各8%至12%，不到各12%的可继续上调。对7月至调整当月之间少缴部分的住房公积金，单位在调整汇缴时做一次性补缴。凡2013年12月31日前办理住房公积金缴存登记（开户）的单位，在调整工作中办理年检手续。 （贺　斌）

【编辑　朱永平】

市便民服务中心

2014年，市便民服务中心围绕全市“加速推进现代化”工作主线，以争创“全国巾帼文明岗”为抓手，不断强化理念、完善制度、规范程序、提升服务水平，各项工作取得新的进步和成效。

全年共帮助市民解决各类咨询、生活求助2070537件，协调各部门、各单位处理群众投诉建议59504件，办结率100%，综合回访满意率99.9%，市民满意度99%以上。“12345”热线无缝对接供电抢修热线，为居民用电故障抢修提供便捷服务，此项工作在省内属于首创。会同市交通运输局出台《张家港市出租汽车电召服务规则（试行）》，开发“双向感知智能召车”平台，出租车电召服务规范化及智能化。开发“12345便民服务”手机客户端移动受理平台，向市民提供均等与公平的政府公共与便民服务。举办“飞扬青春•展现自我”才艺大比拼活动，开展关爱烈士子女志愿服务、圆梦“微心愿”、“社会妈妈”与困境儿童爱心结对等活动。10月，市便民服务中心成为全国县级文明城市创建工作现场会参观点。年内，市便民服务中心在市级机关绩效考核中获“综合贡献奖”，被江苏省妇联授予江苏省“三八”红旗集体称号。

1 10月13日，中宣部常务副部长、中央文明办主任雒树刚考察市便民服务中心
2 中心员工进行热线服务
3 “社会妈妈”与困境儿童爱心结对
4 出租车电召服务实现规范化及智能化
5 举办“飞扬青春•展现自我”才艺大比拼活动

市体育局

2014年，全市体育工作坚持民生体育主旨与现代化主线，进一步完善“城市5分钟、中心镇区10分钟”健身圈，提高公共体育服务体系建设与服务水平。

体育管理方面：市政府先后出台《张家港市第六次全国场地普查工作实施方案》《关于推进公共体育服务体系示范区建设的实施意见》《关于举办张家港市第六届体育运动会的意见》等文件，加强管理。2月中旬，全市体育工作会议召开，重点布置推进公共体育服务体系建设等任务。9月，市全民健身工作指导委员会、市少年业余体校、孟波分别获评2010—2013年度江苏省群众体育先进单位和个人。《中国体育报》12月30日专版报道张家港公共体育服务体系建设情况。

群众体育方面：全市累计有社会体育指导员5275人，万人拥有量58人。全年举办保税区（金港镇）杯张家港市第四届全民健身大联赛，组织苏州市首届市民运动会张家港赛区活动，举办“激情五一”“快乐中秋”“迎新年万人健步行”等假日体育活动，组织国庆大众骑行和公开水域游泳赛，组织双山岛半程马拉松邀请赛。创新设立29个以骨干社会体育指导员名字命名的晨晚练健身点，继续为1985名一线社会体育指导员购买保险服务。完成省第四次国民体质监测省级样本监测（杨舍镇、金港镇），完成为期三年的乡镇机关干部、企业骨干代表体质测试服务活动。12月28日，市篮球协会举行成立30周年纪念大会。

竞技体育方面：承办苏州市级竞赛4项，张家港市级竞赛8项。参加苏州市级竞赛，个人获115金117银84铜，团体获8金5银4铜。7月，张家港代表队参加2014年省青少年田径锦标赛暨县组田径赛（第一赛区）比赛，以6金8银6铜20枚奖牌、团体总分195分蝉联团体冠军。9月，全市106名运动员参加十八届省运会，获金牌68枚，列全省区县综合金牌榜第三。袁琦琦、陆浩杰入选国家集训队。9月28日，袁琦琦在韩国仁川举办的亚运会田径女子100米决赛中以11秒68获第六名；10月9日，在2014年全国田径锦标赛100米决赛中以11秒66获第三名。10月17日，陆浩杰在2014全国男子举重冠军赛中以抓举165公斤、挺举196公斤、总成绩361公斤获77公斤级3项第一名；11月，在乌兹别克斯坦亚洲杯举重比赛中以抓举160公斤、挺举180公斤、总成绩340公斤获3项第一名。

体育产业方面：承办第五届环太湖国际公路自行车赛双山岛绕圈赛、中国女子篮球联赛江苏永联女篮主场、亚欧男子乒乓球全明星对抗赛、全国女排大奖赛等多项大型赛事。全市有体育彩票销售网点236 家，销售收入3.61亿元。新增体育经营单位23个，有249名救生员和144名游

泳教员取得国家职业技术资格，各游泳场所按国标配备救生员。江苏金陵体育器材股份有限公司为2014年南京青奥会提供19个大项、6000余件总价值约5000万元的器材。该公司的体育器材、健身器材产能提升项目和金凤凰温泉度假村的基地体育服务项目分获2014年省体育产业引导资金的扶持。市体育中心在承办各项大型赛事的同时，协助各级机关部门开展公益活动，推出体育场晨晚练免费开放和综合馆固定时段优惠的措施。

5

6

7

1 12 月 9 日至 10 日，省体育局局长陈刚一行调研公共体育服务体系建设进展情况

2 9 月 5 日，市委书记姚林荣参加“快乐中秋”活动

3 9 月 5 日，市第六届体育运动会开幕

4 5 月 5 日，市体育局成立体育志愿服务总队

5 6 月 8 日，江苏省第九届“沿江体育带”活动启动

6 4 月，全国健身秧歌及腰鼓大赛开赛

7 5 月 8 日，全国女排大奖赛（张家港华昌赛区）开赛

8 7 月 18 日，苏州市首届市民运动会张家港赛区活动开幕

9 10 月 31 日至 11 月 1 日，承办亚欧男子乒乓球全明星对抗赛

10 11 月 5 日，承办第五届环太湖国家公路自行车赛张家港双山岛绕圈赛

11 11 月 7 日，2014—2015 赛季中国女子篮球联赛江苏永联女篮主场赛启动

8

9

10

11

市新市民事务中心

2014年，市新市民事务中心紧紧围绕“810成效比拼年”主题，以筑牢社会治理根基为重点，以提高新市民素质为主线，以提升服务质效为宗旨，拓宽载体，丰富内涵，各项工作取得新进步。一是坚持强本固基，扎实开展流动人口调查摸底工作，加大走访巡查力度，实施出租房屋分色精细管理，治理根基更加夯实牢固。二是注重政策引导，加大积分宣传，不断总结经验，查找工作不足，政策导向作用愈发明显。三是融入发展大局，在新市民中大力实施“就业促进、素质提升、安全防范、帮扶救困、社会治理创新”五大民生工程，全面提升服务新市民的水平，服务保障更加有效。四是坚持严管厚爱，深入开展思想主题教育，建立健全各项制度，推行绩效考核，提高福利待遇，队伍建设更加科学有序。1月，江苏省委、省政府下发《关于全面深化农村改革深入实施农业现代化工程的意见》文件，提出“推广张家港积分落户的做法，形成流动人口落户通道”。10月，全国县级文明城市创建工作现场会上，新市民积分管理工作得到与会人员肯定。年末，市新市民事务中心在市级机关绩效考核中获“优胜贡献奖”，被市委、市政府授予文明机关、计划生育工作先进集体、法治建设先进单位、社会管理先进单位、法制宣传教育工作先进集体、群团工作（工、青、妇）先进集体等荣誉。

1 10月13日，中宣部常务副部长、中央文明办主任雒树刚考察新市民积分管理工作

2 3月18日，省委副书记、省长李学勇考察金塘社区新市民服务站

3 市委副书记、市长朱立凡调研新市民积分管理工作

4 中央电视台新闻频道《新闻直播间》栏目采访新市民事务中心主任闻振平

5 中心主任闻振平慰问患病新市民

6 新市民事务中心领导参加“政风行风热线”

7 召开全市新市民事务工作会议

8 开展“桃花为媒情定港城”为新市民免费拍婚纱照主题活动

9 开展“送法进工地”系列宣传活动

10 开展新市民“家在港城——互看互学互评”主题活动

市民族宗教事务局

2014年，市民宗局围绕全市“810成效比拼年”工作要求，践行党的群众路线，维护民族宗教领域和谐稳定，服务全市率先发展。一是以“工作重心下移固本强基”为根本，深化民族宗教事务网格化管理。制定《关于进一步推进民族宗教事务网格化管理工作的实施意见》《张家港市民族宗教工作领导小组成员单位职责》，设立民族宗教事务网格化管理工作奖励资金，开通民族宗教工作“企信通”工作短信发布平台；区镇、相关部门全面提升民族宗教工作的责任感与主动性，民宗工作触角向最基层延伸，各方力量齐抓共管的工作合力得以增强；发现掌握科学研判各类问题，妥善处置更加及时主动；民族宗教政策法规宣传教育面不断扩大，民族宗教界人士合法权益得到保障。二是以争创“全国民族团结进步创建活动示范市”为目标，做好民族团结进步工作。指导开展送春联、手工艺展示、体育比赛、文艺会演等活动。深化少数民族服务体系建设，保障少数民族社保、入学、就医等方面的合法权益。9月，张家港市被国家民委授予全国民族团结进步创建活动示范市。三是以星级创评为驱动，不断加强宗教事务依法规范管理。指导宗教界开展党和国家的民宗政策法规等学习培训，完成基督教教堂主要教职人员备案登记工作。指导宗教场所做好档案管理星级达标工作，东渡寺、香山寺先后通过省三星级测评验收。对全市16处宗教活动场所进行考核和测评，评出五星级宗教活动场所2处，四星级8处，三星级6处。四是以“亲民为民惠民”为宗旨，服务群众、济贫帮困。走访慰问少数民族困难群众并发放慰问金，为大新毛纺有限公司、三江源牛肉拉面店协调申请到上级专项资金。推动全市宗教场所合理布局，多处宗教场所软、硬件设施得到改善。

1 张家港市获评全国民族团结进步创建活动示范市
2 市民族宗教工作领导小组成员单位（扩大）会议
3 市“书法进寺院”活动
4 市第三届少数民族文艺会演
5 市第十届少数民族体育比赛

辟尘道院

辟尘道院位于塘桥镇欧桥村，占地1.2万平方米，建筑面积700平方米。该院始建于南宋，属江南历史名观。辟尘道院俗称金童庙，原名西阳山居，为宋嘉熙二年（1238年）进士、温州教授陈元大别业。他信奉道教，舍其别业，增修倡道，更名西阳山居。明嘉靖三十一年（1552年），被倭寇焚毁。清康熙十七年（1678年），恢复重建，并更名为辟尘道院。有前殿、中殿、后殿共36间，内奉祀始祖李耳、天师张道陵、唐吕纯阳真人及斗姥、金童等神像。康熙丙辰探花、刑部尚书翁叔元为该道院亲撰《辟尘山碑记》。清光绪初年，长江北涨南塌，危及宇房，西阳陈氏、黄氏、邹氏、王氏、章氏等族出资动迁到仙人台基。道院法事活动影响很大，香火旺极一时。清初以后，每年农历三月十八日的庙会活动持续不断。新中国成立初，庙宇改作西旸小学。1971年小学移址新建时，宇屋全部被拆。2012年12月，经苏州市民族宗教事务局批准，辟尘道院恢复建设。

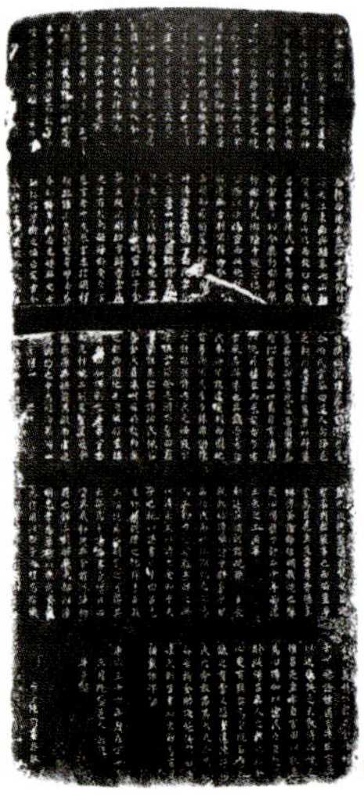

1 中国道教协会副会长张凤麟出席辟尘道院奠基仪式
2 辟尘道院出会仪式
3 辟尘山碑
4 辟尘道院清醮活动
5 辟尘弟子研究道院工作
6 辟尘道院外景

市城市投资发展集团有限公司（市城市建设基金管理办公室）

2014年，市城市投资发展集团有限公司（市城市建设基金管理办公室）以党的群众路线教育实践活动精神为契机，切实改进工作作风，加大攻坚力度，以“810工程”为重点，全面推进新城区开发、安置房及市政道路建设。沙洲湖科创园、沙洲湖酒店、章卿小区、仓基花苑、南苑西路改造、东环路北延等10余个城建项目竣工，城东新区黄泗浦生态园加速推进，为打造生态宜居的现代化城市发挥了主力军作用。

1 市委书记姚林荣新年调研慰问市城投集团
2 省政协原常委、苏州市人大常委会原副主任、张家港市委原书记秦振华考察市城建工程
3 沙洲湖科创园
4 港新花苑二期
5 改造后的南苑西路
6 新建的沙洲湖酒店外景
7 沙洲湖酒店大堂
8 沙洲湖酒店宴会厅
9 沙洲湖酒店客房
10 沙洲湖酒店茶楼
11 沙洲湖酒店草坪婚礼

市国家税务局

2014年，市国税部门在上级部门和市委、市政府的正确领导下，顶住经济下行压力，突出创新驱动，依法组织收入，有效发挥税收职能作用。率先在苏州大市启动新一轮税收管理改革，构建“一体化”纳税服务和“一条龙”风险管理新格局；完善惩防体系，坚持立行立改，扎实开展党的群众路线教育实践活动；推进依法治税，持续改善税收法治环境，开创了张家港国税工作新局面。全年累计组织国税收入164.31亿元，比上年增1.48%，办理各类减免退税78.15亿元，有力促进全市科技创新、转型升级和民生改善。全系统先后获得省五星级档案创建先进集体、苏州市五一劳动奖状、张家港市服务地方奖等荣誉，并连续4年获市预防职务犯罪先进单位称号。

1 市委书记姚林荣，市委副书记、市长朱立凡到市国税局调研
2 江苏省国税局副局长周柏柯到市国税局调研
3 局长徐福友到企业调研重点税源情况
4 市国税系统党的群众路线教育实践活动动员大会
5 开展“身边的共产党员”先进事迹宣讲
6 组织“为了谁，依靠谁，我是谁”专题讨论会
7 开展纳税人办税体验活动，增进征纳和谐
8 为A级纳税信用等级企业颁奖
9 干部在新打造的廉政文化展示厅参观学习
10 以征集廉政作品的形式加强勤廉教育

局“身边的共产党员”先进事迹宣讲会

5

“为了谁、依靠谁、我是谁”
专题讨论会

6

7

013年度A级纳税信
级证书授予仪式
税务局 张家港市地方税务局
2014年12月31日

8

弘扬廉洁文化

9

10

苏州市张家港地方税务局

1

2

3

4

1 落实《全国县级税务机关纳税服务规范》
2 向纳税人介绍小微企业税收优惠
3 “手把手”服务“心与心”沟通
4 深入企业走访调研
5 纳税人代表座谈会
6 “税月留声”合唱团
7 对话青商，走进地税

2014年，苏州市张家港地方税务局以税收现代化建设为统领，按照“稳中求进、改革创新”主基调，组织各项收入153.62亿元（含保税区为174.16亿元），比上年增11.64%。其中，税收收入109.99亿元，增12.21%，首次突破100亿元大关；非税收入43.63亿元，增10.23%；实现公共财政预算收入75.65亿元，增7.58%。张家港地税局纳税服务局获“江苏省五一巾帼标兵岗”称号，税政法规科被评为苏州市青年文明号，“税月留声”合唱团被授予“苏州市优秀职工文体团队”荣誉，选送的两部动漫作品获国家税务总局第十届动漫大赛三等奖和优秀奖，并获司法部表彰的第十届全国法制动画类优秀奖。

市地税系统把法治地税建设作为推进依法行政工作的总抓手，深化税收执法责任制管理，力促内部执法规范与外部税法遵从双提升。强化内控，单设督察内审机构，探索实践县级税务机关督察内审工作新模式。以查促管，充分发挥稽查职能，对全市5个行业57户企业深入开展税收专项检查，自查补税8076.15万元，检查补税944.9万元，滞纳金479.11万元，罚款281.47万元。

全面优化支撑改革的职能配置、管理方式、数据质量及工作统筹，不断释放改革活力。深化风险发现机制，自主建立“国际货代行业风险识别模型”等2个风险模型，通过上级机关评估验收，并在省级大集中风险平台部署。强化数据信息挖掘利用，全年进行数据分析应用500余次，数据维护管理3万余条。

丰富服务载体，创新服务手段，落实《全国县级税务机关纳税服务规范》，对9类72项212个服务事项1120个服务规范进行学习贯彻，开展“便民办税春风行动”，打通服务纳税人的“最后一公里”。针对网上办税操作等问题，编印发放税法宣传资料9.3万册；在自助办税区新设“随到随学”课堂，服务办税人员2304人次；举办纳税人学堂专题班72场，制作11个专题课件，培训纳税人13092人次；通过举办“房地产业选案通报”“国际货代行业风险建模参数公开评议”等活动，给予纳税人充分的话语权、知情权。

5

6

7

市人民政府口岸办公室、市港口管理局

2014年，张家港市人民政府口岸办公室（港口管理局）紧紧围绕全市“810成效比拼年”主基调，以港口资源整合为重点，充分发挥口岸特色优势，大力发展现代港口物流，全年完成货物吞吐量2.7亿吨，继续保持全省领先，居全国县域口岸首位；外贸进出口量5541.1万吨，继续领跑长江沿线港口；集装箱运量101.2万标箱，连续5年超100万标箱。推进港口资源整合及功能调整，促进港口安全、绿色、可持续发展。港口基础设施建设扎实推进，码头结构加固改造工作基本完成；口岸承载能力进一步提升，开放规模进一步扩大，规范化管理水平进一步提升。港政管理机制更加完善，安全保障能力持续提升。口岸大通关建设卓有成效，信息化建设深入推进，发展环境和服务效能不断改善；文明共建内涵进一步深化，协作服务水平进一步提升。张家港口岸蝉联江苏省文明口岸称号，市政府口岸办被评为2013年度省文明口岸先进组织者。

1 副省长史和平赴张家港港调研
2 市委书记姚林荣调研码头安全生产工作
3 市委副书记、市长朱立凡在2014年全市口岸工作会议上讲话
4 副市长邵军民现场督察码头企业安全生产工作
5 2014年张家港口岸“保税科技杯”体育运动会开幕式

长江引航中心张家港引航站

2014年，张家港引航站全力推行“阳光引航”，全面兑现八项服务承诺，实现服务“零投诉”、安全“零事故”的管理目标，有力保障港口正常生产和作业，促进港口和水域安全。全年共引领中外籍船舶11221艘次，包括特种船舶1112艘次，总吨位15589万吨，净吨位8444万吨。其中，引领国际航行船舶9922艘次，总吨位14503万吨，净吨位7842万吨；引领国内航行船舶1299艘次，总吨位1086万吨，净吨位603万吨。

1 长江航务管理局局长唐冠军参加11.5米深吃水船舶进江推进会并讲话

2 市委副书记、市长朱立凡，副市长邵军民慰问引航站职工

3 市委常委，张家港保税区党工委副书记、管委会副主任，金港镇党委书记卞东方给引航站送锦旗

4 港航企业联席会

5 船长289米、吃水11.2米的“太阳微光”轮靠泊海力码头6号泊位

6 船长228米、进江最长营运滚装船“亚细亚”轮到访张家港港

张家港海事局

2014年，张家港海事局按照市委、市政府和江苏海事局总体部署，大力弘扬社会主义核心价值观，推进海事“革命化、正规化、现代化”建设，软硬实力统筹发展，档案管理成功达到省五星级标准，获评全国交通运输系统先进集体、直属海事系统廉洁文化示范单位，成功创建成全国文明单位，社会满意度与职工满意度均保持90%以上。

年内，全面取消或减免涉企行政事业性收费5项，公开海事收费项目五类15项，梳理权力清单十类224项，服务港口实现船载货物运输量2.7亿吨、船舶进出24.64万艘次，其中国际航行船舶6852艘次、大型受限船舶1941艘次。征缴船舶港务费8221万元、港口建设费2.88亿元。办理各类船舶登记69艘次，审批水上水下施工作业51项，发布航行通告66期；推动饮用水源地加装防护设施，监管散装固体8014万吨、散装危化品1323万吨、包装危化品69万吨安全进出港；累计巡航1.6万小时，巡航里程19.8万海里，有效纠正违法行为10141次；实施水上临时交通管制29次、205小时，成功防抗灾害性天气38次；接收船舶报告15.3万艘次，实施船舶跟踪15.8万艘次，提供信息服务32.4万次，船舶交通组织4.8万次；高效处置险情108起，救助遇险船舶35艘、人员452人，人命救助成功率99.56%，连续4年超过99%。

1 市委书记姚林荣赴张家港海事局慰问
2 市委副书记、市长朱立凡到张家港海事局调研
3 践行社会主义核心价值观讲座
4 创建散化船安全监管示范区
5 打造安全畅通文明航区

6 指导渡船船员开展应急演练
7 送法上街头
8 青少年走进张家港海事局未成人教育基地
9 海事知识讲座
10 救助落水人员
11 维护大型受限船舶安全进港
12 服务沪通铁路长江大桥建设

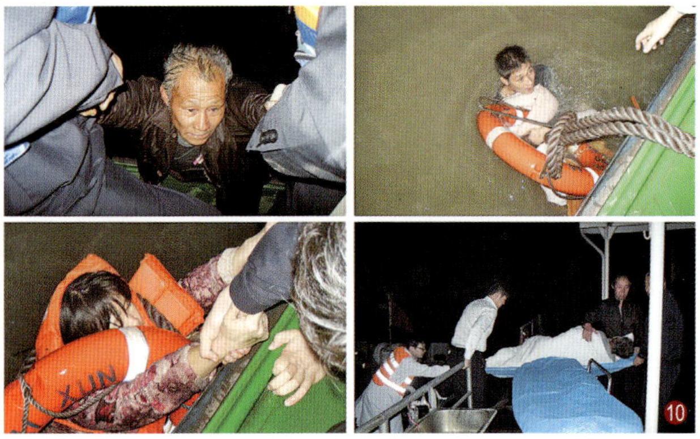

苏州市住房公积金管理中心张家港分中心

2014年，苏州市住房公积金管理中心张家港分中心深入把握经济形势和房地产市场变化，贯彻落实宏观调控决策部署，保持全市住房公积金管理工作平稳有序发展。全市新增缴存职工31326人，全年归集住房公积金22.2亿元，职工人均月缴存858.16元；发放公积金贷款8.37亿元，让3246户家庭圆了住房梦；各类公积金提取12亿元，为全市职工家庭购建房消费直接注入公积金17.71亿元。历年累计上缴住房公积金资金运行增值收益1亿元（年内上缴廉租房建设资金2300万元），实现“公积金•惠万家”经济效益和社会效益的双赢。

中心不断提高惠民利民工作成效。将公积金贷款每笔80元的“房屋他项权利登记费”协调由放贷银行支付，在受理住房公积金贷款时取消职工提供购房合同复印件，方便职工办理住房公积金贷款；落实三部委政策，有序做好职工退保费清理，稳步衔接住房公积金贷款保证担保方式，取消贷款职工的担保服务费。完善延伸服务和现场服务方式方法，落实窗口午间正常工作制，做大做优“企业公积金服务快车”，建立完善“五个一”单位服务长效机制（一个服务包，一张联系卡，一次回访，一场培训会，一月一送卡），实现缴存企业与公积金中心沟通“零障碍”、服务“零距离”。按照窗口服务标准和业务网点管理要求，推动窗口规范化、精细化服务形成常态。

1 召开全市住房公积金扩面工作会议
2 举办服务技能、服务礼仪专项培训
3 举办苏州住房公积金系统身边先进典型事迹报告会
4 公积金服务大厅窗口工作人员热情服务办事职工

紫金财产保险股份有限公司张家港支公司

紫金财产保险公司由江苏省国信资产管理集团有限公司、江苏国泰国际集团等13家公司共同发起成立，是全国首家总部设在江苏省的全国性财产保险公司，属江苏人自己的保险公司，与华泰证券、江苏银行、省再担保公司一起，形成江苏金融服务业四足鼎立的“地方军”。公司注册资本金25亿元，股东总资产超过1000亿元，所有股东连续3年实现赢利。紫金财产保险张家港支公司成立于2010年8月，始终遵循“始于责任，成于精细”的核心价值观，在稳步拓展业务的同时坚持科学发展，不断提高和增强公司的核心竞争力。2014年实现保费收入4975万元，其中非车险占比50%，连续4年市场份额在张家港市排名第四。作为江苏省道路救助基金的唯一管理人，紫金财产保险张家港支公司成立后至2014年年末累计发放救助款230笔共计671万元，解决了许多困难家庭的燃眉之急。

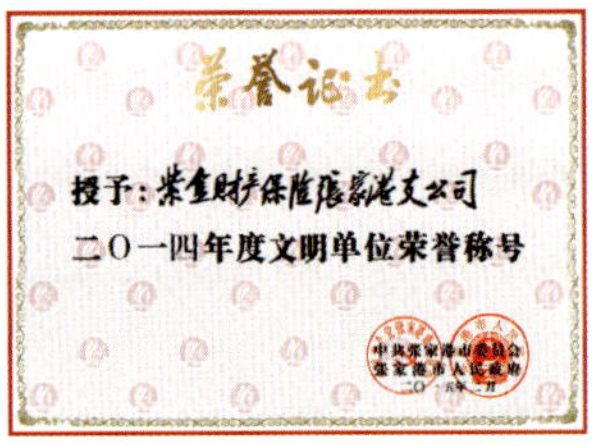

1 公司业务大厅
2 公司业务座谈会
3 公司业务培训会
4 公司团队活动
5 公司职工工会活动

市第三人民医院

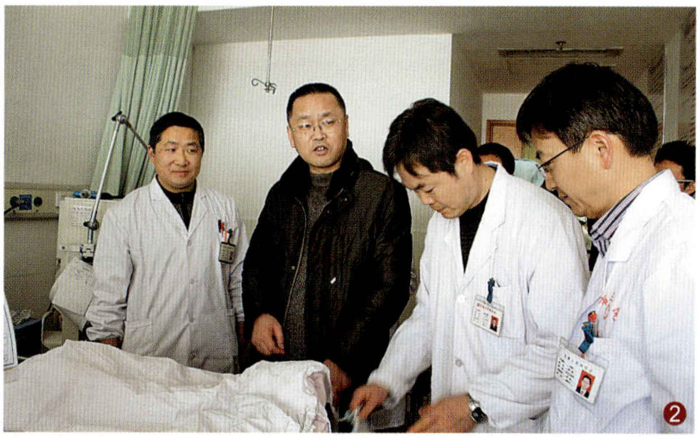

张家港市第三人民医院坐落于塘桥镇，始建于1985年，是一座集医疗、教学、科研、康复、保健为一体的，环境优美、服务高效的现代化二级甲等综合医院。医院设门诊科室23个、专业临床科室16个、医技科室8个，固定资产2.3亿元，拥有宝石能谱CT、核磁共振、西门子螺旋CT，日本进口DR、CR，美国GE彩超，德国蔡司眼底造影仪，日本奥林巴斯电子胃肠镜、十二指肠镜，美国贝克曼全自动生化仪等先进诊疗设备。医院秉承“救死扶伤、诚信为民”的服务宗旨，以“博学、严谨、诚信、仁爱”为办院信条，努力建设张家港东城区医术最好、最值得信赖的医院，造福地方百姓。医院多次获得苏州市文明单位、苏州市卫生系统先进集体等荣誉，被评为苏州市卫生系统院务公开工作示范点。

1 医院新建门急诊大楼效果图
2 院长钱永明行政查房
3 宝石能谱CT
4 DR数字摄像机
5 医院组织医疗专家开展义诊活动
6 院领导慰问贫困出院者

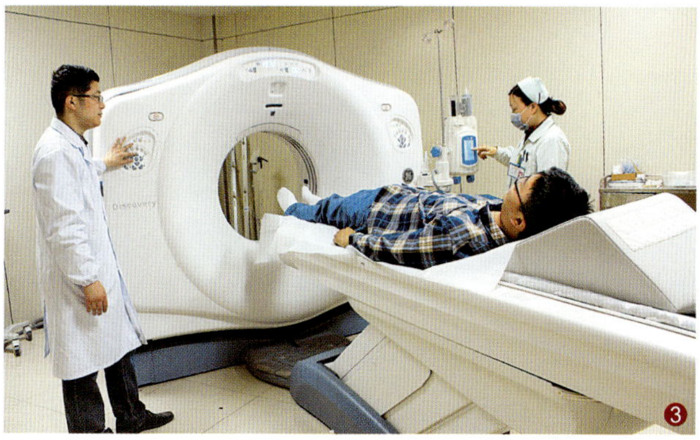

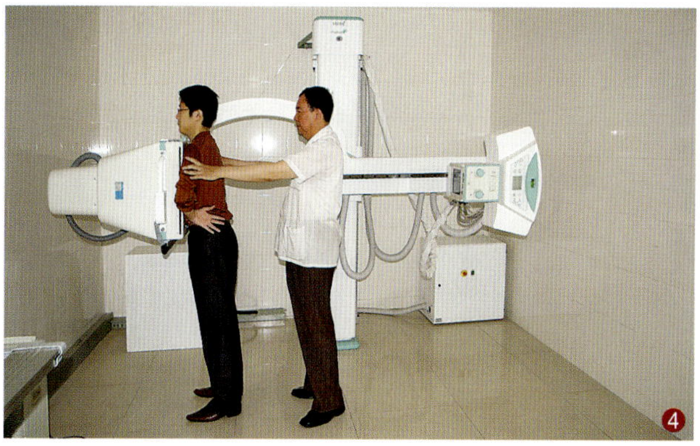

市锦丰人民医院

张家港市第六（锦丰）人民医院成立于1958年8月，位于江苏扬子江国际冶金工业园的中心区域，是一家集医疗、教学、科研、康复于一体的二级综合性公立医院。有职工340人，实际开放床位350张，占地29666平方米，建筑面积25792平方米。年门急诊30余万人次，住院1.4万人次，手术2000余人次。医院各专业二级分科设置齐全，设有呼吸内科、神经内科、心血管内科、消化内科、儿科、内分泌科、老年病病区、肾内科、血液净化中心、妇科、产科、普外科、神经外科、骨科、泌尿外科、烧伤科、肝胆微创中心、手外科、重症医学科（ICU、CCU）、高压氧等19个专科病区。拥有美时强场核磁共振（MRI）、飞利浦16排螺旋CT、飞利浦心悦iE33心血管彩超诊断仪等先进诊疗设备。建有高效的现代化信息网络，实行移动查房、移动护理、移动结算。自主研发的绩效考核软件系统，实现绩效奖金实时查看，获得国家级专利。医院还建有现代化、标准化的教学中心，配备人机对话考试中心、医学图书室、电子阅览室、感应式多媒体教室等配套功能区。医院坚持社会公益性，开展关爱健康走进社区、安全健康进企业等巡回医疗活动；坚持以文化引领促进医院发展，建成市卫生系统首个“阳光书屋”。医院与漯河高等医专、盐城职业技术学院、陕西能源职业技术学院3家医学院校签署实习、教学培养基地协议，共有100余位护理、临床、影像、检验等实习生在院实习。医院先后被评为张家港市文明单位、市卫生系统平安医院创建先进集体、市卫生系统诚信服务单位、市卫生系统院务公开工作示范点，获市卫生系统公立医院质量管理优胜奖。

1 院长孙锋进行脊柱专科手术操作培训

2 一站式服务中心

3 血液净化中心

4 高压氧舱

5 阳光书屋

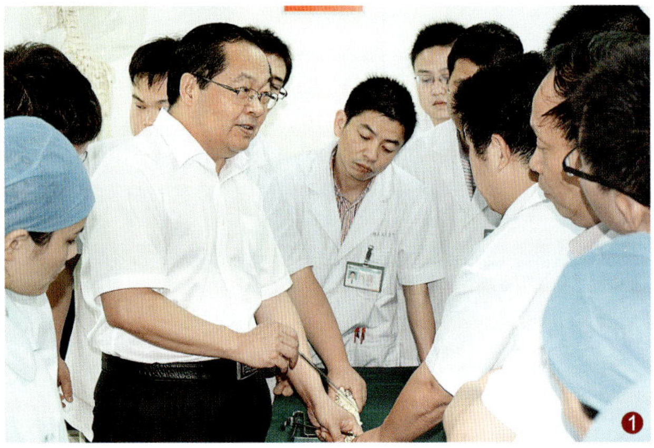
1

2

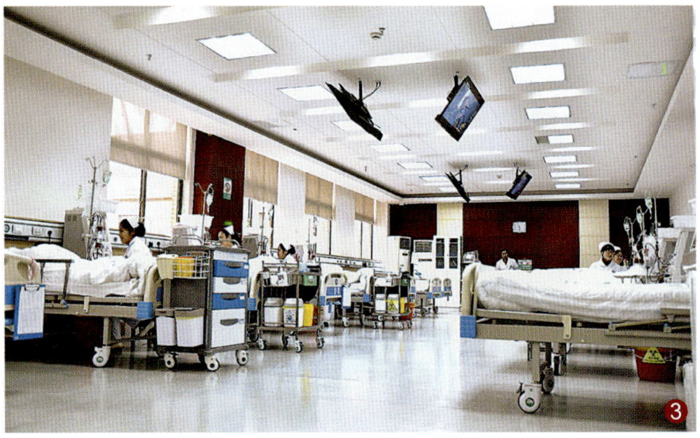
3

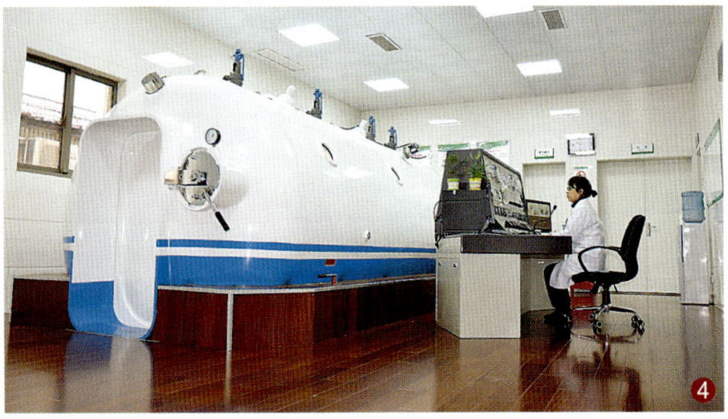
4

5

沙洲职业工学院

沙洲职业工学院（简称沙工）是全国第一所县级市办大学，创建于1984年7月。2014年9月，沙工在市委、市政府的正确领导和大力支持下，顺利搬入融地方产业文化与高职教育特色为一体、富有江南水乡韵味的新校园。年内，学校在培养模式改革、师生技能竞赛、科研合作服务等方面亮点纷呈。**一是深化人才培养模式改革。**新增苏州市优秀新专业、新课程建设点各1个。设考专业实施“双高证书”方能毕业制度。组织中高级技能证书或资格证书考证2651人次，827人次获得高级技能证书。学生参加国家、省级各类技能竞赛，获一等奖9项、二等奖12项、三等奖18项，在国家级比赛和省级比赛奖项、专业全覆盖等方面均取得了历史性突破。**二是搭建产教合作平台。**通过与地方政府、研究院、大学、企业等单位的合作，建立包括NIIT软件与服务外包学院、再制造技术培训学院、物联网在线教育服务“千人计划”工作站、常熟理工学院—沙洲职业工学院联合技术研发中心、沙工—广正科技成果转化中心、2个省级技术服务中心、7个教授（专家）工作室等在内的“沙工产学研合作服务基地”。**三是关注师生健康发展。**全年累计发放各类奖学金、助学金4406人次559.75万元。推进创业园建设，首批入驻创业实践项目20项。2014届毕业生年终就业率94.9%。重视教师队伍建设，举办“提升高等职业教育教师教学能力”培训班等。学院教师在全国高职院校信息化教学大赛中获得一等奖2项，列全省高职院校之首。

1 新校区全貌
2 沙工产学研合作服务基地
3 苏州高职高专院校联席会议“产教联盟”成立大会
4 沙工学生在全国职业院校技能大赛中获佳绩
5 学生实验实训

张家港开放大学

2014年，张家港开放大学（同时挂有江苏城市职业学院张家港办学点、张家港市社区培训学院校牌）开设40个专业，有各类学历教育班218个，其中全日制专科班59个。有教职员工204人，其中专任教师163人，141人具有中、高级职称。有在校生7711人。当年招收学生1867人，其中全日制新生485人；毕业学生1822人，其中全日制毕业生670人。学校被教育部评为“一村一名大学生计划”试点工作先进单位，获第三届全国大学生外贸从业能力大赛团体一等奖、奥鹏远程教育中心年度招生服务进步奖（一等奖）等荣誉，被张家港市委、市政府评为市文明单位。

1 市委副书记王亚方到校调研
2 与索尔维（张家港）精细化工有限公司合作办学
3 2014级新生军训汇演
4 学校志愿服务队“农村孤寡老人心理援助”服务项目进锦丰书院社区
5 第六届校大学生技能比赛颁奖典礼
6 学校哑剧《黄河》参加欢送退伍老兵联欢晚会

1

2

3

4

5

6

市乐余高级中学

市乐余高级中学创建于1937年，坐落于乐余镇乐红路146号，是一所具有优良办学传统和深厚文化底蕴的江南名校。2001年创建成江苏省重点高中，2004年转评为江苏省三星级重点高中，2013年成为梁丰教育集团成员校。

学校占地面积69320平方米，建筑面积37975平方米。有教职工150人，其中研究生5人、硕士学位（含在读）42人，市级以上骨干教师19人。有31个教学班，在校学生1152人。拥有标准400米塑胶跑道、塑胶篮球场、体育馆、报告厅、多功能浴室、录播教室等教育教学和生活设施。学校图书馆藏书47790册。有3个机房，1个电子阅览室，9个理化生专用教室，6个音乐、美术专用教室，每个教室都配备多媒体设备，其中有20个教室配有电子白板。每个学生宿舍都安装有空调。

学校秉承“以人为本、和谐发展、尊重个性、全面提高”的办学理念，彰显“办品牌学校，造福百姓；创优质服务，回报社会”的办学宗旨，力行“团结、勤奋、求实、创新”的校风、“敬业、善教、严谨、崇实”的教风、“立志、勤学、善思、进取”的学风，着力建设美丽学校，建办人民满意教育。学校积淀多年的办学经验，形成精细化管理特色，构建出“快乐德育”育人体系，提炼出基于学校实际的“一四一”心动课堂教学模式。“教具制作”成为靓丽的品牌，拥有以全国自制教具能手黄卫良领衔的创新教具开发团队。

学校先后被评为江苏省重点高中、江苏省健康促进学校、江苏省中小学优秀自制教具先进学校、苏州市依法治校先进学校、苏州市教育信息化先进学校、苏州市德育先进学校、苏州市绿色学校、苏州市平安校园、苏州市语言文字规范化示范学校、张家港市教育系统行风建设示范学校，获张家港市2009—2010学年度高中综合质量评估一等奖，并连续多年被评为张家港市文明单位，其中2014年度被评为张家港市先进文明单位。

1 校长王辉

2 加拿大籍华人、加拿大国会原议员梁陈明任回母校参观

3 课间锻炼

4 校运动会

5 学校外景

张家港中联理货有限公司

张家港中联理货有限公司由中联理货有限公司控股、张家港港务集团参股组建成立。公司推动口岸服务环境改善，全力支持地方经济发展，努力提升理货科技含量。2014年，公司在完成理货信息系统升级，实现现场无纸化理货，与海关、检验检疫、电子口岸等单位实现信息数据互联共享的基础上，以提升理货服务水准、优化服务功能为责任，积极为船方、码头、货主各方客户提供精准、高效、周到的高品位理货服务，并积极实施系统发展目标，逐步实施由传统理货业务向第三方物流公证机构的转型发展战略。公司全年受理船舶11675艘次，受理集装箱94万标箱。

1 转型发展工作务虚会

2 江苏中联检验有限公司张家港办事处成立

3 江苏中联检验有限公司与苏州中远物流有限公司签订合作协议

4 学习贯彻中联系统检验业务专题会精神

5 中联理货系统技术比武活动

6 船舶燃油计量业务

市塘桥建筑工程有限公司

市塘桥建筑工程有限公司位于塘桥镇，成立于1952年，前身为塘桥建筑站，1986年12月更名为塘桥建筑工程公司，1997年转制为塘桥建筑工程有限公司。公司是国家房屋建筑施工总承包二级企业，以建筑施工为主业，集市政工程、房地产开发为一体，注册资本8000万元，有专业技术人员155人，其中大专以上学历22人，年施工能力5亿元。公司先后参与市第三人民医院、塘桥中心幼儿园、建设新村、塘桥敬老院、胡同社区安置房、妙景小区、丽晶园等70余个工程建设，建筑总面积100万平方米。公司以“企业是军队，企业是学校，企业是家庭”为文化建设目标，以“合作双赢”为经营理念，以“一流的质量、一流的服务、一流的信誉”为企业核心价值观，立志以卓越的劳动服务大众、报效社会。

1 公司总经理钱惠光

2 公司承建的妙景小区

3 公司承建的塘桥敬老院

4 公司承建的塘桥中心幼儿园

5 公司承建的胡同社区安置房

6 公司承建的建设新村

塘桥综合市场

塘桥综合市场始建于1994年，2006年由塘桥镇政府投资1400万元易地新建。市场经营大楼共三层，营业面积1万余平方米。一层为农贸市场，经营蔬菜、鲜肉、豆制品、水产、熟食、冷冻食品、禽蛋水发品、糖烟酒等农副产品；二层、三层为小商品市场，经营服装、鞋帽、小家电、化妆品等。市场设施先进，品种齐全，货源充裕，购销两旺。塘桥综合市场坚持“抓食品安全，讲诚信经营，抓规范管理，促和谐发展”的经营理念，团结拼搏，开拓进取，全面推行市场标准化长效管理，使市场各项工作在全省乃至全国始终名列前茅，以和谐的购物环境、放心的商品质量、诚信的经营氛围、规范的管理措施、温馨的优质服务赢得了政府和消费者的双重肯定。

1 市场党支部书记黄根达
2 市场外景
3 农贸市场蔬菜区
4 农贸市场肉类区
5 农贸市场冷冻食品区
6 小商品市场

联农农产品专业合作社

联农农产品专业合作社成立于2010年5月，开发有“常阴沙”品牌系列农产品，涵盖米、油、蛋、禽、果品、水产等六大类，有富硒米等通过无公害农产品认证的特色农产品25种，其中绿色食品7种。

合作社位于常阴沙现代农业示范园区，光照充足，气候温和宜人，工业化程度低，河网自成水系，化肥用量较少，无土壤、空气、灌溉水污染，具备良好的环境优势。整个农业生产产业链采用统一供种生产、统一管理流程、统一技术服务、统一市场经销、统一标识标志的“五统一”模式运作。已形成1333.33公顷优质稻米、200公顷设施蔬菜、15公顷特色果品、20公顷特种养殖和33.33公顷长江水产五大特色产业基地。基地获江苏省无公害园艺场整体认证。2013年，安装张家港农产品追溯系统，实现产地准出和质量追溯的信息化管理，被市农委评定为农产品质量安全管理最高等级——A级基地。

通过几年努力，合作社不断壮大发展，先后被评为“张家港市十佳先进合作社”“苏州三星级合作社”“江苏省五好农民专业合作社”“江苏省农民专业合作社示范社”，其大米系列获原产地地理标志和“最受苏州老百姓喜爱地产大米金奖”。2014年，合作社实现销售收入6800余万元。

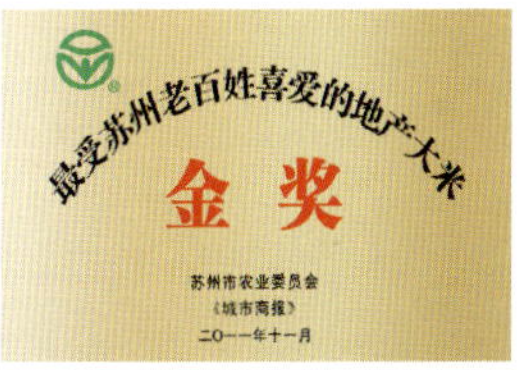

1 常阴沙放心蔬菜基地
2 常阴沙绿色农产品专营部
3 “常阴沙”系列产品

科学技术

Science and Technology

锦丰科技创业园　（冶金园　供稿）

科技培育

科技载体

科技人才

高新技术产业

科技项目

科技成果

知识产权保护

科普工作

气象科技

防震减灾

科技培育

【概况】2014年，市政府先后制定《张家港市科技计划项目管理办法（试行）》《张家港市领军人才企业和科技型中小企业融资担保及信贷风险补偿操作细则》《张家港市领军人才企业和科技型中小企业银行贷款贴息操作细则》《关于实施张家港市“工人科技之星”培育计划的意见》，推进科技工作。全市财政科技投入6.03亿元，比上年增1.33亿元，增长28.3%，占本级财政一般预算支出的7.4%。全市新增高新技术产品413种，新增高新技术企业99家，新增苏州市级以上企业研发机构87家，获评苏州市级以上科学技术奖励21项，评定张家港市科学技术奖励56项，万人发明专利拥有量达到15.5件。全市新增省国际科技合作计划1项，累计13项；新增产学研合作项目268项；累计有640家企业与255家高校院所建立科技合作关系。7月，第六批“科技镇长团”结束挂职。8月，第七批“科技镇长团”10名成员到张家港市挂职。第六批“科技镇长团”促成市与校、镇与校合作6项，签订校企合作协议130余项。张家港市与华中科技大学共建技术转移分中心。市产学研合作促进会成立，张家港市成为全省第二个建立产学研合作促进会的县级市。张家港市获批江苏省先进锂电材料产业技术创新战略联盟。张家港市国家可持续发展实验区通过省级验收。

【科技活动周】7月3日至6日，2014年市科技活动周举办。其间，共举办市首届“工人科技之星”座谈会、市产学研合作促进会第一届会员代表大会、市产学研合作促进会揭牌暨现代高端装备制造产业发展研讨会、科技活动周开幕式暨科技创新报告会、“三新”（新材料、新能源、新装备）科技成果对接洽谈会、科技合作项目签约仪式、科技人才项目区镇对接洽谈等活动。北京大学、清华大学等全国26家高校院所领导和专家应邀参加开幕式。活动周共达成科技合作项目83项，计划总投资14.2亿元。有30个项目在科技合作项目签约仪式上现场签约，计划总投资3.3亿元。其中，“千人计划”专家产业化项目合作协议3项，共建研发平台项目、人才项目及校企合作项目20项。

【科技信贷风险补偿落实】市科技局探索省、苏州市、张家港市科技信贷风险补偿三级联动机制，推进“省金融机构科技型中小企业贷款风险补偿资金池”及“苏科贷”（江苏省科技成果转化风险补偿专项资金贷款）工作，制定实施领军人才企业和科技型中小企业融资担保、信贷风险补偿及银行贷款贴息操作细则。全市科技金融座谈会召开，14家银行入选科技型中小企业风险补偿专项资金合作银行。江苏欧邦塑胶有限公司通过专利质押方式向交通银行贷款2000万元，成为首单专利权质押贷款业务。

【“工人科技之星”培育】5月，为激励一线技术工人对企业发展和全市经济社会转型升级、创新驱动发展做出的贡献，激发企业一线技术工人科技创新热情，由市科技局牵头，联合市总工会率先在全省开展“工人科技之星”培育工作。首届张家港市“工人科技之星”共设企业研发团队之星、高新产品贡献之星、高新产品开发之星、专利价值之星、发明之星、实用新型之星、外观设计之星7个类别，每个类别各设一等奖、二等奖、三等奖各1个（名）。经个人申报、区镇企业推荐、资格初审、专家评审、公示确认，最终从基层一线推荐申报的22个研发团队和89名企业技术工人中，筛选确认3个团队和18名个人，授予张家港市“工人科技之星”称号。

【首次与中科院系统共建产业技术科研院】11月11日，张家港市人民政府、张家港保税区管委会与中国科学院大连化学物理研究所三方共建中科院大连化学物理研究所张家港产业技术研究院合作签约仪式举行。中科院大连化学物理研究所所长、中科院院士张涛，张家港市和保税区领导姚林荣、朱立凡、卞东方等参加签约仪式。中科院大连化学物理研究所张家港产业技术研究院是全市引进的中科院系统第一家产学研合作重大创新载体，也是中科院大连化学物理研究所探索地方合作模式在所外建设的国内第一家研究院，在有机结合全市产业、市场、资源优势和中科院大连化物所创新、科技、人才优势的基础上，致力于新能源、化工新材料等领域的关键技术突破、共性技术研发、技术系统集成、工程化示范应用和产业化。双方的合作对于推动中科院大连化学物理研究所创新资源向张家港市转移集聚，促进保税区新能源、新材料产业发展，加快全市“中国锂电谷”建设有重大意义。（薛冠愚）

科技载体

【概况】年内，全市深入实施创新载体建设三年行动计划，加快“十大科技载体”建设。新增创新创业载体面积34万平方米。张家港市获批国家火炬计划精密机械及零部件特色产业基地，锦丰镇被确定为省创新型试点乡镇。乐余科创园被列入省高新技术创业服务中心，全市省级科技企业孵化器累计9家，率先在全省县市中实现建制镇省级以上科技企业孵化器全覆盖。经开区获批国家节能环保高新技术产业化基地，凤凰科创园被列入国家级科技企业孵化器，塘桥镇的张家港信息家电科技产业园获批省科技产业园。新增省企业研究生工作站38家，累计156家。新增省工程技术研究中心17家，累计89家。新增苏州市工程技术研究中心26家，累计223家；新增张家港市工程技术研究中心25家，累计178家。新增省级外资研发机构5家，累计24家；累计建有省重点实验室2家，苏州市内外资研发机构73家，省企业院士工作站12家，苏州市企业院士工作站8家，省科技公共服务平台4家。大中型企业研发机构建有率100%。

【高新技术创业服务中心】年内，张家港国家高新技术创业服务中心引进高新技术企业34家，注册资金8200

万元，孵化面积5954平方米，行业领域涵盖电子信息、智能装备及精密仪器、节能环保、新材料及新能源和生物医药类，其中市领军型人才创办企业17家。新入驻企业创造就业岗位232个，吸纳本科以上科技人员202人，其中硕士35人、博士28人。有5个项目被列入省级以上科技计划。新增省高新技术企业1家，申请专利115件。新增省高层次创新创业人才4人，姑苏创新创业领军人才8人，张家港市领军型创新创业人才17人。中心累计孵化企业216家，毕业企业95家，孵化大楼实现入驻率95%，年末，有在孵企业102家，其中留学生企业54家，在孵企业实现技工贸总收入4.3亿元。

【“十大科技载体”建设】 年内，“十大科技载体”（沙洲湖科技创业园、保税区科技创业园、市高新技术创业园、海外高层次人才创新创业园、锦丰科技创业园、东城科技创业园、凤凰科技创业园、南丰科技创业园、大新科技创业园、乐余科技创业园）建设加快推进。累计完成投入20.22亿元，新增面积21.49万平方米，引进硕士以上高层次创新创业人才240人，其中省高层次创新创业人才11人、姑苏创新创业领军人才17人，共实施产业化项目265项，拥有授权发明专利264件，获批省级以上科技企业孵化器2家，其中国家级1家。

【“十大企业研发平台”建设】 年内，张家港富瑞特种装备股份有限公司研发中心、江苏飞翔化工股份有限公司新材料研究院、苏州海陆重工股份有限公司研发中心、江苏华程工业制管股份有限公司总部研发中心、苏州爱康低碳技术研究院、江苏长顺高分子材料研究院、华盛能源材料研究院、骏马橡胶骨架材料研发中心、沙钢钢铁研究院、永钢钢铁研究院等十大企业研发平台新增投入4亿元，新增面积6万平方米，引进研发人员257人，申请发明专利110件，承担省级以上科技项目11项。市科技局在加大相关科技创新政策宣传力度的同时，为“十大企业研发平台”在研发机构项目申报方面提供专项辅导和跟踪服务。　　　　（薛冠愚）

科 技 人 才

【概况】 年内，全市组织3批市领军型创新创业人才项目评审，引进领军型创业人才（团队）86个，累计380个；新增国家“千人计划”人才2人，累计11人；新增省高层次创新创业人才计划17人，累计69人；新增姑苏创新创业领军人才计划（含教育类）31人，累计94人；新增省博士集聚计划4人，累计26人；新增“千人计划”专家产业化项目44项，累计82项；评审26家“千人计划”专家工作站。陶军华团队被列入省科技创新团队。全市累计有省创新团队2个。

2014年张家港市新增苏州市级以上高层次人才一览

表56

类　　别	姓　名	引才（或创办）企业
“千人计划”	关士友	江苏国泰超威新材料有限公司
	尚建库	张家港格林台科环保设备有限公司
省高层次创新创业人才计划	樊凌涛	张家港东能电子科技有限公司
	薛新忠	苏州华博电子科技有限公司
	牟　恒	江苏德尔森传感器科技有限公司
	李平贵	苏州微影光电科技有限公司
	张发饶	苏州能之光新材料有限公司
	王希林	张家港恒盛药用化学有限公司
	王必昌	张家港康得新光电材料有限公司
	康念军	江苏长顺集团
	胡文波	江苏金标世纪生物科技有限公司
	王　飞	张家港哈工药机科技有限公司
	陈永奇	江苏华昌（集团）有限公司
	乔德瑞	江苏能华微电子科技发展有限公司
	侯浩波	苏州中固环保科技有限公司
	阮　军	惠晶显示科技（苏州）有限公司
	叶继春	苏州强明光电有限公司
	李海森	苏州声光达水下探测仪器有限公司
	毛桂林	苏州紫光伟业激光科技有限公司

续表56

类　别	姓　名	引才(或创办)企业
姑苏创新创业领军人才计划	薛新忠	苏州华博电子科技有限公司
	唐海娣	张家港耐维思通电子科技有限公司
	樊希安	苏州赛格瑞新材料有限公司
	曹　阳	张家港燎原环保科技有限公司
	张　农	苏州友邦汽车底盘科技有限公司
	徐　力	苏州光翼光电科技有限公司
	金　鹏	江苏盛弘光电科技有限公司
	陆　超	苏州卡耐博生物技术有限公司
	朱欣恩	张家港恩达通讯科技有限公司
	叶继春	苏州强明光电有限公司
	陈树军	苏州赛智达智能科技有限公司
	张华俊	苏州芷宁信息科技有限公司
	雍太有	苏州港能信息技术有限公司
	胡文波	江苏金标世纪生物科技有限公司
	王　飞	张家港哈工药机科技有限公司
	张宝印	江苏太奇通软件有限公司
	牟　恒	江苏德尔森传感器科技有限公司
	胡文闯	张家港万众一芯生物科技有限公司
	高任峰	苏州峰通光电有限公司
	方钢锋	苏州锋驰微电子有限公司
	王　东	张家港丰德精密设备有限公司
	曹　然	苏州容芯微电子有限公司
	刘　鹏	张家港中贺自动化科技有限公司
	张　磊	苏州衡微仪器科技有限公司
	王胜军	张家港汇普光学材料有限公司
	于良耀	苏州汇琨菁华电子科技有限公司
	张发饶	苏州能之光新材料有限公司
	李　荐	张家港能瓷材料科技有限公司
	乔德瑞	江苏能华微电子科技发展有限公司
	查超麟	江苏爱康实业集团有限公司
	陈永奇	江苏华昌(集团)有限公司
省企业博士集聚计划	李晓东	苏州矩阵光电有限公司
	杨晓杰	苏州强明光电有限公司
	许　锋	江苏省沙钢钢铁研究院
	徐正超	张家港格林台科环保设备有限公司
省科技创新团队	陶军华博士团队	苏州汉酶生物技术有限公司

【陶军华团队获评省科技创新团队】 8月，2014年度江苏省科技创新团队入选名单公布，在张家港市的苏州汉酶生物技术有限公司陶军华团队榜上有名，成为张家港市培育入选的第二个省科技创新团队。团队负责人陶军华是美国新墨西哥州立大学生物学博士，曾是美国辉瑞制药公司生物催化剂研究中心创始人、主任，拥有40余项国际、国内发明专利，是张家港市自主培育的第一位国家“千人计划”人才。公司研发总监张炜为美国匹兹堡大学有机化学博士，曾任美国麻省理工学院绿色化学中心主任，是张家港市自主培育的国家第九批创新类“千人计划”人才。另外，公司还引进武汉大学博士梁晓亮、美国普渡大学博士殷建明、美国加州大学

洛杉矶分校博士谢新开共同组成国内外顶尖的绿色化学团队。团队主要从事手性药用还原氧化酶和辅酶的研发及产业化，通过整合酶筛选、酶改性和酶生产等关键技术，克服了国内还原氧化酶催化活率低、种类有限以及辅酶依赖进口且成本高的局限性，攻克了生物催化在国内医药领域长期无法产业化的难题。公司累计实现开票销售1.1亿元，计划进一步扩大产能，集聚国内外绿色化学产业发展，打造产值超10亿元的国内最大、最先进的药用酶与辅酶生产基地。 （薛冠愚）

高新技术产业

【概况】 年内，全市新增高新技术产品413种，累计2070种；新增国家火炬计划重点高新技术企业5家，累计28家；新增高新技术企业99家（含上年未续报的高新技术企业），累计304家；25家企业入库省科技企业上市培育计划，累计81家；新增省民营科技企业182家，累计1179家；新增苏州市创新先锋培育企业8家，累计17家。继续推进培育年销售超1亿元科技型企业和苏州雏鹰计划小微企业建设，完善市、镇齐力推进的工作责任体系，新增销售超10亿元科技企业3家、超1亿元科技人才类企业20家。

2014年张家港市新增高新技术企业一览

表57

序号	企业名称	序号	企业名称
1	江苏新美星包装机械股份有限公司	32	苏州汉风科技发展有限公司
2	张家港市万诚科技有限公司	33	江苏省远大信息系统有限公司
3	张家港市浙华科技有限公司	34	江苏金帆电源科技有限公司
4	苏州盛康光伏科技有限公司	35	张家港市港区电子镀膜有限公司
5	苏州新爱可镀膜设备有限公司	36	张家港市AAA轴承有限公司
6	苏州爱康金属科技有限公司	37	张家港市华天药业有限公司
7	苏州爱康薄膜新材料有限公司	38	张家港市盛达冶金吊具制造有限公司
8	江苏格玛斯特种织物有限公司	39	张家港楚人新材料科技有限公司
9	张家港市互惠光电有限公司	40	江苏建发科技有限公司
10	苏州金凯达机械科技有限公司	41	江苏国泰超威新材料有限公司
11	苏州亿利安机电科技有限公司	42	张家港市华地机械装备有限公司
12	张家港市三佳中空吹塑科技有限公司	43	张家港市天运建筑机械有限公司
13	张家港润盛科技材料有限公司	44	张家港市华昌药业有限公司
14	江苏红人实业股份有限公司	45	江苏启能新能源材料有限公司
15	张家港市盛港防火板业科技有限公司	46	张家港化工机械股份有限公司
16	苏州金科发锂电池有限公司	47	长江润发机械股份有限公司
17	江苏国泰新点软件有限公司	48	张家港市华菱医疗设备制造有限公司
18	苏州海陆重工股份有限公司	49	江苏恒盛药业有限公司
19	江苏华大离心机制造有限公司	50	江苏华盛精化工股份有限公司
20	江苏瑞泰科技有限公司	51	张家港迪克汽车化学品有限公司
21	张家港市龙杰特种化纤有限公司	52	张家港中集圣达因低温装备有限公司
22	江苏新中环保股份有限公司	53	张家港市国泰华荣化工新材料有限公司
23	张家港富瑞特种装备股份有限公司	54	张家港保税区多元机械设备制造有限公司
24	保定天威集团（江苏）五洲变压器有限公司	55	张家港市宝田新型材料科技有限公司
25	江苏长隆石化装备有限公司	56	张家港市嘉瑞制药机械有限公司
26	张家港市港威超声电子有限公司	57	张家港市张运机械制造有限公司
27	张家港比迪凯磁技有限公司	58	江苏丰立精密制管有限公司
28	张家港市华电电力设备制造有限公司	59	张家港保税区亚信汽车零部件科技有限公司
29	张家港市新亨通机械制造有限公司	60	江苏浦士达环保科技有限公司
30	苏州铭辰无纺布有限公司	61	苏州爱得科技发展有限公司
31	苏州博远特种变压器有限公司	62	江苏安格尔医疗器械有限公司

续表57

序号	企业名称	序号	企业名称
63	张家港迪威高压管件有限公司	82	江苏捷达离心机制造有限公司
64	张家港美星三和机械有限公司	83	张家港三得利染整科技有限公司
65	江苏博强新能源科技有限公司	84	张家港市通江机械有限公司
66	张家港宏国化学工业有限公司	85	苏州莱赛电车技术有限公司
67	江苏联冠机械有限公司	86	江苏辉达塑模科技有限公司
68	张家港市江南沙洲化工机械有限公司	87	张家港市鑫田机械有限公司
69	江苏银河电子股份有限公司	88	张家港市海丰水面环保机械有限公司
70	江苏博腾新材料股份有限公司	89	江苏海狮机械集团有限公司
71	苏州市康力骨科器械有限公司	90	张家港亚楠汽车电器有限公司
72	张家港市攀峰科技有限公司	91	张家港市三联化工科技有限公司
73	张家港振江冶金粉末有限公司	92	江苏合丰机械有限公司
74	江苏索尔新能源科技有限公司	93	张家港兴宇机械制造有限公司
75	江苏飞翔化工股份有限公司	94	江苏联峰能源装备有限公司
76	张家港凯思半导体有限公司	95	张家港联峰钢铁研究所有限公司
77	江苏天港箱柜有限公司	96	苏州微影光电科技有限公司
78	苏州晶樱光电有限公司	97	张家港市飞浪泵阀有限公司
79	张家港格瑞特化学有限公司	98	张家港市广大纺机有限公司
80	张家港市天越电气有限公司	99	张家港市永达机械制造有限公司
81	江苏七洲绿色化工股份有限公司		

【全国首个国家级节能环保装备高新技术产业化基地落户张家港】 12月，科技部下发通知，张家港节能环保装备高新技术产业化基地获批国家高新技术产业化基地。该基地拥有高新技术企业16家，省级以上高新技术产品80种，形成四大节能环保装备产业集群。2014年年中申报前，基地节能环保装备产业产值117.5亿元，占经开区工业总产值的近20%。基地企业拥有节能环保装备及相关领域的自主知识产权636项。建有省级以上企业研发机构69家，其中省院士工作站5家、省工程技术研究中心15家、省企业技术中心8家。基地节能环保装备产业人才总数达到11762人，其中自主培育国家“千人计划”人才4人、省“双创计划”人才9人、姑苏领军人才9人、张家港市领军型人才30人。该国家高新技术产业化基地的建设，将有利于全市推进产业链高端招商，打造节能环保装备产业高端集聚区；有利于集聚领军型专业人才，打造节能环保装备领军人才新高地；有利于推动产业公共服务平台建设，提升产业自主创新能力。

（薛冠愚）

科技项目

【概况】 年内，全市共有83个项目被列入省级以上科技计划。其中，国家科技重大专项2项，国家重点新产品计划项目2项，累计110项；国家科技型中小企业技术创新基金项目7项，累计69项；国家火炬计划项目24项，累计205项；省重大科技成果转化项目1项，累计17项；省科技型中小企业技术创新资金项目6项，累计32项；省科技支撑计划（工业）项目18项，累计49项。组织实施市科技计划项目101项，下达经费1177万元。国家科技型中小企业科技服务项目、国家火炬计划产业化环境建设项目、省工业支撑重点项目和省临床医学科技专项等4类科技项目实现零突破。

【四类科技项目实现零突破】 年内，国家科技型中小企业科技服务项目、国家火炬计划产业化环境建设项目、省工业支撑重点项目和省临床医学科技专项等四类科技项目实现零突破。由张家港智能电力研究院有限公司牵头，江苏华东锂电技术研究院有限公司、张家港智电可再生能源与储能技术研究所有限公司、张家港智电西威变流技术有限公司、苏州无极时空网络科技有限公司等4家企业共同参与的“大规模电池储能系统及其并网技术研究与装置实现”项目，被列入省工业支撑重点项目；市产品质量监督检验所“冶金及化工设备制造行业公共检测服务平台建设”被列入国家科技型中小企业科技服务项目；张家港科技金融服务平台被列入国家火炬计划产业化环境建设项目；张家港蓝苏生物工程有限公司联合南京医科大学第二附属医院东院申报的“病毒、基因致流产和死胎的研究及分子检测试剂盒的开发”项目入围省临床医学科技专项。

（薛冠愚）

2014年张家港市新增国家级科技计划项目一览

表58

项目类别	项目名称	承担单位
国家星火计划	优质切花菊标准化生产技术集成与示范	江苏骏马农林科技股份有限公司
	艾草床垫的产业化开发	张家港和林植物制品有限公司
	德国甘菊产业化关键技术示范与推广	张家港芳香生物科技有限公司
	"云田彩桂"工厂化快繁种植技术示范与推广	江苏澳洋生态农林发展有限公司
	枇杷病虫草害物理防治技术研究及推广	张家港市锦程农林开发有限公司
	凤凰油桃优质安全高效栽培技术研究与产业化开发	张家港市荣晟农业科技有限公司
	水蜜桃优质高效标准化集成技术示范	张家港市乐余镇永利土地股份专业合作社
	高效设施西瓜优质高产栽培示范推广项目	张家港市乐口蜜农业专业合作社
	金针菇下脚料多糖制备关键技术及产业化	张家港市常兴菌业有限公司
国家科技重大专项——新药专项	抗耐药型肿瘤靶向新药迈华替尼的临床前和临床研究	苏州迈泰生物技术有限公司
国家科技重大专项项目	重点流域造纸行业污染控制关键技术产业化示范	江苏华机环保设备有限责任公司
国家火炬计划	能源装备用关键环类零件	张家港海陆环形锻件有限公司
	高精度双流速称重式定量灌装机	江苏星A包装机械集团有限公司
	通信基站后备电48伏50安产品产业化	江苏博强新能源科技有限公司
	园林工具用高容量倍率型锂电池研发及产业化	江苏天鹏电源有限公司
	可自动去飞边曲面分型中空吹塑模具	张家港市天江精密模具制造有限公司
	智能化双头多层三维空间复杂管件弯管机	张家港市明华机械制造有限公司
	高效广谱低毒三唑类杀菌剂氟环唑	江苏七洲绿色化工股份有限公司
	SDHG4-1200隧道式烘干机	江苏海狮机械集团有限公司
	客车防侧翻液压互联悬架装置的研发及产业化	苏州友邦汽车底盘科技有限公司
	外转子高效低噪轴流式通风机开发	江苏富丽华通用设备有限公司
	基于电子称重传感器的旋转式食用油灌装机	江苏新美星包装机械股份有限公司
	可调阻尼和软硬的液压充气减震器及产业化	江苏振龙减震器有限公司
	多出轴直交轴棘轮减速机的研发及其产业化	江苏赫夫特齿轮制造有限公司
	PE建筑模板生产装备	张家港市贝尔机械有限公司
	110型高强度高韧性硅晶片切割钢丝	苏闽(张家港)新型金属材料科技有限公司
	汽车发动机胀断连杆总成及产业化	江苏宏宝锻造有限公司
	高速数字掩膜曝光机装备产业化	苏州微影光电科技有限公司
	新型介质腔体滤波器	张家港保税区灿勤科技有限公司
	异步通信主动式3D眼镜的研发及其产业化	江苏亿成光电科技有限公司
	封闭型电梯导轨研发及产业化	长江润发机械股份有限公司
	电站直接空冷用钢铝复合管及其板材产品	江苏龙源金属科技有限公司
	高增益高耐磨增亮膜的研发与生产	张家港康得新光电材料有限公司
	有机废气干法吸附回收装置	张家港市三星净化设备制造有限公司
	张家港科技金融服务平台	张家港市生产力促进中心
国家重点新产品计划	生物催化合成氧化型辅酶II	苏州汉酶生物技术有限公司
	300立方米大型可移动式液氢贮罐	张家港中集圣达因低温装备有限公司
国家科技型中小企业技术创新基金项目	低成本高转换效率聚光光伏与光热混合系统	苏州聚晟太阳能有限公司
	硅超声探头及医疗影像系统	张家港迈胜电子科技有限公司
	病毒、基因致流产和死胎的分子检测试剂盒的产业化	张家港蓝苏生物工程有限公司
	电子级超纯硅溶胶的研发和产业化	张家港楚人新材料科技有限公司
	锂离子电池用单分散纳米粉体添加剂的开发及产业化应用	江苏华东锂电技术研究院有限公司
	船用FMCW航海雷达	张家港耐维思通电子科技有限公司
	基于北斗等通信卫星系统的磷化铟微波单片集成电路芯片	苏州矩阵光电有限公司
国家农业成果转化资金项目	高活性益生发酵示范	江苏梁丰食品集团有限公司

2014年张家港市新增省级科技计划项目一览

表59

项目类别	项目名称	承担单位
省科技支撑计划（社会发展）	不透明红球菌发酵生产α-酮戊二酸的关键技术研究	张家港市华天药业有限公司
	大流量有机废气及恶臭气体高效净化装置	苏州克利亚环保科技有限公司
	张家港市金港镇德丰“智慧·减灾·平安”科技社区建设	张家港市金港镇人民政府
	病毒、基因致流产和死胎的研究及分子检测试剂盒的开发	张家港蓝苏生物工程有限公司
基础研究计划（省自然科学基金）	微生物催化合成脂肪醇的机理研究	苏州安捷生物科技有限公司
省重大科技成果转化项目	手性药用还原氧化酶和辅酶的研发及产业化	苏州汉酶生物技术有限公司
省科技支撑计划（工业类）	新型高电压超级电容器电解液的研究开发	江苏国泰超威新材料有限公司
	海洋平台用高强度齿条钢的研制开发	江苏省沙钢钢铁研究院有限公司
	高铁轨道板用高品质500兆帕级细晶粒钢筋及生产技术	江苏永钢集团有限公司
	大规模电池储能系统及其并网技术研究与装置实现	张家港智能电力研究院有限公司
	规模储能用锂离子电池隔膜的中试研究	张家港智能电力研究院有限公司
	经济性长寿命锂离子储能电池的研制	江苏华东锂电技术研究院有限公司
	集约化高精度电池管理系统（BMS）装备的研制	张家港智电可再生能源与储能技术研究所有限公司
	模块式高效储能功率变换系统（PCS）样机研制	张家港智电西威变流技术有限公司
	储能高级应用和监控系统的关键技术研究	苏州无极时空网络科技有限公司
	高精度超音频镀膜电源	江苏东方四通科技股份有限公司
	核电站用高等级钛合金管关键技术的研究	张家港华裕有色金属材料有限公司
	减量PET瓶饮料超高速智能包装关键技术及装备	江苏新美星包装机械股份有限公司
	聚酯纤维PTT关键单体1，3-丙二醇新技术开发	江苏七洲绿色化工股份有限公司
	运输载具安全气囊用高强度精密合金钢管研制	江苏华程工业制管股份有限公司
	提高二次纤维利用率，改善再生纸质量并控制二次纤维造纸污水量综合系统的开发	江苏富淼科技股份有限公司
	基于再生资源条件下CrMo钢节约化生产工艺产业化研究	张家港市广大机械锻造有限公司
	高性能超薄金属新型复合材料的研制	江苏欧邦塑胶有限公司
	高效节能型液体无菌吹灌旋一体化成套智能装备的研制	江苏星A包装机械集团有限公司
	核电站百万千瓦级压水堆机组关键机械密封装置的研制	江苏华青流体科技有限公司
省科技型中小企业技术创新资金项目	新型酶促法合成7-ADCA、7-ACA及关联活性酶技术应用	江苏辉腾生物医药科技有限公司
	新型LNG车载瓶液位计的研发	苏州赛智达智能科技有限公司
	超效纳米隔热保温材料H1150高温系列产品的研发	苏州万纳新材料科技有限公司
	船用FMCW固态雷达研发	张家港耐维思通电子科技有限公司
	砷快速检测试剂的开发与应用	张家港格林台科环保设备有限公司
	矿山机械关键部件的激光熔覆再制造装备与技术	江苏和昊激光科技有限公司
省国际科技合作项目	自然循环燃气轮机余热锅炉（HRSG）国际技术合作及产业化	苏州海陆重工股份有限公司
产学研联合创新资金项目	异型管材大角度双向弯曲成形装备研发	张家港江苏科技大学产业技术研究院
省企业知识产权战略推进计划项目	省企业知识产权战略推进计划项目	江苏合丰机械制造有限公司
	省企业知识产权战略推进计划项目	张家港市胜达钢绳有限公司

科技成果

【概况】 年内,全市新增国家科技进步奖1项,累计14项;省科学技术奖2项,累计97项;新增苏州市科学技术奖励18项,其中苏州市科技合作贡献奖1项、技术发明奖1项、科技进步奖16项。全年评定张家港市科学技术奖励56项,其中科技创新创业市长奖4项、科技合作贡献奖2项、技术发明奖2项、科技进步奖48项。在张家港市科技进步奖中,一等奖7项、二等奖16项、三等奖25项。

【一项目获国家科技进步二等奖】 年末,2014年度国家科学技术奖励大会在北京召开,大会颁布了国家科学技术奖励获奖人选和项目。永钢集团参与的"高性能细晶粒钢筋的规模化生产及应用关键技术"项目获评2014年度国家科技进步二等奖。细晶粒钢筋是21世纪具有代表性的先进高性能材料,"高性能细晶粒钢筋的规模化生产及应用关键技术"项目打通了从生产到应用的系列技术环节,突破10个关键技术,取得一系列国际先进的创新性成果,实现高性能细晶粒的规模化应用。2014年,永钢集团把加快科技创新作为引领企业转型升级的重要支撑,共开发高抗震性钢筋等6个建材新品种,合金冷镦钢等17个工业材新品种。至获奖时,永钢集团的精品钢材生产比例已经由2013年末的20%提升到35%左右。 (薛冠愚)

2014年张家港市获苏州市级以上科学技术奖励一览

表60

获奖项目名称(获奖人)	申报(参与)单位	获奖类别	等级	授奖部门
高性能细晶粒钢筋的规模化生产及应用关键技术	江苏永钢集团有限公司	科学技术进步奖	二等奖	国务院
海洋工程用调质热处理钢板的开发	江苏沙钢集团有限公司	科学技术奖	三等奖	江苏省政府
高性能焊丝钢开发及工业应用	江苏沙钢集团有限公司	科学技术奖	三等奖	江苏省政府
韩英铎	张家港智能电力研究院有限公司	科技合作贡献奖	—	苏州市政府
近零排放多花色新型纱线连续涂料染色技术和设备	张家港三得利染整科技有限公司、武汉纺织大学	技术发明奖	二等奖	苏州市政府
第三代压水堆核电吊篮筒体制造工艺关键技术研发与产业化	苏州海陆重工股份有限公司	科技进步奖	二等奖	苏州市政府
HHIP、Patched基因过表达对胃癌甲基化状态的影响及与临床关系的研究	张家港市第一人民医院	科技进步奖	二等奖	苏州市政府
300立方米移动式液氢贮罐	张家港中集圣达因低温装备有限公司	科技进步奖	三等奖	苏州市政府
大流量有机废气及恶臭气体高效净化装置	苏州克利亚环保科技有限公司	科技进步奖	三等奖	苏州市政府
早期柔红霉素化疗及三氧化二砷在急性早幼细胞白血病中的应用	张家港市第一人民医院	科技进步奖	三等奖	苏州市政府
化工设备专用耐腐蚀钛无缝管的研究与产业化	江苏宏宝集团有限公司	科技进步奖	三等奖	苏州市政府
大型高炉料层分布控制技术的开发和应用	江苏省沙钢钢铁研究院有限公司	科技进步奖	三等奖	苏州市政府
35CrMo超高筒形环锻件控形控性轧制关键技术的研发	张家港海陆环形锻件有限公司	科技进步奖	三等奖	苏州市政府
海洋工程用调质热处理钢板的开发	江苏沙钢集团有限公司	科技进步奖	三等奖	苏州市政府
消防设备用耐温差钢管成型技术与应用	江苏华程工业制管股份有限公司	科技进步奖	三等奖	苏州市政府
ZHYC-U40多工位回转工作台组合机床	张家港玉成精机股份有限公司	科技进步奖	三等奖	苏州市政府
高效环保杀菌剂氟环唑关键技术及环保剂型产业化	江苏七洲绿色化工股份有限公司	科技进步奖	三等奖	苏州市政府
重力惯性袋式复合除尘器	江苏新中环保股份有限公司	科技进步奖	三等奖	苏州市政府

续表60

获奖项目名称(获奖人)	申报(参与)单位	获奖类别	等 级	授奖部门
全自动高速毛巾折叠机研发及产业化	江苏海狮机械集团有限公司	科技进步奖	三等奖	苏州市政府
高效节能新型管式降膜蒸发成套装置	苏州天沃科技股份有限公司	科技进步奖	三等奖	苏州市政府
再制造油改气汽车发动机	张家港富瑞特种装备股份有限公司	科技进步奖	三等奖	苏州市政府

知识产权保护

【概况】 年内,张家港市获评国家知识产权示范城市。发明专利授权创历年新高,每1万人授权发明专利拥有量提升至15.5件。全年全市企业申请专利13232件,其中申请发明专利3593件;专利授权10086件,其中发明专利授权427件;申请国外专利(PCT专利)112件,其中41件向国外申请专利获国家和省级专项资助77万元。江苏合丰机械制造有限公司和张家港市胜达钢绳有限公司被列入省知识产权战略推进计划。新增中国专利优秀奖2项,新增苏州市优秀专利奖2项。17家企业被新列入省企业知识产权标准化示范创建备案单位,累计66家;1家企业被评为省知识产权贯标先进单位。10家公司被列入苏州市知识产权密集型企业培育计划。新增苏州市重大专利技术推广应用指导性项目4项,累计13项;开展"4·26"世界知识产权日系列活动,新建企业专利数据库8家,组织知识产权培训及讲座9期,培训1000余人次。

【张家港市创成国家知识产权示范城市】 11月,张家港市被国家知识产权局确定为国家知识产权示范城市,成为全国五个县级国家知识产权示范城市之一。自2010年被确定为国家知识产权示范城市创建市后,市政府出台《张家港市实施专利跨越三年行动计划(2013—2015)》等推动知识产权工作的政策文件,并加大财政专项投入。市财政知识产权专项经费从2010年的1824万元递增到2013年的2406.97万元。市科技局连续5年在《张家港日报》上开辟知识产权专栏,举办知识产权知识竞赛。2014年,全市在省内率先开展基层一线技术工人专利之星培育评选工作。市科技局分区镇开展知识产权"菜单式"培训,编制全市首份专利预警报告——《张家港高端特种装备(LNG)产业技术专利分析报告》,促成全市首笔专利质押贷款的成功办理。市江苏欧邦塑胶有限公司通过专利质押从交通银行贷款2000万元。 (薛冠愚)

2014年张家港市各区镇企业专利申请、授权情况

表61 单位:件

区镇名	申请情况		授权情况	
	专利申请	发明申请	专利授权	发明授权
保税区(金港镇)	3470	803	2280	63
经开区(杨舍镇)	4139	1111	3445	128
冶金园(锦丰镇)	1320	423	1139	60
塘桥镇	1258	366	863	34
乐余镇	734	219	589	39
凤凰镇	778	186	700	37
南丰镇	894	318	643	38
大新镇	449	121	293	21
常阴沙现代农业示范园区	190	46	134	7
合 计	13232	3593	10086	427

科 普 工 作

【概况】 年末,全市有区镇科协9个、街道科协21个、村(社区)科协83个、企业科协32个,有市级学会24个,有科普小组200余个,科普志愿者队伍4500余人。有科普教育基地47个,其中国家级1个、苏州市级9个。有科学教育特色学校22所,其中省级3所、苏州市级7所。年内,市小城市社区被命名为全国科普示范社区,市科协"科普零距离大型公益行动"被省科协评为创新案例。

科学普及 市科协开展"科普零距离"大型公益行动、第26届科普宣传周、全国科普日等数十场全市性大型科普活动。会同市文明办、市电视台、中国移动张家港分公司等4家单位联合上海市科协，共同策划“科普零距离”大型公益行动。首次引进上海市科技发展基金会《科普新说》节目资源，内容涉及天文、地理、医学、养生保健、心理健康、食品安全等多个方面，完成16个系列139集节目，共计时长4170分钟。其串联的九大系列20余个子活动，层层紧扣，环环深入，通过报纸、电视、互联网、现场活动等形式互相带动，形成规模效应。其中，举办的科普达人秀，累计报名100余人，最后评出科普达人10人和入围奖10人，参与投票人数达到14万人次。全市114个社区全部完成社区科普惠民服务站建设，社区居民可“零距离”享受到科普“一站式”服务。“科普新干线进五区”（社区、校区、园区、街区和营区）——流动科技馆“一站式”巡展活动深入全市12所学校、60个社区，开展巡展150余场。“科普新干线”到泰州巡展一周，被《泰州晚报》头版头条刊登。开展“科普志愿者一条街”活动，社区科普志愿者每月两次利用周末在社区广场开展科技服务、医疗卫生服务、节能环保、防震减灾等咨询和宣传。全年发放科普宣传资料30万份，举办科普展览300余场。

学术交流　年内，市科协动员全市各级科协组织及广大科技工作者开展各类学术交流活动200余场次。承办2012—2013年度张家港市自然科学优秀学术论文评选活动，200篇优秀论文受到市政府表彰。学术交流层次不断提升，“2014国际绿色制造国际论坛”在张家港市举行，绿色制造产业绿色联盟、美国、英国、中国机械工程师学会等机构的200余名国际国内专家参会，获苏州市10万元高层次学术活动资助。市医学卫生学会邀请中国工程院院士阮长耿、汤钊猷、王学浩等到张家港市授课，并承办“第26届全国肝胆胰外科学术经验交流会”“院长论坛”等学术活动，推出“百千万”“健康沙龙”“爱心彩虹桥”等系列专家义诊活动。市科技工作者之家邀请深圳华为技术有限公司原高管卢刚等国内知名专家到张家港市举办“萃智”创新工程师、高效产品开发模式培训班等。市暖通空调协会组织会员单位举办“优成杯”操作工技能大赛。市电气技师协会共举办培训班8期，为银河电子等企业培训技术工人1200余人。

科技服务　年内，市科协作为全国唯一县级市科协承担中国科协《县级“科技工作者之家”建设标准》起草工作，初步形成《县级“科技工作者之家”建设标准》，获得中国科协、省科协一致好评。市科协全力打造科技文献信息服务平台，使其成为全市科技人员查询、获取科技文献信息的主要渠道，年末用户267户，其中活跃用户150户，科技文献下载2.6万页，科技查新450余项，文献信息查询量呈井喷之势。积极举荐全市优秀人才参加省、苏州市、张家港市的优秀科技工作者、苏州市科技魅力人物、苏州市杰出工程师等评选表彰活动，江苏能华微电子科技发展有限公司总经理朱廷刚获评2014年度江苏省优秀科技工作者，张家港富瑞特种装备股份有限公司董事长邬品芳、苏州矩阵光电有限公司董事长朱忻获评2014年度“苏州十佳科技魅力人物”。年内，新成立江苏海狮机械集团科协、江苏赛康医疗设备有限公司科协等10家企业科协，江苏沙钢“长距离煤浆输送用钢板的开发”等15个项目获得张家港市“双杯奖”，张家港科技创业园等3个工作站入选苏州市科协科技工作者状况调查站点。

【海智基地】“2013·海智大会”召开后，海智基地作为全市人才工作的重要组成部分，利用中国科协的海外资源和信息网络，加强对上争取和对外宣传，开展有针对性的招才引智和对接交流活动。邀请全欧华人专业协会联合会等多个海外科技团体参加张家港市2014年人才工作海外合作组织座谈会、领军人才评审会、张家港首届创新创业大赛等活动，澳华科技协会原会长、教授金声等3人获评市领军人才。推荐张家港保税区申报中欧科技示范园区，推荐张家港富瑞特种装备股份有限公司、苏州海陆重工股份有限公司等企业申报海智重点企业。建成“国际科技频道”海智资源传播系统，通过国际连线活动，实现人才引进与技术升级。

【科普宣传周活动】 5月9日，张家港市第26届科普宣传周活动在杨舍镇田垛里社区广场开幕。本届科普宣传周围绕“科学生活，创新圆梦”主题，紧扣“节约能源资源、保护生态环境、保障安全健康、促进创新创造”等科普内容，突出与市民生产、生活密切相关的防震减灾、低碳节能、公共安全、科学生活等社会热点，向全市居民普及依靠科技防治自然灾害、事故灾难、公共卫生和社会安全等方面的知识，特别是以预防、避险、自救、互救、减灾等为主要内容的科普宣传教育。宣传周期间，开展“科普变变变”“科普达人秀”“你点我讲菜单式科普讲座”“科普入万家”“科普志愿者在行动”等八大系列290余项科普活动，制作图板200余块，编印发放科普宣传资料、科普挂图3万余份，参与人数40万余人次。此次宣传周活动延伸并贯穿全年，基本做到周周有活动、月月有亮点。

【“科普零距离”大型公益行动】 年内，市科协“科普零距离”大型公益行动以在张家港电视台开辟大型电视科普系列讲坛类节目《科普零距离》为龙头，串联“科普零距离讲座”“主题科普宣传活动”“新干线进五区”“科普达人秀”“科普变变变”“科技运动会”“科普三下乡”“科普入万家”“科普志愿者一条街”等九大品牌20余个接地气、益民生的科普活动，以普通市民为立足点和出发点，适合五大类重点人群科普。全年共举办各类科普活动450余场，受益人数达到50万人次，累计参与互动观众达到3.9万人次，全年发放科普宣传资料30万份，举办科普展览300余场。12月，市科协还推出“科普零距离”微信公众平台，利用现代传媒传播前沿科技解码科学秘密，周一至周五精心推送3条至4条简短的科普小知识，内容涵盖“科海拾趣”“吾爱吾庐”“私人订制”三大模块12个系列，开展线上招募科普志愿者、科普小记者等活动，至年末有1000余名用户关注。（姜　科）

气象科技

【概况】 年内，市气象局加强气象信息化建设，提升气象服务能力。3月，市政府颁布《张家港市气象灾害应急预案》，市气象局与市民政局、住建局联合开展全市综合灾害信息员、协理员队伍培训。6月9日，市气象局联合市政府口岸办、张家港海事局组建沿江气象信息员队伍，并进行培训，组织QQ群，为沿江企业生产和调度及时提供气象专项指导服务。是月，根据江苏省气象局关于印发《苏州市气象局所辖县（市、区）气象局（站）机构编制调整方案的通知》中核准的《张家港市气象局机构编制调整方案》，市气象局调整内部机构：设置2个内设机构，分别是办公室（综合管理科）和防灾减灾科（行政服务科、人工影响天气办公室）；设置2个直属业务单位，分别是市气象台（市气象服务中心）和市防雷中心。建立健全基层气象防灾减灾工作考核机制，把气象防灾减灾工作纳入2014年度区镇绩效考核项目，对各区镇从气象防灾减灾组织机构建设、服务站建设、气象灾害调查、气象应急及科普宣传等五个方面进行考核；与市环保局建立重污染天气监测预报预警会商机制，及时向公众和政府提供预警信息；牵头成立由市气象局、电信公司、移动公司、联通公司等部门和单位领导组成的市重大气象灾害预警信息手机全网发布工作小组，实现重大气象灾害预警信息电信、移动、联通的手机全网发布；完成气象信息化建设一期工程，建成分防汛、交通、教育、农业等行业和类别的气象专项服务网站，完善气象局门户网站建设，为气象防灾减灾工作提供基础保障。市气象局获2014年度苏州市气象局县级综合气象业务职业技能竞赛团体第一名，其中谢洁获个人全能第二名及综合业务基础理论第一名，被授予苏州市气象局气象综合业务能手称号。谢洁作为苏州市代表参加第九届江苏省气象行业职业综合技能竞赛，获全能第五名、自动站技术保障单项第二名，被授予江苏省五一创新能手、江苏省技术能手、江苏省气象综合业务标兵等称号。

气象监测　从1月1日起，位于梁丰生态园内的新气象观测场开始启用，进行为期一年的平行对比观测。根据《中国气象局关于县级综合气象业务改革发展的意见》《江苏省气象局关于实施新型自动站业务切换与观测业务调整的通知》《业务法规处关于实施新型自动站业务切换和观测业务调整的通知》的要求，从2014年1月1日（北京时间2013年12月31日20时）后开始实施新型自动站业务切换和观测业务调整，启用台站地面综合观测业务软件（ISOS-SS）和江苏省无线电科学研究所有限公司生产的DZZ4新型自动气象站。调整的观测项目有：增加草面温度自动观测；取消云量和云状观测；实现能见度自动观测，取消能见度人工观测；取消雷暴、闪电、飑、龙卷、烟幕、尘卷风、极光、霰、米雪、冰粒、吹雪、雪暴、冰针等13种天气现象观测；取消8时、20时降水量人工定时观测，以自动观测数据代替；只保留编发国家段的雷暴（94917）、冰雹（939nn）和龙卷（919MwDa）重要报；因服务需要保留编发降雪（90007）重要报；从2月1日（北京时间1月31日20时）后开始，启用大型蒸发自动观测，取消小型蒸发观测。根据中国气象局《观测司关于翼城等99个自动土壤水分观测站正式投入业务运行的函》的要求，自2014年1月1日起，张家港市自动土壤水分观测站正式投入业务运行，年内共完成基数897个。市气象局于10月完成太阳辐射仪、云高探测仪的安装，11月完成激光雷达的安装，12月完成霾监测设备升级及人工影响天气工程的建设。

预报服务　全年24小时电视天气降水预报正确率98%，比上年提高1个百分点；预报评分TS为95.4%，SS1为93%，SS2为89.2%。年内，共为地方政府发布天气信息36份，重要天气公报3份，气象专题服务102份，气象为农服务专报10份；发布气象灾害预警信号15次，其中蓝色预警信号5次、黄色预警信号9次、橙色预警信号1次。利用气象短信平台，为全市各级党政领导、农村气象信息员、沿江气象信息员、各类种植大户及森林防火、地质灾害责任人等提供及时准确的气象信息服务，服务总人数3524人，发送各类气象预报、预警短信457次，气象预警短信受众72万余人次。

气象科普　年内，市气象局紧

沿江气象信息员队伍成立仪式　（市气象局供稿）

紧依托市气象科普体验馆、青少年社会实践基地、社区气象科普馆，组织开展各项气象科普宣传活动，开展“3·23”世界气象日、气象科普进社区进学校、“5·25”气象法律宣传走上街头、安全生产月气象法律进企业等活动，召开综合信息员培训会、气象微博粉丝见面会，成立气象志愿者队伍。以市气象科普体验馆为宣传阵地，建立未成年人接待日制度，加强对未成人的气象科普宣传，全年共接待20批次、500余人次参观学习，同时利用网站、微博、气象预警信息显示屏等媒体进行常年宣传。

【防雷减灾】 年内，市气象局组织对全市易燃易爆场所、危险化学品企业、加油加气站、棉纺织企业等重点行业、企业以及危险品场所和人员密集型场所进行防雷设施的安全检测。全年检测各类企业512家，发出整改通知书85份，整改关闭率100%。对新建项目，从图纸审核、隐蔽工程监督到竣工验收进行把关，提高新建项目的防雷安全性能。坚持依法、高效、便民服务原则，行政审批实行“两集中、两到位”，即部门行政许可(审批)职能向一个科室集中，部门科室整建制向行政服务中心集中；行政许可(审批)项目和人员进驻中心到位，部门对窗口授权到位。开展气象证明网上办件，推出首问责任制、服务承诺制、限时办结制，简化程序、提高效率。全年受理防雷设计审核343件，竣工验收358件；气球施放审核254件，查处违法案件3件；完成雷电风险评估项目64项。开展“六打六治”专项行动，对全市企业进行拉网式排查，出动281人次，发现隐患57处。开展石油化工码头及其仓储设施防雷防静电装置安全隐患排查工作，完成对长江沿线26家码头企业和内河3家码头企业隐患排查和督促整改工作。配合市经信委开展全市成品油经营点安全检查工作，排查加油加气站点125家，督促整改隐患15处。

【全省首个温室气体监测站上线运行】 市气象局在2013年年末建设的温室气体监测站，经过半年的调试，于2014年5月10日上线运行，成为全省首个建成上线运行的温室气体监测站。该监测站使用美国PICARRO公司生产的G2301型温室气体浓度分析系统，具有集成度高、灵敏度高、自动化程度高等特点，可实时连续在线监测主要温室气体(二氧化碳和甲烷)浓度变化状况，显示大气中二氧化碳、甲烷、水汽等指标含量的实时数据。该系统设备主要包括温室气体浓度分析仪、在线测量进气仪、样气选择及控制系统、样气制备系统、数据传输及分析处理模块、样品采集塔等，配备两级除水模块，可进行零下50摄氏度深度除水，使用高达50米的采样塔，双路进气采样，排除植物呼吸及大部分人类活动影响。

(丁和平)

防震减灾

【概况】 年末，市域有地震微观监测站3个，宏观监测站10个，数字地震台1个，强震台4个，其中省属强震台1个。年内，市地震局获全省强震动观测运行维护第六名、苏州防震减灾先进单位等荣誉。

地震监测　年内，市地震局强化地震监测基础，加强对测震台站、前兆台网、强震台站的管理，定期巡查，及时排除隐患和故障，确保各项地震监测手段的正常运行。6月，电磁波观测项目迁入梁丰初级中学。8月，引进作为试验性观测的国内一流的氡气观测项目，成功捕捉到苏北3.7级地震的前兆信息。加强地震监测设施和地震观测环境的保护。10月，台站增挂环境保护警示牌。11月，调整宏观观测台站3个。市地震局每季度对强震台站地网进行检测。强震观测打破专业台站垄断，首次进入全省71个台站前六强，二氧化碳观测项目保持苏州先进。

地震应急　7月，市政府印发修订后的地震应急预案，进一步明确地震应急机构的组成与职责、各种情况下的应急反应程序、善后处理、预案演练以及市抗震救灾指挥部、抗震现场指挥部、指挥部办公室和15个工作组的应急响应行动细则内容，使应急工作体系更为科学合理。市地震局指导四十余所学校、十余个社区进行地震应急预案修编。4月，市地震局与市教育局联合下发《关于加强校园应急疏散演练的通知》，要求全市中、小学每月组织1次应急演练活动。为加强应急设备管理工作，提高志愿者操作使用应急设备技能，组织开展多项应急设备操作使用训练活动，提升志愿者的应急能力和综合素质。

震害防御　年内，为落实市政府于2013年年末修订出台的建设工程抗震设防管理办法，市地震局与市发改委、市行政服务中心等单位达成贯彻文件精神的具体措施，并加强项目管理，确保地震安全性评价工作落实到位。对张家港总商会大厦、张家港煤气综合利用发电项目、沙钢集团改建135兆瓦高炉煤气发电等3个项目开展地震安全性评价工作。指导南丰镇永合社区参加国家级地震安全示范社区创建工作。组织科普进校园、进社区活动，通过应急演练、观看科普视频等途径，提升学生和市民的防灾意识和能力。受邀为十余所学校及社区做科普讲座。市防震减灾科普馆全年接待近4万名中、小学生。

【强震台运行维护获全省前六强】 年末，在全省强震台观测评比活动中，张家港市的省级强震台作为地方管理的台站，打破过去众多专业台站的垄断态势，闯入台站运行维护先进前六强，成为全省71个台站中的佼佼者。为提升台站管理质量，市地震局狠抓日常管理，加强监测设施和观测环境保护工作，加大定期和不定期现场巡检工作频次，每季度定期检测接地电阻。与观测员签订责任状，要求观测员严格执行操作技术规范，认真准确观测并记录资料，每旬必须检查1次仪器设备。由于管理到位，台站做到安全、连续、可靠运转，仪器设备全年保持零故障，全年通信畅通率抽查保持在100%。　(向家林)

【编辑　卢德兴】

教育

Education

市实验小学　（庞瑞和　摄）

教育事业

【概况】 2014年，全市教育经费总投入31.34亿元，其中预算内教育经费支出24.4亿元。招收新生4.87万人，毕业生4.14万人，吸纳新市民子女7.27万人。年末，在校学生17.59万人，比上年增4700余人。全市有各级各类学校135所（包括民办新市民子女学校9所），其中幼儿园45所、小学38所、初中33所、普通高中9所（含完中2所）、职业院校7所、高等院校2所、特殊教育学校1所。张家港市通过2014年县级政府教育工作省级督导考核。市教育局被评为江苏省教育信息工作先进单位、江苏省教育宣传工作先进单位、江苏省文化科技卫生"三下乡"先进集体，并连续3年在张家港市级机关绩效考核中获"突出贡献奖"。

教育均衡配置　推进城乡师资均衡配置。继续选派优质学校教师赴农村相对薄弱学校进行团队支教和学科建设帮扶。年内，派出128名教师、47名教育管理人员参加城乡间、学校间的流动。推进"张家港名师讲堂"活动常态化，累计举办16场，4000余人参加。严格执行资助政策。2014年累计资助家庭经济困难学生8533人次，资助金额859.63万元；中等职业教育免学费人数7780人，免学费财政补助金额1666.2万元；发放生源地信用助学贷款33人次，贷款金额21.18万元。张家港市教育资助中心成为苏州唯一名列优秀等级的县级中心。新市民子女义务教育就读公办学校比例超过72%，残疾儿童入学率近99%。

教学专业设置　年内，职业教育和高等教育重点面向先进制造业、现代服务业、新能源、新材料等领域合理规划专业设置，职业学校新增专业2个，高校调整专业8个。推进校企合作。中职学校与企业建设校外实训基地200余家，高校与骨干企业共建研究生工作站16家及各类研发中心、工程技术中心15家。推进中高职衔接教育。职业学校与江苏科技大学、常熟理工学院等联办高校就高职衔接在课程设置、技能培训和培养目标等方面进行深入交流，明确具体方向和目标。健全终身教育体系。推进社区教育"四大工程"富民培训，继续开设万人规模的"学历+技能"成人中专学历培训，7573名在职职工接受教育培训。主要劳动年龄人口平均受教育年限11年。

教育内涵品质　坚持立德树人，形成不同学段各有侧重、相互衔接的德育体系。以"八礼四仪"为主要内容，深入开展核心价值观主题教育活动。举办第十六届课堂教学展示月活动，基本完成全市7所普高的教学模式建构。加快国际化进程。与美国威斯康星州简斯维尔学区签订教育战略合作协议，普通中小学中有境外友好学校的比例达到20.5%；启动"外籍教师进校园"项目，聘请10名外教到沙洲中学等8个学校执教。职业学校与德国、日本等6个国家建立长期稳定的合作关系。中等专业学校与德国BBW集团合作建设的中德合作技能教学实践基地成为全市首个高水平中外合作实践基地。

【"美丽校园"建设布局】 市教育局围绕"美丽学校"建设，扩充硬件资源。累计投资约12亿元的景巷幼儿园、职业技能实训基地（高职园区）等4个新建项目及乐余高中、合兴小学等4个改扩建项目竣工并交付使用；南苑幼儿园、凤凰中心小学等11项新建工程和老年大学、妙桥幼儿园等6项改扩建工程稳步推进。相继开展2批"美丽校园"建设认定工作，26所学校被认定为"美丽校园"建设示范点，35所学校被认定为"美丽校园"建设合格学校。全市中小学教育技术装备投入总额6000余万元，多媒体网络课堂班级覆盖率97%，其中交互式电子白板多媒体覆盖率达到42%。新建未来教室5个，微格教室1个。承办"苏派教育大家讲堂·全国小学特色文化建设"主题活动，"全国小学特色文化建设共同体"在张家港市建成揭牌。

【课堂教学改革经验交流活动】 10月22日至12月26日，张家港市第十六届课堂教学改革经验交流活动举办。活动以"生态教育，美丽课堂，同题异构，和谐高质，名师成长"为主题，包括衔接教育展示、有效教学展示、微型课题展示、新苗展示、名师展示、学校整体展示等7项内容，有34个展示（承办）点，开设385节展示课，大小沙龙159场，307人次参加课堂点评和主题演讲，累计8520余人次参加听课、评课、沙龙等主题活动。名师展示期间，北京、甘肃、淮安、宿迁及苏州各市区约1500人次参加学习活动。此次活动中首创"即学即传

中国张家港市教育局—美国威斯康星州简斯维尔学区战略合作签约仪式

（市教育局　供稿）

QQ微评"全新的教研方式，首次推出中德合作办学教学模式的现场展示，集中展示张家港市中等专业学校、德国BBW教育集团及张家港经济技术开发区德资企业三方深度合作的教学项目。

【政府教育工作通过省级督导考核】5月28日至29日，江苏省教育督导考核组对张家港市教育工作进行现场督导考核。督导组听取市政府分管副市长华红对张家港市教育工作的汇报，分别召开人大代表、政协委员，校长和教师代表座谈会，查阅反映全市教育工作的台账资料，实地察看21所(个)学校及社区教育阵地。省教育厅对张家港市推进教育现代化建设、依法落实教育投入政策、统筹各类教育在更高层次上协调发展、以质量特色内涵发展提升张家港教育影响力等方面给予肯定。

(水　华)

基础教育

【概况】全市有基础教育类学校126所(含特殊教育学校1所)。累计创建成国家级绿色学校(幼儿园)1所，江苏省绿色学校44所，江苏省语言文字规范化示范学校1所，江苏省中华经典诵读基地学校1所，江苏省规范汉字书写教育特色学校1所，江苏省优质幼儿园34所，江苏省科技教育特色学校3所，江苏省体育传统项目学校3所，江苏省艺术特色学校1所，江苏省健康促进学校银奖学校11所、铜奖学校59所，苏州市艺术特色学校3所，苏州市体育传统项目学校16所，苏州市科技教育特色学校5所，苏州市德育先进学校63所，苏州市合格心理咨询室72所，苏州市优质幼儿园42所，苏州市绿色学校102所，苏州市语言文字规范化示范学校27所，苏州市中华经典诵读基地学校1所，苏州市规范汉字书写教育特色学校3所。年内，张家港高级中学"影像与写作"获评江苏省第四批课程基地建设项目，合兴初中"业余无线电"获评江苏省义务教育学校课程建设项目。张家港高级中学、暨阳高中、梁丰初中、合兴初中创建成苏州市课程基地学校。市实验幼儿园、大新中心幼儿园创建成为江苏省幼儿园游戏化课程实验基地。市实验小学、白鹿小学、塘市小学、市二中入选苏州市义务教育改革项目学校。

学前教育　贯彻落实《3—6岁儿童学习与发展指南》精神，以市级实验区建设为契机，实施课程游戏化建设，开展实验工作。推进幼儿园文化建设工程，打造独特的校园文化，实现幼儿园的内涵发展和品牌发展。至年末，全市有幼儿园45所(含新市民子女学校附设幼儿园8所)。在园幼儿36632人(含新市民子女18205人)，比上年增50人。其中，0至3周岁婴幼儿入园(所)人数823人，适龄幼儿入园率100%。年内，创建成苏州市优质幼儿园2所。市镇(中心)公办幼儿园中江苏省优质园和苏州市优质园的比例分别为92%和97%。

小学教育　推进学校自主申报张家港市"美丽学校"八项工程(美丽学校外观建设工程、人事制度改革工程、职业教育创新工程、课程改革工程、学校文化建设工程、德育提升工程、人民满意度提升工程、机关作风转变工程)建设，重点抓好外观建设、文化建设、课程改革、德育提升等工程。投入近2000万元实施民办新市民子女学校提档升级工程，所有新市民子女学校通过苏州市合格验收。至年末，全市有小学(含新市民子女学校)38所，其中中心小学、市镇小学37所，村校1所。在校学生75560人(含新市民子女39419人)，比上年增879人。小学适龄儿童入学率、巩固率、跟踪毕业率、升学率均为100%。

中学教育　举办初中"美丽学校"相关建设工程的推进研讨活动，聘请专家对学校的申报方案进行论证。联合职能科室，对全市中学执行上学、放学时间的情况进行专项检查，规范初中办学行为。至年末，全市有中学42所，其中初中33所、普通高中9所(含完中2所)。在校学生39429人，其中初中生28899人、高

崇真中学美丽校园　　(市教育局　供稿)

中生10530人。初中生年度巩固率、毕业率、升学率分别为100%、99%和97.5%，适龄人口高等教育毛入学率超过70%。

【名优班主任工作室】 年内，为进一步发挥张家港市名优班主任引领示范作用，市教育局分学段成立以班主任姓名命名的4所市级名优班主任工作室，分别是实验小学范丽芳工作室、梁丰初级中学朱军工作室、沙洲中学戴剑波工作室、中等专业学校徐静工作室，其中实验小学范丽芳工作室被命名为苏州市级工作室。名优班主任工作室吸收德育骨干、优秀青年班主任加入，定期开展交流研讨、参观学习、对话青年班主任沙龙、公开课展示等系列活动。

【高考获佳绩】 年内，全市高考普通类实考人数3630人，二本以上达线2249人（不含保送生和体艺类达本科学生），二本以上达线率为61.96%，首次突破60%大关，名列苏州各县（市、区）第一。该届高三学生有68人获得江苏省、苏州市优秀三好学生和优秀学生干部称号。市外国语学校王嘉鑫考分列苏州市文科第二名，获李政道奖；梁丰高级中学有7名学生保送南京大学。常青藤实验中学53名学生、张家港新加坡外国语学校19名学生、梁丰高级中学5名学生分别被美国加州大学、英国帝国理工大学等国外名牌大学和中国香港大学录取。

（水　华）

职业教育

【概况】 全市有职业类院校7所，其中公办职业院校5所、民办职业院校2所。年内，职业院校招收新生104个班3710人，普职比1∶1。全市职业院校在校生12941人，毕业生3598人，748名中职学生参加2014年省普通高校对口单招考试，本科达线人数471人，达线率为63%。本科达线人数、本科达线人数占比等主要指标均名列苏州市第一，其中本科达线人数占苏州各县（市、区）的44.4%。在省职业教育技能大赛中，张家港市选手获得一等奖8个，张家港中等专业学校学生张维在2014年全国职业院校技能大赛中获服装工艺项目金牌。江苏城市职业学院张家港办学点在“第三届POCIB全国大学生外贸从业能力大赛”中获团体第一名，并再次获得国家、省级师生技能大赛苏州市县（市、区）团体一等奖，实现一等奖七连冠。7月，张家港中等专业学校通过首批“国家中等职业教育改革发展示范学校建设计划”项目学校验收。

【职业体验教育宣传活动】 5月，市职业教育面向全市初中学生开展“体验项目、了解职业、崇尚技能”职业体验日活动。5所职业学校开放22个实训基地，提供23个专业大类的67个职业体验项目，初中学生现场体验1100人次。6月，市教育局开展系列职教宣传活动。制作《换一个角度看职教》宣传片，发放到各初中学校，并在《张家港新闻》节目中播出。以“德塑人生、技行天下”为主题在《张家港日报》开辟专栏，全面报道全市职业教育的发展，营造“读职教，学技能”的社会氛围。

【首届张家港青年创业夏令营】 7月1日，首届张家港青年创业夏令营在市职业院校开营，活动为期8天，由市教育局与团市委、市民政局、市人社局联合举办，上海《成才与就业》杂志参与，旨在提高学生适应社会能力，激发学生创业意识和创业潜能。江科大、沙工、开放大学及4所职业学校的60名学生参加。活动引进NFTE创业培训课程，包含讲述创业教育、举办创业成功企业家报告、开展市场调研和销售实践、撰写商业计划书等内容。

（水　华）

高等教育

【概况】 2014年，全市有沙洲职业工学院、江苏科技大学张家港校区、江苏科技大学苏州理工学院、张家港开放大学4所高等学校。其中，江苏科技大学张家港校区和江苏科技大学苏州理工学院实行统筹管理，即两块牌子、一套班子。年内，4所高校在校学生18971人，毕业学生3867人。

沙洲职业工学院　简称沙工，设有建筑工程、纺织工程、电子信息工程、机电工程、机械动力工程、经济管理、基础科学系、思想政治理论教研部等8个系部24个专业。有教职工318人，其中专任教师216人。专任教师中，拥有高级职称的89人，占41.2%；拥有研究生以上学历教师132人，占61.11%；具有“双师型”教师131人，占60.65%。有江苏省“333工程”高层次人才培养对象3人，江苏省“青蓝工程”培养对象9人，院专业带头人17人，院优秀青年骨干教师24人。在校生4488人，比上年增255人。2014年，学院计划招生1780人，其中包括对口单招310人。实际录取1631人，实际报到1521人，报到率93.3%。毕业学生1313人，就业率94.9%。累计毕业学生20998人。年内，沙工成为张家港市政府2014—2015年度定点培训机构。省级大学生实践创新训练计划项目立项14项。学院在研横向科技服务项目14项，各类纵向哲学社会课题立项16项。申报专利及软件著作权33件，获得授权专利及软件著作权18件。师生在全国、全省、行业等竞赛中获各级各类专业技能比赛一等奖12项、二等奖15项、三等奖23项，实现各专业系全覆盖。其中，在全国唯一官方教师大赛中获得一等奖2个，列全省高职院校之首。

江苏科技大学张家港校区和江苏科技大学苏州理工学院　简称江科大张家港校区和苏州理工学院，共6个二级学院，其中江科大张家港校区有11个本科专业，苏州理工学院有23个本科专业。2014年，江科大张家港校区实际录取新生493人，录取硕士研究生5人。苏州理工学院实际录取新生1493人，文理科各批次投档分数线均高于省控线。年末两校有在校学生6772人，其中江科大张家港校区学生2517人、苏州理工学院学生4255人。年末，两校有教职员工275人，其中专任教师196人。江科大张家港校区2014届毕业生毕业率为97.77%，学位授予率96.28%，年终总就业率95%。考取研究生122人，占毕业生人数的15.7%。年内，启动苏州理工学院综合改革实验班和人才培养综合改革。完成6个大学生创新实践基地建设和7个大学生创新实践基地培育点建设。启动与美国底特律大学“2+2”联合培养项目，与法兰西商学院上海国际校区开展互访交流。获国家自然基金项目立项5项，省自然科学基金立项3项，省产学研前瞻项目立项2项，省社会科学基金立项1项，省高校自然科学基金立项3项，省高校哲学社会科学基金立项2项，苏州市社会科学应用研究课题立项4项，省体育局课题立项2项。签订产学研合作项目10余项，实现合同金额300余万元，为企业解决技术难题10余项。申请专利12项，授权发明专利2项、实用新型专利5项、软件著作权3项。江科大张家港校区与张家港及周边企业签署10余项技术开发合同、3项全面合作框架协议；与海陆重工公司、广大机械公司、江苏德丰集团合作，共同申报省科技计划项目10余项；获批省产学研前瞻性项目1项。

张家港开放大学　同时挂“江苏城市职业学院张家港办学点”校牌，2014年开设专业40个，比上年增5个，有各类学历教育班218个，比上年增7个，其中全日制班59个，比上年减3个。有在校生7711人，比上年减1113人。招收新生1867人，比上年减172人，其中全日制新生485人，比上年减126人。毕业学生1822人，比上年增153人，其中全日制毕业生670人，比上年增70人。年末有在籍学生7711人，比上年减1113人。有学生社团24个，比上年增2个。年内统考课程及格率、平均分均名列全省城市职业学院系统前列。全年开展社会培训2276人次，组织各类考试1115场次，累计参与22933人次。有教职员工204人，比上年增2人，其中专任教师163人，比上年增6人，有141人具有中高级职称，比上年增6人。全年派出63名教师到有关高校、企业和培训机构培训学习，14名专业骨干教师参加全市“专业教师下企业”活动，组织公开课展示59节，组织教师参加省职院及有关高校、张家港市及校级教研活动103次。出台《开放大学首批骨干教师评选办法》，评选出学校第一批学科带头人、教学能手等骨干教师15人。制定《学校名师工作室建设意见》，初步建立7个名师工作室。开展普通车床等技能实训，全年累计实训学生662人。组织学生到澳洋医药物流公司顶岗实习，到张家港泰瑞特装公司进行企业生产技术及企业安全生产等培训。全年参加考证人员368人，通过率96%以上。举办第六届大学生技能竞赛，组织“职业体验开放日”展示活动。组织参加省城职院学生技能比赛并承办经贸类学生技能比赛，获7个一等奖、6个二等奖和5个三等奖。学校在第三届POCIB全国大学生外贸从业能力大赛中，获团体一等奖；在“东洋科技杯”第七届全国职业院校外贸技能竞赛中，获团体三等奖；在全国职业院校“用友新道杯”沙盘模拟经营大赛中获一等奖。在张家港市第十八届“永钢杯”技能大赛中，承办其中7个项目的比赛，师生获一等奖2个、二等奖6个、三等奖10个。年内，学校发放国家励志奖24.5万元，助学金38.9万元，勤工俭学补助4.8万元，关爱基金1万元，春节慰问金15.2万元，减免中职学费221.76万元。组织学生参加市人才中心的毕业生双向洽谈会，不定期公布企业就业岗位信息，就业率保持99%以上。年内，学校被评为教育部“一村一名大学生计划”试点工作先进单位。

张家港开放大学高职园校区揭牌仪式　　（张家港开放大学　供稿）

【江科大张家港校区与德丰集团共建省企业研究生工作站】　5月17日，江科大张家港校区与江苏德丰建设集团（简称德丰集团）举行江苏省企业研究生工作站揭牌仪式。这是张家港市建筑行业建立的首家研究生工作站。双方签署校企产学研合作框架协议及首批技术开发合同，明确在新技术、新材料、新工艺等方面加快科技成果转化合作。年末，有3名研究生、3名教师进驻研究生工作站。承接自密实再生混凝土制备技术开发、工程建设施工工法研究两个项目，项目经费16万元，其中工程建设施工工法研究项目申报省级施工工法。

【沙工搬迁完成】　9月，沙洲职业工学院顺利完成校园搬迁，从长兴中路8号迁入城北新区的核心地带福新路1号。新校区2012年10月动工建设，投资超10亿元，占地35.33万平方米，其中体育馆占地6866平方米、图书馆占地15536平方米，总建筑面积23.6万平方米，办学规模8500人。新校园建有特色大学生创业园，“教、学、做”一体化教学实训基地和工厂，是一座融地方产业文化与高职教育特色为一体、富有江南水乡韵味的现代化校园。

【沙工30周年校庆暨校史馆成立】5月，沙洲职业工学院成立30周年校庆活动启动，至12月结束。活动包括学报刊发特稿、校报开辟专栏、编辑校庆文集、系列学术报告、产学研联盟建设、大型外媒集中宣传活动、师生系列庆贺及集会等。其中，校史馆建设是30周年校庆年中实施的一项重点校园文化建设工程。该馆建筑面积375平方米，布展内容以沙洲职业工学院发展为主题，以“时间”为主线（昨天、今天、明天），划分序、概况、源远流长、精心育人、薪火相传五大板块，展出图片、文字、实物资料，并辅以高科技影像手段，全面展示沙工30年的办校成果。12月31日，校史馆正式揭牌成立。成立仪式上还颁发校庆纪念文集《那一年》和纪念徽章。

【沙工产学研合作基地成立】12月，沙洲职业工学院成立产学研合作基地，主动与张家港引进的高科技企业及领军人才进行对接。先后联合清华（苏州）汽车研究院、张家港经济技术开发区、首创再制造投资公司、中国汽车工业协会汽车零部件再制造分会、再制造国家工程研究中心成立“再制造技术培训学院”；联合国家千人计划专家徐匡一建立“物联网在线教育服务千人计划工作站”，与常熟理工学院联合成立技术研发中心等。成立教授专家工作室7个，包括与江苏华东锂电技术研究院合作建立“锂电应用技术工程中心”，与张家港盖世机械厂合作建立“汽车再制造测试工程专家工作室”，与张家港市中孚达纺织科技有限公司合作建立“苏州市特种动物纤维工程技术研究中心”，与苏州金鸿顺汽车部件股份有限公司合作建立“汽车零部件轻量化技术专家工作室”，与江苏德丰建设集团合作建立“建筑新技术应用专家工作室”，与张家港市安艾艾迪软件和服务外包培训中心合作建立“移动互联应用技术研究室”，与张家港中天精密模塑有限公司合作建立“精密机械应用技术专家工作室”。

（陈　琛　刘　扬　叶　虹）

社会教育

【概况】2014年，全市社会教育以构建完善的终身教育体系、建设学习型城市为目标，坚持城乡统筹、因地制宜，社会教育事业呈现蓬勃发展的良好态势。

社区教育　年内，社区教育各类专项培训稳步推进。全年社区教育培训98万人次，城区居民社区教育活动年参与率33.5%，老年人年参与率18.3%，网络教育覆盖率24.2%。全市创建成江苏省标准化居民学校8个、张家港市学习型试点社区17个。

老年教育　市老年大学开设书画摄影、舞蹈体操、音乐戏曲、医学保健、文学语言、综合运用等六大类32个专业60个班级，在校学员学习2100人次。2014年，有11所区镇老年大学94个班级、2800人。

成人高考　全市有3620人报名参加全国成人高校招生考试，其中免试469人，占报名总人数的12.96%；推荐考核人数504人，占报名总人数的13.92%；专科起点升本科2171人，占59.97%；高中起点升本科20人，占0.55%；高中起点升专科1429人，占39.48%。全市共设90个考场。实际参加考试2388人，参考率90.22%。录取3148人，录取率86.96%，其中专科起点升本科录取1933人、高中起点升本科录取11人、高中起点升专科录取1204人。

自学考试　全年有5586人报名参加江苏省自学考试，毕业110人，其中专科毕业41人、本科毕业69人。全市有11913人参加计算机、英语、书法、教育学、心理学等各类证书考试，其中9786人考试合格取得证书。

校外教育　年内，市教育部门修订出台《张家港市民办非学历教育机构审批和管理办法》。审批民办非学历教育机构72家，培训涉及英语、作文、舞蹈、书画等十余个项目。组织开展全市第五批民办非学历教育机构星级评估，评选出四星级4个（市经贸学校、市慧众教育培训中心、市图书馆教育培训中心、市星期7教育学校），全年培训总量8万人次。市少年宫全年开展器乐、舞蹈、语言表演、声乐、美术、科技、运动等48个项目的培训，年培训2.8万人次。组织10个社团参加市级以上各类赛事，获奖项213项。其中，省级以上奖项137项。参加中央音乐学院音乐考级982人，通过896人。参加中央音乐学院基础知识考级624人，通过530人。参加中国舞蹈家协会舞蹈考级820人，全部通过。年内，少年宫举办“我的名字叫少年”建宫50年教育成果展示活动，组织开展公益活动56次。

【第二届全民终身学习活动】4月至10月，张家港市举办第二届全民

少年宫“我的名字叫少年”50年教育成果展示　（市教育局　供稿）

终身学习活动。活动由市社区教育工作领导小组主办，市社区教育工作领导小组办公室、各区镇社区教育工作领导小组办公室（社区教育中心）、市社区培训学院、市老年大学联合承办。活动周期间，面向全市居民开展“百姓大讲堂”教育惠民社区巡讲、第二届社区教育微课展评、第二届老年教育艺术节、“暨阳杯”社区居民纸艺学习共同体作品展评活动、“览香山美景，享学习乐趣”学习型家庭比拼活动、“社团组织服务社区教育”博览会、“金凤凰杯”社区居民厨艺大赛活动、“塘桥杯”社区摄影学习共同体作品展评活动、“乐余杯”鱼友学习共同体活动、“南丰杯·百姓学堂”家庭教育视频课程展评活动、“和孝杯”学习型家庭才艺大赛活动、“常阴沙·知青杯”经典老歌学习共同体展评活动等12项主题活动。参与居民32万人次。

（水　华）

教师队伍

【概况】 年内，招收新教师150人，其中硕士研究生18人。年末，全市教育系统教职员工9307人，其中专任教师8874人。专任教师中，普通高中1298人，职业学校908人，初中2141人，小学3326人，幼儿园999人，特殊教育学校35人，教研室等直属单位167人。全市幼儿园、小学教师大专及以上学历比例分别为98.6%和95.8%，初中、高中教师本科及以上学历比例分别为95.8%和97.1%，高中教师中具有研究生学历、教育硕士学位（含在读）的比例为22.4%。全市有江苏省级名教师1人，正高级职称教师7人，江苏省人民教育家培养工程培养对象3人，省特级教师27人，“姑苏教育人才”9人，苏州市名校长、名教师29人，苏州市学科、教改带头人120人。全市累计有学科教改带头人、教学能手、教坛新秀及以上骨干教师2562人，占专任教师总数的28.9%。职业类学校“双师型”教师占专业专任教师总数的70.6%。

姚林荣、朱立凡等市领导会见“美丽教师”　　（市教育局　供稿）

【教育英才培养】 年内，市教育局利用“港城英才计划”政策，引进特级教师、知名教师5人。组织100余名校（园）长、义务教育阶段教学副校长参加省内外相关学校的集中培训学习，提高校长培训层次。与高校联合举办高端教师研修班，选派校长赴名校跟岗学习。与西南大学合作建立研究生工作站，启动“第二届特级教师工作室”，丰富教师培训形式。分层次开展骨干教师、新上岗教师、学科教师专门培训，组织英语教师赴英语系国家培训。年内，有3名教师入选“姑苏教育紧缺人才”，3名教师新评为江苏省特级教师，1名教师入选第三批省人民教育家培养工程培养对象，4名教师被评为“苏州市首届教育领军人才”，36名教师被评为苏州市学科带头人，2名教师被评为全国优秀教师。

【全国优秀教师任小文教育思想研讨会】 9月，江苏省梁丰高级中学教师任小文被教育部评为全国优秀教师。12月26日，由市教育局主办的“与学生同成长——任小文教育思想研讨会”在江苏省梁丰高级中学举行。研讨会包括课堂教学展示、教育思想报告会、专家沙龙等活动。此次研讨会是张家港市首次推出当地教育家型名教师教育思想研讨会。人民网、苏州教育网和《中国教育报》《江苏教育报》等主流媒体对此次活动进行集中报道。

【“系统人”人事管理新模式实施】 8月，市教育局尝试实施“县管校用”的“系统人”人事管理新模式。将高中、初中、小学98名新录用教师人事关系统一挂靠教育人才服务中心，安排在市区优质学校或有导师资源的学校进行岗位培养，第二年起视情况赴农村顶岗培训，三年后进行重新分配。此举是市教育系统人事改革的一项突破。

【“美丽教师”评选活动】 7月初，第二届“美丽教师”评选活动启动。经过学校推荐、评委会初选、网络投票、评委会决选四个阶段，最终评选出32位“美丽教师”。2014年度评选的“美丽教师”分为三个类别。第一个类别是从事教学工作30年及以上的“杏坛三十年美丽教师”，共10位；第二个类别是长期扎根农村或边远学校工作的“守望田园美丽教师”，共10位；第三个类别是2014年新评特级教师、获苏州市“姑苏教育人才”称号或全国优秀教师的“教坛先锋美丽教师”，共12位。9月10日，在庆祝第三十个教师节暨“美丽教师”表彰大会上，为获奖者颁奖。

（水　华）

【编辑　景力颖】

文化·新闻

Culture & News

市星级群众文艺团队PK大赛　（市文广新局　供稿）

文化事业

文物博物·图书

文化市场

文学艺术

社科工作

文化中心

广播·电视·电影

张家港日报

长江文化艺术节

张家港年鉴(2015)

文化事业

【概况】 年内，市文广新系统围绕提升公共文化服务水平、打造地方文化特色品牌、开展文化志愿服务、完善文化设施网络体系、丰富文化民生品牌活动、促进艺术生产繁荣发展、加强文化遗产保护传承等工作，全面推进各项文化事业建设。新建、改建市艺术中心、长春园书场、评弹艺术馆、凤凰广电服务中心等一批文化设施项目，金港和后塍、德积、妙桥等16家镇及其办事处文化中心相继建成开放。文化数字化建设稳步推进，完成数字文化服务平台、数字文化馆、数字博物馆、实体数字文化体验馆等方案设计和招投标，建成“张家港名人”“长江戏曲网”等数据库。数字图书馆持续推进，全市建成24小时图书馆驿站24家，实现全市各镇和办事处全覆盖。全市新增公共文化设施面积2万平方米，人均公共文化设施面积0.4平方米。市文化馆、市艺术中心、市评弹艺术传承中心围绕“中国梦”、社会主义核心价值观，创排评弹专场《兰考情》、中篇评弹《牵手》、锡剧《杨家碾坊》、小品《找钥匙》《幸福指数》、表演唱《江边渔歌》等一批优秀文艺作品。在第十一届江苏省“五星工程奖”评比中，张家港获7金2银4铜，获奖数量居全省县（市、区）首位。全年市文化馆、市艺术中心、市评弹艺术传承中心共创作文艺作品220余件，涵盖戏剧、曲艺、音乐、舞蹈、美术等门类。全市拥有市艺术中心艺术团、文化馆东方艺术团、评弹艺术团3个专业艺术团体，有成员140余人，其中国家一级演员6人、国家二级演（奏）员7人、二级编剧1人、二级作曲1人，具有中级以上职称41人，全年演出2786场，观众310余万人次。

【公共文化服务】 全市建立健全县域公共文化服务协同创新机制。在全国县域率先建立文化馆总分馆体系，12月27日，成立张家港市图书馆学会（全国首个县级图书馆学会）、

市艺术中心 （市文广新局 供稿）

群众文化学会和文博学会。全面推进“书香城市”建设。以“阅读·文明·发展——文明张家港从阅读开始”为主题，开展五大系列24项重点阅读活动。张家港“全民读书节”活动获评“江苏省市县双十佳全民阅读推广活动”。全年完成文明百村欢乐行“村村演”256场、优秀电影“月月映”4800余场、广场文艺“周周演”103场、文明书场“天天说”2300场。张家港市成功通过全国文化先进单位评选和复查，蝉联全国文化先进市。11月，获批国家知识产权示范市。12月，创成“中国小戏小品之乡”。

【群众文化】 全面深化“幸福港城”网格文化系列活动，全年开展“五大主题”（“汇聚·港城”文化相约你我主题活动、“激情·港城”文化点燃青春主题活动、“温暖·港城”文化关爱民生主题活动、“创意·港城”文化引领风尚主题活动、“接力·港城”文化传承薪火主题活动）17项活动。组织开展2014年中国（张家港）长江文化艺术节——第六届长江流域戏剧艺术节、首届长江流域小戏小品展演、“中国戏剧奖·理论评论奖”研讨会暨长江文化论坛、长江流域群文学会交流会、第二届“诗歌里的城”全国微诗歌作品朗诵会。市文化馆举办演出活动270场，市艺术中心举办演出活动216场，其中大型公益文艺巡演140场，市评弹艺术传承中心举办演出活动2967场，市巨星影演文化有限公司承办专场演出300余场，各区镇举办群众性文化活动近3000场。至年末，全市有专职文艺工作者190余人，业务创作骨干200余人，群众文艺团队515个。

【文化志愿服务】 2014年是文化部、中央文明办确定的“文化志愿服务推进年”。市文化志愿者协会在全市范围内开展2014年张家港市“文化志愿服务推进年”系列活动，推动文化志愿服务长效发展。文化志愿者协会有文化志愿服务团44个，其中社会团体11个，在册文化志愿者1743人。协会围绕“为你而来——关爱特殊群体志愿服务”“美的旅行——文化艺术辅导志愿服务”“精彩上演——公益播映演出志愿服务”“分享记忆——传统文化传播志愿服务”“服务到家——文化惠民工程志愿服务”五大主题，开展“书香溢港城”阅读推广志愿服务、“群文大讲堂”公益文化培训班、“实现舞台梦”残障人士文艺辅导、“艺术伴你行”公益播影演出服务、“文化助成长”公益培训进校园、“今虞大讲堂”诗词创作辅导志愿服务、“流动博物馆”历史文化进社区活动、“佳节话传统”民俗体验活动、“我是你的眼”我带盲人看电影等18项重点活动，全年开展各类文化志愿活动65项923次，18.9万人次受益。12月，“为你而来·共筑

梦想”大型关爱特殊人群文化志愿服务行动获评2014年“家在苏州”主体品牌二类优秀项目。

【文化馆总分馆体系在全国县域率先建立】 为加快构建现代公共文化服务体系，张家港市率先在全国县域建立文化馆总分馆体系。9月24日，《张家港市文化馆总分馆体系建设实施意见（试行）》出台。实施意见确立该体系以市文化馆为总馆，以各区镇（含常阴沙现代农业示范园区、双山岛旅游度假区）、办事处文化站为分馆，以文化网格为服务点，形成三级节点、一体运行的运作模式，实现“设施建设标准化、助理派遣制度化、服务活动均等化、网格激励常态化、数字平台一体化、考核评估社会化”。10月20日，市文化馆总分馆理事会成立。理事会包括23名常务理事、19名个人理事和7个单位理事。该体系受到人民网、新华网和《中国文化报》《新华日报》《苏州日报》等媒体的关注和持续报道。

2014年张家港市重点文化产品获奖情况

表62

获奖项目	主创部门（人员）	获奖情况	颁发机构
评论《中国当代戏剧：突破历史隘口的机遇和选择》	陈世海	第五届中国戏剧奖·理论评论奖	中国文学艺术界联合会、中国戏剧家协会
《小网格撬动大体系——张家港市“网格化公共文化服务”研究报告》	陈世海、戴　珩、孙建忠等	2013年度“江苏省社科应用研究精品工程”优秀成果二等奖	江苏省哲学社会科学界联合会
论文《县域公共文化服务协同创新机制研究报告》	陈世海	第十一届江苏省“五星工程奖”理论研究成果金奖	江苏省文化厅
《张家港市少儿阅读现状及“亲子阅读”研究》	李建华	2014年中国图书馆学会年会征文一等奖	中国图书馆学会
长江文化博物馆基本陈列	张家港博物馆	第十一届全国博物馆十大陈列展览精品奖（64强）	中国博物馆协会、中国文物报社主办
锡剧《一盅缘》	市艺术中心	中国戏剧梅花奖获奖演员优秀剧目数字电影工程	中国文学艺术界联合会、中国戏剧家协会
		江苏省第九届精神文明建设“五个一工程”优秀作品奖	江苏省委宣传部
锡剧《一盅缘》（剧本）	罗　周、市艺术中心	第二十一届曹禺剧本奖	中国文学艺术界联合会、中国戏剧家协会
锡剧《杨家碾坊》	市艺术中心	第六届长江流域戏剧艺术节“优秀剧目奖”	中国剧协艺术发展中心、中国长江文化艺术节组委会
		第八届江苏省戏剧文学奖三等奖	江苏省文学艺术界联合会、江苏省戏剧家协会
		江苏省舞台艺术“重点投入剧目”	江苏省文化厅
锡剧《杨家碾坊》（剧本）	杨　蓉、市艺术中心	第八届江苏省戏剧文学奖三等奖	江苏省文学艺术界联合会、江苏省戏剧家协会
评弹专场《兰考情》	市评弹艺术传承中心	“中国梦”全国优秀曲艺作品征集一等奖	中国曲艺家协会
		“中国梦·我心中的梦”江苏省优秀曲艺作品征集一等奖	江苏省委宣传部、江苏省文学艺术界联合会、江苏省曲艺家协会
评弹开篇《故道夜思》	陈美东、叶　桦、季静娟	首届“大运河流域地方曲艺学术邀请赛”金奖	大运河流域曲艺学术交流展演及研讨活动组委会
评弹中篇《张学良与赵四小姐》	王智雄、叶　桦	第八届中国曲艺牡丹奖全国曲艺大赛创作提名奖	中国文学艺术界联合会、中国曲艺家协会
小品《找钥匙》	市文化馆	第十一届江苏省“五星工程奖”银奖	江苏省文化厅
小品《二叔快跑》	市文化馆	第十二届华东六省一市戏剧小品大赛特别大奖	华东六省一市戏剧小品大赛组委会
		第十一届江苏省“五星工程奖”金奖	江苏省文化厅

续表62

获奖项目	主创部门（人员）	获奖情况	颁发机构
小品《幸福指数》	市文化馆	第十二届华东六省一市戏剧小品大赛银奖	华东六省一市戏剧小品大赛组委会
		第十一届江苏省“五星工程奖”金奖	江苏省文化厅
小话剧《生日聚会》	市文化馆	第四届中国校园戏剧节“优秀剧目奖”	第四届中国校园戏剧节组织委员会
		全省文化馆（站）业务干部技能大赛金奖	江苏省文化厅
小戏《小楼风波》	市艺术中心	第十一届江苏省“五星工程奖”金奖	江苏省文化厅
小戏《送花》	市艺术中心	江苏省第八届小戏小品大赛优秀剧目三等奖	江苏省文学艺术界联合会、江苏省戏剧家协会
现代戏曲《江边新娘》（剧本）	陆伦章、市艺术中心	第十三届江苏省戏剧文学奖三等奖	江苏省文化厅
相声《一枚戒指》	市文化馆	第十一届江苏省“五星工程奖”银奖	江苏省文化厅
诗朗诵《青春中国》	市少年儿童图书馆	全国少年儿童中华经典读物诵读视频大赛团体组金奖	中国图书馆学会
歌曲《长江颂》	陈世海	“中国梦·我心中的梦”歌曲征集评奖活动一等奖	江苏省委宣传部、江苏省文学艺术界联合会
表演唱《江边渔歌》	市文化馆	第十一届江苏省“五星工程奖”金奖	江苏省文化厅
广场舞《挑担走》	市文化馆	第十一届江苏省“五星工程奖”金奖	江苏省文化厅
舞蹈《妈妈》	市文化馆	第十一届江苏省“五星工程奖”金奖	江苏省文化厅
舞蹈《门前那条河》	市文化馆	第十一届江苏省“五星工程奖”铜奖	江苏省文化厅
美术《美丽港城》	苏　洁、市文化馆	第十一届江苏省“五星工程奖”铜奖	江苏省文化厅
美术《生活·梦想》	李素艳	全省文化馆（站）业务干部技能展演书画影类金奖	江苏省文化厅
摄影《节节高》	谢卫东、市文化馆	第十一届江苏省“五星工程奖”铜奖	江苏省文化厅
摄影《远方来客》	何伟明	第十一届江苏省“五星工程奖”铜奖	江苏省文化厅
沧江市民大讲堂	市图书馆	江苏优秀讲坛	江苏省委宣传部
市图书馆馆刊《静观》	市图书馆	2014年中国图书馆阅读推广类内刊内报提名奖	中国图书馆学会阅读推广委员会

（袁丽红）

文物博物·图书

【博物馆】 2014年，张家港博物馆“长江文化博物馆基本陈列”入围第十一届全国博物馆十大陈列展览精品评选活动64强。举办临时展览11个。其中明镜照古今——仪征博物馆藏古代铜镜特展、花鸟怡情——常熟博物馆藏花鸟册页展和多彩的生活——南京博物院藏木刻年画展等省级展览3个，江海名家——谢骏书法邀请展、翰墨情缘——张家港博物馆藏书画作品展、江苏省专题类获奖邮集展、“江南情·中国梦”无锡·张家港书画影作品邀请展等专题展览8个。全年接待观众超过10万人次，会展业务创收50万元。结合传统节日开展“我们的节日，我们的文明”系列活动24次，服务青少年超过800人次；举办“小小历史讲解员”培训活动50余次；开展“我的文明之旅——港城青少年相约博物馆”活动24次，全年接待青少年团队30余个。创新文化志愿服务，举办“流动博物馆”走进港城十大企业活动，受益人数近6万人。全面开展全国第一次可移动文物普查，开展文物征集，征得青铜器10件、书法作品14件、民俗文物7件，接受社会捐赠75件（套）。联合南京博物院完成凤凰镇小山村遗址抢救考古发掘工作，发现唐代船型墓葬1座。编印《张家港文博》1期。

【图书馆】 年末，全市有市级公共图书馆1个、市少年儿童图书馆1个，藏有图书190.73万册、电子书等82692册（件）；有镇、村公共图书馆（室）251个，藏书总量69.22万册。基层公共图书馆（室）与市图书馆实现“一卡通”通借通还。建有24小时图书馆驿站24家，实现各镇、办事处全覆盖。年内，市图书馆采购新书10.29万册、音像制品1431盘，订阅报刊2132种。收集地方文献118种237册。新办借阅证21560张，持证读者总数139672人，到馆读者182.05万人次。全年举办各类读书活动489次。沧江市民大讲堂举办报告会(讲座)51次，举办展览30期。举办面向社会的各类培训班60期。编印《决策参考》24期(其中专题类信息每季度1期)，编印《港城读书》6期，出刊《静观》4期。根据读者需求，年解答咨询1027例，收集服务成果12例。"悦读先锋"文化志愿服务项目开展各类公益活动60余次，出动服务400余人次，服务人群3万人次。建成"科技工作者之家"，为企事业单位提供科技查新服务，完成科技查新460例。张家港市图书馆被文化部授予"2014最美基层图书馆"称号，获全国"全民阅读示范基地"、第四届江苏省服务农民服务基层文化建设先进集体荣誉奖等市级以上奖项34项。在中国书业年度评选中，获评"年度图书馆"，成为江苏首个获此荣誉的图书馆。"24小时图书馆"项目获评第六届全省公共图书馆优秀服务成果评选一等奖、2014年度苏州市宣传思想文化工作创新成果奖和全民阅读活动创新奖。

【新华书店】 2014年，市新华书店完成图书销售11465.54万元，比上年增5.1%；完成图书销售册数1037.18万册，比上年降6.8%；实现利润552万元，比上年降2.4%。完成《党的群众路线教育实践活动实用手册》《论群众路线——重要论述摘编》等重点政治理论读物的发行工作，全年发行各类政治读物1.03万册，销售金额50.43万元。做好全市中小学生免费教材、免费作业本、免费新华字典等的发行工作，连续37年实现"课前到书，人手一册"。加快新颖阅读场所的建设，在张家港书城三楼创办以引领阅读为主的休闲文化体验场所——优乐益智馆。6月1日投入运营，至年末举办37场周末故事会、62次公益文化讲座活动。全年以"幸福家庭八堂课"为主题开展家庭亲子阅读推广，组织开展读书沙龙40余次，举行现场或网络家庭教育咨询志愿服务活动42场，举办各类家庭阅读公益讲座30余场，该项活动案例入选市教育局2014年"社团组织参与社区教育实践"十大案例。加快校园书店建设，与相关学校联合，以培养学生诚信品质和提供学生社会实践为宗旨，先后增设市实验小学北校区、东校区以及凤凰小学3家校园书店。组织开展"校园人文行"活动，先后邀请著名儿童文学作家曹文轩、北京电台著名节目主持人小雨姐姐为市中小学校举办阅读讲座及故事会3场，听众超过1000人次。年内，市新华书店被中国教育学会家庭教育专业委员会授予中国家庭教育(张家港)实验基地称号，被江苏省新闻出版局、江苏省全民阅读办评为首届十家"江苏最美书店"之一，获评张家港市文明单位标兵。

【市第五批文物保护单位公布】 9月9日，市政府发文公布张家港市第五批文物保护单位和第二批控制保护建筑名单，新增黄旂桥、蒋宅、园茂里、鹿苑碉堡群、仿苏式粮仓等5处市级文保单位和徐宅1处控制保护建筑。黄旂桥，又名黄崎桥，位于杨舍镇塘市李巷村，始建于明代，清同治年间重修，为单孔石板桥；蒋宅，位于凤凰镇恬庄后东街，为清代硬山式建筑，原为恬庄蒋氏所建，清代后期起，由庞姓人家所有；园茂里，位于塘桥镇金村西横街，清末典型建筑，楼房为砖木结构，1926年曾作中共金村支部所在地；鹿苑碉堡群，位于塘桥鹿苑，留存4座(鹿苑社区2座，巨桥村2座)，形制基本相同，钢筋混凝土结构，由国民党部队为抗日所筑；仿苏式粮仓，位于凤凰镇港口，建于1958年，仿苏联样式。控制保护建筑徐宅，位于凤凰镇高庄村，清代建筑，四合院格局，歇山式砖木结构。至年末，全市有全国重点文物保护单位3处，省级3处，市县级39处，控制性保护建筑8处。

【非物质文化遗产保护】 年内，金村文化生态保护区、沙上文化生态保护区(以锦丰和大新为核心)和欧桥(西旸)传统村落等非遗保护区建成。沙上文化生态保护实验区成功入选第三批省级文化生态保护实验区，金村庙会和河阳宝卷成功入选第四批国家级非物质文化遗产代表性项目名录扩展项目名录。至年末，全市有国家级非物质文化遗产代表性项目4个，省级文化生态保护实验区1个。5月6日，"港城绝技"张家港市第二届非物质文化遗产技艺传承大赛举办。6月，张家港锡剧项目的代表性传承人董红入选苏州市第四批非遗代表性传承人，全市累计有非遗代表性传承人

市图书馆大厅和报刊阅览室　　（市图书馆　供稿）

（单位）52人（个）。12月26日，雷沟大布织染工艺保护传承发展研讨会召开，《雷沟大布研讨文集》首发，雷沟大布体验馆建成。

【第一次可移动文物普查拍摄及数据采集登录工作完成】 市第一次全国可移动文物普查工作于2013年8月启动，成立可移动文物普查办公室（设于市文物局），对全市辖区内的国有单位进行拉网式排查。2014年，可移动文物普查办公室牵头组建3支普查骨干小组，联合全市12家国有文物收藏单位，全面开展文物拍摄和信息采集与数据录入工作。12月31日，张家港市顺利完成全国第一次可移动文物认定、普查图片拍摄及数据采集登录阶段工作，确认12家国有文物单位收藏文物3197套（19688件），其中陶瓷1513套（1529件）、家具9套（16件）、金银器22套（30件）、石器320套（320件）、古籍503套（5622件）、书画348套（348件）、碑刻43套（76件）、铜器112套（112件）、钱币123套（11281件）、其他204套（354件）。

（袁丽红 田亚明）

雷沟大布织染工艺保护传承发展研讨会 （保税区 供稿）

文化市场

【概况】 年内，全市新增文化经营单位49个，其中音像和书报刊等出版物经营单位16个、歌舞娱乐场所3个、影演单位4个、印刷复制等其他经营单位8个。新办的3个歌舞娱乐经营单位总投资1100万元，新办的5个印刷复制经营单位总投资250万元。至年末，经市文广新局许可或备案登记的文化（新闻出版）经营单位1017个，其中音像和书报刊经营单位315个、印刷企业（含打字复印）363家、歌舞娱乐经营单位126个、网吧95个、游戏厅59个、影演单位58个、出版社1家。市文化市场行业协会下辖印刷、出版物、网吧、歌舞娱乐、电影演艺、版权6个分会，团体会员900余个，经营单位入会率超90%。市文化馆东方礼仪演艺中心完成各类大中型演出活动300场，礼仪活动80余次，营业收入448.41万元。江苏如意通动漫有限公司开发的如意通二维动画自动生成系统获中国文化艺术政府奖第二届动漫奖“最佳动漫技术奖（入围）”。苏州市磐石卡通有限公司的作品《快乐椭磨塔之小镇乐翻天》获第30届江苏省电视金凤凰奖电视美术、动画片二等奖。江苏如意通动漫有限公司研发制作的原创动画片《如意酷宝之沙奇马》《如意酷宝之小神羊》《如意酷宝之笨笨猪》《如意酷宝之山寨鸡》分别在中央电视台少儿频道播出。苏州市磐石卡通有限公司原创制作的180集二维爆笑系列动画片《快乐椭魔塔之小镇乐翻天》在中央电视台少儿频道《动画连连看剧场》播映。大唐家纺文化衍生产品的产业化开发、金村古村文化保护和旅游开发、江南农耕文化园三期工程、张家港软件（动漫）产业园、张家港家庭信息化（智慧社区）、动漫《香菇特勤队》、香山景区历史文化展示工程等7个项目被列为苏州市文化产业重点项目。

【市场管理】 年内，市文化部门深入开展打击侵权盗版、“扫黄打非”（“清源”“秋风”“剑网”）等行动，严厉打击网上、网下侵权盗版行为。拆除非法“小耳朵”（卫星电视天线接收器）1.3万余只，查处非法销售网点146个。全年立案查处127起行政处罚案件，取缔黑网吧36家，收缴电脑231台；取缔无证游戏厅28家，暂扣非法游戏（游艺）机92台；查缴各类非法书刊6.36万册，非法音像制品3.3万张。查办朱一冬网上销售KTV曲库侵犯著作权案、刘惠兴通过互联网销售盗版电子书案，专案组成员分获2013年全国查处侵权盗版有功个人一等奖、三等奖，张家港市文化广电新闻出版局获2013年全国查处侵权盗版案件有功单位一等奖。张家港市成功创建成为2014年度江苏省“无小耳朵社区”创建工作标兵市，市“扫黄打非”办公室获2014年度全国“扫黄打非”先进集体称号。

【版权工作】 年内，在区镇和动漫、纺织、传媒等重点版权行业实施基层版权工作站全覆盖工程建设，建成基层版权工作站13个。1月15日，版权行业分会成立，指导行业企业版权工作，提供行业版权咨询、宣传培训、版权保护、版权统计等公共服务。4月，全国首个县市政府版权网站“张家港版权”网开通，全面构筑版权工作信息化网络。4月26日，开展“4·26版权保护校园行”活动，与无锡永中软件有限公司合作，向全市65所中小学校免费赠送正版“永中Office办公软件”2万套，建成江苏省张家港中等专业学校版权人才培养基地。全市全年共受理版权登记作品超过1.3万件，版权登记量居江苏省首位。11家基层版权工作站获评2014年张家港市优秀版权工作站，获奖金22万元。对江苏恒创软件有限公司等11个单位和个人2014年度软件著作权登记进行资助2.4万元。15件作品入围市优秀版权作品，累计奖励8.7万元；1件作品获2013年度苏州第二届优秀版权政府奖二等奖。江苏国泰新点软件有限公司获评2014年中国版权最具影响力企业，该公司与市金陵纺织有限公司获评全国版权示范单位。

【侵犯著作权被判实刑案】 江苏"3·4"侵犯著作权案是张家港市破获的一起重大侵犯著作权案件。该案中，犯罪分子通过物流快递销售非法盗版光盘，累计销售1000余万张。2013年11月，该案件被列为公安部集群战役和国家版权局重点督办案件。2014年4月，江苏张家港、江苏常熟、甘肃兰州、浙江义乌涉案地人民法院相继对涉案被告作出刑事判决，5人被判处有期徒刑，最高被判处有期徒刑3年零6个月。在张家港被抓获的犯罪嫌疑人李某某，被张家港市人民法院一审判处有期徒刑3年零6个月，并处罚金1.6万元。该案件成为张家港市首例因侵犯著作权被判处实刑的案件。（袁丽红）

文学艺术

【概况】 4月，凤凰镇文联成立，下设文学、书画、摄影、音乐舞蹈、河阳山歌、收藏6个协会，有会员157人。至年末，市文学艺术界联合会（简称市文联）下设作家协会、书法家协会、摄影家协会、美术家协会、戏剧家协会、音乐家协会、舞蹈家协会、影视家协会、曲艺家协会、民间文艺家协会、国标舞工作者协会11个专业协会，1个艺术指导委员会，1个事业单位（市书画院）和塘桥、金港、锦丰、南丰、凤凰和永联6个镇（村）文联。共有市级会员936人，比上年增45人。其中，国家级会员83人，比上年增10人。年内，市文联及各协会相继举办各类大赛、展览、展示及文艺惠民活动72项。其中，送春联12次，送出春联2500余对；举行"我们的节日"主题活动近10次，各类书画影展览比赛20余次，联办其他文艺活动30余项。张家港市文联被评为苏州市文联系统"四项工程建设"先进集体，张家港市美术家协会、书法家协会被评为苏州市文联基层协会建设先进集体。1月，举办2014年沙洲琴社新年音乐会。3月，参与接待以姜昆为首的中国文艺志愿者协会艺术团，陪同考察张家港曲艺事业发展。4月，分别接待江苏省文联"中国梦"江苏新篇章中青年美术家采风团、中国美术家协会"中国梦·塑造中国新形象"采风团。是月，大型锡剧《一盅缘》入围中国戏剧梅花奖获奖演员优秀剧目数字电影工程；《多情的旋律——徐新园创作歌曲选》出版发行。4月至11月，与市委宣传部等单位联办"我的价值观——暨阳湖欢乐世界杯"张家港市硬笔书法网络大赛，举行颁奖仪式暨现场书写展示活动，3100余件参赛作品和优秀作品巡展。5月，承办江苏、苏州文艺志愿者暨梅花奖艺术团"双百"惠民演出走进永联村；市曲艺家协会举办纪念张国良诞辰85周年评弹专场演出；创排长篇评弹《兰考情》。6月，成立市楹联灯谜分会。6月至12月，《兰考情》在各区镇巡回演出。7月至10月，与无锡江南书画院联办"江南情·中国梦"无锡、张家港两地书画影作品邀请展，200件优秀作品分别在张家港博物馆和无锡博物院进行展示。11月，承办第二届扬子江诗学奖颁奖暨第四届"长江杯"文学评论奖启动仪式、第二届"诗歌里的城"朗诵会；董红应邀参加中国文联中青年文艺工作者思想状况调研座谈会。12月，市政协调研文联及文艺事业发展；省作协等单位在长江村举办《长江星辰》首发式暨作品研讨会。

【书画类活动】 1月，迎新中国画邀请展举办，展出作品45幅；"诗画心象"丁建中、丁远远花鸟画作品展举办，展出作品30余幅；市文联开展春联大放送活动7次，送出春联近千对；市书画院举办新春书画作品展，展出书画作品40余件。凤凰镇文联举办"美丽港城我的家——爱在凤凰"百名小书画家同绘百米长卷活动，100名小书画家参与活动；徐华翔作品展在市美术馆作为常设展览进行展出，展出作品30余件。5月至12月，市书法家协会开展基层会员走访活动；组织实施2014年度江苏省文联书画等级考核工作，2350名考生参与考级，通过率达到98%。8月，市文联举办"夕阳颂"书画影文创作活动，收到参赛作品348件，评出书法、美术、摄影、文学一等奖各1名，二等奖各3名，三等奖各5名，优秀奖各10名。10月，与江阴市文联友好对接，"书画澄江·艺术青春"江阴市青年艺术家书画作品展在市博物馆展出，展出作品78件。11月至12月，市书法家协会到东渡寺、河南禅院开展"无上清凉"书法进寺院活动。

【摄影类活动】 1月，"靓丽保税区·幸福大金港"评比揭晓，90幅获奖代表作在市文化中心展出。展赛活动由保税区（金港镇）、江苏省摄影家协会、中国摄影报联合举办，市摄影家协会承办，参赛作品6500余幅，评出128件获奖作品，市摄影家协会会员胡明的《码头印象》获金质收藏奖。5月，市文联接待张家港籍著名摄影家袁毅平回乡探访。8月，北京市摄影家协会理事、北京广角摄影学会副会长、《大众摄影》杂志编委解海龙到市开展"纪实摄影的社会实践——大眼睛背后的故事"讲座，200余位摄影爱好者聆听讲座。

【文学类活动】 1月，市文联组织10位作协会员在保利大剧院开展签名赠书，共签赠图书500本；联办首届"港城记忆"档案史料和文化作品征集活动，收到档案史料和文化作品8583件，评出特等奖2件、一等奖5件、二等奖17件、三等奖26件。4月，参与"我们的节日·清明"2014年张家港市"爱的行走"诗歌朗诵会暨金港中央广场志愿V站启动仪式；组织本土作家进社区签名赠书活动，知名作家钱欣葆、吕大安等10人参与，签赠图书500本。6月，组织签名售书走进江苏科技大学张家港校区，售出300余册，所得款项赠予民工子弟学校。9月，承办“我们的节日·重阳”2014年张家港市“孝老爱亲”诗歌朗诵会。

【文艺创作】 年内，围绕社会主义核心价值观进行创作，会员个人共新出版文艺图书16部500余万字，再版图书23部，以上累计发行量超50余万册。在张家港市级以上发表文艺作品1800余篇（件），120余件作品收获苏州市以上奖项。7月，徐玲成为江苏省第七届签约作家。11月，钱欣葆获评“中国当代寓言家”。

第二届“诗歌里的城”朗诵会 （市文广新局 供稿）

【第二届扬子江诗学奖颁奖暨第二届“诗歌里的城”朗诵会】 11月9日，第二届扬子江诗学奖颁奖暨第四届“长江杯”文学评论奖启动仪式、第二届“诗歌里的城”朗诵会在市广电中心演播大厅举行。第二届扬子江诗学奖评选范围为2013年第6期到2014年第5期《扬子江》诗刊发表的诗歌与诗歌理论作品（翻译作品除外）。评出《扬子江》年度诗人奖1名，获奖者杜涯；《扬子江》年度优秀诗作奖5名，获奖者雷平阳、柳沄、大卫、宋晓杰、杨方；《扬子江》年度优秀诗歌理论奖2名，获奖者耿占春、张洪波。为配合该届扬子江诗学奖的评选和“长江杯”文学评论奖的启动，5月，张家港同步进行第二届“诗歌里的城”微型诗全国征集活动，共收到全国29个省、市、自治区1678首（组）微诗歌。评选出一等奖2名、二等奖5名、三等奖8名、优秀奖10名与入围奖25名。无非的《张家港，父亲的印记》和鸣钟的《微诗歌小集》获一等奖。

（刘玉梅）

2014年张家港市文学、书法、美术、摄影、民间文艺、音乐、舞蹈创作主要成果一览

表63

类别	作品名称	形式	主创人员	出版、发表、入选、展出、获奖情况
文学	《褐鹈鹕的忠告》	寓言	钱欣葆	获全国第十一届金江寓言文学奖大奖
	《中国梦》	诗歌	中　海	获省委宣传部“中国梦·我心中的梦”主题征文一等奖
	《桂林龙胜，慢时光里的别样情怀》	散文	颜士洲	获第二届“观音山杯”美丽中国全国游记征文大赛优秀奖
	《住在围巾里的歌》	童话	孙丽萍	发表于《儿童文学》
	《小巫婆的落花汤》	童话	孙丽萍	发表于《儿童文学》
	《我在远方等你》	童话	孙丽萍	发表于《儿童文学》
	《工艺的另一部分》	诗歌	中　海	发表于《诗刊》
	《亲爱的白羊座》	短篇小说	徐　玲	发表于《儿童文学》
	《我的名字会长大》	短篇小说	徐　玲	发表于《儿童文学》
	《隔壁班的那棵葱》	短篇小说	徐　玲	发表于《儿童文学》
	《第七枚书签》	短篇小说	徐　玲	发表于《儿童文学》
	《我要努力去长大》	长篇小说	徐　玲	浙江少年儿童出版社出版
	《等你在千里之外》	长篇小说	徐　玲	浙江少年儿童出版社出版
	《我想和你在一起》	长篇小说	徐　玲	中国少年儿童出版社出版
	《亲爱的白羊座》	短篇小说集	徐　玲	少年儿童出版社出版

续表63-1

类别	作品名称	形式	主创人员	出版、发表、入选、展出、获奖情况
文学	《最接近天堂的地方》	短篇小说集	徐　玲	少年儿童出版社出版
	《幸福的女主角》	短篇小说集	徐　玲	浙江少年儿童出版社出版
	《我的名字会长大》	短篇小说集	徐　玲	浙江少年儿童出版社出版
	《31天忽视被爱》	短篇小说集	徐　玲	浙江少年儿童出版社出版
	《千里马等待伯乐》	短篇小说集	徐　玲	浙江少年儿童出版社出版
	《梧桐随风》	散文集	顾丽红	现代出版社出版
	《住在围巾里的歌》	童话集	孙丽萍	中国少年儿童出版社出版
	《紫色菩提心》	散文集	蒋　虹	中国文联出版社出版
	《亲近的代价》	长篇小说	周　清	中国出版集团现代出版社出版
	《城市没有柔软的爱》	短篇小说集	王　芳	江苏凤凰文艺出版社出版
	《夜未央及流光飞舞》	散文集	李　帆	中国文联出版社出版
书法	《欧阳修诗文》	行草条幅	刘山林	获第五届中国书法兰亭奖
	《欧阳修诗文》	草书条幅	刘山林	获“天下大同”全国书法展优秀奖
	《唐诗选抄》	草书条幅	刘山林	入展“金山岭长城杯”全国书法展
	《康有为广艺双楫选抄》	草书条幅	刘山林	入展“朝圣敦煌”全国书法展
	《刘禹锡散文》	草书条幅	刘山林	入展“刘禹锡杯”全国书法展
	《欧阳询散文选》	草书条幅	刘山林	入展江苏书法展
	—	篆刻作品	陈　炜	入展“金石永固”全国首届青年篆刻展
	《纳兰词》	行草条幅	陆　华	入展江苏书法展
美术	《浴火·青春岁月二》	国画	陈三石	入选“重温经典”娄东（太仓）全国中国画作品展
	《集市一隅》	国画	王劲岩	获江苏省第五届新人美术作品展佳作奖
	《风景·闲》	国画	李耀东	获江苏省第五届新人美术作品展佳作奖
	《舒云随风》	国画	刘振新	获入围农工党中央“庆祝中华人民共和国成立65周年暨人民政协成立65周年书画展”
摄影	《码头印象》	摄影	胡　明	获“靓丽保税区·幸福大金港”全国摄影大展金质收藏奖
	《舞动的色彩》	摄影	徐　威	获“靓丽保税区·幸福大金港”全国摄影大展银质收藏奖
	《水墨香山》	摄影	范品才	获“靓丽保税区·幸福大金港”全国摄影大展铜质收藏奖
	《天梯》	摄影	谢卫东	获“靓丽保税区·幸福大金港”全国摄影大展铜质收藏奖
	《母校情》	摄影	缪一喜	获“靓丽保税区·幸福大金港”全国摄影大展优秀奖
	《震撼的崧泽大墓群》	摄影	侯江晖	获“靓丽保税区·幸福大金港”全国摄影大展优秀奖
	《村民运动会》	摄影	王苗苗	获第四届全国农民摄影大展优秀奖
	《湖滨新城》	摄影	何伟明	获“庆祝中华人民共和国成立65周年‘中国梦，江苏篇’全国摄影名家看江苏作品邀请展”特别荣誉奖
	《悠扬》	摄影	何伟明	获“庆祝中华人民共和国成立65周年‘中国梦，江苏篇’全国摄影名家看江苏作品邀请展”特别荣誉奖

续表63-2

类别	作品名称	形式	主创人员	出版、发表、入选、展出、获奖情况
民间文艺	后塍竹编	竹编	市民间文艺家协会	获中国首届（苏州）民间艺术博览会银奖
	《和合二仙》	工艺美术	市民间文艺家协会	获中国首届（苏州）民间艺术博览会银奖
	《迪巴餐具》	工艺美术	市民间文艺家协会	获中国首届（苏州）民间艺术博览会银奖
	《十清官》	风筝	市民间文艺家协会	获苏州市法治主题传统民间艺术品征集大赛一等奖
	《爱国守法》	篆刻	金晓丰	获苏州市法治主题传统民间艺术品征集大赛二等奖
	《忠诚卫士》	剪纸	方国智	获苏州市法治主题传统民间艺术品征集大赛三等奖
音乐	《多情的旋律》	歌曲集	徐新园	中国文联出版社出版
	《江边渔歌》	歌曲	徐新园	获苏州市“中国梦·我心中的梦”文艺作品征集活动三等奖
	《沙洲神话》	歌曲	词：支坤兴 曲：徐新园	获苏州市“中国梦·我心中的梦”文艺作品征集活动优秀奖
	《秧苗莳进水田里》	歌曲	徐新园	获苏州市首届“吴韵奖”
	《叫不出名的好心人》	歌曲	词：华　也 曲：江建军	获苏州市首届“吴韵奖”
	《铃儿响叮当的变迁》	歌曲	市音乐家协会	获“梦之声”苏州市合唱艺术比赛铜奖
舞蹈	《报童》	舞蹈	市舞蹈家协会	获江苏省舞蹈“莲花奖”表演、创作金奖 获苏州“中国梦·我心中的梦”首届校园舞蹈大赛社会组金奖
	《我的名字叫少年》	舞蹈	市舞蹈家协会	获苏州“中国梦·我心中的梦”首届校园舞蹈大赛社会组银奖

（刘玉梅）

社科工作

【概况】 市哲学社会科学界联合会（简称市社科联）下辖社科群众学术团体37个，涵盖政治、经济、教育、文化、哲学、法律、金融、工商、财税等各个领域。2014年，全市确立哲学社会科学研究课题55项，其中立项课题45项，重点立项课题10项。“区域文明建设对现代化发展的推动力研究——以张家港为例”被确定为2014年度省社科应用研究精品工程重点课题。“县域文化协同创新机制研究”被确定为2014年度省社科应用研究精品工程一般课题。“苏州打造‘德善之城’的路径研究”“基于苏州高等教育视角的培育和践行社会主义核心价值观对策研究”“现代化进程中的养老服务产业化发展研究——以张家港为例”“县域文化协同创新机制研究”“张家港市公共卫生服务均等化现状及对策研究”5项课题被确定为2014年度苏州市社会科学应用研究课题立项项目。《张家港市“书香城市”建设指标体系解析》《张家港市网格化公共文化服务研究报告》《美术馆的历史发展与当下作为》获评苏州市第十二次哲学社会科学优秀成果三等奖。《张家港市域城乡发展一体化进程中的政府角色定位问题研究》获评苏州市哲学社会科学界第七届学术大会优秀论文二等奖。《关于张家港市支柱产业转型升级的路径初探》《现代化进程中的养老服务产业发展研究——以张家港为例》《城乡一体化进程中农村“混合型社区”管理面临的问题与对策》获评苏州市哲学社会科学界第七届学术大会优秀论文入选论文奖。“沧江市民大讲堂”获评2014年度苏州市社科普及品牌讲座。广播访谈专栏节目《听见——社科时间》获评2014年度苏州市社科普及创新项目。“快乐农夫生活体验”项目获评2014年度苏州社科普及“1+1”活动优秀项目。全市先后举办第九届社科普及周、第九届张家港论坛。编印《张家港市社科应用研究成果选编（2013年度）》500册。

【第九届张家港论坛】 8月举办。活动期间，市社科联组织市委中心组专题学习报告会十余场，市、镇两级宣讲团深入机关、区镇、企业、村（社区）、学校、企业开展主题讲座609场。组织2014年度张家港市思想政治工作调研和征文活动，收到征文180余篇，评选出一等奖6篇、二等奖8篇、三等奖14篇。一等奖分别是沙钢集团陈晓东、达举萍《现阶段加强民企思想政治工作的方法研究》，市经信委瞿医蕾《定准靶向，因地制宜，扎实做好思想政治工作》，冶金园（锦丰镇）倪惠芬《“百姓宣讲”活动对加强基层社会主义核心价值观建设的实践与思考》,塘桥镇凌洁《以党建品牌建设为抓手,全力打造思想政治工作新亮点》,经开区(杨舍镇)吴香芸《新时期加强社区思想政治工作的有益探索》,市委党校许中才《新时期企业员工思想政治工作研究》。

【2014年张家港"民生讲堂"巡讲活动】 5月至9月,市社科联联合市委市级机关工委共同组织2014年张家港"民生讲堂"巡讲活动。从部分涉及民生的重点改革部门,选拔28名理论宣讲志愿者,分赴全市镇、村(社区)、企事业单位36个基层点位,面对面宣讲中共十八大、十八届三中全会和市委十届七次全会精神,宣传张家港全面推进现代化建设的重大成就和市委对现代化建设的目标规划和重大部署等群众关注的理论难点、热点和重点问题,为全市经济社会又好又快发展营造良好的舆论氛围。全年组织巡讲27场,3000人参加听讲。 (余亦维)

文化中心

【概况】 2014年,市文化中心围绕全市"810成效比拼年"的工作主线推进各项工作。先后接待中宣部常务副部长、中央文明办主任雒树刚,中央文明办专职副主任徐令义等各级党政领导和考察团1053批38603人。配合保障全国县级文明城市创建工作现场会、2014年中国(张家港)长江文化艺术节等重要活动。市文化中心(含图书馆、文化馆)全年接待参观团队、游客、观众、读者83.33万人次。承办四季水墨——2014年当代优秀艺术家中国画提名展、第三届全国中青年中国画邀请展等2场业界具有影响力的美术展览以及张家港生态文明建设成果巡展等23场展览。张家港保利大剧院推出"第三届戏剧舞蹈季""打开艺术之门""秋冬演出季"系列,引进张继钢舞剧《千手观音》、常石磊·李泉2014年巡回演唱会、话剧《老舍五则》《人民公敌》等57场精品演出,平均上座率85%。市文化中心获市文明机关、市级机关工会工作先进集体等称号。

"关注关爱·携手同行"千名残疾人走进文化中心主题活动

(市文化中心　供稿)

【特色活动和志愿服务】 市文化中心持续开展"移动的文化中心"系列活动。"科技馆活动进校园"活动全年走进崇实初中、东渡实验学校等17所中小学校,"移动美术馆"活动在塘市小学、白鹿小学、职教中心等6所学校举办,城市展示馆"六进"活动先后走进锦丰镇、消防大队等单位,累计惠及市民近4万人次。开展千名残疾人走进文化中心、万名学生走进文化中心、小小讲解员暑期夏令营等10项品牌文化活动,丰富群众精神文化生活。志愿服务方面,优化志愿者招募培育机制,出台《志愿服务激励制度》,组建起一支近300人组成的社会志愿服务队伍,完善志愿服务基地建设。经岗位培训和业务考核,志愿者先后为164批参观团队和游客提供个性化讲解、文明引领服务,并在全国县级文明城市创建工作现场会参观中担任讲解。以春节、元宵、重阳等中国传统节日为契机,举办关爱孤寡老人、新市民子女、聋哑学生系列公益活动,推动文化中心志愿服务社会化运作、常态化开展。

【"关注关爱·携手同行"千名残疾人走进文化中心】 4月10日,作为张家港市2014年关爱残疾人精神生活的一项创新举措,千名残疾人走进文化中心"关注关爱·携手同行"主题活动正式启动。活动持续3个月,分别于4月10日、5月17日、6月21日组织各区镇福利院近千名残疾人走进文化中心城市展示馆、综合展示馆参观,观赏专场文艺演出,并为其开通市民卡图书馆免费借阅功能,进一步拓宽特殊人群的视野,关注他们的精神生活。

【四季水墨——2014年当代优秀艺术家中国画提名展】 10月18日,四季水墨——2014年当代优秀艺术家中国画提名展在江苏省国画院开幕。该活动由北京四季水墨文化艺术中心、江苏省国画院、张家港市委宣传部、张家港市文化中心等单位共同举办。此次展览共展出刘德维、杜大恺、刘牧、张培成等18位艺术家90余件中国画作品,是张家港市近年参与举办的规格最高、影响力最大的高品质艺术展览。在江苏省国画院首次展出后,相继在张家港市文化中心美术馆、南通中心美术馆展出。展出结束后,18位参展画家各有1件代表作被张家港市文化中心美术馆收藏。

(茆玉月)

广播·电视·电影

【概况】 年内,市文广新局落实全国广电总局下发的62号令《广播电视安全播出管理规定》及专业实施细则

2014修订版，及时修订完善各类防范预案，健全应急机制，确保安全播出。加强调频信号的监听监测，健全非法电台防范查处机制，会同苏州市无线电管理办公室、张家港市公安局开展联合行动，成功查处首起张家港境内设立的非法播放医疗广告的调频广播电台。继续推进城乡影院建设，各影院完成票务系统的软件升级工作，实现与国家电影事业发展专项资金管理委员会监管平台的数据上报，并全部通过巡检软件的验收。开设"张家港广电"微信服务平台，推出包括资讯发布、余额查询、在线订购、在线活动专区等板块12项服务栏，累计关注用户近1.3万户。市广播电视台全年策划推出《群众路线在港城》《践行核心价值观》《810成效大比拼·建设现代化示范区》等50余组900余篇主题报道，"张家港在线"网站策划制作"党的群众路线教育实践活动在港城""培育和践行社会主义核心价值观"等22个专题网页，"无线张家港"手机客户端也制作了相应专栏。组织开展2014年度广播电视"首席记者、主持人和工程师"评选活动，11名广播电视一线新闻工作者和工程技术人员被评为"首席记者、主持人和工程师"。加强宣传管理，组织开展自办新闻节目质量抽查和广播电视节目评优活动各4次。全年编印节目评议内刊《监评互通》6期，汇总评议意见建议770条，约8万字。

【广播】 年内，广播传媒中心先后推出《现代化进行曲》《"810成效比拼"现场传真》《亮相——港城实体经济逆势而上的步伐》《群众路线在港城》《记者在基层》《咱们村里的故事》《情系群众心连心》等系列报道16组，播出稿件220篇。开展"行走·文明城里好风景"大型新闻行动。联合青海、贵州、云南等地电台，制作反映长江流域不同地域年俗年味的春节特别节目——《就是这个年味》。以3月1日沪通铁路开工建设为契机，联合南通、通州、常熟、太仓、苏州5家电台进行大型联合直播活动。广播新闻率先在全国县级台实现晚新闻直播1小时。率先推出半小时的新闻评论·访谈·故事节目——《听见》，被列为省级社科普及项目，并获2014年度苏州市社科普及创新项目奖第一名。全年广播传媒中心累计向省级以上新闻单位发稿208篇，其中5篇稿件在中央人民广播电台《新闻和报纸摘要》节目中播出，被评为2014年度向省台发稿优秀单位。获省级政府奖7件，其中省一等奖（含省特别奖）2件、二等奖2件、三等奖3件；苏州市级政府奖28件，其中一等奖7件。与省台合作的连续（系列）报道《中国梦的江苏篇章》获省特别奖。广播传媒中心先后举办"温暖回家路——爱心大巴免费送新市民回家过年"公益行动第二季、2014年"情暖职工·欢聚港城""接咱爸妈过大年"公益活动、张家港市第三届"七夕"婚庆文化节、第三届"重阳"健康养生节以及"我是你的眼——盲人看电影"志愿服务活动等近20个主题活动。张家港人民广播电台被共青团江苏省委、江苏省广播电影电视局联合命名为广电系统2013—2014年度江苏省"青少年维权岗"，节目主持人单炜炜获苏州市级重大先进典型"时代先锋"称号。

【电视】 年内，电视传媒中心开设新闻综合、民生、电视剧、电影、生活资讯、城市6个自办专业频道和13档自办栏目，每周播出电视节目时间728个小时，其中自办节目790分钟。自办频道全年组织播出电视剧60部2261集、少儿片365集、电影730余部。全年策划首届长江流域民间艺术博览会、2014年海峡两岸（张家港）农业博览会、首届张家港市广场舞电视大赛、2014年张家港市住宅产业博览会暨大型秋季车展、首届张家港市企业团队舞大赛等十余项大型活动。精心制作全国县级文明城市创建工作现场会宣传片《文明的脚步》等主题宣传片28部450分钟。连续第六年对市人大、政协开幕式等进行现场直播。对长江文化艺术节暨长江流域戏剧艺术节开幕式等40余场市级大型活动进行实况录制播出。为全市重要会议和大型活动提供技术保障36次，条线会议保障18次，出动电视转播车80余次、技术维护人员800余人次。电视新闻长年推出《810成效大比拼，建设现代化示范区》《践行核心价值观》《群众路线在港城》《三农致富经》等四大挂牌专栏368集节目。开设《突围——聚焦港城实体经济发展亮点》《行走——文明城里好风景》等20余组系列报道，播出相关新闻300余条。全年被中央台录用新闻35条（次），其中《新闻联播》5条（次）；被省台录用新闻452条（次），连续23年获江苏电视新闻荧屏繁荣奖；26部专题片、纪录片被中国黄河电视台国际台、美国斯科拉中文电视网等海外台录用播出。有31件（次）作品获苏州市政府奖，其中一等奖9件（次）；有10件（次）作品获江苏省政府奖，其中一等奖3件（次）；有6件（次）作品获国家级协会奖，获奖作品总量创近三年新高。其中，公益广告《我们留给未来什么》获第21届中国国际广告节黄河奖银奖（国内广告传媒业界最高奖）。微电影《逆光》获第二届华东六省一市暨全国部分省市微视频（微电影）作品大赛一等奖。

【电影】 年内，全市新增影院4家，其中市区2家（张家港ATMOS巨幕影城、张家港幸福蓝海IMAX影城）、区镇2家（锦丰镇锦都影城、塘桥镇弛风影城）。至年末，全市有5个院线8家影院，全年实现总票房收入3614.18万元，放映33061场，观众990438人次。其中，市巨星公司实现院线电影票房总收入3026万元，演出收入485万元。全市全年组织开展"优秀电影进社区"活动，走进全市266个社区，免费放映4828场。

【网络媒体】 年内，"张家港在线"网站继续调整首页布局，优化页面设计，深入整合新闻资源及突出广电优势内容，改进广播电视直播、点播等各项功能，提升用户体验，并突出美食、婚嫁等子网站重点内容及活动介绍，全年采集发布各类新闻资讯、音视频6万余条，成功进行23场网络视频直播。针对宣传重点，制作"2014张家港两会""2014中国（张家港）

《钢铁，是这样炼成的》开机仪式　（沙钢集团　供稿）

长江文化艺术节”“党的群众路线教育实践活动”“践行和培育社会主义核心价值观”等专题30余个。网站官方微博、微信每天精选各类新闻资讯并持续推送，关注者3万余人。开展“靓妈萌宝”欢乐亲子秀、网民健身挑战赛、游泳健身大赛、“寻味港城公益活动”、长三角地区婚礼行业分享会、中国婚礼摄影大师展张家港站、“张家港人的一天”民生关爱行动等7项大型社会（公益）活动。“美食搜罗”“网友看港城”“在线微门诊”“有模有样”等小型活动网友参与度高，形成品牌。“无线张家港”手机客户端三期开发建设完成，通过改版设计，整合资讯栏目，增强互动参与性，增加“违章查询”“智能公交”等多项服务性功能，并实现在线支付，建立完善用户管理，客户端下载量2万人次。

【电影《钢铁，是这样炼成的》开拍】
7月20日，国内首部以钢铁为题材的电影——《钢铁，是这样炼成的》在沙钢集团有限公司举行开机仪式。市领导杨芳、赵建明，沙钢集团董事局主席沈文荣以及影片导演、主要演员出席。该片由沙钢集团和北京玖玖盛放影视文化有限公司联合摄制，由著名导演徐耿担纲执导，著名编剧吴孟璋执笔创作，董勇、马浴柯等实力派演员主演。电影全面展示沙钢的创业历程，深刻揭示张家港精神丰富内涵，讲述一个民营钢铁企业在改革开放历史大潮中抓住机遇，奋力前行，最终成为世界500强企业的传奇故事，着重展现随着新中国共同成长的一代钢铁铸造者和企业家在市场经济大潮中勇于挑战、执着无畏的创业精神。

【张家港幸福蓝海IMAX影城建成】
张家港幸福蓝海IMAX影城是江苏广电总台旗下幸福蓝海文化传播集团与曼巴特（张家港）投资发展有限公司合资打造的张家港唯一一家IMAX顶级影城，10月31日正式营业。影城位于曼巴特购物广场6楼，占地4144平方米，投资总额2110万元，全部配备4K索尼数字放映机，有7个现代化放映厅1180座，包含1个IMAX影厅、1个杜比全景声影厅、1个VIP影厅，其中IMAX厅银幕面积360平方米，为华东地区最大的IMAX银幕。至年末，放映电影1865场，上座率17.1%。

2014年张家港市主要广播电视作品获奖情况

表64

作品名称	主创人员	获奖情况	颁发机构
公益广告片《我们留给未来什么》	张敬刘、张志刚、尹　伟、吴春林、姜　坤	第21届中国国际广告节公益广告黄河奖银奖	中国广告协会
公益广告片《致童年系列》	张敬刘、张志刚、尹　伟、吴春林、姜　坤	第21届中国国际广告节中国公益广告黄河奖优秀奖	中国广告协会
公益广告片《尊崇自然，敬畏生命》	朱　莹、非　凡	第21届中国国际广告节中国公益广告黄河奖优秀奖	中国广告协会
公益广告片《节约纸张，保护森林》	张敬刘、张志刚、尹　伟、吴春林、姜　坤	江苏省2013年度优秀广播电视节目奖电视广告作品二等奖	江苏省广播电影电视局
		第30届江苏省电视金凤凰奖电视广告片一等奖	江苏省电视艺术家协会
		江苏省第二届网络短片大赛最具创意奖	江苏省广播电影电视局、江苏省广电总台
公益广告片《我们留给未来什么》	张敬刘、张志刚、尹　伟、吴春林、姜　坤	江苏省第二届网络短片大赛作品奖（最高奖）	江苏省广播电影电视局、江苏省广电总台

续表64–1

作品名称	主创人员	获奖情况	颁发机构
公益广告片《诚信教育就在你的一言一行》	张家港市人民广播电台	江苏省第二十届优秀广告作品评选广播公益类优秀奖	江苏省广告协会
城市宣传片《张家港——走在时间前面的城市》	徐学渊、戴建东、徐敏峰、虞　创	第30届江苏省电视金凤凰奖电视广告片二等奖	江苏省电视艺术家协会
长消息《张家港农民7年长了14岁》	杨　溢、陈永泽	2013年度中国广播电视协会纪录片评比二等奖	中国广播电视协会
纪录片《在路上》	常　健、徐　慧、王宇春、岳晓东	2013年度中国广播电视协会纪录片评比一等奖	中国广播电视协会
		第二届华东六省一市暨全国部分省市微视频（微电影）作品大赛纪实类三等奖	上海市电视艺术家协会、江西省影视家协会、江苏省电视艺术家协会等单位
		江苏省2013年度优秀广播电视节目奖电视社教节目奖三等奖	江苏省广播电影电视局
		第30届江苏省电视金凤凰奖电视中短篇纪录片二等奖	江苏省电视艺术家协会
微电影《逆光》	张敬刘、张志刚、尹　伟、吴春林、姜　坤	第二届华东六省一市暨全国部分省市微视频（微电影）作品大赛微电影类一等奖	上海市电视艺术家协会、江西省影视家协会、江苏省电视艺术家协会等单位
		第30届江苏省电视金凤凰奖电视栏目剧一等奖	江苏省电视艺术家协会
微广播剧《爱的天使》	刘　玲	第三届中国微剧大赛入围奖	中国广播剧研究会、浙江广播电视集团
专题片《袖珍母亲的爱》	房　吉、徐若兰、董　平、庞　玲	江苏省2013年度优秀广播电视节目奖广播电视彩虹奖三等奖	江苏省广播电影电视局
专题片《莺啼燕啭牡丹香》	曹　嵘、陈　静、张　贤、庞晓丹、赵　剑、张　璇	第30届江苏省电视金凤凰奖电视文艺专题片三等奖	江苏省电视艺术家协会
专题片《江南凤凰》	蒋晔海、高贺一	2014年度江苏省广播节目技术质量奖（金鹿奖）三等奖	江苏省广播电影电视协会
文学专题《诗性江南》	刘　玲、陶利国、费向阳	2013年度江苏省广播节目技术质量奖（金鹿奖）二等奖	江苏省广播电影电视协会
文学节目《追寻三毛的足迹》	朱　莹、孙钦敏	江苏省2013年度优秀广播电视节目奖广播剧、广播文艺奖三等奖	江苏省广播电影电视局
广播社教作品《红蜻蜓之“方言知多少”》	张彧波	江苏省2013年度优秀广播电视节目奖广播电视播音与主持作品奖一等奖	江苏省广播电影电视局
广播新闻作品《拯救小莉莉，爱心在接力》	庞　玲	江苏省2013年度优秀广播电视节目奖广播电视播音与主持作品奖二等奖	江苏省广播电影电视局
少儿广播节目《我是环保小卫士》	张彧波	2013年度江苏省广播电视少儿精品奖少儿广播节目三等奖	江苏省文明办、江苏省广播电影电视局
电视播音作品《生活一点通之老传统过大年》	司　瑛	2013年度中国广播电视协会纪录片评比一等奖	中国广播电视协会
电视播音作品《张家港新闻》	程一航	江苏省2013年度优秀广播电视节目奖广播电视播音与主持作品奖二等奖	江苏省广播电影电视局
电视主持作品《生活一点通之老传统过大年》	司　瑛	江苏省2013年度优秀广播电视节目奖广播电视播音与主持作品奖一等奖	江苏省广播电影电视局

续表64-2

作品名称	主创人员	获奖情况	颁发机构
连续报道《中国梦的江苏篇章》	广播传媒中心新闻部	江苏省2013年度优秀广播电视节目奖广播新闻奖特别奖	江苏省广播电影电视局
现场直播《流淌在街头的长江文化》	周锁峰、张彧波、周宇卓、董　平、吴　克、严小娟	江苏省2013年度优秀广播电视节目奖广播新闻奖二等奖	江苏省广播电影电视局
对象性节目《听，梦想的声音》	单炜炜、刘　玲	江苏省2013年度优秀广播电视节目奖广播社教节目奖三等奖	江苏省广播电影电视局
原创歌曲节目《和你在一起》	徐学渊、周　涛、郭　昊、岳晓东	江苏省2013年度优秀广播电视节目奖电视文艺奖三等奖	江苏省广播电影电视局
售楼广告《清水湾》	费向阳	2013年度江苏省广播节目技术质量奖（金鹿奖）二等奖	江苏省广播电影电视协会
张家港新闻	宋亚平、任重远、史　静　黄　颖	2013年度江苏省电视节目技术质量奖（金帆奖）二等奖	江苏省广播电影电视协会
高清节目片头《与车共舞》	罗　涛、沈立力、张志刚	2013年度江苏省电视节目技术质量奖（金帆奖）三等奖	江苏省广播电影电视协会
标清综合文体2012中国（张家港）长江文化艺术节开幕式	宋亚平、任重远、张　平、邵晓春、施晓棠、张　贤	2013年度江苏省电视节目技术质量奖（金帆奖）二等奖	江苏省广播电影电视协会
标清综合文体《"春满港城"张家港2014年春节联欢晚会》	宋亚平、张　贤、邵晓春、张　平、尹　伟　施晓棠	2014年度江苏省电视节目技术质量奖（金帆奖）三等奖	江苏省广播电影电视协会

（袁丽红）

张家港日报

【概况】《张家港日报》每周出报6期，为对开彩报，其中周一至周五12版、周六4版，报纸日发行量4万份。年内，张家港日报社通过报纸、新闻网、手机报三媒联动，宣传报道市委、市政府重大决策部署、重要战略规划及重点工作进展情况。开展"走转改"（走基层、转作风、改文风）活动，建立60余个基层联系点，记者深入基层挖掘新闻故事，"记者走基层""行进中国精彩故事·讲述"专栏共刊发300余篇新闻稿件。组建全媒体采编中心，以全媒体采编新闻平台为基础，优化重构采编流程，做到先见网后见报、先简报后详报，实现新闻的迅速、及时、有效传播。张家港凤凰文化发展有限公司2014年出版《樱梦飞》《青葱岁月》等共7种11本图书。张家港日报社被中国青少年发展基金会授予"希望工程25年杰出贡献奖"。

【舆论宣传】 年内，《张家港日报》围绕现代化建设及"810工程"，开设"弘扬张家港精神，推进现代化建设""新年新开局、比拼810""比拼810，实现开门红""比拼810大看台""中国梦港城实践——来自'810工程'一线的报道"等5个专栏，刊发稿件（图片）200余篇（幅）。围绕党的群众路线教育实践活动，开设"践行党的群众路线·一线传真""植根于民，造福于民——来自基层一线的报道""群众路线的港城实践""践行党的群众路线·学先进争当楷模""践行群众路线，坚持即知即改""微实事"等6个专栏，策划专版"践行党的群众路线·我心目中的好干部大家谈"，并在重要节点推出《以好作风抓好教育实践活动》《领导带头是关键》《打赢作风建设硬仗》等20篇评论员文章。头版开设"行走·文明城里好风景大型新闻行动"，宣传报道文明创建的好经验、好做法。继续做好"身边好人张闻明"栏目，宣传全市好人250余人。在学雷锋纪念日、劳动节等时期，先后策划《永远的丰碑》《清明特刊》《最美劳动者》《奋斗的青春最美丽》等特刊或特别报道。在各类报纸新闻作品评比中，有2013年度24篇（次）作品获奖，其中1篇作品获江苏省报纸优秀作品二等奖、1篇作品获江苏省县市报新闻奖一等奖。

【凤凰文化出版7种11本图书】 2014年，张家港凤凰文化发展有限公司共出版7种11本图书。6月，出版《樱梦飞》，计26.2万字；出版《青葱岁月》，计29.7万字；出版《锡剧音乐亭》丛书一套3册，计103万字。10月，出版《与物为春》，计12.6万字。11月，出版《在路上》，计12.3万字；出版2014年《沙上文化丛书》，计136.2万字。12月，出版《对话教学》，计24.5万字。

2014年《张家港日报》新闻作品获奖情况

表65

作　品	作　者	体裁	获奖情况
《全国首个农村公共自行车系统在永联启用》	王会信、黄军志	消息	江苏省报纸优秀作品奖二等奖
《变高、变绿、变活——转型升级看沙钢“三变”》	余继峰、刘　学、周松华	通讯	江苏省报纸优秀作品奖三等奖 江苏省县市报新闻奖二等奖 江苏省县市报新闻好标题三等奖
《冶金园（锦丰镇）：投入10亿买“蓝天”》	李　敏、余继峰	消息	江苏省县市报新闻奖一等奖
《达人俞喜鹤：我拿到世界纪录证书啦！》	陈　红、浦　江	通讯	江苏省县市报新闻奖二等奖
《一位离休干部的公仆情怀》	曹益珠、张　瑾	通讯	江苏省县市报新闻奖二等奖
《蒋惠芬：悉心照顾瘫痪姐姐23年》	周晓艳	通讯	江苏省县市报新闻奖二等奖
《林士坤：23年抚养弃婴成才》	褚新意	通讯	江苏省县市报新闻奖二等奖
《圆梦港城》	严子洋	摄影	江苏省县市报新闻奖二等奖
《江苏省首个汽车整车进口口岸——张家港保税区汽车整车进口口岸通过国家验收》	余继峰	消息	江苏省县市报新闻奖三等奖
《禁令要狠更要恒》	高　燕	言论	江苏省县市报新闻奖三等奖
《吃人窨井应补上责任心》	高　燕	标题	江苏省县市报新闻好标题三等奖
《张家港日报》2013年8月6日要闻版	杨亚权	版面	江苏省县市报新闻奖三等奖
《张家港日报》2013年3月15日第A07版“周末视点”	钱超新、顾珊珊	版面	江苏省县市报新闻奖三等奖
《张家港日报》2013年6月5日第A10版“美丽港城”	钱志阳	版面	江苏省县市报新闻奖三等奖
《组照：我和大师PK!》	庞瑞和、褚珊珊	摄影	江苏省县市报新闻奖三等奖
《组照：餐厨垃圾，变废为宝》	严子洋	摄影	江苏省县市报新闻奖三等奖
《钱毅：用画笔筑梦》	钱超新、方嘉伟 编辑：钱超新 褚珊珊	通讯	全国报纸副刊好作品三等奖 江苏省报纸副刊好作品二等奖
《张家港日报》2013年11月1日“2004—2013年中国（张家港）长江文化艺术节特刊《绽放》”	龙凤清、郭晓红、钱超新、顾珊珊、杨宇飞、任星海、方嘉伟、许志平	版面	全国报纸副刊好作品三等奖
《张家港日报》2013年7月5日第A07版“食尚”	杨宇飞	版面	江苏省报纸副刊好作品二等奖
《舌尖上的港城》	杨宇飞	栏目	江苏省报纸副刊好作品三等奖
《一个女人，八个“爹娘”》	任星海	通讯	江苏省报纸副刊好作品三等奖

（杨　洁）

长江文化艺术节

【概况】 10月31日至11月中旬，2014年中国（张家港）长江文化艺术节举行。艺术节由文化部公共文化司、文化部全国公共文化发展中心、中国文联、中国戏剧家协会、中国群众文化学会、江苏省委宣传部、江苏省文化厅、江苏省文联、江苏省作协、江苏省剧协、江苏省群文学会和张家港市委、市政府等共同主办，主要活动包括“长江文化促进会”成立揭牌暨“寻找长江流域有故事的珍宝”活动启动仪式、2014年中国（张家港）长江文化艺术节开幕式暨第六届（张家港）长江流域戏剧艺术节开幕式、“中国戏剧奖·理论评论奖”颁奖仪式、首届长江流域小戏小品展演、“中国戏剧奖·理论评论奖”研讨会暨长江文化交流座谈会、第二届扬子江诗学奖颁奖暨第四届“长江杯”文学评论奖启动仪式、第二届“诗歌里的城”朗诵会、首届中国(张家港)长江流域民间艺术博览会等。《中国文化报》、光明网、中国广播网、中国新闻网等多家媒体对活动进行报道。11月1日晚,2014年中国(张家港)长江文化艺术节开幕式暨第六届(张家港)长江流域戏剧艺术节开幕式、第五届“中国戏剧奖·理论评论奖”颁奖仪式在张家港保利大剧院举行。中国剧协分党组书记、驻会副主席季国平,中国群众文化学会会长郭沫勤和沿江12个省、市、自治区文化部门的领导与专家,以及江苏省、苏州市宣传文化部门的领导与专家出席开幕式。开幕式后,举行第五届“中国戏剧奖·理论评论奖”颁奖仪式并上演由张家港市艺术中心新创排的锡剧大戏《杨家碾坊》。同时开幕的第六届(张家港)长江流域戏剧艺术节,是此届长江流域戏剧艺术节重头戏之一,从10月31日到11月11日,在保利大剧院和永联文化中心进行9场精品大戏的展演活动。

【“长江文化促进会”成立】 10月31日下午,全国首个以弘扬长江文化为宗旨的国家一级社团组织——长江文化促进会在张家港市揭牌成立。长江文化促进会重点打造信息交流平台、创新办节平台、学术研究平台、数字保护平台,整合沿江12个省、市、自治区文化资源,传承发展中华文化。长江文化促进会的成立标志着在弘扬长江文化、传递民族精神的道路上由政府主导推动向民间社团组织牵头推进的转变。2014年中国(张家港)长江文化艺术节系列活动——“听文物讲长江的故事——寻找长江流域有故事的珍宝”全国征集活动同日启动。“听文物讲长江的故事”全国征集活动由光明日报社、长江文化促进会、张家港市人民政府共同主办。2014年12月1日至2015年4月30日为征集阶段,参赛者需提供经权威部门鉴定为真品文物的图片资料,以及一篇不少于1800字的文物背后的故事文章。通过专家评审和网民投票,十大珍宝奖和十大珍宝提名奖将于2015年10月公布。

【首届长江流域民间艺术博览会】 11月14日上午,由长江文化促进会、长江文化基金会、张家港市人民政府以及沿江12个省、市、自治区民间文艺家协会共同主办的2014年首届中国(张家港)长江流域民间艺术博览会在市体育馆开幕。此次博览会是2014年长江文化艺术节的创新项目之一,为期三天。包括民间艺术精品展、惠民免费鉴宝活动、中国民间工艺传承发展论坛暨传承人高级研修班、民间艺术品拍卖会等活动,并设立首届中国(张家港)长江流域民间艺术——金菊奖,评选出金、银、铜奖和优秀组织奖,并举行颁奖仪式。其中,民间艺术精品展设立展位100余个,包括各省市的展区、精品展区和拍卖品展区,展品包含340个大类2000余件,是长江流域民间艺术文化价值和艺术魅力的一次集中展现。

【长江流域小戏小品展演】 10月31日晚,首届长江流域小戏小品展演开幕式暨张家港市小戏小品专场演出在市文化中心星海剧场举行。长江流域12个省、市、自治区的19个小戏16个小品参加展演。长江流域小戏小品展演是长江文化艺术节的一个创新项目,由中国文联、中国戏剧协会、张家港市人民政府联合主办。展演节目包含黔剧、楚剧、沪剧、赣剧、淮剧、南剧、白剧、滇剧、花鼓戏、采茶戏、花灯戏等10余个剧种。从11月1日至3日举行2场小品类展演和3场小戏类展演,11月4日至5日精选10个优秀作品到各区镇进行惠民巡演。

【“中国戏剧奖·理论评论奖”研讨会暨长江文化交流座谈会】 11月2日上午,由中国文学艺术界联合会、中国戏剧家协会、长江文化促进会、张家港市人民政府联合主办的“中国戏剧奖·理论评论奖”研讨会暨长江文化交流座谈会在张家港市举行。中国剧协有关领导、长江文化促进会有关成员、获评“中国戏剧奖·理论评论奖”的有关专家和学者参加活动。此次研讨会以“戏剧理论建设与当代戏剧传承发展”为主题,围绕“戏剧理论如何促进院团剧目建设及人才培养”“当代剧团管理的现状与思考”“当代戏剧评论得与失”“我们需要什么样的戏剧评论”四个分论题,国内多名戏剧研究专家、学者进行深入研讨,共同助推各级戏剧院团的发展与戏剧理论评论的繁荣。(袁丽红)

张家港市小品《生日聚会》参加首届长江流域小戏小品展演

(市文广新局 供稿)

【编辑 景力颖】

卫生

Health

市第一人民医院妇儿楼　（李红娟　摄）

医　　疗

预防保健

卫生监督

食品药品监管

环境卫生

红十字救护

医　疗

【概况】 年末，全市有医疗卫生机构409个。其中，卫生单位5个，医院37个（公立医院7个、民营医院30个，三级医院2个、二级医院6个、二级创建医院1个），社区卫生服务中心9个，社区卫生服务站及村卫生室220个，企事业单位卫生所60个，个体诊所75个，门诊部2个，护理院1个。医院全年门急诊总诊疗628.3万人次，比上年增6.8%；出院病人28.2万人次，比上年增12.4%；病床使用率92.1%；平均门诊人次费用173.2元，平均住院人次费用7754.3元。“120”急救体系全年出车27404车次，救治各类伤病员1.09万人次、危重患者1359人次。开展“市级医疗专家公益巡诊百千万”活动，全年举行106场，义诊、健康咨询11386人次，上门服务1020人次，血糖测试6312人次，心电图检测2152人次，医学健康知识培训4259人次，发放健康知识宣传画册9071份，免费发放药品价值13.9万元。《张家港市突发事件医疗卫生救援应急预案》出台，信息化救护车管理系统建成投用。“120”急救体系与省、苏州市联网，南丰镇启动“江苏省卫生应急工作示范乡镇”创建。

医疗设施　市卫生局制定《张家港市医疗卫生设施布局规划（2014—2020）》。在市第一人民医院、市中医医院分别建立影像会诊中心、心电会诊中心，及时受理基层医疗机构会诊申请并在规定时间内出具相关诊断报告，分别有10家、15家医院加盟运行，影像、心电会诊分别达到1003人次和856人次。在市第一人民医院建立临床检验中心，2家医院加盟运行。启动医学模拟培训中心、集中消毒供应中心建设。建成以市第一人民医院、中医医院为核心的两大医疗联合体，挑选22名年轻干部和医生骨干到基层挂职，下派153名医务人员下基层帮扶，落实医生晋升职称前下基层支医制度，镇级医院4个专科、7个协作病房得到重点帮扶建设。鹿苑医院加入市第一人民医院医疗联合体，医疗联合体逐步覆盖至民营医院。10月，市第一人民医院妇儿大楼正式启用，康乐医院易地新建项目开工。12月，市中医医院门诊楼改造完成，总投资2000万元，增加使用面积3731平方米，新增诊室41个。金港人民医院易地新建项目在保税区管委会获批立项。中心医院整体改造、常阴沙医院老年护理病区新建、合兴医院沙洲新城易地新建、澳洋顺康医院易地新建二级康复专科医院等项目持续推进。全年审批采购10万元以上医疗设备164台，其中甲类大型医疗设备1台、乙类大型医疗设备4台。

医疗科技　市第三人民医院晋升为二级甲等医院，锦丰人民医院、乐余人民医院通过二级乙等医院复评。澳洋医院成为苏州市首家、全省第二家JCI国际认证医院。全市新增苏州市级以上重点专科7个。市第一人民医院骨科建成苏州县市唯一的省级临床重点专科建设单位，市中医医院肺病科、肛肠科成为省中医重点专科建设单位。市第一人民医院心内科、市中医医院骨伤科和脾胃病科、市广和中西医结合医院脾胃病科建成苏州市中医重点专科。至年末，张家港市累计建成苏州市级以上重点专科13个。锦丰人民医院通过苏州市血液净化技术临床应用能力技术审核。澳洋医院杨舍分院、乘航医院等2个民营医院的中医科建成张家港市A级临床特色专科。各单位引进新技术100余项，开展苏州市临床重点病种诊疗技术专项4项，完成省卫生厅科研立项1项、苏州市社会发展项目1项、苏州市卫生青年科技项目5项，获苏州市科技进步二等奖和三等奖各1项。首次成功申报省级继续医学教育项目3项，列入苏州市继续医学教育项目22项。6月，市第一人民医院承办全国肝胆胰外科张家港学术论坛暨第26届肝胆胰外科学术经验交流会。

医疗队伍　年末，全市卫生系统共有职工10110人，其中卫生技术人员8441人。卫生技术人员中，有医疗人员3331人、护理人员3257人、药剂人员456人、医技人员396人，有高级职称608人、中级职称1931人，有社区医生491人、个体从业人员117人。全市卫生系统引进副高以上紧缺型高层次人才11人、硕士以上研究生67人，申报“姑苏卫生人才”2人、“港城英才”11人。创新建立柔性引才机制，聘请省内外知名三甲医院16位专家担任张家港市专科学术主任。启动“123”卫生高层次人才培养工程，首批59名培养对象参加“清华大学—张家港卫生高层次人才素质提升研修班”学习。启动事业编制卫技人员公开招聘工作，录用高层次人才96人、其他卫技人才183人。完成社区全科医生转岗培训41人，全科知识轮训664人，社区骨干务实进修9人，社区安全用药知识培训143人，中医药适宜技术强化培训293人。

行业监管　市卫生系统推行12项医疗行业服务行为监管制度，开展“三合理”（合理用药、合理检查、合理治疗）规范、临床合理用血、医用耗材使用、依法执业和医疗广告等系列专项整治活动。出台《公立医院管理业绩考核评估细则》和《民办医院百分综合考核评估细则》，每季度监测和公开各类医院主要运行指标，向各级各类医院统一配备执法记录仪200台。每月排名、公示公立医院抗菌药物、辅助药物临床应用前十位的药品和医生，对无指征用药、不合理用药的医务人员及其医疗组长、科室主任、分管院长64人次进行诫勉谈话。出台《张家港市医疗质量控制中心管理办法》，成立麻醉科、医学检验科、院前急救和急诊医学科、医学影像科、护理、医院感染管理等6个市级医疗质量控制中心，推进医疗质量专业化、规范化管理。二级以上医院125个病区、一级医院45个病区开展优质护理服务，优质护理服务覆盖率分别达到97.6%和50%。全年受理医疗纠纷处置申请42起，比上年下降14.3%，其中责任纠纷7起，医疗纠纷妥善处置率达到100%。

卫生行风　市卫生系统深入开展党的群众路线教育实践活动，制定19项规章制度，组织开展“反商业贿赂、树行业新风”“医疗服务行为整治”“平安医院建设”和“食品安全放心行动”四大专项行动。推出先诊疗后付费、预约诊疗、市级医疗专家公益巡诊“百千万”行动、“百家健康沙龙”、妇幼健康和精神病人关爱等卫生惠民举措，集中开展“接地气、访民意、解难题”活动，直接听取民生民意。市第一人民医院、市中医医院、市第三人民医院、锦丰人民医院、乐余人民医院和金港人民医院建立医疗服务回访中心，即时改进服务，化解潜在矛盾。组织一级医院出院病人满意度第三方调查，20家一级医院出院病人的平均满意率91.6%，综合满意评分90.33分。探索实施社区卫生服务认可度第三方测评，社会对社区卫生的总认可率99.43%。开展推荐、宣传、学习“好医生·好护士”和“最美社区医生”活动，评选好医生、好护士和最美社区医生42人。5月，命名表彰“张家港市十佳白衣天使”。市第一人民医院李蕾获第二届江苏省“十大医德标兵”和“百名医德之星”称号，金港镇社区医生金富被评为江苏省优秀基层医师。市卫生局在市级机关年度绩效考核中获“突出贡献奖”。

【公立医院改革】 张家港市成为全国县级公立医院综合改革第二批试点县，7家公立医院自2014年1月1日起全部启动改革，在取消药品加成、调整医疗服务价格的同时，实施一次性输液器、注射器和干式胶片等医用耗材集中招标、阳光采购，停用B超诊断胶片报告，严控精密输液器应用，在全省率先全面推行先诊疗后付费的就医新模式。公立医院主要运行指标呈现“三增五减”良好态势，门急诊人次、出院人次和业务总收入分别比上年增10.8%、12.9%和13.7%，门诊平均人次费用、住院患者平均人次费用、药占比和耗材占比分别比上年降1%、10%、5.2%和3.1%，平均住院日比上年减少0.5天，减少群众就医负担3397.07万元。4月，作为江苏省唯一的县级市代表，张家港市参加全国首期县级公立医院综合改革培训班并交流发言。

【社区卫生服务】 6月，市政府出台《关于进一步加强社区卫生服务管理的意见》，创立“属地负责、一体管理、强化队伍、创新服务”的社区卫生管理运行机制。冶金园（锦丰镇）、塘桥镇、大新镇、常阴沙现代农业示范园区等区镇实施医院、社区卫生服务中心（站）一体化管理，南丰镇社区卫生服务中心与市中医医院建立紧密型医疗联合体。全市新建、改造卫生服务分中心6家、服务站20家，凤凰镇安庆、锦丰镇永新、塘桥镇鹿苑等3家卫生服务分中心和14家卫生服务站建成投用。在动迁安置区、老年人过渡房等特殊区域开设全科医生工作室47个。经开区（杨舍镇）、塘桥镇、凤凰镇、南丰镇代表张家港市接受“全国基层中医药工作先进单位”国家级评估，大新镇社区卫生服务中心建成江苏省卫生院示范中医科建设单位，杨舍镇福前、南丰镇海坝、凤凰镇凤凰花苑等3个服务站创建成江苏省示范村卫生室。卫生、教育、财政、人社等部门联合出台三年培养100人、财政资助每人每年1万元的社区医生定向培养政策，年内签约5人。组建全科团队87个，家庭医生签约25.2万户，建立家庭病床678张，开设健康沙龙108个。完善药品保供机制，新增品种（规格）55种，社区药品品种（规格）扩充到856种，同时建立社区短缺药品应急替代机制和社区基药配送企业考评制度，公布应急替代药品6批64种。全年社区门急诊总量306.98万人次，比上年增5.86%。

【市第一人民医院妇儿楼建成】 市第一人民医院妇儿大楼建设工程是2012年政府实事工程。项目位于市区永安路东侧、泗杨路南侧。2012年5月开工建设，2013年5月主体封顶，2014年10月正式启用。项目总投资1.2亿元，建筑面积40430平方米。其中，地下有1层，面积8571平方米；地上有17层，面积31859平方米。大楼设儿科、妇科、产科、新生儿科等病区，有床位500张。另有立体停车位300个。

【市临床检验中心启用】 为有效整合医疗资源，提高优质医疗资源利用效率，更好地推行检验结果互认，市卫生局依托市第一人民医院检验科，成立市临床检验中心，负责全市各类医疗机构的集中委托检验。中心先后增添全自动DNA提取仪、流式细胞仪、化学发光仪、特定蛋白检测仪等多种高端先进检验设备。能提供乙肝DNA及乙型肝炎病毒耐药基因分型、生殖系统病原体PCR检测、高血压四项、肝脏纤维化四项检测、甲状腺功能检测等八十余项委托检测服务。同时，中心还配备专业的物流运输，由中心物流人员定时上门收取委托检验样本，利用完善的样本条形码信息管理系统、物流运输系统，并通过可追溯的多次扫描核对，使检验样本安全运送交接，保证标本运输和转运过程的质量控制。中心各专业组在接受标本后及时检测，出具检验结果报告，并依托卫生信息化平台将检验结果即时传送至委托单位，委托单位通过客户端直接收取并打印检验报告单，方便快捷。11月16日，市中医医院、澳洋医院作为首批委托检验的医院将因设备、技术等原因无法开展而外送的检验项目统一送中心检测。

【市中医医院肺病科、肛肠科成为省中医重点专科建设单位】 11月，市中医医院肺病科、肛肠科被评为江苏省中医重点专科建设单位。肺病科开放床位65张，有临床医师21人，其中高级职称3人。对慢性阻塞性肺部疾病、重症支气管哮喘、肺部感染性疾病、重症肺心病、肺栓塞、胸膜疾病（气胸、胸腔积液）、急慢性呼吸衰竭、肺间质性疾病、肺部肿瘤、咯血以及呼吸系统疑难疾病的诊治具有丰富的临床经验。开展穴位贴敷、中药足浴、中医定向透药疗法、中药涂擦、耳穴埋籽等中医技术，具有疗效确切、价格低廉等优点。科室全年住院2500余人次，门诊2万余人次。肛肠科开放床位43张，有临床医师20余人，其中高级职称4人。采用中医、中西医结合诊疗诊治肛肠科常见病、多发病，分肛门直肠痔瘘治疗组、慢性腹泻治疗组、便秘治疗组，开展各种中医技术10项，自成体系，特色鲜明。科室全年住院1400余人次，门诊2.5万人次。（陈丽君）

预防保健

【概况】 2014年，全市人均期望寿命82.62岁，比上年增加0.61岁。全年未发生重大传染病疫情，未有不明原因肺炎病例报告。市疾病预防控制中心被评为全国疾病预防控制工作先进集体和全国伤害监测工作先进单位。市妇幼保健所建成“中国妇女盆底功能障碍防治项目技术防治中心”，被评为全国妇幼健康服务先进集体。

疾病预防控制　全年报告甲、乙、丙类传染病4067例，因病死亡7例，传染病总发病率每10万人250.17例。发现活动性肺结核450例。开展生命统计与疾病监测，全年死亡报告6573例，死因不明比例为3.6%；报告伤害监测病例25518人、慢性病22408例、肿瘤4416例。至年末，累计建立居民电子健康档案121.7万份，常住人口建档率97.1%。开展65周岁非社会化管理老年人健康体检8.4万人，高血压规范化管理13.4万人，糖尿病规范化管理3.4万人。推进预防接种门诊硬件提升工程，累计建成信息化门诊18家，占门诊总数的90%。完成扩大免疫规划疫苗免费接种37万余人次，一类疫苗接种率、乙肝疫苗合格接种率均在95%以上。实施职业病危害评价项目5项，开展职业病危害企业作业场所危害因素监测415家次、医疗机构放射诊疗设备防护和性能检测21台次，完成职业健康监护3.03万人次、从业人员体检5.96万人次、医疗机构放射工作人员个人剂量监测1310人次。市疾病预防控制中心通过省乙级职业卫生技术服务机构资质评审和实验室认可/资质认定（扩项）项目总数为五大类301项，通过食品检测机构资质认定监督评审的项目总数为八大类380项。加强对农贸市场、超市等重点领域的食品污染物监测，共监测十八大类1329份样品，合格率99.55%。实施“空气雾霾与疾病监测”项目，在杨舍、锦丰镇设立大气污染补充监测点，开展细颗粒物连续采样和成分分析，选择目标人群开展健康影响问卷调查和肺功能测试，探索建立张家港市空气污染与疾病监测预警系统。继续实施江苏省农村饮用水监测项目，区域供水管网水采样点由10个增至39个，检测项目由58个增至60个，全年监测各类水样186份，样品合格率86.63%，检测项次合格率99.47%。监测各类公共场所689家。依据卫生部《公共场所集中空调卫生规范》，开展19个新发证单位的集中式中央空调通风系统现场检测和评价。加强消毒与感染控制工作，对36家医疗机构、38家托幼机构开展消毒效果监测，合格率分别为93.1%、96%。将儿童口腔疾病干预项目拓展至全市所有小学，为1万余名三年级学生提供免费口腔检查和牙齿窝沟封闭。继续加强学生健康监测，督促定点体检机构规范开展学生定期体检，学生因病缺课监测网络直报覆盖率保持100%。在27所小学的4万名学生中开展营养健康教育干预项目，张家港市成为中国学生营养与健康促进会示范点。《健康报》《中国少年报》《中国食品报》《扬子晚报》等对张家港市的做法进行了报道。

市疾控中心开展“关爱港城司机”志愿服务　（市疾控中心　供稿）

妇幼保健　全市孕产妇年死亡率每10万人0例，婴儿死亡率3.06‰，5岁以下儿童死亡率4.51‰，围产儿死亡率4.12‰。推进人口出生缺陷社会化干预工程，全市婚前医学检查率95.5%，产前筛查率98.19%，新生儿疾病筛查率98.89%，新生儿听力筛查率98.23%，出生缺陷率3.41‰。全市0至6周岁儿童系统管理率98.59%，视力筛查率90.25%，集体儿童氟离子导入防龋率96.78%。孕产妇系统管理率98.31%，产后访视率98.87%，住院分娩率100%。免费发放叶酸4968人，孕产妇住院分娩补助8726人。妇女宫颈癌、乳腺癌检查人群由35周岁至59周岁扩大到35周岁至64周岁，宫颈脱落细胞巴氏检查调整为宫颈液基薄层细胞检测（TCT），所有检查对象均进行乳腺彩超检查。完成妇女乳腺癌、宫颈癌检查29420人，确诊宫颈癌10例、乳腺癌8例、宫颈上皮内瘤变135例。开展预防艾滋病、梅毒、乙肝母婴传播工作，全年免费检测16042人，实施艾滋病母婴阻断2人，梅毒母婴阻断16人，新生儿免费注射乙肝免疫球蛋白543人。继续实施妇儿健康工程，全年发放《妇儿健康服务手册》7282份，提供妇幼保健服务62.51万人次，累计投入资金4627.88万元。采用儿童超早期脑瘫筛查GMS技术，为0至6周岁儿童免费提供脑发育初步筛查9059人、脑发育进一步筛查874人，视力筛查1.81万人、听力筛查3.87万人、髋关节筛查8102人，发现脑发育落后或异常231人、视觉功能异常2091人、听力异常11人、髋关节发育不良135人。脑发育落后或异常的115名儿童，经过张家港儿童康复基地康复训练治疗，有22名儿童达到脑发育正常水平。8月,在全省县级市中率先开展27种新生儿遗传代谢性疾病免费筛查。开展"妇幼健康服务年"活动,张家港市代表队在苏州市妇幼健康技能竞赛中获团体冠军。

精神性疾病防治　康乐医院(市精神卫生中心)易地新建工程项目被列为政府实事工程,占地面积5.33公顷,规划床位800张。全市按照国家基本公共卫生服务规范要求,完善双向转诊、点对点技术支持、重性精神病人社区关爱帮扶机制,落实免费服药及免费体检等优惠政策。深化"心语桥"服务品牌,志愿者服务团队继续走进机关、企业、学校、医院、"12345"便民服务中心,免费为市民提供团体心理咨询及心理健康知识讲座,为个体进行心理危机干预。至年末,全市累积登记重性精神患者5556人,检出率0.44‰;管理患者5034人,管理率94.08%;免费体检3843人,应急处置16人次。市精神病防治康复工作连续3年蝉联苏州市考核第一名,市康乐医院心理健康志愿服务项目"心语桥工作室"获2012—2014年度苏州市医药卫生系统优质服务品牌。

【"高血压、糖尿病患者免费服药"卫生惠民项目】 2014年,市卫生局在南丰镇海坝村试点开展"高血压、糖尿病患者免费服药"卫生惠民项目,向224名患者免费提供高血压、糖尿病基本药物。经项目后续评估,患者的规律服药率由项目开展前的88.17%上升至97.22%,血压知晓率由74.32%上升至95.89%。在身体耐受的情况下,79%的对象血压值控制在18.67/12千帕以下。这项惠民项目是全省首创,对全面控制以高血压为代表的心脑血管疾病,缓解看病难、看病贵和减少因病致贫、因病返贫具有现实意义,同时有效提升社区医生的工作效率,呈现患者、医生、社区三赢的局面。

【重大传染病防治示范区建设】 2009年,张家港市成为全省3个示范点之一,启动国家科技重大专项——江苏省防治艾滋病、病毒性肝炎等重大传染病综合示范区建设项目。2014年,在强化干预区(金港、锦丰、乐余、南丰、大新镇)启动成人免费体检工程,开展结核病、乙肝相关指标筛查,完成筛查9.6万人。运用新技术、新策略开展规模化干预,在常规干预区(杨舍、凤凰、塘桥镇和常阴沙现代农业示范园区)开展抽样调查,获得艾滋病、结核病和乙肝感染率、免疫水平和病死率等信息,与强化干预区进行比较,实践和验证国内外先进的科研成果,取得防治重大传染病的经验。同时借助示范区建设项目,组织实施"张家港市人群乙型肝炎血清流行病学调查""经济发达地区流动人口结核病管理模式的研究"等相关课题,总结重大传染病防治模式,利用已建成的区域卫生信息平台和居民电子健康档案系统,推进传染病防治向信息化模式转变。其中,"苏南地区耐药性结核病预警模型研究"获苏州市科技局立项。9月18日,国家卫计委统计信息中心主任孟然率全国14家重大传染病防治示范区课题组负责人到张家港市调研,充分肯定张家港市示范区和信息平台建设成效。

【百家健康沙龙"3+X"项目】 年初,为加强医患合作,提升居民健康自我管理能力,提高慢性病防控工作水平,市卫生局组织实施百家健康沙龙"3+X"项目。在全市挑选100家社区卫生服务站组建"健康沙龙",通过开展"3+X"项目(3是3项规定内容,即组建一支队伍、建立一个阵地、开展一批项目;X是自选内容,即争创一些特色),为群众提供公益巡诊、送医送药、健康讲座、康复指导、免费体检、合理膳食指南等多项医疗卫生服务,着力帮助社区居民改变不良生活行为和习惯,逐步养成健康、科学的生活方式,不断提升健康自我管理能力和健康素养水平。3月,项目启动仪式在杨舍镇晨新村彩虹苑社区举行。8月20日,市卫生局在凤凰镇湖滨社区召开项目推进会,推广健康沙龙试点单位的做法。至年末,全市建立健康沙龙105家,开展公益巡诊89场,举办健康讲座112场,服务高血压、糖尿病等慢性病群众1万余人次,形成高血压居家远程监测、高血压和糖尿病免费服药、慢性病俱乐部、医疗保健操推广和爱心随身袋等一批服务品牌。　(陈丽君)

卫生监督

【概况】 2014年,全市发放各类许可证3698张,办理从业人员健康体检、培训合格证明5.96万人次。市卫生监督所组织开展各类执法检查、整治44次,实施健康相关产品卫生监督抽检17次,共采集样品1681份;出动卫生监督执法人员10882人次,监督检查相关单位27726个次;实施各类行政处罚332起,罚没款107.83万元。市卫生监督所被评为江苏省基层卫生监督工作先进单位。

餐饮服务监管　市卫生监督所围绕餐饮业诚信体系建设和"天安行动"工作部署,推进无证餐饮单位治理、集中消毒餐饮具专项治理、城区行业卫生集中整治、农村家宴食品安全管理。全年检查餐饮服务单位19741个次,实施餐饮服务环节行政处罚112起,罚没款48.24万元,没收销毁不合格食品100.16千克,完成餐饮服务食品安全快速检测6300份。全市948名民间厨师全部参加免费体检和培训,实施农村家宴备案6405起,其中上门指导2188户。在购物公园和永联小镇举办餐饮业道德讲堂7期。

公共场所卫生监督　市卫生监督所启动"公共场所卫生管理规范年"活动,探索实施公共场所"333"管理模式(自身管理"三落实":配备一名专兼职卫生管理员、设置一批醒目警示标志、建立一套公共场所卫生管理档案;经营行为"三合格":消毒设施设备配置合格、从业人员健康体检和培训考核合格、公共场所卫生检测合格;监督信息"三公示":卫生许可证公示、卫生信誉度等级公示、卫生检测结果公示)。实施发证前预防性卫生监测54家,培训公共场所经营单位负责人870人次,完成公共场所快速检测609份。全市67个单位推行“五常法”等先进管理模式，累计投入整改资金65万余元。杨舍、塘桥、南丰三镇各建成“公共场所卫生监督示范区”1个。推行游泳场所水质在线监测，5家游泳场所实施水质在线监测。推进公共场所集中空调通风系统卫生监管工作，40个单位完成中央空调清洗。建立和完善学校卫生监督综合评价体系，对25所学校开展综合评价。在南丰镇试点学校卫生监管工作新方式，通过与政府加强沟通，解决学校教学环境缺陷及校医（保健老师）配备不足等问题。

医疗服务市场监督　全市开展人感染H7N9禽流感防控监督检查，对手足口病防控情况进行调查，深化感染控制标准操作规程（SOP）工作以及口腔器械灭菌质量监测，对15家个体诊所开展医护人员手卫生、口腔器械清洗质量ATP生物荧光法快速检测，检测样品212份。推进一级以上医疗机构依法监督，查处医疗机构28户次，实施不良执业行为记分34户次。制定《关于涉嫌非法行医犯罪案件移送工作的实施意见》，完善打击非法行医联动机制，持续保持高压打击态势。全年取缔无证行医点91个，没收药品295箱、器械98件，价值16.3万元。立案查处无证行医64起。抄告公安机关2次，行政处罚非法行医者14人次，5名涉嫌非法行医罪人员和1名涉嫌非法节育罪人员被移送公安机关，8名被两次行政处罚后再次非法行医的顽固非法行医人员被公安机关立案侦查，5名被追究刑事责任。

【饮用水卫生监督】　市卫生监督所针对中央电视台曝光的某地涉水管材管件生产企业违规生产事件，分别于2月和5月组织开展2次涉水产品专项整治行动。共检查涉水产品生产企业22家，重点对企业的卫生许可、产品配方、生产工艺、生产环境、原材料索证、废料去向等进行检查。检查发现，大多数单位能按照相关法规、规范的要求进行生产，但有少数单位存在擅自改变审批时的功能布局、擅自拆除原有功能间或将功能间挪作他用、自检工作没有落到实处、索证意识不强等问题。检查后，逐户签订《规范生产承诺书》，发放《涉水产品生产企业行政提示书》，督促对照标准要求，改善生产条件，加强内部管理，提升卫生水平。落实生活饮用水监督巡查工作，对城区22个二次供水单位每季开展检查，并督促全部完成清洗消毒工作，共抽检二次供水水样51份，开展快速检测329份。

【打击非法行医】　4月至10月，根据国家卫计委、公安部等六部委《关于做好进一步整顿医疗秩序打击非法行医专项行动深入巩固阶段工作的通知》和《全国打击非法行医专项行动领导小组办公室关于进一步做好宣传工作的通知》精神，市卫生监督所投入5万余元统一制作宣传展板、宣传海报、宣传物品，在各区镇开展打击非法行医宣传展板巡展和打击非法行医宣传进社区、进学校等活动，并通过电视台、电子显示屏滚动播出公益广告，开展打击非法行医宣传。3月和10月，以性保健品商店、药店非法行医，非法接生（含流产、引产）、非医学需要的胎儿性别鉴定和选择性别的人工终止妊娠，因非法行医罪被追究刑事责任和因非法行医被行政处罚后仍在非法行医的顽固人员，非法医疗美容、非法开展诊疗活动的养生保健场所等为重点，在全市范围内组织开展“打击非法行医专项整治月”活动，取缔、捣毁一批顽固非法行医场所。活动期间，共出动检查人员174人次、车辆44辆次，突击检查无证非法行医场所107个，取缔查实的非法行医场所27个，全部张贴取缔公告。没收药械340箱（件），价值2.5万元，立案查处22起，罚没款4.4万元。公安机关对1名经两次行政处罚后再次非法行医的顽固人员、1起涉嫌非法行医犯罪的刑事案件立案侦查。

（陈丽君）

食品药品监管

【概况】　2014年，市食品药品监督管理局围绕“保安全、促发展、惠民生”工作目标，着力完善监管责任体系和运行机制，严格管控食品药品安全风险，突出重点，真抓实干，各项工作和专项行动取得成效，食品药品市场秩序进一步规范，全年未发生重大食品药品安全事故。

餐饮、保健食品、化妆品安全监管　深化餐饮服务环节食品安全治理整顿“天安行动”，重点开展小餐饮服务食品安全专项整治、餐饮环节农村食品市场专项整治行动、城区餐饮单位集中整治月活动等专项整治10次，出动执法人员15509人次，检查单位19741个次，行政处罚77起，罚没款32万元，没收销毁不合格食品97.41

开展餐饮服务食品安全集中整治活动　（市卫生监督所　供稿）

千克。对餐饮服务食品安全的重点品种进行监督抽检811批；利用食品安全快速检测仪器开展餐饮环节快速检测，累计快检6300份，发现4份阳性产品。加大校园餐饮安全监管力度，推进学校食堂“五常法”管理，全市171家学校食堂有166家已实施“五常法”管理体系，其中被评为示范单位29家、达标单位137家。开展保健食品、化妆品生产企业专项检查、保健食品安全风险隐患专项整治、化妆品标识标签专项检查，出动执法人员330余人次，检查企业93家次，抽检重点保健食品33批，快检30批，化妆品安全评价抽样10批。

药品、医疗器械安全监管　年内，在药品、医疗器械环节开展医疗器械“五整治”（整治虚假注册申报、违规生产、非法经营、夸大宣传、使用无证产品）等专项整治7次，累计出动稽查人员2000余人次，检查单位800余个，立案39起，其中移送公安部门2起，移送工商部门涉药械违法广告11起，处理群众投诉举报54起，罚没款124万余元。完成药品监督抽样170批次，药品快检450批，医疗器械抽样24个品种。办理零售药店药品经营许可证变更321家次，换证133家，注销6家；办理药师注册315件；受理零售药店GSP到期认证申请126份，完成零售药店GSP到期认证检查126家；完成新开办医疗器械零售企业资料受理和现场检查7家，变更5家，换证2家，注销3家；完成新开办医疗器械批发企业资料受理15家，现场检查15家，变更15家，换证4家，注销7家；核发江苏省第一类医疗器械生产备案凭证2家，第一类医疗器械备案凭证8家；受上级委托完成医疗器械生产许可证现场检查6家，体系考核12家，GMP认证检查20家，一类医疗器械注册证现场核查4家。

【无证餐饮专项治理】 5月，为规范餐饮市场经济秩序，促进公平竞争，维护经营者和消费者的合法权益，确保群众饮食安全，提升城市文明形象，市食品药品监管局在全市开展无证餐饮专项治理活动。专项治理坚持“条块结合、以块为主”的总体工作方针，以各区镇存在的没有进行许可申请、没有通过多部门集体会办，分布在旅游景点、学校、交通站点周边和城乡接合部、集贸市场、居民小区、建筑工地附近的无证餐饮单位为整治重点，采取“疏堵结合，分类监管，综合治理”的方法进行整治，做到“三个一批”：依法规范一批，进一步规范餐饮行业的各项管理工作；疏导解决一批，帮助和指导不符合规定要求的无证餐饮单位，通过整改符合申办条件，核发相关证照；整治取缔一批，对周边群众反映强烈的无证餐饮单位，又拒不服从管理的，坚决予以取缔。至年末，年初摸底统计的295个无证餐饮单位整改发证150余个，取缔关门30个，对未经许可从事餐饮服务行为行政处罚29起，罚没金额15.53万元。

【农村食品市场“四打击四规范”专项整治】 根据国务院食品安全办、国家食品药品监管总局、国家工商行政管理总局的统一部署，从9月1日起，全市开展为期三个月的农村食品市场“四打击四规范”专项整治行动，以构建安全有序的农村食品市场环境。整治内容包括：打击无证无照行为，规范食品生产经营者的主体资格；打击销售、使用无合法来源食品和原料违法行为，规范食品生产经营者的采购活动；打击生产经营侵权仿冒和“五无”（无生产厂家、无生产日期、无保质期、无食品生产许可、无食品标签）食品违法行为，规范食品包装标签标识管理；打击生产经营“两超一非”（超范围、超限量使用食品添加剂，食品中非法添加非食用物质）等伪劣食品行为，规范食品生产经营过程。市食药监局加大对农村食品源头治理力度，突出重点区域、重点品种、重点业态和重点案件线索，组织开展全覆盖的监督检查。全年检查农村市场12952次，抽检农村市场食品453批次，查扣劣质食品41.5千克，查处劣质食品案件22件，查处食品违法案件54件，总案值2.21万元，开处罚金17.5万元，受理消费者投诉和举报58起。　（盛　熙）

环境卫生

【概况】 2014年，市城乡环境卫生指导中心突出环境优化、设施配套、素养提升、创新引领，因地制宜建设美丽乡村，推进农村环境长效管理，开展全民健康促进活动。农村环境长效管理工作列苏州市第一，代表苏州市高标准通过省级爱国卫生中期督导评估，15个村被评为苏州市村庄环境长效管理示范村。全市建成江苏省美丽乡村建设试点示范村3个，苏州市美丽村庄示范点1个、三星级康居乡村10个，张家港市二星级康居乡村21个、一星级康居乡村18个。培育世界卫生组织健康城市合作中心健康场所1个、苏州市健康村5个。张家港市高标准通过卫生部卫生发展研究中心健康城市试点工作绩效评估，健康城市建设的实践获评全国健康教育优秀实践案例。

农村环境长效管理　全市以区镇年度绩效考核“城乡大环境综合整治”项目为抓手，推进城乡环境综合整治。市委、市政府分管领导不定期组织环境卫生问题现场办公，市城乡大环境综合整治领导小组办公室采取全面检查、重点抽查、专项督察相结合的办法，每月组织两次暗访，并排名通报。采取区镇对口督察、部门联合督察等形式，深入农村各村组，全方位曝光脏、乱、差现象，以简报形式通报全市。全年累计开展明察暗访30余次，排查突出问题500余个。市监察、爱卫、城管等部门组成督察组，对曝光问题及时组织“回头看”，问题整改率96%以上。重点抓好主干道沿线、卫生基础设施管理、河道长效管理、星级村庄乱堆乱放等薄弱环节，以难点治理带动全面整治。4月，全市统一开展以“践行群众路线，提升农村环境”为主题的全国第26个爱国卫生月暨江苏省第18个健康教育宣传月活动。8月起，开展以“三整治，一提升”（整治生活垃圾，整治卫生基础设施，整治乱堆放、乱涂写、乱张贴，提升村庄建设水平）为重点的“同创共建·全民美城行动”——村容村貌专项整治行动，以镇或办事处为主体对破旧垃圾收集房进行取缔、修补或翻新，因地制宜添置垃圾桶或新建敞开式垃圾收集房，完成对2587座破旧收集房的整治。

病媒生物防制　推进市区二环路内107个小区毒饵站、捕蝇笼标准化建设，新建陶瓷毒饵站6811座，设计制作配套警示标记1万余份，投放新型座式捕蝇笼100余个、成品诱饵50千克，实现市区二环路以内所有社区病媒防制基础设施全覆盖。同步开展区镇集镇区防制基础设施建设，累计铺设灭鼠毒饵站2万余座。6月10日至7月10日，开展夏季灭蚊蝇突击月活动，加强对农贸市场、垃圾收集房（桶）、公共厕所等重点场所的管理，及时清理垃圾、杂物和积水，清除蚊蝇孳生地。开展专兼职防制队伍宣教培训，引入职业化培训机制。9月至12月，举办全市第一期病媒生物规范化管理培训班，共培训学员78人，3名技术骨干取得国家有害生物初级防制员资格。完善防制设施，全年新增陶瓷毒饵站3.75万座，重点场所覆盖率100%。规范开展病媒生物专项消杀活动，推行灭鼠药物集中统一配送机制，全市城乡共计投放第二代抗凝血剂毒饵15吨，各类拟除虫菊酯、有机磷等卫生杀虫剂3吨。配合国际卫生港复验，开展400米防护带区域专项整治，开展永嘉码头双山路、海螺码头宏宝路等码头沿线专项整治，共整治卫生死角50余处、乱停靠车辆22辆，投放各类卫生消杀药物900余千克。

【健康城市建设】　年内，市健康办利用电视台公益广告、报纸专刊、短信提示等形式加强知识普及。结合群众需求，发放市民健康手册、合理膳食冰箱贴、按摩器等健康宣传资料及指导工具5万余份。4月，以“践行群众路线、服务百姓健康”为主题，开展健康城市月及卫生宣传日活动。5月，会同市文明办、市级机关工委印发《关于进一步加强全市公共场所控烟工作的通知》，明确各行政主管部门“谁主管、谁负责”控烟监督管理职责。开展重点场所控烟督察，采取志愿者暗访、督察组明察等形式，走访十类97家公共场所，并疏堵结合，因地制宜设置室外吸烟区。与市妇联、市体育局联合举办张家港市第二届健康家庭趣味运动会，全市180个家庭参与。通过丰富多彩的家庭运动项目和武术、健美操、经络操等健康运动方式的展示，在妇女儿童中倡导健康生活理念。会同市卫生局、市级机关工委，实施“健康教育进机关活动”，针对机关干部职工的实际需求，提供个性化的健康宣讲、健康咨询服务。8月至9月，组织开展“相约健康社区行”系列活动，组织健康教育专家走进村（社区），开展健康讲座、趣味比赛、知识巡展、义诊咨询等活动，累计发放宣传折页2000余份、各类病媒生物防制药械800余份，发动居民积极参与健康村（社区）建设，提高群众健康意识及相关技能。9月至10月，会同市教育局举办全市新市民“健康之星”评选活动，评选出新市民“健康之星”10人。12月，会同市民政局举办“幸福公寓、健康同行”老年人关爱暨健康礼包发放活动，向市老年公寓的老人赠送一批“健康礼包”（包括市民健康手册、穴位按摩器、合理膳食冰箱贴等），并现场指导穴位按摩等基本方法，引导老年人增强自我学习、自我保健的意识。8月15日，张家港市作为全国唯一的县级市代表在全国卫生（健康）城镇建设经验交流会上发言，介绍张家港市推进健康城市建设的主要经验。8月24日至25日，卫生部卫生发展研究中心研究室副主任苗艳青一行，对全市建设健康城市试点工作进行绩效评估和现场调研。张家港市顺利通过绩效评估，健康城市建设的实践获评全国健康教育优秀实践案例。

【美丽乡村建设】　年内，市委、市政府将美丽乡村建设列入区镇年度绩效考核内容，先后召开专题会议4次，组织现场办公4次，协调解决重点、难点问题。市政协将美丽村庄建设列入主席重点督察提案，市绩效办组织专题督察，市财政安排专项资金用于美丽村庄建设，调动基层工作的积极性和主动性。省级美丽乡村建设试点示范村侧重基础设施配套，要求村庄规模在300户左右，重点包括四大类18项建设内容，苏州市美丽村庄示范点侧重农村产业发展和环境整治，重点包括五大类23项建设内容。三星级康居乡村突出村庄风貌、环境卫生、配套设施和村民参与等四大类20项内容。实施市级财政资金奖补政策，对省级美丽乡村建设试点示范村和苏州市美丽村庄示范点，根据各点位投入情况实施定额补助（实际投资2000万元以上的，每个补助600万元；实际投资1500万元至2000万元的，每个补助500万元；实际投资1000万元至1500万元的，每个补助400万元；实际投资500万元至1000万元的，每个补助200万元）；三星级康居乡村按照每户1.2万元，且不超过工程量的30%进行奖补；二星级康居乡村按照每户6000元、一星级康居乡村按照每户3000元进行奖补。至年末，全市累计建成江苏省美丽乡村建设试点示范村3个，苏州市美丽村庄示范点11个、三星级康居乡村11个。

【农村环卫体制创新】　3月4日，市政府专题召开全市农村垃圾一体化清运暨保洁规范化建设现场推进会，要求用三年至五年时间，大镇以办事处为单位、小镇以镇为单位，逐步将村级垃圾清运任务移交镇级负责，推进生活垃圾一体化清运。4月15日，市政府召开全市农村环卫保洁市场化运作座谈会，了解运作成效及推进过程中的困难和问题，规范农村环卫保洁市场化运作。全市新增26个村实施市场化运作，累计61个，市场化率38.4%。按村户籍人口3‰以上的比例配备农村卫生专职道路保洁员2341人，各区镇按要求统一签订协议，统一保洁要求，统一作业着装，统一考核管理，逐步提高待遇报酬，原则上不低于所在区镇、办事处环卫工人平均工资标准的80%。按照不低于村保洁员总量20%的比例配备村级电瓶保洁车，全年新购置电瓶保洁车410辆。市财政共投入1050万元用于农村环境长效管理，其中300万元用于对村级保洁员配备的专项补助及对经济一般村的扶持。至年末，全市

主干道沿线、城郊村、近郊村等基本纳入镇（办事处）环卫所统一清运范畴。（吴　燕　毛爱维）

红十字救护

【概况】 2014年，全市新增保税区（金港镇）、张家港高级中学2个基层红十字组织，累计119个，有会员29998人。8月28日，市红十字会第五次代表大会召开，选举产生新一届理事会。节日期间，组织志愿者走访慰问贫困家庭400户次、911人次，发放慰问物资价值10万元；救助白血病、肿瘤等大病患者6人，发放救助款1.8万元；资助张家港市及四川威远县贫困学生共117人，发放助学款32.42万元；实施“爱心生活包”“心微笑”救助项目，向240名困难孤寡老人发放价值4.8万元的“爱心生活包”，采购价值6.6万元的物品帮助121名残疾儿童实现梦想。全年共发放各类救助金和慰问物资价值65.9万元，募集各类捐款和物资价值102.62万元。实施公益性应急救护百万培训项目，向社区居民、中学学生、企业职工、机关干部、公交司机等群体组织应急救护知识培训，培训初级救护员2243人，完成省培训计划的151.6%，普及培训15655人，完成省培训计划的124.3%。公益性应急救护培训纳入市委宣传部首批讲坛讲座定级分类管理，全年联合各部门、各单位举办培训110余场，沙洲中学将自救互救知识纳入校本课程。与张家港电台联办“周老师说急救”公益节目。举办2014年全民急救知识竞赛，吸引7000余人参加。加强培训师资队伍管理，选派1人参加初训，4人参加复训。年末，全市有注册志愿者149人，见习志愿者56人。制定《红十字志愿者队伍管理制度》，推进志愿服务工作规范化、专业化。无偿献血队实现常态化运行，累计服务时间8000小时，有33位志愿者获星级称号。“爱心传递、生命相髓”志愿服务获第三届张家港慈善奖“最具影响力慈善项目”。“救在身边”志愿服务入选首届社会组织公益创投项目。各志愿服务队积极参加“青年公益组织博览会”“团青面对面”广场服务活动，市红十字会与沙洲职业工学院团委成为“博爱青春”志愿合作伙伴。调整完善红十字会学校工作委员会。举办全市中小学生“爱在身边”主题演讲比赛，组织参加苏州市“我与红十字的故事”征文比赛，组织开展学校红十字工作先进集体和优秀红十字青少年评比表彰。开展“红十字博爱月”系列活动和“世界急救日”主题宣传活动，向社区居民普及捐献遗体、捐献造血干细胞、避险逃生知识，开展应急救护知识培训、救护技能演示，提供义诊服务，发放各种宣传资料5000余份。全年无偿献血2.1万人次，采集造血干细胞血样276份，累计采样1887份。19名入库志愿者与患者初配相合，高分辨检测5例，成功捐献2例。落实跟踪服务制度，对所有志愿者开展短信随访，举办志愿者联谊会。全年遗体捐献登记12人（累计81人），成功捐献3人（累计10人）；角膜捐献登记9人（累计55人），成功捐献1人（累计7人）；器官捐献登记7人（累计21人）。市红十字血站建成苏州市首座移动爱心献血屋，在昆山“8·2”爆炸事故卫生应急中紧急支援红细胞570单位、机采血小板35单位、病毒灭活血浆39.2万毫升。

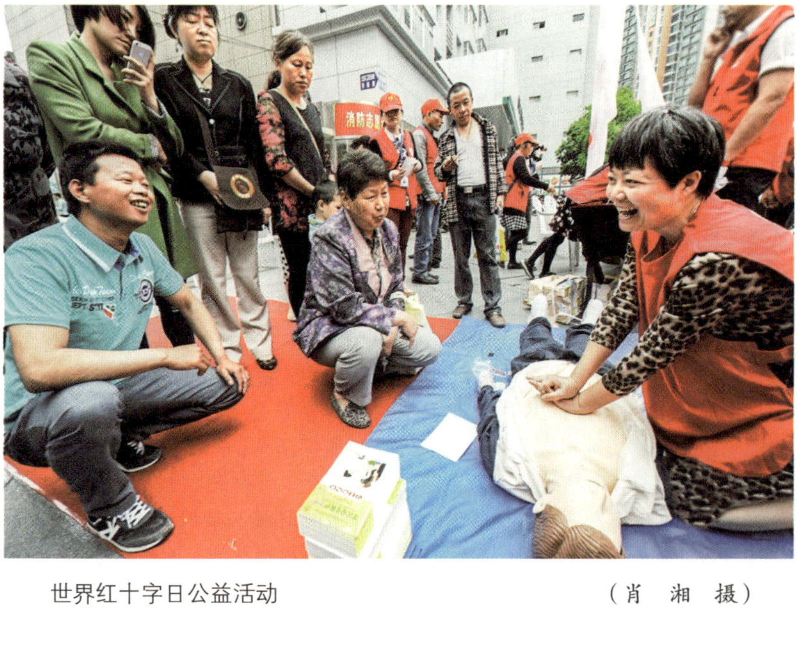

世界红十字日公益活动　　（肖　湘　摄）

【“爱在身边”主题演讲】 年内，为弘扬“人道、博爱、奉献”的红十字精神，加深广大青少年对红十字运动的认识，发挥学校红十字会在精神文明建设和构建和谐社会中的积极作用，市红十字会、市教育局联合举办全市中小学生“爱在身边”主题演讲比赛。经过层层选拔，18名选手进入决赛。5月8日下午，中小学生“爱在身边”主题演讲比赛决赛在市广电大厦演播厅举行。选手们紧扣“爱在身边”主题，结合红十字运动宗旨、红十字精神，以真挚的情感、生动的语言和饱满的激情讲述日常生活中的爱心故事。经过一个半小时的角逐，评出小学组、中学组一等奖各1名，二等奖各2名，三等奖各5名。乐余中心小学的李佳翰、第二职业高级中学的许艾琪分获小学组、中学组一等奖。塘市小学的陆丹妮、张家港外国语学校的陶跃然、暨阳实验小学的黄安杰，沙洲中学的陈彦宇、江苏省梁丰高级中学的季逸能、常青藤实验中学的周泽希分获小学组、中学组二等奖。福前实验小学的周雨晴、晨阳学校的陈宇轩、东渡实验学校的丁杨阳、乘航小学的钱佳、凤凰小学的邓珺，护漕港中学的王晶、港区初级中学的孙于琳、南丰中学的林秋莹、中等专业学校的姚祎婧、暨阳湖实验学校的王淑琦分获小学组、中学组三等奖。（陈丽君）

【编辑　陆正芳】

体育

Sports

万人健步行活动　（市体育局　供稿）

体育事业

青少年体育

群众体育

竞技体育

体育产业

体育事业

【概况】 2014年，市政府出台《张家港市第六次全国场地普查工作实施方案》《关于推进公共体育服务体系示范区建设的实施意见的通知》《关于举办张家港市第六届体育运动会的意见的通知》等文件，加强体育事业管理。2月，全市体育工作会议召开，重点布置推进公共体育服务体系建设等任务。12月30日，《中国体育报》专版报道张家港市公共体育服务体系建设情况。市全民健身工作指导委员会、市少年业余体校获评2010—2013年度江苏省群众体育先进单位，市体育局孟波被评为2010—2013年度江苏省群众体育先进个人。

【体育设施】 全年更新全民健身路径140处、篮球架130副。至年末，全市建有公共体育健身场地设施2741个，其中以健身路径为主的健身工程610个、全民健身活动站点801个、社区体育健身俱乐部273家，所有社区和行政村拥有一套以上的健身路径，全民健身场地设施覆盖镇、村和城镇社区，覆盖率100%。体育设施万人拥有量30.2个。全市完成80千米健身步道建设目标。凤凰湖、沙洲湖体育景观带、沙洲新城全民健身户外基地完成体育设施配置、服务体系完善，"城市5分钟、中心镇区10分钟"体育健身圈进一步完善。

【业余训练】 全市体育业余训练格局由少年业余体校、体育特色项目学校、传统项目学校、训练基地学校组成。至年末，全市共有市少年业余体校1所、苏州市级传统体育项目学校16所、张家港市级体育传统项目学校23所，特色体育项目学校4所，单项业余训练基地8个，有苏州市手球学校5所、苏州市足球学校5所。全市业余训练项目为田径、篮球、足球、排球、乒乓球、棋类、举重、游泳、武术、航模、羽毛球、自行车、跆拳道、网球、柔道、击剑、手球。市少年业余体校在训学生259人，教练员16人。

【人才培养】 年内，市少年业余体校招生56人，涉及田径、游泳、武术、羽毛球、乒乓球、跆拳道、网球等项目。举办3期三级裁判员培训班，有103人通过考核。选派人员参加主管部门组织的等级裁判员培训班，有10人被批准为国家一级裁判员，涉及足球、跆拳道、田径、游泳等项目。至年末，全市累计有国家级裁判员3人，一级裁判员67人次，二级裁判员378人次。全年向国家集训队输送运动员2人：袁琦琦（田径）、陆浩杰（举重）。向江苏省体校输送3人：刘天芸、刘佳欣、曹佳芸（均为跆拳道）。向苏州市级体校输送14人，涉及武术、击剑、田径、摔跤、跆拳道等项目。

青少年体育

【概况】 2014年，全市中小学继续围绕两个"百分之百"的目标（百分之百的中小学生实施国家学生体质健康标准，百分之百的中小学生每天锻炼一小时）开展体育活动。所有学校均施行《国家学生体质健康标准》。各校充分利用课间操（跑）时间，结合大课间活动和课外文体活动时间开展阳光体育活动。报考高中学段学校（普高和中等职业类学校）的应、往届初中毕业生共7033人参加升学体育考试，其中6193人得到满分30分，占总人数的88.06%。年内，承办全国"肯德基杯"青少年三人制篮球挑战赛1次，苏州市级竞赛4项（足球、举重、武术套路、国际象棋），张家港市级竞赛8项。参加苏州市级竞赛方面，个人获115金117银84铜，团体获8金5银4铜。12月24日，参加2014—2015中国女子篮球联赛的江苏永联女篮队员赴合兴小学与学生联谊，并向学校赠送签名篮球。

【参加省第十八届运动会】 9月19日至26日，江苏省第十八届运动会在徐州、淮安举行，运动会主题为"逐梦省运、跃动江苏"。设有青少年部、高校部和职工部3个类别，全省各地的22941名运动员参赛，其中张家港市有106名运动员参加。青少年部共产生赛会金牌1446枚，破江苏省记录有3个队2项3次，超江苏省纪录有1人1次1项，破江苏省年龄组纪录有11人3队19次16项；高校部共产生907枚金牌，田径破纪录9项，游泳破纪录4项；职工部共产生金牌328枚。张家港籍运动员获得金牌68枚（含赛会金牌与带入金牌），名列全省区县综合金牌榜第三。

【蝉联省青少年县组田径赛冠军】 7月10日至13日，2014年省青少年田径锦标赛暨县组田径赛（第一赛区）在盐城大丰市举行。江苏省35个县（市）代表队共650名青少年运动员分甲、乙、丙组进行比赛。经过3天角逐，由市少体校学生组成的张家港代表队，以6金8银6铜20枚奖牌、团体总分195分的成绩蝉联省田径赛团体冠军。武进区、太仓市分获团体总分第二、第三名。

【承办全国小学生趣味网球大赛】 6月7日，由中国网球协会主办，市体育局、教育局、网球协会联合承办的2014南海置富·CTA网球户外嘉年华"京山杯"全国小学生趣味网球大赛在市少年业余体校与体育中心举行。比赛设置截球高手、网球大战僵尸、网球接力、捕球达人、网球大冲关、迷你网球赛6个趣味项目。全市24支小学队伍近200人参赛。经过角逐，市港区小学与江帆小学最终胜出，并获得此项赛事年终总决赛的参赛资格。

群众体育

【概况】 全年举办三级社会体育指导员培训班9期。至年末，全市累计有社会体育指导员5275人，其中一级216人、国家级42人。万人拥有量58人。年内，举办"激情五一""快乐中秋""迎新年万人健步行"等假日体育活动。创新设立29个以骨干社会体育指导员名字命名的晨晚练健身点，继续为1985名一线社会体育指导员购买保险服务。完成省第四次国民体质监测省级样本监测（杨舍镇、金港镇为张家港市样本区域代表),共监测城镇幼儿样本251例、农村幼儿样本284例、城镇成年和老年人样本834例、农村成年和老年人样本1278例,其余各区镇按年度计划测试样本均在1000人以上。完成为期三年的乡镇机关干部、企业骨干代表体质测试服务活动。4月至10月,举办“保税区(金港镇)杯”市第四届全民健身大联赛,活动借鉴职业联赛竞赛管理、市场开发等方法,实行主客场制,设置足球、篮球、网球、羽毛球、乒乓球5个项目,共进行1356场比赛,全市136支俱乐部的2000余名运动员参赛。同期,组织苏州市首届市民运动会张家港赛区活动,4月至7月进行区镇活动,8月至10月进行市级活动。举办健身科普讲座、健身技能展示、体育文化交流等各类活动491项,参与人数超过16万人次。8月8日,全民健身日当天,开展以民俗传统体育为内容的全民健身大比拼活动,设置滚铁环、跳绳、踢毽子、抽陀螺等项目。10月1日,在沙洲新城滨河公园组织国庆大众骑行和公开水域游泳赛。12月21日,组织2014双山岛半程马拉松邀请赛。12月28日,市篮球协会举行成立30周年纪念大会。12月30日,《中国体育报》头版报道《建设公共体育服务体系示范区——张家港群体工作硕果累累》。

【市第六届体育运动会】 4月至11月,市第六届运动会举行,运动会口号为“同享运动快乐、共建美丽港城”。共设2部10组,学生部包括小学生组、初中组、高中组、高校组,成年部包括系统组、区镇组、职工组、外企组、老年组、残疾人组。比赛设有田径、球类、游泳、棋类等20个项目,共计474枚金牌,参赛人数4500人。田径赛成年部有1项纪录被刷新,学生部有8项纪录被刷新,有11人在17个项目上达到国家二级运动员标准,有4人在5个项目上达到国家三级运动员标准。有12个单位、40人获市六运会“优秀组织奖”,有20个代表团、215名运动员、56名裁判员获“体育道德风尚奖”。各组别前两名依次为:区镇组杨舍镇、金港镇,系统组市教育局、交通运输局,职工组港务集团、国泰集团,外企组浦项不锈钢公司、陶氏化学公司,老年组杨舍镇、金港镇,残疾人组杨舍镇、金港镇,高校组江科大张家港校区、沙洲职业工学院,小学组实验小学、城北小学,初中组市一中、市三中,高中组沙洲中学、外国语学校。

【首届全民健身展示】 市体育局选取群众基础较好的健身秧歌、太极拳、体育舞蹈、健身气功、柔力球等5个项目,以区镇为承办主体,6月起每月举行一个项目的集中展示交流。每期直接参与人数在1000人以上。6月8日,杨舍镇组织健身秧歌大展示。7月18日,金港镇组织24式太极拳大展示。8月9日,塘桥镇组织体育舞蹈大展示。9月27日,锦丰镇组织柔力球大展示。10月23日,南丰镇组织太极养生杖大展示。

【第八届围棋节暨2014年中国围棋甲级联赛】 6月27日,塘桥第八届围棋节暨2014年中国围棋甲级联赛山东景芝酒业队对辽宁觉华岛队“塘桥大唐专场”在塘桥镇聂卫平围棋学校启动。28日上午,围甲联赛“塘桥大唐专场”,由山东景芝酒业队对辽宁觉华岛队在东渡苑设下快慢棋局。2014年市“大唐杯”百户家庭围棋邀请赛同时举行,有124个家庭、500余人参加。同时,张家港市塘桥镇、上海市浦东新区塘桥街道对弈赛——第三届“双塘桥杯”苏沪两地友谊赛举行,九段棋手曹大元、八段棋手王汝南、四段棋手章德辉、初段棋手陈盈指导挑战赛。是日下午,国手快慢棋赛与百户家庭围棋赛落幕,其间中国围棋协会主席王汝南和央视讲解员陈盈,就国手快慢棋赛进行现场讲解。

【承办中国业余网球公开赛】 5月31日至6月1日,由中国网球协会、江苏省体育局、张家港市人民政府联合主办的2014年中国业余网球公开赛“港华燃气杯”张家港白金赛在市体育中心网球场举行。北京、上海、广东、河南、安徽、辽宁、江苏等省市的近200位选手报名参赛,其中张家港市有20余位爱好者参赛,江苏科技大学苏州理工学院社会体育系的师生参与赛事的执裁工作。比赛设男单、女单、男双、女双、混双5个项目,其中单打不分年龄组,双打分青年(17岁以上)和常青(40岁以上)两个年龄组。比赛第一阶段为公开赛,采用分组循环和同名次淘汰赛;第二阶段为精英赛,采用单淘汰赛。张家港选手李铁与付德祥挺进青年男双16强。

【承办全国健身秧歌及健身腰鼓大赛】 4月24日至26日,2014年全国健身秧歌及健身腰鼓大赛在市体育馆举行。比赛由国家体育总局社体中心、江苏省体育局主办,江苏省社体中心、张家港市政府承办。全国35支代表队的522名运动员参赛,年龄最长者65周岁,其中张家港有5支社区健身队参赛。比赛项目设置为健身秧歌、健身腰鼓、民族传统秧歌展示3项,有自选及规定套路等组别。张家港参赛队得奖情况为:健身秧歌A组中,杨舍镇代表队获规定套路二等奖,杨舍镇城西街道龙潭社区获自选套路二等奖,保税区(金港镇)夕阳红队获自选套路三等奖。健身秧歌B组中,杨舍镇梦韵队、大新红娘子秧歌队分获规定套路二、三等奖,杨舍镇梦韵队获自选套路一等奖。杨舍镇城西街道获民族传统秧歌优秀展示奖。

【承办省第五届家庭乒乓球比赛】 5月24日,由省乒协主办,张家港市体育总会和乒协承办的2014年江苏省第五届家庭乒乓球比赛在市体育馆举行,全省45个家庭的120余名选手报名参赛。经过角逐,常州的陈一仙家庭获男孩家庭组冠军,连云港的许冬雪家庭获女孩家庭组冠军,连云港的刘川、朱丽燕获夫妻双打家庭组冠军,宿迁的周倜、周东组合获旁系亲属组冠军。

【省第九届“沿江体育带”全民健身大联动活动在张家港启动】 6月8日,省第九届“沿江体育带”全民健身大联动活动在全省各市、县举行,张家港市设活动主会场。启动仪式在张家港城北新城沙洲湖广场举行，省体育局局长殷宝林为"沿江体育带"健步行活动鸣枪发令。出席开幕仪式的嘉宾有省体育局群体处处长熊伟，省社体中心主任李芳，苏州市体育局局长鲍东东、副局长陈艳青，张家港市副市长华红等。活动以绕湖健身步道健步行为主要形式，配合省健身秧歌大赛以及张家港健身大展示、第四届全民健身大联赛、迷你马拉松、新优项目教学等多种形式同时进行。在轮滑与自行车方队的引领下，1万余名市民共同参与环湖5千米绿色景观健身步道的健步行活动。

【承办省传统武术锦标赛暨中国张家港全国武术文化交流大赛】 10月3日至5日，由省武术运动协会主办，张家港市体育总会、江苏天道体育文化发展有限公司、市童学馆、后塍小学承办的2014年江苏省传统武术锦标赛暨中国张家港全国武术文化交流大赛在江苏科技大学张家港校区体育馆举行。比赛设置拳术、器械、对练、集体项目四大项170余个小项，吸引广西、贵州、山东、甘肃等省市38个代表队近千名选手参赛。经过角逐，杨舍镇横河社区大家乐艺术团获集体项目组三等奖，后塍小学获武术操团体一、二等奖以及连环拳和太祖长拳等拳术的个人金牌21枚、银牌17枚、铜牌50枚。

竞技体育

【概况】 2014年，全市承办国际级比赛3项，国家级比赛8项，省级比赛2项，苏州市级比赛5项。张家港籍运动员在国际级、国家级各类比赛中获佳绩。其中，7月6日，在浙江金华举行的中日韩田径对抗赛中，袁琦琦以23.94秒的成绩获田径女子200米第一名；9月28日，在韩国仁川亚运会田径女子100米决赛中，袁琦琦以11.68秒的成绩获第六名；10月9日，在苏州举行的2014年全国田径锦标赛100米决赛中，袁琦琦以11.66秒的成绩获第三名。10月17日，在浙江江山举行的2014全国男子举重冠军赛中，陆浩杰（77公斤级）以抓举165公斤、挺举196公斤、总成绩361公斤获3项第一名；11月在乌兹别克斯坦举办的亚洲杯举重比赛中，陆浩杰（77公斤级）以抓举160公斤、挺举180公斤、总成绩340公斤获3项第一名。4月，在福建厦门举行的全国击剑冠军赛中，鲍怡晨获男子重剑团体第一名。10月，在苏州举行的2014年全国田径锦标赛中，黄鑫以3分10秒3获4×400米接力赛第三名。

【承办361°全国女排大奖赛】 5月8日至11日，由国家体育总局排球管理中心、江苏省体育局主办，张家港市人民政府承办的2014年361°全国女排大奖赛（张家港华昌赛区）在市体育馆举行。参赛队伍为中国女子排球联赛（2013—2014年）成绩最好的7支运动队和东道主队，分别为浙江队、天津队、八一队、恒大队、上海队、辽宁队、北京队和江苏队。该次大奖赛设置分站赛和总决赛，共7站56场。分站赛的前两站在张家港举行。

【承办2014国际网联（ITF）男子巡回赛】 7月19日至26日，2014国际网联（ITF）男子巡回赛"中联铂悦杯"张家港站比赛在市体育中心网球场举行。有中国、韩国、日本、新加坡等10个国家和地区的56名年轻职业选手参赛。比赛设男单与男双两个项目。19日至21日进行单打预选赛，25日至26日依次进行双打和单打决赛。其中，预选赛设48位，单打正选设32位、双打正选设16位，选手成绩计入ATP排名积分。25日，韩国选手赵珉爀与南智惺获双打冠军。26日上午，中国选手李喆获单打冠军。

【承办亚欧男子乒乓球全明星对抗赛】 10月31日 至11月1日，2014年"杨舍杯"亚欧男子乒乓球全明星对抗赛（中国张家港）在市体育馆举行。活动由亚洲乒乓球联盟、国家体育总局乒羽中心主办，张家港市人民政府承办，市体育局和杨舍镇共同协办。比赛每日5场单打，每盘5局3胜。许昕（中国）、庄智渊（中国台北）、水谷隼（日本）、高宁（新加坡）、唐鹏（中国香港）组成亚洲全明星队。巴斯蒂安（德国）、吉奥尼斯（希腊）、克里桑（罗马尼亚）、加尔多斯（奥地利）、谭瑞午（克罗地亚）组成欧洲全明星队。经过2天的10场单打，亚洲队以6:4的团体赛总成绩战胜欧洲队。赛前，国家体育总局副局长、亚乒联主席蔡振华会晤了欧乒联主席克雷默·罗纳德。

【承办环太湖国际公路自行车赛双山岛绕圈赛】 2014年开展的第五届环太湖国际公路自行车赛赛程共1050余千米，有15个国家和地区的20支车队参加。11月5日上午，赛事在张家港双山岛举行，是2014年长江文化艺术节的系列活动之一。双山岛绕圈赛全程129千米，需沿岛江堤骑行8圈。经过近3小时骑行，中华台北RTS森地客车队选手鲍里斯以2小时51分37秒的成绩获赛段冠军，丹麦蓝水队的帕特里克获第二名，马来西亚登嘉楼车队的沙烈获第三名。捷克ASC布拉格队的阿洛伊斯获"个人总成绩第一"橙衫与"赛段冲刺王"绿衫。中国山东恒翔队的王美银获"大中华最佳"红衫。澳大利亚BFL叉车队的杰西获"青年最佳"蓝衫。

【举行中国女子篮球联赛】 1月4日至28日，2013—2014赛季中国女子篮球联赛江苏永联女篮主场在市体育馆举行6个主场赛事，依次为4日对阵北京队77:79，7日对阵黑龙江队78:81，14日对阵沈阳部队77:62，18日对阵山东队79:52、25日对阵上海队86:71、28日对阵八一队77:75。11月6日 至12月27日，2014—2015赛季中国女子篮球联赛江苏永联女篮主场在市体育馆举行常规赛10个主场。11月6日，以78:59胜广东队；8日，99:78胜四川队；11日，74:70胜八一队；15日，97:68胜浙江队；18日，79:74负上海队。12月2日，86:65胜沈阳部队；9日，62:83负八一队；13日，91:88胜广东队；23日，94:62胜山西队；27日，78:49胜北京队。

2014年张家港市承办地市级以上赛事一览

表66

比赛时间	比　赛　名　称	地　点	级　别
7月19日至26日	2014国际网联（ITF）男子巡回赛“中联铂悦杯”张家港站	体育中心网球场	国际级
10月31日至11月1日	2014年“杨舍杯”亚欧男子乒乓球全明星对抗赛（中国张家港）	体育馆	国际级
11月5日	2014第五届环太湖国际公路自行车赛张家港双山岛绕圈赛	双山岛	国际级
1月4日至28日	2013—2014赛季中国女子篮球联赛江苏永联女篮主场	体育馆	国家级
4月24日至26日	2014全国健身秧歌及健身腰鼓比赛	体育馆	国家级
5月8日至11日	2014年361°全国女排大奖赛（张家港华昌赛区）	体育馆	国家级
5月30日至6月1日	2014年中国业余网球公开赛“港华燃气杯”张家港白金赛	体育中心网球场	国家级
6月7日	2014“京山杯”全国小学生趣味网球大赛（张家港站）	体育中心网球场	国家级
6月27日至28日	中国围棋甲级联赛“塘桥大唐”专场	塘桥镇	国家级
9月13日至14日	2014“肯德基”全国青少年三人篮球冠军挑战赛（张家港赛区）	体育中心	国家级
11月6日至12月27日	2014—2015赛季中国女子篮球联赛江苏永联女篮主场（常规赛）	体育馆	国家级
5月24日	江苏省第五届家庭乒乓球比赛	体育馆	省　级
6月8日	江苏省第九届沿江体育带全民健身大联赛启动仪式	沙洲湖广场	省　级
10月3日至5日	江苏省传统武术锦标赛暨中国张家港全国武术交流大赛	江苏科技大学张家港校区	省　级
4月25日至26日	2014苏州市中小学生武术套路比赛	梁丰初中	苏州市级
5月24日	2014苏州市中学生举重比赛	南沙中学	苏州市级
6月7日至8日	2014苏州市中小学生国际象棋定级赛	乐余中心小学	苏州市级
7月14日至17日	2014苏州市小学生足球比赛	体育中心	苏州市级
9月20日	苏州市第六届村级门球赛	塘桥镇	苏州市级

体育产业

【概况】 体育社会组织方面，全市有22家体育社团、32家民办非企业单位。年内新增体育经营单位23个，组织76名游泳救生员、47名游泳教员参加上岗培训及年审，累计有249名救生员和144名游泳教员取得国家职业技术资格，各游泳场所按国家标准配备救生员。江苏金陵体育器材股份有限公司为2014年南京青奥会提供19个大项、6000余件总价值约5000万元的器材。该公司体育器材、健身器材产能提升项目和金凤凰温泉度假村基地体育服务项目获2014年省体育产业引导资金的扶持。江苏女篮自2011年起由江苏永钢集团冠名江苏永联女篮，年内继续合作。2014—2015赛季在张家港赛区历时2个月的10个主场常规赛的冠名依次为“张家港永联赛区”与“锦丰沙洲新城赛区”。11月6日，江苏女篮赛季首个主场比赛在市体育馆举行。12月27日常规赛结束后，江苏女篮主场移至南京五台山体育馆。

【体彩销售】 全市有体育彩票销售网点236家，其中传统销售网点203家、竞彩专营店33家。全年体育彩票销售收入3.61亿元，其中电脑型销售收入12788万元、竞彩型销售收入5741万元、即开型销售收入3104万元、“11选5”销售14479万元。12月17日，体彩超级大乐透第14148期开出4注一等奖，塘桥镇鹿苑办事处05715站点一位彩民购买“6+2”小复式彩票，投中1注一等奖，总奖金为9318025元。该彩民还中5注三等奖，每注奖金2026元。

【全国第六次体育场地普查工作】 年初，由市政府办公室副主任担任组长，市体育局、教育局、旅游局等部门分管领导担任副组长的第六次全国体育场地普查工作领导小组成立，制订普查工作计划，启动宣传工作，并印发相关文件及表格。1月至2月，开展场地普查动员、业务骨干培训，制定抽查方案、数据质量控制和审核验收办法。2月至4月，全面开展场地普查工作，各单位审核数据，普查工作领导小组办公室抽查、质检、验收、汇总数据。5月至6月，撰写普查工作情况，进行报告分析，向苏州市上报数据材料，并经国家统计部门评估后公布普查数据。7月至12月，利用普查数据开展相关课题研究、数据开发课题汇报评审，并制定下一步张家港市体育场地建设政策规划。经普查，截至2013年12月31日，全市体育场地面积总量为431万平方米。

（倪志国）

【编辑　宋佳辰】

人力资源和社会保障

Human Resources and Social Security

人力资源和社会保障服务大厅　（市人社局　供稿）

人才开发

人事管理

劳动就业

劳动维权

社会保险

人才开发

【概况】 年内，全市全力提升人才项目引进、培育和发展的内涵与成效。推进“产业引才”，确定现代装备制造、新能源、新材料、集成光电等11个产业50个节点为“引才重点产业节点”。探索协同创业，累计有52个人才项目与当地企业开展“嫁接式”合作创业。全市新引进博士185人，累计850人。全市获批3个国家高端外国专家项目、2个国家外国专家项目、2个省级引智项目。3个单位获批“江苏省引智示范单位（基地）”。张家港保税区科创园创建为省级留学生创业园。梁丰高级中学外教罗伯特·唐纳德·克莱因入选“江苏省友谊奖”，海归人才、江苏澳洋顺昌股份有限公司总经理陈锴获第二届“江苏服务业专业人才特别贡献奖”，新增聘专单位14个。国家“外专千人计划”人才、江苏飞翔化工股份有限公司研发经理、博士凌赫斯应邀赴北京参加在华部分外国专家座谈会。

【领军人才】 年内，全市新增张家港市领军型创新创业人才（项目）86项，累计380项，其中创业类人才（项目）342项、创新类人才（项目）38项。新增国家“千人计划”人才2人，累计11人；新增省“双创计划”人才17人，累计69人，列全省县市第一；新增苏州市“姑苏计划”人才31人（列苏州县市第一），累计97人；新建张家港市级“千人计划”专家工作站26家，累计65家，超过80名国家“千人计划”专家在张家港市创新创业。3月，市人社局审核批准8位领军人才的购房安家补贴申请，总额1000万元，分五年发放，首笔资助款324万元拨付。5月，出台《张家港市领军人才（项目）扶持资助办法》，形成“1+X”（1指《张家港市领军人才创新创业资助办法》，X指基本的扶持政策基础上另外制定的其他扶持政策，包括全职创业激励政策、天使投资基金、产业引才、培育类项目认定资助等）的扶持政策体系。6月，试行领军人才（项目）天使投资基金，首批对4个领军人才项目给予股权投资700万元。7月，与清华大学校友总会建立合作关系，首次联合举办百名清华大学海外校友人才（项目）对接会。

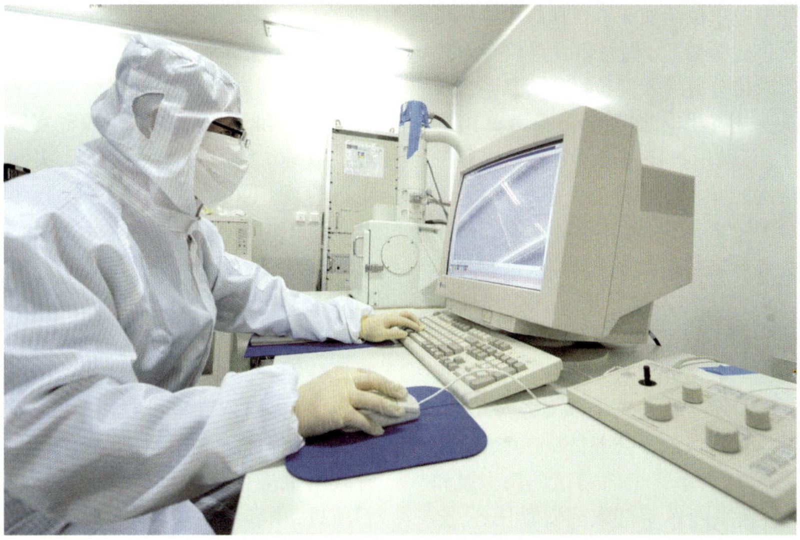

“千人计划”（张家港）集成光电研究院 （严子洋 摄）

【职业水平】 年内，全市新增教育、卫生等方面的“港城英才计划”人才22人，累计52人。有239人通过全国社工执业水平考试，累计1406人，通过人数连续7年领跑苏州各县市。全市人才保有量持续壮大，人才总量29.5万人，其中高层次人才1.7万人。全年共评定各级各类职称资格6079人。其中，初定初级职称资格3286人；初定中级职称资格86人；评审建设、医药、档案、新闻等系列初级职称资格人员778人；推荐评审工程类、新闻类、卫生类、高校教师等高级资格616人、中级资格1313人。

【苏州国际精英创业周张家港分会场活动】 7月8日至15日，2014苏州国际精英创业周张家港分会场系列活动举办，200余名海内外高层次人才受邀到市对接洽谈。参加洽谈对接的嘉宾中，拥有博士学位69人，其余为硕士，80%以上有海外留学或工作经历。项目领域主要集中在新材料、新能源、机械装备和电子信息。活动共组织开幕式、百名清华大学海外校友人才（项目）对接会、创新创业特装展暨苏州主会场洽谈会、2014年苏州（张家港）国际精英创新创业项目合作洽谈会、领军人才创业辅导报告会、张家港市2014年第二批领军人才评审会、领军人才企业投融资对接洽谈会、领军人才企业与本土企业“嫁接”洽谈会等8个分项活动。至年末，落户项目26个。

【多维科技公司获评全国最具成长潜力的留学人员创业企业】 8月，人力资源和社会保障部公布2014年度“最具成长潜力的留学人员创业企业”名单，江苏多维科技有限公司入选。多维科技公司位于张家港保税区，由国家“千人计划”专家薛松生带领十余位欧美留学归国博士于2010年5月创办，是一家专门从事隧道磁电阻技术开发和产业化的高科技企业，注册资本2.7亿元，总投资5亿元。至2014年年末，多维科技公司已申请专利152项，其中发明专利75项、实用新型77项；授权专利79项，其中发明专利23项、实用新型56项；进入国际申请PCT阶段发明40项。

（沙　健　朱海婷）

人事管理

【概况】 年内，市人社局以体制机制创新为重点，推动人事制度改革。推进实施公共卫生与基层医疗卫生及其他事业单位绩效工资。抓好事业单位岗位设置管理,做好事业单位专业技术岗位分等级及岗位设置信息系统录入完善工作。加强公务员考试组织工作,录用担任科员及其他相当职务层次的非领导职务公务员(含参公人员)62人。完成23个事业单位参照公务员法管理申报工作以及已参公事业单位工作人员登记,工商、质监系统管理体制改革公务员划转工作。严密组织公务员"四类培训"及法治理念主题教育、人事干部实务等培训,共培训科级以下公务员6000余人次。完成23名军转干部、3名随调家属和3名驻军随军干部家属安置任务,会同市纪委建立解困维稳工作绩效考评机制,继续保持企业军转干部"零集访""零上访"良好局面。

【公务员大讲堂】 年内,市人社局坚持每季度邀请国内知名专家学者到市进行授课讲学,先后举办党的群众路线教育、著作权法、国防形势、生态文明城市建设等专题讲座5场,2000余名干部参加。同时创造性地引入文化元素,开设古琴雅文化、美术鉴赏等课程。8月12日,邀请军事科学院少将罗援作客"港城公务员大讲堂"第七讲,就中国周边安全环境及软实力建设作国防教育专题报告,全市党政军机关500名党员干部参加。

【人事干部实务培训】 市人社局贯彻人事工作的新政策、新精神、新要求,适应机关事业单位人力资源开发和人事制度改革的需要,9月14日至20日,组织57名人事干部和部分事业单位领导赴浙江大学进行人事干部实务培训。培训围绕"加强人事干部能力建设、提高基本素质"主题,分专门业务、能力提升、现场教学3个模块,内容涵盖《党政领导干部选拔任用工作条例》和《事业单位人事管理条例》解读、干部教育培训改革与理念创新、选人识人用人新论、有效沟通技巧、人事干部如何践行党的群众路线等。培训采取专题讲座、案例分析、课堂研讨、考察交流等形式穿插进行,分别由高校知名专家教授和浙江省人社厅领导担纲授课。

【创建达标评比表彰工作管理细则出台】 根据江苏省、苏州市有关清理规范各类检查评比达标表彰创建活动的规定和党的群众路线教育实践活动要求,12月,市人社局牵头组织再清理、再申报、再规范活动,下发《张家港市检查评比达标表彰创建工作管理实施细则(试行)》。细则规定检查评比达标表彰创建活动的适用范围、申报审批、组织实施、监督管理等,并明确申报程序、申报内容、申报时限和审批权限、审批条件、审批程序等相关事项。经省委、省政府批准保留的创建达标评比表彰项目,由各主办单位扎口管理、整合推进。除国家法律法规及行政规章明确规定,市委、市政府及以上统一部署的检查活动之外,任何部门和单位一律不得擅自组织开展。国家、省和苏州市针对县级组织开展的检查评比达标表彰创建活动但未明确要求县级以下开展的,不得设立相应项目。为加强对检查评比达标表彰创建活动工作的组织领导,张家港市成立创建达标评比表彰工作协调小组,负责全市检查评比达标表彰创建工作的政策指导、统筹协调、审核备案和监督检查。

劳动就业

【概况】 2014年,市人社局完善就业服务平台,引导创业带动就业,落实就业优惠政策。全年提供就业岗位7.66万个,全市劳动力新增就业2.74万人,城镇登记失业率1.92%,开发就业援助岗位12364个,开发公益性岗位2343个,帮助就业困难人员就业6915人,特困家庭劳动力就业率99.7%,被征地农村劳动力就业率99.2%。

【调整完善就业促进政策】 3月14日,《关于贯彻上级有关就业促进政策的通知》出台。对各类企业、非公经济组织当年新招用符合就业困难人员条件的毕业年度初次就业高校毕业生,给予一次性就业补贴。见习期间见习单位发放给高校毕业生的基本生活补助标准原则上不低于当地最低工资标准的80%。财政对见习单位的补贴标准按当地最低工资标准的60%执行。对被见习单位提前录用并签订1年以上劳动合同的,可按协议期限继续发放全额的见习补贴。对符合条件的员工制家政服务企业,按实际招用张家港市户籍家政服务员的人数,在相应期限给予特岗补贴。当年在张家港市高校毕业的大学生、在国外取得硕士以上学位(含硕士)的留学人员、毕业后5年内的张家港市户籍大学生及在张家港市登记的失业人员(张家港市户籍和非张家港市户籍的在领失业保险金人员、经认定的张家港市户籍就业困难人员),在张家港市创业并领取营业执照的,可申请享受一次性开业扶持补贴。吸纳张家港市户籍高校毕业生和登记失业人员就业,开业3年内可按带动就业人数,享受一次性创业带动就业补贴。

【就业援助"一对一"工作制度出台】 5月,《张家港市就业援助"EMS"工作制度》出台,要求社区(村)劳动保障专管员根据援助对象自身特点和就业意愿主动上门提供专项就业服务。建立就业援助岗位空岗信息库(就业援助岗位爱心超市),将全市所有空置的就业援助岗位集中发布。至年末,全市认定就业援助单位354个,开发就业援助岗位12364个,就业援助岗位安置援助对象1969人。1106名特困家庭劳动力有1103人实现就业,就业率99.7%。

【"行行出状元"职业技能大赛】 5月25日至6月20日,第二届"行行出状元"张家港市职业技能大赛举行,经过选拔,全市有130家企业、7个职业院校的387人报名参赛,369人参加市总决赛。竞赛设职工组比赛项目11个,学生组比赛项目5个。周立飞等11人获"市职业技能状元"称号,22人获二等奖,33人获三等奖,5名学生获学生组一等奖,9名学生获学生组二等奖,13名学生获学生组三等奖,27名指导老师获"优秀指导教师"称号。沙钢集团等11个单位获优秀高技能人才培养先进单位,塘桥镇、锦丰镇、杨舍镇获优秀组织奖。

【市人力资源市场新址启用】 2月12日，位于市华昌路3号港城大厦辅楼2楼的市人才市场新址启用，并举行春节后首场综合性招聘会。与老市场相比，新市场不仅规模更大，在软硬件设施方面都有大幅度提升。市场规模从原来只能容纳45个单位扩大到能同时容纳100个单位经常设摊。电子显示屏替代原来的白板和海报，先进的平板电脑替代纸质登记表。新址启用当天共有65个用人单位进场设摊，提供岗位2356个，进场人数约800人，达成初步就业意向435人。

【高校毕业生就业专场】 年内，市人社局通过拓宽就业渠道，优化就业服务，多渠道、多形式推进高校毕业生就业。开展毕业生岗位信息采集，通过"张家港人才网"和《张家港人才市场报》免费发布，共计500余个单位参与，提供岗位近5568个。成功举办春、夏季高校毕业生公益性就业双选会、各区镇、行业性等大小型毕业生专场13场，共有1226个单位参加，提供毕业生需求22160个。高校毕业生就业专场坚持公益服务性质，为用人单位与高校毕业生搭建双向交流平台，招聘现场设立政策咨询台，为毕业生提供就业政策咨询，免费发放《张家港人才市场报》等招聘专刊。对于特困家庭毕业生，开展一对一帮扶，就业援助志愿单位托底安置。年末，张家港市户籍高校毕业生初次就业率99.69%，特困家庭高校毕业生就业率100%。

劳动维权

【概况】 年内，市人社局坚持保障企业和劳动者合法权益并重，全力维护劳动关系和谐稳定。开展2014年度用人单位报送书面材料审查，审查用人单位6900个。主动检查用人单位2824家次，处理举报、投诉和信访891件。其中，处理工资纠纷521起，追发拖欠工资4879.7万元，涉及7621人，对257家违法违规企业立案查处，行政处理1件，清退童工9人，行政处罚44件。开展农民工工资支付、女职工劳动保护、高温劳动保护、社会保险、规范劳动用工等专项执法检查以及铝镁粉尘企业用工检查等9次专项检查、调查。严厉打击拒不支付劳动报酬犯罪行为，全年查处拒不支付劳动报酬案件18件，涉及金额478.7万元。

劳动监察人员接待到访人员　　（市人社局　供稿）

【用人单位诚信体系建设】 年内，市人社局开发用人单位劳动用工诚信信息平台，从劳动保障法律法规遵守、集体合同签订、参加书面材料审查、参加法律法规培训、劳动规章制度建设、劳动争议调处、依法用工达标管理考评等方面对用人单位进行评价。以诚信体系建设为载体，新评、复评A级劳动保障信誉等级单位408个，新评张家港市劳动关系和谐企业41家、推荐苏州市劳动关系和谐企业17家，在行业、区域内起到"获评一户，带动一片"的示范作用。充分发挥劳动保障监察网格化优势，建立完善"一格一册，一企一档"基础台账，全面及时掌握辖区内用人单位的基本信息，将产能下降、订单减少、职工收入下降明显的加工制造企业、关停并转企业列为监控重点，组织人员开展矛盾排查工作，将企业违法、失信纠纷化解在萌芽状态。开展劳动保障法律法规轮训活动，通过法条解读、案例分析、用工风险剖析等，帮助用人单位正确把握劳动保障法律法规，印制劳动普法手册5000册，举办培训班20余期，培训企业法人代表、人事负责人等2000余人。7月，由市劳动人事争议仲裁院与司法局合作搭建的公共法律服务中心驻仲裁委分中心开始运作。中心招募30名具备相当业务水平且经验丰富的优秀律师和法律工作者，为到访群众提供免费的劳动人事争议法律咨询服务，同时开展法制宣传、接受案件委托、参与矛盾纠纷调处。

【劳动用工重大违法行为社会公布】 7月，市人社局出台用人单位劳动用工重大违法行为社会公布办法。用人单位有下列违法用工行为之一的，市人社部门将向社会公布：连续拖欠劳动者工资三个月（含）以上或累计拖欠达三个月（含）以上的；拖欠劳动者工资未满三个月，但一年内被人力资源社会保障行政部门两次（含）以上责令整改的；不按时足额支付劳动者工资（每月发放部分工资或生活费），经人力资源社会保障行政部门责令整改，虽清欠之前拖欠的工资，但之后仍然采取违法方式不按时足额支付劳动者工资的；以转移财产、逃匿等方法逃避支付劳动者的劳动报酬的；违反国家有关对女职工和未成年工实施特殊劳动保护的规定，情节严重的；非法使用童工，造成童工伤残或死亡，或非法使用童工3名以上，以及引起其他严重后果的；劳务派遣单位、职业介绍机构、职业技能培训机构和职业技能考核鉴定机构违反国家有关规定，被依法吊销许可证或被撤销、不予延续许可的；拒不履行劳动保障监察行政处理、处罚决定的；无理抗拒、阻挠人力资源社会保障行政部门依法实施劳动保障监察的；欠缴社会保险费三个月（含）以上的；采取逃避、故意拖延等方式拒不支付工伤职工工伤待遇的；其他劳动用工重大违法行为。

社会保险

【概况】 年内，全市继续健全社会保障体系，推进社保惠民工程，城镇职工养老、医疗、工伤、生育、失业五大社会保险及居民医疗保险参保覆盖率均保持在99.4%以上。6月，调整社会保险缴费基数，参加市企业职工社会保险的单位和职工社会保险费的基数上限为194493元，下限为21528元。参加企业职工社会保险的灵活就业人员，2014结算年度的社会保险缴费基数档次按以下标准执行：一档每月1794元；二档每月2300元；三档每月2991元。参加企业职工社会保险的个体工商户，2014结算年度的社会保险缴费基数统一为每月2300元。7月，市社保中心开发职工医保零星费用报销业务下延程序，业务全面延伸到各镇（区）劳动保障所办理。零星费用报销业务下延后，职工医保参保人员可以就近申请报销医疗费用，提高医保结算效率。年内，配合推进公立医院综合改革，推行医保支付方式改革，实行按服务项目付费、按病种付费和按床日费用付费相结合的复合式支付方式。配合卫生系统建立“先诊疗、后付费”便民服务系统，避免参保患者反复等候付费，优化流程，方便群众。10月，市社保中心配合张家港地税局对某外资企业拖欠的社会保险费向张家港市人民法院申请强制执行，这是张家港市首例通过申请法院强制执行维护职工合法权益的成功案例。市法院依法受理并作出行政裁定，准予强制执行该笔社保费，此举维护了企业职工的合法权益，有助于增强参保单位依法缴纳社会保险费的意识，为进一步规范社保费征缴提供范本。

2014年张家港市参加社会保险情况

表67

项　目	参保单位数（个）	比上年增长率（%）	参保人数（人）	比上年增长率（%）	人员参保率（%）	比上年增长率（%）	基金收缴率（%）	比上年增长率（%）	支付情况（万元）	比上年增长率（%）
机关事业养老保险	544	58.60	8440	-25.34	100.00	—	100.00	—	7931	3.36
城镇企业养老保险	27482	13.73	689166	8.82	99.60	—	99.00	—	360861	21.39
医疗保险	27541	13.69	707875	5.14	100.00	—	100.00	—	169956	14.84
失业保险	27491	13.71	591596	6.69	100.00	—	100.00	—	21958	22.58
生育保险	28089	16.06	745581	10.09	100.00	—	100.00	—	8350	20.73
工伤保险	27522	13.69	597873	6.60	100.00	—	100.00	—	29127	24.98

【可信电子票证系统运用】 3月12日，市社保中心开发可信电子票证系统，运用二维码技术对各类社会保险证明的出具实施标准化管理。首批运用共有四份单项证明，即社会保险费征收结算表、社会保险人员缴费基数表（单位所有人）、社会保险个人缴费基数表（历年）、社会保险缴费明细表（设时间段到月）。凡是已经开通社会保险网上申报的单位，都可以通过网上申报平台查询、下载、打印相关证明。所有证明均设有统一格式的二维码放置区，通过二维码扫描可读取该证明的关键信息；二维码下方显示序列号，用于网上查证该证明的原件即原始数据，并以此判断证明的真伪及可信度；每份证明都加盖“张家港市社会保险基金管理结算中心”的电子印章，每一份证明都通过数字签名合法有效。表格中所有内容哪怕是一个标点符号的修改、字节的移动都会在电子印章上打上叉，防止蓄意篡改，确保证明真实性。

【社会保险网上申报业务】 年内，市人社局推进社会保险网上申报业务，要求2014年1月1日以后新参保的单位在办理社会保险登记时必须同时办理网上申报业务（少于3人的个体工商户除外），1月1日之前已参保但仍未办理网上申报业务的单位，必须于6月30日前开通社会保险网上申报业务。通过培训班、服务热线、QQ群等举措，宣传推广网上申报业务，全年新增网上申报单位6061个，至年末达到7498个，覆盖全市49.14万名参保人员，占全市企业参保总人数的88%，有效减轻窗口服务压力。

【医保基金智能监管平台上线】 7月，市医保智能稽核平台正式上线，以国内卫生临床知识库作为监管依据，对全市定点医疗机构发生的医疗费用情况进行跟踪分析，即时发现医保违规行为，提升医保经办机构审核精确度，并将审核结果运用于医保稽核和定点医疗（药）机构管理工作，建立实时、全程、高效的医保审核及监管辅助体系，增强医保审核的权威性和规范性，提高医保基金管理水平和使用效率。平台同时实现与2013年建立的全市医师信息库的对接，将复审确定的违规行为通过医师医保处方权管理系统及时反馈至定点医疗机构及医保医师、医保工作人员。

（朱海婷）

【编辑　张　洁】

社会民生

People's Livelihood

庆祝“敬老月”老年文体精品交流大会 （市民政局 供稿）

便民服务

新市民服务

社会调解

民政事务

基层民主建设与社区建设

人口和计划生育工作

民族宗教事务

老龄工作

关心下一代工作

残疾人工作

张家港年鉴(2015)

便民服务

【概况】 市便民服务中心暨"12345"便民服务热线全年帮助市民解决各类咨询、生活求助2070537件，协调各部门、各单位处理群众投诉建议59504件，办结率100%，综合回访满意率99.9%。编发《12345便民服务热线简报》9期、《12345便民服务热线工作周报》51期、《市便民服务中心党的群众路线教育实践活动民情专刊》9期、《12345便民服务热线民情专报》6期。有4期周报、6期专刊及2期专报被市委、市政府主要领导批示，推动热点、难点问题的落实解决。年内，中心被市委、市政府授予"综合贡献奖"，被江苏省妇联授予江苏省三八红旗集体称号。中心话务大厅管理科被评为2014年度机关示范科室，中心话务大厅虞锐宇被表彰为2014年度机关工作标兵。10月，中心成为全国县级文明城市创建工作现场会参观点。

【"12345"热线受理电话213万个】 年内，"12345"便民服务热线共受理电话（含网络邮件）求助2190740个，平均每天6002个，正式受理2130041个，占总量的97.2%，其余为重复和骚扰电话。受理电话中，咨询类732297个，占34.38%，主要为住房公积金政策、新市民积分管理、单独二胎政策、公共服务信息、行政许可办理、公立医院综合改革和其他相关政策的咨询；生活求助类1338240个，占62.83%，主要是家庭生活服务、出租车电召、预约挂号、居家养老、订餐订票等方面的求助；监督投诉类56238个，占2.64%，主要是动迁、沪通铁路建设、征地补偿、环境污染、物业管理、劳资纠纷、公共设施维修、违章搭建等方面的意见和投诉；其他建议类3266个，占0.15%，主要是个人纠纷及对公共服务单位提出的相关建议。至年末，电话求助事项办结率100%，回访综合满意率99.9%。

【出租车电召服务规范化及智能化】 4月，市便民服务中心会同市交通局出台《张家港市出租汽车电召服务规则（试行）》，优化调整出租车电召诚信管理机制，建立电召服务不诚信记录制度，加大对不诚信行为的处罚力度，督促司乘双方知法守法、诚信服务。规则明确：如司机违约，电召系统将锁定出租车，一个月内不得参与电召服务；如乘客违约，其电话号码列入不诚信名单，三个月内不得享受电召服务。5月，启动"双向感知智能召车"系统建设，开发智能叫车平台。乘客利用智能手机的自动定位和无线通信方式，通过下载的客户端与后台系统建立数据连接，实现自主召车过程。该系统无须人工转接，有效减轻平台接线压力，提高电调效率。12月，系统上线运行。

【合作建立用电抢修及汽车救援平台】 年内，市便民服务中心会同供电部门制定《居民用电故障便民服务中心和供电公司对接方案》，方案确定由"12345"热线负责室内，供电抢修热线负责室外，不论市民向哪一方求助，供电公司服务队和便民服务中心服务商都及时上门检修，实现居民用电抢修的无缝对接。此项工作在省内属于首创。同时，市便民服务中心与张家港交广汽车俱乐部有限公司合作，以快捷、专业为导向，发挥平台资源调配优势、乡镇网点就近服务优势、维修企业技术专业优势，以"12345"热线为服务窗口，依托交广客服为救援服务平台，以"港城车大夫"为行业监管，建设汽车救援合作平台，提供24小时汽车救援服务，为广大车主排忧解难。

【中小企业服务热线开通】 年内，由市经信委中小企业局主管的张家港市中小企业发展与服务联盟成立。9月，市便民服务中心依托"12345"热线平台，为该联盟增加中小企业服务板块，开通中小企业服务热线。企业在发展中遇到任何困难和问题，都可以通过"12345"热线求助，热线为全市1万余家中小企业提供全面的政策咨询服务与便捷高效的服务渠道，有效提高企业办事效率。此举是"12345"便民服务热线在政务服务和社会服务的基础上，面向全市中小企业服务功能的拓展。中小企业服务热线开通后，至年末共接受咨询电话2个，主要咨询环境体系认证公司联系方式、出口信用保险等方面内容。

【"12345便民服务"手机客户端移动受理平台开发】 4月，市便民服务中心授权江苏智慧港城投资发展有限公司开发的"12345便民服务"手机客户端移动受理平台建成。"12345便民服务"是市便民服务中心在全市推出的一个基于身份认证的便民服务平台，通过为市民量身定制个性化、主动推送的融合信息服务，在广泛范围内向市民提供均等与公平的政府公共与便民服务。平台运行后，已提供政策咨询、政府求助、监督投诉、生活服务、智能电召、网上订餐、在线挂号等服务。通过移动终端，市民实现在线提交诉求，实时查询处理进度，对处理结果进行评价等功能。至年末，该客户端有261人下载使用。 （肖　敏）

新市民服务

【概况】 至年末，全市登记流动人口（新市民）70.84万人。其中就业人数55.06万人，流动党员1273人。发放居住证124820张，新增登记20.27万人，年审36.78万人，变更40.57万人次，注销57.32万人次。查验婚育证明15.4万人，协助处理计划外怀孕691起。协管员提供线索并协助抓获行政处罚人员474人，协助抓获刑事拘留以上人员218人，提供线索破获治安案件206起、刑事案件148起。提供线索取缔黑网吧、黑诊所、黑作坊等"四黑四害"场所41家，现场调解矛盾纠纷656起。排查出租房屋8.9万户，发现各类安全隐患14378处，当场督促整改5350余处，协助主管部门整改3510余处，向主管部门抄报5500余处，发放宣传资料20余万份。1月至3月，市新市民事务中心联合人社部门开展"春风行动"新市民就业大型公益活动，发放宣传资料2.81万份，4845人达成就业意向，

152人接受创业服务,194人参加创业培训。全年救助特困新市民家庭74户,发放救助金25万元。云南鲁甸“8·3”地震发生后,为23户受灾情况较为严重的新市民家庭发放4.4万元救助金。放宽年龄限制,扩大保险覆盖面,出资223万元为50余万名在张家港市工作满一年且办理居住证的年满16周岁至60周岁的新市民购买意外保险,并成功理赔34例,赔付76.6万元。全市7000名新市民子女凭积分加入居民基本医疗保险,1.14万名新市民子女获居民基本医疗保险续保资格;5956名新市民子女凭积分入读公办学校;127名新市民凭积分获得入户准入资格。1月,江苏省委、省政府下发《关于全面深化农村改革深入实施农业现代化工程的意见》,提出“推广张家港积分落户的做法,形成流动人口落户通道”。10月,全国县级文明城市创建工作现场会上,新市民积分管理工作得到与会人员肯定。年末,市新市民事务中心在市级机关绩效考核中获“优胜贡献奖”,并被市委、市政府授予市文明机关、计划生育工作先进集体、法治建设先进单位、社会管理先进单位、法制宣传教育工作先进集体、群团工作(工、青、妇)先进集体等荣誉。

2014年张家港市流动人口分布情况

表68　　单位:人

区　镇	流动人口登记数	16周岁以上男性登记数	16周岁以上女性登记数	未满16周岁人数	就业总人数	第一产业人数	第二产业人数	第三产业人数	投资经商人数	无业人员数
保税区(金港镇)	146552	77211	51500	17841	118439	624	88384	24158	5273	2847
经开区(杨舍镇)	268906	134459	99957	34490	203971	1099	135586	58326	8960	1432
冶金园(锦丰镇)	58242	32517	17422	8303	45664	993	36893	5617	2161	310
塘桥镇	97347	42696	41031	13620	77209	1013	63485	11165	1546	1043
乐余镇	18664	9655	6016	2993	13956	630	10542	2339	445	15
凤凰镇	55119	26365	21516	7238	44119	542	38804	3503	1270	669
南丰镇	25892	14111	7325	4456	18744	535	15223	2517	469	18
大新镇	33702	16449	11930	5323	25114	303	21590	2147	1074	390
常阴沙现代农业示范园区	4010	2062	1348	600	3410	307	2604	395	104	0
合　计	708434	355525	258045	94864	550626	6046	413111	110167	21302	6724

【“家在港城”新市民子女阅读行动】年内,市新市民事务中心组织开展“家在港城”新市民子女阅读系列行动。5月至6月,在全市新市民子女中开展“写给未来自己的一封信”主题征文比赛,共评出一等奖2个,二等奖3个,三等奖5个,优秀奖10个。继续开展“我与父母共读书”新市民阅读讲堂活动,邀请专家学者为新市民子女及家长解读经典好书,分享读书心得,培养阅读兴趣,逐步提高新市民子女及家长的文化素质和文明修养。举办专题讲座8场,吸引1万余名新市民子女及家长现场聆听。同时,各区镇也开展各具特色的阅读活动。杨舍镇将流动图书车开进社区,为新市民免费提供借阅服务;锦丰镇组织开展“有趣的沙上民间谚语”“沙上埭的形成与变迁”等系列活动,带领新市民子女走进乡村、农舍、田野,感受水乡风景,了解第二故乡的风土人情;塘桥镇开展“书香社区,阳光新市民”读书活动,组织新市民子女阅读课外书籍,感受阅读乐趣。年末,在市委宣传部组织开展的2014年度张家港市讲坛讲座定级评审活动中,“我与父母共读书”讲座被定级为三级讲坛讲座。

【流动人员居住管理数字化建设】年初,在全市范围内实施出租房屋分色管理。在出租房屋电子平面图中,将房屋标注为红、黄、绿、蓝、紫、白、灰、橙八色,协管员对照不同颜色,采用不同周期上门巡查,及时核实人、房变动情况,实现出租房屋和流动人口“图数互动、人房互查、信息互通”三位一体,提高管理针对性、及时性和动态性。该举措被市综治委、市纪委、市委组织部等六部门评为2014年度市级机关创新社会治理优秀项目。8月,市流动人口信息系统与江苏省居住证信息系统对接,协管员采集首次到市的新市民信息时,如其已在苏州大市内登记,可直接复用省居住证信息系统中的数据。同时,协管员在为新市民办理居住证时,无须在两个系统中重复输入信息,信息采集和居住证办理的效率得到提升。10月,自主研发新市民居住信息网上自主申报服务平台,新市民、房东和企事业单位足不出户即可进行网上申报。至年末,3万余名流动人口通过服务平台自主申报。是月,在全省范围内首推出租房屋二维码门牌管理系统，协管员通过手机扫描二维码直接读取房东和租住人员信息，房东和租住人员扫描二维码直接申报居住信息。年内，在南丰镇试点安装二维码门牌3800块。

【两协会持续发挥中介功能】 年内，市新市民共进协会和住房出租管理协会持续发挥中介作用，调动会员参与社会治理积极性，加强出租房屋和流动人口的双重管理，共同打造平安稳定社会环境。5月，市新市民共进协会选举产生新一届协会理事会成员。年内开展“金秋助学，爱心圆梦”志愿服务、“爱心传递，情暖中秋”送月饼活动、为农民工排忧解难志愿服务、新市民免费英语培训等公益活动，参与市民政局开展的“关注关爱，携手同行”——市残疾人精神关爱系列活动项目，与福利企业牵手结对，传播社会公益正能量。市住房出租管理协会定期组织辖区房东召开座谈会，及时了解辖区人员增减、计划生育、矛盾纠纷等情况，并对排摸出的问题逐一化解，提高房东参与管理的积极性和服务新市民的主动性。年内，市住房出租管理协会会员主动提供线索，破获各类刑事治安案件36起，协助抓获违法犯罪嫌疑人57人，协助发现计划外怀孕人员112人，提供线索打击非法行医1起，排除用电、用气、用水安全隐患258起，排除治安隐患10起，累计调处各类矛盾纠纷315起，协助处理拖欠工资22人次，协助追讨回工资10.6万元。年末，有20个住房出租管理协会分会被评为先进分会，200名房东被评为优秀房东。 （王 依）

社会调解

【概况】 2014年，市社会调解服务中心围绕服务“810工程”的部署要求，扎实做好社会调解工作。年内接待群众到访410批1150人次，其中个访400批946人次，集体上访10批204人次。登记受理152批519人次，其中当面回复64批129人次；自办63批234人次，交办4批4人次，转办18批27人次，会办3批125人次。司法调处58起367人次，涉及金额898.54万元。矛盾纠纷调处率100%，调处成功率90.2%。继续开展“市领导接访”活动，全年市级党政领导到中心接访群众43批80人次。

【医患纠纷调解办公室化解医患矛盾72批】 2014年，市医患纠纷调解办公室共调处医患纠纷72批918人次，涉及金额612.62万元。通过医患纠纷调解、化解了一批隐患，避免了可能引发的重大信访事件。11月11日，有患儿陈某因“鼻塞、咳嗽、头晕、呕吐三小时”至市港口医院就诊，诊断为“上呼吸道感染、贫血”，给予门诊输液治疗。输液过程中患儿出现“胸闷、气急、烦躁”，经“120”转至市第三人民医院，经抢救无效死亡。患儿家属质疑医院抢救过程，当即在市三院门口聚集众人，影响医院正常医疗秩序。医患纠纷调解办公室工作人员第一时间赶赴现场，即刻要求市三院对患儿的抢救过程向其家属解释。经沟通，患儿家属表示理解后离开。当日下午家属又至港口医院讨要说法，并继续在港口医院门口聚集众人。医患纠纷调解人员再次赶至现场，经多次组织调解，医患双方达成协议，该起纠纷得到化解。 （张 丽）

民政事务

【概况】 市民政局全年处理信访函72件，答复率100%。5月起，低保边缘重病困难对象救助病种由14类拓展到16类。自7月1日起，城乡低保标准由每月670元调整为每月700元，年末在册低保对象3481户、5798人，低保边缘对象1013户、1054人，“五保”对象559户、560人，全年发放低保（含低保边缘、“五保”）补助金5136.22万元，发放水费补贴107.44万元。配合市委组织部对4921户低保、低保边缘、孤儿等困难对象发放党员关爱基金683.3万元。及时落实困难群众补贴机制，为全市困难群众和优抚对象发放物价补贴397.3万元；在劳动节、国庆节前对低保、低保边缘、孤儿等困难对象1.96万人按每人100元发放“节日红包”，共计发放195.08万元；落实孤儿、重残人员和特殊残疾人救助标准自然增长机制，实施少儿大病和临时救助制度，累计发放各类救助金3061.48万元。继续开展“困难家庭儿童托管、贫困生生涯发展”项目，委托暨阳青少年发展事务所对全市贫困学生和社会散居孤儿提供资源资助、心理辅导，协助孤儿实现自我提升。全面落实社会救助暂行办法，建立市社会救助联席会议制度，联合人社、教育、房

协管员采集新市民信息 （市新市民事务中心 供稿）

管、残联等相关部门，制定《张家港市社会救助“一门受理”工作实施方案》，区镇实现社会救助“一门受理”平台全覆盖。市居民家庭经济状况核对中心在原来与公安户籍、车管、房管、公积金、工商、交通、税务、人社等部门之间建立信息比对的基础上，实现与天府苑死亡人员信息和婚姻登记处的婚姻登记信息实时比对。继续实施困难群众安居工程，为69户困难家庭补助安居资金198.1万元，其中帮建（修）户54户，动迁（预动迁）安置户15户。完成新一轮民生保险招投标工作并签约，保险期限24个月，自2014年11月23日0时至2016年11月22日24时止，保费总额1213.82万元。全年理赔530户因雷击、龙卷风等自然灾害和溺水、火灾造成的人身和房屋损毁事件，获赔付505.73万元。多领域、深层面完成2014年春节向困难群众“送温暖”慰问活动，惠及18类困难群体近10万户困难群众，慰问总资金约1.3亿元。9月26日，市民政局与长沙民政职业技术学院共同签订合作项目框架协议，全面建立交流合作机制。根据协议内容，双方重点在规划咨询、民生重点领域创新、人才培养以及教育发展等领域深化合作，鼓励和支持率先在养老、殡仪等方面共同开展研究，建立健全项目研发与合作长效机制，推动校企联合和优势互补，实现共赢发展。年内，张家港市被评为江苏省现代民政示范市。

【双拥活动】 春节、建军节期间，市委、市政府走访慰问16个驻军部队，赠送慰问金199万元。与“远望三号”船官兵举行双拥共建座谈会。各区镇双拥工作站试点工作、主城区双拥景观标志建设等工作有序推进。市民政局引入社会公益组织参与拥军，开展“文化进军营”双拥服务项目，受到驻地部队官兵欢迎。市人武部、张家港边防检查站、市公安消防大队等驻地部队勇于承担抢险救灾等各种急、难、险、重任务，妥善处置突发事件，开展军警民联防联治活动，积极开展植树造林、义务献血、爱心捐赠等活动，以拥政爱民的实际行动回报驻地。年内，张家港市再次被江苏省委、省政府、省军区评为“双拥模范城”。

【优抚安置】 全市有享受抚恤补助的优抚对象2447人、在乡复员军人遗属628人，发放优抚对象优待、抚恤、补助经费2370万元，发放节日慰问金、物价补贴295.7万元。年内接收安置2013年冬季退役士兵406人（含转业士官），发放安置补偿金2865万元。299名退役士兵自愿参加为期三个月至六个月的技能培训。邀请江苏省荣军医院医疗专家小组对全市部分一级至五级重度残疾军人开展医疗巡诊活动，组织10名解放战争时期入伍的在乡老复员军人赴省荣军医院开展为期12天的短期疗养活动。完成409份残疾军人证和199份烈士证明书换发工作。组织开展公祭烈士、庆祝新中国成立65周年升国旗仪式、关怀慰问优抚对象等纪念活动。通过政府购买服务的形式，实施“烈士遗属关爱服务”和“家政保洁关爱服务”项目，41名烈士遗属和21名军队离退休干部受益。军队离退休干部“两个待遇”落实到位。军休文化建设持续推进，老年大学兴趣班、门球队活动形成常态化。

【慈善事业】 年内，市慈善总会、慈善基金会募集款物5584.73万元（其中衣服9959件，折合29.96万元），捐出款物2087.29万元。“共享阳光”慈善助学项目为1991名贫困学生发放慈善助学资金606.25万元。“阳光慈善，血脉相连”贫困血液病患者慈善救助项目接收社会各界爱心捐款74.12万元，共为50名血液病患者提供47.9万元的救助。完成2013年度少年儿童大病市级救助工作，32名患病儿童获市级救助资金58.66万元。6月至11月，分两个阶段开展“爱满港城”慈善募捐活动，举办慈善晚会，表彰第三届“张家港慈善奖”获奖单位、组织及个人，印发《张家港市慈善项目库（2014年版）》，募集善款5122.76万元。8月16日，由民政部中民慈善捐助信息中心主办的第三届“中国城市公益慈善指数”发布典礼在北京会议中心举行，张家港市以88.68分的高分跻身中国城市慈善百强榜（2012—2013年）。8月29日，市民政局、市慈善总会、市慈善基金会联合杨舍镇城西村在梁丰园小商品市场举行梁丰慈善工场启用暨慈善项目认领仪式。9月19日，中民慈善捐助信息中心在第三届中国慈展会上发布《中国慈善透明报告（2009—2014）》，张家港市慈善基金会在1000家中国公益慈善组织信息披露情况抽样调查中连续第二年被评为卓越组织。11月3日至8日，以“阳光慈善、爱满港城”为主题的2014年“江苏慈善周”张家港宣传活动在市区王府广场和购物公园联合举行。

【社会福利】 全市有养老机构46家，床位8950张。有五保对象549人（集中供养533人，分散供养16人），孤儿86人（机构供养孤儿76人，散居孤儿10人）。继续实行五保对象、孤儿供养标准自然增长机制，五保对象供养标准由每月938元调整为980元，儿童福利机构集中供养孤儿供养标准由每月1600元调整为1760元，社会散居孤儿供养标准由每月1000元调整为1120元。全年全市销售福利彩票40054万元，筹集市级福彩公益金3600余万元，列江苏省第三。安排4000余万元福彩公益金用于养老事业、社会救助、残疾人事业等项目，其中99.6万元以“福彩添彩，共享发展”为主题，开展“和你在一起”“爱心敬老”“关爱城市美容师”等福彩公益项目；市福彩中心延续举办“福彩图书室”公益项目，已成功捐建17家图书室；开展“关注关爱，携手同行”福利企业职工精神关爱系列活动。12月，市福彩中心即开票管理配送站成立。年末，全市有福利企业81家，职工10069人，其中安置残疾职工3347人，安置比例33.2%。为规范福利企业资格认定，加强日常监督管理，维护残疾职工合法权益，市民政局会同国税、地税、残联等部门联合出台《张家港市福利企业资格认定实施细则》，自10月1日起开始施行。该细则从新办福利企业资格认定、职工人数变动认定、法人代表等变更认定及福利企业年审等方面作出具体规定，并规定福利企业凭年审合格的社会福利企业证书享受国家对福利企业的有关优惠政策，如发现福利企业有残疾人挂名而无实际上岗工作、残疾职工合法权益受到侵害等七种违法违规行为，承担相应的法律责任。12月15日，第二届张家港市福利企业转型升级专题培训班在浙江大学开班，全市39名福利企业代表参加为期4.5天的培训学习。培训针对福利企业实际，开设创新思维与现代管理、福利企业人才激励机制设计、当前宏观经济形势分析、企业发展战略、残疾职工如何激发正能新方法与新策略、积极态度与良好习惯等课程。

【婚姻和儿童收养登记】 市婚姻登记处优化婚姻登记服务，全年完成婚姻登记11850对（件），其中结婚登记8496对、离婚登记1901对、撤销婚姻登记2对、补发婚姻登记证1451对。出具（无）婚姻登记记录证明5205件，查档服务2095件，登记合格率100%，整理入库电子档案11850卷。补录历史婚姻档案，将1977年起全市档案馆藏和法院保管的166743件（对）婚姻登记信息录入全国婚姻登记管理信息系统，时间跨度29年，同时通过数字化加工完成历史电子档案30474件。创新便民服务措施，9月28日完成与市档案馆档案信息查询平台对接，实现一站式查阅。依法办理收养登记，全年办理儿童收养登记87例，其中收养儿童福利院抚养的弃婴86人、继子女1人。全年婚姻收养登记无违法登记事件发生，无有效投诉，登记合格率100%。创新婚姻家庭辅导，坚持以当事人自愿的原则，对于婚姻中出现问题的夫妻，实行婚姻登记员与婚姻家庭辅导员“双劝双导”双轨机制。婚姻家庭离婚劝导373对，成功204对，调解成功率54.7%。“暨阳玫瑰，守护幸福”婚姻家庭指导志愿服务项目获“2014年十佳江苏省巾帼志愿服务优秀项目”。开展送法下乡活动，举办便民服务活动8次，接待咨询服务885人次，发放宣传资料2310余份；举办普法讲座5场，受众482人。

【殡葬管理】 清明节期间，全市殡葬服务场所累计接待祭扫市民82万人次，车流21.6万辆，祭扫管理继续保持零事故。3月，市民政局出台《张家港市推行绿色殡葬实施办法》，明确海葬等绿色殡葬奖补办法。5月，启动殡葬服务市场整治，实现殡仪礼炮车全面禁行禁鸣，礼炮车扰民问题得到根治。推进殡仪服务中心建设，已有5个殡仪服务中心投入使用。倡导骨灰处理多样化，对建设殡仪服务中心及落实生态葬的进行补偿。9月，为贯彻落实《苏州市公墓管理联合督察办法》的要求，制定下发《关于贯彻落实〈苏州市公墓管理联合督察办法〉的通知》，联合国土、规划、园林等部门对全市殡葬设施进行联合执法检查，对进一步完备殡葬设施手续、强化殡葬设施管理起到推动作用。年内，完成经营性公墓年检工作，境内累计整治散坟29万穴，整治搬迁率89%，经财政核定下发殡葬设施建设及散坟搬迁以奖代补资金620.16万元。免除6416具遗体基本殡葬费用861.89万元。

【烈士陵园管理】 年内，市烈士陵园新搜集、整理、陈列烈士生前遗像2幅、图片9幅。至年末，纪念馆内陈列展示461名革命烈士英雄事迹，其中大革命和土地革命战争中牺牲42人、抗日战争中牺牲115人、解放战争中牺牲96人、社会主义建设时期牺牲208人。全年接待瞻仰团体159个11123人次、烈士生前亲属及战友150批1200人次及观光游客共计1.3万人次。9月30日，全市举行首个烈士纪念日公祭活动，市四套班子领导和群众代表向人民英雄纪念碑敬献花篮，缅怀烈士功绩。

【地名勘界】 年内，市地名办拟定修改《张家港市地名管理办法》，规范地名命名审批，全年完成道路命名31条，调整3条；小区命名21个，调整归属8个；商务楼、广场、大厦命名9个；桥梁命名3座。完成《张家港市吴文化地名保护名录》《张家港市地名储备库》的编撰工作。完成第三轮锡苏线、常张线行政区域界线界桩联检工作，与全市的行政区域界线界桩管护员重新签订管护协议。全市行政区域界线界桩及标志物均完好无损。

【社工队伍建设】 年内，全市235人通过全国社会工作者职业水平考试。至年末，全市社会工作者总数1402人，其中社会工作师375人、助理社会工作师1027人。每万人拥有持证社工数11.1人，超额实现“每万人拥有社会工作者7人”的现代化建设指标。7月，组织全市社工督导培养对象和优秀社工40人赴深圳研修，分别开设督导提高班和实务班，提升社工人才能力素养。年内新增专业社工机构12家，年末共有专业社工机构22家，服务涵盖青少年、老人、社区矫正、医务、禁毒等十余个领域，覆盖锦丰、金港、南丰、凤凰等区镇。年内，张家港市首批获评“全国社会工作服务示范地区”。

【社会组织管理】 全市有各类登记备案社会组织2638家。其中，有登记社会组织753家，包括社会团体397家（行业性社团55家、专业性社团261家、学术性社团55家、联合性社团26家）、民办非企业单位342家（教育类101家、卫生类8家、文化类1家、科技类7家、体育类32家、劳动类17家、社区服务类131家、其他类45家）、基金会14家（公募基金会4家、非公募基金会10家）；有备案社区社会组织1885家。全年新增登记社会组织183家，新增数比上年增36%，注销社会组织3家。万人（户籍）拥有登记社会组织数8.3家。3月，对全市466家社会组织进行年度检查，年检率92.3%。开展社会组织等级评估工作，共有73家社会组织获评等级。其中，AAAA等级社会组织3家（由苏州市社会组织评估委员会审核，分别是张家港市保险行业协会、张家港市暨阳青少年发展事务所、张家港市环宇职业培训学校）、AAA等级社会组织16家、AA等级社会组织18家、A等级社会组织36家。开展优秀社区社会组织评选活动，评出优秀社区社会组织100个。

2014年张家港市新核准登记社会团体一览

表69

社会团体名称	法定代表人	业务主管部门	登记日期
鹿苑志愿者协会	顾志方	市民政局	2013年5月31日
锦丰镇协仁村红九爱心协会	丁建忠	锦丰镇人民政府	2013年6月30日
锦丰镇向阳村老年协会	孙惠芬	锦丰镇人民政府	2013年8月28日
锦丰镇三兴社区老年协会	范芳震	锦丰镇人民政府	2013年8月30日
锦丰镇永新社区老年协会	汤永红	锦丰镇人民政府	2013年8月30日
保税区(金港镇)东山村老年协会	邬忠英	金港镇人民政府	2013年9月1日
锦丰镇常家村老年协会	张剑平	锦丰镇人民政府	2013年9月5日
保税区(金港镇)北荫村老年协会	顾龙泉	金港镇人民政府	2013年9月11日
锦丰镇悦来村老年协会	丁金石	锦丰镇人民政府	2013年9月14日
保税区(金港镇)学田村老年协会	肖永良	金港镇人民政府	2013年9月15日
保税区(金港镇)南沙社区老年协会	朱跃安	金港镇人民政府	2013年9月16日
保税区(金港镇)港西村老年协会	吴凤英	金港镇人民政府	2013年9月16日
保税区(金港镇)新套村老年协会	范凤珍	金港镇人民政府	2013年9月18日
保税区(金港镇)三角滩村老年协会	陶国平	金港镇人民政府	2013年9月18日
保税区(金港镇)后塍中心社区老年协会	陶　慧	金港镇人民政府	2013年9月18日
保税区(金港镇)朝南村老年协会	方官根	金港镇人民政府	2013年9月18日
保税区(金港镇)德积村老年协会	张春保	金港镇人民政府	2013年9月18日
保税区(金港镇)双丰村老年协会	蔡生泉	金港镇人民政府	2013年9月18日
保税区(金港镇)元丰社区老年协会	徐湘玉	金港镇人民政府	2013年9月18日
保税区(金港镇)朱家宕村老年协会	赵桂兴	金港镇人民政府	2013年9月20日
保税区(金港镇)永兴村老年协会	姚汉彬	金港镇人民政府	2013年9月20日
锦丰镇厚生村老年协会	秦建华	锦丰镇人民政府	2013年9月23日
保税区(金港镇)新塍社区老年协会	郭云才	金港镇人民政府	2013年9月25日
保税区(金港镇)封庄村老年协会	朱国兴	金港镇人民政府	2013年10月25日
市思想政治工作研究会	袁　勋	市委宣传部	2014年1月3日
凤凰镇金谷村老年协会	朱　凯	凤凰镇人民政府	2014年2月26日
市香樟文化产业联合会	谭　强	张家港经济技术开发区商贸局	2014年2月28日
凤凰镇安庆村老年协会	肖弟良	凤凰镇人民政府	2014年2月28日
保税区(金港镇)企业社会责任协会	徐卫明	市工商联	2014年3月5日
凤凰镇双龙村老年协会	郭永康	凤凰镇人民政府	2014年3月8日
凤凰镇双塘村老年协会	夏卫东	凤凰镇人民政府	2014年3月8日
凤凰镇恬庄村老年协会	陈海荣	凤凰镇人民政府	2014年3月10日
市暖遍人间志愿者协会	季　妹	市民政局	2014年3月18日
市诗词学会	周锦飞	市文广新局	2014年3月23日
凤凰镇程墩村老年协会	张志刚	凤凰镇人民政府	2014年3月26日
市城市管理志愿者协会	朱桂兴	市城管局	2014年4月15日
保税区(金港镇)德丰社区老年协会	丁萍芬	金港镇人民政府	2014年4月18日
凤凰镇社会工作者协会	王春华	市民政局	2014年4月23日
乐余镇老年协会	周丽群	市民政局	2014年4月25日
经开区(杨舍镇)农义村商会	周正星	市工商联	2014年5月18日
经开区(杨舍镇)南庄村老年协会	朱仁金	杨舍镇人民政府	2014年6月18日

续表69

社会团体名称	法定代表人	业务主管部门	登记日期
经开区（杨舍镇）晨南村老年协会	黄金才	杨舍镇人民政府	2014年6月18日
经开区（杨舍镇）万红社区老年协会	潘国荣	杨舍镇人民政府	2014年6月20日
经开区（杨舍镇）福前村老年协会	丁凤娟	杨舍镇人民政府	2014年6月21日
经开区（杨舍镇）河南村老年协会	钱银才	杨舍镇人民政府	2014年6月24日
经开区（杨舍镇）小城市社区老年协会	陆士宝	杨舍镇人民政府	2014年6月25日
经开区（杨舍镇）章卿村老年协会	苏向红	杨舍镇人民政府	2014年6月25日
经开区（杨舍镇）城北社区老年协会	褚洪娟	杨舍镇人民政府	2014年6月25日
经开区（杨舍镇）范庄社区老年协会	祁　卫	杨舍镇人民政府	2014年6月25日
经开区（杨舍镇）新民村老年协会	徐建刚	杨舍镇人民政府	2014年6月25日
经开区（杨舍镇）汤联村老年协会	肖玉春	杨舍镇人民政府	2014年6月27日
市安全技术防范协会	龚　琦	市公安局	2014年6月28日
经开区（杨舍镇）农义村老年协会	周培珍	杨舍镇人民政府	2014年6月28日
经开区（杨舍镇）南新村老年协会	东方平	杨舍镇人民政府	2014年6月28日
经开区（杨舍镇）河北村老年协会	陶文奎	杨舍镇人民政府	2014年6月28日
凤凰镇商会	潘晓忠	市工商联	2014年6月29日
经开区（杨舍镇）棋杆村老年协会	缪文忠	杨舍镇人民政府	2014年6月29日
经开区（杨舍镇）双鹿村老年协会	陈国英	杨舍镇人民政府	2014年6月30日
经开区（杨舍镇）黎明村老年协会	施莉红	杨舍镇人民政府	2014年7月2日
市产学研合作促进会	葛世伦	市科技局	2014年7月4日
经开区（杨舍镇）百家桥村老年协会	邱阿才	杨舍镇人民政府	2014年7月5日
经开区（杨舍镇）徐丰村老年协会	方德全	杨舍镇人民政府	2014年7月5日
经开区（杨舍镇）西闸村老年协会	陆洪良	杨舍镇人民政府	2014年7月5日
市工商行政管理学会	谷晓晖	张家港工商局	2014年7月29日
市农村创业致富女能手协会	包惠红	市妇联	2014年9月10日
市电子商务协会	徐品云	市商务局	2014年9月19日
凤凰镇体育总会	王卫东	市体育局	2014年9月26日
凤凰镇老年人体育协会	蔡香妹	市体育局	2014年12月1日
凤凰镇体育指导员协会	顾丽红	市体育局	2014年12月1日
凤凰镇农民体育协会	周继红	市体育局	2014年12月1日
凤凰镇篮球协会	龚晓东	市体育局	2014年12月1日
凤凰镇体育舞蹈协会	徐维新	市体育局	2014年12月1日
凤凰镇乒乓球协会	张新亚	市体育局	2014年12月1日
凤凰镇门球协会	郁　敏	市体育局	2014年12月1日
凤凰镇羽毛球协会	夏丽红	市体育局	2014年12月1日
凤凰镇足球协会	李国瑜	市体育局	2014年12月1日
凤凰镇武术协会	徐宏顺	市体育局	2014年12月1日
凤凰镇棋类协会	邓海明	市体育局	2014年12月1日
乐余镇商会	姚利军	市工商联	2014年12月1日
市图书馆学会	缪建新	市文广新局	2014年12月27日
市群众文化学会	马向阳	市文广新局	2014年12月27日
市文博学会	钱　峻	市文广新局	2014年12月27日

说明：因登记时间与核准时间存有滞后性，故部分社会团体登记时间为2013年

2014年张家港市新核准登记民办非企业单位一览

表70

单位名称	法定代表人	业务主管部门	登记日期
市优优教育培训中心	施　雪	市教育局	2014年1月2日
市生态园跑步俱乐部	张惠斌	市体育局	2014年1月2日
锦丰镇滨江公益坊	陈晓怡	锦丰镇人民政府	2014年1月2日
市正大教育培训中心	何兴华	市教育局	2014年1月20日
乐余镇常丰村居家养老服务站	张　涛	乐余镇人民政府	2014年1月27日
乐余镇齐心村居家养老服务站	司　健	乐余镇人民政府	2014年1月27日
乐余镇东兴村居家养老服务站	茅卫萍	乐余镇人民政府	2014年1月27日
乐余镇红联村居家养老服务站	石林虎	乐余镇人民政府	2014年1月27日
乐余镇乐余村居家养老服务站	张兴祥	乐余镇人民政府	2014年1月27日
乐余镇永利村居家养老服务站	王丽娟	乐余镇人民政府	2014年1月27日
乐余镇红闸村居家养老服务站	蒋　彬	乐余镇人民政府	2014年1月27日
市菁智教育培训中心	顾树春	市教育局	2014年2月18日
杨舍镇宏景苑老年公寓	严凤芬	市民政局	2014年2月24日
南丰镇清风社会工作事务所	吴一龙	市民政局	2014年4月2日
南丰镇和风社会工作事务所	周智岗	市民政局	2014年4月2日
南丰镇惠风社会工作事务所	姚　军	市民政局	2014年4月2日
市赛尔青少年足球俱乐部	蔡骏飞	市体育局	2014年4月21日
市枝秀居家养老服务中心	王　秀	市民政局	2014年5月4日
市德福康女性健康服务中心	周海霞	市妇联	2014年5月4日
杨舍镇大众红韵戏社	吴小凤	杨舍镇人民政府	2014年5月26日
市永联惠民服务中心	吴惠芳	市民政局	2014年5月27日
市明德公益事业发展中心	阎军楠	市民政局	2014年6月10日
市互成教育培训中心	钱雨芳	市教育局	2014年6月23日
市易达教育培训中心	袁　飞	市教育局	2014年7月3日
市佳音教育培训中心	许蕾艳	市教育局	2014年7月3日
市绚彩童年家庭阅读服务站	顾惠萍	市妇联	2014年7月3日
市龙之门教育培训中心	李亚群	市教育局	2014年7月7日
市巧手乐社会工作服务站	王建玉	市民政局	2014年7月8日
市惠群社会工作服务站	霍珍霞	市民政局	2014年7月8日
经开区（杨舍镇）妇女社会组织服务指导中心	王文华	市妇联	2014年7月17日
市智慧教育培训中心	王谷应	市教育局	2014年7月28日
锦丰镇添翼助残社工事务所	张　彬	锦丰镇人民政府	2014年7月28日
塘桥镇花园村东渡亲子俱乐部	钱志芳	塘桥镇人民政府	2014年7月28日
市金陵阳光网球俱乐部	叶志明	市体育局	2014年8月1日
市协幼社会工作服务社	尹　娴	市妇联	2014年8月8日
市天峰钢构体育俱乐部	施　伟	市体育局	2014年8月15日
市儿童福利指导中心	李　霞	市民政局	2014年8月18日
市知心红娘婚姻家庭服务中心	叶　凯	市妇联	2014年8月29日
市启潜教育培训中心	乔　艳	市教育局	2014年9月1日
市纳维教育培训中心	乔　杨	市教育局	2014年9月29日
保税区（金港镇）新滕社会工作服务中心	许海东	金港镇人民政府	2014年9月29日
南丰镇妇女社会组织服务指导中心	袁利娟	市妇联	2014年9月30日

续表70

单位名称	法定代表人	业务主管部门	登记日期
市众联社会服务社	严小军	市残联	2014年10月9日
保税区(金港镇)公益组织服务中心	蒋利峰	市民政局	2014年10月12日
保税区(金港镇)妇女社会组织服务指导中心	许燕萍	市妇联	2014年10月30日
市贝贝少儿足球俱乐部	李志刚	市体育局	2014年11月12日
大新镇新凯社区居家养老服务站	朱耀祥	大新镇人民政府	2014年11月12日
大新镇朝东圩港村居家养老服务站	陈　建	大新镇人民政府	2014年11月12日
大新镇新闸村居家养老服务站	张国强	大新镇人民政府	2014年11月12日
市金贝青少年足球俱乐部	陈志海	市体育局	2014年11月28日
经开区(杨舍镇)东莱社区居家养老服务中心	姚雪青	杨舍镇人民政府	2014年11月28日
经开区(杨舍镇)金塘社区居家养老服务中心	高丽萍	杨舍镇人民政府	2014年11月28日
经开区(杨舍镇)向阳社区居家养老服务站	陈瑗瑗	杨舍镇人民政府	2014年11月28日
经开区(杨舍镇)花园社区居家养老服务站	许品洁	杨舍镇人民政府	2014年11月28日
经开区(杨舍镇)梁丰社区居家养老服务站	丁凤英	杨舍镇人民政府	2014年11月28日
经开区(杨舍镇)西湖苑社区居家养老服务站	许　娟	杨舍镇人民政府	2014年11月28日
经开区(杨舍镇)小城市社区居家养老服务站	胡兰英	杨舍镇人民政府	2014年11月28日
经开区(杨舍镇)赵庄社区居家养老服务站	钱凤娟	杨舍镇人民政府	2014年11月28日
经开区(杨舍镇)农联村居家养老服务站	李雪东	杨舍镇人民政府	2014年11月28日
经开区(杨舍镇)南湖苑社区居家养老服务站	徐海栋	杨舍镇人民政府	2014年11月28日
经开区(杨舍镇)徐丰社区居家养老服务站	季晓星	杨舍镇人民政府	2014年11月28日
经开区(杨舍镇)馨港社区居家养老服务站	陆美红	杨舍镇人民政府	2014年11月28日
经开区(杨舍镇)晨新村居家养老服务站	陈洪元	杨舍镇人民政府	2014年11月28日
经开区(杨舍镇)福前村居家养老服务站	奚介荣	杨舍镇人民政府	2014年11月28日
经开区(杨舍镇)汤联村居家养老服务站	李金城	杨舍镇人民政府	2014年11月28日
经开区(杨舍镇)晨阳社区居家养老服务站	丁　静	杨舍镇人民政府	2014年11月28日
经开区(杨舍镇)景巷社区居家养老服务站	徐　浩	杨舍镇人民政府	2014年11月28日
经开区(杨舍镇)锦绣社区居家养老服务站	袁晓东	杨舍镇人民政府	2014年11月28日
经开区(杨舍镇)庆丰社区居家养老服务站	王雅芳	杨舍镇人民政府	2014年11月28日
经开区(杨舍镇)蒋桥村居家养老服务站	支益明	杨舍镇人民政府	2014年11月28日
经开区(杨舍镇)河北村居家养老服务站	陆惠良	杨舍镇人民政府	2014年11月28日
经开区(杨舍镇)黎明村居家养老服务站	徐　益	杨舍镇人民政府	2014年12月1日
大新镇桥头社区居家养老服务站	孙浩明	大新镇人民政府	2014年12月1日
锦丰镇亚兰老年公寓	吴亚琴	市民政局	2014年12月1日
锦丰镇三兴静玉老年公寓	钱静玉	市民政局	2014年12月1日
保税区(金港镇)德丰社会工作服务中心	丁萍芬	金港镇人民政府	2014年12月11日
冶金园(锦丰镇)妇女社会组织服务指导中心	韦　红	市妇联	2014年12月11日
市翔宇救援社	陈　伟	市民政局	2014年12月18日
保税区(金港镇)滕丰社区佳佳惠民服务中心	承秀娣	金港镇人民政府	2014年12月29日

【首届社会组织公益创投活动】 为拓宽慈善募捐渠道,引导、支持社会组织参与社会服务,6月,由市民政局、市慈善总会和市公益组织培育中心主办的首届社会组织公益创投暨公益慈善项目征集活动启动,总投资200万元。至7月末,收到59家社会组织的97份公益创投项目申请书,涵盖为老服务类、助残服务类、济困服务类、青少年服务类、新张家港人服务、社区综合服务类等多个领域。经项目申报、资格审核、项目优化、初审和终审等环节,“书院社区服务中心托管项目”等35个项目入选公益创投项目,“心手相牵”——关爱单身贫困母亲项目等10个项目获选优秀项目创意。9月12日,首届社会组织公益创投活动签约仪式举行。

【婚姻登记处完成历史纸质档案信息化管理】 3月起，市民政局婚姻登记处开展婚姻档案全文扫描工作，扫描主要针对1990年以后未加工成电子格式的历史纸质档案，范围为办理结婚、离婚、补领结婚证和补领离婚证等档案资料，共计88510份、736086页。此次档案扫描著录工作一方面能降低对档案原件的磨损，使档案原始资料得到保护，另一方面能提高档案的查询率、准确率、利用率和及时率。全部档案的电子扫描工作于8月完成。 （民政局）

基层民主建设与社区建设

【概况】 年末，全市有村委会152个，与上年持平；有社区居委会120个，比上年增2个（大新镇新南社区、金港镇金都社区）。2月，市委办、市政府办下发《关于进一步推进城乡社区建设管理工作的实施意见》，在2011年下发的《关于进一步加强城乡社区建设管理的意见》基础上进一步补充完善社区建设布局规划、社区服务管理体制等十方面内容。4月，举办新一届村（社区）主任培训班，开设城乡社区管理与发展、认识和实践“政社互动”、如何调处基层矛盾纠纷、动迁安置社区的治理创新之路等课程；组织培训班成员赴江阴市山泉村、昆山市新江南社区等地参观学习。5月，组织各区镇社区办、部分社区干部赴苏州姑苏区桂花社区、工业园区第五元素社区等地参观学习，提升社区精品建设理念。6月，民政、规划、住建、房管、土地储备中心五个部门联合下发《新建小区社区用房建设管理实施细则》，要求市、区镇社区办全程参与土地出让会审，进一步保障新建小区社区居委会用房合理配置到位。11月，组织社区建设骨干赴杭州、宁波等地学习考察社区建设，更新社区建设理念，明晰社区建设方向。结合全市“810工程”推进计划，通过租用和改变功能用房布局等方式，帮助暨阳社区、绿洲社区、振丰社区、明珠社区解决社区用房过小等问题，通过原地改造解决横泾村、农义村、黎明村服务用房问题，进一步推进“一委一居一站一办”建设工作，年度覆盖率97.05%。年内，金港镇德丰社区、锦丰镇永新社区获评“全国和谐社区建设示范社区”。

【基层社区管理】 年内，市民政局继续与市委组织部、市政法委等部门在大新镇新东社区开展动迁社区现代化管理服务模式试点，完善和创新“组织、服务、民主、考评”四大体系，开展社区综合治理和服务信息平台项目，打造全市社区治理新模式。南丰镇永合社区探索构建的“五位一体，共融分治”的乡村治理结构模式，作为全市动迁安置社区创新治理模式之一，申报年度省级基层社会治理十大创新成果项目。通过公益创投，引导社会组织服务融入社区服务，通过镇、社区与社会组织签订服务承包协议，减轻社区服务压力，在杨舍镇东莱社区及锦丰镇书院社区开展为期一年的公益服务承包试点工作，促进“三社联动”深度推进。8月，委托上海复惠社会工作事务中心开展全市动迁安置社区需求调研系列课题研究活动，从全市79个动迁安置社区中抽取20个社区开展实地走访调研，形成社区居民服务需求调研报告。是月，为完善和优化全市社区服务系统，委托江苏省住房和城乡建设厅城市规划技术咨询中心开展杨舍镇以外各区镇的社区布点规划编制调研工作，以规划为引领推动社区建设，至年末规划已初步完成。

【“政社互动”实现全覆盖】 “政社互动”指各级政府及部门与基层群众自治组织、社会组织这两类社会管理主体之间，通过“衔接互动”理顺社会管理职能、调整社会管理结构、改进社会管理方式，从而有效建立利益协调机制、诉求表达机制、矛盾调处机制、权益保障机制。全市从2012年下半年启动“政社互动”试点，2014年全面推开。8月，全市“政社互动”推进会召开，要求在原有锦丰、凤凰、南丰、大新4个试点镇基础上，各区镇“政社互动”工作全面推开，年内实现覆盖率100%。组织开展“政社互动”专题业务培训会，各区镇及市政法委、民政局、法制办等28个部门80余人参加培训。同时推进社区工作减负增效，通过征求村、社区意见，对基层建议要取消的事项，安排村、社区主任代表与职能部门民主协商，形成《村可盖章证明事项》《社区可盖章证明事项》两份清单，为下一步确定建议保留的社区盖章项目目录提供依据。9月至11月，各区镇根据自身实际开展两份清单厘清工作，与所有村、社区签订协议书，“政社互动”实现全覆盖。 （民政局）

人口和计划生育工作

【概况】 2014年，全市紧扣“抓基础、强服务、抓改革、促转型”的总体思路，有序实施单独两孩政策，实施计生基础管理改革，推进“生育关怀、服务到家”活动，深化人口和家庭公共服务体系建设，不断完善围绕家庭生命周期的计划生育按需服务新模式。严格执行计划生育“一票否决制度”，计划生育工作继续保持良好发展态势。全市户籍出生人口10066人，继1991年起首次突破1万人，出生率10.49‰，人口自然增长率3.95‰，政策符合率99.71%；流动人口在张家港市出生5443人，政策符合率94.8%。户籍人口和流动人口的出生性别比分别为107.46和112.37。继续实施稳定增长的人口和计划生育投入保障机制，全年市、镇两级财政共投入人口计生事业经费6678万元，人均计生经费53元。完成孕前优生健康检查6656人次；计生特扶家庭住院护工保险和60至69周岁计生特扶对象人身意外伤害保险覆盖面100%；0至3周岁科学育儿指导服务率91.2%，依法行政规范落实率100%，信息化网上应用率100%。

【单独二孩新政实施】 3月28日，城乡一体单独二孩政策全面实施。新政实施前，市计生部门专题组织调查研究，形成出生数预测报告，并举办机关业务培训班。新政实施后，即时出台单独二孩政策实施方案，建立审批受理“日报告”制度，及时发布新政实施最新动向。新政实施一个月后，专题召开市人口计生领导小组成员部门会议，通报新政实施情况，为相关部门合理统筹公共服务资源提供依据，并在媒体和公众网站进行宣传公告。印制单独二孩政策宣传材料2万份，举办新政培训班11期，依托“生育关怀、服务到家”活动与群众面对面进行政策解读。在全省率先实行网上再生育审批工作规程，特别是单独二孩政策实施后，制定新政实施意见，在苏州市率先推出简易审批程序，服务对象在村（社区）一次办结，审批时限比省条例规定缩短一半，最快10天完成审批和发证。全年共受理再生育申请审批3796人，其中新增单独二孩审批894人。针对高龄产妇增多趋势，建立优生工作指导预案，举办科学孕育公益大讲堂，加大孕前优生健康检查力度，开设优生优育咨询电话，普及优生优育知识。

【基层基础管理改革】 6月，《关于推进基层计生基础管理改革意见》出台。《意见》实施后，按照省与各市信息系统代码一致的要求，将32个党委系统1.5万余名育龄妇女信息全面核对后，以属地原则分配到村（社区），实现全省统一的信息属地化管理模式，解决了单位管理与属地化管理衔接问题；推行育龄服务分类管理，基层只需针对重点对象开展计生管理服务，对一般管理对象只需宣传告知到位；改革考核指标、内容和方式，对原户籍人口计划生育率99.5%的考核调整为省规定的常住人口达到98%，对拓展服务的考核注重服务过程。对人口计生工作流程进行简化、细化、量化，明确村（社区）计生工作清单，凡清单以外的工作一律不再安排，形成职责定位清晰合理、工作流程便捷高效的工作体系。精简人口计生工作台账并实行电子化，村（社区）计生部门仅保留一本台账、五张表格。加强部门协调，实现卫生部门的出生信息、民政部门的婚姻登记信息、残联的残疾人员信息、新市民服务中心流动人口信息的实时共享；加强信息化运用培训，镇、村（社区）计生干部都能熟练操作平台的各项功能，各类报表数据信息快速获取，减少了不必要的手工台账。11月起，分别组织调研36个村（社区），基础管理改革取得预期成效，基层计生服务管理工作量减少34.8%，工作压力明显减轻。

【人口和家庭公共服务体系建设】 推进优生促进工程。10月，提前完成省年初下达免费孕前优生健康检查任务数5600人，至年末，全市实际完成孕前优生健康检查6656人，达到省定任务数的118.86%。免费优生优育疾病基本保险覆盖9448户。实施幸福家庭促进工程。推进“0—3岁科学育儿、宝贝启蒙”行动，年末完成科学育儿指导服务1.79万人次，指导服务率91.2%。结合单独两孩政策实施，开展“助您好孕”公益大讲堂，举办全市性科学孕育、育婴知识公益讲座6场，听众近1400人次。实施青少年关爱行动，举办“同伴教育”活动82场，“青苹果之家”主题活动10场，开设“快乐校园联播网”，参与学生3.6万人次。深化计生家庭养老帮扶工程，开展计生特扶对象春节走访慰问，走访计生特殊困难家庭700户。住院护工服务保险惠及1159人，至年末，有298人次获得理赔。加强连心家园服务载体建设，实现全市镇级全覆盖。加强志愿结对帮扶，志愿者队伍660人，开展帮扶活动5696次。倡导商业保险模式，推出独生子女健康保险，累计2万余户独生子女家庭参与，至年末有7户家庭获理赔。

【流动人口计生服务管理】 稳步推进全市流动人口卫生和计划生育基本公共服务均等化试点工作，为流动人口提供孕环情检查、四项手术、RTI等免费服务19万人次。开展“春风行动”和“均等服务百日行”活动，与13省103个县（市）建立流动人口双向协作，为18956名新市民出具申请积分入医、入学的计划生育审核评分意见表。组织流动人口计划生育专项整治行动，排查8.7万户。形成政策外怀孕对象、三孩及以上流动人口家庭的个案登记，全部录入网上跟踪信息平台，全部以信函形式通报户籍地，并配合户籍地做好社会抚养费立案征收工作。 （李卫军）

民族宗教事务

【概况】 年末，全市有常住少数民族人口3244人，比上年增160人，含少数民族成分36个，与上年持平；有暂住少数民族人口12059人，比上年增2361人，含少数民族成分42个，比上年增1个。有宗教活动场所25处，其中佛教14处、道教1处、天主教3处、基督教7处，有宗教教职人员93人（备案64人），比上年增3人。5月20日至6月20日，市民宗局在全市开展“民族宗教政策法规学习宣传月”活动，组织全市各区镇、少数民族与宗教团体、宗教活动场所学习宣传党的民族宗教政策法规。其间，开展“走基层、访群众、送法规”活动，在民族宗教团体开展“学法守法强素质”主题活动；市民宗局分管领导走进市人民广播电台录制《民族与宗教政策法规知识宣传》专题宣讲节目，分别通过新闻广播频道、交通广播频道的《家在港城》和《听见》栏目循环播放。

【民族事务】 市民宗局全年为86名参加中、高考和对口单招的少数民族考生审核民族成分，为12名少数民族群众子女办理变更民族成分初审手续，协调解决44名暂住少数民族群众子女入托、入学问题。走访慰问少数民族困难群众92户，发放资金8.25万元。为全国民族特需商品定点生产企业——大新毛纺有限公司协调落实银行贴息贷款1.2亿元、财政部贴息345.6万元。帮助江苏省清真示范拉面店——三江源牛肉拉面店申请到省级民族事业专项资金5万元。市民族团结进步促进会（简称市民促会）发挥桥梁和纽带作用，开展AAAA级社团创建。春节前夕在东渡社区举办“迎新春、送祝福、促和谐”送春联活动。3月，先后举行“尝尝我的拉面”才艺比赛、“我爱我家手工艺”展示活动。5月，市民宗局联合市体育局、市民促会、东城第三区域联合党委在市东城体育公园举办第九届少数民族体育比赛。10月，市民宗局、大新镇、市民促会联合举办市第三届少数民族文艺会演。深化少数民族群众便民服务体系建设，为少数民族开通就业、社保、入学、就医、入户、经商手续办理快速通道和办事咨询服务专柜(处)等。9月10日，国家民委下发《国家民委关于命名第二批全国民族团结进步创建活动示范单位的决定》，全国被表彰24个示范县中张家港市位列其中，是江苏省唯一一家，这是历年张家港市民族工作方面取得的最高荣誉，也是江苏省县级政府首次获得该项荣誉。

【宗教事务】 年内，市民宗局按照《张家港市星级宗教活动场所考评细则(试行)》，对全市16处宗教活动场所进行考核和测评，评出五星级宗教活动场所2处，四星级宗教活动场所8处，三星级宗教活动场所6处。组织宗教场所开展“三个一”活动(开展一次安全教育、开展一次场所消防安全隐患的排查、开展一次场所饮食卫生的检查)。8月，协同市安监、消防部门和各区镇对全市宗教场所进行消防、安全工作大检查，对排查出的问题限期督促整改。在市基督教活动场所开展主要教职任职备案试点工作，会同市基督教三自爱国会，按要求逐一收集整理填报备案人员户口簿、身份证、宗教教职人员证书原件及复印件以及场所管理组织民主协商等基础资料。8月末，全市7所基督教教堂主要教职人员备案登记工作完成。以香山寺和东渡寺为试点，加强全市宗教团体、宗教活动场所档案管理工作，按照“六有”“八防”要求，组织人员赴苏州寒山寺学习，邀请市档案局培训指导。8月，东渡寺成为全市首个通过档案管理工作省三星级测评验收的宗教单位。11月，香山寺通过省三星级测评验收。以教风建设为抓手，指导宗教界开展系列培训教育活动。其间，组织全市宗教教职人员开展中共十八届三中全会精神、党和国家的民宗政策法规等学习活动；举办日常急救知识讲座，邀请市第一人民医院医生示范讲解初级急救知识和急救技能；邀请市委防范和处理邪教问题办公室主任就国际国内邪教基本情况、当前反邪教工作的形势、宗教与邪教的区别、国家有关处理邪教方面的法律法规等方面进行专题辅导；协助市佛教协会邀请江苏省佛教协会副会长和市人大外事民宗侨台工委主任分别讲解佛教仪规和社会礼仪；协调市佛教协会与市书法家协会联合举办“书法进寺院”活动，三十余名书法家分7批到全市7所寺院(香山寺、永庆寺、河南禅寺、东渡寺、双杏寺、韩山寺、盘铭寺)开展参观、笔会、书法讲座等活动，在全市佛教界掀起“学习书法静心修行、弘扬中华传统文化”的热潮。

【宗教场所节日安全管理】 春节前，市政府办组织召开全市宗教场所春节期间安全工作协调会，建立《春节期间全市宗教场所安全工作部门联系表》《春节期间各佛教场所安全工作联系表》，向各区镇、市佛教协会、各佛教活动场所下发通知，全程跟踪指导。推行“文明进香”，市民宗局指导全市佛教活动场所采取多种形式做好宣传发动工作，指导兴教寺、盘铭寺、双杏寺推行“文明进香”举措。除夕夜，各相关区镇、单位组织人员分赴现场指导，全市14个佛教活动场所、约10万名信众的烧香活动安全有序进行。4月，市政协调研宗教场所管理工作情况，对全市宗教工作给予肯定。继续落实朝圣工作常态化管理措施，协助做好后塍天主教堂和鹿苑天主教堂赴上海佘山朝圣工作，确保5月天主教朝圣工作有序进行；协调做好双杏寺大雄宝殿全堂佛像开光暨法源法师荣膺方丈庆典、香山寺中国台湾海涛法师讲经法会、永庆寺文昌阁开光庆典等活动。圣诞节期间，市民宗局、市公安局等部门及相关区镇合力指导、监管，保障10个宗教活动场所1.6万人次信教群众的宗教活动健康、安全、有序进行。

【民族宗教事务网格化管理】 市民宗局落实《关于在全市开展民族宗教事务网格化管理工作的意见》，年初与各区镇签订《2014年度民族宗教工作目标管理责任书》，下发《民族宗教工作目标考核细则》，并做好指导督察工作；各区镇分别以指导员、联络员、信息员明确各级网格员职责，并层层签订目标责任书。研究制定《关于进一步推进民族宗教事务网格化管理工作的实施意见》，开通民族宗教工作“企信通”工作短信发布平台，定期发送民族宗教工作指导信息。设立民族宗教事务网格化管理工作奖励资金，完善“优秀网格、优秀网格员”评选等考核激励机制。坚持市民族宗教工作领导小组成员单位联席会议制度，修订完善《张家港市民族宗教工作领导小组成员单位职责》，进一步明确各成员单位职责。12月，全市民族宗教工作领导小组成员单位(扩大)会议召开，市民族宗教工作领导小组成员单位60余人参会。会议总结回顾2014年全市民族宗教工作情况，部署2015年工作，明确市民族宗教工作领导小组成员单位职责。全年通过一系列举措，取得五大功效：基层网格管理工作规范化、制度化建设进一步夯实，民族宗教网格的管理服务作用充分发挥，属地管理责任落实到位；各区镇、相关部门做好民族宗教工作的意识、责任感与主动性得到提升；民族宗教工作重心下移，触角向最基层延伸、各方力量齐抓共管的工作合力得以增强；各类问题发现掌握科学研判，妥善处置更加及时主动；民族宗教政策法规的宣传教育、民族宗教界人士合法权益更加得到保障。

(马为军)

老龄工作

【概况】 2014年年初，全市有百岁老人143人(虚百岁)，比上年增21人。至年末，有60周岁以上老年人22.4万人，比上年增10498人，占全市户籍总人口的24.35%。其中，60至69周岁老年人127128人，比上年增5533人，占全市老年人口的56.75%；70周岁及以上老年人96857人，比上年增4965人，占全市老年人口的43.24%；80周岁及以上老年人

31946人，比上年增1340人，占全市老年人口的14.26%；90周岁及以上老年人4197人，比上年增431人，占全市老年人口的1.87%。年内，市老龄委全力推进全市养老服务纵深发展，与社会力量合作建办全国“老年人健康生活指导管理模式研究实验基地”，修订《张家港市居家养老服务实施细则》，编制出台《张家港市养老服务设施布局规划》，引进“老伙伴健康生活馆”模式，虚拟养老院在全市范围推广。在杨舍镇和常阴沙现代农业示范园区敬老院试点公建民营，在金港、锦丰、塘桥、凤凰等镇引进专业优质服务企业，创新施行社会化居家养老服务模式。4月30日，“幸福港城”惠老保险签约，该项目由市政府出资，为全市60周岁及以上老年人提供意外伤害保险，是继2010年全市实施“三项惠老保险”政策后又一项造福老年人的关爱工程，填补全市60至69周岁老年人意外伤害险的空白，实现老年人意外伤害综合保险全覆盖。强化为老服务组织功能，将为老服务项目纳入社会组织公益创投项目。市老年协会开展“银盾无忧”老年维权服务专项活动，推进“老有所医”专题调研，开展老龄护理员能力培训12期，培训老龄护理员600余人。市老龄办组织养老护理员免费培训，97人取得养老护理员资格证书。开展文化养老活动，举办第27个老年节文艺演出、第三届重阳健康养生节、老年文体交流友谊赛、“甲午金秋沙上行”地方文史漫谈展示、“关爱老人，构建和谐”大型传统锡剧老年人专场、“夕阳红·中国梦”征文等系列活动。年内，市老龄办被评为2014年度省老龄宣传工作先进单位，市民政局被评为2014年度省老龄办“安康关爱行动”先进单位。

【养老服务体系建设】 年内，市政府将“完善和提升养老服务设施”列为实事工程项目。全年新（改、扩）建居家养老服务中心（站）23家、老年人日间照料中心18家、助餐点24家、老年咨询室2家，建成省AAA标准居家养老服务中心3家、老年关爱之家14家和金港、锦丰、塘桥、大新4家养老综合服务中心。印发《关于推进社会养老服务事业发展的若干意见》，明确自2014年2月1日起，对社会力量兴办非营利性、营利性养老机构和非营利性农村老年关爱之家、城市社区小型托老所新增养老床位的给予建设经费补贴，同时根据入住老人护理状况给予床位补贴，激发社会力量建办养老机构的热情。全市新增金港镇华青老年公寓、锦丰镇静玉老年公寓和常阴沙医院老年康复专科3家养老机构、床位500张，澳洋睿智优居壹佰等项目有序实施。市亲情虚拟养老院扩面升级，市财政对虚拟养老院社会服务加盟商按一定条件给予每年总额不超过5万元的补贴。服务商资源有序整合，形成以卓尚物业、常州枝秀、南鑫恺尔、南丰惠民等4家公司为主体，各村（社区）居家服务站为支撑，其他服务商为补充的服务团队结构。虚拟养老院在各区镇均成立工作站，入院总人数1.4万人，比上年增1.27万人；提供服务7.6万余人次，群众综合满意度99.96%。

【养老服务保障】 全年财政为80周岁及以上老人发放尊老金2639.51万元。其中，发放百岁老人敬老金11.5万元，尊老金74.45万元；发放90周岁及以上不满虚百岁老年人尊老金929.08万元；发放80至89周岁老年人尊老金1624.48万元。由政府买单的“三项惠老保险”年内赔付59.76万元，其中，全市70周岁及以上老人意外伤害险接报案227件，结案184件，赔付55.42万元；养老机构综合责任险接报案8件，结案4件，赔付4.34万元；居家养老服务组织险无报案。60周岁及以上老人团体意外伤害险受理145件，已赔付144件，除外责任1件，总赔付金额601049.58元。开展公益创投活动，以购买服务形式委托社会组织开展“乐在晚年”“幸福来敲门”“情暖夕阳”“银龄关爱”“金手杖”“温暖从头开始”等为老服务项目，为老年人提供各种贴心照料和心理抚慰。市老年人体育协会扩展16个健身项目专业委员会和俱乐部，实现街道、村（社区）老年人体育组织全覆盖。锦丰镇“循环养老”项目志愿服务参与人数不断增加。引入社会工作者、专业人员开展为老服务，对持有社工专业资格证从事为老服务的，按资质等级每月给予100元至500元补贴；对持养老护理员资格证的，按服务年限分别给予100元至800元补贴。通过开展老龄护理员能力培训、养老护理员免费培训等，全市养老机构护理员持证上岗率超85%。

【敬老月活动】 10月，全市开展以“关爱老人，构建和谐”为主题的敬老月活动。市老龄办举办庆祝市第27个老年节文艺会演、“我们的节日——重阳”张家港市第三届重阳健康养生节系列活动、“夕阳红中国梦”纪念新中国成立65周年征文活动、全市老年人乒乓球大赛以及老年人书法、绘画、摄影、剪纸、诗词作品展等活动，在市保利大剧院为2000余名老年人安排观看大型锡剧《杨家碾坊》等，与市退休教师协会联合举办以沙上文化为主题的“甲午金秋沙上行”活动。市人社局退管中心开展对70周岁、80周岁、90周岁及重病退休人员走访慰问关爱活动、举办“最美不过夕阳红”第二届退休人员文体艺术节文艺晚会、“夕阳映港城，晚霞更生辉”全市老干部文艺会演、出版《多彩夕阳》——市退管中心第二届“夕阳红杯”书画影大赛作品集；市司法局开展“温暖夕阳红”系列法律服务；市卫生局开展市级医疗专家公益巡诊“百千万”行动走进敬老院、老年活动中心活动；市教育局各退休教师协会为老教师举办重阳祝寿、金婚庆典活动、出版《艺海秋色》——市离退休教师书画影作品选；市文广新局举办“情系夕阳红——文化志愿服务团队在行动”；市园林局、市委接待办牵头举办“庆国庆迎重阳”社区结对共建活动；市委老干部局举办“夕阳映港城，晚霞更生辉”老干部书画摄影展。各区镇均走访慰问百岁老人和敬老院老人。金港镇、锦丰镇、塘桥镇、大新镇举办“老伙伴”健康生活嘉年华活动；杨舍镇举办老干部“庆国庆·迎重阳”书画展和城东街道“情暖重阳节·爱暖满人间”文艺联欢会；金港镇举办

“金秋迎佳节·银发展风采”老年趣味运动会和“快乐香山”登高比赛；锦丰镇开展“爱，从头开始”高龄老人免费理发活动和“多彩夕阳，快乐久久”庆重阳游艺活动；塘桥镇开展“九九重阳节，浓浓敬老情”巡演；凤凰镇举办“七彩老龄”老年书法展和“美丽凤凰”环湖慢跑活动；南丰镇举办“中国梦·夕阳红”——庆祝新中国成立65周年暨第27个老年节专场文艺演出和“欢聚重阳夜，传递感恩情”志愿者活动；大新镇开展“我们的节日——重阳”诗歌朗诵和文艺演出等庆祝活动。据不完全统计，敬老月期间，全市慰问老年人86831人，慰问养老机构32个，总慰问金额1014万元，为老志愿者参与人数近5000人。

【居家养老服务社会化运作】 2月起，以凤凰镇为试点实施居家养老服务社会化运作方式，引进常州枝秀家政服务有限公司，对全镇60周岁以上有需求的老年人提供生活照料、医疗保健、精神慰藉、文化娱乐、安全保障、法律援助等居家养老上门服务项目。至年末，已稳步推广到金港镇、杨舍镇、塘桥镇、乐余镇、常阴沙现代农业示范园区等区镇。5月，市民政局与上海南鑫恺尔养老事业发展中心签约，合作建立中国“老年人健康生活指导管理模式”研究实验基地，引用国际先进理念、方法、设备和技术，为老年人提供心理、营养、运动、环境、娱乐、资讯等指导管理服务，提升科学养老、健康养老水平。此次签约包含两期项目，第一期项目计划在2015年4月前，建设完成首批试点6个场馆并投入运营，其中包含1个市级指导中心和金港、锦丰、塘桥、大新4个镇级健康生活馆及1个养老机构“健康生活馆”；第二期项目计划2015年在乐余镇、凤凰镇、南丰镇、常阴沙现代农业示范园区建设健康生活馆，争取在三年内把张家港市老年人全部纳入健康生活指导管理体系，形成张家港市老年人健康生活动态数据库。12月16日，中国“老年人健康生活指导管理模式”研究实验基地和试点机构挂牌仪式暨老年营养和心理专委会科研合作项目签约仪式举行。

【“银盾无忧”老年维权行动】 5月16日，2014年“关爱民生法治行”活动项目之“银盾无忧”老年维权服务专项活动在杨舍镇花园社区广场启动。随后在杨舍镇城东花苑、南苑花苑、城西社区、田垛里社区、闸上村、金塘社区、民丰村、农联村等10个社区进行展板巡展。宣传展板由案例构成，图文并茂，活动开展的一个月内，吸引上万人次中老年人观看。活动现场还配备专职人员对老年人反映的情况进行收集总结，解答老人疑问；市老年协会印制1万份《张家港老年》维权增刊在现场发放。6月下旬起，“银盾无忧”活动又陆续在金港镇、大新镇、锦丰镇、南丰镇、乐余镇、常阴沙现代农业示范园区、塘桥镇和凤凰镇开展。此次专项活动为有维权需求的老年人提供了婚姻、扶养、继承、房产等多方面的法律帮助，活动共搜集案例30余个。

【敬老院试点实施“公建民营”】 年内，为激活敬老院机制，杨舍镇和常阴沙现代农业示范园区敬老院试点实施“公建民营”。杨舍镇老年服务中心实施委托经营管理新模式，将敬老院及其所属福利组织机构经营权全部委托给指定责任人经营，进行独立核算、自负盈亏，养老床位利用率由49.3%提高到85%，实现“三提升一降低”（降低镇政府财政支出，提升床位利用率、职工报酬、服务水平）。常阴沙现代农业示范园区将敬老院资产进行有偿托管，腾出空间接收社会老人托养照料，不仅增加入住人数，院内环境也大为改善，服务更加周到。其他区镇因地制宜，多途径探索改进养老机构经营绩效，有效提高机构运行效率和社会效益。

（卢　清）

关心下一代工作

【概况】 2014年，全市有关工委组织1082个，其中区镇、街道29个，村（社区）260个，教育系统82个，民企系统643个，市直机关、系统68个。从事关心下一代工作的“五老”及志愿者7000余人。全市各级关工委组织按照学习型、服务型、调研型、创新型“四型”关工委的要求开展全年工作。充实关心下一代工作队伍，各级关工委动员相对年轻的退休人员加入“五老”队伍，应对“五老”队伍老化问题；291名大学生村官到校外教育辅导站担任副站长或辅导员，提高辅导站组织和活动档次；市教育局继续开展“千名教师进社区”活动，提升辅导站教育质量；学有专长的社会志愿者和寒暑假部分回乡大学生参与辅导站工作，为关工队伍增加活力。组织学习培训及调研活动。5月28日，市关工委举办第三期全市关工工作培训班；12月19日至20日，市关工委配合市教育局关工委对金港、大新两镇13所中小学校关工委工作常态化建设合格学校的创建情况进行实地调研和考评，考评结果达到苏州市创建要求。通过报纸、广电和网络媒体加强对关心下一代工作的宣传和典型报道，市关工委办好每月一期《关工委工作简讯》，根据省关工委要求做好《关心下一代周报》和《中国火炬》杂志的发行和读用报刊工作，市关工委被《中国火炬》杂志评为2014年宣传发行《中国火炬》标兵单位。

【社会主义核心价值体系教育实践活动】 全市各级关工委组织结合各重要纪念日和各类主题教育活动，全面开展社会主义核心价值体系教育实践活动。为宣传中共十八大和十八届三中、四中全会精神，各级关工委研究并编写适合青少年特点的宣讲材料201篇，组织宣讲人员1231人，深入学校、社区，利用国旗下讲话、主题班会和团队活动等形式进行宣讲，受众11.23万人次。开展“爱学习、爱劳动、爱祖国、践行中国梦”主题教育活动。杨舍镇开展“过年我体验”“文明我践行”“爱心我奉献”“读书我成长”“运动我健康”“安全我谨记”等主题活动。市教育局关工委在市区6500余名中小学生中开展“我的中国梦”书画、书签绘画大赛，选送93幅作品参加省“三爱”书签制作大赛评选，有5人获书签制作一等奖，13人获二等奖，69人获优秀奖，7名教师获优秀指导奖。结合学雷锋日，开展“学雷锋精神，做美德少年”实践活动，宣讲雷锋故事，重温雷锋日记，寻找身边的雷锋，向道德模范和身边好人学习，开展爱心义卖、环保小卫士、小小交通员、给空巢老人送温暖等志愿服务活动。全年利用清明节、端午节、青年节、儿童节、建党日等节日开展主题教育活动。清明前后，全市有2.5万名中小学生参加网上祭英烈活动，金港镇关工委分批组织3000余名师生赴市烈士陵园祭扫。市文明办、市教育局关工委在德积小学联合举行“张家港市‘9·30’烈士纪念日暨革命传统教育进校园”活动。开展未成年人“八礼四仪”教育。通过报纸、电视节目和政府网站，利用班会、团队活动和知识竞赛等形式宣传教育，中小学生对“八礼四仪”内容知晓率100%。

【校外教育辅导站建设】 年初，按照创建示范校外教育辅导站“五有五好”要求，各镇关工委巩固原有的26个示范校外教育辅导站，制订新的创建计划，按要求完善设施，提高活动效果。上半年，招标购买240台电脑，为40个校外教育辅导站增设电子阅览室。各辅导站以寒暑假和双休日为重点，预先制订活动计划，明确活动内容，落实教育管理人员，做好安全保护预案，确保活动取得实效。根据市委组织部《关于大学生村官参与校外教育辅导站工作》的文件精神，各区镇关工委进一步落实大学生村官参与校外教育辅导站工作。4月，杨舍镇关工委启动大学生村官参与校外教育辅导站活动聘任仪式，全镇129名大学生村官受聘，经培训后任校外教育辅导站副站长或辅导员。6月，各区镇关工委对校外教育辅导站的暑期活动的组织安排提出“四个统一”的要求，即统一安排全镇各校外教育辅导站的活动计划，统一安排内容和上课时间、地点，统一调度和落实任课老师，统一制定和落实检查、安全等管理制度。7月中旬至8月中旬，市关工委调研17个社区（村）校外教育辅导站。杨舍镇关工委以“快乐假日”阳光大课堂为抓手，开展“构筑中国梦大课堂”等10项内容的大课堂活动，举办报告讲座201场，知识竞赛52场，参观实践113次，文体竞赛活动85次，撰写各类征文403篇，参加暑假教育实践活动的青少年2万余人次。各村（社区）校外教育辅导站开班率、活动计划总结和活动记录的完整率、大学生村官参与率均为100%。暑假期间，全市有1050名在职教师、3700余名“五老”人员、295名大学生村官和3000余名其他志愿者参加260个校外教育辅导站的教学实践和管理工作。为解决放学后双职工子女无人接管的困难，全市共建办13所“四点半”学校。杨舍镇向阳社区的“少儿驿站”、南丰镇永合社区的“红领巾驿站”和锦丰镇书院社区等地的“四点半”学校，在“五老”和志愿者的配合下，为放学后双职工子女做好看管、作业辅导和开展手工制作等活动，深受家长和学生欢迎。

【未成年人零犯罪社区（村）创建】 年内，按照苏州市创建未成年人零犯罪工作推进会精神，全市各级关工委结合实际开展创建。5月4日至6月9日，市关工委会同团市委对全市136个村和120个社区的青少年进行问卷调查，共调查8至25周岁青少年182559人，具体掌握有不良行为青少年、闲散青少年、服刑强戒人员的未成年人子女等详细情况，形成调查报告。调查报告从个人、家庭、学校和社会四方面因素分析造成青少年不良行为的原因，提出加强领导、加强教育、优化环境、结对帮教、发挥“五老”传帮带作用，加强对年轻家长教育和重视闲散青少年求学、就业等七方面的意见建议，为开展结对帮教工作奠定基础。在关爱弱势群体、特殊群体青少年方面，全市共建立140个关爱工作团（队），参与关爱的“五老”2097人，重点对失学、失管、失足、失业、失亲的特殊群体和困难家庭子女、病残学生进行结对帮教、扶贫助学、爱心助教活动。全市建立失足青少年帮教小组163个，参加帮教活动的“五老”622人，帮教对象158人，帮教转化率96.8%。全年扶贫助学人数2597人次，其中有509名孤残青少年得到帮助。在法制宣传方面，根据省关工委《关于在全省关工系统开展“结对帮教，引领人生”活动的意见》，各区镇和政法部门关工委全年共组织法制教育报告团（宣讲团）76个，宣讲人员555人，先后作报告552场，受教育青少年12.25万人次。5月，杨舍镇关工委通过全面摸排，掌握107名有不良行为青少年和167名闲散青少年的具体情况，开展“爱心对对碰”活动，为每个帮教对象确定至少一名“五老”和一名志愿者结对关爱。相关部门关工委把参与“零犯罪”创建作为创新社会治理的一项重要工作。市检察院按少捕慎诉原则，全年对8名未成年人作出不批捕决定，对符合条件的39名被告人的犯罪记录和10名被不起诉人的不起诉记录予以封存。该院组织的“炫彩六一，与法同行”青少年法制教育系列活动获苏州市未成年人思想道德建设工作创新案例三等奖。市法院全年对41名未成年人进行犯罪记录封存，为5起案件的6名未成年人指定合适成年人（代理家长）。市司法局下发《关于进一步加强全市青少年法制宣传教育工作的意见》，为全市36所幼儿园配备法制副园长，编写100道应知应会法律知识题供学生阅读。市新市民事务中心印发20余万份新市民子女“安全小贴士”资料，开展“我与父母同读书”阅读讲堂和“新市民法制大讲堂”活动。10月10日，市关工委会同市法院、检察院到省未成年犯管教所对22名未成年犯开展回访帮教。在4月18日苏州市综治办、预防办、关工委联合召开的苏州市未成年人零犯罪社区（村）创建工作经验交流会上，张家港市金港镇德丰社区、杨舍镇城北街道关工委被表彰为省“创零”工作的先进单位，乐余镇常丰村退休校长张文华被表彰为省“创零”工作先进个人。加强对网吧等文化娱乐场所的监督检查，全市有“五老”持证义务监督员170人，大多数“五老”每月巡查网吧，填写巡查情况表，发现问题及时向市关工委和文化市场管理办公室反馈。在12月7日召开的全市2014年度文化市场义务监督员工作会议上，有15名义务监督员受到表彰。通过各方面配合，齐抓共管，至年末，全市253个社区(村)已创建成为零犯罪社区(村)，占总数的96%。 (陆玉生)

残疾人工作

【概况】 2014年年末，全市有持证残疾人20773人，其中肢体残疾11224人、智力残疾2642人、听力残疾1615人、言语残疾139人、视力残疾2315人、精神残疾2025人、多重残疾813人。年内，在第五次全国自强模范暨助残先进集体和个人表彰大会上，市申港环保设备制造有限公司董事长施玉其获"全国自强模范"称号，并享受省部级劳模待遇。市维康盲人保健按摩店负责人顾翔获得由苏州市人才工作领导小组办公室、苏州市人力资源和社会保障局授予的"姑苏高技能重点人才"称号，享受政府薪酬补贴，他是苏州市252个"姑苏高技能重点人才"中唯一的视力残疾人。

【康复服务】 在机构康复方面，全市完成白内障复明手术1110例，孤独症儿童康复中心在训儿童22人，听力言语康复机构在训听障儿童102人(其中张家港市籍听障儿童12人)，市儿童康复基地收训肢体功能障碍(脑瘫)儿童78人。成人肢体等功能障碍患者在市肢体康复中心接受康复治疗与训练105人，其中70人功能改善后转入社区(家庭)康复。开展精神病防治康复工作，对5263名重性精神疾病患者进行监管和提供服药资助。在社区康复方面，提供以日常生活自理技巧训练为主，肢体机能训练为辅的肢体功能障碍者康复训练服务，对200名功能障碍人员上门提供康复训练指导。在无障碍家庭改造方面，自3月起，分阶段开展入户评估、数据汇总、辅具采购、安装实施等系列工作，至8月末，全市1065户残疾人家庭居家无障碍改造工程全部完成。

【扶残助残】 2014年，市残联春节走访慰问残疾人家庭578户，发放慰问金97.5万元。元旦、春节期间，联合市人社局开展以"就业帮扶真情相助"为主题的就业援助月活动，为残疾人开展政策咨询，推荐具体项目，提供资金、场地扶持。活动期间走访残疾人家庭160户，组织残疾人专场招聘5场，帮助41名登记失业的残疾人实现就业。全年多渠道开展就业培训，培训残疾人321人，新增残疾人就业124人。组织开展残疾人家庭"扶贫、帮困、促增收"行动，通过入户调查，重点掌握困难残疾人家庭的实际需求，开展有针对性的帮扶行动，为200余人次贫困残疾人解决实际困难；开展"学雷锋志愿服务伙伴计划"，为残疾人提供家政服务、心理关爱、游览等关爱系列活动，全年组织3批225名残疾人游览张家港市，开展"我是你的眼——盲人看电影"活动6期，106名盲人观"看"电影，"3+1暖心行动"为20名贫困残疾人提供结对帮扶，"关爱他人"系列活动共惠及残疾人500余人，近千名助残志愿者参与活动；会同市红十字会实施"心微笑"梦想援助项目，为全市126名4周岁至13周岁的残疾儿童实现一个价值1000元以内的梦想；会同民政部门开展"关注关爱、携手同行"残疾人精神关爱系列活动，包含"千名残疾人看港城""百名社工、义工进福企"，10个社会组织和福利企业结对，一次残疾人艺术作品拍卖等4项内容，从物质帮扶、精神抚慰、个人成长等多方面展开，为残疾人更多的了解社会创造条件。

【残疾人活动】 体育方面，市残联组织残疾人运动员参与市六运会残疾人组比赛。5月至7月，组织298人次参加田径、游泳、乒乓球、羽毛球、举重等五大类150余小项的比赛。8月至9月，组织3名残疾人运动员参加江苏省第九届残疾人运动会，朱国富获男子F57标枪第一名，金响梅获女子乒乓球第二名。文化方面，在苏州市社区型残疾人文体活动兴趣团队(小组)展评活动中，经开区(杨舍镇)聋人舞蹈队表演的《青春韵律操》和聋人手工艺作品分获一等奖和三等奖；根据张家港市盲人女孩陈慧姣真人真事拍摄的微电影作品《逆光》在全省残疾人微电影公益广告和歌曲比赛评选中获"最佳作品奖""优秀编剧奖""最佳美术奖"和"最佳制片及出品人奖"。在全省残疾人职业比赛中，周胜宇、虞国荣分获水彩画第一名、摄影第三名。在第三届苏州市残疾人书画作品展中，蒋义达、郭健分获书法作品特等奖和二等奖。

【残疾人辅助器具服务中心成立】 11月6日，张家港市残疾人辅助器具服务中心揭牌成立。中心位于市残疾人综合服务中心2号楼，面积500平方米，分为辅具展示区、适配评估区、办公区、仓库四大区域，主要开展辅具适配、辅具借用、辅具宣传、辅具转介、居家无障碍改造等项目。残疾人辅助器具服务中心前身是残疾人辅助器具服务站，自2012年建站后已为6000余人次提供各类辅具1万余件。中心成立后，注重辅具适配人才培养，扩充辅具目录，为残疾人、老年人、儿童等有辅具需求人员提供个性化、人性化、优质化的辅具服务。

【社区康复指导员培训班】 11月24日，由市残联联合市众联社会服务社举办的首批社区康复指导员培训班开班。培训班邀请市中医医院康复中心主任授课，系统讲授残疾预防和社区康复知识等系列课程，市众联社会服务社38名康复指导员参加培训。市众联社会服务社是全市首个助残公益组织，主要为残疾人提供全方位的专业服务，服务社近90%的康复指导员出自市第一人民医院、市中医医院的一线医生和护士，具备专业医疗知识，经培训考核合格者可获由市残联颁发的社区康复指导员证书。社区康复指导员上岗后，为肢体功能障碍者提供上门康复指导服务，教会他们利用居家生活环境进行以生活自理能力为主的康复训练，最大限度恢复肢体功能。 (陆云松)

【编辑 陆文琰】

区 镇

Zones and Towns

保税区（金港镇）一角　（严子洋　摄）

保税区（金港镇）

经开区（杨舍镇）

冶金园（锦丰镇）

塘 桥 镇

凤 凰 镇

乐 余 镇

南 丰 镇

大 新 镇

常阴沙现代农业示范园区

双山岛旅游度假区

保税区(金港镇)

【概况】 保税区(金港镇)位于市域西部,有长江江堤岸线31千米,是张家港港和张家港保税港区所在地。总面积111.62平方千米,耕地面积3470公顷。2月26日,新建金都社区。年末,辖3个办事处、26个行政村、23个社区(其中8个为"村社合一"体制)。有户籍68887户,人口178619人(含双山岛旅游度假区),另有外来暂住人口146552人。全年实现地区生产总值586.02亿元(以下经济指标均含双山岛旅游度假区),比上年增1.38%。一、二、三产业增加值分别为3.9亿元、304.69亿元、277.43亿元。完成全口径财政收入73.14亿元,其中公共财政预算收入34.85亿元,比上年增3.5%。入库税收69.74亿元。完成全社会固定资产投资172.27亿元,比上年增1.3%。

经济建设与发展　年末,有企业8436家,其中工业企业2111家。344家规模以上企业全年实现工业总产值1126.36亿元,主营业务收入1219.23亿元,工业利税41.44亿元。43家"3333"重点培育企业开票销售收入936.95亿元,入库税金24.66亿元,利税总额39.6亿元。开票销售收入超1亿元企业140家,其中超10亿元的企业24家、超30亿元的企业9家。税收超5000万元企业25家,上市公司融资19.5亿元。社会消费品零售总额4727.75亿元。外贸进出口总额137.21亿美元,其中进口总额109.86亿元、出口总额27.35亿元。总投资6.6亿元的凯凌化工一期稳定生产,总投资68亿元的页岩气基地丙烯一期和聚丙烯一期、凯凌化工二期、华昌化工丁辛醇等项目竣工,总投资72亿元的页岩气基地环氧丙烷等项目启动报批,总投资35亿元的页岩气基地丙烯二期、聚丙烯二期项目积极筹备。康得新光学膜销售突破50亿元,总投资51亿元的二期项目完成报批。8月,康得新总部从北京迁入。总投资4亿美元的润英联公司一期项目开工,总投资2.4亿美元的中集圣达因低温装备基地项目完成报批。总投资6.5亿美元的瑞典AAK、中国香港易高等7个外资及港澳台资项目签约。年内新落户超10亿元项目4项,新开工超1亿元项目7项。汽车口岸获批全国首家"进口汽车三包责任险"试点口岸,全年完成进出口整车1.65万辆;新增注册企业68家;总投资37.9亿元的十大项目推进,新兴际华新能源汽车改装基地一期项目启动运营,国际汽车城、机动车检测实验室投运。消费品市场销售超1亿元企业有20家,省内首家进口消费品防伪溯源平台"张保真"上线运行,全球知名品牌优衣库、法国第一大酒厂GCF等龙头项目签约入驻。化工品交易中心与郑州商品交易所达成保税交割战略合作协议,线上交易量突破900亿元,汽车、消费品、化工、纺织、粮油、名贵木材六大专业市场实现交易额2400亿元。10家规模型经济村的开票销售收入128.37亿元,长山村、长江村、福民村、山北村、新塍村、高桥村、柏林村7个村的产品销售收入超5亿元,其中长山村、长江村、福民村3个村的产品销售收入超16亿元。区(镇)工业投入115.9亿元,其中新兴产业投入81.36亿元,占工业投资总量的70.2%;服务业投入56.37亿元,其中经营性服务业投入27.26亿元;基础设施投入28.77亿元。以独立选址等形式为企业解决土地指标106.67公顷,获批点供项目及独立选址项目指标113.33公顷,完成宅基地、工矿废弃地复垦21.33公顷,实现"腾笼换鸟"土地86.67公顷。为各类企业争取扶持补贴资金超7000万元,政策性减免税金超1.5亿元。年内,引进"千人计划"人才7人,累计18人;获评省"双创计划"人才6人,累计18人;获评"姑苏计划"人才4人,累计19人;获评张家港市领军型创新创业计划人才21人,累计81人。"千人计划"专家产业化项目11项,获评市级以上人才(团队)30个,"千人计划"战略新材料研究院正式运营,保税区科创园获评省级留学人员创业园,5家企业实现"新三板"挂牌,列入国家"863"计划项目5项。11月,与中科院大连化学物理研究所共建张家港产业技术研究院。全年新兴产业产值617.74亿元,比上年增6.2%,新兴产业产值占工业产值的43.28%。新增技改项目77项,新增国家级科技项目9项,新增省级科技项目6项,新增省高新技术企业18家,累计73家。新增私营企业1445家,新增注册资金48.46亿元。新增外地资本企业904家,注册外地资本42.3亿元。新增个体工商户1687户,新增注册资金1.59亿元。新批外资及港澳台资企业28家,注册外资及港澳台资4.72亿美元,到账外资及港澳台资2.7亿美元。实现农、林、牧、渔业总产值7.24亿元。粮食、蔬菜、肉类和水产品产量分别为31893吨、22060吨、23400吨和2413吨。完成141.33公顷标准化农田建设。新增高效农业133.34公顷,新增设施农业69.1公顷。土地规模经营面积1932.67公顷。村均可用财力1188.8万元。年末,有无公害农产品12种,绿色食品17种,苏州市级以上名牌农产品3种。农业基地认定总面积1783.5公顷。

社会事业发展　年末,有中小学校12所,教师总数861人,在校学生17481人。妥善解决新市民子女就学问题,积分入学吸纳新市民子女1821人,义务教育阶段新市民子女公办学校总吸纳率62.95%,其中起始年级吸纳率65.33%。4所"美丽学校"通过创建。投资5305万元、建筑面积2.7万平方米的新城区小学及幼儿园启动建设。五大类民生实事工程总投资16.2亿元。全年新开工安置房130.46万平方米,竣工35.53万平方米、2143套,总面积12.5万平方米的安置小区商业用房开工建设。落实16个村281人的补充安置,完成批文安置、协议安置劳动力4940人。妥善处理"12345"便民服务热线3742件,办结率100%。总投资5200万元的集镇改造、总投资2350万元的4个老住宅小区22幢楼房改造完工,总投资5200万元的蟠江北路、香山大街亮化工程竣工。投资65.1万元,对金桥、中德、中港、中南等社区疏通下水道10079米,清理窨井874个,清理化粪池227个。率先开展村级901个垃圾房网格化规范管理,高桥村高梧庄三星级康居乡村创建通过验收。东山村通过省级生态村验收。首批10个网点、176辆公共自行车正式启用。村、社区有篮球场44个，合计2.75万平方米，有健身房34个。投资78.7万元、建筑面积2.4万平方米的中兴文化中心竣工。有38个村和社区通过市级社区文化设施建设和社区功能建设考核验收。整体转换数字电视69085户，整转率99.95%，发放机顶盒100849台。年内举办清明大型诗歌朗诵会、“欢乐香山”重阳登高、“武韵香山”武术舞蹈擂台赛等活动。有医疗卫生机构58个，其中医院5家、社区卫生服务站38个。所有社区卫生服务站都创建成市慢性病防治社区卫生服务站，其中18家社区卫生服务站创建成苏州市示范社区卫生服务站。

福民工程实施　农民人均纯收入29517元，比上年增18.3%。发放低保（含低保边缘重病困难对象、一户多残）补助金、临时救济金141.39万元，保障768户、1268名低保人员及216名低保边缘重病困难对象等困难群众基本生活。老、慢、残、妇、幼等重点人群家庭签约服务率达到84%。携手“老伙伴”健康生活馆投入运行。区（镇）有养老服务机构3家，床位数650张，居家养老服务中心2家，居家养老服务站14家，老年关爱之家4家。年内发放尊老金448.57万元。成立张家港（亲情）虚拟养老院金港分部，服务政府援助对象2587户。督促用工单位补签劳动合同9500余份，妥善处理劳资纠纷84件。组织岗位技能免费培训2800人，扶持创业182人。提供就业岗位1.3万个，开发公益岗位336个，特困家庭劳动力和应届特困毕业生就业率100%。发放老年农（居）补贴13379人，住房公积金扩面6500人。年末参加基本医疗保险人数75438人（其中新市民入医2558人），全年个人基金缴纳1282.45万元，市、镇两级财政补贴3998.21万元。就医门诊结报人数54.13万人次，合计报销1398.14万元；住院结报14080人次，合计报销6637.94万元；救助27507人次，救助金额516.39万元。为60周岁及以上老年人进行体检，并建立个人健康档案。扩建“爱心接力站”5家，累计16家；建立校园“爱心屋”2个，累计7个。全年为4户贫困户新建和修理房屋10间，市、镇补贴金额10万元；“安居工程”动迁户3户，补贴金额6.32万元。市、镇两级慈善助学336人，发放助学补助金112.8万元；“共享阳光”慈善助学活动发放助学补助金104.85万元；“阳光午餐”补助7.95万元。

2014年张家港保税区（金港镇）办事处基本情况

表71

名　称	所在集镇面积（平方千米）	党工委书记	主　任	党工委副书记	副主任
南沙办事处	2.05	何　萍（女，12月免） 孙永华（12月任）	陈　磊（12月免） 孙永华（12月任）	姚金荣	柳志兵
后塍办事处	3.80	孙永华（12月免） 陈　磊（12月任）	孙永华（12月免） 陈　磊（12月任）	李杏珍（女）	孟　伟　卢玉秀（女） 许永华
德积办事处	1.98	朱建兴（12月免） 龚锦乾（12月任）	朱建兴（12月免） 龚锦乾（12月任）	施芬琴（女）	王　演（女）　丁向阳

2014年张家港保税区（金港镇）村（社区）基本情况

表72

村（社区）	面　积（平方千米）	户数（户）	人口数（人）	集体经济总收入（万元）	可用财力（万元）	总资产（万元）	村（社区）党委（总支、支部）书记	村委（社区）主　任
长江村	5.20	2724	7370	3051	2614	16761	郁霞秋（女）	黄忠和
巫山村	2.62	1834	4893	3040	3040	23022	李跃进	杨惠忠
张家港村	1.53	1747	4545	783	760	1407	施忠法（9月任）	丁秀琴（女）
滩上村	4.15	2466	6352	4741	4737	15268	戴丽君	郁　兴
晨阳村	8.54	3507	8672	1175	1030	10667	袁达新	顾东良
长山村	6.90	2778	7607	3886	3882	18409	郁江清	陈　强
山北村	4.20	2141	5878	1642	1535	3375	庞建华	冯建明
柏林村	4.70	2916	7740	1555	1425	10810	殷品龙	谢建兴
东山村	3.21	1229	3219	727	519	13578	向　一	蒋建新
港西村	2.60	1164	3475	692	478	1414	顾永仁	许国平
占文村	2.41	1417	4167	1304	1213	5270	顾建民	何国富
朱家宕村	2.36	1131	3188	644	545	3022	刘荷英（女）	缪海平

续表72

村(社区)	面　积(平方千米)	户数(户)	人口数(人)	集体经济总收入(万元)	可用财力(万元)	总资产(万元)	村(社区)党委(总支、支部)书记	村委(社区)主　任
高桥村	4.80	2242	6047	1111	848	3337	李杏珍(女,9月免) 孙　亮(9月任)	张阿堂
新塍村	3.01	1653	4506	1150	1089	9631	陆建新	李永娟(女)
袁家桥村	3.50	1790	5032	1297	645	1507	孙跃进	张　海
封庄村	4.30	1695	4531	690	365	1387	朱启彦	朱国兴
三角滩村	4.50	1589	4010	528	481	1658	尤正良	唐献忠
学田村	3.57	1903	4786	535	361	4535	唐向阳	严金华
福民村	5.24	1925	4911	1252	1230	10839	陈兰清	张亚华
小明沙村	4.50	2058	5253	942	924	3347	朱兴荣	姚金全
朝南村	5.64	2278	5691	836	652	2796	陈国平	黄剑锋
新套村	3.06	797	1958	783	610	3970	朱松山	李云才
德积村	3.24	1282	3263	644	459	5165	陈春芬(女)	陆晓峰
永兴村	2.90	1336	3500	588	453	3723	黄学贤	王照平
双丰村	2.92	1567	4125	527	503	1809	陈永法	王巧芬(女)
北荫村	2.18	1859	4550	573	502	5949	陈　娟(女)	朱卫国
中德社区	0.18	1670	4639	292	292	2492	黄秀娟(女)	李　兰(女)
中港社区	0.42	1289	3326	279	271	1622	李国柱	顾国平
中南社区	0.15	1725	4250	279	164	1866	李增宝	李增宝
中苑社区	2.55	1528	4098	428	281	1891	朱建刚	陈校丰(12月辞)
中兴社区	0.05	632	1981	189	117	1000	顾永建	周金良
安定社区	0.08	1059	3818	196	102	965	凌国良	高燕晓(9月辞)
中圩社区	0.09	1045	2683	292	215	1988	朱建良	朱建良
海港社区	0.06	1181	3290	—	—	—	徐相兰(女)	徐相兰(女)
金润社区	0.41	3396	7000	—	—	—	陈　勇	陈　勇
金都社区	0.27	1600	4905	—	—	—	高燕晓(9月任)	—
南沙社区	0.80	1260	4370	—	—	—	张丽琴(女)	张丽琴(女)
后塍中心社区	4.00	961	1880	426	292	1727	唐忠平	陶　慧(女)
塍丰社区	0.79	1986	6899	—	—	—	孙　清	陈　玲(女)
元丰社区	0.13	586	1855	304	211	2380	陈勤才	陈勤才
德丰社区	0.33	4033	12100	—	—	—	丁萍芬(女)	丁萍芬(女)

说明:表格中数据为农村调查数

2014年张家港保税区(金港镇)主要开工项目情况

表73

投资企业名称	项目名称	主要产品	投资金额(万元)
张家港扬子江石化有限公司	40万吨聚丙烯项目	聚丙烯	80270
张家港富瑞重型装备有限公司	海水淡化装备项目	海水淡化装备	29093
环球分子筛(张家港)有限公司	年产5700吨AF球型分子筛项目	AF球型分子筛	21680
江苏恒强机械科技有限公司	年产12055套电机冷却器项目	电机冷却器	20250
张家港保税区康得菲尔实业有限公司	光学膜、ITO膜项目	ITO膜、预涂膜	19707
江苏庆丰农机科技有限公司	年产20万台微型农耕机等项目	微型农耕机、微型发电机及微型水泵	19040

续表73

投资企业名称	项目名称	主要产品	投资金额(万元)
PPG涂料(张家港)有限公司	扩建年产5万吨水性底漆等项目	水性环氧树脂漆、高性能涂料	15850
张家港华福日新染业有限公司	改建年产3600吨高档针织面料等项目	高档针织面料和高档服装	13790
江苏天之缘纺织有限公司	年产9000吨高品质特种纤维项目	高品质特种纤维	11880
张家港康得新光学材料有限公司	保护薄膜生产线项目	保护薄膜	11050
张家港康得新光学材料有限公司	硬化涂布机技改项目	—	10654
张家港中集圣达因低温装备有限公司	低温瓶生产线技改项目	—	10483
双狮(张家港)精细化工有限公司	淡盐水浓缩、电解槽零极距改造、烟气脱硫等综合技改项目	—	10200

【《江南香山》首发】 1月23日,《江南香山》一书首发式暨市政协文史工作座谈会在保税区(金港镇)举行。《江南香山》共30余万字,涵盖香山概貌、香山古韵、香山胜迹等10部分内容,依托史料、文献,拾遗补阙,去伪存真,对香山历史作一次深入、系统的挖掘与梳理,图文并茂再现香山地区所特有的文化,体现香山历史文化内涵。其中,首次收集编录东山村遗址的史料。

【16个项目集中开工】 2月7日,保税区(金港镇)16个项目集中开工,总投资150亿元。其中,有张家港扬子江石化有限公司丙烯二期和聚丙烯一期项目,PPG涂料(张家港)有限公司电子消费和工业涂料、水性底漆项目,市华菱医疗设备制造有限公司全自动在线高端灭菌柜项目等制造类项目10项,总投资42.3亿元;有服务业项目1项,为保税区进口汽车物流园项目,总投资80亿元;有科技类项目2项,分别为张家港威胜生物医药有限公司青蒿素衍生物、长春西汀类原料药项目和张家港保税区超威电化技术服务有限公司新能源汽车动力电源超级电容器电解质材料产业化项目,总投资5亿元;有民生工程3个,分别为镇山小区三期安置房项目、金都二村安置房项目和金都一村安置房延扩项目,总投资22.7亿元。

【江苏启能与霍尼韦尔"联姻"】 3月10日,霍尼韦尔公司与江苏启能新能源材料有限公司品牌合作签约仪式在位于上海的霍尼韦尔亚太总部举行。霍尼韦尔公司总部位于美国新泽西州,是一家年营业额300余亿美元的多元化、高科技先进制造企业,其业务涉及航空产品和服务,楼宇、家庭和工业控制技术,涡轮增压器以及特性材料。江苏启能新能源材料有限公司由国际风投基金和跨国高科技团队于2011年在张家港保税区成立,公司独创的高密度高稳定性纳米相变储能技术已实现大规模储能产业化,应用到太阳能收集利用、分布式供暖、储能热泵、电力调峰、风电储能、工业余热回收等多个领域。两公司达成授权合作协议、建立战略合作关系后,计划在国内独家生产和销售霍尼韦尔无水箱太阳能热水器,这个产品所包含的可再生能源处理节能技术,彻底打破城市高端建筑太阳能热水解决方案的格局。同时双方也启动在海外市场的ODM(原始设计制造商)合作,共同推广由启能公司自主研发、拥有独立知识产权的霍尼韦尔品牌的无水箱相变储能太阳能产品。

【"润英联"入驻】 4月28日,润英联(中国)有限公司张家港工厂培土奠基,润英联全球执行副总裁Trevor Russell、润英联中国区总裁付立民,以及张家港市和保税区领导姚林荣、朱立凡、卞东方等出席奠基仪式。润英联公司是润滑油添加剂行业的全球四大顶级生产商之一,在添加剂行业有80年以上的生产经验。公司股东埃克森美孚公司和壳牌公司均为世界500强企业,两个股东各占润英联50%的股权。润英联高档润滑油和燃料油添加剂产品用于汽车发动机、船舶、机械、石油化工等领域,全球每3辆汽车中就有1辆汽车的内燃机油使用其添加剂。公司在美洲、欧洲、中东以及亚洲的新加坡设有生产基地。据预测,中国汽车保有量在2030年达到3.5亿辆,超越北美,从而带来对润滑油添加剂产品持续增长的需求。为开展在华业务,润英联公司决定在中国投资建立高档润滑油添加剂生产基地。润英联(中国)有限公司于2013年年末在张家港保税区注册,是一家集生产、销售于一体的总部公司。张家港工厂是润英联在中国的首家独资生产加工工厂,一期年生产能力10万吨,产品为高档润滑油复合添加剂,主要供应包括中国在内的亚太市场。一期项目预计于2015年年末竣工投产,预计年销售收入26亿元以上。

【杨佳怡入选"中国好人"】 6月,中兴小学11岁女孩杨佳怡荣登"中国好人榜"孝老爱亲好人。2013年,杨佳怡的父亲被确诊为急性白血病,为挽救父亲的生命,杨佳怡勇敢地提出捐献自己的造血干细胞。由于她年纪小,体重轻,父亲所需的造血干细胞量要分两次提取,而每次提取的过程对这个瘦弱的小女孩都是一场疼痛的考验,但她自始至终没喊一声疼,没流一滴泪,这种勇气和反哺父亲的爱难能可贵。

【4个科技产业化战略合作项目签约】 7月12日,保税区(金港镇)4个科技产业化战略合作项目签约。中国地质大学校长王焰新,市和保税区领导朱

科技产业化战略合作项目签约仪式　　　　　　　　（保税区　供稿）

立凡、卞东方、黄雪元等出席签约仪式。4个项目为：保税区管委会与富瑞特装签订氢能源中试及产业化示范装备项目投资协议；保税区管委会与中国地质大学签订科技合作战略框架协议；富瑞特装与中国地质大学、程寒松、张家港氢力新能源有限公司签订江苏氢阳能源有限公司投资合作协议；中国地质大学与大秦珠宝公司签订战略合作框架协议。根据协议，富瑞特装依托中国地质大学和国家"千人计划"专家、博士程寒松的科研成果，在江苏省扬子江国际化学工业园和江苏环保新材料产业园内，投资5亿元建设氢能一期项目，力争在2020年前实现氢能利用全产业链装备的制造，建成千亿级氢能源产业基地。大秦珠宝公司与中国地质大学合作，在武汉及周边地区建立珍珠养殖实验示范基地，并参与"武汉·中国宝谷"的建设，打造东方珍珠文化馆。

【霍尼韦尔特性材料张家港生产基地一期竣工】 10月17日，霍尼韦尔特性材料张家港生产基地一期项目基建竣工，市和保税区领导姚林荣、卞东方、许剑波等出席竣工仪式。霍尼韦尔公司是一家在技术和制造业方面占世界领先地位的多元化跨国公司，旗下拥有航空航天集团、自动化控制系统集团、特性材料与技术集团三大业务集团，2013年全球营业额为376亿美元，在世界500强企业中排名第287位。其中，霍尼韦尔特性材料与技术集团为客户提供高性能特性材料，产品包括用于空调和制冷的环保型制冷剂、节能隔热发泡剂、食品与药品包装的特殊薄膜等。2013年10月29日，霍尼韦尔特性材料与技术集团在江苏省扬子江国际化学工业园投资建设的一体化生产基地正式开工，先后分期投资建设包括催化剂、吸附剂、薄膜材料、树脂材料、特种纤维以及电子化学材料等一系列高科技、高附加值的项目。至2014年年末，总投资1亿美元的首个催化剂项目竣工，该项目生产霍尼韦尔环球油品公司（UOP）的Oleflex丙烷脱氢工艺所需的高性能催化剂。Oleflex丙烷脱氢专利技术能够帮助石化厂商将丙烷转化成生产塑料制品的重要原料丙烯。通过实现催化剂的国内生产，霍尼韦尔推动中国的丙烯产能扩张，在全球丙烯供应趋紧的情况下满足中国市场的需求。　　　　（邱亚峰）

经开区（杨舍镇）

【概况】 经开区（杨舍镇）位于市域西南部，是市委、市政府所在地，全市政治、经济、文化、交通中心。总面积153.09平方千米，其中城区面积34平方千米，耕地面积3702公顷。12月19日，经市委批准，建立中共杨舍镇善港村委员会和中共杨舍镇福前村委员会。年末，全区（镇）辖城郊5个办事处、城区4个街道办事处、29个行政村、66个社区（其中1个为"村社合一"体制）。有户籍98998户，人口280911人，另有外来暂住人口268906人。全年实现地区生产总值634.78亿元，比上年增2.6%。一、二、三产业增加值分别为5.18亿元、222.97亿元和406.63亿元。按户籍人口计算，人均生产总值22.6万元。完成全口径财政收入85.2亿元，比上年增4.94%，其中公共财政预算收入49.52亿元。入库税收83.89亿元，比上年增4.95%。完成全社会固定资产投资200.01亿元，比上年增1.24%。年内，经开区获批建设国家生态工业示范园区、国家新型工业化（智能制造装备）产业示范基地，区内国家再制造产业示范基地获批循环化改造示范试点园区、全国首个节能环保装备高新技术产业化基地。杨舍镇获"中国十大魅力乡镇"及苏州市社会治安安全镇称号。

经济建设与发展　年末，有企业7810家，其中工业企业3436家。307家规模以上企业全年实现工业总产值641.37亿元，主营业务收入624.36亿元，工业利税36.77亿元。有销售收入超1亿元工业企业86家，其中超5亿元的5家、超10亿元的9家、超20亿元的2家、超80亿元的2家。市政府"3333"百企培育工程深化推进，百家骨干企业开票销售收入525.92亿元，比上年增5.49%，占区（镇）经济总量的53.43%。澳洋集团列2014年中国民营企业500强第176位。区（镇）全年外贸进出口总额71.92亿美元，其中出口总额58.91亿美元。新批办外资及港澳台资企业22家，新增注册外资及港澳台资2.44亿美元，到账外资及港澳台资2.04亿美元。新批办私营个体企业1450家，新增注册资本23.02亿元。新开工工业项目124项，完成工业投资104亿元，其中超1亿元项目13项。12月18日、19日，张家港威孚热能股份有限公司、张家港天乐橡塑科技股份有限公司在"新三板"挂牌。三大新兴产业产业链加快形成。智能装备（机器人）产业方面，美国投资企业天合汽车安全技术(张家港)有限公司、日本投资企业小谷(张家港)精密锻造有限公司、韩国投资企业新光汽车配件(张家港)有限公司、加拿大投资企业麦格纳苏星电器(张家港)有限公司等一批著名企业入驻,世界500强、韩国投资企业韩华机械(苏州)有限公司建成投产。电子电力产业方面,华灿光电(苏州)有限公司一期96台套MOCVD机投产,单体工厂规模列全国第二;中国香港投资企业苏州恒嘉晶体材料有限公司、中国台湾投资企业锐捷光电科技(江苏)有限公司、中国深圳投资企业苏州晶台光电有限公司、日本投资企业张家港信德光电有限公司等一批知名企业被引进。再制造产业方面,张家港国家再制造产业示范基地被列为全省200个重点项目之一,一期工程展馆、检测中心、孵化器建成投运;富瑞特装汽车发动机再制造一期工程竣工投产,欧瑞德(张家港)汽车动力再制造有限公司等10余家再制造企业进驻;IBM再制造物联网创新中心、清华大学再制造产业研究院等单位被引进。新兴产业完成工业总产值502.86亿元,占区(镇)经济总量的50.31%。2014年第四届中国国际再制造峰会、2014年绿色制造国际论坛、2014年机器人产业发展高峰会议在区举办。新增新兴产业载体面积7万平方米。3月,江苏新美星包装机械股份有限公司的高效节能型PET瓶液态奶无菌包装数字化车间项目被列入国家战略性新兴产业发展专项资金计划,获国家扶持资金1600万元。6月25日,欧璧医药包装科技(中国)有限公司开业。科技创业园三期启动,获评省级中小企业五星级公共服务平台和小企业创业示范基地。沙洲湖科创园基建竣工,哈尔滨工业大学(张家港)智能化装备及新材料产业化研究院、西北工业大学(张家港)智能装备技术产业化研究院等一批著名科研机构入驻。华东锂电研究院承担国家"973"和"863"计划各1项。智能电力研究院大规模电池储能系统项目被列为省工业支撑重点项目,实现张家港市零突破。南京理工大学(张家港)工业技术研究院建成全市首家国家级机械行业重点实验室。全区向上争取各级各类科研经费1.18亿元。入围国家"千人计划"项目答辩3人,新建"千人计划"工作站7个,完成"千人计划"专家产业化项目9项。入选国家高端外国专家项目2项,留学生创业支持项目1项。培育省"双创计划"人才5人,累计24人,创新团队1个;"姑苏计划"人才12人,累计29人,"海鸥计划"3人;张家港市领军型创新创业人才团队25个,累计117个。新增国际科技合作项目8项;国家高新技术企业34家,省级以上创新平台18个、科技项目28项,其中国家科技重大专项和省科技成果转化项目各1项;苏州市级以上创新型企业9家。专利授权2749件,其中发明专利授权115件。新增超1亿元人才创业企业1家。软件(动漫)产业园商务中心、如意通动漫大厦投运,人才公寓、国泰金融广场、爱康中央研究院、华东国际创新大厦竣工,未来比茨大厦封顶,银河龙芯大厦推进顺利。苏州中康电力开发有限公司被第三批认定为全省跨国公司地区总部,总部企业累计有4家。全区培育全国服务业500强企业1家,省级服务业创新示范企业3家。完成服务业投入96.01亿元,比上年增6.67%。服务业占GDP的比重为63.9%。村均总资产超1亿元,村均可用财力超1000万元。全年实现农、林、牧、渔业总产值8.58亿元,粮食、蔬菜、肉类、牛奶、水产品总产量分别为22931吨、54427吨、2691吨、12403吨和1633吨。3月,张家港金麦穗生态农业研发有限公司(生态农庄)通过中国质量认证中心认证,获国家级良好农业规范认证证书。

社会事业发展　年末,有学校54所,教师总数5241人,在校学生75416人。有医疗卫生机构174个,其中社区卫生服务站84家。年内,征收房屋1106户,新开工安置房71万平方米,竣工95万平方米,分房3475户、7919套。新建、改造道路22条。新开、拓浚河道5条,疏浚河道139条75公里,整治重污染河道2条5.2千米。新建桥梁8座、排涝站1座、圩口闸8座,拆坝建桥59座。铺设污水管网10千米。整治"两违"案件36起。深入开展"推进十大整治、共建美丽港城"大环境专项综合整治活动。落实"河长制",推行"城管进社区",城区48个开放小区、城郊9个村实行物业管理市场化运作。一干河生态廊道竣工,新沙河滨水景观带开工,建设生态河道7条6千米,新增绿地178.2公顷,创建苏州市级以上生态村6个。深入开展"讲文明、破陋习、树新风"活动。开展"核心价值观"精品文艺节目村村演活动52场。"幸福网格乐翻天"才艺PK赛深受群众欢迎。入选市级"身边好人"55人,累计212人;入选"江苏好人"1人,累计6人。扎实开展"六打六治"打非治违专项行动,对4474家企业开展安全生产大检查,事故隐患整改率98%。化解各类信访积案老户3件6人,信访总量下降13%,非法进京上访零登记。镇、村二级联防实行统一管理,新增治安岗亭13个、警用电瓶车50辆、高清探头50个、小型摄录一体机1000套。打击赌博团伙36个,涉赌警情下降40%。全年实施实事工程项目九大类30项,总投资8亿元。新建景巷幼儿园交付使用,改扩建学校11所,为22所学校更新教学设备。深化积分管理,公办学校吸纳新市民子女入学22558人。完成4个老小区改造。新增社区用房32380平方米、便民餐厅11个。新建社区卫生服务中心(站)2个,免疫接种点2个。敬老院实行"公建民营"改革,新建居家养老服务中心2个、助餐点10个、关爱之家5个,养老床位累计2586张。

福民工程实施　城镇居民人均可支配收入46810元,农村居民人均可支配收入28750元,分别比上年增8.5%和10.1%。新建标准化农田165.53公顷,高效设施农业面积102.33公顷。列入中央财政现代农业生产发展项目2项。实施村级经营性项目26项,建筑面积37.3万平方米,总投资11亿元。新组建各类经济合作组织10个。开通经开区"幸福杨舍"微信公众平台。举办"民生面对面"活动49场,收集群众意见、建议797件,办结率98%。接处"12345"便民服务事项5029件,办结率99%。新增企业社保扩面4138

人，完成农保转城保1445人。医保参保新增533人，累计93881人。新增住房公积金缴存扩面11654人。全年举办各类就业供需对接活动22场，开发就业岗位18840个，就业援助岗位4027个，其中公益性岗位518个。杨舍籍应届高校毕业生、特困家庭劳动力、被征地农民就业率99%，杨舍镇被评为苏州市就业高质型乡镇。全年发放各类扶贫帮困资金8000余万元，大病救助231人。群众幸福满意度达到92.6%。

2014年张家港经济技术开发区（杨舍镇）办事处和街道办事处基本情况

表74

名　称	所在集镇（街道）面积（平方千米）	党工委书记	办事处主任	党工委副书记	办事处副主任
泗港办事处	2.10	徐建军	徐建军	徐　波（女）	吕　浪　宋海忠
塘市办事处	2.50	黄玉琪	黄玉琪	王丽春（女）	缪永高　蒋　炜 薛　平（12月免）
乘航办事处	1.50	杜永健（12月免） 郭广益（12月任）	杜永健（12月免）	沈　敏（女）	徐　一　刘　忠　葛卫荣
东莱办事处	2.00	张莉莎（女，12月免） 叶丽娜（女，12月起主持工作）	徐文达（12月起不再主持工作）	邹丽萍（女）	丁同兴　张浩科
晨阳办事处	0.80	孙秀珍（女，12月免） 薛　平（12月任，主持工作）	孙秀珍（女，12月起不再主持工作）	葛敏卫	倪小品　金　忠
城东街道办事处	6.68	蔡　勇（12月免） 杜永健（12月任，主持工作）	金　鑫	—	许利刚　耿永红（女） 曹　峰（女）　陈　静（女）
城南街道办事处	7.00	赵琦萍（女）	赵琦萍（女）	丁伟民	孙金芳（12月任） 王　献　徐燕萍（女）
城西街道办事处	6.30	石　勇	石　勇	薛　燕　蔡　健	梅丽玉（女）　葛　苏（女）
城北街道办事处	13.17	樊忠良（12月免） 郭建锋（12月任）	樊忠良（12月免）	郭建峰（12月免） 孙惠英（女）	周　军　钱得栋 朱忠莲（女）

2014年张家港经济技术开发区（杨舍镇）村（社区）基本情况

表75

村（社区）	面　积（平方千米）	户数（户）	人口数（人）	集体经济收入（万元）	可用财力（万元）	总资产（万元）	村（社区）党委（总支、支部）书记	村委（社区）主　任
斜桥村	3.91	1326	4810	1544.50	519.53	11182.76	蒋培兴	许立东
田垛里村	5.96	1941	6529	3068.00	2860.68	29352.67	郭建锋	陈希超
闸上村	2.41	761	2368	2200.33	1417.91	6351.16	赵阿盘	李　华
章卿村	5.08	1609	5378	1685.92	983.52	7707.27	赵善荣	赵兴华
善港村	7.17	2310	7643	4049.54	2017.58	12182.96	葛剑锋	宋海忠
百家桥村	4.71	1422	4862	1869.26	675.42	7184.93	唐建东	唐建东（兼）
七里庙村	4.41	1371	4911	2699.78	1712.74	12799.32	张建春	—
李巷村	7.01	2083	6329	2634.38	1340.04	7397.02	孟雪春	李　成
旺西村	1.82	519	2058	1909.71	1208.89	10006.97	顾建平	徐国华
河北村	5.23	1635	5155	4180.72	615.55	7293.29	钱　旻（女）	陆惠良
南庄村	2.30	526	2012	1016.35	343.76	6380.48	徐海栋	徐海栋（兼）
棋杆村	2.96	782	2960	941.91	671.12	6099.96	陈　云	—

续表75-1

村(社区)	面　积(平方千米)	户数(户)	人口数(人)	集体经济收入(万元)	可用财力(万元)	总资产(万元)	村(社区)党委(总支、支部)书记	村委(社区)主　任
河南村	2.22	512	1976	908.36	452.81	7976.57	缪永高	徐建春
汤联村	1.92	613	2203	1313.41	613.69	5741.72	蒋　炜	李金成
蒋桥村	3.09	821	2577	4261.38	1101.10	15936.21	钱建飞	支益明
庆安村	6.23	1615	5315	3805.67	1140.11	10378.29	钱　强	钱建明
农义村	2.41	636	1680	496.03	296.83	2477.33	周正星	虞建石
双鹿村	3.29	882	2518	530.21	280.20	3964.31	季建飞	陈海江
新民村	3.44	987	3215	860.82	650.15	3782.68	徐建达	沈金文
民丰村	5.24	2066	6657	5106.09	1060.64	16242.14	孟建东	陈卫佳
农联村	6.02	1860	5751	14941.88	3836.88	28005.67	赵建军	李雪东
东莱村	6.89	2249	6574	1457.10	637.50	6395.93	季　刚	张震亚
福前村	6.37	2027	6145	1806.51	1053.86	15146.13	奚介荣	赵国忠
徐丰村	1.46	400	1096	784.12	670.44	6082.09	唐永德	季安平
西闸村	3.55	1138	3362	584.76	408.56	3113.72	戴晓华	徐显法
黎明村	4.90	1442	4470	3413.74	450.56	4493.78	季祖德	徐　益
晨新村	4.37	1265	3727	1021.00	506.13	7670.43	陈　强	陈洪元
晨南村	3.94	1132	3520	530.16	450.37	4185.23	丁耀平	黄向红(女)
南新村	6.14	1897	5291	822.86	554.62	4925.20	东国平	朱永安
城东社区	1.63	991	2565	2346.03	1664.51	20690.44	郭冠平	郭新贤
勤丰社区	0.05	800	2234	—	—	—	郭冠平(兼)	钱雪峰
城南社区	3.65	1962	5344	4261.57	2246.04	23077.87	王　献	缪雪花(女)
城西社区	1.93	696	1702	7071.33	6235.41	22385.28	蔡兴华	顾国兴
城北社区	1.88	725	2460	1093.69	577.37	7896.80	许国兴	任建刚
赵庄社区	3.85	1155	4238	1339.77	1060.01	12318.56	汪明如(12月逝)	钱凤娟(女)
包基社区	2.06	558	2134	3614.56	620.44	5211.71	陶振祥	叶　文
小城市社区	2.25	710	2388	1393.91	878.26	8738.32	陶建刚	胡兰英(女)
仓基社区	2.50	384	1362	341.86	200.42	6197.04	郭　浩	孙　斌
范庄社区	1.64	498	2083	764.64	713.83	7148.98	缪德兴	缪立新
万红社区	1.61	776	2154	2295.85	446.97	7903.69	宋祖德	潘永华
前溪社区	1.50	407	1318	988.76	677.40	10688.61	缪德兴(兼)	唐建新
向阳社区	1.20	1545	4240	—	—	—	陆晓筠(女)	陈媛媛(女)
园林社区	1.00	1668	4461	—	—	—	周　艳(女)	周　艳(女,兼)
新城社区	0.86	1413	4018	—	—	—	张彩英(女)	张彩英(女,兼)
花园社区	1.50	1603	4150	—	—	—	许品洁(女)	许品洁(女,兼)
梁丰社区	1.30	2080	5621	—	—	—	丁凤英(女)	丁凤英(女,兼)
东苑社区	1.40	1285	3556	—	—	—	赵　英(女)	赵　英(女,兼)
振丰社区	0.56	1138	3045	—	—	—	许小萍(女)	许小萍(女,兼)
明珠社区	0.62	1845	5244	—	—	—	李　忠(负责人)	李　忠(负责人,兼)
中昊社区	0.30	565	1559	—	—	—	陈宇红(女)	陈宇红(女,兼)
帝景社区	0.80	178	466	—	—	—	潘艳丽(女)	潘艳丽(女,兼)
聚龙社区	0.40	1434	4131	—	—	—	陈红静(女)	陈红静(女,兼)
沙工社区	0.60	1565	4276	—	—	—	徐　炜(女)	徐　炜(女,兼)
南苑社区	0.80	3366	9636	—	—	—	徐　强	徐　强(兼)

续表75-2

村（社区）	面　积（平方千米）	户数（户）	人口数（人）	集体经济收入（万元）	可用财力（万元）	总资产（万元）	村（社区）党委（总支、支部）书记	村委（社区）主　任
东湖苑社区	0.82	—	—	—	—	—	张晓红（女）	张晓红（女，兼）
西湖苑社区	0.20	900	2821	—	—	—	许　娟（女）	许　娟（女，兼）
惠丰社区	0.30	1145	2987	—	—	—	陆彩萍（女）	陆彩萍（女，兼）
暨阳湖社区	0.65	853	2266	—	—	—	徐　敏（女）	徐　敏（女，兼）
绿洲社区	0.34	415	1098	—	—	—	樊　莉（女）	樊　莉（女，兼）
清水湾社区	0.52	1016	2798	—	—	—	钱玉芳（女）	钱玉芳（女，兼）
江联社区	0.41	469	1230	—	—	—	苏　洁（女）	殷红燕（女）
馨港社区	0.22	94	277	—	—	—	陆美红（女）	陆美红（女，兼）
云盘社区	0.32	2133	6086	—	—	—	汪秀琴（女）	汪秀琴（女，兼）
邵巷社区	0.22	1287	3701	—	—	—	宋祖德（兼）	刘　卫（女）
暨阳社区	0.45	1501	4140	—	—	—	张玉妹（女）	张玉妹（女，兼）
龙潭社区	0.18	1320	3713	—	—	—	葛　新（女）	葛　新（女，兼）
庆丰社区	0.35	1394	4192	—	—	—	王雅芳（女）	王雅芳（女，兼）
西门社区	0.25	1770	4853	—	—	—	夏军芬（女）	夏军芬（女，兼）
长安社区	0.12	952	2724	—	—	—	路　敏（女）	路　敏（女，兼）
金城社区	0.32	569	1402	—	—	—	沈丽红（女）	沈丽红（女，兼）
汇景社区	0.32	914	2407	—	—	—	王佩华（女）	王佩华（女，兼）
四季社区	0.31	572	1516	—	—	—	石扣萍（女）	石扣萍（女，兼）
悦盛社区	0.28	158	584	—	—	—	陈　亮	王季芳（女）
扬帆社区	1.38	1501	5492	—	—	—	陈　洁（女）	陈　洁（女，兼）
东渡社区	1.50	1373	3728	—	—	—	徐　虹（女）	徐　虹（女，兼）
通运社区	1.20	1099	2862	—	—	—	庄丽萍（女）	庄丽萍（女，兼）
横河社区	2.25	635	1789	629.71	629.64	3393.11	樊忠良（兼）	钱志杰
锦绣社区	1.50	521	1541	—	—	—	袁晓东	袁晓东（兼）
悦丰社区	0.90	757	2377	—	—	—	黄　芳（女）	黄　芳（女，兼）
体育社区	0.53	421	1398	—	—	—	虞　华（女）	虞　华（女，兼）
泗港社区	1.20	302	718	—	—	—	黄　琴（女，兼）	徐桂贤（女）
七里庙社区	—	114	338	—	—	—	严剑峰（兼）	瞿　芳（女）
白鹿社区	0.11	394	1119	—	—	—	胡胜良	胡胜良（兼）
景巷社区	0.17	189	546	—	—	—	徐　浩	徐　浩（兼）
塘市社区	1.50	578	1543	—	—	—	徐立峰	徐立峰（兼）
北海社区	0.13	218	834	—	—	—	孙　滟（女）	徐　惠（女）
南湖苑社区	0.23	437	1605	—	—	—	赵小江（兼）	徐海栋
东兴苑社区	0.34	567	2164	—	—	—	程　亚（女，兼）	陈　云
金塘社区	0.24	157	642	—	—	—	高丽萍（女）	高丽萍（女，兼）
乘航社区	1.50	1194	3090	—	—	—	楼小英（女）	楼小英（女，兼）
老宅社区	1.70	1118	3364	—	—	—	钱晓红	钱晓红（兼）
江南社区	0.41	82	366	—	—	—	潘德贤	潘德贤（兼）
东莱社区	1.60	294	590	—	—	—	—	姚雪青（负责人）
江帆社区	0.29	597	1456	—	—	—	季利本	季利本（兼）
晨阳社区	0.80	337	731	—	—	—	丁耀平（兼）	丁　静（女）

说明：表格中数据为农村调查数

2014年张家港经济技术开发区(杨舍镇)主要开工项目情况

表76

投资企业名称	项目名称	主要产品	投资金额(万元)
华灿光电(苏州)有限公司	外延片、动力及芯片车间和办公大楼基建,新增20台红黄光MOCVD机设备项目	LED外延片、芯片,MOCVD机	130000
张家港华夏再制造产业投资发展有限公司	再制造产业园一期机械、电子厂房基建,检测中心基建项目	—	60000
江苏骏马集团有限责任公司	钢帘线四期厂房基建及12条生产线安装项目	钢帘线	50000
张家港大造气雾剂有限公司	生产厂房基建项目	生物医药喷雾剂	50000
苏州恒嘉晶体材料有限公司	厂房基建及39台长晶炉设备安装项目	大尺寸蓝宝石晶体材料	40000
小谷(张家港)精密锻造有限公司	主体厂房基建项目	数控机床与汽车自动变速箱关键零部件	30000
天合汽车安全技术(张家港)有限公司	主体厂房基建项目	电子控制设备	20000
张家港富瑞特种装备股份有限公司	汽车发动机再制造产业化项目	汽车发动机再制造	20000
苏州同冠微电子有限公司	主体厂房基建及生产设备安装项目	4英寸、6英寸集成电路	20000
江苏澳洋顺昌光电技术有限公司	封装50亿粒LED芯片设备生产车间及综合楼基建项目	LED芯片	20000
苏州龙杰特种纤维股份有限公司	年产8万吨差别化纤维募投项目	特种纤维	10000
欧璧医药包装科技(中国)有限公司	主体厂房基建及年产4.5亿套医药包装新材料的6条生产线安装项目	医药包装新材料	10000
苏州金鸿顺汽车部件股份有限公司	增资扩建汽车冲压件30万套、大中型模具200套项目	汽车冲压件、大中型模具	10000

【经开区获批建设国家生态工业示范园区】 经开区于2012年年初启动国家生态工业示范园区建设工作,并于是年7月向国家生态工业示范园区建设协调领导小组提出申请。2013年6月,建设规划经修编后报环保部预审。规划以打造"新兴产业集聚地、生态工业典范区"为目标,以科技创新为支撑,以发展低碳经济进行生态化改造为途经,明确建设国家生态工业示范园区的总体阶段目标、指标体系及框架,提出主要行业生态工业发展方案、园区主要资源综合利用和污染物控制方案,以及支撑园区建设的重点项目和保障体系。2014年2月27日,《张家港经济技术开发区国家生态工业示范园区建设规划》在北京召开建设规划论证会。由环保部、商务部、科技部领导以及中国科学院院士王如松等专家组成的专家组一致认为经开区创建国家生态工业示范园区,对于优化产业结构、转变经济发展方式、提高资源和能源利用效率、改善生态环境,促进区域可持续发展和生态文明建设具有重要示范意义。12月1日,经开区获环保部、商务部、科技部批准,建设国家生态工业示范园区。该区实施产业升级与生态工业、基础设施、能源集成、水资源集成、环境管理和生态文化等六大工程26个子项目的全面升级。围绕高端装备、绿色能源、新型材料、特种纺织四大优势板块,重点发展智能装备、机器人、节能环保、再制造、智能电网、芯片制造和汽车零部件等七大新兴产业,大力发展现代商贸、总部经济、文化创意、服务外包等现代服务业。2014年,经开区依托机器人产业园、火炬节能环保

骏马集团钢帘线生产基地 (肖 湘 摄)

装备特色产业基地、再制造产业基地及电力电子产业基地等国家级创新载体，完成新兴产业投入120亿元，实现新兴产业产值890亿元。其中，机器人产业园引进日本那智不二越（江苏）精密机械有限公司、瑞典伊萨焊接器材（江苏）有限公司等国内外知名机器人制造及配套企业；国家火炬节能环保装备特色产业基地瞄准余热锅炉、LNG成套设备、脱硫脱硝设备等产业，聚集苏州海陆重工股份有限公司、张家港富瑞特种装备股份有限公司等一批科技领军企业；再制造产业基地被列入苏州市“十二五”循环经济发展规划，西马克（苏州）有限公司轧辊再制造、那智不二越（江苏）精密机械有限公司刀具再制造、张家港富瑞特种装备股份有限公司能源加气机再制造等项目均已投产；电力电子产业基地已吸引20家太阳能光伏企业进驻，形成从硅材料、硅片、电池片、组件集成系统设备到光伏应用产品较为完整的产业链。节能减排项目投入7012万元，江苏骏马集团有限责任公司、东渡纺织集团有限公司、龙杰特种纤维股份有限公司、易华塑料有限公司、申洲毛纺有限公司、澳洋集团有限公司、澳洋纺织实业有限公司等7家企业实施28个节能项目，年可节约标准煤16440吨；生活污水治理投入3000余万元，铺设污水管网27千米，日增生活污水处理能力1.22万吨；骏马热电厂投资4000万元的脱硝工程投用，41家企业锅炉实施“煤改清洁能源”；淘汰落后企业94家，盘活土地130.07公顷。

【首届中国智能电力产业发展论坛在京举行】 8月16日，由张家港经济技术开发区、清华大学电机系和张家港智能电力研究院联合举办的第一届中国智能电力产业发展论坛在北京举行。该论坛的主题是“新技术、新挑战、新机遇”，全国电力相关的120余家中央企业、大型国有企业、上市公司和创新公司应邀参加，交流智能电力产业发展成果，研讨如何迎接中国能源消费、供给、技术和体制革命的新挑战。论坛上，经开区党工委书记张伟就张家港智能电力产业科技园作《抢抓能源革命机遇，合作共赢美好未来》的推介致辞。清华大学电机系教授、中国工程院院士韩英铎，天津大学电机学院教授、中国工程院院士余贻鑫，中国南方电网专家委员会秘书长、中国工程院院士李立涅，中国电力科学研究院院长、中国工程院院士郭剑波以及中国电力企业联合会专职副理事长魏昭峰等专家分别进行主旨演讲。论坛期间，由天津大学电机学院、清华大学、中国电力发展有限公司、北京能源投资（集团）有限公司、中国电力科学研究院、北方联合电力有限责任公司等20家院校、企业、科研机构共同发起成立智能电力产学研联盟，并进行联盟揭牌仪式。联盟旨在促进产业及跨行业的资源整合与共享，推动建设完善的标准和知识产权体系，搭建信息交流、技术合作、市场应用的产学研交流平台，加强与政府部门和相关产业界的沟通，支撑智能电力及相关产业健康发展，开展有益于社会发展的公益事业。

【日本株式会社大造公司中国总部项目落户】 1月12日，日本株式会社大造公司与张家港经济技术开发区就中国总部项目进行签约，项目正式落户经开区。张家港市委副书记、市长朱立凡，经开区党工委副书记、管委会主任葛晓明会见参加签约仪式的日本株式会社大造公司社长南宣之。日本株式会社大造公司是一家跨国新材料企业，专业生产生物医药、化妆品、汽车用品、高端食品和船舶用品等，拥有160余项专利。此次签约的总部项目主要包括中国生产基地、中国销售总公司及研发机构，总投资超3亿美元。其中，一期投资超1亿美元，主要生产化妆品新材料、生物医药等产品；二期投资2亿美元，主要生产生物医药与高端食品。

【张家港软件（动漫）产业园首批入选省重点文化产业园区】 3月17日，省文化改革发展领导小组公布首批江苏省重点文化产业园区名单，经开区的张家港软件（动漫）产业园成功入选，成为苏州市3家入选园区之一。首批江苏省重点文化产业园区实行限额申报，由苏州市文化改革发展领导小组进行初审，省文化改革发展领导小组办公室会同省文化厅、省广电局、省新闻出版局进行复审，并组织专家实地考察，经公示后由省文化改革发展领导小组命名、授牌。根据《江苏省重点文化产业园区管理办法》，省级有关专项资金优先安排重点文化产业园区的建设项目，支持重点文化产业园区关键及共性技术研发平台和公共服务平台建设、园区内文化企业自主创新和技术研发、文化产品和文化服务出口等。张家港软件（动漫）产业园是国家影视网络动漫实验园、江苏省服务业重点建设项目、苏州市文化产业示范基地、苏州市重点文化产业项目、苏州市第三批服务业发展集聚区之一，占地面积9.67公顷，总投资50亿元。该园将新建软件、动漫和创意产业办公楼、研发中心、总部办公楼、商务中心、公共服务平台、人才公寓等，总建筑面积43万平方米，工程于2012年5月全线启动，计划2015年建成投运。

【中国国际再制造峰会在经开区举行】 5月29日，2014年第四届中国国际再制造峰会暨张家港再制造产业论坛在经开区举行。国家发改委资环司副司长马荣，江苏省发改委副主任王汉青，张家港市领导姚林荣、朱立凡、张伟、邵军民等出席开幕式。再制造是发展循环经济的重要内容，是国家鼓励发展的战略新兴产业。2013年，张家港国家再制造产业示范基地成功获批，成为全国首批、华东地区首家国家再制造产业示范基地，并被省发改委、国土厅等部门列为全省200个重点项目之一，同时获国家发改委单独申报2014年园区循环化改造示范试点园区资格。至2014年5月，该示范基地已入驻富瑞特种装备股份有限公司、那智不二越（江苏）精密机械有限公司、西马克（苏州）有限公司等15家从事再制造的骨干企业，年产值50亿元。

【张家港国家再制造产业示范基地获批循环化改造示范试点园区】 7月31日，张家港国家再制造产业示范基地被国家发改委、财政部批准为循环化改造示范试点园区。园区循环化改造示范工程是国家发改委、财政部为推进园区循环经济发展,加快转变发展方式,提高园区综合竞争力,实现园区绿色低碳循环发展而启动的。基地循环化改造按照“一个核心、三个基础、三个着力点”的总体思路开展,即以再制造产业的发展为核心,构筑高层次的循环经济产业链,实现能源资源的高效利用。基地做优做强五大再制造产业,建立检验检测中心、创业孵化中心、技术研发中心、逆向物流中心、拆解清洗中心、固废收集中心、电子商务中心、宣传推广中心以及人才培训中心等九大公共服务平台,按照循环经济产业链条实现同类、关联项目的集中布局,大力推动已有项目与基地以及区域范围内项目的衔接,促进资源合理配置。基地循环化改造示范试点共有总投资7.4亿元的9个公共服务平台项目获中央财政资金支持。通过循环化改造,基地在再制造产业得到快速发展的同时,资源产出、资源消耗、资源综合利用以及废物排放等方面达到国内领先水平,为国内再制造产业基地绿色循环发展提供典型示范。

【“港城爱心社”获评“感动苏州十大好母亲”】 5月15日,在由苏州市文明办、苏州市妇联、苏州日报报业集团、苏州市广电总台联合主办的“感动苏州十大好母亲”寻访和评审活动中,城西街道“港城爱心社”作为张家港市唯一一个志愿团队入选“感动苏州十大好母亲”。“港城爱心社”由庆丰社区的蒋静芳于2006年发起成立。8年间,200余名“爱心妈妈”用双手织出几万件(条、顶)爱心毛衣、围巾和帽子,捐赠给儿童福利院孤儿、地震灾区的孩子、农村留守儿童、贫困山区的孩子。她们还发动社会热心公益力量,走进弱势儿童中间,同他们面对面交流。“爱心妈妈”用自己的模范行动影响和带动了越来越多的社会爱心人士加入到奉献爱心的行列之中,孩子们都亲切称她们为“爱心妈妈”。

(戴玉兴　缪时政)

冶金园(锦丰镇)

【概况】 冶金园(锦丰镇)位于市域北部,与南通如皋市、通州市隔江相望,有沿江岸线13.8千米,是以钢铁冶炼为核心,加工、贸易、仓储、物流等全面发展的新型工业基地。总面积114.32平方千米,耕地面积4749公顷。至年末,园(镇)辖2个办事处、23个行政村、9个社区。有户籍43997户,人口114476人,另有外来暂住人口58242人。全年实现地区生产总值519.34亿元,比上年增1.15%。一、二、三产业增加值分别为4.3亿元、394.17亿元、120.87亿元。按户籍人口计算,人均生产总值45.36万元。完成全口径财政收入44.4亿元,其中公共财政预算收入20.17亿元,比上年增4.78%。入库税金44.67亿元,比上年增13%。全社会固定资产投资150.65亿元。园(镇)党(工)委120个基层党组织、5578名党员开展党的群众路线教育实践活动,《沙上集镇》等沙上系列丛书编辑出版。年内,园(镇)获评江苏省公共文化服务体系示范区、江苏省优质产品生产示范区、江苏省放心消费创建活动先进单位、江苏省创新型试点乡镇、江苏省“十二五”妇女儿童发展规划示范乡镇。年末,锦丰镇获全国文明镇称号。

经济建设与发展　年末,有企业2650家,其中工业企业1460家。93家规模以上企业全年实现工业总产值2098.93亿元,主营业务收入2090.89亿元,工业利税77.26亿元。有销售收入超10亿元的工业企业7家,形成冶金、玻璃建材、机械装备、医疗器械四大产业。精品钢材产业基地、新医药产业基地、专业市场、基础设施项目等“810工程”进展有序,年内投资超1亿元项目34项,其中1420毫米冷轧板、400万吨精品线材等项目竣工达产。全年园(镇)完成技改投入99.51亿元,其中总投资超3000万元(合资项目超500万美元)的技改项目54项。总投资7.3亿元的酷车驿站、总投资5亿元的“张家港晒乐·沙上集成式国际欢乐世界”等项目完成签约。园(镇)外贸进出口总额65.05亿美元,其中出口总额27.89亿美元,比上年增52%。全年新批外资及港澳台资企业8家,累计123家。新增注册外资及港澳台资2.88亿美元,累计14.38亿美元。到账外资及港澳台资1.08亿美元,其中欣荣博尔特公司吸收美国黑石基金注资9868.5万美元,累计12.93亿美元。新批私营企业597家,累计3140家,新增注册资本24.24亿元,比上年增154.4%。新批个体工商户797户,累计5458户,新增注册资本8048万元,比上年增19.5%。新批外地资本项目285项,注册资本21.39亿元,比上年增11.8%。服务业投入51.15亿元,比上年增5.7%。山东晨曦集团、宏信化工公司等入驻玖隆物流园。玖隆钢铁物流园商务主楼、商住楼、保税库、监管库、剪切加工中心等工程基本完成。物流园新增入驻企业250家,钢材市场完成交易额1500.27亿元,入库税收3亿元,比上年增152%。引进中信、海通、招商、齐鲁等7家券商入驻,全年完成交易额70亿元,入库税金11.5亿元,获全省特色产业园中物流产业园第一名。园(镇)新增省民营科技企业12家,累计59家。新增国家火炬计划重点高新技术企业1家,省级以上企业创新平台9个,省级以上科技项目9项,省高新技术企业8家,累计40家。获批省科技企业上市培育计划入库企业2家,新增授权专利1139件,其中授权发明专利62件。省级博士后创新实践基地建立,设园区总站和5个企业分站。有院士工作站2家,新增研究生工作站3家,累计14家。新增省级工程技术研究中心3家,累计15家;新增苏州市级工程技术研究中心2家,累计24家。与南京邮电大学合作,成立张家港研究院。江苏欧邦塑胶有限公司、江苏保丽洁环境科技股份有限公司、德朗能(张家港)动力电池有限公司3家企业获苏州市创新先锋企业称号。签约国家“千人计划”工作站(研究院)3家,累计7家;签约“千人计划”专家产业化项目5项,累计9项。新增省“双创计划”人才1人,累计6人;新增“姑苏计划”人才3人，累计7人；新增张家港市领军型创新创业人才12人，累计40人。依托沙洲湖科创园载体，引进泰诺自动化、英华知控、睿牛机器人等5家人才企业。实现农、林、牧、渔业总产值8.24亿元，粮食、蔬菜、水产品总产量分别为35494吨、60500吨、1665吨，机插秧面积1984.8公顷，占水稻总面积的85.7%，秸秆还田综合利用率99.1%。投入500万元推进村（社区）“五个一”工程，福利村三星级康居乡村建设，耕余村、南港村、店岸村3个二星级康居乡村建设通过验收。生态创建投入资金2.53亿元，完成一干河东侧景观绿化、悦来花苑等安置房绿化、美丽村庄绿化，新增绿地面积150.73公顷。新增江苏省绿色学校1家，江苏省生态村2个，苏州市生态村1个。投入690万元，在建设、海沙、乐杨、西港村新建高标准农田180.67公顷。新增设施农业139公顷。投资1200万元的金南港农业科普园建成开放，接待访问、参观、科教人员3000余人次。种植蔬菜面积0.2公顷以上的农田均纳入质量检测，共抽测700批次，合格率99%以上，农产品质量追溯实现全覆盖。园（镇）投入近589万元，添置大型收割机10台、高速插秧机27台、中拖5台，烘干设备8台套，其他农业机械60台，累计有各类农业机械3639台套，农机总动力3.54万千瓦。机插秧率85.7%，秸秆综合利用率100%，建设农机专业合作社被农业部评为全国农机合作示范社。沙钢、浦项、爱丽塑料、海陆环锻等企业节能减排项目持续推进，淘汰风机、水泵、电机457台套，低效电机9591千瓦。投入近2亿元新增沙钢集团4个脱硫和11个电除尘设施改造项目等。富源锻造、合兴机械锻造、瑞杰塑胶等9家企业燃煤锅炉落实治理。园（镇）全年减排大气污染物粉尘1500吨、二氧化硫6370吨、氮氧化物224吨。

社会事业发展　7月，三兴初中与三兴小学合并，成立三兴学校。年末，园（镇）有学校10所，其中公办学校8所、民办幼儿园1所（德美幼儿园）、民工子弟学校1所（锦秀学校）。教师790人，在校学生13422人，其中新市民子女7125人。引进省特级教师1人、地市级学科带头人1人，新增市级骨干教师50人，获批国家级实验项目1项，省级课题1项，苏州市课程基地1个。创建南师大附属合兴初中、附属合兴小学省级研究生工作站，为市人文社科类研究生工作站首例。8月，合兴小学改、扩建工程和锦丰中心小学改、扩建一期工程竣工。中小学入学率、巩固率100%，毕业率100%。新市民子女入学率100%。园（镇）有大型休闲广场5个，体育场馆3座，晨、晚练健身点136个，其中包括健身路径、室内健身房、乒乓室等各种健身场所，健身步道11.7千米。举办“锦丰·沙洲新城”杯大众骑行和市首届公开水域游泳比赛。厚生村、悦来村、镇北社区24小时图书馆对外开放。园（镇）有文体团队70支，公共文化服务网格117个，培育市级优秀文化示范网格23个，配备网格文化员117人、社会体育指导员565人。开展网格化公共文化活动100余次。开展文体活动180余场。开展“学雷锋·志愿服务伙伴计划”启动仪式、“爱满港城”慈善募捐暨公益慈善项目发布活动、“平安面对面、与法同行”暨“走千家、访万户、送安全”活动、水法宣传活动等50余场，参与人数近2万余人。有版权工作站1家，沙钢集团、红叶视听器材股份有限公司分别获省、苏州市版权示范单位称号，免费登记申报版权1118件。开展“身边好人”评选活动，编印《榜样的力量》，成立百姓宣讲团，设立“善行义举榜”，弘扬凡人善举，提升居民道德素养。开展“感动家庭·幸福邻里”星级文明户评比、表彰活动。整合社区资源，深化结对共建，书院社区“四点半学校”等“一区一品”项目创出特色。园（镇）新发展有线电视用户2420户，累计4.26万户；新发展宽带用户2036户，累计9591户。有医疗卫生机构41个，其中医院4家，医师237人，核定床位644个。计划免疫门诊接种36423人次。546个餐饮单位持有效卫生许可证的有535个，持证率98%。251个公共场所单位持有效卫生许可证243件，持证率96.8%。为116名民间厨师实施免费体检，持证上岗率100%。实施“两癌”免费筛查，联合开展国家科技重大专项免费体检，人口与计划生育“清单式分类管理”得到苏州市及省有关部门肯定，在籍人口计划生育率99.76%，流动人口计划生育率98.5%。苏州市人口计生基础管理现场会在园（镇）举办。锦丰·沙洲新城建成区面积4.95平方千米，合兴医院、大南水街、大南社区卫生服务中心等一批公建项目稳步推进。一干河西拓疏浚工程、东侧景观工程、华山路步行桥基本竣工。湖滨世家、郦景澜湾等5个商住开发项目建筑面积超90万平方米。年内签订动迁协议640户（家），其中农户628户、企业12家，动迁面积12万平方米。沪通铁路建设区域动迁完成，在全市率先实现清场交地。悦来五村、六村和大南六村等一批安置房开工，建筑面积70万平方米，在建安置房建筑总面积120万平方米，其中大南三村、五村基本竣工。全年分房1049套，安置动迁户885户。《锦丰镇农房建设暂行办法》出台，审批各类建房171户，解决急需建房的矛盾和预动迁压力。“政社互动”试点工作推进，15个社区社会组织获评市优秀社区社会组织，永新社区获全国和谐社区建设示范社区称号。全市首家镇级社会组织孵化基地（滨江公益坊）、首家助残社工机构（添翼助残社工事务所）成立。困境儿童综合援助、新市民子女社会融入计划等7个项目在市首届社会组织公益创业投资中获奖。《冶金工业园（锦丰镇）开展社会稳定风险评估工作实施意见》出台，对涉及劳资纠纷、环境污染等方面26个项目明确分工、量化标准、规范流程，从源头上预防和减少矛盾纠纷发生。园（镇）建立安全管理巡检平台，通过GPS监控，实时了解企业自查自纠情况。开展安全检查整改、“六打六治”打非治违、“安全到家村村行”三项行动，分五大领域16个行业开展安全专项检查，排查并整改各类隐患2132处，挂牌督办的6处重大隐患全部整改到位。

福民工程实施　农民人均纯收入28248元，比上年增12.3%。以村集体经济为经营主体或控股的土地股份合作社有24家。土地入股面积2775.47

公顷，入社农户29487户，注册资金6597万元。适度规模流转土地累计3760.8公顷，占耕地面积的98%。锦都中央广场、永盛商务楼、耕余村公租房等一批村级经济增收载体建设工程竣工；以锦联、锦翔两个村级联合投资发展有限公司为运作主体，投资建设悦来花苑、书院五村等一批三产商业用房。20万平方米商业用房、标准型厂房和到期2014.87公顷规模经营流转土地，全部进入资源交易所交易。有三星级为农综合服务社28家。有休闲农庄3个、农业企业24家。全镇村级可用资金8601万元，比上年增18.7%。全年发放粮食直补、农资增支补贴、土地规模经营补贴等涉农补贴2082.04万元。新增城镇职工养老保险参保人数1356人，累计61181人，参保率99.76%；参加居民基本医疗保险49328人；新增住房公积金扩面2999人，累计35464人。累计农保转城保18467人；新增享受老年补贴5人，累计9898人，享受率100%。为13415名65周岁及以上老年人实施免费健康体检。组织沙钢集团、华尔润集团等企业进行岗位培训3152人，职业技能培训2523人；举办创业培训2期，培训130人，扶持创业65人。新建创业孵化基地3个，累计13个；见习基地累计19个；农村劳务合作社累计8家。全年排查、调处各类矛盾纠纷160起，涉及金额2500万元；处理工伤纠纷79起，涉及金额818.13万元。处理职工死亡纠纷7起，涉及金额589.2万元。累计举办招聘会24场，提供就业岗位15031个；帮助852名就业困难人员申领政策性补贴，138名特困劳动力实现就业。为15099名企业退休人员免费健康体检，39339名企业退休人员、农保和被征地退休人员纳入全镇社会化管理范围。促进就业再就业工程，新增就业岗位11267个，新增就业援助单位30个并结转2013年的32个援助单位，累计开发就业援助岗位2394个，其中公益性岗位336个，成功吸纳就业困难人员405人。全园（镇）发放抚恤金343.21万元，"爱满港城"慈善募捐451.4万元；发放计划生育奖励、补助金1119.48万元，16692人受益。投入31万元，为12户困难户帮建、帮修房屋25间。投入8300万元用于老龄专项服务和养老机构建设，新增养老机构2家，静玉老年公寓、亚兰老年公寓投入运行，全镇有养老床位988张，千名老人拥有床位数33张；新建镇北社区居家养老服务站、永新日间照料中心，完成3个助餐点建设。累计有居家养老服务站19家。向五保户、低保和低保边缘重病家庭、重残户、优抚对象发放保障金、助学金1665万元，各类救助补贴521.3万元，80周岁以上老年人尊老金389万元。

2014年江苏扬子江国际冶金工业园（锦丰镇）办事处基本情况

表77

名　称	所在集镇面积（平方千米）	党工委书记	主　任	党工委副书记	副主任
三兴办事处	2.20	陈建明	陈建明	吴亚芳（女）	陈卫菊（女，兼，6月任） 惠正刚
合兴办事处	2.80	周勇敏	赵　瑜（女，6月免） 周勇敏（6月任）	李晓平	陈　英（女，6月免） 钱　军（兼，6月任）

2014年江苏扬子江国际冶金工业园（锦丰镇）村（社区）基本情况

表78

村（社区）	面　积（平方千米）	户数（户）	人口数（人）	集体经济总收入（万元）	可用财力（万元）	总资产（万元）	村（社区）党委（总支、支部）书记	村委（社区）主　任
店岸村	8.23	2329	7005	1071	862	5333	毛桂法	朱才明
联兴村	9.96	2205	4997	1437	1260	17314	李卫忠（兼）	杨德芳
向阳村	4.21	1208	3410	516	413	4294	郭　健	丁　浩
郁桥村	2.31	796	2312	275	257	1808	张正清	魏广杰
建设村	5.01	1854	4862	568	500	3098	刘　兵	蒋卫良
协仁村	4.32	1367	4035	383	299	2306	张小平	苏惠成
西港村	3.97	1334	3709	416	197	2236	巩谆贤	邵燕军
福利村	5.72	1670	4692	744	375	4546	肖正才	蒋正华
交通村	4.94	1425	4023	598	279	2271	叶海平	蔡正平
厚生村	4.29	1902	4865	587	410	4470	陆　杰	倪玉琴（女）
新港村	4.00	1437	4128	584	301	1606	黄卫平	陈　键
西界港村	3.63	1305	3713	509	290	1913	朱嘉喜	杜建林
登瀛村	4.36	1512	4134	490	225	1685	姚恒峰	陈发根

续表78

村（社区）	面　积（平方千米）	户数（户）	人口数（人）	集体经济总收入（万元）	可用财力（万元）	总资产（万元）	村（社区）党委（总支、支部）书记	村委（社区）主　任
耕余村	3.24	1180	3028	337	186	1939	孙晓平	刘晓华（女）
鼎盛村	4.97	1687	4556	503	214	1523	倪建华	朱建华
乐杨村	4.74	1719	4670	413	282	1581	吴建清	陈建华
星火村	6.01	2194	5286	1373	581	6178	杨志高	朱惠英（女）
洪桥村	4.00	1417	3425	301	118	1757	毛　虎	李卫京（女）
洪福村	5.19	1631	4234	401	249	1828	殷亚华	奚　健
悦来村	3.34	1075	2868	348	157	3191	沈晓燕（女）	高成龙
光明村	3.63	1197	3076	533	176	2040	聂恩峰	倪春军
南港村	4.02	1303	3558	476	217	1973	许天明	赵　锋
常家村	4.14	1435	3779	503	266	6567	张　涛	张剑平
镇北社区	1.59	716	1775	337	180	1809	樊　红（女）	费　红（女）
海沙社区	4.50	1270	3689	373	307	1794	金　荣	陶小贤（女）
滨江社区	—	2161	4241	—	—	—	陈晓怡（女）	陈晓怡（女）
三兴社区	—	1085	2249	—	—	—	朱　毅	朱　毅
合兴社区	—	2423	5302	—	—	—	陆　静（女）	陆　静（女）
永新社区	—	397	1096	—	—	—	沈连明	沈连明
书院社区	—	66	167	—	—	—	徐　萍（女）	徐　萍（女）
大南社区	—	—	—	—	—	—	张　涛	张　涛
悦来社区	—	—	—	—	—	—	沈晓燕（女）	沈晓燕（女）

说明：表格中数据为农村调查数

2014年江苏扬子江国际冶金工业园（锦丰镇）主要开工项目情况

表79

投资企业名称	项目名称	主要产品	总投资额（万元）
张家港市苏闽金属制品有限公司	胶管钢丝、切割钢丝项目	胶管钢丝、切割钢丝	54435
江苏沙钢集团有限公司	135兆瓦发电机组项目	电力	45000
江苏百力鑫成套设备有限公司	大型起重设备制造项目	大型起重设备	9800
张家港海陆钢构有限公司	高强度钢结构技术改造项目	钢结构	8700
江苏钢亿实业有限公司	新型金属复合材料制造项目	新型金属复合材料	8600
张家港市久荣钢材加工有限公司	钢材剪切加工项目	钢材成品	8500
张家港市蓝天印铁制罐有限公司	饮料食品级金属罐生产线技术改造项目	金属罐	7980
张家港玖隆电子商务有限公司	玖隆在线电子商务平台项目	电子商务	8000

【冶金园、锦丰镇“区政合一”管理】 园（镇）根据“精简、高效、统一”和“小政府、大服务”的原则，开展改革，整合职能。7月15日起正式实行“区政合一”管理体制，冶金园党工委、管委会和锦丰镇党委、政府“两块牌子、一套班子”，实行“六个统一”，即统一规划建设、经济发展、审批权限、财政结算、组织人事、公共事务。内设机构为“二室七局”，即党政办公室（宣传文明办公室）、组织人事局、发展改革局、规划建设局、经济服务局、财政和资产管理局、物流贸易局、社会事业局（农村工作局）、政法和社会管理办公室。冶金园领导班子成员、相关局室领导与镇领导班子成员交叉任职。同时，对科室实行优化整合，对相似或相近的职能归口一个部门管理，避免职能交叉。

【“书香锦丰·幸福阅读”全民阅读活动】 年内，冶金园（锦丰镇）以“书香锦丰·幸福阅读”为主题，以“阅读·悦宝贝”“阅读·悦雏鹰”“阅读·悦青春”“阅读·悦岗位”“阅读·悦家庭”五大系列活动为载体，全力推进全民阅读。4月23日，“书香锦丰·幸福阅读”全民阅读活动在联兴村举行启动仪式。锦丰镇计生办开展“让智慧起舞”宝贝启蒙阅读活动；工会组织开展“文化聚餐”汉字听写大赛；纪检办以“读廉政书籍，做勤廉表率”主题，利用党风廉政展示馆及党员干部现代远程教育站点开展党性党风党纪读书教育活动；新市民事务中心开展“我与父母共读书”阅读活动；三兴学校组织开展全年读书系列活动。“我与名人同月生”青少年阅读系列活动获2014年度市未成年人思想道德建设工作创新案例一等奖。12月，园（镇）获评苏州市2014年度全民阅读先进单位。

【20个志愿服务项目公布】3月5日，冶金园（锦丰镇）举行2014年度“学雷锋·志愿服务伙伴计划”启动仪式，“‘宝贝去哪儿’亿利带你游港城”等20个志愿服务项目公开发布。项目分为关爱他人、关爱社会和关爱自然三大类，其中13个项目得到爱心企业和爱心人士的资助。近年，园（镇）采用“制度化建设、专业化推进、项目化运作”工作模式，完善志愿服务阵地，提升市民思想道德素质。年内，《锦丰镇志愿者公益积分管理办法》出台，书院社区学雷锋志愿服务工作站启动。9月，开展“友爱锦丰、益路同行”公益组织（社团）博览会。至年末，园（镇）累计注册志愿者506人，获爱心企业资助资金50万元，参与志愿服务志愿者超过2万人次。志愿服务的经验做法先后5次被苏州市级以上媒体报道。镇志愿服务中心、合兴和书院社区志愿服务站多次接待中央文明办副主任、团中央书记处第一书记及省、市和兄弟单位领导的参观指导。书院社区志愿服务队被评为苏州市优秀志愿服务组织。

【沙上文化实验区列入省文化生态保护名单】2013年起，全市以锦丰镇、大新镇为核心区域，全面启动沙上文化生态保护实验区建设，并进行沙上文化生态保护实验区规划纲要编制工作。沙上文化生态保护实验区所涵盖的张家港市北部区域以南横套河与沙漕交界河为界，俗称“沙上”，因南北移民促进文化碰撞、融合与发展，形成了别具风格的沙上人生产、生活习惯和风土人情。区域内有三兴元宵锣鼓、沙上山歌、常阴沙号子、沙上民间谚语和“沙上宝卷”等多项非物质文化遗产项目。2014年11月28日，沙上文化研究会在上年编辑出版《沙上文化系列丛书》第一辑基础上，推出第二辑，包括《沙上山歌》《沙上风俗》《沙上集镇》3本书共136万字。《沙上山歌》收录民间生活劳作、民俗风物、历史故事等山歌620余首1.6万行篇，配照片75幅、插图39幅，附山歌曲谱29首和沙上常用方言汇总表。《沙上风俗》有250余篇文章、81幅照片、民间剪纸多幅，记录沙上人生活崇尚、处事方式、待人接物等文化现象。《沙上集镇》有78篇文章、204幅照片，记述明代后形成的76个集镇曲折发展、交替兴衰的历史。是日，冶金园（锦丰镇）在张家港保利大剧院组织“沙上风情”民俗文艺会演，分“沙上风”“沙上情”“沙上梦”3个篇章共12个节目，有声乐、舞蹈、曲艺、小品、综艺型民俗表演5种表演类型。12月，张家港沙上文化和宜兴陶瓷文化、同里水乡民俗文化生态保护实验区一起第三批入选江苏省文化生态保护区名单。

冶金园（锦丰镇）书院社区“四点半学校” （严子洋　摄）

【小麦油菜政策性农业保险赔付高】截至12月12日，冶金园（锦丰镇）由中国人民财产保险有限公司与政府联办共保的小麦、油菜政策性农业保险投保面积分别为2443.42公顷、268.26公顷，总保额2847.26万元，面积与上年基本持平。小麦油菜投保费率比上年减0.5%，保费为每公顷420元，其中种植户个人承担每公顷33元，镇级财政承担每公顷27元，张家港市级财政承担每公顷54元，其余由中央、省级、苏州市级按政策补贴。小麦、油菜保费降低了而保险赔付金额由上年的每公顷8340元提高到1.05万元，同时起赔点从20%降低到10%，免赔率由原来30%降至10%，保费更低、保额更高，降低免赔率和起赔点，使农民利益得到更大的保障。年内，锦丰镇小麦发生大面积倒伏，经现场查勘、测产，与市农委联席会议协商讨论后，全镇理赔小麦倒伏面积544.4公顷，按每公顷1196.85元理赔，理赔总金额651565.14元，理赔款在确定损失率后第一时间打入麦农账户，弥补麦农减产损失。

【30个重大项目集中开工】2月7日，冶金园（锦丰镇）2014年度总投资216.8亿元的30个项目集中开工。其中，工业项目8项，总投资62.8亿元；服务业项目12项，总投资137.2

亿元；实事工程项目10项，总投资11.2亿元。最大的项目是联东集团投资建设的“联东U谷·张家港产业综合体”项目，占地面积约40公顷，投资约35亿元。项目以电子信息、生物医药、精密机械、能源环保为主导产业，建设成有张家港特色的产业园区。其次为玖隆物流园保税物流及剪切加工中心项目。保税物流项目占地43.33公顷，总投资17亿元，建筑面积9.7万平方米，包括保税仓库及出口监管库、剪切加工库及标准仓库。实事工程包括悦来六村、沙洲河桥梁、锦丰中心小学扩建、泓南广场改造、生态水环境建设等项目。

【南京邮电大学张家港研究院】 11月3日，南京邮电大学张家港研究院签约暨揭牌仪式在南京邮电大学举行。张家港市副市长、冶金园党工委书记赵建明与南京邮电大学副校长颜晓红签订《共建南京邮电大学张家港研究院合作协议》。市委副书记、沙洲工学院党委书记王亚方与南京邮电大学党委书记刘陈为南京邮电大学张家港研究院揭牌。南京邮电大学在云计算、大数据、3D打印、移动互联网等新兴产业方面具有独特优势。张家港研究院的成立，依托大学人才和学科优势，紧密结合冶金园产业特色和发展需求，以智能控制、新材料、激光技术等产业的关键、共性技术需求为主导，广泛开展技术研发、成果转化和项目产业化，培育和发展创新型科技企业，构建产学研紧密结合的科技创新创业平台。

【园（镇）社区卫生一体化管理】 4月21日，园（镇）召开社区卫生一体化管理试点启动暨签约仪式。市领导赵建明、华红和市有关部门、锦丰镇政府负责人，各托管医院代表、各村（社区）主任、社区卫生服务中心中层以上干部和各社区卫生服务站站长等参加仪式。园（镇）作为全市社区卫生一体化管理的试点单位，采用“政府承担、定项委托、合同管理、评估兑现”的方式，将社区卫生服务中心医疗部和各分中心（站）委托锦丰人民医院、合兴医院、澳洋医院三兴分院分别实施管理，建立贯通到村（社区）的医疗卫生资源流动体系，实现医院与社区的一体化管理，政府购买医院提供的社区卫生服务。实现一体化管理，有利于提升政府对社区卫生工作的管理效率，提高卫生资源和财政资金的使用效益，提升社区卫生服务能力和群众满意度。至年末，相关医院共有3名年轻干部和医生骨干到基层挂职，先后下派坐诊医师13人、巡诊医师40人，基层技术力量得到充实。同时通过“三基”培训、医院进修、跟班结对学习等形式开展社区技术帮扶，共组织业务培训968人次。社区卫生服务综合能力明显提高，诊疗人次、业务总收入分别比上年增2.7%、31.3%，基本、重大公共卫生绩效评估成绩居全市前列，减少就医费用1.5万元。

【百姓宣讲团】 9月20日，冶金园百姓宣讲团成立仪式暨“身边好人”先进事迹报告会举行。百姓宣讲团向通过选拔、培训和考核的12名宣讲员颁发聘书。宣讲员为观众讲述身边好人助人为乐、诚实守信、敬业奉献、孝老爱亲的感人事迹。近年，冶金园（锦丰镇）根据群众多元思想文化特点和不同利益需求，以“百姓讲堂”为载体，通过组建宣讲团，把党的政策理论、法律法规、科学技术、传统美德、优秀文化、时代风尚等群众需要、群众关注的内容送到基层。全区建有“形势理论”“政策法规、园镇动态”“道德模范、好人好事”“幸福生活”等多支宣讲队，宣讲人员50余人，宣讲340余场，惠及群众超6万人次。“百姓讲堂”被评为2014年度市二级讲坛讲座，是全市获评讲坛讲座中唯一的区镇级讲坛讲座。

【晒乐·沙上集成式国际欢乐世界项目】 8月5日，张家港岚驿·集成式国际度假营地项目签约仪式在冶金园举行。项目位于沙洲新城一干河西侧，北至港丰公路，南至晨丰公路，总长4.8千米，占地约60公顷，总投资约5亿元。项目利用一干河西侧绿化带和湿地，建设房车露营基地、移动式酒店集群（含移动房车、高档帐篷酒店、精致木屋酒店）等，打造以汽车营地为主题的生态休闲走廊，满足张家港及周边地区自驾游等人群旅游消费需求。同时规划2公顷建设用地，建设渔人码头商业风情港（包括亲水观景休闲区、酒店餐饮、露天咖啡厅、广场表演等）。项目通过引入现代旅游发展理念和经营机制，采取“产业带动产业”模式，引进文化、旅游、娱乐、餐饮等产业合作经营，集旅游观光、休闲度假、健康疗养、娱乐购物等功能为一体，成为富有特色的商务休闲景观区。项目由凌峻地产（中国）有限公司、蓝峻（上海）股权投资基金管理有限公司投资建设。12月8日，该项目更名为“张家港晒乐·沙上集成式国际欢乐世界”。

【园（镇）公共法律服务中心运行】 8月26日，园（镇）公共法律服务中心正式运作。中心涵盖人民调解、法制宣传、法律援助及法律服务等内容，建立“一站式”综合法律服务平台，科学配置各类资源，提供“窗口化一站式”便捷服务，方便群众的法律需求，有利于进一步聚集园（镇）司法行政职能优势，为维护社会稳定提供法律保障。至年末，公共法律服务平台已提供接待咨询150余次，普法宣传13次，协助调解纠纷7件，法律援助12件，公证、司法鉴定7件。

【张家港国际汽配城项目签约】 5月5日，广州市鲁鼎投资发展有限公司在冶金园举行“酷车驿站”之张家港国际汽配城项目签约仪式。项目总投资7.3亿元，总建筑面积约15万平方米。主要建设以汽车配套专业市场为代表的汽车文化产业商业城，包括汽车美容、改装等商业服务中心和主题餐厅、休闲配套、娱乐设施等。项目建成后，新增就业岗位8000个，年营业收入可达到2.77亿元，税金8200万元。

【老镇区水环境整治】 年内，园（镇）委托南京市政设计研究院编制《锦丰镇老镇区水环境整治规划》，计划3年投入1.5亿元，从控源截污和补水活水两方面合理规划老镇区水环境整治。年投入4300万元，完成锦阳河生态修复示范试点、南中心河拓宽疏浚和沿线农户生活污水截污纳管等工程，同步推进常通港三兴片区水环境治理、合兴横套生态河道整治等。疏浚镇、村级河道60条计32万立方米，完成总投资2100万元的“农村河塘清淤整治试点县”项目。投资177万元，拆坝建桥21座。投资395万元，改建3座排涝站、新建圩口闸2座。圩区信息管理中心完成建设。

（徐 平）

塘桥镇

【概况】 塘桥镇位于市域东南部，与常熟市海虞镇交界，是中国棉纺织毛衫名镇、中国民间文化艺术之乡、全国文明镇。总面积94.26平方千米，耕地面积4010公顷。年末，辖2个办事处、14个行政村、6个社区（其中3个为“村社合一”体制）。有户籍29417户，人口91855人，另有外来暂住人口97347人。全年实现地区生产总值156.34亿元，比上年增0.7%。一、二、三产增加值分别为3.48亿元、88.85亿元和64.01亿元。按户籍人口计算，人均生产总值17.02万元。全年完成全口径财政收入17.17亿元，比上年增33.72%；公共财政预算收入7.51亿元，比上年增34.59%；入库税收13.87亿元，比上年增10.08%。完成全社会固定资产投资42.85亿元，比上年增2.22%。年内，塘桥镇获江苏省全国经济普查先进集体、江苏省实施“十二五”妇女儿童发展规划示范乡镇等称号。

经济建设与发展　年末，有企业2051家，其中工业企业1553家。126家规模以上工业企业全年实现总产值285.49亿元，主营业务收入290.67亿元，工业利税21.2亿元。有销售收入超1亿元的企业27家。华芳集团主营业务收入超100亿元，开票收入超60亿元；鹿港毛纺、新东旭纺织、银河电子开票收入均超10亿元；普坤纺织、华程集团、联宏纺织、铭润铜业、华鹿纺织、逸臣钢管等6家企业开票收入超5亿元；新沪毛纺、民政福利、俊锋玻璃等17家企业开票收入超1亿元。全年工业投入22.74亿元，腾出土地37.7公顷，资源整合力度不减。有98个新办、转型、扩容项目开工，其中超3000万元项目10项。中科晶元、友诚科技等重点项目竣工投产，南源光电、乐嘉铝型等一批重点项目进展顺利。华芳金田车间完成细络联装备转型，银河电子集团成功并购安徽同智机电公司，鹿港科技公司收购福建世纪长龙影视公司，佳成机械、薪泽奇机械、索尔新能源公司在“新三板”挂牌，全镇上市企业累计5家。东城科技创业园新增创新创业载体1.3万平方米，华中科技大学技术转移中心张家港分中心落户。全镇引进国家“千人计划”人才2人，累计8人；有省“双创计划”人才2人、“姑苏计划”人才1人；新增张家港市领军型创新创业人才4人，累计22人。引进“千人计划”专家产业化项目4项。新增省高新技术企业6家，累计25家；新增省科技项目5项，累计21项。有省级工程技术研究中心9家、苏州市级工程技术研究中心8家；新增产学研合作项目20项，累计70项。新增注册商标185件，专利授权759件。新兴产业投入14.05亿元，比上年增15.8%；新兴产业产值79亿元，占规模以上企业产值的27.67%。全年完成外贸进出口额100731万美元，比上年增5.04%，其中出口总额79150万美元，比上年增5.25%。新批办外资和港澳台资企业3家，新增注册外资和港澳台资6340万美元，实际利用外资和港澳台资6104万美元。鹿港科技、华芳集团、新东旭纺织、华鹿毛纺、银河电子、弘林金属等6家企业进出口额列全市60强。新批办私营企业343家，新增注册资本7.47亿元；新批办外地资本企业222家，新增外地注册资本6.29亿元。全年完成服务业投入20.11亿元，实现服务业增加值49.3亿元。新批办个体工商户1928户，新增注册资本2.37亿元。批零和住宿餐饮限额以上单位79个，销售收入68.9亿元，零售额5.61亿元。全年完成服务业税收1.65亿元，其中国税6100万元、地税1.04亿元。服务业产值占GDP的比重为31.1%。大力发展现代农业，新增高效设施农业95.7公顷，完成蒋家村74.3公顷标准化农田改造，韩山工厂化育秧基地建成投用，农业机械化率98%。农村资源交易平台建立，土地确权、领证试点工作启动。推动村级经济抱团发展，扶持村级经济联合体项目建设，金桥开发投资公司初步取得成效。全镇农、林、牧、渔业总产值6.11亿元，粮食、蔬菜、水产品产量分别为35416吨、19320吨和1460吨。村级经济可用财力超1亿元。

社会事业发展　年末，有公办学校10所，在职教师669人，在校学生10467人。另有阳光、金城、巨桥3所新市民子女学校，在校学生2408人。年内，投入1.47亿元，优先发展教育事业，为学校添置各类教学设施。塘桥初中和妙桥小学综合教学楼竣工投用，塘桥中心小学、鹿苑幼儿园、妙桥中学实验楼、妙桥幼儿园等新建、扩建工程顺利推进，妙桥中学和鹿苑小学完成“美丽校园”示范点认定工作。师资队伍素质优化，新增骨干教师71人。塘桥高中二本以上达线率55.3%，3所初中中考成绩居全市区镇初中前列。有医疗卫生机构41个，其中医院4家、社区卫生服务站23家，医师526人，核定床位670张。优化整合社区卫生服务资源，新建、改建花园村、顾家村等6个村级社区卫生服务站；启动社区卫生服务一体化管理，全年开展健康知识讲座152场，完成疫苗接种4.1万人次。有文化站1个、图书馆2个，公共图书馆藏书量3.5万册，公共文化设施面积4500平方米；有体育场馆4个，体育设施面积1.4万平方米。投入6000万元建设文化惠民工程，塘桥、妙桥、鹿苑3个片区文化中心建设工程启动。完善镇、村（居）两级文体设施网络，完成新建小区室内文体设施和室外健身广场建设。推进24小时自助借阅图书馆建设，实现镇级图书馆无线网络全覆盖。建立基层网格文化培训基地，健全网格文化员考评机制，全面推行网格文化员培训资格认证制度。定期组织网格文化员参与市“群文大讲堂”系统培训，下基层、下网格进行辅导，开展技能大赛、文化比拼、文化展演等活动。建立长效化、规范化的文化志愿者队伍，开展“送关爱、送辅导、送传统、送服务”等志愿活动。举办第五届全民运动会暨全民健身节等大型活动，开展村村文艺巡演、千人广场舞、送春联、书画联展、读书节等系列活动。7月，经文化部民俗专家评审，金村庙会入选第四批国家非物质文化遗产代表性项目扩展名录。新发展宽带用户960户，累计宽带用户2.67万户，有线电视入户率100%。水环境综合整治三年行动计划启动，每年投入2000万元全面洁净塘桥水环境。投资4000万元实施的镇区10家企业污水管网铺设工程竣工；投资2000万元的镇区污水管网纳管工程完成，新增城镇生活污水管网2.1千米。富民路等镇村道路建设启动，金村古街二期保护工程和何桥、韩山等小区天然气管道铺设完成，牛桥、刘村、金村等村自来水管网改造工程顺利推进。新增各类环卫保洁车25辆，新购果壳箱80个，改建垃圾收集房200座。完成牛桥等3个康居乡村的环境整治并通过市级验收。实施河道保洁“河长制”管理，全年修浚河道34条，新建生态河道5条、电管站6座，改建危桥5座。新增林地、绿地115.9公顷。新型社区管理体制不断完善，馨塘、韩山等8个安置小区实现物业管理。深化新市民积分管理，新市民子女积分入医、续保1565人，入学958人，新市民子女被公办学校吸纳率63%。加强平安村镇建设，完成塘桥中心小学、鹿苑幼儿园等25个维稳考评项目，新增治安监控“电子眼”840个，和鑫花园、胡同小区等5个安置小区技防设施进一步完善。深入开展安全生产大检查，挂牌隐患整改率100%。

福民工程实施　农民人均纯收入28608元，比上年增12.11%。做好城保扩面工作，新增企业职工保险参保2565人，新增住房公积金扩面人数1505人。全镇参加基本医疗保险88011人，年上缴个人医保基金1200余万元，市、镇两级财政补贴3800万元。开展“春风行动”，举办各类就业招聘洽谈会24场，完成高技能人员培训1200余人，全年开发就业援助岗位1300余个，提供公益性岗位225个，安置就业困难人员150人。开展领导干部下基层和“天天听民声”“民生面对面”活动，全年召开座谈会32次，走访困难家庭180户，征集意见、建议75条，登记、受理群众信访139件，受理“12345”便民服务热线求助1866件，办结率100%。开展企业工资支付、用工情况专项检查，调处劳动纠纷385处。为345户农村低保户和低保边缘户支付最低生活保障金360.4万元，为63户城镇居民支付最低生活保障补助69.94万元，为433名优抚、参军人员发放优抚和奖励金697.89万元，为214名贫困学生发放助学金60.45万元，为44名退休工人发放定补款100.12万元，为144位重病人员发放补助金18.95万元，为259名临时救助者发放救助金108.15万元，为3526名80周岁及以上老人发放尊老金306.29万元。年末，走访、慰问特困家庭、党员、职工和动迁户等，发放慰问金（品）729.2万元。为5000名60岁以上老人实施健康检查。开展“爱满港城”慈善募捐活动，镇慈善基金会募集资金591.7万元，救助重病、伤残人员93人。全镇享受老年补贴人数42164人，发放补贴经费306.3万元，享受率100%。市、镇两级发放水稻生态补偿金1802万元，农民购买农机具补贴278.84万元，农资综合补贴429.43万元，小麦、水稻良种补贴86.26万元，秸秆还田补贴130万元，其他涉农补贴87万元。

2014年塘桥镇办事处基本情况

表80

名　称	所在集镇面积（平方千米）	党工委书记	主　任	党工委副书记	副主任
鹿苑办事处	4.00	薛祖民	潘晓忠	邹海兵	孙剑敏　钱　益
妙桥办事处	5.00	卢建刚	卢建刚	徐惠芳（女）	张萍华（女）

2014年塘桥镇村（社区）基本情况

表81

村（社区）	面　积（平方千米）	户数（户）	人口数（人）	集体经济总收入（万元）	可用财力（万元）	总资产（万元）	村（社区）党委（总支、支部）书记	村（社区）主　任
周巷村	7.03	2327	8543	1457	1247	2515	曹　健（11月免） 李　刚（副书记，11月主持工作）	李　刚
何桥村	7.31	2162	6775	1195	956	3246	钱腾冰	蒋卫新
青龙村	3.88	1349	4684	963	820	4655	顾惠明（7月免） 郑启伟（7月任）	马卫峰
韩山村	5.22	1503	4733	1377	1069	9308	徐颂英（女，7月免） 顾惠明（7月任）	黄　伟
顾家村	4.46	1130	3764	634	529	631	言建国	顾永标
横泾村	7.60	1977	6546	952	636	4539	陆学军	姜卫义

续表81

村(社区)	面　积（平方千米）	户数（户）	人口数（人）	集体经济总收入（万元）	可用财力（万元）	总资产（万元）	村(社区)党委（总支、支部)书记	村(社区)主　任
金村村	10.32	2270	7928	1194	944	2670	殷建刚	卞晓平
欧桥村	7.01	1760	5822	1206	1046	5740	张小飞	田建林
蒋家村	5.58	1360	4568	476	392	1050	章晓东	曹晓明
花园村	5.59	1526	5155	2501	853	5200	钱　益	钱伟东
滩里村	6.79	1975	6024	1739	1364	4137	秦朝华(女)	钱再飞
牛桥村	6.20	1591	4562	744	659	1795	王爱国	郑卫兵
巨桥村	5.84	1801	4985	961	751	2499	钱国忠	李志新
刘村村	4.88	1216	3537	777	542	3364	孙剑敏	陈正江
镇中社区	1.70	500	1695	630	582	4834	庞利新	朱颂伟
妙桥社区	3.76	678	1961	682	572	1100	张国平	朱建江
鹿苑社区	1.25	680	1684	530	455	2950	钱惠新	钱震杰

说明：表格中数据为农村调查数

2014年塘桥镇主要开工项目情况

表82

投资企业名称	项目名称	主要产品	投资金额（万元）
江苏晶元光电科技有限公司	晶元光电项目	图形化衬底材料	30000
张家港乐嘉新能源科技有限公司	新能源科技项目	太阳能电池支架系统	30000
张家港市华鹿毛纺有限公司	高档特种纤维面料项目	高档特种纤维面料	15000
张家港市逸洋制管有限公司	高性能轴承扩产项目	汽车用高性能轴承	5000
张家港顺祥科技有限公司	顺祥科技项目	天线平面扫描仪	3000
张家港市华尊宝特种材料有限公司	特种材料项目	低碳高强度合金安全气囊管	6000
维克罗(中国)搭扣有限公司	搭扣系统扩容项目	搭扣带钩	8000
张家港市中达服饰制造有限公司	电脑横机扩容项目	服饰	7820
张家港金州再生能源有限公司	垃圾焚烧炉项目	生活或生产用电	4000
张家港市巨桥毛纺织有限公司	毛纺技改项目	毛线、毛纱、服饰	3000

【核心价值观教育与实践】 年内，塘桥镇突出“四个层面”的教育与实践，推进社会主义核心价值观教育。一是多层面开展理论教育。结合“中国梦”与党的群众路线教育，镇党校编写通俗易懂的《中国梦与核心价值教育读本》，开辟“三新大讲堂”，邀请市、镇党校讲师团进社区、企业宣讲，累计专题讲座100余场，发放宣传材料2500余册；采用“七一”大党课、重温入党誓词、诵读红色经典、“中国梦”征文、基层培训周等形式，利用鹿苑红色家园、金村园茂里等红色教育阵地，融入核心价值观宣讲，参观、学习超5000人次。二是多路径传扬公共道德。全镇新建和完善大型广告牌、建筑围栏、街道灯箱、电子屏、路灯杆、宣传画廊、围墙外体等广告载体近百处；镇区公益广告更新核心价值、家风家训等内容，镇、村新设“善行义举榜”20余处；镇政府网站开辟“文明之窗”核心价值观专栏，举行“十佳最美家庭”“十佳最美教师”“十佳五星员工”“十佳美丽学生”等评比活动，利用“身边好人”事迹，开展道德讲堂活动。三是多形式营造美丽乡风。举行“学雷锋、讲文明、树新风”活动，开展结对帮扶、义务献血、义务植树和“文明交通、畅行你我”“文明餐饮、光盘行动”“文明礼仪、百家宣讲”“关爱母亲河、文明生态行”等活动。以“我们的节日”为载体，举行移风易俗讲文明、鲜花祭祀亡灵、关爱空巢老人、慰问身边好人等活动；以核心价值观为内涵，村(居)完善村规民约，开展邻里文化节、邻里爱心志愿行动、金相邻赏月晚会等活动。四是多层次开展诚信教育。镇机关开展“诚信从我做起”主题教育活动，把个人诚信、参与公益事业作为考核、任用、提拔依据；企业开展“做精工产品、做诚信企业”主题活动，举办民营企业重合同、守信用推广会；镇总工会开展职工诚信教育，让职工认识诚信是做人之本；服务业开展“诚信做食品”活动，实施诚信经营制度。开辟“人民路放心消费”“北京路放心餐饮”一

条街，完善牛桥放心蔬菜基地、金村无公害大米和“三安”种植园检测机制和设备设施。

【“1926年党支部”红色教育基地建成开放】 金村党支部于1926年成立，是市域内最早建立党组织的基层支部之一。党支部建在金村乡绅金宝章的家宅园茂里，此宅一直保存。2010年6月，遵照市委书记“遗址很有价值，一定要保护开发好”的指示，塘桥镇启动遗址修复工程。遵循以旧修旧的原则，对呈曲尺形两层楼房、古井、场地等遗址进行修缮，至2011年年末竣工。修复的园茂里具明清风格。2012年6月，启动红色教育基地布馆工程。2014年3月，江苏省委副书记、省长李学勇考察时指示“一定要把1926年党支部打造成名副其实的红色教育基地”。经过征求意见、征集遗物、设计文案、精心布馆等过程，至6月，“1926年党支部”红色教育基地纪念馆初具雏形。馆室展示1926年党支部及各党员的照片、简历和遗物，陈列1926年党支部的文字资料，包括确认1926年成立金村党支部的信件。其中配置了微电影《红色印记，永恒丰碑》，记录大革命时期金村党支部开展活动情况。因1926年党支部是以金长茂粜籴米行作为秘密联络点，基地特地配齐米行的“行头”，复原当时场景。至年末，已开展80余次红色教育基地团队参观教育活动，其中包括接待省青年文化团、亚洲记者团、法国记者团等团体和组织的参观、采访。

【“金塘桥”围棋节】 6月27日至29日，“金塘桥”第八届围棋节在东渡苑举行。该届围棋节主要赛事有2014年中国围棋甲级联赛“塘桥大唐专场”和“大唐杯”百户家庭围棋赛及“双塘桥杯”苏沪两地围棋友谊赛。中国围棋甲级联赛“塘桥大唐专场”设在东渡苑“大唐人家”茶楼举行，是由以主将谢尔豪领衔，童梦成、王泽锦为队员的辽宁觉华岛代表队迎战以主将江维杰领衔，周睿羊、范廷钰为队员的山东景芝酒业队。经过三盘一对一快、慢棋对弈，辽宁觉华岛队战胜山东景芝酒业队。“大唐杯”百户家庭围棋赛在东渡苑广场举行，共有120个家庭近400人参赛。经过一天角逐，有48户家庭分获一、二、三等奖。“双塘桥杯”苏沪两地围棋友谊赛是在张家港市塘桥围棋队与上海市浦东新区塘桥街道围棋队之间展开，双方各出8名队员，经过两轮比赛，张家港市塘桥围棋队以总比分9∶7战胜对方。

【圩区管理进入e时代】 塘桥镇有农村、城镇两个大联圩，共有圩堤12千米，设计排涝站17座，总排灌流量每秒30.5立方米，总排涝面积1466.67公顷。以前，圩区管理工作量大，工作人员到全镇17座排灌站进行防汛和圩区检查，全部巡查一遍要一天时间，来回要走五六十千米。2013年起，镇政府投入380万元，安装一套信息化系统，在各个排灌站关键位置安装上高清摄像头，在水利站二楼的圩区信息化中心墙上安装大屏幕，管理人员只要在办公室电脑上进行操作，屏幕上画面不断切换，显示某个排涝站实时工作情况。内、外河视频用于观察内、外河的水位、河道及水工情况，泵站视频和音频用于观察泵站内的环境及泵机现场运行情况。监测中心可以对这些闸站进行远程监管，并随时对水位、流量、流速、险情等进行操控。17座排涝站的防汛和巡查，只要一个人在电脑上轻点鼠标，在不足半小时内就可完成。该系统实现闸站可视化、工情可监测、汛情可分析、险情可直播、人员可考勤、管理可考核，改变原来每个闸站都要派人24小时值班的传统监管模式，提高了圩区管理的工作效率和防汛排涝、科学调度的能力。

【好人吴雪芬收养弃婴事迹感动剧作家】 吴雪芬是塘桥镇韩山村人，在塘桥高中管理学生宿舍。15年前，身患子宫癌的她收养了一名弃婴女孩，取名吴昊。小吴昊14个月被确诊患上先天性腿神经部分瘫痪，并随着时间的推移病情越发加重。吴雪芬不离不弃，视同己出，在学校宿舍门卫安了个简易的家，带着孩子四处求医，含辛茹苦把小吴昊拉扯大。吴昊成绩优异，虽身患先天疾病，但享受到了母爱真情。吴雪芬因此被评为“张家港好人”、张家港市道德模范。4月，镇文明办决定以吴雪芬事迹为原型编小品宣传，邀请常熟“农民剧作家”袁小弟进行创编。袁小弟听了吴雪芬的事迹深受感动，专程驱车赶到塘桥采访，并很快创作出小品剧本《两个妈妈》。随后，塘桥文化志愿者在社区首次试演，现场观众无不为剧情感动流泪。事后，袁小弟将塘桥镇政府给予的2000元稿酬捐赠给吴雪芬。他说，他创作过很多以真人真事为题材的小戏小品，但吴雪芬的事迹最令他感动，使他的灵魂重新洗礼。

1926年中共金村党支部旧址——园茂里　（庞瑞和　摄）

【"志愿服务伙伴计划" 为环卫工人过生日】 近年，塘桥镇 "志愿服务伙伴计划" 惠及 "城市美容师" 之称的环卫工人，先后举办 "你为城市来美容、我为你来美发"、营造 "歇脚小站" 等活动。2014年8月28日，塘桥镇志愿服务伙伴计划——为 "城市天使" 点亮生日蜡烛正式启动。是日下午，60余位环卫工人代表被邀请到胡同社区邻里中心，由志愿者为他们过集体生日。在 "祝你生日快乐" 的音乐声中，4个大蛋糕缓缓推出，环卫工人代表上台分切蛋糕，志愿者将一块块蛋糕送到环卫工人手中。一群小志愿者为环卫工人送上新鲜的果品，并把精心制作的纸红花献给他们。文化志愿者代表准备文化 "美餐"，演出小戏、小品、歌舞、器乐，让环卫工人过了一个特别的生日。之后，志愿者们将生日蛋糕分送到全镇270余位环卫工人手中。

【一辅警14年献血2.7万毫升】 钱安是塘桥镇鹿苑派出所一名辅警。2000年10月的一天，他在市区街心公园无偿献血车上第一次献血，并拿到第一本无偿献血证书。此后，他每年无偿献血2次至3次。2009年，钱安成为一名造血干细胞志愿者。2011年，他加入市红十字会志愿者无偿献血服务队。每次参加志愿服务，他总是早早赶到活动现场，帮忙搬桌椅，发资料，引导前去献血的市民填写表格等，并以自己的亲身体验向市民宣传献血知识，消除其顾虑。至2014年，钱安14年累计献血40余次，献血总量2.7万毫升。按一个成年人体内储存6000毫升血液计算，献出的血液相当于4个成年人全身的血液总量。他先后获全国无偿献血奉献奖银奖、全国无偿献血三等奖、"张家港市十佳志愿者" 等荣誉。 （唐林康）

乐余镇

【概况】 乐余镇位于市域东北部，与南通市隔江相望，有全市唯一保存完好的民国老街。总面积78.58平方千米，沿江岸线18.09千米，耕地面积4624公顷。年末辖1个办事处、21个行政村（场）、3个社区。有户籍26441户，人口71885人，另有外来暂住人口18664人。全年实现地区生产总值39.24亿元，比上年增2.88%。一、二、三产业增加值分别为3.08亿元、21.43亿元、14.73亿元。按户籍人口计算，人均生产总值5.46万元。完成全口径财政收入5.98亿元，比上年增7.2%。其中公共财政预算收入2.92亿元。入库税收5.86亿元，比上年增6.5%。完成全社会固定资产投资14.86亿元，比上年增1.2%。年内，乐余镇获2014年苏州市全民阅读先进单位、苏州市民间文化艺术之乡等称号。

经济建设与发展 年末，有企业1548家，其中工业企业1145家。62家规模以上企业全年实现工业总产值72.12亿元，主营业务收入71.84亿元，工业利税3.91亿元。有销售收入超1亿元工业企业14家。以园区建设为载体构筑转型平台，占地3.33公顷的村级经济工业园（乐余科技创业园）一期完成前期审批，已组织征地手续办理。镇全年完成工业技改投入9.99亿元，其中总投资超1000万元的技改项目32项。完成新兴产业投资2.73亿元。完成外贸进出口总额3.39亿美元，其中出口总额3.24亿美元。新增注册外资2000万美元，到账外资575万美元。新批办工业私营企业204家，新增注册资本4亿元；新批办三产私营企业95家，注册资本2.3亿元；新批办个体工商户456户，新增注册资本5400万元。引进外地注册资本2.2亿元。总投资5亿元的海狮机械高端洗涤装备生产基地项目，一期厂房计划于2015年4月竣工投用，二期征地手续办理中，计划达产后年增加销售4亿元；宝韵新型材料一期厂区改造和设备安装基本完成，开始进行试生产，全部达产后年销售15亿元。7月8日，玉成精机股份有限公司挂牌 "新三板"，成为乐余镇首家 "新三板" 挂牌企业。镇全年引进 "千人计划" 专家工作站1家，新增 "千人计划" 产业化项目2项，引进市领军型创业人才团队4个，获评 "姑苏计划" 人才2人。临江绿色科技创新园获批省级科技孵化器。获评省级以上各类科技项目8项，获科技、人才专项资助资金725万元。新增高新技术企业10家、苏州市级创新型企业5家；新建省级以上企业创新平台4家；新增产学研合作项目14项，其中国际科技合作项目3项；新增发明专利申请230件，授权专利550件，其中授权发明专利34件。落实市淘汰落后企业三年行动计划，全年完成 "腾笼换鸟" 地块9宗，盘活土地28.07公顷，分别是市融欣纱线制造有限公司1.93公顷、张家港长力机械有限公司6.98公顷、江苏常余化工有限公司1.2公顷、市泰和碳素有限公司4.03公顷、市港城橡塑鞋材有限公司0.89公顷、市荣盛建筑工程有限公司0.97公顷、市茂丰竹木制品有限公司0.87公顷、市友邦锻造有限公司0.52公顷、大舜织染（张家港）有限公司3.33公顷。加快淘汰落后企业，关停8家企业；沙洲电厂灰场30.8公顷土地复垦通过省国土资源厅现场验收。全年新增高效农业面积130.4公顷。乐余现代农业产业园获批苏州市级农业示范园区。年末已完成核心园区（红星村）一期建设面积58.67公顷，建立农产品质量安全生产承诺制度体系，全年检测农产品700批，检测合格率100%；扩建红联千亩蔬果示范园区，新增露地（不包括大棚内）蔬菜面积26.67公顷；投入30余万元改造利康源食用菌生产示范基地，完成9792平方米17个香菇生产大棚改造；扩建特色苗木生产基地，红闸、向群等村和稻麦良种场新增苗木面积38公顷；投入425万元添置农机具38套，提升农业机械化水平；新建水稻专业化统防统治服务组织1家，服务面积200公顷；举办生产技术培训8期，参加培训728人次，发放各类技术资料10万余份，输送各类技术信息15期，科技入户率98%以上。全年实现农、林、牧、渔业总产值5.81亿元，粮食、蔬菜和水产品总量分别为41392吨、46724吨和2034吨。

社会事业发展 年末，有学校4所，教师458人，在校学生5357人，其中新市民子女1628人。另有幼儿园2所。有医疗卫生机构28个，其中医院3家、社区卫生服务分中心1家、社区卫生服务站20家，医师143人，床位365个。乐江社区卫生服务分中心

4月投入使用，形成"一镇多中心"的医卫模式。因地制宜编制40个保留村庄点位规划。完成乐余镇城市客厅一期规划方案审批和土地挂牌。全年实施动迁项目5项，动迁农户400户，审核农户建房申请125份，首批上报国土审批20余份。竣工安置房6.84万平方米，新开工7万平方米，安置动迁户358户532套，拆除违章建筑6000平方米。乐园路北延、妙丰公路乐红路匝道等市政道路工程按期完工，五棵松路、妙丰公路北延2015年完工，投入3000万元改造农村次差级道路85千米。《乐余镇镇级河道"河长制"工作实施意见》出台，实施拆坝建桥22座，疏浚镇村河道85条，建设生态河道12条，20条59.45千米镇级河道、237条174千米村组河道保洁实现市场化运作。投入250万元实施农村生活污水接管466户，建成城镇污水管网5千米，投入171万元新建兆丰2号排涝站1座，改建出港涵闸7座。投入1655万元完成1个三星级、5个二星级、10个一星级康居乡村建设。全年新增各类林地绿地115.6公顷。投入350万元改造乐余中心幼儿园，投入350万元完成兆丰幼儿园梦想舞台、绿色小农庄、文化长廊、家长阅读区、水景工程建设，兆丰学校的科技梦想雕塑及绿色文化布置，崇实初中的文化墙、校史陈列室、育英桥及后花园绿化建设，乐余小学国际象棋模型、紫藤书香长廊等建设，全镇各校基本完成"美丽校园"建设。新市民子女入学率100%。中学入学率、巩固率均保持100%，毕业率100%。投入6000万元新建镇文化中心，中心主体工程封顶，剧院网架完成安装，特色展馆、剧院、图书馆和各类活动室装修方案初步完成，计划2015年9月投入使用。在各村安装健身路径15套，篮球架17副。配合平安法治文化广场建设，对乐余广场健身器材进行重新布置，年末全部投入使用。全年开展各类文化活动65场，参加市级演出和培训活动24场。4月19日，"阅读，让乡风更文明"乐余镇第八届阅读节暨第十二届社区文体艺术节活动启动。乐余镇连续8年举办全民阅读节，在苏州市乃至全国乡镇中尚属首家。非遗传统舞蹈《摸壁鬼》在苏州市公共文化中心举办的纪念"第二十八届世界遗产大会"在苏州召开十周年非遗保护活动中演出。举办"绿色田野、放飞希望"第九届风筝比赛。举办第八届阅读节暨第十二届社区文体艺术节。新发展有线电视用户1300户，累计2.7万户。新发展宽带用户2935户，累计13411户；互动用户11808户，累计43200户。

福民工程实施　农民人均纯收入28200元，比上年增15%。各村（场）可用财力合计5695万元，比上年增13.8%，其中永利村可用财力超1000万元，实现全镇千万级财力村零的突破。各村集体资产总计3.3亿元，其中标准型厂房113543平方米、普通厂房13445平方米、三产门面房2476平方米。全年农户补贴发放资金705.5万元，其中粮食直补资金78.42万元、农资综合补贴资金627.07万元，补贴面积260.97万公顷，受益农户21648户。提供就业岗位2862个，开发公益性岗位271个，新增城保1928人，参加居民基本医疗保险29684人，住房公积金扩面新增缴存1294人。完成8181名65周岁及以上老年人的体检，为310对新婚夫妇免费开展孕前优生健康检查，完成1.8万名已婚育龄妇女的妇女病普查普治，兑现2013年度独生子女父母奖励金25.25万元，发放197户各类计划生育困难家庭慰问金14.62万元；扩建兆丰敬老院成立乐余镇社会福利中心，启动虚拟养老院建设，新建2家居家养老服务中心（站），探索动迁社区管理服务模式，启用4300平方米乐江社区服务用房。全年累计参保人员报销金额3469.9万元。为694户1081名低保和低保边缘对象发放救助金805.93万元，为1名孤儿发放救助金1.29万元，为4893名重残人员发放救助金352.04万元，为154户受灾农户发放民生险48.3万元，老复员军人、残疾军人、参战涉核人员、地下工作者、下放老职工、"三属"、老复员军人遗属、在职伤残军人等人员定补341万元，临时救助、安居工程、阳光助学帮扶资金573万元。6月初启动"共享阳光"贫困家庭慈善助学活动，对审核通过的低保、低保边缘户按家庭类别和就读类别给予助学补助，全年为317位学生发放助学金96.1万元。募集"爱满港城"慈善捐款和党员关爱基金善款187万元。举办"靠近我，温暖你"主题帮扶活动，上报困难职工88人，发放慰问物资17万元。为215名无业妇女、下岗妇女、特困妇女建立用工信息台账。年初发放高龄老人春节慰问金69.33万元。全年举办富余劳动力、月嫂技能和创业培训各一期，累计培训人员372人次，推荐到市参加免费技能培训103人，为864人办理就业失业登记证，帮助564名就业困难人员申报灵活就业人员社会保险补贴，帮助1900名灵活就业人员选择社会保险基数、险种。建立就业援助单位54个，提供就业援助岗位757个，其中公益性岗位221个，帮助就业困难人员实现就业170人。8月，乐余敬老院合并至兆丰敬老院，兆丰敬老院总体集中供养人数54人，分散老人2人，寄养老人1人。通过"民生面对面""天天听民声"等活动收集答复社情民意201件。全年受理矛盾纠纷298件，调处化解率99.3%。"幸福乐余"氛围日渐浓郁，12月末市绩效办公布的第三方测评中，乐余镇群众幸福感满意度99%，列全市第一，受到人民网、《中国建设报》等媒体的关注。

2014年乐余镇办事处基本情况

表83

名　称	所在集镇面积（平方千米）	党工委书记、主任	党工委副书记	副主任
兆丰办事处	1.80	薛盘芳	陈利民	—

2014年乐余镇村(社区)基本情况

表84

村(社区)	面　积(平方千米)	户数(户)	人口数(人)	集体经济总收入(万元)	可用财力(万元)	总资产(万元)	村(社区)党委(总支、支部)书记	村(社区)主　任
乐余村	4.25	1695	4478	443.80	388.46	3307.54	李红芳(女)	张兴祥
乐西村	2.19	812	2752	256.33	111.34	809.30	张　健	吴玉平
永利村	2.99	1024	2900	1856.12	1009.74	8537.12	许文生	许文生
永乐村	2.20	776	2197	510.11	373.93	2551.70	陆志平	姚逸平
庙港村	2.25	953	2635	258.58	144.11	1315.59	印忠良	樊金春
扶海村	3.47	1142	3700	308.11	181.18	2415.99	杨冠华	茅福祥
向群村	2.66	952	2780	344.41	174.05	1990.57	周建兴	余　刚(5月免)
双桥村	5.55	1987	5745	531.22	201.49	1699.66	丰云飞(5月免) 余　刚(5月任副书记,主持工作)	沙小康
闸西村	3.29	1059	3210	278.27	190.10	1387.37	张永清	陈忠明
登全村	2.15	724	2311	259.90	203.44	1230.55	陈向东	王　征
东兴村	5.20	1578	4750	578.93	371.19	2210.77	周晓洪	茅卫萍(女)
齐心村	9.13	2280	5869	473.71	253.42	3111.49	周　峰	司　健
常丰村	4.36	1639	4413	641.66	515.16	3244.74	展　高(7月免) 朱裕忠(7月任)	张　涛
庆丰村	3.62	1282	3862	323.53	192.05	1319.31	钱耀华	龚利平
联丰村	3.97	1245	3756	237.48	113.02	1216.07	黄冠法	樊益东
红闸村	3.35	1125	2950	338.23	185.52	2232.95	黄利民(5月免) 徐文龙(5月任)	蒋　彬
红星村	4.60	1384	3680	331.69	156.57	689.44	胡志明	闻　彬
红联村	4.78	1527	4277	560.84	179.36	815.90	李　民	曹亚忠
东林村	4.81	1543	4805	909.27	244.16	2187.81	朱裕忠(7月免) 俞　萍(7月任副书记,主持工作)	朱永祥
稻麦良种场	1.26	329	811	233.15	211.30	1410.74	陈　峰	—
畜禽良种场	0.49	66	158	286.13	251.50	704.01	周品才	—
乐余社区	5.80	1895	8971	—	—	—	朱永林(5月免) 李红芳(女,兼,5月任)	朱永林(5月免)
兆丰社区	1.80	608	4065	—	—	—	刘亚忠	刘亚忠
乐江社区	1.10	9	34	—	—	—	周建兴(1月任)	朱卫祥

说明:表格中数据为农村调查数

2014年乐余镇主要开工项目情况

表85

投资企业名称	项目名称	主要产品	投资额(万元)
江苏海狮机械集团有限公司	微粒子全自动洗涤脱水机和隧道式连续大型洗涤机组生产基地项目	微粒子全自动洗涤脱水机和隧道式连续大型洗涤机	50000
张家港市宝韵新型材料科技有限公司	年产12万吨PET聚酯综合再生利用项目	PET聚酯	30000
牡丹汽车股份有限公司	年产1万辆高档客车、新能源车、房车项目	高档客车、新能源车、房车	30000
江苏鸿昌特种车辆有限公司	年产900辆专用汽车、LNG低温贮藏和气瓶项目	特种汽车、LNG低温贮藏和气瓶	10000

【乐余镇城市客厅项目启动】 项目位于乐余老街东侧，四干河西侧，乐红路北侧，规划镇北路南侧，总用地12.33公顷。旨在打造乐余老街、新街、城市客厅“三位一体”核心商住圈。地块主要用于商住开发，分为商业用房、多层住宅和部分高档小高层及联排别墅。整个项目建筑风格延续乐余老街民国风格，住宅延续现代简约江南水乡风格，与周围环境相一致。分三期开发，一期占地4.11公顷，包含市民广场、商业用房1.7万平方米，多层住宅约6万平方米。12月22日，一期土地完成清表、挂牌、出让，计划2015年6月动工，2016年6月完工。配套道路、污水管网延伸及乐余桥重建等工程已开始设计。

【沪通铁路动迁项目乐余段启动】 沪通铁路乐余境内全长7.5千米，涉及乐余村、扶海村、向群村、双桥村、常丰村6个行政村，征地线内需动迁144户，环评线内需动迁102户，合计246户农宅，另外还有1处厂房（常丰村）、1处变电所（扶海村）需拆除。年初，乐余镇召开沪通铁路动迁专项工作会议部署动迁工作。8月，完成征地和环保范围内需动迁的民房、企业和附着物的图纸标注和现场核查。10月，乐余镇沪通铁路动迁项目指挥部成立，确定动迁安置方案，分4个工作小组实施动迁。至年末，已完成动迁210户。与此同时，沪通铁路施工单位人员入驻乐余镇辖区开始施工的前期筹备工作。

【乐坤路全线通车】 依据南部新镇区和科技创业园规划，乐余镇投资8000万元建设乐坤路。乐坤路位于乐丰路南约1千米处，西起老204国道，东至新204国道，全长3.1千米，宽60米，横穿永乐、庙港、扶海3个村。道路总体设计以“经济合理、安全适用、注重景观”为原则，除最西端为避让企业略有转折，其余路段均为直线，共有平交道口6个，桥梁2座，涵洞6处。断面设计采用四块板形式，主路面双向四车道，路宽33米，采用“4+1.5+8+6+8+1.5+4”形式，两侧各有13.5米的绿化带，采用沥青混凝土路面。2013年7月20日动工新建，2014年5月1日全线竣工通车。乐坤路将打造成乐余镇南部镇区的景观大道。

牡丹汽车公司　　　　（乐余镇　供稿）

【海狮集团隧道式连续大型洗涤机组生产基地开工】 2月7日，乐余镇江苏海狮机械集团有限公司扩建微粒子全自动洗涤脱水机和隧道式连续大型洗涤机组生产基地项目开工，项目总投资5亿元，分两期进行。一期投资2.8亿元，新建车间2.83万平方米，新增各类生产设备及设施，厂房计划于2015年5月竣工；二期投资2.2亿元，新建研发办公楼、辅助用房1.4万平方米、车间3.6万平方米，计划于2016年建成。该扩建项目规划年产3800套微粒子全自动洗涤脱水机、135套隧道式连续大型洗涤机组，达产后预计集团年销售4亿元。

【牡丹汽车保牌重组复产】 张家港市牡丹汽车制造起步于20世纪70年代，已有近40年的生产历史，是国内客车主要生产企业之一，具有较高的知名度和品牌美誉度。牡丹汽车保牌重组项目作为2014年乐余镇经济工作重点工作内容之一，通过招商引资，引进客车行业新投资商，成功重组。项目总投资3亿元，计划形成年产销1万辆中高档客车、商务房车和新能源客车的规模，全部达产后预计可实现年销售额30亿元、利税3亿元。3月项目启动，全新投资方和经营团队入驻，对原有生产车间和生产设备、辅助设施进行修整、改造，7月复产。至年末完成新车型公告23个，销售各类型车辆378台，销售总额4500万元，利税200万元。

（秦　香）

凤凰镇

【概况】 凤凰镇位于市域南部，是中国历史文化名镇。总面积78.79平方千米，耕地面积2768公顷。年末，辖2个办事处、15个行政村、4个社区。有户籍21226户，人口66441人，另有外来暂住人口55119人。全年实现地区生产总值93.15亿元，比上年增1.32%。一、二、三产业增加值分别为3.78亿元、55.76亿元、33.61亿元。按户籍人口计算，人均生产总值为14.02万元。完成全口径财政收入15.04亿元，公共财政预算收入6.37亿元，入库税金14.76亿元。全社会固定资产投入52.96亿元，比上年增2.1%。年内，凤凰科技创业园获评国家级科技企业孵化器，凤凰镇获江苏省水美乡镇、苏州市美丽城镇建设先进单位等称号。

经济建设与发展　年末，有企业2031家，其中工业企业1486家。145家规模以上企业全年实现工业产值226.23亿元，主营业务收入221.74亿元，工业利税13.24亿元。有销售收入超1亿元企业50家，其中超20亿元企业2家，规模企业经济总量占全镇总量的65.4%。全镇形成以表面活性剂、PA合金树脂、生物医药中间体、CMC为主导的化工新材料，以太阳能光伏、LED、锂电为主导的新能源，以汽车配件、数控机床为主导的新装备等三大产业体系。全年完成工业投入35.5亿元。爱森斯生物科技、太山光电等一批项目落地。江苏现代威亚有限公司等速万向节、凯比制动刹车片、协昌电子集成芯片等一批重点项目竣工投产。晶樱科技太阳能电池组件、飞翔集团扩产等一批重点项目顺利推进。全镇完成工业技改投入37亿元，比上年增2.4%。完成外贸进出口总额12.54亿美元，其中出口总额8.79亿美元。新批外资企业8家，累计112家。新增注册外资19120万美元，到账外资4276万美元。引进省"双创计划"人才2人，"姑苏计划"人才7人，张家港市领军型创新创业人才11人，累计拥有博士及张家港市级以上领军人才75人，引才实绩连续4年在全市保持领先。创建苏州市级以上创新型企业2家、省高新技术企业6家，申报省级以上科技项目6项、国际合作项目4项、省级以上创新平台3家。瑞腾科技、和乔电子两家企业在"新三板"成功挂牌。全镇完成服务业投资16.15亿元，比上年增4.8%。实现农、林、牧、渔业总产值6.92亿元，粮食、蔬菜、水产品总产量分别为24187吨、8615吨、2874吨。新增高效设施农业面积96.6公顷，完成全年任务的131%，累计918公顷。水蜜桃合作联社的凤凰水蜜桃、飞翔农业园的梨、七彩明珠合作社的温室葡萄通过中国绿色食品发展中心认证，夏市优质蔬菜基地的樱桃番茄通过农业部无公害农产品认证。全镇新增绿色食品3种，累计14种；无公害农产品1种，累计13种。暨龙牌大米获苏州名牌产品称号。水蜜桃产业园被首批确定为苏州市级现代农业产业园区。8月，在2014年中国南方"中山杯"葡萄评比活动中，市七彩明珠农业科技专业合作社"阳光玫瑰"葡萄获特等奖，"夏黑"葡萄获金奖。

社会事业发展　年末，有中小学校6所，教师395人，在校学生6340人。有幼儿园、托儿所4所，在校幼儿2020人。另有新市民子女学校1所，教职工46人，在校学生1137人。公办学校接纳新市民子女中小学就读2625人，幼儿1065人。全镇中小学经费总投入518万元。投入210万元用于购置电子教学设备，房屋改造、修缮。港口学校创建成江苏省平安学校，西张小学获苏州市青少年体育先进集体称号，凤凰小学获江苏省健康教育促进学校银奖、苏州市青少年集邮优秀学校称号，西张幼儿园被评为苏州市节水型学校。全镇组织开展"幸福凤凰"红红火火过大年2014年春节、元宵系列活动，举办"我们的节日——春节"为主题的文化系列活动，志愿服务基层行健身秧歌广场舞展演、社区健身路径比赛、少儿轮滑表演、送春联等。举办假日体育系列活动，首届"飞翔杯"企业职工篮球赛，第五届"飞翔杯"乒乓球、羽毛球赛，凤凰镇围棋、象棋比赛和首届广场舞大赛。3月30日，与市体育局、市凤凰文化发展有限公司、中华户外网联合举办的2014年张家港凤凰桃花节暨千人迷你马拉松赛在凤凰湖畔开赛。5月，西张小学贝贝足球队以江苏代表队的名义参加在青岛举行的2014年全国校园足球冠军杯小学比赛，成功闯入1名至4名排名赛，以第三名的实绩获团体二等奖。全镇分别新增国家级、一级、二级社会体育指导员2人、5人、26人。7月25日，位于双龙路的凤凰广电服务中心落成启用，占地0.13公顷，建筑面积3000平方米，总投资600余万元。8月，由凤凰镇与《中国建筑文化遗产》杂志联合编撰的《中国·文化凤凰》一书出版。全书分上篇（有凤来仪——凤凰镇的历史与传说）、中篇（凤凰于飞——凤凰镇的发展与生机）、下篇（凤鸣朝阳——凤凰镇的希望与未来）3个篇章，发行5000册。《恬庄历史文化街区保护规划》通过省级初审。凤凰新城区四横三纵城市路网、管网体系形成。镇文体中心、中心小学、幼儿园、凤凰法庭、检察室等一批公建工程建设加快。湖畔御园商业房产开工建设，一期开盘销售。城市商业综合体、莺山区域新型城镇化项目、桃主题公园等一批商业项目落地。凤凰湖生态湿地公园和凤凰镇文体中心项目列为苏州市美丽城镇建设优秀示范项目。镇有医疗卫生机构22个，其中公立医院1家、民营医院2家、社区卫生服务站16家、社区卫生服务中心1家，医师97人。全年引进卫技人员10人，扩充到社区服务站工作。新建预防接种卡1330份。一类疫苗接种23894人次，其中强化免疫461人次。建立居民健康档案92038份，为8510名老年人开展健康评估。全镇产妇852人、新生儿859人，孕妇建卡率、住院分娩率、42天检查率、早孕建卡率、儿童建卡率均为100%。镇投资1800余万元治理工业和生活污水，对双塘村夏家坊、凤凰办事处黄泥塘、永兴热电厂雨污分流改造。对程墩村酒店弄、港程大道两侧企业生活污水接管治理。对韩国工业园嘉泰路段污水管网改造。将新港新、丹尼斯克、金浩淳、贝贝印染、永兴热电厂工业污水接管清泉污水处理厂，共铺设管网15千米。关停立新电镀等7家电镀企业、葆杨印染等2家印染企业及4家落后产能企业。完成永兴热电、飞翔热电脱硫脱硝治理及除尘设备提标升级，嘉泰合成革等16家企业燃煤锅炉的限期治理。新增绿化面积108公顷，绿化管护面积530公顷。增设交通安全设施，安装防撞护栏835米、震动带286平方米。凤翔小区、金阳小区、程墩花园增设停车位75个。完成河道疏浚70条，开挖拓浚河道8.3千米、28.8万立方米，拆坝建桥2座，新建新横河引排闸站1座，新西河整治工程全线通水。完成生态护岸7.88千米，河堤绿化10公顷。镇级主河道全面实现社会化管理，35%的村组河道市场化运作。以凤凰山风景区为依托，11月，凤凰水利风景区创建成省级水利风景区。镇实现城镇管理数字化、综合执法智能化，建立全域防控体系，与公安、环保、交通40个监控摄像头实现资源共享，重点部位24小时监控。6条苏州市级市容管理示范路品位得到提升。集镇管理分设3个执法管理责任区，新增协管员18人，管理人员总数65人。新增农村治安监控330个、社区摄录一体仪器551台，率先实施网格化巡防新模式，刑事案件发案率比上年减16.28%。程墩村酒店弄通过市三星级康居乡村验收，安庆村陈家堂、西参村苏家角、清水村黄家宅基、高庄村曹家水渠、凤凰村油车角5个自然村通过市二星级康居乡村验收。湖滨社区创建成2013年度省级综合减灾示范社区和苏州市健康社区。全镇有6个村实行卫生管理公开招标，由具备资质的物业公司接管，实行市场化运作。农村保洁员穿统一标志服饰，配电瓶保洁车31辆。镇综合执法局二大队、三大队组建运行，办理案件2300件，未发生行政复议或行政诉讼案件。数字化指挥中心受理各类事件9450起，结案率99.5%，综合执法规范化建设入选苏州市2014—2015年依法行政示范项目。便民服务中心完成功能性扩容，服务窗口增至26个，村级便民服务网络逐步延伸，全年受理行政审批事项17万件，完成招标采购项目123项，节减采购资金1565万元。调处矛盾纠纷280处，镇党政干部接访、下访212人次，解决群众诉求140件。

福民工程实施　农民人均纯收入29004元，比上年增15%。新增村级联合发展平台1家，总数达到3家，累计投入资金3560万元，新建商业用房2万平方米。完成797公顷到期土地集中流转，土地适度规模经营比例升至96%。凤凰镇奶牛养殖专业合作社创建成国家示范合作社。水蜜桃种植、富鑫蔬菜种植、杏市村土地股份3家合作社创建成省级示范合作社。庆桂家庭农场创建成省级示范家庭农场。村级净资产4.87亿元，比上年增22%。资产性收入9596万元，村均可用财力640万元，比上年增10.6%。全年发放各类涉农补贴688万元，农业保险29.65万元。全镇新增就业岗位8986个，开发就业援助岗位700个，帮助特困家庭解决劳动就业198人，组织开展各类培训4870人，开展专场招聘活动6次，提供岗位5075个，企业吸纳就业2204人，提供职业指导和推荐大学生就业175人。为1460名灵活就业人员办理自主选择险种和交费，为500余人办理被征地社保安置。调解劳资纠纷104起，涉及463人、1313.9万元。组织9915名城镇退休人员免费体检。慰问70周岁及以上老人617人，发放慰问金11.62万元。490人享受医疗保险事后报销281.02万元，其中住院报销329人、261.52万元，门诊报销161人、19.49万元。新增缴存住房公积金人员981人。为老年人办理老年卡1122张。安置退伍军人29人，兑付安置费208.56万元。为27户家庭办理民生保险，获理赔金23.72万元。亲情（虚拟）养老院服务启动。2月，居家养老服务中心开始运作，常州枝秀公司入驻湖滨社区，逐步实现政府援助对象四类全覆盖，累计服务超1万人。推进“政社互动”试点，6个安置社区全部实行属地村委托管理，推行“权随责走，费随事转”、政府购买服务、“三社联动”的尝试。全镇累计持证社工68人，注册社会组织27个。推进殡葬改革，凤凰、双塘、金谷三墓区成立陵园管理办公室，隶属镇综合执法局管理。整合社会爱心资源，全镇募集善款519.72万元。全年发放低保、低保边缘、重残人员救助金727.24万元，比上年增5.8%；发放临时救助金45万元，救助278户；发放春节慰问金1039万元，惠及全镇各类困难户8000余户、3万余人；发放“共享阳光”助学金63.65万元，惠及贫困学生168人。发放尊老金192.26万元；走访慰问90周岁及以上老人和敬老院人员437人，发放物资5.62万元。补助18.62万元，帮助9户危房修建。对103名优抚人员发放补助金195万元。

2014年凤凰镇办事处基本情况

表86

名　称	所在集镇面积（平方千米）	党工委书记	主　任	党工委副书记	副主任
凤凰办事处	4.48	郭其胜	郭其胜	罗金翠（女）	张　平　阚建华
港口办事处	4.48	徐丹芸（女，6月任）	庞晓畅（6月免） 徐丹芸（女，6月任）	徐国平	顾春明　顾建新

2014年凤凰镇村（社区）基本情况

表87

村（社区）	面　积（平方千米）	户数（户）	人口数（人）	集体经济总收入（万元）	可用财力（万元）	总资产（万元）	村（社区）党委（总支、支部）书记	村（社区）主　任
金谷村	6.30	1624	5110	1195	946	4955	陆惠东	徐　卫
双龙村	8.36	2195	7192	2856	1887	18757	章建新	郭永康
西参村	3.28	859	2821	1137	654	1889	许栋贤	钱仲刚
魏庄村	4.30	1018	3317	1353	667	4052	陈耀良	周　军（6月免） 彭仲贤（6月任）
安庆村	4.42	1379	4467	1006	880	3340	钱妙琴（女，6月免） 周　军（6月任）	肖弟良
凤凰村	5.42	1351	3992	2099	1514	7640	陆建东	周文进

续表87

村(社区)	面 积(平方千米)	户数(户)	人口数(人)	集体经济总收入(万元)	可用财力(万元)	总资产(万元)	村(社区)党委(总支、支部)书记	村(社区)主 任
莺山村	6.12	1364	4267	1143	473	3611	徐云飞	徐卫龙
夏市村	2.95	657	2072	654	407	4196	钱丽芬(女)	钱敏刚
高庄村	7.33	1544	4978	755	203	4044	阚建华	肖 安
杨家桥村	5.83	1186	3949	536	357	4247	钱惠艺	卢月萍
程墩村	5.10	1208	3617	1227	1045	8557	徐国平	张志刚
清水村	6.60	1550	4720	848	500	2896	杨正元	张志强
杏市村	2.13	530	1683	610	256	2325	陈利新	陈利新
恬庄村	5.16	1496	4225	1285	883	2935	杨正新	陈海荣
双塘村	5.51	1427	4042	1019	870	4678	顾建峰	夏卫东
凤凰社区	4.48	814	2278	—	—	—	杨月明	杨月明
港口社区	4.48	1952	5564	—	—	—	徐新华	徐新华
西张社区	7.13	1650	4661	—	—	—	贡林福	贡林福
湖滨社区	—	—	—	—	—	—	郁 敏	郁 敏

说明:表格中数据为农村调查数

2014年凤凰镇主要开工项目情况

表88

投资企业名称	项目名称	主要产品	投资金额(万元)
苏州晶樱光电科技有限公司	300兆瓦太阳能电池片扩产项目	电池片	35000
江苏富淼科技股份有限公司	聚丙烯酰胺二期扩产项目	聚丙烯酰胺	10000
江苏现代威亚有限公司	等速万向节扩产项目	等速万向节	40000
爱森斯(江苏)生物技术有限公司	血糖试纸等新型诊断试剂项目	血糖试纸	54000

【凤凰科技创业园获评国家级科技企业孵化器】 12月,凤凰科技创业园获科技部2014年度国家级科技企业孵化器认定,成为全市首家获此殊荣的乡镇科技企业孵化器和第一家专业类孵化器。凤凰科创园成立于2008年1月,总投资8000余万元,孵化面积3万平方米,是凤凰镇为扶持高层次科技创业人才,发展高新技术产业而设立的,并于2009年9月被认定为省级高新技术创业服务中心。科创园致力服务于光电产业类企业,坚持企业需求为核心,为企业提供专业的孵化服务。园区集中引进集成光电领域的高科技研发及产业化项目,建有江苏省"千人计划"集成光电研究院和半导体公共技术服务平台,累计引进国家"千人计划"专家6人,自主培育国家"千人计划"专家1人、江苏省"双创计划"人才9人、苏州市"姑苏计划"人才18人、张家港市领军型创新创业人才38人。

【14个重大项目集中开工】 2月7日,凤凰镇14个重大项目集中开工,项目总投资77.5亿元。其中,工业项目投资38.92亿元,主要有现代威亚汽车驱动系统与等速万向节扩产项目,索尔维(张家港)精细化工有限公司研发中心和多胺、甲基乙醇胺、叔胺、脂肪胺项目,苏州世慕药业有限公司新药研发临床项目;现代服务业项目投资32.98亿元,主要有凤凰新城区商业开发项目,凤凰镇旅游景区项目;民生项目投资5.6亿元,主要有凤凰镇科文教中心、行政服务配套项目。

【河阳宝卷列入国家级非物质文化遗产】 12月3日,国务院公布第四批国家级非物质文化遗产代表性项目名录,以张家港市凤凰镇河阳宝卷、昆山市锦溪宣卷、吴江区同里宣卷等为主体共同申报的吴地宝卷名列其中。这是继2006年河阳山歌入选首批国家级非物质文化遗产名录后,凤凰镇拥有的第二项国家级非遗项目。河阳宝卷是唐代变文的重要传承,发源于宋代,盛行于明清与民国时代。宝卷分为手抄本、印刻本和石印本,其主要内容是儒、道、佛三教浸染下的民间故事和佛道传说,有500余卷,是千百年广大农村社会文化之缩影。

【河阳山歌唱响台湾岛】 3月11日,凤凰镇河阳山歌艺术队应中国台湾新北市永和乐龄学习中心之邀,赴中国台湾参加"中国梦·团圆梦"两岸文化交流活动。参加这次交流的5个节目都是从江苏省第二届"中国人寿杯"老年春节联欢晚会节目中筛选出的精品,河阳山歌是苏州市唯一入选的地方特色节目。河阳山歌以原生态语言演唱,对方虽不能完全听懂,但音乐是无地域的。河阳山歌艺术队以天籁般的歌声、江南水乡韵味的着装,赢得了观众的阵阵掌声。

【《福村河阳图》再现河阳盛景】 4月13日，由江苏知名国画家魏莉创作的国画长卷《福村河阳图》在凤凰镇河阳山歌馆首度展出。《福村河阳图》长9.8米，宽34厘米，取景于凤凰镇的凤凰山、河阳山歌馆、万亩桃园、恬庄老街等景点。作者是金陵画派名家魏紫熙的女儿，江苏省国画院特邀画师，南京魏紫熙山水画研究会会长，南京魏紫熙艺术馆山水画技法专职教授。2013年，她到凤凰镇采风，惊叹于凤凰的自然风貌和人文传统，用8个月的时间拍照、写生、走村串户，将山水村舍和知名景点、自然物产巧妙串联起来，形成长卷。长卷在落墨着彩上沿袭魏家传统的厚重笔法，在立意和构图上大胆突破，将大气磅礴与清秀玲珑融为一体，构成一幅江南古镇盛世风情图。

【苏州碑刻博物馆张家港分馆挂牌开放】 4月21日，苏州碑刻博物馆张家港分馆挂牌暨恬庄碑苑开放仪式，历代苏州书法家碑刻拓片展览同时举行。苏州碑刻博物馆张家港分馆位于凤凰镇恬庄古街，于2012年开工建设，占地约800平方米，展厅建筑面积600平方米。苏州碑刻博物馆成立于1986年，除负责收藏、研究馆藏的碑刻外，负责对苏州大市范围内的碑刻进行调研、保护的工作。此次与凤凰镇合作建设碑刻分馆，苏州碑刻博物馆全程参与馆舍建造、陈列设计、藏品征集、展品陈列等一系列业务工作。分馆共收集展出各类碑刻及石构件100件，以祠堂碑文、墓志铭、族规家训、地形田块等碑刻为主，集中了张家港碑刻的精华，体现出明清时期凤凰镇境内历史文化。

【凤凰镇开通公共自行车服务系统】 6月1日，凤凰镇公共自行车服务系统面向社会公众投入运行。该系统是凤凰镇政府实事工程之一。在全面规划、社会调查的基础上，按社会需求设置网点，采取工程招标方式实施建设。首期工程设有10个借车网点，主要分布在凤凰镇各旅游景点、行政服务点、居民小区、医院等处，配套自行车160辆。公共自行车服务系统与市区和其他乡镇联通，实行资源共享，给公众免费使用。

【凤凰镇开办国学堂】 9月，凤凰镇在恬庄古街杨氏孝坊内开办全市首家国学堂。杨氏以孝扬名，清政府为表彰孝子杨岱而建杨氏孝坊。孝坊后厅设有祖先灵位，中厅设家族学堂，是杨氏家族子弟免费入学的地方。为传承孝文化，由凤凰镇文明办、文化旅游公司、社区教育中心联合举办，特邀全市首家中国传统文化教育机构三韵学堂老师讲学，恬庄小学、西张小学、港口小学的40名8岁至10岁的小学生成为国学堂的第一批学生。国学堂利用周日上午时间开班，孩子们统一身着古装，围着小方桌就座，跟老师诵读《弟子规》《二十四孝》等国学精华，学习中华民族的传统孝文化和古代茶文化，从小培养高雅情趣，提升个人修养。 （王正元）

《福村河阳图》在河阳山歌馆展出 （凤凰镇　供稿）

南丰镇

【概况】 南丰镇位于市域东北部。总面积62.47平方千米，耕地面积2364公顷。年末辖1个办事处，12个行政村，4个社区。有户籍22360户，人口57324人，另有外来暂住人口25892人。全年实现地区生产总值110.49亿元，比上年增1.32%。一、二、三产业增加值分别为3.86亿元、76.18亿元、30.45亿元。按户籍人口计算，人均生产总值19.27万元。全口径财政收入11.86亿元，其中公共财政预算收入5.89亿元。入库税金10.4亿元。完成全社会固定资产投资57.28亿元，比上年增3.8%。年内南丰镇获2011—2014年度江苏省社会治安综合治理先进集体、江苏省“六五”普法中期先进集体、江苏省爱国卫生先进单位、江苏省人居环境范例奖、2013年度全省村庄环境整治工作先进集体、苏州市美丽镇村建设示范镇、2011—2013年度“平安苏州”建设先进集体、苏州市保护和发展“四个百万亩”工作先进集体等称号。

经济建设与发展　年末，有企业785家，其中工业企业579家。42家规模以上企业全年实现工业总产值453.9亿元，主营业务收入466.52亿元，工业利税25.48亿元。有销售收入超1亿元工业企业20家。新兴产业投入21.82亿元。永钢集团坚持转型升级，与宝钢签订战略合作协议。东沙物流园建设加快推进，内河码头一期工程开工，盛泰码头对外运营，完成交易额162亿元。注册外地资本3.34亿元，对接洽谈重点项目15项，引进超1千万元企业10家。东沙化工区转型升级加快，关停企业6家。新增创基机械、海锅锻件2家超3亿元骨干企业。完成外贸进出口总额26.48亿美元，其中出口总额12.5亿美元。新批办外资企业6家，注册外资8180万美元，到账外资1322万美元。新批办私营企业140家，注册资本3.31亿元。获批“千人计划”专家工作站3家、省“双创计划”人才1人、苏州市“姑苏计划”人才1人、张家港市领军型创新创业人才5人，获批国家火炬计划1项、省工程技术研究中心2家、省中小企业创新基金1项、省研究生工作站3家、省高新技术企业5家、省民营科技企业11家、省知识产权战略推进计划1项，新增苏州市科技类项目4项、市级科技类项目9项。引进东南大学国家技术转移中心张家港分中心，新增发明专利申请318件，授权专利643件，授权发明专利38件。精密机电园创成国家级精密机械及零部件特色产业基地，南丰镇获评省级小型企业创业示范基地，永钢集团参与的高性能细晶粒钢筋的规模化生产及应用关键技术项目获评国家科技进步二等奖。江苏金陵体育器材股份有限公司在第二届夏季青奥会上中标19类价值约5000万元的体育器材。全镇实现农、林、牧、渔业总产值5.8亿元，粮食、蔬菜、肉类和水产品总产量分别为24905吨、13096吨、3923吨、1015吨。 新增设施农业140.4公顷，累计254公顷。建设标准化农田289.73公顷，菜篮子基地15.93公顷。新建标准化农机场库1个，引进各类重点农机具44台套，累计3949台套。机插秧比例达到93.6%。新增长江网箱养殖标准鱼池13.33公顷。建农村的精谷汇西瓜、红富士苹果、巨峰牌三种葡萄获绿色食品称号，亿家农业、精谷汇两种西瓜获无公害农产品称号，永联大米、港城梨、益民葡萄获评苏州市名牌产品。完成农业保险总额325万元。建成农产品检测实验中心1个，开展省农产品质量追溯农业企业试点2家，通过省农业质量监管示范镇验收。新增农民专业合作社5家，新增流转农民承包地784公顷，累计2371公顷，土地适度规模占比94%。

社会事业发展　年末，有中小学校2所，教师233人，在校学生3614人。另有幼儿园2所，幼儿1606人。新市民子女入学率100%。投入1.5亿元易地新建的南丰小学永联校区和南丰幼儿园永联园区投入使用。镇投入459万元为学校改善办学条件和增添设备。南丰小学建成“中国少年科学院”基地学校，南丰小学和南丰幼儿园首批获评张家港市“美丽校园”建设示范点。组建镇名师工作室4个，承办江苏省教学新时空“名师课堂”苏州市初三数学研讨会等教研活动8次。开设“百姓学堂”，镇创建成苏州市学习型乡镇。4月4日，“百姓学堂”启动暨职工“学历+技能”培训开学典礼举行。全镇有医疗卫生机构18个，其中医院3所，医师64人。在全市率先启动紧密型医疗联合体组建和三级医院全面帮扶基层社区工作，开展重大专项免费体检，在全省首家推行高血压、糖尿病患者免费用药服务试点，南丰医院实施市中医医院全面托管。镇医疗卫生管理办公室成立，镇、社区卫生服务中心和村、社区卫生服务站实施一体化管理，海坝村社区卫生服务站被评为江苏省示范卫生室。永联村举办第五届长江鲜美食节和乡村游乐节。全镇新增绿化面积64.5公顷，镇区绿化覆盖率40.2%。实施“百条河道疏浚工程”，完成镇村河道疏浚145条，长89千米，整治黑臭河道2条，建设生态河道1条，完成土方70余万立方米。投资400余万元拆坝建桥24座，完成投资1700余万元的东沙区域水系配套工程，新建东滨、长兴、民生排涝站，改建东风排涝站。投资120万元新建、改造市镇圩口闸、东红北圩口闸、定丰圩口闸及海坝村中心河圩口闸。改造农村自来水管道839户，铺设新德村生活污水管网4500米，建设微动力处理设施11套，全镇农村生活污水管网实施市场化运营维护。开展城乡大环境综合整治，处理违章建筑138起，整改取缔废品收购站8家，配备电瓶保洁车21辆。永丰村、和平村推行市场化保洁。全市首家乡镇生态教育馆建成开放，静安园公墓试点建设生态葬专区，东沙区域散坟集中搬迁完成。永联小镇创建为国家AAAA景区，永联村被评为江苏省特色景观旅游名村，建农村被评为苏州市农村大环境长效管理示范村。镇编制老镇区控制性详细规划及民联、新德保留村庄规划，新德村建成省级美丽村庄建设示范点。全镇完成永联路(南丰段)、泗兴路、新民西路及振兴路南延工程，改造双丰路、南丰北路。新建柏油路6.7万平方米。110千伏永河变电所启用。新建农村公交候车亭14座，维修乡村道路12千米，新增公共自行车300辆。创建成省级乡村公路管养及安保工程示范镇。开展全民健身节、“文化志愿服务月月行”系列活动，承办市“十佳身边好人”颁奖典礼等活动，28人入选市身边好人榜，新增“江苏好人”1人、“苏州市道德模范·十佳新人”1人、“苏州好人·百名文明市民标兵”1人、“张家港市十佳身边好人”3人。全省首个镇级网上公民道德教育馆开通，建设全市首家“好邻里”服务中心。拍摄《文明南丰》专题宣传片，区镇公共文明指数测评列全市第一，志愿服务经验在苏州市推广。建设镇24小时自助图书馆1个，永钢集团获评苏州市书香企业。综合型政务刊物《南丰之窗》发行11期，累计49期。《南丰之声》自办广播节目年播出新闻361期。“民生早市”“天天听民生”不断深化，村村建成“村民议事厅”。

福民工程实施　农民人均纯收入30663元，比上年增15.1%。稳妥推进农村土地承包经营权确权登记颁证试点，民乐村、建农村初步完成确权登记。永合、振兴、新丰社区组建民办非企业单位。各村可用财力均突破275万元。促进城乡劳动力就业，举办招聘系列活动20场，开展各类职业培训4636人次，为3667名失业人员提供5996个就业岗位，其中就业援助岗位2533个，成功转移就业3652人，就业率99.6%。开发公益性岗位379个，实施特困家庭劳动力就业帮扶81个；实现被征地农民就业4813人，就业率100%。调解企业工伤16起涉及金额134.3万元；调处劳资纠纷38起，追讨工资33.7万元。新增住房公积金扩面2364人，累计21244人。居民医疗参保24504人，镇、村两级补贴资金213.8万元。组织8700余名社会化退休人员进行健康体检。市、镇两级补助合作医疗经费649.35万元。镇新建居民电子健康档案652份，累计68602份。建立民生资金公开平台慰问比对系统，发放低保金、重残补助金、退役士兵安置费、尊老金1200余万元。建立残疾人庇护工场，项目化运作慈善捐赠，募集善款355万元。组织走访慰问16次，发放慰问金（慰问品）981万元，为136名贫困学生发放助学金41.05万元。成立市虚拟养老院南丰分院，南丰医院康复部新增养老护理床位36张，培训老龄护理员67人，村、社区居家养老服务站基本实现全覆盖。"政风行风热线"受理咨询12件，"12345"便民服务热线求助639件，接待群众到访485批次，受理信件246件，办结率100%。处理各类矛盾纠纷587件。

2014年南丰镇办事处基本情况

表89

名　称	所在集镇面积（平方千米）	党工委书记	主　任	党工委副书记	副主任
东沙办事处	0.70	王卫星（女）	王卫星（女）	沈裕斌	曹志忠　陈洪斌

2014年南丰镇村（社区）基本情况

表90

村（社区）	面　积（平方千米）	户数（户）	人口数（人）	集体经济总收入（万元）	可用财力（万元）	总资产（万元）	村（社区）党委（总支、支部）书记	村（社区）主　任
民乐村	3.01	1123	3002	580	292	2485	匡亚军	匡亚军
南丰村	4.96	1916	4872	532	499	2930	徐　晋	陆　琴（女）
民联村	3.02	1118	3118	455	251	2385	马亚萍（女）	陈　健
东港村	3.38	1762	4558	2507	310	2596	施勇袭	曹　红（女）
海坝村	3.75	1568	4096	580	303	2412	方荣胜	李学琴（女）
建农村	2.76	906	2598	788	742	3950	施建章	施建章
和平村	5.08	2143	6020	633	325	2820	耿晓斌	展　军
永丰村	5.08	1683	4312	291	290	2636	金卫芳（女）	徐美芳（女）
新德村	3.71	1570	3925	661	286	2258	赵　君	陆　军
永联村	10.50	4146	10864	12621	12013	253457	吴栋材	—
东风村	7.06	778	2194	709	337	3536	王春华（女）	周　华
东联村	2.63	1556	4717	508	287	1478	张　琪（副书记主持工作）	张　琪
振兴社区	2.20	1187	2264	—	—	—	杨　芹（女）	杨　芹（女）
新丰社区	—	65	183	—	—	—	龚伟专（女）	龚伟专（女）
永合社区	—	782	2321	—	—	—	蔡晓峰（12月免） 王在栋（12月任）	茅　萍(女,7月逝) 郁丽萍（女，12月主持工作）
东沙社区	0.70	175	359	—	—	—	王春华（女）	陈　燕（女）

说明：东联村含市畜牧场和水产养殖场，表格中数据为农村调查数

2014年南丰镇主要开工项目情况

表91

投资企业名称	项目名称	主要产品	投资金额（万元）
江苏联峰能源装备有限公司	联峰能源装备二期项目	精密锻材、高端大型模具、海工锻件、石化锻件等	150000
江苏永钢集团有限公司	450平方米大烧结机项目	—	70000
苏州江南农耕文化园	水上乐园项目	—	8000
南丰镇村级经济联合发展有限公司	建筑面积8613平方米的人和商务楼	—	3500
江苏金陵体育器材股份有限公司	年产各2000套体育器材和健身器材项目	体育器材、健身器材	3100
张家港市创基机械设备制造有限公司	年产120万台电动工具的装备升级改造项目	电动工具	1000

【90个项目集中开、竣工】 2月17日，南丰镇举行48个项目集中开、竣工仪式暨经济工作会议。镇机关班子领导、部门负责人、各村（社区）和相关市镇单位负责人及规模企业代表等150余人参加活动。项目总投资46.68亿元。其中，经济类项目24项，总投资41.36亿元；社会事业类项目24项，总投资5.32亿元。重点项目联峰能源装备二期项目计划投资15亿元，投产后预计可实现年销售收入超80亿元；苏州江南农耕文化园水上乐园项目占地面积4.2万平方米，总投资近8000万元，建成后成为苏锡常地区水上游乐设备种类最齐全、最先进的水上游乐中心，单日最大客容量可达到1.2万人。镇经济工作会议对获得经济发展先进村、企业管理先进单位、科技创新先进企业、发展服务业先进企业进行表彰，并公布2013年度工业企业考核奖励结果，金陵体育、盈达气体等15家企业获奖金146万元。7月22日，南丰镇又举行42个项目集中开、竣工活动，总投资29.58亿元，其中经济类项目19项、社会民生类项目23项。重点项目永钢集团节能减排综合技改项目计划投资14亿元，竣工后烧结工序排放浓度完全达到国家最新排放标准，年减少粉尘排放近4000吨、减少二氧化硫排放近2万吨、减少氮氧化物排放近800千瓦小时，烟气余热发电量计划可达到每吨16千瓦小时，年发电量1.52亿千瓦小时，可有效提高烧结工序的降本增效、资源综合利用、节能减排水平；金陵体育研发与制造中心项目总投资1亿元，建筑面积2.2万平方米，其中研发中心面积4000平方米，用于研发与制造新型体育器材、场馆设施、电子裁判系统等产品。

【南丰镇获批国家火炬特色产业基地】 6月，南丰镇申报的张家港精密机械及零部件特色产业基地列入2014年度第一批国家火炬计划特色产业基地名单。至此，张家港市国家火炬计划特色产业基地增至4家。近年，按照“做大规模，做强特色，推动高端制造发展”的战略方针，南丰镇加大机械装备产业培育力度，重点培育一批精密机械及零部件制造骨干企业和高端产品，机械装备产业占全市比重达到8.2%，其中全自动饮塑机械多年占全国市场份额第一。

【中孚达公司获国家级奖项】 7月，国家商业联合会发布2013年度科学技术获奖名单，市中孚达纺织科技有限公司申报的超短绒特种纤维精梳高支纱关键技术研究项目被评为科技进步三等奖。奖项由中国科学技术协会主办。公司坐落于南丰镇工业开发区，是成立于2010年4月的一家高新科技企业，注册资本1420万元，占地1.33公顷，有员工105人。公司以山羊绒、牦牛绒、兔绒、驼绒、马海毛、驼绒、貂绒等高档天然特种动物纤维为原料，生产绒条、绒纱线、围巾、内衣等。公司引进并自主改造日本和英国梳毛机、法国NSC针精梳机等先进设备，形成年产绒条500吨，混纺、纯纺针织纱及高支精纺机织纱200吨的生产规模，产品销往韩国、日本、意大利、美国等国家及国内知名企业。中孚达公司以科技为向导，逐年加大对科技人才的投入，引进高学历人才，大专以上学历占全体员工的30%。年产值从2010年的1000万元增至2014年近6000万元，2015年计划销售突破1亿元。公司先后获江苏省高新技术企业、江苏省民营科技企业、苏州市工程技术中心、苏州市技术企业中心等称号。

【14家企业获扶持资金612万元】 年初，南丰镇企管办宣传企业扶持政策，引导企业申报各类专项资金，企业争取扶持资金的积极性高涨。至6月，南丰镇有14家企业获专项扶持资金612.38万元。其中，永钢集团、隆旌汽车、东亚电机和中孚达纺织公司分获技改专项（贴息）资金155万元、18万元、9万元、9万元。永钢集团、海锅锻件、苏化集团、优合科技公司分获节能及发展循环经济专项资金111.39万元、82.3万元、6.6万元、800元。金陵体育器材公司获提速发展奖励、经营班子贡献奖励和信用管理示范创建奖励88万元。海锅锻件公司获当地原材料采购奖励15万元。永钢集团获当地原材料采购奖励50万元。永钢集团、金陵体育、创基机械和三晶玻璃公司分获“两化融合”奖励40万元、10万元、4万元、4万元。金陵体育、名阳机械、合丰机械、贝利化学和金源生物公司分获参加展会补助63550元、19040元、6160元、5670元和5670元。

【永钢集团承担省级科技计划项目】 8月，2014年江苏省科技支撑计划（工业）项目揭晓，永钢集团高铁轨道板用高品质500兆帕级细晶粒钢筋及生产技术研发项目入选，获80万元资助经费，这是永钢集团首次承担的省级科技计划项目，由永钢集团与钢铁研究总院联合开发。项目以细晶粒钢筋生产技术为基础，具有产品成分控制精度高、尺寸精度高、力学性能指标要求高等特点。创新之处在于：采用低成本的低碳锰钢合金体系，不添加或少添加微合金元素，通过细晶轧制生产工艺生产德标500兆帕钢筋；采用中国独有的细晶粒钢筋生产专利技术，建立轧钢控轧生产的实时闭环控制装备体系；建立服役应用性能技术评价体系，通过对高铁轨道板用500兆帕细晶粒钢筋混凝土相关应用性能研究，首次提出保障细晶粒钢筋可靠性的关键技术体系。

【永钢集团获评“全国大学生就业百佳企业”】 10月，2014年全国大学生就业最佳企业评选揭晓，永钢集团获“2014全国大学生就业百佳企业”。该活动是教育部首次举办的以企业用人单位为主体的就业评选活动，全国有1.6万家大中型企业参选。永钢集团一直把人才作为公司转型升级的核心战略之一，近6年引进高技能人才40余人，培养博士后2人。员工中，大专以上学历占23.32%，技术人员占11.35%，中高层管理人员占3.25%。另外，集团通过优化薪酬福利待遇和休假制度，提高大学生工作积极性；通过建立绩效激励制度，帮助大学生员工设计职位发展晋升路径。2005年至2014年，有350名专业技术人才通过公开竞聘，进入储备干部队伍，逐渐形成“人尽其才，才尽其用”的良好局面。

（张爱华）

大新镇

【概况】 大新镇位于市域北部，与南通如皋市隔江相望，有长江岸线7.9千米。港城大道、杨新公路贯穿辖区南北，港丰公路、沿江公路横穿东西。总面积40.48平方千米，耕地面积1625公顷。1月15日，新建新南社区。年末，辖10个行政村、4个社区（其中1个为“村社合一”体制）。有户籍14492户，人口38107人，另有外来暂住人口33702人。全年实现地区生产总值32.21亿元，比上年增0.25%。一、二、三产业增加值分别为2.02亿元、18.63亿元和11.56亿元。按户籍人口计算，人均生产总值8.45万元。完成全口径财政收入4.75亿元，其中公共财政预算收入2.53亿元，比上年增18.2%。入库税金4.66亿元，比上年增12.9%。完成全社会固定资产投资15.11亿元，比上年增2.1%。

经济建设与发展　年末，有企业718家，其中工业企业620家。17家规模以上企业全年实现总产值9.55亿元，主营业务收入65.73亿元，工业利税6477万元。有销售收入超1亿元企业8家，创利税3.06亿元。完成工业技改投入8.18亿元。外贸进出口总额1.35亿美元，其中出口总额1.26亿美元。实际利用外资1030万美元。新批私营企业151家，累计917家。新增注册资本1.68亿元。新增省高新技术产品14种，省高新技术企业1家，新增产学研合作项目11项，新增授权专利290件，其中授权发明专利17件。新增高效设施农业面积45.47公顷，添置各类农机具51台套。秸秆综合利用率99.9%。发放涉农补贴和奖农资金1560.1万元，惠及农户7908户。全镇实现农、林、牧、渔总产值3.58亿元，粮食、蔬菜、水产品总产量分别为12781吨、9367吨和1743吨。全镇建成农业示范基地2个，江苏省无公害蔬菜基地416公顷，农业基地认定总面积500公顷。拥有无公害农产品9种，绿色食品和无公害农产品占全镇农产品的95%，以村为经营主体的土地股份合作社有3家。组建农民专业合作社5家。累计土地规模经营面积1193公顷。

社会事业发展　年末，有学校4所，教师总数241人，在校学生3883人。大新学校易地新建，大新中心小学、幼儿园通过“美丽学校”验收。镇承办省“梅花奖”艺术团惠民巡演和市第三届少数民族文艺会演。4月23日，市版权局在大新镇授牌成立市版权服务工作站。10月17日，小品《这是最后的斗争》在“我们的中国梦”市小戏小品大赛摘得金奖。全镇有医疗卫生机构17个，其中医院1所，医师58人，病床132张。建立家庭健康档案53107份。户籍人口合法生育率、计划生育奖励政策兑现率均为100%。全镇有线电视实现数字化，入户率100%。新增垃圾箱（桶）144个，疏浚河道26条，拆坝建桥7座，新增林地绿化面积64.53公顷。开展企业安全生产检查，排查隐患1635条，发出意见书367份，整改意见1492条，发出责令整改书135份，排查隐患376条。

福民工程实施　全镇农民人均纯收入26785元，比上年增12.7%。城镇职工养老保险参保累计18436人，参保率99.6%。居民基本医疗保险实际结报率50.2%，18303人参加基本医疗保险，覆盖率100%。举办创业培训，免费技能培训1229人次，新增就业岗位5177个。特困家庭高校毕业生就业率100%。为全镇185户低保户、63户低保边缘户家庭发放低保补助230.02万元，为13户大重病户、3户儿童大重病户、1名散居孤儿、237名重残人员、6名特殊残疾对象发放补助金107.58万元。走访慰问优抚、低保户、残疾人、特困党员、特困职工、动迁户、大重病对象等11237户次，发放慰问金和慰问品864万元，为89户贫困家庭发放困难补助10.16万元，为92名贫困学生发放助学金25.75万元。为全镇1341名80周岁至89周岁的老人、179名90周岁至98周岁的老人和4名百岁老人发放尊老金120.33万元。为154名优抚对象发放抚恤补助120.23万元，为9名“三属”人员、2名伤残军人和37名现役军人发放优待补助99.43万元，为16名退役士兵发放自谋职业和自主就业补助金108.23万元。

2014年大新镇村（社区）基本情况

表92

村（社区）	面　积（平方千米）	户数（户）	人口数（人）	集体经济总收入（万元）	可用财力（万元）	总资产（万元）	村（社区）党委（总支、支部）书记	村委（社区）主　任
新凯村	3.84	1232	3633	270	181.00	3094.00	钱正初	钱正初
长丰村	3.90	1629	5060	309	271.30	2185.53	陆　军	王国平
桥头村	3.41	1185	3450	297	167.00	2378.00	朱杏春	孙浩明
段山村	4.15	918	3325	310	213.00	4907.00	张小平	严亚新
朝东圩港村	4.10	1011	3302	422	281.60	4079.76	丁　德	陈　建
新闸村	2.54	525	2115	179	145.00	2210.00	康卫峰（9月免） 严志萍（9月任）	张国强
大新村	3.53	1021	3295	1381	862.00	11896.00	—	王晓勇
新海坝村	3.10	856	2840	686	631.71	3709.67	顾官兴	蒋　军

续表92

村(社区)	面　积(平方千米)	户数(户)	人口数(人)	集体经济总收入(万元)	可用财力(万元)	总资产(万元)	村(社区)党委(总支、支部)书记	村委(社区)主　任
中山村	4.91	1481	4339	411	313.00	3791.00	刘　钧	刘　钧
龙潭村	4.78	1315	4229	458	290.40	3525.00	秦燕军	钱中华
大新社区	1.30	1496	2661	—	—	—	张红娟(女)	张红娟(女)
新东社区	0.21	36	67	—	—	—	孙　娟(7月免) 闵振宇(7月任)	闵振宇
新南社区	—	—	—	—	—	—	钱正初(11月免) 李　萍(女,11月任)	李　萍(女)

说明:表格中数据为农村调查数

2014年大新镇主要开工项目情况

表93

投资企业名称	项目名称	主要产品	投资金额(万元)
江苏宏宝集团有限公司	精密机械制造(原重型装备零部件加工)项目	重型装备零部件	25000
张家港宇新羊毛工业有限公司	毛纺织行业清洁生产技术集成应用示范项目	—	8500
江苏宏宝集团有限公司市宏大钢管厂	钢管生产线升级改造及淘汰落后产能项目	钢管	5000
	年产500吨海洋工程及油田用高端钛合金管技术改造项目	钛合金管	4980
江苏普格机械有限公司	压力容器三期项目(年产5000吨非标机械、化工设备、压力容器)	压力容器及塔内件	4800
江苏新芳科技集团股份有限公司	后整理关键设备高效节能及配套技术改造项目	—	4200
江苏宏马纱业有限公司	高效节能电机项目	非陆地车辆用电动机	4000
张家港市欧思瑞科技有限公司	医用设备灭菌柜技术改造项目	—	3500

【南航国家技术转移中心张家港分中心】 1月24日,由大新镇与南京航空航天大学合作共建的南京航空航天大学国家技术转移中心张家港分中心签约成立。南京航空航天大学是国家“211工程”建设大学,在港口物流、新能源、机电一体化、信息技术、计算机技术、电力、电子、自动控制、新材料等方面具有特色和优势。双方以张家港分中心的建立为起点,实现南京航空航天大学与张家港市科技成果转化、人才培养等方面的协同创新,特别是南航与大新镇在建的张家港先进激光(装备)产业园围绕激光、精密机械等产业,开展科技人才项目引进、技术对接交流等合作。双方已成功推动市天优机械有限公司与南航教授肖冰团队开展“新一代超硬磨料工具及其装备与钎料”项目合作,成立江苏省恒优机电科技有限公司。

【新南小区安置房建成】 新南小区安置房位于大新滨江新镇的东北部,总用地48.33公顷,建筑面积86万平方米,计划总投资15亿元,分三期建设。建筑形式多为11层小高层。配套用房、管理用房和商业面积2.6万平方米,停车以半地下为主。西南部建有邻里中心,布置会所、菜场、超市以及沿街店铺,在西北部新建大新学校,为安置区居民提供完善的配套服务。小区立足于高起点、多功能、示范性,市政、景观建设按照高档商品房小区标准建设,安保、天然气等配套设施齐全,设计展现现代江南水乡特色。

新南小区　　(大新镇　供稿)

一期工程投资6.5亿元，占地13.4公顷，建筑面积27.85万平方米（其中地上住宅面积21.68万平方米，会所800平方米，半地下自行车库2万平方米，地下汽车库4.09万平方米），容积率1.58，绿化率大于30%。工程于2011年4月开工，2014年4月8日竣工。4月18日，首批24幢小高层分房大会在大新镇工业区举行，1170套安置房分房到户，593户过渡户喜迁新居。社区用房同时投入使用。二期工程投资5.22亿元，占地13.33公顷，建筑面积25.7万平方米，容积率1.8，绿化率35%。工程于2011年9月开工，2014年12月24日竣工。12月26日，二期26幢小高层分房大会举行，1534套安置房分房到户，855户过渡户得到安置。

【非遗项目蟛蜞豆腐在“港城绝技”大赛夺冠】 5月6日，“港城绝技”市第二届非物质文化遗产技艺传承大赛在塘桥镇金村村举行，8个区镇的100余名选手参赛。大新镇的非遗项目蟛蜞豆腐，在众多参赛作品中脱颖而出获一等奖。蟛蜞豆腐的传承人潘荣清世代农民，因家境贫困，常到长江边捉蟛蜞食用，捉到的蟛蜞去鳃洗净后舂碎，尔后使用过滤工具将壳滤净，待水沸后，将蟛蜞肉搅匀倒入锅内，见有状如豆腐花的结块浮出后，再加入佐料，色香味俱全的蟛蜞豆腐便出锅。

【《人民日报》专题报道新东党建引领社区治理模式】 11月18日，《人民日报》以“江苏张家港探索党建引领社区治理——社区大家建、支部总调度”为题，对新东社区党建引领社区治理模式进行专题报道。新东社区从党组织调整设置入手，建立以社区党组织为核心、其他组织协同参与的社区治理组织格局。社区安置有10个村的685户动迁户，有党员54人。2月，社区成立党总支，将54名党员划分成3个支部，结合在职党员进社区活动，将36名在职党员、4名驻区商户党员与社区党员一起编入21个“党员特色小组”，划分责任区，建立志愿服务岗，利用党组织撬动社会力量集聚参与社区服务。新东社区通过“支部+协会+志愿者”模式，先后培育发展6个社会组织，成立志愿队20余支。9月26日，市委组织部专门在大新镇举办市党建引领社区治理专题培训班，推广新东社区工作模式。12月23日，新东社区获世界卫生组织健康城市合作中心颁发的“健康社区”称号，成为全市唯一获此荣誉的单位。

【“爱在春天”志愿服务主题活动】 3月4日，大新镇举办“爱在春天”志愿服务主题活动。活动介绍大新镇2013年“我们一家人”情暖失独家庭、“和谐大新·牵动爱心”帮助动迁困难群体爱心义卖、“风雨彩虹”4050就业帮扶、“红玫瑰良缘驿站”婚缘牵线4个优秀志愿服务项目的开展情况，对这4个项目和相关爱心单位进行表彰。现场播放大新镇困境儿童主题微电影《等待春天》，并就2014年重点开展的“携爱‘童’行”爱心妈妈结对困境儿童、“我们一家人”情暖失独家庭、“艺润夕阳”文化志愿服务项目3个志愿服务项目分别与8家爱心企事业单位进行签约。年内，“携爱‘童’行”爱心妈妈结对困境儿童志愿服务项目以部分贫困儿童、困境家庭儿童、新市民子女等弱势群体为帮扶对象，由镇妇联根据节假日时间节点，组织爱心妈妈开展爱心助学圆梦、青少年教育实践基地一日游等未成年人关爱活动，帮助困境儿童在心理上、生活上、学习上更好成长；“我们一家人”情暖失独家庭志愿服务项目以17个“失独”家庭为对象，开展“爱心儿女”结对活动，与“爱”相随——我们一起过端午、“呵护健康、幸福同行”亲情走访、联欢会等活动，帮助“失独”家庭摆脱悲伤阴影，重拾生活信心；“艺润夕阳”文化志愿服务项目以动迁相关的政策法规、社区的新居管理、老年人的文体爱好等为素材创作相关文艺作品，由“金秋艺术”志愿服务队通过锡剧、舞蹈、表演唱等形式为老年人演出，帮助他们了解政策方针和动迁社区的管理模式，尽快适应新环境。系列志愿服务的开展，宣传“奉献、友爱、互助、进步”的志愿服务精神，营造了“关爱他人、关爱社会、关爱自然”的志愿服务氛围。

【法制宣传教育等“三位一体”工作基地落成】 4月，大新镇法制宣传教育、阳光就业扶助、社区矫正管理教育服务“三位一体”工作基地落成。基地位于市国泰路边、大新镇中山村境内，是大新镇投入10余万元，依托市沙洲绿农业科技发展有限公司蔬菜基地，打造的多功能法律服务基地。基地办公室外墙设置名人法治名言展板、“六五”普法知识宣传栏、禁毒文化墙、法制宣传标语等。大院内设置集平安建设、法治建设、人民调解、法律援助、民族宗教等七大内容16块版面的法治文化墙。基地道路两旁设立10块可更换的实用法律小知识展板等。基地成为继大新镇法治广场、大新镇和孝文化展示馆之后的又一重要镇级法治文化和法制宣传教育阵地。基地设有管理人员办公室、集中教育室、谈心室、活动室等功能室，为大新镇社区服刑人员提供社区服务和集中教育活动场所，提供种植、成品包装、除草、区域环境卫生等社区服务项目，划分社区服刑人员社区服务包干区，并可进行社区矫正和安置帮教政策法规教育、禁毒法制教育、公民道德教育、爱国主义教育、心理健康辅导、就业技能培训和就业指导等，适时为“两类”人员提供法律服务和就业帮助。

【市民健身广场改造完工】 为打造“活力、精致、幸福”的现代化大新，提升居民的业余活动空间，大新镇于2013年年末对大新市民健身广场实施改造建设。至2014年5月，全面完工。工程累计投资约300万元，对原有中心广场进行适当扩建，划分表演场地、儿童和老人活动场所、水景、大新原生花园，设置开放、半私密、私密空间，将健身广场打造成一个可承办较大型娱乐活动的多功能休闲广场。建成后的中心广场包括老年活动区、儿童嬉戏区、私密休闲空间、文化花架凉亭空间、主入口特色旱喷等。

（王　林）

常阴沙现代农业示范园区

【概况】常阴沙现代农业示范园区位于市域东部，东临长江，与南通市隔江相望。有沿江岸线9.7千米。总面积37.45平方千米，其中耕地面积2402.63公顷。辖7个社区，1个居委会。有户籍7973户，人口20198人，另有外来暂住人口4010人。全年完成经济总收入29.6亿元，比上年增2.78%。实现地区生产总值8.7亿元，比上年增0.93%。一、二、三产业增加值分别为2.46亿元、3.94亿元、2.3亿元。按户籍人口计算，人均生产总值为43413元，比上年增1.03%。完成全口径财政收入1.28亿元，其中公共财政预算收入5800万元。完成全社会固定资产投资3.9亿元。常阴沙大米被认定为苏州名牌产品，"万顷良田建设工程"土地整治项目通过江苏省国土资源厅组织的项目竣工验收，常阴沙生态农业旅游区被评定为国家AAA级景区。园区被评为苏州市2014年度河道长效管理先进镇。

经济建设与发展　年末，有企业381家，其中工业企业271家。18家规模以上企业全年实现工业产值9.55亿元，主营业务收入19.83亿元，利税1.78亿元。有销售收入超1亿元规模企业3家，超2000万元的骨干企业25家（其中超3000万元的企业11家、超5000万元的企业1家）。园区完成工业技改投入1.81亿元。新增私营企业51家，新增注册资本1.99亿元。引进外地资本3215万元，新批办个体工商户85户，新增注册资本927万元。获批省高新技术企业3家、省民营科技企业3家、国家星火计划项目2项。新增创新创业载体面积5000平方米。新增"千人计划"专家产业化项目2项。获批省级研发机构1家，认定高新技术产品6种，获批张家港市级科技计划项目5项。新建"千人计划"专家工作站1家，获批市领军型创新创业人才项目4项，累计11项，苏州国际精英创业周项目落户2项。开发高新技术产品6种，累计20种；技术开发备案企业7家，累计19家。申报专利162件，其中发明专利申请46件，授权专利134件。全年完成服务业投资额1.97亿元，比上年增8.26%，服务业入库税金2075万元，比上年增67.61%。推广农业实用技术3项，其中高效栽培新技术2项。推广农业种植新品种13种。新增高标准农田146.67公顷，累计建成高标准农田2281.25公顷。新增各类农业机械82台套，农机化总投入1089.39万元。全年实现农、林、牧、渔业总产值3.89亿元，粮食、瓜果、蔬菜、水产品总产量分别为25985吨、10655吨、20361吨、706吨。

社会事业发展　年末，有九年一贯制学校1所，教师81人，在校学生1056人。义务教育学龄人口入学率100%，初中升学率100%。全年结合农村环境综合整治动迁农户22户，启动预动迁农户7户，查处违法违章建筑36户。建成康居乡村6个，其中常北社区8、9组三星级康居乡村工程总投资650余万元，重点对121户居民的房屋建筑立面进行改造，对河道进行疏浚和岸坡整治，同时拓宽道路、补种绿化、修建停车场和健身场地，房屋屋顶更换成红瓦，与常阴沙的旧称"红房子"相呼应。18个保留村庄点规划编制完成。新建、改造村级道路1.36万平方米。疏浚河道38条，拆坝建桥5座，新建圩口闸4座，治理生态河道2.2千米。新建生活污水管网6千米，常兴、常东社区生活污水处理实现全覆盖。新增绿化63.73公顷，其中新增成片林12.81公顷、经济林38.94公顷、绿地11.98公顷。农作物秸秆综合利用率保持100%。投资570余万元建成常兴油菜花海景点，投资350万元完成游客集散中心二期小木屋景观工程建设，投资17.3万元完成拥军路常南葡萄园景观工程建设，投资40.3万元完成常北、常沙社区一站式服务大厅工程建设。

福民工程实施　农民人均纯收入22145元，比上年增2.1%。年内新增就业岗位1050个，其中新开发公益性岗位91个。新增城镇职工养老保险人数153人，累计参加城镇职工养老保险人数4700人。农村居民合作医疗参保人数3746人。新增住房公积金交费企业10家，累计交费企业81家，住房公积金扩面人数237人，累计交费人数1800人。全年对13个大类34个小类困难户进行慰问，共发放慰问金150.7万元，惠及1942户困难群众，占居民总户数的25%。其中为115户165人低保对象及19户19人低保边缘户落实最低生活保障，发放低保资金135万元、一次性生活补助金21万元。对945名80周岁及以上老人发放尊老金55万元。救助贫困学生35人19.5万元，临时性救助困难家庭21户3万元。

2014年常阴沙现代农业示范园区社区（居委会）基本情况

表94

社区（居委）	面　积（平方千米）	户数（户）	人口数（人）	集体经济总收入（万元）	可用财力（万元）	总资产（万元）	社区（居委会）党总支书记	社区（居委会）主任
常东社区	4.60	783	2294	532	384	1413.17	范兴华	陈　东
常南社区	5.48	1250	3595	567	378	1616.74	陶洪祥	—
常西社区	4.11	887	2168	434	364	1642.83	虞伟明	孙惠祥
常北社区	5.20	980	2892	543	319	1746.96	徐卫华	沈维良
常红社区	4.89	968	2940	442	342	1254.44	陈金发	李永明
常兴社区	5.19	668	1974	643	353	1601.18	陈志华	—

续表94

社区(居委)	面　积 (平方千米)	户数 (户)	人口数 (人)	集体经济总收入(万元)	可用财力 (万元)	总资产 (万元)	社区(居委会)党总支书记	社区(居委会)主任
常沙社区	4.98	1162	3215	617	342	1441.48	李　平	朱金发
集镇居委会	—	490	1048	—	—	—	徐育清	瞿　伟

说明:表格中数据为农村调查数

【"万顷良田建设工程"通过验收】 6月,常阴沙现代农业示范园区"万顷良田建设工程"土地整治项目通过江苏省国土资源厅组织的项目竣工验收。该项目是2010年度第二批省以上投资土地整治项目,位于园区南部,涉及常兴、常沙、常北3个社区,建设规模1041.47公顷,总投资2497万元。项目在建设过程中,共新建混凝土斗渠9284.5米,暗渠2587.5米,混凝土农渠2812米。疏浚斗沟3319米,农沟67937米。建设渡槽2座,格田进水口5586座,板涵5座,圩口闸6座。新建田间沥青路1472米,田间混凝土路6235米,砂石路1189米,素土生产路70900米。植树2275株。通过整治,项目区内的土地平整度、道路通达度以及桥梁、泵站等单体建筑物的工程质量均达到规划设计的要求。同时新增耕地面积16.97公顷,新增耕地率1.58%。

【常阴沙生态农业旅游区获评国家AAA级景区】 常阴沙生态农业旅游区东临长江,是一个集住宿、商务会议、休闲娱乐、烧烤垂钓、采摘观光、度假疗养于一体的滨江风情休闲区。内设垂钓区、烧烤区、果蔬园艺区、生态渔业体验区、长江湿地观光区、知青怀旧区等。景区坚持以"江南水乡、田园风光、现代农庄"为发展理念,以"乡、野、田、趣"为风格神韵,力求突显原汁原味的江南风情,极具"江南水乡品质、农事采摘情趣、知青文化怀旧、生态农业休闲"的旅游特色。2012年,旅游区在通过江苏省四星级乡村旅游区(点)的基础上,启动国级AAA级景区的创建工作。2014年,常阴沙现代农业示范园区在软件、硬件两个方面下功夫,进一步完善景区创建台账资料,修复维护导视导览系统,实行景区卫生长效保洁机制和警务室保安人员巡逻制。6月,旅游区通过江苏省旅游局考评。7月,创成国家AAA级景区。12月,震宇生态园也通过苏州市旅游局江苏省五星级农家乐的实地评定。

【园区首届职工运动会】 由于管理体制和属地关系的变更,2004年园区实行农场职工身份置换后未举行过职工运动会。为促进全民健身运动,按照"节俭办会、全民健身"的宗旨,园区党工委和管委会决定举办以职工为主体的全民运动会。2014年10月,常阴沙现代农业示范园区举行第一届职工运动会暨第三届全民运动会。运动会设田径、拔河、篮球、乒乓球、跳绳、自行车慢骑等12个大类比赛项目,全区32个单位共563名运动员参加。10月18日,在常阴沙学校田径场举行开幕式,园区机关、社区(居委会)、企事业单位运动员依次入场,体现园区干部群众和企业职工奋发图强的精神风貌,展现了"健身运动老中青齐参与"的生动局面。

【常阴沙大米获苏州名牌产品称号】 常阴沙大米继获得"最受苏州老百姓喜爱的十大地产大米"金奖、国家地理标志证明商标、绿色食品A级认证等荣誉后,2月,又被苏州市名牌产品认定委员会授予2013年度苏州名牌产品称号。常阴沙大米从20世纪50年代试种,60年代起大规模种植起,经过不断探索和实践总结,已经形成一套比较完整的种植和生产管理控制体系,从前期水稻的品种选定、种子处理、田块整理、大田栽培、肥水管理、收获进仓、运输贮藏到加班成米等都有一套独特和严格的操作程序和技术要求。其中,引用长江水灌溉、推广和使用有机质肥料、利用无公害农药和生物农药防治病虫害等技术措施是众多生产环节中的重中之重。近年,常阴沙现代农业示范园区以"服务成员好、经济效益好、利益分配好、民主管理好、示范带动好"为发展宗旨,秉承"江南水乡,田园风光,现代农庄"的生态理念,利用常阴沙丰富的临江自然资源,精心打造"常阴沙"品牌系列的绿色优质农产品。常阴沙大米、菜籽油、甜糯玉米、西瓜、草鸡蛋、江滩鸭蛋等十余种绿色农产品已成为市民的首选。

常阴沙大米系列产品　　　　(常阴沙现代农业示范园区　供稿)

【24小时自助图书馆建成】 为满足居民全天候阅读的需要，根据《张家港市文化民生工程三年行动计划》，园区于4月在园区文化中心图书馆内辟出80平方米筹建24小时自助图书馆。自助图书馆有阅览区座位20个，藏书5000余册。园区文化中心位于禾丰路1号，于2013年6月建成并投入使用，占地1万平方米，建筑面积3200平方米。内设210座小剧场、图书馆、特色文化展示厅及372平方米的多功能活动厅。其中，图书馆建筑面积800平方米，馆藏书籍1.2万册。 （陆锦法）

双山岛旅游度假区

【概况】 双山岛旅游度假区位于市域西北郊，地处张家港港作业航道与长江主航道之间，与苏州、无锡、泰州和南通四市的长江水域相连接。区域总面积约20平方千米，其中堤坝外滩涂湿地约4平方千米，堤坝内面积16平方千米，环岛岸线长16.8千米，耕地面积577公顷，林地（含果林）面积215公顷。辖4个行政村、1个社区居委会（为“村社合一”体制）。区内以农业经济为主，无工业，主要发展特色种养业和旅游业。

经济建设与发展 年内，全区实现农业总产值3200万元（因统计口径原因，经济指标数大多未做单独统计），粮食、水产品产量分别为2221.8吨、919吨。有以村为经营主体的土地股份合作社4家，村均可用财力343.75万元，全区土地规模经营率100%。农产品中实现大米种植、包装和销售一条龙服务。

社会事业发展 有1家社区卫生服务站，医务人员5人，病床6张。户籍人口计划生育奖励政策兑现率100%。全年新增绿化30公顷，疏浚河道4.3千米。5月27日，市城市管理行政执法大队双山中队及双山环卫所揭牌成立，加强区内综合执法管理和环境卫生管理工作。年内，开展无证无照烧烤摊点及流动摊点整治工作，取缔无证无照烧烤摊点32家。至年末，双山城管执法中队有队员13人，配备城管专用汽车1辆、四轮电瓶车2辆、专用摩托车2辆、普通电瓶车9辆，并配齐城管专用电子设备。6月，区内首个志愿者服务团队在友爱港城网上注册成立，有志愿者50余人，至年末，开展文明交通指引、应急救护培训、志愿文化演出、大型比赛活动服务等志愿活动。11月，2014年第五届环太湖国际公路自行车赛张家港双山岛绕圈赛举行，有五大洲近200名职业自行车运动员参赛。为进一步规范交通管理，保护生态环境，12月1日起，度假区实施交通限行管理。游客机动车、电瓶车、自行车、人力车等禁止进入双山岛，双山岛居民、工作单位（含临时工作单位）人员在办理相关手续后允许车辆进入。

福民工程实施 农民人均纯收入1.95万元。全年为109名困难群众发放临时救济款8.15万元，为102名低保对象发放党员关爱基金15.3万元，为68名困难学生发放助学金21.1万元，为117名优抚对象发放慰问金8.59万元。新增低保户3户、低保边缘户10户，累计为25户低保户及41户低保边缘户发放最低生活保障金97.72万元。帮助223名剩余劳动力、农村富余劳动力、失业人员、就业困难群众实现就业。

2014年双山岛旅游度假区村基本情况

表95

村名	面积（平方千米）	户数（户）	人口数（人）	集体经济总收入（万元）	可用财力（万元）	总资产（万元）	村党支部书记	村主任
渡口村	2.08	991	2393	659	353	3181	杜国平	陈建强（8月免） 王建芳（8月任）
双中村	3.73	993	2591	637	421	4448	高金荣	孙新华
老圩村	3.71	1126	2954	457	342	2001	夏龙华	丁修德
新圩村	3.38	898	2406	344	268	2602	李群慧（8月免） 陈建强（8月任）	刘正法（8月免） 陶进良（8月任）

说明：表格中数据为农村调查数

【双山岛基础建设】 年内，度假区管委会围绕打造“长江慢岛、沙上绿洲”总体目标，加大资金投入，引导和营造长江流域独特的江岛度假慢生活，打造集“生态旅游、文化体验、健康养生、品尚运动、乐活人居”等多元复合业态为一体的旅游度假综合区。完成双山岛旅游度假区总体策划方案和控制性详细规划编制，完成南码头绿化配套、灯光亮化、停车场、钢引桥油漆以及高尔夫接待大厅等码头配套项目建设及航运大楼智能化改造，完成双山岛展示馆、双山岛游客咨询中心、农产品展销中心的建设及对外开放工作，推进双山岛公共交通建设，购置两辆封闭式旅游观光电瓶车，制定《双山岛旅游度假区电瓶车运营管理方案》。完成400公顷标准化农田配套（沟渠路桥）建设，完成22.67公顷绿化造林项目，环岛河以及岛内南部区域的河道疏浚工作，启动南横港拓宽改造工程。与中宏三农（北京）科茂、两岸福治民生发展基金会就333.34公顷农业休闲观光项目，签订合作框架协议；与江苏中洋集团就100公顷江鲜渔村项目，进行政策对接及方案洽谈工作；与无锡灵山文化旅游集团就佛禅文化园及小镇建设项目签订合作协议，并启动项目前期策划设计工作。

（施　恩）

【编辑　汪丽菁】

人物·先进集体

Personages & Advanced Collectives

全国优秀教师任小文给学生上课 （庞瑞和 摄）

新闻人物

先进个人

先进集体

新闻人物

施玉其

1945年9月出生，张家港市乐余镇人，初中学历，市申港环保设备制造有限公司董事长。第五届全国残疾人自强模范。

施玉其是先天性重度下肢残疾人。20世纪80年代开始创业，以家庭作坊的形式做自行车小配件。90年代初乘着改革开放的春风，施玉其的企业与美国康明斯公司建立稳定的业务关系，定点为该公司生产汽车产品配件。诚信的服务、过硬的质量和公道的价格，为他的企业赢得良好的声誉和源源不断的业务。企业成为上海通用、广州本田、神龙富康、深圳蓝鸟和奔驰、宝马、奥迪等著名品牌汽车配件供应商。2014年公司销售收入4500万元。事业成功后，施玉其情系残疾人，心念残疾人，主动帮政府分忧，帮残疾人解难。企业131名员工中有56名残疾人。残疾职工与健全职工同工同酬，并缴纳社会保险，企业成为残疾员工温馨的"家"。施玉其先后获第三届全国残疾人自强创业奖、"苏州市十佳残疾人自强模范"、苏州市残疾人创业典型和"张家港市十佳文明家庭标兵"、张家港市道德模范、"十佳慈善爱心人士"等称号。2014年9月，被人力资源和社会保障部、中国残疾人联合会评为第五届全国残疾人自强模范。 （贺佳佳）

方　治

1969年10月出生，张家港市南丰镇人，大专学历，市粮食购销总公司总经理助理兼仓储部部长。2014年度全国粮食系统劳动模范。

1989年参加工作。1989年至2008年在张家港东沙粮管所工作；2008年至2012年6月，任张家港市粮食购销总公司乘航粮库主任；2012年6月至2013年2月，任张家港市沙洲中心粮库主任；2013年2月至2014年3月，任张家港市粮食购销总公司仓储部部长兼沙洲中心粮库主任；2014年3月起，任张家港市粮食购销总公司总经理助理。在2009年全国粮食清仓查库中，方治带领的乘航库以优异的表现被评为全国清仓查库先进单位，并作为工作现场，受到全国粮油专家一致好评。以此为契机，从2009年开始，方治对乘航粮库的管理制度进行完善、细化，对日常操作规范提出新要求，2010年乘航库被评为江苏省示范粮库。他连续4年被评为张家港市粮食系统先进个人，2010年被评为苏州市粮食系统先进工作者，2011年被授予张家港市文明示范职工称号，2013年被评为苏州市技术能手。2013年，他代表苏州市粮食工作者参加全国粮食行业职业技能竞赛，在250名选手中脱颖而出，取得保管组全国一等奖的成绩。2014年12月，被人力资源和社会保障部、国家粮食局评为2014年度全国粮食系统劳动模范。 （孙　颖）

陈世海

1966年10月出生，江苏省淮安市人，研究生学历。市委宣传部副部长，市文广新局党委书记、局长。全国文化系统先进工作者。

1983年参加工作。1994年3月，任团市委书记。1997年8月，任市经济体制改革委员会主任。1998年12月，任大新镇党委副书记，镇农工商总公司副董事长、总经理。2001年2月，任南沙镇党委书记、镇农工商总公司董事长。2002年9月，任市发展计划委员会副主任、党组成员。2003年2月，任市委宣传部副部长。2003年7月，任市委宣传部常务副部长、市新闻工作者协会主席。2005年8月，任市委宣传部常务副部长兼市委对外宣传办公室主任。2007年4月至2010年5月，到宿迁市宿豫区挂职区委副书记。2010年5月至2010年10月，任江苏省张家港经济开发区主任助理。2010年10月起，任市委宣传部副部长，市文化广电新闻出版局党委书记、局长。2011年9月起，兼任市文物局局长。他主持完成多个省级以上文化科研课题，有10余项研究成果获苏州市级以上宣传思想工作调研成果奖及哲学社会科学优秀成果奖。率先探索实施公共文化服务网格化模式，项目入选国家文化创新工程重点项目，获文化部第十六届项目类"群星奖"。制定实施全国首个覆盖城乡的"书香城市"建设指标体系，该体系获省2013年宣传思想文化工作创新奖。推动全市文艺生产水平跃居全国县（市）第一方阵。中国（张家港）长江文化艺术节被省委、省政府明确为江苏重点文化品牌和"三大地方文化节庆"之一，获第二届文化部创新奖。张家港市获评中国民间文化艺术之乡、中国曲艺之乡、国家公共文化服务体系示范区、省公共文化服务体系示范区、省"书香城市"等。市文物局获全国文物系统先进集体称号。2014年，市文广新局被省文化厅记集体二等功，被张家港市委、市政府记集体三等功。他也获得全国2013年度查处侵权盗版案件有功个人一等奖等荣誉，荣立个人二等功。12月，被人力资源和社会保障部、文化部评为全国文化系统先进工作者。（袁丽红）

关士友

1962年6月出生，黑龙江省双城市人，中国科学院化学研究所博士，江苏国泰超威新材料有限公司总经理。第十一批国家“千人计划”人选。

1985年毕业于黑龙江大学，获硕士学位。1992年在中国科学院化学研究所获理学博士学位。1992年至1996年，在黑龙江大学化学化工与材料学院历任讲师、副教授。1996年至1997年，获日本学术振兴会（JSPS）博士后基金，在名古屋大学野依良治（2001年诺贝尔化学奖获得者）研究室完成博士后工作。1997年至2001年，作为客座研究员在日本丰田中央研究所从事新型纳米材料的研究与开发工作。2001年至2008年，在日本三洋化成工业株式会社任副主事及科研主管，负责新能源材料的研究与开发工作。2008年10月回国，被聘为华东理工大学特聘教授，主持新能源材料方面的研究与开发工作。2011年12月，经国泰华荣公司引荐，创办张家港保税区超威电化技术服务有限公司（后更名为江苏国泰超威新材料有限公司），任总经理，实施电容器电解质相关电子化学品的研发和产业化。公司成立后，完成多个新产品的开发，其中完成中试产品1种，申请与项目直接相关的专利4项。关士友是“超级电容器及锂离子电池关键材料与技术”领域的专家，在日本名古屋大学、丰田中央研究所、三洋化成工业株式会社从事科研和研发领导工作12年。主持完成国家自然科学基金“双电层电容器有机电解液分子设计的探索性研究”、上海市浦江人才计划“双电层电容器用高性能有机电解液的开发”、广东省战略性新兴产业核心技术攻关“电动汽车用磷酸铁锂离子电池电解液研究及产业化”等项目。发表学术论文40余篇；申请专利50余项，其中获得授权11项；获日本公司嘉奖7项，其中年度最高奖项2项。关士友先后入选2011年张家港市领军型创业人才引进计划、2012年姑苏创新创业领军人才引进计划、2013年江苏省高层次创新创业人才引进计划。2014年3月，第十一批入选中组部国家“千人计划”。（沙　健）

尚建库

1963年4月出生，美籍华人，美国材料学博士，国家杰出青年基金获得者，张家港格林台科环保设备有限公司董事长。第十一批国家“千人计划”人选。

1984年毕业于西安交通大学，获硕士学位。1989年获加州大学伯克利分校博士学位，并从事博士后研究。1990年至1996年在伊利诺伊大学香槟分校（UIUC）材料学系任助理教授。1997年起任UIUC材料系副教授，兼任伊利诺伊大学高级材料工业联合实验室主任。2002年起先后担任中国科学院金属所特聘研究员，研究部主任和净水材料中心主任，“Materials Science and Engineering A”编辑。主要从事金属材料、电子材料和净水材料研究。申请美国和中国专利50余项，已授权20项。在国际核心期刊上发表论文240余篇。先后承担完成美国国家自然科学基金“Advanced Materials for Water Purification（2002—2012）”、中国国家杰出青年科学基金“金属材料的形变与损伤”、国家“973计划”“材料介观服役特性与多场效应”“超轻多孔结构创新构型的多功能化基础研究”、中国科学院知识创新工程“超大水体除砷净水材料的制备及中试研发”等十余项科技项目。2012年6月，尚建库在锦丰镇创办张家港格林台科环保设备有限公司，公司主要从事高端饮用水及水处理设备制造。尚建库先后入选2013年张家港市领军型创业人才引进计划、2013年姑苏创新创业领军人才引进计划、2013年江苏省高层次创新创业人才引进计划。2014年3月，第十一批入选中组部国家“千人计划”。（沙　健）

吴江峰

1963年11月出生，黑龙江省哈尔滨市人，哈尔滨工业大学电化学硕士，德朗能（张家港）动力电池有限公司董事长。2014年“国家高层次人才特殊支持计划”（“万人计划”）人选。

1988年毕业于哈尔滨工业大学电化学专业，获硕士学位。1988年至1991年，任哈尔滨医科大学公共卫生学院助理研究员；1991年至1997年，任黑龙江省政府行政主任。1997年主导创办深圳力可兴电池公司，任常务副总。仅三年时间，便带领公司成为镍氢电池行业的标兵企业，AA电池产量每年超过1亿颗，产品远销欧美各国。2001年，吴江峰在上海奉贤区创办上海德朗能电池有限公司，任董事长。公司主导产品有圆柱锂离子电池、聚合物锂离子电池等，主要应用于数码产品、航模、电动车辆及储备电源等领域。企业获得上海市高新技术企业、品牌企业等荣誉，其研发技术中心被授予“上海市奉贤区企业技术中心”称号，纯电动车用磷酸锂动力电池系统研究开发项目成为上海市火炬计划项目。2010年8月，吴江峰在张家港锦丰科技创业园创办德朗能（张家港）动力电池有限公司，公司主要从事大容量、高倍率动力锂离子电池研发和生产，产品用于园林工具、无绳电工工具、电动车等领域。该公司2013年被评为高新技术企业、江苏省民营科技企业。公司拥有授权发明专利5项，其中发明专利3项。吴江峰先后入选2011年张家港市领军型创业人才引进计划、2012年姑苏创新创业人才引进计划、2012年江苏省高层次创新创业人才引进计划。2014年3月，入选中组部“国家高层次人才特殊支持计划”（“万人计划”）。

（沙　健）

罗云秋

1975年10月出生，四川省绵阳市人，初中学历。市易华塑料有限公司带班长。全国五一劳动奖章获得者。

2001年，从老家四川到市易华塑料有限公司冲床车间从事冲压塑料地板工作。为尽快掌握冲压塑料地板的专业技术，她勤学苦练，虚心向师傅和工友求教，到公司仅仅两个月就熟练掌握冲压操作技术。2007年年初，她被聘任为冲床车间带班长，带领40余名员工，该班组是全公司最大的班组。她干工作是“拼命三郎”，以率先垂范和爱岗敬业的精神激发班组成员的责任感和使命感。公司规定冲压的塑料地板产品合格率达到98%为优秀，她的班组合格率却始终保持在99.95%以上。2013年7月至9月高温季节，为按时保质保量完成任务，罗云秋放弃休息日，常常忙到深夜，连感冒发高烧也坚持工作。14年中，经罗云秋生产的塑料地砖出口到世界各地，从没有因质量问题或交货期延误受到投诉，为公司赢得效益和发展。2014年5月，被中华全国总工会授予全国五一劳动奖章。

（吴　吉）

陈旭东

1970年10月出生，江苏省宜兴市人，本科学历，中共党员。张家港出入境检验检疫局木材重点实验室副主任。全国五一劳动奖章获得者。

1993年8月至2006年8月，任张家港出入境检验检疫局科员；2006年9月至2010年4月，任张家港出入境检验检疫局副主任科员；2010年5月起，任张家港出入境检验检疫局木材重点实验室副主任。陈旭东扎根在码头一线，平均每年加班加点近1000小时，累计完成4500余万立方米进口木材的检验监管任务，帮助企业对外提赔3000余万美元，成功处置进口法国橡木携带危险性有害生物、进口坦桑尼亚木材不实申报等60余起案例。在科学监管的同时，陈旭东积极探索创新“边卸边检”“全天候检尺”等优质高效的服务模式，免费为企业培训业务人员600余人次。经过实践积累，他成为全国知名的木材鉴定专家，编著出版《进口木材原色图鉴》，先后发表论文40余篇，翻译2本外文专著，参与主编3本专著，主审2本专著，承担科研项目8项，承担的2项国家标准填补国内空白，其中1项获“中国标准创新贡献奖”。陈旭东先后获江苏省五一劳动奖章、江苏检验检疫系统“十佳职业道德标兵”、苏州市创先争优优秀共产党员、张家港市优秀人才、张家港市第二届道德模范等称号。2014年5月，被中华全国总工会授予全国五一劳动奖章。

（吴　吉）

郁霞秋

1963年9月出生，张家港市金港镇人，本科学历，金港镇长江村党委书记、长江润发集团有限公司总裁，长江润发机械股份有限公司董事长。全国三八红旗手标兵。

20世纪80年代初，郁霞秋从苏州医学院毕业后进入无锡市妇幼保健医院工作，从住院大夫到主治大夫，再到副主任医师、肿瘤科主任，成为医疗战线的拔尖人才。2001年，她回到长江村，成为一名“女村官”。在她的带领下，长江村销售额从2001年的3.8亿元增长到2014年的45亿元，全村人均纯收入超过2.5万元。长江润发集团成长为全国民营企业500强之一，拥有苏州市第一家上市村企，成立全国首家非公有制企业科协组织，并建有院士专家工作站、博士后工作站等科研机构。发展经济的同时，郁霞秋也在建立民生保障和人文关怀上下功夫，建立“按劳分配、按资分配、按需分配”的分配体制和以村民养老、帮贫救助为重点的保障体系，实现全就业、全社保，包括所有残疾人全部就业，失地农民全部纳入城镇职工养老保险体系，全村医疗保险覆盖率100%。郁霞秋先后获全国“巾帼建功”标兵、“中国十大经济女性年度人物”、全国商业服务业“巾帼建功标兵”、江苏省优秀女企业家、省优秀中国特色社会主义事业建设者等称号。2014年2月，被中华全国妇女联合会授予全国三八红旗手标兵称号。（刘 兰）

任小文

1966年5月出生，江苏省洪泽县人，本科学历，民盟盟员，江苏省梁丰高级中学生物教研组组长。全国优秀教师。

1983年7月毕业于徐州师范学院（后更名为江苏师范大学）生命科学学院，一直坚守在教学一线。任小文是苏州市第十四、十五届人大代表，江苏省生物特级教师，苏州市生物学科教改带头人、苏州市名教师，江苏省“333工程”对象，首批被评为江苏省教授级中学高级教师。2009年入选首批江苏人民教育家培养工程培养对象。任小文从教近30余年，始终满怀对教育事业的忠诚和热爱，秉承“与学生同成长”的理念和追求，在教育、教学和教研等方面取得显著成绩。工作期间她撰写大量的教育教学论文，并且在省级以上刊物发表论文，获奖论文20余篇。主持多个省级、苏州市级教改课题研究。先后获得张家港市优秀人才奖、张家港市劳动模范、“苏州市十行百星优秀女性”、苏州市五一劳动奖章、民盟江苏省委优秀女盟员等荣誉。2014年9月，被教育部评为全国优秀教师。（水 华）

方 琴

1977年5月出生，张家港市杨舍镇人，本科学历，中学一级教师，服装定制技师，张家港中等专业学校服装专业教师。全国优秀教师。

1999年7月毕业于江苏理工学院。方琴是江苏省职业教育领军人才、江苏省职业学校技能教学高层次人才研修班成员、江苏省纺织服装中心组成员、苏州市纺织服装中心组组长、姑苏高技能重点人才、“苏州市十佳双师型教师”、张家港市学科带头人，首批获评苏州市职业教育名师工作室领衔人称号。方琴从事服装专业教学15年，从事服装专业技能大赛辅导8年，连续5年担任省技能大赛服装专业集训教练组组长，辅导学生参加全国技能大赛获金奖5人次。在各类大赛中，累计3次获得江苏省教师组个人一等奖。拥有丰富的技能实践及理论实践一体化教学经验，先后被评为全国技能大赛优秀指导教师、江苏省技能大赛先进个人、技能标兵，张家港市教坛先锋美丽教师，张家港市教育工作先进个人。参与国家级、省级、市级课题各1项，在省级以上刊物发表《感受多元文化，体会别样教育》《以大赛为引领，推进服装专业课程改革》《以服装结构设计为案例的精品课程建设研究报告》等论文，主编、副主编全国“十二五”规划教材2本，校本教材3本，曾多次参与江苏省技能大赛试题库建设与修改、省纺织服装专业人才培养方案制定和省纺织服装专业资源库建设。2014年9月，被教育部评为全国优秀教师。（水 华）

钱晓东

1971年11月出生，张家港市凤凰镇人，在职研究生学历。市社科联副主席、市委宣传部宣传科科长。全国舆情信息工作先进个人。

1989年3月参加工作，1989年3月至2004年10月在部队服役；2004年进入市委宣传部工作，历任秘书科副科长、创建活动管理科科长、市委对外宣传办公室副主任（副主任科员）、市政府新闻办公室副主任、市哲学社会科学界联合会副主席。2012年4月兼任市委宣传部宣传科科长。在市委宣传部任职期间，从事舆情信息报送工作，建立健全舆情信息报送工作的激励、考核机制，市委宣传部连续多年被江苏省委宣传部评为信息工作先进单位。2014年3月，被中共中央宣传部评为舆情信息工作先进个人。

（丁洪斌）

蒲 涛

1985年1月出生，新疆维吾尔自治区哈密地区人，本科学历，中共党员，市公安局网络警察大队三中队副中队长。2014年度全国公安机关集中打击整治网络违法犯罪专项行动成绩突出个人。

2008年8月，在市公安局城北派出所参加工作，2011年进入网络警察大队，2013年12月担任网络警察大队三中队副中队长。工作中，他始终从维护社会治安、保障服务民生的根本要求出发，立足网上网下两个战场，以打击网络犯罪为主线，集中力量、集中资源、集中手段、集中时间，全面打击各类网络犯罪活动，获评张家港市公安局侦查标兵，并获个人嘉奖。2014年2月，被公安部评为2014年度全国公安机关集中打击整治网络违法犯罪专项行动成绩突出个人。（史 雷）

杨建青

1984年10月出生，江苏省阜宁县人，本科学历，中共党员。市公安局城北派出所专职消防民警兼经开区（杨舍镇）消防科专职消防民警。全国第二次"清剿火患"战役成绩突出个人。

2006年7月，在江苏省阜宁县劳动就业管理中心参加工作。2007年11月，考入江苏省阜宁县公安局，2012年5月调入张家港市公安局城北派出所担任专职消防民警。自担任专职消防民警起，杨建青立足岗位职能，认真履行防火监督、消防宣传、指导服务等职责，实行"巡消结合"工作法，开通微信平台进行消防宣传和隐患整改，创新"菜单式"消防培训方式，为提高群众消防意识、推进消防基层基础建设发挥重要作用。先后获评苏州市公安局全市派出所消防工作成绩突出个人，张家港市优秀公务员，张家港市公安局群众工作标兵，张家港经济技术开发区"杨舍榜样"提名奖。2014年4月，被公安部评为全国第二次"清剿火患"战役成绩突出个人。（史 雷）

陈 霞

1984年9月出生，张家港市锦丰镇人，本科学历，中共党员。张家港边防检查站执勤业务一科副科长。2010至2013年度提高边检服务水平成绩突出个人。

2006年7月参加工作。2007年1月至2013年12月，任张家港边防检查站执勤业务一科检查员。2014年1月起，任业务一科副科长。陈霞始终坚持"想服务对象之所求，急服务对象之所需，排服务对象之所忧"的服务理念，积极为出入境人员提供周到、便捷、高效的服务。及时主动向服务对象宣传最新的边防检查法律法规，并主动提供各类边检业务信息咨询服务，受到服务对象的一致好评，为营造和谐便捷的通关环境做出贡献，被公安部政治部表彰为"优秀党务工作者"，被江苏边防总队表彰为"十佳女警"，先后荣立三等功3次。2014年2月，被公安部表彰为2010至2013年度提高边检服务水平成绩突出个人。（卢 成）

刘晓霞

1975年9月出生，张家港市锦丰镇人，本科学历，中共党员。市司法局法制宣传教育科科长。全国"六五"普法中期先进个人。

1996年7月参加工作。1996年7月至2010年12月，历任市司法局政治处办事员、副主任、主任。2011年1月起，任市司法局法制宣传教育科科长。工作中，她默默摸索，凭着对司法行政工作的满腔热忱和执着追求，埋首于普法一线，先后在全市组织开展菜单巡讲、电影巡映、文艺巡演、书画巡展、法律巡援的"法律之声"五巡工程，开展"法治文化夜市"，法治文化月，群众性法治文艺会演，法治文化沙龙，法治格言、动漫、书画、民间艺术品征集等形式多样的法制宣传教育活动，积极推动"一镇一品"的法治文化阵地建设，开通普法微博、微信，设计普法标志，拍摄普法微电影，开辟《小张说法》报纸专栏等一系列普法新媒介，拓宽法制宣传教育的渠道。刘晓霞先后获评张家港市司法工作先进个人、优秀党员等称号，记个人三等功。2014年3月，被全国普及法律常识办公室评为全国"六五"普法中期先进个人。（陈新林）

黄晓琴

1964年12月出生，张家港市杨舍镇人，本科学历，中共党员，市中医医院感染管理科主任。全国伤害监测工作先进个人。

1984年7月参加工作，2006年1月起，任中医医院感染管理科主任。市中医医院伤害监测工作于2006年起开展，由黄晓琴负责该项工作。她以强烈的工作事业心和责任感做好伤害监测管理工作，制订并优化监测工作流程、完善监测工作制度，建立以奖为主、以罚为辅的工作激励机制。日常管理中及时协调各科室之间关系，使监测报告工作环环衔接，让监测医师有更多的时间采集信息，监测信息更为正确。针对监测人员不断变动等情况，及时组织培训工作，使监测人员掌握监测方法及有关要求，保证监测工作的连续性。坚持每月负责对监测信息进行审核，每月在医院内网（医院简报）通报伤害监测情况，每季度通报考核情况，每年度进行监测信息整理、分析并向全院反馈。2013年年末，市中医医院被国家列为开展产品伤害监测的试点医院，黄晓琴制定医院监测工作方案、召集相关科室主任协调会、对全体监测人员分四批进行集中监测技术培训、到各监测点现场操作培训等，确保产品伤害监测工作于2014年元旦开展，伤害监测信息系统启用运行。2014年6月，被中国疾病预防控制中心评为全国伤害监测工作先进个人。（陈丽君）

陈　军

1961年6月出生，张家港市杨舍镇人，大学学历，中共党员，市交通运输局党委书记、局长，市沪通铁路工程建设指挥部常务副总指挥。中华全国铁路总工会“火车头”奖章获得者。

1980年参加工作，历任江苏省棉麻公司无锡分公司人秘科副科长，张家港市物资局秘书，市委组织部干事，市计划委员会秘书科科长、纪检组组长，西张镇党委副书记、农工商总公司总经理，凤凰镇党委副书记、农工商总公司副董事长，南丰镇党委副书记、镇长，市经济和信息化委员会副主任、中小企业局局长，市交通运输局党委书记、局长。自2011年6月调任市交通运输局局长起，主动与上级部门对接，有效推动沪通铁路张家港段线型走向、张家港铁路枢纽站设计和地方总体规划的最佳对接，全力推进项目前期工作，张家港市的沪通铁路工程前期工作已成为沪通铁路沿线各市（县）的“领头羊”和“火车头”，成为苏州沿线四市的标杆和示范，为工程建设的顺利推进创造了良好条件。2014年6月，被中华全国铁路总工会授予“火车头”奖章。

（吴孙华）

朱惠萍

1972年1月出生，张家港市锦丰镇人，大学学历，中共党员，市港城公共交通有限公司总经理，经济师，高级职业经理人，企业培训师。2014年度全国交通运输绿色循环低碳建设优秀个人。

1994年8月参加工作，历任市汽车运输实业总公司货运分公司调度员，培训中心科员，港城汽车运输集团综合办公室副主任、主任，港城公共交通有限公司总经理。自2010年任市港城公交公司总经理起，围绕企业经营与管理，理清思路，努力拼搏，组织建设公交信息管理中心，率先在江苏省引进LNG公交车，实施公交驾驶员油材料考核实奖实罚的管理制度，结合群众出行需求，调整和优化公交运行线路。全市有核定无人售票公交线路62条，日运送旅客近20万人次，取得良好的社会效益。她先后获得市“巾帼建功”先进个人、交通运输工作先进个人称号。2014年6月，被中国交通运输企业管理协会评为全国交通运输绿色循环低碳建设优秀个人。

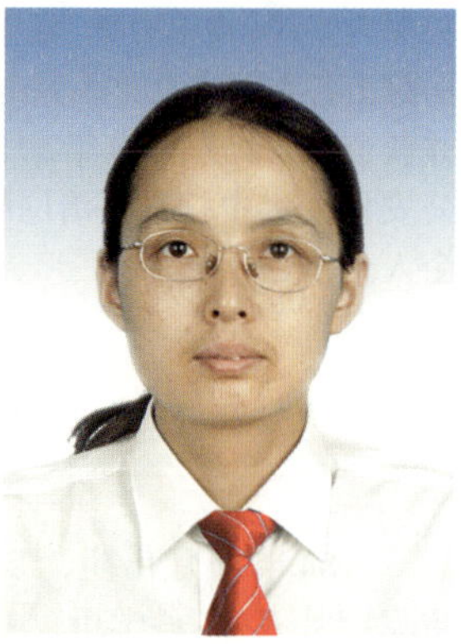

（吴孙华）

陈　锴

1968年3月出生，江苏省南京市人，悉尼科技大学商学院工程管理和工商管理硕士，江苏澳洋顺昌股份有限公司总经理。第二届“江苏服务业专业人才特别贡献奖”获得者。

1989年7月，毕业于东南大学自动控制系。先后担任南京华飞彩色显示系统有限公司工程师、澳大利亚F&J公司营运经理等职务。2003年6月，任江苏澳洋顺昌股份有限公司董事、总经理。陈锴高瞻远瞩，精明决策，勤政务实，设计澳洋顺昌现代企业管理制度，带领管理团队，通过不断优化改善，实现管理上的创新突破，形成澳洋顺昌特有的内部公司制。管理制度先后被《中欧商业评论》和《商业评论》特别报道，《中欧商业评论》赞誉这套管理制度为中国式“阿米巴”。在他的带领下，团队致力于对金属物流配送领域的研究、探索和投资，以实现资本和管理效能的最大化，公司的金属物流配送业务稳健发展受外界高度认可，金属物流配送业务规模已经在同行业中处于领先地位。公司拥有张家港、东莞、上海等五大加工配送基地，为超过1000家知名企业提供金属材料的专业服务。自行研发ERP系统，实现专业物流加工、配送管理上的飞跃。通过引进先进的物流管理设备和技术，形成符合企业特点的物流信息化管理体系。2010年，陈锴被四川大学苏州研究院聘为客座教授；2011年，获福布斯中文网A股非国有上市公司最佳CEO；2012年，获淮安年度十大经济人物；2013年，被澳中同学联谊会评选为澳中杰出企业家校友奖。2014年11月，被江苏省人民政府授予第二届“江苏服务业专业人才特别贡献奖”。

（朱海婷）

先　进　个　人

2014年张家港市获国家条线表彰的先进个人一览

表96

姓　名	荣誉称号	授予单位	工作单位
施玉其	全国自强模范	人力资源和社会保障部、中国残疾人联合会	市申港环保设备制造有限公司
方　治	全国粮食系统劳动模范	人力资源和社会保障部、国家粮食局	市粮食购销总公司
陈世海	全国文化系统先进工作者	人力资源和社会保障部、文化部	市文广新局
	2013年度查处侵权盗版案件有功个人一等奖	国家版权局	
	创建中国曲艺之乡工作先进个人	中国曲艺家协会	
杨佳怡	中国好人（孝老爱亲）	中央文明办	中兴小学
关士友	第十一批国家“千人计划”人选	中组部	江苏国泰超威新材料有限公司
尚建库	第十一批国家“千人计划”人选	中组部	张家港格林台科环保设备有限公司
吴江峰	“国家高层次人才特殊支持计划”人选	中组部	德朗能（张家港）动力电池有限公司
罗云秋	全国五一劳动奖章	中华全国总工会	市易华塑料有限公司
陈旭东	全国五一劳动奖章	中华全国总工会	张家港出入境检验检疫局
郁霞秋	全国三八红旗手标兵	中华全国妇女联合会	金港镇长江村
陈利芳家庭	全国“最美家庭”提名奖	中华全国妇女联合会	凤凰镇金谷村
	全国五好文明家庭标兵		
任小文	全国优秀教师	教育部	江苏省梁丰高级中学
方　琴	全国优秀教师	教育部	张家港中等专业学校
戴　艳	巾帼环境友好使者	环保部	市环保局
郁　霞	巾帼环境友好使者	环保部	金港中心幼儿园
钱晓东	全国舆情信息工作先进个人	中宣部	市委宣传部
蒲　涛	全国公安机关集中打击整治网络违法犯罪专项行动成绩突出个人	公安部	市公安局网警大队
杨建青	全国第二次“清剿火患”战役成绩突出个人	公安部	市公安局城北派出所
陈　霞	2010至2013年度提高边检服务水平成绩突出个人	公安部	张家港边检站
李　萌	2013年度执法标兵	公安部边防局	张家港边检站
刘晓霞	全国“六五”普法中期先进个人	全国普及法律常识办公室	市司法局
陈　飞	2013年度国家质检总局“科技兴检奖”一等奖	国家质量监督检验检疫总局	张家港出入境检验检疫局
李凤才	2013年度查处侵权盗版案件有功个人一等奖	国家版权局	市公安局经侦大队
俞李扬	2013年度查处侵权盗版案件有功个人一等奖	国家版权局	市公安局网警大队

续表96

姓 名	荣誉称号	授予单位	工作单位
陈彩芬	2013年度查处侵权盗版案件有功个人一等奖	国家版权局	市文广新局
蔡 平	2013年度查处侵权盗版案件有功个人一等奖 2013年度查处侵权盗版案件有功个人三等奖	国家版权局 国家版权局	市文广新局
李 明	2013年度查处侵权盗版案件有功个人三等奖	国家版权局	市文广新局
葛显平	2013年度查处侵权盗版案件有功个人三等奖	国家版权局	市文广新局
毛小平	2013年度查处侵权盗版案件有功个人三等奖	国家版权局	市公安局经侦大队
李睿智	2013年度查处侵权盗版案件有功个人三等奖	国家版权局	市公安局网警大队
赵菊萍	渔民满意验船师	农业部渔船检验局	市渔政监督大队
黄晓琴	全国伤害监测工作先进个人	中国疾病预防控制中心	市中医医院
陈 军	“火车头”奖	中华全国铁路总工会	市交通运输局
朱惠萍	全国交通运输绿色循环低碳建设优秀个人	中国交通运输企业管理协会	市港城公共交通有限公司
王 炜	直属海事系统优秀青年	中共交通运输部海事局党组	张家港引航站
季静娟	创建中国曲艺之乡优秀曲艺工作者	中国曲艺家协会	市文广新局
李建华	2011—2013年度中国图书馆学会优秀会员	中国图书馆学会	市文广新局
方 波	2014年度城市节水工作先进个人	中国城镇供水排水协会节约用水工作委员会	市节水办公室
王 义	2014年度城市节水工作先进个人	中国城镇供水排水协会节约用水工作委员会	市节水办公室
苏险峰	全国环卫文化建设先进个人	全国环卫文化协会	市城管局
钱王平	2014全国百佳首席信息官	中国首席信息官联盟、中国电子学会	江苏沙钢集团有限公司
李素艳	全国中小学生幼儿优秀美术书法摄影大赛“模范辅导教师”	中国教育学会美术教育专业委员会、中国少年儿童造型艺术学会	市文广新局

2014年张家港市获省级和省条线表彰的先进个人一览

表97

姓 名	荣誉称号	授予单位	工作单位
沈文荣	优秀民营企业家	江苏省委、省政府	江苏沙钢集团有限公司
赵庆华	2011—2014年全省社会治安综合治理先进个人	江苏省委、省政府	市公安局城北派出所
陈 锴	江苏服务业专业人才特别贡献奖	江苏省人民政府	江苏澳洋顺昌股份有限公司
徐龙斌	2013年度全省信息工作先进个人	江苏省委办公厅	市委办公室
张贵林	全省政务信息工作先进个人	江苏省人民政府办公厅	市政府办公室
霍 鑫	江苏省五四青春警星，记个人二等功 江苏省文明职工	江苏省公安厅、共青团江苏省委 江苏省委宣传部、省文明办、省总工会	市公安局刑警大队
李 健	全省公安机关“打假行动”成绩突出个人	江苏省公安厅	市公安局经侦大队

续表97-1

姓　名	荣誉称号	授予单位	工作单位
蔡东平	全省警务保障“四级同创”示范基层岗位	江苏省公安厅	市公安局警务保障室
赵向东	全省公安机关取保候审突出问题专项督察工作成绩突出个人	江苏省公安厅	市公安局督察大队
鞠江平	全省公安机关青奥安保工作有功个人	江苏省公安厅	市公安局治安大队
陈　琤	全省公安机关青奥安保工作有功个人	江苏省公安厅	市公安局国保大队
张秀娟	个人二等功	江苏省人民检察院	市人民检察院
唐奇英	江苏优秀法官	江苏省高级人民法院、省委宣传部、省总工会、共青团省委、省妇女联合会	市人民法院
李　娟	全省2012—2013年度优秀人民法庭庭长	江苏省高级人民法院	市人民法院
陈美芳	全国法院少年法庭工作先进个人	江苏省高级人民法院	市人民法院
陆惠忠	2013年度江苏省文明口岸先进个人	江苏省口岸办公室	市政府口岸办公室
张愫阳	全省交通运输文明执法标兵	江苏省交通运输厅	市政府口岸办公室
倪夏宇	江苏省文化志愿服务优秀个人	江苏省文化厅	市文广新局
范永刚	2013年度全省地税系统政务信息工作先进个人	江苏省地方税务局	苏州市张家港地方税务局
潘晓东	江苏地税20周年岗位标兵	江苏省地方税务局	苏州市张家港地方税务局
杨　剑	2014年度参加税收执法督察和内部审计先进个人	江苏省地方税务局	苏州市张家港地方税务局
张小辉	2014年度参加省局大企业税收风险管理工作先进个人	江苏省地方税务局	苏州市张家港地方税务局
刘　娣	江苏省青年岗位能手	共青团江苏省委、江苏省人力资源和社会保障厅	张家港边检站
王柳军	江苏省学校优秀共产党员	江苏省委教育工作委员会	江苏省梁丰高级中学
谈雅琴	江苏省优秀教育工作者	江苏省教育厅	暨阳高级中学
周喜悦	江苏省优秀教育工作者	江苏省教育厅	凤凰中学
张旭曦	江苏省“六五”普法中期先进个人	江苏省法制宣传教育工作领导小组	市教育局
吴芳萍	全省职业教育先进个人	江苏省教育厅、江苏省人力资源和社会保障厅	张家港工贸职业高级中学
钱王平	优秀信息主管	江苏省经济和信息化委员会	江苏沙钢集团有限公司
陈永兵	江苏省农机系统先进工作者	江苏省农业机械管理局	市农委
刘道玉	2014年度江苏省渔政系统新闻宣传工作先进工作者	江苏省渔政监督总队	市渔政监督大队
钱益新	2014年度江苏省科普惠农兴村带头人	江苏省科学技术协会、江苏省财政厅	市畜牧兽医站
杨正锋	江苏省水产技术推广系统先进个人	江苏省渔业技术推广中心	市水产技术指导站
钱卫飞	2014年度全省耕地质量建设与管理工作先进个人	江苏省耕地质量保护站	市土肥技术指导和农产品检测站
陈志明	全省交通运输五项执法行动先进个人	江苏省交通运输厅	市航道管理处
侯立永	2013年度江苏省交通建设优质工程项目经理	江苏省交通运输厅	江苏港通路桥集团
刘　彬	2013年度江苏省交通建设优质工程项目经理 2013年度江苏省“扬子杯”优质工程项目经理	江苏省交通运输厅 江苏省住房和城乡建设厅	江苏港通路桥集团
唐菊江	江苏省城市环境综合整治先进个人	江苏省住房和城乡建设厅	市城管局

续表97-2

姓　名	荣誉称号	授予单位	工作单位
仲斐斐	2014沪通长江大桥施工、通航先进个人	沪通长江大桥建设指挥部、江苏海事局	市铁路建设办公室
曹　宏	2014沪通长江大桥施工、通航先进个人	沪通长江大桥建设指挥部、江苏海事局	张家港海事局
李盛平	2014沪通长江大桥施工、通航先进个人	沪通长江大桥建设指挥部、江苏海事局	张家港海事局
姚志平	2014沪通长江大桥施工、通航先进个人	沪通长江大桥建设指挥部、江苏海事局	张家港海事局
苏　健	2014沪通长江大桥施工、通航先进个人	沪通长江大桥建设指挥部、江苏海事局	张家港海事局
韦　锋	2013年度江苏省文明口岸先进个人	江苏省口岸办	张家港出入境检验检疫局
	2013年度江苏检验检疫系统“十佳勤政廉政优秀干部”	江苏出入境检验检疫局	
刘一军	全省系统2013年度进出口食品安全工作先进个人	江苏出入境检验检疫局	张家港出入境检验检疫局
卫　臻	首届江苏省“最美水利人”	江苏省水利厅	市水利局
祝小艳	全省档案宣传工作先进个人	江苏省档案局、江苏省档案学会	市档案局
冨田清志	江苏省五一劳动荣誉奖章	江苏省总工会	京瓷显示器(张家港)有限公司
朱燕君	江苏省第八届小戏小品大赛“优秀表演奖”	江苏省文学艺术界联合会、江苏省戏剧家协会	市文广新局
谢志刚	江苏省第八届小戏小品大赛“表演奖”	江苏省文学艺术界联合会、江苏省戏剧家协会	市文广新局
糜建平	江苏省第八届小戏小品大赛“优秀音乐奖”	江苏省文学艺术界联合会、江苏省戏剧家协会	市文广新局
冯建强	江苏省第八届小戏小品大赛“优秀音乐奖”	江苏省文学艺术界联合会、江苏省戏剧家协会	市文广新局
宋雪芳	2014年度全省邮政优秀支局长	江苏省邮政公司、中国邮政集团工会江苏省委员会	市邮政局
王　华	2014年度全省邮政优秀营业员	江苏省邮政公司、中国邮政集团工会江苏省委员会	市邮政局
顾　斌	2014年度全省邮政优秀营销员	江苏省邮政公司、中国邮政集团工会江苏省委员会	市邮政局
朱建刚	第十一届“江苏省优秀科技工作者”	江苏省科学技术协会	苏州矩阵光电有限公司
孙利婵	全省科协工作先进个人	江苏省科学技术协会	市科协
沈　斌	江苏省“侨界之星”	江苏省归国华侨联合会	江苏沙钢集团有限公司
闫勇义	江苏省“侨界之星”	江苏省归国华侨联合会	江苏斯威森生物医药工程研究中心有限公司
李兴华	苏商十年(2004—2014)功勋企业家	江苏省苏商发展促进会	攀华集团有限公司
唐红英	江苏省妇女“双学双比”竞赛活动先进工作者	江苏省妇女“双学双比”竞赛活动领导小组	市妇联
王淑芳	江苏省妇女“双学双比”竞赛活动女能手	江苏省妇女“双学双比”竞赛活动领导小组	市小明沙养殖有限公司
陈利芳家　庭	江苏“最美家庭”	江苏省委宣传部、江苏省妇女联合会	凤凰镇金谷村
冷　莉	2013年度宣传工作先进个人	民盟江苏省委	民盟市委办公室
周萃阶	组织工作先进个人	九三学社江苏省委	第一人民医院
丁　浩	宣传工作先进个人	九三学社江苏省委	苏州大地律师事务所
苏　勇	社会服务先进个人	九三学社江苏省委	市中医医院

续表97-3

姓 名	荣誉称号	授予单位	工作单位
侯宇峰	江苏省第三次全国经济普查先进个人	江苏省第三次全国经济普查领导小组	塘桥镇
周旻罡	江苏省第三次全国经济普查先进个人	江苏省第三次全国经济普查领导小组	塘桥镇
谢瑜洁	江苏省第三次全国经济普查先进个人	江苏省第三次全国经济普查领导小组	塘桥镇
朱蕴慧	江苏省第三次全国经济普查先进个人	江苏省第三次全国经济普查领导小组	塘桥镇

2014年张家港市获苏州市级表彰的先进个人一览

表98

姓 名	荣誉称号	授予单位	工作单位
顾永福	苏州市城乡一体化改革发展先进个人	苏州市委、市政府	市委农工办
许 佳	苏州市城乡一体化改革发展先进个人	苏州市委、市政府	市财政局
施文军	苏州市城乡一体化改革发展先进个人	苏州市委、市政府	市国土资源局
袁雪祥	苏州市城乡一体化改革发展先进个人	苏州市委、市政府	市住建局
李 刚	苏州市城乡一体化改革发展先进个人	苏州市委、市政府	市农委
杨建钟	2012—2013年度法治苏州建设先进个人	苏州市委、市政府	乐余镇
钱 璐	2012—2013年度法治苏州建设先进个人	苏州市委、市政府	市人民法院
张国良	2012—2013年度法治苏州建设先进个人	苏州市委、市政府	市委政法委
陶广成	2012—2013年度法治苏州建设先进个人	苏州市委、市政府	市司法局
宋永明	2012—2013年度法治苏州建设先进个人	苏州市委、市政府	市交通运输局
周炳芳	2012—2013年度法治苏州建设先进个人	苏州市委、市政府	市政府法制办
黄 莺	2012—2013年度法治苏州建设先进个人	苏州市委、市政府	市卫生监督所
黄 霞	市长信箱来信办理工作先进	苏州市政府	市政府办公室
王亚方	二等功	苏州市政府	市政法委
陈世海	二等功	苏州市政府	市文广新局
李兴祥	二等功	苏州市政府	市国家税务局
刘建明	二等功	苏州市政府	市动物疫病预防控制中心
徐建华	二等功	苏州市政府	市安全生产监察大队

先进集体

2014年张家港市获国家条线表彰的先进集体一览

表99

获奖单位	荣誉称号	授予单位
张家港市	全国文明城市	中央精神文明建设指导委员会
	全国文化先进市	文化部
	全国地质灾害防治高标准“十有县”	国土资源部
	国家知识产权示范城市	国家知识产权局
	全国民族团结进步创建活动示范市	国家民族事务委员会

续表99–1

获奖单位	荣誉称号	授予单位
张家港市	中国小戏小品之乡	中国戏剧家协会
	七星级慈善城市	中民慈善捐助信息中心
	全国适度普惠型儿童福利制度建设试点市	民政部
张家港国家再制造产业示范基地	2014年园区循环化改造示范试点园区	国家发改委、财政部
市财政局	全国文明单位	中央精神文明建设指导委员会
张家港海事局	全国文明单位	中央精神文明建设指导委员会
张家港海关	全国文明单位	中央精神文明建设指导委员会
市水政监察大队	全国文明单位	中央精神文明建设指导委员会
市公安局	全国公安机关执法示范单位	公安部
	全国公安机关警务保障县级示范单位	公安部装备财务局
市公安局看守所	2013年度全国一级看守所	公安部
市公安局交警大队车管所	全国优秀县级车辆管理所	公安部
市公安局经侦大队	全国县级公安机关一级经侦大队	公安部经侦局
市公安局刑事科学技术室	全国示范刑事科学技术室	公安部第五局
市人民检察院	全国检察机关“文明接待示范窗口”	最高人民检察院
市人民检察院监所科	第四届全国检察机关派驻监管场所一级规范化检察室	最高人民检察院
市人民法院	全国“青少年维权岗”	共青团中央、最高人民法院
市文广新局	2013年度查处侵权盗版案件有功单位一等奖	国家版权局
市文化行政综合执法大队	2014年度全国文化市场重大案件办案单位	文化部
市图书馆	2014最美基层图书馆	文化部
	全民阅读示范基地	中国图书馆学会
市少年儿童图书馆	全国少年儿童“故事达人”大赛优秀组织奖	中国图书馆学会、国家图书馆少年儿童馆
	全国少年儿童中华经典读物诵读视频大赛最佳组织奖	中国图书馆学会
市“扫黄打非”办公室	2014年全国“扫黄打非”先进集体	全国“扫黄打非”工作小组
张家港边防检查站	2010—2013年度提高边检服务水平成绩突出单位	公安部
张家港边检站执勤业务二科	2013年度执法示范单位	公安部边防局
市乡镇交通运输综合管理所	2014年交通运输行政执法评议考核优秀基层执法站所	交通运输部
市疾控中心	全国疾病预防控制中心先进集体	国家卫生和计划生育委员会
	全国伤害监测工作先进单位	中国疾病预防控制中心
市中医医院	全国伤害监测工作先进医院	中国疾病控制预防中心
市红十字会	中国红十字会总会报刊宣传先进集体	中国红十字会
市妇幼保健所	妇幼健康服务先进集体	国家卫生和计划生育委员会办公厅
千人计划（张家港）集成光电研发团队	中国侨界贡献奖——创新团队奖	中华全国归国华侨联合会
市妇联	全国妇女宣传舆论阵地建设先进单位	全国妇联宣传部、中国妇女报社
市邮政局万红储蓄所	全国现场管理星级评价五星级现场	中国质量协会

续表99–2

获奖单位	荣誉称号	授予单位
市港城公共交通有限公司	全国交通运输绿色循环低碳建设推进企业	中国交通运输企业管理协会
市城管局	全国环卫文化建设先进单位	全国环卫文化协会
市老龄办	老年人健康生活指导管理模式研究实验基地	全国老龄办事业发展部、国家卫计委中国健康教育中心
市慈善基金会	中国公益慈善组织信息披露卓越组织	中民慈善捐助信息中心
张家港保税区	2013—2014年度全国海关特殊监管区域统计工作先进单位	全国保税区出口加工区协会
金港镇德丰社区	全国和谐社区建设示范社区	民政部
张家港经济技术开发区	国家新型工业化（装备制造）产业示范基地	工信部
	国家火炬节能环保装备产业示范基地	科技部火炬中心
杨舍镇小城市社区	全国科普示范社区	中国科学技术协会、财政部
锦丰镇	全国文明镇	中央精神文明建设指导委员会
锦丰镇永新社区	全国和谐社区建设示范社区	民政部
凤凰镇	2014—2016年度中国民间文化艺术之乡（山歌）	文化部
江苏永钢集团有限公司	全国服务农民服务基层文化建设先进集体	中共中央宣传部、文化部、国家新闻出版广电总局
	2014年全国钢铁统计工作先进集体	中国钢铁工业协会
江苏沙钢集团有限公司团委	全国五四红旗团委	共青团中央
江苏国泰新点软件有限公司	2014年中国版权最具影响力企业	国家版权局
	全国版权示范单位	
市金陵纺织有限公司	全国版权示范单位	国家版权局

2014年张家港市获省级和省条线表彰的先进集体一览

表100

获奖单位	荣誉称号	授予单位
张家港市	江苏省双拥模范城	江苏省委、省政府、省军区
	2011—2014年全省社会治安综合治理先进集体	江苏省委、省政府
	2012—2013年法治县（市、区）创建工作先进单位	江苏省委、省政府
	2013—2014年度全省基层党员冬训工作示范县（市、区）	江苏省委组织部、省委宣传部
	2014年度江苏省“无小耳朵社区”创建工作标兵市	江苏省广播电影电视局
	江苏省农家书屋提升工程示范市	江苏省新闻出版局
	省级依法行政示范点	江苏省全面推进依法行政工作领导小组
	江苏省“扫黄打非”2013年度工作先进地区	江苏省“扫黄打非”工作领导小组
	2014年度江苏省兽医工作先进县	江苏省农业委员会
	2013年度全省无邪教创建示范市	江苏省委防范和处理邪教问题办公室
	江苏省现代民政建设示范市	江苏省民政厅
	2014年度全省福利彩票销售十强县（市）	江苏省福利彩票发行中心

续表100-1

获奖单位	荣誉称号	授予单位
江苏省张家港沙上文化生态保护实验区	省级文化生态保护实验区	江苏省文化厅
市委办公室	2013年度全省信息工作先进单位	江苏省委办公厅
市政府办公室	全省政务信息工作先进单位	江苏省人民政府办公厅
市档案局（馆）	全省档案宣传工作先进集体特等奖	江苏省档案局、省档案学会
市公安局	江苏省档案工作五星级单位	江苏省档案局
市公安局刑警大队物证鉴定室	全省刑事科学技术工作成绩突出集体	江苏省公安厅
市公安局城北派出所	2013—2014年度江苏省“青少年维权岗”	共青团江苏省委、省公安厅
市人民法院	集体二等功	江苏省高级人民法院
市委党校	江苏省节水型单位	江苏省住房和城乡建设厅
	江苏省公共机构节能示范单位	江苏省机关事务管理局、省经济和信息化委员会
市物价局	2014年度全省价格系统创新创优成果奖	江苏省物价局
市价格认证中心	2013—2014年度江苏省价格认定机构规范化建设示范单位	江苏省物价局
张家港保意电器有限公司	2014年度江苏省价格诚信单位	江苏省物价局
张家港港区机电设备有限公司	2014年度江苏省价格诚信单位	江苏省物价局
张家港华芳金陵国际酒店有限公司	2014年度江苏省价格诚信单位	江苏省物价局
市邮政局	2014年度江苏省价格诚信单位	江苏省物价局
中国联通张家港市分公司	2014年度江苏省价格诚信单位	江苏省物价局
张家港国贸酒店	2014年度江苏省价格诚信单位	江苏省物价局
张家港古黄泗浦酒业有限公司	2014年度江苏省价格诚信单位	江苏省物价局
市新百信超市连锁经营有限公司（乐余店）	2014年度江苏省价格诚信单位	江苏省物价局
市文广新局	二等功	江苏省文化厅
	2013—2014年度全省新闻出版（版权）依法行政示范点	江苏省新闻出版局
市广播电视台	江苏省第二届网络短片大赛优秀组织奖	江苏省广播电影电视局、省广电总台
市图书馆	第四届江苏省服务农民服务基层文化建设先进集体荣誉奖	中共江苏省委宣传部、省文化厅、省广播电影电视局、省新闻出版局
永联村农家书屋	第四届江苏省服务农民服务基层文化建设先进集体荣誉奖	中共江苏省委宣传部、省文化厅、省广播电影电视局、省新闻出版局
市文化行政综合执法大队	第四届江苏省服务农民服务基层文化建设先进集体	中共江苏省委宣传部、省文化厅、省广播电影电视局、省新闻出版局
市艺术中心	第四届江苏省服务农民服务基层文化建设先进集体	中共江苏省委宣传部、省文化厅、省广播电影电视局、省新闻出版局
市广播电视台电视传媒中心	2013年度江苏电视新闻荧屏繁荣奖	江苏省广播电视总台
	2014年度向省台发稿优秀单位	江苏省广播电视总台广播传媒中心

续表100-2

获奖单位	荣誉称号	授予单位
张家港图书馆（24小时图书馆驿站）	第六届江苏省公共图书馆优秀服务成果评选一等奖	江苏省文化厅
张家港人民广播电台	2013—2014年度广电系统江苏省"青少年维权岗"	共青团江苏省委、省广播电影电视局
张家港书城	首届"江苏最美书店"	江苏省新闻出版局
市法制宣传教育领导小组	全省"六五"普法中期先进单位	江苏省法制宣传教育领导小组
苏州市张家港地方税务局第一税务分局	江苏省五一巾帼标兵岗	江苏省总工会
张家港口岸	2013年度江苏省文明口岸	江苏省口岸办公室
市政府口岸办	2013年度江苏省文明口岸先进组织者	江苏省口岸办公室
张家港引航站	江苏省文明口岸先进单位	江苏省口岸办公室
张家港港务集团有限公司	江苏省文明口岸先进单位	江苏省口岸办公室
张家港保税区长江国际港务有限公司	江苏省文明口岸先进单位	江苏省口岸办公室
中国外运长江有限公司张家港分公司	江苏省文明口岸先进单位	江苏省口岸办公室
张家港边检站执勤业务一科	江苏省口岸工作先进集体	江苏省口岸办公室
张家港检验检疫局	2013年度全省系统文明单位 青年文明号优秀组织单位	江苏出入境检验检疫局
市教育局	2014年度江苏省文化科技卫生"三下乡"先进集体 2013年度教育宣传工作先进单位	江苏省委宣传部、省教育厅 江苏省教育厅
市城市管理行政执法大队	江苏省城市环境综合整治先进集体	江苏省住房和城乡建设厅
市住建局	江苏省应急志愿服务贡献奖	江苏省志愿者协会、省地震学会、省城市应急协会
市农机技术推广站	全省农机职业技能培训和鉴定示范基地 2014年度全省农机推广工作先进单位	江苏省农业机械管理局 江苏省农业机械技术推广站
市渔政监督大队	江苏省2014年度长江渔政执法先进单位 2014年度江苏省渔政系统新闻宣传工作先进单位	江苏省渔政监督总队
市水产技术指导站	江苏省水产技术推广系统先进单位	江苏省渔业技术推广中心
市植保植检站	江苏省十佳植保站 江苏省植保创新先进集体	江苏省植物保护站
市乡镇交通运输综合管理所	2014年全省交通运输行政执法评议考核优秀基层执法机构	江苏省交通运输厅
市港城公共交通有限公司9路苏EH5608车组	江苏省级青年文明号	共青团江苏省委、省交通运输厅
沿江公路金港收费站	江苏省级青年文明号	共青团江苏省委、省交通运输厅
市港城公共交通有限公司公交6路	江苏好人	江苏省精神文明建设委员会办公室
市航道管理处	全省交通运输行政执法优秀案卷	江苏省交通运输厅
江苏港通路桥集团六分公司道路修补队	2014年度江苏省"工人先锋号"	江苏省总工会

续表100-3

获奖单位	荣誉称号	授予单位
江苏港城汽车运输集团有限公司机驾人员培训中心“范丽平工作室”	江苏省交通运输行业首席技师工作室	江苏省交通运输厅
江苏港城汽车运输集团有限公司机驾人员培训中心	江苏省机动车驾驶员培训质量信誉AAA驾校	江苏省交通运输厅运输管理局
市金港汽车维修有限公司	江苏省AAA级服务质量信誉企业	江苏省交通运输厅、省放心消费创建活动办公室
张家港海事局	2014沪通长江大桥建设先进集体	沪通长江大桥建设指挥部、江苏海事局
	江苏省节水型单位	江苏省住房和城乡建设厅
	江苏省档案工作五星级单位	江苏省档案局
张家港海事局党组	2014年度江苏海事局党建工作先进单位	中共江苏海事局党组
锦丰海事处党支部	2014年度江苏海事局先进基层党组织	中共江苏海事局党组
张家港海事局党组机关二支部	2014年度江苏海事局先进基层党组织	中共江苏海事局党组
张家港海事局VTS中心	2013—2014年度江苏省水上搜救先进集体	江苏省水上搜救中心
市水上搜救中心	2013—2014年度江苏省水上搜救突出贡献奖	江苏省水上搜救中心
市粮食局	全省粮食流通监督检查示范单位	江苏省粮食局
市粮食购销总公司	全省粮食系统先进集体	江苏省粮食局
市民防局	全省民防工作先进单位	江苏省民防局
	全省民防宣传教育先进单位	
市水利局	江苏省级“廉政文化进工地示范点”	江苏省水利厅
市妇联	全省妇女儿童工作先进集体	江苏省人民政府妇女儿童工作委员会
	江苏省“平安家庭”创建活动先进集体	江苏省维护妇女儿童合法权益联席会议暨“平安家庭”创建活动领导小组
市疾病预防控制中心	江苏省巾帼文明岗	江苏省妇女联合会、省城镇妇女“巾帼建功”活动领导小组
市便民服务中心	江苏省“三八”红旗集体	江苏省妇女联合会
市卫生监督所	2014年度基层卫生监督工作先进单位	江苏省卫生监督所
市红十字会	江苏省“应急救护百万培训”工作先进集体	江苏省红十字会
市外事办	2014年度《江苏外事》通联工作先进单位	江苏省人民政府外事办公室
市工商联	全省工商联先进集体	江苏省工商业联合会
九三学社市基层委员会	宣传工作先进集体	九三学社江苏省委
民盟市委	2013年度宣传工作先进集体二等奖	民盟江苏省委
市老龄办	江苏省老龄宣传工作先进单位	江苏省老龄工作委员会办公室
金港镇	乡镇统计规范化建设示范单位	江苏省统计局
张家港保税区	开发区统计规范化建设示范单位	江苏省统计局
	开发区统计规范化建设达标单位	江苏省商务厅
	2013年度全省开发区统计工作先进单位	江苏省商务厅
保税区规建局	2013—2014年度先进单位	江苏省住房和城乡建设厅
金港镇高桥村	江苏省科普示范村	江苏省科学技术协会

续表100-4

获奖单位	荣誉称号	授予单位
杨舍镇	实施“十二五”妇女儿童发展规划省级示范乡镇	江苏省人民政府妇女儿童工作委员会
	江苏省公共机构节能示范单位	江苏省机关事务管理局、省经济和信息化委员会
	2013年度全省劳动保障监察示范网格	江苏省人力资源和社会保障厅
张家港经济技术开发区	2013年度江苏省信息化与工业化融合示范区	江苏省经济和信息化委员会
杨舍镇劳动和社会保障所	省人社系统2011—2013年度优质服务示范窗口	江苏省人力资源和社会保障厅
经开区(杨舍镇)新市民事务中心	2014年全省示范农民工综合服务中心	江苏省人力资源和社会保障厅
经开区发改局统计信息科	2013年江苏省统计规范化建设示范单位	江苏省统计局
江苏扬子江国际冶金工业园	2014年“江苏省优质产品生产示范区”	江苏省质量技术监督局
锦丰镇	2013年省级充分转移就业乡镇	江苏省人力资源和社会保障厅
	2013年度全省劳动保障监察示范网格	江苏省人力资源和社会保障厅
	2013年就业高质型街道(乡镇)	江苏省人力资源和社会保障厅
	2013年度乡村公路管养规范达标乡镇	江苏省交通运输厅公路局
	实施“十二五”妇女儿童发展规划省级示范乡镇	江苏省人民政府妇女儿童工作委员会
	江苏省公共文化服务体系示范区	江苏省文化厅、财政厅
锦丰镇合兴社区	江苏省和谐社区建设示范社区	江苏省民政厅
锦丰镇滨江社区	江苏省和谐社区建设示范社区	江苏省民政厅
锦丰镇洪福村	江苏省民主法治示范村	江苏省依法治省领导小组
锦丰镇海沙社区	2011—2014年度绿色社区	江苏省环境保护委员会办公室
锦丰镇厚生村	江苏省生态村	江苏省环境保护厅
锦丰镇悦来村	江苏省生态村	江苏省环境保护厅
锦丰镇司法所	全省刑满释放人员安置帮教工作先进集体	江苏省综治委特殊人群服务管理工作领导小组
塘桥镇	实施“十二五”妇女儿童发展规划省级示范乡镇	江苏省妇女联合会
塘桥镇经济普查办公室	江苏省第三次全国经济普查先进集体	江苏省第三次全国经济普查领导小组
南丰镇	2011—2014年度江苏省社会治安综合治理先进集体	江苏省委、省政府
南丰镇团委	江苏省五四红旗团委	共青团江苏省委
江苏沙钢集团有限公司	优秀民营企业	江苏省委、省政府
	江苏省版权示范单位	江苏省版权局
张家港富瑞特种装备股份有限公司	优秀民营企业	江苏省委、省政府
长江润发集团有限公司	优秀民营企业	江苏省委、省政府
江苏永钢集团有限公司	江苏省信息化与工业化融合生产过程智能示范企业	江苏省经济和信息化委员会
江苏国泰新点软件有限公司	江苏省版权示范单位	江苏省版权局
市金陵纺织有限公司	江苏省版权示范单位	江苏省版权局
攀华集团有限公司	江苏省地标型企业	江苏省苏商发展促进会
中国移动张家港分公司团总支	江苏省五四红旗团支部	共青团江苏省委

2014年张家港市获苏州市级表彰的先进集体一览

表101

获奖单位	荣誉称号	授予单位
张家港市	苏州市2014年度依法行政专项工作先进单位	苏州市政府
	市长信箱来信办理工作先进单位	苏州市政府
市委农工办	苏州市城乡一体化改革发展先进集体	苏州市委、市政府
市城乡环境卫生指导中心	苏州市城乡一体化改革发展先进集体	苏州市委、市政府
市人民检察院	2012—2013年度法治苏州建设先进集体	苏州市委、市政府
市教育局	2012—2013年度法治苏州建设先进集体	苏州市委、市政府
市公安局	2012—2013年度法治苏州建设先进集体	苏州市委、市政府
张家港工商行政管理局	2012—2013年度法治苏州建设先进集体	苏州市委、市政府
金港镇	2012—2013年度法治苏州建设先进集体	苏州市委、市政府
	征兵工作先进集体	苏州市政府、苏州军分区
金港镇长江村	苏州市美丽村庄建设先进单位	苏州市委、市政府
金港镇高桥村	苏州市城乡一体化改革发展先进集体	苏州市委、市政府
杨舍镇七里庙村	苏州市城乡一体化改革发展先进集体	苏州市委、市政府
杨舍镇财政所	苏州市示范财政所	苏州市政府
锦丰镇	苏州市城乡一体化改革发展先进集体	苏州市委、市政府
锦丰镇南港村	苏州市美丽村庄建设先进单位	苏州市委、市政府
凤凰镇	苏州市美丽城镇建设先进单位	苏州市委、市政府
凤凰镇程墩村	苏州市美丽村庄建设先进单位	苏州市委、市政府
南丰镇	苏州市美丽城镇建设先进单位	苏州市委、市政府
	2012—2013年度法治苏州建设先进集体	苏州市委、市政府
	苏州市城乡一体化改革发展先进集体	苏州市委、市政府
南丰镇永联村	苏州市城乡一体化改革发展先进集体	苏州市委、市政府
南丰镇新德村	苏州市美丽村庄建设先进单位	苏州市委、市政府
塘桥镇牛桥村	苏州市美丽村庄建设先进单位	苏州市委、市政府
乐余镇扶海村	苏州市美丽村庄建设先进单位	苏州市委、市政府
大新镇新海坝村	苏州市美丽村庄建设先进单位	苏州市委、市政府
大新镇桥头村	苏州市美丽村庄建设先进单位	苏州市委、市政府
常阴沙现代农业示范园区常北社区	苏州市美丽村庄建设先进单位	苏州市委、市政府
江苏永钢集团有限公司	第三届苏州市市长质量奖	苏州市政府

【编辑　钱永浩】

统计资料

Statistics

大新镇区　（何伟明　摄）

2014 年张家港市行政区划、面积、人口一览
2014 年张家港市地区生产总值一览
张家港的一天
2014 年张家港市农、林、牧、渔业总产值和增加值一览
2014 年张家港市农作物播种面积和产量一览
2014 年张家港市工业总产值一览
2014 年张家港市规模以上工业企业主要经济指标一览
2014 年张家港市规模以上工业企业主要产品产量一览
2014 年张家港市规模以上工业企业分行业能源消费情况
2014 年张家港市外向型经济主要指标一览
2014 年张家港市社会消费品零售总额一览
2014 年张家港市全社会固定资产投资完成情况
2014 年张家港市交通、邮电基本情况
2014 年张家港市预算内财政收入、支出情况
2014 年张家港市金融机构信贷收支情况
2014 张家港市保险业务情况
2014 年张家港市科技基本情况
2014 年张家港市人才、人事情况
2014 年张家港市学校基本情况
2014 年张家港市群众文化、广播电视、体育事业基本情况
2014 年张家港市卫生机构基本情况
2014 年张家港市前十位疾病死因以及比重一览
2014 年张家港市法人单位从业人员平均工资情况
2014 年张家港市居民人均可支配收入情况

2014年张家港市行政区划、面积、人口一览

表102

项　　目	单　位	数　值	项　　目	单　位	数　值
一、行政区划			全市人口当年出生数	人	10066
镇人民政府	个	8	出生率	‰	10.49
常阴沙现代农业示范园区	个	1	全市人口当年死亡数	人	6270
双山岛旅游度假区	个	1	死亡率	‰	6.53
村民委员会	个	152	自然增长率	‰	3.95
社区居民委员会	个	120	年内迁入人口	人	3983
二、全市总面积	平方千米	986.73	其中：省内迁入	人	1717
不含长江水域面积	平方千米	791.05	省外迁入	人	2266
三、全市总户数	万户	33.38	年内迁出人口	人	2587
全市总人口	万人	91.98	其中：迁往省内	人	1267
			迁往省外	人	1320

2014年张家港市地区生产总值一览

表103　　单位：亿元

项　　目	2014年	按可比价计算比上年增长率（%）	项　　目	2014年	按可比价计算比上年增长率（%）
地区生产总值（当年价）	2180.25	6.00	信息传输、软件和信息技术服务业	33.14	3.45
一、按产业分			金融业	105.79	6.09
第一产业	28.64	-0.19	房地产业	70.32	1.51
第二产业	1186.39	4.89	租赁和商务服务业	48.66	-2.70
第三产业	965.22	7.50	科学研究和技术服务业	7.11	3.48
二、按行业分			水利、环境和公共设施管理业	6.43	3.89
农、林、牧、渔业	32.06	2.98	居民服务、修理和其他服务业	45.78	0.46
工　业	1131.02	4.83	教　育	33.54	3.46
建筑业	55.61	6.36	卫生和社会工作	18.49	5.01
批发和零售业	386.85	11.45	文化、体育和娱乐业	8.49	3.46
交通运输、仓储和邮政业	126.25	11.35	公共管理、社会保障和社会组织	38.69	-2.69
住宿和餐饮业	32.02	16.07			

张家港的一天

表104

项　　目	单　位	数　值	项　　目	单　位	数　值
一、每天创造的财富			其中：出口总额	万美元	4058
地区生产总值（当年价）	万元	59733	全社会用电	万千瓦小时	7755
工农业总产值（当年价）	万元	155809	城乡居民人均生活用电	千瓦小时	1.97
其中：农业总产值	万元	1539	固定资产投资完成额	万元	21370
工业总产值	万元	154270	商品房销售面积	平方米	2733
财政收入	万元	11228	二、每天主要产品产出		
社会消费品零售总额	万元	12557	钢材	吨	92589
进出口总额	万美元	8994	电力	万千瓦小时	4145

续表104

项　　目	单　位	数　值	项　　目	单　位	数　值
食用油	吨	3551	出栏生猪	头	348
乳制品	吨	118	水产品	吨	46
饮料酒	吨	150	出栏家禽	羽	3566
农用化肥	吨	719	三、每天人口变动		
平板玻璃	重量箱	70050	出生人数	人	28
水泥	吨	9322	死亡人数	人	17
铜材	吨	138	迁入人数	人	11
粮食	吨	702	迁出人数	人	7

2014年张家港市农、林、牧、渔业总产值和增加值一览

表105　　单位：万元

项　　目	总产值	增加值	项　　目	总产值	增加值
合　计	561768	320582	其中：水果	57345	—
一、农业	318163	200347	二、林业	69738	37840
1. 谷物及其他作物	83259	—	三、牧业	43082	18912
其中：谷物	75073	—	其中：牲畜饲养	10454	—
豆类	2608	—	猪饲养	19968	—
油料	2549	—	家禽饲养	12132	—
棉花	84	—	四、渔业	53190	29318
2. 蔬菜园艺作物	176704	—	其中：鱼类	25437	—
其中：蔬菜	124311	—	甲壳类	26608	—
3. 水果、茶作物	57745	—	五、农、林、牧、渔服务业	77595	34165

2014年张家港市农作物播种面积和产量一览

表106

作物名称	面　积（公顷）	总产量（吨）	作物名称	面　积（公顷）	总产量（吨）
农作物总播种面积	52341.80	—	其中：花生	140.07	304
一、粮食作物	36076.80	256237	油菜籽	1372.20	3602
1. 夏收粮食	17864.00	99103	3. 甘蔗	39.87	1875
其中：小麦	17649.87	98593	4. 药材	19.67	125
蚕豌豆	214.13	510	5. 蔬菜	10239.07	275442
2. 秋收粮食	18212.80	157134	6. 瓜果	1539.87	55920
其中：稻谷	16973.93	152523	其中：西瓜	312.73	14469
薯类	164.93	1097	香瓜	112.27	2972
豆类	892.07	2439	草莓	29.13	543
玉米	181.87	1075	水果	1028.80	36187
二、经济作物	13425.27	—	7. 其他	3.87	—
1. 棉花	42.53	40	三、其他作物	2839.73	—
2. 油料	1540.40	3947	其中：青饲料	19.27	—

2014年张家港市工业总产值一览

表107　　　　单位:万元

项　　目	数　值	项　　目	数　值
一、全部工业合计	56308500	重工业	38051489
1. 按轻重工业分		2. 按登记注册类型分	
轻工业	13413382	国有企业	51027
重工业	42895118	集体企业	30181
2. 按企业规模分		股份合作制企业	87213
大型企业	35144503	有限责任公司	71882
中型企业	8027305	国有联营	27576647
小型企业	12946756	股份有限公司	1436746
微型企业	189936	私营企业	8452582
二、规模以上工业	49618215	港澳台投资企业	2002698
1. 按轻重工业分		外商投资企业	9839884
轻工业	11566726	其他企业	69355

2014年张家港市规模以上工业企业主要经济指标一览

表108　　　　单位:万元

项　　目	数　值	项　　目	数　值
工业总产值	49618216	资产总计	43712421
主营业务收入	50403437	其中:流动资产	24005528
利税总额	2232027	固定资产	19706893
利润总额	1197077	负债总额	27792303

2014年张家港市规模以上工业企业主要产品产量一览

表109

产品名称	单　位	数　值	产品名称	单　位	数　值
发电量	亿千瓦小时	151.29	服装	万件	19546.10
小麦粉	万吨	28.92	农用氮、磷、钾化学肥料(折纯)	万吨	26.23
大米	万吨	3.06	化学农药原药(折有效成分100%)	吨	8877.82
饲料	万吨	14.61	化学纤维	万吨	74.95
精制食用植物油	万吨	129.63	橡胶轮胎外胎	万条	573.04
乳制品	万吨	4.31	水泥	万吨	340.25
饮料酒	万立方米	5.49	平板玻璃	万重量箱	2556.84
纱	万吨	49.69	钢材	万吨	3379.51
布	万米	22350.06	精炼铜(电解铜)	万吨	18.41
印染布	万米	38225.94	自来水	亿立方米	1.65

2014年张家港市规模以上工业企业分行业能源消费情况

表110　　单位:吨标准煤

行业名称	数　值	行业名称	数　值
总　计	20923769	非金属矿物制品业	409012
农副食品加工业	136203	黑色金属冶炼和压延加工业	15391624
食品制造业	12199	有色金属冶炼和压延加工业	52483
酒、饮料和精制茶制造业	4082	金属制品业	123595
纺织业	396177	通用设备制造业	66894
纺织服装、服饰业	22715	专用设备制造业	26723
皮革、毛皮、羽毛及其制品和制鞋业	2515	汽车制造业	13288
木材加工和木、竹、藤、棕、草制品业	1299	铁路、船舶、航空航天和其他运输设备制造业	15926
家具制造业	723	电气机械和器材制造业	40919
造纸和纸制品业	31114	计算机、通信和其他电子设备制造业	6264
印刷和记录媒介复制业	12540	仪器仪表制造业	78755
文教、工美、体育和娱乐用品制造业	76778	其他制造业	148
石油加工、炼焦和核燃料加工业	44	废弃资源综合利用业	19883
化学原料和化学制品制造业	1775805	电力、热力生产和供应业	1633276
医药制造业	1328	燃气生产和供应业	602
化学纤维制造业	394405	水的生产和供应业	5239
橡胶和塑料制品业	171210		

2014年张家港市外向型经济主要指标一览

表111

项　　目	单　位	数　值	项　　目	单　位	数　值
一、进出口总额	万美元	3282638	其中:保税区	万美元	47243
其中:三资企业	万美元	1075010	五、到账外资及港澳台资	万美元	71509
保税区	万美元	1372149	其中:保税区	万美元	27004
二、出口总额	万美元	1481016	六、当年投产企业	家	32
其中:三资企业	万美元	394206	七、新签境外工程、劳务合同额	万美元	21840
保税区	万美元	273547	八、完成境外工程、劳务营业额	万美元	25920
三、新批三资企业	家	79	九、新派境外劳务人员	人	204
其中:保税区	家	28	十、逐年累积批办三资企业	家	1172
四、注册外资及港澳台资	万美元	137171	十一、年末实有开业三资企业	家	1049

2014年张家港市社会消费品零售总额一览

表112　　单位:万元

项　　目	数　值	项　　目	数　值
社会消费品零售总额	4583222	二、按行业分	
一、按消费地区分		其中:批发业	658296
1. 城镇	3950985	零售业	3304729
其中:城区	2260600	住宿业	50693
2. 农村	632237	餐饮业	537052

2014年张家港市全社会固定资产投资完成情况

表113　　　　　　　　　　　　　　　　　　　　　　　　单位：万元

项　目	合　计	项目投资	房地产
总　计	7800216	6342864	1457352
其中：当年开工	3908121	3908121	—
一、按产业性质分			
第一产业	1200	1200	—
第二产业	4348294	4348294	—
其中：工业	4348294	4348294	—
第三产业	3450722	1993370	1457352
二、按建设性质分			
新建	3207801	1750449	1457352
扩建	3399809	3399809	—
改建	1060536	1060536	—
其他	132070	132070	—
三、按工程构成分			
建筑工程	3535954	2571869	964085
安装工程	88141	65632	22509
设备工器具购置	3338826	3336073	2753
其他	837295	369290	468005

2014年张家港市交通、邮电基本情况

表114

项　目	单　位	数　值	项　目	单　位	数　值
一、交通基本情况			二、邮政基本情况		
1. 公路总里程	千米	1522	1. 邮政局所总数	处	35
其中：高速公路	千米	36	邮政报刊图书销售点	处	52
一级公路	千米	228	2. 邮路（单程）	条/千米	13/844
二级公路	千米	647	农村投递路线（单程）	千米	5931
其中：国道	千米	32	3. 邮政业务总量	万元	12077
省道	千米	138	邮政业务收入	万元	14639
县道	千米	210	三、电信基本情况		
2. 公路桥梁	座/米	710/40619	1. 电信局（所）	处	2
3. 航道通航里程	千米	425	2. 电信业务总收入	万元	69823
4. 张家港口岸吞吐量	万吨	27015	3. 电话交换机总容量	门	383819
其中：外贸货物吞吐量	万吨	5541	4. 固定电话用户	户	288551
港口集装箱运量	万标箱	101	5. 移动电话用户	户	421116
5. 机动车总计	辆	320898	其中：移动互联网电话用户	户	302187
其中：汽车	辆	269531	6. 互联网用户	户	570896
农用车	辆	347	其中：用3G业务的互联网用户	户	302187
摩托车	辆	47671	四、移动公司移动通信用户数	万户	84.80
6. 张家港籍年检小货轮	艘/吨位	2/2200	五、联通公司移动通信用户数	万户	25.59

2014年张家港市预算内财政收入、支出情况

表115

单位:万元

项　　目	数　值	项　　目	数　值
一、财政收入合计	4098280	(12)罚没收入	18912
1. 公共财政预算收入	1626618	(13)专项收入	55394
(1)增值税(25%部分)	334390	(14)国有资产经营收益	126473
(2)营业税	260553	(15)行政性收费收入	45792
(3)企业所得税(40%部分)	229385	(16)其他收入	43304
(4)个人所得税(40%部分)	128557	2. 基金收入	1086206
(5)城市维护建设税	83373	3. 中央级财政收入	1385456
(6)房产税	64582	(1)一般消费税	3086
(7)印花税	33468	(2)增值税(75%部分)	845458
(8)城镇土地使用税	45945	(3)企业所得税(60%部分)	344077
(9)土地增值税	63785	(4)个人所得税(60%部分)	192835
(10)车船税	9241	二、财政支出合计	2358108
(11)耕、契两税	83464	1. 公共财政预算支出	1527626
其中:耕地占用税	20202	2. 基金支出	820482

2014年张家港市金融机构信贷收支情况

表116

单位:万元

项　　目	数　值	项　　目	数　值
一、各项存款	23238340	1. 短期贷款	9975847
1. 单位存款	13058209	(1)个人贷款及透支	738384
其中:活期存款	3104573	其中:个人消费贷款	113259
定期存款	3171716	(2)单位普通贷款及透支	8484069
通知存款	530213	(3)银团贷款	8000
保证金存款	2769741	(4)贸易融资	745395
2. 个人存款	9020787	2. 中长期贷款	7077905
其中:储蓄存款	8770608	(1)个人贷款	1891082
保证金存款	28691	其中:个人消费贷款	1630286
结构性存款	221488	(2)单位普通贷款	4876380
3. 财政性存款	151601	(3)普通并购贷款	48200
4. 临时性存款	16539	(4)银团贷款	254560
5. 委托存款	65959	(5)贸易融资	7683
6. 其他存款	925245	3. 票据融资	760599
二、各项贷款	17876245	4. 各项垫款	60283
(一)境内贷款	17874634	(二)境外贷款	1611

2014年张家港市保险业务情况

表117　　单位：万元

项　目	数　值	项　目	数　值
一、保险收入	324988	二、赔款和给付	106077
1. 财产险	143776	1. 财产险	83230
其中：企业财产险	14211	其中：企业财产险	6839
机动车辆险	113936	机动车辆险	69638
货物运输险	2582	货物运输险	956
家庭财产险	740	家庭财产险	153
2. 人身险	181212	2. 人身险	22847
其中：寿险	156623	其中：寿险	15566

2014年张家港市科技基本情况

表118

项　目	单　位	数　值	项　目	单　位	数　值
一、科技经费			三、科研成果		
科学技术支出	万元	60280	1. 科学技术奖		
占财政支出比重	%	7.40	（1）国家科学技术奖	项	1
二、高新技术			（2）省级科技进步奖	项	2
1. 高新技术企业	家	304	（3）苏州市科学技术奖	项	18
其中：国家火炬计划高新技术企业	家	28	（4）张家港市科学技术奖	项	56
2. 当年认定高新技术企业	家	99	2. 专利情况		
3. 新增国家创新基金项目	项	7	（1）申请专利	件	13232
4. 新增国家级火炬计划	项	24	（2）授权发明专利	件	427
5. 当年认定省级高新技术产品	种	413	四、技术贸易		
6. 新增省科技支撑计划（工业）	项	18	1. 签订各类技术合同	项	130
7. 新增省科技成果转化资金项目	项	1	技术贸易成交额	万元	27500
			2. 新增科技开发、技术贸易机构	个	18

2014年张家港市人才、人事情况

表119　　单位：人

项　目	数　值	项　目	数　值
一、管理、专业技术人才	294988	二、工人岗位人才	
1. 人才文化结构		（1）本科	1347
（1）研究生	8990	（2）大专	9584
（2）本科	113151	（3）中专	146582
（3）大专	119285	三、公务员	3902
2. 人才职称结构		（1）研究生	296
（1）高级	9138	（2）本科	2633
（2）中级	41909	（3）大专	812
（3）初级	105898	（4）中专及以下	161

2014年张家港市学校基本情况

表120

项　　目	学校(所)	毕业人数(人)	招生人数(人)	在校学生(人)	教职工(人)	专任教师(人)
合计	90	29486	34186	139275	9923	8639
高校	2	3568	3444	11162	738	535
电大	1	674	485	2176	166	128
中等专业学校	6	2924	3136	10765	917	825
普通中学	42	11509	13605	39429	3979	3466
其中:高中	9	3674	3537	10530	1479	1309
小学	38	10811	13494	75560	4087	3653
特殊教育学校	1	—	22	183	36	32
附:幼儿园	45	11872	14464	36632	1877	1489

2014年张家港市群众文化、广播电视、体育事业基本情况

表121

项　　目	单　位	数　值	项　　目	单　位	数　值
一、群众文化			二、广播电视		
1. 机构数	个	10	电视节目人口覆盖率	%	100
其中:群众文化馆	个	1	电视节目	套	1
文化部门文化站	个	9	有线电视用户	万户	37.50
2. 职工数	人	126	广播电台	座	1
其中:群众文化馆	人	67	广播节目	套	1
文化部门文化站	人	59	广播节目人口覆盖率	%	100
3. 创作艺术作品数	件	751	三、体育事业		
其中:群众文化馆	件	24	体育系统体育场(馆)数	个	7
文化部门文化站	件	727	举办运动会次数	次	11
4. 组织文艺活动次数	次	1586	年内达到等级标准运动员	人	—
其中:群众文化馆	次	332	年内输送运动员	人	19
文化部门文化站	次	1254	其中:国家队	人	2
5. 举办培训班结业人数	人次	45600	省队、省体校	人	3
其中:群众文化馆	人次	35000	苏州市级训练单位	人	14
文化部门文化站	人次	10600	在全国比赛中获得金牌	枚	5
6. 藏书	万册	72	在省级比赛中获得金牌	枚	68
其中:文化部门文化站	万册	72	在苏州市级比赛中获得金牌	枚	123

2014年张家港市卫生机构基本情况

表122

项　目	单　位	数　值	项　目	单　位	数　值
一、卫生机构数	个	409	(1)医生	人	3331
1. 医院	家	37	其中:执业医师	人	2869
2. 护理院	家	1	执业助理医师	人	462
3. 社区卫生服务中心	个	9	(2)注册护士	人	3257
4. 卫生院	家	—	(3)药剂人员	人	456
5. 采供血机构	个	1	(4)检验人员	人	308
6. 妇幼保健所	个	1	(5)其他人员	人	1089
7. 疾病预防控制中心	个	1	其中:私营卫生机构人员数	人	4004
8. 卫生监督所	个	1	三、卫生机构床位数	张	8588
9. 医药教育机构	个	1	1. 医院	张	8262
10. 诊所、医务室、门诊部	个	137	其中:综合医院	张	6312
11. 村级卫生机构	个	220	中医医院	张	846
二、卫生机构人员数	人	10110	专科医院	张	588
其中:卫生技术人员	人	8441	2. 其他	张	326

2014年张家港市前十位疾病死因以及比重一览

表123

位　次	合　计		男　性		女　性	
	死　因	构成比(%)	死　因	构成比(%)	死　因	构成比(%)
	总　计	95.93	小　计	96.38	小　计	95.84
1	恶性肿瘤	31.91	恶性肿瘤	37.15	脑血管病	25.52
2	脑血管病	22.95	脑血管病	20.87	恶性肿瘤	25.45
3	损伤和中毒	10.33	呼吸系统疾病	10.48	损伤和中毒	11.21
4	心脏病	8.52	损伤和中毒	9.61	心脏病	9.78
5	呼吸系统疾病	7.98	心脏病	7.56	内分泌代谢疾病	9.71
6	内分泌代谢疾病	7.05	内分泌代谢疾病	4.83	呼吸系统疾病	4.89
7	精神障碍	2.93	消化系统疾病	2.00	精神障碍	4.07
8	其他疾病	1.73	精神障碍	1.74	其他疾病	2.11
9	消化系统疾病	1.28	其他疾病	1.13	消化系统疾病	1.71
10	神经系统疾病	1.25	传染病	1.01	神经系统疾病	1.39

2014年张家港市法人单位从业人员平均工资情况

表124

行　　业	平均工资(元/人)	行　　业	平均工资(元/人)
总　计	53321	10. 金融业	98883
1. 农、林、牧、渔业	42907	11. 房地产业	45325
2. 采矿业	25014	12. 租赁和商务服务业	48318
3. 制造业	52198	13. 科学研究和技术服务业	58644
4. 电力、燃气及水的生产和供应业	84385	14. 水利、环境和公共设施管理业	52913
5. 建筑业	45295	15. 居民服务、修理和其他服务业	27569
6. 交通运输、仓储及邮政业	56960	16. 教育	83930
7. 信息传输、软件和信息技术服务业	56543	17. 卫生和社会工作	75500
8. 批发和零售业	53545	18. 文化、体育和娱乐业	60343
9. 住宿和餐饮业	42051	19. 公共管理、社会保障和社会组织	83314

2014年张家港市居民人均可支配收入情况

表125　　单位:元

项　　目	全体居民	城镇居民	农村居民
可支配收入合计	38331.88	46851.63	23721.99
一、工资性收入	24969.00	31645.88	13519.32
1. 工资	23523.73	30021.68	12380.90
2. 实物福利	433.30	414.69	465.21
3. 其他	1011.97	1209.51	673.21
二、经营净收入	5011.50	4951.76	5113.94
1. 第一产业净收入	1024.54	873.48	1283.60
2. 第二产业净收入	1821.51	1794.6	1867.65
3. 第三产业净收入	2165.45	2283.69	1962.69
三、财产净收入	4030.33	5046.73	2287.37
其中:利息净收入	576.86	636.02	475.41
红利收入	786.84	1039.02	354.40
转让承包土地经营权租金净收入	117.24	16.90	289.32
出租房屋净收入	968.81	881.38	1118.73
自有住房折算净租金	1446.41	2289.89	—
四、转移净收入	4321.05	5207.26	2801.37

说明:表格数据为住户调查数

【编辑　钱永浩】

附 录

Appendix

书香校园 （肖 湘 摄）

媒体聚焦

调研报告

文件选录

媒 体 聚 焦

张家港：文明之花常年绽放

贺广华　姚雪青　王伟健

华灯初上，江苏省张家港市商业步行街流光溢彩、整洁有序。排列在街心的30个道德模范、“中国好人”炫彩灯箱夺人眼球，“诚信驿站”更是一道醒目风景。

“诚信驿站”志愿者团队开设的“义卖窗”前人头攒动。窗台上摆满了刺绣、刻纸、发卡、布艺花等手工制品。志愿者张曹冬介绍说，这些都是特殊学校孩子们手工制作的东西，所售钱款全部自助投入一旁的爱心箱，以资助弱势群体。

不必担心可能有人拿了东西不投钱，人们不仅很自觉，而且还留下零钱奉献爱心。国庆期间，实收金额近千元，比应收金额多了近三成。

“诚信驿站”以倡导“诚信自律”的方式进行。市民来借用东西，不需要提供押金或登记身份证号，只需填写一张诚信卡，承诺归还时间即可。

20多年来，张家港市的七任领导班子，传承“一把手抓两手、两手抓两手硬”的经验做法，群众参与主体始终未变，崇德向善服务市民的宗旨始终未变。市委书记姚林荣说：“长期的文明城市创建，给张家港带来了翻天覆地的变化，我们的城市因此更有精神特质、更有文化品位、更有思想内涵、更有道德追求。”

随着城市建设与文明创建内涵不断发展丰富，张家港人用心浇灌的文明之花，常年绽放出平凡的美丽；他们以自身不懈的追求，诠释了荣获县级市全国文明城市唯一“三连冠”的真谛。

（摘自2014年10月11日《人民日报》头版）

20年不变的追求

——张家港市文明城市建设剪影

贺广华　姚雪青　王伟健

从首批国家卫生城市，到全国首家环保模范城市，再到首批全国文明城市……当众多荣誉接踵而至，外地前来取经的人们，总会问张家港人：奥秘何在？

其实，只要置身于这座洋溢着笑脸、充满活力的城市，观察市民日常生活的种种细节，便会找到答案。

城市在变，群众参与主体未变——

文明创建，市民始终唱主角

盲人能像普通人一样观看电影吗？在张家港，这不是问题。

“这是一部反映侦探与反侦探的电影，讲述了吴彦祖扮演的男主角艰难完成夙愿的故事……”随着主讲人的介绍，荧幕缓缓亮了起来，40多位盲人观众随着剧情深入，“看”得津津有味。

“我从小就看不见，如果没有这样的活动，根本不敢想象还能有走进电影院的一天。”70多岁的张阿婆感动地说。

“金话筒”志愿者团队发起人吴潇芳告诉我们，市广电系统20多名一线主持人和播音员分工合作，从选片到查找背景资料，从接送盲人到现场讲解，至今已成功举办了7次。

市委宣传部副部长、市文明办主任何俊表示，仅2012年以来，张家港市已发布志愿服务项目322个，其中274个项目被113家企业资助，资助金额达611万元，参与志愿者超过6万人次，受益群众达35万人次。

无论城市发展如何变迁，群众作为文明城市创建参与主体的身份一直未变。这得益于“伙伴计划”，更得益于志愿服务的常创常新。在张家港，志愿者根据时间、服务等评星定级，可以兑换积分换取“礼遇”，获得物质及精神奖励；志愿活动备案后，志愿者即可获得一份最高保额为20万元的保险；所有的活动经费进行估算审核和公示，活动过程拍摄照片，保障了志愿者活动的公开透明，常态长效。

经由“市民巡访团”“市民巡讲团”和“市民巡演团”，成千上万志愿者深入城乡基层开展各类创建督察、宣讲活动，并在全国县级市率先开发“城市e管家”信息平台，市民通过手机移动终端参与城市卫生、交通等方面管理。自平台今年1月正式上线以来，注册用户数已达2.1万余人，受理举报各类问题近9000起，结案率90%以上。

张家港有400多个志愿者组织，但他们的活动并不限于本地。2003年9月10日，张家港日报刊发了一篇来自湖北省五峰土家族自治县三坪希望小学的“寻亲”报道，希望寻找多次寄钱寄物给他们的好心人——张家港“张闻明”。当全城发动寻找“张闻明”时，刚刚大学毕业的徐明，立志做另一个“张闻明”，从暗助失足村民到义务上山捡垃圾，再到关爱身边弱势群体，如今他已坚持从事10年志愿服务。

也不仅是在国内，张家港的文明风尚甚至走向境外。走进张家港市民服务中心出入境窗口，市民在办理出入境手续时，会领到一张《文明旅游承诺书》，上面列着“维护环境卫生”“保护文物古迹”等八条内容。而对遵守承诺的游客，当地两家旅行社还给出了奖励。张家港华泰旅行社总经理张德华说，公司一年为此让利超过十几万元。

班子在变，“两手抓”传统未变——

一以贯之，事事处处有人管

张家港城东街道梁丰社区一字排开的17间小木屋，从24小时自助图书馆到外来工自助洗衣房，从小儿礼仪教育到老人休闲娱乐，这里应有尽有。

梁丰社区是老旧小区，从前既没公共文化设施，环境也差。“文明创建不能有死角”，在社区干了20年的城东街道主任蔡勇介绍说，社区干部群众齐心协力，填平了水沟，齐整了高压线走廊，修好了道路，建设了别具匠心的小木屋文明驿站。

在张家港，市委书记同时兼任市文明委主任。20世纪90年代以来，从抓卫生环境，到“以工促农，以城带乡”；从城乡一体文明创建，再到提升城市品质、培育创建文明品牌，市委主要领导更换了七任，但“一棒接着一棒传，一任接着一任抓”的传统始终未变。

年过七旬的张家港市委原书记秦振华，当年从上街拍苍蝇、扫马路、拆除露天茅坑开始，“团结拼搏、负重奋进、自加压力、敢于争先”，使文明素养在这片土地生根开花。

多年来，每年春节上班后的第一个工作日，张家港市委都要召开精神文明建设总结表彰大会。各类文明创建先进名单，每年都会雷打不动地登上市委1号文件。会场外的红榜不仅展示了机关、乡镇经济建设的实绩，还公布精神文明建设成绩的排名。

南丰镇永联村“爱心互助街”

（黄智强　摄）

在张家港市步行街上行走，很难不注意到商场外信用星级和微信号，用手机扫一扫，就可获知该商家的基本信息、资质信息、荣誉鼓励信息及失信信息等。

这是张家港诚信制度建设中的新尝试。“顾客用脚投票，对商家来说，既是动力也是压力。”一家百货公司的负责人坦言，“五星级的信用等级是推广企业形象的最佳金字招牌。”

2005年以来，张家港市奖励创建先进单位、个人超过3000万元，6个创建成绩靠后的市级机关主要领导被诫勉谈话。现在，奖惩机制又有了创新，更加公开透明，监管面更广，诚信企业也能在税收、贷款等方面享受到优惠。不少外资企业高管表示，来这里投资，正是看中了这座城市文明诚信的创业环境。

在2014年2月首个全市的大会上，市委书记姚林荣明确表示，要争创全国文明城市“四连冠”。为此，张家港把精神文明建设纳入机关和乡镇绩效考核，考核分值和经济指标各占50%，实现物质文明和精神文明“两手抓、两手硬、两促进”。

方式在变，服务市民宗旨未变——

崇德向善，尽在细枝末节处

在张家港杨舍镇，每周日上午，不少孩子会在家长的陪同下来到锦绣社区的“育心读书会”，一起诵读国学经典，4年来参与人数已超过2000人次。

自前年全国首创“书香城市建设指标体系”后，张家港又举办了网格文化员资格认证和阅读推广员专业培训，通过“24小时自助图书馆”，以及永联亲子书屋、金港镇公益阅读吧等9家社区阅读活动站等渠道，对市民进行阅读指导。

“网格化”公共服务新模式和“书香城市”的推进，使市民成为基层公共文化服务建设的最大受益者；连续10年举办的长江文化艺术节，使市民在家门口就能看到“大戏”。

而在农村社区，全国道德模范、永联村党委书记吴栋材带领村民走向富裕后，陆续建起了戏院、图书馆，让村民天天有戏看、家家有书读，而且坚持开展独具特色的“文明家庭”评选。村民说，像随地吐痰、说脏话等行为现已在村里基本绝迹了。

在位于城乡接合部的金塘农民安置社区，200多位邻里聚在社区“和合书场”欣赏戏曲表演。这个书场在没有表演的时候，也被用于“道德讲堂”，身边的好人好事乃至不文明行为，都可说唱一番。

该社区60岁以上的老人至少占20%，还有将近一半的新市民，文化程度不高。怎样的活动能将文明创建寓教于乐呢？

社区负责人讲了一个故事：有一天，她看到两位社区居民正在为车位争吵不休，正要上前劝阻，另一位路过的居民小声嘀咕道，“咦，这怎么跟上次在书场表演的小品‘抢车位’中的情节那么像呢？”听到这，刚才还争执不下的居民红着脸互相道了歉。

“发挥主题教育的推动作用、先进典型的示范作用、优秀文化的滋养作用和志愿服务的凝聚作用，是做好文明创建的关键所在。”张家港市委常委、宣传部部长杨芳表示，文明正成为张家港人的一种生活方式。

（摘自2014年10月11日《人民日报》11版）

张家港转型升级的路径与作为

郭奔胜　陈希希　孙　寅

经济社会的转型升级，是"新常态"背景下区域发展创新突破的重要路径，这也是东部沿海地区实现可持续发展当务之急。位于苏南地区的张家港市，是我国率先进入工业化后期的县级市之一，既面临着全国普遍存在的共性问题，又面临着突出的个性化难题。转型升级的压力大，任务重，时间紧。

往哪里转？如何转？怎样从转型升级的阵痛期，加快突围，闯出一条新路子？张家港市委书记姚林荣认为，转型升级要深刻把握"政府与市场""产业与生态""即期与长期"三对关系，全面探索县域层面的转型升级路径。调研显示，张家港转型升级蹄疾步稳，成效初显。2014年前三季度，全市规模以上新兴产业企业实现产值1471.45亿元，占规模以上工业总产值比重达39.5%，服务业增加值达721.8亿元，占地区生产总值的比重为43.3%，比2013年年末提高1个百分点。

近年来，张家港市以问题为导向，深入分析经济社会发展面临的深层次矛盾与问题，积极推进转型升级。

——政府当好"服务员"，进一步释放市场活力。

转型升级的主体是企业，政府和市场是重要的参与者。十八届三中全会《决定》提出，"使市场在资源配置中起决定性作用"和"更好发挥政府作用"。要让企业这一主体成功转型升级，理顺和定位政府与市场之间的关系至关重要。

张家港保税区管委会副主任翁羽人将三者关系打了个形象的比方，即企业是运动员，政府是服务员，市场是裁判员。她说："转型升级转的好不好，不是说企业自己说好不好，也不是政府说好不好，而是要接受市场的评判。"

在转型升级过程中，张家港政府从三个层面入手，当好让企业满意的"服务员"。首先是制定产业规划，做好顶层设计。转型升级是一个系统性工程，发展或者不发展哪些产业应该根据实际情况，制定长久、科学的规划。张家港政府与企业建立直接、长效沟通机制，共同讨论、研判和决策本市的产业规划，并使之固定下来。即使未来有小的修改或调整，但不会改变整个规划的框架，为引导企业大胆发展政府规划的产业提供了持续而稳定的政策保障。目前，张家港已规划了十大制造业基地、十大制造业项目、十大科技载体、十大生态工程等为主要内容的"810工程"，为未来产业发展描绘了清晰的路线图。

其次，强化园区功能，打造创新载体。园区是要素集聚、产业发展的优势平台。近年来，张家港把各类园区的转型作为推动转型升级的重要保障，以最优的载体功能为转型升级提供强有力的支撑，促进高成长性、优势支柱企业在园区集聚发展。目前，全市已形成资源再生、科技创新和技术孵化、新材料、新能源、现代装备、光电、软件动漫等一批各具特色的产业基地和园中园。其中，国家级特色产业园区达5家，省级以上特色产业园区达20家。

2013年11月，张家港再制造产业示范基地正式被国家发改委批准为全国首批"国家再制造产业示范基地"。张家港市委常委、张家港经济技术开发区党工委书记张伟说，再制造是循环经济"再利用"的高级形式，是指将废旧汽车零部件、工程机械、机床等进行专业化修复的批量化生产过程。发展再制造产业，既是对经开区现有机械装备产业的横向拓展，也是推动产业升级、促进经济转型的重要着力点。

走进张家港富瑞特种装备股份有限公司的再制造生产线，记者看到，一台已经报废的柴油发动机，从车间的一个入口送进去，经过一系列复杂的工序处理后，在车间另一端的出口，就变成了一台崭新的天然气发动机。据张家港富瑞特种装备股份有限公司董事长邬品芳介绍，一台旧发动机成本七八千元，70%的部件是可以利用的，经过再制造生产流程后新的发动机市场售价达七八万元，现在国际上的汽车品牌包括宝马、奔驰在内，都开始使用再制造的发动机。

据张伟介绍，经开区打造再制造产业基地主要做了三项工作：一是争取政策。目前，我国再制造产业仍处于发展初期，国家缺乏相应的顶层设计和政策法规，政府要帮助企业全力争取在税收、海关监管、产品认证等方面的优惠政策。二是载体建设。经开区着力构建逆向物流和旧件回收体系、拆解加工再制造产业体系、公共服务保障体系等"三大体系"，加快建设完善创业孵化、技术研发、质量检测、电子商务、物流配送、拆解清洗、固废收集"七大中心"。三是抓好产业项目。推动落地一批具有国际水平的龙头企业，打造产业集群。目前区内集聚了富瑞特装、西马克等十几家从事再制造的骨干企业，初步形成了以汽车发动机再制造为主，冶金设备、精密切削工具再制造为辅的产品体系。

最后，整合资源，为企业搭好台子。张家港保税区化工园的东华能源是一家集采购、储运、批发、终端为一体的清洁环保能源综合运营商，已完成了从国外原材料资源掌控到物流运输，再到国内三大生产基地的全产业链布局。翁羽人说，东华能源是张家港企业转型升级的典型案例，"政府搭台、企业唱戏"将三家传统企业整合重组，打造成为一家国际化的烷烃资源综合运营商。

东华能源的前身是一家深交所的上市公司，主要从事化工产品的物流业务，其美资背景可以拿到国际烷烃资源的相应份额；华昌是传统的化肥企业，可以和丙烯、丙烷产业相结合，生产新的化工产品；而扬子江石化技术创新能力较强，可运用最先进的工艺技术，实现对化工副产品的深度利用。

保税区紧抓清洁能源、新材料产业的发展机遇，依据三家企业自身的优势特点和需求，推动三家企业重组，重组后东华能源从一个传统的化工原料物流供应商转型升级成为化工新材料的生产商、运营商；华昌化工从一个传统的化肥企业，转型成为一家新材料企业；扬子江石化综合利用化工生产的副产品，形成了完整的循环生态产业链。

——探索构建中国特色的工业文明与生态文明共生互促机制

姚林荣分析认为，工业文明与生态文明并非相互对立，实际上，生态文明建设对工业文明形成倒逼的同时，更为工业绿色、可持续发展打开了更为广阔的空间，而发达的工业文明将为生态建设提供更多可供选择的资源。要谋划工业文明与生态文明共生互促机制，应在县域层面率先尝试与突破。

一是加快落后低端产业的淘汰和转移，优化土地和环境资源。张家港制定产能、产出、用工量、税收等指标，通过对化工、电镀、印染等重点行业进行实地调查，对不达标的企业予以淘汰或转移。2011年以来，张家港每年腾换土地333.33公顷以上，累计腾出土地超1333.33公顷，关停落后企业460家。同时，张家港加强关停企业土地的整合收储工作，通过增减挂钩、复垦利用等，推进腾换土地向工业园区和城镇建设区集中。

二是鼓励传统企业实行技改提升、降耗节本两个工程，确保排放物达标、节约资源。技改提升工程方面，张家港鼓励传统产业加大技改投入，提高装备水平，通过引进符合最新产业政策的先进技术和设备，大力提高企业发展质量。降耗节本工程方面，张家港2009年就开始实施万企节能和能效促进行动，推动企业发展循环经济，最大限度地综合利用各种能源和资源，降低成本，提升市场竞争力。

三是重点培育绿色循环产业和总部经济。张家港秉承“生态和谐、绿色发展”的理念，以引和育为主，一方面坚持实体经济为基础，全力发展绿色循环制造业，另一方面加快培育总部经济。

张家港国家再制造产业示范基地是该市发展绿色循环制造的一大亮点。与制造新品相比，再制造可节能60%、节材70%、节约成本50%，且几乎不产生固体废物，大气污染物排放量也降低80%以上。张家港国家再制造产业示范基地规划面积4.3平方千米，其中启动区1.1平方千米，目前规划重点项目37项，公共服务类项目9项，基础设施类项目6项，计划总投资超过100亿元。预计3至5年内，再制造产业规模将达到300亿元。在培育总部经济方面，目前，张家港已经引入30家世界500强企业和中粮、中船等央企。在此基础上，张家港先后引入设立陶氏化学生产基地、佐敦研究中心、道康宁投资中心、润英联销售中心、周大福等区域功能总部。值得一提的是，2005年落户张家港保税区的北京康得新现已将总部从北京搬至张家港，未来将形成年产2亿平方米光学膜的生产能力，产业规模将突破300亿元。

四是全面加强生态再造。为给经济转型升级提供良好的环境支持，张家港每年投入10余亿元用于生态环境建设和保护，努力打造生态宜居环境。近三年，张家港新增绿地4666.6公顷，林木覆盖率提高4.45个百分点、达到19.2%。

——以自主创新推进制造业转型升级，确保区域经济即期“不失速”，长期“可持续发展”。

制造业既是张家港经济的支柱，也是张家港转型升级的主要对象。既要保障经济在产业转型升级时不出现增速下降，又要为经济持续发展打下扎实基础，张家港选择了自主创新这一路径，即通过培育和发展企业自主创新能力，运用高新技术和先进适用技术改造提升传统产业，大力推动传统产业高新化和传统产品高端化。

在即期，张家港鼓励冶金、纺织等制造企业承接各级重大科技项目，在生产工艺革新和产业视野拓展中，开展与专家技术对接，消化、吸收高新技术，不断壮大企业自身技术人才队伍，逐步实现企业发展新亮点，确保增长不降速。

沙钢就是传统制造企业通过自主创新成功转型升级的典型。在钢铁行业遭遇产能过剩、行情低迷等困难时，沙钢创新科技管理，实现百项重大“二次创新”和自主创新，同时跟踪市场发展需要，紧密结合沙钢工艺装备的优势和特点，以“精、新、优、特”为产品调整主攻方向，实行研究院、技术、销售、生产等部门和用户多方联动的新品研发模式，推动产品结构高端化。

为长期发展，张家港实施“播种子工程”，为未来产业发展精心布局，积极推进“新材料、新能源、高端装备”等新兴产业基地化发展。新材料方面，瞄准烯烃产业的最新发展方向，加快建设总投资360亿元的页岩气新材料产业基地，此外还有光学膜基地、霍尼韦尔一体化新材料基地等。高端装备方面，成立国家再制造产业示范基地、张家港机器人产业园等，预计至2015年年末，智能装备、机器人产业规模可达到300亿元。新能源方面，依托华灿、爱康等行业龙头企业，重点发展LED绿色照明和应用、大功率半导体及太阳能光伏电站等产业。

摘自新华社《智库分析报告》

反弹琵琶，跨越转型的张家港模式

杜晓明　张　洪　王家言　陈明慧　胡宏毅

想象一下，去4S店购车，同一款车型有两种价格，而且价格相差在15%以上。

其实，个中原因只在于其发动机等总成零部件采用“再制造”。

2013年，张家港经济技术开发区成立20周年之际，收到了来自国家发改委的一份“生日大礼”——首批“国家再制造产业示范基地”，20年总结表彰大会成了发展再制造业动员大会。

再制造业只是张家港现代化建设三年行动计划中的一项。

2013年，张家港市委、市政府制定出台《张家港市现代化建设三年行动计划》，其中以十大制造业基地、十大制造业项目、十大科技载体、十大生态工程等为主要内容的"810"工程为重中之重，成为张家港在产业转型上的路线图。今年，张家港全力推进实施"810工程"。

"以数字化、智能化为特征的新一轮技术革命与制造产业的转型升级正历史性地交汇在一起。"张家港市委书记姚林荣在接受现代快报记者专访时表示，"在保持传统工业优势的同时，把握机遇实现跨越转型是新时期张家港的新目标。"

把握机遇，"反弹琵琶"巧转型

不戴3D眼镜，在普通电视机、电脑屏幕、广告牌上贴一张薄膜，就能欣赏三维立体图片？张家港康得新光电材料有限公司生产的裸眼3D光学膜让这成为现实。这种薄膜的量产，打破了国外企业的长期垄断，也转变为张家港新兴产业的发展优势。

根据预测，"十二五"期间，国内不同用途的光学膜年需求量在20亿平方米以上。张家港以其灵敏的市场嗅觉感触到了这个产业的未来前景，全力打造光学膜产业基地，计划到2015年将实现销售120亿元，未来产业规模突破300亿元。康得新公司在张家港保税区建设的2亿平方米光学膜产业集群，今年全面达产后，将成为全球产业链最全、集中度最高、竞争力最强的光学膜生产基地。为了实现这一发展战略，企业最近将总部从北京迁入张家港保税区。

在张家港的产业转型道路中，和光学膜产业同样耀眼的，还有再制造产业和页岩气新材料综合研发产业。

位于张家港经济技术开发区的再制造产业示范基地，去年以来已新引进英国ATP、全球变速箱、德孚激光设备等再制造项目11项。在富瑞特种装备股份有限公司的生产厂区，来自各地的废旧柴油发动机被送到这里拆解，其中近30%的部件被直接采用，其余的零配件提供给其他企业加工，加工后的零配件送回工厂重新组装，报废的柴油机焕然成为崭新的天然气发动机。

页岩气新材料综合利用研发生产基地又是张家港在新兴产业上的一项大手笔，该基地计划总投入360亿元，用3年至5年完成"页岩气新材料综合利用研发生产基地"的规划和建设，形成210万吨的丙烯、140万吨乙烯、100万吨丁烯的"三烯"基础原料生产能力。

如今，页岩气基地项目一期工艺装置及配套设施投资40亿元，工程进展顺利，计划能实现年内试生产。在未来，该基地向下延伸发展新材料产业，最终形成千亿级的新材料产业研发生产基地。

新兴产业的壮大，是张家港推进产业转型道路上的一个剪影。在一系列新兴产业项目的带动下，新兴产业产值预计突破2800亿元，成为工业经济的先导产业。

轻装上阵，升级"流量经济"

工业的发展承载着张家港的进步。全国最大的民营钢铁企业沙钢集团，全国唯一的内河型保税港区，长江流域最大的国际性外贸商港……30多年来，张家港人逆向思维、反弹琵琶，走出了一条超常规跨越式的工业化之路。

作为张家港经济的龙头和本土规模企业的代表，在转型升级的道路上，沙钢集团一直担当着重要角色。在继续做大做强钢铁主业的同时，沙钢布局现代物流，总投资300亿元、集现货交易、仓储加工、物流配送、信息发布、电子交易等于一体的玖隆物流园便是其转型的发力所在。2014年以来，物流园新增入驻企业110余家，截至9月累计入驻企业已突破1400家，注册资本达150亿元，一艘钢铁物流超级"航母"已雏形初露。

在着力让传统产业"轻装上阵"再发活力的同时，张家港再次把目光瞄准了长江边上的张家港保税区，红酒市场、汽车口岸等成为转型中的一个个兴奋点。

2012年开始运行进口葡萄酒交易市场，2013年进口葡萄酒近300万升，成为江苏省第一大葡萄酒进口口岸。在口岸内恒温恒湿的进口消费品展示交易中心里，来自法国、德国、意大利、西班牙、澳大利亚、美国等知名产地的1000余种进口葡萄酒在这里展示、交易，并被分拨配送至下一站。

"国内葡萄酒市场爆发式的需求增长，加上张家港保税区的良好条件和配套服务，让这里成为江苏省最大的红酒进口口岸。"张家港保税区物流贸易局副局长许汉阳向记者介绍，根据计划，到2015年，葡萄酒口岸的进口量要达到2000万升。

张家港还建起全省唯一的汽车整车进口口岸，力争3年至5年，实现汽车整车年进口20万辆、出口30万辆的规模。此外，珠宝、橄榄油、冷冻肉等交易市场稳步推进。

人才工作也是经济工作

在张家港市区的国泰北路上，有这样一排路灯：它们在不同的时段输出不同的照明功率，比传统路灯节电60%左右。

这是由张家港智能电力研究院"智造"的路灯，不显眼，却为整个城市节能做出了巨大的贡献。路灯的创始人，是由清华大学电机系韩英铎院士带领的176名高端科研团队。

人才工作就是经济工作。目前，张家港确定"现代装备制造、新能源、新材料、集成光电"等11个产业的50个节点为"引才重点产业节点"，已先后引进领军型创业创新人才（团队）290个。政府财政资助的147个创业项目中，有106个已经产生销售，占比72%。2013年领军人才项目总销售额22.7亿元，比2012年增62%。

近年来，张家港始终坚持"创先争优、协调发展"，人才工作实现了"4个率先"：在全国率先开展"人才项目绩效评估"，率先推进"千人计划"专家工作站建设，率先在县级市中实施社会事业领域人才引进培育专项计划"港城英才计划"，率先推进市级机关"研究生工作站"建设。

张家港对高端人才的重视，不仅落实在政策，更体现在"真金白银"的投入。自2010年以来，张家港直接用于领军型创业创新人才（团队）项目的启动资助、发展扶持、产业化推进上的各级财政资金近5亿元，撬动社会资本投入人才项目近10亿元。

"千人计划"专家周炳2011年与张家港大型民营企业

骏马集团合作，成立了一家半导体科技公司，专业生产低能耗功率半导体芯片。为了实现转型升级，骏马集团甘愿投资3000万元，却让仅以100万元现金和技术入股的周炳占51%的股份。科技人才与本土企业的“嫁接”、迅速拔节，成为了张家港产业现代化的“活力因子”。

（摘自2014年10月13日《现代快报》A7版）

新市民参与社区治理的张家港实践

长期以来，随着苏南地区经济社会的快速发展和城市化进程的不断推进，张家港市新市民数量快速增长。新市民的大量涌入，给社会管理、公共服务等带来了一系列的压力和挑战，如何让他们更好地适应城市生活、更快地融入第二故乡，成为了当地政府亟待解决的现实问题。早在2004年，张家港市就成立了流动人口服务工作领导小组，并出台一系列配套的政策措施，初步建立了流动人口服务管理工作机制。同年，在全省率先成立了流动人口管理机构——张家港市暂住人员管理服务中心，负责组织、指导、检查、督促全市各级组织、单位开展流动人口服务管理工作，协调解决流动人口相关问题，履行流动人口服务管理的日常工作。近年来，张家港市顺应社会发展趋势，牢固树立“以人为本、服务为先”的理念，以社区平台为依托，强化创新实践，积极探索新市民主动参与社会治理的新路径、新方法，初步探索出一条引导新市民由被动接受管理到主动参与社会治理的新路子。

织牢社区治理网格 推动多元主体共同参与

社区治理是创新社会管理的体现，它变政府的单向管理为政府行政管理与基层群众民主自治有机结合，实现社区多元主体参与共治。张家港市在成立市新市民事务中心的同时，在全市八镇一区也相应成立了新市民事务中心，同时以社区为单元成立了新市民工作站241家，初步形成了市、区镇、村（社区）三级服务管理网络体系。在此基础上，将全市划分为691个网格，并组建了一支由850人组成的流动人口专职协管员队伍，按照地域面积、新市民数量和治安状况等基本要素，在每个网格配备1名至2名流动人口专职协管员，既负责新市民的信息采集、社情民意收集等工作，又负责解释政策及帮助解决问题，并上报、协调、跟踪政府或有关机构解决。协管员在新市民中间，已成为张家港市新市民解决日常难题的有效途径。同时，张家港市积极探索新市民自治化服务管理新模式，2010年，在全省范围内推动成立了首家新市民共进协会。2011年，在全国又率先成立了住房出租管理协会。两大协会根植新市民，倾听新市民，服务新市民，在广泛发动新市民参与社会治理方面发挥了积极作用。目前，张家港全市共成立新市民共进协会分会30家，会员5854人。全市267个行政村（社区）已建立房东分会201个，会员7.06万个，实现了分会全覆盖，房东入会率达85.7%。两大协会成立以来，共提供线索破获各类违法犯罪案件91起，协助抓获犯罪嫌疑人210余人，调处矛盾纠纷320余次，介绍就业116人次，协助处理拖欠工资634人次，金额达558.7万元。初步形成了以社区为平台、社会组织为载体、新市民为支撑的社区服务管理新机制。

注重顶层政策设计 引导新市民主动参与

张家港市的流动人口数量近年来一直稳定在68万左右，占全市户籍人数的三分之二。社会治理不仅仅需要本地市民的参与，更需要68万外来建设者的共同参与。如何让68万流动人口从被动接受转变为主动参与。2012年5月，张家港市通过政策与制度创新，在全国率先推行新市民积分管理，即对在张家港市工作或居住的非张家港市户籍人员进行积分化管理，当申请人积分符合条件时，其未成年子女按积分管理办法规定享受就医、入学待遇，符合国家计划生育政策的申请人可申请迁入本市户籍。在积分管理政策制定过程中，突出“个人素质、职业技能、表彰奖励、志愿服务、见义勇为”等项目分值权重，加大“故意犯罪、违反社会管理”等扣分比重，引导鼓励新市民自觉提升自身文明素养，主动参与社会治理。积分管理政策实施以来，已累计有22000名新市民子女凭积分成功加入居民基本医疗保险，22155名新市民子女凭积分成功入读公办学校，1126名新市民成功积分入户。其中取得各类职业资格认证的有2694人，获得发明专利的有26人，获得各级组织表彰奖励的有282人，参加无偿献血的有2392人。与此同时，流动人口违法犯罪人数和违法犯罪率连续两年呈现下降。新市民积分管理的推行，从新市民的实际出发，强化基本权益维护和保障，重点关心困难新市民的生活，着力解决新市民普遍关心的子女教育、医疗保障、困难救助，顺应中央关于户籍管理的实践探索等突出问题，帮助新市民摆脱了“候鸟”和“过客”的烙印，对城市的归属感和认同逐渐提高，主动参与城市治理意识不断增强。

丰富各类主题活动 全面提升服务质量和水平

以网格化管理为载体，以“三大”教育（法制、人文、道德）为抓手，积极推进“新市民法制大讲堂”，深入开展“法律知识”“法治文化”进网格活动，大力营造学法氛围，增强守法意识，受益新市民达30余万人次；精心组织开展“十佳身边好人”“十佳新市民好少年”和“最美家长”等评选活动，弘扬主旋律，传递正能量；深入开展“家在港城”、“我的城市，我的梦”等阅读演讲活动，丰富知识，开阔视野，提升新市民素养。改变以往“管”字当头的硬性思维，通过有效的组织管理和教育引导，不断促使新市民从“社会人”加快转变成为“社区人”“网格人”。急新市民所急，帮新市民所难，把新市民的难心事、忧心事当作自己事，竭尽所能帮，想方设法办。组织开展了新市民重大传染病抽样调查活动，为全市300余名新市民提供了免费体检。启动红色爱“心”行动，为新市民子女免费筛选先天性心脏病，并免费为2名贫困新市民病患儿童进行了手术治疗。制定完善《张家港市特困新市民救助意见》，实现了新市民与本地居民救助范围和额度的同步接轨。近年来，共救助新市民3018人，救助金额145万元。“4·20”雅安地震和“8·3”鲁甸地震发生后，张家港市快速反应，及时组织力量，对在该市工作的受灾新市民家庭进行调查摸底，为82户受灾新市民家庭发放了16.4万元救助金。2013年3月，市委、市政府创新政策，出资218万元，为全市18周岁至60周岁的新市民购买新市民意外保险，有效提升了新市民医疗保障水平和抵御风险能力，在一定程度上也减轻了政府、社会和家庭的救助压力，化解了潜在不稳定因素。

以人为本，关注民生，是社会治理创新实践的出发点和落脚点。目前，张家港市社区治理和服务创新亟须破解一些难题。一是教育资源承载度与新市民需求的矛盾将越发显现。二是户籍制度的放开带来公租房需求的攀升。三是积分管理参与人数不多，涉及的内容仅有入学、入医、入户三项，跟不上社会治理的需求。针对这些问题，张家港市将全面完善新市民服务体系和工作机制，在新市民子女教育、社会保障、医疗卫生、居住需求、妇女儿童权益等方面，全力推动新市民与本市户籍居民享受同等待遇，融入城市生活，共享城市文明，实现安居乐业。

（摘自《群众》杂志第9期）

张家港构建“全民阅读”长效机制让“书香溢满全城”的启示

李　静

中共十八大报告把“开展全民阅读活动”提升至社会主义文化强国建设重要任务的高度加以部署。目前，我国国民阅读量稳步提升，但仍存在阅读水平总体偏低、民间阅读组织遭遇发展瓶颈、全民阅读活动有效参与偏低、城乡阅读差距过大等不足。

张家港市积极构建“全民阅读”长效机制，在全国首创“书香城市”建设指标评价体系，培育民间阅读组织，建立阅读推广人资格认证制度，探索分众化阅读引导机制，建设覆盖城乡的公共图书馆服务体系，创新设立社区阅读活动站，有效克服全民阅读存在的不足，促进全民阅读科学化、常态化、丰富化、普惠化，整体提升全民阅读水准。

新华社智库江苏中心分析认为，张家港市全民阅读长效机制，有效激发了民众的阅读积极性和自觉性，推进全民阅读模式由“行政主导”向“民间自发”转变，让书香溢满全城。其经验可为省内各地全民阅读工作开展和“书香城市”建设参考借鉴。

全民阅读量稳步上升　但仍存在四方面不足

李克强总理说，“读书不仅事关个人修为，国民的整体阅读水准也会持久影响到整个社会的道德水平”。中共十八大报告也把“开展全民阅读活动”提升至社会主义文化强国建设重要任务的高度加以部署。

全民阅读工程自2006年启动以来，规模不断扩大，内容不断充实，方式不断创新，有效提升国民整体阅读水准。2014年年4月发布的第十一次全国国民阅读调查结果显示，2013年中国成年国民图书阅读率为57.8%，同比上升2.9个百分点，数字化阅读方式的接触率为50.1%，同比上升9.8个百分点，各媒介综合阅读率为76.7%，同比上升0.4个百分点。人均纸质图书阅读量为4.77本，人均每天读书时长为13.43分钟。

然而，总体来看，中国的国民阅读仍然存在几个不足：

一是国民年均阅读水平总体偏低。据统计，发达国家每年人均纸质图书阅读量是：韩国人11本、法国人20本、日本人40本、以色列人60本。与之相比，中国人均4.77本的纸质图书阅读量差距甚远。更有数据显示，全国书店销售的书籍中80%是各种各样的教材资料，这说明很多国民阅读是针对各类考试，出于个人兴趣的阅读、提升情操、涵养气质的阅读较少，阅读质量不高。

二是民间阅读推广力量存在发展瓶颈。各种民间阅读推广力量，包括热心和积极推动阅读的非政府组织、专业阅读推广人、读书会和沙龙、民间基金会、志愿者等，是提供专业化阅读指导服务、引领全民阅读的重要主体。然而，随着规模的壮大和活动规格的提升，很多民间阅读推广力量都会碰到经费不足、场地缺乏、管理过严等瓶颈因素。

三是全民阅读活动的有效参与偏低。全民阅读活动对提升全民阅读水准起到重要作用。然而，很多全民阅读活动存在单一性、临时性的问题，无法适应不同人群的差异化阅读需求，不能真正走进民众生活成为生活常态。很多人虽然参与了全民阅读活动，但是参与深度不够、满意度较低，无法有效激发强烈的、持续的阅读欲望，全民喜爱阅读、热爱阅读的社会氛围尚未形成。

四是城乡居民阅读水平差异较大。2013年，中国城镇居民家庭平均藏书量为47.08本，显著高于农村居民的19.93本。城镇居民距离最近购书点的平均距离为2.11千米，农村居民的平均距离则为4.96千米。城镇地区公共图书馆等阅读服务设施相对完备，使用率和满意度相对较高，农村地区各类阅读服务设施的覆盖率、使用率和满意度相对较低。

张家港市委常委、宣传部部长杨芳认为，全民阅读是丰富文明城市创建内涵、深化公共文化服务的重要内容，也是提高国民素质、增强国家文化软实力的重要途径，亟须构建长效机制，以克服不足，提升全民阅读的整体水准。

作为全国仅有的四个县级文明城市之一，张家港市近年来以“全民阅读，让张家港更文明”为主题，全面推进书香城市建设，着力构建“全民阅读”长效机制，实现了四个全国第一：首创试行覆盖城乡的“书香城市”建设指标体系，首创系统化的分众化全民阅读引导机制，首创民间阅读推广人队伍资格认证和建设管理制度，首创试点建设社区阅读活动站。2013年年初，张家港市被命名为首批江苏省书香之县（市），“书香城市”建设指标体系荣获全省宣传思想文化工作创新奖，为全省县（市、区）中唯一获奖项目。

张家港构建长效机制 让“书香溢满全城”

张家港市在全国首创“书香城市”建设指标评价体系，培育民间阅读组织，建立阅读推广人资格认证制度，探索分众化阅读引导机制，建设覆盖城乡的总分馆式公共图书馆服务体系，创新设立社区阅读活动站，构建“全民阅读”长效机制，有效促进全民阅读考核科学化、方式常态化、内容丰富化、效果普惠化，让“书香溢满全城”。

一是首创综合指标体系，促进全民阅读科学化。

2012年11月，张家港市发布全国首个“书香城市”建设指标评价体系。该指标体系包括阅读设施、阅读资源、阅读组织、阅读活动、阅读环境、阅读成效及保障条件等7个一级指标，涉及44个二级指标和87个三级指标，其中定量指标82个、定性指标5个、硬性指标15个，从标准和制度两个层面保障全民阅读活动向纵深发展，成为张家港市推进全民阅读工作的重要抓手。

“书香城市”建设指标评价体系是一项有益尝试，有助于实现“书香城市”建设的可量化、可考核，促进全民阅读由模糊型推动向制度化考量转变。在指标设置过程中，张家港市突出强调三大方向：更加关注阅读设施综合服务能力，通过设立系统化的阅读活动、体系化的阅读平台，突出强调整合集成各类设施资源；更加关注全民阅读的内在引导力，强调通过民间阅读成效交流来促进阅读的持续化和深入；更加关注全民阅读活动的体系保障力，改变传统的节庆化活动方式，从硬件设施到资源配置，从活动指引到监测评估，从民间力量培育到政府激励保障，使全民阅读活动体系化、多样化。

为保障指标体系的有效执行，张家港市明晰部门职责，加强指标体系执行的动态监测，制定下发《张家港市“书香城市”建设指标体系任务分解表》，将创建目标责任分解落实到市级机关各相关职能部门和各区镇党委、政府，根据时间节点动态监测“书香城市”建设工程年度达标程度和项目绩效，以此实现阅读规划的可持续发展。

与此同时，张家港市建立健全全民阅读系列考评办法，制定出台优秀阅读项目等十大类系列评选表彰办法，将“全民阅读”作为文明社区、文明单位、文明村镇等文明创建考评的重要指标，市级财政设立100万元专项资金对获评优秀项目、组织和个人进行表彰奖励，各区镇也按照市级表彰标准予以配套资金扶持，激励全民阅读活动向纵深开展。

二是培育民间阅读力量，促进全民阅读常态化。

张家港市注重激发民间阅读兴趣和阅读乐趣，让阅读走进百姓家庭并成为生活常态，实现了全民阅读模式由“行政主导”向“民间自发”的转变。

积极培育民间阅读组织。张家港市在市图书馆建立全民阅读推广志愿服务中心，通过民间阅读组织登记注册、星级评定制度的建立，强化民间阅读机制保障；在机关、学校、企业、区镇、社区（村）重点培育有代表性和影响力的各类读书沙龙，推动建立读书会、书友俱乐部、文学社等民间阅读社团；鼓励公共机构为民间读书组织发展提供场地、资金等方面的支持，引导民间读书组织健康、持续、特色发展；成立张家港市民间阅读组织联盟，定期评选优秀民间阅读组织，在全市广泛形成了制度完善、活动丰富、成效显著的民间激励形式，促使阅读对象主体意识更加突出，进一步激发了民间公益阅读力量的参与力与创造力。

一群活泼可爱的孩子们身着汉服，举行传统的拜孔子、拜父母、拜老师仪式，头顶书本静心听故事……每个周末，在张家港经济技术开发区（杨舍镇）锦绣社区育心读书会，都会有一堂别开生面的“国学课堂”。锦绣育心读书会成立于2011年5月，3年多已开展活动近120期，吸引了当地及周边地区的近50个家庭参与，诵读完的国学经典超过20种。锦绣育心读书会的发起者俞雷说，“腹有诗书气自华，千百年的国学经典，我们要传承的不仅是文化，更是一种精神。”目前在张家港市，像锦绣育心读书会这样的各类民间公益阅读组织有200余个。

建立阅读推广人资格认证制度。张家港市制定了《张家港市“阅读推广人”管理暂行办法》和《张家港市阅读推广人资格认证管理制度》，分“阅读推广员”和“阅读推广师”两个层次，全面推行阅读推广人资格认证、持证上岗制度。目前，1075名网格文化员成为张家港市首批基层“阅读推广员”，在江苏省率先建起一支专业化、高素质、有活力的民间“阅读推广人”队伍。

“阅读推广人”通过文献导读、活动组织等专业知识和技能培训，承担起传递阅读信息、组织阅读活动、推动社会阅读等具体职责。他们会针对不同群体，依托学校、图书馆等公益阅读阵地，定期组织开展讲坛讲座、好书推荐、经典导读、书评大家谈等日常性、长期性阅读推广活动。

三是创新分众引导机制，促进全民阅读丰富化。

张家港市突破以往就阅读谈阅读、以单一的阅读活动覆盖全部人群的工作思路，吸收国际先进理念和经验，加强阅读活动按照人群分类引导、合理规划的组织导向，围绕不同人群设置特色鲜明、内涵丰富的阅读活动。

参照发达国家经验，张家港市设立专门针对0至3周岁婴幼儿的“宝贝启蒙”行动，在市妇幼保健所建立阅读指导室，向新生婴儿发放阅读礼包，包括借书卡、专业辅导画册、婴幼儿阅读成长记录、阅读体验卡等。邀请国内长期从事儿童发展心理学与早期阅读研究工作的专家撰写婴幼儿专业辅导画册，切实践行“阅读从0岁抓起”的理念。2014年4月，该计划升级为“阅读起跑线计划”，在全国县级市属首创。

庆丰社区78岁老人汤汉民，是“夕阳红”读报小组的发起人之一。他在退休后组织社区内退休干部、老教师、老工人等成立了读报小组，每月的8日、18日、28日开展读报交流活动，同时不定期举办讲座、研讨会、征文等各类阅读推广活动，大大带动了社区老年群体的阅读活动。

“具有针对性的全民阅读参与方式非常重要，特色鲜明的活动可以吸引到相应的阅读人群，从而使城市的书香气息更加浓厚”，张家港市文广新局局长陈世海表示。

领导干部"品读好书、争当先锋"阅读计划、婴幼儿"宝贝启蒙"行动、青少年学校"红读"活动、新市民"家在港城"阅读计划、残疾人"阳光驿站"计划、"夕阳红"阅读计划等阅读活动,都已成为张家港市的阅读品牌。

在2014年的"全民阅读月",张家港市针对不同人群的阅读喜好和习惯,举办市级特色活动24项,镇(街道)配套活动82项、机关部门配套活动36项,共计142项活动,将读书活动渗透到社会各阶层,充分体现全民阅读的广泛性、多样性、互动性和群众性,营造了全民阅读的浓厚氛围。

四是打造城乡一体服务,促进全民阅读普惠化。

推进城乡一体化阅读服务平台建设,是促进城乡文化融合,实现现代文明由城区向农村辐射的重要路径。张家港着力构建城乡一体的全民阅读服务体系,有效促进公共文化服务的普惠均等。

建设一体化公共图书馆服务体系。张家港市以市图书馆为核心馆,镇(区)、办事处图书馆为分馆,村(社区)基层综合信息服务站为服务点,流动图书车为补充,构建了资源共享、统一采编、统一检索、一卡通用、通借通还、覆盖城乡的总分馆式公共图书馆服务体系。市图书馆建立图书流转中心,按照每个镇级分馆每月500册、每个村级农家书屋每月200册的标准,定期开展图书流转工作。

走进张家港市永联村图书馆,1500平方米的图书馆内,分设期刊区、藏书区、阅览区以及拥有50余台电脑的电子阅览区,收藏了社会科学等22大类约4万册图书。并保持每月3000余册的书刊流通量,每年不低于50%的更新量,将精神食粮输送到农民手中,农民"放下锄头拿起书,不打麻将学知识"的现象,蔚然成风。据统计,总人口只有150万人的张家港市,2014年全年市、镇两级图书馆接待群众170余万人次。

创新设立社区阅读活动站。张家港市以社区学龄前儿童及家长、青少年读者、老年人读者以及新市民为重点服务对象,按照咨询服务、亲子阅读、数字阅读、报刊阅读、预约借书及交流分享划分功能板块建设社区阅读活动站,充分利用社区阅读资源,开展集"阅读学习、阅读讨论、阅读活动"于一体的"一站式"阅读体验服务。

率先全省建立24小时自助图书馆。在自助图书馆,3000册图书整齐排列,没有管理人员,没有门锁,刷市民卡即可自由进出,借还书系统非常智能,且无须押金。据悉,2014年张家港市将建设24个24小时自助图书馆,实现全市区镇、镇办事处全覆盖,2015年计划在人口密集的重点村、社区建成6家。

"一些城市推出文化场馆错时服务,但仍面临人员不足的瓶颈。张家港24小时不打烊的自助图书馆,解决了这一瓶颈因素,体现了公共文化服务在时空和技术上的突破",张家港市图书馆馆长缪建新说。

着力打造数字阅读平台。张家港市将数字阅读纳入到全民阅读活动计划中,建设"张家港市全民学习网",打造全民阅读的信息交流平台。率先在全国县(市)中开通"无线张家港"手机客户端,引导建立"电子阅读节",推广普及以手机、平板电脑等手持移动终端为接受端点的现代阅读形式。并投入470万元重点打造集分布式公共文化资源库群、数字图书馆虚拟网以及优秀文化集中展示平台于一体化的现代阅览平台。以数字阅读的方式消弭城乡之间的阅读差距。

张家港市构建"全民阅读"长效机制的启示

张家港市"全民阅读"长效机制,激发了民众的阅读积极性和自觉性,让"书香溢满全城",对促进城市文明建设、增强城市文化软实力、保障经济社会全面快速发展起到了重要作用。新华社智库江苏中心分析认为,张家港市的经验可为省内各地全民阅读工作和"书香城市"建设提供参考借鉴。

其一,注重规划引导,科学推进全民阅读和"书香城市"建设。

张家港市首创的"书香城市"建设指标评价体系,是在全民阅读基线调查基础上,充分参考国家城市文明建设、公共文化服务指标体系,以及发达国家公共文化发展相关指标,有针对性地科学设置。随着全民阅读活动的深入开展,体系化的活动设计和制度化的保障机制将发挥更加重要的作用。省内各地可借鉴张家港经验,根据全民阅读工作的内在逻辑和发展规律,结合本土特色,设计指标体系和规划纲领,为全民阅读工作开展和"书香城市"建设提供系统化、科学化的保障。

其二,激发民间阅读组织的正能量,让阅读成为民众生活常态。

全民阅读必须内化为民众的自觉行为才会具有生命力。张家港市在强调政府主导推动的同时,积极培育民间阅读组织,建立阅读推广人资格认证制度,充分借助民间阅读推广力量,为民众提供专业化阅读指导服务,激发民众的阅读兴趣和乐趣。省内各地可借鉴张家港经验,加强对民间阅读组织的资金投入和政策扶持,建立沟通渠道和机制,优化管理体制,培育、引导民间阅读组织发展壮大。

其三,针对不同群体开展差异化活动,提高全民阅读的适用性。

不同群体有着不同的阅读兴趣、习惯和方式,因人制宜、差异设置,才能让全民阅读活动更具适用性和实用性。张家港市建立的分众化阅读引导机制,有效克服了全民阅读活动过于单一难以有效吸引受众的问题。新华社智库江苏中心分析认为,张家港的这一经验值得借鉴,省内各地可以针对不同年龄、职业、社会阶层开展各具特色的阅读活动,促进全民阅读工程更加"落地"、更接"地气"。

其四,推进公共文化服务城乡一体建设,消弭城乡阅读的差距。

城乡公共文化服务设施差距大,是制约全民阅读工程深入开展的一大障碍。张家港市着眼于全民普惠的目标,构建城乡图书文化资源一体化互通体系,强化城乡一体文化载体建设,借助新一代信息技术缩小城乡阅读差距。省内各地可借鉴张家港经验,推进公共文化服务城乡一体化建设,注重对乡村阅读财政投入的适当倾斜,讲求乡村公共文化设施的适用性,逐步缩小乃至消弭差距。

(摘自新华社《智库分析报告》)

调　研　报　告

区域文明建设对现代化发展的推动力研究

——以张家港为例

现代化理论研究一直是跨学科研究的热点之一。中国目前处于经济社会发展转型时期，加快推进现代化建设是经济社会发展的重要任务。由于地情地貌、人口构成复杂，区域差异较大，因此区域现代化是中国现代化发展必经之路。区域特点的不同形成了不同的现代化发展道路，如何寻找适合本区域的发展道路一直是区域现代化最重要的主题。课题以张家港的现代化建设为典型案例，研究城市文明建设对其现代化发展的推动作用，为中国的区域现代化发展探索新的路径。

一、现代化及其相关理论研究（略）

二、现代化发展的动力分析（略）

三、区域文明建设推动现代化发展的张家港实践

1. 区域文明与现代化的相关性（略）

2. 张家港区域文明建设对区域现代化发展的推动

（1）张家港城市文明建设与城市现代化互动发展的历程分析

良性互动阶段（1990—1995年）

张家港正处于城市建设启动、城市雏形出现时期。全市掀起一轮以大拆大建整治老区、拉开框架建设新区为特点的建设热潮，逐步形成以杨舍、港区为市区，以张杨公路、沙锡公路、沿江公路和204国道过境段为主骨架，以疏密相间、葡萄串式分布的小城镇群体为特征的城市形态。随着改革开放的持续深入、乡镇经济的迅猛发展，城市的经济实力迅速增强。

这一时期张家港文明建设处于创建起步阶段。具体作为在：自20世纪90年代初，张家港市就以卫生创建和环境整治为突破口，着力于市民文明卫生习惯的养成，以行政推动为主要力量，形成了“一个声音喊到底”“一根尺子量到头”的工作态势，解决了脏乱差的问题、解决了全民对创建的认识问题，形成了“一把手抓两手”“两手抓两手硬”的创建特色和经验。1995年10月，全国精神文明建设经验交流会在张家港市召开，会议充分肯定了张家港市精神文明建设的先进经验，尤其对张家港市坚持“一把手抓两手”的经验给以高度评价，并把张家港市作为“伟大理论成功实践的典型”在全国加以推广。

快速提升阶段（1996—2000年）

张家港进入“城市现代化、乡村城市化”建设试点时期。全市实施“加强市区、辐射农村、城乡联动、整体推进”的城建战略。除市域中心城区外，各类经济开发区、各镇工业小区成为城镇人口及其他资源新的聚集空间。在经济发展规模上，已经从以中心城区的增长为主进入镇区经济的全面增长。作为一个新兴城市，张家港经济的高速增长已显著扩大了城市规模，并且社会经济各方面的发展水平正在逐步接近发达的中等城市，初步形成了规划有序、各具特色的“一城四片区”的城乡新格局。

这一时期张家港文明建设处于创建加速阶段。具体作为在：1996年，张家港市率先提出了创建全国文明城市的奋斗目标，以“团结拼搏、负重奋进、自加压力、敢于争先”的张家港精神激励各条战线、各个行业全方位争先创优，两个文明在区域发展中互促互动、协调推进，并在实践中形成了“以经济建设为中心、以卫生为基础、以文化为内涵、以育人为根本、以服务人民为宗旨”的五句话创建思路和特色。1997年，张家港市被确立为中宣部全国文明城市创建示范点。1999年，张家港市又被中央文明委命名为首批全国文明城市创建工作先进市。

成果收获阶段（2001—2005年）

张家港进入现代化中等港口工业城市框架构建时期。2003年起，将张家港市域作为一个整体，从市域范围内对城市空间结构进行“一城、双核、五片区”全面调整。“一城”是指张家港作为高度城市化地区，呈现出整体发展的空间结构特征，整个张家港市就是一个城市；“双核”仍然指杨舍中心城区和金港城区。“五片区”指杨舍中心城区、金港城区和锦丰片区、塘桥片区、乐余片区。进一步明确了各片区的功能定位和产业发展重点，不仅有效发挥了各自优势，实现了资源有效配置，推进了片区经济集聚发展并形成特色经济格局，而且有利于优化整个张家港的城市功能布局，完善城市综合功能，从而实现整个城市的有机融合和协调发展。

这一时期张家港文明建设处于创建成功阶段。具体作为在：2002年，张家港市通过全国文明城市创建工作先进市复查考核。在实现阶段性目标的基础上，张家港市又以着力于解决和缩小城乡文明落差为工作抓手，推动区域文明创建水平整体提升，在全国率先把城市社区理念引入农村，拓展社区建设内涵、创建文明社区，充分发挥社区在农村环境改善的“着力点”和农村文明创建的“辐射源”作用，形成了“以城市的标准建农村、以市民的理念育农民”、努力在“人居环境、人员素质、发展功能”等三个方面实现城市文明与农村文明对接的创建思路。2004年11月，中央文明委颁布《全国文明城市测评体系》，建立起一套涵盖城市经济建设、政治建设、文化建设和社会建设各个方面的测评指标体系，为文明城市创建活动提供了重要导向和遵循，实现了创建文明城市工作的科学化、制度化、规范化。对照体系标准，张家港市对文明城市创建工作进行了深化和细化，着力拉长短板，解决不足，打造特色。2005年，张家港市荣膺首批全国文明城市称号，成为全国首个获此殊荣的县级市。

转型深化阶段（2006年以后）

张家港进入高品质现代化港城发展提升时期。积极构建和谐社会，全面推动“富有独特精神、临港产业发达、长江文化汇聚、生态宜居优美、各种文明形态高度协调”的现代化港城建设。2011年提出“整体城市，一城四区”的城市发展新格局，“一城”就是杨舍—塘桥中心城区；“四区”就是金港片区、锦丰片区、乐余片区和凤凰片区，全面优化城市布局，完善城市功能，提升城市品位。

这一时期张家港文明建设处于再攀新高阶段。具体作为在：从2006年起，张家港市根据市场经济形势的新变化和科学发展观的新要求，紧紧围绕“城乡一体文明”的目标，加快文明社区建设，打破城乡二元结构；加快诚信体系建设，打造诚信城市品牌；加快文明行业建设，规范创建运行机制，形成了“文明社区建设城乡一体、诚信体系建设整体推进、文明行业建设全面覆盖”的“三位一体”的文明城市创建新特色。2008年，张家港市蝉联全国文明城市。2010年6月24日，光明日报整版刊发了《城乡一体文明建设的探索和实践——来自江苏省张家港市的报告》一文。中共中央政治局委员、中央书记处书记、中宣部部长刘云山同志对此文做出重要批示：“城乡一体化是中国特色社会主义的前景和方向，张家港的实践令人振奋。调研报告清晰又深刻地反映了张家港的经验，对各地有借鉴意义。”2011年，张家港市荣获全国文明城市“三连冠”。文明创建工作呈现从行政推动向同创共建迈进，从基础创建向提升品位迈进，从城区文明向城乡一体化文明迈进，从教育引导向惠民育民迈进，从阶段整治到精细管理迈进的深层格局。2012年启动《张家港市城市公共文明提升三年行动计划》，在深入实施公民素质提升工程、文化发展繁荣工程、未成年人成长工程、城市文明共建工程、文明创建示范工程、公共环境优美工程的同时，进一步健全完善共建共享、长效常态的创建机制，全力打响“文明张家港”品牌。2014年10月13日，中央文明办在张家港召开全国县级文明城市创建工作现场会，这是继1995年中宣部、国务院办公厅在张家港召开全国精神文明建设经验交流会以来，在张家港召开的又一次精神文明建设重要会议，进一步确立了张家港在全面文明城市建设中的标杆地位。

（2）张家港文明创建工作的重要特征

以城市精神引领社会进步。“团结拼搏、负重奋进、自加压力、敢于争先”的张家港精神，是敢为人先的张家港人在改革开放和现代化建设的伟大实践中培育、塑造的一种时代精神。张家港精神的形成和发展，不仅揭开了张家港市历史上波澜壮阔、异彩纷呈的崭新一页，使张家港市一举成为全国的先进典型，而且对整个苏州、江苏乃至全国经济社会的持续发展产生了积极而深远的影响。多年来在张家港精神的激励下，张家港人解放思想，抢抓机遇，开拓创新，真抓实干，创造了“五位一体”建设互动并进、经济和社会协调发展的辉煌业绩。张家港精神是全市经济社会发展的强大精神支柱和内在动力，成为推动各项事业蓬勃发展的宝贵“市魂”。

以整体联动实现全民参与。为了市民更幸福，为了城市更文明，早在20世纪90年代初，一场“提高市民幸福指数”为宗旨的文明城市创建热潮让百万张家港人凝心聚力，迸发豪情，成为张家港文明沃土的丰厚滋养，成为张家港这座年轻城市巨变的动力和源泉。一二十年的时间里，从城市到乡村，张家港这片999平方公里的土地上在文明创建这一领域发生着翻天覆地的变化。随着城市的发展和活动的深入，文明创建越来越离不开全社会各阶层的大力支持。多年来，张家港市不断创新思路，创设载体，最终形成了“户户都是创建点、人人都是创建者、个个肩上有责任”的整体联动创建新格局。

以先进典型弘扬社会正气。在大力创建全国文明城市的过程中，张家港市还注重先进典型的带动作用，组织开展了道德模范、身边好人、真心英雄、社会妈妈等评选活动，在全社会形成助人为乐、扶贫济困、乐善好施的良好风尚。全国道德模范吴栋材、荣登“中国好人榜”的金小华、张家港首届道德模范陈晓军……先进典型的不断涌现，就是张家港人文明提升的最好诠释。

（3）张家港以区域文明建设推动现代化发展的主要表现

一是以干部学习教育为重点，以规范行政为目标，以提高执政能力为落脚点，扎实推进廉洁高效的政务环境建设，打造“效率之城”。强化党委中心组的学习，结合实践开展主题教育活动，系统地抓好了党员干部的理想信念、从政道德教育。在苏南地区先行成立了行政服务中心，形成了“一个窗口对外”“一站式办结”“一条龙服务”的行政服务快车道。推行政务公开、加强政务监督，努力实现科学决策、民主决策，建设“阳光政府”，全市政务行为廉洁、规范、高效。

二是以建立公共安全保障体系和法律援助体系为重点，加强基层民主建设，扎实推进公平公正的法制环境建设，打造“法治之城”。深化“平安张家港”创建，在全国县级市率先建成高标准“110”报警服务系统，构建城乡一体的“打、防、控”安全体系，实现江苏省社会治安县（市）二连冠。以维权为核心，完善了司法、综治、信访“三位一体”的未成年人等社会特殊群体的法律援助体系。加强法制法规的宣传教育，加强基层民主政治建设。全市呈现了发案少、秩序好、社会稳定的良好法治环境，被民政部授予全国村民自治模范市荣誉称号。

三是以诚信建设为重点，着力于信用体系、市场监管和窗口行业服务质量，扎实推进规范守信的市场环境建设，打造“诚信之城”。深化“诚信城市”创建，推进诚信建设制度化，公开发布《张家港市社会信用体系建设实施意见》和《张家港市企业信用信息管理办法(试行)》，以公共信用信息服务平台建设为抓手，构筑全社会信用体系。广泛推行承诺制，发挥政府诚信的表率作用。以ISO 9000质量认证刚性指标推动行业诚信建设，建立“诚信张家港”网站和企业诚信主要指标数据库，完善企业信用评估机制，定期发布“诚信红黑榜”，大力开展“星级文明诚信商户”评比活动，推广商户诚信二维码应用，营造良好的诚信经营环境。积极探索企业、个人信用报告制度，建设个人信用基础数据库和重点人群信用监管系统，限制失信企业和个人参与各类商业活动，不断提高失信成本，引导守信自觉，营造了“政府讲信用、企业讲信誉、市民讲信义”的良好社会信用环境。

四是以思想道德建设、志愿者服务工作和群众性文体活动开展为重点，扎实推进健康向上的人文环境建设，打造“礼仪之城”。创设各类载体，深入开展公民道德实践活动。编印发放《公民道德建设家庭读本》《文明市民守则》近100万册，媒体开设公民道德建设专栏，设立户外大型公益广告，基本内容和要求家喻户晓。扎实推进未成年人思想道德建设行动计划，构建“三位一体”教育网络，组织实施六大工程、48件实事；发挥志愿服务的引导作用。深入实施志愿文化弘扬、阵地拓展、项目伙伴、团队培育、工作保障五大计划，开展“邻里守望”志愿服务成效显著。2014年，全市14.5万名注册志愿者，累计开展志愿服务时间超过130万小时，切实做到了为百姓分忧、为政府助力。出台志愿服务礼遇办法，扎实推进了志愿服务的制度化、体系化建设；广泛开展“社区文化艺术节”、广场文艺“周周演”等群众文艺活动。长年坚持不懈开展“学走路、学骑车、学说话、学交往”文明基础工程建设，市民文明素养不断提高，文明礼仪蔚然成风。

五是以加快公共设施建设，完善公共服务体系和社会保障体系为重点，扎实推进安居乐业的生活环境建设，打造“安居之城”。市域15分钟交通圈、小城市圈格局基本形成，行政村公路通达率为100%。主要干道、公园、公厕，建成无障碍通道5500平方米。建有医疗卫生机构478家，形成较为完善的三级医疗预防保健网络和现代化120急救网络。形成养老、医疗、生育、失业、工伤“五保合一”的社会保险体系，全市社会保险综合参保率达90.6%，城镇养老保险参保率达到98.3%。实现了劳动就业保障体系全面覆盖城乡居民。

六是以加快环保设施建设，发展绿色生态和循环经济为重点，扎实推进可持续发展的生态环境建设，打造“生态之城”。把“生态”看成“有生命的基础设施”，融入到城市的发展和经营理念中，率先建成首批国家环保模范城市和全国首批国家生态市。投巨资建设生活污水、工业污水处理厂、固废处理厂，实施饮用水改造、气化普及，改水改厕等工程，工业污水处理率达到100%，市区生活污水集中处理率超过80%，工业COD排放总量、河道PI值、城市API值、城市区域环境噪声值均达到良好标准。生态绿化全面加快，绿地率达到36.5%，绿化覆盖率为40.2%，人均公共绿地面积达到10.6平方米。发展循环经济，构建了企业内部、企业之间、产业之间的“资源循环圈”。“工作在现代化园区，生活在花园式城市”的理想正在成为现实。

事实胜于雄辩。多年来，张家港始终把抓经济提速与育文明新人有机结合，在加快物质文明建设中富民强市，在推进政治文明建设中增强动力，在深化精神文明建设中提升素质，实现了经济社会的协调发展，为加快区域现代化建设、争当苏南现代化建设排头兵提供了强大的思想保证、精神动力和智力支持。

四、张家港在现代化进程中的文明建设经验分析

纵观张家港区域文明发展20多年历程，全市上下始终坚持把文明城市创建作为精神文明建设的龙头工程和推动经济社会协调发展的综合平台，一以贯之，一抓到底，切实做到创建理念不变调、创建手段不走样、创建标准不降低、创建力度不减弱，真正实现了以市民文明素质和城市文明程度的提升，来推动城市现代化发展。其成功经验主要可归纳为：强化“六个坚持”，实现“六项确保”，破解“六大难题”。

1.坚持“一把手抓两手、两手抓两手硬”，确保文明城市创建工作常抓不懈，破解了文明建设在现代化发展大局中“滞后缺位”的难题

坚持把文明城市创建作为“一把手工程”，市委书记兼任文明委主任。1995年以来，市委主要领导虽然更换了7任，但始终一棒接着一棒传、一任接着一任抓。春节上班后的第一天，市委都要召开精神文明建设总结表彰大会，部署新一年文明城市创建工作。市委常委会经常研究文明创建工作推进情况，市四套班子主要领导定期督察文明创建工作进度。坚持把精神文明建设纳入城市发展总体规划，与经济建设同谋划、同部署、同实施。每年对乡镇进行绩效考核，其中精神文明指标权重达50%，真正实现了“两手抓、两手硬、两促进”。20年来，张家港市经济社会实现快速协调可持续发展，综合实力一直稳居全国县市前三位，2014年全市实现地区生产总值2180.25亿元，地方公共财政预算收入162.66亿元，以全国万分之一的土地面积，创造了千分之四的GDP和千分之一的公共财政预算收入，成为唯一荣获全国文明城市“三连冠”的县级市。

2.坚持精神引领，确保文明城市创建动力长久不衰，破解了文明建设在现代化发展大局中“久持难续”的难题

建设张家港精神展示馆，常态化举办展览活动，大力弘扬“团结拼搏、负重奋进、自加压力、敢于争先”的张家港精神。全社会深入开展张家港精神再教育、再弘扬、再实践主题活动：在机关事业单位开展“绩效比拼”、在社区开展“守望相助”、在企业开展“诚信做产品”、在中小学开展“做一个有道德的人”、在新市民中开展“我与港城同发展”等主题实践活动，不断增强广大干部群众永争第一的创建动力，充分调动了全市人民参与创建、支持发展的积极性和创造性。从整治卫生环境到创建文明城市再到建设城乡一体文明，各行各业的张家港人始终与时俱进弘扬张家港精神，始终坚持以无功即过的意识抢抓文明发展机遇，以超越自我的追求提升文明创建定位，以激励竞争的机制营造文明城市氛围，重点确保了文明创建工作始终走在全国前列，以此

引领经济社会的持续稳定协调发展。到目前为止，全市已获得联合国人居奖、国际卫生港、国家生态市等187项国家级以上荣誉称号。

3.坚持惠民利民，确保广大群众共享文明城市创建成果，破解了文明建设在现代化发展大局中“虚功无实”的难题

始终把惠民利民作为出发点和落脚点，推动文明城市创建成为最大的惠民工程。一是广开渠道倾听民意。定期举办“民生面对面”、机关干部下基层活动，开通“政风行风热线”，各类群众诉求办结率达99%。二是集中精力办好实事。结合文明城市创建活动，统筹协调相关民生项目优先列入市政府实事工程，先后完成老城区改造、居民小区楼道亮化、机动车停车位设置、集贸市场改造、文化中心建设、青少年社会实践基地建设等，让市民切实感受到文明城市创建带来的喜人变化。三是千方百计保障民生。2014年，全市城镇居民人均可支配收入、农村居民人均可支配收入分别达46852元和23722元，城乡居民收入比为1.98∶1，走在全省乃至全国前列。先后出台困难家庭安居、就业岗位援助、食品安全监测等数十项民生政策，应届高校毕业生、特困家庭劳动力就业率稳定在99%以上。在全国同类城市率先实施新市民积分管理，新市民按照积分排名，就可获取入户、子女入公办学校和参加居民基本医疗保险等同城待遇。目前，全市已有1126位新市民入户张家港，2.2万名新市民子女加入居民基本医疗保险，4.73万名新市民子女进入公办学校就读，入医、入学、入户比例分别达81.1%、89.8%和77.6%。社会公共安全感97.5%，连续三年居苏州第一，荣获江苏省社会治安安全县(市)“十连冠”。

4.坚持育人塑人，确保市民文明素质与城市文明程度同步提升，破解了文明建设在现代化发展大局中“标本同治”的难题

广泛开展涵养社会主义核心价值观的教育实践活动，着力促进人的素质提升、促进人的全面发展。一是充分发挥主题活动的教育作用。深入开展诚信教育，建成政府、企业和个人信用信息数据库，定期发布“诚信红黑榜”，扎实推进诚信建设制度化。深入开展文明旅游、文明交通、文明餐桌等主题实践活动，引导市民遵守公德、践行文明。大力刊播“我们的价值观”“中国梦”主题公益广告，弘扬文明风尚。组织开展“八礼四仪”文明礼仪养成教育，引导广大未成年人从小做起、践礼修德。二是充分发挥先进典型的示范作用。连续10年开展“寻访身边好人张闻明”道德风尚行动，累计宣传各类最美人物、身边好人1000余名。每年组织开展道德模范基层巡讲巡演活动，在城乡建设一批公民道德教育馆、好人主题公园、好人广场，定期发布善行义举榜，引导市民见贤思齐、崇德向善。目前，全市共有全国道德模范1人，江苏省道德模范3人，17人荣登“中国好人榜”，“中国好人”数量位居江苏省县市第一。三是充分发挥优秀文化的滋养作用。建成全国首家中华经典主题教育馆，在全国率先创推“网格化”公共文化服务新模式，推进“书香城市”建设，连续10年举办长江文化艺术节，有力保障了文化民生。深入开展“我们的节日”、全民阅读、经典诵读、道德讲堂等活动，弘扬传承中华传统美德。四是充分发挥志愿服务的引导作用。推进志愿服务制度化，促进学雷锋活动常态化、志愿服务项目化，把志愿服务做到基层、做进社区、做入家庭，推动志愿服务成为了更多市民的生活态度和生活方式。

5.坚持以城带乡，确保城市文明不断向农村延伸，破解了文明建设在现代化发展大局中“城乡差异”的难题

以实施新型城镇化和城乡发展一体化战略为契机，全面开展美丽乡村建设，深化城乡结对共建活动，推动城乡文明实现有效联动与无缝对接，城乡一体文明的做法和经验得到刘云山同志的高度评价。深入开展“讲文明、破陋习、树新风”专项行动、五星文明家庭评选、好家风好家训征集推广活动，积极培育和传播乡贤文化。大力开展村庄环境整治行动，实现国家卫生镇满堂红。扎实推进城乡公共服务体系建设，市域路网全国领先，全市任何一个地方10分钟以内可进入二级路网，15分钟以内可进入主城区，在全省率先建立城乡一体化、“村村通”的公交运营体系。全市所有村（社区）均建成综合服务中心，21.6万名农民实现“农保”转“城保”，“城保”覆盖率达到99.6%。成为全国首批义务教育发展基本均衡县（市），乡村学校少年宫在全国县级市率先实现全覆盖。基本公共卫生服务项目绩效居全省县市第一，村村建有功能齐全、标准较高的社区卫生服务站。在全国率先建成市、镇、村（社区）三级“社会管理综合服务平台”，持证社工达1401人，居全国县市首位。

6.坚持建章立制，确保文明城市创建常态长效，破解了文明建设在现代化发展大局中“弱视短效”的难题

主要是建立健全“三个机制”：一是同创共建机制。制定《深化全国文明城市创建长效机制》《市民素质提升工程实施计划》，每年形成创建总体规划，明确创建重点项目，落实创建工作经费，构建了“层层有人抓、事事有人管、项项有指标、限时必达标”的创建保障体系。二是全民参与机制。成立市民巡访团、巡讲团和巡演团，开展“美时美刻·文明随手拍”等活动，在全国县级市率先开发“城市e管家”信息平台，通过手机移动终端搭建24小时参与文明创建载体，形成了“政府来主导、市民唱主角”创建局面。三是督察考核机制。制定《市级机关、乡镇文明创建工作绩效考评体系》，实行月督察、季考核、年排名。制定《精神文明建设奖励办法》和《深化文明城市创建责任追究制度》。2005年以来，全市奖励创建先进单位和个人超过3000万元，对创建不力的6个市级机关和3个乡镇主要领导进行诫勉谈话。

多年来张家港市始终把文明城市建设的理念、原则和要求实实在在地体现和贯穿到各个阶段全市经济和社会发展之中，形成和完善文明创建与物质文明建设、生态环境优化、民主政治发展、社会治理建设互动的良好局面，在推动城市文明提升的同时，切实推动张家港城市现代化建设水平的提升。在张家港的实践中，现代化被生动演绎为一种文明的形式或状态，文明建设推动现代化的进程，展现现代化建设的内涵要求。张家港以区域文明建设为抓手，必将不断推进城市现代化建设水平，从而在苏南区域现代化建设中发挥示范和引领作用。　（市委宣传部　供稿）

文 件 选 录

关于深化农村改革加快推进农业现代化的意见

(一)突出"优质、高效",提升现代农业发展水平

1.保障重要农产品有效供给。切实保护和发展农业"四个百万亩",严守耕地保护红线,落实稻麦价外补贴政策,开展粮食高产增效创建活动,确保稻麦种植面积26万亩以上,稻麦亩产分别达600千克和365千克,完成地方粮食储备5.6万吨。抓好沿江和城郊优质蔬菜生产基地建设,改(扩)建优质蔬菜基地1000亩,完善提升常阴沙和大新两个万头羊场,加快规模化生猪养殖场的规划建设,生猪、家禽出栏量分别稳定在12万头、160万羽,确保"米袋子"、"菜篮子"供应安全。

2.强化农产品质量安全监管。用最严谨的标准、最严格的监管、最严厉的处罚、最严肃的问责,保障市民"舌尖上的安全"。推行生产网格化监管,完善农产品全程追溯信息平台建设,全面建立农产品生产主体备案、农产品质量监管量化分级和农产品生产者信用评价制度,蔬菜企业、合作社全部实行产地准出,实现放心粮油店在镇、街道全覆盖。改建市农产品质量检验测试站,完善镇级农产品检测室、16家基地检测室规范化建设,80%以上镇级监管站达到省级良好以上等次。狠抓动物疫病防控和病死畜禽无害化处理,新建病死动物应急处理中心,加强畜禽屠宰监督管理。争创国家首批农产品质量安全监管示范县(市)。

3.加快现代农业园区建设。各区镇要进一步调整优化布局,建设好1至2个现代农业园区。重点抓好一干河西侧生态农业、双山岛、凤凰飞翔等农业综合园区建设,打造南丰镇永联村农耕文化园、杨舍镇晨丰公路现代农业带等休闲观光农业景点,逐步形成东中西三条由观光采摘、休闲垂钓、农家餐饮、美丽乡村为特色的农业旅游线路,把园区建成农业招商引资的主阵地、农业龙头企业的集聚区、农业科技推广的示范点和现代高效农业的风景线。凤凰水蜜桃科技示范园争创省级农业产业园。

4.拓宽农产品销售渠道。加快青草巷批发市场建设,年成交额突破45亿元。进一步做大做强常阴沙、金麦穗、金南港、天天鲜等农产品配送中心,鼓励发展网上交易、定单生产、农超对接等营销模式,优化优质蔬菜直供区、专销点布点。充分利用海峡两岸农业博览会、凤凰桃花节、永联江鲜美食节、常阴沙乡村旅游节等农产品推介平台,畅通产销渠道,打响地产品牌。扶持农产品出口企业在境外注册商标、申请国际标准认证,推动淡水珍珠、特种花卉等农产品出口,年内出口总额突破1亿美元。

5.加强农业基础设施建设。推进高标准农田建设,建成高效节水灌溉农田220公顷,新建标准化农田1200公顷。加快建设现代农业综合信息平台、蔬菜物联网技术应用示范基地。加强农田水利基本建设,分批实施好中央财政小型农田水利重点县项目(2013—2015年)。完成十三圩港至三干河"百年一遇"江堤建设,推进老海坝节点综合整治,新建改建圩区排涝站16座、圩口闸21座,进一步提升防洪除涝能力。

(二)突出"多元、专业",构建新型农业经营体系

6.培育新型农业经营主体。制定新型农业经营主体扶持发展办法,抓好500名新型职业农民的遴选培育,鼓励工商资本、集体资本进入农业领域,大力培育家庭经营、企业经营、合作经营、集体经营等多种形式的农业经营主体典型,年内评选十佳家庭农场、十佳农业企业、十佳农民专业合作社和十佳村土地股份合作社。鼓励农业龙头企业、农民专业合作社兴建生产服务设施,建设原料生产基地,扩大生产规模。年内新增国家级、省级农业龙头企业各1家,苏州市级2家。

7.发展各类农民合作组织。鼓励农民兴办专业合作、社区合作、股份合作、劳务合作、投资合作、农业保险合作以及合作社联合社等多元化、多类型的合作组织。建立规范透明的管理制度,允许财政投资项目直接投入符合条件的合作社,鼓励政府向合作社购买公共服务。大力培育劳务(富民)合作社和有影响、具有集聚效应的龙头型农民专

永联天天鲜超市市区店 (黄智强 摄)

业合作社。

8.优化农业社会化服务。坚持多元化、专业化、市场化方向，构建完善覆盖全程、综合配套、便捷高效的农业社会化服务体系。加快推进农机合作社规范化建设，引导建立种子种苗、农资供应、农机耕作、植保服务、冷链处理等服务于一体的农业专业化服务组织。年内，全市50%以上的水稻秧苗由育秧中心提供，稻麦和蔬菜基地良种覆盖率实现100%。进一步提高农药集中配送水平，确保粮食、果蔬、常规兽（渔）用药配送率分别稳定在95%、85%、50%以上。

（三）突出"赋权、增力"，推动农村改革持续深化

9.深化农村综合配套改革。在锦丰镇、南丰镇和乐余镇齐心村试点，探索农村承包土地确权登记颁证实施办法。组建市农村承包土地仲裁委员会，依法有效处理农村承包土地纠纷，维护农民土地承包权益。开展农村集体资产产权界定、确权、登记、发证，探索以固化农村合作经济组织股权为重点的产权制度改革，赋予农民对集体资产股份收益权益，年内在金港镇滩上村开展社区股份量化、固化改革试点。探索农村公益事业建设用地以及其他企（事）业单位租用土地价格自然增长的长效机制，完善村级经济发展惠民增长机制，全市村级惠民收入占村可支配收入的比例、村级经济惠民增幅、社区股份合作社现金分红、农民人均纯收入增幅均达10%以上。

10.健全农村资源交易市场。组建市农村资源交易服务中心，充分发挥市场在农村资源配置中的决定性作用，全面推行农村资源资产交易市场化，扩大交易种类和范围，完成杨舍镇、金港镇交易平台建设，实现区镇农村资源交易平台建设、财政补贴适度规模经营承包土地通过平台流转、农村集体资产大额产权与新增经营性资产通过平台交易"三个全覆盖"。

11.创新农村金融产品和服务方式。完善农村金融服务体系，扩大金融机构涉农信贷额度，鼓励金融机构进行订单融资、存货质押、农业机械设备抵押等服务创新，健全农村信用担保体系。开展农村金融改革试点，推进"银社合作"，加大对农民合作组织的信贷支持力度，探索对农村土地承包经营权的质押担保途径。扩大农业保险险种范围，完成政策性农业保险任务，确保高效农业参保率90%以上。

（四）突出"转型、升级"，促进村级经济加快发展

12.转变村级经济发展方式。推动村级集体经济由区镇统筹型向市场主导型转变，提升联合发展实体的市场参与力和竞争力。加快村级经济转型升级，重点抓好投资额超5000万元的12个村级重大项目建设，大力培育高效农业型、产业化龙头型村级经济发展典型。年内农村集体净资产增长8%、村级可支配收入增长10%。

13.有效激发村级发展活力。落实"一村二楼宇"政策，鼓励各区镇向村集体倾斜发展资源，城市开发建设过程中新增的三产用房、邻里中心、农贸市场等优质商业资源优先用于发展村级经济。注重在政策层面加强对经济强村的引导、对成长型村的激励和对经济一般村的扶持，继续实施可支配收入上台阶奖励、村组织运转保障费用补贴、经济一般村新增经营性项目市财政专项补助等政策。探索村级支出合理负担机制，建立起责权分明、配置合理、可持续的农村公共产品供给体系。

（五）突出"优美、宜居"，塑造农村环境整体形象

14.开展美丽乡村建设。坚持村庄建设与城镇发展相协调，加快154个长期保留村庄的建设整治规划，年内完成78个。在长期保留村庄中，挑选地理禀赋和自然肌理较好、具有一定规模的村庄建设"美丽乡村"，年内完成塘桥牛桥、南丰新德、大新桥头3个美丽乡村省级试点任务，建成49个康居乡村，以点带面提升农村环境建设水平，形成村点出彩、沿线美丽、面上洁净的美丽乡村格局。

15.加强农村生态建设。加快水生态文明城市建设试点工作，推进城乡河道连片整治，年内疏浚四级河道450条，拆坝155条，建桥涵155座、生态河道26条，治理污染河道23条。持续推进植树造林和村庄绿化。加强湿地保护与修复，以水稻田、水源地和生态公益林为重点出台生态补偿办法。加强农业面源污染治理，完成35家畜禽养殖场整治，秸秆综合利用率达99%以上。

16.持续推进环境整治。全面推行河道管理"河长制"工作，将河道管理、保洁、治污等融为一体，统一管护。抓好卫生基础设施管理、农村户厕、农村"四户"等薄弱环节整治。加快规范化户厕建设，新建星级"康居乡村"全部完成卫生户厕提标升级改造。实施病媒生物综合防制，推进居民小区、饮食店、集贸市场等重点场所毒饵站等基础设施建设。建立以经常指导、随机检查、典型示范为主的工作机制，检查曝光卫生死角、脏乱差反弹及不文明现象。推进农村保洁员职业化，实施以奖代补专项补助。鼓励多村联合、集镇区、办事处整体外包等多种形式的市场化保洁模式，年内所有镇级河道和30%村组河道保洁、30%行政村（社区）卫生保洁实现市场化管理。

（六）突出"科学、有序"，完善乡村治理机制

17.加强村级党组织建设。深入开展党的群众路线教育实践活动，推进服务型党组织建设，着力解决"四风"突出问题、人民群众反映强烈的切身利益问题以及联系服务群众"最后一公里"问题。启动"三优一提"培育工程，探索建立"三见三励"约谈机制，完善村（社区）干部激励机制，实施农村基层党组织"一把手"工程，培育一批"双强"标准的优秀村党组织书记。扎实抓好以大学生村官为重点的农村后备干部队伍建设，进一步完善村级后备干部人才库。发展壮大农村"五老"队伍、村（居）民小组长等农村党建"根须"力量，进一步巩固党在农村的执政基础。

18.全面推行"政社互动"。进一步推进农村社区建设，完善规划布局，健全"一委一居（村）一站一办"社区管理体制。深入开展"政社互动"，试点推行"三约三会"工作制度，探索动迁社区现代化管理模式。推进社区综合信息平台建设，清理基层冗余台账，为基层自治组织减负增能。加快培育各类社会组织，推进政府行政管理与社会协同治理的有效衔接和良性互动，实现基层组织建设、民主政治建设、群众自治的有机融合。

——摘自《关于深化农村改革加快推进农业现代化的意见》（张委发〔2014〕13号）

中共张家港市委员会关于落实党风廉政建设党委主体纪委监督责任的实施意见(试行)

一、强化党委主体责任和纪委监督责任的总体要求

中共十八届三中全会《关于全面深化改革若干重大问题的决定》强调,落实党风廉政建设责任制,党委负主体责任,纪委负监督责任。中央纪委三次全会要求,各级党委要落实党要管党、从严治党要求,切实担负党风廉政建设主体责任,各级纪委要承担监督责任。省委要求,进一步落实党委主体责任和纪委监督责任,推动党风廉政建设和反腐败斗争走在前列。全市党委(党组)和纪委(纪检组)要深刻认识加强党风廉政建设和反腐败工作的极端重要性,准确把握党委主体责任和纪委监督责任的基本内涵,把各项规定和要求落到实处。

党委和人大、政府、政协党组以及法院、检察院党组,要把落实党风廉政建设主体责任作为重大政治任务,切实当好本地区、本系统、本单位党风廉政建设的领导者、执行者、推动者。组织、宣传、统战和政法等部门要按照市委部署要求,认真抓好职责范围内党风廉政建设任务的落实。

全市各级纪委要全面落实监督责任,积极协助同级党委加强党风建设和组织协调反腐败工作,加强对同级党委特别是班子成员的监督,切实履行执纪监督问责职责,全力构建与现代化相适应的廉洁政治,为张家港市争当苏南现代化示范区建设排头兵提供坚实保障。

二、全面落实党委主体责任

(一)党委领导班子的集体责任

各级党委必须以高度的政治责任感,与时俱进抓好党风廉政建设和反腐败斗争,切实担负统一领导、直接主抓、全面落实的主体责任,把反腐倡廉工作纳入经济社会发展和党的建设总体布局,列入领导班子、领导干部目标管理,统一研究部署、统一组织实施、统一检查考核,确保任务落实。

1.加强组织领导。坚决贯彻落实中央、中央纪委、省委、省纪委和苏州市委、苏州市纪委关于党风廉政建设的部署和要求,定期听取党风廉政建设和反腐败工作情况汇报,分析党风廉政建设形势,研究制定党风廉政建设工作计划、目标要求和具体措施,对党风廉政建设工作任务进行责任分解,明确领导班子、领导干部在党风廉政建设中的职责分工,推动工作任务落实。

2.健全工作机制。建立健全落实党风廉政建设责任制领导小组,明确职责任务;改进党风廉政建设责任制检查工作,健全科学规范的考核评价体系,制定出台切实可行的责任追究制度,对抓党风廉政建设和反腐败工作不力、造成不良影响的,严肃追究领导责任。督促各职能部门充分履职,各负其责,齐抓共管,形成抓党风廉政建设的强大合力。督促下级党委履行主体责任,延伸到农村、社区、企业等基层单位和院校,形成上下贯通、层层负责的工作格局。

3.选好用好干部。严格执行《党政领导干部选拔任用工作条例》,深化干部人事制度改革,健全科学的选人用人机制,改进竞争性选拔干部等工作,加强对干部选拔任用工作的监督,全面实施干部选拔任用全程纪实,严格实行任职回避、公务回避等制度,坚决整治和严厉查处选人用人上的不正之风和腐败问题。

4.抓好作风建设。大力弘扬党的优良作风,牢固树立党的意识和组织纪律观念,反对特权思想、特权现象。深入贯彻落实中央八项规定,严格遵守省委十项规定、苏州市委十二项规定和《中共张家港市委关于改进工作作风、密切联系群众的实施办法》,坚持反对“四风”,坚决纠正损害群众利益不正之风,加大作风问题惩戒问责、处分通报力度,健全作风建设常态化机制,推动各级领导班子、领导干部为民、务实、清廉。

5.领导和支持查办案件。领导和支持执纪执法机关依纪依法履行职责,及时听取工作汇报,协调解决重大问题。全力支持和保障纪委执纪办案,加大案件查办力度,做到有案必查、有腐必惩,始终保持反腐败高压严打态势。坚持抓早抓小、防微杜渐,对党员干部身上的问题早发现、早警醒、早教育、早查处。

6.深入推进源头治理。贯彻落实中央《建立健全惩治和预防腐败体系2013—2017年工作规划》、省委《实施办法》和苏州市委、张家港市委《意见》,加强党对党风廉政建设和反腐败工作的统一领导,坚决有力惩治腐败,扎实开展党性党风党纪教育,切实推进廉洁文化建设,积极开展社会监督,科学有效预防腐败,形成不想腐、不能腐、不敢腐的长效机制,不断完善与张家港市现代化建设相适应的惩治和预防腐败体系。

7.强化权力制约和监督。积极构建决策科学、执行坚决、监督有力的权力运行体系,形成科学有效的权力制约和协调机制。推动权力公开透明阳光运行,强化权力运行全过程监督。强化用制度管权管事管人各项措施,针对腐败现象易发多发的重点领域和关键环节,建立专门制度,完善配套制度,建立健全执行保障机制。

8.配合开展巡视工作。积极配合省委在张家港市的巡视工作,认真履行市委工作职责。探索开展巡察工作,加强对下级党组织的监督。

9.加强落实主体责任的监督。健全和落实民主集中制等党内生活各项制度。发挥人民政协和民主党派的监督作用。畅通人民群众举报和监督渠道,注重发挥舆论特别是新兴媒体的监督作用。全市党委要主动接受同级纪委的监督,切实强化对下级党组织落实主体责任的监督检查。

(二)领导班子成员的个人责任

各级党委领导班子主要负责人是党风廉政建设第一责

任人，班子其他成员对分管范围内的党风廉政建设负主要领导责任，必须牢固树立不抓党风廉政建设就是严重失职的意识，敢于负责、勇于担当。

1.主要负责人履行“第一责任人”责任。坚持党风廉政建设和反腐败重要工作亲自部署、重大问题亲自过问、重点环节亲自协调、重要案件亲自督办。

2.班子其他成员履行“一岗双责”责任。各级党委领导班子的其他成员要根据工作分工，认真履行“一岗双责”责任，定期研究布置、督促检查和报告分管范围内的党风廉政建设工作情况，把党风廉政建设要求融入分管业务工作中，完善制度规定，加强风险防控。

3.加强检查督促。党委主要负责人要切实管好班子带好队伍，坚持原则、敢抓敢管，克服好人主义，督促领导班子成员、下级领导班子廉洁从政、履行好党风廉政建设责任。班子其他成员要加强对分管部门、分管领域党员干部的经常性教育管理，检查督促分管部门及分管部门负责人廉洁从政、改进作风、履行党风廉政建设职责情况，形成责任传导机制。

4.定期接待来信来访。完善信访机制，健全领导干部定期接访制度，认真处理群众来信来访，切实关注民生诉求，着力解决群众反映强烈的热点难点问题。

5.当好廉政表率。带头遵守党纪国法和廉洁从政规定，管好自己、以身作则，严格执行民主集中制，不搞以权谋私，不搞特殊化。自觉接受组织和群众监督，养成在监督下用权的习惯。教育管理亲属和身边工作人员，树立清正廉洁的良好形象。

三、全面落实纪委监督责任

1.协助党委加强党风廉政建设。根据中央、中央纪委、省委、省纪委、苏州市委、苏州市纪委的决策部署，结合本地本单位实际，向党委提出党风廉政建设和反腐败工作的建议；在党委统一领导下，发挥反腐败组织协调作用，整体推进惩治和预防腐败各项工作；协助党委做好党风廉政建设和反腐败工作的任务分解、检查考核等工作，促进各项任务落实。

2.维护党的纪律。坚决维护党章和其他党内法规，严格执行党的纪律，严肃查处违反党纪行为。严明政治纪律，切实维护党的团结统一。严明组织纪律，克服组织涣散、纪律松弛现象。加强对党的路线方针政策、决议决定执行情况和省委、苏州市委、张家港市委重大决策部署贯彻落实情况的监督检查，确保政令畅通。

3.加强对作风建设情况的监督检查。认真落实省委和苏州市委作风建设监督检查办法的要求，加大执纪监督问责力度，及时查处违反作风建设规定的行为，通报曝光典型案例，不折不扣落实中央八项规定精神和各项作风建设规定。

4.查处违纪违法案件。坚持以零容忍态度惩治腐败，严肃查处领导干部违纪违法案件，切实解决发生在群众身边的腐败问题。查办腐败案件以上级纪委领导为主，线索处置和案件查办在向同级党委报告的同时必须向上级纪委报告。充分发挥市委反腐败协调小组作用，加强执纪执法机关之间的协作配合，完善跨区域跨部门协作办案及防逃、追逃、追赃机制，进一步形成惩治腐败的整体合力。坚持依纪依法安全文明办案，充分发挥查办案件治本功能，有效利用《纪律检查建议书》《行政监察建议书》等形式，提高办案综合效果。

5.强化党内监督。认真落实党内监督条例，加强对同级党委、人大、政府、政协领导班子及其成员的监督，加强对审判机关、检察机关、人民团体以及党组织关系在本地的机关事业单位的监督，加强对下级党委政府领导班子及其成员的监督，加强对党员领导干部特别是主要领导干部履行职责和权力行使情况的监督。

6.加强反腐倡廉制度建设。围绕把权力关进制度的笼子，进一步清理、修订和完善党风廉政建设相关制度，不断健全反腐倡廉制度体系。强化对用制度管权管事管人各项措施的监督检查，提高制度的执行力。

四、落实党委主体责任、纪委监督责任的保障措施

1.党委主体责任、纪委监督责任报告制度。实行党风廉政建设主体责任双报告制度，各级党委、党委主要负责人每年12月30日前，以书面形式，分别向上一级党委和纪委报告上年度履行党风廉政建设主体责任的情况。上级党委结合报告情况，适时听取有关党委主要负责人工作报告。全市纪委每年年初要以书面形式，向同级党委和上级纪委报告履行监督责任情况。

2.党委负责人全委会述廉制度。党委主要负责人向党的委员会全体会议述廉，集中报告本人履行党风廉政建设责任、个人廉洁自律等情况，以及执行《苏州市党员领导干部防止利益冲突暂行办法》的情况，由全委会委员进行现场质询和测评。

3.党政正职接受评议制度。下级党政正职述廉报告报上级纪委，接受纪委委员审阅、评议，评议结果及时反馈，对存在问题及时提出整改要求。运用民意测评、问卷调查、第三方调查等方式，全面了解群众对党委主体责任落实情况的评价，评价情况和市委绩效考核结果的运用相结合，纳入干部考核评定结果、作为奖惩使用依据。

4.廉政谈话制度。党政主要负责同志与领导班子成员、下级党政主要负责同志，领导班子成员与分管联系部门主要负责同志，每年廉政谈话不少于一次，把廉政谈话作为党风廉政建设责任制检查考核、述职述廉、任职前教育的重要内容和必经程序，提醒督促落实党风廉政建设主体责任。

5.纪委约谈制度。在党风廉政建设责任制检查发现问题较多、群众来信来访反映较多、民主测评满意度较低时，由纪委负责同志约谈领导干部，听取主体责任落实和个人廉洁从政情况，及时解决苗头性倾向性问题。

6.组织检查考核。由市委常委带队，依托党风廉政建设责任制考核平台，每年对各区镇、各单位的党风廉政建设和反腐败工作开展检查考核，将党委落实主体责任、纪委落实监督责任作为检查考核重点内容，及时通报检查考核情况，对存在问题的进行诫勉谈话、限期整改，直至作出组织处理。

7.开展巡察督察。对下级党委、纪委党风廉政建设主体责任、监督责任落实情况，开展日常巡察，着力发现问题，注重成果运用。对党风廉政建设主体责任和监督责任落实不力、群众反映问题比较集中、作风和腐败问题比较突出的部门和单位，开展专项督察，突出工作重点，提高监督实效。

8.强化责任追究。建立责任追究案件季度报告制度和典型案件通报曝光制度。对不认真履行主体责任和监督责任，导致不正之风长期滋长蔓延，或者出现重大腐败问题而不制止、不查处、不报告的，实行责任倒查。实行“一案双查”制度，在查办违纪违法案件的同时，一并调查发案单位党委主体责任、纪委监督责任是否落实到位，做到有错必究、有责必问。

9.推进纪律检查体制机制改革。按照中央深化党的纪律检查体制改革要求，强化上级纪委对下级纪委的领导，建立健全报告工作、定期述职等制度，推动纪律检查工作双重领导体制具体化、程序化、制度化。加快推进党委部门纪检机构设置工作，实现对党委、政府部门派驻监督全覆盖。各级纪委要切实“转职能、转方式、转作风”，集中精力严党纪、抓监督、反腐败。

——摘自《中共张家港市委员会关于落实党风廉政建设党委主体纪委监督责任的实施意见(试行)》(张委发〔2014〕18号)

关于进一步深化文明城市建设的意见

(一)深化核心价值观培育践行，进一步营造凝心聚力、自信向上的社会氛围

1.深入学习贯彻习近平总书记系列重要讲话精神。把系统全面学习习近平总书记系列重要讲话精神作为一项重大政治任务。列出重点专题学。把习近平总书记关于中国特色社会主义、“中国梦”、改革发展、精神文明建设、生态文明建设、依法治国、从严治党等重要论述作为重要内容，系统、深入学习讲话的深刻内涵，不断增强道路自信、理论自信、制度自信。党委中心组带头学。健全党委(党组)中心组学习制度，市委常委会坚持每月一次集中学习，市委常委带头撰写学习心得、畅谈学习体会，为各级党组织和广大党员做示范。各级领导干部要带着问题学，巩固群众路线教育实践活动成果，深入基层调查研究，增强对讲话精神的理解力和践行力，不断开拓工作新局面。融入创建实践学。坚持学用结合、知行统一，用习近平总书记系列重要讲话精神研究谋划、指导文明城市建设工作，把学习成果转化为推动港城现代化建设的实际成效。办好理论宣讲志愿团，定期赴基层宣讲，推进讲话精神进机关、进企业、进社区、进学校，让人们在实践中接受教育，收到“百姓日用而不知”的效果。

牵头单位：市委办、市政府办

责任单位：市纪委、市委组织部、市委宣传部、机关工委、党校、各机关单位、各区镇

2.持续叫响“24字”，形成核心价值观宣传教育全覆盖。运用多种形式，广泛宣传普及“富强、民主、文明、和谐，自由、平等、公正、法治，爱国、敬业、诚信、友善”24字。在公益广告上大力推进。各新闻媒体要发挥主阵地主渠道作用，以“我们的价值观”“中国梦”等为主题，在主要版面、主打频道、黄金时段刊播公益广告，增强人们对核心价值观的理解认识。要利用建筑围挡、灯箱大屏、楼宇电视、公交车站、社区宣传栏等各类载体刊播公益广告，使核心价值观像空气一样无处不在、无时不有。在新媒体上大力推进。积极适应“微”时代的要求，在“微”字上下功夫，政府网站和商业网站联动开设“培育和践行核心价值观”专题专栏，每年拍摄3部至5部有分量、有内涵的弘扬核心价值观的微电影、微视频，通过全媒体多样化传播，唱响网上主旋律。在文化产品上大力推进。认真学习习近平总书记在文艺工作座谈会上的重要讲话精神，充分发挥文化产品以文化人的作用，每年在文学、音乐、美术、动漫等各个领域创作一批体现核心价值观的精品力作，生动形象地宣传阐释核心价值观，让人们易于接受、深刻铭记。

牵头单位：市委宣传部、文明办

责任单位：文广新局、张家港日报社、城管局、交通运输局、住建局、房管中心、土地储备中心、城投集团、文联、互联网协会、各机关单位、各区镇

3.推动核心价值观由观念形态转化为实践形态。把践行核心价值观融入城市改革发展和文明建设全过程，使每一项工作都与核心价值观“对标”，推动核心价值观落细、落小、落实。抓好志愿服务。认真按照中央文明委部署要求，大力普及“奉献、友爱、互助、进步”的志愿精神，深入实施志愿文化弘扬、阵地拓展、项目伙伴、团队培育、工作保障五大计划，研究制定《党员干部参加志愿服务的实施意见》，把志愿服务做到基层、做进社区、做进家庭，推动志愿服务成为市民的生活态度和生活方式。抓好文明旅游。建立文明旅游联席会议制度，把好“出门关”“落地关”，落实公民文明出境游承诺制度，编印《市民文明旅游指南》。区镇和旅游部门在举办旅游推介活动时，要自觉融入文明旅游元素，倡导文明赏景。抓好礼仪教育。围绕“做文明有礼的张家港人”主题，开展全民修身活动，着力提升市民素质。积极开展升国旗仪式、成人仪式、入党入团入队仪式等有庄严感的典礼，利用重大纪念日、烈士纪念日、国家公祭日等，突出“爱国”主题，开展各类有意义的纪念活动，推动核心价值观内化于心、外化于行。

牵头单位：市委宣传部、文明办

责任单位：市委组织部、机关工委、教育局、民政局、旅游局、新市民事务中心、总工会、团市委、妇联、残联、志愿者协会、各机关单位、各区镇

(二)深化公民思想道德教育，进一步夯实文明自觉、崇德向善的人文基础

1.突出精神引领。张家港精神是城市发展之魂、力量之源，是全体张家港人最宝贵的精神财富。始终高举张家港精神旗帜，与时俱进，发扬光大，不断赋予时代新内涵。

把张家港精神作为全体党员干部最生动、最具体、最熟悉的思想理论教材，自觉在认识上深化、在行动上落实，全面弘扬、继承、发展好张家港精神这一宝贵财富，进一步强化张家港精神教育人、引导人、激励人的综合效应，并以此指导实践、创新工作、激发斗志，推动形成"更有追求、更加务实、更有担当、更有效率、更有合作精神"的发展氛围，为港城现代化建设提供强大正能量。

牵头部门：市委办、市政府办

责任部门：市纪委、市委组织部、市委宣传部、文广新局、张家港日报社、档案局、党校、党史办、文化中心、文联、各机关单位、各区镇

2.突出典型示范。道德模范、身边好人、最美人物等先进典型，是核心价值观的人格化身，是百姓身边最有说服力的教材。深入开展"寻访身边好人张闻明"道德风尚行动，健全完善身边好人培育、推荐、宣传机制，积极参与中央文明办"身边好人365"推荐评选活动，定期开展张家港市道德模范、十佳身边好人评选表彰活动，发布最美人物，每年力争有4人以上入选"中国好人榜"和"江苏好人榜"，推动模范群体不断壮大、影响力持续提升。在城乡建设一批好人文化园、好人广场等道德景观，设立"善行义举榜"，开展身边好人先进事迹巡讲巡演活动，大力宣传凡人善举、"草根英雄"，形成讲道德、尊道德、守道德的良好风尚。研究制定《关于关爱和帮扶道德建设先进人物的实施办法》，完善褒扬激励机制，给道德模范崇高礼遇，在全社会树立存好心、做好事、当好人、有好报、扬好德的价值取向。

牵头单位：文明办

责任单位：文广新局、张家港日报社、人社局、教育局、卫生局、城管局、园林局、住建局、总工会、妇联、各区镇

3.突出优秀传统文化熏陶。优秀传统文化是核心价值观的根脉，也是培育公民良好思想道德品质的宝贵资源。深入挖掘和阐发中华传统文化讲仁爱、重民本、守诚信、崇正义、尚和合、求大同的时代价值，定期举办传统文化公益大讲堂，推广普及优秀传统文化。深入推进书香城市建设，积极培育民间阅读组织，发展阅读推广人，建设24小时自助图书馆，通过开展全民阅读、经典诵读等活动，用优秀传统文化滋养心灵、陶冶情操。开展优秀传统文化进学校、进书本、进课堂活动，使未成年人从小感知传统文化的魅力，树立文化自信与价值自觉。加强对本土特色文化中的传统美德研究挖掘，发挥各类爱国主义教育基地的宣传教育作用，利用春节、元宵、清明、端午、中秋、重阳等传统节日开展健康向上的民俗活动，打造"我们的节日"活动品牌，不断扩大优秀传统文化的影响力。

牵头单位：市委宣传部、文明办

责任单位：机关工委、文广新局、教育局、民政局、文化中心、总工会、妇联、文联、各区镇

4.突出重点人群教育。坚持以核心价值观为统领，注重针对性和普遍性，按照人群特点，广泛开展思想道德教育，全面提升文明素养。发挥党员干部的示范表率作用，持续抓好"三严三实"教育，严格落实中央"八项规定"，切实加强党风廉政建设和作风建设，深入开展"做人民满意的公仆""做人民满意的公务员"主题活动，实现干部清正、政府清廉、政治清明。在未成年人中以"做一个有道德的人"为主题，建好用好"乡村学校少年宫"，深入开展"八礼四仪"养成教育，引导青少年从小践礼修德，树立正确的人生观、价值观、世界观。在新市民中开展"融入、发展、提升"行动，进一步完善《新市民积分管理办法》，增加遵纪守法、团结和睦、义务奉献等文明指标权重，促进新市民素质提升，更好地融入张家港。在教师、医生、律师、执法人员、企业家等社会影响力较大的人群中，加强职业道德和个人品德教育，坚持宣传教育、实践活动、制度建设、行业自律相结合，为公众树立良好榜样。

牵头单位：文明办

责任单位：市纪委、市委组织部、机关工委、政法委、法院、检察院、公安局、交通运输局、人社局、教育局、住建局、新市民事务中心、卫生局、司法局、工商联、各区镇

（三）深化城市功能品质提升，进一步打造洁美有序、自然生态的宜居环境

1.科学规划城市建设。科学合理、适度超前规划城市建设发展，不断优化城市承载功能、服务功能和居住功能。认真谋划城市总体规划布局，合理确定城市发展时序。加快修编完善城市建设专项规划，统筹抓好城市供水、排水、供气、热力、道路、园林绿化、环卫等专项规划的修编，实现基础设施的配套完善和公共服务的优化配置。进一步优化交通网络建设，以沪通铁路过江公铁两用大桥和疏港高速开工建设为契机，高标准建设城市快速通道，提升张家港区位优势。加快推进沪通铁路大桥公园等生态景观建设，建成暨阳湖休闲街和黄泗浦生态园。有序建设城北科教新城，进一步完善区域配套设施。深入推进金港新城、沙洲新城、凤凰新城建设，进一步优化城乡人居环境。

牵头单位：市政府办

责任单位：规划局、住建局、交通运输局、水利局、园林局、城管局、城投集团、暨阳湖公司、供电公司、各区镇

2.提高城市长效管理水平。完善城市公共基础设施，加强城市建筑物、道路、桥涵、排水、照明、环卫等市政公用设施的建设、维护、管理工作，确保完好率100%。加强市容环境综合治理，定期对难管理、易反复的各类顽症进行集中整治，实现环境面貌提档升级。加强停车场、停车位的规划建设，深挖停车供给潜能，有效缓解停车难问题。深化文明交通行动，大力整治各类不文明交通行为，确保机动车、非机动车和行人交通遵章率持续提升。深入开展"同创共建·全民美城行动"，积极发挥"城市e管家"平台的作用，发动市民广泛参与城市管理，营造文明城市建设人人有责的浓厚氛围。

牵头单位：城管局

责任单位：住建局、公安局、交通运输局、园林局、环保局、水利局、房管中心、工商局、卫生局、食药监局、各区镇

3.全面推进生态文明建设。围绕"全国领先、群众得益"的目标，在更高起点上规划生态文明建设，让城市"天更蓝、水更清、地更绿"。以产业转型升级为突破口，加速发展新兴产业、现代服务业、循环经济，大力淘汰落后产能，

从源头上减少污染排放。拉起生态红线和环保“高压线”，依法治污、科学治污、铁腕治污。建立完善生态补偿、生态责任审计等机制，高标准推进“十大生态工程”，新增一批生态文明示范点。深化环境应急管理，增强突发环境事件处置应对能力。深入开展各类生态文明创建活动，做优扩大生态村、绿色学校、绿色社区等“生态细胞”，丰富生态文明建设内涵。强化全民生态意识，倡导绿色消费、绿色出行等生活方式。

牵头单位：环保局

责任单位：发改委、经信委、教育局、水利局、园林局、农委、城管局、城乡环卫指导中心、各区镇

（四）深化创建惠民利民举措，进一步创造幸福美好、方便快捷的群众生活

1.持续推进社会事业建设。深化教育领域综合改革，建设“智慧教育”综合管理信息系统，优质均衡教育水平继续保持全国领先。稳步推进公立医院综合改革，不断提升社区卫生服务能力。探索实施基本公共卫生服务项目第三方绩效评估机制，项目绩效保持全省领先。积极推进公租房、廉租房、经适房有机衔接的住房保障体系建设，进一步优化保障性住房供给秩序。完善公共交通服务网络，加强公交车、出租车运力提档升级，推广“守时公交”“定时公交”“定制公交”运营模式。大力发展城市慢行交通系统，加快推进区镇公共自行车项目建设，到2017年实现公共自行车城乡全覆盖。深入贯彻全民健身的国家战略，积极推进省级公共体育服务体系示范区创建，优化“城区5分钟、中心镇区10分钟”健身圈建设，居民健康素质继续位居全国前列。

牵头单位：市政府办

责任单位：教育局、卫生局、交通运输局、体育局、城管局、房管中心、各区镇

2.持续提升市民生活质量。大力改善就业环境，完善预防失业、稳定就业、促进创业政策，健全公共就业服务体系，本市户籍高校毕业生初次就业率保持在99%以上，特困家庭高校毕业生初次就业率达100%。优化发展高等职业教育，建立健全普惠全体、受益终身的职业培训政策体系。开展全民参保登记工作，健全完善城乡一体的社会保障体系。完善工资集体协商和工资正常增长机制，持续提高城乡居民收入。进一步优化自然灾害民生保险，全面提升养老服务水平，成立市养老服务指导中心，建立健全居家呼叫服务系统和应急救援服务网络。

牵头单位：市政府办

责任单位：人社局、民政局、教育局、总工会、各区镇

3.持续改善文化民生。把保障和改善文化民生放在重要位置，不断完善公共文化设施网络，着力推进镇、街道办事处、村（社区）三级公共文化设施建设，加快推进文化数字化服务工程建设，开展“家庭信息化（智慧社区）示范镇、村”创建活动。深化“网格化”公共文化服务体系建设，打造“幸福港城”网格文化活动品牌。深入实施地方特色文化品牌繁荣工程，形成“一镇一品、一镇多品”的特色文化发展格局。建立健全非物质文化遗产保障机制，深入挖掘非物质文化遗产资源。加快文化产业发展，落实文化产业政策，打造全市文化产业优势板块。推动文化市场综合执法规范化，净化社会文化环境，争创“全国版权示范城市”。

牵头单位：市委宣传部

责任单位：发改委、文广新局、文联、各区镇

4.持续打造窗口优质服务。深入开展“创文明行业，建满意窗口”创建活动，开展窗口从业人员礼仪教育培训，培育推广一批文明服务品牌。推进行政审批“三集中、三到位”，建成“移动行政服务大厅”，开通“网上政务通”服务网络，实现全流程网上审批，打造快捷、高效的24小时政务服务新模式。深入推进市镇村三级联动政务服务体系建设，扩大10分钟行政服务圈覆盖面，不断提高窗口服务效率。完善窗口单位投诉处理机制和第三方评价监测机制，开展窗口单位文明指数测评，推动窗口服务优质高效。

牵头单位：市政府办

责任单位：文明办、行政服务中心、便民服务中心、人民银行、各窗口单位、各区镇

（五）深化社会治理创新，进一步营造公平公正、和谐稳定的法治环境

1.推进法治张家港建设。深入学习领会十八届四中全会精神，认真贯彻落实依法治国基本方略，全面推进依法行政，大力弘扬社会主义法治精神，传播社会主义法治文化，加快建设法治政府。坚持严格规范公正文明执法，依法惩处各类违法行为，加大关系群众切身利益的重点领域执法力度，落实行政执法责任制。强化对行政权力的制约和监督，完善纠错问责机制。深化行政审批制度改革，动态清理并及时公布政府部门权力清单，提高政府透明度和公信力。落实司法体制改革举措，推进司法公开，健全司法救助、法律援助制度，完善公共法律服务体系。加强法制宣传教育，建立普法教育质效评估机制，拓展法治教育路径，打造全省领先的法治文化品牌。深化基层法治创建，建设高素质法治专业队伍，深入推进“关爱民生法治行”活动，构建法治惠民长效机制。

牵头单位：政法委

责任单位：法院、检察院、编办、公安局、司法局、法制办、行政服务中心、各区镇

2.推进平安张家港建设。强化法治引领作用，持续巩固社会安全稳定、人民安居乐业的良好局面，确保公众安全感始终超过90%。完善立体化社会治安防控体系，保障人民生命财产安全。加强社会治安综合治理，开展专项整治，严厉打击“黄赌毒”等违法犯罪行为，铲除黑恶势力，有效遏制邪教和封建迷信活动，净化社会风气。健全城市公共安全保障体系和应急机制，严格落实安全生产责任，强化安全生产监督管理，坚决杜绝重大安全责任事故。切实加强对食品、药品等监管工作，严厉打击各类制售假冒伪劣行为，确保公众饮食用药安全。加强网络管理，高效疏导网络舆情，确保网络安全，保护个人隐私。加强风险评估预警，健全矛盾纠纷排查化解长效机制，定期开展“民生面对面”、机关干部下基层活动，利用政风行风热线、12345便民服务热线等载体，通过“领导接访、干部下访、网上信访”等多种形式，及时化解群众反映的问题，避免矛盾纠纷累积放大。

牵头单位：政法委

责任单位：市纪委、市委组织部、市委宣传部、机关工委、公安局、司法局、信访局、安监局、工商局、卫生局、食药监局、质监局、文广新局、便民服务中心、消防大队、各区镇

3.推进诚信张家港建设。认真贯彻中央文明委《关于推进诚信建设制度化的意见》，围绕推进政务诚信、商务诚信、社会诚信、司法公信，加快建设政府、企业、个人信用基础数据库和公共信用信息服务平台，到2017年基本建立与经济社会发展要求相适应的社会信用体系。广泛开展诚信宣传教育和诚信文化建设，定期发布“诚信红黑榜”，营造守信光荣、失信可耻的舆论环境。认真贯彻落实国务院《企业信息公示暂行条例》，强化诚信结果运用，实施企业信用报告公示制度，限制失信企业参与各类商业活动，不断提高失信成本，引导守信自觉。深入推进价格诚信体系建设，积极开展消费放心城市、“百城万店无假货”等创建活动，推广诚信二维码应用，营造良好的诚信经营环境。

牵头单位：市政府办

责任单位：经信委（信用办）、文明办、行政服务中心、人民银行、商务局、工商局、物价局、文广新局、张家港日报社、各诚信城市建设领导小组成员单位

（六）深化城乡一体文明建设，进一步形成城乡联动、全域覆盖的共建格局

1.提高城乡统筹发展水平。加大对涉农政策的支持力度，推动机关各部门资源向农村倾斜，集中资金、集中资源，高标准推进城乡一体化建设，有效激发农村内生动力和经济发展活力，不断壮大村级集体经济。至2017年，全市行政村村级可支配收入总额力争超过18亿元，村均可支配收入力争超过1000万元。深入开展城乡结对共建，按照“经济建设联促、环境卫生联搞、思想教育联抓、文化活动联办、文明新风联创”的思路，充分发挥机关事业单位在资源、人才、技术、信息、服务等方面的优势，进一步健全共建机制，拓展共建规模，丰富共建内涵，有力提升农村发展水平。

牵头部门：农工办

责任部门：文明办、机关工委、财政局、文广新局、水利局、住建局、教育局、卫生局、体育局、环保局、交通运输局、各区镇

2.深化美丽镇村建设。按照“环境之美、风尚之美、人文之美、秩序之美、创业之美”的总要求，重点提升区镇环境整治、现代农业建设、水环境综合整治和绿化建设水平。深入实施农村联网公路、农村供水改造、农村电气化等工程建设，健全农村文化、体育、卫生、养老、通讯等公共服务，促进城乡公共资源均等化。大力推进规划保留村庄整治，因地制宜建设省级美丽乡村建设示范村、苏州市美丽村庄示范点及三星级康居乡村，成片连村推进人居环境综合治理。完善农村垃圾处理、污水治理、卫生改厕等卫生基础设施，健全“户分类、组保洁、村收集、镇运转、市处理”的城乡垃圾收运体系，逐步推进垃圾分类工作，不断提高农民的环境卫生意识。

牵头部门：住建局、城乡环卫指导中心

责任部门：交通运输局、城管局、环保局、卫生局、文广新局、体育局、民政局、各区镇

3.加强和谐社区建设。以提高居民生活质量为目的，以提高服务水平、深化居民自治为主线，进一步完善社区基础设施，健全社区服务体系。深入推进政社互动，切实减轻社区负担。推进社区民主政治建设，实行民主选举、民主决策、民主管理、民主监督。完善社区公共服务，提高社区就业、救助、培训、卫生、文化服务水平。广泛开展“邻里守望”学雷锋活动，促进社区人际关系和谐。加快发展、规范管理社会组织，提高社会组织承接政府转移职能能力，大力培养社工人才队伍，形成一批服务领域多样、专业特色突出的社工机构，持证社工人数在全国县级市继续保持领先地位。深入开展社区结对帮扶活动，放大“社会妈妈”“希望之光”“共享阳光”等品牌效应，引导更多的市民为社会作贡献、为他人送温暖。

牵头单位：文明办

责任单位：民政局、教育局、新市民事务中心、总工会、团市委、妇联、各区镇

4.倡树文明乡风。创新发展乡贤文化，以道德模范、身边好人、优秀农村党员、老退伍军人、老教师等人群为“新乡贤”主体，用他们的嘉言懿行垂范乡里、教化人心。深化“讲文明、破陋习、树新风”主题实践活动，组建“道德评议会”“红白理事会”，以“新五星”文明家庭评比为抓手，开展勤劳节俭、科普宣传教育，引导群众自觉崇尚科学、反对愚昧、抵制歪风。深入开展孝敬教育，推广传承好家风好家训，大力弘扬孝老爱亲的传统美德，形成孝顺父母、尊敬师长、敬老助老的良好风尚。深化文明镇、文明村、文明家庭创建活动，实行动态管理，不断提升基层创建水平，夯实全国文明城市建设工作基础。

牵头部门：市委宣传部、文明办

责任单位：政法委、公安局、教育局、民政局、文广新局、科协、妇联、各区镇

——摘自《关于关于进一步深化文明城市建设的意见》（张委发〔2014〕23号）

冶金园（锦丰镇）福利村　　（何伟明　摄）

2014年中共张家港市委部分文件目录

2月7日	张委办〔2014〕4号	印发《关于做好退役大学生士兵就业工作的意见》的通知
2月7日	张委办〔2014〕5号	印发《关于进一步推进城乡社区建设管理工作实施意见》的通知
5月7日	张委办〔2014〕16号	印发《关于加强社会稳定风险评估工作的意见》的通知
6月27日	张委办〔2014〕17号	市委办公室市政府办公室关于转发市档案局（馆）《张家港市档案馆收集档案范围实施细则》的通知
3月20日	张委发〔2014〕13号	印发《关于深化农村改革加快推进农业现代化的意见》的通知
4月23日	张委发〔2014〕16号	印发《关于贯彻落实中央〈建立健全惩治和预防腐败体系2013—2017年工作规划〉的实施意见》的通知
7月25日	张委发〔2014〕18号	中共张家港市委员会关于落实党风廉政建设党委主体纪委监督责任的实施意见（试行）
10月29日	张委发〔2014〕23号	关于进一步深化文明城市建设的意见

2014年张家港市人民政府部分文件目录

1月17日	张政发〔2014〕2号	市政府关于认真做好2014年春运工作的通知
1月29日	张政发〔2014〕8号	市政府印发关于推进政府购买公共服务的实施意见的通知
1月30日	张政发〔2014〕10号	市政府关于印发《张家港市安全生产委员会工作规则》的通知
3月13日	张政发〔2014〕14号	市政府关于命名张家港市首批文化生态保护区和传统村落的决定
3月25日	张政发〔2014〕16号	市政府关于印发《2014年市政府规范性文件制定工作计划》的通知
4月2日	张政发〔2014〕18号	市政府关于公布张家港市第四批非物质文化遗产代表性传承人的通知
4月25日	张政发〔2014〕21号	市政府关于表彰2013年度张家港市劳动关系和谐企业的通报
5月9日	张政发〔2014〕24号	市政府关于印发《关于加快全市内河水运发展的实施意见》的通知
6月23日	张政发〔2014〕32号	市政府关于颁发2014年度张家港市科技创新创业市长奖和科技合作贡献奖的决定
6月25日	张政发〔2014〕36号	市政府关于印发《张家港市集中开展安全生产检查整改专项行动工作方案》的通知
6月27日	张政发〔2014〕43号	市政府关于印发《张家港市社会信用体系建设实施意见》的通知
9月10日	张政发〔2014〕55号	市政府关于公布张家港市第五批文物保护单位和第二批控制保护建筑的通知
9月27日	张政发〔2014〕61号	市政府关于印发《关于加强教育人才队伍建设的意见》的通知
10月11日	张政发〔2014〕63号	市政府关于表彰第二届张家港市市长质量奖获奖企业的决定
10月29日	张政发〔2014〕65号	关于表彰2012—2013年度张家港市自然科学优秀学术论文的决定
10月31日	张政发〔2014〕64号	市政府关于表彰“行行出状元”张家港市第二届职业技能大赛优秀选手和先进单位的决定
11月28日	张政发〔2014〕75号	市政府关于颁发张家港市第六届哲学社会科学优秀成果奖的决定
1月28日	张政发规〔2014〕1号	张家港市科技保险保费补贴资金管理办法
1月29日	张政发规〔2014〕1号	市政府关于印发《张家港市科技保险保费补贴资金管理办法》的通知
3月8日	张政发规〔2014〕2号	张家港市村庄规划建设实施意见（试行）
3月31日	张政发规〔2014〕3号	张家港市促进电子商务和服务外包产业发展扶持办法
7月17日	张政发规〔2014〕4号	张家港市工业转型扶持资金管理暂行办法
7月17日	张政发规〔2014〕5号	张家港市企业信用信息管理办法（试行）
7月18日	张政发规〔2014〕5号	市政府关于印发《张家港市企业信用信息管理办法（试行）》的通知
7月18日	张政发规〔2014〕6号	市政府关于印发《张家港市名人档案管理办法》的通知
9月27日	张政发规〔2014〕8号	市政府关于印发《张家港市河道管理实施办法》的通知
9月27日	张政发规〔2014〕9号	市政府关于印发《张家港市小型农田水利工程设施管理办法》的通知
12月12日	张政发规〔2014〕10号	市政府关于印发《张家港市共有产权经济适用住房管理办法》的通知

【编辑　宋佳辰】

索引

Index

苏州江南农耕文化园　（王苗苗　摄）

条目索引

表格索引

随文图片索引

说　明

一、索引采用主题分析法编制，大部分选用关键词。

二、索引设有条目索引、表格索引、随文图片索引三个分目，按标引词首字的汉语拼音音序排列，首字相同按第二字音序排列，以此类推。

三、由类目、分目提取的索引用黑体字标明。标引词后的阿拉伯数字表示内容所在的页码，数字后面的a、b、c分别表示从左至右第一、二、三栏。标引词后第二个页码起，表示该索引参见内容所在位置。

四、为便于读者检索，张家港市的企事业单位以及在张家港市发生的事件名称，除易产生歧义者外，省略“张家港市”或“张家港”。

条目索引

G

Z

表格索引

B

C

D

F

G

H

J

K

L

M

N

Q

R

S

T

W

X

Y

Z

随文图片索引

A

B

C

D

F

G

H

J

【编辑　陆正芳】

主审人员名单

（按姓氏笔画排序）

丁学东	丁建华	于年中	马正阳	马汉其	孔玉林	王少波
王文军	王世芳	王　军	王　纲	王苏嘉	王连生	王建明
王彦文	王春松	石冬萍	龙大华	刘会荪	刘　学	刘　俭
刘晓戎	孙　杰	孙浩龙	成　冲	朱志斌	朱　林	朱栋裕
朱晓敏	朱桂明	江建胜	许兴达	许进华	许　健	许海萍
严　忠	何正贤	何启明	吴云峰	吴永生	吴永兵	宋一兵
张　平	张立新	张先章	张　健	张莉莎	张惠锋	张　辉
张愫阳	张新华	张新建	张　蓉	张耀明	李小虎	李云昌
李秋菊	李　峰	李维兵	李　新	李群慧	杜思梅	杨正清
杨　勇	汪丽菁	沈　丹	沈利民	沈　浩	肖维贤	苏　健
邵　浒	邹利明	陆玉生	陆宇坤	陆益新	陆翊农	陆新玉
陈小茹	陈　飞	陈亚光	陈　华	陈向东	陈　丽	陈忠海
陈晓东	陈　晔	陈维清	陈菊新	陈震宇	周小军	周　兵
周志虎	周　枫	周　钧	周耀忠	孟凡珍	季　宗	季春郁
季洪良	尚文涛	尚秀胜	郑红霞	金显哲	金继南	侯寿松
侯虎珍	侯蔚枫	姜　嵘	施亦涛	查敏智	胡保森	赵　军
赵剑锋	唐红英	唐爱云	唐雷刚	夏燕良	展玉明	徐　丹
徐平观	徐　伟	徐丽花	徐志斌	徐　沂	徐国兴	徐　征
徐　健	徐敏娟	徐　晨	徐德华	徐　飚	耿兴中	袁　勋
贾东航	钱东东	钱洪峰	陶彦斌	顾永福	顾　博	顾敬贤
高臻琦	高　攀	康　波	曹于中	曹丽萍	章本俭	黄少杰
黄永舫	黄亚红	黄利忠	黄　波	黄祥亮	龚向东	傅衍顺
景国荣	景振新	焦　实	程　毅	葛云芳	葛　峰	蒋祖明
蒋惠宏	谢正国	谢　江	蓬　元	褚　辉	路　江	管长兴
谭德宝	戴建明	魏　军	瞿秋霞			

张家港经济技术开发区（杨舍镇）

张家港经济技术开发区（杨舍镇）位于市域西南部，是张家港市委、市政府所在地，全市政治、经济、文化和交通中心。区（镇）工业经济硕果累累，科技兴区（镇）优势迭现，城乡一体建设日新月异，社会事业欣欣向荣，文体活动丰富多彩，人居环境祥和绮丽。2014年，区（镇）实现地区生产总值634.78亿元，比上年增2.6%。按户籍人口计算，人均生产总值22.6万元。一、二、三产业增加值分别为5.18亿元、222.97亿元和406.63亿元。完成全口径财政收入85.2亿元，比上年增4.94%，其中公共财政预算收入39.06亿元。入库税收83.89亿元，比上年增4.95%。完成全社会固定资产投资200.01亿元，比上年增1.24%。张家港经济技术开发区获批建设国家生态工业示范园区、国家新型工业化（智能制造装备）产业示范基地，区内国家再制造产业示范基地获批循环化改造示范试点园区，被评为全国首个节能环保装备高新技术产业化基地。杨舍镇获“中国十大魅力乡镇”及苏州市社会治安安全镇称号。

1 省委书记罗志军考察张家港国家再制造产业示范基地

2 省委副书记、省长李学勇考察金塘社区

3 省委副书记、苏州市委书记石泰峰调研经开区（杨舍镇）

4 “提振精气神、争当排头兵、再创新辉煌”张家港精神报告会暨思想作风建设会议

张家港经济技术开发区（杨舍镇）

1 新建的沙洲湖科创园
2 新建的如意通大厦
3 2014年上海机器人会展经开区展台
4 国家再制造产业示范基地
5 在建中的大型商贸城市综合体——新城吾悦广场（效果图）
6 绿色制造国际论坛在馨苑度假村举行
7 LNG/再制造产业物联网创新中心揭牌仪式
8 韩华机械（苏州）有限公司开业典礼
9 苏州恒嘉晶体材料有限公司开工典礼
10 骏马农林科技股份有限公司获批省级农产品出口示范基地

绿色制造
全球共识
Green Manufacturing Global Consensus
2014年绿色制造国际论坛
6

云顶科技
LNG/再制造产业物联网创新中心
揭牌仪式暨媒体发布会
IBM
7

Hanwha
韩华机械（苏州）有限公司隆重开业
8

EGCM
苏州恒嘉晶体材料有限公司
开工典礼
奠基
9

10

1 市委常委、经开区党工委书记、杨舍镇党委书记张伟参加南湖苑“民生面对面”活动

2 新建的万红老年服务中心

3 泗港陈东庄花苑

4 东莱兴东（庆桥）花苑

5 七里庙居住区全景

6 区（镇）党的群众路线教育实践活动动员大会

7 福新苑（协鑫北苑）

8 塘市花苑

9 北海花园（效果图）

10 福东苑（效果图）

6

7

8

9

10

心善地 宜居港 聚合力
ZETDZ
1

值观首届张家港市道德模范、身边好人小戏小品大赛
2

经开区（杨舍镇）2014年度“学雷锋”志愿服务合作伙伴项目发布
暨城南街道“幸福守望·亲如一家”志愿互助组织“伴生”服务推进会
3

4

经开区（杨舍镇）基干民兵点验大会
5

6

7

8

9

1 善港村“幸福网格乐翻天”才艺PK赛

2 道德模范、身边好人小戏小品大赛

3 “学雷锋”志愿服务合作伙伴项目发布暨城南街道“幸福守望•亲如一家”志愿互助组织“伴生”服务推进会

4 晨阳百名志愿者献血献爱心

5 区（镇）基干民兵点验大会

6 苏州市市民运动会张家港市老年人欢度“敬老月”暨杨舍地区精品文体节目交流会

7 暨阳群众文化艺术团迎“五一”巡演

8 闸上村“村民一家亲，温暖庆元宵”活动

9 汤联篮球队在苏州市“金陵杯”千村万人幸福乡村篮球比赛中获得第三名

10 清水湾社区轻舞飞扬艺术团走进江苏卫视《震撼一条龙》栏目

10

张家港保税区（金港镇）

张家港保税区于1992年经国务院批准设立，2008年转型升级为保税港区，并与金港镇实施一体化管理。先后获国家生态工业示范园区、全国最具投资潜力的经济园区等称号。2014年，保税区（金港镇）紧紧围绕“810成效比拼年”的总要求，始终坚持“三个最”的目标定位，直面困难挑战，勇于创新争先，全力推动经济社会平稳健康发展。全年完成地区生产总值586.02亿元，比上年增1.38%；全社会固定资产投资172.27亿元，比上年增1.3%；公共财政预算收入34.85亿元，比上年增3.5%；社会消费品零售总额4727.75亿元，比上年增0.52%；进出口总额137.21亿美元，比上年增1.1%。

重点项目有序推进。页岩气基地四大主体项目全线竣工，总投资6.6亿元的凯凌化工一期稳定生产。康得新公司销售达到50亿元，总部从北京迁入保税区。汽车物流园区实现“五通一平”，总投资37.9亿元的十大项目稳步推进。滨江新城“六纵六横”路网基本贯通，滨江大厦、科文中心、消费品大楼、金科地产等一批重点工程进展顺利。香山景区南侧香山湖、梅花园，东麓香山历史文化展示馆、南沙老街改造初显形态，国家AAAA级景区正式挂牌。

转型升级全力加快。道康宁（张家港）投资公司获批设立，霍尼韦尔、润英联一期等重大项目有序推进。六大专业市场交易额达到2500亿元（含电子交易额），长江国际电子交易平台上线运营，省内首家进口消费品防伪溯源平台“张保真”正式启用，普洛斯物流园全面竣工，江苏长江航运交易中心开始启动。新增高新技术企业18家，“千人计划”专家产业化项目11项，获评国家火炬计划等省级以上科技项目17项、市级以上人才（团队）30个。“千人计划”战略新材料研究院正式运营，斯威森医药、启能新能源、国泰超威新材料等科技企业加快产业化，5家企业实现“新三板”挂牌。

城乡一体快速发展。城市建设区控制性详规实现全覆盖，勤政路、镇山大桥等工程扎实推进，金港路南延、港华路北延等9条道路完成线型方案，镇山路与市域北三环建设有序对接，疏港高速金港段完成路基桥梁工程的75%，城市框架进一步拉开。城镇绿化覆盖率超过41.5%，河道综合整治工程、污水支管网及雨污分流改造工程全部竣工，高桥村三星级康居乡村通过预验收，东山村创建为江苏省生态村。集镇改造、老住宅区改造工程基本完工。新动迁农户1120户，新开工安置房149.71万平方米，竣工安置房35.53万平方米，总面积12.5万平方米的安置小区商业用房开工建设。

1 省委副书记、苏州市委书记石泰峰调研张家港保税区

2 省委常委、常务副省长李云峰调研康得新复合材料股份有限公司

3 霍尼韦尔特性材料和技术集团张家港生产基地基建竣工庆典

4 润英联（中国）有限公司张家港工厂奠基仪式

5 “张保真”防伪溯源平台开通上线

6 保税区（金港镇）党的群众路线教育实践活动动员大会

7 香山旅游文化艺术节

8 国家AAAA级景区——香山景区

9 初具规模的滨江新城

10 三星级康居乡村高桥村高梧庄

新塍村

新塍村位于后塍办事处南侧，南与江阴市华士镇接壤，北面横跨张杨公路。总面积3.01平方千米，耕地面积111公顷，1653户、4506人。2009年11月升格为党委村，下设5个支部，党员168人。2014年，实现村级可用财力1089万元，工业开票销售收入77408万元，人均收入27650元。

近年，新塍村牢固树立“强村惠民、兴业富民”的理念，凝心聚力，锐意进取，科学谋划，充分利用自身资源和地理位置优势，因地制宜，筑巢引凤，初步形成三块工业区，不断发展和壮大村级经济。同时，村党委高度重视民生实事和村容村貌建设，投入600万元建设三星级康居乡村小陆家巷，投入400万元实施村自来水改造工程，投入1000万元建设新塍农贸市场，并在新塍小区周边积极引进三产行业，形成商业一条街。

新塍村先后获江苏省和谐示范社区、江苏省民主法治示范村、苏州市“实践科学发展、推进‘两个率先’先锋村”、张家港市文明村（社区）、保税区（金港镇）“十佳经济强村”等称号。

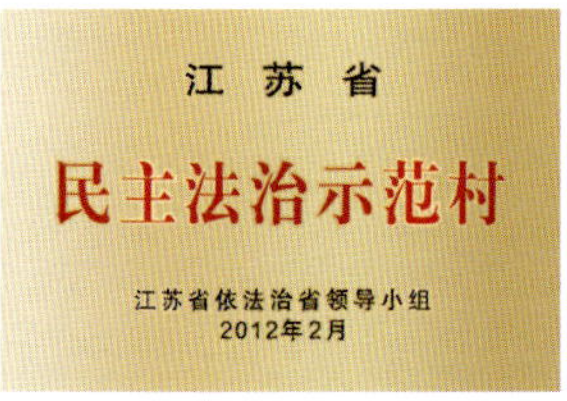

1 市委书记姚林荣到新塍村调研
2 新塍村（社区）全体工作人员
3 新塍村村委大楼
4 三星级康居乡村小陆家巷
5 新塍花苑
6 科学育儿活动
7 新塍村（社区）居民才艺大赛暨志愿者交流会

东山村

东山村位于保税区（金港镇）南部，地处香山东麓，南沙办事处驻地。江海路贯穿村西侧，南接江阴市周庄镇，张杨公路横穿村北侧，张家港运河在其东侧。总面积3.21平方千米，下辖19个村民小组，1229户、3219人。境内有国家AAAA级景区香山景区以及国家重点文物保护单位——东山村遗址，还有天主堂、耶稣堂、渡船庵、祖师殿等古迹。2014年，全村完成工业总产值28180万元，销售收入29235万元。

近年，东山村以经济建设为中心，践行科学发展观，凝心聚力，开拓奋进，抢抓机遇，加快发展村级经济，已形成化纤、机械、钢结构、服装、木材、酿酒等行业体系。同时村党总支高度重视文化建设，利用独特的地理优势，组建健身队伍，开展健身文艺，倡导环保、健康、文明、和谐的生活方式，形成设施完备、环境优美、秩序井然、服务规范、风尚良好的新型和谐文明社区。

东山村先后获江苏省卫生村、苏州市“实践科学发展、推进‘两个率先’先锋村”、张家港市文明村、保税区（金港镇）“十佳经济强村”等称号。

1 东山村党总支书记向一

2 东山村党的群众路线教育实践活动动员大会

3 东山村村委大楼

4 香山公园

5 东山新村

6 市丰益钢结构工程有限公司

7 东山村武术队

双丰村

双丰村位于保税区（金港镇）德积办事处西侧，东与小明沙村、北荫村、永兴村接壤，南靠福民村，西邻江苏扬子江国际化工园，北依长江。2001年6月，原金城村并入双丰村。总面积2.92平方千米，耕地面积45.07公顷，下设24个村民小组，1567户、4125人。有党员161人，企业65家。

近年，双丰村以经济建设为中心，牢固树立“便民、聚民、亲民、为民、惠民”理念，凝智聚力，与时俱进，高点定位，大力发展村级经济，制定落实“六七八九十”服务规范。2014年，全村完成工业总产值97342万元，销售收入99335万元，利税总额1300万元，村级可用财力503万元。

双丰村先后获江苏省调解工作先进集体、江苏省卫生村、苏州市“实践科学发展、推进‘两个率先’先锋村”、张家港市文明村、张家港市民主法治村等称号。

1 双丰村党总支书记陈永法
2 双丰村全体工作人员
3 2014年双丰村党员大会暨群众路线教育实践活动推进会
4 双丰村工会联合会第一届女职工拔河比赛
5 村委大楼
6 市佳佳氨纶纱有限公司

星火村

星火村位于锦丰镇合兴办事处，地理位置优越，交通便利。2013年1月，由原星火村、永盛村合并而成，面积6.01平方千米。东起二干河，南至寿兴横套，西至一干河，北临天福横套，杨锦公路、华昌路、清源路纵贯南北。2014年，全村有48个村民小组，2194户、5286人，外来暂住人口2750人，耕地面积204.2公顷。星火村积极整合资源，开发临街经济，发展第三产业。2013年起，改造老村部，与张家港鸿伟置业有限公司合作投资1.04亿元，新建建筑面积2.05万平方米的永盛商务综合楼，引进“糖果”量贩式KTV、“我爱我家”连锁餐饮等品牌项目；投资6500万元新建建筑面积1.99万平方米的星火公共租赁房已竣工投用，其中4350平方米的门面房全面营业。仅永盛商务综合楼项目为村增加固定资产1.6亿元，年租金500万元。辖区内工业企业有震宇物流、红叶视听、亿利机械、日新医疗、星星工具、中锐复写纸、国泰国华公司等企业60余家。社区服务功能建设投入加大，先后建成设施一流的五位一体综治办、多功能一站式服务大厅、卫生服务站、世代服务室以及“十个一”工程等现代化办公设施，实现资源共享。2014年，工业销售3.5亿元，利税1800万元，村可用财力581万元，比上年增39%。近年，星火村先后获苏州市民主法治示范村，苏州市文明社区，张家港市文明村标兵、安全文明先进集体、五星级和谐社区等荣誉称号。

1 村党总支书记杨志高率村干部在沙洲县抗日民主政府纪念馆前宣誓

2 永盛商务综合楼

3 星火公共租赁房

4 境内的抗战碉堡（1937年建，2014年修葺）

5 村志愿服务队开展“暖巢行动”

江苏扬子江国际冶金工业园（锦丰镇）

冶金园 （锦丰镇）位于市域北部，与南通如皋市、通州市隔江相望，有沿江岸线13.8千米，是以钢铁冶炼为核心，加工、贸易、仓储、物流等全面发展的新型工业基地。总面积114.32平方千米，耕地面积4749公顷。至年末，园（镇）辖2个办事处、23个行政村、9个社区。有户籍46997户，人口11.45万人，另有外来暂住人口5.82万人。全年实现地区生产总值519.34亿元。一、二、三产业增加值分别为 4.3亿元、394.17亿元、120.87亿元。完成全口径财政收入45.94亿元，其中公共财政预算收入20.17亿元，入库税金44.67亿元。全社会固定资产投资150.65亿元。全镇村级可用财力8600万元，农民人均纯收入28248元。全年新批外资及港澳台资企业8家，新增注册外资及港澳台资2.88亿美元，到账外资及港澳台资1.08亿美元。自营外贸进出口总额65.05亿美元，其中出口总额27.89亿美元，比上年增52%。玖隆钢铁物流商务主楼、商住楼、保税库、监管库、剪切加工中心等工程基本完成。物流园新增入驻企业250家，钢材市场完成交易额1500.27亿元，入库税收3亿元，获全省特色产业园中物流产业园第一名。园区已形成炼铁3251万吨、炼钢3508万吨、轧材3389万吨、不锈钢100万吨、电解铜20万吨的年生产能力。

园（镇）党（工）委120个基层党组织、5578名党员开展党的群众路线教育实践活动，《沙上集镇》等沙上系列丛书编辑出版。年内，园（镇）获江苏省公共文化服务体系示范区、优质产品生产示范区、放心消费创建活动先进单位、创新型试点乡镇、实施“十二五”妇女儿童发展规划示范乡镇等称号。年末，获评全国文明镇。

1

2

3

4

5

1 共青团中央书记处第一书记秦宜智到沙洲新城与园（镇）志愿者一起植树

2 民政部副部长顾朝曦到合兴老年公寓调研

3 中国工程院院士杨裕生到园（镇）考察

4 省委宣传部副部长、省文明办主任杨志纯调研园（镇）志愿服务工作

5 省委第五巡视组组长顾星到合兴社区调研

6 市委书记姚林荣到滨江社区调研志愿服务工作

7 实行"区政合一"管理体制动员大会召开

8 园（镇）党的群众路线教育实践活动总结大会召开

9 锦丰镇农村土地承包经营权确权登记颁证工作推进会召开

10 南京邮电大学张家港研究院签约暨揭牌仪式在南京邮电大学举行

11 中船集团与沙钢集团玖隆项目战略合作签约仪式在冶金园举行

江苏扬子江国际冶金工业园（锦丰镇）

1 园（镇）社区卫生一体化管理试点启动暨签约仪式召开

2 张家港市基干民兵点验现场会在园（镇）召开

3 苏州市计生基础管理现场会在园（镇）召开

4 园（镇）“爱满港城”慈善募捐暨公益慈善项目发布活动举行

5 园（镇）“百姓宣讲团”成立仪式暨“身边好人”先进事迹报告会举行

6 “学党史·知地情”志愿者讲坛暨移动城市展示馆巡展“六进”活动举行

7 园（镇）“党建引领促发展”党建工作推进会召开

8 园（镇）首个区域党建工作站运行

9 全市首届全民健身大展示（新编柔力球套路）活动在园（镇）举行

10 “锦丰·沙洲新城”杯全市首届公开水域游泳赛和大众骑行赛举行

11 苏州市首届市民健身运动会张家港锦丰赛区启动

12 园（镇）首家农村社区24小时图书馆驿站正式对外运行

江苏扬子江国际冶金工业园（锦丰镇）

1 "新城梦·劳动美"庆"五一"职工文艺晚会举行

2 "活力沙上，魅力新城"园（镇）优秀群众文艺节目展演

3 "沙洲新城美·网格群英会"群众文化志愿行动——走进耕余村

4 沙上文化研究会2014年度年会暨《沙上文化系列丛书》首发

5 "沙上风情"民俗文艺汇演在张家港保利大剧院上演

光明村

光明村位于锦丰镇西部，东接乐余镇福利村，南连南港村，西邻大新镇，北为红光村、浦项工业园。港丰公路穿越东西。境内有1739年栽种的银杏树，是张家港市树龄最长的银杏树之一。有浙江大学化学系教授、中国科学院院士曹楚南，南京军区装备部副部长、少将徐红等著名人物。2003年7月，由原光明、欣隆两村合并而成。全村总面积3.63平方千米，耕地194.8公顷，共有村民小组31个，1197户、3076人。境内有私营企业有13家，涉及锅炉备件、五金工具等行业。有标准型厂房8800平方米，绿色水果基地33.33公顷。2012年，一期规划16.67公顷冶金工业园新兴产业园在境内落户，绿伟锂能、保丽洁环保科技、盛安新材料、爱得科技等高新技术企业入驻。2014年，工业销售收入 6800万元，经济总收入2041万元，农民人均纯收入19500元。村先后投入100余万元，对聂家埭进行环境整治改造，通过苏州市美丽村庄验收。近年，先后获张家港市文明社区、苏州市社会主义新农村示范村、苏州市植绿护绿先进集体、苏州市"双十佳卫生村"等荣誉。

1 副市长、冶金工业园党工委书记赵建明到村调研

2 村党总支书记聂恩峰陪同市城乡环境卫生指导中心领导检查美丽村庄建设

3 境内新兴产业园

4 南港路境内段

5 美丽村庄聂家埭

塘桥镇

塘桥镇位于张家港市东南部，东邻常熟市海虞镇，南连凤凰镇，西接杨舍镇，北靠南丰镇，是中国棉纺毛衫名镇、中国民间文化艺术之乡。全镇总面积94.26平方千米，辖2个办事处、14个行政村、6个社区（其中3个为“村社合一”体制）。2014年年末，全镇户籍人口91855人，另有外来暂住人口9.73万人。全年实现地区生产总值156.34亿元，一、二、三产增加值分别为3.48亿元、88.85亿元和64.01亿元；完成全口径财政收入17.17亿元，公共财政预算收入7.51亿元，入库税收13.87亿元；完成全社会固定资产投资42.85亿元。全镇工业开票销售收入287.74亿元，126家规模以上工业企业实现总产值285.49亿元，其中销售收入超1亿元的企业有27家。华芳集团主营业务收入超100亿元，开票销售收入超60亿元，鹿港毛纺、新东旭纺织、银河电子开票销售收入均超10亿元。有98个新办、转型、扩容项目开工，其中超3000万元项目10项。中科晶元、友诚科技等重点项目竣工投产，南源光电、晶元光电、乐嘉铝型等重点项目进展顺利。东城科技创业园新增创新创业载体1.3万平方米，华中科技大学技术转移中心张家港分中心落户。引进国家“千人计划”人才2人，引进“千人计划”专家产业化项目4项，新增省高新技术企业6家，新增省科技项目5项。新增高效设施农业95.7公顷，完成74.3公顷标准化农田改造，农业机械化率98%。农村资源交易平台建立，土地确权、领证试点工作启动。农业总产值2.81亿元，粮食、蔬菜、水产品产量分别为35416吨、19320吨和1460吨。年内，塘桥镇获江苏省全国经济普查先进集体、江苏省实施“十二五”妇女儿童发展规划示范乡镇等称号。

1 3月18日，省委副书记、省长李学勇（左二）考察金村村

2 3月12日，苏州市委副书记陈振一考察华田家庭农场

3 1月15日，张家港市委书记姚林荣考察牛桥蔬菜基地

4 9月16日，全国政协原副主席钱昌照之子钱士湘参观东渡苑

5 11月7日至9日，塘桥镇优质农产品参加市农产品博览会

6 2月7日，华微集成电路（江苏）有限公司奠基仪式

7 2月7日，社会事业项目集中开工奠基仪式

8 韩山水稻丰产方

9 2月26日，全镇党的路线教育实践活动动员大会举行

10 10月27日，沪通铁路征地拆迁动员会

2014塘桥镇第五届全民运动会
1

江南情·中国梦
无锡·张家港书画影作品邀请展
2

3

天马行空　塘桥有梦
金塘桥第八届围棋节
2014中国围棋甲级联赛《塘桥大唐专场》开幕式
4

5

6

7

8

9

1 塘桥镇全民运动会开幕

2 "江南情·中国梦"书画影作品邀请展在塘桥举行

3 小戏《两个妈妈》在市首届道德模范、身边好人小戏小品决赛中获金奖

4 金塘桥第八届围棋节开幕

5 塘桥镇"十佳最美家庭"表彰主题活动

6 省级美丽乡村建设示范点牛桥村

7 塘桥镇文艺公益巡演在何桥村启动

8 塘桥镇学雷锋志愿服务活动启动

9 为"城市天使"点亮生日蜡烛

10 塘桥镇召开纪念建党93周年大会

10

塘桥镇

周巷村

周巷村位于塘桥镇南侧，属镇郊接合部，由原周巷村、李王村、金巷村、禄荡村合并而成，总面积7.03平方千米，户籍人口8543人。村党委下辖党支部22个，有党员424人。近年，周巷村不断强化基础设施建设，形成集现代化新农村住宅区、社区服务区、休闲娱乐区和工业集中区为一体的现代化新农村。总投资300万元的社区服务中心占地面积1万平方米，管理服务、文体娱乐、图书阅览、社区书场等配套设施齐全。周巷村先后获得全国敬老模范村、江苏省文明村 、江苏省卫生村、江苏省生态村、江苏省社会主义新农村建设示范村等荣誉。2014年，全村实现经济总收入1457万元，年末村集体总资产2515万元。

1 老党员集中学习
2 社区书场
3 社区一角
4 周巷新村
5 市天江机械模具有限公司
6 市民政福利制条厂

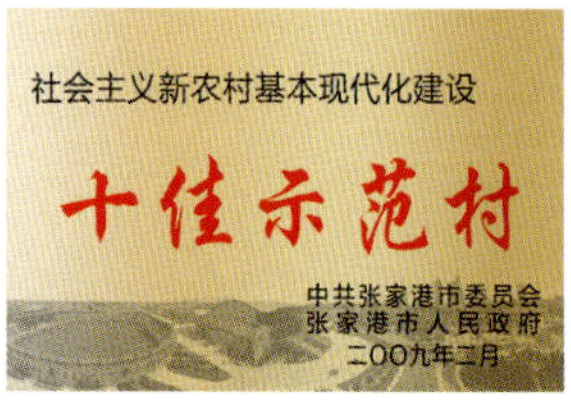

何桥村

何桥村位于塘桥镇西部，是张家港市城东新区和塘桥镇新城区的开发建设区域，由原何桥村、南塘村、十字港村合并而成，全村总面积7.31平方千米，下辖71个村民小组，户籍人口6775人。苏虞张一级公路、杨塘公路及锡张高速公路在村内通过，交通便捷。村党总支部下辖10个党支部，有党员265人。近年，村党总支践行群众路线，立足实际，以党建引领发展，壮大村级经济为工作重点，逐步拓宽发展思路，整合有效资源，坚定信心，迎难而上，同心协力，为村级经济大幅度增长和农民创收增收搭建更高的平台，为强村富民这一“何桥梦”奠定坚实有力的基础，实现经济发展及整体面貌的双重跨越，更好的服务全村老百姓，在更高层次上展现何桥新魅力。2014年，全村实现经济总收入1195万元，年末村集体总资产3246万元。

1 村党总支书记钱腾冰

2 何桥梦•邻里情——庆“七一”主题文艺晚会

3 “金乡邻”迎新春文艺演出暨首届励志奖学金发放仪式

4 村委会举办廉洁书画创作活动

5 村荷韵健身舞蹈队

6 村集中安置小区馨塘新村

1

2

3

4

5

6

金村村

金村村位于塘桥镇东南部，总面积10.32平方千米，有63个村民小组，常住人口10240人，有私营企业100余家。2014年，全村工业销售收入6.7亿元，利税5000万元，村级可用资金944万元，人均收入28600元。村党委始终坚持“文化立村，经济强村，旅游兴村，生态美村”的工作理念，加大投入，使人居、景观、文化、卫生、体育等各项公共事业协调发展。村内恢复古街，改造老街，新建永昌街，打造金村苑，重建永昌寺，增建金村广场和暗泾河水上长廊等。金村村被列为省级美丽乡村建设示范点，金村庙会被列入国家非物质文化遗产代表性项目名录。村党委在加强经济建设的同时，进一步加强生态文明建设，力争把金村村建设成文化产业繁荣、经济实力雄厚、旅游景观迷人、生态环境洁美的乡村旅游景区。

1 金村牌楼
2 金村苑小区
3 洁美的乡村河流
4 金村老街
5 国家级非物质文化遗产——金村庙会
6 1926年中共金村支部旧址——园茂里

妙桥社区

妙桥社区位于塘桥镇东南部，总面积3.76平方千米，有10个居民小组和18个村民小组，总户数678户，总人口1961人。2014年，有私营企业70家，工业销售总额7亿元，利税5000万元，社区可用资金1100万元，人均收入22800元。境内建有卢厅小区、殷巷小区、江南新村、妙桥新村、文卫新村、庄泾新村、园丁新村等人居环境优美的居民住宅区。社区党总支和社区居委会做好社会治安、清洁卫生、文化体育、社区服务等各项工作，为社区居民提供设施齐全、环境优美、舒适宽敞、安定和谐的人居环境。社区居委会在加快社区经济发展的同时，进一步加大生态环境、文化体育、社区景观等公共事业的投入，力争把妙桥社区建设成河水清澈、生态洁美、邻里和睦、文体繁荣的新型社区。

1 社区党总支书记张国平
2 社区办公楼
3 社区人民路
4 社区夕阳红艺术团
5 市盛鸿精密针织机械有限公司
6 市沁诺利针织服饰有限公司

1

2

3

4

5

6

凤凰镇

凤凰镇位于张家港市南端。总面积78.79平方千米，耕地面积2768公顷。辖2个办事处、15个行政村、4个社区。总人口66441人，另有外来暂住人口55119人。全年实现地区生产总值93.15亿元，其中一、二、三产业增加值分别为3.78亿元、55.76亿元、33.61亿元。公共财政预算收入6.37亿元，入库税金14.76亿元。全社会固定资产投资52.96亿元。年末，有企业2031家，其中工业企业1486家。145家规模以上企业全年实现工业产值226.23亿元，主营业务收入221.74亿元，工业利税13.24亿元，有销售收入超1亿元企业50家，其中有超20亿元企业2家，规模企业经济总量占总数的65.4%。完成工业技改投入37亿元。新批三资企业8家。新注册外资19120万美元，到账外资4276万美元。全年完成进出口总额12.54亿美元，其中出口总额8.79亿美元。创建苏州市级以上创新型企业2家，省高新技术企业6家，申报省级以上科技项目6项，国际合作项目4项，省级以上创新平台3个。完成服务业投资16.15亿元。新增绿色食品3种，无公害农产品1种。年内,凤凰科技创业园获评国家级科技企业孵化器，凤凰镇获江苏省水美乡镇、苏州市现代农业园区、苏州市美丽城镇建设先进单位等称号。

1 副省长许津荣在凤凰科技创业园调研
2 凤凰镇党委书记卢懂平慰问一线环卫工人
3 湖滨社区与可隆公司社企结缘签约仪式
4 凤凰镇桃花节启动仪式
5 凤凰科技创业园
6 江苏现代威亚有限公司数控机床车间
7 西张小学贝贝足球队在全国青少年校园足球赛中获奖
8 凤凰花苑小区
9 凤凰湖夜景

江苏省凤凰科技创业园
A
B
C
5

6

2014年"王者陶瓷杯"全国青少年校园足球冠
青岛赛区分区赛
张家港市
西张小学
CSFC
adidas
7

凤凰花苑
8

9

安庆村

安庆村位于凤凰镇西北部，距镇区5千米。地理位置得天独厚，西与杨舍镇相邻，沿江高速、西塘公路横跨东西，锡张高速纵贯南北，二干河纵向穿村而过，水陆交通便捷。区域面积4.42平方千米，耕地面积157.7公顷。村委会设在栏杆桥，2009年起为党委村建制，下设19个党支部，党员203人。村下设安庆、栏杆、安庄3个社区，37个村民小组和1个集中居住小区，1379户、4467人，另有外来暂住人口5200人。全村有工业企业100余家，形成钢铁、薄板深加工、机械、塑料、服饰、帽业、工艺品、彩印八大产业体。2014年完成工业开票销售收入40亿元，全村经济总收入1006万元，村可用财力880万元。村委在发展经济的同时，坚持以人为本，服务于民的理念，办好公益事业。2014年投入400余万元，新建办公服务用房2500余平方米，完善一站式服务体系，提高为民办事效率，新建集医疗、预防、保健、健康教育、计生指导为一体的社区卫生服务中心。改善人居条件，整治村庄环境，建设三星级康居乡村点位1处、二星级点位1处，其他村庄均达到一星级标准。近年，安庆村先后获得苏州市先锋村、张家港市先锋村、张家港市文明村、张家港市文明社区等50余项荣誉称号，村党委被评为张家港市先进基层党组织。

1 安庆村村委会
2 张家港市广大钢铁锻造有限公司
3 张家港永兴热电有限公司
4 张家港华伟薄板有限公司
5 安庆汇休闲农庄

魏庄村

魏庄村位于凤凰镇西部，距镇区4千米。西与江阴市顾山镇相邻。区域面积4.3平方千米，耕地面积206公顷。2014年起为党委村建制，下设8个党支部，党员150人。村下设魏庄、黄新桥、洪泾3个社区，34个村民小组，1018户、3317人，另有外来暂住人口1500人。全村有工业企业40余家，产业结构主要有纺织、塑料、金属制品、机械制造等。2014年完成工业开票销售收入5.8亿元，全村经济总收入1353万元，村可用财力667万元。近年，村委始终坚持以经济建设为中心，走农副工全面发展之路，发展壮大村级经济，建造标准型厂房3.5万平方米，筑巢引凤，引进能人到村办企业。农业生产上引导村民打破传统种植，培育特色农业，发展多种经营，扩大水蜜桃种植，建蔬菜大棚，开挖精养鱼池等，千方百计提高村民收入。村级经济稳步发展，村民安居乐业。魏庄村建成省级生态村，2008年至2010年连续3年被评为五星级和谐社区，村党委书记当选张家港市新农村建设带头人。

1 魏庄村党委书记陈耀良
2 魏庄村村委会
3 张家港市凯峰机械有限公司
4 张家港顺益纺织品有限公司
5 张家港宝利发塑胶有限公司

乐余镇

乐余镇位于市域东北部，与南通市隔江相望，有全市唯一保存完好的民国老街。总面积78.58平方千米，沿江岸线18.09千米，耕地面积4624公顷。城镇规划区面积9.56平方千米，建成区面积9.42平方千米。年末辖1个办事处、21个行政村（场）、3个社区。总户数26441户，户籍人口71885人，另有外来暂住人口18664人。全年实现地区生产总值39.24亿元，比上年增2.88%。一、二、三产业增加值分别为3.08亿元、21.43亿元、14.73亿元。按户籍人口计算，人均生产总值5.46万元。完成全口径财政收入5.98亿元，比上年增6.5%，其中公共财政预算收入2.92亿元。入库税收5.86亿元，比上年增6.5%。完成全社会固定资产投资14.86亿元，比上年增1.2%。年内，乐余镇获2014年苏州市全民阅读先进单位、苏州市民间文化艺术之乡等称号。

1 3月17日，省委副书记、省长李学勇（左三）到乐余老街调研

2 2月7日，江苏海狮机械集团有限公司生产基地奠基

3 2月7日，乐余镇科技创新产业园多个项目奠基

4 4月3日，乐余镇“绿色田野，放飞希望”第九届风筝比赛

5 4月10日，市档案馆和乐余镇联合举办殷广德摄影作品展

6 4月19日，第八届阅读节暨第十二届社区文体艺术节开幕

7 6月27日，乐余镇开展“中国瑰宝，传承文明”青年干部成语听写大赛

8 12月3日，乐余镇平安法治广场启用

9 12月20日，“同饮一河水，共护母亲河”环保志愿活动举办

10 全国自强模范—— 张家港申港环保设备制造有限公司董事长施玉其（中）

5

乐余镇第八届阅读节暨第十二届社区文体艺术节活动
启动仪式
6

乐余镇“中国瑰宝 传承文明”青年干部成语听写大赛决赛
7

张家港市第四届“法治文化月”启
暨乐余镇平安法治广场启用仪
8

乐余镇“同饮一河水 共护母亲河”环保志愿活动
9

10

乐余镇

1 改建后的乐余农贸市场

2 整体改造后的乐余中心幼儿园

3 新建成的乐余镇平安法治广场

4 新成立的乐江社区

5 江南沙、江心沙水产养殖场

畜禽良种场

畜禽良种场位于六干河闸东，南邻常阴沙现代农业示范园区，西至沿江公路，北邻交通新村，东至长江江堤。区域面积46.4公顷，总户数48户，总人口158人，有党员22人。区域内土地为国有土地，主要用于工业和农副业，其中工业用地面积17.53公顷。有工业企业18家，主要从事乐器材料、离心机、饮料机械等生产，2014年实现工业销售收入5850万元，利税总额292万元。农副业用地面积17.87公顷，主要从事休闲农业和渔业。全场年可用财力达到323万元。

近年，畜禽良种场先后投资150万元对场内的道路进行改造，投入80万元对场内道路两侧绿化带进行整理，种植树木并安装路灯，投入30万元建造娱乐健身小广场，投入135万元建立2400平方米的标准型厂房，为全场职工营造了一个更加舒适的生活环境。

1 场党总支书记周品才
2 场委办公楼
3 场入口处外景
4 场内河道
5 骨干企业

庆丰村

庆丰村位于乐余镇东南部，于2004年3月由原庆丰村和建丰村合并而成。港丰公路、双丰路穿村而过，东临五干河，南临泗兴港，地理位置优越。总面积3.62平方千米，辖24个村民小组，总户数1282户，总人口3862人，耕地面积213.3公顷。村党总支下设1个企业支部和2个农村支部，全村党员108人。

庆丰村有村属企业24家，2013—2014年新建标准型厂房4200平方米，2014年实现工业销售收入2.8亿元，实现利税总额1200万元，村可用财力超200万元，人均收入2万元。近年，村先后新建篮球场、老年活动中心、乒乓室、图书室、卫生服务站、爱心超市等场所，不断满足社区居民在精神文化生活方面的需求。庆丰村先后被评为市文明社区、市创建人口协调发展模范村、市人口和计划生育先进集体、乐余镇劳动保障先进单位等，获乐余镇招商引资先进奖、乐余镇村级经济发展先进奖。

1 村党总支书记钱耀华
2 村委办公楼
3 公共健身场所
4 骨干企业
5 村文艺队演出
6 “村村演”进社区

向群村

向群村位于乐余镇东南部的新204国道旁，由原常乐村和向群村合并而成。辖区面积2.66平方千米，耕地面积104公顷。下辖19个村民小组，总户数952户，总人口2750人。村党总支下辖3个党支部，有党员106人。全村共有工业企业23家，2014年实现工业销售收入1.55亿元、利税900万元，村级可用财力160万元，村内有销售超1000万元企业4家。

自2011年开始，乐余镇将东起新204国道、西至四干河、南从中心河、北到常通港区域，作为乐江安置小区建设区，乐江新村和乐江花苑一期、二期、三期动迁工程相继启动。从新204国道往东，到红星村界，定为保留村庄，2014年整个区域共创建二星级康居乡村点位3个、苏州市三星级康居乡村点位1个。

向群村社区服务中心各项配套设施齐全，建有社区休闲健身广场、社区卫生服务中心、居家养老服务中心、一站式服务大厅、文体活动室、图书阅览室、书画室等。向群村先后获江苏省生态村，苏州市充分就业村和张家港市文明村、文明社区、创建人口协调发展先进村、农村和农业工作先进单位等称号。

1 7月24日，市人大常委会主任高建刚考察乐江社区养老事业

2 村党总支书记周建兴

3 骨干企业

4 村委办公楼外景

5 村文艺演出

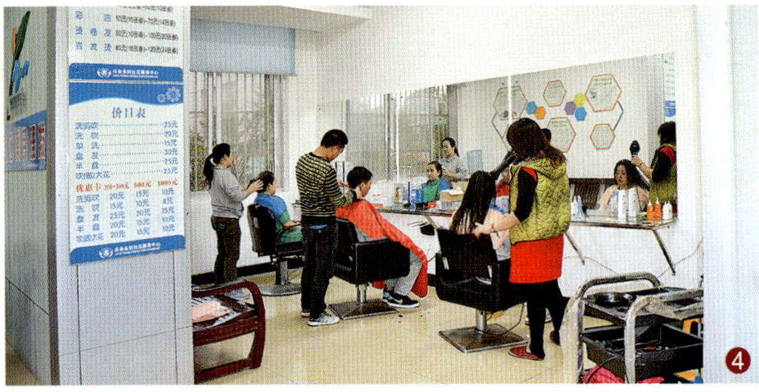

永利村

永利村位于乐余镇西部，由原永安村、原永利村于2003年6月合并而成。全村总面积2.99平方千米，有村民小组21个，总户数1024户，总人口2900人。村党委下设5个党支部，有党员117人。全村标准型厂房面积超7万平方米，有各类民营企业70余家。永利村着力发展现代高效农业，成立以村集体为主的土地股份合作社，建成总规模68公顷的绿色优质果品生产示范基地，其中6.67公顷设施栽培、61.33公顷露地栽培。2014年，全村可用财力1009.74万元，农民人均收入2.8万元。永利村努力发展村级经济的同时，加大村民反哺力度，实施美丽村庄和民生福祉提升行动，创建省三星级康居乡村示范点1个，村组道路全部黑色化，拓宽至4米，并安装路灯，建设生态河道15条，绿地面积6.6公顷。对村民提供水费、电费、免费理发、合作医疗等十大项目福利补贴，全年补贴近200万元。近年，永利村先后获江苏省文明村、苏州市先锋村、张家港市文明村标兵等荣誉。

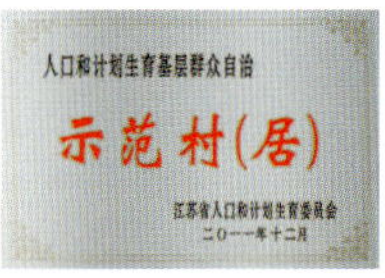

1 2012年6月，省委常委、苏州市委书记蒋宏坤到永利果品基地考察

2 永利社区服务中心

3 重阳节永利健身队为老年人送上节日的问候

4 村民在永利社区便民理发室理发

5 永利村千亩优质果园示范基地

永联村

永联村位于南丰镇东部，区域面积10.5平方千米，总人口11761人。村党委下设2个党总支，有党员679人。2014年，全村实现销售收入358亿元，村级可支配收入1.15亿元，村民年人均纯收入37260元。

年内，永联村强化产业转型升级，经济发展逆势而上。产业结构不断优化。钢铁、重工、物流、建设、金融投资、旅游餐饮六大板块齐头并进，奋力发展。投资8000万元，占地4.2万平方米的永联水上乐园正式开园。乡村治理结构更加完善。“党建引领，五位一体，区域协同，依法办事”的乡村治理模式初步形成。生态环境建设扎实有效。积极打造“花园工厂”，厂区绿化面积比上年增11.1%，新建2号450平方米大烧结机等环保项目，全年环保投入达到8000万元。村民幸福感持续提升。拓展“1890”服务热线、永联村微信平台等及时性服务渠道，培育发展永联惠民服务中心等社会组织，深化居家养老服务，依托爱心互助街，不断吸纳村民参与志愿服务，社会文明程度不断增强。年内，永联村连续第四次被评为“全国文明村”，荣获2014年全国人居经典规划、建筑双金奖。

1 永联村第一届社员代表大会召开
2 永钢集团综合技改项目开工
3 城镇化进程中的乡村治理——中国“三农”发展（永联）研讨会举行
4 江南农耕文化园水上乐园投入运营
5 永钢集团庆祝建厂30周年文艺晚会举行

南丰镇

南丰镇位于张家港市东北部，东连常阴沙现代农业示范园区，北接乐余镇，南邻塘桥镇，西与杨舍镇、锦丰镇毗邻，区域面积62.47平方千米，辖1个办事处，12个行政村，4个社区，户籍人口57324人，外来暂住人口25892人。境内有企业785家，其中工业企业579家，销售收入超1亿元的工业企业20家。2014年，全镇实现地区生产总值110.49亿元，工业开票销售收入612.73亿元，全口径财政收入11.86亿元，其中公共财政预算收入5.89亿元，入库税收10.4亿元。2014年，南丰镇成功实现“张家港市文明区镇标兵”四连冠，荣获江苏省人居环境范例奖，被评为江苏省爱国卫生先进单位、江苏省“六五”普法中期先进集体、2011—2014年度省社会治安综合治理先进集体、2011—2013年度平安苏州建设先进集体、2013年度江苏省村庄环境整治工作先进集体、苏州市美丽镇村建设示范镇、苏州市保护和发展“四个百万亩”工作先进集体。

1 12月28日，农业部部长韩长赋到南丰镇永联村现代粮食基地调研

2 10月13日，中宣部常务副部长、中央文明办主任雒树刚到南丰镇永联村考察

3 3月27日，团中央书记处第一书记秦宜智到南丰镇调研

4 7月3日，省委常委、副省长徐鸣到南丰镇调研

5 3月26日，张家港市政府—东南大学产学研合作签约仪式

6 7月22日，南丰镇组织开展项目集中开竣工活动暨经济社会发展工作推进会

7 9月25日，南丰镇举行东沙物流园内河码头开工奠基仪式

8 3月28日，南丰镇社区卫生服务中心（南丰医院）委托管理签约仪式

9 省级美丽乡村建设示范点新德村

南丰镇

1 2月24日，南丰镇党的群众路线教育实践活动正式启动

2 2月14日，承办全市“我们的节日•元宵”活动

3 3月2日，市志愿服务进社区集中行动暨市邻里守望志愿服务总队成立仪式在南丰镇举行

4 8月4日，南丰镇“践行核心价值观，寻找平凡中的感动”主题活动启动

5 6月28日，“党的光辉照我心”——南丰镇纪念建党93周年文艺演出举行

新德村

南丰镇新德村位于南丰镇政府东侧，东与永丰村相连，北与民乐、民联村接壤，2004年3月由新德村、继新村合并而成，有27个村民小组，区域面积为3.71平方千米，全村总户数1570户，总人口3925人，耕地面积164.93公顷。2014年，全村工业销售收入12210万元,农民人均纯收入2.68万元。新德村有方凌制管、久屹机械、彩色波纹瓦厂等20余家企业组成的新德机电工业园，还发展大棚蔬菜、葡萄园基地等现代农业。新德葡萄园占地面积4.33公顷，以科技为依托，生产有机无公害优质葡萄，拥有“夏黑”“红玫瑰”“金手指”“黄玫瑰”等品种。新德村建有南丰镇公民道德教育馆，总投资30万元，建筑面积200余平方米。整个展馆以“上善若水，厚德载物”为主题，共分序、追根溯源、嘉言懿行、明德砺志、凡人善举、见贤思齐六个篇章，摘录了古今中外著名的道德故事和道德名言，总结南丰镇推进公民道德建设的主要做法和主要成效，展现南丰镇模范先锋和首届道德模范的先进事迹和好人风采。新德村先后获江苏省卫生村、江苏省民主法治示范村、苏州市健康教育示范村、张家港市廉洁文化建设示范村等称号，2013年、2014年连续两年获评张家港市文明村标兵，2014年创建成省级美丽乡村建设示范点。

1

2

3

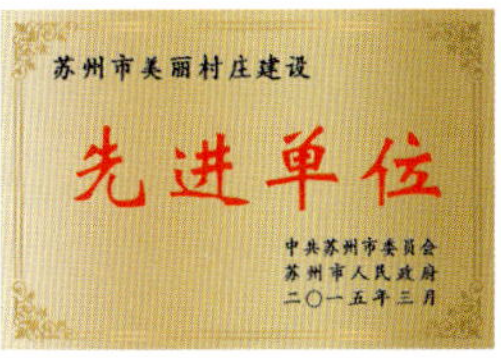

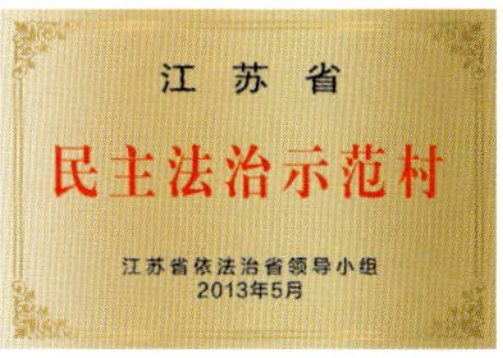

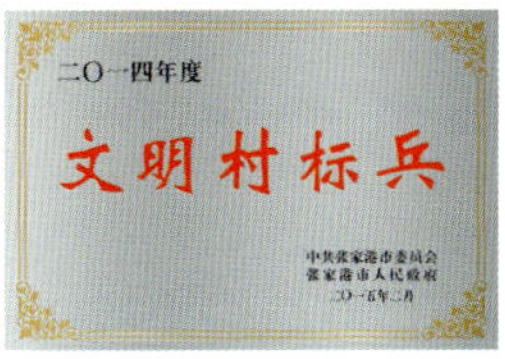

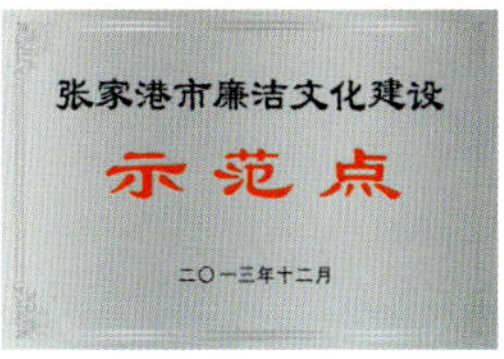

4

1 新德社区服务中心

2 南丰镇公民道德教育馆

3 南丰镇公民道德教育馆馆内一角

4 美丽乡村建设

大新镇

大新镇位于张家港市西北部，北濒长江，西邻张家港保税区和江苏扬子江国际化学工业园，东接江苏扬子江国际冶金工业园，全镇总面积40.48平方千米，境内有长江岸线7.9千米。下辖10个行政村和4个社区，户籍人口38107人，外来暂住人口33702人。2014年，实现地区生产总值32.21亿元，完成全社会固定资产投资15.11亿元，入库税金4.66亿元。实现工业产品销售收入65.8亿元，创利税3.06亿元。年末有企业718家，其中工业企业620家，销售收入超1亿元的企业8家。年内新增高效设施农业面积45.47公顷。全镇农民人均纯收入26785元，比上年增12.7%。成功承办全市党建引领社区治理专题培训班、省“梅花奖”艺术团惠民巡演和市第三届少数民族文艺会演。

1 “民生面对面”活动
2 全市党建引领社区治理专题培训班在大新镇举办
3 江苏新芳集团和昊激光多功能加工中心
4 大新市民健身广场
5 新丰港生态廊道
6 江源生态养殖农民专业合作社山羊养殖基地

新闻村

新闻村位于大新镇北部，东至渡泾港，南邻镇区，西至朝东圩港，北靠长江。村域面积2.54平方千米，其中耕地面积37.33公顷，辖13个村民小组，农户525户，户籍人口2115人，党员64人。

近年，新闻村作为整建制保留的一个独立行政村，紧扣市委“810工程”目标，紧紧围绕村级经济三年提增计划，借助工业集中区和沿江开发优势，积极整合资源，抢抓发展机遇，加快转型升级，突出扶持规模企业，服务培育潜力企业，形成以商品混凝土、五金工具、模具制造、医疗器械、液压设备为特色的工业集聚态势，村级经济实现稳步提升，各项社会事业日益完善，村民文化生活丰富多彩，村风民风明显改观。有村级企业38家，其中年销售超1亿元企业1家、超3000万元企业1家，2014年实现工业开票销售3.48亿元，实现利税1556万元，村级可用财力145万元。新闻村先后获江苏省卫生村、苏州市廉洁文化示范点、张家港市文明村、张家港市计划生育工作先进集体等称号。

1 新闻村党总支书记严志萍

2 新闻村村委大楼

3 新闻社区卫生服务站

4 张家港互益染整有限公司

5 市新越精密钢管模具制造有限公司

中山村

中山村位于大新镇南大门，东靠锦丰镇，南依杨舍镇，西连龙潭村，北接长丰村，地理位置环境优越，三条主干道港城大道、杨新公路、国泰北路及亲水走廊、优质水源地朝东圩港纵贯而过。全村面积4.91平方千米，辖34个村民小组，共有农户1481户，户籍人口4339人，耕地面积278.67公顷，辖区内有工业企业35家，镇工业集中区有标准型厂房1.6万平方米。2014年，中山村实现工业开票销售收入1.47亿元，村级可用财力313万元，位居全镇前列。村党总支历年获大新镇先进基层党总支称号，设有4个党支部，党员148人。

2015年是大新镇提出村级经济三年提增计划的收官之年，中山村始终坚持以十八届三中、四中全会精神为指导，深入贯彻习近平系列讲话精神，紧紧依靠广大党员干部群众，响亮提出“坚持三个自信，不做三丢干部”的口号，即着重培养班子自信、党员自信、群众自信、重点突出经济发展的第一要务、基层党建的第一责任、安全生产的第一位置，努力不在经济发展中丢脸、党的建设上丢人、安全生产上丢了性命，从而进一步明确以后工作方向和目标，推动和促进中山村各项事业又好又快又稳发展。

1 中山村党总支书记刘钧
2 中山村村委大楼
3 中山村标准型厂房
4 中山村党员“老娘舅”
5 中山村党员开展志愿服务活动

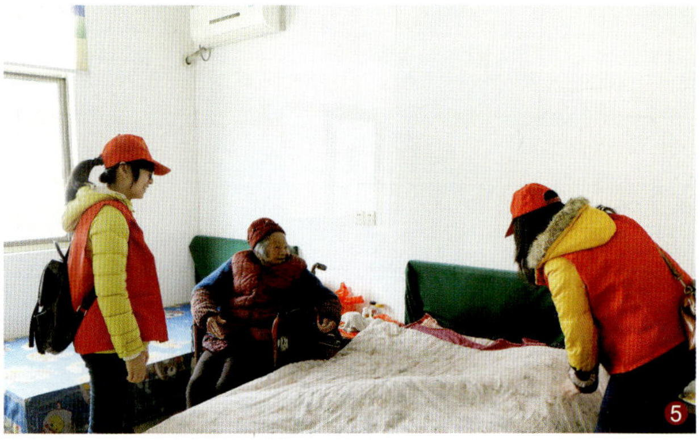

双山岛旅游度假区

双山岛旅游度假区位于张家港市西北郊，全岛总面积20平方千米，其中江堤外滩涂4平方千米，环岛岸线16.8千米。岛上以农业为主，百年中无任何工业进驻，是长江中下游地区原始生态环境保持最完好的生态岛之一。

双山岛原有农户1万余人，2010年至2012年张家港市委、市政府投入近30亿元进行了整体搬迁，实施“离岛上岸”。2011年年末成立张家港市双山岛旅游度假区党工委、管委会，2012年9月创建成江苏省级旅游度假区。

双山岛地处长江中下游张家港港作业航道与长江主航道之间，四周水域与无锡、苏州、泰州和南通四市的长江水域相连接。与张家港保税区隔江相望距离1千米，距张家港市中心约20千米，距无锡硕放机场约55千米。未来疏港高速的建设开通实现沿江高速至双山码头十分钟交通圈。

双山岛
Shuangshan Island
长江慢岛　沙上绿洲

1 大伯墩湿地公园
2 埭家酒店效果图
3 高尔夫球场
4 总平面图

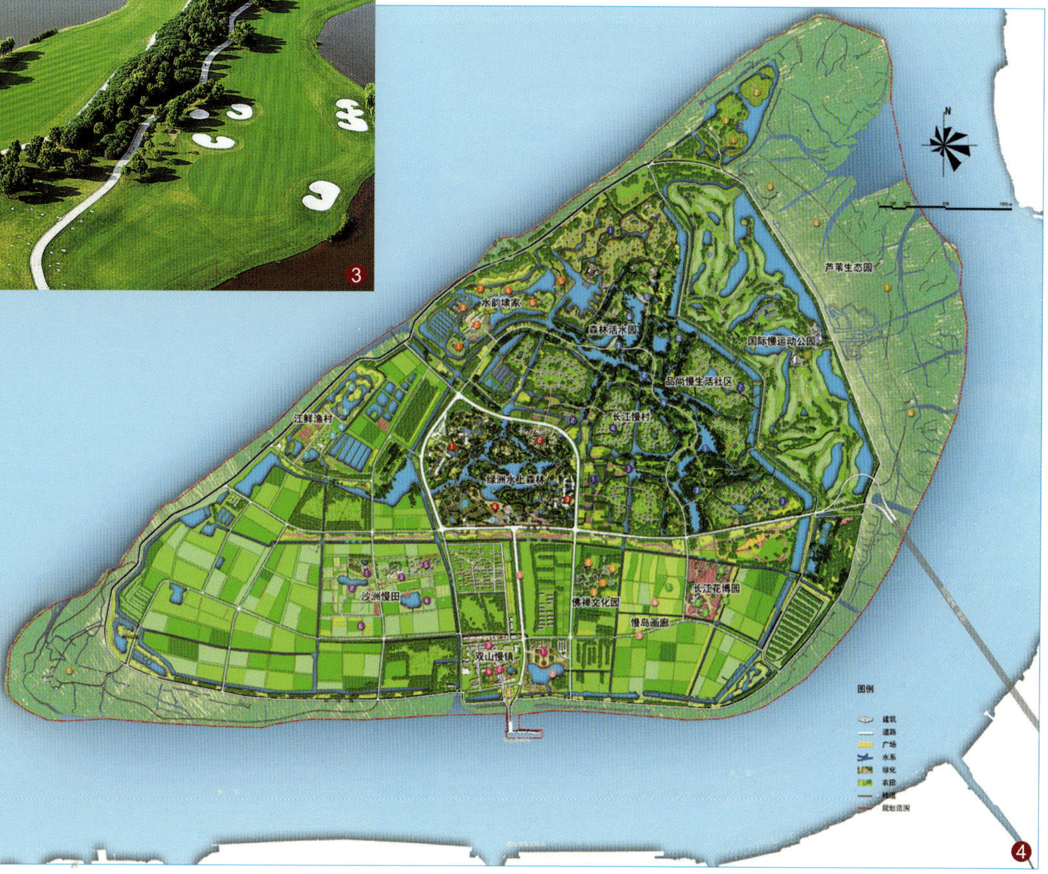

常阴沙现代农业示范园区

常阴沙现代农业示范园区东临长江，是国家农业产业化示范基地、江苏省现代农业产业园区和张家港市发展现代农业的核心区域。总面积37.45平方千米，辖7个社区、1个居委会，有户籍人口20198人，外来暂住人口4010人。

2014年，园区上下紧紧围绕“打造苏南最高水平农业园”的总要求，着力抓好“做美形态、做优生态、做旺旅游、做强产业、做高水平”等各项工作。现代农业档次持续攀升，生态旅游内涵继续提升，农业龙头企业、合作经济组织及美丽乡村建设优势得到呈现。获批省高新技术企业3家、省民营科技企业3家、国家星火计划项目2项。新增无公害农产品2种，绿色食品8种，2133.33公顷耕地整体通过无公害粮油产地和无公害蔬菜产地认证。常阴沙大米被国家工商行政管理总局商标局核准注册为地理标志证明并成功获评为苏州名牌产品，“万顷良田建设工程”土地整治项目通过江苏省国土资源厅组织的项目竣工验收，常阴沙生态农业旅游区被评定为国家AAA级旅游景区，震宇生态园通过苏州市旅游局江苏省五星级农家乐的实地评定。建成工厂化育秧中心3800余平方米，建成农产品信息化追溯示范基地3家。常北社区8、9组、常沙社区2组分别建成苏州市三星级康居示范村。

1 智能灌溉
2 连栋大棚
3 龙头企业
4 生态农业旅游区
5 花海水榭
6 小桥流水
7 垂钓中心
8 美丽村庄
9 文化中心
10 图书馆
11 健身活动

热烈祝贺

《张家港年鉴》创刊20周年

《张家港年鉴》创办于1996年，是由中共张家港市委领导、张家港市人民政府主办、中共张家港市委党史地方志办公室负责逐年编纂的张家港市地方综合性年鉴。

自创刊起，市委史志办始终坚持“服务当代、服务经济、服务社会”的编辑理念，恪守“科学、严谨、优质、满意”的质量方针，努力把《张家港年鉴》打造成地方文化精品。

《张家港年鉴》不断推陈出新，历年中创建了许多个第一。1999年，市委史志办举行《张家港年鉴》公开悬赏捉差错活动，此举被评为1999年度年鉴界十件大事之一。2001年，全国首家导入ISO 9001：2000质量管理体系于编纂工作全过程。2003年起，改印后捉差错为印前捉差错，每年聘请10名左右文字功底深、学术有专攻的热心读者给年鉴把关。2004年起，《张家港年鉴》采用全彩印刷，并制作电子光盘，成为中国年鉴资源全文数据库核心年鉴。2009年，市委史志办制定《张家港年鉴》编纂出版规定。2010年，总结出《张家港年鉴》“六字工作法”。2014年，《张家港年鉴》创新框架结构，推出宣传主题，突出新媒体建设，令人“耳目一新”。

《张家港年鉴》先后荣获全国年鉴编纂出版质量特等奖、中国地方志年鉴评比特等奖、中国出版工作者协会中国年鉴奖等26项重要荣誉，并实现全省年鉴特等奖“三连冠”和全国年鉴编校质量最高奖“七连冠”，是宣传、推介、展示张家港市的重要地标性文化品牌。